W0062890

Sozialpsychologie

Lioba Werth
Jennifer Mayer

Sozialpsychologie

Spektrum
AKADEMISCHER VERLAG

Postanschrift der Autorinnen:
Prof. Dr. Lioba Werth
TU Chemnitz
Institut für Psychologie
Wirtschafts-, Organisations- und Sozialpsychologie
09107 Chemnitz
lioba.werth@phil.tu-chemnitz.de

Wichtiger Hinweis für den Benutzer
Der Verlag, der Herausgeber und die Autoren haben alle Sorgfalt walten lassen, um vollständige und akkurate Informationen in diesem Buch zu publizieren. Der Verlag übernimmt weder Garantie noch die juristische Verantwortung oder irgendeine Haftung für die Nutzung dieser Informationen, für deren Wirtschaftlichkeit oder fehlerfreie Funktion für einen bestimmten Zweck. Der Verlag übernimmt keine Gewähr dafür, dass die beschriebenen Verfahren, Programme usw. frei von Schutzrechten Dritter sind. Die Wiedergabe von Gebrauchsnamen, Handelsnamen, Warenbezeichnungen usw. in diesem Buch berechtigt auch ohne besondere Kennzeichnung nicht zu der Annahme, dass solche Namen im Sinne der Warenzeichen- und Markenschutz-Gesetzgebung als frei zu betrachten wären und daher von jedermann benutzt werden dürften. Der Verlag hat sich bemüht, sämtliche Rechteinhaber von Abbildungen zu ermitteln. Sollte dem Verlag gegenüber dennoch der Nachweis der Rechtsinhaberschaft geführt werden, wird das branchenübliche Honorar gezahlt.

Bibliografische Information Der Deutschen Nationalbibliothek
Die Deutsche Nationalbibliothek verzeichnet diese Publikation in der Deutschen Nationalbibliografie; detaillierte bibliografische Daten sind im Internet über http://dnb.d-nb.de abrufbar.

Springer ist ein Unternehmen der Springer Science+BusinessMedia
springer.de

© Springer-Verlag Berlin Heidelberg 2008
Spektrum Akademischer Verlag ist ein Imprint von Springer

08 09 10 11 12   5 4 3 2 1

Das Werk einschließlich aller seiner Teile ist urheberrechtlich geschützt. Jede Verwertung außerhalb der engen Grenzen des Urheberrechtsgesetzes ist ohne Zustimmung des Verlages unzulässig und strafbar. Das gilt insbesondere für Vervielfältigungen, Übersetzungen, Mikroverfilmungen und die Einspeicherung und Verarbeitung in elektronischen Systemen.

Planung und Lektorat: Katharina Neuser-von Oettingen, Anja Groth
Herstellung: Andrea Brinkmann
Umschlaggestaltung: SpieszDesign, Neu-Ulm
Titelfotografie: © Picture-Alliance / ZB / Andreas Lander
Die Zeichnungen im Innenteil wurden von den Autorinnen erstellt unter Verwendung von Windows- und ClipArt-Medienelementen, © Microsoft Corporation.
Satz: Autorensatz

ISBN 978-3-8274-1547-9

Inhaltsübersicht

Inhalt

Teil II: Das Individuum interagiert mit anderen   277

8   Sozialer Einfluss   279

9   Prozesse in Kleingruppen – Intragruppenprozesse   333

Vorwort

Lioba Werths und Jennifer Mayers Einführung in die Sozialpsychologie vereint gute Lesbarkeit mit thematischer Breite und wissenschaftlicher Sorgfalt. Von den Grundlagen der Informationsverarbeitung und Urteilsbildung über das Wechselspiel von Fühlen und Denken bis zu klassischen Themen der Einstellungsforschung bietet der erste Teil des Buches eine ausgezeichnete Einführung in den derzeitigen Forschungsstand zur sozialen Kognition. Der zweite Teil wendet sich dann interpersonellen Prozessen zu und behandelt Themen des sozialen Einflusses, Beziehungen in und zwischen Gruppen sowie Aspekte des prosozialen und antisozialen Verhaltens. Besonders beeindruckend ist die Fähigkeit der Autorinnen, sozialpsychologische Grundlagenforschung in alltagsrelevanter Weise zu präsentieren. Dieses Buch zu lesen ist eine Freude – es wird vielen Studierenden den ersten Zugang zur Sozialpsychologie erleichtern.

Norbert Schwarz

Charles Horton Cooley Collegiate, Professor of Psychology
University of Michigan

Danksagung

Ein ganz herzliches „Danke!" geht an all diejenigen, die an diesem Buch mitgewirkt haben – an alle Studierenden für die unzähligen Nachfragen in Lehrveranstaltungen und natürlich an alle Kollegen für intensive Fachdiskussionen.

Im Besonderen möchten wir uns für wertvolle inhaltliche Anregungen und Kommentare bedanken bei Fritz Strack und der *social cognition group* des Psychologischen Instituts der Universität Würzburg, im Speziellen bei Roland Deutsch, Atilla Höfling, Regina Kriegelmeyer, Petra Markel, Katja Stork und Philippe Türk Pereira.

Dem in nichts nachstehend geht unser Dank an die WOS-Arbeitsgruppe der TU Chemnitz, Nadine Angermann, Evi Kneisel, Michael Knoll, Anna Steidle und Oliver Weigelt für ihre sagenhafte Unterstützung. Für kritisches Probelesen und viele überaus hilfreiche Anmerkungen danken wir weiterhin Hans-Peter Erb, Jens Förster, Bertram Gawronski, Guido Hertel und Roland Neumann sowie Katja Corcoran, Jan Crusius und Kai Epstude von der *Social Cognition Cologne*-Gruppe.

Schließlich wäre dieses Buch nicht möglich gewesen ohne das unermüdliche Korrekturlesen und Zuarbeiten von Rita Frizlen, Antonia Fürst, Stefanie Erler, Klara Hess, Annerose Koch, Martin Rüdiger, Viola Rost, Ines Schulze, Nicole Steinbach und Alexander Zill. Vielen Dank!

Nicht zuletzt danken wir Anja Groth, Katharina Neuser-von Oettingen und Regine Zimmerschied für die konstruktive, unkomplizierte Zusammenarbeit von Seiten des Verlags.

Im Juli 2007

Lioba Werth und Jennifer Mayer

Denken, Fühlen, Wahrnehmen –
wie funktioniert der Mensch?

Teil I

Denken, Fühlen, Wahrnehmen –
wie funktioniert der Mensch?

1 Einführung in die Sozialpsychologie

Was bringt's?

Womit beschäftigt sich die Sozialpsychologie und worin unterscheidet sie sich von anderen Sozialwissenschaften?

Welchen Mehrwert bringt eine sozialpsychologische Herangehensweise im Vergleich zum gesunden Menschenverstand?

Welche Methoden ermöglichen Vorhersagen von Ursache und Wirkung?

Welche Themen umfasst die Sozialpsychologie und was erwartet mich in diesem Buch?

Wie kann es dazu kommen, dass Menschen andere foltern? Wie kann es sein, dass ganze Gruppen von Menschen zusehen, wie jemand verletzt wird, ohne einzugreifen und zu helfen? Wie kommt es dazu, dass wir immer mal wieder Ja zu etwas sagen und uns von anderen zu etwas hinreißen lassen, was wir eigentlich nicht wollen? Wieso sind wir manchmal vor Publikum leistungsstärker, andere Male hingegen leistungsschwächer? Wie gehen wir vor, wenn wir spontan einen anderen Menschen einschätzen, um beispielsweise zu entscheiden, ob er der geeignete Kandidat für einen bestimmten Job ist? Wie gut sind wir darin? Wie gehen wir mit den vielen Informationen um, die tagtäglich auf uns einstürzen? Wie sortieren wir diese Informationen und welche Informationen beachten wir bevorzugt? Wie schaffen wir es, trotz der Informationsflut schnelle und dabei häufig zudem gute Entscheidungen zu treffen? Woher wissen wir, wer wir sind? Wie entstehen Gefühle und warum können sie uns – im Positiven wie im Negativen – so umfassend beeinflussen?

All dies sind typische Fragen, die wir uns stellen und zu deren Beantwortung die Sozialpsychologie einen wichtigen Beitrag leistet.

In diesem einleitenden Abschnitt wird zunächst definiert, was Sozialpsychologie ist, welchen Beitrag sie als Wissenschaft leistet und was sie von anderen Disziplinen unterscheidet (Abschnitt 1.1). In Abschnitt 1.2 werden wichtige Methoden vorgestellt, mit denen in der Sozialpsychologie gearbeitet wird. Mit einem Überblick über die wichtigen Themen der Sozialpsychologie, die in diesem Buch behandelt werden, schließt die Einleitung ab (Abschnitt 1.3).

1.1   Was ist Sozialpsychologie?

Sozialpsychologie ist eine Grundlagendisziplin der Wissenschaft „Psychologie". Was aber zeichnet Wissenschaft im Allgemeinen, die wissenschaftliche Psychologie und die Sozialpsychologie im Besonderen aus?

Was zeichnet Wissenschaft im Allgemeinen und die Wissenschaft Sozialpsychologie im Besonderen aus?

Wissenschaft ganz allgemein bedeutet die Formulierung von für andere nachvollziehbaren (d. h. intersubjektiven) Gesetzmäßigkeiten und deren Prüfung an der Realität (z. B. in der Physik die Beschreibung und Prüfung der Gesetze der Schwerkraft). In der Wissenschaft *Psychologie* geht es im Speziellen um die Formulierung von Gesetzmäßigkeiten über das *Denken, Fühlen und Verhalten von Menschen* und deren Prüfung an der Realität. Ziel ist es, überprüfbare Vorhersagen über menschliches Erleben und Verhalten unter spezifischen Bedingungen zu ermöglichen und daraus in der Folge fundierte Empfehlungen für Interventionen, Initiativen und Maßnahmen in verschiedensten Bereichen abzuleiten.

Die Wissenschaft *Sozialpsychologie* widmet sich nun im Besonderen dem „Versuch zu verstehen und zu erklären, wie Denken, Fühlen und Verhalten *von Individuen durch die tatsächliche, vorgestellte oder implizite Anwesenheit anderer* beeinflusst werden" (Definition nach Allport, 1968, S. 3; vgl. zusammenfassend Abb. 1.1). Die Sozialpsychologie betrachtet folglich Menschen als Akteure im *sozialen* Kontext; sie legt besonderes Augenmerk auf den Einfluss, dem Individuen in der sozialen Umwelt unterliegen, sowie auf den Einfluss, den diese ihrerseits auf die soziale Umwelt ausüben.

Der Betrachtungsgegenstand der Sozialpsychologie ist vereinfacht gesagt das „durchschnittliche Individuum". Lassen Sie uns das im Bezug auf das Titelfoto dieses Buches kurz veranschaulichen: Sie sehen auf dem Titelbild eine soziale Situation, d. h. mehrere Personen, von welchen manche miteinander agieren und sich möglicherweise sogar schon seit langer Zeit kennen, während andere einfach nur zufällig zur gleichen Zeit am gleichen Ort sind. Auf eine einzelne Person wird (farblich) fokussiert, um zu verdeutlichen, dass sich die Sozialpsychologie dafür interessiert, wie der Einzelne von anderen und der umgebenden Situation beeinflusst wird. Dass genau diese Person herausgegriffen wurde, ist Zufall (bzw. liegt daran, dass sie sich auf diesem Bild im Zentrum befindet) – wir hätten auch

Aufgabe von Psychologie als Wissenschaft

- intersubjektiv nachvollziehbare Beschreibungen der Prozesse

- Erklärung der Bedingungen und Einflussfaktoren der beobachteten Phänomene

- Ableitung überprüfbarer Vorhersagen über menschliches Erleben und Verhalten unter spezifischen Bedingungen

- Ableitung begründeter Empfehlungen für (psychosoziale, pädagogische, politische …) Interventionen, Initiativen und Maßnahmen

Quelle: Hartung, 2000

jede andere Person auswählen können, da sich die Sozialpsychologie dafür interessiert, wie der Mensch im Allgemeinen funktioniert, denkt, fühlt und handelt.

Die Sozialpsychologie greift dabei – wie die einleitenden Beispiele gezeigt haben – Fragen auf, die sich die meisten Menschen irgendwann einmal selbst stellen bzw. gestellt haben und für deren Beantwortung beinahe jeder eine vage Vorstellung bzw. eine Theorie hat. Wie diese Fragen beantwortet werden und wie verlässlich diese Antworten sind, ist von großer Bedeutung, da hieraus zum Teil weitreichende Entscheidungen abgeleitet werden.

Gerade die Tatsache, dass Sozialpsychologie Alltagsfragen auf den Grund zu gehen versucht, ist jedoch auch häufig Gegenstand der Kritik. Immer wieder wird die Frage aufgeworfen, ob man für die Beantwortung dieser Fragen eine Wissenschaft benötigt oder ob dafür nicht einfach der gesunde Menschenverstand ausreicht.

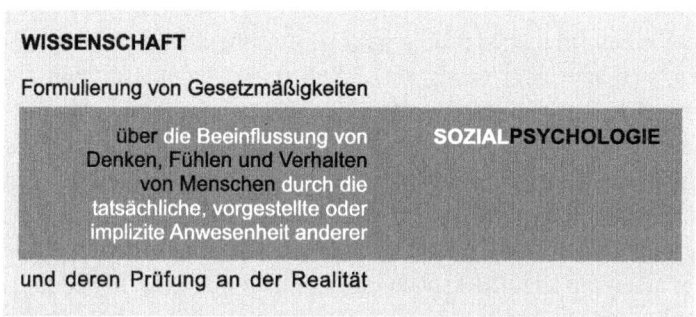

Abb. 1.1: Definition von Wissenschaft (hellgrauer Kasten) und die Spezifizierungen (dunkelgrauer Kasten) zur Definition von Psychologie (schwarze Schrift) und von Sozialpsychologie (weiße Schrift).

Was ist Sozialpsychologie „mehr" als gesunder Menschenverstand?

Was bringt die Wissenschaft Sozialpsychologie mehr, als uns unser gesunder Menschenverstand bereits sagt? Dies lässt sich schön am Beispiel von Volksweisheiten demonstrieren, die wir gerne zitieren, wenn es um Paarbeziehungen geht. Sicher haben Sie in Ihrem Bekanntenkreis Paare, in denen sich Partner mit ähnlichem Temperament, ähnlichen Ansichten und Interessen zusammengefunden haben – nach dem Motto: „Gleich und gleich gesellt sich gern." Sicher kennen Sie jedoch auch das eine oder andere Paar, das aus sehr unterschiedlichen, wenn nicht sogar gegensätzlichen Partnern gebildet wird – auch hierfür haben wir eine Volksweisheit parat: „Gegensätze ziehen sich an." Was aber stimmt denn nun? Beziehungen betreffend haben wir noch weitere Weisheiten auf Lager, beispielsweise wenn es darum geht, sich für einen potenziellen Partner interessant zu machen: Da lautet der eine gut gemeinte Rat womöglich:

Schwächen der Laienpsychologie

- Übersehen von Ursache-Wirkungs-Zusammenhängen
- Vernachlässigung des sozialen Kontexts
- Unkenntnis des eigenen Einflusses auf die Wahrnehmung

The science of social psychology: Making sense of common sense!

„Mach Dich ein wenig rar, das macht Dich interessanter!" Und sicherlich fallen Ihnen sofort auch Beispiele ein, wo diese Strategie ganz vorzüglich geklappt hat. Was aber ist mit dem Sprichwort „Aus den Augen, aus dem Sinn"? Dazu fallen Ihnen ebenso Belege ein? Was von beiden gilt denn nun? Oder um ein drittes Beispiel anzubringen: Bei der Arbeit ist die Anwesenheit anderer hilfreich und stimuliert die Kreativität. Oder ist es nicht vielmehr so, dass andere uns ablenken und man viel besser konzentriert arbeiten kann, wenn man allein ist?

Bei den oben genannten Beispielen erscheinen die einzelnen Annahmen plausibel, obwohl sie sich widersprechen. Somit reicht der gesunde Menschenverstand oft eben nicht aus, um psychologische Zusammenhänge zu verstehen. Dies liegt u. a. darin begründet, dass unsere Wahrnehmung – wie Sie an verschiedensten Stellen im Buch sehen werden – häufig viel weniger objektiv ist, als wir glauben.

Neben der gerade beschriebenen Problematik zu entscheiden, welche von zwei plausibel erscheinenden, sich aber gegenseitig ausschließenden Hypothesen nun die richtige ist, zeigt die wissenschaftliche Sozialpsychologie immer wieder auf, dass die Annahmen unseres gesunden Menschenverstands auch einfach grundlegend falsch sein können. Beispielsweise neigen wir immer wieder dazu, Zusammenhänge zu sehen, die objektiv gar nicht bestehen (sog. *illusorische Korrelation*; vgl. Abschnitt 1.2.2 und 10.4.1). Schließlich erscheinen uns wissenschaftliche Erkenntnisse immer mal wieder trivial – ein Effekt, der u. a. vom sog. Rückschaufehler mitbedingt wird (*hindsight bias*; vgl. Abschnitt 3.3.1): Wissen wir erst einmal die Lösung, erscheint uns diese im Nachhinein als leicht vorhersehbar – und das auch dann, wenn wir vom Gegenteil genauso leicht hätten überzeugt werden können.

Der gesunde Menschenverstand ist also gar nicht immer so „gesund" (im Sinne von realistisch bzw. objektiv), wie wir meinen. Er ist – wie Sie im Laufe dieses Buches immer wieder sehen werden – häufig unzureichend bzw. spielt uns den einen oder anderen Streich, wenn es darum geht, psychologische Zusammenhänge zu verstehen. Hier leistet die Sozialpsychologie einen wichtigen Beitrag: Mithilfe wissenschaftlicher Methoden wird der Frage nachgegangen, welcher Zusammenhang unter welchen Bedingungen aufgrund welcher Prozesse (sog. Ursache-Wirkungs-Zusammenhang) tatsächlich gilt.

Um die Sozialpsychologie noch genauer einzugrenzen, soll nachfolgend skizziert werden, wie die Sozialpsychologie von benachbarten Fächern abzugrenzen ist.

Wie unterscheidet sich Sozialpsychologie von benachbarten Disziplinen?

Wichtige Nachbardisziplinen sind die Soziologie und die Persönlichkeitspsychologie (differentielle Psychologie). Die Soziologie interessiert sich ebenso wie die Sozialpsychologie für den sozialen Kontext, die Persönlichkeitspsychologie hat mit der Sozialpsychologie den Fokus auf das Individuum gemeinsam. Was aber sind die Unterschiede?

Die *Soziologie* beschäftigt sich damit, soziale Gemeinschaften und Gesellschaften in ihrer Struktur und Funktion zu erforschen, zu beschreiben und zu erklären. Während die Sozialpsychologie auf das „durchschnittliche" Individuum fokussiert, ist der Betrachtungsgegenstand der Soziologie die Gruppe. So würde die Soziologie im Hinblick auf das Thema Aggression beispielsweise fragen, warum in bestimmten sozialen Schichten mehr oder weniger Aggression zu beobachten ist, warum die Mordrate in den USA höher ist als in Kanada oder weshalb sich die Mordrate seit dem Zweiten Weltkrieg verändert hat. Die Sozialpsychologie versucht dagegen zu erklären, welche situativen Faktoren ganz allgemein jeden Menschen – unabhängig von seiner spezifischen Persönlichkeit, seinem kulturellen Hintergrund oder seinem Geschlecht – im Hinblick auf die Aggressionsbereitschaft beeinflussen.

Persönlichkeitspsychologie und Sozialpsychologie haben den Fokus auf das Individuum gemeinsam. Allerdings gibt es hierbei einen entscheidenden Unterschied: Die Persönlichkeitspsychologie interessiert sich nicht wie die Sozialpsychologie für das durchschnittliche Individuum, sondern gerade für die *Unterschiedlichkeit* der Menschen und dafür, wie diese Unterschiede das Verhalten beeinflussen. Die Persönlichkeitspsychologie untersucht demnach mit wissenschaftlichen Methoden diejenigen Ursachen für menschliches Verhalten, in denen auch der psychologische Laie gern das Verhalten anderer begründet sieht: die Persönlichkeit. Im Gegensatz dazu beschäftigt sich die Sozialpsychologie mit Faktoren der uns umgebenden sozialen Situation, die eine ganz entscheidende Rolle dafür spielen können, wie wir uns verhalten – und zwar weitestgehend unabhängig von unseren jeweiligen, mitunter sehr unterschiedlichen Persönlichkeiten.

Nachdem wir nun Sozialpsychologie und ihre Inhalte definiert haben, werden im Folgenden die wichtigsten Methoden, derer sich die Sozialpsychologie bedient, beschrieben.

1.2 Methoden der Sozialpsychologie

Psychologie und Kartenlesen haben ähnliche Ziele, beide wollen zukünftiges Verhalten vorhersagen. Was sie unterscheidet, sind vor allem die Methoden, mit denen sie zu ihren Erkenntnissen kommen, sowie die daraus resultierende Zuverlässigkeit ihrer Vorhersagen. Auf welchen Methoden Forschung bzw. im Speziellen sozialpsychologische Forschung basieren sollte, damit sie zuverlässige Aussagen erbringt, ist Inhalt dieses Abschnitts.

Wie zuvor aufgezeigt wurde, steht Wissenschaft für die Formulierung von Gesetzmäßigkeiten und deren Prüfung an der Realität. Sie dient dem Ziel, Zusammenhänge zu verstehen und zu erklären. Die drei für die Sozialpsychologie wichtigen Methodenklassen *Beobachtung*, *Korrelation* und *Experiment* und ihre jeweilige Aussagekraft werden im Folgenden dargestellt.

1.2.1   Beobachtung als Methode – Verhalten beschreiben

Nehmen wir einmal an, Sie interessierten sich für Aggressivität bei Kindern und deren Ursachen. Wie würden Sie vorgehen, um dies zu untersuchen? Eine Möglichkeit wäre, in einen Kindergarten zu gehen und die Kinder in ihrem natürlichen Umfeld zu beobachten.

Nehmen wir weiter an, Sie hätten bezüglich der Ursachen schon eine spezifische Hypothese, nämlich dass Fernsehen die Aggressionsbereitschaft erhöht. Dann könnten Sie zwei verschiedene Gruppen beobachten, von denen Sie annehmen, dass sie sich in ihrem Fernsehkonsum unterscheiden – beispielsweise eine Gruppe in einem konventionellen und eine zweite in einem Waldorfkindergarten. In diesen Fällen läge ein Vergleich von zwei natürlichen Situationen vor. Doch erlaubt Ihnen diese Methode noch keine Aussage über Ursache und Wirkung (Kausalinterpretation), denn die *Konfundierung* verschiedener Einflussgrößen sowie die potenzielle *Selbstselektion* der Stichproben macht Aussagen über einen Kausalzusammenhang von Fernsehkonsum und Aggression unmöglich.

Damit ist Folgendes gemeint: Auch wenn Sie Kinder derselben Region und desselben Alters ausgewählt haben, so gibt es gute Gründe dafür, dass sich die Kinder der beiden Kindergärten nicht *nur* in ihrem Fernsehkonsum unterscheiden. Weitere Unterschiede zwischen den Kindern (bzw. ihren Eltern) haben vermutlich bereits bei der Wahl des Kindergartens eine Rolle gespielt (sog. *Selbstselektion*): Das soziale Umfeld und die Erziehung von Kindern, deren Eltern sich für einen Waldorfkindergarten entschieden haben, könnten – abgesehen vom Fernsehkonsum – anders sein als bei Kindern, die in einen „normalen", konventionellen Kindergarten gehen. Des Weiteren könnten sich die Beobachtungssituationen in den beiden Kindergärten durch weitere Einflussgrößen unterscheiden (z. B. hinsichtlich der bereitgestellten Spielsachen oder des Verhaltens der BetreuerInnen), die sich – unabhängig vom Fernsehen – auf die Aggressivität der Kinder auswirken (sog. *Konfundierung*).

Beobachtung als Methode

- Menschen werden beobachtet und ihr Verhalten protokolliert bzw. beurteilt oder es werden Dokumente oder Archive analysiert

- dient der Beschreibung (Welcher Natur ist das Phänomen?)

Finden Sie nun Unterschiede in der Aggression bei den beiden Kindergartengruppen, so sind diese nicht eindeutig auf den Fernsehkonsum zurückzuführen. Möglicherweise ist sogar der Fernsehkonsum überhaupt nicht von Bedeutung, sondern die Aggressionsbereitschaft wird von einem ganz anderen Faktor (z. B. den unterschiedlichen Elternhäusern oder den unterschiedlichen Erziehungskonzepten der Kindergärten) hervorgerufen. Auf einen Kausalzusammenhang können Sie daher mit diesem Vorgehen nicht schließen.

Nichtsdestotrotz ist die Methode der Beobachtung wichtig. So ist sie immer dann hilfreich, wenn man etwas beschreiben möchte (z. B. ganz allgemein das Aggressionsverhalten im Kindergarten oder das Essverhalten der Aborigines), man sollte sich jedoch immer bewusst darüber sein, dass man aus den Ergebnissen zwar *Ideen* hinsichtlich kausaler Zusammenhänge (d. h. *warum* die Kinder aggressiv sind) ableiten kann, diese jedoch mit der Methode „Beobachtung" *nicht geprüft* werden können.

1.2.2   Korrelation als Methode – Zusammenhänge beschreiben

Um den Zusammenhang zwischen Fernsehen und Aggression genauer zu untersuchen, könnten Sie die Eltern aller Kinder – unabhängig davon, in welchen Kindergarten sie gehen – nach dem Fernsehkonsum ihrer Kinder befragen und die so gewonnenen Angaben mit der beobachteten Aggressivität der Kinder in Zusammenhang bringen. Sie würden dazu statistisch analysieren, ob mit zunehmendem Fernsehkonsum auch die beobachtete Aggression zunimmt, d. h. die *Korrelation* zwischen beiden berechnen.

Womöglich fänden Sie dabei heraus, dass das Ausmaß des Fernsehens tatsächlich mit dem Ausmaß der Aggression steigt (sog. positive Korrelation), d. h. dass diejenigen Kinder aggressiver sind, die laut Aussage ihrer Eltern viel fernsehen. Könnten Sie nun davon ausgehen, dass das Ausmaß des Fernsehens wirklich die *Ursache* der Aggressivität ist? Wenn Sie genauer darüber nachdenken, werden Sie zu dem Schluss kommen, dass dies nicht möglich ist, denn der beobachtete Zusammenhang kann unterschiedlich zustande kommen. Er kann beispielsweise dadurch bedingt sein, dass ...

* Fernsehen – wie in Ihrer Hypothese angenommen – tatsächlich die Aggressionsbereitschaft erhöht (Fernsehen → Aggression);

* aggressive Kinder mehr fernsehen (Aggression → Fernsehen);

* eine dritte Variable sowohl Fernsehkonsum als auch Aggression beeinflusst und die beiden Faktoren selbst in keiner kausalen Beziehung zueinander stehen (so könnte es z. B. sein, dass Kinder mit hohem Fernsehkonsum auch häufiger alleine bzw. insgesamt schlechter betreut sind und sich dies negativ auf ihr Sozialverhalten auswirkt).

Korrelationen können also anzeigen, ob zwischen verschiedenen Faktoren *überhaupt ein Zusammenhang* besteht und wie dieser geartet ist. Anhand einer Korrelation kann jedoch – wie das eben genannte Beispiel deutlich macht – keine Aussage über eine Ursache-Wirkungs-Beziehung getroffen werden. Trotzdem neigen wir Menschen dazu, das gemeinsame Auftreten von verschiedenen Faktoren im Sinne eines Kausalzusammenhangs zu interpretieren.

Lassen Sie uns dies an einem weiteren, sehr plakativen Beispiel noch einmal nachvollziehen: Auch Ihre Eltern haben Ihnen vielleicht als Kind erzählt, dass der Storch die Babys bringt. Mittlerweile sind Sie jedoch vermutlich davon überzeugt, dass der Storch mit dem Kinderkriegen wenig zu tun hat. Wie erklären Sie sich dann folgenden Zusammenhang? Mit der Anzahl der Störche verringerte sich in Ostpreußen die Geburtenrate (Koller, 1963; vgl. Abb. 1.2).

Korrelation als Methode

- Sie dient der Beschreibung/Erfassung von Zusammenhängen. (Wenn wir X kennen, können wir dann Y vorhersagen?).

- Zwei oder mehr Variablen werden systematisch gemessen und die Beziehung zwischen ihnen bestimmt, so dass man eine Aussage darüber erhält (= Korrelationskoeffizient), wie viel von einer der Variablen durch die andere vorhergesagt wird.

- Der Zusammenhang kann positiv (je mehr X, desto mehr Y), negativ (je mehr X, desto weniger Y oder umgekehrt) sein oder nicht bestehen.

Bedeutet dieser Zusammenhang, dass der Storch mit dem Kinderkriegen doch mehr zu tun hat, als wir gedacht haben? Sie haben völlig Recht, wenn Sie sich mit diesem Gedanken nicht anfreunden können. Wie sich bei genauerer Analyse herausstellte, war eine Drittvariable – in diesem Fall die Industrialisierung – dafür verantwortlich, dass sowohl weniger Kinder gezeugt als auch die Störche vertrieben wurden.

Was bedeutet es, wenn Sie zwischen zwei Faktoren einen (Kausal-)Zusammenhang vermuten, in einer korrelativen Studie diesen aber nicht finden? Können Sie dann mit Sicherheit davon ausgehen, dass Ihre Hypothese falsch war? Auch diese Aussage können Sie anhand einer korrelativen Studie nicht teffen: Ebenso wie eine gefundene Korrelation keine Aussage über einen Kausalzusammenhang erlaubt, kann eine Nullkorrelation (d. h. wenn Sie z. B. *keinen* Zusammenhang zwischen Fernsehkonsum und Aggression fänden) als Abwesenheit eines (Kausal-)Zusammenhangs interpretiert werden. So könnte es beispielsweise sein, dass Fernsehen für die Aggressivität durchaus ausschlaggebend ist, allerdings nicht die von Ihnen erfasste *Dauer*, sondern vielmehr der *Inhalt* der Sendungen, den Sie möglicherweise in Ihrer Untersuchung nicht berücksichtigt haben.

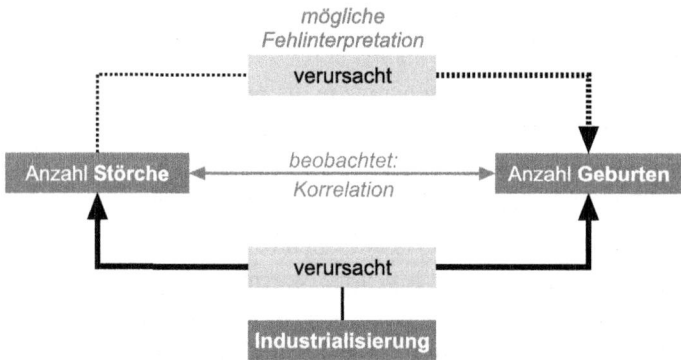

Abb.1.2: Wird eine Korrelation beobachtet, kann dies dazu verführen, einen Kausalzusammenhang zwischen den beiden Variablen anzunehmen (z. B. die Anwesenheit von Störchen wirkt sich förderlich auf die Geburtenrate aus; oberer Teil der Abb.). Dies ist jedoch nicht gerechtfertigt, da eine Korrelation nichts über Ursache-Wirkungs-Beziehungen aussagt. Es ist ebenso ein umgekehrter oder gar kein Kausalzusammenhang zwischen den Variablen möglich (z. B. zwischen den beiden Variablen „Anzahl Störche" und „Anzahl Geburten" besteht kein Zusammenhang, sondern beide werden von der Drittvariable „Industrialisierung" beeinflusst).

1.2.3 Experiment als Methode – Aussagen über Ursache und Wirkung

Wie wir gesehen haben, sind die Methoden, aus denen wir im Alltag auf Kausalzusammenhänge schließen, fehleranfällig und lassen keine eindeutigen Rückschlüsse auf Ursache-Wirkungs-Beziehungen zu. Die Wissenschaft – und damit auch die Sozialpsychologie – benötigt deshalb eine dritte Methodenklasse, mit der das Problem, Kausalzusammenhänge zu bestimmen, gelöst werden kann. Die Methode der Wahl ist hierfür das *Experiment*.

Wie könnte beispielsweise ein Experiment aussehen, das den Rückschluss auf einen Kausalzusammenhang zwischen Fernsehen und Aggressivität bei Kindern zulässt? Wodurch zeichnet sich ganz allgemein ein Experiment aus und wie werden die bisher beschriebenen Probleme dadurch behoben?

Wichtige Merkmale von Experimenten

- systematische Variation mindestens einer Einflussgröße (sog. unabhängige Variable oder UV)
- Konstanthaltung anderer Einflussgrößen (Standardisierung und Randomisierung)

Die klassischen Merkmale experimenteller Forschung sind die systematische Variation mindestens einer sowie die weitestgehende Konstanthaltung aller anderen Einflussgrößen:

Systematische Variation mindestens einer Einflussgröße. Zunächst muss sichergestellt werden, dass die angenommene Ursache (z. B. das Fernsehen) tatsächlich in unterschiedlicher Ausprägung vorliegt. Dazu wird im Experiment (mindestens) eine Einflussgröße systematisch durch den Experimentator variiert. Diese Einflussgröße wird als *unabhängige Variable* (*UV*) bezeichnet. In unserem Beispiel wäre Fernsehen die angenommene Ursache und damit die UV. Dies könnten Sie beispielsweise systematisch variieren, indem Sie zwei Videos gleicher Länge, aber unterschiedlichen Inhalts darbieten (ein Video mit gewalttätigen Inhalten, eines mit neutralem Inhalt). In diesem Fall würden Sie sich dafür interessieren, wie sich der Konsum gewalthaltiger Fernsehsendungen auswirkt.

Die Gruppe Kinder, die das gewalttätige Video zu sehen bekommt, wird als *Experimentalgruppe* (*EG*), die Gruppe, die das neutrale Video dargeboten bekommt, als *Kontrollgruppe* (*KG*) bezeichnet.

Um die Auswirkung der systematisch variierten Variablen (UV) zu bestimmen, benötigen Sie nun noch ein Maß für den Effekt dieser Variation, in unserem Beispiel ein Maß für aggressives Verhalten. Die Größe, auf die ein Einfluss angenommen und gemessen wird, wird als *abhängige Variable* (*AV*) bezeichnet. In unserem Beispiel könnten Sie beispielsweise die Kinder im Anschluss an das Video beim Spielen beobachten und die Häufigkeit aggressiver Verhaltensweisen für jedes Kind bestimmen.

Konstanthaltung anderer Einflussgrößen. Der Schlüssel zu einem guten und aussagekräftigen Experiment ist, dass *nur* die unabhängige Variable die abhängige Variable beeinflusst – je besser dies gelingt, desto größer ist die sog. *interne Validität* des

Experiments. Um dies sicherzustellen, müssen alle anderen möglichen Einflussfaktoren konstant gehalten werden. Das Experiment zeichnet sich deshalb durch eine weitestgehende *Standardisierung* der Untersuchungssituation sowie eine zufällige Zuteilung der Teilnehmer auf die verschiedenen Gruppen (sog. *Randomisierung*) aus.

- **Standardisierung**
  Damit Sie beobachtete Veränderungen in der gemessenen abhängigen Variablen (AV) tatsächlich auf Unterschiede in der unabhängigen Variablen (UV) zurückführen können, muss die Situation für Experimental- und Kontrollgruppe *bis auf die Variation der unabhängigen Variablen genau gleich* sein. In unserem Beispiel ist dies beispielsweise der Grund dafür, dass die Kinder der Kontrollgruppe ein neutrales Video dargeboten bekommen. Würden die Kontrollgruppenkinder stattdessen spielen, während die Experimentalgruppenkinder das Video dargeboten bekommen, könnte es sein, dass das Spielen einen Einfluss auf deren aggressives Verhalten hat, es z. B. vermindert. Stellen Sie bei der späteren Messung dann fest, dass sich die Kinder der Experimentalgruppe aggressiver verhalten als Kontrollgruppenkinder, können Sie daraus nicht schließen, dass das Sehen gewalthaltiger Videos die Aggressivität erhöht. Es könnte auch sein, dass das Video die Aggressivität nicht verändert hat, sondern dass das Spielen diese bei den Kontrollgruppenkindern vermindert hat. Wenn Sie lediglich *einen* Aspekt verändern (nur die Art des Films, nicht aber die Art der Beschäftigung), kann die Auswirkung der unabhängigen Variablen auf die abhängige Variable sauber analysiert werden. Im Labor sind im Allgemeinen Störquellen deutlich geringer, weshalb die Standardisierung der Untersuchungssituation leichter zu realisieren ist.

- **Randomisierung**
  Auch die Randomisierung, d. h. die *zufällige Zuteilung der Teilnehmer auf Experimental- und Kontrollgruppe*, dient der Kontrolle weiterer Einflussfaktoren. Insbesondere eine Selbstselektion der Teilnehmer, wie sie bei der Beobachtung von natürlichen Gruppen (z. B. Kindern, die in einen Waldorf- bzw. einen konventionellen Kindergarten gehen) vorkommen kann, wird dadurch ausgeschlossen. So könnten Sie beispielsweise für jedes Kind Ihrer Stichprobe (z. B. die Kinder aus verschiedenen Kindergärten) durch Losen bestimmen, ob es der Experimental- oder der Kontrollgruppe zugeordnet wird. Durch diese Zufallsauswahl steigt die Wahrscheinlichkeit, dass sich Experimental- und Kontrollgruppenkinder im Durchschnitt nicht systematisch voneinander unterscheiden. Wenn Sie sich – bei genügend großer Stichprobe – das Ergebnis Ihrer Zufallszuteilung ansehen, so dürften in Experimental- und Kontrollgruppe die Verteilung von Kindern aus den verschiedenen Kindergärten sowie das Verhältnis von Jungen und Mädchen in etwa ähnlich sein. Durch die Randomisierung wird weitestgehend ausgeschlossen, dass Unterschiede in der abhängigen Variablen aufgrund von systematischen Unterschieden in der Zusammensetzung von Experimental- und Kontrollgruppe zustande kommen.

Haben Sie die Vermutung, dass neben Ihrer unabhängigen Variablen auch andere Einflussgrößen – die Sie aber im aktuellen Experiment nicht untersuchen wollen – für das von Ihnen erfasste Maß von Bedeutung sind, kann es sinnvoll sein, diese Einflussgrößen zu erfassen und damit als sog. *Kontrollvariable* in Ihr Experiment mit einzuplanen. In unserem Beispiel könnten beispielsweise das Geschlecht der Kinder, deren Alter, soziale Herkunft oder ähnliches wichtige Kontrollvariablen sein (vgl. zusammenfassend Abb. 1.3).

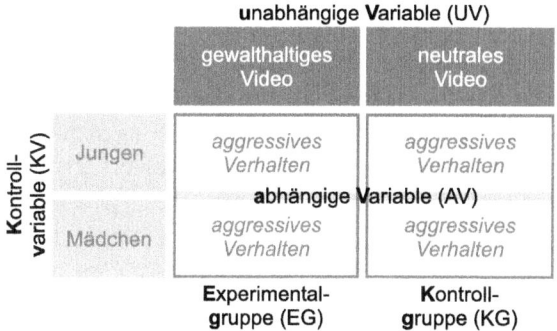

Abb. 1.3: Beispiel für das Design eines Experiments mit unabhängiger Variable (UV), abhängiger Variable (AV) und Kontrollvariable (KV), Experimentalgruppe (EG) und Kontrollgruppe (KG).

Statistische Absicherung von Ergebnissen

Selbst wenn ein Experiment nach allen Regeln der Kunst durchgeführt wurde und sich ein Unterschied in der abhängigen Variablen zwischen Experimental- und Kontrollgruppe zeigt, kann dieser immer noch durch Zufall zustande gekommen sein.

Statistische Auswertungsmethoden leisten hier nun einen wichtigen Beitrag. Mittels statistischer Analysen wird die Wahrscheinlichkeit bestimmt, dass die Unterschiede in der abhängigen Variablen (z. B. die Unterschiede der beiden Gruppen in der Aggressivität) zufällig entstanden und nicht durch die unabhängige Variable (z. B. unterschiedliche Videos) hervorgerufen wurden. Je kleiner diese sog. Irrtumswahrscheinlichkeit ist, mit desto höherer Sicherheit kann man davon ausgehen, dass der Unterschied zwischen den Gruppen nicht zufällig entstanden ist, sondern statistisch bedeutsam – im Fachjargon „signifikant" – ist. In der Psychologie wird ein Ergebnis dann als signifikant bezeichnet, wenn die Irrtumswahrscheinlichkeit kleiner als 5 % (bzw. 0,05) ist. In der psychologischen Fachliteratur wird diese Wahrscheinlichkeit mit dem sog. „p-Wert" angegeben, wobei das p als Abkürzung für das englische Wort *probability* – zu deutsch „Wahrscheinlichkeit" – steht.

Kritik an der experimentellen Methode

Das Experiment ist ein wichtiges Instrument in der sozialpsychologischen Forschung, da es die Identifizierung von Ursache-Wirkungs-Zusammenhängen erlaubt. Allerdings ist das Experiment als Methode keineswegs unumstritten – einige der im Folgenden beschriebenen Kritikpunkte haben sich Ihnen beim Lesen vielleicht schon aufgedrängt:

„**Experimente sind *künstliche Situationen*; die Ergebnisse sind daher nicht auf natürliche Situationen übertragbar.**" Die Situation, der sich ein Versuchsteilnehmer im Experiment ausgesetzt sieht, unterscheidet sich unter Umständen deutlich von den natürlichen Situationen, in denen das untersuchte Verhalten normalerweise auftritt. Dies ist häufig allein deswegen unumgänglich, weil das Erzeugen realistischer Situationen ethisch nicht vertretbar wäre. So ist es beispielsweise nicht möglich, handgreifliches Verhalten gegenüber anderen Menschen im Labor zu untersuchen. Es müssen stattdessen andere Möglichkeiten gefunden werden, aggressives Verhalten zu messen, die keine physische oder psychische Gefahr für die Versuchsteilnehmer darstellen und juristisch einwandfrei sind.

Wenn sich Experimental- und natürliche Situation auch deutlich unterscheiden, heißt dies nicht automatisch, dass die Ergebnisse des Experiments nicht auf den Alltag übertragen werden können. Entscheidend für die Generalisierbarkeit der Ergebnisse (für die sog. *externe Validität*) ist vielmehr, dass die im Experiment hervorgerufenen *psychologischen* Prozesse die gleichen sind, die auch im realen Leben ablaufen. Ist dies der Fall, spricht man von hohem *psychischen Realismus* im Experiment. Genau dies wird in der sozialpsychologischen Forschung angestrebt und häufig durch Replikationen (Wiederholungen) von Laborexperimenten in angewandten Kontexten (z. B. in Schulen oder Unternehmen) überprüft.

„**Sozialpsychologische Experimente werden nur mit *Studenten* durchgeführt; die Ergebnisse gelten nicht für andere Personen.**" In der Tat werden für sozialpsychologische Forschung häufig Studierende als Versuchsteilnehmer rekrutiert – häufig ganz einfach aus ökonomischen Gründen. Auch dies ist jedoch nur dann problematisch, wenn es Grund zu der Annahme gibt, dass die untersuchten psychologischen Prozesse bei Studierenden grundsätzlich anders ablaufen als bei anderen Populationen. Genau das ist in der Sozialpsychologie – die sich schwer-

---

Wichtige Begriffe zum Experiment

- *Unabhängige Variable (UV)*
  Einflussgröße, die systematisch variiert wird

- *Abhängige Variable (AV)*
  Variable, deren Ausprägung gemessen wird und über deren Veränderung in Abhängigkeit von der UV Hypothesen aufgestellt werden

- *Kontrollvariable (KV)*
  Variable, die erhoben wird, um mögliche Störeinflüsse zu kontrollieren

- *Interne Validität*
  Gütekriterium, das angibt, inwieweit in einer empirischen Untersuchung sichergestellt ist, dass Veränderungen in der AV nur durch die UV beeinflusst werden; eine hohe interne Validität gelingt durch Kontrolle weiterer Variablen (z. B. durch Standardisierung, Randomisierung)

- *Externe Validität*
  Gütekriterium, das angibt, inwieweit empirische Ergebnisse auf andere Situationen oder Personen verallgemeinerbar sind

punktmäßig für allgemeine, d. h. bei allen Menschen gleich ablaufende Prozesse interessiert – eher selten der Fall. Damit verbirgt sich auch hinter diesem Kritikpunkt die Frage der externen Validität, in diesem Fall die nach der Generalisierbarkeit der gewonnenen Ergebnisse auf andere Personen.

„Es wird mit *Coverstories* gearbeitet; das ist ethisch nicht vertretbar." In der Sozialpsychologie wird häufiger als in anderen Teildisziplinen der Psychologie mit sog. Coverstories gearbeitet, d. h., den Teilnehmern wird nicht der wahre Hintergrund des Experiments genannt, sondern eine „Deckgeschichte" erzählt. Sinn und Zweck von Coverstories ist es, den psychischen Realismus zu erhöhen (vgl. Exkurs zu ethischen Richtlinien). Sobald Menschen wissen, was genau untersucht und welcher Einfluss erwartet wird, verhalten sie sich mit hoher Wahrscheinlichkeit nicht mehr „natürlich". Ohne dass die Teilnehmer es beabsichtigen, kann ihr Verhalten allein durch dieses Wissen beeinflusst sein, was einer Störquelle entspricht und die Aussagekraft des Experiments deutlich einschränken oder sogar völlig zerstören kann. Entsprechend sind Coverstories für aussagekräftige Forschung häufig

> **Exkurs: Ethische Prinzipien für psychologische Forschung**
>
> - Gib den Teilnehmern genug Wissen, so dass sie sich „informiert" für oder gegen die Teilnahme entscheiden können.
> - Verwende Täuschung nur, wenn das Untersuchungsziel wichtig ist und es keine Alternativen gibt.
> - Schütze die Teilnehmer vor Schmerz und unnötigem Leiden.
> - Behandle Informationen über die Teilnehmer vertraulich.
> - Kläre die Teilnehmer nach der Untersuchung über alles auf, auch über eine verwendete Täuschung (Ausnahme: wenn dies schmerzhaft oder sehr unangenehm wäre).
>
> Quelle: American Psychological Association (APA, 2002), British Psychological Society (BPS, 2006)

unumgänglich. Allerdings sollte die Täuschung der Teilnehmer so gering wie möglich gehalten und nach Beendigung des Experiments aufgeklärt werden.

Fazit

Sollen Kausalzusammenhänge erforscht werden, ist das Experiment die Methode der Wahl. Selbstverständlich gibt es Fragestellungen und Untersuchungssituationen, in denen ein experimentelles Vorgehen nicht möglich ist (z. B. wenn es um das Ausführen von Gewalttaten oder um den Einfluss von physischer Attraktivität der Partner in Langzeitbeziehungen geht). In diesen Fällen können abgespeckte Versionen des Experiments (z. B. das Quasi-Experiment, bei dem zwar die unabhängige Variable systematisch variiert wird, eine zufällige Zuteilung der Teilnehmer aber nicht möglich ist) und die berichteten Methoden der Beobachtung und der korrelativen Forschung einen wichtigen Beitrag leisten. Allerdings ist es entscheidend, sich der Begrenzungen dieser Methoden hinsichtlich kausaler Zusammenhänge bewusst zu sein.

Nachdem Sie nun wissen, was Sozialpsychologie ist und mit welchen Methoden in der sozialpsychologischen Forschung gearbeitet wird, möchten wir Ihnen kurz wichtige

Themen der Sozialpsychologie vorstellen und damit gleichzeitig einen kurzen Überblick über dieses Buch geben.

1.3 Themen der Sozialpsychologie/ Überblick über dieses Buch

Gegenstand der Sozialpsychologie ist es zu verstehen und zu erklären, wie Denken, Fühlen und Verhalten von Individuen durch die tatsächliche, vorgestellte oder implizite Anwesenheit anderer – oder anders ausgedrückt durch die soziale Umwelt – beeinflusst werden.

In Teil I **„Denken, Fühlen, Wahrnehmen – wie funktioniert der Mensch?"** des vorliegenden Buches geht es darum, wie der Mensch seine soziale Umwelt konstruiert; wie er denkt und fühlt, wie er sich selbst und andere wahrnimmt.

Kapitel 2 – Grundlagen sozialer Informationsverarbeitung und sozialen Verhaltens. Wir beginnen mit dem wichtigen sozialpsychologischen Forschungsbereich der „sozialen Kognition". Die soziale Kognitionsforschung beschäftigt sich damit, wie wir Informationen verarbeiten und ordnen, was unsere Aufmerksamkeit auf sich zieht, durch welche situativen Faktoren unsere Informationsverarbeitung beeinflusst wird und welchen Verzerrungen wir dabei unterliegen. In diesem Kapitel werden zunächst wichtige Grundlagen der sozialen Kognition behandelt.

Kapitel 3 – Heuristiken. Hier werden wichtige Faustregeln (Heuristiken) beschrieben, die wir bei der Entscheidungsfindung zur Vereinfachung komplexer Urteile benutzen. Dadurch sind wir in der Lage, selbst bei sehr hoher Informationsdichte in relativ kurzer Zeit zu einem Urteil zu gelangen. Allerdings unterliegen wir dabei ebenfalls systematischen Verzerrungen.

Kapitel 4 – Denken und Fühlen. Im diesem Kapitel geht es um die gegenseitige Beeinflussung von Denken und Fühlen. Wie beeinflusst das Denken unser Gefühlsleben? Wozu haben wir eigentlich Gefühle und wie entstehen diese? Denken wir gut gelaunt anders, als wenn wir schlecht drauf sind? Welchen Einfluss haben Gefühle darauf, wie wir die Welt wahrnehmen, was wir erinnern und wie unsere Urteile ausfallen?

Kapitel 5 – Soziale Wahrnehmung. Wir wenden uns einem speziellen Bereich der Informationsverarbeitung zu, der sozialen Wahrnehmung. Wie machen wir uns – häufig schon nach einer nur sehr kurzen Begegnung – ein Bild von anderen Personen? Welche Faktoren tragen dazu bei, ob uns eine Person sympathisch oder kompetent erscheint? Wie kann es sein, dass ein und dieselbe Person von verschiedenen Leuten ganz unterschiedlich eingeschätzt wird?

Kapitel 6 – Das Selbst. In der Sozialpsychologie geht es nicht nur darum, wie wir andere Personen wahrnehmen, sondern ebenso wie wir uns selbst erleben und einschätzen. Woher wissen wir, wer und wie wir sind? Welchen Einfluss haben Vergleiche mit anderen Personen auf unsere Selbsteinschätzung? Durch was fühlen wir uns in unserer Selbstkonzeption und unserem Selbstwert bedroht? Und wie gehen wir mit solchen Bedrohungen um?

Kapitel 7 – Einstellungen. Ein klassischer Bereich der Sozialpsychologie ist die Einstellungsforschung. Wie bilden wir Meinungen und Einstellungen aus? Welchen Beeinflussungen unterliegen wir dabei? Wodurch können sich Einstellungen verändern bzw. wie kann man andere überzeugen? Wann sind welche Argumente am überzeugendsten? Warum sind Einstellungen häufig so hartnäckig?

Nachdem die Grundlagen unseres Denkens, Handelns und Erlebens dargestellt wurden, steht im Fokus von Teil II „**Das Individuum interagiert mit anderen**" das Individuum in Interaktion mit anderen.

Kapitel 8 – Sozialer Einfluss. Zunächst befassen wir uns mit dem Einfluss, den andere – beabsichtigt oder unbeabsichtigt – auf uns ausüben. Wie kann es sein, dass die Anwesenheit eines Publikums einmal bewirkt, dass ein Akteur das Beste aus sich herausholt, und ein andermal, dass er völlig versagt? Wieso fällt es uns in Gruppen manchmal so schwer, unsere eigenen Ansichten zu vertreten, wenn diese von der Mehrheitsmeinung abweichen? Wie schaffen es andere Menschen immer wieder, uns dazu zu bringen, etwas zu tun, was wir eigentlich gar nicht wollten?

Kapitel 9 – Gruppen. Wichtige Teile unseres Lebens verbringen wir nicht alleine, sondern als Mitglieder verschiedenster Gruppen. Wie beeinflusst es uns, wenn wir Entscheidungen nicht allein, sondern gemeinsam mit anderen treffen? Hat eine Gruppe, der wir angehören, Einfluss darauf, welches Verhalten wir zeigen? Wie wird unsere Leistung davon beeinflusst, wenn wir in der Gruppe statt alleine arbeiten?

Kapitel 10 – Vorurteile. In engem Zusammenhang mit Gruppen steht das Thema Vorurteile, d. h. negative Einstellungen gegenüber Angehörigen aufgrund deren Gruppenzugehörigkeit. Woher kommen Vorurteile und wie wirken sie sich aus? Wir finden immer wieder Bestätigungen unserer Vorurteile – heißt das, dass sie richtig sind oder spielt uns unsere Wahrnehmung einen Streich? Wieso halten sich Vorurteile selbst dann hartnäckig, wenn es genug „Gegenbeweise" gibt? Sind Menschen mit weniger Vorurteilen davor gefeit, diskriminierend zu handeln?

Kapitel 11 – Aggressives Verhalten. Aggressionen treten in allen Gesellschaften auf und alle Gesellschaften setzen sich damit auseinander, wie Aggressionen im menschlichen Zusammenleben eingedämmt werden können. Entsprechend dieser Bedeutung von Aggressionen für das menschliche Zusammenleben handelt es sich dabei um ein klassisches Thema der Sozialpsychologie. Woher kommen Aggressionen? Welche Rolle spielen biologisch-physiologische Faktoren für aggressives Verhalten? Welchen Einfluss hat das soziale Umfeld auf das Ausmaß aggressiven Verhaltens? Wie wirken sich gewalt-tätige Medien auf die Aggressionsbereitschaft aus?

Kapitel 12 – Prosoziales Verhalten.   Ein weiteres Kennzeichen menschlichen Zusam-menlebens ist gegenseitige Hilfe, d. h. prosoziales Verhalten. Es wird beschrieben, war-um wir anderen helfen und warum Hilfe unterlassen wird. Welche Rolle spielen situative Faktoren für unterlassene Hilfeleistung? Welche Motive stehen dahinter, dass wir Zeit und Energie für andere aufbringen – möglicherweise sogar unser Leben riskieren? Hel-fen wir bestimmten Personen eher als anderen?

Wie dieser Überblick zeigt, untersucht die Sozialpsychologie Themen und Fragen, die viele Menschen beschäftigen. Mit der Lektüre dieses Buches werden Sie fundierte und mitunter auch überraschende Antworten auf einige dieser Fragen erhalten. Wir wün-schen Ihnen viel Spaß bei der Lektüre!

2 Grundlagen sozialer Informations-verarbeitung und sozialen Verhaltens

Was bringt's?

Was versteht man unter sozialer Kognition? Wie verarbeiten wir Informationen aus unserer sozialen Umwelt? Inwieweit spielen dabei neben bewussten Denkprozessen auch unbewusste Prozesse eine Rolle?

Funktioniert unsere Wahrnehmung einer Videokamera vergleichbar oder folgt sie anderen Gesetzmäßigkeiten?

Was zieht unsere Aufmerksamkeit auf sich? Wie und wann wirken sich bereits gespeicherte Informationen auf die Wahrnehmung aus? Wie funktioniert unsere Erinnerung?

Der Begriff Kognition entstammt dem lateinischen *cognoscere* („erkennen") und bezeichnet in der Psychologie die Informationsverarbeitung von Menschen, d. h. die mentalen Prozesse und Strukturen eines Individuums. „Zur Kognition zählen: Wahrnehmung, Erkennen, Vorstellen, Urteilen, Gedächtnis, Lernen, Denken, oft auch Sprache" (Arnold et al., 1988, S. 1085). Dass wir von *sozialer* Kognition im Speziellen sprechen, ist auf drei Gründe zurückzuführen: Zunächst einmal können die Objekte unserer Kognition sozial sein (z. B. eine andere Person oder auch wir selbst), zum Zweiten resultiert Kognition unter anderem aus und basiert auf sozialer Interaktion (z. B. bilden wir uns einen Eindruck im Gespräch mit einer Person und werden durch ihr Verhalten dabei beeinflusst; vgl. Kapitel 5), und zum Dritten wird sie „sozial geteilt" von verschiedenen Mitgliedern sozialer Gruppen (z. B. beeinflusst uns die Einstellung anderer Personen; so schließen wir uns in unseren Urteilen Angehörigen unserer eigenen Gruppe bevorzugt an oder unterscheiden uns in unserer sozialen Wahrnehmung von der anderer Kulturen).

Fasst man beides zusammen, so lässt sich soziale Kognition *definieren* als Art und Weise, wie wir Informationen über die soziale Realität interpretieren, analysieren, erinnern und verwenden (Baron & Byrne, 2003), wie diese Informationsverarbeitung durch den sozialen Kontext beeinflusst wird und wie sie unser soziales Verhalten beeinflusst (Hogg & Vaughan, 2005). Dementsprechend beschäftigt sich die soziale Kognitionsforschung damit, wie wir Informationen verarbeiten und ordnen, was unsere Aufmerksamkeit auf sich zieht, durch welche si-

Soziale Kognition

Art und Weise, wie Informationen über die soziale Realität

- verarbeitet und verwendet werden,

- durch den sozialen Kontext beeinflusst werden,

- den Urteiler in seinem Denken, Handeln und Erleben beeinflussen.

tuativen Faktoren unsere Informationsverarbeitung beeinflusst wird und welchen Neigungen wir dabei unterliegen.

In diesem Kapitel werden wichtige Grundlagen sozialer Kognition behandelt, die zum Verständnis der Inhalte dieses Buchs beitragen. Im Folgenden werden soziale Informationsverarbeitung und das Zustandekommen sozialen Verhaltens aufgezeigt. Zunächst wird die Struktur unseres Wissens dargestellt (vgl. Abschnitt 2.1) und darauf aufbauend der Zusammenhang zwischen diesen Strukturelementen. Folgende Stufen der Informationsverarbeitung sind zu unterscheiden (vgl. zusammenfassend Abb. 2.1):

- **Wahrnehmung** (vgl. Abschnitt 2.2)
  Zunächst müssen Reize von uns wahrgenommen werden. Aufgrund der Begrenztheit unserer Informationsverarbeitungskapazität sind wir nahezu gezwungen, dabei eine Auswahl zu treffen. Einfluss darauf, was unsere Aufmerksamkeit erhält, haben verschiedenste Faktoren.

- **Kategorisierung/Enkodierung** (vgl. Abschnitt 2.3)
  Im zweiten Schritt müssen die wahrgenommenen Reize von uns enkodiert und interpretiert werden. Diese Informationsverarbeitungsstufe wird stark von unserem Vorwissen mitbestimmt.

- **Wissensorganisation/Gedächtnis** (vgl. Abschnitt 2.4)
  Die enkodierte Wahrnehmung wird im Gedächtnis abgespeichert und stellt gemeinsam mit dem bisherigen Wissen eine Grundlage für die weitere Informationsverarbeitung dar.

- **Urteilsgenerierung/Erinnerung** (vgl. Abschnitt 2.5)
  Auf Basis der enkodierten und aus dem Gedächtnis abgerufenen Information werden Schlussfolgerungen gezogen und Urteile gebildet.

Dieses Modell nimmt – aus didaktischen Gründen – eine etwas künstliche Trennung der einzelnen Stufen und ihrer Befunde vor. Die späteren Stufen bauen zwar in der Tat auf früheren auf, doch bestehen vielfältige Rückkopplungen und Beeinflussungen. Das Modell soll veranschaulichen, dass soziale Urteile und soziales Verhalten nicht unmittelbar von der äußeren Reizsituation bestimmt werden, sondern davon, wie der Mensch die Realität wahrnimmt und versteht. Beispielsweise werden nicht alle zur Verfügung stehenden Informationen genutzt, sondern selektiert, integriert und auf viele andere Weisen verändert, bis sie schließlich in Urteile und Verhalten resultieren. Dass all dies ein Zusammenspiel impulsiver und reflektiver, automatischer und bewusster Prozesse ist, wird in Abschnitt 2.6 (Zwei-Prozess-Modell der Verhaltenssteuerung) aufgezeigt.

Nachfolgend werden dieser Prozess sozialer Informationsverarbeitung und Verhaltenssteuerung sowie die Einflussfaktoren, denen er unterliegt, dargestellt.

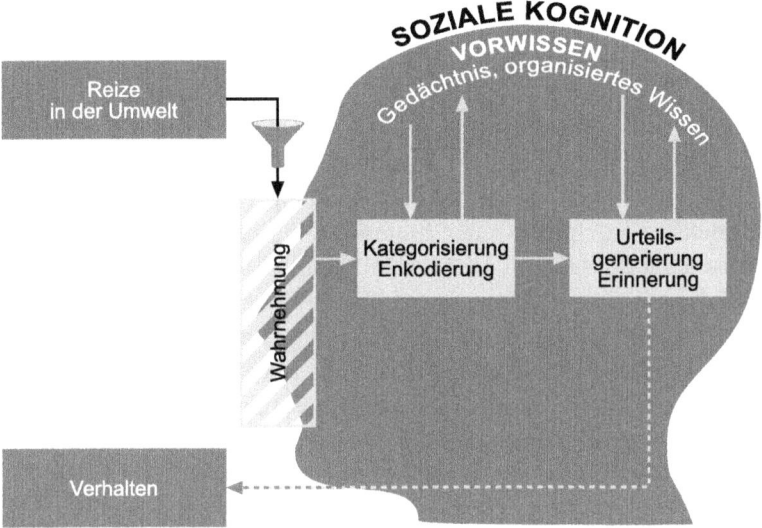

Abb. 2.1: Übersicht über die Bestandteile und Prozesse sozialer Kognition. Reize der (sozialen) Umwelt werden „gefiltert" wahrgenommen und im Wechselspiel mit Vorwissen kategorisiert/enkodiert. Urteile werden aus aktuellen und erinnerten Informationen generiert. Aus diesen kann dann ein bestimmtes Verhalten resultieren.

2.1   Die Struktur unseres Wissens

Wie der Begriff Informationsverarbeitung schon nahelegt, können Denkprozesse nicht „leer" ablaufen, sondern beziehen sich immer auf Inhalte bzw. müssen mit solchen gefüllt sein. Informationen beziehen wir zum einen ständig aus unserer Umgebung, sie strömen quasi ständig über alle Sinneskanäle auf uns ein. Zum anderen haben wir mit unserem Gedächtnis einen enormen Informationsspeicher zur Verfügung. Grundlegend für das Verständnis darüber, wie wir neue Informationen wahrnehmen, verarbeiten und integrieren, ist es, die Struktur dieses Wissens zu kennen. Nachfolgend werden wichtige Begriffe dargestellt, um kognitive Strukturen zu beschreiben. Dazu gehören Kategorien und Prototypen als Zuordnungshilfen sowie Schemata, Stereotype und Skripte als angewandte Wissensstrukturen (für einen Überblick siehe Fiske & Taylor, 1991).

Um abstraktere Wissensstrukturen überhaupt anwenden zu können, sind zunächst – als elementarste Wissensstruktur – **Kategorien** zu bilden, d. h. eine Person oder Situation zu einer Kategorie zuzuordnen. Kategorien bezeichnen folglich eine Klasse von Dingen, die zu einem einzelnen (Ober-)Begriff gehören, beispielsweise gehört ein Baum zur Kategorie der „Pflanzen", ein Hammer zur Kategorie „Werkzeuge", der siebenjährige Pablo zur Kategorie „Kind" und eine 83-jährige Dame zur Kategorie „älterer Mensch". Kategorien schaffen uns Gruppierungen von zwei oder mehr unterscheidbaren Objekten, die aber bestimmte Gemeinsamkeiten aufweisen. Es gibt mehr oder weniger typische Beispiele für jede Kategorie, die unterschiedlich repräsentiert sein können, so beispielsweise als Durchschnitt aller Exemplare (sog. Prototyp) bzw. durch ein bestimmtes Exemplar darunter (exemplarbasiert/*exemplar-based*).

Ob ein neues Element in die Kategorie passt oder nicht, kann durch Bewertung der Ähnlichkeit mit dem sog. *Prototyp* oder einem bestimmten *Exemplar* entschieden werden (Barsalou, 1985). Der Prototyp stellt den besten bzw. typischsten Vertreter seiner Kategorie dar (statistisch gesprochen den Mittelwert, die zentrale Tendenz der Kategorie); beispielsweise das durchschnittliche Aussehen eines BWL-Studenten, die durchschnittliche Einstellung eines Jurastudenten zur CDU. Prototypen beinhalten eine abstrakte Repräsentation der Merkmale, die mit der Kategorie assoziiert werden, im Gedächtnis gespeichert sind und zur Organisation von Informationen dienen. Doch können soziale Kategorien nicht nur durch typische Vertreter repräsentiert werden, sondern auch durch *Ideale* oder *Extreme*, beispielsweise haben wir vermutlich eher eine Kategorie einer Ideal-Nonne als einer durchschnittlichen Nonne.

Schließlich lassen sich Kategorien ebenso durch einzelne Vertreter beispielhaft repräsentieren (sog. *exemplar-based representation*; Smith & Medin, 1981; Smith & Zaraté, 1992). Eine „beispielbasierte Repräsentation" ist dann gegeben, wenn ein Begriff im Gedächtnis eher im Sinne konkreter Beispiele („Mutter Teresa als Nonnen-Exemplar) als abstrakter Merkmale repräsentiert wird. Dies ist beispielsweise dann der Fall, wenn uns aufgrund spezifischer Erfahrungen mit bestimmten Exemplaren der Kategorie (einer eindrucksvollen Begegnung mit dem intelligenten kleinen Pablo oder einer mental äußerst fitten älteren Dame) dieses Einzelexemplar und kein typischer Vertreter einfällt.

Kurzum: Um zu kategorisieren, können wir sowohl abstrakte Informationen wie Prototypen oder auch konkrete Beispiele heranziehen. Wann welche Variante wahrscheinlicher ist, hängt von Faktoren wie Aufgabenstellungen oder individuellen Vorlieben ab. Bei ausreichender Kapazität und Motivation, einer Fokussierung auf Genauigkeit oder Individualität wird eher exemplarbasiert vorgegangen. Ist hingegen eine schnelle Kategorisierung erforderlich, wird eher der Prototyp herangezogen (Fiske & Neuberg, 1990).

Schemata sind übergeordnete Wissensstrukturen, die das Wissen einer Person über einen Themenbereich sowie die dazugehörigen Attribute

---

Begriffe zur „Struktur von Wissen"

- **Kategorie**
  Elementare Wissensstruktur; Gruppierung von zwei oder mehr unterscheidbaren Objekten, die ähnlich behandelt werden

- **Prototyp**
  Repräsentation der mit der Kategorie assoziierten Merkmale des typischsten Vertreters einer gegebenen Kategorie (vs. *exemplar based representation*)

- **Schema**
  Wissensstruktur, die auf Kategorien aufbaut und das Wissen einer Person über einen Themenbereich (Objekt, Person, Handlung) enthält

- **Stereotyp**
  Schema, das sozial geteilte Überzeugungen über Persönlichkeitsmerkmale und Verhaltensweisen von Angehörigen einer sozialen Kategorie enthält

- **Skript**
  Schema, das routineartige Handlungsepisoden in bestimmten Gegenstandsbereichen repräsentiert

(Eigenschaften, Merkmale) und die Beziehung zwischen den Attributen enthalten. So legt uns unser Schema „Pflanze" nahe, dass wir diese gießen, nicht aber mit ihr reden können, das Schema „Gebäude", dass Dach und Wände vorliegen, das Schema „älterer Mensch", dass es sich um jemanden grau- oder weißhaarigen mit Falten und verringerter körperlicher Leistungsfähigkeit handelt. Schemata stellen Strukturhilfen unseres Wissens und Erlebens dar, sie beeinflussen, was und wie wir etwas wahrnehmen, interpretieren und erinnern (Taylor & Crocker, 1981; vgl. Abb. 2.2).

Stereotype sind eine spezielle Form eines (Rollen-)Schemas. Sie stellen Wissensstrukturen dar, die sozial geteilte Überzeugungen bezüglich der Merkmale enthalten, die *Angehörige einer sozialen Gruppe* auszeichnen bzw. die man von ihnen erwartet. Typische Beispiele sind hier „Blondinen sind attraktiv, aber dumm", „Südländer sind dunkelhaarig, extrovertiert, impulsiv und feurige Liebhaber" (vgl. Kapitel 10.)

Skripte bezeichnen ebenfalls eine spezielle Form eines (Handlungs-)Schemas. Sie beschreiben standardisierte Abfolgen von Abläufen, Verhalten und Ereignissen. Dies kann beispielsweise die Vorstellung sein, wie ein Restaurantbesuch, das Einkaufen im Supermarkt oder das Einchecken am Flughafen auf dem Weg in den Urlaub in der Regel abläuft. Ihr Skript für einen Mensabesuch sieht vermutlich so aus, dass man sich (egal an welcher Universität) zunächst in eine Warteschlange einreiht, dann ein Tablett nimmt, sich aus der Theke das eine oder andere zum Essen aussucht, dieses am Ende der Theke bei einer Kassiererin bezahlt und sich dann einen freien Platz an einem Tisch sucht und nach dem Essen das Tablett wieder wegbringt (z. B. auf ein Geschirrband stellt) – kurz-

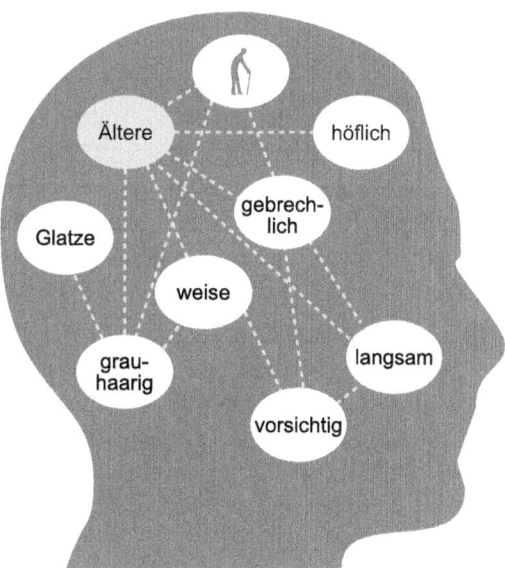

Abb. 2.2: Hypothetischer Teil eines assoziativen Netzwerks zum Schema (bzw. Stereotyp) über ältere Menschen mit seinen zugehörigen Bestandteilen sowie den Verbindungen zwischen diesen (in Anlehnung an Abb. 2, Strack & Deutsch, 2004, S. 224).

um: das Drehbuch „Mensabesuch" ist eines Ihrer (Handlungs-)Schemata, selbst wenn kleinere Abweichungen des Skripts vorliegen (beispielsweise mit Mensakarte oder bar bezahlen), so bleibt das Prinzip des Handlungsablaufs im Wesentlichen doch gleich.

Der Einfluss gespeicherten sozialen Wissens hängt nicht nur von den gespeicherten Inhalten und der Art der Wissenstruktur (Schemata, Skripte etc.) ab, sondern noch viel mehr von den Verbindungen zwischen diesen und davon, *wie* wir Informationen verarbeiten.

- **Verbindungen**
  Eine wichtige Form zur Konzeptualisierung von Verbindungen zwischen einzelnen Kategorien sind die sog. **assoziativen Netzwerke** (Smith, 1998; Smith & Queller, 2001). So wird davon ausgegangen, dass Konzepte, Einstellungen oder Informationen als sog. Knoten innerhalb eines Netzwerks miteinander verbunden sind. Verbindungen mit anderen Knoten entstehen, wenn zwei Informationen der jeweiligen Knoten durch Nachdenken oder Wahrnehmung gleichzeitig aktiviert werden. Je häufiger dies passiert, umso stärker sind die Knoten verbunden. Einander semantisch ähnliche Kategorien (= mit vielen gemeinsamen Eigenschaften; z. B. „Vögel" und „Fische") sind daher stärker miteinander verbunden als sehr unterschiedliche Kategorien (jene mit wenigen Gemeinsamkeiten; z. B. „Vögel" und „Autos"). Wird ein Knoten aktiviert, bewirkt dies wiederum eine Aktivierung der mit ihm verbundenen benachbarten Knoten (sog. *spreading activation*). Je mehr Verbindungen zu einem bestimmten Knoten führen, umso wahrscheinlicher wird der Knoten durch diesen Prozess mitaktiviert und umso wahrscheinlicher sollte die Information des Knotens die Informationsverarbeitung beeinflussen.

- **Verarbeitung**
  Die Richtung der Informationsverarbeitung ist zu unterscheiden (Egeth & Yantis, 1997; Kintsch, 2005; Long & Toppino, 2004; Ruthruff et al., 2001; siehe auch Sloman, 1996). Zum einen können wir Informationen über einen sog. *bottom-up*-Prozess verarbeiten. Dabei erfolgt die Informationsverarbeitung anhand der Merkmale, die der Stimulus selbst mitliefert, also ein datengesteuertes Vorgehen über Merkmale wie Helligkeit oder Farbe eines Objekts, Geschlecht einer Person usw.

  Alternativ können wir auch konzeptgeleitet vorgehen. Das ist der Fall, wenn der Kontext oder allgemeines Wissen wie Schemata die Wahrnehmung steuern und somit auf einer höheren Ebene bestimmt wird, wie die Wahrnehmung auf einer niedrigen Ebene interpretiert wird. Eine solche *top-down*-Verarbeitung ermöglicht, dass Reize oder Objekte schneller im passenden Zusammenhang gesehen und beurteilt werden können – ohne dass alle Reizmerkmale differenziert verarbeitet werden. Hierzu benötigen wir allerdings passende Konzepte bzw. Vorwissen.

  Die Unterscheidung von *top-down* und *bottom-up*-Prozessen lässt sich anhand folgenden Beispiels gut veranschaulichen: Nehmen wir an, Sie hätten einen stark vergrößerten Ausschnitt eines Bildes und würden diesen einem Bekannten vorlegen. Er soll Ihnen – ohne weitere Vorinformation – sagen, was darauf ist. Jemand, der *bottom-up* verarbeitet, wird Ihnen möglicherweise sagen, dass er verschiedenfarbige Quadrate (d. h. die Pixel) sieht und Ihnen vielleicht deren Anordnung und Farbe beschreiben. Während der Bekannte noch beschreibt, erzählen Sie, dass Sie gestern auf einer Gemäldeausstellung waren und die Abbildung aus einem dazugehörigen Informationsheft stammt. Mit diesem Vorwissen wird Ihr Bekannter das Bild womöglich ganz anders ansehen und beschreiben. Vermutlich stellt Ihr Bekannter nun auf *top-down*-Verarbeitung um, denn sein hinzugewonnenes Vorwissen sagt ihm, dass es sich vermutlich um ein Bild handelt. Da es so pixelig ist, muss

Richtung der Informations-verarbeitung

Als *top-down* („von oben nach unten") und *bottom-up* („von unten nach oben") werden zwei entgegengesetzte Vorgehensweisen der Informationsverarbeitung bezeichnet, über welche ein Urteiler entweder von Konzepten (*top-down*) oder aber von Reizmerkmalen ausgehend (*bottom-up*) zu einem Urteil gelangt.

Aufwand der Informations-verarbeitung

Informationen können aufwendig, d. h. *systematisch*, oder aber kapazitätssparend, d. h. *heuristisch*, verarbeitet werden.

es ein stark vergrößerter Ausschnitt sein. Er sieht nun wahrscheinlich, dass die Pixel zusammengenommen beispielsweise den Teil eines Gesichts zeigen. Er wird Ihnen vermutlich nun auch nicht mehr die Reizmerkmale (wie Farbe, Größe der Pixel etc.) beschreiben, sondern Ihnen sagen, was diese Pixelansammlung darstellt (vgl. zur Veranschaulichung Abb. 2.3).

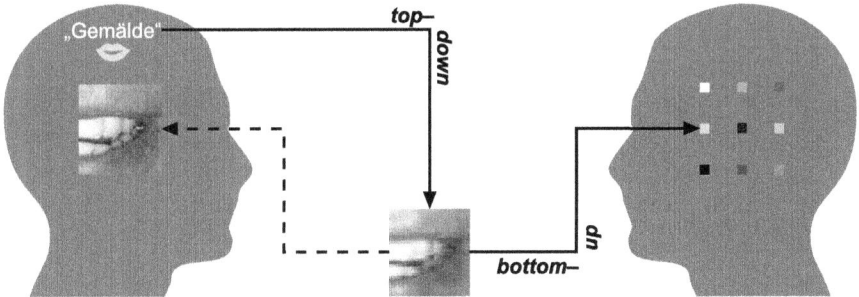

Abb. 2.3: Veranschaulichung für *top-down-* vs. *bottom-up*-Informationsverarbeitung im Rahmen der Wahrnehmung. Bei der *bottom-up*-Verarbeitung (rechter Teil der Abb.) wird reizgetrieben (hier: pixelige Darstellung) vorgegangen, bei der *top-down*-Verarbeitung (linker Teil der Abb.) wird Vorwissen (z. B. dass es sich um einen Gemäldeteil handelt, Vorwissen um Bestandteile menschlicher Gesichter) zur Interpretation genutzt.

Schließlich ist zu unterscheiden, wie aufwendig wir eine Information verarbeiten – wir können sie *systematisch* und damit genau verarbeiten, was aber zeitlich aufwendig ist und mehr Ressourcen verbraucht. Oder aber wir verarbeiten *heuristisch* (nach Faustregeln) und damit schnell und möglicherweise weniger genau (Chaiken et al., 1989; Petty & Cacioppo, 1986a, b). Dies wird ausführlich in Kapitel 7 beschrieben (vgl. ELM und HSM in Abschnitt 7.2.6; vgl. auch Kapitel 3).

Wie wir gesehen haben, beinhalten Wissensstrukturen nicht nur Informationen, sondern sie beeinflussen auch die Verarbeitung von Informationen. Im Folgenden wird dargestellt, wie die gespeicherten Wissensstrukturen über die verschiedenen Stufen der Informationsverarbeitung hinweg mit eingehenden Informationen interagieren.

2.2   Wahrnehmung und Aufmerksamkeit

Um die Rolle von Wahrnehmung und Aufmerksamkeit für unsere Informationsverarbeitung zu illustrieren, erlauben Sie uns folgenden Vergleich: Was haben Wahrnehmung und Aufmerksamkeit mit einer Filmkamera gemeinsam, was nicht? Nun, ihnen ist zunächst einmal gemeinsam, dass man durch eine Kamera nur einen gewissen Ausschnitt der Umwelt sieht, aber niemals alles. Zum Zweiten ist bei einer Kamera nicht alles im Bild scharf, sondern es wird auf bestimmte Dinge bzw. Personen fokussiert und diese „scharf gestellt". Ganz im Gegensatz zu Wahrnehmung und Aufmerksamkeit ist die Kamera jedoch für den Ausschnitt, auf den sie fokussiert, „objektiv", d. h., sie hat kein Vorwissen oder keine Vorurteile, die ihre Sicht verzerren – es sei denn, es wird ein entsprechender Filter (z. B. Schwarzweißfilter) eingelegt –, anders als beim Menschen, der niemals wirklich objektiv sein kann, denn jegliche Informationsverarbeitung basiert auf unseren Wissenstrukturen und wird von diesen stets mitbeeinflusst.

Aus Ihren eigenen Erfahrungen ist Ihnen wahrscheinlich bewusst, dass wir Menschen keine „objektiven" Informationsverarbeiter sind. Wie wir in Beziehungen immer wieder feststellen, erlebt jeder von uns „seine eigene Wahrheit", hat seine subjektive Sicht der Dinge. Zum anderen scheinen wir gar nicht alles in einer Situation mitzubekommen. Stellen Sie sich beispielsweise vor, dass Sie gemeinsam mit Freunden unterwegs sind und Zeuge eines Unfalls werden. Wenn Sie im Nachhinein als Zeuge Ihre Erlebnisse berichten sollen, scheint Ihnen so manches entgangen zu sein, was die anderen Zeugen gesehen haben; dafür können Sie möglicherweise Details berichten, die die anderen nicht gesehen haben.

Nehmen wir nun einmal an, Sie sind auf einer Party, es herrscht laute Musik und diverse Unterhaltungen laufen parallel. Sie hören gerade Ihren Freunden zu, die sich die neuesten Geschichten aus dem Urlaub erzählen. Obwohl Sie ernsthaft zuhören, dringen doch plötzlich Bruchstücke der Unterhaltung einer hinter Ihnen stehenden Gruppe zu Ihnen durch, beispielsweise weil Ihr Name gefallen ist. Dieses Phänomen, dass die Nennung des eigenen Namens automatisch die Aufmerksamkeit auf sich zieht, wird als *Cocktailparty*-Phänomen bezeichnet (Moray, 1959; siehe auch Conway et al., 2001; Wood & Cowan, 1995). Unser Wahrnehmungssystem hat offensichtlich eine Art Filtermöglichkeit, die an unterschiedlichen Stellen des Wahrnehmungsprozesses eingreifen und die Information selektieren kann. Diese Fähigkeit trifft auch auf den menschlichen Gehörsinn zu, welcher auf o. g. Party, wo viele Geräusche gleichzeitig auf uns einwirken, in der Lage ist, nur die Worte eines Sprechers wahrzunehmen und die der anderen zu unterdrücken

(z. B. Brungart & Simpson, 2007). Selektive Wahrnehmung und Aufmerksamkeitszuwendung ist die Grundvoraussetzung, um mit der Reizflut, die auf uns einströmt, effizient umzugehen (Johnston & Dark, 1986).

Wie wir auf Bestimmtes fokussieren und anderes ausblenden, lässt sich an folgendem Beispiel leicht feststellen:

Was denken Sie?

Wie häufig taucht der Buchstabe „f" in nachfolgendem Satz auf?

„These functional fuses have been developed after years of scientific investigation of electric phenomena, combined with the fruit of long experience on the part of the two investigators who have come forward with them for our meetings today" (Beispiel aus Plous, 1993, S. 16).

Der Buchstabe „f" kam _____ mal vor.

Die meisten englischsprachigen Teilnehmer in der Studie von Block und Yuker (1989), denen diese Aufgabe vorgelegt wurde, unterschätzen die Anzahl der „f". Die korrekte Anzahl wäre elf gewesen (viermal taucht der Buchstabe „f" allein in den Füllwörtern „of" auf). Ging es Ihnen ähnlich? Warum haben Sie es nicht wahrgenommen? Nun, Sie haben wahrscheinlich nicht auf das „f" in dem (inhaltlich unwichtigen) Füllwort „of" fokussiert, sondern nur auf die „f" in den wichtigeren Wörtern. Dadurch werden die „f" in „of" übersehen.

Was zieht noch unsere Aufmerksamkeit auf sich und entscheidet darüber, was wir wahrnehmen? Im o. g. Fall der Party war es die starke **persönliche Relevanz** (unser Name), die die Aufmerksamkeit automatisch fokussierte. Die persönliche Relevanz kann sich jedoch nicht nur auf den eigenen Namen beziehen, sondern ebenso auf die

Aufmerksamkeit erhalten Reize

- *mit persönlicher Relevanz*
  die uns für unsere Ziele relevant erscheinen; die unsere Identität betreffen

- *die wir erwarten*
  die dem entsprechen, was wir sehen wollen bzw. von uns schon erwartet wird

- *die unerwartet auftreten*
  die zu unserer aktuellen Orientierung oder Erwartung inkonsistent sind

- *die negativ sind*
  die aufgrund ihrer Valenz Signalwirkung haben

- *die salient sind*
  die in Relation zum Kontext auffallend sind

- *die lebhaft (vivid) sind*
  die bewegt, bunt, emotional interessant sind oder eine bildhafte Vorstellung erzeugen

eigenen, momentan vorherrschenden **Ziele und Motivation** (Aarts et al., 2001; Moskowitz, 2002). Beispielsweise würden einem hungrigen Menschen essbare Dinge eher auffallen als einem satten Menschen bzw. würde er mehrdeutige Reize eher als potenzielle Nahrungsmittel einstufen als jemand, der gesättigt ist (vgl. Kapitel 5; vgl. auch McClelland & Atkinson, 1948; Seibt et al., 2007). Ungestillte Bedürfnisse, Motivationen und Ziele führen also dazu, dass bedürfnis- bzw. zielrelevante Reize vermehrt Aufmerksamkeit erhalten. Dies ist adaptiv, da es die Zielerreichung bzw. die Bedürfnisstillung wahrscheinlicher macht (vgl. Oettingen & Gollwitzer, 2001).

Des Weiteren leiten **Erwartungen** unsere Wahrnehmung (vgl. Kapitel 5 und 10). Beispielsweise fällt uns vor allem das erwartungskonsistente schlechte Verhalten eines Schülers, den wir als unangenehm erleben, auf, nicht aber sein gutes (Snyder & Cantor, 1979; Snyder & Swann, 1978). Doch nicht nur das, was wir erwarten, auch das, was unerwartet ist, hat Einfluss auf die Aufmerksamkeit (im Vergleich zu „erwartungsneutralen" Reizen). Kommen wir zur Veranschaulichung noch einmal zurück zu der Party und stellen uns vor, dass plötzlich im schummrigen Raum das Licht angehen würde. Vermutlich würden Sie sofort Ihre Aufmerksamkeit auf dieses Ereignis richten und sich umschauen, ob es ein Indiz für diese **Unerwartetheit** gebe. Unerwartete und inkonsistente Reize ziehen unsere Aufmerksamkeit auf sich (Derryberry, 1993; Gawronski et al., 2005; Rothermund, 2003; Rothermund et al., 2001). Im Zusammenhang mit Zielen sind erwartungsinkonsistente Ereignisse/Reize gleichzeitig jene, die unser derzeit angestrebtes Ziel durchkreuzen oder unsere aktuelle Handlungsrichtung (wie Annäherung oder Vermeidung) behindern. Dadurch ist es auch hier adaptiv, ihnen – zumindest kurzfristig – Aufmerksamkeit zu widmen. Schließlich erhält vor allem **Negatives** verstärkte Aufmerksamkeit – weil es ebenso adaptiv ist, gegenüber allem, was unser Wohlbefinden gefährden könnte, aufmerksam zu sein (Pratto & John, 1991; Smith et al., 2006; siehe auch Wentura et al., 2000; sog. *negativity bias*).

Nehmen wir weiter an, Sie sähen sich auf der Party nun um, wer aus der anderen Gruppe, die Sie nicht kennen, wohl Ihren Namen ausgesprochen hat, und es wären dort lauter Personen in Jeans und einer im Hosenanzug, dann würde letztere Person Ihnen vermutlich eher ins Auge springen. Aufgrund ihres distinkten Merkmals (hier: der unterschiedlichen Kleidung) ist die Person für Sie salient. **Salienz** bedeutet, dass ein Reiz (sei es ein Objekt oder eine Person) aus seinem Kontext hervorgehoben und dadurch der Aufmerksamkeit leichter zugänglich ist als ein nicht salienter Reiz (vgl. Abschnitt 5.2.2).

In einem ähnlichem Sinne wie Salienz erhalten auch Reize mit einer höheren *vividness* (**Lebhaftigkeit**) mehr Aufmerksamkeit (Nisbett & Ross, 1980). Während sich die Salienz eines Reizes aus dem Kontext ergibt – beispielsweise ist ein Flugzeugabsturz in Kriegszeiten weniger salient als in Zeiten des Friedens – bezeichnet *vividness* ein Merkmal des Reizes an sich (unabhängig vom Kontext); so ist ein Flugzeugabsturz immer lebhafter (*more vivid*) als ein normaler Flug. Bewegte oder bunte Reize, emotional interessante, konkrete und bildhafte Vorstellung erzeugende Reize weisen typischerweise ein hohes Maß an Lebhaftigkeit auf (Nisbett & Ross, 1980; vgl. Abschnitt 3.2.1).

2.3   Enkodierung und Interpretation

Nachdem wir nun einen Reiz wahrgenommen haben, ist der nächste Schritt, ihn zu enkodieren, d. h. ihm eine Bedeutung zu verleihen. Dies beinhaltet, dass ein externer Stimulus in eine interne Repräsentation umgewandelt wird. Eine Bedeutung erhält er dabei dadurch, dass er zu dem, was wir bereits an Wissensstruktur haben, in Beziehung gesetzt wird.

Entscheidend ist an dieser Stelle, wie zugänglich eine solche bereits bestehende Wissenskategorie ist; denn dies entscheidet mit darüber, mit welcher Kategorie der neue Reiz am wahrscheinlichsten in Verbindung gebracht wird. Unter **Zugänglichkeit** (*accessibility*) versteht man die Leichtigkeit und Geschwindigkeit, mit der Informationen im Gedächtnis aufgefunden und abgerufen werden können. Eine sehr zugängliche Kategorie wird mit hoher Wahrscheinlichkeit den Interpretationsrahmen eines neu enkodierten Reizes ausmachen. Oder anders ausgedrückt: Informationen, die leicht verfügbar/zugänglich in der Situation sind, haben bedeutsamen Einfluss auf die Reizverarbeitung (Bargh, Chen & Burrows, 1996; Higgins et al., 1977).

Zum einen sind **häufig**, zum anderen **kürzlich** aktivierte Kategorien zugänglicher (Bargh & Pratto, 1986; Higgins et al., 1977). Die Zugänglichkeit einer Kategorie erhöht sich folglich durch „Gebrauch" der Kategorie. Zur Veranschaulichung erlauben Sie uns folgenden Vergleich: Informationen sind wie kleine, mit Akkus ausgestattete Glühbirnen. Bei jeder Verwendung der Information, lädt sich der Akku ein wenig auf. Wie bei jedem anderen Akku auch, geht die Akkuladung über die Zeit hinweg zurück, weil die Glühbirne die Energie verbraucht. Entsprechend wird das Licht schwächer, je leerer der Akku wird. Die Zugänglichkeit einer Information ließe sich also an der Helligkeit der Glühbirne ablesen, denn am „hellsten" leuchten jene Informationen, die kürzlich oder häufig gebraucht werden, d. h. deren Akku gerade erst geladen wurde bzw. deren Akku häufig geladen wird.

> **Einflüsse auf die Enkodierung**
>
> - Wichtig ist die Zugänglichkeit einer Kategorie, d. h. Leichtigkeit und Geschwindigkeit des Abrufs von Informationen.
>
> - Zugänglich sind insbesondere häufig und kürzlich verwendete Kategorien.

Um Effekte kürzlich aktivierter Kategorien auf die Informationsverarbeitung zu untersuchen, wird in der Forschung häufig mit einem sog. **Priming** gearbeitet. Der Begriff Priming ist aus dem Englischen (*to prime* = vorbereiten) abgeleitet und bezeichnet die Vorbereitung oder auch Erleichterung einer Reaktion auf einen Zielreiz (das Target) durch die Verarbeitung eines spezifischen anderen Reizes (des Primes) (Bargh, Chen & Burrows, 1996; Higgins et al., 1977; Rüter, 2006). Priming ist sozusagen eine Voraktivierung durch Reize, die assoziativ mit dem Zielreiz verknüpft sind oder werden.

Ein „Prime" kann auf verschiedenen Ebenen mit dem Target übereinstimmen: Durch *semantisches Priming* wird die Reaktion auf mit dem Prime assoziierte oder semantisch verknüpfte Gedächtnisinhalte erleichtert. Dies äußert sich beispielsweise darin, dass nach Priming des Wortes „Arzt" das semantisch verwandte Wort „Krankenschwester" in einer

Priming

beschreibt eine Voraktivierung durch Reize, die assoziativ mit dem Zielreiz verknüpft sind oder werden. Man unterscheidet:

- *Semantisches Priming*
  Die Reaktion auf mit dem Prime in seiner inhaltlichen Bedeutung verknüpfte Gedächtnisinhalte wird erleichtert.

- *Konzeptuelles Priming*
  Die Reaktion auf komplexe, mit dem Prime assoziierte Konzepte wird erleichtert.

- *Affektives Priming*
  Die Reaktion auf einen Zielreiz (z. B. Kakerlake) wird erleichtert, wenn er dieselbe Valenz wie der Prime (z. B. ekelhaft) aufweist.

- *Prozedurales Priming*
  Eine bestimmte kognitive oder behaviorale Prozedur wird erleichtert, wenn dieselbe bereits in der Primingphase durchgeführt wurde.

Wortliste rascher enkodiert wird als ein Wort aus einem semantisch völlig anderen Bedeutungsfeld (Neely, 1977 u. a.). Das *konzeptuelle* Priming geht über das semantische Priming und dessen Aktivierung einzelner Begriffe hinaus, indem hier ganze Konzepte (die dann wiederum aus einer Verknüpfung von vielen Begriffen bestehen) geprimt werden (Bargh, Chen & Burrows, 1996; Higgins et al., 1977; vgl. Beispielstudie). Im *affektiven* Priming besteht zwischen Prime und Target kein semantischer, sondern ein affektiver Zusammenhang; die Reaktion auf ein Target (z. B. Kakerlake) wird erleichtert, wenn es dieselbe Valenz wie der Prime (z. B. ekelhaft) aufweist als wenn diese anders ist (z. B. angenehm) (Fazio et al., 1986 u. a.). Schließlich lassen sich auch Prozeduren primen, d. h., eine bestimmte kognitive oder behaviorale Prozedur wird erleichtert, wenn dieselbe bereits mit dem Prime durchgeführt wurde (*prozedurales Priming*; Chartrand & Bargh, 1996; Mussweiler, 2001b).

Primingeffekte sind in einer Vielzahl von Bereichen nachgewiesen worden (Bargh, 1996) und werden auch im Laufe dieses Buchs immer wieder in Beispielstudien auftauchen – im Bereich von Urteilen, Schlussfolgerungen, Entscheidungen bei der Personenbeurteilung (vgl. Beispielstudie; Hamilton & Sherman, 1994; Leyens et al., 1994) ebenso wie im Sozialverhalten (Bargh, 1997; vgl. Kapitel 10). Um nur ein Beispiel zu bringen: Ein Priming mit dem Begriff „Unverschämtheit" bewirkte bei Teilnehmern, dass sie den Versuchsleiter häufiger und schneller unterbrachen als jene Teilnehmer, die mit „Höflichkeit" oder einem neutralen Begriff geprimt worden waren (Bargh, Chen & Burrows, 1996).

Beispielstudie zur Zugänglichkeit einer Kategorie
Kürzliche Aktivierung eines Schemas durch konzeptuelles Priming macht dieses zugänglicher und damit einflussreicher für die Urteilsbildung.

Higgins und Kollegen (1977) ließen ihre Teilnehmer zunächst eine Wahrnehmungsaufgabe bearbeiten, in der ihnen (für die Aufgabe irrelevante) Wörter auf Dias mit verschiedenfarbigem Hintergrund dargeboten wurden und in der sie die Farbe des Hintergrunds möglichst schnell benennen sollten. Vor jedem Dia wurde kurz ein Wort (Prime) eingeblendet, das sie lernen und nach der Angabe der Hintergrundfarbe benennen sollten (Primingaufgabe). Anschließend lasen alle Teilnehmer – in einer angeblich unabhängigen Studie zum Textverständnis – eine mehrdeutige Beschreibung einer Person namens Donald (selbstsichere Person, die an riskanten Aktivitäten teilnimmt, siehe unten) und sollten später Fragen zum Text und zu Donald beantworten.

Den Teilnehmern zur Verfügung gestellter Text (Übersetzung durch Autorinnen):

Donald verbrachte eine Menge Zeit damit, danach zu suchen, was er für sich selbst gern als Abenteuer bezeichnet. Er hatte bereits den Mt. McKinley bestiegen, war die Stromschnellen des Colorado in einem Kajak heruntergerast, war in einem Schrottfahrzeugrennen mitgefahren und hatte am Steuer eines düsengetriebenen Motorboots gesessen – ohne allzugut über Boote Bescheid zu wissen. Er hatte schon einige Male Verletzungen und sogar den Tod riskiert. Nun war er auf der Suche nach neuen Abenteuern. Er dachte sich, er könne vielleicht fallschirmspringen oder den Atlantik in einem Segelboot überqueren. Wenn man sich das Verhalten von Donald betrachtet, könnte man sofort annehmen, dass sich Donald seiner Fähigkeiten, eine Menge Dinge wirklich gut zu machen, sehr wohl bewusst ist. Abgesehen von Geschäftsbeziehungen waren Donalds persönliche Kontakte eher eingeschränkt. Er hatte das Gefühl, er bräuchte nicht wirklich jemanden, auf den er sich verlassen könne. Wenn sich Donald einmal für irgendetwas entschieden hatte, dann war es schon so gut wie getan, unabhängig davon, wie lang sich das Ganze hinziehen würde oder wie schwierig es sich gestaltete. Nur sehr selten änderte er seine Meinung, auch wenn sich später herausstellte, dass es besser gewesen wäre, er hätte von seinem Vorhaben abgesehen.

Die Autoren variierten, ob die zu lernenden Wörter positive oder negative Eigenschaften beinhalteten sowie ob sie auf Donald anwendbar waren oder nicht. Anwendbar waren sie, wenn sie inhaltlich zur Charakterisierung der Person passten, beispielsweise abenteuerlustig, leichtsinnig; nicht anwendbar waren hingegen Begriffe wie respektlos, nett, dankbar.

Dadurch ergaben sich vier verschiedene Primingbedingungen: *positiv/anwendbar* (abenteuerlustig), *positiv/nicht anwendbar* (z. B. nett), *negativ/anwendbar* (leichtsinnig), *negativ/nicht anwendbar* (respektlos). Nach dem Lesen des Textes sollten die Teilnehmer in einem Wort Donalds Einstellung zum Kontakt mit anderen Menschen wiedergeben. Diese Wörter wurden anschließend hinsichtlich ihrer positiven bzw. negativen Bedeutung bewertet. Die Ergebnisse zeigten, dass das Priming positiver Eigenschaften (z. B. abenteuerlich) zu einer positiveren, das Priming negativer Eigenschaften (z. B. leichtsinnig) zu einer negativeren Bewertung Donalds führte. Dies galt allerdings nur, wenn die durch das Priming zugänglich gemachten Eigenschaften auch auf ihn anwendbar waren. War dies nicht der Fall (Priming mit nett oder respektlos), so wurden ihm die verfügbaren Eigenschaften nicht zugeschrieben und es ergaben sich keine Primingeffekte. In einer zweiten Befragung zehn bis 14 Tage später verstärkten sich die Primingeffekte noch, d. h., die positive Einschätzung Donalds nach dem Priming positiver, anwendbarer Eigenschaften wurde noch positiver und die negative Einschätzung nach dem Priming negativer, anwendbarer Eigenschaften wurde noch negativer.

Dieser Befund ist bedeutsam, da er zeigt, dass nicht jede Information unsere Enkodierung und Interpretation beeinflusst, sondern dies durchaus abhängig ist von der jeweiligen Situation – der (z. B. durch ein Priming) verfügbare Inhalt muss relevant sein für den Informationsverarbeitungsprozess.

Die Wirkung von Priming unterliegt gewissen Einschränkungen. So muss das verfügbar gemachte Konzept entweder semantisch oder evaluativ *anwendbar sein* für den Informationsverarbeitungsprozess. Des Weiteren spielt es eine Rolle, inwieweit der Person ein möglicher Einfluss des Primings *bewusst* ist oder nicht:

- **Anwendbarkeit**

  Anwendbarkeit meint, ob die zugänglichen Wissensstrukturen mit dem zu fällenden Urteil übereinstimmen, also ob sie für den Informationsverarbeitungsprozess relevant sind. Dies kann wieder auf verschiedenen Ebenen der Fall sein. Zum einen kann es eine semantische Übereinstimmung geben (*semantisches Priming*). Eine hohe Zugänglichkeit des Konzepts (abenteuerlustig) beeinflusst somit Urteile bezüglich der Eigenschaften, die mit diesem Konzept semantisch zusammenhängen (z. B. risikofreudig), aber nicht Urteile bezüglich Eigenschaften, die mit diesem nicht semantisch zusammenhängen (z. B. freundlich; Higgins et al., 1977).

  Zum Zweiten wirken sich geprimte Inhalte, die eine *starke* negative oder positive Konnotation beinhalten, auf die Anwendbarkeit aus (vgl. *affektives Priming*) – selbst wenn sie keine eindeutige Schlussfolgerung auf eine bestimmte Charakterisierung ermöglichen (also inhaltlich/semantisch nicht eindeutig anwendbar sind). Dies ist darauf zurückzuführen, dass eine *allgemeine evaluative Valenz* (wie gut vs. schlecht) oder eine *starke evaluative Komponente* (wie süß als etwas sehr Positives oder aggressiv als etwas sehr Negatives), eine valente Reaktion bahnen, so dass nachfolgend eine Zielperson beispielsweise als sympathisch (positive Valenz) bzw. unsympathisch (negative Valenz) beurteilt wird (Stapel & Koomen, 1999).[1] Die semantische Anwendbarkeit ist also keine notwendige Voraussetzung für die konzeptuelle Anwendbarkeit eines Primes (vgl. Martin et al., 2001).

- **Bewusstsein der Aktivierung**

  Eine weitere Einschränkung betrifft das *Bewusstsein über die Aktivierung* durch das Priming. In einer Replikation der o. g. Studie konnte gezeigt werden, dass das Priming bei jenen Personen wirkungslos war, die die aktivierten Konzepte bewusst erinnerten (Lombardi et al., 1987) oder an sie erinnert wurden (Strack et al., 1993). Primingeffekte sind auch (oder vor allem) bei subliminaler Darbietung, d. h. unterhalb der Wahrnehmungsschwelle (z. B. durch am Bildschirm eingeblitzte Begriffe), sehr wirkungsvoll (Bargh & Pietromonaco, 1982).

---

[1] Manche Autoren sprechen hier auch von *evaluativem Priming* (Fazio et al., 1986; Hermans et al., 2001).

2.4   Organisation

Warum ordnen Sie auf Ihrem Computer die Dateien in verschieden benannten Ordnern an? Warum speichern Sie sie nicht nur einfach mit laufender Nummer als Dateinamen alle auf dem Desktop ab? – Nun, man würde nie etwas finden! Gleiches gilt für unsere Informationsverarbeitung: Nach der Enkodierung muss eine Information im Gedächtnis organisiert werden. Auf Basis dieser Organisation erfolgt dann das nachfolgende Urteilen und Verhalten. Dabei ist es wichtig, dass Informationen so gespeichert werden, dass sie bei Bedarf leicht abgerufen werden können. Das hierfür einfachste Organisationssystem stellen die zuvor beschriebenen Kategorien dar (Fiedler, 1986).

Bevorzugterweise erfolgt die Organisation dabei gruppiert nach *einzelnen Personen*, beispielsweise speichert man alle Eigenschaften einer Person unter dieser Person ab (Tim ist fürsorglich, extrovertiert, verantwortungsvoll und sozial kompetent; Claudia ist humorvoll, schlagfertig und sozial kompetent) und nicht nach Themengruppen (wie z. B. „Extrovertiert sind Tim und Anna; sozial kompetent Claudia und Tim") (Sedikides & Ostrom, 1988). Ist diese Personenzuordnung nicht möglich, so wird eine Information gerne auch nach *sozialen Gruppen* organisiert, beispielsweise nach physikalisch salienten Kategorien wie Geschlecht, Alter oder Ethnie.

Wie Informationen organisiert werden, ist in hohem Maße durch *Aufgabenstellung* bzw. *Ziel der Informationsverarbeitung* beeinflusst (Hamilton et al., 1980; vgl. Beispielstudie). Erwarten wir die Interaktion mit einer Person oder wollen wir uns einen Eindruck über eine Person verschaffen, so werden die Informationen um diese Person gruppiert organisiert – bemerkbar macht sich die Art der Organisation im weiteren Verlauf der Informationsverarbeitung, speziell im späteren Abruf aus dem Gedächtnis.

Beispielstudie zur Organisation
Das Ziel der Informationsverarbeitung ist entscheidend für die Organisation der zu enkodierenden Information.

Hamilton und Kollegen (1980) gaben ihren Teilnehmern eine Liste von Verhaltensweisen einer Zielperson vor (*liest die Abendzeitung, räumt das Haus auf, bevor seine Begleitung erschien* etc.) und variierten darin das mittlere von 15 Items (*griff seine Sekretärin ohne Provokation an* oder *verlor die Beherrschung und schlug einen Nachbar, mit dem er sich stritt*). Aufgrund seines ungewöhnlichen und negativen Inhalts war dieses Item im Kontext der anderen Items distinkt (in der Kontrollgruppe war auch dieses mittlere Item neutral). Aufgabe der Teilnehmer war es entweder, sich einen Eindruck über die Person zu bilden (Eindrucksbildungsinstruktion), oder aber, sich die Liste einzuprägen (Gedächtnisinstruktion).

In einem anschließenden Erinnerungstest sollten die Teilnehmer angeben, ob ein Item vor oder nach dem distinkten Item dargeboten worden war. Personen, die sich einen

Eindruck gebildet hatten, konnten dies deutlich besser als jene, die die Liste gelernt hatten.

Dies zeigt, dass unter Eindrucksbildungsinstruktion die enkodierte Information anders organisiert wird als unter Gedächtnisinstruktion; sie wird stärker in Bezug zu anderen bereits verarbeiteten Informationen gesetzt sowie mehr in bereits bestehende Repräsentationen integriert.

Nicht nur distinkte Informationen wie in dieser Beispielstudie werden in der Informationsverarbeitung anders organisiert, sondern auch schemakonsistente im Vergleich zu schemainkonsistenten Informationen. So werden in der Literatur einerseits Konsistenzeffekte berichtet, indem sich beispielsweise für stereotypkonsistentes Material, wie „Leo spielt gern Fußball" (hier bezogen auf das Geschlechtsstereotyp) bessere Gedächtnisleistungen ergeben als für stereotypinkonsistentes, wie „Leo sammelt Kochrezepte". Andererseits gibt es Belege für Inkonsistenzeffekte, d. h. für eine bessere Erinnerung im Falle stereotypinkonsistenter Informationen gegenüber den stereotypkonsistenten (Belmore, 1987; Erber & Fiske, 1984; Sherman et al., 1998; Srull & Wyer, 1989; Stangor & McMillan, 1992; Vonk, 1994). Wie ist dies zu erklären?

Sollen wir uns einen Eindruck von jemandem verschaffen, so integrieren wir – im Falle ausreichender Verarbeitungskapazität und Motivation – auch distinkte und inkonsistente Informationen. In dem Bemühen, sie zu verstehen, um den geforderten Eindruck daraus abzuleiten, enkodieren und verarbeiten wir sie besonders gut, was einen Erinnerungsvorteil bewirkt (Srull, 1981; *Inkonsistenzeffekt als* bottom-up-*Einfluss*). Wenn entgegen unserer Erwartung beispielsweise ein Neonazi einem Ausländer half, als dieser ausgeraubt wurde, dann werden wir diesem Verhalten viel Aufmerksamkeit schenken und vermehrt darüber nachdenken (z. B. überlegen, wie es zu dem Verhalten kam) und uns dies entsprechend gut merken. Auf diese Weise werden inkonsistente Informationen besser erinnert (Hastie, 1984).

Konsistente Informationen können jedoch ebenfalls einen Erinnerungsvorteil haben, allerdings unter anderen Rahmenbedingungen: Konsistente Informationen haben den Vorteil, dass sie sich aus dem systematischen Wissen über die Welt ableiten lassen (Stangor & McMillan, 1992; *Konsistenzeffekt als* top-down-*Einfluss*).[2] Dementsprechend bedarf es für diesen Effekt auch keiner hohen Verarbeitungskapazität. So können beispielsweise Personen, die beim Lernen abgelenkt werden, dennoch konsistente Informationen gut verarbeiten und erinnern (z. B. dass ein Pilot gute Sehkraft hat, ein Mann Fußball

---

[2] Aus diesem Grunde kann der scheinbare Widerspruch zwischen den Konsistenz bzw. Inkonsistenzeffekt erzielenden Studien auch auf ein Artefakt der Auswertungsmethode der Erinnerungsurteile zurückgehen: Während Inkonsistenzeffekte bei der Wiedererkennung aus der besseren Diskriminationsfähigkeit (wirklich bessere Erinnerungsleistung) des Urteilers resultieren, sind Konsistenzeffekte auf stereotypgeleitete Veränderungen im Antwortkriterium (schemageleitete Urteilstendenzen) zurückzuführen.

spielte), aber nur unabgelenkte Personen auch die inkonsistenten Informationen (z. B. dass der Pilot eine Frau war, ein Mann strickte; Macrae et al., 1993).

Ebenso wirken sich bestehende Wissensstrukturen und Motivationen auf die Enkodierung und Organisation der Information aus, wie beispielsweise sexistische Voreinstellungen der Personen (Werth et al., 2000). So können sexistische Personen zwar einerseits mit ihrer Überzeugung inkonsistente Informationen besser merken (o. g. Inkonsistenzeffekt), fällen aber andererseits zugleich aufgrund ihrer sexistischen Einstellung auch stereotypgeleitete Erinnerungsurteile (Konsistenzeffekt).

Sowohl Inkonsistenz- als auch Distinktheitseffekt sind abhängig von der sozialen Relevanz der Urteilssituation. Inkonsistenzeffekte treten vor allem in sozial relevanten Situationen wie Eindrucksbildungsaufgaben auf, nicht aber im Falle sozial nicht relevanter Aufgaben, wie unter Gedächtnisinstruktionen (vgl. Srull et al., 1985). Nur im Falle ausreichender sozialer Relevanz empfinden Urteiler Inkonsistenzen als ihren Überzeugungen widersprechende und ggf. auch erklärungsbedürftige Informationen und verarbeiten sie entsprechend tief (vgl. Ruble & Stangor, 1986).

2.5 Erinnerung und Urteilsgenerierung

Warum speichern wir überhaupt Informationen ab bzw. was machen wir mit abgespeicherten Informationen? Um Urteile über andere Personen, über Produkte, über uns selbst zu generieren oder zu entscheiden, wie wir uns in einer bestimmten Situation verhalten sollen, müssen wir Informationen verschiedenster Art heranziehen. Ein Teil dieser Informationen ergibt sich aufgrund von verfügbaren Informationen in der Situation, ein anderer Teil durch den Abruf von Informationen aus dem Gedächtnis. Auch dieser Prozess des Urteilens und Erinnerns wird – wie die vorangegangenen – von verschiedenen Faktoren mitbeeinflusst, welche nachfolgend näher beleuchtet werden sollen. Das Augenmerk soll dabei auf dem Prozess des Erinnerns liegen, weil die Urteilsbildung als solche noch öfter Gegenstand der nachfolgenden Kapitel ist (vgl. Kapitel 3 und 5).

Wie ziehen wir gespeicherte Informationen heran? Kann man sich den Vorgang so vorstellen, als würde man ein Fotoalbum oder einen Film aus dem Archiv holen und noch einmal abspulen? Die Forschung legt nahe, dass die menschliche Erinnerung so nicht funktioniert, sondern vielmehr **Rekonstruktions- und Schlussfolgerungsprozesse** eine entscheidende Rolle spielen. Wie diese Prozesse ablaufen, lässt sich durch die Erforschung fehlerhafter Erinnerungen aufzeigen. Aus dieser Forschung ist bekannt, dass die menschliche Erinnerung recht ungenau arbeitet. Beispielsweise wurde gezeigt, dass Personen Schwierigkeiten haben, auf Fragen wie „Wie häufig waren Sie in den letzten zwölf Monaten im Kino?", „Wie viele Gläser Alkohol haben Sie in den vergangenen zwei Wochen getrunken?" korrekt erinnerte Antworten zu geben: Einige Fehler passieren, da Ereignishäufigkeiten unterschätzt werden – sie werden vergessen –, andere, da Ereignishäufigkeiten überschätzt werden. Letzteres zumeist weil auch Ereignisse berichtet werden, die außerhalb der gefragten Zeitspanne liegen (Schwarz & Oyserman, 2001). Da wir eben nicht einfach einen Film abspielen können, sind wir auf Schlussfolgerungen angewiesen, die meist zwar hinreichend genau sind, aber auch immer wieder deutliche Verzerrungen beinhalten (Baddeley, 1979; Bradburn et al., 1987; Strube, 1987 u. a.).

Zunächst einmal nutzen Personen ihre bestehenden Wissensstrukturen und füllen fehlende Erinnerungen mit Schlussfolgerungen durch schon vorhandene Schemata oder Annahmen auf (vgl. Beispielstudie; siehe auch Strack & Bless, 1994; Strack & Förster, 1998; Strack, Förster & Werth, 2005; Werth & Förster, 2002). In der Originalversion einer indianischen Geschichte wurde der Tod einer Person folgendermaßen beschrieben: *When the sun rose he fell down. Something black came out of his mouth. His face became contorted* („Als die Sonne aufstieg, fiel er hernieder. Etwas Schwarzes entwich aus seinem Mund. Sein Gesicht verzog sich"; Übersetzung durch die Autorinnen; Bartlett, 1932, S. 127). Auf Grundlage ihres eigenen kulturellen Wissens (ihres Schemas) veränderten die britischen Teilnehmer diese Passage beim Wiedergeben in *his spirit fled* („sein Geist entwich") oder *his spirit left the world* („sein Geist verließ die Welt"). Darüber hinaus wurde im weiteren Textverlauf *a wound* („eine Wunde") als *a wound of the flesh* („eine fleischliche Verletzung") und nicht als *of the spirit* („eine Verletzung des Geistes") rekonstruiert und somit die „erinnerten" Inhalte vom eigenen Wissen der Befragten verzerrt.

Beispielstudie zu fehlenden Erinnerungen
Fehlende Erinnerungen werden durch Schlussfolgerungen ersetzt.

Dooling und Christiansen (1977) ließen ihre Teilnehmer eine biographische Geschichte über eine ihnen unbekannte Person namens Carol Harris lesen. Zu einem späteren Zeitpunkt sollten die Teilnehmer diese Inhalte wiedergeben. Sie erhielten dazu die falsche Information, dass sie nun „die Geschichte über Helen Keller" erinnern sollten (Helen Keller, die taub, stumm und blind ist, war zu der damaligen Zeit allgemein bekannt).

Es zeigte sich, dass die Teilnehmer fehlende Erinnerungen mit ihrem allgemeinen Wissen über Helen Keller auffüllten – sie berichteten, dass die Protagonistin taub, stumm und blind sei –, doch waren diese Informationen in der Originalgeschichte nicht enthalten gewesen.

Problematisch ist hieran, dass Personen ihre tatsächlichen von ihren „ergänzten" Erinnerungen oft kaum unterscheiden können. Diese Eigenheit menschlicher Erinnerungsvorgänge wird auch als **Quellenverwechslung** bezeichnet (Johnson, 2006; Johnson et al., 1993; Lyle & Johnson, 2006). Diese treten typischerweise auch bei sog. *suggestiven Fragen* (z. B. „Haben Sie *das* Auto gesehen?" statt „Haben Sie *ein* Auto gesehen?") und bei *mehrmaligem Nachfragen* (z. B. bei Wiederholungsmessungen) auf. Interpretiert ein Befragter eine Frage so, dass ein Auto da war und es nur interessiere, ob er es auch gese-

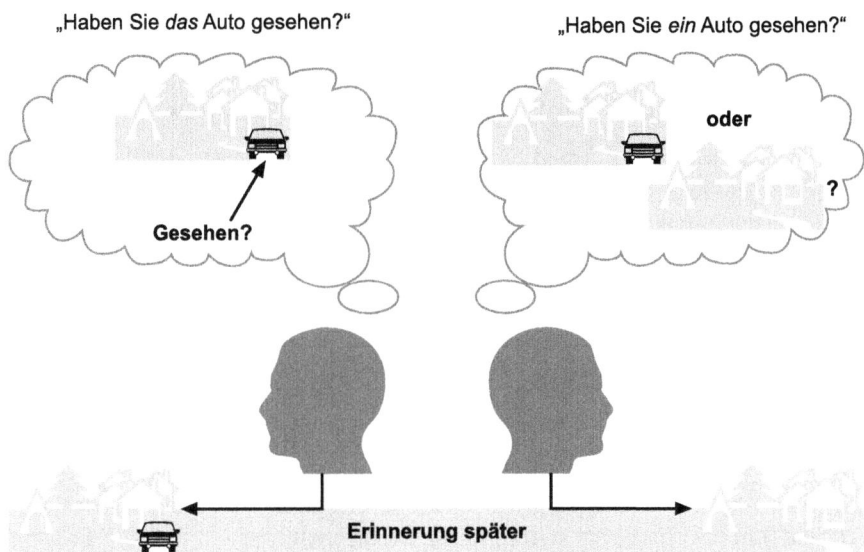

Abb. 2.4: Suggestivfragen können zu fehlerhaften Erinnerungen führen. Während die Frage „Haben Sie *ein* Auto gesehen?" (rechter Teil der Abb.) offenlässt, ob in der Szenerie ein Auto vorhanden war oder nicht, impliziert die Frage „Haben Sie *das* Auto gesehen?" (linker Teil der Abb.), dass ein Auto da war und nur interessiert, ob der Befragte es *auch* gesehen hat. Aus dem bestimmten Artikel wird hier geschlossen, dass das Auto dagewesen ist. Dieser Schlussfolgerungsprozess kann dazu führen, dass später tatsächlich (fälschlicherweise) ein Auto „erinnert" wird. Mit der Zeit wird die Quelle (hier: die Suggestivfrage) vergessen und die Erinnerung als echt empfunden.

hen habe, so „baut" er möglicherweise das Auto nachträglich in seine Erinnerung der Situation ein. Zunächst mag ihm noch bewusst sein, dass er selbst das Auto nicht gesehen hat. Mit der Zeit wird jedoch häufig die Quelle dieser Information vergessen (in diesem Fall, dass die Information vom Frager stammt und nicht aus der eigenen Erinnerung) und nur die Information selbst bleibt im Gedächtnis (Loftus, 1975; vgl. beispielhaft Abb. 2.4). So „erinnert" der Urteiler nach einiger Zeit, das Auto wirklich selbst gesehen zu haben (vgl. Beispielstudie).

Beispielstudie zu fehlenden Erinnerungen
Wiederholtes Nachfragen kann „Erinnerungen" an das Gefragte erzeugen.

Loftus und Pickrell (1995) befragten ihre 24 Teilnehmer nach vier Kindheitserlebnissen (die Autoren hatten bei Verwandten der Teilnehmer Angaben über vorgefallene Kindheitserlebnisse eingeholt). Drei der in der Studie erfragten Erlebnisse waren laut Aussage der Verwandten tatsächlich vorgefallen, das vierte Erlebnis (als fünfjähriges Kind im Kaufhaus verloren gegangen zu sein) hingegen hatte niemand der Teilnehmer tatsächlich erlebt. Die Teilnehmer wurden dreimal, jeweils im Abstand von zehn Tagen, zu den vier Erlebnissen befragt. Bereits ab der zweiten Befragung berichteten fälschlicherweise 25 % der Teilnehmer, sich zu „erinnern", wie sie im Alter von fünf Jahren im Kaufhaus verloren gegangen seien.

Wie ist das zu erklären? Wiederholtes Nachfragen kann „Erinnerungen" an ein nicht stattgefundenes Erlebnis erzeugen. Die Quelle der Erinnerung – in diesem Fall der Interviewer – wird vergessen und das Ereignis als echte Erinnerung fehlgedeutet.

Darüber hinaus zeigten die Autoren, dass die Einbettung der Erinnerungsfrage in einen einleitenden Text, der fortgesetzt werden sollte, die Suggestivwirkung verstärkt. Folgender Einleitungstext wurde beispielsweise einer 20-jährigen vietnamesisch-amerikanischen Teilnehmerin vorgelegt (Übersetzung durch die Autorinnen):

> Du, deine Mutter, Tien und Tuan, seid zusammen zum [Einkaufszentrum] Bremerton K-Mart gegangen. Du musst zu dieser Zeit fünf Jahre alt gewesen sein. Deine Mutter hat jedem von euch etwas Geld gegeben, damit ihr euch ein Blaubeereis kaufen könnt. Du bist vorausgerannt, um als Erster dranzukommen und hast dich dabei irgendwie verlaufen. Tien hat dich weinend bei einer älteren chinesischen Frau gefunden. Ihr drei seid dann zusammen los, um euch ein Eis zu holen.

Aufgabe der Teilnehmerin war es, dieses Erlebnis aus der Erinnerung fortzusetzen oder aber zu sagen, dass sie sich nicht erinnern könne, im Kaufhaus verloren gegangen zu sein. Dieser Einstiegstext erhöhte die Wahrscheinlichkeit, dass die Teilnehmer fälschlicherweise ihre „Erinnerungen" berichteten. Worauf ist das zurückzuführen? Das Erzählen der einleitenden Sätze aktivierte tatsächliche Erinnerungen an andere Inhalte („Wenn wir einkaufen gingen, bekam ich immer ein Eis"). Diese wirken als „Einstiegshilfe", werden wie eine Art „Drehbuch" (vgl. Abschnitt 2.1, „Skript") fortgesetzt und mit den eigenen Vorstellungen darüber, wie ein Kind im Kaufhaus verloren geht, kombiniert.

Abgerufene Informationen sind eine wichtige Grundlage für Urteile. Für korrekte bzw. unverzerrte Urteile spielt dabei zum einen die *Qualität* der abgerufenen Informationen eine Rolle (d. h. inwieweit wir uns „richtig" erinnern). Obwohl diese oft nicht besonders hoch ist, sind wir uns interessanterweise trotzdem häufig sehr bzw. sogar zu sicher, dass das, was wir denken (oder erinnern), richtig ist (vgl. Exkurs). Zum anderen spielt die *Quantität* eine Rolle: Wenn wir uns ein Urteil bilden sollen, berücksichtigen wir häufig nicht alle potenziell zur Verfügung stehenden Informationen, sondern nur eine Auswahl. Dies ist schon allein wegen unserer begrenzten kognitiven Kapazitäten sowie häufig auch aufgrund anderer Einschränkungen (z. B. begrenzter Zeit, die für ein Urteil zur Verfügung steht) unumgänglich. So brechen wir beispielsweise den Prozess des Informationsabrufs an irgendeiner Stelle ab und werden von den bis dahin abgerufenen Aspekten in unserer Antwort in stärkerem Maße beeinflusst als von den nicht abgerufenen Informationen.

Exkurs: *Overconfidence-bias*

Der sog. *overconfidence-bias* besagt, dass wir zu einer überhöhten Überzeugung von der Richtigkeit unserer eigenen Meinung tendieren (Kahneman & Tversky, 1979). Wir sind uns folglich häufig zu sicher, akkurat zu urteilen und zu handeln.

Er lässt sich reduzieren durch sofortiges Feedback (Lichtenstein & Fischhoff, 1980) sowie durch das Generieren von widersprechender Information oder Gegenargumenten (Koriat et al., 1980).

Welche Informationen „fallen" uns bevorzugt ein bzw. welche Mechanismen sind dafür verantwortlich, dass bestimmte Informationen herangezogen werden, andere jedoch nicht? Eine Antwort auf diese Frage bietet eines der grundlegendsten und einfachsten Prinzipien der sozialpsychologischen Forschung: das Prinzip der **kognitiven Verfügbarkeit** (Tversky & Kahneman, 1973; vgl. Kapitel 3). Dieses besagt, dass diejenigen Informationen in eine Antwort mit eingehen, die zum Antwortzeitpunkt am ehesten „verfügbar", d. h. am leichtesten aus dem Gedächtnis abrufbar sind (für die Rolle der Verfügbarkeit bei der Urteilsbildung vgl. Abschnitt 3.2).

Nachdem eine Person ihr Urteil gedanklich gebildet hat, können Faktoren in der sozialen Situation mitbeeinflussen, ob und wie sie ihr Urteil mitteilt (sog. Antworteditierung; für einen Überblick siehe Werth, 2004). Möglicherweise beschreiben sich Personen durchaus anders, als sie eigentlich sind, weil unbeabsichtigte Befragungseffekte oder die Schwierigkeit der Selbstbeurteilung dies hervorrufen (vgl. Werth, 2004) oder aber weil sie annehmen, eine bestimmte Antwort sei (nicht) sozial erwünscht (Crowne & Marlow, 1964; vgl. Exkurs).

Wie aufgezeigt wurde, ziehen wir zur Urteilsgenerierung verschiedenste Informationen heran; einen Teil davon aus der aktuellen Situation, einen anderen Teil rufen wir aus unserem Gedächtnis ab. Aufgrund unserer begrenzten Ressourcen sind wir in beachtlichem Maße auf eine verkürzte sowie eine automatisch ablaufende Informationsverarbeitung und Verhaltenssteuerung angewiesen (Bargh, 1999; vgl. ausführliche Beschreibung in Abschnitt 2.2). Nachfolgend wird das Zusammenspiel dieser Prozesse erläutert.

Exkurs: Antworteditierung

Zum einen wirken sich Erwartungen über den Zusammenhang einer Antwort mit gewissen Konsequenzen aus (z. B. wollen Teilnehmer die vermeintliche Hypothese des Versuchsleiters bestätigen; Orne, 1962; oder Befragte wollen durch ihre Angaben in einer Mitarbeiterbefragung ihre berufliche Situation nicht verschlechtern).

Zum anderen beschreiben sich Personen aufgrund sozialer Erwünschtheit möglicherweise anders, als sie eigentlich sind (Crowne & Marlow, 1964). Da sie gerne in einem günstigen Licht gesehen werden möchten, berichten sie daher verstärkt über sozial erwünschte Eigenschaften, während sie andererseits unerwünschte abstreiten oder tabuisierten Fragen ausweichen (z. B. durch fehlende Angaben in Fragebögen) und sich an vermutete Erwartungen des Interaktionspartners oder einer vorgestellten Öffentlichkeit anpassen. Die Ursachen sozialer Erwünschtheit sind vielfältig. Sie lassen sich kurz zusammenfassen als *Wunsch nach Konsistenz mit früheren Antworten* und *positiver Selbstdarstellung.* Insbesondere Personen mit geringem Selbstbewusstsein neigen dazu, sich zur Erlangung sozialer Anerkennung oder zur Vermeidung von Missbilligung in ihren Antworten sozial erwünscht darzustellen (Esser, 1986).

In einer Studie von Strack und Kollegen (1990) beschrieben sich beispielsweise Frauen, die in Anwesenheit eines Interviewers ihre Lebenszufriedenheit angeben sollten, als zufriedener, wenn dieser körperbehindert war als wenn er dies nicht war – aber nur dann, wenn die Zufriedenheit schriftlich (und damit nicht öffentlich) erfragt wurde. Wenn die Zufriedenheitseinschätzung hingegen mündlich (und damit öffentlich) angegeben werden sollte, beschrieben sich die Befragten weniger zufrieden. Dieser Unterschied zwischen öffentlich und nicht öffentlich abgegebenen Urteilen wurde durch soziale Erwünschtheit („Wenn es ihm offensichtlich so schlecht geht, kann ich doch nicht sagen, dass es mir so gut geht") bewirkt.

2.6   Verhalten – Ein Zwei-Prozess-Modell des Zustandekommens sozialen Verhaltens

Auf den Menschen strömen unaufhörlich immense Reizmengen ein, aus denen er wesentliche Elemente herausfiltern, aufgrund derer er Urteile bilden und Verhaltensentscheidungen treffen muss. Angesichts der relativ geringen Arbeitsgedächtniskapazität liegt es nahe, dass weite Teile der Informationsverarbeitung mit nur geringem Aufwand ablaufen können. Wie dies vonstatten geht und wie die Informationsverarbeitung bzw. ein daraus resultierendes Urteil sowohl von automatischen, assoziativen als auch von kontrollierten, deliberativen Prozessen beeinflusst wird, ist Gegenstand verschiedener sog. *Zwei-Prozess-Modelle*.

All diese Zwei-Prozess-Modelle teilen die Grundannahme, dass Urteile und Verhalten von zwei voneinander deutlich abzugrenzenden Verarbeitungsprozessen bestimmt werden. Die Modelle stimmen des Weiteren darin überein, dass im Falle geringer Motivation oder eingeschränkter Kapazität weniger aufwendige Verarbeitungsprozesse stattfinden, unterscheiden sich jedoch darin, welche Phänomene sie erklären (z. B. Einstellungsänderung, Verhalten etc.) und welche Detailannahmen sie bezüglich der zugrunde liegenden Prozesse und operierenden Systeme treffen (für einen Überblick siehe Deutsch & Strack, 2006a; Smith & DeCoster, 2000; siehe auch ELM nach Petty & Cacioppo, 1986a, b; HSM nach Chaiken et al., 1989; MODE-Modell nach Fazio, 1990; vgl. Zwei-Prozess-Modelle im Rahmen von Persuasion, Abschnitt 7.2.6).

Exemplarisch wird nachfolgend ein neueres Modell, das Reflektiv-Impulsiv-Modell (RIM, Strack & Deutsch, 2004; siehe auch Deutsch & Strack, 2006a, b; Höfling et al., im Druck; Strack et al. 2006), dargestellt. Anliegen des RIM ist es, menschliches Verhalten als gemeinsames Resultat reflektiver und impulsiver Prozesse zu erklären. Verhalten wird demnach von zwei miteinander interagierenden mentalen Systemen bestimmt, welche durch unterschiedliche Repräsentation und Verarbeitung von Informationen gekennzeichnet sind. Während im sog. *reflektiven System* bewusste Verhaltensentscheidungen generiert werden, wird Verhalten im sog. *impulsiven System* durch assoziative Verknüpfungen und grundlegende motivationale Orientierungen ausgelöst (vgl. Abb. 2.5).[3]

---

[3] In anderen Zwei-Prozess-Modellen werden die beiden Informationsverarbeitungsstrategien nicht als assoziativ und regelbasiert, sondern auch als automatisch und kontrolliert bezeichnet (Devine, 1989; Fazio, 1990; Kahneman & Frederick, 2002). Unter automatischen Prozessen werden hier jene verstanden, die keine kognitiven Ressourcen verbrauchen, d. h. effizient ablaufen; zusätzlich werden sie teilweise sogar als unbewusst und auch als nicht kontrollierbar angesehen (Bargh, 1997; Shiffrin & Schneider, 1977). Kontrollierte Prozesse hingegen werden als Kapazitäten benötigend, bewusst, intentional und kontrollierbar beschrieben. In diesen Ansätzen werden also weitere Annahmen über Intentionalität, Bewusstheit und Kontrollierbarkeit gemacht – im Gegensatz zum RIM, welches darauf verzichtet und die Verarbeitungsarten lediglich spezifisch nach den ihnen zugrunde liegenden Operationen bezeichnet.

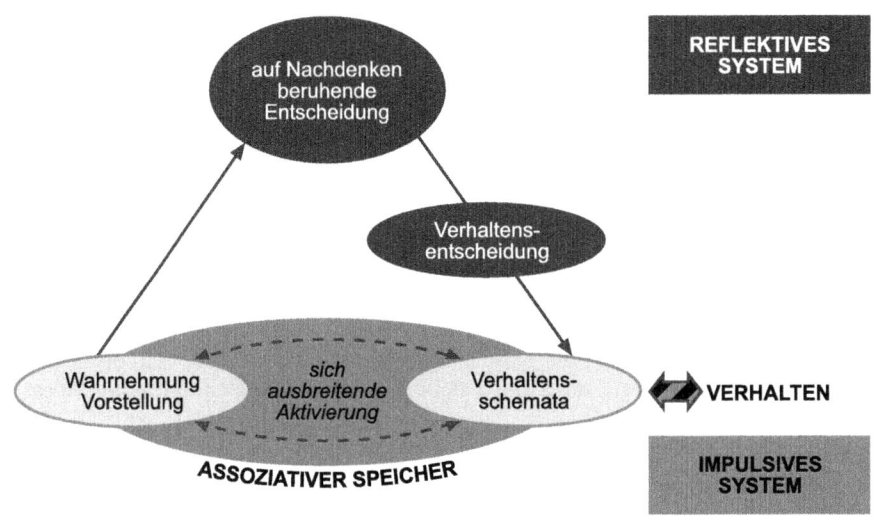

Abb. 2.5: Gemäß dem sog. Reflektiv-Impulsiv-Modell von Strack und Deutsch (2004) kann Verhalten durch zwei unterschiedliche mentale Systeme determiniert werden. Ein wahrgenommener oder vorgestellter Reiz kann einerseits über assoziative Prozesse des impulsiven Systems, andererseits über auf Nachdenken beruhende Prozesse und eine bewusste Verhaltensentscheidung des reflektiven Systems Verhaltensschemata aktivieren und darüber Verhalten auslösen. Beide Systeme können synergetisch oder antagonistisch wirken.

Das **impulsive System** besteht aus einem Langzeitspeicher, in welchem Inhalte aufgrund von Erfahrung und Lernen assoziativ verbunden sind. Nehmen wir einen Inhalt wahr (z. B. eine 83-jährige alte Dame), so werden damit assoziierte Elemente aktiviert, sowohl reine Wahrnehmungsschemata (wie „graue Haare", „gebückte Haltung") als auch assoziierte Verhaltensschemata (wie „langsam gehen"). Aktivierte Verhaltensschemata können wiederum das Verhalten der informationsverarbeitenden Person beeinflussen, beispielsweise indem man nach Aktivierung von Assoziationen zu alten Leuten (d. h. nach Aktivierung des Altenstereotyps) sich selbst langsamer bewegt (Bargh, Chen & Burrows, 1996; vgl. Kapitel 10). Dies kann vollkommen ohne Beteiligung des reflektiven Systems geschehen.

Das **reflektive System** arbeitet mit den Inhalten dieses Langzeitspeichers, ist selbst aber eher eine Art Urteils- oder Kontrollsystem. Es konstruiert eine Verhaltensentscheidung, die auf faktischem oder auch evaluativem Wissen basiert und somit Kapazitäten erfordert. Die Aktivität des reflektiven Systems ist an bestimmte Voraussetzungen gebunden (z. B. ausreichende kognitive Kapazität, Motivation).

Grundannahmen des RIM als Zwei-Prozess-Modell:

Welches mentale System Urteile und Verhalten determiniert, hängt von vorhandener Motivation und Kapazität ab.

Während das *impulsive System* über assoziative Prozesse arbeitet, welche schnell und effizient sind und parallel ablaufen können, arbeitet das *reflektive System* über regelbasierte Prozesse, welche langsam und kapazitätsverbrauchend sind und nur sequenziell ablaufen können.

Die Systeme können in die gleiche Richtung (synergetisch) oder auch gegenläufig zueinander (anatagonistisch) arbeiten.

Das impulsive System hingegen löst Verhalten über die Aktivierung spezifischer Verhaltensschemata sowie grundlegender motivationaler Orientierungen (wie Annäherung und Vermeidung) aus. Da solch impulsive Prozesse kaum kognitive Kapazität verbrauchen, wird Verhalten unter suboptimalen Umständen (z. B. Ablenkung, Zeitdruck, sehr hohe oder sehr niedrige autonome Erregung) folglich primär durch das impulsive System determiniert. Zeitplanungen, neue Ziele und Verhaltensweisen können nur durch Beteiligung des reflektiven Systems umgesetzt werden.

Beide Systeme können in die gleiche Richtung ablaufen („Ich habe Hunger", impulsives System, und „entscheide mich zur Nahrungsaufnahme", reflektives System) oder auch miteinander in Konflikt geraten („Ich habe Hunger", impulsives System, und „Entscheide mich gegen Nahrungsaufnahme, habe die Absicht, zu diäten", reflektives System; vgl. Beispielstudie).

Beispielstudie zur Verhaltenssteuerung durch reflektives und impulsives System
Reflektives und impulsives System können in Konflikt geraten. Im Falle eingeschränkter Kapazitäten ist das impulsive System verhaltensleitend.

Hofmann und Kollegen (2007) ließen ihre Teilnehmer einen kurzen Videofilm sehen. Im Rahmen eines angeblichen Produktstests wurden allen Teinehmern anschließend M&Ms angeboten.

Als Maß für das impulsive System wurde mittels eines impliziten Maßes (IAT; vgl. Abschnitt 7.4.2) die Einstellung der Teilnehmer gegenüber M&Ms erhoben. Das reflektive System betreffend wurde die Absicht der Teilnehmer, eine Diät einzuhalten, ermittelt (mittels expliziten Maßes für gezügeltes Essverhalten). Um das Ausmaß der dem reflektiven System zur Verfügung stehenden Kapazitäten zu variieren, hatte die Hälfte der Teilnehmer während des Films die Aufgabe, jedwede emotionale Regung zu unterdrücken. Diese diente dazu, ihre Selbstregulationsfähigkeit so zu beanspruchen, dass sie nachfolgend nur noch eingeschränkt vorhanden ist.

Wenn die Kapazitäten ausreichend hoch waren, also keine Emotionen zuvor unterdrückt werden mussten, war der M&M-Konsum umso geringer, je höher das Diätbestreben war. Nur dann konnte sich offensichtlich das reflektive System „durchsetzen". Waren die Selbstregulationskapazitäten hingegen reduziert (weil zuvor Emotionen zu unterdrücken waren), so wurde das Verhalten durch das impulsive System (hier: die implizite Einstellung gegenüber den Süßigkeiten) bestimmt. Je positiver die implizite Einstellung der Teilnehmer gegenüber den M&Ms, desto höher deren Konsum.

Die Studie zeigt sehr schön das Zusammenspiel reflektiver und impulsiver Prozesse der Verhaltenssteuerung: Im Falle eingeschränkter Kapazitäten ist das impulsive System verhaltensleitend.

Wie wir gesehen haben, wird Verhalten durch zwei distinkte mentale Systeme bestimmt, die nach unterschiedlichen Prinzipien operieren. Die *assoziativen* Prozesse des impulsiven Systems sind schnell und effizient und können parallel ablaufen. Hingegen sind die Verarbeitungsoperationen des reflektiven Systems *regelbasiert*, nach logischen Regeln werden Inhalte verbunden, kontrafaktisches Denken und Vorausplanungen können erfolgen und auch komplizierte Negationen können verarbeitet werden (Deutsch et al., 2006) – allerdings nur sequenziell und bei ausreichender Motivation und Kapazität.

Die beiden Systeme haben unterschiedliche Auswirkungen auf unsere Fähigkeit, unser Verhalten zu steuern. Dies wird im Speziellen dann deutlich, wenn wir versuchen, bestimmte Verhaltensweisen oder Gedanken zu unterlassen.

Verarbeitung von Negationen

Sicherlich haben Sie auch schon die Erfahrung gemacht, sich gesünder ernähren zu wollen, und dabei versucht, den Gedanken an Schokolade zu verscheuchen; sich zu bemühen, weniger zu rauchen und deswegen nicht ständig an Zigaretten zu denken. Und sicherlich ging es Ihnen dabei wie den meisten: Es klappte mehr schlecht als recht (und wenn Sie die Erfahrung nicht kennen, dann probieren Sie einfach kurz das Beispiel aus dem Exkurs aus). Unterdrückte bzw. zu unterdrücken versuchte Gedanken kehren meist sozusagen wie ein Bumerang zu uns zurück (Wegner et al., 1987; siehe auch Guinote, 2007). Diese sog. Bumerangeffekte treten insbesondere unter zeitlichem Druck, eingeschränkten kognitiven Kapazitäten und Stress auf (Wegner, 1994; Wegner et al., 1993).

Sich beispielsweise vorzunehmen, „Ich darf nicht aus der Haut fahren!", wird nicht klappen, d. h. doch, es wird klappen, denn Sie werden mit großer Wahrscheinlichkeit aus der Haut fahren! Die Schwierigkeit dieses Vorhabens ergibt sich aus der Formulierung: Negationen („Tue *nicht* mehr xy", „*Keine* Macht den Drogen") reduzieren die Wahrscheinlichkeit der gewünschten Umsetzung. Um den gewünschten Inhalt des Satzes umzusetzen, muss vom Gehirn ein Teil der aufgenommenen Information ignoriert werden. So wird die Information „aus der Haut fahren" oder „Macht den Drogen" zwar durch das Vornehmen bzw. das Werbeplakat aktiviert, soll dann aber vom Gehirn bei der weiteren Verarbeitung nicht berücksichtigt werden (Deutsch et al., 2006). Es ist leicht vorstellbar, dass dies einen Umstand bedeutet, der Kapazitäten erfordert. Sind diese nicht ausreichend vorhanden, was beispielsweise unter Stress der Fall ist, verarbeitet das Gehirn die Negation nicht und man tut das, was aktiviert und aus Mangel an Kapazität nicht unterdrückt

Exkurs: Denken Sie nicht an einen blauen Elefanten!

Nehmen wir einmal an, Sie würden instruiert, *nicht* an blaue Elefanten zu denken. Denken Sie an was Sie wollen, aber auf gar keinen Fall an blaue Elefanten! Und? Haben Sie jetzt an blaue Elefanten gedacht? Wenn ja, dann geht es Ihnen wie den meisten Menschen – es tritt das Gegenteil von dem ein, was Sie sich vorgenommen haben.

Der blaue Elefant mag ein abstruses Beispiel sein, doch es zeigt, dass wir trotz des dringenden Wunsches sogar so abwegige Gedanken wie die an blaue Elefanten willentlich nur schwer loswerden.

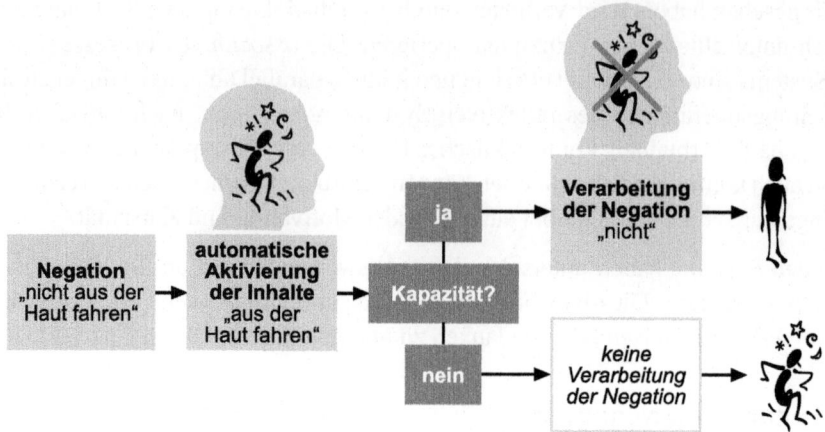

Abb. 2.6: Negationen können nur exakt verarbeitet werden, wenn genügend Kapazität zur Verfügung steht. Ist dies nicht der Fall, so erhöht sich die Wahrscheinlichkeit, das zu tun, was man eigentlich gerade nicht tun wollte bzw. sollte – ein Beispiel für den Bumerangeffekt. Will man also „nicht aus der Haut fahren", so resultiert bei ungenügender Kapazität mit höherer Wahrscheinlichkeit das Verhalten „aus der Haut fahren".

Exkurs: Bumerangeffekte finden sich auch, wenn wir Verhalten unterdrücken wollen

Wegner und Kollegen (1998) zeigten, dass unter (physischer oder mentaler) Belastung der Versuch, eine einfache Handlung zu unterdrücken, ironischer Weise eine vermehrte Ausführung dieser Handlung bewirken kann. So sollten ihre Teilnehmer ein Pendel in ihrer Hand entweder „nicht seitwärts bewegen" oder „möglichst ruhig halten". Zusätzlich wurden sie entweder mental belastet (in Dreierschritten rückwärts zählen) oder nicht.

Die Ergebnisse zeigten, dass Teilnehmer unter Belastung mehr Fehler machten (sie bewegten das Pendel seitwärts), wenn sie versuchten, das Pendel *nicht seitwärts* zu bewegen, als wenn sie versuchten, das Pendel *ruhig* zu halten.

Eine mögliche Erklärung dafür ist, dass die mentale Belastung die kognitiven Ressourcen des reflektiven Systems erschöpft. Da das nun steuernde, impulsive System die Negation (Seitwärtsbewegung nicht ausführen) nicht verarbeiten kann, kommt es zum Bumerangeffekt, also zu einer verstärkten Ausführung der nicht beabsichtigten Bewegung.

---

und damit auch verarbeitet wurde – „man fährt aus der Haut" (vgl. Abb. 2.6 und Exkurs); das impulsive System hat sich durchgesetzt.

Leichter und schneller zu verarbeiten und damit auch umzusetzen, ist die positive Formulierung „Ich will ruhig bleiben" (anstelle von „Ich will nicht aus der Haut fahren!"). Auf beispielsweise den Schulalltag übertragen würde dies bedeuten: Wenn ein Schüler schon eine schriftliche Strafarbeit aufbekommt, so sollte dies nicht beinhalten, den Satz „Ich soll meine Mitschüler nicht hauen" zu schreiben, sondern lieber „Ich werde freundlich und höflich mit meinen Mitschülern umgehen".

Nachdem wir nun gesehen haben, dass die beiden Systeme Verhaltenssteuerung erschweren können, wird nachfolgend zu sehen sein, wie sie dieselbe auch erleichtern können, nämlich immer dann, wenn Kompatibilität/Passung vorliegt.

Passung/Kompatibilität

Bereits die Ihnen vielleicht aus Kindertagen bekannten Spielchen, zwei inkompatible Verhaltensweisen gleichzeitig auszuführen (z. B. mit der einen Hand zu klopfen, mit der anderen zu kreiseln), weisen daraufhin, dass uns inkompatible Handlungen schwer fallen – und umgekehrt kompatible leichter fallen. Ein anderes Beispiel wäre, dass wir in Unterhaltungen beim Zuhören immer wieder einmal spontan nicken oder den Kopf schütteln – je nachdem, was gerade erzählt wird und ob wir es bejahen oder verneinen. Dies wären schon erste kompatible Verhaltensweisen, die wir – hier aus gutem inhaltlichen Grund – im Alltag ausführen.

Motivationale Orientierungen des impulsiven Systems bereiten zum einen den Organismus auf die Ausführung von Annäherungs- vs. Vermeidungsverhalten vor und beeinflussen zum Zweiten die Informationsverarbeitung sowie zum Dritten das Erleben von Affekt, indem sich schlichtweg Valenzkompatibles leichter aktivieren lässt. So ist unter Annäherungsorientierung (Vermeidungsorientierung) die Verarbeitung positiver (negativer) Information, das Erleben von positivem (negativem) Affekt und die Ausübung von Annäherungsverhalten (Vermeidungsverhalten) erleichtert. Doch auch der umgekehrte Kausalzusammenhang gilt (Neumann et al., 2003): Eine motivationale Orientierung des impulsiven Systems kann auch *ausgelöst* werden durch die Valenz der verarbeiteten Information, die Valenz eines erlebten Affekts oder die Ausübung eines Verhaltens (Annäherung/Vermeidung).

So können Personen, während sie positive (negative) Informationen verarbeiten, leichter und mehr zu dieser Information kompatible Verhaltensweisen wie Annäherungsbewegungen (Vermeidungsbewegungen), Nicken (Kopfschütteln) ausführen als die entsprechenden inkompatiblen Handlungen, d. h. Vermeidungsbewegungen (Annäherungsbewegungen) bzw. Kopfschütteln (Nicken) (Förster & Strack, 1996; Neumann et al. 2005; Wells & Petty, 1980; sog. Wirkung evaluativer Informationen auf die Auslösung von Verhalten). Auch eine direkte Wirkung von Verhalten auf mentale Prozesse wurde inzwischen in einer Vielzahl von Studien und Bereichen nachgewiesen (sog. Motor-Kongruenz-Effekte; für einen Überblick siehe Strack & Deutsch, 2004): So kann beispielsweise der Körperausdruck das emotionale Erleben beeinflussen, indem Personen, die aufrecht stehen, mehr Stolz auf eine eigene Leistung empfinden als Personen in gebückter Haltung (sog. *facial feedback*, Strack et al., 1988, sowie sog. *postural feedback*, Stepper & Strack, 1993a; vgl. Abschnitt 7.2.3 und 4.2.1, „*Bodyfeedback*"). Des Weiteren wurden Kompatibilitätseffekte bei der Enkodierung affektiver Information nachgewiesen (sog. Motor-Kongruenz-Effekte; für einen Überblick siehe Neumann et al., 2003). Im Speziellen wurde gezeigt, dass die motorische Handlung der Annäherung (z. B. ein Objekt zu sich heranziehen) die Enkodierung positiver Information erleichtert, während die motorische Handlung des Vermeidens (z. B. das von sich Wegschieben eines Objekts) die Enkodierung negativer Information erleichtert. So sind Personen, die eine annäherungsbezogene (vermeidungsbezogene) motorische Bewegung machen, schneller im Kategorisieren positiver (negativer) als negativer (positiver) Begriffe (Neumann & Strack, 2000a; siehe auch Förster & Strack, 1996, 1997, 1998). Dies ist darauf zurückzuführen, dass die motorische Handlung motivationale Orientierungen auslöst (wie Annäherung und Vermeidung), welche damit kompatible Reaktionen, wie die Verarbeitung kompatibler Reize vorbahnen (z. B. die Verarbeitung positiver Valenz unter Annäherung) und so erleichtern. Dies wirkt sich auf die Informationsverarbeitung ebenso aus wie auch auf Verhalten, beispielsweise auf den Konsum (Förster, 2003, 2004; Strack et al, 2006; vgl. auch Werth & Förster, 2007b; vgl. Beispielstudien).

Beispielstudien zu Passung
Passung zwischen der motivationalen Orientierung einer Person und einem Produkt führt zu höherem Konsum.

Förster (2003) ließ seine Teilnehmer eine halbstündige politische Sendung auf Video anschauen und anschließend bewerten. Während des Anschauens sollten die Teilnehmer ihren rechten Arm (Linkshänder den linken) entweder von unten (Annäherungsorientierung) oder von oben (Vermeidungsorientierung) gegen die Tischplatte drücken oder erhielten keine Arminstruktion (Kontrollgruppe). Diese Armmuskelkontraktion induzierte eine motivationale Orientierung (vgl. *Bodyfeedback*, Motor-Kongruenz-Effekte). An den Platz der Teilnehmer wurde Orangensaft gestellt, von dem sie sich frei bedienen durften. Nachdem die Probanden den Film gesehen und ihre Bewertungen dazu abgegeben hatten und gegangen waren, wurde das Ausmaß des von ihnen konsumierten Getränks ermittelt (es war sichergestellt worden, dass alle Probanden nicht durstig zum Experiment erschienen).

Die Ergebnisse zeigten, dass der Konsum eines positiven Produkts wie Orangensaft unter kompatiblen Bedingungen größer war: Unter Annäherungsverhalten (kompatibel zu positivem Produkt) wurde mehr Orangensaft getrunken als in der Kontrollgruppe und unter Vermeidungsorientierung weniger als in der Kontrollgruppe.

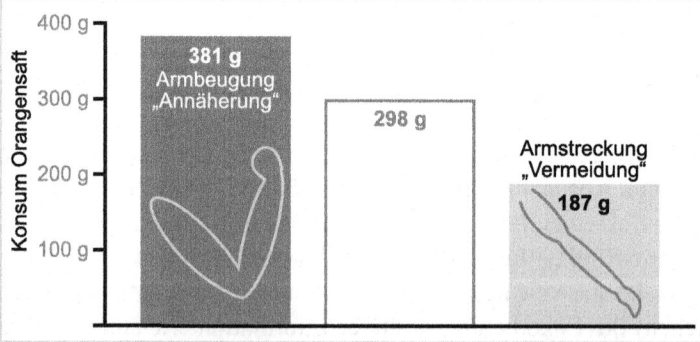

Abb. 2.7: Ergebnisse der Studie von Förster (2003): Bei Annäherungsverhalten wurde mehr, bei Vermeidungsverhalten weniger Orangensaft getrunken als in der Kontrollgruppe.

Wie diese Studien verdeutlichen, finden sich Kompatibilitäts-Passungseffekte auch im Konsumverhalten und bei Produktbeurteilungen: So ist unter Annäherungsorientierung dazu kompatibles Verhalten wie der Konsum positiver Produkte erleichtert und somit erhöht. Des Weiteren werden kompatible Produkte insgesamt bevorzugt und positiver beurteilt (vgl. Exkurs).

Exkurs: Motivationale Orientierung als Persönlichkeitseigenschaft

Personen unterscheiden sich in ihrer motivationalen Orientierung nicht nur situativ, sondern auch dispositional, d. h. im Sinne eines Persönlichkeitsmerkmals. Dies konnte beispielsweise für den sog. regulatorischen Fokus gezeigt werden (Higgins, 1997). Dieser ermöglicht eine Unterscheidung von Personen in promotionorientiert (vereinfacht gesprochen der Annäherungsorientierung vergleichbar) und preventionorientiert (vereinfacht gesprochen der Vermeidungsorientierung vergleichbar).

Den bisher beschriebenen Effekten entsprechend hat auch der regulatorische Fokus Auswirkungen auf die Verarbeitung prevention- und promotionbezogener Informationen sowie die Herangehensweise an Aufgaben mit prevention- bzw. promotionbezogenen Anforderungen. Im Falle von Passung zwischen der regulatorischen motivationalen Orientierung einer Person und den situativen Anforderungen (sog. *regulatory fit*) entstehen zahlreiche Erleichterungseffekte (für einen Überblick siehe Werth & Förster, 2007a), wie schnellere Bewertungen (Shah & Higgins, 2001) oder stärkere Verhaltensänderungen (Semin et al., 2005).

2.7 Zusammenfassung

Soziale Kognition umfasst die kognitive Vermittlung sozialen Verhaltens und, umgekehrt, die sozialen Einflüsse auf die kognitive Verarbeitung. Forschungsgegenstand der sozialen Kognition ist daher, wie sozial relevante Informationen wahrgenommen, abgespeichert (enkodiert), organisiert und abgerufen werden, wie sie Prozesse des Urteilens und der Entscheidungsfindung in sozialen Situationen beeinflussen.

Wesentliche Begriffe zur **Beschreibung kognitiver Strukturen** sind Kategorien und Prototypen als Zuordnungshilfen sowie Schemata, Stereotype und Skripte als angewandte Wissensstrukturen. Um abstrakte Wissensstrukturen anwenden zu können, müssen Informationen zunächst kategorisiert werden. Die Zuordnung zu einer *Kategorie* kann anhand eines *Prototyps*, d. h. des typischsten Vertreters einer gegebenen Kategorie, oder aber mit einem *Exemplar*, d. h. einem einzelnen, individuellen Beispiel der Kategorie, erfolgen. Wissensstrukturen, die das Wissen einer Person über einen Themenbereich (Objekt, Person, Handlung) sowie die dazugehörigen Attribute enthält, nennt man *Schemata*. Sofern sich diese im Speziellen auf sozial geteilte Überzeugungen über Persönlichkeitsmerkmale und Verhaltensweisen von Angehörigen einer sozialen Kategorie beziehen, spricht man von *Stereotypen*. *Skripte* bezeichnen spezielle Schemata, die routineartige Handlungsepisoden in bestimmten Gegenstandsbereichen repräsentieren, wie das Wissen über den Ablauf eines Mensabesuchs. Die einzelnen Kategorien sind anhand eines *assoziativen Netzwerks* miteinander verbunden.

Unsere **Informationsverarbeitung** kann *top-down* („von oben nach unten") erfolgen, wenn die Urteilsbildung konzeptgeleitet, oder aber *bottom-up* („von unten nach oben"), wenn sie datengesteuert ist. Neben der Richtung der Informationsverarbeitung lässt sich auch ihr Aufwand unterscheiden; so können Informationen aufwendig, d. h. *systematisch*, oder aber kapazitätssparend, d. h. *heuristisch*, verarbeitet werden.

Unsere Informationsverarbeitung lässt sich in Abfolgestufen unterteilen. Zunächst müssen Reize von uns **wahrgenommen** werden. Aufgrund der Begrenztheit unserer Informationsverarbeitungskapazität sind wir nahezu gezwungen, dabei eine Auswahl zu treffen. Aufmerksamkeit erhalten im Speziellen Reize mit persönlicher Relevanz, Reize, die wir erwarten und entsprechend sehen wollen, Reize, die unerwartet bzw. inkonsistent, negativ, salient oder lebhaft (*vivid*) sind.

Im zweiten Schritt müssen die wahrgenommenen Reize von uns **enkodiert** und interpretiert werden. Diese Informationsverarbeitungsstufe wird stark von unserem Vorwissen mitbestimmt. Einfluss auf die Enkodierung hat vor allem die Zugänglichkeit einer Kategorie, d. h. Leichtigkeit und Geschwindigkeit des Abrufs von Informationen. Zugänglich sind insbesondere häufig und kürzlich verwendete Kategorien. Experimentell wird dies typischerweise durch *Priming* erzeugt.

Im dritten Schritt ist die enkodierte Wahrnehmung im **Gedächtnis** abzuspeichern. Gemeinsam mit dem bisherigen Wissen stellt sie dann eine Grundlage für die weitere Informationsverarbeitung dar. Bevorzugt erfolgt die Abspeicherung im Gedächtnis gegliedert nach *einzelnen Personen*, alternativ nach *sozialen Gruppen*. Wie Informationen organisiert werden, ist in hohem Maße durch *Aufgabenstellung* bzw. *Ziel der Informationsverarbeitung* beeinflusst.

Im vierten Schritt werden auf Basis der enkodierten und aus dem Gedächtnis abgerufenen Information Schlussfolgerungen gezogen und **Urteile** gebildet. Doch funktioniert unsere Erinnerung dabei nicht so, als würden wir Fotoalben oder einen Film aus dem Archiv holen und noch einmal anschauen. Vielmehr spielen beim Erinnern Rekonstruktions- und Schlussfolgerungsprozesse eine wichtige Rolle, durch die auch Erinnerungsverzerrungen erklärt werden können.

Aufgrund unserer begrenzten Ressourcen sind wir auf eine automatische Informationsverarbeitung und Verhaltenssteuerung angewiesen. Unser Verhalten ergibt sich somit aus dem Zusammenspiel impulsiver, automatischer sowie kontrollierter, deliberativer Prozesse. Diese lassen sich zwei unterschiedlichen mentalen Systemen zuordnen, dem **impulsiven System** einerseits sowie dem **reflektiven System** andererseits. Während das impulsive System über assoziative Prozesse arbeitet, welche schnell und effizient sind und parallel ablaufen können, arbeitet das reflektive System über regelbasierte Prozesse, welche langsam und kapazitätsverbrauchend sind und nur sequenziell ablaufen können. Welches mentale System Urteile und Verhalten determiniert, hängt von vorhandener Motivation und Kapazität ab. Stehen dem reflektiven System nicht ausreichend Kapazitäten zur Verfügung, so ist das impulsive System allein verhaltenssteuernd. Dies kann sich, sofern die Systeme gegenläufig (antagonistisch) arbeiten, unter anderem daran zeigen, dass unter Stress Negationen nicht mehr verarbeitet werden und sog. *Bumerangeffekte* auftreten. Im Zusammenspiel beider Systeme lassen sich eine Reihe von *Kompatibilitätseffekten* zwischen Wahrnehmung, Affekt, Informationsverarbeitung und Verhalten feststellen, welche besagen, dass jeweils kompatible Prozesse erleichtert werden. Dieses Zusammenspiel ist *bidirektional*, d. h., einerseits bereiten motivationale Orientierungen des impulsiven Systems den Organismus auf die Ausführung von Annäherungs- vs. Vermeidungsverhalten vor, erleichtern kompatible Informationsverarbeitungen und Affekte; andererseits können auch eine valente Informationsverarbeitung, Affekt und die Ausführung von Verhalten entsprechend kompatible motivationale Orientierungen hervorrufen.

Wie wir in diesem Kapitel gesehen haben, werden weder soziale Urteile noch soziales Verhalten unmittelbar von der äußeren Reizsituation bestimmt, sondern vielmehr davon, wie der Mensch die Realität wahrnimmt, versteht und verarbeitet. Erst die Kenntnis dieser Prozesse ermöglicht uns daher ein grundlegendes Verständnis des Denkens, Erlebens und Verhaltens einer Person.

3 Heuristiken

Nehmen wir an, Sie sind Lehrer und müssen entscheiden, ob Sie den Übertritt eines auf der Kippe stehenden Schülers auf das Gymnasium empfehlen/unterstützen. Wie gehen Sie dabei vor? Vermutlich würden Sie eine solche Entscheidung nicht einfach „aus dem Bauch heraus" treffen, sondern vor allem möglichst objektive Kriterien wie etwa die bisherigen schulischen Leistungen des Schülers, Testergebnisse und statistische Infor-mationen mit Prognosen für den Schulerfolg heranziehen und nach einer sorgfältigen Prüfung auf der Basis möglichst vieler Informationen eine Entscheidung fällen. Gehen wir im Alltag tatsächlich so vor, dass wir alle verfügbaren Informationen berücksichti-gen und sorgfältig nach den Regeln der Logik integrieren? Ist das überhaupt möglich?

Forschungsergebnisse haben gezeigt, dass menschliche Informationsverarbeitung sel-ten nach den Gesetzen formaler Logik verläuft, wie sie beispielsweise von Statistikern und Ökonomen vorgegeben werden (z. B. Nisbett & Ross, 1980). In vielen Fällen ver-nachlässigen wir bedeutsame Informationen, selbst wenn sie uns bekannt sind. Anstatt alle verfügbaren Informationen zu sammeln und diese dann sorgfältig und korrekt zu integrieren, bedienen wir uns häufig mentaler Vereinfachungen oder Faustregeln (sog. „Heuristiken"; Kahneman et al., 1982). Wieso tun wir das? Sind wir einfach „zu faul zum Denken", d. h., fehlt es uns an gutem Willen? Mangelnde Anstrengung mag dazu beitragen, entscheidend ist jedoch vor allem ein anderer Faktor: Unsere Informationsverarbei-tungskapazität ist begrenzt. Gleichzeitig sind wir in vielen Fällen – und das war schon vor dem Vormarsch der elektronischen Medien so – mit einer „Informationsflut" konfrontiert, die diese

> „Menschen sind nicht daran gewöhnt angestrengt nachzudenken und geben sich häufig mit einem plausiblen Urteil zufrieden, dass ihnen schnell in den Sinn kommt. (Kahneman & Frederick, 2002, S. 58, Übersetzung durch die Autoren)."

Heuristiken

Faustregeln, die eine schnelle, sparsame und meist hinreichend genaue Urteilsbildung ermöglichen.

Die wichtigsten Heuristiken sind:

- Repräsentativitätsheuristik
- Verfügbarkeitsheuristik
- Ankerheuristik

Kapazität übersteigt. Wie wird dieses Problem gelöst, dass zu viele Informationen auf eine zu geringe Informationsverarbeitungskapazität stoßen? Es wird unter anderem dadurch gelöst, dass wir – bewusst oder unbewusst – einfachere Wege der Informationsverarbeitung einschlagen. Da wir häufig auf Vereinfachungen angewiesen sind, ist es wichtig, dass diese funktionieren, d. h. dass sie im Großteil der Fälle zu korrekten Urteilen führen. Die sog. Heuristiken entsprechen diesen Kriterien: Sie erlauben uns, Entscheidungen relativ schnell und sparsam zu treffen – und dies in den meisten Fällen hinreichend genau (Gigerenzer & Goldstein, 1996; Griffin et al., 2001; Nisbett & Ross, 1980). Heuristiken kommen vor allem dann zum Einsatz, wenn aufwendigere Urteilsverfahren aufgrund fehlender Kapazitäten nicht anwendbar sind, das Urteil nicht so wichtig ist (für Übersichten vgl. Kunda, 1990; Eagly & Chaiken, 1993) und die Sinnhaftigkeit ihrer Anwendung nicht infrage gestellt wird (vgl. Abschnitte 3.1.3 und 3.2.4). Mit diesem heuristischen Vorgehen finden wir womöglich nicht die optimale, zumindest aber eine adäquate, „funktionierende" Lösung in einer angemessenen Zeit. Allerdings führen Heuristiken unter bestimmten Bedingungen zu systematischen Fehleinschätzungen (sog. *biases*) (für einen Überblick zu Heuristiken vgl. Gilovich et al., 2002).

Bei dem eingangs erwähnten Beispiel kann es eine wichtige Rolle spielen, ob der Schüler meiner Vorstellung von einem „typischen Gymnasiasten" entspricht oder ob mir Beispiele seiner guten Leistungen leicht in den Sinn kommen. Die „harten Fakten" könnten zugunsten solcher – meist einfacher zu verarbeitender – Informationen teilweise bzw. völlig vernachlässigt werden (Kahneman, 2003; Kahneman & Frederick, 2002).

Die wichtigsten Heuristiken und ihre Auswirkungen werden im Folgenden dargestellt. Zu diesen zählen die Repräsentativitätsheuristik (vgl. Abschnitt 3.1), die Verfügbarkeitsheuristik (vgl. Abschnitt 3.2) und die Ankerheuristik (vgl. Abschnitt 3.3).[1]

3.1   Die Repräsentativitätsheuristik

„Stellen Sie sich vor, Sie wollen mit einer Kommilitonin eine Wette darüber abschließen, welches Fach der Student am Nebentisch in der Cafeteria belegt hat. Er trägt einen Anzug und liest den Wirtschaftsteil einer Tageszeitung. Wie könnten Sie das ‚wahrscheinlichste' Studienfach herausfinden? Sie könnten Informationen darüber einholen, wie viele Studenten in welchem Fach immatrikuliert sind und auf dasjenige Fach wetten, wel-

---

[1] Auch Affekte als Urteilsgrundlage werden häufig zu den Heuristiken gezählt (z. B. Slovic et al., 2002; Strack & Deutsch, 2002; Werth, 2004). Da Affekte neben ihrer Funktion als heuristische Cues vielfältige Einflüsse auf die soziale Informationsverarbeitung haben, wird ihnen ein eigenes Kapitel gewidmet und die auf Affekt basierende Heuristik dort beschrieben (vgl. Kapitel 4).

ches am häufigsten belegt ist. (...) Ihr Gedächtnis stellt Ihnen jedoch eine andere Urteilsgrundlage zur Verfügung: Ihr Wissen um bestimmte Eigenschaften unterschiedlicher Personengruppen. Möglicherweise haben Sie eine Vorstellung vom ‚typischen' Studierenden der Pädagogik, der Physik oder der Kunstgeschichte. Sie könnten den Studenten am Nachbartisch nun derjenigen Gruppe zuordnen, für die er besonders repräsentativ, d. h. ein besonders guter Stellvertreter ist – in diesem Fall vielleicht für einen Studenten der Wirtschaftswissenschaften. Wenn Sie auf diese Weise zu Ihrer Einschätzung gelangt wären, dann hätten Sie von der Repräsentativitätsheuristik Gebrauch gemacht" (aus Strack & Deutsch, 2002, S. 359).

Anhand der Repräsentativitätsheuristik vereinfachen wir uns Urteile, indem wir die *Repräsentativität* (auch *Typikalität*) als entscheidendes Kriterium für Kategorisierungs- und Wahrscheinlichkeitsurteile heranziehen. Ein Element (im Beispiel: der Student) wird dabei derjenigen Kategorie (im Beispiel: dem Studienfach) zugeordnet, mit dessen Prototyp – als Vertreter der Kategorie – es die meiste Ähnlichkeit hat. Andere wichtige Informationen, wie beispielsweise die Basisrate (d. h. wie viele Studenten in welchem Fach eingeschrieben sind) oder auch grundlegende wahrscheinlichkeitstheoretische Regeln, werden dabei vernachlässigt.

Die Repräsentativitätsheuristik führt in vielen Fällen zu richtigen oder zumindest brauchbaren Urteilen, da es häufig durchaus korrekten Zusammenhängen entspricht, wenn wir ein Element für ähnlich oder typisch halten: Beispielsweise mögen wir durchaus richtig liegen mit unserer „Repräsentativitätsannahme", dass Studenten unterschiedlicher Fachrichtungen verschiedene Kleidungsstile haben und wir dementsprechend häufiger anzugtragenden BWL- als Pädago-

---

Repräsentativitätsheuristik

- „Wie gut repräsentiert der konkrete Fall meine Vorstellung/den Prototyp der Kategorie?"

- „Wenn er so gut zu meiner Vorstellung passt, dann muss er zur Kategorie gehören."

Repräsentativität

besagt, wie typisch ein *konkreter* Fall für ein *abstrakteres* Modell ist.

konkreter Fall	abstraktes Modell
Element „*Student im Anzug*"	Kategorie „*Wirtschaftswissenschaftler*"
Stichprobe „*1 000 Personen*"	Grundgesamtheit „*alle Deutschen*"
Wirkung „*Fieber*"	Ursache „*Virusinfektion*"

Exkurs: Repräsentativität im Lotto

Auf welche dieser beiden Zahlenfolgen würden Sie im Lotto lieber setzen?

(1)	1	2	3	4	5	6
(2)	7	13	24	25	30	41

Würde Ihnen die zweite, „unregelmäßige" Serie mehr zusagen? Wenn ja, dann geht es Ihnen wie den meisten Menschen. Für diese Bevorzugung ist die Repräsentativitätsheuristik verantwortlich: Selbst wenn Ereignisse (wie z. B. alle Kombinationen von „6 aus 49") objektiv gleich wahrscheinlich sind, so können sie doch *unterschiedlich repräsentativ* für eine Zufallsstichprobe (wie die Ziehung der Lottozahlen) wahrgenommen und damit als unterschiedlich wahrscheinlich empfunden werden (Kahneman & Tversky, 1972). Damit wir ein Ereignis für einen Zufallsprozess als repräsentativ (und damit als wahrscheinlicher) erleben, muss es auch „zufällig" aussehen, d. h. möglichst viele Unregelmäßigkeiten (Alterationen/Streuungen) aufweisen.

gikstudenten begegnen. Obwohl diese Heuristik also in vielen Fällen Urteilsprozesse sinnvoll vereinfacht, kann sie dennoch – wie alle Heuristiken – zu Fehlentscheidungen führen. So verlassen wir uns auch dann auf die Repräsentativität als mehr oder weniger ausschließliche Urteilsbasis, wenn andere Informationen ebenfalls entscheidend wären. Solche Verzerrungen sind im Speziellen dann der Fall, wenn ein objektiv zufälliges Ereignis nicht als repräsentativ für ein solches wahrgenommen wird, d. h. wenn das Ereignis nicht auch „zufällig aussieht" (vgl. Exkurs vorangehende Seite), wenn eine Verbindung von zwei Ereignissen repräsentativer erscheint als eines dieser beiden Ereignisse allein (vgl. Abschnitt 3.1.1) oder wenn Basisrateninformation und unser Repräsentativitätsempfinden nicht zusammenpassen (vgl. Abschnitt 3.1.2).

3.1.1   Wenn Ereignisverknüpfungen *zu* repräsentativ sind – Die Konjunktionstäuschung

Beispielstudie zur Repräsentativitätsheuristik
Eine Konjunktion kann repräsentativer wirken als einer ihrer Bestandteile und deshalb wahrscheinlicher erscheinen.

Tversky und Kahnemann (1983) forderten ihre Teilnehmer auf, zunächst die Beschreibung einer jungen Frau („Linda", s. u.) durchzulesen und im Anschluss daran anzugeben, zu welcher der vorgegebenen Kategorien (A) oder (B) Linda mit größerer Wahrscheinlichkeit gehörte.

Linda ist 31 Jahre alt, sehr intelligent und nimmt kein Blatt vor den Mund. Sie hat Philosophie studiert und sich als Studentin intensiv mit Fragen sozialer Gerechtigkeit auseinander gesetzt. Außerdem hat sie an Anti-Kernkraft-Demonstrationen teilgenommen.	Was ist wahrscheinlicher? ❏ Linda ist Bankangestellte. (A) ❏ Linda ist Bankangestellte und in der Frauenbewegung aktiv. (B)

85 % der Teilnehmer wählten die zweite Option (B), da die Beschreibung von Linda besser auf eine feministische Bankangestellte passte. Korrekt ist allerdings Option A, da eine Verbindung zweier Ereignisse logisch unmöglich wahrscheinlicher sein kann als nur eines dieser Ereignisse. Dies liegt daran, dass die Konjunktion (B) eine Teilmenge von Option A „Linda ist Bankangestellte" darstellt. Die Wahrscheinlichkeit für Option A könnte man auch als Summe der Wahrscheinlichkeit von Option B und der Wahrscheinlichkeit des Ereignisses „Linda ist Bankangestellte und *nicht* in der Frauenbewegung aktiv" ausdrücken (zusammenfassend vgl. Abb. 3.1).[2]

---

[2] Diese und ähnliche Untersuchungen wurden auch in Variationen durchgeführt, in denen die Optionen nicht so offensichtlich nebeneinander standen. Diese sehr transparente Versuchsanordnung war vielmehr ein „verzweifelter" Versuch der Forscher, die Teilnehmer mit der Nase auf die Konjunktionsregel zu stoßen – und trotzdem wurde sie vom Großteil der Teilnehmer zugunsten der Repräsentativität vernachlässigt.

Die Teilnehmer hatten ihr Urteil aufgrund von *Repräsentativität* getroffen und dabei die Konjunktionsregel missachtet (sog. Konjunktionstäuschung).

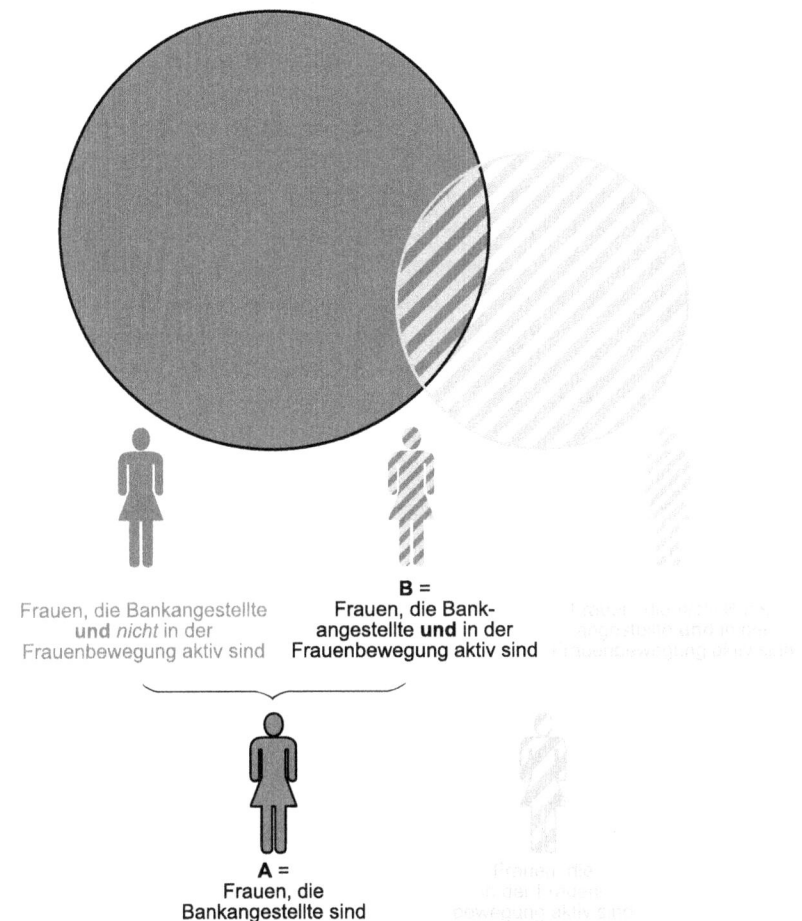

Abb. 3.1: Der dunkelgraue Kreis symbolisiert die Wahrscheinlichkeit, dass eine beliebige Frau Bankangestellte ist, der hellgrau schraffierte Kreis die, dass eine beliebige Frau in der Frauenbewegung aktiv ist. Der Überschneidungsbereich der beiden Kreise (hell-/dunkelgrau schraffierter Bereich) entspricht dann der Wahrscheinlichkeit der Konjunktion beider Ereignisse, welche offensichtlich kleiner ist als jedes der beiden Einzelereignisse.

Wie kommt es dazu, dass sich der Großteil der Urteiler in einer so relativ einfachen Aufgabe so gründlich täuscht? Offensichtlich lösen wir eine solche Aufgabe nicht anhand der korrekten Konjunktionsregel „Die Verbindung von zwei Ereignissen kann niemals wahrscheinlicher sein als eines dieser Ereignisse alleine", sondern nutzen stattdessen die Repräsentativität der dargebotenen Beschreibung für unsere Entscheidung: Durch die Beschreibung bilden wir uns einen Eindruck von „Lindas" Persönlichkeit, den wir für die Wahrscheinlichkeitseinschätzung mit unserem Bild von den zur Auswahl stehenden Kategorien „Bankangestellte" und „in der Frauenbewegung aktive Bankangestellte" vergleichen. Der Eindruck von Linda hat wenig mit einer (proto-)typischen Bankangestellten gemeinsam.

Wird der Bankangestellten das Attribut „in der Frauenbewegung aktiv" hinzugefügt, entspricht diese Kombination schon eher unserem Eindruck als die Kategorie „Bankangestellte" alleine[3], denn Linda und die *feministische* Bankangestellte haben immerhin ein entscheidendes Kriterium gemeinsam: Einsatz für soziale Gerechtigkeit. Allgemein gesprochen heißt das: Indem die Kategorie (in diesem Fall „Bankangestellte") um ein spezifisches, aber mit dem Exemplar *übereinstimmendes* Merkmal erweitert wird, erhöht sich die Repräsentativität des Exemplars für diese Kategorie. Dadurch erscheint die Konjunktion wahrscheinlicher als einer ihrer Bestandteile. Diese sog. **Konjunktionstäuschung** wurde in einer Vielzahl von Untersuchungen aufgezeigt (Bar-Hillel & Neter, 1993; Dulany & Hilton, 1991; Epstein et al., 1999; Fiedler, 1988; Gavanski & Roskos-Ewoldsen, 1991; Shafir et al., 1990; Tversky & Kahneman, 1982).

> **Konjunktionstäuschung**
>
> Kombinationen mehrerer Ereignisse (z. B. auch sehr spezifische Szenarien) können uns typischer erscheinen als eines der Ereignisse für sich. Die erhöhte Repräsentativität solcher Konjunktionen führt zu einer Überschätzung ihrer Wahrscheinlichkeit.

Sicherlich stehen wir im Alltag selten vor einer Entscheidung wie die Teilnehmer der o. g. Beispielstudie, die sich zwischen einer Konjunktion und einem ihrer Bestandteile entscheiden müssen. Die Repräsentativitätsheuristik kommt jedoch genauso zum Tragen, wenn wir nur mit *einer* dieser Optionen konfrontiert sind. Das kann beispielsweise dazu führen, dass spezifische Szenarien (d. h. eine *Kombination* mehrerer Charakteristika) in ihrer Auftretenswahrscheinlichkeit über-, weniger spezifische Ereignisse dagegen unterschätzt werden: So könnte beispielsweise der Katastrophenschutz eines bestimmten Gebiets beauftragt sein, die Wahrscheinlichkeit einer Flutwelle abzuschätzen. Möglicherweise wird diese Gefahr und entsprechend der Bedarf an Vorsichtsmaßnahmen relativ gering eingeschätzt. Zur Gefahrenschätzung wird jedoch gerne auch ein detaillierteres Szenario verwendet, beispielsweise dass ein Erdbeben in einem bestimmten Gebiet entsteht und dadurch eine Flutwelle ausgelöst werden könnte. Dieses Vorgehen würde – gerade angesichts der verheerenden Tsunami-Katastrophe Ende des Jahres 2004 (vgl. auch Abschnitt 3.2) – zu einer höheren Einschätzung der Gefahr führen. Obwohl hier nur *eine* mehrerer möglicher Ursachen für eine Flutwelle berücksichtigt wurde, kann dieses spezifische Szenario eine höhere Repräsentativität für die Kategorie Katastrophe besitzen und die Bedrohung wahrscheinlicher erscheinen lassen. Einseitige Präventionsmaßnahmen könnten die Folge dieser verzerrten Einschätzung sein. Möglicherweise spielt die Repräsentativitätsheuristik hier eine noch stärkere Rolle als wenn die verschiedenen

---

[3] Am besten würde der Eindruck von Linda natürlich auf das *Einzel*ereignis „in der Frauenbewegung aktiv" passen. Wurde diese Antwortoption ebenfalls angeboten, erhielt sie entsprechend die höchste Wahrscheinlichkeitsschätzung. Allerdings wurde auch dann die Konjunktion fälschlicherweise als wahrscheinlicher eingeschätzt als das Einzelereignis „Bankangestellte" (Tversky & Kahneman, 1983).

Optionen wie in der oben berichteten Beispielstudie direkt nebeneinander stehen (vgl. auch Tversky & Kahneman, 1983).

Die Konjunktionsregel wird bei hoher Repräsentativität der Konjunktion häufig verletzt, obwohl dem Urteiler an sich (zumindest vage) bewusst ist, dass die Regel gültig ist und er diese in ihrer abstrakten Form nachvollziehen kann. Selbst wenn die Entscheidung gemäß der Logik für die richtige Option A fällt, können sich doch viele Menschen des Gefühls nicht erwehren, dass *eigentlich* Option B richtig wäre (vgl. Zitat von Gould im grauen Kasten). Dieses Gefühl ist vergleichbar mit den Empfindungen, die beispielsweise bei optischen Täuschungen auftreten: Auch wenn wir nachvollziehen können, wie die Täuschung zustande kommt und wie die objektiven Verhältnisse tatsächlich sind, *sehen* wir weiterhin das „getäuschte" Bild.

Die Konjunktionstäuschung basiert also darauf, dass die wahrscheinlichkeitstheoretische Konjunktionsregel zugunsten von Repräsentativität missachtet wird. Auch Basisraten werden häufig vernachlässigt, wenn ein Urteil aufgrund von Repräsentativität möglich ist.

3.1.2 Die Vernachlässigung der Basisrate

Sobald Informationen eine Eindrucksbildung erlauben und wir über eine konkrete Vorstellung der Kategorien (Prototyp/Stereotyp) verfügen, werden bedeutsame statistische Informationen wie Basisrate oder auch Stichprobengröße (vgl. Exkurs) häufig zugunsten der Repräsentativität dieses Eindrucks vernachlässigt. Die u. g. Beispielstudie sowie weitere Studien haben gezeigt, dass es dadurch zu Fehleinschätzungen kommen kann (Griffin & Buehler, 1999; Kahneman & Tversky, 1973; Koehler, 1996; Schwarz, Strack et al., 1991). Haben wir von den Kategorien keinerlei oder nur eine sehr vage Vorstellung, ist ein Urteil aufgrund von Repräsentativität schlecht

„Ich weiß [die richtige Antwort] ..., während ein kleiner Mann in meinem Ohr weiterhin auf und ab hüpft und mir einflüstert: »Aber sie kann nicht einfach nur Bankkassiererin sein; lies doch mal die Beschreibung.«" (Gould, 1994, S. 544)

Exkurs: Vernachlässigung der Stichprobengröße zugunsten der Repräsentativität

„In einem größeren Krankenhaus werden pro Tag 45, in einem kleineren 15 Babys geboren. Im Schnitt sind 50 % Jungen, die Prozentsätze variieren jedoch von Tag zu Tag. Welches Krankenhaus zählte wohl über ein Jahr hinweg mehr Tage, an denen über 60 % der geborenen Kinder Jungen waren?
(1) Das größere.
(2) Das kleinere.
(3) Beide in etwa gleich viele."

Die Mehrheit (56 %) der Befragten sah das Auftreten solcher Tage in beiden Krankenhäusern als *gleichermaßen wahrscheinlich* an (Kahneman & Tversky, 1972). Statistisch gesehen sind Abweichungen jedoch in der kleineren Stichprobe erheblich wahrscheinlicher. Die korrekte Antwort (2) wählten jedoch nur 20 % der Befragten.

Die Forscher erklären diese Vernachlässigung der Stichprobengröße mit der Repräsentativitätsheuristik: Für das Urteil wird die *Repräsentativität* der angegebenen Statistik hinsichtlich der Grundgesamtheit herangezogen. Diese ist – im Gegensatz zur objektiven Wahrscheinlichkeit – unabhängig von der Stichprobengröße.

Vernachlässigung der Basisrate

Basisraten werden häufig vernachlässigt, wenn ein Urteil aufgrund von Repräsentativität möglich ist. Dadurch kann es zu Fehlentscheidungen kommen.

möglich und entsprechend wird die Basisrate – korrekterweise – als Information verwendet.

Beispielstudie zur Repräsentativitätsheuristik
Wenn Repräsentativität als Urteilsgrundlage zur Verfügung steht, werden Basisrateninformationen leicht vernachlässigt.

Tversky und Kahnemann (1973) legten ihren Teilnehmern zunächst folgende Instruktion vor:

> Ein Psychologenteam hat mit 30 Ingenieuren und 70 Juristen, allesamt erfolgreich in ihrem jeweiligen Bereich, Interviews und Persönlichkeitstests durchgeführt. Auf dieser Basis wurden Kurzbeschreibungen der 30 Ingenieure und 70 Juristen erstellt. Im Folgenden finden Sie [...] Beschreibungen, die zufällig aus den verfügbaren 100 ausgewählt wurden. Bitte schätzen Sie für jede Beschreibung die Wahrscheinlichkeit auf einer Skala von 0 bis 100 an, dass es sich bei der beschriebenen Person um einen Ingenieur handelt. [...]

Den Teilnehmern wurden dann Beschreibungen wie die folgenden vorgelegt, und sie sollten jeweils die Wahrscheinlichkeit angeben, mit der es sich ihrer Meinung nach bei der beschriebenen Person um einen Ingenieur handelte.

①	Dick ist 30 Jahre alt. Er ist verheiratet und hat keine Kinder. Seine guten Fähigkeiten und seine hohe Motivation versprechen guten Erfolg auf seinem Gebiet. Er ist bei seinen Kollegen beliebt.	Die Wahrscheinlichkeit, dass Dick einer der 30 Ingenieure aus den 100 Beschreibungen ist, beträgt __ %.
②	Nehmen Sie nun an, Sie hätten keinerlei Informationen über ein Individuum, das zufällig aus der Sammlung gezogen wurde.	Die Wahrscheinlichkeit, dass dieser Mann einer der 30 Ingenieure aus den 100 Beschreibungen ist, beträgt __%.

Eine zweite Gruppe B erhielt die gleiche Aufgabe, allein das Verhältnis von Ingenieuren und Juristen war genau umgekehrt. In der Instruktion hieß es entsprechend, dass die Sammlung Kurzbeschreibungen von 70 Ingenieuren und 30 Juristen enthielt und der Antwortvorgabetext lautete: „Die Wahrscheinlichkeit, dass [Dick/dieser Mann] einer der 70 Ingenieure aus den 100 Beschreibungen ist, beträgt __ %."

Teilnehmer beider Gruppen gaben im Fall ① eine Wahrscheinlichkeit von etwa 50 % an, dass es sich bei „Dick" um einen Ingenieur handele. Die unterschiedlichen Basisraten (auch „A-priori-Wahrscheinlichkeiten"), spielten für die Schätzung fälschlicherweise keine Rolle. In Fall ② waren die Schätzungen der Probanden hingegen korrekt, d. h., sie entsprachen den jeweiligen Basisraten für Ingenieure von 30 % in Gruppe A und 70 % in Gruppe B.

Diese Studie demonstriert, dass sich Teilnehmer in ihrem Urteil fast ausschließlich auf die *Repräsentativität* der Beschreibung stützen und die Basisraten außer Acht lassen, wenn ihnen Informationen vorliegen, aufgrund derer sie sich einen Eindruck über die Person bilden können (①): Da die Beschreibung im Falle von „Dick" zwar spezifische Informationen enthielt, diese aber für eine Zuordnung zu einer der beiden Berufsgruppen vollkommen wertlos war, ist „Dicks" Repräsentativität für beide Berufsgruppen in etwa gleich hoch (vgl. Tab. 3.1).

Auch bei Beschreibungsvarianten, die stärker auf einen Ingenieur (z. B. „Jack" mit dem Hobby „mathematische Denksportaufgaben") respektive einen Juristen hinwiesen, basierten die Schätzungen der Teilnehmer auf der empfundenen Repräsentativität, waren weitestgehend unabhängig von der Basisrate und damit nicht korrekt.

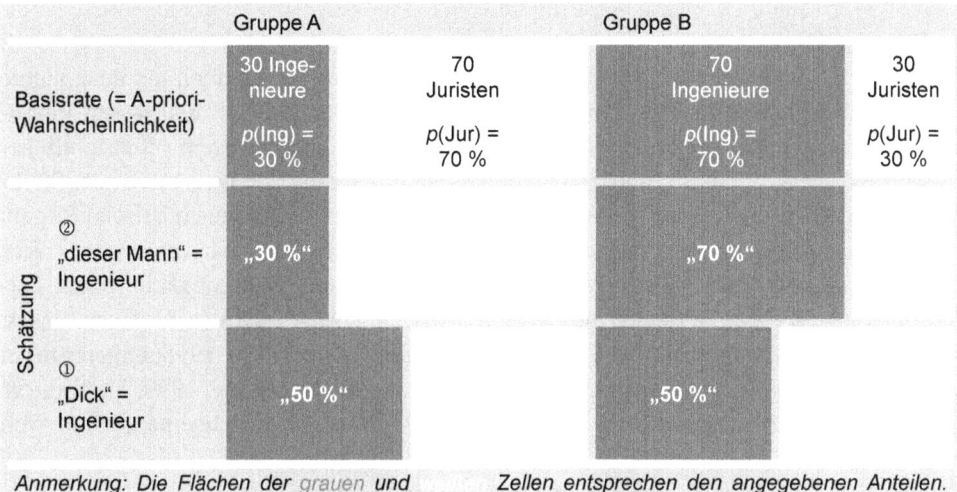

Anmerkung: Die Flächen der grauen und Zellen entsprechen den angegebenen Anteilen.

Tab. 3.1: Erhielten die Teilnehmer keinerlei spezifische Informationen (②, „dieser Mann"), so entsprach ihre Schätzung der *Basisrate*. Erlaubten die Informationen, sich einen Eindruck der Person zu bilden (①, „Dick"), war *Repräsentativität* das entscheidende Kriterium. Da die Beschreibung keine berufsspezifische Information enthielt und damit auf beide Berufsgruppen gleichermaßen passte („Dick" hat gleichermaßen Gemeinsamkeiten mit einem Ingenieur und mit einem Juristen), schätzten die Teilnehmer beider Gruppen eine Wahrscheinlichkeit von 50 %, dass „Dick" Ingenieur sei.

3.1.3 Moderatoren der Repräsentativitätsheuristik

Fehlurteile aufgrund von Repräsentativität sind häufig nicht darin begründet, dass die Urteiler die Konjunktionsregel oder die Bedeutung von Basisraten *nicht kennen*, sondern vielmehr darin, dass diese *nicht zur Anwendung kommen*. Wird

> **Faktoren, die Fehlurteile aufgrund von Repräsentativität vermindern**
> - Aufmerksamkeitslenkung
> - Häufigkeitsformat

die Aufmerksamkeit darauf gelenkt oder die Aufgabe in einem Format dargeboten, das die Anwendung der entsprechenden Regel offensichtlicher macht, kommt es seltener zu auf Nutzung der Repräsentativitätsheuristik basierenden Fehlurteilen.

- **Aufmerksamkeitslenkung**
  Es ist hilfreich, die Aufmerksamkeit des Urteilers durch Training oder die Aufgabenstellung zu lenken (Agnoli, 1991; Agnoli & Krantz, 1989; Gigerenzer et al., 1988;

Macchi, 1995). Basisraten werden beispielsweise eher beachtet, wenn diese erst *nach* der Persönlichkeitsbeschreibung statt vorher dargeboten werden (Krosnick et al., 1990) oder die Aufgabe als ein „statistisches" statt „psychologisches" Problem dargestellt wird (Schwarz, Strack et al., 1991). Auch eine indirekte Aufmerksamkeitslenkung kann hilfreich sein: Ist dem Urteiler bewusst, dass die Repräsentativität eine „Falle" darstellt, in die wir intuitiv treten und die für ein korrektes Urteil umgangen werden muss, vermindern sich Fehlurteile aufgrund der Konjunktionstäuschung (Moutier & Houdé, 2003).

- **Häufigkeitsformat**
Relative Häufigkeiten (z. B. „1 von 10") sind leichter verständlich als äquivalente Wahrscheinlichkeiten oder Prozentangaben („,10" oder „10 %") und lassen möglicherweise die Anwendbarkeit der entsprechenden logischen Regeln offensichtlicher werden. Die Konjunktionstäuschung, die Vernachlässigung von Basisraten oder Stichprobengrößen und auch Probleme, deren Lösung kompliziertere statistische Regeln wie beispielsweise das „Theorem von Bayes" erfordern, können vermindert (nicht jedoch ausgemerzt!) werden, wenn die Problemstellung im Häufigkeitsformat dargeboten bzw. vom Befragten in dieses Format „übersetzt" wird (z. B. Cosmides & Tooby, 1996; Evans et al., 2000; Fiedler, 1988; Gigerenzer, 1996, 1998; Gigerenzer & Hoffrage, 1995; Griffin & Buehler, 1999; Hertwig & Gigerenzer, 1999; Hoffrage & Gigerenzer, 1998; Sedlmeier & Gigerenzer, 1997; Tversky & Kahneman, 1983; Well et al., 1990).

Worauf ist dies zurückzuführen? Das Konzept der Wahrscheinlichkeit beruht auf abstrakten Konzepten und sprachlichen Repräsentationen derselben und ist insofern in der Entwicklungsgeschichte des Menschen relativ jung (Cosmides, 1989). Es wird angenommen, dass sich unser kognitives System im Verlaufe der Evolution an die Verarbeitung von Häufigkeiten angepasst hat, nicht hingegen an die Verarbeitung von Wahrscheinlichkeiten.

3.1.4   Zusammenfassung

Die Repräsentativitätsheuristik leistet im Allgemeinen gute Dienste für unsere alltäglichen Entscheidungen. Allerdings kann sie auch zu systematischen Fehlurteilen führen, wenn die Anwendung von Repräsentativität im Vergleich zur Anwendung der korrekten Wahrscheinlichkeitsregeln in einer Urteilsaufgabe zu unterschiedlichen Ergebnissen führt. Das kann der Fall sein, wenn Konjunktionen repräsentativer sind als eines ihrer Bestandteile (Konjunktionstäuschung) oder die Basisraten nicht dem Ausmaß an Repräsentativität entsprechen (Vernachlässigung der Basisrate). Neben der Repräsentativität kann auch die Verfügbarkeit von Informationen als Grundlage für Häufigkeits- und Wahrscheinlichkeitsurteile genutzt werden, wie die Ausführungen zur sog. „Verfügbarkeitsheuristik" im nächsten Abschnitt zeigen.

3.2 Die Verfügbarkeitsheuristik

Stellen Sie sich vor, Sie planen eine größere Veranstaltung und sprechen mit dem Cateringservice die Verpflegung durch. Der Caterer will nun wissen, wie groß Sie den Anteil an Vegetariern schätzen. Wie treffen Sie eine solche Entscheidung? Sie könnten jeden Gast kontaktieren und nach seinen Essensgewohnheiten fragen oder sich statistische Informationen über den Anteil von Vegetariern und Nichtvegetariern in der Gesamtbevölkerung beschaffen und diese Zahlen dann auf Ihre „Stichprobe" anpassen. Das erscheint Ihnen sehr aufwendig und Sie möchten Ihre Gäste auch nicht mit einer solch belanglosen Frage belästigen? Sie haben völlig Recht – aber wie gehen Sie dann vor? Einfacher wäre es, sich beispielsweise seine Bekannten und deren Essensgewohnheiten ins Gedächtnis zu rufen. In Abhängigkeit davon, wie viele Vegetarier Ihnen spontan in den Sinn kämen, würden Sie entsprechend mehr oder weniger vegetarische Gerichte bestellen.

Häufigkeits- oder Wahrscheinlichkeitsschätzungen dieser Art sind im Alltag oft zu treffen: Wie hoch ist die Wahrscheinlichkeit, dass es am Wochenende regnet, und lohnt es sich entsprechend, Regenkleidung mitzunehmen? Wie hoch ist das Risiko, dass die Einführung einer neuen Unterrichtsform fehlschlägt? Wie häufig telefoniere ich ins Ausland und lohnt es sich entsprechend, den speziellen Tarif XY zu nehmen? Ist es sicherer, mit dem Auto zu fahren oder zu fliegen, d. h., in welchen von beiden Fällen ist das Unfallrisiko höher? Was ist wichtiger: eine Unfall- oder eine Hausratversicherung? Um zügig Antworten auf diese Fragen zu finden, stützen wir uns gerne auf das, was uns spontan einfällt (*ease of retrieval*; Tversky & Kahneman, 1973) bzw. was wir uns leicht vorstellen können (*ease of imaginability* oder *simulation heuristic*; z. B. Sherman et al., 2002). Zahlreiche Studien haben gezeigt, dass dabei das Gefühl der Leichtigkeit, mit der wir Informationen aus dem Gedächtnis abrufen bzw. eine Vorstellung konstruieren können, eine entscheidende Rolle spielt (Grayson & Schwarz, 1999; MacLeod & Campbell, 1992; Rothman & Schwarz, 1998; Sherman et al., 2002; Stepper & Strack, 1993a; Wänke et al., 1995, 1996).

Wenn die Verfügbarkeitsheuristik als Urteilsvereinfacher zum Einsatz kommt, urteilen wir nach der Maxime: „Was mir leicht fällt/was ich mir leicht vorstellen kann, kommt wohl häufig vor." Diese Strategie führt in vielen Fällen zu

> **Verfügbarkeitsheuristik**
> - „Wenn mir ein Ereignis leicht *einfällt*, dann wird es wohl häufig auftreten."
> - „Wenn ich mir ein Ereignis leicht vorstellen kann, dann wird es wohl häufig vorkommen."

adäquaten Entscheidungen, da uns häufig erlebte Inhalte leichter in den Sinn kommen bzw. leichter vorstellbar sind als seltene Ereignisse, denn: Je öfter uns etwas begegnet, umso eher wird es im Gedächtnis gespeichert und umso eher ist es verfügbar[4] (vgl. Abb.

---

[4] Die Bezeichnung Verfügbarkeitsheuristik ist insofern irreführend, da sie sich eigentlich weniger auf das prinzipielle Vorhandensein von Wissensinhalten im Gedächtnis (Verfügbarkeit/*availability*), sondern vielmehr auf deren Zugänglichkeit (*accessibility*) bezieht. Beide Begriffe werden trotz klarer Unterscheidung jedoch häufig synonym verwendet und der Übersichtlichkeit wegen auch hier in der üblichen Bezeichnung beibehalten (vgl. Strack & Deutsch, 2002, S. 355).

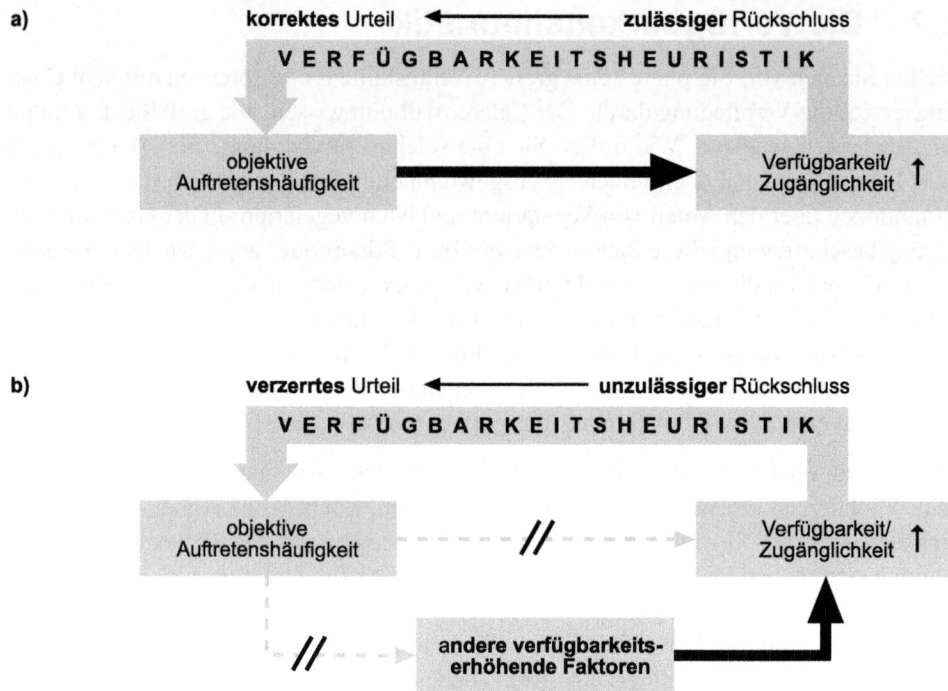

Abb. 3.2: Ist die erhöhte Verfügbarkeit/Zugänglichkeit von Informationen durch die objektive Auftretens-häufigkeit bedingt, führt die Verfügbarkeitsheuristik (d. h. der Umkehrschluss) zu korrekten Urteilen (a). Ist die erhöhte Verfügbarkeit/Zugänglichkeit jedoch *nicht* durch die objektive Auftretenshäufigkeit, sondern durch andere Faktoren bedingt, die mit der objektiven Auftretenshäufigkeit in keinem direkten Zusammen-hang stehen (hellgraue, gestrichelte Pfeile), so ist der Umkehrschluss formal gesehen „unzulässig" und die Anwendung der Verfügbarkeitsheuristik kann in verzerrten Urteilen resultieren (b).

3.2 a). Desgleichen haben wir mit größerer Wahrscheinlichkeit eine detailliertere – und damit leichter vorstellbare – Erinnerung, wenn wir ein Ereignis häufiger erleben. Die Verfügbarkeitsheuristik ist letztendlich einfach die Umkehrung dieser Zusammenhänge: Je leichter ein Inhalt aus dem Gedächtnis abrufbar ist, umso öfter muss er dargeboten oder erlebt worden sein.

Dieser Rückschluss ist immer dann korrekt, wenn die Verfügbarkeit von Informationen *tatsächlich nur* oder zumindest *hauptsächlich* von deren objektiver Auftretenswahr-scheinlichkeit beeinflusst wird. Das ist aber bei weitem nicht immer der Fall: Wie nach-folgend zu sehen ist, wird die Verfügbarkeit von vielen Faktoren beeinflusst, die mit der tatsächlichen Auftretenshäufigkeit in keinem oder nur einem indirekten Zusammenhang stehen (vgl. Abb. 3.2 b). Verlassen wir uns auch in solchen Fällen auf die Leichtigkeit, mit der uns Inhalte in den Sinn kommen, kann das verfälschte und damit suboptimale Urteile zur Folge haben.

3.2.1 Verfügbarkeit unabhängig von der Auftretenswahrscheinlichkeit

Was sind nun die Faktoren, die unabhängig von der tatsächlichen Auftretenshäufigkeit die Verfügbarkeit bzw. Vorstellbarkeit von Beispielen für ein Ereignis beeinflussen und uns damit zu fehlerhaften Urteilen verleiten? Neben der Art der Suche im Gedächtnis sind das die häufige (*frequency*) oder erst kürzliche (*recency*) Aktivierung von Inhalten, die Auffälligkeit (Salienz) bzw. Lebhaftigkeit (*vividness*) eines Ereignisses sowie Ereignisverknüpfungen im Sinne illusorischer Korrelationen.

- **Art der Suche im Gedächtnis**
  Wenn wir nach Beispielexemplaren für eine bestimmte Klasse in unserem Gedächtnis suchen, so sind diese umso leichter abrufbar (und damit umso verfügbarer), wenn die Suche mit Hinweisreizen erfolgt, die stark mit dieser Klasse verknüpft sind (vgl. Anderson, 2001, S. 343f.). Das können Sie ganz einfach selbst ausprobieren, indem Sie einmal eine

  Faktoren, die die Verfügbarkeit beeinflussen

  - Art der Suche im Gedächtnis
  - *Frequency* und *recency* (häufige und kürzliche Aktivierung)
  - Auffälligkeit (Salienz) und Lebhaftigkeit (*vividness*)
  - Ereignisverknüpfungen (Konjunktionen)

  Abwandlung des Spieles „Stadt-Land-Fluss" vornehmen: Anstatt Beispiele für die geforderten Klassen (z. B. Stadt, Land, Fluss, Name, Tier, Beruf) zu suchen, die alle den gleichen Anfangsbuchstaben haben, spielen Sie es doch einmal so, dass alle den gleichen zweiten oder dritten Buchstaben im Wort haben müssen. Vermutlich wird das Spiel dadurch um einiges länger dauern, da es erheblich schwieriger ist, Wörter mit einem bestimmten Buchstaben an einer bestimmten Position *innerhalb des Wortes* abzurufen, als wenn der *Anfangs*buchstabe als Suchkriterium verwendet wird. Genau dieser Umstand führt dazu, dass beispielsweise die Häufigkeit von bestimmten Wörtern in einer Sprache unterschätzt wird (vgl. Beispielstudie).

Beispielstudie zur Verfügbarkeitsheuristik
Die Effektivität der Suche im Gedächtnis beeinflusst die Leichtigkeit des Abrufs und damit das Häufigkeitsurteil.

In einer Studie von Tversky und Kahneman (1973, Exp. 3) wurden amerikanische Studenten gebeten, für den Konsonanten „k" anzugeben, ob dieser mit größerer Wahrscheinlichkeit an erster oder an dritter Stelle eines Wortes erscheint. Obwohl der von den Autoren ausgewählte Konsonant in der englischen Sprache dreimal häufiger an dritter als an erster Stelle in einem Wort auftritt, hielten 70 % der Teilnehmer den Buchstaben an erster Stelle für wahrscheinlicher.

Den Autoren zufolge stützten sich die Teilnehmer bei der Beantwortung auf die Verfügbarkeitsheuristik als Grundlage für die Häufigkeitsschätzung: Da es ihnen leichter fiel, Wörter mit „k" als Anfangsbuchstaben zu generieren als Wörter mit demselben Buchstaben an dritter Stelle, führte sie dies zu der Folgerung, dass „k" als erster Buchstabe häufiger vorkomme.

- ***Frequency* und *recency***
  Informationen sind leichter abrufbar, wenn diese in der Vergangenheit häufig (*frequency*) oder erst vor kurzem (*recency*) aktiviert wurden. Wird eine bestimmte Information häufig aktiviert, kann das daran liegen, dass das Ereignis tatsächlich häufig vorkommt. In diesem Fall führt die Anwendung der Verfügbarkeitsheuristik zu korrekten Urteilen. Andererseits kann die häufige Aktivierung auch daher rühren, dass über ein Ereignis beispielsweise überproportional viel in den Medien berichtet wird. Die Leichtigkeit des Abrufs als Urteilsgrundlage kann dann zu einer Überschätzung der tatsächlichen Auftretenshäufigkeit führen (McKelvie, 1995, 2000; Stapel et al., 1995; Tversky & Kahneman, 1973; vgl. Beispielstudie).

Beispielstudie zur Verfügbarkeitsheuristik
Berühmte Namen sind leichter verfügbar und beeinflussen Häufigkeitsschätzungen.

In einer anderen Studie legten Tversky und Kahneman (1973, Exp. 8) ihren Teilnehmern Listen von Eigennamen vor, in welchen zwei Merkmale der benannten Personen variiert wurden: das Geschlecht und die Berühmtheit. In der einen Bedingung enthielt die Liste 19 Namen sehr berühmter Männer und 20 Namen weniger berühmter Frauen, in der anderen Bedingung bestand die Liste aus 19 Namen sehr berühmter Frauen und 20 Namen weniger berühmter Männer. Die Teilnehmer sollten anschließend einschätzen, ob die Liste mehr Männer oder mehr Frauen enthalten hatte und die Namen wiedergeben. Da berühmte Namen besser zu merken sind als nicht berühmte, sollte der Verfügbarkeitsheuristik zufolge in der ersten Bedingung die Anzahl genannter Männernamen überschätzt werden, während in der zweiten Bedingung entsprechend eine Überschätzung der Frauennamen eintreten sollte. Tatsächlich erinnerten über 50 % der Teilnehmer die sehr berühmten Namen besser als die weniger berühmten. Zudem überschätzten 80 % der Teilnehmer den Anteil desjenigen Geschlechts, welches mit den sehr berühmten Namen assoziiert war (d. h., im Falle der Liste mit 19 berühmten Männern und 20 weniger berühmten Frauen sagten die Teilnehmer, dass die Liste mehr Männer als Frauen enthalte).

Die Anwendung der Verfügbarkeitsheuristik führt im vorliegenden Beispiel zu falschen Entscheidungen, da die Verfügbarkeit hier nicht durch die Gruppengröße hervorgerufen wurde, sondern durch die Berühmtheit – einen Faktor, der für die Entscheidung hinsichtlich des Geschlechterverhältnisses nicht relevant sein sollte.

Entsprechend werden beispielsweise auch To-
desrisiken, über die in den Medien überproportional viel berichtet wird, in ihrer Auftretenshäufigkeit überschätzt. So sind etwa beinahe
täglich Berichte über Autounfälle zu lesen, im
Speziellen über die mit tödlichem Ausgang.
Stirbt dagegen jemand an einem Herzinfarkt
oder an Magenkrebs, so erscheint dies höchs-
tens in den Zeitungen, wenn es sich um einen
Prominenten handelt. Obwohl es tatsächlich

> **Frequency und recency**
>
> Häufige und/oder kürzliche Aktivierung
> von Informationen führen dazu, dass di-
> ese leichter abrufbar sind.
>
> Stimmen Aktivierungs- und objektive
> Auftretenshäufigkeit nicht überein (z. B.
> wegen überproportionaler oder erst
> kürzlicher Präsenz in den Medien), kann
> dies zu einer Überschätzung der Auftre-
> tenshäufigkeit führen.

wesentlich mehr Todesfälle gibt, die durch einen Herzinfarkt als durch einen Unfall
verursacht werden (etwa im Verhältnis 85 : 1), hielten nur 20 % der Befragten den
Infarkttod für wahrscheinlicher (Lichtenstein et al., 1978). Neben der Häufigkeit, mit
der Informationen aktiviert werden, spielt für die Verfügbarkeit zudem die Zeit seit
der letzten Aktivierung eine Rolle. Haben wir mit einem Ereignis erst vor kurzem zu
tun gehabt, ist dessen Verfügbarkeit erhöht (*recency*). Kurzum: Wenn Sie gerade auf
der Autobahn wegen eines Unfalls im Stau gestanden oder am Morgen von einem
schweren Unfall in der Zeitung gelesen hätten, würden Sie die allgemeine Häufigkeit
von Verkehrsunfällen vermutlich höher einschätzen, als wenn Sie schon länger nichts
mehr von Unfällen gehört oder gesehen hätten.

- **Auffälligkeit und Lebhaftigkeit**
Die erhöhte Verfügbarkeit von Inhalten, über die in den Medien berichtet wird, ergibt
sich neben der häufigen Aktivierung zudem daraus, dass die Medien sich vor allem
außergewöhnlicher Ereignisse annehmen. Nicht selten werden diese zudem detailliert
und lebhaft beschrieben, vielfach in Kombination mit reißerischem Bildmaterial. Auffälligkeit und Lebhaftigkeit von Ereignissen führen wiederum unabhängig von der
realen Auftretenshäufigkeit dazu, dass diese Ereignisse leichter abrufbar und leichter
vorstellbar sind. So wird beispielsweise das Auftreten von spektakulären, aber sel-
tenen Ereignissen wie Milzbrand oder Tornados als Todesursache überschätzt, weil
sie auffälliger und daher im Gedächtnis leichter verfügbar sind (Combs & Slovic,
1979). Detailreiche, bildhafte und damit „lebhafte" Erinnerungen haben wir zudem
mit größerer Wahrscheinlichkeit, wenn wir ein Ereignis bereits selbst erlebt haben.
Die Verfügbarkeitsheuristik trägt entsprechend auch dazu bei, dass Ereignisse, die wir
persönlich erlebt haben, für wahrscheinlicher gehalten werden, als wenn wir nur über
Dritte davon wissen (z. B. bei Naturkatastrophen: Greening et al., 1996).

Dies kann sich auch auf Risikoeinschätzungen auswirken: So wird womöglich das Risiko, dass Kinder und Jugendliche von harten
Drogen wie beispielsweise Heroin abhängig
werden könnten, seiner Auffälligkeit wegen
über-, das Risiko, dass sie zu viel Alkohol zu
sich nehmen, jedoch unterschätzt werden. Eine

> **Auffälligkeit/Lebhaftigkeit**
>
> Auffällige und lebhaft dargestellte Ereig-
> nisse sind leichter verfügbar und vor-
> stellbar. Ihre Auftretenswahrscheinlich-
> keit wird daher häufig überschätzt.

mögliche Folge dieser Fehleinschätzung könnte sein, dass Präventionsmaßnahmen gegen Alkoholmissbrauch zu wenig Aufmerksamkeit geschenkt wird.

- **Ereignisverknüpfungen (Konjunktionen)**

Glauben Sie, dass Eltern sich sehr große Sorgen machen müssen, ihr Kind könnte straffällig werden, wenn sie es beim Haschischrauchen erwischt haben? Um diese Frage zu beantworten, müssen Sie abschätzen, wie eng diese beiden Ereignisse miteinander verknüpft sind. Wie gehen Sie vor, wenn Sie eine solche Einschätzung vornehmen sollen und gerade keine Statistik zur Hand haben? Vermutlich werden Sie versuchen, sich an Beispiele straffälliger Haschischkonsumenten zu erinnern, um abzuschätzen, ob hier tatsächlich eine Gefahr besteht.

Solche Ereignisverknüpfungen weisen nicht nur immer wieder eine hohe Repräsentativität auf und werden deswegen in ihrem Auftreten überschätzt (vgl. Abschnitt 3.1.1), sondern sind häufig außerdem leicht verfügbar – und zwar umso mehr, je stärker die Assoziation zwischen den Ereignissen (z. B. Haschischrauchen und Straffälligkeit) ist. Da wir insbesondere auf das *Auftreten* (positive Kontingenz) achten und das *Nichtauftreten* (negative Kontingenz) vernachlässigen, ist häufig die Assoziation zwischen dem Auftreten von zwei Ereignissen relativ stark. Diese erhöhte Verfügbarkeit führt zu einer Überschätzung des gemeinsamen Auftretens von zwei Ereignissen und trägt damit auch zu den sog. illusorischen Korrelationen bei (Tversky & Kahneman, 1974).[5]

Ereignisverknüpfungen

- Das Auftreten von zwei Ereignissen ist leichter verfügbar als das Nichtauftreten.
- Das *gemeinsame* Auftreten zweier Ereignisse wird häufig *überschätzt* (sog. illusorische Korrelationen).

Um statistisch korrekt festzustellen, wie hoch die Wahrscheinlichkeit von Straffälligkeit bei Haschischkonsum ist, müssten Sie jedoch neben der Kombination (1) „Personen, die Haschisch konsumieren und straffällig geworden sind" (positive Kontingenz) noch drei weitere mögliche Konstellationen berücksichtigen, in denen mindestens eines der beiden Ereignisse *nicht* auftritt (negative Kontingenz), und alle dann noch entsprechend den Regeln der Wahrscheinlichkeitstheorie integrieren (vgl. „Theorem von Bayes"[6]): (2) Personen, die Haschisch rauchen und *nicht* straffällig geworden sind, (3) Personen, die *kein* Haschisch rauchen und straffällig geworden sind, sowie (4) Personen, die *kein* Haschisch rauchen und *nicht* straffällig geworden sind. Dies ist erheblich aufwendiger als einfach die Kombination „haschischrauchender Straftäter" abzurufen. Entsprechend neigen wir dazu, nur Beispiele für die erste, leicht verfügbare Personengruppe abzurufen und die anderen drei Gruppen zu vernachlässigen. Dadurch kann es leicht zu einer Überschätzung des gemeinsamen Auftretens der beiden Ereignisse „Haschischkonsum" und „Straffälligkeit"

---

[5] Als illusorische Korrelationen werden Wahrnehmungen von Zusammenhängen bezeichnet, die objektiv nicht existieren. Diese Auswirkung der Verfügbarkeitsheuristik ist besonders wichtig für die Entstehung von Vorurteilen (vgl. Abschnitt 10.4.1).

[6] Das Theorem von Bayes ist eine Regel für das Rechnen mit bedingten Wahrscheinlichkeiten. Diese wird dem englischen Mathematiker Thomas Bayes (1702–1761) zugeschrieben und nach diesem benannt.

kommen (z. B. Chapman & Chapman, 1969; Beispiel nach Jungermann et al., 1998, S. 170).

Auch dieses verkürzte, aber fehleranfällige Vorgehen hat Implikationen für die Risikoforschung: Um eine Unternehmung erfolgreich zu Ende zu bringen, ist es häufig nötig, dass mehrere förderliche Faktoren gleichzeitig eintreffen (positive Kontingenz). Aufgrund der Tendenz, solche Ereignisverknüpfungen zu überschätzen, kann es hier zu einer unrealistisch optimistischen Planung kommen (Tversky & Kahneman, 1974). Ebenso kann das Risiko für ein völliges Scheitern überschätzt werden, wenn auch hierfür mehrere hinderliche Faktoren gleichzeitig im Sinne einer positiven Kontingenz auftreten müssen und diese Verknüpfung leicht verfügbar ist. Übertrieben vorsichtiges Verhalten kann die Folge einer solchen Fehleinschätzung sein.

3.2.2 Worauf basiert die Wirkung der Verfügbarkeitsheuristik?

Wie in den vorangegangenen Abschnitten beschrieben werden leicht verfügbare Informationen als Grundlage für Wahrscheinlichkeits- und Häufigkeitsschätzungen verwendet. Verstärkt verfügbare Informationen bedingen zum einen, dass deren *Inhalte* verstärkt in das Urteil einfließen. Zusätzlich und unabhängig vom Inhalt erzeugt die *kognitive Operation* des Informationsabrufs bei leicht verfügbaren Informationen ein Leichtigkeitsgefühl. Ist die Wirkung der Verfügbarkeitsheuristik nun inhaltlich oder durch das Gefühl der Leichtigkeit beim Informationsabruf bedingt?

Stellen Sie sich dazu einmal vor, Sie sind Lehrer und haben einen Schüler, der begabt ist, aber wenig Vertrauen in seine eigenen Fähigkeiten hat. Sie wollen ihn motivieren, indem Sie ihm vor Augen führen, was er alles gut kann. Im Gespräch sagen Sie: „Jetzt überleg doch mal und zähl mir vier Ereignisse auf, in denen du gut warst – ich bin sicher, dass du mindestens so viele findest." Der Schüler nennt Ihnen vier solche Situationen.

Was meinen Sie, würde Ihr Motivationsversuch nicht noch besser wirken, wenn Sie den Schüler acht statt nur vier Beispiele generieren ließen? Intuitiv würden Sie möglicherweise annehmen, dass die Regel „viel hilft viel" gilt, und der Schüler, je mehr Beispiele er bringt, umso überzeugter davon sein sollte, dass er häufig gute Leistungen bringt. Wie aber sieht das aus Sicht des Schülers aus? Vermutlich würde es ihm erheblich schwerer fallen, auf Anhieb acht statt nur vier Beispiele zu bringen. Genau dieses Gefühl von *Schwierigkeit* könnte dazu führen, dass Ihr gut gemeinter Motivationsversuch „nach hinten losgeht": Der Schüler schließt aus dem Umstand, dass es ihm so schwer fällt, die geforderten Beispiele zu nennen, dass gute Leistungen bei ihm wohl so häufig nicht vorkommen können. Sollte er dagegen nur vier Beispiele bringen, was ihm einigermaßen leicht fällt, schließt er aus dieser *Leichtigkeit*, dass gute Leistungen wohl häufiger vorkommen müssen (vgl. zusammenfassend Abb. 3.3).

Abb. 3.3: Je nachdem, ob der Abruf relativ leicht oder relativ schwer fällt (z. B. weil versucht wird, nur wenige versus viele Beispiele zu finden), können daraus unterschiedliche Schlussfolgerungen entstehen.

Genau dies wurde in zahlreichen Studien gezeigt (vgl. Beispielstudie). Während die erlebte Schwierigkeit das Gefühl vermittelt, dass keine weiteren Beispiele oder Informationen mehr zu finden seien, legt ein Leichtigkeitsgefühl nahe, dass es unendlich viele weitere Belege gäbe (Tversky & Kahneman, 1982; Wänke et al., 1995, 1996).

Beispielstudie zur Verfügbarkeitsheuristik
Für die Urteilsbildung ist die durch die Aufgabenstellung erzeugte Leichtigkeit des Abrufs entscheidend.

Personen wurden aufgefordert, entweder sechs oder zwölf Beispiele für eigenes selbstsicheres (bzw. selbstunsicheres) Verhalten aufzuschreiben (Schwarz, Bless, Strack et al., 1991). Anschließend schätzten sie ihre Selbstsicherheit ein. Die Ergebnisse zeigten, dass die *Anzahl* der zu findenden Beispiele die empfundene Selbstsicherheit mehr beeinflusst als deren *Inhalt*: Personen, die viele Beispiele für eigenes selbstsicheres Verhalten generieren mussten, schätzten sich anschließend als weniger selbstsicher ein als diejenigen Personen, die wenige Beispiele generieren mussten. Obwohl Erstere inhaltlich mehr selbstsicheres Verhalten erinnerten, führte sie die Schwierigkeit, so viele Beispiele zu erinnern, zu der Folgerung, dass sie so selbstsicher wohl nicht sein können. Umgekehrt schätzten sich Personen, die viele Beispiele für selbstunsichere Verhaltensweisen zu finden hatten, aufgrund der Schwierigkeit der Aufgabe selbstsicherer ein (vgl. Abb. 3.4).

In dieser Studie zeigt sich, dass für die Urteilsbildung die Leichtigkeit des Abrufs und nicht die Menge an abgerufenen Informationen entscheidend ist.

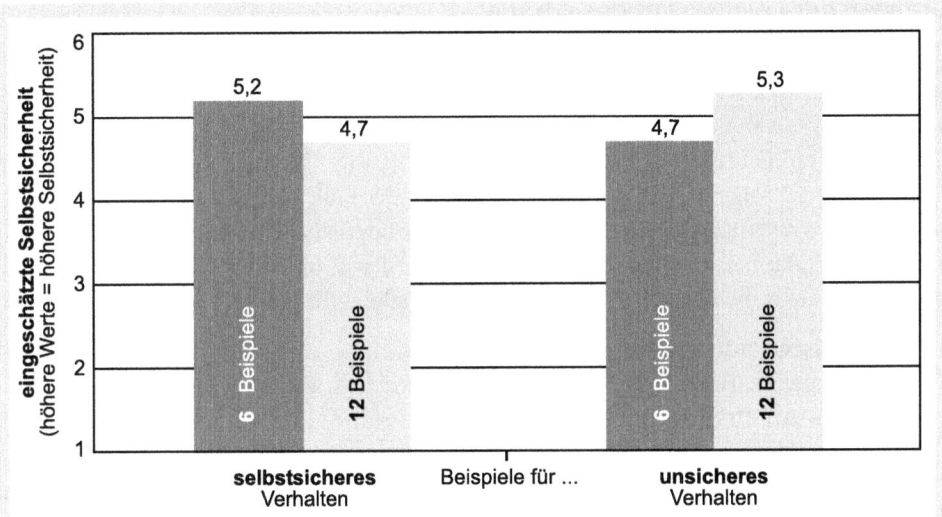

Abb. 3.4: Mussten die Teilnehmer 12 Beispiele für selbstsicheres Verhalten angeben, schätzten sie sich anschließend als weniger selbstsicher ein als Teilnehmer, die nur 6 Beispiele hatten generieren müssen. Ein umgekehrtes Muster zeigt sich für Teilnehmer, die Beispiele für unsicheres Verhalten generieren sollten (Schwarz, Bless, Strack et al., 1991, Exp. 2).

Forschungsbefunde sprechen dafür, dass die Wirkung der Verfügbarkeitsheuristik in erster Linie auf die *Leichtigkeit des Abrufs* zurückgeht. Aufgrund dessen wird die Verfügbarkeitsheuristik auch als *ease of retrieval heuristic* bezeichnet (z. B. Ruder & Bless, 2003). Das Gefühl der Leichtigkeit des Abrufs ist der „prominenteste Vertreter" einer ganzen Reihe von kognitiven Empfindungen, die – außerhalb der Verfügbarkeitsheuristik – ebenfalls als heuristische Hinweisreize zur Urteilsbildung herangezogen werden (Chen & Chaiken, 1999; Clore, 1992; Clore et al., 1994; Schwarz & Clore, 1988, 1996; Strack & Gonzales, 1993; vgl. Exkurs).

Exkurs: Weitere kognitive Gefühle als heuristische Hinweisreize

- Probanden sollten während der Beurteilung von Porträts die Augenbrauen zusammenziehen, was ein **Gefühl mentaler Anstrengung** hervorruft (vgl. Stepper & Strack, 1993a). Die Porträts wurden in der Folge nach dem Motto „wenn mir die Einschätzung so schwer fällt, kann die Person nicht so berühmt sein" als weniger berühmt eingeschätzt (Strack & Neumann, 2000).

- Personen, bei denen unter Hypnose unbemerkt ein **Unsicherheitsgefühl** induziert wurde, schätzten ihr Textverständnis nach dem Motto „wenn ich mich beim Lesen so unsicher fühle, verstehe ich es wohl nicht" als geringer ein (Clore & Parrott, 1994).

Grenzen der Leichtigkeit des Abrufs –
wenn der verfügbare *Inhalt* bedeutsam wird

Wie oben beschrieben gilt das Gefühl der Leichtigkeit beim Abruf als Wirkmechanismus der Verfügbarkeitsheuristik. Doch gibt es bestimmte Bedingungen, unter denen der *Inhalt der verfügbaren Information* bedeutsamer ist als das Leichtigkeitsgefühl beim Abruf. Wie nachfolgend beschrieben ist dies dann der Fall, wenn die Situation ganz allgemein eine systematische (im Gegensatz zu einer heuristischen) Informationsverarbeitung fördert oder die Leichtigkeitsempfindung für das aktuelle Urteil wertlos erscheint (z. B. Rothman & Schwarz, 1998; Schwarz & Vaughn, 2002).

- **Systematische Informationsverarbeitung**
  Bei wichtigen (z. B. stark selbstrelevanten) Themen wird eher der Inhalt als die Leichtigkeit des Abrufs herangezogen (Rothman & Schwarz, 1998). Auch in negativer Stimmung (als Indikator dafür, dass die Situation nicht vollkommen in Ordnung ist und möglicherweise einer Handlung bedarf) wird vermehrt der Inhalt entscheidend (Ruder & Bless, 2003; vgl. auch Abschnitt 4.1.2 und Kapitel 2).

- **Diagnostizität des Leichtigkeitsgefühls**
  Gibt es für das Leichtigkeits-/Schwierigkeitsgefühl beim Abruf eine **Alternativerklärung** (z. B. situationale Faktoren), verliert es seinen diagnostischen Wert für das Urteil und es wird stattdessen der verfügbare Inhalt als Urteilsgrundlage verwendet. Dies zeigten Schwarz, Bless, Strack und Kollegen (1991, Exp. 3) in einer weiteren Studie. Die Teilnehmer hatten die Aufgabe, Beispiele eigenen selbstsicheren Verhaltens zu generieren. Währenddessen wurde ihnen Musik eingespielt, welche angeblich den Abruf von selbstsicherem Verhalten erleichterte. Im Gegensatz zur zuvor berichteten Beispielstudie der Autoren schätzten sich in dieser Studie diejenigen Teilnehmer anschließend selbstsicherer ein, die vorher *viele* Beispiele für selbstsicheres Verhalten aufschreiben sollten. Die Ergebnisse zeigen damit, dass in diesem Fall *nicht* die Leichtigkeit/Schwierigkeit des Abrufs für die später eingeschätzte Selbstsicherheit entscheidend war, sondern die abgerufene Informations*menge*. Ausschlaggebend war, dass die Teilnehmer das Gefühl von Leichtigkeit bzw. Schwierigkeit während des Informationsabrufs *auf die Musik* zurückführen konnten und dieses Gefühl daher für die Selbstsicherheitseinschätzung keinen eindeutig diagnostischen Wert mehr besaß (vgl. auch Haddock et al., 1999; Wänke et al., 1995).

Des Weiteren wird das Gefühl der Leichtigkeit bei **fehlender Expertise** als weniger urteilsrelevant empfunden. Forschungsergebnisse legen nahe, dass Personen das Gefühl der Leichtigkeit bzw. Schwierigkeit beim Informationsabruf dann zur Urteilsbildung heranziehen, wenn sie sich selbst als bewandert in dem betreffenden Themenbereich erleben. Ist dies nicht der Fall, verlassen sie sich vermehrt auf die abgerufenen Inhalte (Schwarz & Vaughn, 2002; Vaughn, 1997).

Inwieweit die Leichtigkeit des Abrufs als urteilsrelevant empfunden wird, hängt zudem von unseren **Urteilsgewohnheiten** ab. Das Leichtigkeitsgefühl wird als diagnostisch erlebt, wenn es sich um Urteile handelt, die wir gewohnheitsmäßig eher gefühlsbasiert treffen (Rothman und Hardin, 1997). Dies ist beispielsweise dann der Fall, wenn wir einen engen Freund beurteilen sollen. Flüchtige Bekannte dagegen sind nicht in solchem Maße affektiv besetzt, für Urteile über diese sind entsprechend Gefühle – und seien es sog. nicht affektive Empfindungen wie die Leichtigkeit bzw. Schwierigkeit des Abrufs – weniger diagnostisch. Entsprechend werden solche Urteile eher inhaltsbasiert gefällt.

> **Bedeutsamkeit des verfügbaren Inhalts**
>
> Der Inhalt der leicht verfügbaren Informationen wird für das Urteil entscheidend, wenn ...
>
> - die Situation eine systematische Informationsverarbeitung fördert.
> - das Gefühl der Leichtigkeit beim Abruf nicht urteilsrelevant erscheint.

3.2.3 Zusammenfassung

Zur Vereinfachung von Häufigkeits- und Wahrscheinlichkeitsschätzungen kommt die Verfügbarkeitsheuristik zum Einsatz – wenn uns etwas leicht einfällt oder wir es uns leicht vorstellen können, schlussfolgern wir daraus, dass es auch häufig vorkommt. Dieses Vorgehen führt in vielen Fällen zu korrekten Urteilen, da Auftretenshäufigkeit und Verfügbarkeit tatsächlich oft zusammenhängen. Allerdings kann die Verfügbarkeit von Informationen auch durch Faktoren beeinflusst werden, die von der tatsächlichen Auftretenswahrscheinlichkeit unabhängig sind. In diesen Fällen kommt es zu systematischen Fehlurteilen. Die Wirkung der Verfügbarkeitsheuristik beruht in erster Linie auf dem verfügbaren Gefühl der Leichtigkeit bzw. Schwierigkeit beim Informationsabruf. Wird diese Empfindung jedoch als für das Urteil nicht relevant empfunden oder erfordern Situationsfaktoren eine eher systematische Informationsverarbeitung, kann die Verfügbarkeitsheuristik auch auf dem *Inhalt* der verfügbaren Informationen beruhen (und nicht auf dem Leichtigkeitsgefühl). Dies kann zu ebenfalls verzerrten Urteilen führen, wenn die Verfügbarkeit der Information unabhängig von der objektiven Auftretenshäufigkeit ist.

Die Verfügbarkeit bestimmter Informationen spielt auch bei einem weiteren „Urteilsvereinfacher" eine Rolle, nämlich bei der sog. Ankerheuristik. Diese wird nachfolgend beschrieben.

3.3 Die Ankerheuristik

Stellen Sie sich einmal folgendes Szenario vor: Zu Beginn des Erdkundeunterrichts wird ein Schüler über den Inhalt der letzten Stunde – Flüsse – abgefragt. Unter anderem fragt der Lehrer den Schüler, wie lang die Elbe ist. Der Schüler hat jedoch nicht gelernt und kann keine Antwort geben. Für die Leistungsbeurteilung will der Lehrer nun abchecken, ob der Schüler wenigstens eine grobe Ahnung bezüglich der Größenverhältnisse hat und fragt deshalb: „Ist die Elbe länger oder kürzer als 1 000 Kilometer?" Der Schüler

Ankerheuristik

Unter Urteilsunsichereit bewirkt ein (vorgegebener oder selbstgenerierter) Ausgangswert (sog. Anker), dass das Urteil
in Richtung auf diesen Anker verzerrt
wird.

antwortet nun korrekt, dass die Elbe länger sei
als dieser Wert. Der Lehrer unternimmt nun noch
einen Anlauf und fragt: „Na, das war ja schon
einmal richtig, wie lange wird sie denn nun sein?
Schätz doch mal!" Der Schüler schätzt nun einen
Wert, der der tatsächlichen Länge der Elbe von
1 165 Kilometern recht nahe kommt, und hat damit die Situation noch einmal gerettet.
Würde es nun einen Unterschied machen, wenn der Lehrer in der gut gemeinten Frage zur Hilfestellung statt 1 000 einen Wert von 500 Kilometern eingesetzt hätte? Forschungsergebnisse legen nahe, dass der Schüler dann mit seiner Schätzung höchstwahr-
scheinlich vom korrekten Wert weiter weg (und näher bei den 500 Kilometern) gelegen
und damit möglicherweise eine schlechtere Note bekommen hätte.

Wird durch die Problemformulierung ein Wert (ein sog. Anker, im o. g. Beispiel: 1 000
respektive 500 Kilometer) vorgegeben, so beeinflusst dieser in vielen Fällen das Urteil.
Das kann durchaus sinnvoll sein. Wenn der Erdkundelehrer aus dem obigem Beispiel
seinem Schüler tatsächlich eine Hilfestellung geben will, so wird er für seine „länger-
oder-kürzer"-Frage einen Wert wählen, der nicht vollkommen abwegig ist. Nimmt der
Schüler diesen Wert als Ausgangspunkt für seine weiteren Überlegungen, kommt er womöglich sehr nahe an den wirklichen Wert heran. Allerdings findet sich ein Einfluss von
vorgegebenen Werten auch dann, wenn diese reichlich abwegig sind (z. B. bei Anker-
werten für die Elbe von 45 000 oder 25 Kilometern, vgl. Mussweiler & Strack, 1999a)
oder von Personen vorgegeben werden, die in dem Fachgebiet nicht bewandert sind.
Forschungsbefunde lassen vermuten, dass das Urteil des Schülers auch dann beeinflusst
würde, wenn statt des Erdkundelehrers (d. h. eines Experten) der vierjährige kleine Bru-
der die Vergleichsfrage gestellt hätte (z. B. Englich & Mussweiler, 2001; Northcraft &
Neale, 1987; Whyte & Sebenius, 1997).

Wie bei den anderen Heuristiken auch ist immer dann ein Einfluss zu erwarten, wenn
Urteiler *unter Unsicherheit* eine Antwort generieren müssen, d. h. in unserem Beispiel,
wenn der Gefragte nicht *weiß*, dass die Elbe tatsächlich 1 165 Kilometer lang ist. Das
Urteil wird dann an den vorgegebenen Anker angeglichen/assimiliert (sog. Ankereffekt;
Tversky & Kahneman, 1974), was zu Urteilsverzerrungen führen kann.

3.3.1   Bei welchen Urteilen treten Ankereffekte auf?

Ankereffekte sind immer dann anzunehmen, wenn für eine Schätzung ein Ausgangswert
in Betracht gezogen wird. Dies ist im Speziellen für numerische Urteile in den verschiedensten Bereichen gezeigt worden:

• **Schätzaufgaben**
  Tversky und Kahneman (1974) baten ihre Teilnehmer, den prozentualen Anteil afrikanischer Staaten in den Vereinten Nationen zu schätzen. Zuvor sollten diese jedoch

angeben, ob dieser Anteil größer oder kleiner ist als eine Zahl, die im Beisein des Teilnehmers durch Drehen eines (gezinkten) Glücksrads ermittelt wurde. Teilnehmer, bei denen das Glücksrad – vermeintlich zufällig – bei der Zahl 10 hielt, schätzten den Anteil afrikanischer Staaten in den Vereinten Nationen später auf 25 %, Teilnehmer, bei denen das Glücksrad die Zahl 65 anzeigte, schätzten im Mittel einen Anteil von 45 %.

Ankereffekte wurden zudem bei monetären Schätzungen gezeigt: Sowohl bei Wirtschaftsstudierenden als auch bei erfahrenen Managern und anderen Experten zeigte sich ein Einfluss von Ankern auf das erste Preisangebot, den Mindestpreis und den erhofften Preis (Whyte & Sebenius, 1997; vgl. auch Northcraft & Neale, 1987; Neale & Northcraft, 1991; Ritov, 1996). In einer Studie von Mussweiler und Kollegen (2000) schätzten Autoverkäufer den Wert desselben Gebrauchtwagens (eines zehn Jahre alten Opel Kadetts) bei Vorgabe eines hohen Ankers („Ist dieser Wagen mehr oder weniger wert als 5 000 DM[7]?") im Mittel auf 3 563 DM, bei einem niedrigen Anker (2 800 DM) hingegen auf nur 2 520 DM.

- **Verhandlungsergebnisse**
So wie die Vorgabe eines hohen Ankers zu höheren Preisschätzungen führt, resultiert auch in einer Verhandlung aus einem hohen ersten Gebot ein höherer Preis bzw. ein höheres Verhandlungsergebnis (vgl. Beispielstudie; siehe auch Chertkoff & Conley, 1967; Liebert et al., 1968). Der Ankereffekt führt damit zu einer „Urteilsverzerrung" in Richtung dieses ersten Gebots und lässt sich als effektive Methode nutzen, um den Situationsausgang zu beeinflussen.

Beispielstudie zum Ankereffekt
Das Angebot des Erstbietenden wirkt als Anker und beeinflusst das Verhandlungsergebnis.

Galinsky und Mussweiler (2001) ließen ihre Teilnehmer (MBA-Studenten einer amerikanischen Business School) über den Verkauf einer Fabrik verhandeln. Dazu erhielten die Teilnehmer alle Hintergrundinformationen, die ihnen auch im realen Wirtschaftsleben zur Verfügung stünden (z. B. Schrottwert der Anlage, Kosten für die Errichtung einer neuen Anlage etc.). Sowohl die Rolle des Käufers bzw. des Verkäufers als auch die Möglichkeit, das erste Gebot zu unterbreiten, wurden zufällig zugewiesen. Die Verhandlungsergebnisse zeigten einen eindeutigen Vorteil für den Erstbietenden. Machte der Käufer das erste – seinen Interessen gemäß relativ niedrige – Gebot, so einigten sich beide Parteien im Durchschnitt auf einen Preis von ca. 20 Mio. $. Machte hingegen der Verkäufer das – in diesem Fall relativ hohe – erste Gebot, so wurden durchschnittlich fast 25 Mio. $ als Preis vereinbart.

---

[7] 1,00 DM entspricht 0,51129 Euro.

Es zeigt sich also, dass das erste Gebot im Sinne eines Ankers Einfluss nimmt, indem das Verhandlungsergebnis an diesen Ausgangswert angeglichen wird.

- **Gerichtsurteile**
  Studien zu simulierten Urteilen Geschworener (Chapman & Bornstein, 1996) und Richtern (Englich & Mussweiler, 2001; Englich et al., 2006) zeigen, dass die Schuldeinschätzung und das Strafmaß von Ankern beeinflusst werden können. Englich und Mussweiler (2001) stellten erfahrenen Richtern übliche Informationen zur Beurteilung eines Vergewaltigungsfalls zur Verfügung und baten die Richter zunächst zu beurteilen, ob das vorgeschlagene Strafmaß von 12 bzw. 34 Monaten zu hoch oder zu niedrig sei. Im Anschluss daran sollten sie angeben, welche Strafe sie tatsächlich verhängen würden. Hatten die Richter zunächst den hohen Anker beurteilt, so fällten sie ein Urteil von durchschnittlich 36 Monaten, beim niedrigen Anker hingegen von 28 Monaten. Dieses Ergebnis trat unabhängig davon auf, von wem die Ankerinformation vorgegeben wurde – ob vermeintlich von einem Staatsanwalt oder einem (unbeteiligten) Informatikstudenten –, und auch unabhängig davon, wie viel Berufserfahrung der jeweilige Richter hatte.

- **Leistungsbeurteilungen**
  Frühere Leistungen können als Ankerwert dienen und die aktuelle Bewertung beeinflussen. So beurteilten beispielsweise Lehrer objektiv identische Studienarbeiten besser, wenn der betreffende Schüler in früheren Arbeiten angeblich gute Noten erhalten hatte als wenn die Noten schlecht waren (Caverni & Peris, 1990). Sind frühere Leistungswerte verfügbar, kann dies die Unabhängigkeit aktueller Beurteilungen beeinträchtigen.

- **Selbsteinschätzung**
  Personen erwarteten, mehr Denksportaufgaben lösen zu können, wenn sie zuvor beurteilt hatten, ob sie mehr oder weniger als 18 Aufgaben lösen würden, als wenn sie beurteilen sollten, ob sie mehr oder weniger als vier Aufgaben lösen würden. Der Ankerwert war aus Sicht der Teilnehmer zufällig bestimmt worden und hatte keinen informativen Wert (Cervone & Peake, 1986; siehe auch Switzer & Sniezek, 1991).

Ankereffekte beeinflussen jedoch nicht nur numerische Urteile. Es ist vielmehr anzunehmen, dass der Ankereffekt häufig (mit) eine Rolle spielt, wenn unter Urteilsunsicherheit ein Ausgangswert für ein späteres Urteil herangezogen wird. Entsprechend ist der Ankereffekt auch als

Exkurs: **Rückschaufehler**

Der Rückschaufehler (*hindsight bias* oder *I knew it all along effect*; Fischhoff, 1975; Hawkins & Hastie, 1990) bezeichnet die Tendenz von Personen, im Nachhinein (d. h. wenn die Lösung einer Aufgabe oder der Ausgang eines Ereignisses bekannt ist) die Wahrscheinlichkeit zu überschätzen, dass sie die Aufgabe richtig lösen bzw. den Ausgang des Ereignisses vorhersagen hätten können.

Erklärt wird dies zum einen mit dem **Ankereffekt** (die bekannte Lösung stellt den Anker dar; Connolly & Bukszar, 1990; Hardt & Pohl, 2003; Pohl et al., 2003; Sharpe & Adair, 1993), zum anderen mit **Schlussfolgerungsprozessen** (z. B. Erdfelder & Buchner, 1998; Schwarz & Stahlberg, 2003; Stahlberg & Maass, 1998; Werth et al., 2002; Werth & Strack, 2003).

wichtiges theoretisches Konzept herangezogen worden, um andere Urteilsphänomene zu erklären, so beispielsweise den Rückschaufehler (Hardt & Pohl, 2003; Pohl et al., 2003; Tversky & Kahneman, 1974; vgl. Exkurs vorangehende Seite) oder den fundamentalen Attributionsfehler (Leyens et al., 1996; Quattrone, 1982; vgl. Abschnitt 5.2.2). Was aber sind die ursächlichen Mechanismen des Ankereffekts selbst? Dieser Frage ist der nächste Abschnitt gewidmet.

3.3.2   Wie kommt der Ankereffekt zustande?

Wird ein Anker zur Urteilsbildung herangezogen, führt das typischerweise dazu, dass das Urteil an den Anker angeglichen wird. Wie aber kommt diese Ankerassimilation zustande? Im Folgenden sollen hierzu zwei wichtige Erklärungsansätze vorgestellt werden, das *Modell selektiver Zugänglichkeit* sowie *Verankerung und Anpassung*.

Selektive Zugänglichkeit (*selective accessibility*)

In vielen Studien zum Ankereffekt wird der Einfluss einer vorgeschalteten Vergleichsfrage („Ist der wahre Wert des Urteilsgegenstands größer oder kleiner als X?"), durch die der Ankerwert vorgegeben wird, auf eine zweite, absolute Schätzung („Welches ist der wahre Wert?") untersucht. So war der Schüler aus unserem Eingangsbeispiel zunächst aufgefordert, den Ankerwert von 1 000 Kilometern mit der tatsächlichen Länge der Elbe zu vergleichen und erst danach eine absolute Schätzung abzugeben. Durch die Verarbeitung des Ankers werden dabei selektiv Informationen verfügbarer, die *für* diesen Wert sprechen. Diese leicht zugänglichen Inhalte fließen in das nachfolgende Urteil verstärkt ein, was zu einer Angleichung der Schätzung an den Anker führt. Wichtige Mechanismen sind hierbei – wie im Folgenden ausführlicher dargestellt wird – **selektives Hypothesentesten** und **semantisches Priming** (*selective accessibility model*, kurz SAM genannt; Mussweiler & Strack, 1999a, 1999b, 2000a, 2000b; Strack & Mussweiler, 1997; für weitere Erklärungsansätze siehe Jacowitz & Kahneman, 1995; Wilson et al., 1996).

Gemäß des SAM wird der Ankerwert als Vergleichsstandard herangezogen und in einem ersten Schritt geprüft, ob dieser Ankerwert zutreffend sein kann. Die Frage „Ist die Elbe länger oder kürzer als 1 000 Kilometer?" wird dabei sinngemäß genauso behandelt wie die Frage „Ist die Elbe etwa 1 000 Kilometer lang, ja oder nein?" (Mussweiler & Strack, 1999b). Der Schüler aus unserem obigen Beispiel testet demnach

> **Ankereffekt aufgrund selektiver Zugänglichkeit**
>
> 1. **Selektives Hypothesentesten** bei der Überprüfung, ob der Ankerwert stimmen kann, führt zu einer erhöhten *Verfügbarkeit ankerkonsistenter Informationen*.
>
> 2. Diese wirken wie ein **semantisches Priming** und führen zur *Assimilation* eines nachfolgenden Urteils *an den Ankerwert*.

zunächst die Hypothese „Die Elbe ist 1 000 Kilometer lang". Grundsätzlich neigen wir bei der Überprüfung einer solchen Feststellung zu einer positiven Teststrategie (**selek-**

tives Hypothesentesten): Wir überlegen uns hauptsächlich, was *für* diese Hypothese sprechen könnte, und vernachlässigen Informationen, die der zu testenden Hypothese *wider*sprechen würden (für einen Überblick siehe Trope & Liberman, 1996; siehe auch Semin & Strack, 1980; Snyder & Swann, 1978). Entsprechend dieser Tendenz überlegt der Schüler also vor allem, was *dafür* spricht, dass der vom Lehrer vorgegebene Wert von 1 000 Kilometern in etwa korrekt sein könnte. Damit werden selektiv Informationen aktiviert, die *für* diese Möglichkeit sprechen, was einem sog. semantischen Priming[8] entspricht.

Unabhängig davon, ob dieser Test positiv („Ja, die Elbe könnte ungefähr 1 000 Kilometer lang sein.") oder negativ ausfällt („Nein, 1 000 Kilometer stimmt überhaupt nicht."), bleibt das bis dato aktivierte ankerkonsistente Wissen auch über die Verarbeitung der Ankerinformation hinaus leichter verfügbar, beispielsweise für ein nachfolgendes absolutes Urteil (vgl. Beispielstudie und Abb. 3.5; auch Chapman & Johnson, 1999).

Beispielstudie zur Ankerheuristik
Durch die Vorgabe eines Ankers werden selektiv Informationen verfügbarer, die für den Ankerwert sprechen.

Mussweiler und Strack (2000b, Exp. 1) baten ihre Teilnehmer, die Durchschnittstemperatur in Deutschland zu schätzen. Dazu stellten sie ihnen zunächst folgende komparative Frage mit unterschiedlichen Ankerinformationen: „Ist die Durchschnittstemperatur in Deutschland höher oder niedriger als 20° C?" (hoher Anker), für den niedrigen Anker wurde die Temperaturangabe durch „5° C" ersetzt. In einer zweiten Frage war dann eine absolute Schätzung abzugeben („Wie hoch ist die Durchschnittstemperatur in Deutschland?"). Wie erwartet wurde hier nach Vorgabe des hohen Ankers eine höhere Durchschnittstemperatur geschätzt als nach Vorgabe eines niedrigen Ankers, nämlich 16,4° C im Vergleich zu 10,8° C.

Zudem erfassten die Forscher im Anschluss an diese Fragen, welche Gedächtnisinhalte verstärkt verfügbar waren. Dazu bearbeiteten die Teilnehmer eine Wortentscheidungsaufgabe[9] (Neely, 1991). Personen, die sich zuvor mit dem hohen Anker „20° C" beschäftigt hatten, reagierten dabei schneller auf Wörter, die mit höheren Temperaturen assoziiert sind („Sommerwörter" wie z. B. heiß, warm, Sommer, Strand, schwimmen, Sonne, Meer), als auf Wörter, die mit niedrigeren Temperaturen assoziiert sind („Winterwörter" wie z. B. Ofen, kalt, Schnee, Frost, Ski, Winter, Schlitten). Bei diesen Personen waren offensichtlich durch den Anker „Sommerwörter" verfügbarer geworden

---

[8] Semantisches Priming ist der Vorgang, durch den bestimmte semantische, d. h. *inhaltlich* bedeutsame Gedächtnisstrukturen aktiviert und damit kognitiv leichter zugänglich gemacht werden (vgl. auch Abschnitt 2.3).

[9] In einer Wortentscheidungsaufgabe (*lexical decision task*) werden den Teilnehmern per Computerbildschirm Begriffe verschiedener Kategorien (z. B. „Sommer" vs. „Winter") dargeboten (z. B. kalt, Sonne, heiß, Winter), auf die sie so schnell wie möglich per Tastendruck reagieren müssen. Aus der Reaktionszeit auf jede Wortkategorie wird geschlossen, welche Kategorie am verfügbarsten ist (je kürzer die Reaktionszeit, desto verfügbarer die Kategorie).

als „Winterwörter". Umgekehrt reagierten Personen, die sich mit dem niedrigen Anker „5° C" beschäftigt hatten, schneller auf die Winter- als auf die Sommerwörter.

Diese Studie zeigt, dass ein vorgegebener Ausgangswert (Anker) zu einer selektiven Aktivierung von ankerkonsistenten Wissensinhalten führt. Da diese leicht verfügbaren Informationen als Grundlage für anschließende Schätzungen herangezogen werden, wird das Urteil an den Anker angeglichen/assimiliert (zusammenfassend vgl. Abb. 3.5).

Anreize für besonders genaue Urteile oder ausdrückliche Warnungen, sich nicht durch den Anker beeinflussen zu lassen, können den Ankereffekt nicht zuverlässig vermindern, geschweige denn verhindern (Wilson et al., 1996). Dies liegt vermutlich daran, dass die den Ankereffekt vermittelnden kognitiven Mechanismen dem Urteilenden nicht unmittelbar zugänglich sind (z. B. Strack & Deutsch, 2002, S. 377). Dementsprechend ist es in den meisten Fällen von untergeordneter Bedeutung, ob der Ankerwert zufällig bestimmt wird oder aber für den Urteilsgegenstand informativ ist sowie ob sich die urteilende Person mit dem Urteilsgegenstand auskennt: Experten und Laien sind bei Urteilen unter Unsicherheit gleichermaßen anfällig für den Ankereffekt (Englich & Mussweiler, 2001; Northcraft & Neale, 1987; Whyte & Sebenius, 1997). Dass nach einer Ankervorgabe einseitig anker*konsistente* Informationen aktiviert werden, ist folglich kaum zu verhindern, unabhängig davon, wie sehr wir uns anstrengen. Allerdings können wir *gezielt weitere* Informationen aktivieren, die sozusagen ein „Gegengewicht" zu den (automatisch aktivierten) ankerkonsistenten Informationen erzeugen, indem wir bewusst nach Inhalten suchen, die dem Anker widersprechen (*considering the opposite*). Auf diese Weise lässt sich der Ankereffekt reduzieren (Chapman & Johnson, 1999; Galinsky & Mussweiler, 2001; Mussweiler et al., 2000).

Ankereffekte werden zudem durch die **Anwendbarkeit** der verfügbaren Informationen beeinflusst. So wird leicht verfügbares Wissen nur dann für nachfolgende Urteile herangezogen, wenn es auf den Urteilsgegenstand anwendbar ist (Higgins, 1996; Strack & Mussweiler, 1997; auch Chapman & Johnson, 1994). Würde der Lehrer beispielsweise nach der (komparativen) Frage „Ist die Elbe länger oder kürzer als 1 000 Kilometer?" eine absolute Schätzung darüber fordern, welche maximale Wasser*tiefe* die Elbe erreicht, so würde der Schüler dafür die Information über die *Länge* der Elbe als weitestgehend irrelevant erachten und nicht für sein Urteil über die Wassertiefe heranziehen. Aus diesem Grund finden sich bei einem solchen Dimensionswechsel (Dimension „Länge" versus Dimension „Tiefe") schwächere Ankereffekte als bei gleicher Urteilsdimension.

Anker können natürlich nicht nur durch eine vorgeschaltete Vergleichsfrage vorgegeben sein. Im Alltag können Ankerwerte beispielsweise auch in die Bearbeitung (wenn etwa aus dem Zwischenergebnis einer Rechenaufgabe auf das Gesamtergebnis geschlossen wird) oder Beschreibung einer Aufgabe („Tragen Sie hier Ihr Urteil ein, z. B. 150 m.") integriert sein. Kennzeichnend für solche Ankerwerte ist, dass wir meist *nicht* von vorn-

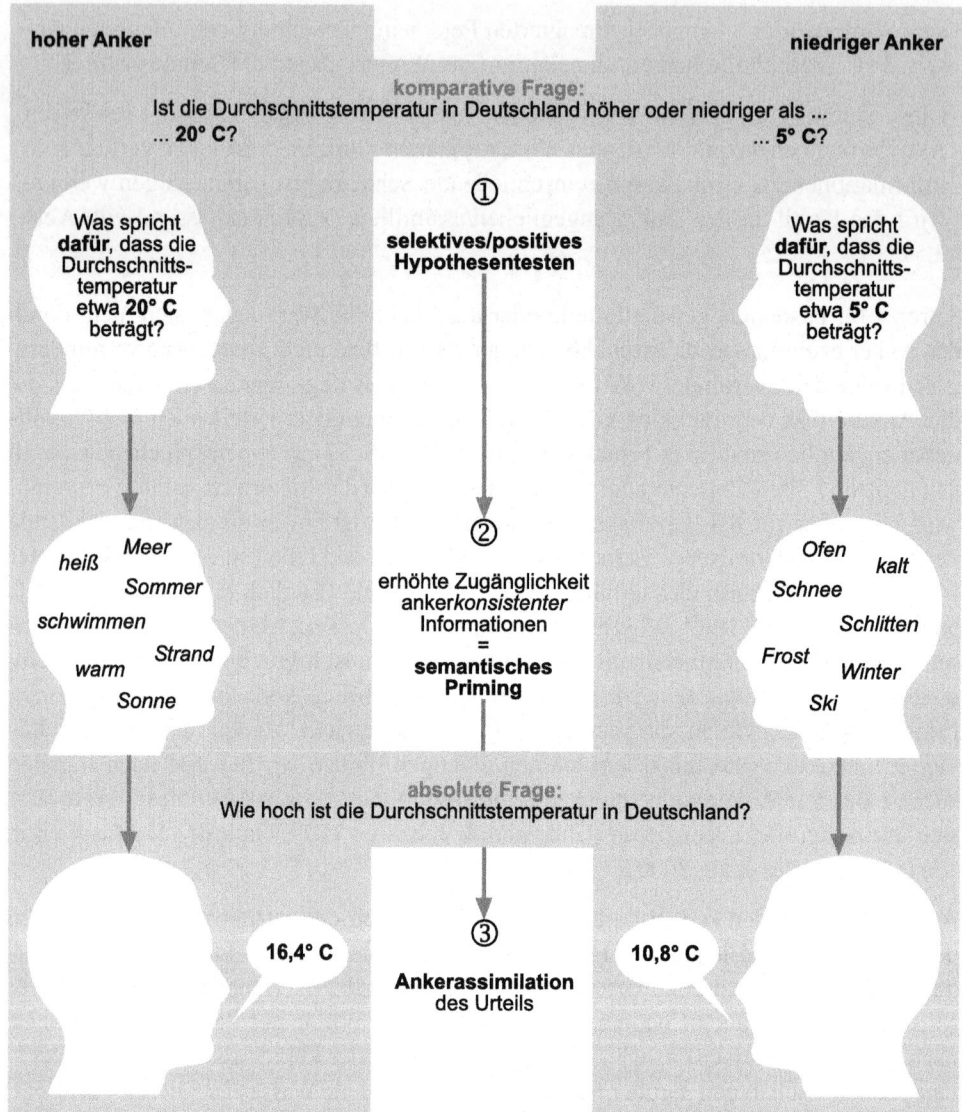

Abb. 3.5: Selektive Zugänglichkeit (*selective accessibility*) beim Ankereffekt (Mussweiler & Strack, 2000b). Zur Beantwortung der komparativen Frage wird die Hypothese getestet, dass der vorgegebene Wert zutreffen könnte (① selektives/positives Hypothesentesten). Dadurch werden selektiv ankerkonsistente Informationen zugänglicher (② semantisches Priming). Da sie auf diese Weise in ein nachfolgendes Urteil verstärkt einfließen, kommt es zur Angleichung des Urteils an den Ankerwert (③ Ankerassimilation).

herein mit Sicherheit wissen können, ob sie korrekt oder zumindest dem wahren Wert sehr ähnlich sein könnten. Zumindest für einen Moment ziehen wir das, was uns vorgegeben wird, als korrekte Möglichkeit in Betracht (Gilbert, 1989).

Wenn wir einen Anker selbst generieren, wissen wir dagegen häufig von Anfang an, dass der Ankerwert nicht korrekt ist und einer Angleichung bedarf. Insbesondere für diesen Fall wird der nachfolgend beschriebene Prozess als bedeutsam angesehen (vgl. Epley, 2004).

Verankerung und Anpassung (*anchoring and adjustment*)

Denken Sie noch einmal an einen Schüler, der nach der Länge der Elbe gefragt wird: Nehmen wir diesmal den Fall an, dass der Schüler zwar die Länge der Elbe im Spe-

ziellen nicht kennt, aber weiß, dass der Nil mit über 6 500 Kilometern der längste Fluss der Welt ist. Er weiß damit auch mit Sicherheit, dass dieser Wert für die Elbe nicht korrekt ist (sonst wäre der Nil schließlich nicht der längste Fluss der Welt). Der Schüler zieht also einen Wert in Betracht, der wohl für Flüsse informativ ist, von dem er aber mit Sicherheit weiß, dass er für das aktuelle Urteil nicht stimmt. Entsprechend seiner Annahme, dass die Elbe kürzer ist, adjustiert er vom Anker ausgehend nun nach unten. Auch hier tritt eine Ankerassimilation auf, d. h., der Schüler wird zu einem höheren Wert für die Elbe kommen, wenn er von der Länge des Nils ausgehend schätzt als wenn er die – etwa aufgrund eines kürzlichen Wochenendausflugs verfügbare – Länge der Mosel von etwa 550 Kilometern heranziehen würde.

Im Alltag nutzen wir immer wieder Ausgangswerte dieser Art, d. h. Anker, von denen wir wissen, dass sie zwar relativ nahe am wahren Wert liegen, aber sicher nicht korrekt sind und damit einer Anpassung bedürfen. Ausgehend vom Anker wird der Schätzwert – entsprechend der subjektiven Annahme, in welche Richtung der tatsächliche Wert vom selbstgenerierten Ankerwert abweicht – nach oben oder unten korrigiert/adjustiert, bis ein plausibler Wert erreicht ist. Dieser Adjustierungsprozess ist meist unzureichend, so dass Urteilsverzerrungen in Richtung des Ankerwertes auftreten (*anchoring and adjustment*, Epley & Gilovich, 2001, 2004, 2005; Epley,

---

Verankerung und Adjustierung

1. **Verankerung (*anchoring*)**
   Der selbstgewählte Anker wirkt als Ausgangspunkt für die Schätzung.

2. **Adjustierung (*adjustment*)**
   Der Schätzwert wird von diesem Ankerwert aus nach oben oder unten korrigiert/adjustiert.

Die meist ungenügende Adjustierung führt zu einer Assimilation an den Ankerwert.

Exkurs: Geringere Adjustierung bei Kindern

Neben numerischen Werten kann beispielsweise auch die eigene Sichtweise als Anker wirken.

Wenn wir versuchen, uns in andere hineinzuversetzen (Perspektivenübernahme), gehen wir in der Regel zunächst von unserer eigenen Sicht (entspricht einem *Anker*) aus und korrigieren diese dann im Hinblick auf die Perspektive des anderen (entspricht dem *adjustment*). Auch hier ist die Anpassung häufig unzureichend, so dass wir unter Umständen zu dem Schluss kommen, dass die Sicht der anderen weniger von unserer eigenen abweicht, als das tatsächlich der Fall ist (Epley, Keysar et al., 2004). Dieser sog. *egocentric bias* ist bei Kindern stärker ausgeprägt als bei Erwachsenen. Epley, Morewedge und Keysar (2004) konnten zeigen, dass der Verankerungsprozess bei Kindern und Erwachsenen gleichermaßen egozentrisch ist. Die stärkere Verzerrung der Kinder resultiert daraus, dass die *Anpassung* noch insuffizienter ist als bei Erwachsenen.

Keysar et al., 2004; Tversky & Kahneman, 1974; zum Adjustierungsprozess bei Kindern vgl. auch Exkurs vorangehende Seite).

Der Adjustierungsprozess benötigt kognitive Ressourcen. Während sich Ankereffekte, die allein auf selektiver Zugänglichkeit ankerkonsistenter Informationen beruht, als weitestgehend immun gegenüber Anreizen für besonders gute Urteile oder Warnungen vor Verzerrungen durch den Anker gezeigt haben (s. o.), führt eine verstärkte Anstrengung bei selbstgeneriertem Anker zu einer vermehrten Adjustierung und damit zu einer geringeren Ankerassimilation (Epley & Gilovich, 2005), aber damit nicht notwendigerweise zu besseren Urteilen. Auch motivationale Tendenzen haben einen Einfluss auf diesen Prozess (vgl. Beispielstudie).

Beispielstudie zur Ankerheuristik
Motivationale Tendenzen moderieren die Stärke von Ankereffekten bei selbstgenerierten, nicht jedoch bei vorgegebenen Ankern.

Teilnehmer einer Studie von Epley und Gilovich (2004, Exp. 1) sollten Fragen beantworten, bei denen es sehr wahrscheinlich war, dass sie einen ganz bestimmten Ankerwert zur Beantwortung heranziehen würden, ohne dass dieser vorgegeben wurde. So wurden sie beispielsweise gefragt, bei welcher Temperatur Wodka gefriert. Die Forscher nahmen hier an (und überprüften dies in einer Nachbefragung), dass die Teilnehmer als Ausgangswert den Gefrierpunkt von Wasser (0° C[10]) heranziehen würden und diesen – angesichts des Wissens, dass Alkohol einen niedrigeren Gefrierpunkt hat als Wasser und Wodka Alkohol enthält – nach unten korrigieren würden (Wodka gefriert tatsächlich bei etwa −29° C).

Um den Einfluss von Urteilstendenzen aufzuzeigen, sollte eine Hälfte der Teilnehmer während der Fragenbeantwortung ihre Handflächen von unten, die andere Hälfte von oben gegen die Tischplatte drücken. Diese beiden Armbewegungen sind mit Annäherungs- bzw. Vermeidungsreaktionen assoziiert und wirken sich auch auf Bewertungsreaktionen aus – so werden Stimuli unter Armbeugung günstiger bewertet als unter Armstreckung. Wie erwartet lagen deshalb die Urteile dieser Teilnehmer näher am Ankerwert, da sie früher im Adjustierungsprozess bereit waren, einen Wert günstig zu beurteilen und als plausibel zu akzeptieren, als Teilnehmer, die eine Armstreckung ausführten. Unter Armbeugung schätzten sie etwa den Gefrierpunkt von Wodka im Mittel auf −7,5° C, unter Armstreckung dagegen einen Gefrierpunkt von −12,3° C. Insgesamt zeigt sich sowohl unter Armbeugung als auch unter Armstreckung ein Ankereffekt, den die Autoren auf eine ungenügende Adjustierung zurückführen. Eine induzierte Annäherungstendenz (Armbeugung) verstärkt diese Insuffizienz.

---

[10] Der Anschaulichkeit halber wurden die Temperaturangaben der Originalstudie von Fahrenheit in Celsius umgerechnet.

Jedem Teilnehmer wurden zudem Fragen mit vorgegebenen Ankern gestellt. Die Armbewegung hatte auf die Beantwortung dieser Fragen erwartungsgemäß keinen Einfluss, da diese als weniger durch einen Adjustierungsprozess, sondern vor allem als durch die selektive Zugänglichkeit ankerkonsistenter Informationen (s. o.) vermittelt angesehen wird.

3.3.3 Zusammenfassung

Unter Urteilsunsicherheit können Ausgangswerte ein nachfolgendes Urteil beeinflussen. Das Urteil bzw. die Schätzung wird dabei typischerweise an den Ankerwert angeglichen (sog. Ankerassimilation). Zwei Mechanismen sind hier bedeutsam: die selektive Aktivierung ankerkonsistenter Informationen sowie ein ungenügender Adjustierungsprozess. Ersterer scheint vorrangig bei vorgegebenen, Zweiterer vermehrt bei selbstgenerierten Ausgangswerten zum Tragen zu kommen. Anreize für besonders genaue Urteile oder motivationale Tendenzen haben auf ersteren Prozess keinen Einfluss, wirken sich jedoch auf den Adjustierungsprozess aus. Ankereffekte sind nicht auf numerische Werte begrenzt, sondern auch auf andere Annahmen übertragen worden.

3.4 Zusammenfassung

Für viele Urteilssituationen stehen uns Heuristiken, d. h. einfache Faustregeln, zur Verfügung, anhand derer wir in kurzer Zeit relativ komplexe Entscheidungen treffen können – und das meist hinreichend genau. Allerdings können sie unter bestimmten Umständen zu systematischen Urteilsverzerrungen führen.

Im Falle der *Repräsentativitätsheuristik* wird die Repräsentativität als entscheidendes Kriterium für Kategorisierungs- und Wahrscheinlichkeitsurteile verwendet: Ein Element wird der Kategorie zugeordnet, zu der es am besten passt. Grundlegende wahrscheinlichkeitstheoretische Regeln werden dabei häufig vernachlässigt oder sogar komplett ignoriert. Dies kann zu Fehleinschätzungen führen, wenn Repräsentativität und Wahrscheinlichkeitstheorie unterschiedliche Ergebnisse nahe legen. Das ist dann der Fall, wenn Konjunktionen repräsentativer sind als eines ihrer Bestandteile (Konjunktionstäuschung) oder die Basisraten nicht dem Ausmaß an Repräsentativität entsprechen (Vernachlässigung der Basisrate).

Neben der Repräsentativität wird auch die Verfügbarkeit von Informationen – und dabei insbesondere die Empfindung von Leichtigkeit beim Informationsabruf – als Grundlage für Häufigkeits- und Wahrscheinlichkeitsurteile genutzt. Die *Verfügbarkeitsheuristik* besagt, dass Dinge, die uns leicht einfallen oder die wir uns leicht vorstellen können, auch häufig vorkommen müssen. Da die Verfügbarkeit von Informationen jedoch nicht nur durch die tatsächliche Auftretenshäufigkeit eines Ereignisses bedingt ist, sondern auch durch andere Faktoren wie beispielsweise eine überproportionale Berichterstattung in den Medien stark erhöht sein kann, kommt es immer wieder zu Fehlurteilen.

Die Verfügbarkeit bestimmter Informationen spielt auch bei der sog. *Ankerheuristik* eine Rolle. Wird unter Urteilsunsicherheit ein Ausgangswert in Betracht gezogen, so wird die Schätzung an diesen Wert angeglichen. Bei von außen vorgegebenen Ankern ist diese Ankerassimilation durch die selektiv erhöhte Verfügbarkeit ankerkonsistenter Informationen bedingt, bei selbstgenerierten Ausgangswerten durch eine ungenügende Adjustierung des Ankers.

Fehleinschätzungen, wie sie aufgrund des Gebrauchs von Heuristiken auftreten, geben wichtige Aufschlüsse darüber, wie Menschen mit begrenzten kognitiven Ressourcen in einer komplexen Welt Entscheidungen treffen. Wie in diesem Kapitel aufgezeigt wurde, spielen dabei formalstatistische Überlegungen nicht selten eine relativ geringe Rolle. Interessanterweise beeinträchtigt das jedoch nicht zwingend, sondern nur unter bestimmten Umständen die Entscheidungsqualität.

4   Denken und Fühlen

Was bringt's?

Denken wir gut gelaunt anders als wenn wir schlecht drauf sind?

Wie kommt es dazu, dass für Verliebte die Welt rosarot ist und für Depressive alles immer grau in grau? Welchen Einfluss haben Gefühle darauf, wie wir die Welt wahrnehmen, was wir erinnern und wie unsere Urteile ausfallen?

Sind Gefühle „irrational"? Wie beeinflusst unser Denken unser Gefühlsleben? Wozu haben wir eigentlich Gefühle und wie entstehen diese?

Verliebten wird nachgesagt, sie sähen die Welt durch eine „rosarote Brille", d. h. unverhältnismäßig positiv. Im Gegensatz dazu ist demjenigen, der mit dem falschen Fuß aufgestanden ist, den ganzen Tag über nichts recht zu machen; er ist einfach in schlechter Stimmung. Doch wie die Volksweisheit schon sagt, sieht meist „morgen die Welt schon wieder ganz anders aus". Diese Hoffnung auf Besserung schöpfen wir nicht etwa daraus, dass sich die Welt über Nacht grundlegend verändern wird, sondern weil wir die Erfahrung gemacht haben, dass sich bis zum nächsten Morgen die schlechte Stimmung vom Abend verflüchtigt oder zumindest abgemildert hat. Solche Stimmungseffekte berücksichtigen auch Werbefachleute: So werden nach Katastrophen, wie beispielsweise dem Attentat auf John F. Kennedy im Jahr 1963 oder dem Terroranschlag auf das World Trade Center im Jahr 2001, im amerikanischen Fernsehen keine Werbesendungen ausgestrahlt, da die Werbefachleute einen negativen Einfluss der insgesamt gedrückten Stimmung fürchten (Adiga et al., 2001; Gay, 2001). Des Weiteren wird versucht, durch gute Musik oder auch gute Gerüche, Personen in positive Stimmung zu versetzen, um sie so zur wohlwollenden Beurteilung von Produkten und zum Kauf derselben anzuregen (z. B. Bone & Ellen, 1999; North & Hargreaves, 1998; Turley & Milliman, 2000). Wie Sie in diesem Kapitel sehen werden, dürften alle diese Beispiele und ihre darin enthaltenen Annahmen berechtigt sein.

Gefühle beeinflussen unser Denken – und das nicht nur, wenn sie sehr stark sind, wie es beispielsweise bei Verliebten (d. h. Menschen in einem extrem positiven Gefühlszustand) oder nach schlimmen Katastrophen (d. h. bei Menschen in einem extrem negativen Gefühlszustand) der Fall ist, sondern bereits dann, wenn es sich lediglich um Schwankungen unserer „Hintergrundstimmung" handelt. Wie wir andere Menschen wahrnehmen, inwieweit Vorurteile einen Einfluss auf unsere Urteile haben, ob wir im Notfall helfen oder wie leicht wir uns überzeugen lassen – all dies wird unter anderem davon beeinflusst, in welcher Gefühlslage bzw. Stimmung wir uns gerade befinden. Das Zusammenspiel von Fühlen und Denken wirkt sich in fundamentaler Weise auf unsere Informationsverarbeitung aus und ist aufgrund dessen zum Verständnis menschlichen Handelns, Erlebens und Urteilens unerlässlich (z. B. Forgas, 2001, S. xv).

Gefühle und ihre Funktionen

Wie bedeutend diese enge Verzahnung von Fühlen und Denken für die Regulation unseres Verhaltens ist (Peters et al., 2006; Slovic et al., 2002), zeigt sich deutlich bei Patienten, die aufgrund von Schädigungen bestimmter Hirnareale beispielsweise keine gefühlsmäßigen Reaktionen auf Risikosituationen mehr zeigen. Ihnen stehen für die Entscheidungsfindung entsprechend keine affektiven Informationen zur Verfügung, was beispielsweise dazu führen kann, dass sie *zu* riskant agieren (z. B. Bechara et al., 1995, 1997; vgl. Exkurs). Auch in der Rechtsprechung wird das Zusammenspiel von Emotionen und der Regulation des eigenen Verhaltens explizit berücksichtigt: Wenn starke negative Emotionen wie Eifersucht oder Wut zu destruktivem Verhalten führen, d. h. Verbrechen „im Affekt" begangen werden, kann dies zu Strafmilderung oder sogar zu Schuldunfähigkeit führen.

Des Weiteren kennen Sie sicherlich, dass es beinahe unmöglich ist, stark emotional gefärbte Informationen zu ignorieren (Edwards & Bryan, 1997; Nielsen & Sarason, 1981; Wegner & Gold, 1995). So wünscht man sich nach einer Trennung womöglich, nicht an den ehemaligen Partner zu denken, häufig ist es jedoch nahezu unmöglich, solche Gedanken zu ignorieren bzw. zu unterdrücken. Und auch die Erinnerung ist umso besser, je mehr emotionale Erregung eine Information auslöst (z. B. Brown & Kulik, 1977; Cahill & McGaugh, 1995). Das kennen die meisten Menschen aus ihrer eigenen Biografie: Ereignisse, die unbändige Freude auslösen (z. B. die Geburt

---

Exkurs: Gefühle sind wichtig für „rationale" Entscheidungen

Schädigungen in bestimmten Bereichen des Gehirns führen dazu, dass die Verarbeitung emotionaler Informationen beeinträchtigt ist, beispielsweise findet sich dann häufig eine erhöhte Risikobereitschaft bzw. die „normale" Aversion gegenüber Risiken ist stark eingeschränkt.

Wie wichtig diese Aversion für auf den ersten Blick „rein rationale" Entscheidungen sein kann, zeigen Studien von Bechara und Kollegen (1995, 1997): Im Gegensatz zu gesunden Personen lernten die Teilnehmer mit Beeinträchtigungen in der Verarbeitung affektiver Informationen *nicht*, riskante (hoher Gewinn, hohe Verlustwahrscheinlichkeit) gegen-über vorteilhafteren Optionen (niedrigerer Gewinn, niedrige Verlustwahrscheinlichkeit) zu vermeiden, was insgesamt zu hohen Verlusten führte. Dies wird darauf zurückgeführt, dass sie auch nach wiederholten negativen Erfahrungen keine negativen affektiven Reaktionen auf die riskanten Optionen zeigten.

Allerdings gibt es auch Entscheidungen, bei denen die „normale" Risikoaversion kontraproduktiv ist. So trafen die hirnregional geschädigten Teilnehmer von Shiv und Kollegen (2005) bei wiederholten, aber an sich *voneinander unabhängigen* Investitionsentscheidungen vorteilhaftere Entscheidungen und erwirtschafteten größere Gewinne. Im Gegensatz zu den gesunden Teilnehmern wurde ihre Investitionsbereitschaft nicht durch vorangegangene Gewinne oder Verluste ungünstig beeinflusst.

eines Kindes) erinnern wir lebhaft, genauso „unvergesslich" sind aber auch viele unangenehme Ereignisse, die beispielsweise starke Wut oder Trauer (wie z. B. der Verlust einer geliebten Person) ausgelöst haben.

Gefühle haben einen solch umfassenden Einfluss auf uns, da sie eine entsprechend fundamentale Funktion erfüllen: Sie fungieren als Signale, die uns auf bedeutsame Umstände einer Situation hinweisen und unsere Aufmerksamkeit auf aktuell wichtige Ziele lenken. Sie zeigen uns Aspekte in unserer Umgebung an, die eine Verhaltensänderung und/oder eine Neuordnung unserer Ziele erfordern. Ihre Intensität verdeutlicht uns zudem die Dringlichkeit einer solchen Änderung (Simon, 1967): Die Angst, die uns befällt, wenn wir nachts in einer zwielichtigen Gegend allein unterwegs sind und plötzlich Schritte hinter uns hören, zeigt deutlich an, dass etwas zu tun ist – und zwar möglichst schnell. Schlechte Laune impliziert keine solche Dringlichkeit, kann aber dennoch dazu führen, dass wir ebenso unsere Ziele neu priorisieren und deshalb die aktuelle Tätigkeit aufgeben (z. B. einen melancholischen Film ansehen) und stattdessen etwas anderes machen (z. B. einen guten Freund anrufen oder einen Spaziergang machen).

Allgemein gesprochen weisen uns *positive* Gefühle auf eine *sichere* Situation hin, die für unsere Ziele förderlich ist. *Negative* Gefühle sind dagegen Anzeiger für *problematische* Umstände, die eine Gefahr für unser Wohlergehen darstellen oder zumindest für unsere Ziele nicht förderlich sind. Sie zeigen uns an, dass es Schaden zu vermeiden oder wenigstens zu vermindern gilt. Gefühle informieren uns also über die Implikationen der Situation für unser Wohlergehen und ermöglichen uns ein flexibles Funktionieren in einer komplexen und sich ständig verändernden Umwelt. Unser emotionales System stellt somit ein ausgeklügeltes System zur Überwachung unseres Wohlergehens dar, das sowohl unsere Aufmerksamkeit reguliert als auch motivationale Implikationen hat (z. B. Bargh, Chaiken et al., 1996; Cacioppo et al., 1993; Chartrand et al., 2006; Schwarz, 1990; Smith & Ellsworth, 1987; Smith & Lazarus, 1990).

Welche Auswirkungen Gefühle im Einzelnen auf unser Denken haben, wird im folgenden Abschnitt 4.1 näher beschrieben. Die gegenseitige Beeinflussung von Fühlen und Denken ist jedoch keine „Einbahnstraße", sondern unser Denken beeinflusst über Bewertungsprozesse umgekehrt auch unser emotionales Erleben (vgl. Abb. 4.1). Wie Gefühle entstehen und welche Rolle unser Denken dabei spielt, wird in Abschnitt 4.2 ausgeführt.

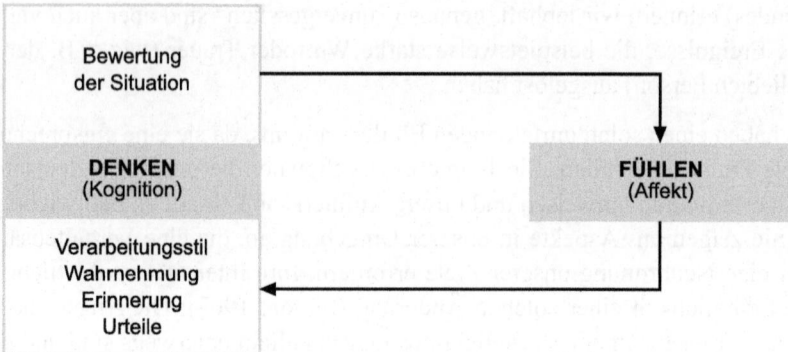

Abb. 4.1: Denken und Fühlen beeinflussen sich gegenseitig. Zum einen beeinflusst unser Denken, was wir fühlen; umgekehrt wirken sich zum anderen Gefühle bedeutsam auf die Informationsverarbeitung aus.

4.1   Wie Gefühle unser Denken beeinflussen

Wenn wir verliebt sind, sehen wir die Welt „mit anderen Augen", d. h., unsere Wahrnehmung konzentriert sich auf die positiven Aspekte in unserer Umwelt bzw. in unserem Leben, „das Glas ist halb voll" und nicht „halb leer". Und nicht nur das: Liebe macht ja bekanntlich nicht nur alles rosarot, sondern auch noch blind: Es scheint beinahe so, als würden wir uns nur die guten Seiten unseres bzw. unserer Auserwählten merken und negative sehr schnell vergessen. Was ist dran an der rosaroten Brille und der Liebesblindheit? Gefühle und insbesondere Stimmungen wirken sich tatsächlich in vielerlei Hinsicht auf unser Denken aus: zum einen auf den *Inhalt*, d. h. das, was wir bevorzugt wahrnehmen, was wir erinnern (vgl. Abschnitt 4.1.3) sowie auf welche Weise wir andere Menschen, Situationen und Objekte beurteilen (vgl. Abschnitt 4.1.4), zum anderen auf den *Prozess*, d. h. darauf, wie wir bei der Verarbeitung von Informationen vorgehen (vgl. Abschnitt 4.1.2). Allerdings ist dieser Einfluss nicht für alle Arten von Gefühlen gleich. Im folgenden Abschnitt 4.1.1 skizzieren wir daher zunächst die Differenzierung verschiedener Arten von Gefühlen.

4.1.1   Gefühle, Affekte, Emotionen und Stimmungen – wichtige Abgrenzungen

Zur Abgrenzung der verschiedenen Arten von Gefühlen stellen Sie sich einmal Folgendes vor: Sie haben einen guten Freund, der ein kleines Manko hat – er ist ein ausgeprägter Morgenmuffel. Normalerweise vermeiden Sie deshalb, ihn vor 10 Uhr morgens zu treffen. Einmal lässt es sich jedoch nicht vermeiden und Sie verabreden sich bereits um 8 Uhr in einem Café. Wie erwartet deutet von Gesichtsausdruck bis Körperhaltung alles darauf hin, dass Ihr Bekannter in schlechter *Stimmung* ist. Als die Bedienung aus Versehen den heißen Kaffee über den Tisch verschüttet, flippt er beinahe aus – die *Emotionen* kochen hoch und Ihr Freund lässt keinen Zweifel daran, dass er sehr verärgert ist.

An diesem Beispiel lassen sich zwei wichtige Kriterien zur Einteilung von Gefühlen aufzeigen. Zum einen ist dies die **Intensität**: So ist die zunächst aus „Morgenmuffeligkeit" bestehende schlechte *Stimmung* weniger intensiv als die durch den verschütteten Kaffee ausgelöste *Emotion* Ärger. Das zweite wichtige Bestimmungskriterium ist die **Objektbezogenheit**: Die *Emotion* Ärger entsteht aufgrund des verschütteten Kaffees, d. h., sie ist auf ein konkretes Objekt bzw. eine konkrete Ursache bezogen. Dagegen findet sich für die schlechte *Stimmung* zu Beginn kein konkreter Grund, die Ursache ist vielmehr diffuser Natur („Er ist halt ein Morgenmuffel").

Konkret bezieht sich der Begriff **Affekt** auf die *Valenz*, d. h. die positive bzw. negative Konnotation von Dingen (Clore et al., 1994). Affekte sind sehr breit definiert und umfassen Emotionen und

> **Begriffsdefinitionen**
>
> - **Gefühl** wird umgangssprachlich für eine Vielzahl affektiver, aber auch nicht affektiver Gefühle (z. B. Anstrengung, Müdigkeit, Leichtigkeit der Verarbeitung; vgl. Abschnitt 3.2) verwendet.
>
> - **Affekt** bezieht sich auf die Valenz, d. h. positive bzw. negative Aspekte von Dingen, und ist damit auch der Oberbegriff eines breiten Spektrums an Gefühlen. Affekt umfasst sowohl Emotionen als auch Stimmungen.
>
> - **Emotionen** sind starke Gefühle, die auf einen Gegenstand oder eine Person gerichtet sind.
>
> - **Stimmungen** sind Gefühle, die weniger intensiv sind als Emotionen und nicht unbedingt ein Bezugsobjekt haben. Sie haben häufig unbekannte Ursachen und dauern länger an.

Stimmungen (George, 1996; vgl. Abb. 4.2), die immer eine eindeutige Valenz aufweisen. **Emotionen** sind eine Untergruppe von Affekten und bezeichnen relativ intensive Zustände, die immer auf ein Objekt, d. h. einen Gegenstand oder eine Person, gerichtet sind: Man ärgert oder freut sich *über* etwas, man hat *vor* etwas Angst (Frijda, 1993). **Stimmungen** dagegen müssen nicht notwendigerweise ein Objekt haben bzw. ihre Ursache muss nicht bekannt sein. In Abgrenzung zu Emotionen sind Stimmungen Gefühls-

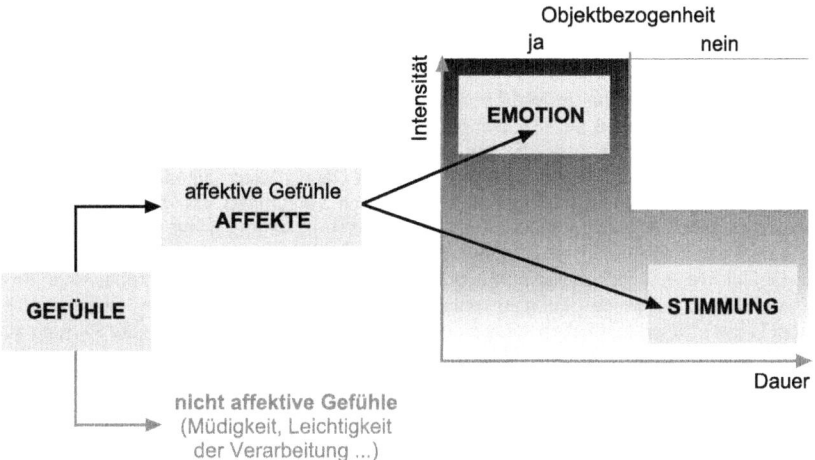

Abb. 4.2: Gefühle lassen sich in die sog. nicht affektiven Gefühle einerseits und die Affekte andererseits unterteilen. Affekte wiederum beinhalten sowohl Emotionen als auch Stimmungen. Emotionen sind im Vergleich zu Stimmungen intensiver, von eher kürzerer Dauer und müssen ein Objekt haben.

zustände, die länger andauern und von geringerer Intensität sind (Weiss & Cropanzano, 1996).

Diese Unterscheidungen sind wichtig, da für Einflüsse auf die Informationsverarbeitung häufig der *informative Wert* unserer Gefühle entscheidend ist. Gefühle informieren uns über die Situation (gut/sicher versus schlecht/bedrohlich) oder auch darüber, wie wir Objekte oder Tätigkeiten bewerten (z. B. macht Spaß/macht keinen Spaß) (z. B. Martin et al., 1993; Schwarz, 1990). Der informative Wert von Emotionen ist sehr spezifisch, da Emotionen eine klare Ursache haben, Stimmungen sind unspezifischer und können deshalb – mitunter fälschlicherweise – als Information für verschiedenste Urteile herangezogen werden (z. B. Schwarz & Clore, 1996). Es ist beispielsweise unwahrscheinlich, dass der Ärger *über den verschütteten Kaffee* bzw. *die ungeschickte Bedienung* als Information dafür herangezogen wird, wie gut man seinen Gesprächspartner leiden kann. Es kann jedoch durchaus sein, dass Ihr morgenmuffeliger Freund Sie abends besser leiden kann als morgens – einfach deshalb, weil abends seine Stimmung besser ist. Da die Stimmung keine klare Ursache hat, kann sie sich viel breiter und auch auf Urteile auswirken, für die sie eigentlich irrelevant ist – beispielsweise darauf, wie gern man einen guten alten Freund mag (vgl. Abschnitt 4.1.4). Für Einflüsse von Gefühlen auf unser Denken sind deshalb insbesondere *Stimmungen* und weniger Emotionen relevant. In diesem Abschnitt wird entsprechend vereinfacht nur noch von Stimmungen die Rede sein.

4.1.2   Wie Gefühle den Verarbeitungsstil beeinflussen

Stellen Sie sich vor, Susanne lernt auf eine Prüfung und hat den Stoff auf zwei verschiedene Lerntage aufgeteilt. Allerdings bemerkt sie einige Unterschiede zwischen den Lerntagen:

Tag A	Tag B
Das Lernen geht Susanne heute leicht von der Hand: Sie hat kaum Probleme, sich Eselsbrücken für komplizierte Sachverhalte auszudenken, und ihr fallen viele interessante Verknüpfungen zu anderen Fächern auf. Allerdings ertappt sie sich auch ab und zu dabei, wie sie gedanklich auf einmal bei einem völlig anderen Thema landet. Sie hat das Gefühl, die inhaltlichen Zusammenhänge dieses Lernstoffs gut wiedergeben zu können, muss aber in der Prüfung feststellen, dass ihr das eine oder andere Detail wohl entgangen ist.	Heute tut Susanne sich etwas schwerer: Sie hat Probleme, Verknüpfungen zu bereits bekannten Inhalten zu sehen, und kann sich bisweilen nicht von Details lösen, bis sie sie wirklich durch und durch verstanden hat, auch wenn sie dadurch zeitlich in Verzug gerät. Die kreativen Ideen für Eselsbrücken vom Vortag scheinen verschwunden zu sein. Dafür hat sie heute kaum Probleme, bei der Sache zu bleiben – interessanterweise weiß sie zu diesem Stoff in der Prüfung auch viele Kleinigkeiten.

Was meinen Sie? An welchem der beiden beschriebenen Lerntage war Susanne wahrscheinlicher in eher guter und an welchem in schlechterer Stimmung?

Vermutlich tippen Sie richtigerweise darauf, dass die Stimmung an Lerntag A besser war als an Lerntag B. Doch hätten wir nicht direkt nach dem Unterschied in der *Stimmung* gefragt, sondern ganz allgemein danach, wie sich die beiden Situationen Ihrer Meinung nach unterscheiden, hätten Sie vermutlich Faktoren wie Art des Lernstoffs, körperliche Verfassung etc. genannt. Auch wenn das Lernen offensichtlich von verschiedenen Faktoren beeinflusst wird, so unterliegt es in der Tat auch Stimmungseinflüssen. Ganz konkret hat die Stimmung einen Einfluss darauf, wie wir mit Informationen umgehen, woraus sich Unterschiede im Verarbeitungsstil und damit beispielsweise auch im kreativen Denken ergeben.

Warum unterscheidet sich der Verarbeitungsstil?

Für das Verständnis der nachfolgenden Unterschiede ist es hilfreich, sich noch einmal etwas genauer mit der *Signalfunktion* von Gefühlen zu beschäftigen: Gefühle informieren uns – je nach Intensität mehr oder weniger eindringlich – über die Situation bzw. unsere Bewertung der Situation. Positive und negative Affekte informieren über grundsätzlich unterschiedliche Situationen, die unterschiedliche Charakteristika aufweisen und damit auch verschiedene Anforderungen an unser Verhalten bzw. unsere Informationsverarbeitung stellen (Fiedler, 2001a, 2001b; Fiedler et al., 2003; Schwarz, 1990; Schwarz & Bohner, 1996; Schwarz & Clore, 1996). Dies lässt sich folgendermaßen beschreiben (Fiedler, 2001a; Schwarz, 1990; zusammenfassend vgl. Abb. 4.3):

- **Negative affektive Zustände** sind aus phylo- und ontogenetischer Perspektive mit problematischen oder gefährlichen Reizkonstellationen verknüpft, in denen ein zuverlässiges bzw. möglichst fehlerfreies Vermeidungsverhalten unter Umständen überlebenswichtig ist. An einem Abgrund beispielsweise kann schon *ein* Fehler – genauer gesagt ein falscher Tritt – tödlich enden, d. h., wiederholte Lerngelegenheiten nach dem Versuch-und-Irrtum-Prinzip, wie man sich an einem Abgrund bewegen könnte, sind hier nicht möglich. Das (Unfall-)Vermeidungsverhalten muss in solchen Situationen also möglichst *genau* und *reizgesteuert* ablaufen, d. h., potenziell entscheidende Merkmale der Umwelt (z. B. ein loser Stein) dürfen keinesfalls übersehen werden.

  Negative Gefühle zeigen entsprechend problematische Situationen an, die eine genaue Beachtung der gegebenen Umweltbedingungen und eine Handlung erfordern.

- **Positive affektive Zustände** sind dagegen mit unproblematischen, angenehmen Reizkonstellationen verknüpft, in denen wir uns weitestgehend gefahrlos bewegen können. In solchen Situationen spielen Neugier und Erkundungsverhalten (Annäherungstendenz) eine größere Rolle als Sicherheitsbestreben und Fehlervermeidung. Hier ist es nicht nötig, auf jedes Detail der Situation zu achten, und es ist Raum, um Neues auszuprobieren und zu neuen Erkenntnissen zu kommen. Ein typisches Beispiel ist hier das Spielverhalten bei Mensch und Tier, das nur in sicheren Situationen auftritt (z. B. Franck, 1997, S. 96), die verstärkt mit positiver Stimmung verknüpft sind. Bei depressiv gestimmten Kindern zeigt sich entsprechend ein deutlich verringertes Spielverhalten (z. B. Lous et al., 2002).

Positive Gefühle signalisieren, dass alles in Ordnung und nicht zwingend eine Handlung erforderlich ist.

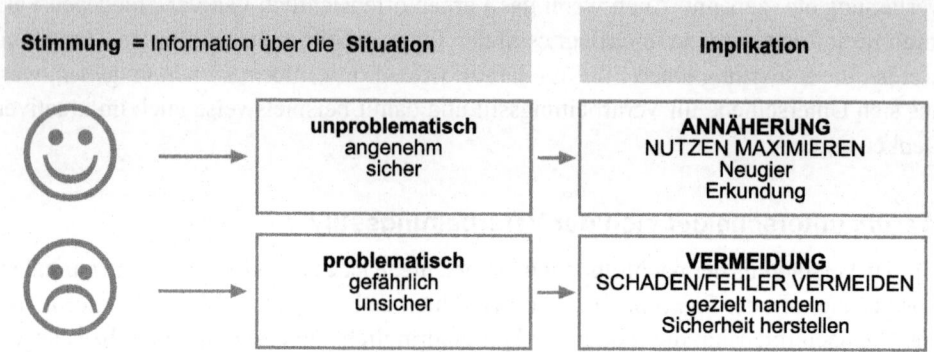

Abb. 4.3: Positive affektive Zustände signalisieren unproblematische, angenehme Reizkonstellationen, die mit Erkundung und Neugier (Annäherungstendenz) assoziiert sind. Negative affektive Zustände signalisieren dagegen Gefahr und erfordern ein möglichst fehlerfreies, reizgesteuertes Vermeidungsverhalten.

Wie unterscheidet sich der Verarbeitungsstil?

Entsprechend den Anforderungen der Situationen, die mit verschiedenen Stimmungen verknüpft sind, verarbeiten wir in negativer Stimmung eher *bottom-up*, d. h. reizgetrieben, analytisch und genau, in positiver Stimmung eher *top-down*, d. h. verstärkt unter Rückgriff auf übergeordnete Strukturen (z. B. Schemata, Skripts) und gut etablierte, vereinfachende Prozeduren (z. B. Heuristiken) (z. B. Bless, 2001; Clore et al., 1994;

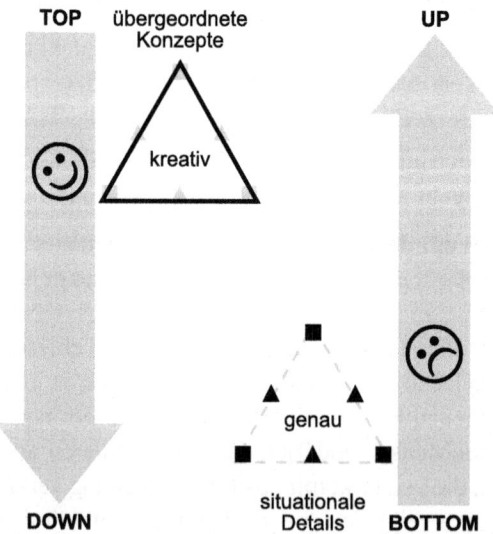

Abb. 4.4: In positiver Stimmung wird eher konzeptgetrieben (*top-down*) und kreativ, in negativer Stimmung eher reizgesteuert (*bottom-up*) und genau verarbeitet.

Fiedler, 2001a; Isen, 1984; vgl. Abb. 4.4).[1] Diese Unterschiede spiegeln sich in verschiedenen Bereichen der Informationsverarbeitung wider:

- **Globaler versus lokaler Fokus**
  In schlechter Stimmung neigen wir eher dazu, „den Wald vor lauter Bäumen nicht zu sehen" als in positiver Stimmung, denn die Informationsverarbeitung ist auf Details der Reizkonstellation (lokaler Fokus; „Bäume") gerichtet und weniger auf übergeordnete Strukturen (globaler Fokus; „Wald") (z. B. Gasper & Clore, 2002; vgl. Beispielstudie).

Beispielstudie zum Einfluss der Stimmung auf den Verarbeitungsstil
In negativer Stimmung wird eher detailorientiert (lokaler Fokus), in positiver Stimmung eher konzeptorientiert (globaler Fokus) verarbeitet.

Die Teilnehmer von Gasper und Clore (2002, Exp. 2) bearbeiteten eine Figurenaufgabe, bei der ihnen eine Figur (vgl. Abb. 4.5 oben) und zwei Vergleichsexemplare (vgl. Abb. 4.5 unten) dargeboten wurden. In verschiedenen Durchgängen sollten

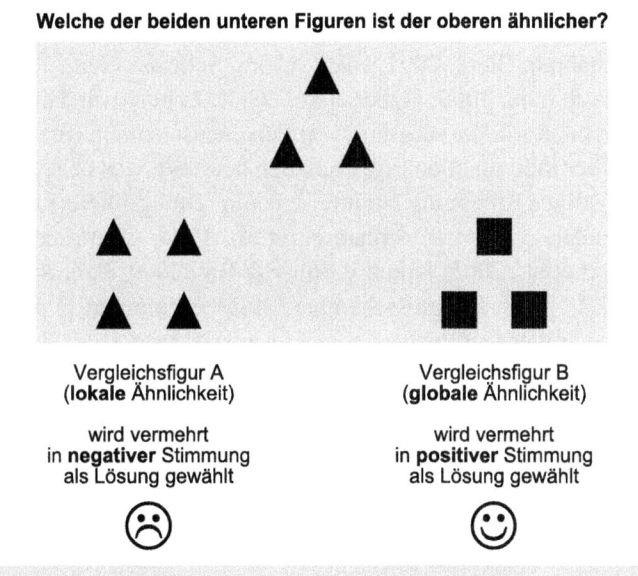

Abb. 4.5: Die obere Figur ähnelt den unteren Vergleichsobjekten auf unterschiedliche Weise: Mit dem linken Vergleichsobjekt hat sie die lokale, nicht jedoch die globale Form gemeinsam, mit dem rechten Vergleichsobjekt dagegen die globale, nicht jedoch die lokale (nach Kimchi & Palmer, 1982).

---

[1] Personen in positiver Stimmung benutzen im Vergleich zu schlecht gestimmten häufig weniger aufwendige Informationsverarbeitungsstrategien, was aber nach neueren Ergebnissen weder auf eine eingeschränkte kognitive Kapazität noch auf eine geringere Motivation zurückgeführt werden kann. Vielmehr scheint es so, dass der Rückgriff auf übergeordnete Wissensstrukturen in positiver Stimmung eine aufwendigere Verarbeitung in vielen Fällen unnötig macht (Bless, Clore, Schwarz et al., 1996; Bless, Schwarz & Wieland, 1996; Cote, 2005; Isbell, 2004; Krauth-Gruber & Ric, 2000).

die Teilnehmer jeweils entscheiden, mit welchem der beiden Vergleichsexemplare die Figur mehr Ähnlichkeit habe. Die Vergleichsexemplare ähnelten der Figur auf unterschiedliche Weise: So entspricht die linke der Figur auf *lokaler* Ebene, da sie wie diese aus lauter kleinen Dreiecken zusammengesetzt ist. Allerdings ist die *globale* Form ein Vier- statt ein Dreieck. Das rechte Vergleichexemplar entspricht der Figur dagegen auf globaler (großes Dreieck), nicht jedoch auf lokaler (kleine Vier- statt Dreiecke) Ebene.

Teilnehmer in negativer Stimmung entschieden sich häufiger als die übrigen Teilnehmer auf Grundlage der lokalen Form (hier: Dreiecke), d. h., sie gaben häufiger als Teilnehmer in positiver oder neutraler Stimmung an, dass das linke Vergleichsexemplar der Figur ähnlicher sei. In negativer Stimmung wird demnach verstärkt lokal, in positiver Stimmung vermehrt global verarbeitet.

- **Verwendung übergeordneter Wissensstrukturen**
  In positiver Stimmung wird eher konzeptgetrieben verarbeitet, d. h., es werden verstärkt übergeordnete Wissensstrukturen wie Schemata (zu Lasten situationsspezifischer Informationen) bei der Informationsverarbeitung genutzt (*mood and general knowledge*-Annahme; Bless, 2001; Bless, Clore, Schwarz et al., 1996; Bless & Fiedler, 1995; Bless & Igou, 2005; Huber et al., 2004). In positiver Stimmung werden somit andere Personen stärker aufgrund von Personenschemata (Stereotype) und weniger aufgrund ihrer individuellen Eigenschaften beurteilt, was beispielsweise zur Folge hat, dass in positiver Stimmung Vorurteile häufig eine größere Rolle spielen (Bless, Schwarz & Wieland, 1996; Bodenhausen et al., 1994; Chartrand et al., 2006; Forgas, 1998; Isbell et al., 2005; Krauth-Gruber & Ric, 2000; Park & Banaji, 2000; vgl. Abschnitt 10.2.2). Auch Ereignisschemata (Skripts) kommen in positiver Stimmung stärker als in negativer Gefühlslage zum Einsatz (Bless, Clore, Schwarz et al., 1996; vgl. Beispielstudie).

Beispielstudie zum Einfluss der Stimmung auf den Verarbeitungsstil
In positiver Stimmung wird vermehrt auf übergeordnete Wissensstrukturen zu Lasten situationsspezifischer Informationen zurückgegriffen.

Bless, Clore, Schwarz und Kollegen (1996, Exp. 3) spielten ihren Teilnehmern eine Tonbandaufnahme mit dem Titel *Going out for dinner* vor, in der ein Restaurantbesuch beschrieben wurde. Die Geschichte enthielt dabei für einen Restaurantbesuch sehr typische (z. B. „die Bedienung legte die Karte auf den Tisch"), aber auch weniger typische Ereignisse (z. B. „er sagte der Bedienung, dass sie lieber am Fenster sitzen würden"). Typische Ereignisse zeichnen sich dadurch aus, dass sie auch in unserem Skript dafür, wie ein Restaurantbesuch normalerweise abläuft, enthalten sind.

In einer weiteren Aufgabe wurden den Teilnehmern Informationen dargeboten, von denen die Hälfte in der zuvor gehörten Geschichte vorgekommen waren, die andere Hälfte jedoch nicht. Sowohl die alten als auch die neuen Informationen bestanden zur Hälfte aus typischen und zur anderen Hälfte aus untypischen Ereignissen. Die Teilnehmer waren aufgefordert, für jede dargebotene Information zu entscheiden, ob diese vorher in der Geschichte vorgekommen war oder nicht.

Teilnehmer, die zuvor in gute Stimmung versetzt worden waren, entschieden häufiger als Teilnehmer in schlechter Stimmung, dass typische Ereignisse in der Aufgabe vorgekommen waren. Die Wiedererkennungsleistung für die atypischen Ereignisse war bei gut und schlecht gestimmten Teilnehmern gleich.

Diese Studie zeigt, dass Personen in guter Stimmung bei der Informationsverarbeitung verstärkt Skripte heranziehen. Dies führt einerseits zu einer besseren Wiedererkennungsleistung für typische Ereignisse, andererseits erhöht es auch die Fehlerrate, weil zuvor nicht dargebotene Informationen, die jedoch zum Skript passen, fälschlicherweise „wiedererkannt" werden.

Die Verwendung von übergeordneten Wissensstrukturen ist in vielen Fällen ein sehr effizientes Vorgehen, das kognitive Ressourcen spart und diese für andere Aufgaben freisetzt (Bless, Clore, Schwarz et al., 1996). Allerdings kann dies auch zu Fehleinschätzungen führen, wie bereits in der Beispielstudie berichtet wurde: Schemakonsistente Informationen werden in positiver Stimmung vermehrt „erinnert", auch wenn sie gar nicht präsentiert worden waren (z. B. Fiedler et al., 1991; Ridley & Clifford, 2004; Storbeck & Clore, 2005). Dies ist beispielsweise für Augenzeugenberichte von Bedeutung (Forgas et al., 2005): Werden im Verlauf der Ermittlungen irreführende Informationen dargeboten, die gut zu unseren allgemeinen Vorstellungen von Verbrechen bzw. Verbrechern passen, kann positive Stimmung dazu führen, dass diese Informationen als richtig erinnert werden und möglicherweise das Urteil verzerren.

- **Kreativität/Genauigkeit**
Entsprechend den Unterschieden im Verarbeitungsstil zeigen Personen in negativer Stimmung bessere Leistungen in Aufgaben, die Genauigkeit fordern. Gut gestimmte Menschen sind dagegen besser in der Lage, sich von den vorhandenen Informationen zu lösen, was in kreativen Aufgaben von Vorteil ist (Ashby et al., 1999; Estrada et al., 1994; Friedman & Förster, 2002; Gasper, 2004; Grawitch et al., 2003; Hertel & Fiedler, 1994; Isen et al. 1985, 1987; Zenasni & Lubart, 2002; vgl. Beispielstudie). Als verursachend für diesen Leistungsvorteil in Kreativitätsaufgaben wird angenommen, dass in guter Stimmung Kategorien weiter gefasst, d. h. auch weniger

Effekte positiver Stimmung auf den Verarbeitungsstil

Personen in positiver Stimmung ...

- verarbeiten eher *global* als lokal,

- greifen verstärkt auf *übergeordnete Wissensstrukturen* (wie z. B. Schemata) zurück und

- finden leichter *kreative* Problemlösungen.

typische Exemplare zusammengefasst werden, wodurch neue Ideen entstehen können (z. B. Isen & Daubman, 1984; Isen et al., 1992).

Beispielstudie zum Einfluss der Stimmung auf den Verarbeitungsstil
In positiver Stimmung werden eher kreative Problemlösungen gefunden.

Die Teilnehmer von Isen und Kollegen (1987, Exp. 1) fanden an ihrem Platz eine mit Reißnägeln gefüllte Schachtel, eine Kerze und ein Streichholzbriefchen vor. Ihre Aufgabe war es, die Kerze innerhalb von zehn Minuten so an einer über dem Tisch angebrachten Korkwand zu befestigen, dass kein Wachs auf den Tisch bzw. den Boden tropfte.

Diese „Duncker-Aufgabe" (Duncker, 1945) ist recht einfach zu lösen, wenn man auf die Idee kommt, die Reißnägel aus der Schachtel zu nehmen und die Schachtel dann als „Kerzenhalter"/Plattform zu verwenden. Die Kerze kann mit flüssigem Wachs in der Schachtel und die Schachtel dann mittels Reißzwecken an der Korkwand befestigt werden (vgl. Abb. 4.6).

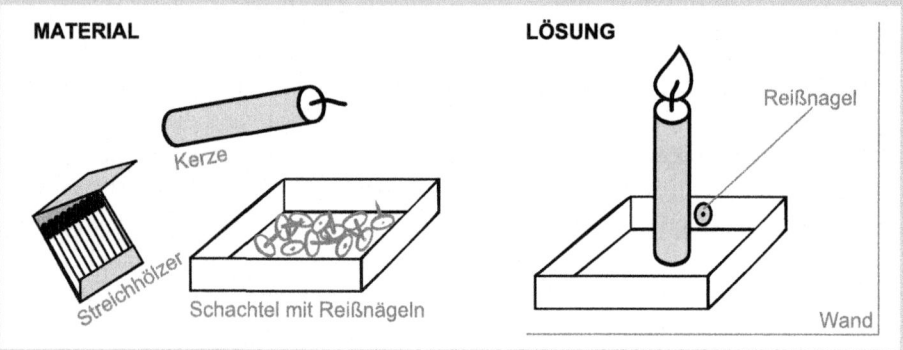

Abb. 4.6: Material (links) und Lösungsmöglichkeit (rechts) der „Duncker-Aufgabe".

Die Ergebnisse zeigten jedoch, dass diese „artfremde" Verwendung der Schachtel gar nicht so nahe liegend ist: In neutraler Stimmung konnten nur 20 % (Gruppe A; vgl. Tab. 4.1) der Teilnehmer die Aufgabe lösen. Teilnehmer, die vor der Bearbeitung einen lustigen Filmausschnitt gesehen hatten und auf diese Weise in positive Stimmung versetzt worden waren, erwiesen sich allerdings als erheblich kreativer: In dieser Gruppe (B) kamen 75 % der Teilnehmer innerhalb der vorgegebenen Zeit auf die richtige Lösung.[2]

---

[2] Zwei weitere Gruppen sahen keinen Film, d. h., ihre Stimmung wurde nicht manipuliert. Allerdings erhielt eine dieser beiden Gruppen eine Hilfestellung, indem die Reißnägel zu Beginn nicht *in*, sondern *neben* der Schachtel lagen und die Schachtel somit leichter unabhängig von ihrer Funktion als Behältnis gesehen werden konnte. Mit dieser Hilfestellung löste ein ähnlich hoher Prozentsatz (83 %) wie bei den Teilnehmern in guter Stimmung (Gruppe B) die Aufgabe, ohne Hilfestellung war der Prozentsatz ähnlich niedrig (13 %) wie in Gruppe A.

In positiver Stimmung werden demnach eher Problemlösungen gefunden, die kreatives Denken erfordern.

Gruppe	A	B
Stimmungsmanipulation	neutraler Film	**lustiger Film**
richtige Lösungen	20 %	**75 %**

Tab. 4.1: Manipulationen und Ergebnisse in der Studie von Isen und Kollegen (1987, Exp. 1). Personen in positiver Stimmung finden häufiger die richtige, kreative Problemlösung als Personen in neutraler Stimmung.

Dies hat offensichtliche Implikationen für den Unterrichtsbereich: Ist – wie beispielsweise im Kunstunterricht – Kreativität gefordert, dürften sich ein positives Umfeld und eine entspannte Stimmung günstig auf die Leistung auswirken.

Die Stimmung beeinflusst, mit welchem Verarbeitungsstil wir an Informationen aus unserer Umgebung herangehen. Dies wirkt sich nicht nur auf aktuelle Entscheidungen aus (z. B. darauf, wie ähnlich geometrische Figuren empfunden werden, vgl. Beispielstudie auf S. 91), sondern auch darauf, welche Informationen wir zu einem späteren Zeitpunkt erinnern. Entsprechend dem Verarbeitungsstil werden beispielsweise in positiver Stimmung mehr typische Ereignisse eines Restaurantbesuchs abgespeichert als in negativer Stimmung (vgl. Beispielstudie auf S. 92).

Die Gefühlslage hat jedoch noch weitere wichtige Auswirkungen auf unsere Erinnerung. Im Speziellen wird nachfolgend dargestellt, dass bei Wahrnehmung und Erinnerung sog. stimmungskongruente Informationen einen Vorteil haben.

4.1.3   Wie Gefühle Wahrnehmung und Erinnerung beeinflussen

Der Einfluss von Gefühlen auf Wahrnehmung und Erinnerung ist wahrscheinlich mit am bekanntesten – denken Sie nur noch einmal an die zu Anfang genannten Beispiele: Verliebte sehen die Welt durch eine „rosarote Brille", die Wahr-

Stimmungskongruenz

Informationen, die zur aktuellen Gefühlslage des Individuums „passen", haben einen Verarbeitungsvorteil.

nehmung und Erinnerung färbt oder gar verzerrt; wer dagegen mit dem linken Fuß aufgestanden ist, dem kann man den ganzen Tag über nichts recht machen. Dieses Einfärben von Wahrnehmung und Erinnerung durch Gefühle wird in der Psychologie als „Stimmungskongruenz" bezeichnet: Wir bemerken und erinnern solche Informationen besser, die zu unserer momentanen Gefühlslage passen, stimmungskongruente Informationen haben folglich einen Verarbeitungsvorteil (Blaney, 1986; Bower, 1981; Bower et al., 1981; Fiedler et al., 2001, 2003; Forgas & Bower, 1987; Isen, 1984).

Stimmungskongruenz bei der Wahrnehmung (*mood-congruent encoding*)

Dieser Verarbeitungsvorteil zeigt sich bereits zu einem sehr frühen Zeitpunkt des Informationsverarbeitungsprozesses, nämlich bei der Wahrnehmung (vgl. Beispielstudie).

Beispielstudie zum Einfluss der Stimmung auf die Wahrnehmung
Die Passung von Stimmung und Informationsgehalt erleichtert die Verarbeitung.

Die Teilnehmer von Niedenthal und Kollegen (1997) sollten durch Drücken der entsprechenden Taste möglichst schnell mitteilen, ob es sich bei einer auf dem Bildschirm dargebotenen Buchstabenfolge um ein (englisches) Wort handelte (z. B. *fun*) oder nicht (z. B. *ufn*) (sog. Wortentscheidungs-/*lexical decision*-Aufgabe). Dargeboten wurden Wörter mit neutraler Bedeutung (z. B. *platform*) sowie Wörter, die mit den Gefühlen Freude (z. B. *joy*) bzw. Traurigkeit (z. B. *misery*) assoziiert sind.[3]

Vor und während dieser Computeraufgabe wurde den Teilnehmern Musik eingespielt; jeweils einer Teilnehmergruppe Musikstücke, die eine traurige Stimmung induzierten, der anderen Gruppe Musikstücke, die einen freudigen Gefühlszustand entstehen ließen. Der affektive Zustand der Teilnehmer erleichterte ihnen die Wahrnehmung von Wörtern, die zu ihrem jeweiligen Zustand passten, d. h., Teilnehmer in freudiger Stimmung reagierten im Vergleich zu den „traurigen" Teilnehmern schneller auf mit Freude assoziierte Wörter, bei den mit Traurigkeit assoziierten Wörtern reagierten diejenigen Teilnehmer schneller, die traurige Musikstücke gehört hatten.

Bereits bei der Wahrnehmung zeigt sich somit ein Verarbeitungsvorteil für affektkongruente Informationen.

Ähnliches hat sich auch in der Aufmerksamkeitsrichtung gezeigt: Stimmungskongruente Inhalte werden vermehrt enkodiert, beispielsweise wird zur Stimmung passenden Inhalten beim Lernen mehr Zeit gewidmet als Inhalten, die von ihrer Valenz her nicht zur aktuellen Gefühlslage passen (*mood-congruent encoding*; z. B. Brown & Taylor, 1986; Forgas & Bower, 1987).

Demnach erhalten affektkongruente Informationen insgesamt mehr Aufmerksamkeit und werden bevorzugt wahrgenommen (vgl. Abb. 4.7). Wie kommt es dazu? Zur Erklärung lassen sich Netzwerkmodelle des Gedächtnisses und das Konzept der sich darin ausbreitenden Aktivierung heranziehen (z. B. Bower, 1981). Gedächtnisinhalte, die mit der aktuellen Stimmung verknüpft sind, werden automatisch aktiviert und sind damit leicht verfügbar. Im Informationsverarbeitungsprozess wirkt dies dann vermutlich wie

---

[3] Des Weiteren wurden Wörter dargeboten, die mit den Gefühlen Liebe (z. B. *affection*) bzw. Ärger (z. B. *rage*) assoziiert sind. Für diese Wörter ergab sich jedoch kein Verarbeitungsvorteil in freudiger bzw. trauriger Stimmung. Dies weist darauf hin, dass der Verarbeitungsvorteil nicht allein von der *Valenz* von Inhalt und Stimmung abhängt, sondern stärker zwischen verschiedenen Stimmungsarten differenziert.

eine Art Filter, der bevorzugt für zur Stimmung passende Reize durchlässig ist (sog. Affektpriming/*affect-priming model*; Bower, 1981).

Stimmungsabhängigkeit der Erinnerung (*mood-dependent memory*)

Nicht nur die Wahrnehmung wird von unserer Stimmung beeinflusst, sondern auch unsere Erinnerung. Ein Erinnerungsvorteil kann dabei zum einen für stimmungskongruentes Material (*mood-congruent memory*) bestehen, zum anderen aber auch für Material, das in der gleichen Stimmung abgespeichert und abgerufen wurde (*mood-state-dependent memory*) (vgl. Abb. 4.7).

- **Stimmungskongruente Erinnerung (*mood-congruent memory*)**
  In guter Stimmung nehmen wir nicht nur die uns gerade umgebende Welt positiver (durch die rosarote Brille) *wahr*, sondern auch die Vergangenheit erscheint uns mitunter positiver. Das liegt daran, dass stimmungskongruente Informationen einen Erinnerungsvorteil haben, d. h., in positiver Stimmung werden angenehme Ereignisse mit höherer Wahrscheinlichkeit erinnert als unangenehme. Dies zeigt sich für autobiographische Ereignisse ebenso wie bei anderem Material, beispielsweise einfachen Wortlisten (z. B. Bishop et al., 2004; Laird et al., 1989;

> **Stimmungskongruente Erinnerung (*mood-congruent memory*)**
> Inhalte, die zur Stimmung während des Abrufs passen, werden besser erinnert.

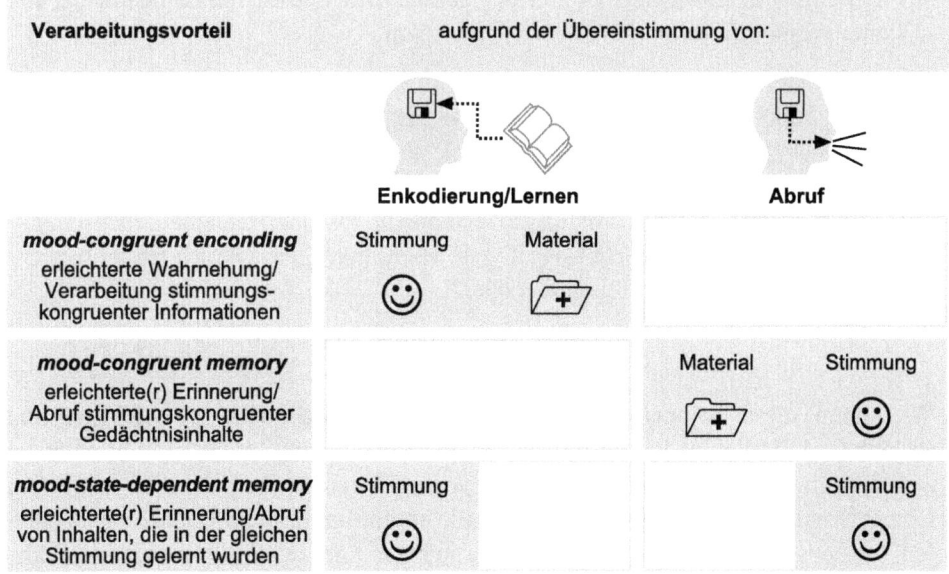

Abb. 4.7: Zur aktuellen Stimmung kongruentes Material hat bei der Wahrnehmung (*mood-congruent encoding*) und beim Abruf (*mood-congruent memory*) einen Verarbeitungsvorteil. Die Erinnerung ist zudem – unabhängig von der Valenz des Materials – für Inhalte besser, die in der gleichen Stimmung abgespeichert und abgerufen werden (*mood-state-dependent memory*). Beispielhaft wurde hier der Fall positiver Stimmung gewählt; grundsätzlich gilt Gleiches analog für negative Stimmung.

Lloyd & Lishman, 1975; Teasdale & Fogarty, 1979; vgl. Beispielstudien). Umgekehrt sind in negativer Stimmung positive Ereignisse weniger gut abrufbar. Dies ist beispielsweise für depressive Erkrankungen von Bedeutung: Dass Depressive sowohl ihre aktuelle Situation negativ bewerten als auch vermehrt negative Ereignisse erinnern, kann unter anderem durch Stimmungskongruenzeffekte in Wahrnehmung, Erinnerung und Urteilen erklärt werden (z. B. Johnson & Magaro, 1987; Lewinsohn & Rosenbaum, 1987; Ruiz-Caballero & Gonzalez, 1997). Diese dürften entsprechend für die Aufrechterhaltung dieser Erkrankung eine wichtige Rolle spielen.

Beispielstudien zum Einfluss der Stimmung auf die Erinnerung
Zum aktuellen Affekt kongruente Inhalte werden besser erinnert.

In einer Studie von Ruiz-Caballero und Gonzalez (1994) sollten die Teilnehmer neun positive und neun negative Wörter lernen, die sie auf einer Liste dargeboten bekamen. Die ersten drei Buchstaben dieser Wörter wurden ihnen dann nochmals auf einer Liste zusammen mit 18 weiteren, unbekannten Wortanfängen dargeboten. Aufgabe der Teilnehmer war es nun, die dargebotenen Wortanfänge zu dem Wort zu ergänzen, das ihnen als Erstes einfiel. In einem dritten Abschnitt der Studie sollten die Teilnehmer dann noch so viele Wörter wie möglich von der gelernten Liste frei erinnern. Des Weiteren hatten die Teilnehmer einen Depressionsfragebogen ausgefüllt und es zeigte sich, dass depressive Teilnehmer mehr negative als positive Wörter ergänzen und erinnern konnten, während nicht depressive Teilnehmer einen Erinnerungsvorteil für positive Wörter aufwiesen.

Die Teilnehmer von Ehrlichman und Halpern (1988) sollten jeweils die erste Erinnerung berichten, die ihnen zu einem von Tonband kommenden neutralen Wort (z. B. „Tisch") einfiel. Die Erinnerungen unterschieden sich in Abhängigkeit davon, welchem Geruch die Teilnehmer währenddessen ausgesetzt waren: Bei angenehm-positivem Mandelaroma wurden mehr erfreuliche als unerfreuliche Lebensereignisse erinnert, bei unangenehm-negativem, leicht fischigem Geruch (Pyridin) war der Anteil unerfreulicher Ereignisse höher.

Zur Gefühlslage kongruente Inhalte haben folglich einen Erinnerungsvorteil.

Wie kommt dieser Erinnerungsvorteil zustande? Auch dies wird mit **Affektpriming** erklärt: Gedächtnisinhalte, die mit der aktuellen Stimmung verknüpft sind, werden automatisch aktiviert und entsprechend bevorzugt erinnert. Da Valenz bzw. affektive Charakteristika ein wichtiges Organisationskriterium in unserem Gedächtnis darstellen, sind positive bzw. negative Inhalte vermehrt mit der jeweils passenden Gefühlslage assoziiert (Bower, 1981; Bower & Forgas, 2001; Isen, 1984; Niedenthal & Halberstadt, 2000).

Diese automatische Aktivierung von stimmungskongruenten Inhalten und damit auch die stimmungskongruente Erinnerung sind sozusagen „die Regel" bzw. der Normalfall (Bower & Forgas, 2001). Allerdings gibt es unter bestimmten Bedingungen auch „Ausnahmen". So finden sich beispielsweise in einigen Studien Erinnerungen, die der aktuellen Stimmung *entgegengesetzt* sind, was durch die automatische Aktivierung von Inhalten gleicher Valenz nicht erklärt werden kann. Hier spielen vermutlich motivationale Faktoren eine Rolle, die der Regulation unseres Gefühlszustands dienen – im Speziellen sind wir in schlechter Stimmung motiviert, diesen unangenehmen Zustand zu beenden und uns wieder in bessere Stimmung zu bringen (*mood repair*; Erber & Erber, 1994; Parrott & Sabini, 1990; Rusting & DeHart, 2000; Smith & Petty, 1995). In einer Studie von Josephson und Kollegen (1996) zeigt sich genau dies: In traurige Stimmung versetzte Teilnehmer gaben an, dass sie *bewusst* eine positive Erinnerung abgerufen hätten, um ihre Stimmung zu verbessern. Allerdings verwenden nicht alle Personen die Strategie, ihre Stimmung durch schöne Erinnerungen aufzuhellen, gleichermaßen: So zeigen beispielsweise chronisch dysphorische bzw. depressive Menschen diese Tendenz in geringerem Maße als Personen, deren Stimmung im Allgemeinen besser ist (z. B. Joormann & Siemer, 2004; Josephson et al., 1996). Personen, die ein hohes Selbstbewusstsein haben, und Personen, die davon überzeugt sind, dass sie ihre Stimmung tatsächlich verbessern *können*, zeigen in negativer Stimmung vermehrt stimmungs*in*kongruente, positive Erinnerungen (z. B. Heimpel et al., 2002; Rusting & DeHart, 2000).

- **Vom Stimmungszustand abhängige Erinnerung**[4]
  (***mood-state-dependent memory***)

Kennen Sie das? Sie gehen von der Küche ins Wohnzimmer, um etwas zu holen. Im Wohnzimmer angekommen stehen Sie dann etwas betreten da, weil Sie sich beim besten Willen nicht mehr daran erinnern können, was Sie eigentlich wollten. Nach einigen Augenblicken scharfen Nachdenkens gehen Sie unerledigter

> **Vom Stimmungszustand abhängige Erinnerung (*mood-state-dependent memory*)**
>
> Unabhängig von ihrer Valenz werden Inhalte besser erinnert, wenn sie in der gleichen Stimmung erinnert werden sollen, in der sie auch abgespeichert wurden.

Dinge wieder in die Küche zurück – und plötzlich fällt es Ihnen wieder ein. Aus unserem Alltag kennen wir das Phänomen, dass sich die Umgebung – oder allgemeiner: die Umstände – auf unsere Erinnerung auswirken kann. Auch Schülern und Studenten wird immer wieder empfohlen, ihre Lern- möglichst der erwarteten Prüfungsumgebung anzupassen (z. B. am Tisch sitzend statt im Bett liegend lernen etc.). Diese Empfehlungen beruhen darauf, dass wir uns besser erinnern können, wenn die Umstände beim Lernen und beim Abruf die gleichen sind. Ein solcher „Umstand" kann auch die Stimmung sein – wir sprechen dann von der sog. vom Stimmungszustand abhängigen Erinnerung (*mood-state-dependent memory*; Bower, 1981; für eine andere Form vgl. auch Exkurs nächste Seite).

---

[4] Dieser Einfluss der Stimmung auf die Erinnerung wird in der Literatur meist vereinfacht als „zustandsabhängige Erinnerung" geführt. Da zustandsabhängige Erinnerung aber beispielsweise auch in Abhängigkeit vom Erregungslevel gezeigt werden konnte, verwenden wir eine differenziertere Bezeichnung.

Bei diesem stimmungsabhängigen Erinnerungsvorteil spielt die Valenz des Materials *keine* Rolle, d. h., der Vorteil besteht
unabhängig davon, ob Material und Stimmung gleich sind oder nicht. Entscheidend
ist die Übereinstimmung der Stimmung
beim Abspeichern mit der Stimmung beim
Abruf. So werden Inhalte besser erinnert,
wenn die Stimmung beim Lernen und Abrufen gleich als wenn sie verschieden war
(Bower et al., 1978; Eich, 1995; Eich &
Macaulay, 2000a; Lang et al., 2001; vgl.
Beispielstudie und Abb. 4.7).

> Exkurs: **Zustandsabhängige Erinnerung**
> **in Abhängigkeit vom Erregungslevel**
> (*arousal-state-dependent memory*)
>
> Zustandsabhängige Erinnerung findet sich
> auch in Abhängigkeit vom Erregungsle-
> vel (*arousal-state-dependent memory*; z. B.
> Clark et al., 1983): Material, das in einem
> bestimmten Erregungszustand gelernt wird,
> wird besser erinnert, wenn beim Abruf der
> gleiche Zustand herrscht. Dies wurde für
> drogen-/substanz- (z. B. Koffein; Kelemen &
> Creeley, 2003), bewegungs- (z. B. Aerobic;
> Miles & Hardman, 1998) und anderweitig in-
> duzierte Erregungszustände (z. B. erotischer
> Film; Clark et al., 1983) gezeigt.

Beispielstudie zum Einfluss der Stimmung auf die Erinnerung
Gleiche Stimmung bei Enkodierung und Abruf verbessert die Erinnerung.

Eich und Kollegen (1994, Exp. 1) versetzten eine Teilnehmergruppe in positive,
eine andere in negative Stimmung. Allen Teilnehmern wurden dann nacheinander
mehrere Stichwörter genannt (z. B. *Rose*), zu denen sie ein spezifisches Ereignis
aus ihrem Leben erinnern und berichten sollten. Bei acht Stichwörtern sollte dies
ein positives, bei weiteren acht Stichwörtern ein negatives Ereignis sein.

Zwei Tage später fand der zweite Teil der Studie statt, in der die Teilnehmer die in
der ersten Sitzung generierten Lebensereignisse erinnern sollten. Sie wurden aufgefordert, wesentliche Inhalte so vieler Ereignisse wie möglich abzurufen, bevorzugt
aber das vom Versuchsleiter vor zwei Tagen vorgegebene Stichwort.[5] Für den Abruf
wurden die Teilnehmer entweder in die gleiche oder aber in die entgegengesetzte
Stimmung wie in der ersten Sitzung versetzt.

Teilnehmer, die in der ersten und zweiten Sitzung in die *gleiche* Stimmung versetzt
worden waren, zeigten hierbei eine höhere Erinnerungsleistung als Teilnehmer, die
in der ersten und zweiten Sitzung *unterschiedliche* Stimmungen erlebt hatten. Der
Anteil an Erinnerungen mit positivem und negativem Inhalt unterschied sich dabei nicht in Abhängigkeit von der Stimmung, was bedeutet, dass die Valenz des
Materials für diese Effekte keine Rolle spielte. Entscheidend war ausschließlich
die (Nicht-)Übereinstimmung der Stimmung zum Zeitpunkt von Enkodierung und
Abruf.

---

[5] In 97 % der Fälle erinnerten die Teilnehmer tatsächlich das vom Versuchsleiter in der ersten Sitzung vorgegebene
Stichwort.

Die Befundlage zur zustandsabhängigen Erinnerung ist allerdings weniger einheitlich als bei der stimmungskongruenten Erinnerung (Blaney, 1986; Bower & Mayer, 1985, 1989; Isen, 1984). Nur die Tatsache, dass beim Lernen sozusagen „zufällig" eine bestimmte Stimmung herrscht, reicht in vielen Fällen nicht aus, dass die gleiche Stimmung zu einem späteren Zeitpunkt den Abruf erleichtert. Werden Inhalt und Stimmung beim Lernen jedoch stärker inhaltlich-kausal verknüpft, bietet die gleiche Stimmung beim Abruf eher einen Erinnerungsvorteil. Entsprechend ist die zustandsabhängige Erinnerung vor allem für komplexere soziale Inhalte (z. B. Erinnerung von autobiographischen Ereignissen) sowie in alltagsnäheren Enkodierungs- und Abrufkontexten von Bedeutung (Bower, 1992; Bower & Forgas, 2001; Eich & Macaulay, 2000b; Eich et al., 1994; Fiedler, 1990; Forgas, 1993).

Bisher haben wir betrachtet, wie unsere Gefühlslage Wahrnehmung und Erinnerung beeinflusst. Auswirkungen der Stimmung finden sich zudem bei der Urteilsbildung; dies gilt insbesondere für die bereits beschriebenen Stimmungskongruenzeffekte.

4.1.4   Wie Gefühle unsere Urteile beeinflussen

Stellen Sie sich vor, ein Lehrer will am Ende der Stunde gemeinsam mit seinen Schülern das Ziel für die Abschlussfahrt festlegen. Er hat dazu einige Vorschläge zusammengestellt, die er nun mit den Schülern diskutieren will. Am Anfang der Stunde hat er eine wichtige Klausur zurückgegeben, die – wie das bei Prüfungsarbeiten typischerweise der Fall ist – für einen Teil der Schüler ziemlich gut, für einen anderen Teil dafür aber sehr schlecht ausgefallen ist. Auch wenn am Ende der Stunde keiner mehr daran denkt, so ist die Stimmung bei den einzelnen Schülern doch vermutlich nach wie vor unterschiedlich (positiv/negativ). Was meinen Sie, haben diese Stimmungsunterschiede einen Einfluss darauf, wie schwer oder leicht die Schüler sich für die Vorschläge begeistern können? Die Forschung legt nahe, dass die schlecht gelaunten Schüler eher an allem etwas auszusetzen haben und die gut gelaunten Kommilitonen die Alternativen im Schnitt besser beurteilen würden.

Der Einfluss der Stimmung auf Urteile ist sogar einer der eindeutigsten Effekte von Gefühlen auf unser Denken: So mögen wir in positiver Stimmung fast alles lieber bzw. finden es besser – z. B. uns selbst, unsere Gesundheit, unser Leben, andere Leute, die Zukunft und sogar die Politik (Fiske & Taylor, 1991, S. 446f.; z. B. Forgas & Bower, 1987, 1988; Forgas & Moylan, 1987; Isen et al., 1978; Kavanagh & Bower, 1985; Mayer et al., 1992; Salovey & Birnbaum, 1989; Schwarz et al., 1987; Strack et al., 1985; Wright & Mischel, 1982). Stimmungskongruenz, wie wir sie bei Wahrnehmung und Erinnerung bereits kennen gelernt haben, findet sich somit auch im Bereich der Urteile.

Stimmungskongruente Urteile

Urteile werden von Stimmungen beeinflusst: Typischerweise fallen sie in positiver Stimmung positiver, in negativer Stimmung negativer aus.

Wie kommt es zu diesen Effekten? Grob unterteilt kann die Stimmung auf zwei verschiedenen Wegen Einfluss nehmen – zum einen **indirekt** über die bereits beschriebenen
Effekte auf Verarbeitungsstil, Wahrnehmung und Erinnerung, zum anderen aber auch
direkt, indem die Stimmung selbst als Information im Sinne einer Heuristik verwendet
wird. Die beiden Einflusswege müssen sich dabei nicht notwendigerweise gegenseitig
ausschließen, es scheint vielmehr von diversen Faktoren – wie der Art der Aufgabe oder
den verfügbaren Kapazitäten – abzuhängen, auf welchem Wege die Stimmung Einfluss
auf unser Denken nimmt (vgl. Abb. 4.8).

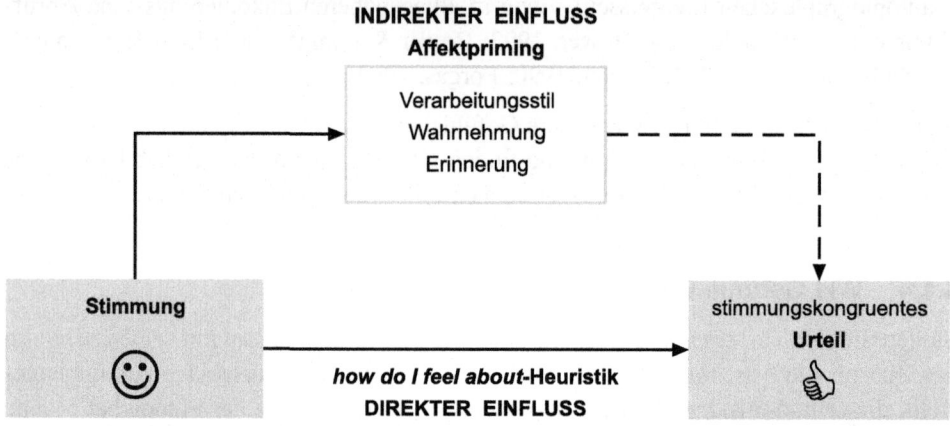

Abb. 4.8: Die Stimmung kann *indirekt* über ihre Auswirkungen auf Verarbeitungsstil, Wahrnehmung und
Erinnerung (Affektpriming) wirken. Zum Zweiten kann die Stimmung sebst *direkt* als Information über den
Urteilsgegenstand genutzt werden (*how do I feel about*-Heuristik). Beispielhaft wurde hier der Fall positiver
Stimmung gewählt; prinzipiell gilt Gleiches analog für negative Stimmung.

Indirekter Einfluss der Stimmung auf Beurteilungen (Affektpriming)

Sei es die Beurteilung von Zielen für eine Abschlussfahrt in der Schule oder auch die Beurteilung der Zufriedenheit mit dem eigenen Leben im Rahmen einer Umfrage – wenn
wir aufgefordert sind, ein Urteil abzugeben, so stehen wir dabei häufig vor der Aufgabe, Informationen aus der aktuellen Situation (z. B. Informationen, die der Lehrer hinsichtlich seiner Vorschläge präsentiert) sowie Gedächtnisinhalte (z. B. Vorwissen zu den
vorgeschlagenen Reisezielen) zu integrieren (z. B. unter Berücksichtigung der Wichtigkeit verschiedener Einzelinformationen). Bedenkt man, dass stimmungskongruente
Informationen einen Verarbeitungsvorteil in Wahrnehmung und Erinnerung haben (vgl.
Abschnitt 4.2.2), so ist es nicht verwunderlich, dass auch Urteile häufig von der aktuellen
Stimmung gefärbt sind (vgl. Beispielstudie).

Beispielstudie zum Einfluss der Stimmung auf Urteile
In positiver Stimmung werden Produkte besser beurteilt als in negativer Stimmung.

Die Teilnehmer von Fedorikhin und Cole (2004, Exp. 1) sahen zunächst – im Rahmen einer Studie, die angeblich der Entwicklung von Skalen diente – entweder einen vierminütigen Ausschnitt aus einer Komödie oder aber aus einem Film, der die Verwüstungen nach einem Atomkrieg zeigte. Erstere wurden dadurch in eine positive, letztere in negative Stimmung versetzt.

In einem zweiten – angeblich unabhängigen – Versuch zum Thema „Werbung" zeigten die Forscher den Teilnehmern dann einen Werbespot für eine bis dahin unbekannte Keksmarke. Im Anschluss daran wurden die Teilnehmer gebeten, das Produkt anhand verschiedener Fragen einzuschätzen. Teilnehmer, die zuvor in positive Stimmung versetzt worden waren, beurteilten die Kekse deutlich besser als Teilnehmer, die den bedrückenden Film gesehen hatten.

Allerdings ist der Einfluss der Stimmung nicht immer gleich groß, sondern findet sich für positive Stimmung stärker als für negative Stimmung (Blaney, 1986; Clore et al., 1994; Isen, 1984) und scheint bei schlecht strukturierten, unvertrauten

Asymmetrien

Stimmungskongruenzeffekte sind stärker in *positiver Stimmung* und bei *schlecht strukturierten Aufgaben*.

Aufgaben vermehrt aufzutreten (z. B. Fiedler, 1991; Forgas, 1994, 1995b). Es wird angenommen, dass für diese Unterschiede der Verarbeitungsstil eine wichtige vermittelnde Rolle spielt, da er unter anderem von der Stimmung (vgl. Abschnitt 4.2.1), aber auch von den Erfordernissen der Aufgabe abhängig ist (vgl. Fiedler et al., 2003).

- **Verarbeitungsstil in Abhängigkeit von der Aufgabe**
  Ist ein fertiges Urteil bereits im Gedächtnis gespeichert und muss nur noch abgerufen werden, so sind Einflüsse der Stimmung – auch wenn stimmungskongruente Informationen stärker verfügbar sind – unwahrscheinlich. Erfordert die Aufgabe jedoch eine tiefere Verarbeitung und Integration von Informationen in ein neues, bislang noch unbekanntes Urteil, so ist von wichtiger Bedeutung, welche Informationen leicht zugänglich sind und damit mit größerer Wahrscheinlichkeit in das Urteil einfließen. Stimmungskongruente Urteile finden sich deshalb vor allem bei eher mehrdeutigen und schlecht strukturierten Aufgaben, die ein gewisses Maß an offener und konstruktiver Verarbeitung erfordern (z. B. Fiedler, 1991; Forgas, 1994, 1995a, 1995b). So hatte die Stimmung in der o. g. Studie von Fedorikhin und Cole (2004, Exp. 1) kaum noch Einfluss auf die Beurteilungen der Keksmarke, wenn die Teilnehmer den Werbespot bereits *vor* der stimmungsgeladenen Videosequenz gesehen hatten. Dadurch hatten sich die Teilnehmer schon vor der Stimmungsinduktion ein gewisses Urteil gebildet, was dazu führte, dass für die Beantwortung der Beurteilungsfragen nach der Stimmungsinduktion eine wesentlich geringere konstruktive Verarbeitung notwendig war.

- **Verarbeitungsstil in Abhängigkeit von der Stimmung**
  Positive Stimmung fördert – unabhängig von der Aufgabe – einen offenen, konstruktiven Verarbeitungsstil, bei dem vermehrt bestehende Wissensstrukturen in einem *top-down*-Prozess zur Anwendung kommen und neu/kreativ kombiniert werden (vgl. Abschnitt 4.3.1). Dies kann erklären, warum Stimmungskongruenzeffekte in positiver Stimmung häufig stärker sind als in negativer Stimmung – in beiden Fällen ist stimmungskongruentes Material leichter zugänglich, allerdings wird dieses Wissen aufgrund der unterschiedlichen Tendenzen im Verarbeitungsstil in positiver Stimmung bevorzugt zur Urteilsbildung verwendet.

Stimmungen können unsere Urteile also auf *indirektem* Wege färben, indem sie stimmungskongruente Informationen leichter zugänglich machen und diese – im Falle informationsintegrierender Verarbeitung – verstärkt in die Urteilsbildung einfließen. Neben diesem indirekten Einfluss kann jedoch auch die Stimmung *selbst* als Information herangezogen werden und damit das Urteil auf diese Weise *direkt* beeinflussen.

Direkter Einfluss der Stimmung auf Beurteilungen (*how do I feel about*-Heuristik)

Kommen wir noch einmal auf unser Beispiel zurück, in dem ein Lehrer mit seinen Schülern das Ziel der Abschlussfahrt erörtern will: Stellen Sie sich nun vor, der Lehrer hätte die Uhr aus den Augen verloren und es bliebe am Ende der Stunde nur noch sehr wenig Zeit, um das Reiseziel zu diskutieren. Um dennoch einen ersten Eindruck der Stimmungslage zu bekommen, bittet der Lehrer die Schüler eine Wertung abzugeben, indem sie für jedes Reiseziel eine Schulnote notieren. Vermutlich würden Sie auch hier nun einen Unterschied in der Bewertung erwarten, je nachdem, ob die Schüler zu Beginn der Stunde eine gute oder eine schlechte Note erhalten hatten. Was meinen Sie, macht es einen Unterschied, ob den Schülern ihre Stimmung und deren Ursache bewusst ist? Möglicherweise leitet der Lehrer die Diskussion mit folgendem Satz ein: „Jetzt wollen wir mal die Prüfungsergebnisse beiseite lassen und uns erfreulicheren Dingen zuwenden" und erinnert damit noch einmal an die Klausur.

Gemäß den bisherigen Ausführungen sollte der Hinweis auf den Stimmungsmacher „Klausur" wenig Auswirkung auf den Einfluss der Stimmung haben – schließlich sind stimmungskongruente Inhalte nun einmal unabhängig von diesem Hinweis verfügbarer. Die Forschung zeigt jedoch, dass es unter bestimmten Umständen durchaus einen Unterschied macht, ob der Urteiler sich der Quelle seiner Stimmung bewusst ist oder nicht (vgl. Beispielstudie).

Beispielstudie zum Einfluss der Stimmung auf Urteile
Das Wetter beeinflusst das Urteil, solange dieser Einfluss nicht bemerkt wird.

An einem der ersten warmen und sonnigen Tage im Frühling sowie wenige Tage später, als es wieder kalt und feucht war, führten Schwarz und Clore (1983, Exp. 2) folgende Studie durch: Per Telefoninterview wurden Personen nach ihrer allgemeinen Lebenszufriedenheit befragt. An den sonnigen Tagen wurden insgesamt höhere Zufriedenheiten angegeben als an den regnerischen Tagen. Das Wetter beeinflusste folglich die Einschätzung der Lebenszufriedenheit.

Die Hälfte der Teilnehmer wurde im Interview vor der Frage nach der allgemeinen Lebenszufriedenheit beiläufig gefragt, wie das Wetter in der Stadt sei (der Interviewer rief angeblich aus einer weit entfernten Stadt an). Dieser banale Hinweis auf das Wetter reichte aus, um den Einfluss des Wetters auf die Einschätzung der Lebenszufriedenheit zu beseitigen. Sowohl bei schönem als auch bei schlechtem Wetter waren diese Teilnehmer gleichermaßen zufrieden (vgl. Tab. 4.3).

Wetter → Stimmung	☀ → ☺		☔ → ☹
./.	6,57	>	4,86
Vorabfrage nach dem Wetter	6,79	=	6,71

Tab. 4.3: Wurde vorab nicht nach dem Wetter gefragt (./.), nutzten die Teilnehmer ihre Stimmung als Information und gaben bei schönem Wetter eine höhere Lebenszufriedenheit an als bei schlechtem Wetter. Wurde vorab nach dem Wetter gefragt, hatte die Stimmung keinen Einfluss mehr.

Mit der Frage nach dem Wetter war ein von der Lebenszufriedenheit unabhängiger Grund für die eigene Stimmungslage gegeben, so dass die eigene Stimmung nicht mehr als Information über die Lebenszufriedenheit verwendet wurde.

Offensichtlich kann die Stimmung selbst direkt als Urteilsbasis verwendet werden (*affect as information*-Hypothese; Clore & Parrott, 1991; Schwarz & Clore, 1983, 1988; Wyer & Srull, 1989). Anstatt für das Urteil relevante Informationen abzurufen (bezüglich der Lebenszufriedenheit z. B., inwieweit wichtige persönliche Ziele erreicht wurden) und zu integrieren, wird für das Urteil folgende Faustregel angewendet: „Ist die Empfindung angenehm, dann ist auch der Urteilsgegenstand gut!" (sog. *aboutness-principle*; Higgins, 1998). Dieses Vorgehen wird deshalb auch als ***how do I feel about*-Heuristik** bezeichnet. Heuristiken zeichnen sich im Allgemeinen dadurch aus, dass sie aufwendige Urteile vereinfachen und in den meisten Fällen zu brauchbaren Urteilen führen (vgl. Kapitel 3). Wenn Sie beispielsweise gerade im Kino waren und gefragt werden, wie Ihnen der Film gefallen hat, führt dieses Vorgehen vermutlich schnell und effizient zu einem guten Urteil, da Ihre Stimmung mit sehr großer Wahrscheinlichkeit durch den Urteilsgegenstand, d. h. den eben gesehenen Film, verursacht wurde. Ist der momentane Gefühlszustand jedoch nicht durch den Urteilsgegenstand (z. B. die Zufriedenheit mit dem eigenen Le-

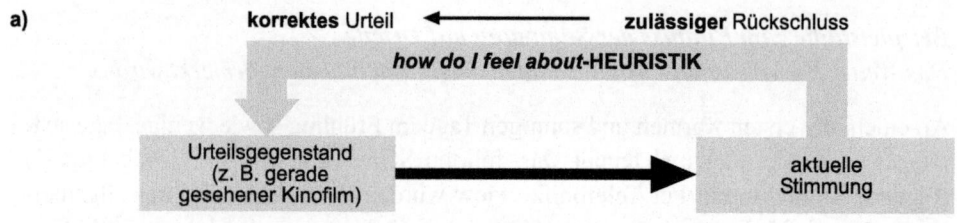

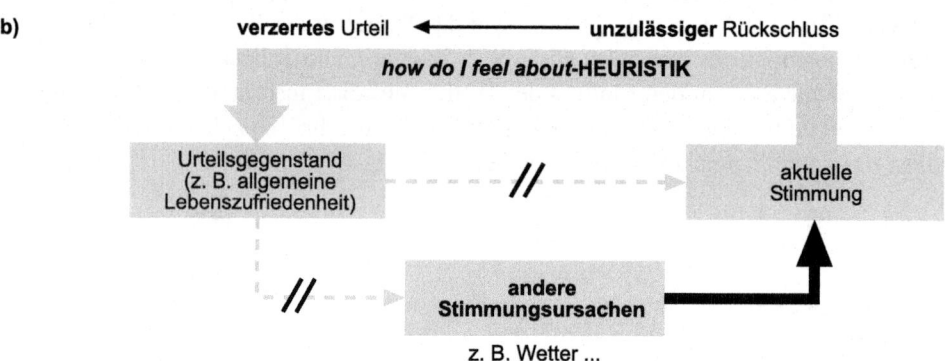

Abb. 4.9: Ist die Stimmung durch das Urteilsobjekt bedingt, führt die *how do I feel about*-Heuristik (d. h. der Umkehrschluss) zu korrekten Urteilen (a). Hat die Stimmung jedoch andere Ursachen, die mit dem Urteilsobjekt in keinem direkten Zusammenhang stehen (hellgraue, gestrichelte Pfeile), so ist der Umkehrschluss formal gesehen „unzulässig" und die Anwendung der *how do I feel about*-Heuristik kann in verzerrten Urteilen resultieren (b).

ben), sondern durch etwas anderes (z. B. das Wetter) verursacht, so kommt es zu systematischen Fehlurteilen (vgl. Abb. 4.9).

Unter welchen Voraussetzungen ist nun ein Einfluss der Stimmung auf diesem direkten Wege wahrscheinlich?

- **Informationswert der Stimmung**
  Sobald wir für unsere Stimmung eine plausible Erklärung haben, *die nichts mit dem Urteilsgegenstand zu tun hat*, verliert die Stimmung ihren Informationswert für das Urteil und wird nicht mehr für die Urteilsbildung benutzt. Die Urteile unterscheiden sich dann nicht mehr in Abhängigkeit davon, ob der Urteiler gerade in guter oder schlechter Stimmung ist (z. B. Clore & Parrott, 1991; Schwarz & Clore, 1988). Salopp ausgedrückt heißt das: Ist einer Person bewusst, dass ihre gute Stimmung vom Sonnenschein herrührt, dann ist die gute Laune vielleicht ein guter Indikator für die momentane Wetterlage, aber für die Entscheidung, wie zufrieden die Person mit ihrem Leben *im Allgemeinen* ist, ist sie wertlos. In der o. g. Studie beeinflusste die Stimmung

deshalb nur dann die allgemeine Lebenszufriedenheit, wenn den Befragten *nicht* bewusst war, dass ihre Stimmung durch das Wetter beeinflusst war.

- **Kontextfaktoren fördern den Gebrauch von Heuristiken**
Wie bei anderen Heuristiken auch ist die Anwendung der *how do I feel about*-Heuristik – und damit ein direkter Einfluss der Stimmung auf das Urteil – wahrscheinlicher, wenn die kognitiven Kapazitäten (z. B. aufgrund von Zeitdruck, Komplexität) begrenzt sind, mangelnde Informationen vorliegen und/oder die Motivation (z. B. aufgrund fehlender persönlicher Relevanz) des Urteilers niedrig ist (Fiedler, 2001a, S. 175; Forgas, 2000, S.15; Lerner & Gonzalez, 2005; van den Bos, 2003; vgl. Beispielstudie).

Beispielstudie zum Einfluss der Stimmung auf Urteile
Unter Urteilsunsicherheit wird die Stimmung direkt als Information verwendet.

Unser Gerechtigkeitsempfinden hängt unter anderem davon ab, inwieweit wir das Vorgehen, durch das das Urteil zustande kam, als fair empfinden (sog. prozedurale Gerechtigkeit). Als eine entscheidende Information für die empfundene Gerechtigkeit eines Urteilsprozesses hat sich die Möglichkeit, die eigene Meinung im Entscheidungsprozess äußern oder nicht äußern zu dürfen, erwiesen (z. B. Tyler, 1987). Van den Bos (2003, Exp. 3) benutzte diese Tatsache, um den Einfluss der Stimmung unter Urteilsunsicherheit zu untersuchen:

Die Teilnehmer bearbeiteten eine Musterzuordnungsaufgabe am Computer – angeblich zusammen mit einem zweiten Teilnehmer, der in einer anderen Kabine saß. Es wurde angekündigt, dass der Versuchsleiter am Ende der Sitzung eine bestimmte Anzahl Lotterielose auf die beiden Teilnehmer aufteilen würde. Nach Beendigung der Musterzuordnungsaufgabe wurde den Teilnehmern mitgeteilt, wie viele Aufgaben sie gelöst hatten. Des Weiteren erhielten sie die Rückmeldung, dass ihr Partner ebenso viele Aufgaben gelöst hätte. Eine Teilnehmergruppe (A) sollte dann eintippen, welcher Prozentsatz an Losen ihnen ihrer Meinung nach zustünde. Eine zweite Gruppe (B) wurde informiert, dass sie nicht um diese Einschätzung gebeten würde, und eine dritte Gruppe (C) erhielt an dieser Stelle keine weitere Information. Danach wurden alle Teilnehmer gefragt, wie gerecht sie sich behandelt fühlten.

Teilnehmern der Gruppen A und B lag dabei eine wichtige Information vor, inwieweit das Vorgehen gerecht war oder nicht, nämlich ob ihre Meinung interessierte oder nicht. In Gruppe C herrschte dagegen Urteilsunsicherheit, weil eine entscheidende Information – ob die eigene Meinung explizit gefragt war oder explizit nicht abgegeben werden durfte – fehlte. In allen Gruppen war zudem bei jeweils einem Drittel eine positive, eine neutrale bzw. eine negative Stimmung induziert worden. In den Gruppen A und B hatte die Stimmung keinen Einfluss auf die empfundene Gerechtigkeit, diese wurde allein durch die Möglichkeit, die eigene Meinung kundzutun bzw. diese nicht kundtun zu dürfen, bestimmt. In Gruppe C dagegen, in der die Teilnehmer kein handfestes Indiz für Gerechtigkeit hatten, wurde das Vorgehen in positiver Stimmung als am gerechtesten, in neutraler Stimmung als weniger gerecht und in negativer Stimmung als am ungerechtesten empfunden.

Wie diese Studie zeigt, wird die Stimmung nur unter Unsicherheit, d. h. in diesem Fall in Ermangelung anderer Informationen, als Urteilsgrundlage verwendet.

Wie wir uns selbst, andere Leute, Objekte oder auch die Zukunft beurteilen, wird von der aktuellen Gefühlslage beeinflusst. Stimmungen können dabei zum einen auf indirektem Wege über stimmungskongruente Wahrnehmung und Erinnerung sowie Verarbeitungsstile wirken, zum anderen aber direkt, indem die Stimmung selbst als Information über den Urteilsgegenstand genutzt wird.

4.1.5   Zusammenfassung

Unser emotionales Erleben wirkt sich in vielerlei Hinsicht auf unser Denken aus. Was den *Verarbeitungsstil* betrifft, so verarbeiten wir Informationen in negativer Stimmung eher *bottom-up*, d. h. reizgetrieben und analytisch, in positiver Stimmung dagegen vermehrt *top-down*, d. h. vermehrt unter Rückgriff auf übergeordnete Wissensstrukturen wie beispielsweise Schemata und Stereotype. Bei *Wahrnehmung und Erinnerung* haben stimmungskongruente Inhalte meist einen Verarbeitungsvorteil, d. h., zur aktuellen Gefühlslage passende Informationen werden bevorzugt wahrgenommen und auch abgerufen. Des Weiteren ist die Urteilsbildung häufig stimmungskongruent; dieser Einfluss der Stimmung kann entweder auf indirektem Wege über die Auswirkungen der Stimmung auf Verarbeitungsstil, Wahrnehmung und Erinnerung erfolgen oder die Stimmung selbst kann direkt als Information über den Urteilsgegenstand verwendet werden.

Nachdem in diesem Abschnitt die vielfältigen Einflüsse von Gefühlen auf die Informationsverarbeitung aufgezeigt wurden, wenden wir uns im nächsten Abschnitt nun der Frage zu, wie Gefühle eigentlich entstehen und welche Rolle Kognitionen dabei spielen.

4.2 Wie Gefühle entstehen und von unserem Denken beeinflusst werden

Möglicherweise haben Sie auch schon die Erfahrung gemacht, Ihren emotionalen Reaktionen hilflos ausgeliefert zu sein und dass Gefühle manchmal wenig mit Denken zu tun haben. Dies kann auch tatsächlich der Fall sein, doch weitaus seltener als wir glauben, denn es besteht ein großer Einfluss von Kognitionen auf die Entstehung und die Veränderung von Gefühlen, so dass Gefühle doch recht viel mit Kognitionen zu tun haben. Dies soll an zwei Szenarien veranschaulicht werden:

Wie entstehen Gefühle? (Beispiele nach Prinz, 2004, S. 21)

Szenario A

Am Wandertag durchquert Michael mit seiner Klasse ein Waldstück. Im Augenwinkel nimmt er plötzlich etwas langes, dünnes, schlangenförmiges wahr. Im gleichen Moment erstarrt er, sein Herz klopft bis zum Hals, er atmet angespannt und seine Augen weiten sich – Michael zeigt eine Angstreaktion.

Szenario B

Stefan schreibt heute eine Schulaufgabe. Der Lehrer fängt an, die Aufgabenblätter auszuteilen. Als er sich mit dem Stapel Papier Stefans Platz nähert, erstarrt dieser, sein Herz klopft bis zum Hals, er atmet angespannt und seine Augen weiten sich – ohne Zweifel zeigt Stefan eine Angstreaktion.

Kann das Denken Einfluss auf die Entstehung von Gefühlen nehmen? Wie unterscheidet sich die Gefühlsentstehung in den beiden Szenarien?

Die beiden Beispiele zeigen unterschiedliche Wege der Gefühlsentstehung. In Szenario A wird die Person aufgrund einer visuellen Wahrnehmung von ihrer Angst „überfallen" und ein kognitiver Einfluss ist schwer zu erkennen. Anders in Szenario B – hier sind die Gedanken der ausschlaggebende Faktor. In Abschnitt 4.2.1 wollen wir daher zunächst beispielhaft aufzeigen, wie Gefühle durch Wahrnehmung und weitestgehend ohne kognitive Beteiligung entstehen können. In Abschnitt 4.2.2 geht es dann ausführlicher um den Einfluss von Kognitionen bei der Entstehung und Veränderung von Gefühlen.

4.2.1 Auslösung von Gefühlen durch Wahrnehmung

In Szenario A scheint das Denken bzw. Wissen äußerst wenig Einfluss auf die Entstehung der Angstreaktion zu haben – selbst wenn Michael beispielsweise wüsste, dass es in dieser Gegend keine gefährlichen Schlangen gibt, würde er mit hoher Wahrscheinlichkeit genau die gleiche Reaktion zeigen. In der Tat führt hier allein die *Wahrnehmung* des schlangenförmigen Objekts zu der emotionalen Reaktion – selbst wenn sich das Objekt bei genauerem Hinsehen als Ast entpuppen sollte.

Diese Form der Gefühlsentstehung mag uns manchmal hinderlich sein (z. B. wenn jemand die Nacht auf der unbequemen Couch im Wohnzimmer verbringt, weil in einer

Exkurs: Sind Schokolade und Orangen-saft eklig?

Die wenigsten Menschen würden diese Frage grundsätzlich bejahen. Was aber, wenn Schokolade oder Orangensaft mit Reizen verbunden sind, die Ekel auslösen?

Schokolade, die nicht als Tafel oder Praline, sondern in Form eines „Hundehaufens" dargeboten wird, löst Ekel aus – so sehr, dass Personen sie in der Regel nicht essen können.

Gleiches ist der Fall, wenn Personen sehen, dass eine tote, sterilisierte Kakerlake kurz in ihren Orangensaft getaucht wird. Auch wenn sie wissen, dass dies weder Geschmack noch Qualität beeinträchtigt, können sie in der Regel nicht mehr davon trinken (Rozin et al., 1986).

Ecke des Schlafzimmers eine harmlose Spinne sitzt; vgl. auch Exkurs), in vielen Fällen ist diese unmittelbare und schnelle emotionale Reaktion auf eine Wahrnehmung jedoch überlebenswichtig (Seligman, 1971), denn Angst lässt uns rechtzeitig vor Gefahr flüchten, Ekel schützt uns vor Vergiftungen, noch bevor wir das erste Mal zugreifen etc. Die Verbindung zwischen der Wahrnehmung eines Reizes (z. B. Schlange) und einem Gefühl (z. B. Angst) kann zum einen *angeboren* bzw. stammesgeschichtlich erworben oder individuell *erlernt* sein. Des Weiteren können Gefühle aufgrund der Wahrnehmung und *Imitation* von Gefühlsausdrücken anderer Personen ausgelöst werden:

- *Angeborene* **Reiz-Reaktions-Verbindungen**
  Studien legen nahe, dass beispielsweise die Angst vor Schlangen eine genetische Basis hat (Mineka et al., 1984), ebenso die Angst vor Spinnen (Öhman & Soares, 1994) oder in großer Höhe. So zögern schon Kleinkinder, einen Glasboden zu betreten, der den Blick in den Abgrund frei gibt (Gibson & Walk, 1960; Walk & Gibson, 1961; vgl. Beispielstudie). Bei Erwachsenen ist das – beispielsweise auf der Aussichtsplattform des Fernsehturms von Toronto – nicht viel anders, selbst wenn sie davon überzeugt sind, dass der Glasboden ebenso stabil wie beispielsweise Beton ist.

Beispielstudie zur Auslösung von Gefühlen durch Wahrnehmung
Aufgrund einer angeborenen Reiz-Reaktions-Verbindung löst Höhe Angst aus.

Gibson und Walk (1960; Walk & Gibson, 1961) führten eine Studie mit Kleinkindern durch. Über zwei Tische im Abstand von etwa einem Meter legten die Autoren eine stabile Glasplatte. Auf einen der Tische setzten sie das Kleinkind, hinter dem anderen stand die Mutter und rief das Kind. Aller Mutterbindung zum Trotz hatten die meisten Kinder eine instinktive Scheu, den scheinbar zwischen den Tischen klaffenden Abgrund zu überwinden.

- *Gelernte* **Reiz-Reaktions-Verbindungen**
  Die Auslösung von Gefühlen durch Sinneswahrnehmungen kann auch erlernt werden, so beispielsweise durch eigene Erfahrungen (Batsell & Brown, 1998). Beispiele hierfür sind der Ekel bzw. die Aversion gegenüber Lebensmitteln, die einmal zu einer Lebensmittelvergiftung geführt hatten, oder auch gegenüber schlecht vertragenen Medikamenten (Barker et al., 1977). Dieses Lernen muss nicht bewusst erfolgen (vgl.

evaluatives Konditionieren; De Houwer et al., 2001; Field, 2000; Walther, 2002). Auch positive Gefühlsreaktionen können auf diese Weise gelernt werden: Beispielsweise können gute Erfahrungen mit einem Menschen dazu führen, dass diese Person derart mit positiven Gefühlen verknüpft wird, dass allein deren *Anblick* augenblicklich die Laune verbessert.

Neben eigenen Erfahrungen kann hier zudem das beobachtete Verhalten anderer Personen eine Rolle spielen, beispielsweise das der Eltern in der Kindheit (sog. Modelllernen; Wat-

> **Auslösung von Gefühlen durch Wahrnehmung**
>
> Gefühle sind eine direkte Reaktion auf einen wahrgenommenen Reiz.
>
> Sie werden ausgelöst durch
>
> * *angeborene/stammesgeschichtlich erworbene* Reiz-Reaktions-Verbindungen
> * *gelernte* Reiz-Reaktions-Verbindungen (eigene Erfahrungen/Konditionierung, Modelllernen)
> * *Imitation*

son & Rayner, 1920). Reagiert ein Elternteil stets ängstlich auf bestimmte Reize, lernt auch das Kind, auf diese Reize mit Angst zu reagieren. Zuckt die Mutter bei jedem Hund, der ihnen entgegenkommt, vor Angst zusammen, wird auch das Kind Hunden mit großem Respekt begegnen oder sogar unangemessene Ängstlichkeit erwerben.

* **Imitation**
Das Lachen einer Person kann ansteckend sein. Diese Ansteckung funktioniert auch bei einer abgeschwächten Heiterkeitsdemonstration, nämlich beim Lächeln: Sie sehen jemanden lächeln und meistens lächeln Sie dann spontan ebenso. Emotionsausdrücke von Mimik, Gestik, Haltungen, Stimme etc. werden spontan und häufig unbewusst imitiert. So wiesen beispielsweise auch Personen, die ausdrücklich angewiesen wurden, ihren Gesichtsausdruck *nicht* zu verändern, automatisch eine mit dem EMG messbare Aktivierung in den entsprechenden Gesichtsmuskeln auf, wenn sie Gesichter mit positivem bzw. negativem Gesichtsausdruck sahen (Dimberg et al., 2000, 2002). Wir ahmen unser Gegenüber aber nicht nur im Ausdrucksverhalten nach, sondern Forschungsergebnisse zeigen, dass sich auch die *Stimmung* des Imitierenden verändert und zwar in die Richtung des beobachteten Emotionsausdrucks. Diese Stimmungsveränderung wird durch eine Rückkoppelung von der imitierten Mimik vermittelt (Bodyfeedback, hier: *facial feedback*; vgl. Abschnitt 7.2.3; Adelmann & Zajonc, 1989; Hatfield et al., 1992, 1993). Diese sog. **emotionale Ansteckung**[6] ist auch beteiligt, wenn uns im Kino ein Film so richtig mitreißt und wir die gleichen Gefühle durchleben wie die Person im Film (Hsee et al., 1990; siehe auch Laird et al., 1994). Abb. 4.10 verdeutlicht den angenommenen Prozess.

Auch wenn wir absichtlich bestimmte Muskeln anspannen und damit einen Gesichtsausdruck bzw. eine Körperhaltung einnehmen, kann das über Bodyfeedback Gefühle auslösen (z. B. Laird, 1974; Schnall & Laird, 2003; Stepper & Strack, 1993a; Strack

---

[6] Der Begriff „emotionale Ansteckung" ist insofern irreführend, als über emotionale Ansteckung nur *Stimmungen* und keine Emotionen ausgelöst werden können. Emotionen benötigen per definitionem ein Objekt, auf das sie gerichtet sind (vgl. Abschnitt 4.1.1), und dieses kann über emotionale Ansteckung nicht mitvermittelt werden.

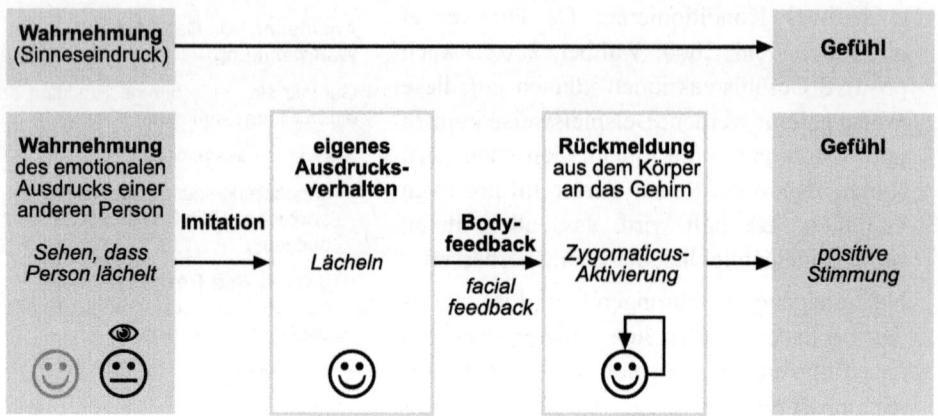

Abb. 4.10: Emotionale Ansteckung. Die Imitation des Emotionsausdrucks bewirkt eine spezifische Rückmeldung an das Gehirn, wodurch eine entsprechende Stimmung ausgelöst wird.

et al., 1988). Beispielsweise wurden in einer Studie von Strack und Kollegen (1988) Cartoons als lustiger beurteilt, wenn die Teilnehmer dabei den Stift mit den Zähnen (Aktivierung von Muskeln wie beim Lächeln) als wenn sie ihn mit den Lippen (Aktivierung von Muskeln wie beim Kussmund) halten mussten.

Emotionale Ansteckung kann nicht nur über die visuelle Wahrnehmung, sondern auch über andere Sinneskanäle vermittelt werden. In einer Studie von Neumann und Strack (2000b, Exp. 1) beispielsweise *hörten* die Teilnehmer einen vom Wortlaut eher gleichgehaltenen philosophischen Text, der einem Teil jedoch mit fröhlicher, einem zweiten Teil mit neutraler und einem letzten Teil der Teilnehmer mit trauriger Stimme vorgetragen wurde. Teilnehmer, die einer fröhlichen Stimme zugehört hatten, gaben im Anschluss an, besser gestimmt zu sein als jene, die einer traurigen Stimme zugehört hatten. Somit wurde durch das Hören einer Stimme eine entsprechende Stimmung ausgelöst. Sollten sie den gehörten Text nachsprechen (Neumann & Strack, 2000b, Exp. 2), so war auch der Vortragsstil von dem gehörten Vortragsstil bzw. der dadurch ausgelösten Stimmung beeinflusst; d. h., die Teilnehmer sprachen mit traurigerer Stimmung, wenn sie vorher eine traurige, und mit fröhlicherer Stimme, wenn sie vorher eine fröhliche Stimme gehört hatten.

Die Auslösung von Gefühlen durch Wahrnehmung wird auch in psychologischen Studien genutzt, um die Gefühlslage der Teilnehmer zu manipulieren, beispielsweise über angenehme oder unangenehme Gerüche (z. B. Ehrlichman & Halpern, 1988; vgl. Exkurs auf S. 115). Allerdings entstehen Gefühle nicht allein durch Wahrnehmung, sondern sind in ihrer Entstehung und Veränderung ebenso von Kognitionen beeinflusst.

4.2.2   Der Einfluss von Kognitionen auf die Entstehung und Veränderung von Gefühlen

Kommen wir nun noch einmal auf unser Eingangsbeispiel zurück und sehen uns Szenario B näher an: In der Prüfungssituation von Stefan sind nicht die über die Sinnesorgane wahrnehmbaren Reize entscheidend, sondern seine Angst wird vor allem durch die Gedanken ausgelöst, die ihm in dem Moment, als der Lehrer sich nähert, durch den Kopf jagen: „Ich habe viel zu wenig gelernt und werde jetzt gleich ganz fürchterlich versagen!"– die *Gefühlsentstehung* kann also auch deutlich durch Kognitionen beeinflusst werden. Gefühle können sogar allein dadurch entstehen, dass wir nur über eine solche Situation bzw. verschiedene Optionen *nachdenken* (z. B. der Schüler zu Hause am Schreibtisch, der die Prüfungssituation antizipiert). Bereits beim Planen und Abwägen erleben wir Gefühle, die sich auch auf Zukunftsentscheidungen auswirken können (in unserem Beispiel, ob der Schüler überhaupt zur Prüfung antritt oder nicht; Loewenstein et al., 2001; Mellers & McGraw, 2001).

Des Weiteren können sich beispielsweise auch Gefühle, die aufgrund von Wahrnehmung entstehen, durch Kognitionen *verändern*: So macht es in Szenario A beispielsweise einen großen Unterschied, ob Michael die Information vorliegt, dass er sich in einem Gebiet befindet, in dem ausdrücklich vor Giftschlangen gewarnt wird, oder ob er sich in einer Region befindet, in der es seines Wissens nach keine gefährlichen Schlangen gibt. Im ersten Fall wird sich seine Angst womöglich verstärken und er wird schnellstmöglich die Flucht ergreifen; im zweiten Fall kann sich die Angst verflüchtigen und er wird sich der Schlange aus Neugier vielleicht sogar nähern. Kognitionen können also bewirken, dass *ein und dieselbe Person* unterschiedlich auf den gleichen Reiz reagiert: einmal mit Angst um ihr Leben und Flucht, ein anderes Mal mit Neugier und Annäherung.

Ebenso zeigt sich der Einfluss von Kognitionen darin, dass *verschiedene Personen* auf ein und denselben Reiz unterschiedlich reagieren: Nehmen wir als Beispiel einmal an, zwei Schüler wären in etwa gleichermaßen begabt und auch ähnlich fleißig. Als beide in einer Klassenarbeit eine Fünf kassieren, reagieren die Eltern beider Schüler mit negativen Gefühlen, allerdings sehr unterschiedlich: Der eine Schüler wird geschimpft und bekommt eine Woche Fernsehverbot, im zweiten Fall reagieren die Eltern dagegen bestürzt und entscheiden, dass sie in Zukunft vermehrt bei den Schularbeiten helfen werden. Hinter diesen unterschiedlichen Reaktionen auf das gleiche Ereignis stehen zwei verschiedene Emotionen: Im ersten Fall überwiegt der *Ärger* über den Sprössling, im zweiten Fall ein gewisses *Schuld*gefühl darüber, sich nicht genug um die schulischen Belange des Nachwuchses gekümmert zu haben.

Wie kommt es zu diesen unterschiedlichen Emotionen? Die Wahrnehmung der Zahl „5" allein bestimmt hier offensichtlich nicht die Reaktion, vielmehr spielen Kognitionen eine entscheidende Rolle. Ob in oder nach einer bestimmten (realen oder auch nur vorgestellten) Situation ein Gefühl entsteht, welcher Art und wie intensiv dieses ist, wird entscheidend von der kognitiven Bewertung der Situation bestimmt. Wie nachfolgend beschrieben wird, tragen Kognitionen zur *Differenzierung positiver und negativer Gefühle* sowie zur *Ausdifferenzierung* einzelner Emotionen bei (sog. *appraisal*-Modelle; Lazarus, 1991; Omdahl, 1995; Ortony et al., 1988; Roseman et al., 1996; Scherer, 1988a).

Differenzierung positiver und negativer Gefühle

In unserem Schulnoten-Beispiel hat die schlechte Zensur offensichtlich für beide Elternpaare negative Implikationen, weil sie beispielsweise dem Ziel, das Kind auf das Gymnasium zu schicken, im Wege steht. Genau diese *Implikationen* der Situation, die eine Person für sich bzw. ihre Ziele sieht, sind entscheidend: Wird die Situation als für die eigenen Ziele förderlich wahrgenommen, entstehen positive Gefühle, wird sie als für diese hinderlich wahrgenommen, kommt es zu negativen emotionalen Zuständen.

Diese Bewertung der Implikationen der Situation muss permanent erfolgen, denn nur dann kann das emotionale System seine Aufgabe als ständiger Signalgeber (vgl. S. 85 und Abschnitt 4.1.2) auch erfüllen. Da unser Bewusstsein nur begrenzte kognitive Kapazität hat, wird angenommen, dass die verschiedenen Bewertungsprozesse parallel und auf verschiedenen Verarbeitungswegen ablaufen: zum einen durch bewusstes Schlussfolgern, zum anderen aber auch durch assoziative Prozesse wie Priming (vgl. Abschnitt 2.3) bzw. der Aktivierung von Gedächtnisinhalten, die schnell und automatisch ablaufen (Dijksterhuis & Aarts, 2003; Fazio et al., 1986; Lazarus, 1968; Leventhal & Scherer, 1987; Smith & Lazarus, 1990; vgl. Beispielstudie).

Beispielstudie zum Einfluss von Kognitionen auf die Gefühlslage
Unterbewusst präsentierte Reize führen zu Stimmungsveränderungen.

Die Teilnehmer von Chartrand und Kollegen (2006, Exp. 1) nahmen an, dass sie an einer Studie teilnahmen, die Aufmerksamkeit und Sehschärfe untersuchte. Ihre Aufgabe war es, so schnell wie möglich eine von zwei Tasten zu drücken, je nachdem auf welcher Seite des Computerbildschirms ein kurzes Aufblitzen zu sehen war.

Auch wenn die Teilnehmer dies nicht bewusst wahrnehmen konnten, handelte es sich bei dem „Aufblitzen" tatsächlich jeweils um ein Wort: Für einen Teil der Teilnehmer waren dies verschiedene positive (z. B. *Musik, Freunde*), für einen zweiten Teil neutrale (z. B. *Gebäude, Pflanze*) und für einen dritten Teil negative Wörter (z. B. *Krieg, Krebs*).

Im Anschluss an diese Aufmerksamkeitsaufgabe wurde in einer (angeblich unabhängigen) Studie die Stimmung der Teilnehmer gemessen. Es zeigte sich, dass die Stimmung der Teilnehmer von der Valenz der vorher eingeblitzten Wörter abhing: Personen, denen positive Wörter eingeblitzt wurden, hatten die beste, Personen, die negative Wörter erhalten hatten, die schlechteste Stimmung.

Diese Studie demonstriert, wie sich die Stimmung durch Reize, die unbewusst verarbeitet werden, verändern kann.

Wie diese Studie zeigt, können Reize, die eine Valenz (positive/negative Konnotation) aufweisen, sogar unsere Stimmungslage verändern, ohne dass uns dies bewusst ist. Genauso können natürlich auch bewusst verarbeitete Informationen aus der Umwelt oder aus dem Gedächtnis abgerufene Informationen, die eine affektive Komponente haben (z. B. Lebensereignisse, aber auch Einstellungen oder Vorurteile; vgl. Abschnitte 7.1 und 10.1.1), Gefühle erzeugen bzw. verändern. In der Forschung werden diese verschiedenen Mechanismen zur Stimmungsinduktion genutzt (vgl. Exkurs).

Nun gibt es bekanntlich aber nicht nur *ein* positives und *ein* negatives Gefühl, sondern sowohl verschiedene positive (z. B. Freude und Stolz) als auch qualitativ unterschiedliche negative Gefühle (z. B. Ärger, Angst und Trauer). Wie nachfolgend zu sehen ist, spielen Kognitionen bei dieser Ausdifferenzierung von Gefühlen eine bedeutende Rolle.

> **Exkurs: Wie kann die Stimmung manipuliert werden?**
>
> Auch Sie haben vermutlich Tricks, mit denen Sie Ihre Stimmung beeinflussen können. In der Forschung werden dazu u. a. folgende Techniken angewandt:
>
> - Lesen stimmungsrelevanter Sätze (sog. Velten-Technik (Velten, 1968); z. B. Teasdale & Fogarty, 1979)
> - Abruf stimmungsgeladener Lebensereignisse (z. B. Strack et al., 1985)
> - Erfolgs-/Misserfolgsfeedback (z. B. Parrott & Sabini, 1990)
> - Musik (für positive Stimmung z. B. „Eine kleine Nachtmusik" von W. A. Mozart; z. B. Miranda & Kihlstrom, 2005; Niedenthal et al., 1997)
> - stimmungsgeladene Filme (z. B. Isen et al., 1987; Josephson et al., 1996)
> - Hypnose (z. B. Bower, 1981; MacCallum et al., 2000)
> - Kontraktion bestimmter Gesichtsmuskeln (z. B. Laird, 1974; Laird et al., 1989; Strack et al., 1988)
> - (un)angenehme Gerüche (z. B. Ehrlichman & Halpern, 1988)

Ausdifferenzierung positiver und negativer Gefühle

Häufig gehen uns in Situationen Gedanken durch den Kopf, wie beispielsweise: Inwieweit bin ich in der Lage, die Situation zu meistern? Wer oder was ist für die Situation verantwortlich? Inwieweit ist die Ursache kontrollierbar oder nicht? Unsere Einschätzungen diesbezüglich gehen dann mit einer stärkeren Ausdifferenzierung unserer Gefühle einher. Ob in unserem Schulnoten-Beispiel bei den Eltern als Reaktion auf die schlechte Note ihres Kindes das negative Gefühl zu Ärger, Schuld, Mitleid oder Scham wird, hängt dementsprechend von ihrer Ursachenzuschreibung/Attribution ab (Weiner, 1985; Weiner, Graham & Chandler, 1982; vgl. Tab. 4.2): Beide Eltern bewerten die Fünf gleichermaßen als negativ, allerdings führen sie sie offensichtlich auf unterschiedliche Ursachen zurück: Die ersten Eltern sehen den Grund für die schlechte Zensur nicht bei sich, sondern vielmehr bei ihrem Sprössling und sind zudem der Meinung, dass dieser sehr wohl Einfluss auf seine Leistung hätte nehmen können (z. B. indem er mehr gelernt hätte). Sie sind entsprechend verärgert (externale Ursachenzuschreibung). Die Reaktion der zweiten Eltern lässt dagegen annehmen, dass diese die Gründe für das Versagen in der Klassenarbeit nicht allein auf Seiten ihres Kindes, sondern auch bei sich selbst sehen. Sie werden von Schuldgefühlen geplagt, weil sie ihr Kind – obwohl sie gekonnt hätten

Exkurs: Attributionsstil und Depression

Ein Großteil der Forschung zum Zusammenhang zwischen Attribution und Emotion interessiert sich insbesondere für den Einfluss des Attributionsstils auf das psychische Wohlergehen. Es hat sich gezeigt, dass ein ungünstiger, pessimistischer Attributionsstil zur Entstehung und Aufrechterhaltung von Depression, Schüchternheit und Einsamkeit beiträgt (Dill & Anderson, 1999).

Menschen mit einer Neigung zu pessimistischen Attributionen machen für negative Ereignisse vermehrt sich selbst verantwortlich und haben zudem das Gefühl, gegen ihr Versagen auch nichts ausrichten zu können. Die Ursache für positive Ereignisse sehen sie dagegen durch zufällige Umstände außerhalb ihrer selbst bedingt (z. B. Alfano et al., 1994; Friedlander et al., 1986; Seligman et al., 1979). Auch bei Kindern erhöht ein pessimistischer Attributionsstil das Risiko depressiver Symptome (z. B. Blumberg & Izard, 1985; Nolen-Hoeksema et al., 1992).[7]

– nicht mehr unterstützt haben (internale Ursachenzuschreibung). Die Eltern beider Schüler sind jedoch der Meinung, dass die Ursache *kontrollierbar* gewesen wäre, d. h. im ersten Fall, dass ihr Kind mehr hätte lernen, und im zweiten Fall, dass die Eltern mehr hätten helfen *können*. Würden sie die Ursache als unkontrollierbar ansehen (weil sie z. B. ihr Kind für völlig unbegabt in Mathematik halten oder unfähig sind, ihrem Kind zu helfen), wären im ersten Fall Mitleid und im zweiten Fall Scham die resultierenden Emotionen (zusammenfassend vgl. Tab. 4.2).

Welche Ursachenzuschreibung wir in einer Situation vornehmen, hängt von verschiedenen Faktoren ab – zum einen von der Persönlichkeit bzw. dem eigenen Attributionsstil (vgl. auch Exkurs), zum anderen aber auch von situationalen Faktoren, wie beispielweise der aktuell vorherrschenden Informationsverarbeitungstendenz (vgl. Beispielstudie).

	Ort der Verursachung	
	internal (als verursachend wird die eigene Person angesehen)	**external** (als verursachend wird etwas außerhalb der eigenen Person angesehen)
Kontrollierbarkeit **+**	Schuld	Ärger
–	Scham	Mitleid

Tab. 4.2: In Abhängigkeit davon, ob ein – in diesem Fall *negatives* – Ereignis als durch die eigene Person (internale Attribution) oder durch etwas außerhalb der eigenen Person (externale Attribution) verursacht angesehen wird und ob das Ereignis kontrollierbar gewesen wäre, d. h. hätte verhindert werden können (+) oder nicht (–), ergeben sich unterschiedliche Emotionen.

---

[7] Bzgl. der Kulturabhängigkeit von Attributionsstil und damit zusammenhängenden Depressionswerten vgl. z. B. Anderson (1999).

Beispielstudie zum Einfluss von Kognitionen auf Gefühle
Auf das gleiche Ereignis wird je nach Ursachenzuschreibung verschieden reagiert.

Neumann (2000) ließ seine Teilnehmer in einer ersten Aufgabe Sätze zusammenstellen. Diese bezogen sich entweder auf die eigene Person (z. B. „*Ich* kämme mir die Haare.") oder auf eine dritte Person („*Er* kämmt sich die Haare."). Auf diese Weise wurde entweder eine selbst- (Ich-Sätze) oder eine umweltbezogene (Er-Sätze) Informationsverarbeitung begünstigt. Für den zweiten Teil der Studie wurden die Teilnehmer zu einem anderen Raum geschickt – mit der dringenden Aufforderung, sich zu beeilen. An der angegebenen Tür fanden die Teilnehmer zu ihrer Überraschung jedoch ein Schild mit der Aufschrift: „Stopp! Experiment. Bitte nicht eintreten." Da sie ausdrücklich hierher geschickt und zudem zu Eile angehalten worden waren, betraten die Teilnehmer den Raum trotzdem. Beim Öffnen der Tür blickten sie in den Lichtstrahl eines Diaprojektors und einen ansonsten völlig abgedunkelten Raum. Sogleich ertönte von innen der Ausruf: „Raus! Kannst Du das Schild nicht lesen? Du störst das Experiment. Warte draußen!" Offensichtlich hatte der Teilnehmer tatsächlich ein Experiment gestört – weniger offensichtlich war in dieser Situation allerdings, wer für die Störung verantwortlich zu machen sei: der Teilnehmer, weil er das Schild ignoriert hatte, oder die Versuchsleiter, weil sie den Teilnehmer dorthin geschickt und zur Eile angetrieben hatten?

Der Forscher war nun an den Reaktionen der Teilnehmer auf diese Situation interessiert. Zum einen notierten deshalb Beobachter in dem abgedunkelten Raum die (verbale) Reaktion der Teilnehmer, zum zweiten wurden im Anschluss die Emotionen der Teilnehmer erfasst.

Teilnehmer, die sich im ersten Teil mit den selbstbezogenen Ich-Sätzen beschäftigt hatten, suchten die Verantwortung für die Störung stärker bei sich selbst: Sie empfanden und zeigten mehr Schuld (verbale Reaktion z. B. „Entschuldigung!") als diejenigen, die die umweltbezogenen Er-Sätze bearbeitet hatten. Letztere empfanden und zeigten eher Ärger (verbale Reaktion z. B. „Da kann ich doch nichts dafür!") (vgl. auch Tab. 4.2).

Es zeigt sich, dass kognitive Faktoren – in diesem Fall die Tendenz zu selbst- versus umweltbezogenen Attributionen – entscheidend sein können, welche Emotion in Reaktion auf ein mehrdeutiges Ereignis entsteht.

Je nachdem, worauf wir ein Ereignis zurückführen, können demnach unterschiedliche Emotionen resultieren. Wir wissen intuitiv um diese Zusammenhänge zwischen Attributionen und Gefühlen und nutzen dieses Wissen von Kindesbeinen an – zum einen, um von der emotionalen Reaktion anderer Menschen auf deren Gedanken zu schließen, zum anderen, um auf die Gefühle anderer Personen gezielt einzuwirken (vgl. Abb. 4.11):

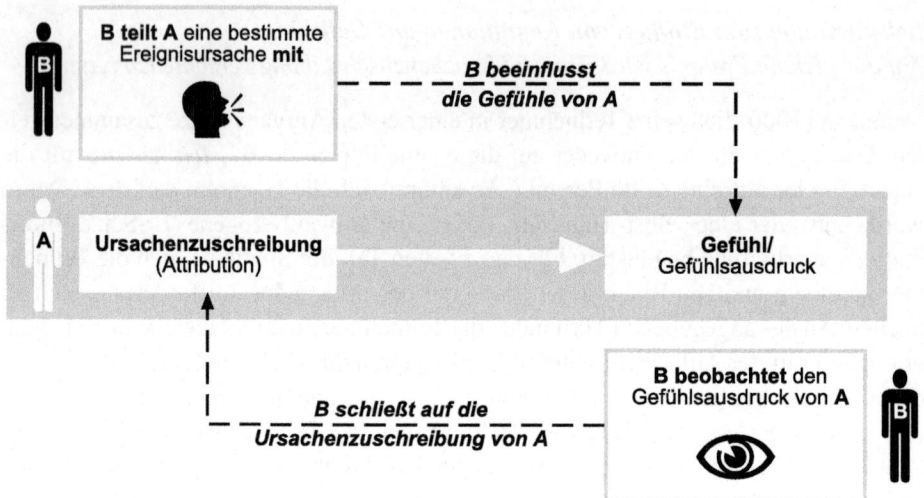

Abb. 4.11: Das Wissen um die Beziehungen zwischen Ursachenzuschreibung und Gefühlen wird benutzt, um die Gefühle anderer Personen zu kontrollieren (oben) und um Rückschlüsse auf die vom anderen angenommene Ursache zu ziehen (unten).

- **Rückschlüsse auf die Gedanken anderer Personen**
  Weiner, Graham, Stern und Lawson (1982) präsentierten Schulkindern die emotionale Reaktion einer Lehrkraft auf das Versagen eines Schülers. Die teilnehmenden Schulkinder sollten daraufhin angeben, worauf der Lehrer das Versagen des Schülers ihrer Meinung nach zurückführte. Wurde der Lehrer als ärgerlich oder überrascht beschrieben, so nahmen die Teilnehmer an, dass der Lehrer das Versagen auf mangelnde Anstrengung des Schülers zurückführte; wurde er dagegen als Schuldgefühle zeigend beschrieben, nahmen sie an, er führte es auf seinen schlechten Unterricht zurück. Bei älteren Kindern zeigte sich zudem, dass eine mitleidige Reaktion des Lehrers darauf zurückgeführt wurde, dass dieser die Ursache im mangelnden Talent des Schülers sah.

- **Beeinflussung der Gefühle anderer Personen**
  In einer Studie von Weiner und Handel (1985) zeigten bereits Fünfjährige die Tendenz, internale Gründe (z. B. „Ich hatte keine Lust.") für das Nichterscheinen zu einer Verabredung mit einem Klassenkameraden zu verschweigen, um bei dem Kameraden keinen Ärger zu provozieren. Externale Erklärungen (z. B. „Ich hatte auf dem Weg einen Platten am Fahrrad.") für das Versetzen des Kameraden wurden dagegen bereitwillig mitgeteilt.

4.2.3 Zusammenfassung

Emotionen können weitgehend ohne Beteiligung von Kognitionen allein durch die Wahrnehmung eines Reizes entstehen. Allerdings hat das Denken durchaus großen Einfluss auf unser emotionales Erleben: Zum einen können Kognitionen Gefühle, die durch Wahrnehmung ausgelöst wurden, verändern, zum anderen können sie entscheidend mit daran beteiligt sein, ob eine Emotion entsteht und wenn ja, welche. Wichtig sind hierfür verschiedene Einschätzungen, mittels derer wir unsere Umwelt laufend im Hinblick auf unser Wohlergehen als positiv oder negativ bewerten sowie die Ursachen positiver bzw. negativer Ereignisse zu ergründen suchen.

4.3 Zusammenfassung

Fühlen und Denken beeinflussen sich gegenseitig in vielfältiger Weise. Auch wenn uns dies in manchen Fällen störend erscheint, so überwiegen meist die nützlichen Seiten dieser wechselseitigen Beeinflussungen. Das liegt an der wichtigen Aufgabe, die unseren Gefühlen für unser Funktionieren in einer komplexen und sich ständig ändernden Umwelt zukommt: Sie weisen uns auf wichtige Veränderungen in unserer Umwelt hin und motivieren uns, angemessen zu handeln.

Gefühle beeinflussen in starkem Maße unser Denken. So unterscheidet sich der Informationsverarbeitungsstil in Abhängigkeit von der Stimmung: In positiver Stimmung sind wir kreativer und neigen verstärkt zur Nutzung übergeordneter Wissensstrukturen (z. B. Schemata, Stereotype) und vereinfachender Prozeduren. In negativer Stimmung wird dagegen eher reizgetrieben und analytisch verarbeitet. Bei Wahrnehmung und Erinnerung zeigt sich ein Verarbeitungsvorteil für stimmungskongruente Informationen. Diese stimmungsabhängigen Unterschiede im Verarbeitungsstil sowie bei Wahrnehmung und Erinnerung setzen sich auf die Urteilsbildung fort und können somit auf indirektem Weg zu stimmungskongruenten Urteilen führen. Von der Stimmung gefärbte Urteile können zudem auch auf direktem Wege zustande kommen, indem die Stimmung selbst als Information über den Urteilsgegenstand herangezogen wird.

Gefühle sind aber nicht nur mitbestimmend für unsere Informationsverarbeitung, sondern umgekehrt spielen Kognitionen auch bei der Entstehung und Veränderung unseres emotionalen Erlebens eine bedeutende Rolle. Ob in einer bestimmten Situation ein Gefühl entsteht und wenn ja, welches, hängt entscheidend von der Bewertung der Situation ab: Die Implikationen für unser Wohlergehen und die Erreichung unserer Ziele differenzieren zwischen negativen und positiven Gefühlen; weitere Bewertungen, wie beispielsweise die Ursachenzuschreibung, bewirken eine stärkere Ausdifferenzierung verschiedener positiver und negativer Gefühle. Weitgehend ohne die Beteiligung von Kognitionen können Gefühle zudem durch Wahrnehmung ausgelöst werden, d. h. aufgrund angeborener und erlernter Reiz-Reaktions-Verbindungen, aber auch über Imitation.

5 Soziale Wahrnehmung

Was bringt's?

Wir machen uns – häufig schon bei der ersten Begegnung und mit nur wenigen Informationen – ein Bild von anderen Personen. Wie funktioniert das? Welche Faktoren tragen dazu bei, ob uns eine Person beispielsweise sympathisch oder kompetent erscheint?

Wie kann es sein, dass ein und dieselbe Person von verschiedenen Leuten ganz unterschiedlich eingeschätzt wird?

Welche Faktoren beeinflussen unsere Wahrnehmung anderer Personen und welchen Verzerrungen unterliegen wir dabei?

Tagtäglich begegnen wir einer Vielzahl von Menschen, von denen wir uns aus privaten oder beruflichen Gründen ein Bild machen müssen – und das häufig möglichst schnell. Beispielsweise müssen wir in einem Gespräch spontan entscheiden, was wir unserem Gegenüber erzählen (z. B. ob wir ihm ein Geheimnis anvertrauen wollen) oder mit welchen Argumenten wir überzeugen können. Auch für die Beantwortung von Fragen wie beispielsweise „Wird sie mir beim Umzug helfen?", „Was soll ich ihm zum Geburtstag schenken, was könnte ihm gefallen?", „Soll dieses Kind jetzt eingeschult oder besser noch ein Jahr zurückgestellt werden?" oder „Wird dieser Mitarbeiter diese Aufgabe bewältigen können?" sind wir darauf angewiesen, andere richtig einzuschätzen.

Und sicherlich werden Sie schon die Erfahrung gemacht haben, dass Sie sich Fragen dieser Art spontan beantworten konnten, dass Sie beispielsweise auf Anhieb sagen konnten, ob Sie einer Person trauen können oder auch ob und wie sympathisch sie Ihnen ist. Doch wie machen wir uns ein Bild von anderen Personen? Wie kommen wir zu einer Einschätzung des „Charakters", der ja nicht „äußerlich" sichtbar ist? Und wie kann es andererseits sein, dass wir selbst von Personen, von denen wir ein klares Bild zu haben glaubten, überrascht werden, weil wir sie falsch eingeschätzt hatten? Unterliegen wir in der Beurteilung anderer Personen womöglich systematischen Fehlern? Wie verändert sich unsere Einschätzung einer Person, wenn wir ihr wiederholt begegnen und/oder neue Informationen über sie erhalten?

Der Einschätzungsprozess anderer Personen wird als **soziale Wahrnehmung** bezeichnet (Greenberg & Baron, 2000; Kenny, 1994): Um ein Verständnis anderer zu entwickeln, kombinieren, integrieren und interpretieren wir Informationen über sie. Dies beginnt mit einem ersten spontanen Eindruck über jemanden und wird systematischer, wenn wir mit

Soziale Wahrnehmung

Um ein Bild anderer Personen zu entwickeln,

- kombinieren,
- integrieren und
- interpretieren

wir Informationen über diese.

demjenigen länger zu tun haben oder ein wichtiges Urteil gefordert ist.

Der erste Eindruck basiert vor allem auf Informationen, die leicht nach außen hin sichtbar sind, wie beispielsweise Attraktivität, Kleidung und nonverbales Verhalten des anderen. Aber auch einzelne Komponenten wie Gesicht, Körpergröße, Statur, Haut- und Haarfarbe, Brillen oder sogar der Name einer Person fließen in eine Beurteilung mit ein (Alley, 1988; Berry & McArthur, 1986; Bull & Rumsey, 1988; Herman et al., 1986; Young et al., 1993; Zebrowitz, 1997).

Häufig ist uns dabei gar nicht bewusst, welche Informationen und welche Schlussfolgerungen dazu führen, dass wir jemanden beispielsweise auf den ersten Blick für sympathisch oder kompetent halten, da insbesondere der erste Eindruck weitgehend automatisch gebildet wird (Smith & Mackie, 2000, S. 67). So können wir bereits aus sehr kurzen Videoausschnitten einer anderen Person ohne Ton (Länge: 6 bis 30 Sekunden) vorhersagen, wie diese von anderen beurteilt wird, beispielsweise wie die Gesamtbeurteilung eines Dozenten durch seine Studenten ausfällt (Ambady & Rosenthal, 1993).

Wir bilden uns aber auch bereits anhand von erheblich weniger Informationen, wie beispielsweise der kurzen Betrachtung eines fremden Gesichts, einen ersten Eindruck, so in Bezug auf Attraktivität, Kompetenz, Aggressivität oder Vertrauenswürdigkeit (100 Millisekunden Darbietungszeit; Willis & Todorov, 2006). Noch schneller gelingt diese Einschätzung hinsichtlich Feindseligkeit bzw. Bedrohlichkeit der anderen Person – Eigenschaften, die für unser Überleben von Bedeutung sein könnten. Hier genügt bereits eine Darbietungszeit von 39 Millisekunden (Bar et al., 2006). Verlängert man die Betrachtungszeit (hier: von 100 Millisekunden auf 1 Sekunde) ändert sich zwar die Urteilssicherheit der Betrachter, nicht aber das Urteil selbst (Willis & Todorov, 2006).

Auch wenn wir solche Einschätzungen schnell und in Übereinstimmung mit anderen Urteilern vornehmen, bedeutet das nicht automatisch, dass diese auch *richtig* sind: Insbesondere für die Einschätzungen von Sympathie und Kompetenz haben bestimmte Merkmale, die wir am anderen wahrnehmen, eine Art Signalfunktion und damit einen starken Einfluss auf die Einschätzung. Da diese Merkmale jedoch – wie nachfolgend zu sehen sein wird – völlig unabhängig von den tatsächlichen Eigenschaften der Person sein können, ist der erste Eindruck nicht immer sehr genau (DePaulo et al., 1987; Funder & Colvin, 1988). Selbstverständlich sind unsere Beurteilungen akkurater, wenn wir Personen besser kennen, beispielsweise Freunde oder Bekannte beurteilen (Colvin & Funder, 1991; Funder & Colvin, 1988; Paunonen, 1989). Des Weiteren sind Beurteilungen genauer, wenn wir konkrete Verhaltensweisen oder Handlungen von Personen vorhersagen sollen („Im Büro wird er sich mir gegenüber so und so verhalten."), anstatt sie global zu beurteilen („Er ist im Allgemeinen eine XY-Persönlichkeit.") (Swann, 1984).

Im Folgenden wird aufgezeigt, welche Informationen im Einzelnen zur Einschätzung einer Person herangezogen, wie sie verarbeitet und interpretiert werden. Um uns ein Bild vom Charakter einer anderen Person zu machen, nutzen wir verschiedenste Informationen, die diese uns liefert – sei es durch ihr Äußeres, ihr Verhalten oder auch ihre Zugehörigkeit zu einer bestimm-

„Wir sehen eine Person an und sofort formt sich wie von selbst ein bestimmter Eindruck ihres Charakters. Ein Blick, wenige Worte genügen, um uns einen ganzen Roman über eine hochkomplexe Angelegenheit zu erzählen ...‟ (Asch, 1946, S. 258; zitiert nach Baron & Byrne, 2003; übersetzt durch die Autorinnen).

ten Gruppe. Wie wir anhand *beobachtbarer Merkmale* unseres Gegenübers auf dessen Charakter schließen, wird in Abschnitt 5.1 beschrieben. Neben Äußerlichkeiten spielt für die soziale Wahrnehmung zudem eine wichtige Rolle, was der andere tut. Wie das *Verhalten* des Gegenübers unsere Einschätzung beeinflusst, wird in Abschnitt 5.2 beschrieben. Verschiedene Personen kommen zudem immer wieder zu unterschiedlichen Einschätzungen ein und derselben Person – wie kann das sein, wo doch die Person die gleiche bleibt? In Abschnitt 5.3 wird dargestellt, wie sich *Voreinstellungen des Beurteilers* auf die soziale Wahrnehmung auswirken und damit solch unterschiedliche Beurteilungen erklärbar machen (vgl. zusammenfassend Abb. 5.1).

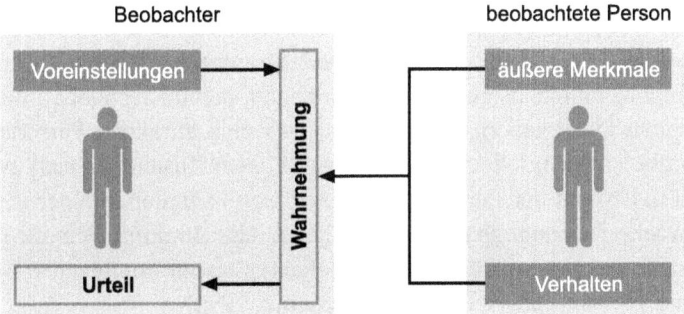

Abb. 5.1: Soziale Wahrnehmung und Urteile über andere Personen werden von äußeren Merkmalen und Verhalten der zu beobachtenden Person, aber auch von Voreinstellungen des Beurteilers beeinflusst.

5.1 Einflüsse beobachtbarer Merkmale auf die soziale Wahrnehmung

Warum legen wir Wert darauf, „gut angezogen" zu sein oder sogar Kleidung ganz bestimmter Marken zu tragen? Warum investieren wir viel Zeit und Geld in Kosmetik, Schmuck und andere Statussymbole? Warum lächeln wir häufig auch in Situationen, in denen uns eigentlich gar nicht danach ist? Nun, all das tun wir, weil wir annehmen, dass es eine Wirkung hat, d. h. dass wir auf diese Weise einen besseren Eindruck bei anderen hinterlassen. Und diese Annahme ist durchaus berechtigt, denn Menschen basieren ihre Einschätzung anderer tatsächlich unter anderem darauf, welche äußerlichen Merkmale diese aufweisen bzw. zeigen.

Zum einen handelt es sich dabei um Merkmale, die jemanden als positiv und sympathisch erscheinen lassen (vgl. Abschnitt 5.1.1). Zum Zweiten spielen Aspekte eine Rolle, aus denen wir auf Kompetenz und Autorität schließen (vgl. Abschnitt 5.1.2). Zum Dritten wirkt sich das nonverbale Verhalten einer Person auf die soziale Wahrnehmung aus (vgl. Abschnitt 5.1.3).

5.1.1   Was lässt eine Person sympathisch und positiv erscheinen?

Auf Sympathiewahrnehmung wirken sich aus

- physische Attraktivität
- Ähnlichkeit
- Vertrautheit
- Assoziation mit Positivem

Nehmen wir an, ein Schüler oder Mitarbeiter von Ihnen hätte ein Fehlverhalten gezeigt, welches Sie zu sanktionieren hätten – glauben Sie, dass das Ausmaß Ihrer Strafe davon beeinflusst wäre, wie attraktiv Ihr Gegenüber ist? Forschungsbefunde belegen, dass dem so wäre, denn die physische Attraktivität eines Menschen hat Signalfunktion: Physisch attraktive Menschen nehmen wir als sympathischer wahr. Weiterhin mögen wir Personen lieber, die uns ähnlich sind, mit denen wir häufig Kontakt haben bzw. die uns vertraut sind und mit denen wir positive Dinge assoziieren.

Physische Attraktivität – die *beauty is good*-Annahme.   Physisch attraktive Menschen werden gewöhnlich als geselliger, dominanter, mental gesünder, intelligenter und sozial kompetenter wahrgenommen als physisch wenig attraktive Personen (Feingold, 1992). Tatsächlich besteht jedoch ein nur geringfügiger Zusammenhang zwischen physischer Attraktivität und der Persönlichkeit bzw. den Fähigkeiten einer Person: So finden sich schwache Zusammenhänge dahingehend, dass attraktive Personen in der Regel weniger einsam, weniger sozial ängstlich, beliebter, sozial kompetenter sowie sexuell erfahrener sind als unattraktive Personen (Feingold, 1992).

Auch wenn die *beauty is good*-Annahme größtenteils falsch ist, sind die Konsequenzen dennoch bedeutsam: Attraktive Kinder und Erwachsene werden sowohl positiver bewertet als auch wohlwollender behandelt als unattraktive (Langlois et al., 2000). Beispielsweise werden ihnen mehr positive Eigenschaften wie Begabung, Ehrlichkeit oder auch Intelligenz zugeschrieben (Eagly et al., 1991) und sie werden insgesamt als glücklichere und fähigere Menschen wahrgenommen (Dion et al., 1972). Solche Wirkungen von Attraktivität sind bereits unter Kindern zu verzeichnen (Dion & Berscheid, 1974): Selbst Kleinkinder bevorzugen attraktive Gesichter gegenüber unattraktiven (Langlois et al., 1991). Diese Befunde legen nahe, dass unsere Attraktivitätswahrnehmung angeboren (Thornhill & Gangestad, 1999) und kulturell universell ist (Perrett et al., 1994). Der Wirkung von Attraktivität liegt der sog. Halo-Effekt zugrunde (vgl. Abschnitt 5.3.2): Der Gesamteindruck, den eine Person auf andere macht, wird durch ein einzelnes positives Merkmal (hier: ihre Attraktivität) dominiert.

Effekte dieser Verzerrung sind in verschiedensten Bereichen nachgewiesen worden, so beispielsweise ...

- **in der Kindererziehung**
  Attraktive Babys erhalten mehr Aufmerksamkeit (Langlois et al., 1995; Ritter et al., 1991). Des Weiteren wird attraktiven Kindern die gleiche Handlung als weniger verwerflich ausgelegt als unattraktiven, und attraktive Kinder werden von Erwachsenen zudem weniger hart bestraft (Dion, 1972; vgl. auch Clifford, 1975).

- **in der Leistungsbeurteilung**
  Kurzaufsätze werden als qualitativ hochwertiger beurteilt, wenn sie angeblich von einem attraktiven Autor stammen, als wenn sie einem durchschnittlich aussehenden oder unattraktiven Verfasser zugeschrieben werden (Landy & Sigall, 1974). Professoren, die von ihren Studierenden als attraktiv wahrgenommen werden, erhalten bessere Lehrevaluationen als unattraktive Professoren (Riniolo et al., 2006).

- **im politischen Umfeld**
  Attraktive Kandidaten gewinnen eher eine Wahl als unattraktive (Efran & Patterson, 1976, zitiert nach Cialdini, 1997). Befragt man die Wähler diesbezüglich, so bestreiten sie jedoch, von der Attraktivität der Kandidaten beeinflusst worden zu sein.

- **in der Personalauswahl**
  In Personalauswahlgesprächen kann die äußerliche Erscheinung eines Bewerbers für seine Einstellungschancen ausschlaggebender sein als seine berufliche Qualifikation (Mack & Rainey, 1990; Schuler & Berger, 1979) – auch in diesem Zusammenhang behaupten die Urteiler häufig, dass das Äußere für ihre Personalentscheidung keine Rolle gespielt habe.

- **in der (amerikanischen) Rechtsprechung**
  Attraktive Menschen haben vor Gericht bessere Chancen (Bierhoff et al., 1989; Castellow et al., 1990; Downs & Lyons, 1991), denn sie werden weniger hart verurteilt (Patzer, 1985; Stewart, 1980, 1985) und bei wiederholter Straffälligkeit weniger häufig erneut verurteilt (Kurtzberg et al., 1968). Beispielsweise wurde ein Angeklagter, wenn er attraktiver war als sein Opfer, zur Zahlung von durchschnittlich 5 623 $ Schmerzensgeld verurteilt. Im umgekehrten Fall jedoch, wenn das Opfer attraktiver war als der Angeklagte, wurde das Schmerzensgeld auf 10 051 $ festgesetzt. Ohne Kenntnis der Attraktivität der Beteiligten betrug hingegen das Schmerzensgeld 8 618 $ (Kulka & Kessler, 1978).

Des Weiteren überzeugen attraktive Menschen ein Publikum leichter als unattraktive (Chaiken, 1979; vgl. Abschnitt 7.2.6) und erhalten in einer Notsituation eher Hilfe von Passanten (Benson et al., 1976; vgl. Abschnitt 12.2.1).

Beispielstudie zur Wirkung von Attraktivität
Wenn wir jemanden für attraktiv halten, schreiben wir ihm spezielle Eigenschaften zu und verhalten uns ihm gegenüber entsprechend anders.

In einer Studie von Snyder und Kollegen (1977), in der angeblich der Prozess des gegenseitigen Kennenlernens untersucht wurde, sollten die (ausschließlich männlichen) Teilnehmer mit einer ihnen unbekannten weiblichen Teilnehmerin ein Telefongespräch führen. Den Teilnehmern wurde ein Foto ausgehändigt, das angeblich von der Telefonpartnerin stammte und entweder eine attraktive oder eine unattraktive Frau zeigte. Es interessierte nun, inwiefern sich die Teilnehmer aufgrund dieser Vorinformation hinsichtlich der Attraktivität eine Vorstellung über die Gesprächspartnerin machten und wie sie sich demgemäß ihr gegenüber verhielten. Im Falle eines attraktiven Fotos gaben die Teilnehmer schon vor dem Telefonat an, eine kontaktfreudige, humorvolle, im sozialen Umgang geschickte Frau zu erwarten, während jene, denen ein unattraktives Bild vorlag, dahinter eine weniger kontaktfreudige, ernste und im sozialen Umgang ungeschickte Frau vermuteten.

Darüber hinaus wurden die aufgezeichneten Telefongespräche von unabhängigen Beurteilern ausgewertet und ergaben, dass sich die vermeintlich attraktiven Gesprächspartnerinnen tatsächlich freundlicher, sympathischer und kontaktfreudiger verhielten als die vermeintlich unattraktiven. Die Annahme der Männer hatte sich bewahrheitet (vgl. Abschnitt 10.4.4, „sich selbst erfüllende Prophezeiung"), denn sie hatten sich aufgrund ihrer Erwartung den vermeintlich attraktiven Frauen gegenüber unter anderem offener, interessierter, warmherziger und humorvoller verhalten als gegenüber den angeblich unattraktiven und damit wiederum deren Verhalten beeinflusst.

Ähnlichkeit.   Nicht nur attraktive, sondern auch uns selbst ähnliche Menschen sind uns sympathischer. Die Tendenz, Menschen in einem positiveren Licht wahrzunehmen, nur weil sie einem selbst in irgendeiner Art und Weise ähnlich sind, wird ***similar to me*-Effekt** genannt. Dieser Effekt ist darauf zurückzuführen, dass uns ähnliche Menschen unsere eigene Person nicht infrage stellen, sondern uns und unsere Einstellung bestätigen. Des Weiteren können wir annehmen, dass die Sympathie aufgrund von Ähnlichkeit auf Gegenseitigkeit beruht, d. h. dass ein uns ähnliches Gegenüber uns ebenfalls mehr mögen wird. Dies bewirkt, dass wir ihnen wohlwollender und nachgiebiger gegenübertreten. Nicht zuletzt können wir uns leichter in uns ähnliche Personen hineinversetzen und entsprechend leichter mit ihnen interagieren als mit uns unähnlichen.

Die Ähnlichkeit kann sich dabei auf verschiedenste Aspekte beziehen, auf Wertvorstellungen, Gewohnheiten, Einstellungen, Weltanschauungen oder auch auf demografische Variablen (wie z. B. Alter, Geschlecht, Herkunft oder Berufserfahrung). Vorgesetzte beurteilen beispielsweise ihnen selbst ähnliche Mitarbeiter positiver (Pulakos & Wexley, 1983; Wayne & Liden, 1995), und in Einstellungsgesprächen werden den Beurteilern ähnliche Bewerber besser bewertet (Sears & Rowe, 2003). Umgekehrt vertrauen Mitarbeiter ihnen ähnlichen Vorgesetzten mehr (Turban & Jones, 1988). Die Devise „Wer mir ähnlich ist, muss gut sein" wirkt sich immer wieder bei der Beurteilung anderer Personen aus, auch wenn die Ähnlichkeit eine völlig irrelevante Dimension betrifft: Nur weil jemand am gleichen

Der *similar to me*-Effekt

Tendenz, andere Personen, die man sich selbst in irgendeiner Weise als ähnlich empfindet, in einem positiven Licht wahrzunehmen.

Tag Geburtstag hat wie man selbst, folgt daraus nicht, dass er deswegen beispielsweise eine Aufgabe, die er übernehmen soll, gut machen wird. Dennoch wird eine Person, die einen ähnlichen Namen hat wie man selbst (z. B. *Robert Greer* und *Bob Gregar* oder *Cynthia Johnston* und *Cindy Johanson*), mehr gemocht und auch die Hilfsbereitschaft gegenüber dieser Person ist größer: Beispielsweise werden Fragebögen eher ausgefüllt zurückgeschickt, wenn der Umfragende den gleichen Namen hat wie der befragte Adressat (Garner, 2005).

Vertrautheit (*familiarity*). Neben der empfundenen Ähnlichkeit wird die Sympathie, die wir für jemanden empfinden, auch ganz einfach davon beeinflusst, wie oft wir jemanden sehen und wie vertraut er uns dadurch ist. „In der Regel mögen wir das, was wir kennen (Zajonc et al., 1974). Um sich selbst davon zu überzeugen, schlage ich Ihnen ein kleines Experiment vor. Nehmen Sie ein Negativ einer alten Porträtaufnahme von sich und lassen Sie sich zwei Abzüge davon machen – einen, auf dem Sie so zu sehen sind, wie Sie wirklich sind, und einen Spiegelverkehrten, auf dem die rechte und linke Seite Ihres Gesichts vertauscht sind. Jetzt fragen Sie sich, welche Version Ihres Gesichts Ihnen besser gefällt, und bitten Sie einen guten Freund um die Auskunft, welches Bild er vorzieht. (…) Ihr Freund wird die wirklichkeitsgetreue Abbildung vorziehen und Sie die seitenverkehrte. Der Grund ist einfach: Sie beide bevorzugen das vertrautere Gesicht – Ihr Freund dasjenige, das die Welt sieht, und Sie dasjenige, das Sie täglich im Spiegel betrachten" (aus Cialdini, 1997, S. 209f; nach einer Studie von Mita et al., 1977).

Vertrautheit macht sympathisch – Personen, mit denen wir Kontakt haben, sind uns vertrauter und damit auch sympathischer (Festinger et al., 1950; Zajonc, 1968). Doch auch ohne echte Interaktion, d. h. ohne Kontakt im engeren Sinne, kann Vertrautheit entstehen, denn bereits das wiederholte Sehen oder das bloße Nebeneinandersitzen in Vorlesungen führt dazu, dass wir uns mit dieser Person anfreunden (Segal, 1974), sie als interessanter, warmherziger, attraktiver und intelligenter einschätzen (Moreland & Beach, 1992), einen Namen einer Person mehr mögen (Harrison, 1969). Die wiederholte Darbietung eines Reizes, löst in uns ein Gefühl von Vertrautheit aus (sog. *mere exposure*-Effekt; Zajonc, 1968, 2001), welches uns nicht notwendigerweise bewusst sein muss. Vertrautheit entsteht daraus, dass wir einen bekannten Reiz leichter wahrnehmen können, dass er uns perzeptuell geläufiger ist. Angesichts unserer begrenzten Verarbeitungskapazitäten nehmen wir diese Leichtigkeit der Verarbeitung zunächst einmal als etwas Positives auf (*good is familiar*-Phänomen; Monin, 2003).

Allerdings lässt sich die Beurteilung eines Reizes durch wiederholte Darbietung nicht beliebig verbessern, sondern die Veränderung der Beurteilung verhält sich vielmehr wie eine umgekehrte U-Funktion: Wiederholte Darbietung erhöht die positive Beurteilung bis zu einem gewissen Punkt, danach wird die Wiederholung eher neutral oder sogar als langweilig erlebt (Bornstein et al., 1990; Zajonc et al., 1972). Dieses Phänomen kennen wir von den aktuellen Hits im Radio: Eine Zeit lang freuen wir uns, wenn der aktuelle Nummer-Eins-Hit ständig gespielt wird, aber irgendwann neutralisiert sich dies, möglicherweise wollen wir ihn sogar nicht mehr hören.

Schließlich lässt auch nicht nur tatsächlich erlebte Vertrautheit, sondern auch bereits die bloße *Erwartung*, eine Person in Zukunft wieder zu treffen, diese interessanter und sympathischer erscheinen (Berscheid et al., 1976).

Assoziation mit Positivem. Des Weiteren hat *die Assoziation mit positiven oder negativen Dingen* Einfluss darauf, wie beliebt eine Person bei anderen ist (Lott & Lott, 1965). So sind Politessen unbeliebt, weil wir sie mit Strafzetteln in Verbindung bringen, „Weihnachtsmänner", die vor dem Supermarkt Geschenke austeilen, dagegen beliebt, weil wir sie mit etwas Positivem verbinden. Dem liegt zugrunde, dass bei Aktivierung einer Person (z. B. dadurch, dass wir sie sehen oder ihr Name genannt wird) automatisch die mit dieser Person bzw. Personengruppe verbundenen Inhalte aktiviert werden (z. B. der Strafzettel bei einer Politesse; vgl. Abschnitt 2.6, „Priming") und das ungeachtet dessen, wie diese Person tatsächlich ist oder wie sie sich in der aktuellen Situation verhält.

Gleichermaßen wirken sich auch die zu einer Person gehörenden bzw. mit ihr assoziierten Personen aus: Männliche Bewerber, die mit einer übergewichtigen Frau gesehen wurden – selbst wenn sie nur neben ihr saßen, ohne Kontakt mit ihr zu haben –, wurden schlechter bewertet als jene, die mit einer Normalgewichtigen gesehen wurden (Hebl & Mannix, 2003).

Neben der Sympathie spielt es für unseren Eindruck einer Person auch eine Rolle, welche Kompetenz, Glaubwürdigkeit oder Autorität wir ihr zuschreiben. Nachfolgend wird dargestellt, auf welchen Merkmalen diese spontanen Zuschreibungen beruhen können.

5.1.2   Was lässt eine Person kompetent, autoritär oder glaubwürdig erscheinen?

Aus „Signalen" wie Luxusartikeln, Titeln, Kleidung (z. B. Markenkleidung oder auch Uniformen) sowie dem Körperbau werden Status bzw. Expertise einer Person abgeleitet, was wiederum deren Beurteilung beeinflusst (z. B. Joseph & Alex, 1972; Mast & Hall, 2004; vgl. Beispielstudie und Abschnitt 7.2.6). Des Weiteren wird aus der Umgebung des zu Beurteilenden, beispielsweise dem Büro oder dem Wohnheimzimmer und seiner Einrichtung, auf Persönlichkeitseigenschaften geschlossen (Gosling et al., 2002).

Beispielstudie zum Status
Personen überschätzen aufgrund des Status einer Person deren Körpergröße.

Wilson (1968) stellte seinen Teilnehmern eine andere Person entweder als Student, als Tutor, als Assistent, als Dozent oder als Professor vor. Als diese Person den Raum verlassen hatte, forderte er die Teilnehmer auf, die Körpergröße dieser Person zu schätzen. Es zeigte sich, dass mit zunehmendem Status auch die geschätzte Körpergröße anstieg und zwar um durchschnittlich 1,23 cm pro „Statusstufe". Der vermeintliche Professor wurde um etwa 6,35 cm größer eingeschätzt als der angebliche Student.

Wie diese Studie zeigt, wird bereits die Körpergröße eines Menschen – ein an sich banales und zudem objektivierbares Merkmal – in Abhängigkeit von dessen (vermeintlichem) Status unterschiedlich eingeschätzt. Zum einen schließen wir also vom Status auf bestimmte Eigenschaften. Umgekehrt schließen wir jedoch auch von Äußerlichkeiten auf den Status einer Person. Dies kann zu folgenschweren Fehleinschätzungen führen. Denken Sie beispielsweise an den Hochstapler Frank W. Abagnale Jr., von dem Steven Spielberg in seinem Kinofilm *Catch me if you can* erzählt: Dieser machte sich dieses Phänomen zunutze und in der Folge diverse Karrieren als „falscher" Arzt, Pilot und Rechtsanwalt. Allein das Vorgeben einer Berufszugehörigkeit führte dazu, dass er als kompetent wahrgenommen wurde.

Kleidung kann ähnliche Effekte auslösen: So wird auf Personen in Uniformen eher gehört (Bickman, 1974; Bushman, 1988). Personen in Arztkitteln oder Anzügen (Lefkowitz et al., 1955) bzw. berufsangemessener Kleidung (Lubker et al., 2005) wird vermehrt ein hoher Status bzw. Kompetenz zugeschrieben, Personen im *business look* werden – im Vergleich zu Personen im *casual look* – zuvorkommender behandelt (Jungbauer-Gans et al., 2005). Sollten sich Sportler anhand von Bildern potenzielle Leistungssteigerungstrainer aussuchen, wurden ebenfalls jene in berufsangemessener Kleidung vorgezogen: Trainer in sportlicher Kleidung wurden hier im Hinblick auf ihre Sportkenntnisse höher bewertet und eher als kompetente Berater ausgewählt als Personen in eher akademischer Kleidung (Lubker et al., 2005).

Auch der Körperbau einer Person beeinflusst mit, wie kompetent diese eingeschätzt wird und wie gut man sich von dieser Person beraten fühlt: Patienten normalgewichtiger Ärzte gaben an, sich hinsichtlich ihrer Gesundheit besser beraten zu fühlen als Patienten übergewichtiger Ärzte (Hash et al., 2003).

Nicht zuletzt beeinflussen auch Luxusartikel wie beispielsweise teure Kleidung oder Autos unsere Einschätzung anderer Personen sowie unser Verhalten ihnen gegenüber. Diese Wirkung von Luxusgütern zeigt sich bereits daran, dass auf Fahrer luxuriöserer Automarken im Straßenverkehr mehr Rücksicht genommen wird. So beobachteten Doob und Gross (1968) Autofahrer im Straßenverkehr in San Francisco und stellten fest, dass neue, teure Autos später angehupt wurden als ältere, kleinere Modelle, wenn diese an einer grünen Ampel den Verkehr blockierten, weil sie nicht losfuhren. 50 % der Autofahrer warteten bei den nobleren Fahrzeugen, während bei den preiswerteren Wagen in fast 84 % der Fälle mindestens einmal gehupt wurde.

5.1.3   Wie wirkt sich das nonverbale Verhalten des Gegenübers auf die soziale Wahrnehmung aus?

Nicht nur äußerliche Merkmale einer anderen Person beeinflussen, wie wir diese wahrnehmen und welche Eigenschaften wir ihr zuschreiben, sondern auch deren nonverbales Verhalten ist dafür mitbestimmend. Macht jemand beispielsweise immer fahrige Bewegungen oder hat er eine ausgewogene Gestik, mit der er seine Worte unterstreicht? Beschreibt er sich als offenen, sehr extrovertierten Menschen, sitzt aber eher verklemmt und schüchtern in die Runde schauend vor uns? Auch wenn wir bei der Einschätzung anderer Personen zu der Annahme neigen, dass wir uns hauptsächlich von dem leiten lassen, was diese (inhaltlich) denken und sagen, sind jenseits des Inhalts weitere Aspekte sehr einflussreich (nämlich *wie* jemand etwas sagt und sich verhält).

Entsprechend können wir beispielsweise dadurch, dass wir nichts sagen oder versuchen, möglichst unscheinbar aufzutreten, nicht verhindern, dass sich andere einen Eindruck von uns bilden – wir werden dann vermutlich als ausdruckslos, gehemmt, zurückgezogen und verklemmt eingestuft (DePaulo & Kirkendol, 1989). Ob wir wollen oder nicht, Beobachter werden sich einen Eindruck von uns bilden, sei es aufgrund verbaler oder nonverbaler Informationen (Hall et al., 1987). Diese Tatsache führte in der Psychologie zu dem geflügelten Satz „Man kann nicht *nicht* kommunizieren", denn zumindest nonverbal kommuniziert man immer (Watzlawick & Beavin, 1967). Oder anders ausgedrückt: Auch wenn Sie verbal nichts sagen, Ihre nonverbalen Signale tun es dennoch (DePaulo & Friedman, 1998). Im Speziellen bei Gesprächen und Präsentationen ist das Nonverbale häufig sogar ausschlaggebender als die ausgesprochenen Inhalte, d. h. das Verbale (Ambady & Rosenthal, 1992; DePaulo & Friedman, 1998; Gifford, 1991, 1994). Unter nonverbalem Verhalten versteht man, wie Personen bewusst oder unbewusst ohne Worte kommunizieren. Dazu gehören Blickkontakt, Gesichtsausdruck und Mimik, Stimme, Gestik, Körperhaltung, Bewegung sowie Berührung und räumlicher Abstand gegenüber anderen (Knapp & Hall, 1997).

Nonverbales Verhalten

- Blickkontakt
- Gesichtsausdruck
- Mimik
- Stimme
- Gestik
- Körperhaltung
- Bewegung
- Berührung und räumlicher Abstand von anderen

„Ein Blick sagt mehr als tausend Worte" besagt eine Volksweisheit. Und tatsächlich ist der *Blickkontakt* zwischen Personen eine entscheidende psychologische Komponente und wirkt sich vor allem auf die Zuschreibung von Kompetenz und bestimmten Persönlichkeitseigenschaften aus (Aguinis et al., 1998; Anderson, 1991; Burgoon et al., 1985; Droney & Brooks, 1993; Gudykunst et al., 1996; Napieralski et al., 1995; Washburn & Hakel, 1973). Wer Blickkontakt hält, wird insgesamt positiver beurteilt, so beispielsweise als kompetenter, glaubwürdiger, weniger ängstlich und weniger nervös, als umgänglicher und in das Gespräch involvierter.

Eine weitere wichtige Komponente des nonverbalen Verhaltens stellt die *Mimik* dar, denn sie beeinflusst, wie sympathisch und begeisternd eine Person wahrgenommen wird. Dies liegt unter anderem daran, dass Mimik „ansteckend" ist und sich auf die Stimmung des Gegenübers auswirkt: Ist sie freundlich oder mitreißend, wird der andere positiv gestimmt, ist sie traurig, starr oder sogar unfreundlich, verschlechtert sich dessen Stimmung (Hatfield et al., 1992, 1993; Zajonc et al., 1989). Die Stimmung beeinflusst wiederum die Wahrnehmung: In positiver Stimmung sind wir wohlwollender, in negativer Stimmung kritischer (vgl. Abschnitt 4.1.3).

Besondere Bedeutung kommt dem Lächeln zu: Wer lächelt, wirkt sympathischer und mitreißender – vorausgesetzt, das Lächeln ist situationsangemessen (Anderson 1991; Washburn & Hakel; 1973; Yamaguchi, 2002). Personen, die eine lebhafte und ausdrucksstarke Mimik aufweisen, werden mehr gemocht sowie als attraktiver und positiver beurteilt (DePaulo, 1992; Friedman et al., 1988; Sabatelli & Rubin, 1986).

Nonverbales Verhalten korrekt zu interpretieren, wird dadurch erschwert, dass Personen zum einen verschiedene Gefühle gleichzeitig erleben, so dass ihr Gesicht nicht nur ein einzelnes Gefühl widerspiegelt (Ekman & Friesen, 1975). Zum Zweiten können Personen bestrebt sein, zu blenden oder ihre Gefühle nicht offen zu zeigen (DePaulo & Bell, 1996; Forrest & Feldman, 2000). So setzen Verhandlungspartner ein „Pokerface" auf und Verkäufer sind stets freundlich, auch wenn sie einen nicht mögen. Drittens gibt die Kultur, in der Personen leben, vor, welche Gesichtsausdrücke in welcher Form gezeigt werden dürfen. Dies macht es schwer, an Gesichtern anderer Kulturen abzulesen, was in den Betreffenden vorgeht (Matsumoto & Kudoh, 1993; zu Geschlechtsunterschieden vgl. Exkurs).

Exkurs: Nonverbales Verhalten im Geschlechtervergleich

Allgemein sind Frauen im Senden und Empfangen nonverbaler Botschaften besser als Männer (Rosenthal & DePaulo, 1979). Dies ist darauf zurückzuführen, dass sie aufgrund ihrer Geschlechtsstereotype und gesellschaftlichen Rolle darin trainierter sind und mehr darauf achten (müssen) (Eagly, 1987; Eagly & Karau, 2002). Allerdings sind Frauen auch anfälliger dafür, das wahrzunehmen, was der andere möchte, dass sie wahrnehmen (Rosenthal & DePaulo, 1979).

Die Einflüsse nonverbalen Verhaltens können durchaus sehr subtil sein: Nehmen wir an, jemand würde Sie während einer Interaktion kurz *berühren*, beispielsweise der Kellner, wenn er Ihnen die Rechnung bringt, oder ein Verkäufer, während er Ihnen etwas zeigt. Glauben Sie, dass Sie dies in der Beurteilung des anderen bzw. in Ihrem Verhalten ihm gegenüber beeinflussen würde? Die Forschung zeigt, dass Berühren eine wirksame Methode sein kann, um Menschen sehr subtil zu beeinflussen (vgl. Exkurs nächste Seite), doch hängt dieser Effekt der Berührung von einer Reihe von Faktoren ab, wie beispielsweise, wer dies wie und in welchem Kontext tut. Wichtig ist, dass die Berührung als angemessen wahrgenommen wird. Einfachstes Beispiel ist der Händedruck (Chaplin et al., 2000): Je fester, länger und energischer ein Händedruck ist, umso positiver (z. B. extrovertierter und offener wird derjenige eingeschätzt. Häufig führen Berührungen auch zu einer höheren Sympathieeinschätzung (Hewitt, 1982).

Exkurs: **Berührungen**

Berührungen können auf sehr subtile Weise das Verhalten der berührten Person beeinflussen.

So finden sich beispielsweise im Bereich des Konsumentenverhaltens Effekte von Berührung auf die Dauer des Aufenthalts im Laden, auf die Bewertung des Ladens sowie auf das Ausmaß des Einkaufs (Hornik, 1991; Hornik, 1992a). Gleichermaßen tragen Berührungen dazu bei, dass Konsumenten ein angebotenes neues Produkt eher probieren und auch kaufen (Smith et al., 1982). Eine Berührung durch KellnerInnen bewirkt, dass Gäste ein höheres Trinkgeld geben (Crusco & Wetzel, 1984; Guéguen & Jacob, 2005; Hornik, 1992b; Hubbard et al., 2003; Lynn et al., 1998; Stephen & Zweigenhaft, 1986) oder auch mehr Alkohol konsumieren (Kaufman & Mahoney, 1999).

Darüber hinaus erhöht eine vorhergehende Berührung prosoziales und kooperatives Verhalten (Guéguen & Fischer-Lokou, 2003; Kurzban, 2001; vgl. Kapitel 12). So entsprechen Personen nach einer Berührung eher einer Bitte (Willis & Hamm, 1980), beispielsweise um ein Zehn-Cent-Stück (Kleinke, 1977) oder die Beantwortung eines Fragebogens (Hornik, 1987; Nannberg & Hansen, 1994).

Auch im Lernkontext konnte gezeigt werden, dass Berührungen durch den Lehrer die Leistung in einer Prüfung (Steward & Lupfer, 1987) oder auch die aktive Mitarbeit der Lernenden erhöhen (Guéguen, 2004). Berührungen lassen sich nutzen, um Kinder stärker in Aufgaben zu involvieren und störendes Verhalten zu reduzieren (Wheldall et al., 1986).

Des Weiteren wirken sich Berührungen förderlich auf Personen aus, die über persönlich bedeutsame Probleme sprechen sollen (Jourard & Friedman, 1970; Whitcher & Fisher, 1979), oder auch auf ältere Menschen, wenn sie motiviert werden oder schwierige Aufgaben bewältigen sollen (Howard, 1988).

Bezüglich dieser Befunde wird diskutiert, dass die Berührung hier als unterstützend und ermutigend empfunden wird und so positives Leistungsverhalten verstärkt. Insgesamt betrachtet sind die konkret vermittelnden Prozesse bei derzeitiger Forschungslage jedoch noch nicht eindeutig zu spezifieren (siehe auch Guéguen, 2004).

5.1.4 Zusammenfassung

Um jemanden zu beurteilen, ziehen Personen vielfältige Informationen, die sie an ihrem Gegenüber wahrnehmen, heran. So werden Menschen je nach ihren äußerlich beobachtbaren Merkmalen wie Aussehen, Statussymbolen und nonverbalem Verhalten unterschiedlich sympathisch, glaubwürdig oder kompetent eingeschätzt.

Merkmale, die jemanden als positiv und sympathisch erscheinen lassen, sind beispielsweise seine Attraktivität, seine Ähnlichkeit zu uns selbst oder wie vertraut er uns ist. Auch die Assoziation mit Positivem fördert Sympathie. Aspekte, aus denen wir auf Kompetenz und Autorität schließen, sind unter anderem Luxusartikel, Titel, Kleidung sowie der Körperbau einer Person. Schließlich wirkt sich das nonverbale Verhalten einer Person auf die soziale Wahrnehmung aus, indem es eine eigene Botschaft vermittelt, welche oft sogar einflussreicher ist als der (gesprochene) Inhalt.

5.2 Einflüsse des Verhaltens anderer auf die soziale Wahrnehmung

Äußerlichkeiten wie Attraktivität, Statussymbole und nonverbales Verhalten haben einen nicht zu unterschätzenden Einfluss auf unsere Beurteilung anderer Personen. Häufig sind sie jedoch wenig aussagekräftige Indikatoren dafür, wie eine Person wirklich ist. Aussagekräftiger ist hingegen, wie sich eine Person *verhält*, wie sie in bestimmten Situationen *handelt*. Daher wird nachfolgend aufgezeigt, wie wir vom Verhalten anderer auf deren Wesen schließen (Abschnitt 5.2.1) und welchen Verzerrungen wir bei der Beurteilung von Personen aufgrund deren Verhaltens unterliegen (Abschnitt 5.2.2).

5.2.1 Wie wir vom Verhalten anderer Personen auf deren Wesen schließen

Das Verhalten anderer Personen dient uns als Information, um auf deren Eigenschaften zu schließen (Carlston & Skowronski, 1994). Dies erfolgt zum einen *assoziativ*, zum anderen *attributional*, d. h. durch Ursachenzuschreibung (für einen Überblick siehe Carlston & Skowronski, 2005; Uleman et al., 1996).

Assoziative Prozesse bei der Beobachtung anderer Personen

Nehmen wir einmal an, Sie sähen, wie jemand einem alten Menschen über die Straße hilft. Vermutlich würden Sie nicht nur den Sachverhalt wahrnehmen („Jemand hilft jemandem über die Straße"), sondern daraus darüber hinaus auch darauf schließen, dass diese Person vermutlich ein hilfsbereiter Mensch ist. Wann immer wir uns einen Eindruck von einer uns bekannten oder fremden Person bilden, laufen solche Schlussfolgerungen (*behavior-trait-inferences*) automatisch ab – auch wenn wir dies nicht immer beabsichtigen und uns dies nicht bewusst ist (Mae et al., 1999; Newman & Uleman, 1989). Warum ist dies so? Nun, wie wir bereits gesehen haben (vgl. Kapitel 2), erfolgt unsere Informationsverarbeitung im Sinne eines assoziativen Netzwerks, bei dem eingehende Informationen routinemäßig und automatisch bestimmte Konstrukte aktivieren bzw. in bestehende Wissensstrukturen eingeordnet werden. So werden zum einen automatisch an eine Enkodierung (hier: Person hilft jemandem) geknüpfte Eigenschaften (hier: hilfsbereit) aktiviert und zum anderen mit der jeweils handelnden Person assoziiert (hier: Person ist hilfsbereit) (Newman & Uleman, 1989). Diese automatischen Eigenschaftsenkodierungen werden jedoch nur dann aktiviert, wenn die Informationen auch relevant sind. Dies ist dann der Fall, wenn ein Ziel vorliegt, für das die Informationen wichtig sein könnten, wie beispielsweise, wenn wir uns einen *Eindruck über eine Person bilden*, nicht aber, wenn wir lediglich Verhaltensinformationen im Rahmen einer Gedächtnisaufgabe lernen sollen (Jones & Thibaut, 1958; Werth et al., 2000; Wyer & Gordon, 1982; vgl. Beispielstudie).

Beispielstudie zu eigenschaftsbezogener Informationsverarbeitung
Verhaltensweisen werden bei einer Eindrucksbildungs- im Vergleich zu einer Lernaufgabe unterschiedlich strukturiert.

In einer Studie von Hamilton und Kollegen (1980) lasen die Teilnehmer eine Liste von 15 Verhaltensbeschreibungen einer Person (z. B. „liest nach dem Essen die Tageszeitung", „spielt im Park mit seinem Hund Ball") und hatten dabei entweder die Aufgabe, *sich einen Eindruck über diese Person zu bilden* oder aber *die Verhaltensbeschreibungen zu lernen*. Nach einer fünfminütigen Ablenkungsaufgabe sollten die Teilnehmer so viele Verhaltensbeschreibungen wie möglich erinnern und aufschreiben. Es zeigte sich, dass Teilnehmer der Eindrucksbildungsbedingung wesentlich mehr Items erinnerten als Teilnehmer der Lernbedingung.

Analysen des Erinnerungstests ergaben, dass dies darauf zurückzuführen ist, dass Personen in der Eindrucksbildungsbedingung die Verhaltensbeschreibungen zu einem einheitlichen Gesamtbild der Person strukturiert hatten. So gruppierten sie die einzelnen Verhaltensweisen im Sinne von übergeordneten Eigenschaften, beispielsweise „gab eine Party für seine Freunde", „half einer Frau, ihr Fahrrad zu reparieren" als Charakteristika der Person im interpersonalen Bereich, „prüfte einige Bücher aus der Bibliothek", „schrieb einen gut formulierten Brief an einen Abgeordneten" als intellektuelle Merkmale bzw. „joggt jeden morgen vor der Arbeit" als kennzeichnend für die Sportlichkeit der Person. Für den Erinnerungsvorteil in der Eindrucksbildungsbedingung gegenüber der Lernbedingung war diese *Strukturierung* der enkodierten Information entscheidend.

Attributionale Prozesse bei der Beobachtung anderer Personen (Theorie der Kausalattribution)

An der Beurteilung anderer sind jedoch nicht nur assoziative, sondern auch attributionale Prozesse beteiligt, anhand derer wir erschließen, *warum* jemand etwas auf eine bestimmte Art und Weise tut. Denken Sie beispielsweise an einen Prominenten, der eine große Summe Geld an eine Hilfsorganisation spendet. Es liegt der Schluss nahe, dass dieser Prominente ein großzügiger Mensch ist und eine „soziale Ader" hat. Es sind jedoch auch ganz andere Gründe für dieses Verhalten denkbar – vielleicht handelt es sich um eine reine Marketingstrategie, die der Manager dieses Prominenten veranlasst hat, um höhere Einschaltquoten zu erzielen, während der Spender selbst dieser Aktion völlig indifferent gegenübersteht. Wie dieses Beispiel zeigt, ist es für eine akkurate Beurteilung anderer Personen erforderlich, die Gründe für ihr Handeln zu kennen, um so entscheiden zu können, inwieweit das Verhalten für ihren Charakter repräsentativ ist oder nicht. Dies hilft uns wiederum vorherzusagen, wie sich die Person zukünftig verhalten wird. Wie gehen wir vor, wenn wir aus dem Verhalten anderer auf die Gründe für dieses Verhalten und damit auf den Charakter dieser Person schließen wollen? Welche Informationen berücksichtigen wir dabei und wie deuten wir sie?

Antworten auf diese Fragen lassen sich anhand der **Attributionstheorie** geben (Heider, 1958; Kelley 1972). Diese erklärt, wie und weshalb wir andere Menschen je nach der Bedeutung, die wir ihrem Verhalten beimessen, unterschiedlich beurteilen. Das Wort Attribution bedeutet „Ursa-

> **Attributionstheorie**
>
> Personen schreiben dem eigenen oder dem Verhalten anderer entweder
>
> - internale/dispositionale Ursachen (personenbedingt: Charaktermerkmale, Einstellungen)
>
> oder
>
> - externale/situationale Ursachen (situationsbedingt) zu.

chenzuschreibung". Aus Sicht von Fritz Heider (1958), der gerne als „Vater der Attributionstheorie" bezeichnet wird, verhält sich der Mensch wie ein (naiver) Wissenschaftler, der versucht, das Verhalten eines Menschen zu verstehen, indem er Informationen auf eine Weise zusammenfügt und aus diesen schlussfolgert, dass sie einen Sinn ergeben bzw. ein Kausalzusammenhang erkennbar wird.

Wenn wir jemanden beurteilen oder uns sein Verhalten erklären wollen, versuchen wir zu entscheiden, ob sein Verhalten internal oder external verursacht wurde, d. h. ob er aus sich heraus gehandelt hat oder ob die Situation bzw. die Umstände ihn dazu gebracht haben.

- **Internale Gründe** für das Verhalten beziehen sich auf Erklärungen, die die Person selbst verantwortlich machen (Disposition, Persönlichkeit, Einstellungen, Charaktereigenschaften). Wenn beispielsweise ein Student zu spät zu einem Treffen mit seinen Kommilitonen kommt, weil er aus Lustlosigkeit heraus getrödelt hat, oder eine Prüfungsnote schlecht ist, weil der Prüfling sich keine Mühe gegeben hat, dann liegen internale Gründe vor.

- **Externale Gründe** für das Verhalten beziehen sich auf Erklärungen, die die Situation verantwortlich machen, bzw. auf Ursachen, über die die Person keine Kontrolle hat. Solche wären beispielsweise, wenn der Student zu spät kommt, weil er durch einen Verkehrsunfall aufgehalten wurde, oder wenn die Prüfungsnote schlecht ist, weil der Prüfer sich nicht an die angekündigten Themen gehalten hat.

Wie kommt man nun dazu zu entscheiden, ob internale oder externale Ursachen für ein bestimmtes Verhalten vorliegen? Diese Entscheidung hängt von drei Kriterien ab – der Distinktheit, dem Konsensus sowie der Konsistenz (Theorie der Kausalattribution nach Hilton & Slugoski, 1986; Kelley, 1972, 1973; Kelley & Michela, 1980; Orvis et al., 1975, vgl. Tab. 5.1):

> **Theorie der Kausalattribution**
>
> Ob das Verhalten anderer durch internale oder externale Faktoren verursacht wird, lässt sich anhand der Kriterien
>
> - Distinktheit,
>
> - Konsensus,
>
> - Konsistenz
>
> bestimmen.

1. Kriterium „Distinktheit"

Distinktheit bezeichnet das Ausmaß, in dem sich die zu beurteilende Person über verschiedene Situationen hinweg unterschiedlich bzw. gleich verhält. Ist der Student beispielsweise immer und überall unzuverlässig (indem er z. B. vergisst, geliehenes Geld oder ein geborgtes Buch zurückzugeben, den versprochenen Einkauf nicht erledigt o. Ä.), so ist die Distinktheit niedrig: Er verhält sich über alle Situationen hinweg gleich. War sein Zuspätkommen in einem Lerngruppentreffen dagegen einmalig und ungewöhnlich, so liegt eine hohe Distinktheit vor. Eine internale Attribution ist bei niedriger Distinktheit wahrscheinlicher – wenn der Kommilitone immer zu spät kommt, dann liegt das wohl eher an ihm und weniger an den Umständen.

2. Kriterium „Konsensus"

Konsensus bezeichnet das Ausmaß, in dem sich andere Personen in der gleichen Weise verhalten wie die zu beurteilende Person. Sind alle anderen auch zu spät gekommen, so liegt ein hoher Konsensus bezüglich dieses Verhaltens vor (z. B. weil alle durch den Unfall aufgehalten worden waren oder aber in der Lerngruppe die Norm herrscht, dass man zu spät kommen darf). Falls alle anderen pünktlich waren, liegt ein niedriger Konsensus vor, was eher zu einer internalen Attribution führt.

3. Kriterium „Konsistenz"

Konsistenz bezeichnet das Ausmaß, in dem sich die zu beurteilende Person in der gleichen Situation über die Zeit hinweg gleich verhält. Kommt der Kommilitone zu jedem Treffen zu spät, so liegt hohe Konsistenz vor und es wird eher internal attribuiert. Ist er dagegen seit Monaten das erste Mal zu spät dran, so ist die Konsistenz niedrig und man wird die Verspätung eher auf äußere Ursachen zurückführen.

Distinktheit		Konsensus		Konsistenz	
hoch	niedrig	hoch	niedrig	hoch	niedrig
Die Person verhält sich in **anderen** Situationen meist ...		**Andere** Personen verhalten sich in der **gleichen** Situation ...		Die Person verhält sich in der **gleichen** Situation meist ...	
anders	ähnlich	ähnlich	anders	ähnlich	anders

Tab. 5.1: Theorie der Kausalattribution. Das Ausmaß von Distinktheit, Konsensus und Konsistenz ist vom Verhalten der Person in anderen Situationen, im Zeitverlauf und vom Verhalten anderer Personen in der gleichen Situation abhängig.

Gemäß dieser **Theorie der Kausalattribution** integrieren wir o. g. Informationen, um Ursachenzuschreibungen vorzunehmen. Haben wir beobachtet, dass andere Personen es unserer zu beurteilenden Person gleich tun (Konsensus hoch), die Person sich in dieser Situation normalerweise anders verhält (Konsistenz niedrig) und dieses Verhalten auch in anderen Situationen nicht zeigt (Distinktheit hoch), liegt der Schluss nahe, dass ihr Verhalten external verursacht wurde. Verhält sich hingegen keiner der anderen so wie unsere Zielperson (Konsensus niedrig), während die Zielperson sowohl dauernd (Konsistenz hoch) als auch in den unterschiedlichsten Situationen (Distinktheit niedrig) das gleiche Verhalten zeigt, schließen wir auf internale Ursachen.

Um es an einem anderen Beispiel zu veranschaulichen: Stellen Sie sich vor, Sie haben ein Date mit jemandem, den Sie noch nicht sehr lange kennen, und gehen mit ihm gemeinsam essen. Im Lokal beschwert sich Ihr Datingpartner über das Essen und verhält sich gegenüber den Kellnern ziemlich unhöflich. Da sich niemand sonst beschwert (Konsensus niedrig), Ihnen jedoch schon zugetragen wurde, dass Ihr Gegenüber sich auch bei anderen Restaurantbesuchen so aufgeführt habe (Konsistenz hoch), und Sie sie/ihn zudem bereits bei einem der vorhergehenden Treffen als sehr anspruchsvoll erlebt haben (Distinktheit niedrig), würden Sie aus dieser Begebenheit wahrscheinlich schließen, dass er/sie ein schwer zufrieden stellender, kritischer Mensch („Nörgler") ist. Kurzum – Sie würden sein/ihr Verhalten auf internale Gründe zurückführen (und nicht darauf, dass das Essen bzw. das Restaurant schlecht sind; vgl. Abb. 5.2).

Was aber, wenn die gleiche Begebenheit so abgelaufen wäre: Sie hätten gehört, dass Ihr Datingpartner sich bei anderen Essen in diesem Restaurant auch schon mal beschwert habe (Konsistenz hoch), hätten ihn auch noch bei keiner anderen Gelegenheit so kritisch erlebt (Distinktheit hoch) und die anderen Gäste im Restaurant würden sich ebenfalls

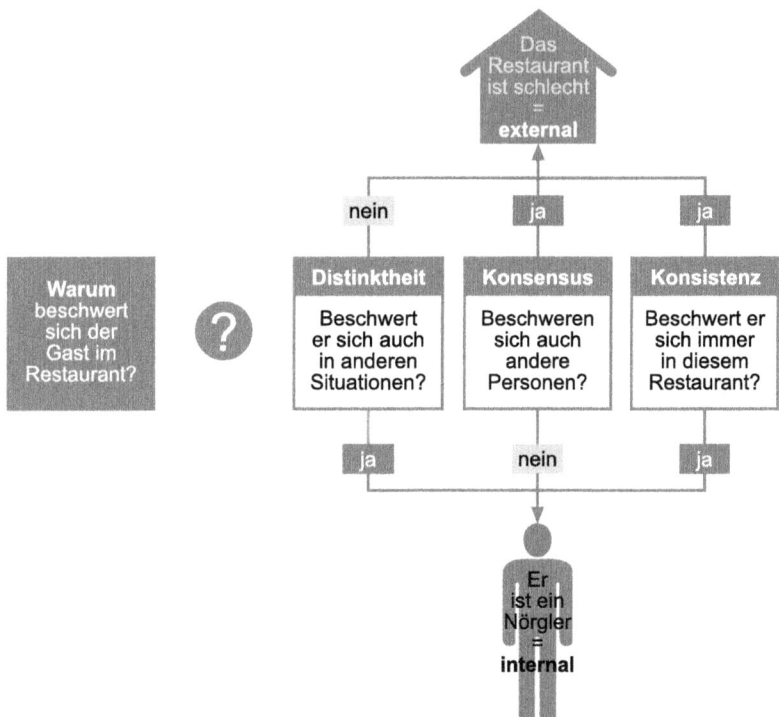

Abb. 5.2: Theorie der Kausalattribution. Internale und externale Attribution hängen von der Einschätzung von Distinktheit, Konsensus und Konsistenz des Verhaltens ab.

darüber beschweren, dass das Essen nicht gut sei (Konsensus hoch). Im Gegensatz zu obigem Fall würden Sie nun wahrscheinlich schließen, dass das Restaurant wirklich schlecht ist und dies der Grund für das Verhalten Ihres Datingpartners war (external; vgl. Abb. 5.2).

Nicht immer liegen uns all diese Informationen vor oder sind so eindeutig wie in den oben beschriebenen Beispielen. Insbesondere Konsensusinformationen – Informationen über die „Basisrate" des fraglichen Verhaltens bei anderen Personen – haben wir nur selten. Selbst wenn sie bekannt sind, werden sie häufig ignoriert (Borgida & Nisbett, 1977). Letzteres ist vor allem dann der Fall, wenn für eine Beurteilung nur begrenzte Ressourcen zur Verfügung stehen – so fehlen uns beispielsweise häufig Zeit und Kapazitäten, um alle Informationen zu berücksichtigen und entsprechend der o. g. Theorie zu integrieren. Um dennoch zu einem Urteil zu gelangen, bedienen wir uns stattdessen verschiedenster Heuristiken oder anderer Faustregeln (vgl. Kapitel 3). Daraus können **fehlerhafte Attributionen** und letztendlich auch fehlerhafte Beurteilungen entstehen. Zu den bekanntesten und grundsätzlichsten gehört der nachfolgend beschriebene *correspondence bias*.

5.2.2   Der *correspondence bias* (Korrespondenzverzerrung) – Verhalten als Indikator für die Disposition einer Person

Wie bereits beschrieben, tendieren Personen ganz allgemein dazu, vom Verhalten einer Person auf deren Charaktermerkmale oder Eigenschaften zu schließen. Da sie dabei das Verhalten anderer Personen als Ausdruck von deren Veranlagung (Disposition) – also als mit deren Persönlichkeit im Zusammenhang stehend oder „korrespondierend" – werten, spricht man auch davon, dass sie eine sog. *korrespondierende Schlussfolgerung* über die Person vornehmen (Gilbert & Malone, 1995; Jones, 1979; Jones & Davis, 1965). Dabei nehmen sie jedoch häufig auch dann an, dass das Verhalten anderer Personen daher rührt, dass diese „eben so sind, wie sie sind", wenn deren Handeln tatsächlich durch situative Einflüsse verursacht wurde (Burger, 1991; Miller & Lawson, 1989; Ross, 1977). Dies wird als *correspondence bias* (Korrespondenzverzerrung) bezeichnet (vgl. Beispielstudie).

Beispielstudie zum **correspondence bias**
Verhalten wird auf Dispositionen der Person zurückgeführt, obwohl situative Einflussfaktoren eigentlich einflussreicher sind.

Ross und Kollegen (1977) ließen ihre Teilnehmer ein Quizspiel machen und wiesen dabei den Teilnehmern zufällig die Rolle des „Fragers", des „Befragten" oder des „Zuschauers" zu. Teilnehmer in der Rolle des Fragers wurden aufgefordert, sich möglichst schwierige Fragen auszudenken, welche die Breite ihres Wissens zum Ausdruck bringen (es wurden von den Teilnehmern z. B. Fragen gewählt wie „Wie heißt das siebte Buch im Alten Testament?" „Welche Küstenlinie ist länger, die in Europa oder die in Afrika?" „Wo ist Bainbridge Island?"[1]). Die Befragten konnten im Schnitt nur etwa 40 % dieser Fragen korrekt beantworten. Anschließend sollten alle Beteiligten das Allgemeinwissen von Fragern und Befragten beurteilen.

Die Ergebnisse zeigten, dass die Frager sowohl von den Befragten als auch von den Zuschauern als belesener und gebildeter eingeschätzt wurden als die Befragten. Obwohl jeder der Beteiligten wusste, dass die Frager die Fragen frei wählen und somit nach ihrem eigenen Wissensstand vorgehen konnten, wurde dieser situative Faktor in adäquatem Maße nur von den Fragern selbst berücksichtigt.

Damit wurde aus der Leistung der beteiligten Personen auf deren Fähigkeiten (Dispositionen) geschlossen und die situativen Einflüsse, die sich aufgrund der Rollenverteilung und Aufgabenstellung ergaben, deutlich unterschätzt.

Wie kommt es zu dieser Unterschätzung situativer bzw. zu einer Überbetonung dispositionaler Faktoren als Ursachen für beobachtetes Verhalten?

Entscheidend dafür sind Ausprägung und Anwendung der sog. *situativen Theorie* des Beobachters. Diese beinhaltet, wie stark jemand allgemein den Einfluss situativer Faktoren auf das Verhalten einschätzt (*Ausprägung* der situativen Theorie) sowie ob bzw. wie er diese Annahmen in der speziellen Beurteilungssituation anwendet (*Anwendung* der situativen Theorie). Für den *correspondence bias* kommen verschiedene Ursachen infrage (Gawronski, 2003, im Druck a,b; für einen Überblick siehe Gawronski, 2004; Gilbert & Malone, 1995 und Abb. 5.3):

Correspondence bias

Tendenz, aus dem Verhalten anderer Personen stabile Persönlichkeitsmerkmale (Dispositionen) zu erschließen, selbst wenn das Verhalten stark durch situative Faktoren bedingt ist.

Ursachen

1. *Fehlen* einer situativen Theorie (auch „fundamentaler Attributionsfehler")

2. *Versäumnis*, eine vorhandene situative Theorie anzuwenden

3. *Bewusste Vernachlässigung* einer vorhandenen situativen Theorie

4. *Verzerrende Anwendung* einer vorhandenen situativen Theorie

1. Fehlen einer situativen Theorie (fundamentaler Attributionsfehler[2])

Der Beobachter hat die Theorie, dass situative im Vergleich zu dispositionalen Faktoren den geringeren Einfluss auf das Verhalten haben. Diese Variante des *correspondence bias*, d. h. die Tendenz, den Einfluss dispositionaler Faktoren auf das Verhalten anderer zu über- und den Einfluss situativer Faktoren zu unterschätzen, wird traditionell *fundamentaler Attributionsfehler* genannt (Ross, 1977; siehe auch Miller et al., 1981, 1990).

---

[1] Die Fragen sind zitiert nach Myers (1996, S. 82). Die Antworten lauten: Das siebte Buch des Alten Testaments ist das Buch der Richter. Obwohl der afrikanische Kontinent mehr als doppelt so groß ist wie Europa, ist Europas Küstenlinie länger. Bainbridge Island liegt westlich von Seattle, USA.

[2] In der Literatur wird der *correspondence bias* oft mit dem fundamentalen Attributionsfehler gleichgesetzt. In Anlehnung an Gawronski (2004, im Druck a,b) sehen wir den fundamentalen Attributionsfehler jedoch als Unterkategorie des *correspondence bias* an.

Beim fundamentalen Attributionsfehler finden sich Kulturunterschiede dahingehend, wie stark die Verzerrung ausgeprägt ist (vgl. Exkurs; Lee et al., 1996; Miller, 1984; Morris & Peng, 1994). Dies legt eine sozialisationsbedingt unterschiedliche Ausprägung der situativen Theorien nahe.

Fundamentaler Attributionsfehler (Variante des *correspondence bias*)

Tendenz, den Einfluss dispositionaler Faktoren auf das Verhalten anderer Personen zu über- und den Einfluss situativer Faktoren zu unterschätzen.

2. Versäumnis, eine vorhandene situative Theorie anzuwenden

Der Beobachter nimmt grundsätzlich an, dass situative Faktoren für das Verhalten bedeutsam sind, versäumt jedoch, dieses Wissen in der spezifischen Situation anzuwenden. Verschiedene Ursachen kommen für dieses Versäumnis infrage: Der Beurteiler nimmt die situativen Einflussfaktoren nicht wahr (weil z. B. seine Aufmerksamkeit nicht darauf gerichtet ist); er ist nicht motiviert oder hat nicht genügend kognitive Ressourcen, um die situative Theorie anzuwenden; er hat das Ziel, sich einen Eindruck von der Persönlichkeit (und nicht von situativen Determinanten) zu bilden.

Exkurs: *Correspondence bias* (fundamentaler Attributionsfehler) im Kulturvergleich

Das Ausmaß internaler und externaler Attributionen unterscheidet sich (sozialisationsbedingt) zwischen den Kulturen: Während individualistische Kulturen wie Westeuropa oder die USA, die die individuelle Freiheit und Unabhängigkeit betonen, internale Erklärungen in deutlich höherem Ausmaß vornehmen (so in Zeitungs- und Sportberichten bereits zu erkennen), betonen kollektivistische Kulturen wie Asien stärker die situativen Faktoren (Lee et al., 1996; Miller, 1984; Morris & Peng, 1994). Auch wenn das Ausmaß variiert, neigen dennoch Angehörige beider Kulturen dazu, das Verhalten einer anderen Person eher internal als external zu attribuieren, d. h. den *correspondence bias* zu begehen.

3. Bewusste Vernachlässigung einer vorhandenen situativen Theorie

Der Beobachter nimmt hier ebenfalls grundsätzlich an, dass situative Faktoren für das Verhalten von Bedeutung sind, zieht dieses Wissen in der spezifischen Situation jedoch *absichtlich* nicht für sein Urteil heran. Dies ist dann der Fall, wenn ein Verhalten – unabhängig davon, in welcher Situation es auftritt – als hoch diagnostisch für die Persönlichkeit angenommen wird.

4. Verzerrende Anwedung der situativen Theorie

Der Beobachter nimmt auch hier grundsätzlich an, dass situative Faktoren für das Verhalten von Bedeutung sind, wendet diese aber in einer Art und Weise an, dass sie zu verstärkt dispositionalen Urteilen führen. Der *correspondence bias* entsteht hier daraus, dass bestimmte Annahmen über situative Einflüsse herangezogen werden, die zu einer Fehlinterpretation des beobachteten Verhaltens führen (Snyder & Frankel, 1976; Trope et al., 1988). Dies kann beispielsweise der Fall sein, wenn die situative Theorie des Beobachters beinhaltet, dass eine bestimmte Situation (z. B. einen Vortrag vor einem Publikum halten zu müssen) angstauslösend ist. Diese Annahme kann dazu führen, dass mehrdeutiges Verhalten der beobachteten Person vermehrt als ängstliches Verhalten wahrgenommen wird. Diese – aufgrund der situativen Theorie – verzerrte Wahrnehmung kann in der Folge die Beurteilung der Person dahingehend beeinflussen, dass sie auch als allgemein ängstlicher Typ eingeschätzt wird. Personen, die eine andere situative Theorie haben, würden hier möglicherweise zu einem anderen Urteil kommen.

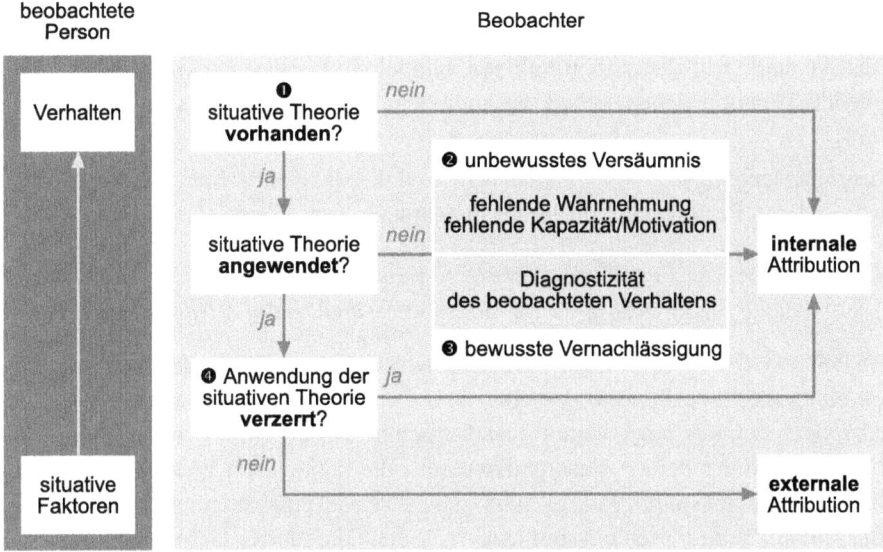

Abb. 5.3: Wird das Verhalten einer beobachteten Person durch situative Faktoren verursacht, besteht beim Beobachter dennoch häufig die Neigung, interne Attributionen für das Verhalten vorzunehmen (*correspondence bias*). Dies kann verschiedene Ursachen haben: Der Beobachter nimmt nicht an, dass situative Ursachen vorliegen (Fehlen einer situativen Theorie, ❶), er hat eine situative Theorie, versäumt jedoch diese anzuwenden (❷), vernachlässigt diese bewusst (❸) oder wendet sie verzerrt an (❹).

All diese Ursachen können – allein oder zu unterschiedlichen Anteilen gemeinsam – dazu führen, dass situative Faktoren als weniger bedeutsam für das Verhalten von Personen wahrgenommen werden, als es tatsächlich der Fall ist. Das Verhalten wird dann fälschlicherweise als bezeichnend für die Persönlichkeit der beobachteten Person angenommen.

Das Ausmaß von Korrespondenzverzerrungen hängt von verschiedenen Faktoren ab, beispielsweise davon, worauf die Aufmerksamkeit des Beobachters aufgrund seines Blickwinkels oder auffälliger Faktoren gerichtet ist, von Motivation und Kapazität des Beobachters, seinen Vorinformationen und der angenommenen Diagnostizität des beobachteten Verhaltens.

- **Blickwinkel**
  Beurteilungssituationen sind häufig sehr komplex, d. h., sie bieten ein Übermaß an potenziell ursächlichen Faktoren. Beobachtung und Interpretation von Verhalten einzelner Personen können unter solchen Umständen äußerst schwierig sein (Fletcher et al., 1990; Gilbert & Malone, 1995; Gilbert et al., 1998). So sind im Alltag häufig Beurteilungen einzelner Personen in einer Gruppensituation gefordert, beispielsweise

in der Schule oder auch bei der Personalauswahl mittels sog. Assessment Center. Das Verhalten wird in diesen Situationen von diversen Faktoren beeinflusst, die uns häufig nicht alle bzw. nicht alle gleichermaßen bewusst sind. Hier kommt es unter anderem dadurch zu einer Überschätzung dispositionaler Faktoren, dass wir vor allem das als ursächlich ansehen, was wir vordringlich wahrnehmen. Da sich die Aufmerksamkeit meist verstärkt auf die zu beurteilende, handelnde Person und weniger auf die umgebende Situation richtet, sehen wir auch eher die *Person* als ursächlich an (Heider, 1958).

Forschungsergebnisse zeigen, dass der Blickwinkel des Beobachters auf die Beurteilung einer anderen Person starken Einfluss haben kann (vgl. Beispielstudie und Abb. 5.4).

***Beispielstudie zur Entstehung des* correspondence bias**
Verschiedene Blickwinkel auf eine Situation verändern die Attribution.

Taylor und Fiske (1975, Exp. 1) führten eine Studie durch, in der sechs Beobachter eine Gesprächssituation zwischen zwei Personen von jeweils unterschiedlichen Sitzpositionen aus betrachteten: Die Teilnehmer saßen entweder rechts oder links hinter einem der beiden Gesprächspartner oder seitlich mit gleichem Abstand zu beiden Gesprächspartnern (vgl. Abb. 5.4). Die Gesprächspartner waren Vertraute der Autoren und führten ein fünfminütiges, standardisiertes Gespräch[3].

Die Ergebnisse zeigten, dass für die Beurteilung der beiden Gesprächspartner ganz entscheidend war, was sich im Blickfeld des Beobachters befand: Beobachter, die hinter einem der beiden Gesprächspartner saßen und damit nur den jeweils anderen Gesprächspartner im Blickfeld hatten, nahmen diesen auch als bestimmend bzw. „ursächlich" für Inhalt und Ton des Gesprächs wahr. Die seitlich sitzenden Beobachter bewerteten die beiden Gesprächspartner dagegen als gleich stark.

Somit wurden die Bewertungen des Geschehens von einem für den Inhalt an und für sich irrelevanten Merkmal – der Sitzposition des Beobachters – beeinflusst. Obwohl alle Beobachter ein und dieselbe Situation beobachteten, kamen sie je nach dem, was ihren Blickwinkel dominierte, zu ganz unterschiedlichen Attributionen.

Der Einfluss des Blickwinkels wurde auch im juristischen Kontext gezeigt: Personen sahen dazu eine Videoaufnahme eines Verhörs, in dem der Verdächtige ein Geständnis ablegte. War die Kamera dabei auf den Verdächtigen fokussiert, beurteilten die Beobachter das Geständnis als glaubhaft. War die Kamera hingegen auf den Polizeibeamten gerichtet, so beurteilten sie das Geständnis eher als erzwungen, d. h. durch den Polizisten „verursacht" (Lassiter & Irvine, 1986). In der Praxis (insbesondere bei

---

[3] Zeitlicher Redeanteil sowie Informationsgehalt und soziale Erwünschtheit der Gesprächsinhalte beider Gesprächspartner waren ausgeglichen, so dass Unterschiede in der Beurteilung der beiden Gesprächspartner nicht auf diese Faktoren zurückgeführt werden konnten.

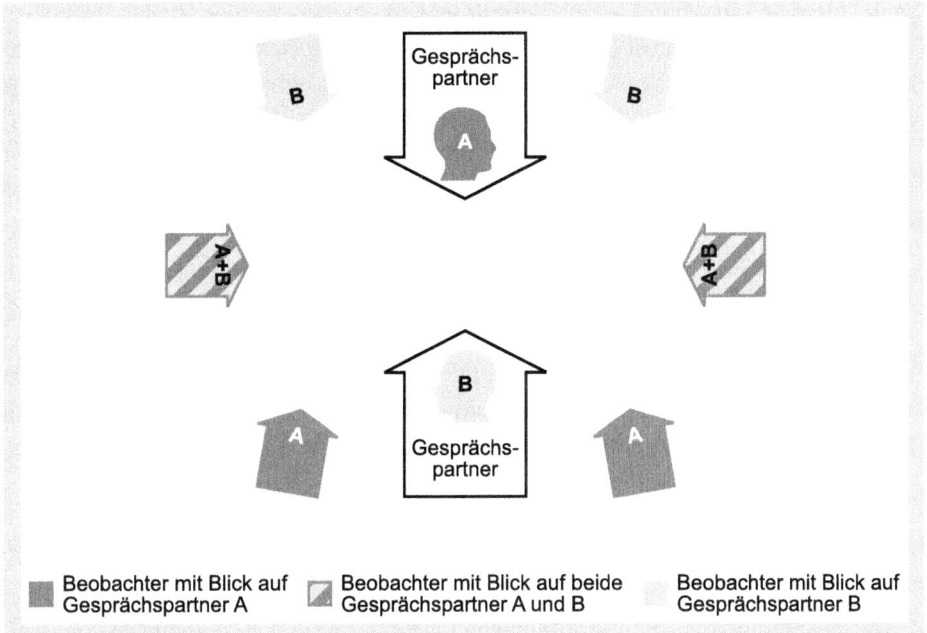

Abb. 5.4: In Abhängigkeit von der Sitzposition des Beobachters wird stets der Gesprächspartner als gesprächsführend wahrgenommen, der sich im Blickfeld des Beobachters befindet (modifiziert nach Taylor & Fiske, 1975, Abb. 1).

Geschworenengerichten in den USA) ist die Kamera bei solchen Aufnahmen meist auf den Angeklagten gerichtet, was zu einer deutlich höheren Verurteilungsrate führt (Lassiter & Dudley, 1991). Es ist anzunehmen, dass eine ausgewogenere, unparteiischere Kameraführung zu anderen Einschätzungen führen würde.

Wie entscheidend die Aufmerksamkeitsrichtung für das Ausmaß internaler und externaler Attributionen ist, zeigt sich deutlich auch daran, dass sich das Verhältnis weitestgehend umdreht, wenn wir nicht nur Beobachter, sondern auch gleichzeitig Akteur sind, d. h. wenn wir Ursachen für unser *eigenes* Verhalten angeben sollen: Hier haben wir nicht die zu beurteilende Person (in diesem Fall uns selbst), sondern die *Situation* im Blickfeld und sehen dann auch vermehrt situative Faktoren als für unser Verhalten ursächlich an. Diese Diskrepanz zwischen Attributionen in Abhängigkeit von der Rolle als Handelnder (Akteur) oder als Beobachter wird als **Akteur-Beobachter-Effekt** bezeichnet (Herzog, 1994; Johnson & Boyd, 1995; Jones & Nisbett, 1972; Nisbett et al., 1973; Watson, 1982). Dieser Unterschied wird hauptsächlich durch eine stärkere Gewichtung situativer Faktoren bewirkt: Auch wenn nahezu gleich

Akteur-Beobachter-Effekt

Tendenz, in Bezug auf das Verhalten anderer Personen dispositionale Ursachen zu überschätzen, während für das eigene Verhalten der Anteil situativer Faktoren überschätzt wird.

- „Ich verhalte mich so, weil die Situation so ist, wie sie ist."
- „Du verhältst Dich so, weil Du so bist, wie Du bist."

viele internale Ursachen für sich wie für andere gesehen werden, finden Akteure für das eigene Verhalten etwa doppelt so viele situative Ursachen wie für das Verhalten anderer (Nisbett et al., 1973; Watson, 1982). Dies liegt unter anderem daran, dass wir über die eigene Person und situative Faktoren, die unser Handeln beeinflussen, mehr Informationen haben. Diese bessere Informationslage ermöglicht insbesondere eine differenziertere Berücksichtigung situativer Bedingungen (Krueger et al., 1996; Malle & Knobe, 1997).

- **Auffälligkeit (Salienz)**
  Worauf unsere Aufmerksamkeit gerichtet ist, hängt jedoch nicht nur vom Blickwinkel ab, sondern sie wird zudem von auffälligen Reizen buchstäblich angezogen. Entsprechend können unter bestimmten Bedingungen beispielsweise auch Hautfarbe oder Kleidung einer Person unsere Aufmerksamkeit auf sich ziehen und in der Folge unsere Beurteilung beeinflussen (Taylor & Fiske, 1975; Taylor et al., 1977; vgl. Beispielstudie).

> **Beispielstudie zum correspondence bias**
> *Die Auffälligkeit einer Person oder ihres Verhaltens führt zu einer Überschätzung dispositionaler Faktoren.*
>
> In einer Studie von Taylor und Kollegen (1977) wurde den Teilnehmern die Aufzeichnung einer Brainstormingsitzung von sechs Personen gezeigt. Für einige Teilnehmer zeigte dieser Film eine Gruppe von Personen gleicher Hautfarbe, ein anderer Teil sah eine Aufzeichnung, bei der einer der Diskussionsteilnehmer von den anderen in der Hautfarbe abwich und dadurch auffiel (hier: ein Schwarzer inmitten einer Gruppe Weißer bzw. ein Weißer inmitten einer Gruppe Schwarzer).
>
> Es zeigte sich, dass ein und dieselbe Person in Abhängigkeit vom Kontext (hier: in einer Gruppe gleich- bzw. andersfarbiger Personen) unterschiedlich eingeschätzt wurde, obwohl sie durch entsprechende Synchronisation genau das Gleiche sagte: Befand sich die Person in einer Gruppe andersfarbiger Personen und fiel dadurch auf, wurde sie als einflussreicher und ihr Anteil an der gesamten Redezeit als größer eingeschätzt, als wenn sie in einer Runde gleichfarbiger Personen zu sehen war.

Diese Ergebnisse wurden in weiteren Studien repliziert, in denen die Auffälligkeit auf subtilere Weise erzeugt wurde, beispielsweise durch das Tragen eines auffällig gemusterten statt eines einfarbig grauen Shirts, im Schaukelstuhl schaukelnd statt ruhig sitzend oder durch das Sitzen unter einem hellen statt unter einem trüben Licht (McArthur & Post, 1977). Das Ergebnis ist immer das gleiche: Auffällige Personen werden als verursachend wahrgenommen, sowohl im positiven wie auch im negativen Sinne.

- **Motivation und Kapazität**

Es wird angenommen, dass Personen Ursachenzuschreibung in zwei Schritten vollziehen: Zunächst gehen sie davon aus, dass das Verhalten einer Person internal bedingt ist. Erst in einem zweiten Schritt stellen sie den Druck der Situation in Rechnung und ziehen diesen Anteil ab. Während der erste Schritt automatisch vollzogen wird, benötigt der zweite mehr Anstrengung und Aufmerksamkeit (Zweistufenprozess der Attribution nach Gilbert, 1989, 1991; Gilbert & Osborne, 1989; Gilbert et al., 1988; Krull, 1993; vgl. Abb. 5.5). Der *correspondence bias* kann demnach auch dadurch zustande kommen, dass Motivation bzw. Kapazität fehlen, um das erste dispositionale Urteil um die situativen Einflüsse zu korrigieren.

Personen stellen im Speziellen dann den Einfluss der Situation in Rechnung, wenn sie be-

Exkurs: Vorsicht reduziert den *correspondence bias*

Der *correspondence bias* kann vermindert auftreten oder sogar völlig verschwinden, wenn der Urteiler besonders vorsichtig vorgeht (Riggs & Gumbrecht, 2005). In der nach dem 11. September 2001 (Bombenattentat auf das World Trade Center in den USA) durchgeführten Studie lasen die Teilnehmer einen pro- oder antiamerikanischen Aufsatz, dessen Autor entweder einen muslimischen oder nicht muslimischen Namen hatte und die vertretene Position entweder freiwillig oder unfreiwillig übernommen hatte (vgl. o. g. Beispielstudie). Ein *correspondence bias* trat nur dann auf, wenn die Teilnehmer nicht von einem muslimischen Namen ausgingen; die Autoren argumentieren, dass die Teilnehmer darauf achteten, nicht voreilig Schlüsse über eine muslimische Zielperson zu ziehen.

wusst eine Beurteilung verlangsamen, wenn sie sorgfältig nachdenken oder aber wenn sie misstrauisch sind – beispielsweise, weil sie annehmen, dass der andere lügt (Fein, 1996; Hilton et al., 1993; vgl. auch Exkurs). Werden Menschen während einer Personenbeurteilung abgelenkt (z. B. durch das Memorieren einer achtstelligen Zahl),

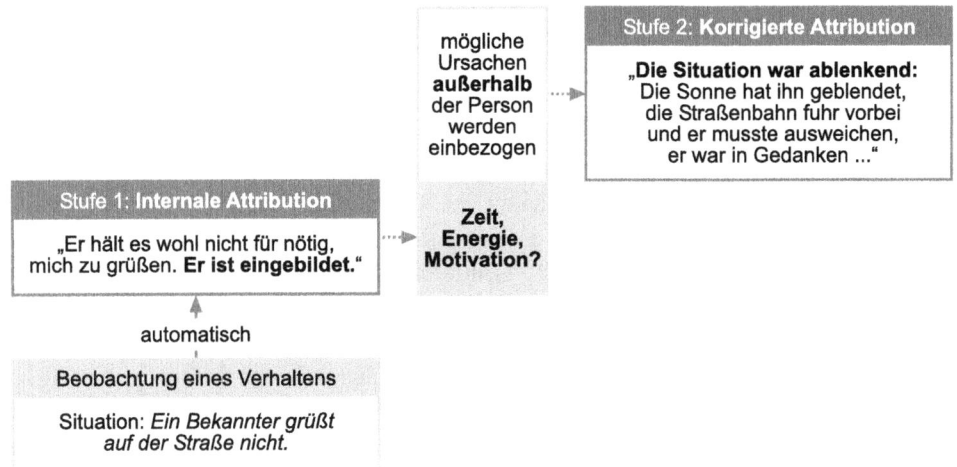

Abb. 5.5: Zweistufenprozess der Attribution: Ein beobachtetes Verhalten wird in einem ersten Schritt automatisch internal attribuiert. Stehen Zeit, Energie und Motivation zur Verfügung, kann es zu einer zweiten Verarbeitungsstufe kommen, auf der die Attribution um mögliche Ursachen außerhalb der beobachteten Person korrigiert wird.

so neigen sie verstärkt zu dispositionalen Attributionen. Sind die situativen Faktoren auffällig (salient) genug, können sie jedoch trotz einer kognitiven Überlastung berücksichtigt werden (Trope & Gaunt, 2000).

- **Verarbeitungsziele**

  Das Ausmaß des *correspondence bias* wird zudem davon beeinflusst, welches Ziel der Beobachter hat, d. h. ob er versucht, sich ein Bild von der Person (dispositionales Ziel) oder von der Situation (situatives Ziel) zu machen. Dies wurde beispielsweise in einer Variation des eingangs berichteten Quizexperiments von Ross und Kollegen (1977) gezeigt. Johnson und Kollegen (1984) ließen ihre Teilnehmer ein ähnliches Quiz beobachten und baten sie im Anschluss um eine Einschätzung des Allgemeinwissens von Frager und Befragten. Zusätzlich sollten die Beobachter noch situative Faktoren beurteilen, indem sie beispielsweise gefragt wurden, wie die Leistung in dem beobachteten Quiz ausgefallen wäre, wenn Frager und Befragter die Rollen tauschen würden. Die Hälfte der Teilnehmer beantwortete die Fragen zur Situation *vor*, die andere Hälfte *nach* dem Quiz. Es zeigte sich, dass der *correspondence bias* von der Abfolge beeinflusst wurde: War die Aufmerksamkeit durch die Fragen *vor* dem Quiz auf die situativen Faktoren gerichtet worden, stellten die Teilnehmer den situativ bedingten Einfluss der Rollenzuteilung in Rechnung und beurteilten die Allgemeinbildung des Befragten besser. Waren die Fragen dagegen erst nach dem Quiz gestellt worden, zeigte sich der *correspondence bias* in vollem Ausmaß.

- **Diagnostizität des beobachteten Verhaltens**

  Urteiler zeigen den *correspondence bias* in verstärktem Maße, wenn sie das beobachtete Verhalten – unabhängig davon, welche situativen Einflüsse vorliegen – als diagnostisch für die Persönlichkeit eines Menschen empfinden. Als von der Situation unabhängiges Verhalten wird beispielsweise unmoralisches bzw. allgemein normabweichendes Verhalten als diagnostisch angesehen (Reeder & Brewer, 1979; Reeder et al., 2002): Wird normkonformes Verhalten gezeigt, so sagt dies wenig über die Person aus – schließlich wird ein solches Verhalten allgemein erwartet und Normabweichung gewöhnlich sanktioniert. Stellen Sie sich hierzu beispielsweise vor, sie beobachteten einen Kunden, wie er ordnungsgemäß an der Kasse seinen Einkauf bezahlt. Würden Sie aus diesem Verhalten schließen, dass es sich um eine Person mit einem besonders guten, ehrlichen Charakter handelt? Vermutlich nicht. Wie sähe es aber aus, wenn Sie beobachteten, wie jemand im Kaufhaus unauffällig eine CD in seiner Jacke verschwinden lässt – vermutlich mit der Absicht, diese zu stehlen. Hier würden Sie vermutlich eher das Gefühl haben, etwas über den Charakter der Person aussagen zu können; sie würden vermutlich darauf schließen, dass es sich um eine allgemein eher unehrliche Person handelt.

  Auch unmoralisches Verhalten kann jedoch durch situative Faktoren bedingt sein, beispielsweise durch eine finanzielle Notsituation oder den Druck der Clique, den eigenen Mut unter Beweis zu stellen. Sehen Urteiler das Verhalten einer Person als diagnostisch an, kann dies dazu führen, dass sie situative Faktoren aus ihrer Beurteilung bewusst ausgrenzen – obwohl diese möglicherweise wesentlich ausschlaggebender für das gezeigte Verhalten waren als dispositionale Faktoren (Gawronski, 2003; vgl. Beispielstudie).

Beispielstudie zum correspondence bias
Erscheint ein Verhalten diagnostisch, werden situative Einflüsse vernachlässigt.

Den Teilnehmern in einer Studie von Jones und Harris (1967) wurde ein Aufsatz über die kubanische Regierung vorgelegt, dessen Inhalt eindeutig pro oder contra Fidel Castro war. Aufgabe der Teilnehmer war es, die persönliche Meinung des Verfassers über Fidel Castro einzuschätzen. Einer Teilnehmergruppe wurde gesagt, dass die im Aufsatz vertretene Position vom Verfasser frei gewählt worden war (so dass die Teilnehmer schließen konnten, dass dieser dessen Meinung widerspiegelte). Der anderen Hälfte der Teilnehmer wurde mitgeteilt, dass der Verfasser aufgefordert worden war, die entsprechende Position zu vertreten, d. h., die Teilnehmer konnten nicht mit Sicherheit davon ausgehen, dass der Verfasser diese Position auch persönlich vertreten würde.

Ungeachtet der Tatsache, ob die Position zugeteilt oder frei gewählt worden war, waren die Teilnehmer in beiden Fällen davon überzeugt, dass der Aufsatz die persönliche Meinung des Verfassers widerspiegelt. Dies zeigt, dass Personen das Verhalten – trotz des Wissens um situative Ursachen – als diagnostisch für die Person ansehen.

Variationen dieser Studie ergaben, dass überzeugend geschriebene Aufsätze ungeachtet der situativen Einflüsse stark korrespondierende Dispositionszuschreibungen hervorrufen (Gawronski, 2003). Wenig überzeugende Aufsätze hingegen führen nur bei angeblicher Wahlfreiheit zu einer dispositionalen Attribution. Offenbar haben wir im Allgemeinen die Theorie, dass überzeugende Argumentationen nur von einer überzeugten Person stammen können oder, anders herum, dass eine Person, die gegen ihre persönliche Meinung argumentieren muss, dies nicht überzeugend tun kann. Argumentiert jemand überzeugend, obwohl ihm das Thema zugewiesen wurde, so neigen wir zu dem Schluss, dass das zugewiesene Thema zufällig auch mit der persönlichen Meinung des Autors übereingestimmt haben muss. Daraus kann eine verzerrte Beurteilung entstehen.

Wie hier dargestellt wurde, kann der *correspondence bias* sowohl *aufgrund* einer Unterschätzung situativer Faktoren (= fundamentaler Attributionsfehler) als auch *trotz* des Wissens um situative Faktoren und deren Beachtung auftreten. Da selbst in dem Fall, dass Beurteilern mitgeteilt wird, welche situativen Zwänge oder Determinanten für ein beobachtetes Verhalten vorliegen, dispositionale Faktoren überschätzt werden, stellt der *correspondence bias* einen sehr robusten Urteilsfehler dar (Jones, 1979; Miller et al., 1981, 1990).

Am stärksten tritt er in Situationen auf, in denen sowohl Konsensus als auch Distinktheit niedrig sind (d. h., die beurteilte Person verhält sich über verschiedene Situation bzw. über die Zeit ähnlich, während sich andere Anwesende anders verhalten; Van Overwalle, 1997). Ebenso ist er dann besonders stark ausgeprägt, wenn wir Verhalten in fernerer Zukunft vorhersagen (z. B. wie sich ein Kommilitone in mehreren Jahren nach Ende seines Studiums verhalten wird; Nussbaum et al., 2003). Dies liegt daran, dass wir im Fall weit entfernter Zeiten eher dazu neigen, globalere Eigenschaften heranzuziehen, und dabei mögliche äußere Umstände vernachlässigen.

Im Umgang mit anderen kann der *correspondence bias* zu gravierenden Konsequenzen führen, im Speziellen wenn wir für negative Ereignisse situative Umstände übersehen und stattdessen einzelne Menschen persönlich verantwortlich machen (Greenberg & Baron, 2000, S. 60). So geben wir bei Verkehrsunfällen eher dem Fahrer die Schuld und vernachlässigen die Wetter- und Straßenbedingungen. Verringerte Verkaufszahlen werden zudem womöglich leicht auf mangelnde Anstrengung des Verkäufers anstatt auf die wirtschaftlich schwierige Lage zurückgeführt. Die Schulprobleme von Kindern führen wir auf deren geringe Begabung oder schlechte Erziehung zurück und weniger auf die Situation in der Schule (wie z. B. zu große Schulklassen oder das Fehlen einer kompetenten Hausaufgabenbetreuung).

5.2.3   Zusammenfassung

Das Verhalten anderer Personen dient uns als Information, um auf deren Eigenschaften zu schließen (Carlston & Skowronski, 1994). Dies erfolgt zum einen *assoziativ*, zum anderen *attributional*, d. h. durch Ursachenzuschreibung (aus dem Verhalten einer Person werden korrespondierende Schlussfolgerungen über ihre Charaktereigenschaften gezogen). Fehleinschätzungen resultieren häufig daraus, dass beobachtbare Merkmale herangezogen werden, die für die zu beurteilenden Dimensionen eigentlich irrelevant sind, sowie dass bei der Beurteilung von Verhalten situative Gegebenheiten unterschätzt, vergessen oder gezielt zurückgewiesen und damit letztendlich dispositionale Faktoren überschätzt werden (*correspondence bias*).

Merkmale der Situation können die Beurteilung anderer Personen stark beeinflussen, und das selbst dann, wenn sie für den zu beurteilenden Inhalt völlig irrelevant sind. So sollte die Beurteilung einer anderen Person nicht davon abhängen, aus welchem Blickwinkel sie beobachtet wird oder wie äußerlich auffällig sie in der Situation erscheint. Wie aber dargestellt wurde, ist dies durchaus der Fall.

Schließlich kann die Einschätzung anderer Personen auch durch Faktoren innerhalb der Person des Beurteilers verzerrt werden, beispielsweise durch bestimmte Vorannahmen.

Auf diesen Einfluss von Erwartungen und weiteren Merkmalen des Beurteilers wird im nächsten Abschnitt eingegangen.

5.3 Einflüsse von Voreinstellungen des Beurteilers auf die soziale Wahrnehmung

Wie wir gesehen haben, bilden wir bei der Wahrnehmung anderer Personen nicht einfach einen Eindruck aus der Summe aller uns zur Verfügung stehenden Informationen, sondern betonen bestimmte Informationen und schließen aus ihrem Verhalten eher auf dispositionale als auf situative Ursachen. Was wir wahrnehmen und wie wir das Wahrgenommene weiterverarbeiten, hängt neben den Merkmalen der zu beurteilenden Person und dem, was wir aus ihrem Verhalten schlussfolgern, ganz entscheidend auch von unseren eigenen Voreinstellungen oder auch Bedürfnissen (vgl. Exkurs) ab. Diese können sich ergeben aufgrund des *ersten Eindrucks* (vgl. Abschnitt 5.3.1), der *Verfügbarkeit bestimmter Konzepte* (vgl. Abschnitt 5.3.2), des *Kontexts*, in dem wir uns bewegen bzw. in dem der zu Beurteilende sich bewegt (vgl. Abschnitt 5.3.3), sowie aus unseren persönlichen *Annahmen* (vgl. Abschnitt 5.3.4).

5.3.1 Der erste Eindruck

„Der erste Eindruck zählt", sagt eine Volksweisheit und hat damit gar nicht so Unrecht: Durch den ersten Eindruck wird in uns eine bestimmte Erwartung über eine andere Person geweckt. Sobald diese Erwartung besteht, „färbt" sie unsere Wahrnehmung und unsere Urteile. Diese Prägung wird **first impression error** genannt (Dougherty et al., 1994).

Dass unsere Beurteilungen vom ersten Eindruck, den wir von einer Person haben, geprägt sind, kann sich negativ auswirken, wenn sich beispielsweise die Leistung eines Schülers verbessert, der Lehrer dies aber nicht wahrnimmt, weil sein erster Eindruck ein negativer war. Umgekehrt gilt dies ebenso, wenn plötzliche Leistungsverschlechterungen nicht bemerkt werden, da ein positiver erster Eindruck des Schülers vor-

---

Exkurs: Einfluss von Bedürfnissen auf die Wahrnehmung

Auch Bedürfnisse einer Person können dazu führen, dass sich ihre Wahrnehmung verändert – und das sowohl situativ als auch chronisch.

Beispielsweise beurteilen Personen, die Hunger haben, mehrdeutige Bilder als Bilder von Nahrungsmitteln, während gesättigte Personen dies nicht tun (McClelland & Atkinson, 1948). Das ungestillte Bedürfnis „Hunger" führt hier zu einer Kategorienerweiterung, dass mehr Reize als potenzielle Nahrungsmittel wahrgenommen werden.

Im Bereich der Personenwahrnehmung führen eigene (ungestillte) Bedürfnisse, wie beispielsweise das Bedürfnis nach Zugehörigkeit (*need to belong*; Baumeister & Leary, 2000; Carvallo & Pelham, 2006), dazu, dass Bedürftige zwischenmenschlichen Reizen mehr Aufmerksamkeit zuwenden und sensitiver für diese sind; bei chronischem Bedürfnis haben sie auch höhere soziale Fertigkeiten entwickelt, um so ihr Bedürfnis besser bedienen zu können (Picket et al., 2004).

First impression error

Tendenz, unsere Beurteilungen anderer Personen auf unseren ersten Eindruck von ihnen zu basieren.

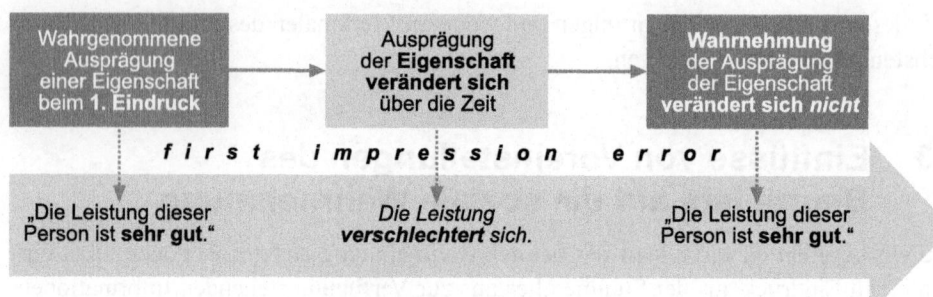

Abb. 5.6: Nach einem ersten guten Eindruck führt beispielsweise eine spätere Leistungsverschlechterung nicht zu einem schlechten Urteil. Der Beurteiler unterliegt dem *first impression error*.

lag (vgl. Abb. 5.6). Somit kann der erste Eindruck unter Umständen einflussreicher für unsere Beurteilung sein als das aktuell tatsächlich gezeigte Verhalten.

Diese Verzerrung der Beurteilung bezieht sich aber nicht nur auf ähnliche Aspekte (wie z. B. verschiedene Schulleistungen), sondern wird sogar auf andere Eigenschaften der Person übertragen (z. B. von der Schulleistung auf die soziale Kompetenz) – je positiver wir jemanden hinsichtlich einer Eigenschaft wahrnehmen, desto wahrscheinlicher ist es, dass wir ihn auch in Bezug auf andere Eigenschaften positiver wahrnehmen. Dieses Phänomen wird als **Halo[4]-Effekt** bezeichnet. Eine hervorstechende Eigenschaft bzw. ein positiver Gesamteindruck prägt, wie konsistent positiv (oder negativ) jemand wahrgenommen wird: Haben wir erst einmal einen positiven Eindruck von jemandem gewonnen, dann neigen wir dazu, auch andere Aspekte an ihm positiv wahrzunehmen (Murphy et al., 1993; Nisbett & Wilson, 1977b; Thorndike, 1920; vgl. Abb. 5.7).

Dem Halo-Effekt liegt zugrunde, dass wir danach streben, uns einen Gesamteindruck von einer Person zu verschaffen – ähnlich wie bei einem Gemälde, bei dem wir in der Regel auch das Gesamtbild und nicht so sehr jede Einzelheit beurteilen. Sollen wir nun einzelne Aspekte bewerten, so tun wir dies nicht unabhängig vom Gesamteindruck, sondern ziehen diesen als Information heran. So vorzugehen ist durchaus sinnvoll, denn gerade bei uns noch unbekannten Personen können wir nicht erst alles über die Person in Erfahrung bringen, sondern müssen uns rasch einen ersten Eindruck verschaffen, auf dessen Basis wir handeln können (z. B. um zu entscheiden, wie wir uns der Person gegenüber verhalten sollen).

Halo-Effekt

Der Gesamteindruck, den eine Person auf andere macht, wird durch ein einzelnes positives Merkmal, wie beispielsweise ihre Attraktivität, dominiert.

Doch können hieraus auch Fehlbeurteilungen resultieren, insbesondere wenn die verschiedenen Aspekte unabhängig voneinander sind (vgl. Beispielstudie). Das ist beispielsweise bei der zu Beginn des Kapitels erwähnten physischen At-

---

[4] Der Begriff *halo* ist englisch und bedeutet so viel wie „Heiligenschein" bzw. „Hof" (von Planeten).

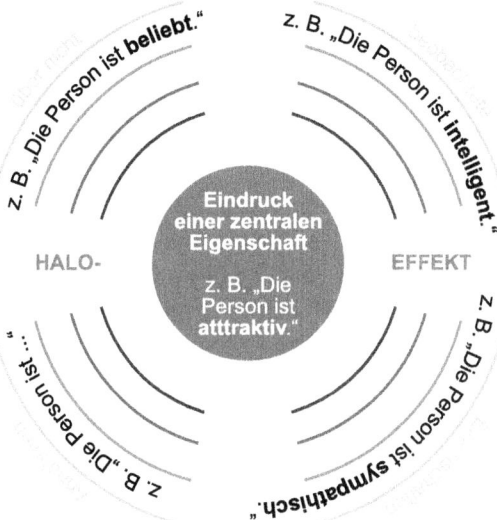

Abb. 5.7: Halo-Effekt: Der Eindruck einer zentralen Eigenschaft (z. B. Attraktivität) führt dazu, dass auch nicht beobachtete Eigenschaften konsistent eingeschätzt werden (z. B. Intelligenz, Beliebtheit, Sympathie); die zentrale Eigenschaft strahlt sozusagen auf andere Einschätzungen aus.

traktivität und Intelligenz so: Attraktive Menschen werden in aller Regel als intelligenter eingeschätzt, obwohl beide Merkmale nicht notwendigerweise zusammen auftreten müssen (vgl. Abschnitt 5.1).

Beispielstudie zum Halo-Effekt
Eine einzelne, aber zentrale Eigenschaft überstrahlt andere Eigenschaften und beeinflusst so den Gesamteindruck von einer Person.

In einer Studie von Asch (1946) erhielten die Teilnehmer eine Liste mit Eigenschaften einer Person und wurden aufgefordert, diese Person zu beurteilen. Die Hälfte der Teilnehmer erhielt die erste, die andere Hälfte die zweite der nachfolgenden Listen, die sich nur in einem Eigenschaftswort unterschieden:

1) intelligent – fähig – fleißig – warmherzig – entschlossen – praktisch – vorsichtig

2) intelligent – fähig – fleißig – kühl – entschlossen – praktisch – vorsichtig

Im Vergleich zur zweiten Bedingung wurde die Person in der ersten Bedingung als weiser, humorvoller, beliebter, fantasievoller u. Ä. eingeschätzt. Die Ergebnisse zeigen, dass sich Personen in ihrer Beurteilung verschiedenster Dimensionen von einer einzigen Eigenschaft (hier: *warmherzig* vs. *kühl*) beeinflussen lassen.

Sind Studierende aufgefordert, ihre Dozenten zu beurteilen, kann der Halo-Effekt dazu beitragen, dass aufgrund einer besonders hervorstechenden Eigenschaft ein entsprechend gefärbter Gesamteindruck entsteht. Möglicherweise wird bei objektiv gleicher fachlicher Kompetenz ein Dozent aufgrund seiner Begeisterungsfähigkeit als kompetenter eingeschätzt als sein weniger mitreißender Kollege. Ebenso kann ein hervorstechendes Merkmal eines Schülers den Lehrer auf andere, nicht direkt beobachtbare Merkmale schließen lassen (z. B. „Wer sich so gut ausdrücken kann, kann auch klar denken", „Wer in Mathematik gut ist, kann auch Latein"). In Organisationen tritt der Halo-Effekt beispielsweise dann auf, wenn Höhergestellte die Leistung Untergebener anhand eines vorgegebenen Beurteilungsbogens bewerten sollen. Die Bewertungen auf den einzelnen Skalen korrelieren dabei meist erstaunlich hoch. Dies deutet darauf, dass Urteiler aus ihrer positiven (bzw. negativen) Beurteilung ihres Untergebenen in einem speziellen Bereich oder bezüglich einer bestimmten Eigenschaft schließen, dass er auch in den anderen Bereichen – über die sie möglicherweise bisher nicht so konkret nachgedacht haben – gut ist (Greenberg & Baron, 2000, S. 60).

Somit beeinflusst der erste Eindruck unsere nachfolgenden Beurteilungen, indem er in der Folge zu einer veränderten Wahrnehmung führt.

5.3.2   Die Verfügbarkeit bestimmter Konzepte

Auch unabhängig von den Merkmalen des Gegenübers können bestimmte Eigenschaften *verfügbarer* sein und auf diese Weise unsere Personenwahrnehmung beeinflussen (Higgins et al., 1982). Der Einfluss von Verfügbarkeit kommt insbesondere dann zum Tragen, wenn eine Information nicht systematisch-gründlich, sondern schnell und oberflächlich, d. h. beispielsweise mithilfe von Faustregeln verarbeitet wird (vgl. Abschnitt 3.2).

Diese Verfügbarkeit kann chronisch bei der Person des Beurteilers vorliegen (d. h., es sind die Eigenschaften chronisch verfügbar, die für jemanden bei sich selbst oder anderen grundsätzlich sehr relevant sind, z. B. „Diszipliniertheit" oder „Ehrlichkeit") oder durch spezifische Merkmale der Situation bewirkt sein, beispielsweise weil man erst *kürzlich* oder *häufig* mit der Eigenschaft konfrontiert wurde.

Chronische Verfügbarkeit schlägt sich (und das bereits bei Kindern) darin nieder, dass ein Urteiler zur Beurteilung anderer Personen meist die gleichen (bei ihm chronisch verfügbaren) Attribute heranzieht. Auf diese Weise kann ein und dieselbe Person von verschiedenen Urteilern aufgrund deren jeweils chronisch verfügbaren Kriterien sehr anders beurteilt werden (Dornbusch et al., 1965). Selbst bei vorgegebenen Beurteilungskriterien gewichten Urteiler diejenigen Kriterien, die bei ihnen selbst ohnehin verfügbarer sind, als doppelt so bedeutsam (Higgins et al., 1982). Beispielsweise wird ein Psychologe bei der Beurteilung einer mündlichen Prüfungsleistung sicherlich Aspekte sozialer Kompetenz stärker gewichten als ein Mathematiker.

Was bewirken verfügbare Konzepte bei der Personenbeurteilung? Zum einen eine Aufmerksamkeitslenkung, zum anderen Assimilation bzw. Kontrast.

- **Aufmerksamkeitslenkung**
  Sowohl bei der Beurteilung einer einzelnen Person als auch bei der Wahl zwischen zwei Personen zeigt sich, dass sich Urteiler zuvor aktivierten Konzepten/Eigenschaften verstärkt zuwenden, diese beispielsweise besser erinnern oder – bei der Wahl zwischen zwei Personen – eine zu den verfügbaren positiven Eigenschaften passende Person präferieren (Sherman et al., 1990). Männer, die gerade einen Pornofilm gesehen haben, erinnern nach einem Gespräch beispielsweise vor allem die physischen Merkmale ihrer Gesprächspartnerin und nicht den Inhalt des Gesprächs (McKenzie-Mohr & Zanna, 1990).[5]

- **Assimilation und Kontrast**
  Verfügbare Eigenschaften können einerseits in die Eindrucksbildung integriert werden, so dass Personenbeurteilungen in Richtung der voraktivierten Inhalte verschoben werden (Assimilation; Higgins et al., 1977). Beispielsweise beurteilen Personen, bei denen zuvor aggressive Sportarten (wie Boxen) aktiviert wurden, eine mehrdeutige Person als feindseliger, als wenn zuvor nicht aggressive Sportarten (wie Golfspielen) aktiviert worden waren (Wann & Branscombe, 1990). Die mit dem Sportbegriff assoziierte Kategorie „Aggression" beeinflusste die Personenwahrnehmung hier im Sinne einer Assimilation. Verfügbare Konzepte können andererseits auch als Vergleichsstandard herangezogen werden, an dem die Person gemessen wird (Herr et al., 1983), oder sie können zur Korrektur der Beurteilung verwendet werden (Martin, 1986); in den letzten beiden Fällen resultiert eher ein der verfügbaren Eigenschaft entgegengesetzter Eindruck (Kontrast; für einen Überblick zu Assimilation und Kontrast vgl. DeCoster & Claypool, 2004; Mussweiler, 2003).

Ob und wie sich eine erhöhte Verfügbarkeit bestimmter Informationen auf die Beurteilung anderer Personen auswirkt, wird unter anderem davon beeinflusst, ob die Inhalte auf die Beurteilung anwendbar sind und ob zusätzlich weitere Konzepte aktiviert werden:

- **Anwendbarkeit**
  Um unsere Beurteilungen zu beeinflussen, ist die reine Valenz einer Eigenschaft nicht ausreichend, sondern die Eigenschaft muss darüber hinaus auch auf den konkreten Urteilsgegenstand *anwendbar* sein (Higgins et al., 1977; Srull & Wyer, 1979; vgl. Beispielstudie).

---

[5] Dies gilt nur für Männer, die zu geschlechtsschematischer/stereotypkonformer Informationsverarbeitung neigen.

Beispielstudie zur Verfügbarkeit von Konzepten
Verfügbare Eigenschaften beeinflussen Urteile nur dann, wenn sie auf die Zielperson anwendbar sind.

Higgins und Kollegen (1977) machten durch sog. Priming bei ihren Teilnehmern verschiedene Eigenschaften (z. B. *risikobereit*, *selbstsicher*, *gehorsam*) verfügbar. Anschließend – in einer angeblich unabhängigen zweiten Studie – lasen sie eine Beschreibung einer Zielperson namens Donald, die hinsichtlich der Eigenschaften Mut und Waghalsigkeit mehrdeutig war. Diese Person sollten sie im Anschluss beurteilen.

Die Ergebnisse zeigten, dass die Beurteilungen von Donald nur dann vom vorhergehenden Priming beeinflusst waren, wenn die Eigenschaften auf dessen Beschreibung anwendbar waren (z. B. *risikobereit*); nicht aber, wenn sie keinen Bezug zu der Beschreibung hatten und damit nicht anwendbar waren (z. B *gehorsam*).

- **Aktivierung weiterer assoziierter Konzepte**

  Des Weiteren verändern verfügbare Konzepte nicht nur auf direktem Wege unsere Wahrnehmung und Beurteilung, sondern können sich *auch indirekt* darauf auswirken, indem die Aktivierung eines Konzepts ein weiteres Konzept mitaktiviert. War in einer vorhergehenden Aufgabe bei Männern das Konzept „Macht" aktiviert worden, so beurteilten sie anschließend eine Frau als attraktiver als ohne vorhergehendes Priming.[6] Dies zeigt, dass eine automatische Assoziation zwischen den Konzepten Macht und sexueller Attraktivität besteht (Bargh et al., 1995).

  Prominentestes Beispiel des Zusammenspiels zweier aktivierter Konzepte auf die Personenwahrnehmung ist der sog. *sex→aggression link*, demzufolge das Aktivieren des Konzepts „Sex" (durch Priming) bei Männern aggressives Verhalten erleichtert (Mussweiler & Förster, 2000). Verfügbare Konzepte können sich nicht nur auf die Beurteilung, sondern in der Folge auch auf unser *Verhalten* gegenüber der anderen Person auswirken (vgl. Beispielstudien).

Beispielstudien zur Verfügbarkeit von Konzepten
Die Aktivierung des sex→aggression link *beeinflusst Wahrnehmung und Verhalten.*

Mussweiler und Förster (2000) aktivierten bei ihren Teilnehmern anhand eines Worträtsels das Konzept „Sex". Während bei männlichen Teilnehmern dadurch in den nachfolgenden Aufgaben aggressives Verhalten erleichtert wurde und sie sich anschließend Frauen (aber nicht Männern) gegenüber aggressiver verhielten, hatte es für Frauen keine Verhaltenskonsequenzen. Dies zeigt, dass der *sex→aggression*

---

[6] Dieser automatische Zusammenhang zwischen den Konzepten Macht und sexueller Attraktivität trat jedoch nur bei jenen Männern auf, die gemäß eines Fragebogenmaßes eine höhere sexuelle Aggression aufwiesen.

link nicht allgemein gültig ist, sondern spezifisch für *männliche Urteiler* und nur *gegenüber weiblichen Zielpersonen* auftritt.

Verfügbare Gedanken beeinflussen Urteile und Verhalten.

Rudman und Borgida (1995) zeigten ihren männlichen Teilnehmern eine Reihe von Fernsehwerbespots, beispielsweise für Bier oder Autos. Während die eine Teilnehmergruppe Spots mit erotisch dargestellten Frauen sah, wurden der anderen Gruppe Spots gezeigt, die keine sexuell getönten Bilder verwendeten. Anschließend wurden die Teilnehmer gebeten, ein Bewerbungsgespräch mit einer Studentin durchzuführen, welche sich angeblich als wissenschaftliche Hilfskraft beworben hat (tatsächlich war sie eine Vertraute der Autoren).

In anschließenden Fragebögen konnten Teilnehmer, die zuvor Werbespots mit erotischem Beiwerk gesehen hatten, zwar mehr über das Aussehen der Bewerberin, allerdings weniger über die von ihr vorgebrachten Inhalte berichten. Darüber hinaus beurteilten sie sie zwar als freundlicher als Teilnehmer der anderen Gruppe, aber zugleich als weniger kompetent für ihren Job.

Beobachtungen zeigten zudem, dass diejenigen Teilnehmer, die die erotisch getönten Werbespots gesehen hatten, sich näher an die Bewerberin setzten, ihr persönlichere und unangemessenere Fragen stellten als jene, die einen neutralen Spot gesehen hatten. Schließlich gab die Bewerberin (die nicht wusste, welche Werbespots ihr jeweiliges Gegenüber gesehen hatte) an, sich von jenen, die die sexuell getönten Spots gesehen hatten, stärker sexuell wahrgenommen und beurteilt gefühlt zu haben.

Diese Ergebnisse demonstrieren, dass das Konzept „erotische Frauen" bereits durch Fernsehwerbespots aktivierbar ist und es infolge die Beurteilungen sowie das Verhalten von Männern gegenüber Frauen beeinflusst.

5.3.3 Der Kontext

Auch der Kontext beeinflusst, was wir wahrnehmen: Um dies zu veranschaulichen, lesen Sie doch einmal die waagrechte und die senkrechte Reihe im linken Teil der nachfolgenden Abbildung 5.8 und betrachten Sie die Wortpyramide im rechten Teil:

Was haben Sie als mittleres Zeichen im linken Teil der Abbildung gelesen? In der waagrechten Reihe vermutlich ein „B", in der senkrechten vermutlich eine „13". Doch handelt es sich in beiden Reihen um ein und dasselbe Zeichen, welches lediglich je nach Kontext unterschiedlich interpretiert wird: Während der Kontext „Buchstaben" der waagrechten Reihe nahelegt, dass es sich um den Anfang des Alphabets und damit um einen *Buchstaben* handelt, legt der Kontext „Zahlen" der senkrechten Reihe hingegen nahe, dass es

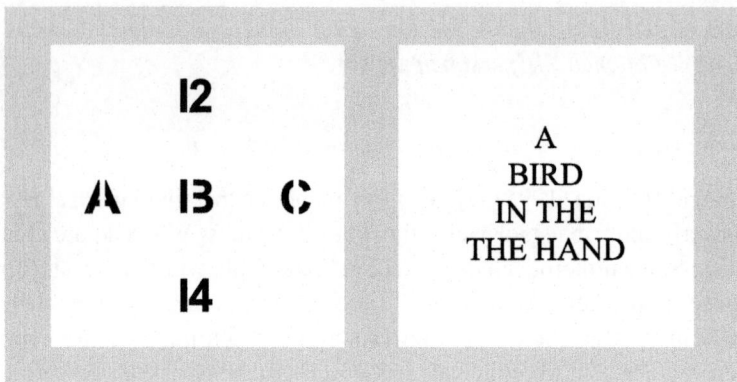

Abb. 5.8: Je nach Kontext fällt die Wahrnehmung unterschiedlich aus. Im linken Teil der Abbildung wird das mittlere Zeichen in der waagrechten Reihe als Buchstabe, in der senkrechten als Zahl interpretiert (aus Becker-Carus, 2003, Abb. 4.22), im rechten Teil der Abbildung wird ein ganzes Wort übersehen.

sich um die Zahlenfolge 12 – 13 – 14 und damit um eine *Zahl* handelt. Bereits der situative Rahmen kann sich darauf auswirken, was wir wahrzunehmen erwarten, und damit unsere Wahrnehmung beeinflussen.

Was haben Sie im rechten Teil der Abbildung bemerkt? Haben Sie *A bird in the hand* gelesen? Haben Sie dabei das zweite *the* gesehen? Die meisten Personen sehen es nicht. Das zweite *the* wird überlesen, da es inhaltlich keinen Sinn ergibt. Auch dieses simple Beispiel zeigt, dass unsere Wahrnehmung durch das, was wir als sinnvoll erachten oder erwarten, beeinflusst wird.

Eine solche Veränderung der Wahrnehmung durch den Kontext findet sich auch bezogen auf den allgemeinen persönlichen Hintergrund: Beurteiler nehmen jene Aspekte, die ihrem eigenen Hintergrund entsprechen, bevorzugt wahr (vgl. Beispielstudie).

Beispielstudie zum Einfluss des Kontexts
Beurteilungen erfolgen selektiv gemäß dem eigenen persönlichen Hintergrund.

Dearborn und Simon (1958) baten Manager einer Unternehmensführung, einen umfassenden Bericht über ein Stahlunternehmen zu lesen und das ihrer Meinung nach wichtigste Problem des darin beschriebenen Unternehmens anzugeben. In ihrem realen Berufsalltag waren diese Manager für unterschiedliche Bereiche zuständig, beispielsweise für den Verkauf, die Produktion oder die Buchhaltung. Es zeigte sich, dass 83 % der Verkaufsmanager (aber nur 29 % der Manager aus anderen Bereichen) die Verkäufe als wichtigstes Problemfeld einstuften.

Damit nahmen die Teilnehmer selektiv die Aspekte der Unternehmenssituation als entscheidend wahr, die sich spezifisch auf die Tätigkeiten und Ziele ihres eigenen Aufgabengebiets bezogen.

Diese Beispiele zeigen, dass unsere Wahrnehmung allgemein vom Kontext beeinflusst wird. Dies zeigt sich auch bei der Wahrnehmung bzw. Beurteilung von Personen. Der Kontext, in dem sich jemand bewegt, kann Erwartungen hervorrufen, welche wiederum unsere Wahrnehmung beeinflussen (vgl. Beispielstudie).

Beispielstudie zum Einfluss von Erwartungen
Beurteilungen erfolgen selektiv gemäß den eigenen stereotypen Annahmen und werden nicht mehr infrage gestellt.

Rosenhan (1973) schickte acht seiner Mitarbeiter, die klinisch unauffällig, d. h. psychisch gesund, waren, in zwölf verschiedene Kliniken. Dort behaupteten sie, nicht existierende Stimmen zu hören. Alle wurden daraufhin in die Psychiatrie eingewiesen. Ab dem Zeitpunkt ihrer Einweisung verhielten sie sich völlig normal und gesund. Außer dem „Stimmenhören" zum Zeitpunkt ihrer Einweisung sagten sie nichts Auffälliges oder auf eine Erkrankung Hindeutendes. In den Arztgesprächen beantworteten sie alle Fragen wahrheitsgemäß mit ihrem persönlichen Lebenshintergrund (außer ihrer Mitarbeit in der aktuellen Studie). Bis auf einen wurde bei allen eine schizophrene Erkrankung diagnostiziert. In den folgenden durchschnittlich 19-tägigen Klinikaufenthalten wurde keine dieser Personen als Simulant entlarvt.

Warum bemerkte das Klinikpersonal nicht, dass diese Patienten nicht krank waren? Interessanterweise hatten andere Patienten durchaus bemerkt, dass sie gesund waren. Der Kontext „Klinik" sowie der berufliche Hintergrund bewirkten, dass das Klinikpersonal erwartete, dass Menschen, die in eine Klinik kommen bzw. sich dort aufhalten, „krank" sind, und selektiv das sah, was diese Erwartung bestätigte, ohne diese Annahme infrage zu stellen.

Wie wir hier gesehen haben, kann der Kontext eine Annahme oder Erwartung auslösen, welche dann unsere soziale Wahrnehmung beeinflusst. Erwartungen können jedoch nicht nur situativ erzeugt, sondern ebenso vom Urteiler selbst mit eingebracht werden, d. h. in der Person „chronisch" vorhanden sein. Dies wird nachfolgend beschrieben.

5.3.4 Der Einfluss persönlicher Annahmen/Erwartungen

Menschen kommen häufig zu ganz unterschiedlichen Einschätzungen ein und derselben Sache, da sie ihre jeweiligen Erwartungen und Annahmen mit einbringen und auf Basis dieser Vorannahmen eine Situation bzw. Person wahrnehmen. Viele dieser Erwartungen werden aufgrund von bisherigen Erfahrungen aufgebaut, andere entstehen aufgrund unserer grundsätzlichen Neigungen oder Einstellungen. Vorannahmen erleichtern uns beispielsweise das Enkodieren und Interpretieren von Informationen sowie Verhaltensentscheidungen (vgl. Kapitel 2) und sind deshalb – gerade unter Zeitdruck, Ablenkung oder geringer Motivation – für uns unerlässlich. Doch können sie gleichzeitig bewirken, dass von der Erwartung abweichende Informationen nicht wahrgenommen bzw. unzureichend berücksichtigt werden. Auf diese Weise kann es zu gravierenden Fehleinschätzungen von Situationen oder Personen kommen.

Der Einfluss persönlicher Annahmen auf Personenbeurteilungen wurde in den verschiedensten Bereichen nachgewiesen:

- **Annahmen über Reihenfolgen**
  Vorannahmen über andere können sich aus Kontextinformationen und Annahmen über dazugehörige Zusammenhänge ergeben: So werden Turner eines Teams in Abhängigkeit von ihrer Startposition (und unter Vernachlässigung ihrer tatsächlichen, aktuellen Leistung) unterschiedlich bewertet. Da die besten Turner meist als Letzte ihres Teams an den Start gehen, haben die Kampfrichter bezüglich der Startreihenfolge innerhalb eines Teams eine Erwartung ausgebildet. Der gleiche Turner wird demzufolge besser beurteilt, wenn er vermeintlich als einer der Letzten seines Teams an den Start geht (Plessner, 1999).

- **Stereotype und Vorurteile**
  Erwartungen können aus Annahmen über andere aufgrund ihrer Zugehörigkeit zu einer bestimmten Personengruppe erwachsen (z. B. zur Gruppe der Ausländer, der Dicken oder der Blondinen). Aus dieser stereotypen Erwartung heraus neigen wir dazu, selektiv stereotypkonsistente Ereignisse wahrzunehmen, beispielsweise, dass ein übergewichtiger Mensch auch eher faul bzw. eine Blondine eher dumm ist (vgl. Abschnitt 10.2.1).

  Inwieweit stereotype Urteile über Personen gebildet werden, hängt auch von den Vorurteilen und der Aufgeschlossenheit der Beurteiler ab (Flynn, 2005; vgl. auch Kapitel 10). Akkurater sind unsere Beurteilungen, wenn wir motiviert sind, besonders genau und offen zu sein, anstatt darauf abzielen, möglichst schnell einen unsere Annahmen bestätigenden und harmonischen Gesamteindruck zu haben (Kruglanski, 1989; Kunda, 1990; Neuberg, 1989).

- **Implizite Theorien**
  Menschen haben Annahmen darüber, welche Persönlichkeitseigenschaften oder Merkmale zusammengehören (z. B. jemand, der attraktiv ist, ist auch intelligent). Da ihnen diese Annahmen meist nicht (explizit) bewusst sind, werden sie auch „implizite Theorien" genannt. Je nachdem, welche implizite Persönlichkeitstheorie Personen haben, ziehen sie andere Aspekte zur Beurteilung einer Person heran bzw. gewichten Aspekte anders (Dweck et al., 1993; Levy & Langer, 1994; Plaks et al., 2005; Werth et al., 2006 u. a.; vgl. Beispielstudie).

Beispielstudie zum Einfluss impliziter Theorien
Beurteilungen erfolgen selektiv gemäß den eigenen persönlichen Annahmen.

Chiu und Kollegen (1997) gaben ihren Teilnehmern Szenarien vor, in denen diese das Verhalten eines Kindes beurteilen sollten, das gegen eine Regel verstößt (z. B. „räumt seinen Tisch nicht auf"). Zuvor waren die impliziten Annahmen der Teilnehmer in Bezug auf moralisches Verhalten gemessen worden. Die Ergebnisse ergaben, dass Teilnehmer, die annehmen, dass moralische Eigenschaften (wie Ehrlichkeit oder Aufrichtigkeit) einer Person in ihrer Persönlichkeit verankert und kaum veränderbar sind, höhere Strafen für unmoralisches Verhalten und weniger Lob für moralisches Verhalten vergaben als Teilnehmer, die an veränderbare Eigenschaften von Personen glauben.

Diesen Befunden liegt zugrunde, dass entscheidend ist, worin Personen die Ursache des Verhaltens sehen. Wenn Verhalten veränderbar ist, sollte Lob einen ausreichenden Anreiz bieten, es erneut zu zeigen; ist Verhalten hingegen ein Zeichen der Persönlichkeit und eher nicht veränderbar, so braucht es kaum Lob, damit es erneut gezeigt wird. Lediglich der Einsatz massiver Sanktionen könnte besseres Verhalten hervorrufen bzw. auf andere Personen abschreckend wirken.

Aus den impliziten Annahmen der Teilnehmer resultiert hier, wie das Verhalten des Betreffenden eingeschätzt wird (als chronische Charakterschwäche oder veränderbare Verhaltensweise) und demnach zu sanktionieren oder zu belohnen ist.

Ob eine Person unsere Erwartungen bestätigt oder verletzt, hat wiederum Einfluss auf ihre Beurteilung: So werden beispielsweise Mitarbeiter, die den Erwartungen ihrer Vorgesetzten am meisten entsprechen, am besten beurteilt – unabhängig von ihrem aktuellen Leistungsniveau. Beispielsweise beurteilte ein Vorgesetzter die erbrachte Leistung eines Mitarbeiters besser, wenn sie seine Erwartungen bzgl. der Leistungshöhe bestätigte, als wenn der Mitarbeiter eine höhere Leistung zeigte und damit seiner Leistungserwartung widersprach (Hogan, 1987). Dies ist unter anderem darauf zurückzuführen, dass wir bei Bestätigung unserer Erwartungen eher positiven Affekt (Zufriedenheit) erleben und dementsprechend den Beurteilten wohlwollender bewerten, während die Verletzung unserer Erwartung eher negativen Affekt (Unsicherheit) und damit eine schlechtere Bewertung hervorruft (Mandler, 1975; vgl. auch Kapitel 4).

Wir haben nun gesehen, auf welche Weise und aus welchen Gründen unsere Beurteilungen häufig verzerrt sind. Dennoch machen wir immer wieder die Erfahrung, dass uns unsere Beurteilungen akkurat erscheinen. Wie kann das sein, obwohl sie es offensichtlich nicht immer sind? Folgende Gründe sind hierfür von Bedeutung:

- Wir erleben andere Personen nur in einer begrenzten Anzahl von Situationen. Auf diese Weise kann es sein, dass wir Situationen, in denen unsere Annahmen nicht stimmen (d. h. in denen sie sich anders verhalten), gar nicht erleben. Wir sehen sie beispielsweise nur beruflich, aber nicht privat; nur unter Kollegen, nicht gegenüber dem Kunden; Schüler nur in der Schule, nicht aber im häuslichen Umfeld.

- Wir merken nicht, dass wir falsch liegen, wenn andere Beobachter unsere Annahmen über eine Person bestätigen. Dies macht uns sicher, obwohl möglicherweise alle gleichermaßen falsch über jemanden denken (Kenny et al., 1992, 1994; vgl. Abschnitt 8.2.1).

- Erwartungen führen dazu, dass wir uns selbst entsprechend unseren Erwartungen verhalten. Unser Verhalten wiederum provoziert dasjenige Verhalten bei unserem Gegenüber, welches wir vorhergesagt hatten. Wir fühlen uns damit in unserer Erwartung und unserer ursprünglichen Beurteilung der anderen Person scheinbar bestätigt, auch wenn es sich dabei eigentlich um das Resultat einer sog. „sich selbst erfüllenden Prophezeiung" handelt (vgl. Abschnitt 10.4.4).

5.3.5   Zusammenfassung

Nicht nur die Merkmale des Beurteilten und die Beobachtung seines Verhaltens beeinflussen unsere Einschätzung anderer Menschen, sondern auch unsere eigenen Voreinstellungen spielen eine bedeutende Rolle. Der Kontext, persönliche Annahmen und Erwartungen, die Verfügbarkeit bestimmter Konzepte sowie der erste Eindruck können unsere Wahrnehmung selektiv verändern. Dadurch beeinflussen sie unsere Beurteilung, indem nur bestimmte Informationen aufgenommen und verarbeitet, andere dagegen vernachlässigt werden – Veränderungen und Verzerrungen der Beurteilung sowie ein verändertes Verhalten gegenüber dem Beurteilten können die Folge sein.

5.4 Zusammenfassung

Soziale Wahrnehmung bezeichnet den Prozess, wie Personen zu einem Eindruck und einer Beurteilung einer anderen Person kommen. Personen bilden sich Eindrücke anderer, um so die Welt zu verstehen und vorhersagen zu können. Diese Eindrücke basieren zum einen auf äußerlich beobachtbaren Merkmalen des zu Beurteilenden wie beispielsweise seinem Erscheinungsbild oder nonverbalem Verhalten.

Aufgrund der *beauty is good*-Annahme werden attraktive Personen als sympathischer eingeschätzt und entsprechend bevorzugt behandelt. Neben attraktiven sind uns auch uns selbst ähnliche Menschen sympathischer. Die Tendenz, Menschen in einem positiveren Licht wahrzunehmen, nur weil sie einem selbst in irgendeiner Art und Weise ähnlich sind, wird der *similar to me*-Effekt genannt. Schließlich wird die Sympathie, die wir für jemanden empfinden, auch ganz einfach davon beeinflusst, wie oft wir jemanden sehen und wie *vertraut* er uns dadurch ist. Nicht zuletzt ist die *Assoziation mit positiven oder negativen Dingen oder Personen* dafür mitverantwortlich, wie eine Person eingeschätzt wird. Aspekte, aus denen wir auf Kompetenz und Autorität schließen, sind unter anderem Luxusartikel, Titel, Kleidung sowie der Körperbau einer Person. Schließlich wirkt sich das *nonverbale Verhalten* einer Person auf die soziale Wahrnehmung aus, indem es eine eigene Botschaft vermittelt, welche oft sogar einflussreicher ist als der (gesprochene) Inhalt.

Da äußerlich beobachtbare Merkmale jedoch nicht ausreichend sind, um die Hintergründe des Verhaltens einer Person zu interpretieren, ziehen wir auch ihr Verhalten heran. Dies erfolgt zum einen *assoziativ*, zum anderen *attributional*, d. h. durch Ursachenzuschreibung (aus dem Verhalten einer Person werden korrespondierende Schlussfolgerungen über ihre Charaktereigenschaften gezogen). Gemäß der *Attributionstheorie* versuchen wir die Ursachen des Verhaltens anderer zu bestimmen, indem wir es internalen oder externalen Ursprüngen zuordnen. Wir treffen solche Entscheidungen anhand von Konsensus, Konsistenz und Distinktheit (*Theorie der Kausalattribution*). Fehleinschätzungen resultieren häufig daraus, dass beobachtbare Merkmale herangezogen werden, die für die zu beurteilenden Dimensionen eigentlich irrelevant sind, sowie dass bei der Beurteilung von Verhalten situative Gegebenheiten unterschätzt, vergessen oder gezielt zurückgewiesen und damit letztendlich dispositionale Faktoren überschätzt werden (*correspondence bias*). Nicht nur die Merkmale des zu Beurteilenden, sondern auch die Merkmale der Situation sind für die Einschätzung anderer Personen entscheidend. Je nach Blickwinkel und Auffälligkeit können Beurteilungen ein und desselben Verhaltens sehr unterschiedlich ausfallen und das selbst dann, wenn diese Einflüsse für den Beurteilungsinhalt an und für sich irrelevant sind.

Schließlich unterliegt die Person des Beurteilers einer *selektiven Wahrnehmung*, die durch ihren Kontext, die Verfügbarkeit bestimmter Konzepte und Bedürfnisse sowie ihre persönlichen Annahmen und einen ersten Eindruck sehr unterschiedlich sein kann.

So bringen wir zum Ersten unsere jeweiligen *Erwartungen und Annahmen* mit ein und nehmen auf Basis dieser Vorannahmen eine Situation bzw. Person wahr. Zum Zweiten beeinflusst der Kontext, was wir wahrnehmen, indem er Interpretationen nahelegt bzw. spezielle Erwartungen hervorruft. Zum Dritten können ebenso unabhängig von den Merkmalen des Gegenübers bestimmte Konzepte/Eigenschaften in uns chronisch oder situativ *verfügbarer* sein und auf diese Weise unsere Personenwahrnehmung beeinflussen. Zum Vierten ist der erste Eindruck, den wir von jemandem gewinnen, prägend, indem er in uns eine bestimmte Erwartung über eine andere Person weckt. Sobald diese Erwartung besteht, „färbt" sie unsere Wahrnehmung und unsere Urteile (*first impression error*).

Aufgrund all dieser Einflüsse ist die Beurteilung anderer Personen meist nicht das, was wir „objektiv" nennen würden. Aus diesem Grund ist es sinnvoll, verzerrende Mechanismen zu kennen und sie bei weitreichenden Beurteilungen zu vermindern.

6   Das Selbst

6.1   Definition und Bedeutung des Selbst

„Betrachten wir eine Person, die sich gerade mit ihrer Steuererklärung beschäftigt. Natürlich ist sie bestrebt, „das Beste" für sich herauszuholen. Fragen wir diese Person, ob sie ein ehrlicher Mensch ist, so wird sie vielleicht verneinen. Stellen wir uns nun dieselbe Person in einer Situation vor, in der sie sich mit Partner oder Partnerin über ein Problem in ihrer Beziehung unterhält. Weil sie an einer Klärung interessiert ist, ist sie redlich bemüht, ehrlich zu sein. Stellen wir der Person nun dieselbe Frage, so wird sie sicher nicht zögern, sondern spontan mit Ja antworten. Betrachten wir diese Person in einer dritten Situation, in der sie gerade ein Essen kocht. Auf unsere Frage wird sie vermutlich weniger spontan reagieren können und welche Antworten sie geben wird, ist weniger eindeutig vorhersagbar als in den beiden anderen Situationen" (aus Hannover, 1997a, S. 3).

Wie dieses Beispiel veranschaulicht, beschreiben, verhalten und erleben Menschen sich situationsabhängig unterschiedlich. Dies ist darauf zurückzuführen, dass selbstbezogene Informationen („Bin ich ein ehrlicher Mensch?") kontextgebunden repräsentiert sind – im obigen Beispiel zum einen im Kontext Steuer, zum anderen im Kontext Partnerschaft. In jeder Situation wird daher auch nur auf eine Teilmenge der Information zugegriffen. Damit ist unser Selbst kein fixes Konzept, das immer gleich ist, sondern vielmehr vom jeweiligen Kontext beeinflusst und veränderbar.

Würden wir Sie nun fragen, wer bzw. wie Sie sind, wie würden Sie sich beschreiben? Vermutlich würden Sie zum einen *Eigenschaften* nennen (hilfsbereit, intelligent, aber stur), zum anderen aber auch *Gruppen*, denen Sie angehören (Student, Deutscher, Katholik, Sozialdemokrat, FC-Bayern-Fan etc.). Indem Sie so antworten, spiegeln Sie genau

das Spannungsfeld wider, in welchem wir uns bewegen, wenn es um unsere Selbstdefinition geht. Denn wir haben einerseits das Bedürfnis, uns von anderen abzuheben („Ich
bin etwas Besonderes"), und andererseits gleichzeitig das Bedürfnis „dazuzugehören".
Wie wichtig uns Letzteres ist, zeigt sich eindrucksvoll darin, dass wir sogar automatisch das Verhalten „unserer" Gruppen imitieren (Epstude & Förster, 2007; vgl. Beispielstudie).
Gruppen, denen wir – beispielsweise aufgrund von Geschlecht, Rasse, Herkunft oder Beruf –
angehören, bilden einen wichtigen Teil unserer Identität (sog. soziale Identität). Auch das Selbstwertgefühl basiert zum Teil auf der Identifikation mit „unseren" Gruppen und wir streben entsprechend danach, uns bezüglich unserer Gruppen positiv zu fühlen (*social identity theory*; Oakes
et al., 1994, S. 80 ff.; Tajfel & Turner, 1986).

> **Theorie der sozialen Identität**
> (*social identity theory*)
>
> 1. Menschen haben das Bedürfnis, ein positives Selbstkonzept zu erreichen und aufrechtzuerhalten.
> 2. Das Selbstkonzept definiert sich nicht nur über individuelle Merkmale, sondern auch über Gruppenmitglied-schaften (sog. soziale Identität).
> 3. Der Wert der Eigengruppe wird (auch) über den Vergleich mit anderen Gruppen bestimmt.

Beispielstudie zur Bedeutung der sozialen Identität
Wir imitieren das Verhalten der Eigengruppe, ohne dass uns dies bewusst ist.

Die Teilnehmer von Epstude und Förster (2007) unterzogen sich zunächst einem (angeblichen) Persönlichkeitstest. Nach der Auswertung wurde der einen Hälfte der Teilnehmer mitgeteilt, sie hätten eine „konvexe", der anderen Hälfte dagegen, sie hätten
eine „konkave" Persönlichkeitsstruktur.

Im Anschluss daran wurden die Teilnehmer gebeten, einen Kartensatz nach eigenem
Gutdünken zu sortieren. Die Karten unterschieden sich so, dass ein Ordnen nach Farbe oder Form möglich war. Bevor sie sich an die Arbeit machten, sollten sie sich noch
am Bildschirm ansehen, wie andere Teilnehmer diese Aufgabe gelöst hatten. Dazu
wurden ihnen drei Fotos gezeigt, auf denen angebliche frühere Teilnehmer nach Farben, und drei weitere Fotos, auf denen diese nach Form sortiert hatten. Ohne dass die
Teilnehmer es bewusst wahrnahmen, wurde bei einer Sortierungsart vor jedem zugehörigen Foto das Wort „konvex" eingeblitzt, bei den Fotos der anderen Sortierungsart
das Wort „konkav".

In ihrer eigenen Sortierung bevorzugten die Teilnehmer dasjenige System, bei dem
zuvor das zu ihrer angeblichen Persönlichkeitsstruktur passende Wort eingeblitzt worden war. Die Teilnehmer hatten also das Verhalten „ihrer" Gruppe imitiert, ohne dass
ihnen dies bewusst gewesen wäre.

6.1.1 Funktionen des Selbst

Das Selbst umfasst zum einen das *Selbstkonzept*, d. h. Wissen und Einschätzungen einer Person über sich selbst (Tesser et al., 2002). Zum anderen beinhaltet das Selbst auch das prozesshafte Geschehen der Selbstwahrnehmung (vgl. Abschnitt 6.2.1), Selbstaufmerksamkeit und Selbstregulation. Die verschiedenen Anteile des Selbst haben wesentlichen Einfluss auf unser Denken, Fühlen und Handeln. Dabei ist nicht nur unser aktuelles Selbstbild von Bedeutung, sondern auch unsere Vorstellungen darüber, wie wir in der Vergangenheit waren und wie wir in Zukunft sein könnten.

Drei wichtige Funktionen werden vom Selbst übernommen, eine strukturierende, eine motivational-emotionale sowie eine regulierende Funktion (Baumeister, 1998; Cross & Madson, 1997; Graziano et al., 1997; Higgins, 1996, Mischel et al., 1996; Sedikides & Skowronski, 1997):

> **Funktionen des Selbst**
>
> 1. strukturierende Funktion
>   (im Sinne eines Schemas)
>
> 2. emotionale Funktion
>   (im Sinne eines positiven Selbstwertgefühls)
>
> 3. ausführende Funktion
>   (im Sinne einer Selbstregulation)

Kognition: Das Selbstkonzept als wichtiges Schema

Das Selbstkonzept ist eines der wichtigsten Schemata (vgl. Abschnitt 2.1), das uns dabei hilft, Informationen über die eigene Person und auch über die uns umgebende Welt zu verarbeiten und zu organisieren (Dunning & Hayes, 1996; Kihlstrom & Klein, 1994; Markus, 1977; Markus et al, 1985; Symons & Johnson, 1997).

So werden Informationen, die mit dem Selbst in Bezug stehen, besonders gut verarbeitet (sog. *self relevance effect* bzw. *self reference effect*). Beispielsweise erinnern wir uns gut an Personen, mit denen wir uns über persönlich bedeutsame Dinge unterhalten haben. Auch Charaktere im Film, die dem Selbst ähnlich sind oder die mit Ereignissen zusammenhängen, die für das Selbst bedeutsam sind, werden bevorzugt erinnert. Laborstudien haben gezeigt, dass sich Personen automatisch selbstrelevanten Reizen zuwenden (Gray et al., 2004; siehe auch Symons & Johnson, 1997) und diese präferieren (z. B. auch Buchstaben des eigenen Namens gegenüber anderen Buchstaben).

Emotion und Motivation: Steuerungsfunktion des Selbst

Eine der stärksten Determinanten unseres Verhaltens ist das Bedürfnis, ein stabiles, positives Selbstkonzept zu haben. Entsprechend ist unser *Selbstwertgefühl* (*self-esteem*), d. h. der Wert, den wir uns selbst und unseren Fähigkeiten subjektiv zumessen, in emotionaler Hinsicht von enormer Bedeutung (Baumeister et al., 2003). Das Selbstwertgefühl resultiert aus den positiven oder negativen Bewertungen einzelner Inhalte unseres Selbstkonzepts (z. B. „Es ist gut, dass ich sportlich bin" oder „Es ist schlecht, dass ich nicht attraktiver bin"). Bereits eine subliminale, d. h. unterhalb der Wahrnehmungsschwelle dargebotene, Paarung von selbstbezogenen Wörtern (z. B. „ich", „mir") mit positiven Adjektiven (z. B. „nett", „klug") kann das Selbstwertgefühl erhöhen (Dijksterhuis, 2004).

Das Selbst hat in diesem Zusammenhang eine wichtige Funktion, indem es unser emotionales Erleben und unsere Motivation reguliert (Campbell, 1990; Higgins, 1987; Markus & Nurius, 1986; Pelham, 1991). Die Bedeutsamkeit dieser Funktion, zeigt sich insbesondere dann, wenn man angegriffen wird, negatives Feedback erhält oder Misserfolg erlebt, d. h. wenn die positive Sicht der eigenen Person bedroht ist (vgl. Abschnitt 6.3).

Verschiedene kognitive Neigungen dienen dazu, ein positives Selbstwertgefühl aufrechtzuerhalten (Brown, 1993), beispielsweise eine selektive Informationsverarbeitung: Informationen, die die eigenen Annahme (z. B. „mal wieder kompetent gewesen zu sein") stärken, werden bevorzugt wahrgenommen. Des Weiteren tätigen wir beispielsweise bevorzugt Vergleiche unseres aktuellen mit unserem früheren Selbstbild, da wir dabei meist Verbesserungen feststellen können (Wilson & Ross, 2000). Über zukünftige, mögliche Ausprägungen unseres Selbst nachzudenken, kann uns zu zielführendem Verhalten motivieren und helfen, verlockenden Ablenkungen zu widerstehen (Markus & Nurius, 1986). Selbstverständlich führen solche Vergleiche nicht immer zu positiven Resultaten. Negative Diskrepanzen zwischen unserem aktuellen Selbstbild (*actual self*) und dem, wie wir gerne sein möchten (*ideal self*) bzw. wie wir denken, dass wir sein sollten (*ought self*), können depressive Verstimmungen bzw. Beunruhigung hervorrufen (Higgins, 1987).

Auch soziale Vergleiche, d. h. Vergleiche mit anderen Personen (vgl. auch Abschnitt 6.2.3), können strategisch eingesetzt werden, um Selbstwertgefühl und/oder Motivation zu erhöhen. Wenn wir uns mit Personen vergleichen, die weniger sportlich, fähig, glücklich oder erfolgreich sind als wir selbst, vollziehen wir einen „abwärtsgerichteten Vergleich" und schneiden relativ gut ab (Aspinwall & Taylor, 1993; Pyszczynski et al., 1985; Reis et al., 1993; Wheeler & Kunitate, 1992; Wood et al., 1999). Abwärtsgerichtete Ver-

---

Selbstkonzept

Das Selbstkonzept bezeichnet die Inhalte unseres Selbst (Selbstaspekte), d. h. das Wissen darüber, wer wir sind; es ist kontextgebunden und daher dynamisch/veränderbar.

Chronische Aktivierungsquellen für Selbstaspekte sind

- mit *Entwicklungsaufgaben* über die Lebensspanne hinweg Verbundenes (z. B. „Eltern sein", „arbeitslos sein")

- *offensichtliche Merkmale* der eigenen Person, mit denen wir konfrontiert werden (z. B. Geschlecht, Rasse, Größe)

- *kultureller Kontext* und damit verbundene eher inter- oder independente Selbstsicht

- ggf. weitere *abweichende Merkmale* (z. B. Gehörlosigkeit, Linkshändigkeit) oder *Zugehörigkeit zu dominierten Gruppen* (z. B. religiöse oder politische Minderheiten)

Temporäre Aktivierungsquellen für Selbstaspekte sind

- Distinktheit und Salienz

- Betonung von Interkategorienunterschieden und Intrakategorienähnlichkeiten

- Stimmungen

- Verhalten

- selbstbezogene Ziele

gleiche dienen daher der *Selbsterhöhung*. So zeigten beispielsweise Wood und Kollegen (1985), dass sich Krebspatienten (und auch Opfer eines Unfalls, Verbrechens oder anderen Unglücks) mit solchen Mitpatienten verglichen, denen es noch schlechter ging als ihnen selbst, was sie sich besser fühlen ließ (vgl. auch Taylor & Lobel, 1989; Taylor et al., 1986; Tennen & Affleck, 2000).

Im Falle eines „aufwärtsgerichteten Vergleichs" ziehen wir zur Selbsteinschätzung Personen heran, denen es offensichtlich besser geht bzw. die uns überlegen sind (Blanton et al., 1999). Dies ist beispielsweise sinnvoll, um Ziele zu setzen und sich zu verbessern (Collins, 1996; Taylor & Lobel, 1989). Moti-

vierend sind aufwärtsgerichtete Vergleiche nur dann, wenn der Vergleichsstandard auch erreichbar ist (Lockwood & Kunda, 1997, 1999; Tesser, 1988). Ist er dies nicht – ist ein Kollege uns beispielsweise intellektuell um Längen voraus und zudem wesentlich besser ausgebildet –, so demotiviert der Vergleich, da wir das Leistungsniveau des Kollegen nie erreichen werden. Um herausfordernd und motivierend zu sein, ist entscheidend, dass das Niveau des Vergleichsstandards erreichbar ist und in dosierter Diskrepanz zum aktuellen Leistungsniveau liegt. In diesem Fall kann ein aufwärtsgerichteter Vergleich der *Selbstverbesserung/-motivation* dienen (vgl. zusammenfassend Abb. 6.1). Damit es unserem Selbst gut geht, stellen wir nicht nur Vergleiche mit anderen Personen an, sondern auch mit Situationen, die sich alternativ hätten ergeben können (vgl. hierzu Exkurs).

Aufwärtsgerichteter Vergleich

- Vergleich mit überlegenem Standard, d. h. anderen Personen, die hinsichtlich einer bestimmten Fähigkeit oder Eigenschaft besser sind als man selbst

- dient vor allem der *Selbstmotivation*

Abwärtsgerichteter Vergleich

- Vergleich mit unterlegenem Standard, d. h. anderen Personen, die hinsichtlich einer bestimmten Fähigkeit oder Eigenschaft schlechter sind als man selbst

- dient vor allem der *Selbsterhöhung*

Lateraler Vergleich

- Vergleich mit einem ähnlichen Standard, d. h. anderen Personen, die hinsichtlich einer bestimmten Fähigkeit oder Eigenschaft einem selbst ähnlich sind

- dient vor allem der *Selbsterkenntnis*

Exkurs: Kontrafaktisches Denken

Ging es Ihnen auch schon mal so, dass Sie nach einem Kauf gedacht haben, „Das hätte ich auch billiger haben können", oder nach einer Trennung von jemandem dachten, „Ach, hätte ich ihn nur nicht verlassen, dann wäre jetzt alles gut"? Beim Nachdenken über vergangene Ereignisse tritt häufig ein sog. *kontrafaktisches Denken* auf (*counterfactual thinking*; Gavanski & Wells, 1989; Roese, 1997; Roese & Olson, 1996; siehe auch Kahneman & Miller, 1986).

„Kontrafaktisches Denken geht von einem tatsächlich geschehenen Ereignis aus und besteht darin, eine fiktive Vorstellungswelt zu konstruieren, in der Aspekte des Geschehenen verändert werden und die sich daraus ergebenden Konsequenzen durchgespielt werden" (Klauer, 2006, S. 314). Oder anders ausgedrückt: Kontrafaktisches Denken beinhaltet den Versuch, einen Aspekt der Vergangenheit mental durch die Vorstellung dessen, wie es sein könnte, umzuändern.

Dies tritt besonders häufig auf nach verpassten Gelegenheiten oder negativen Ereignissen, wie Unfall, Arbeitsplatzverlust oder Misserfolg. Typisches Merkmal ist der Konditionalstil: *„Wenn* ich doch nur besser gelernt *hätte, dann hätte* ich jetzt ein besseres Abi und den Studienplatz sicher." Auslöser sind zum einen der mit diesen Geschehnissen verbundene negative Affekt (Roese, 1997), zum anderen die Knappheit, mit der ein Ziel verpasst wurde (Meyers-Levy & Maheswaran, 1992). Kontrafaktisches Denken ist wahrscheinlicher, je knapper etwas nicht erzielt wurde (um zwei Minuten anstatt um 20 Minuten den Bus verpasst).

Kontrafaktische Gedanken können aufwärts- oder abwärtsgerichtet sein, d. h., sie konstruieren alternative Umstände, die besser bzw. schlimmer bewertet werden als das, was tatsächlich geschehen ist. Damit haben sie unter anderem emotionale Konsequenz, so beispielsweise Enttäuschung, Trauer (Erleichterung, Stolz, Freude) bei abwärts- (aufwärts-) gerichtetem Denken. Auf kognitiver Ebene ermöglichen sie uns, hieraus zu lernen, solche Situationen zukünftig anders zu gestalten sowie den jetzigen negativen Ereignissen und Affekten mental zu entfliehen (Roese, 1997). Beispielsweise zeigten Gewinner einer Silbermedaille aufwärtsgerichtete kontrafaktische Gedanken, in denen sie sich vorstellten, eine Goldmedaille gewonnen zu haben, während Gewinner der Bronzemedaille eher abwärtsgerichtete kontrafaktische Gedanken aufwiesen, die beinhalteten, aufgrund welcher Umstände sie möglicherweise gar keine Medaille gewonnen hätten (Medvec et al., 1995).

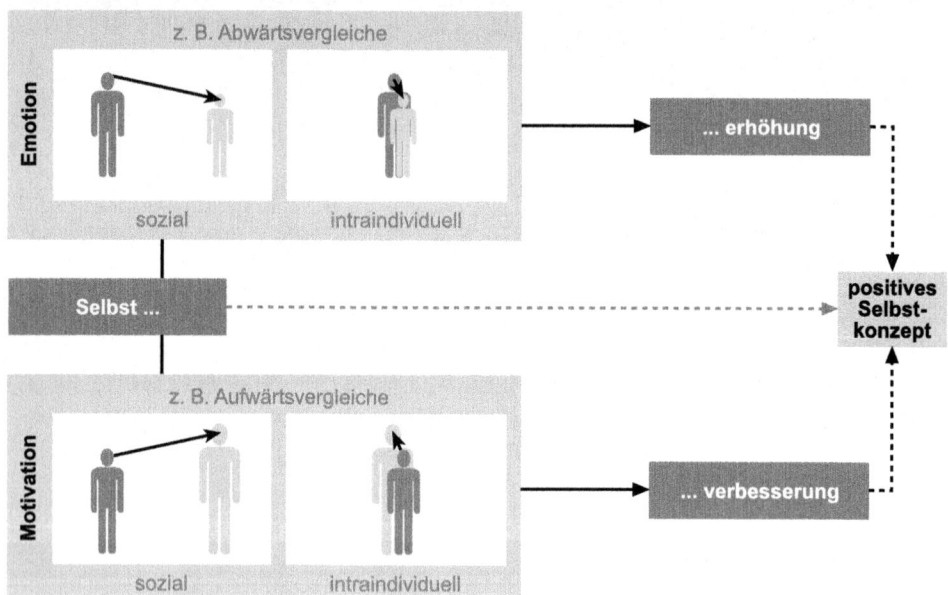

Abb. 6.1: Das Selbst dient einem unserer wichtigsten Ziele: der Erreichung und Aufrechterhaltung eines positiven Selbstbilds. Dies kann zum einen durch *Selbsterhöhung* realisiert werden (oberer Teil der Abb.), d. h. indem wir dafür sorgen, dass wir „gut dastehen". Das kann beispielsweise durch soziale oder intraindividuelle Abwärtsvergleiche geschehen. Zum anderen können wir aber auch ein positives Selbstbild erreichen, indem wir nach *Selbstverbesserung* streben (unterer Teil der Abb.). Dazu können beispielsweise soziale und intraindividuelle Aufwärtsvergleiche dienen.

In motivationaler Hinsicht ist zudem entscheidend, ob wir glauben, unsere Ziele durch unser Handeln erreichen zu können, d. h. inwiefern wir Selbstwirksamkeit (*self-efficacy*) erleben (Bandura, 1977, 1997; Courneya & McAuley, 1993; Huang, 1998; Sanna & Pusecker, 1994). Nur wenn wir glauben, eine Aufgabe durch eigene Anstrengung lösen zu können, bemühen wir uns auch darum.

Handeln: Ausführende Funktion des Selbst

Das Selbst hat zudem bedeutsamen Einfluss auf Entscheidungsfindung, Zielsetzungen und Verhalten (**Selbstregulation;** Baumeister, Bratslavsky et al., 1998; Baumeister & Vohs, 2004).

Selbstregulation benötigen wir letztendlich dazu, um Ziele, die wir uns gesteckt haben, auch im Verhalten umzusetzen. Dies erfordert jedoch Kapazitäten. Eindrucksvoll zeigt sich diese, wenn uns keine Energie zur Verfügung steht. Unter Stress beispielsweise stehen zur Selbstregulation nur noch begrenzte Kapazitäten zur Verfügung. Dass es unter solchen Umständen schwer ist, den eigenen Diätplan konsequent beizubehalten oder die eigenen Launen in der Gewalt zu haben, kennt wohl jeder (Baumeister, Muraven & Tice, 2000; Muraven et al., 1998). Zudem scheint die Menge an Energie, die zur Selbstregulation zur Verfügung steht, begrenzt zu sein. Dies zeigt sich daran, dass eine vorhergehend erfolgte Selbstregulation die Möglichkeit zur Selbstregulation in einer nachfolgenden Aufgabe reduziert (vgl. Beispielstudie).

Beispielstudie zur ausführenden Funktion des Selbst
Eine vorhergehende Selbstregulation vermindert die Selbstregulationsmöglichkeiten in einer nachfolgenden Aufgabe.

Beaman et al. (1979) warben ihre Teilnehmer für eine Studie zur Geschmackswahrnehmung an. Die Teilnehmer sollten drei Stunden zuvor nichts essen und wurden in einen Raum gebeten, in dem gerade Schokoladenkekse gebacken worden waren. Auf den Tisch vor den Teilnehmern der Experimentalgruppe wurden sowohl eine Schüssel mit Schokoladenkeksen und Schokoladenbonbons als auch eine Schüssel mit weißem und rotem Rettich gestellt. Teilnehmer in der Kontrollgruppe erhielten keine Lebensmittel.

In der Experimentalgruppe wurde jeweils der Hälfte der Teilnehmer eine der beiden Schüsseln zum Probieren zugewiesen. Aus dieser Schüssel sollten sie zwei bis drei Stücke essen und dazu einen Geschmacksfragebogen ausfüllen. Da die zweite, nicht zum Probieren zugewiesene Schüssel ebenfalls vor ihnen stand, wurde für die Hälfte, der die Rettichschüssel zugewiesen wurde, eine Versuchungssituation erzeugt: Sie rochen den Back- und Schokoladenduft, durften jedoch nichts von der Schokoladenschüssel essen.

Anschließend wurden alle Teilnehmer gebeten, im Rahmen einer angeblich anderen Studie eine Problemlöseaufgabe zu bearbeiten. Diese bestand aus verschiedenen geometrischen Puzzles, die tatsächlich unlösbar waren, was die Teilnehmer jedoch nicht wussten. Die Teilnehmer sollten so lange an den Puzzles arbeiten, wie sie wollten. Es wurde gemessen, wie lange sie „durchhielten" und wie viele Versuche sie pro Puzzle unternahmen.

Die Ergebnisse zeigten, dass Teilnehmer der „Rettichbedingung" weniger lang an den frustrierenden Puzzles arbeiteten und auch weniger Versuche unternahmen, diese zu lösen, als Teilnehmer der „Schokoladenbedingung" und der Kontrollgruppe. Dies weist darauf hin, dass bei Teilnehmern der „Rettichbedingung" in der zweiten Aufgabe weniger Energie zur Selbstregulation zur Verfügung stand, da diese in der ersten Aufgabe – d. h. durch das Widerstehen gegenüber der Versuchung, sich aus der Schokoladenschüssel zu bedienen – zumindest teilweise schon erschöpft war.

Selbstaufmerksamkeit

Nachdenken über sich selbst bzw. Richtung der Aufmerksamkeit auf die eigene Person.

Wird die eigene Aufmerksamkeit auf die eigene Person gerichtet, so neigen wir dazu, unser Verhalten anhand unserer inneren Maßstäbe und Werte zu vergleichen und danach zu bewerten.

Exkurs: **Selbstüberwachung (*self-monitoring*)**

Personen unterscheiden sich darin, in welchem Ausmaß sie ihr Verhalten überwachen (d. h. inwieweit sie *self-monitoring* betreiben).

Personen mit einem hohem Maß an Selbstüberwachung richten ihr Verhalten wesentlich nach den Erwartungen anderer bzw. den Situationsanforderungen aus und verändern ihr Verhalten, sobald sich die Situation ändert (Koestner et al., 1992).

Personen mit niedriger Selbstüberwachung hingegen lassen sich eher von ihren eigenen Sichtweisen und Befindlichkeiten lenken als von denen anderer.

Im Zusammenhang mit Selbstregulation ist zudem das Konzept der **Selbstaufmerksamkeit** (*self-awareness*) bedeutsam, d. h. inwieweit unsere Aufmerksamkeit auf die eigene Person gerichtet ist. Die Neigung, sich selbst zu beobachten, ist zum einen von Mensch zu Mensch unterschiedlich (vgl. Exkurs unten), zum anderen können situative Gegebenheiten die Selbstaufmerksamkeit erhöhen, beispielsweise andere Personen, die uns beobachten, eine Videokamera, die uns aufnimmt, oder ein Spiegel, in den wir im Vorbeigehen schauen.

In Momenten erhöhter Selbstaufmerksamkeit vergleichen wir unser Verhalten mit unseren Maßstäben und Werten und bewerten es anhand dieser (Carver & Scheier, 1981; Duval & Lalwani, 1999). Selbstaufmerksamkeit kann moralisches Verhalten erhöhen, wenn Ideale und Wertvorstellungen aktiviert werden. So haben Studien gezeigt, dass sich Menschen in Anwesenheit eines Spiegels ehrlicher verhalten, beispielsweise weniger mogeln (Beaman et al., 1979; Diener & Wallbom, 1976; vgl. Beispielstudie) und mit ihrem tatsächlichen Verhalten stärker übereinstimmende Aussagen machen (Gibbons, 1978). Dies liegt zum einen an der Aktivierung der inneren Werte, zum anderen daran, dass Personen im Falle der erhöhten Selbstaufmerksamkeit vermehrt annehmen, dass andere Personen ihre Gedanken erahnen könnten (Vorauer & Ross, 1999).

Beispielstudie zur Wirkung von Selbstaufmerksamkeit
Selbstaufmerksamkeit kann normgerechtes Verhalten erhöhen.

In einer Studie von Beaman et al. (1979) war je ein Kind in einem Raum allein, in welchem sich eine Schale mit Süßigkeiten befand. Die Selbstaufmerksamkeit wurde durch die An- bzw. Abwesenheit eines Spiegels im Raum manipuliert. Des Weiteren wurde der Hälfte der Kinder, bevor sie in den Raum gingen, gesagt, sie sollten sich nur *eine* Süßigkeit nehmen (Mengenvorgabe), der anderen Hälfte wurde lediglich gesagt, in dem Raum seien Süßigkeiten für sie (keine Mengenvorgabe).

Die Ergebnisse zeigten, dass die Kinder bei erhöhter Selbstaufmerksamkeit (Anwesenheit eines Spiegels) insgesamt zurückhaltender von den Süßigkeiten aßen. Am allerwenigsten Süßigkeiten aßen sie, wenn sie eine Mengenvorgabe erhalten hatten und die Selbstaufmerksamkeit durch einen Spiegel im Raum erhöht war. Die meisten Süßigkeiten wurden gegessen, wenn die Kinder keine Mengevorgabe erhalten hatten und sich in einem Raum ohne Spiegel befanden (vgl. Abb. 6.2).

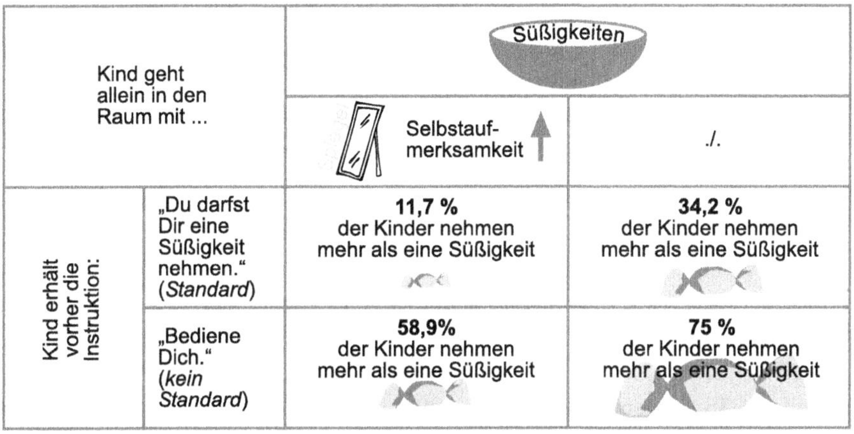

Kind geht allein in den Raum mit ...		Süßigkeiten	
		Selbstaufmerksamkeit ↑	./.
Kind erhält vorher die Instruktion:	„Du darfst Dir eine Süßigkeit nehmen." (*Standard*)	**11,7 %** der Kinder nehmen mehr als eine Süßigkeit	**34,2 %** der Kinder nehmen mehr als eine Süßigkeit
	„Bediene Dich." (*kein Standard*)	**58,9%** der Kinder nehmen mehr als eine Süßigkeit	**75 %** der Kinder nehmen mehr als eine Süßigkeit

Abb. 6.2: Versuchsdesign sowie vereinfachte Darstellung der Ergebnisse der Studie von Beaman und Kollegen (1979): Bei (durch einen im Raum befindlichen Spiegel) erhöhter Selbstaufmerksamkeit und zusätzlicher Instruktion mit Standard wurden am wenigsten Süßigkeiten genommen (Ergebnisfeld links oben; die *Prozentangaben* beziehen sich auf den Anteil der Kinder, die sich mehr als eine Süßigkeit genommen hatten; die *Größe der abgebildeten Bonbons* symbolisiert die Menge an Süßigkeiten, die in der Bedingung im Durchschnitt genommen wurde); ohne erhöhte Selbstaufmerksamkeit und ohne Standardsetzung wurden am meisten Süßigkeiten genommen (Ergebnisfeld rechts unten).

6.1.2   Chronische und temporäre Zugänglichkeit von Selbstaspekten

Wie eingangs beschrieben ist unser Selbstkonzept kein statisches Bild. Wie wir uns selbst sehen, hängt vielmehr vom Kontext ab, d. h. davon, auf welche Aspekte unseres Selbstkonzepts wir gerade unsere Aufmerksamkeit gerichtet haben bzw. welche Aspekte besonders zugänglich sind. Je zugänglicher wiederum ein Selbstaspekt ist, desto eher wirkt er sich auf die Informationsverarbeitung aus, beispielsweise bei der Urteilsbildung.

Welche Teilaspekte des Selbstkonzepts besonderes zugänglich sind, ist zum einen interindividuell-chronisch als auch situationsabhängig verschieden.

Chronische erhöhte Zugänglichkeit

Über die Lebensspanne hinweg wird das Selbst immer komplexer und damit werden immer mehr Selbstaspekte verfügbar. Bedeutsam sind hierfür Entwicklungsaufgaben, äußerliche Merkmale der Person, der kulturelle Sozialisationskontext und abweichende Merkmale.

- **Entwicklungsaufgaben**
  Beispielsweise wird mit den pubertären Körperveränderungen der Aspekt, erwachsen zu sein, verfügbar (Hannover, 1997b; Kalehne & Stiksrud, 1986), mit dem Übergang von der Ausbildung ins Erwachsenenleben der Aspekt der Berufstätigkeit (Fournier & Payne, 1994) und mit dem ersten eigenen Kind der Aspekt Elternschaft (Alexander & Higgins, 1993; Smith, 1994). Auch der Verlust des Arbeitsplatzes geht mit einem neuen Selbstaspekt einher, nämlich zur Gruppe der Arbeitssuchenden zu gehören (Amundson, 1994; Sheeran & Abraham, 1994) (Beispiele aus Hannover, 1997a, S. 46).

- **Äußerliche Merkmale**
  Offensichtliche Merkmale unserer Person, mit denen wir im Umgang mit anderen konfrontiert werden, lassen ebenso chronisch zugängliche Selbstaspekte in uns entstehen. Solche Merkmale sind insbesondere die Geschlechtszugehörigkeit (Thompson, 1975), das Alter (Gfellner, 1986; McGuire & Padawer-Singer, 1976) und die Rassenzugehörigkeit (Arroyo & Zigler, 1995; Fu, Hinkle & Korslund, 1983; Grossman, Wirt & Davids, 1985; Horenczyk & Nisan, 1996; McGuire et al., 1978; Ramsey & Myers, 1990; Smith & Lewis, 1985), aber auch weitere äußere Erscheinungsmerkmale wie Haarfarbe, Größe oder Gewicht (Markus et al., 1987; Martinez & Silvestre, 1995; McGuire & Padawer-Singer, 1976).

- **Kultureller Sozialisationskontext**
  Auf die chronische Zugänglichkeit bestimmter Selbstaspekte wirkt sich zudem die Umgebung aus, in der wir aufwachsen. Während in westlichen Kulturen eher ein unabhängiges (independentes) Selbstkonzept anzutreffen ist, d. h. eine Selbstdefinition, die sich eher auf eigene Gedanken und Ansichten stützt als auf die Beziehung zu anderen, haben asiatische Kulturen eine eher interdependente Selbstsicht, d. h., sie definieren sich eher über zwischenmenschliche Beziehungen und die Verbundenheit zu anderen Menschen (Cross, 1995; Fiske et al, 1998; Heine et al.,

---

Independentes Selbstkonzept

Eine Selbstdefinition, die sich stärker auf Unabhängigkeit von anderen und die eigenen Gedanken, Gefühle und Ansichten stützt.

Interdependentes Selbstkonzept

Eine Selbstdefinition, die sich stärker auf das Miteinander mit anderen und die Verbundenheit mit den Gedanken, Gefühlen und Ansichten anderer stützt.

1999; Kashima et al., 2004, 2005; Kitayama et al.,1997; Markus & Kitayama, 1991; Trafimow et al., 1991; Triandis, 1989).

- **Abweichende Merkmale**
Spezifische Selbstaspekte können sich auch aufgrund abweichender Merkmale (wie z. B. Gehörlosigkeit, Bat-Chava, 1994; Martinez & Silvestre, 1995; oder Linkshändigkeit, McGuire & McGuire, 1980) bzw. aufgrund der Zugehörigkeit zu einer Minderheitsgruppe („Ich als Gehörloser") herausbilden. Da diese Aspekte bei den betroffenen Personen besonders häufig aktiviert werden, werden sie mit der Zeit für diese Personen individuell chronisch zugänglich.

Situativ erhöhte Zugänglichkeit

Welche Selbstaspekte besonders zugänglich sind, hängt zudem von situativen Gegebenheiten ab. Im Folgenden werden wichtige Aktivierungsquellen erläutert (nach Hannover, 1997a):

- **Auffälligkeit**
Es wird das Selbstkonzept aktiviert, das sich auf ein in der Situation auffallendes persönliches Merkmal bezieht. Beispielsweise kann die Situation, die einzige Frau unter Männern oder der einzige Ausländer inmitten lauter Einheimischer zu sein, einen bestimmten Aspekt des Selbsts (hier: das Geschlecht bzw. die Nationalität) in den Vordergrund treten lassen. Studien in Schulen ergaben, dass zwölfjährige Schüler, die aufgefordert waren, sich selbst zu beschreiben, vor allem jene Kategorien dazu heranzogen, in denen sie von der Mehrheit ihrer Klassenkameraden abwichen, beispielsweise wenn sie älter oder jünger waren als der Klassendurchschnitt oder wenn sie in einem anderen Land geboren waren als die Klassenkameraden, während Kinder, die diesbezüglich kein distinktes Merkmal aufwiesen (gleich alt waren oder im gleichen Ort geboren waren wie die meisten anderen), dies für ihre Selbstbeschreibungen nicht erwähnten (McGuire & Padawer-Singer, 1976).

Selbst unterschiedliche Kleidungsstile können Selbstbeschreibungen beeinflussen. Teilnehmer einer Studie, die entweder in Freizeit- oder in Businesskleidung erscheinen sollten, beschrieben sich anschließend in mit diesen Kleidungsstilen typischerweise assoziierten Eigenschaften: Personen in Freizeitkleidung beschrieben sich als lässig und tolerant, Personen in Businesskleidung dagegen eher als kultiviert und genau (Hannover & Kühnen, 2002).

- **Betonung von Unterschieden zu anderen Gruppen und Ähnlichkeiten zur eigenen Gruppe**
Nach der sog. Selbstkategorisierungstheorie (Turner et al., 1994) kann das Betonen von Unterschieden oder Ähnlichkeiten unseres Selbst zu anderen auch durch die Art des Nachdenkens hervorgerufen werden. Denken wir über uns als Individuum nach, so werden Anteile unseres sog. personalen Selbst aktiviert und jene Aspekte unseres

Selbst verfügbarer, die uns ganz individuell, also im Unterschied zu anderen, auszeichnen. Denken wir hingegen beispielsweise über uns als Angehöriger einer sozialen Gruppe nach (als Deutscher, als Mutter oder als Student), so werden Anteile unseres sog. sozialen Selbst hervorgerufen (ich als Deutscher, als Mutter, als Student).

- **Stimmungen**
  Es werden die Selbstaspekte aktiviert, die mit unserer aktuellen Stimmung im Einklang stehen. Beispielsweise erinnern wir in schlechter Stimmung eher negative Selbstaspekte (Sutton et al., 1988).

- **Verhalten**
  Wenn Personen ein bestimmtes Verhalten zeigen, wird die Zugänglichkeit des damit assoziierten Selbstwissens erhöht: Schüler, die zu einer „femininen" (Puppe wickeln) oder „maskulinen" Tätigkeit (Nägel einschlagen) aufgefordert wurden, schrieben sich – unabhängig von ihrem eigenen Geschlecht – anschließend häufiger und schneller jene Selbstaspekte zu, die sich mit der Tätigkeit überschnitten (Hannover, 1997c).

- **Selbstbezogene Ziele**
  Es wird der Selbstaspekt aktiviert, der die Repräsentation eines persönlichen Ziels beinhaltet. Beispielsweise wird eine Person in einem Vorstellungsgespräch gezielt versuchen, mit Erfolg assoziierte Selbstaspekte zu aktivieren. Selbstbezogene Ziele werden jedoch nicht notwendigerweise bewusst gewählt, sondern können auch automatisch aktiviert werden. Hat eine Person beispielsweise das Ziel, schlank zu sein, wird ihr gewichtsbezogener Selbstaspekt automatisch aktiviert, wenn ihr eine appetitliche, kalorienreiche Speise angeboten wird (Hannover, 1994).

6.1.3   Zusammenfassung

Das Selbst bzw. Selbstkonzept setzt sich aus verschiedensten Selbstbildern zusammen. Welche Teile des Selbst besonders zugänglich sind, ist zum einen individuell aufgrund von unterschiedlichen Lernerfahrungen als auch situativ verschieden.

Wie wir gesehen haben, erfüllt das Selbst zentrale Funktionen. So hat es zum einen eine strukturierende Funktion, indem es im Sinne eines Schemas unsere Informationsverarbeitung unterstützt. Zum Zweiten erfüllt es die emotionale Funktion, unser (positives) Selbstwertgefühl mitzubestimmen. Und drittens hat es selbstregulative Funktion inne, indem es unser Handeln, Entscheiden und Planen beeinflusst. Wir haben nun gesehen, dass unser Selbstkonzept bedeutsamen Einfluss auf unser Denken, Handeln und Erleben hat. Doch wie finden wir heraus, was Inhalt unseres Selbst ist, wer und wie wir sind?

6.2   Wege der Selbsterkenntnis

Wissen darüber, wer wir sind, welche Fähigkeiten wir haben, was wir gerne mögen und was nicht, ist für unser Leben von großer Bedeutung – und das sowohl für die kleinen Entscheidungen des täglichen Lebens (z. B. welche Brotsorte wir beim Bäcker kaufen sollen) als auch für folgenschwere Entscheidungen wie beispielsweise die Berufswahl oder Familiengründung.

Sicherlich fragen auch Sie sich entsprechend immer mal wieder, was für ein Mensch Sie sind, was Sie mögen und was Sie zu Ihrem Verhalten motiviert. Nehmen wir einmal an, Sie halten sich für zielstrebig, ehrlich, vorsichtig, sensibel, intelligent, attraktiv und insgesamt für einen ganz anständigen Menschen. Wie sind Sie zu dieser Einschätzung gelangt? Wie kommen Menschen ganz allgemein zu Wissen über sich selbst, über ihre Vorlieben und die Gründe für ihr Verhalten?

Vermutlich würden Sie sagen, dass Sie dazu über sich nachdenken bzw. „in sich gehen". Dies ist eine Möglichkeit der Selbsterkenntnis, die als *Introspektion* (vgl. Abschnitt 6.2.1) bezeichnet wird. Es gibt jedoch zwei weitere wichtig Informationsquellen über die eigene Person, die Ihnen vermutlich weniger bekannt sein dürften: Wir entnehmen auch unserem eigenen Verhalten (*Selbstbeobachtung/Selbstwahrnehmung*; vgl. Abschnitt 6.2.2) und dem Vergleich mit anderen Personen (*sozialer Vergleich*; vgl. Abschnitt 6.2.3) Informationen über uns selbst.

Wege der Selbsterkenntnis

1. Introspektion
   Selbsterkenntnis durch Nachdenken über sich selbst

2. Selbstwahrnehmung
   Selbsterkenntnis durch Beobachtung seiner selbst

3. sozialer Vergleich
   Selbsterkenntnis durch den Vergleich seiner selbst mit anderen Personen

6.2.1   Selbsterkenntnis durch Introspektion

Die Ihnen wahrscheinlich vertrauteste Möglichkeit herauszufinden, was Sie motiviert und bewegt, ist die Introspektion. Dieses Vorgehen kann hilfreich sein, um Wissen über sich selbst zu gewinnen, hat jedoch seine Grenzen (Lyons, 1986; Nisbett & Wilson, 1977a). Auch wenn wir etwa 8 % unserer Gedanken pro Tag darauf verwenden, über uns selbst nachzudenken (Csikszentmihalyi & Figurski, 1982), bleiben uns dennoch viele Gründe für unser Empfinden und Verhalten verborgen. Dies ist darauf zurückzuführen, dass wir diese Gründe häufig nicht einfach an oder in uns „ablesen" können wie auf einer Anzeigetafel, sondern *erschließen* müssen.

Dies liegt zum einen daran, dass die Gründe für unser Handeln und Empfinden oft nicht offensichtlich, sondern eher diffus erscheinen bzw. der bewussten Wahrnehmung nur schwer zugänglich sind (Kihlstrom, 1987; Wilson & Nisbett, 1978). Die von uns angenommenen Beweggründe müssen entsprechend nicht zwingend mit den eigentlichen, möglicherweise unbewussten Antrieben für unser Fühlen und Verhalten übereinstimmen. So sind wir vielleicht der Meinung, dass wir einen bestimmten Kommilitonen deswegen nicht leiden können, weil er uns fachlich inkompetent erscheint, im Seminar aber trotzdem immer das letzte Wort haben muss. Das mag durchaus ein Grund sein, der den Kommilitonen unsympathisch macht, womöglich ist aber viel entscheidender, dass er äußerlich einer Person ähnelt, die man seit einem unangenehmen Zwischenfall überhaupt nicht mehr leiden kann. Letzteres ist uns womöglich nicht bewusst, kann aber dennoch der entscheidende Grund für die Abneigung sein. Möglicherweise würden wir den Mangel an fachlicher Kompetenz ganz anders bewerten, würde der Kommilitone anders aussehen (vgl. zur Veranschaulichung Abb. 6.3).

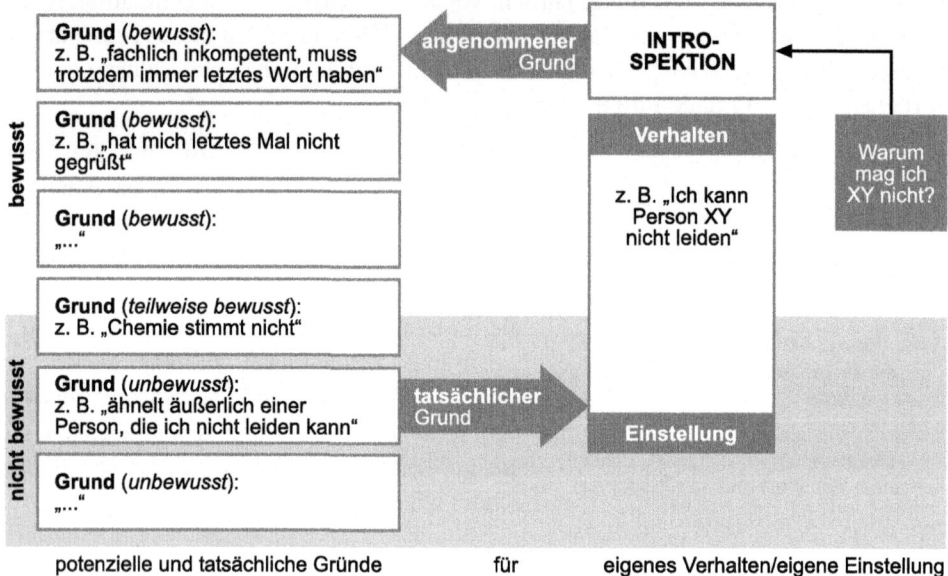

Abb. 6.3: Fragt man sich nach Gründen für eigenes Verhalten oder eine eigene Einstellung (z. B. „Warum mag ich XY nicht?", in der Abb. rechts), kann man über *Introspektion* die Gründe hierfür zu explorieren versuchen. Der durch dieses Vorgehen angenommene Grund *kann, muss aber nicht* dem tatsächlichen, „wahren" Grund entsprechen. So könnte es – wie in diesem Beispiel – sein, dass der tatsächliche Grund für die Einstellung (hier: „ähnelt äußerlich einer Person, die ich nicht leiden kann") nicht bewusst ist und „fälschlicherweise" ein anderer, bewusster Grund (hier: „fachlich inkompetent, muss trotzdem immer letztes Wort haben") angenommen wird.

Dass uns die wahren Gründe für unser Verhalten unter Umständen nicht bewusst sind, wurde beispielsweise im Konsumbereich gezeigt. Die Produktwahl von Konsumenten im Supermarkt erwies sich objektiv gesehen als von der Platzierung der Waren abhängig. Befragte man allerdings die Kunden nach Gründen für ihre Wahl, so führten sie verschiedenste Argumente an – nur nicht die Platzierung. Dieser „wahre" Grund für ihr Verhalten war den Konsumenten offensichtlich nicht bewusst (Nisbett & Wilson, 1977a).

Erklärungen für eigenes Verhalten und Erleben gehen über das, was wir tatsächlich wissen können, häufig sogar hinaus (Nisbett & Ross, 1980; Nisbett & Wilson, 1977a; Wilson, 1985, 1994; Wilson & Stone, 1985), d. h. dass wir dabei sogar Gründe „erfinden". Des Weiteren sind manche Ursachen wie beispielsweise „die Chemie stimmt" schwer zu objektivieren bzw. in Worte zu fassen.

Aufgrund dieser Einschränkungen der Selbsterkenntnismethode „Introspektion" sind Angaben, die Personen über ihre Beweggründe machen, in vielen Fällen nicht sehr überdauernd und häufig wenig verhaltensbestimmend (Millar & Tesser, 1986a; Wilson & LaFleur, 1995; Wilson et al., 1984; siehe auch Wilson & Kraft, 1993). Was nicht in Worte gefasst wurde bzw. werden konnte, aber die eigentliche „wahre" Ursache ist, ist hingegen überdauernd und beeinflusst das Verhalten.

Entsprechend sind wir nicht besonders gut darin, aufgrund von Introspektion unser zukünftiges Verhalten oder Empfinden vorherzusagen (Gilbert & Wilson, 2000; Millar & Tesser, 1986b; Wilson & LaFleur, 1995; Wilson et al., 1984). Anstatt beispielsweise unser „Bauchgefühl" heranzuziehen, scheinen wir eher allgemeine Annahmen über uns selbst abzurufen und darauf unsere Einschätzungen zu basieren (Jacoby et al., 1992; Niedenthal & Kitayama, 1994; Wegner & Wheatley, 1999; im Rahmen von Erinnerungen siehe auch Strack et al., 2005; Werth & Förster, 2002). Bei der Einschätzung zukünftiger Ereignisse neigen wir zudem dazu, begleitende Umstände zu missachten (z. B. dass ein an sich freudiges Ereignis wie der Besuch von Freunden übers Wochenende auch mit Arbeit und Einschränkungen verbunden ist) (Gilbert & Wilson, 2000).

Um Wissen über uns selbst zu erhalten, stehen uns neben der Introspektion noch wichtige andere Methoden zur Verfügung. Im nächsten Abschnitt wird beschrieben, wie wir mittels Beobachtung unserer Selbst (Selbstwahrnehmung) unter anderem zu Erkenntnissen über unsere Interessen oder unseren Gefühlszustand gelangen.

6.2.2 Selbsterkenntnis durch Beobachtung des eigenen Verhaltens – Theorie der Selbstwahrnehmung

„Woher soll ich wissen, was ich denke, bevor ich gehört habe, was ich sage?", fragt die britische Autorin E. M. Forster (Übersetzung durch die Autorinnen) und beschreibt damit letztendlich nichts anderes als die sog. **Selbstwahrnehmungstheorie** (Bem, 1967, 1972). Dieser zufolge beobachten Menschen ihr eigenes Verhalten genauso, wie sie das Verhalten anderer Personen beobachten, und ziehen daraus Rückschlüsse auf die Motive ihres Verhaltens. Dies ist insbesondere dann der Fall, wenn wir uns bezüglich einer Einschätzung unsicher sind (Chaiken & Baldwin, 1981). Wenn Sie beispielsweise gefragt werden, ob Sie andere gut überzeugen können, und Sie dazu keine abrufbare Meinung haben, überlegen Sie wahrscheinlich, wie häufig und bei welchen Gelegenheiten sich andere Ihren Argumenten angeschlossen haben. Sie reflektieren somit Ihr eigenes Verhalten und kommen dann zu dem Schluss, dass dies (nicht) der Fall

Theorie der Selbstwahrnehmung

Einstellungen, Motive und Empfindungen können aus der Beobachtung des eigenen Verhaltens erschlossen werden.

ist. Vielleicht haben Sie auch schon mal in Nullkommanichts ein Essen verschlungen und anschließend über sich selbst gedacht „Mein Gott, muss ich hungrig gewesen sein" – dann haben Sie nichts anderes getan als Ihr eigenes Verhalten zu beobachten und daraus eine Schlussfolgerung zu ziehen.

In Kapitel 5 wird dargestellt, wie Personen anhand von Attributionen *andere* Personen beurteilen. Nach Bem (1967, 1972) ist in Bezug auf die eigene Person das gleiche Vorgehen anzunehmen. Anhand von Selbstwahrnehmung erschließen wir die Ursachen unseres Verhaltens und schätzen unsere Möglichkeiten zur Veränderung der Situation ein (Albarracin & Wyer, 2000; Dolinski, 2000; Fazio, 1987; Wilson, 1990). Nachfolgend wird dargestellt, wie aufgrund dessen beispielsweise intrinsische Motivation untergraben (Greene et al., 1976; Lepper et al., 1973) oder körperliche Erregung missinterpretiert werden kann (Dutton & Aron, 1974; Zanna & Cooper, 1974).

Selbstwahrnehmung und intrinsische Motivation

Stellen Sie sich vor, Sie spielen gerne Tennis. Sie verbringen viele Stunden auf dem Tennisplatz, um Ihren Aufschlag zu üben. Würde man Sie fragen, warum Sie so fleißig trainieren, würden Sie vermutlich sagen, dass Sie Sport und insbesondere Tennis mögen und sich an Ihren Fortschritten erfreuen. Sie würden demnach Ihr Tennisspiel als *intrinsisch* (aus einem inneren Antrieb heraus) motiviert sehen. Sie beschäftigen sich aus Interesse damit, d. h. weil Sie gerne spielen, nicht weil Sie jemand dazu zwingt oder Ihnen eine Belohnung dafür verspricht (Cordova & Lepper, 1996; Deci & Ryan, 1985; Harackiewicz & Elliot, 1993, 1998; Harackiewicz et al., 1992; Hirt et al., 1996; Ryan & Deci, 2000; Tauer & Harackiewicz, 1999).

Stellen Sie sich nun weiter vor, dass sich die Situation folgendermaßen ändert: Zum einen ist es in Ihrem Tennisclub üblich, dass man nach einjähriger Mitgliedschaft an Turnieren teilnimmt. Zum anderen hat ein Onkel – selbst ein verhinderter Tennis-Champion – von Ihrer Tennisleidenschaft erfahren und ist ganz begeistert davon, dass Sie sozusagen in seine Fußstapfen treten wollen. Um zu verhindern, dass Sie mit der Zeit den Spaß am Tennisspielen verlieren und um Sie zu noch regelmäßigerem Training zu motivieren, verspricht er Ihnen für jede Woche fleißigen Trainings einen kleinen Beitrag für Ihre Urlaubskasse. Nun gibt es zusätzlich auch einen *extrinsischen* (von außen kommenden) Grund für Sie, sich beim Tennis zu engagieren: den Druck, an Turnieren teilzunehmen sowie materielle Belohnungen für Ihr Training. Sie spielen also nicht mehr *nur* zum Spaß wie früher.

Intrinsische Motivation

Aus einem inneren Antrieb entstehende Motivation durch Interesse und Spaß an einer Tätigkeit.

Extrinsische Motivation

Von außen kommende Motivation aufgrund von Belohnungen und äußerem Druck.

Sie werden jetzt vielleicht denken: „Wunderbar, wenn ich für das, was ich eh gerne tue, auch noch belohnt werde, dann macht es doch gleich doppelt so viel Spaß!" In der Tat scheint es zunächst so, als würde der Spaß am Spiel (intrinsisch) einfach um eine Belohnung für das Spielen (extrinsisch) ergänzt. Interessanterweise kann dadurch jedoch das ursprüngliche (intrinsische) Interesse am Tennisspielen verloren gehen, d. h. der Spaß

Effekt der Überrechtfertigung (*overjustification effect*)

Für Aktivitäten, die mit Belohnung oder extrinsischen Gründen assoziiert, d. h. in Verbindung gebracht werden, nimmt die intrinsische Motivation ab.

durch die Belohnung „von außen" ersetzt werden. Im Sinne der Selbstwahrnehmungstheorie (Bem, 1967) schließt die betreffende Person nämlich, dass nun die Belohnung der Grund für die Beschäftigung mit Tennis ist und nicht der Spaß am Spiel („Ich spiele nur wegen des Geldes"). Diese Unterschätzung intrinsischer Gründe für eine Handlung wird **Effekt der Überrechtfertigung** genannt (*overjustification effect*; Deci et al., 1999; Greene et al., 1976; Lepper et al., 1973; Tang & Hall, 1995; vgl. Abb. 6.4 und oberen Exkurs übernächste Seite). Äußere Gründe rechtfertigen das Verhalten derart, dass keine inneren Beweggründe mehr nötig erscheinen, um es aufrechtzuerhalten oder zu erklären (Kruglanski et al., 1975). Sehen wir ein Verhalten als durch äußere Faktoren motiviert an, ändert sich auch die Einschätzung, inwieweit wir ein echtes Interesse an der Tätigkeit haben, und damit auch das Wissen über die eigene Person.

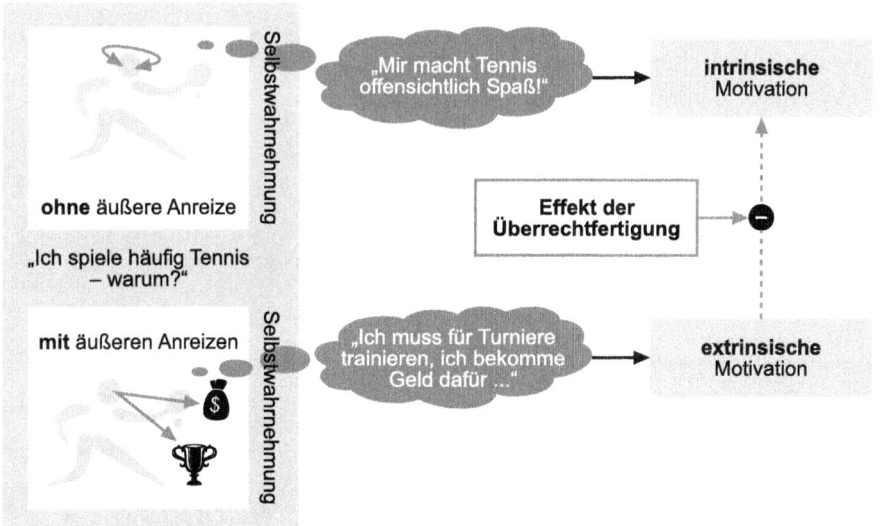

Abb. 6.4: Sind keine äußeren Anreize für eine Tätigkeit offensichtlich, legt uns unsere Selbstwahrnehmung nahe, dass offensichtlich intrinsische Gründe für das eigene Tun vorliegen müssen (oberer Teil der Abb.). Sind äußere Anreize (hier: Geld, Turniere/Pokale) vorhanden bzw. kommen diese hinzu, werden diese als verhaltensleitend wahrgenommen, so dass uns unser Verhalten unter Umständen hauptsächlich extrinsisch motiviert erscheint (unterer Teil der Abb.). Verringert extrinsische Motivation die intrinsische auf diese Weise, sprechen wir vom Effekt der Überrechtfertigung (vgl. auch Abb. 6.5).

Dieses Paradox, dass Belohnungen intrinsische Motivation eher unterminieren als sie zu verstärken, indem sich dadurch die Selbstwahrnehmung des eigenen Interesses verändert, wurde sowohl für Kinder als auch für Erwachsene in einer Vielzahl von Bereichen nachgewiesen. Wettkämpfe, Bewertungen und andere externale Faktoren haben den gleichen Effekt (Enzle & Anderson, 1993; vgl. Beispielstudie und Exkurs unten nächste Seite).

Beispielstudie zum Effekt der Überrechtfertigung
Extrinsische Belohnung kann intrinsische Motivation zerstören.

In einer Studie von Greene et al. (1976) wurden Viert- und Fünftklässlern vier neue mathematische Spiele gezeigt. In der ersten Phase wurden die Kinder beobachtet, wie lange sie sich „von allein" mit den Spielen beschäftigten. In der zweiten Phase führten die Lehrer Belohnungen für die Beschäftigung mit den Mathematikspielen ein. Die Kinder konnten Punkte sammeln, welche ihnen Urkunden und Trophäen einbrachten. Je länger sie sich mit den Spielen beschäftigten, desto mehr Punkte erhielten sie. In einer dritten Phase wurden die Belohnungen wieder entfernt.

Die Ergebnisse zeigten, dass die Zeit, welche die Kinder mit den Spielen verbrachten, in Phase zwei durch die Belohnungen im Vergleich zu einer Kontrollgruppe, die über die ganze Versuchsdauer hinweg niemals eine Belohnung erhielt, zunahm (siehe Abb. 6.5). Wurden die Belohnungen wieder entzogen, verbrachten die Kinder weniger Zeit mit den Spielen als vor Einführung des Belohnungssystems, d. h., die Kinder beschäftigten sich ohne Belohnung nun weniger als die Kontrollgruppe mit den Spielen, was eine verminderte intrinsische Motivation anzeigt.

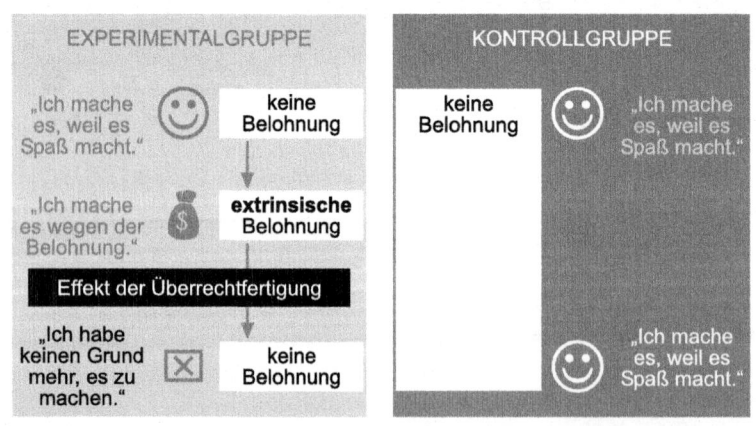

Abb. 6.5: Effekt der Überrechtfertigung. Eine vorhandene intrinsische Motivation kann durch eine extrinsische Belohnung zerstört werden. In der Experimentalgruppe führen die Teilnehmer ihr Engagement in der Belohnungsphase auf die Belohnung und nicht mehr auf den Spaß an der Sache zurück. Fällt die Belohnung in der letzten Phase wieder weg, sehen sie keinen Grund mehr, die Tätigkeit weiter auszuführen.

Diese Ergebnisse wurden mithilfe des Überrechtfertigungseffekts erklärt. Die intrinsische Motivation, mit welcher sich die Kinder mit den mathematischen Spielen beschäftigten, wurde durch extrinsische Gründe (Urkunden und Trophäen) ersetzt. Die Kinder verloren das Interesse an den Spielen, da sie „annahmen", dass sie diese nur wegen der Belohnung spielten. Da diese in der letzten Phase wegfiel, gab es für sie keinen Grund mehr, sich damit zu beschäftigen.

Exkurs: Ein Volksmärchen zum Effekt der Überrechtfertigung

„Ein alter Mann lebte in einem Haus, vor dem jeden Nachmittag Kinder unglaublich laut spielten. Der Lärm ging ihm auf die Nerven und so rief er eines Tages die Kinder zu sich. Er sagte ihnen, dass er den fröhlichen Klang ihrer Stimmen sehr gern habe, und versprach jedem von ihnen 50 Cent, wenn sie am nächsten Tag wieder zum Spielen kämen. Die Kinder kamen am nächsten Tag wieder und spielten noch lauter als am Vortag. Der alte Mann bezahlte sie wie vereinbart und versprach ihnen eine weitere Belohnung für den kommenden Tag. Wiederum erschienen sie nachmittags und lärmten umher. Der alte Mann bezahlte sie erneut, allerdings mit nur 25 Cent pro Kind. Den nächsten Tag erhielt jeder nur noch 15 Cent. Der alte Mann erklärte ihnen, dass seine Ersparnisse langsam aufgebraucht seien und fragte: „Bitte, würdet Ihr morgen auch für 10 Cent spielen kommen?" Die enttäuschten Kinder aber erklärten dem Mann, dass sie nicht wiederkommen würden. Für den Aufwand lohne es sich nicht, sagten sie, den ganzen Nachmittag für nur 10 Cent vor seinem Haus zu spielen" (aus Werth, 2004, S. 206).

Exkurs: Wann ist Belohnung kontraproduktiv?

Aufgrund von Überrechtfertigung können gut gemeinte Anreiz-, Be- und Entlohnungssysteme intrinsische Motivation unbeabsichtigt zerstören. Inwieweit sich externale Anreize negativ auswirken, ist jedoch von bestimmten Bedingungen abhängig (Calder & Staw, 1975; Tang & Hall, 1995 u. a.):

- **Ursprüngliches Ausmaß der intrinsischen Motivation**
  Extrinsische Anreize können intrinsische Motivation nur dann zerstören, wenn diese vorher auch vorhanden war (Calder & Staw, 1975; Tang & Hall, 1995). Hat anfänglich kein eigenes Interesse an einer Aufgabe vorgelegen, sind Belohnungen unproblematisch.

- **Art der Belohnung**
  Belohnungen, die als mit der Leistung direkt zusammenhängend wahrgenommen werden (sog. leistungsabhängige Belohnungen), wie eine Medaille für einen Sieg im Sport oder eine Prämie für einen Verbesserungsvorschlag, wirken sich seltener negativ auf eine intrinsische Motivation aus als Belohnungen, die ausschließlich auf Bearbeitung einer Aufgabe hin gegeben werden, ohne dass die erzielte Leistung dabei eine Rolle spielt (sog. aufgabenabhängige Belohnungen) (Deci & Ryan, 1985; Sansone & Harackiewicz, 2000; siehe auch Tang & Hall, 1995).

Wie wir gesehen haben, gewinnen wir Wissen über uns selbst unter anderem daraus, welche Ursachen wir Verhalten zuschreiben. Entsprechend verändert sich beispielsweise unsere Selbsteinschätzung bzw. unsere Selbstbeschreibung, wenn wir eine Tätigkeit nicht mehr als durch eigenes Interesse, sondern durch äußere Belohnung bedingt ansehen. Ursachenzuschreibungen spielen auch bei der Interpretation eigener körperlicher Zustände eine Rolle.

Selbstwahrnehmung und körperliche Erregung (*arousal*)

Wenn wir unseren Gefühlszustand bzw. unsere gefühlsmäßige Reaktion auf eine Situation, eine Person oder ein Objekt bestimmen wollen, spielt Selbstwahrnehmung ebenfalls eine bedeutsame Rolle. Für Gefühlszustände ist neben der Valenz (d. h. positiv/negativ) auch der Grad an Erregung (engl. *arousal*) kennzeichnend (Schachter, 1964). Nehmen wir an uns selbst Erregung wahr, kann sich dies – je nachdem, wie wir diese Erregung interpretieren – darauf auswirken, wie wir uns fühlen bzw. welche gefühlsmäßige Reaktion andere Personen oder Objekte in uns auslösen.

Für die Interpretation eigener körperlicher Zustände stehen oft mehrere plausible Ursachen zur Wahl und es ist nicht immer einfach zu entscheiden, welche nun die zutreffende ist. Untersucht wurde dies insbesondere für die unspezifische physiologische Erregung und deren Fehlattributionen (zu den bekanntesten gehört der sog. *Erregungstransfer*; z. B. Cantor et al., 1975; Schachter & Singer, 1962; vgl. Beispielstudie).

Beispielstudie zur Fehlattribution von Erregung
Eine unspezifische physiologische Erregung wird einer falschen Ursache zugeordnet.

Dutton und Aron (1974, Exp. 1) ließen in ihrer Studie männliche Teilnehmer, die einen Park in British Columbia besuchten, einer sehr attraktiven Frau (Mitarbeiterin der Autoren) begegnen. Bevor die Teilnehmer jedoch „zufällig" mit dieser Frau zusammentrafen, hatten sie verschiedene Wege zurückgelegt.

Die eine Teilnehmergruppe kam durch den Park und erreichte dann den Rand einer tiefen Schlucht. Über die Schlucht erstreckte sich eine etwa 137 m lange Hängebrücke aus an Drahtseilen hängenden Holzplanken. Um sich zur Überquerung der Brücke an dem niedrigen Geländer festzuhalten, mussten sich die Passanten bücken und so in die Tiefe der Schlucht schauen – den Blick auf einen reißenden Fluss gerichtet. Aufgrund der flexiblen Befestigung schwankte die Brücke hin und her. Die meisten von uns wären in solch einer Situation vermutlich mehr als nur „ein wenig nervös" – das Herz pocht lautstark, man atmet heftiger und beginnt zu schwitzen. Während die Teilnehmer die Brücke überquerten, näherte sich die Frau und bat die Teilnehmer, einen Fragebogen auszufüllen.

Die zweite Teilnehmergruppe (Exp. 1) überquerte dagegen eine fest montierte Holzbrücke, die zum einen breiter und stabiler war als die Hängebrücke über der Schlucht und außerdem mit nur 3 m Länge einen kleinen Bach überspannte. Zudem hatte sie ein normal hohes Geländer und schwankte nicht.

Eine dritte Teilnehmergruppe (Exp. 2) überquerte ebenfalls die zuerst beschriebene, „gefährliche" Brücke, hatte dann aber zehn Minuten Zeit, um auf einer Bank auszuruhen, bevor sie der attraktiven Frau gegenüberstanden. Auf diese Weise konnten sich Puls, Atemfrequenz und Herzschlag vor dem Zusammentreffen normalisieren.

In allen drei Bedingungen gab die Interviewerin im Anschluss an den Fragebogen den Teilnehmern einen Zettel mit ihrer Telefonnummer, dass diese sie anrufen könnten, wenn sie nähere Informationen über das Projekt erhalten möchten. Eine der entscheidenden Variablen war, wie viele Männer nun tatsächlich anrufen würden.

> Würden Sie einen Unterschied zwischen den Männern, die auf der Furcht auslösenden Brücke und denen, die auf der weniger Furcht auslösenden Brücke gingen, erwarten? Die Ergebnisse belegten dies – die Interviewerin wurde von mehr Teilnehmern später angerufen, die ihr auf der Hängebrücke begegnet waren (ca. 50 % in Studie 1 und ca. 65 % in Studie 2), als von jenen, die sie auf der Parkbank angesprochen hatte (30,4 %) und die die stabile Brücke überquert hatten (12,5 %).
>
> Die Autoren führten dies auf eine Fehlattribution der eigenen physiologischen Reaktion zurück: Beim Überqueren der hohen Brücke empfanden die Teilnehmer physiologische Erregung. Die Teilnehmer schrieben diese physiologische Veränderung aber fälschlicherweise der empfundenen Attraktivität der Interviewerin zu (sog. *Erregungstransfer*). Deshalb riefen sie diese eher an als Teilnehmer, die über die feste Brücke gegangen waren oder bei denen die Erregung infolge der Pause gesunken war.

Personen gewinnen Wissen über sich selbst, indem sie aus dem eigenen Verhalten bzw. körperlichen Zuständen auf ihre dahinterstehenden Motive, Empfindungen und Einstellungen schließen (vgl. auch Abschnitt 7.2.3). Dabei sind fehlerhafte Schlussfolgerungen möglich (z. B. Erregung, die andere Ursachen hat; Belohnung, die intrinsische Motivation unterminiert). Dieses Vorgehen der Selbstwahrnehmung kommt insbesondere in mehrdeutigen Situationen vor, d. h. wenn die verarbeitende Informationsmenge unsere Kapazitäten übersteigt oder die uns wahren Ursachen für aktuelles Befinden (Stimmung, Erregung) uns nicht bewusst sind. Um etwas über uns selbst bzw. über unsere Beweggründe herauszufinden, beobachten wir jedoch nicht nur unser eigenes Verhalten, sondern auch das anderer Personen.

6.2.3   Selbsterkenntnis durch die Beobachtung anderer Personen

Stellen Sie sich vor, im Rahmen eines Bewerbungsverfahrens durchlaufen Sie einige Eignungstests und erreichen 76 von 100 Punkten. „Nicht schlecht", könnte man sagen. Was aber, wenn alle anderen Teilnehmer zwischen 85 und 100 Punkte erreicht haben? Wie dieses einfache Beispiel zeigt, hängt beispielsweise die Einschätzung der eigenen Leistung stark von der Vergleichsinformation ab, die durch andere Personen „zur Verfügung" gestellt wird.

Ähnlich ist es, wenn Sie von sich sagen sollten, ob Sie sportlich sind oder nicht. Gesetzt den Fall, Sie würden dies bejahen – was genau hieße das dann? Gehen Sie zweimal pro Woche spazieren oder trainieren Sie täglich zwei bis drei Stunden Karate? Ersteres wäre nur dann sportlich, wenn Sie sich mit jemandem vergleichen, der alle Wege mit dem Auto zurücklegt und sich auch sonst so gut wie nicht bewegt. Letzteres wäre dagegen auch dann noch sportlich, wenn Sie sich mit dem Radsportler Jan Ullrich vergleichen. Ohne die Vergleichsinformation ist die Information „sportlich" nicht viel wert – weder für Ihre eigene Selbsteinschätzung noch für andere.

Dem Ziel der *Selbsterkenntnis* dienlich sind vor allem Vergleiche mit ähnlichen anderen. Als Freizeitsportler sagt ein Vergleich mit einem anderen Freizeitsportler, der ähnlich viel Zeit und Möglichkeiten zu sportlicher Betätigung hat wie man selbst, deutlich mehr aus als der Vergleich mit einem Leistungssportler und ermöglicht eine differenzierte Einschätzung der eigenen Leistungsfähigkeit.

Sozialer Vergleich

Personen bewerten ihre eigenen Fähigkeiten und Einstellungen, indem sie sich mit anderen vergleichen.

Dies resultiert – je nachdem, ob auf Ähnlichkeiten oder Unterschiede fokussiert wird – in Assimilation (Annäherung des eigenen Urteils an den Vergleichsstandard) oder Kontrast (Distanzierung).

Eine Einschätzung unseres eigenen Könnens, unserer Fähigkeiten und Einstellungen, d. h. Wissen über uns selbst, ziehen wir aus dem Vergleich mit anderen (Theorie des sozialen Vergleichs, Festinger, 1954; siehe auch Brown, 1990; Buunk & Mussweiler, 2001; Helgeson & Mickelson, 1995; Kruglanski & Mayseless, 1990; Lyubomirsky & Ross, 1997; Mussweiler, 2003; Stapel & Koomen, 2000; Wheeler et al., 1997; Wood, 1989, 1996). Soziale Vergleiche zu tätigen, ist ein fundamentales menschliches Bedürfnis (Gilbert et al., 1995; Mussweiler, 2001a, b; Mussweiler et al., 2000). Das Ausmaß sozialer Vergleiche variiert zum einen von Person zu Person (Menschen, die sich bezüglich der Beurteilung ihrer eigenen Person unsicherer sind, orientieren sich stärker an anderen und vergleichen sich daher vermehrt; Gibbons & Buunk, 1999), zum anderen in Abhängigkeit von der Situation: Personen vergleichen sich insbesondere dann mit anderen, wenn es kein objektives Maß gibt, das ihnen eine Einschätzung ermöglicht, oder wenn sie sich bezüglich ihrer selbst unsicher in der zu beurteilenden Dimension sind (Wood, 1989).

Wie unsere (Selbst-)Einschätzung ausfällt und welche emotionalen und motivationalen Konsequenzen dies hat, hängt zum einen – wie die obigen Beispiele zeigen – in bedeutsamem Maße davon ab, mit wem wir uns vergleichen, oder, anders ausgedrückt, vom sog. *Vergleichsstandard*. Zum anderen ist entscheidend, welchen *Fokus* wir während des Vergleichens einnehmen. Letzterer beeinflusst, ob sich die Selbsteinschätzung an den Vergleichsstandard annähert (Assimilation) oder davon entfernt (Kontrast) (z. B. Mussweiler, 2001a, b; Mussweiler et al., 2004a, b; für weitere Faktoren, die Assimilation und Kontrast auslösen können, siehe auch Stapel & Koomen, 2000, Stapel et al., 1997). Assimilationseffekte in der Selbsteinschätzung finden sich dann, wenn während des Vergleichens auf Ähnlichkeiten zwischen der eigenen Person und dem Vergleichsstandard fokussiert wird; Kontrasteffekte resultieren, wenn im Rahmen des Vergleichs nach Unterschieden gesucht wird.

Ob wir eher nach Ähnlichkeiten oder Unterschieden suchen, wird unter anderem von Eigenschaften des Vergleichsstandards, Hinweisreizen und auch von dem aktuellen Informationsverarbeitungsstil beeinflusst:

- **Eigenschaften des Vergleichsstandards**
  Empfinden wir einen Vergleichsstandard als uns ähnlich, zeigt sich in den Selbsturteilen typischerweise ein Assimilationseffekt. Erscheint uns der Standard dagegen als

unterschiedlich, finden sich eher kontrastierende Selbsteinschätzungen. Inwieweit wir einen Vergleichsstandard als ähnlich oder unähnlich empfinden, hängt in entscheidendem Maße von dessen Extremität auf der Urteilsdimension ab. Stellen Sie sich dazu vor, Sie würden aufgefordert, sich hinsichtlich ihrer Sportlichkeit mit dem Profibasketballer Michael Jordan zu vergleichen. Die meisten Menschen empfinden sich diesem extremen Standard als unähnlich und fokussieren deshalb beim Vergleich vermehrt auf Unterschiede. Entsprechend resultiert ein Kontrasteffekt (z. B. Mussweiler, 2003; Mussweiler et al., 2004b; vgl. Beispielstudie). Entsprechend schätzten sich in einer Untersuchung von Dijksterhuis und Kollegen (1998) Teilnehmer, die sich mit einem extrem hohen Standard (z. B. Albert Einstein) verglichen hatten, nachfolgend weniger intelligent ein als jene, die sich mit einem niedrigen Standard verglichen hatten (z. B. mit dem Fotomodell Claudia Schiffer). Mit einer sehr attraktiven Person konfrontiert zu werden, lässt einen – im Sinne eines Kontrasteffekts – unter Umständen an der eigenen Attraktivität zweifeln (Cash et al., 1983; im Werbekontext siehe auch Kenrick & Gutierres, 1980; Richins, 1991, 1995).

Beispielstudie zu sozialen Vergleichen
Die Selbsteinschätzung wird an moderate Vergleichsstandards angeglichen und von extremen Standards kontrastiert.

In der Studie von Mussweiler und Kollegen (2004b, Exp. 1) sollten sich professionelle Wasserballspieler zunächst einen Eindruck von einer anderen Person bilden, deren sportliche Fähigkeiten in einem Absatz beschrieben wurden. Für die eine Hälfte der Sportler war dies ein moderat hoher, für die andere Hälfte ein extrem hoher Standard (vgl. Tab. 6.1).

moderat hoher Standard	extrem hoher Standard
Er gehört zu den besseren Spielern der Mannschaft.	Er ist eindeutig der beste Spieler der Mannschaft.
Gelegentlich wird er nach einem Spiel für seinen wichtigen Beitrag zum Mannschaftserfolg vom Trainer gelobt.	Nach jedem Wettkampf dankt der Trainer ihm für seinen entscheidenden Beitrag zum Mannschaftserfolg; manchmal erscheint es beinahe so, als wäre der Sieg allein sein Erfolg.
In der Schule gehörte er zu den besten Sportlern.	In der Schule war er eindeutig der beste Sportler.
Wenn es die Zeit erlaubt, geht er noch anderen Aktivitäten wie Fahrradfahren, Laufen und Krafttraining im Fitnessstudio nach.	Er geht regelmäßig verschiedenen anderen sportlichen Aktivitäten nach: Er läuft täglich ca. 15 km, fährt mehrere hundert km Rad pro Woche und betreibt intensives Krafttraining im Fitnessstudio.
Einschätzung eigener Sportlichkeit **>**	**Einschätzung eigener Sportlichkeit**

Tab. 6.1: Elemente der Beschreibungen für den moderat hohen (linke Spalte) bzw. den extrem hohen (rechte Spalte) Standard in der Studie von Mussweiler und Kollegen (2004b). Die Teilnehmer schätzten die eigene Sportlichkeit bei moderat hohem Standard höher ein als bei extrem hohem Standard (letzte Zeile).

Anschließend schätzten die Wasserballer ihre eigene Sportlichkeit ein, indem sie beispielsweise angeben sollten, wie schnell sie 100 m bzw. 1 500 m schwimmen könnten und welchen Anteil (in Prozent) sie durchschnittlich am Sieg ihrer Mannschaft hätten.

Die Ergebnisse zeigten, dass diejenigen Sportler, denen der moderate Standard vorgelegt worden war, sich selbst sportlicher einschätzten als ihre Wasserballkollegen, die sich mit dem extremen Standard beschäftigt hatten. Erstere hatten ihre Selbsteinschätzung an den moderat hohen Standard angeglichen (assimiliert), Zweitere hatten sich von dem extrem hohen Standard kontrastiert (vgl. zusammenfassend Tab. 6.1).

Ob wir einen Vergleichsstandard als ähnlich empfinden oder nicht (und damit auch der Fokus des Vergleichs), kann unabhängig von der Extremität auch von an sich bedeutungslosen Gemeinsamkeiten beeinflusst werden. Beispielsweise schätzten Personen ihre eigene Attraktivität höher ein, wenn sie sich zuvor mit einem attraktiven Model vergleichen sollten, das am gleichen Tag Geburtstag hatte wie sie selbst, als nach Vergleich mit einem Model, das an einem anderen Tag Geburtstag hatte (Brown et al., 1992).

- **Art der Informationsverarbeitung**
Ist die Informationsverarbeitung bereits darauf „eingestellt", auf Ähnlichkeiten (Unterschiede) zu testen, so resultieren mit größerer Wahrscheinlichkeit Assimilationseffekte (Kontrasteffekte; Mussweiler, 2001b; vgl. Beispielstudie).

Beispielstudie zu sozialen Vergleichen
Für die Selbsteinschätzung ist es entscheidend, ob die Informationsverarbeitung auf Ähnlichkeits- oder Unterschiedssuche „eingestellt" ist.

Die (studentischen) Teilnehmer von Mussweiler (2001b) bekamen zunächst zwei Bilder vorgelegt, die sie miteinander vergleichen sollten. Die eine Hälfte der Teilnehmer wurde dabei angewiesen, so viele Ähnlichkeiten zwischen den Bildern zu finden wie möglich, die andere Hälfte sollte möglichst viele Unterschiede auflisten. Ziel war es, mit diesem sog. *prozeduralen Priming* die Informationsverarbeitung der Teilnehmer auf die Suche nach Ähnlichkeiten versus Unterschieden „einzustellen".

In einer zweiten, angeblich unabhängigen Studie wurden die Teilnehmer gebeten, sich anhand einer Personenbeschreibung einen Eindruck von der Studentin „Christiane" zu bilden. Diese wurde für einige Teilnehmer so beschrieben, dass sie sich gut an die für sie neue Situation des Studierens angepasst hätte (hoher Standard); für die anderen Teilnehmer beschrieb der Absatz eine eher schlecht angepasste Studentin (niedriger Standard).

Die Teilnehmer sollten sich mit Christiane vergleichen und dann angeben, wie gut sie selbst in sozialer Hinsicht an die Studiumssituation angepasst wären. Im Speziellen wurden sie gefragt, wie oft sie normalerweise pro Monat ausgingen und wie viele Freunde sie an ihrem Studienort hätten.

Die Ergebnisse zeigten, dass die Selbsteinschätzung der Teilnehmer davon abhing, ob sie in der ersten Bildervergleichsaufgabe nach Ähnlichkeiten oder nach Unterschieden gesucht hatten. Hatten sie nach Ähnlichkeiten gesucht, glichen sie ihr Selbsturteil an „Christiane" an, d. h., sie beschrieben sich selbst als besser angepasst, wenn sie sich mit dem hohen statt mit dem niedrigen Standard verglichen hatten (Assimilationseffekt). Ein umgekehrtes Bild zeigte sich, wenn die Teilnehmer in der ersten Aufgabe nach Unterschieden zwischen den Bildern gesucht hatten. In diesem Fall schätzten sie sich als besser angepasst ein, wenn sie sich mit dem *niedrigen* statt mit dem hohen Standard verglichen hatten (Kontrasteffekt).

Diese Studie zeigt, dass die Art der Informationsverarbeitung (Suche nach Ähnlichkeiten oder nach Unterschieden) den Ausgang sozialer Vergleiche entscheidend beeinflussen kann (vgl. Abb. 6.6).

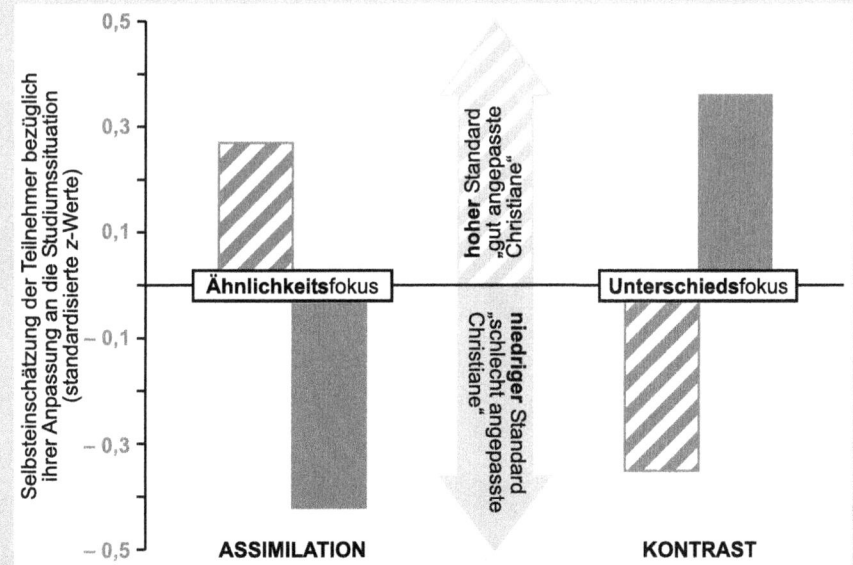

Abb. 6.6: Ergebnisse der Studie von Mussweiler (2001b; in Anlehnung an Abb. 1, S. 505): Waren die Teilnehmer auf Ähnlichkeiten geprimet (linker Teil der Abb.), schätzten sie sich bei Vorgabe eines hohen Standards (schraffierte Säulen) als in sozialer Hinsicht besser an die Studiumssituation angepasst ein als bei Vorgabe eines niedrigen Standards (graue Säulen) (Assimilation). Waren sie auf Unterschiede geprimet worden, zeigte sich genau das entgegengesetzte Muster (Kontrast). Die z-Werte geben die Abweichung der Einschätzungen in den jeweiligen Bedingungen vom Gesamtmittelwert nach oben (positive Werte = eingeschätzte Anpassung besser als Gesamtmittel) bzw. nach unten (negative Werte = schlechter als Gesamtmittel) in Form von Standardabweichungseinheiten wieder.

- **Hinweisreize**

  Auch Hinweisreize, die eine Fokussierung auf Ähnlichkeiten respektive Unterschiede
  nahelegen, können beeinflussen, ob Assimilation an oder Kontrast vom Vergleichsstandard in der Selbsteinschätzung resultiert (vgl. Beispielstudie).

Beispielstudie zum sozialen Vergleich
Die Art des Vergleichs beeinflusst die Einschätzung der eigenen Person.

Häfner (2004, Exp. 1) gab seinen männlichen Teilnehmern in drei verschiedenen
Werbeanzeigen gleichgeschlechtliche, athletisch gebaute Models vor, die für Haar-
shampoos oder andere Kosmetikprodukte warben. Anschließend sollten zum einen
die Models anhand verschiedener Kriterien bewertet werden, zum anderen sollte
eine Einschätzung der eigenen Sportlichkeit erfolgen. Die Teilnehmer sollten dazu
die maximale Anzahl an Liegestützen angeben, zu der sie sich selbst in der Lage
fühlten.

Variiert wurden dabei die Slogans der Werbeanzeigen. Werbeslogans wie „feel the
difference" sollten den Fokus des Vergleichs auf Unterschiede zwischen Teilnehmer und Model lenken, während Werbeslogans wie „same body – same feeling"
Ähnlichkeiten zwischen beiden betonen und damit bewirken sollten, dass die Teilnehmer in Ähnlichkeitsvergleiche eintreten.

Die Ergebnisse bestätigten dies: Personen, die Slogans wie „feel the difference"
gelesen hatten, trauten sich deutlich weniger Liegestützen zu als Teilnehmer, die

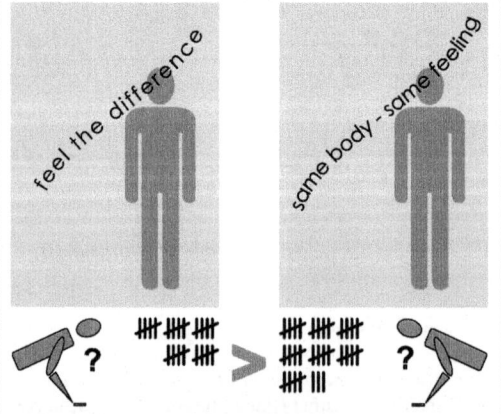

Abb. 6.7: Schematische Darstellung der Ergebnisse von Häfner (2004, Exp. 1). Teilnehmer, die
Werbeanzeigen mit sportlichen Models und Slogans gesehen hatten, die Unterschiedlichkeit betonen
(z. B. „feel the difference", linker Teil der Abb.), schätzten ihre eigene Sportlichkeit im Anschluss
geringer ein (hier: Schätzung, wie viele Liegestütze – symbolisiert durch die Strichzählung – sie
schaffen würden) als Teilnehmer, die Anzeigen mit auf Ähnlichkeiten fokussierenden Slogans (z. B.
„same body – same feeling", rechter Teil der Abb.) erhalten hatten.

auf Ähnlichkeiten abzielende Slogans wie „same body – same feeling" präsentiert bekommen hatten (25 versus 38 Liegestützen; vgl. Abb. 6.7).

Dies zeigt, dass der Fokus des Vergleichs (d. h. ob nach Ähnlichkeiten oder Unterschieden gesucht wird) einen Einfluss auf die Selbsteinschätzung hat.

6.2.4 Zusammenfassung

Um Zugang zu ihrem eigenen Erleben zu gewinnen, stehen Personen drei wichtige Wege der Selbsterkenntnis zur Verfügung: Zunächst einmal können sie über sich selbst nachdenken (Introspektion). Darüber hinaus können Personen Erkenntnisse gewinnen, indem sie sich selbst beobachten und aus ihrem Verhalten auf ihr Denken und Erleben schließen (Selbstwahrnehmung). Schließlich gewinnen Menschen Informationen über sich selbst, indem sie sich mit anderen vergleichen (sozialer Vergleich).

Diese Wege der Selbsterkenntnis führen in vielen Fällen zu brauchbaren Ergebnissen. Doch unterliegen sie wie alle Urteilsprozesse auch verzerrenden Eigenheiten unserer Informationsverarbeitung. Im Speziellen ist das Vorgehen über Introspektion begrenzt, da viele Ursachen eigenen Verhaltens nur schwer zugänglich sind. Die Methode der Selbstwahrnehmung kann zu Fehleinschätzungen führen, wenn das Wahrgenommene beispielsweise fehlerhaft attribuiert wird. Die Ergebnisse sozialer Vergleiche hängen entscheidend davon ab, mit wem man sich vergleicht und ob man dabei auf Ähnlichkeiten oder auf Unterschiede zu diesem Standard fokussiert.

6.3 Bedrohungen des Selbst

Eine der stärksten Determinanten unseres Verhaltens ist das Bedürfnis, ein stabiles, positives Selbstkonzept zu haben. Entsprechend sind wir bestrebt, stets eine möglichst positive Sicht der eigenen Person aufrechtzuerhalten, auch wenn dies eine Verzerrung der Realität bedeuten sollte (Greenberg et al., 1982; Snyder & Higgins, 1988; Tetlock, 1981; Wann & Schrader, 2000). Gerne wollen wir uns zudem im Vergleich zu anderen als *besser* ansehen (sog. *above average effect*; Alicke et al., 2001; Klar, 2002; Taylor & Brown, 1988). Klassisches Beispiel hierfür ist der Befund in Umfragen, dass 80 % der Befragten angeben, in dem jeweils erfragten Fähigkeitsbereich zu den 20 % der Besten zu gehören. Diese Einschätzung kann offensichtlich nicht der Realität entsprechen, sondern stellt eine Verzerrung dar.

Unser Streben nach positiver Selbstdarstellung kommt insbesondere dann zum Tragen, wenn etwas auftritt, was diesem positiven Selbstbild widerspricht oder widersprechen könnte (Aronson, 1999; Devine et al., 1999; Leippe & Eisenstadt, 1999). Beispielsweise steuern wir dem entgegen, indem wir jene Informationen, die uns bestätigen, bevorzugt aufsuchen und erinnern (D'Argembeau et al., 2005; Sanitioso et al., 1990; Sanitioso & Wlodarski, 2004).

Im Folgenden wird exemplarisch dargestellt, was wir typischerweise als Bedrohungen unseres Selbst empfinden (vgl. Abschnitt 6.3.1) und wie wir dafür sorgen, dass sich die erlebte Bedrohung reduziert (vgl. Abschnitt 6.3.2).

6.3.1 Typische Bedrohungen des Selbst

Bedeutsame Lebenseinschnitte können das Selbstkonzept infrage stellen und unter Umständen sogar Identitätskrisen nach sich ziehen. Ein solches Lebensereignis kann beispielsweise ein Ortswechsel (Kling et al., 1997), Heirat, Elternschaft, Berufseinstieg (Stradling et al.,1993), der Verlust des Arbeitsplatzes (Sheeran & Abraham, 1994), eine schwerwiegende Erkrankung (Taylor et al., 1990) oder ein Todesfall im Familien- oder Freundeskreis (Stroebe & Stroebe, 1998) sein. Veränderungen dieser Art erfordern häufig eine Neudefinition des Selbstkonzepts. Zudem bringen sie in aller Regel Erwartungsverletzung (d. h., es trifft etwas ein, womit wir nicht gerechnet haben, s. u.) mit sich.

Typische Bedrohungen des Selbst

Neben *bedeutsamen Lebensereignissen* führen im täglichen Leben typischerweise folgende Ereignisse zu Bedrohung des Selbst:

- Konfrontation mit eigenen Schwächen
- soziale Zurückweisung
- kognitive Dissonanz
- Erwartungsverletzung
- Erinnerung an die eigene Sterblichkeit

Allerdings ist unser positives Selbstkonzept nicht nur durch mehr oder weniger drastische Lebenseinschnitte bedroht, sondern auch durch viel alltäglichere Erfahrungen. Was denken Sie, was kann unsere positive Selbstsicht im Alltag gefährden? In welchen Situationen haben Sie vielleicht selbst ab und an das Gefühl, dass Ihr Selbstwert „angekratzt" ist? Wenn Sie kurz darüber sinnieren, würden Sie vermutlich zumindest einige der folgenden Punkte, die typischerweise für das Selbst bedrohlich wirken, aufzählen. Insbesonders sind dies die *Konfrontation mit den eigenen Schwächen*, *soziale Zurückweisung*, aber auch sog. *kognitive Dissonanz*, die *Verletzung von Erwartungen* oder die Erinnerung an die *eigene Sterblichkeit*.

Konfrontation mit eigenen Schwächen.   Werden Personen mit eigenen Unfähigkeiten oder Misserfolgen konfrontiert oder antizipieren sie diese, kann das ihr positives Selbstbild bedrohen (Eisenstadt & Leippe, 1994; Fredrickson et al., 1998; vgl. auch Kapitel 11). Die Bedrohung kann nicht nur aus negativem Feedback, sondern auch aus einem sozialen Vergleich resultieren: Zeigt jemand anderes eine bessere Leistung als wir selbst, kann dies unser Selbstbild bedrohen (Tesser, 1988). Das Ausmaß dieser Bedrohung ist bestimmt durch die Nähe zum anderen und die persönliche Relevanz des Verhaltens.

Eine solche Bedrohung kann auch entstehen, wenn man mit einem negativen Stereotyp über die eigene Gruppe (als Frau z. B. mit der stereotypen Annahme „Frauen sind schlecht in Mathe") konfrontiert ist und anschließend eine stereotyprelevante Leistungs-aufgabe bearbeiten soll (z. B. einen Mathematiktest; z. B. Marx & Stapel, 2006; vgl. hierzu Abschnitt 10.4.4).

Soziale Zurückweisung. Eine weitere Bedrohung unseres Selbst kann das Ausschlie-ßen aus einer Gruppe oder – allgemeiner ausgedrückt – soziale Zurückweisung bewirken (für einen Überblick siehe Baumeister et al., 2002; Baumeister & Leary, 1995; Leary et al., 2006; Twenge et al., 2002). Aufgrund unseres grundlegenden Bedürfnis nach Zuge-hörigkeit und Anerkennung (*need to belong*, Baumeister & Leary, 1995; vgl. Abschnitt 9.1.2) können die Konsequenzen sozialer Zurückweisung gravierend sein: Sowohl Mor-talitätsraten als auch physische und psychische Erkrankungen sind höher für Menschen, die keine engen Bindungen zu anderen haben.

Kognitive Dissonanz. Weiterhin erleben wir eine Bedrohung, wenn wir mit getroffenen Entscheidungen hadern oder eine nur unzureichende Rechtfertigung für unser Handeln haben, wie beispielsweise wenn wir abweichend von unseren Grundüberzeugungen han-deln (z. B. wenn wir nett zu jemandem sind, den wir ganz und gar nicht leiden können, oder wenn wir jemanden anlügen, dem gegenüber wir eigentlich ehrlich sein wollen) (sog. kognitive Dissonanz; Festinger, 1957; Festinger & Carlsmith, 1959; vgl. Abschnitt 7.2.5). Menschen streben danach, sich im Einklang mit ihren Überzeugungen und Ein-stellungen zu verhalten, und haben daher vielfältige Strategien entwickelt, um etwaige Unstimmigkeiten schnellstmöglich zu beseitigen.

Erwartungsverletzung. Werden unsere Erwartungen nicht bestätigt, kann dies eben-falls eine Bedrohung darstellen (z. B. Förster et al., 2004). Da Menschen, um die Welt als kontrollierbar und vorsehbar zu erleben, nach Bestätigung ihrer Ansichten und Erwar-tungen streben, fühlen sie sich im Falle eines unerwarteten Ereignisausgangs bedroht. Beispielsweise erwarten wir, dass unsere Freunde uneingeschränkt zu uns stehen und uns helfen, wenn wir in einer Notsituation sind. Tun sie dies jedoch nicht, stellt diese Erwartungsverletzung eine Selbstwertbedrohung dar.

Erinnerung an die eigene Sterblichkeit. Auch die eigene Sterblichkeit stellt eine starke Bedrohung dar. Um diese zu reduzieren, nehmen Personen eine spezielle Sicht der eigenen Person bzw. der Welt ein (für einen Überblick siehe Forschung zur sog. *terror management theory*; Greenberg et al., 1997; Pyszczynski et al., 1999).

Wie sich am Beispiel der Bedrohung durch Konfrontation mit der eigenen Sterblichkeit schön illustrieren lässt, sind die Konsequenzen von Bedrohungen des Selbstbilds vielfältig. Zentrales Merkmal ist, dass wir positivere Be-wertungen von denjenigen Personen und Ideen vornehmen, die unsere Weltsicht bestätigen und negativere Bewertungen gegenüber jenen zei-gen, die unsere Sicht bedrohen. Folgende Be-

> **Terror management theory (TMT)**
>
> Werden wir mit dem Gedanken an die Unausweichlichkeit des eigenen Todes konfrontiert, ruft dies eine existenzielle Bedrohung (*terror*) unseres Selbst her-vor. Wie wir mit dieser umgehen (*ma-nagement*), ist Gegenstand der TMT.

funde illustrieren dies: Bewertungen moralischer Übeltäter fallen bei Bedrohungen des Selbst strenger aus, während Urteile über diejenigen, die moralische Standards erfüllen, positiver sind (Florian & Mikulincer, 1997). Gleichermaßen werden Personen als attraktiver angesehen, die die eigene Kultur und Einstellung teilen, als jene, die sie kritisieren bzw. ihr nicht entsprechen (Greenberg et al., 1990; Greenberg et al., 1994). Darüber hinaus findet sich eine erhöhte Aggression gegenüber einstellungsinkongruenten Personen (McGregor, Lieberman et al., 1998). Nicht zuletzt stellt das „Eintauchen" in die soziale Identität, d. h. in Gruppen, die für unsere Selbstdefinition bedeutsam sind und uns Identität geben, einen willkommenen Schutz des Selbst dar (Arndt et al., 2002; Pyszczynski et al., 1996; vgl. Abschnitt 6.3.2). Es zeigt sich, dass eine Selbstwertbedrohung sogar Verhalten (z. B. aggressives oder Leistungsverhalten) beeinflussen kann, das keinerlei Bezug zu der konkreten Bedrohung (hier: Todesproblematik) aufweist (Greenberg et al., 1997; vgl. Beispielstudie).

Beispielstudie zur Selbstwertbedrohung
Eine Selbstwertbedrohung beeinflusst auch soziales Verhalten, das keinen Bezug zur konkreten Bedrohung aufweist.

Zunächst schrieben die Teilnehmer von McGregor, Lieberman und Kollegen (1998) einen kurzen Aufsatz zur politischen Lage in den USA. Anschließend erzeugten die Autoren bei der einen Hälfte der Teilnehmer Selbstwertbedrohung, indem sie diese Gedanken zu ihrem eigenen Tod aufschreiben ließen (McGregor, Lieberman et al., 1998). Teilnehmer der Kontrollgruppe schrieben ihre Gedanken zu ihrer nächsten Prüfung auf, wodurch keine Selbstwertbedrohung auftrat.

In der nächsten Phase lasen alle Teilnehmer einen Aufsatz, den angeblich ein anderer Teilnehmer verfasst hatte. Für die Hälfte der Teilnehmer entsprach dieser Aufsatz ihrer eigenen Sicht der politischen Lage, für die andere Hälfte widersprach er dieser und stellte somit ihre Sicht infrage. In der vierten Phase der Studie nahmen die Probanden an, an einer Untersuchung trockener und scharfer Gerichte teilzunehmen. Sie selbst wurden der „Salzgebäckbedingung" zugeordnet und erhielten die Aufgabe, für den angeblich nächsten Teilnehmer (den, von dem sie den Aufsatz gelesen hatten), einen Probierteller mit scharfer Soße zusammenzustellen. Sie erhielten darüber hinaus die Information, dass er keine scharfen Gerichte möge. Die Autoren interessierte nun, wie viel scharfe Soße die Teilnehmer dem vermeintlichen Gegenspieler zumuteten.

Die Ergebnisse zeigten, dass Personen, die sich bedroht fühlten, einen wesentlich größeren Anteil scharfer Soße auswählten als die Teilnehmer der Kontrollgruppe. In Folgestudien zeigten die Autoren, dass diese Aggression sich dann reduzierte, wenn den Teilnehmern zuvor die Möglichkeit gegeben wurde, ihre negative Einstellung gegenüber dem vermeintlichen Gegenspieler zu äußern. Schließlich zeigte sich, dass diese aggressiven Verhaltensweisen nur gegenüber jenen erfolgten, die die eigene Weltsicht nicht teilten, nicht aber gegenüber Personen, die sie nicht infrage stellten (vgl. Abb. 6.8).

		Gedanken an den eigenen Tod ⟶ Selbstbedrohung (*terror*)	Gedanken an die nächste Prüfung
Aufsatz des anderen Teilnehmers ...	... **stellt** die eigene Weltsicht **infrage**	26,31 g	15,20 g
	... ist mit der eigenen Weltsicht **konsistent**	11,86 g	17,56 g

Abb. 6.8: Versuchsdesign und Ergebnisse der Studie von McGregor, Lieberman und Kollegen (1998): Bei Bedrohung des Selbst (hier durch Konfrontation mit dem eigenen Tod; linke Ergebnisspalte) zeigten die Teilnehmer mehr aggressives Verhalten gegenüber einer anderen Person als ohne Bedrohung (rechte Ergebnisspalte), allerdings nur dann, wenn diese Person ihre Weltsicht infrage stellte (graues Ergebnisfeld). Anzahl und Größe der Löffel (ein großer Löffel = 10 g) symbolisieren die Menge zugeteilter scharfer Soße als Maß für aggressives Verhalten.

Bedeutsam ist hier, dass die eigentliche Selbstwertbedrohung (d. h. die Beschäftigung mit dem eigenen Tod) mit dem vermeintlichen Gegenspieler nichts zu tun hat, aber sich dennoch im Verhalten gegenüber diesem auswirkt, wenn dieser zusätzlich unsere Weltsicht infrage stellt.

Wie dargestellt wurde, werden verschiedene Gegebenheiten als Bedrohung des Selbst erlebt. Dies ist verstärkt der Fall, wenn das eigene Selbstwertgefühl vorübergehend geschwächt oder chronisch niedrig ist (Greenberg et al., 1992; vgl. Exkurs). Personen mit chronisch oder temporär hoher Selbstregulationsfähigkeit sind besser in der Lage, auftretende Bedrohungen zu regulieren (z. B. erleben sie weniger Angst; Gailliot et al., 2006). Bedrohungen erhöhen das Bedürfnis von Personen, ein positives Selbstbild und

Exkurs: Unterschiede im Selbstwertgefühl

Menschen mit *hohem* Selbstwertgefühl sind besser in der Lage, bedrohliches Feedback so umzudeuten, dass es weniger bedrohlich für ihr Selbst wird (z. B. Mussweiler et al., 2000). Um solch positive Gefühle für ihr Selbst zu bewirken (Buunk et al., 1990), setzen sie vielfältige Strategien ein, die vor allem der Abwertung anderer und der Erhöhung der eigenen Bewertung in anderen Bereichen dienen (Brown, 1993): Beispielsweise machen sie mehr selbstwertdienliche Attributionen (Schlenker et al., 1990), sehen vor allem erwünschte Merkmale als typisch für ihr Selbst an (Alicke, 1985), generieren vermehrt Abwärtsvergleiche (Sanna et al., 1999; Wheeler & Miyake, 1992) und zeigen eine Bevorzugung der Eigengruppe (Brown et al., 1988).

Menschen mit *niedrigem* Selbstwertgefühl gehen mit Bedrohungen auf andere Weise um (Brown, 1993): Sie nutzen indirekte Formen der Selbstwerterhöhung. So werten sie die Qualitäten derer auf, mit denen sie eine enge Verbindung haben oder mit denen sie assoziiert werden (Brown et al., 1988). Typisches Beispiel hierfür ist das sog. *basking in reflected glory* (vgl. Abschnitt 10.3.1): Durch Heldenverehrung, exzessiven Patriotismus oder fanatisches Zugehörigkeitsgefühl zu lokalen Sportteams kann man sich in dem Glanz der anderen, zu denen man sich zugehörig fühlt, sozusagen auf sich „abfärben" lassen und auf diese Weise an Selbstwert gewinnen.

das Vertrauen in ihre Weltsicht zu stärken. Wie nachfolgend zu sehen ist, haben wir hierfür eine Reihe selbstwertschützender Strategien entwickelt.

6.3.2   Strategien zur Verminderung von Bedrohungen des Selbst

Zunächst einmal können wir eine Bedrohung reduzieren, indem wir uns schlichtweg auf Dinge konzentrieren, die uns bestätigen, d. h. auf Bereiche, in denen wir gut sind (z. B. wenn die Bedrohung in einem Misserfolg besteht, „Ich bin zwar nicht sprachbegabt, aber dafür bin ich gut in Mathe"), oder auf positive Lebensereignisse (z. B. wenn die Bedrohung ein Schicksalsschlag ist), die in keiner Beziehung zu dieser Bedrohung stehen. Diese Selbstwertbestätigung (*self-affirmation*) reduziert die Bedrohung (Aronson, Cohen & Nail, 1999; Martens et al., 2006; Steele, 1988; Steele & Liu, 1981). Indem wir einen anderen, ebenso relevanten oder sogar noch bedeutsameren Bereich des Selbst herausgreifen, fühlen wir uns angesichts unserer positiven Einschätzung in diesem Bereich besser (für eine ausführlichere Darstellung vgl. Abschnitt 7.2.5).

> **Selbstwertbestätigung**
>
> ist eine Möglichkeit, eine Bedrohung unseres Selbstkonzepts zu reduzieren.
>
> Wir greifen eine andere unserer Fähigkeiten heraus, welche zwar ebenfalls für uns relevant ist, aber zugleich in keinem Bezug zur Bedrohung steht. Indem wir uns in Bezug auf diese Fähigkeit selbst kompetent fühlen, sinkt die Bedrohung im Bereich der anderen Fähigkeit.

Weitere wichtige Strategien, einer Bedrohung des Selbst entgegenzuwirken, sind *selbstwertdienliche Vergleiche* und *selbstwertdienliche Attributionen*.

Selbstwertdienliche Vergleiche

> **Selbstwertschützende Strategien**
>
> - Selbstwertbestätigung
> - selbstwertdienliche Vergleiche
> - selbstwertdienliche Attributionen

> *Self-evaluation maintenance theory*
>
> Das Ausmaß der erlebten Bedrohung durch das (Leistungs-)Verhalten anderer hängt von der Nähe zum anderen und der persönlichen Relevanz des Verhaltens ab.
>
> Um eine positive Sicht unserer selbst und einen hohen Selbstwert aufrechtzuerhalten, werden wir uns daher jenen nähern, die schlechter abschneiden, und uns distanzieren von denjenigen, die bessere Leistung bringen.

Um eine positive Sicht unseres Selbst und einen hohen Selbstwert aufrechtzuerhalten, können wir uns verstärkt mit Personen assoziieren, zu denen wir im Vergleich gut abschneiden, und uns von denjenigen distanzieren, die besser sind als wir selbst (*self-evaluation maintenance theory*, Tesser, 1988; siehe auch Schmitt et al., 2000, 2006). Bedroht eine Person unseren Selbstwert (z. B. weil sie besser ist als wir selbst), lässt sich diese Bedrohung reduzieren, indem wir sie als weniger relevant für unsere Selbsteinschätzung ansehen. Dies kann beispielsweise dadurch bewirkt werden, dass wir auf Unterschiede zu (und nicht auf Gemeinsamkeiten mit) dieser Person fokussieren (Mussweiler et al., 2000; siehe auch Tesser, 1988; Wood et al., 1985; vgl. Beispielstudie).

Beispielstudie zum Umgang mit Selbstwertbedrohungen

Indem man auf Unterschiede zu der bedrohlichen Person fokussiert, lässt sich eine Selbstwertbedrohung vermindern.

Mussweiler und Kollegen (2000) sorgten dafür, dass ihre Teilnehmerinnen (weiße Amerikanerinnen) annahmen, in einer Aufgabe entweder besser oder schlechter abgeschnitten zu haben als eine andere Person, die das gleiche Geschlecht (Frau), jedoch eine andere ethnische Zugehörigkeit hatte (Asiatin). Abschließend sollten die Teilnehmerinnen einschätzen, ob ihnen Geschlecht oder Ethnizität bedeutsamer seien für ihr Selbstbild und welcher von beiden Gruppen sie sich zugehöriger fühlen würden.

Die Ergebnisse zeigten, dass Teilnehmerinnen nach einem schlechten Leistungsfeedback – und damit nach einer Bedrohung des Selbst – dazu tendierten, bei der Beantwortung dieser Fragen auf jenen Aspekt ihrer Identität zu fokussieren, der sie von dem Vergleichsstandard unterschied, d. h. auf ihre (unterschiedliche) ethnische und nicht auf die (gemeinsame) Geschlechtszugehörigkeit, welche sie mit dem Standard gemeinsam hatten. Dadurch wurde die Leistung der Vergleichsperson weniger relevant und damit auch weniger bedrohlich für die Selbstbewertung.

Dies zeigte sich vor allem bei Teilnehmerinnen mit hohem Selbstwertgefühl, da diese fähiger sind, auf Bedrohungen selbstwertschützend zu reagieren (vgl. Exkurs S. 193).

Neben einer solchen Distanzierung können wir zur Aufrechterhaltung unseres Selbstwerts relevante Personen (insbesondere die eigenen Freunde) abwerten bzw. deren Erfolg unterminieren, so dass wir nicht mehr schlechter dastehen als sie (vgl. Beispielstudie).

Beispielstudie zu self-evaluation-maintenance

Zur Verminderung einer Selbstwertbedrohung kann der Erfolg relevanter nahestehender Personen unterminiert werden, indem man ihnen weniger hilft als Fremden.

Tesser und Smith (1980) ließen ihre Teilnehmer ein Spiel spielen, wobei sie entweder mit einem Fremden oder mit einem Freund ein Paar bildeten. Die Studie war so angelegt, dass ein Partner zunächst eine schlechte Leistung erzielte und anschließend dem anderen Partner mit Hinweisen helfen konnte. Dabei konnte er zwischen sehr hilfreichen Hinweisen und weniger hilfreichen Hinweisen wählen.

Bei der Hälfte der Paare wurde die Aufgabe zudem relevant für das Selbstkonzept gemacht, indem ihnen mitgeteilt wurde, dass die Leistung in dieser Aufgabe mit Intelligenz und Führungsqualitäten im Zusammenhang stehe. Auf diese Weise wurde es für die Teilnehmer wichtig, dass ihr Partner bei der Aufgabe nicht besser abschnitt als sie selbst, um so das eigene – durch die schlechte Leistung bereits beschädigte – Selbstwertgefühl nicht weiter zu gefährden.

Die Ergebnisse zeigten, dass bei Selbstwertrelevanz der Aufgabe Fremden mehr hilf-reiche Hinweise gegeben und damit eher geholfen wurde, in der Aufgabe gut abzu-schneiden, als den eigenen Freunden. Dies ist damit zu erklären, dass es weniger bedrohlicher ist, wenn Fremde uns überlegen sind. Damit die (für den Selbstwert rele-vanteren) eigenen Freunde nicht besser abschnitten als man selbst, wurden diesen die weniger hilfreichen Hinweise gegeben.

Vergleichen wir uns nicht mit Einzelpersonen, sondern auf Gruppenebene (z. B. „ich als deutscher Student im Vergleich zu amerikanischen Studenten"), ist die Gruppenidentität (deutsche Studenten) salient. In diesem Fall nähern wir uns jenen, die wir als positiv ansehen und mit denen wir eine Identität teilen. Wir distanzieren uns dagegen von den Mitgliedern unserer Gruppe, die schlechtere Leistung bringen oder anderweitig unsere soziale Identität schwächen (vgl. hierzu Theorie der sozialen Identität/*social identity the-ory*, Tajfel & Turner, 1986; siehe auch Schmitt et al., 2000). Um die Gruppen- und damit letztendlich einen wichtigen Teil der eigenen Identität zu schützen, werden „schwar-ze Schafe" abgewertet (sog. Schwarzes-Schaf-Effekt/*black sheep effect*; Begue, 2001; Castano et al., 2002; Eidelman & Biernat, 2003; Marques et al., 1988, 2001; siehe auch Branscombe et al., 1993). Dies kann sogar dazu führen, dass Mitglieder der Eigengrup-pe für ein Verhalten härter „bestraft" werden als Fremdgruppenmitglieder, die genau das gleiche Verhalten zeigen. Beispielsweise beurteilten gläubige Katholiken eine junge Frau, die eine Abtreibung hatte, deutlich negativer als Nicht-Gläubige. Dies war vor allem dann der Fall, wenn die Frau angeblich ebenfalls Katholikin war, d. h. wenn sie zur eigenen Gruppe gehörte (Begue, 2001).

Kurzum: Bei Vergleichen auf Individualebene, ist es unserem Selbstwert dienlich, wenn die andere Person schlechter dasteht als wir – insbesondere wenn diese uns nahesteht und damit einen relevanten Vergleichsstandard darstellt. Auf Gruppenebene präferieren wir gute bzw. überlegene Eigengruppenmitglieder, um uns „in deren Glanz zu sonnen".

Selbstwertdienliche Attributionen

Um unseren Selbstwert aufrechtzuerhalten bzw. vor Bedrohungen zu schützen, neigen wir dazu, eigenes und fremdes Verhalten unterschiedlich zu erklären: In Situationen, die unseren Selbstwert bedrohen, fühlen wir selbst uns häufig als Opfer der Situation. Zeitdruck, Vorschriften bzw. allgemein die Umstände lassen den negativen Ausgang als unvermeidlich erscheinen. Bei *anderen* sehen wir die Ursachen dagegen weniger in den Umständen, sondern vielmehr in deren persönlicher Verantwortung.

Die Neigung, eigene Erfolge auf unsere Fähigkeiten (d. h. internale Faktoren) zurück-zuführen und für Fehler und Misserfolge vermehrt situative (d. h. externale) Faktoren verantwortlich zu machen (Carver et al., 1980; Davis & Stephan, 1980; McAllister, 1996; Miller & Ross, 1975; Whitley & Frieze, 1985), wird als selbstwertdienliche At-tribution (*self-serving bias* oder *egotism-effect*) bezeichnet. Externale Attributionen von

Misserfolgen können das Selbstwertgefühl einer Person schützen, wogegen internale Zuschreibungen (wie fehlendes Bemühen, man-gelnde Fähigkeiten) das Selbstwertgefühl ge-fährden. Dieses Vorgehen ist Ihnen vielleicht aus dem Sport gut bekannt: Siege erklären Sportler gerne mit ihren Fähigkeiten (z. B. „Wir waren gut vorbereitet und haben hart gekämpft"), ihre Niederlagen mit den Umständen (z. B. „Wir ha-ben heute einfach kein Glück gehabt" oder „Der Gegner war heute in unglaublich guter Form"; Lau & Russell, 1980; Roesch & Amirkhan, 1997; zu Kulturunterschieden vgl. Exkurs).

> **Exkurs: Selbstwertdienliche Attribu-tionen im Kulturvergleich**
>
> Personen in kollektivistischen Kulturen nehmen weniger Anerkennung für ihre Erfolge für sich in Anspruch als Angehö-rige individualistischer Kulturen, und zu-gleich führen sie ihre Misserfolge eher auf internale als auf externale Ursachen zurück. Dementsprechend ist der selbst-wertdienliche Attributionsstil eher in *indi-vidualistischen* Kulturen zu finden (Fry & Ghosh, 1980; Lee & Seligman, 1997; Oishi et al., 2000).

Ursachen selbstwertdienlicher Attributionen sind:

- **Informationsvorteil**
  Wir haben mehr Informationen über uns, unser Verhalten und die begleitenden Um-stände als über andere Personen. Bei Misserfolgen finden wir auch entsprechend leich-ter externale Faktoren, die zu unserer schlechten Leistung beigetragen haben könnten (Jones & Nisbett, 1972; vgl. Abschnitt 5.2.2 „Akteur-Beobachter-Effekt").

- **Selektive Gewichtung der Urteilsdimensionen**
  Dimensionen, auf denen man sich positiv beurteilt, werden als besonders zentral und damit wichtig angesehen. Je positiver Personen auf einer bestimmten Dimension ab-schneiden, umso wichtiger und wünschenswerter betrachten sie diese Dimension; je schlechter sie auf einer Dimension abschneiden, umso niedriger die Relevanzeinschät-zung (Lewicki, 1983): So würden beispielsweise Personen, die bei einem Intelligenz-test gut abgeschnitten haben, Intelligenztests wahrscheinlich für bedeutsamer ein-schätzen als Personen, die weniger gut abgeschnitten haben. Kurzum: Eigenschaften, die an der eigenen Person positiv eingeschätzt werden, werden als wichtiger wahrge-nommen, als Eigenschaften, mit denen man selbst weniger zufrieden ist.

- **Erwartungen**
  Wir neigen dazu, erwartete Ausgänge vermehrt internal zu attribuieren (Miller & Ross, 1975). Insbesondere Personen mit hohem Selbstwertgefühl tendieren entsprechend dazu, ihre Verantwortlichkeit für positive Ausgänge zu überschätzen, während Per-sonen mit niedrigem Selbstwertgefühl sie eher unterschätzen (Letztere erleben eher Misserfolge als erwartungskonsistent; Schlenker et al., 1990).

Es sind verschiedene Arten selbstwertdienlicher Attributionen zu unterscheiden, im Spe-ziellen der sog. *egocentric bias*, defensive Attributionen, unrealistischer Optimismus, sog. *self-handicapping* und sog. *sandbagging*.

Egocentric bias. Wenn Personen ihren eigenen Anteil an gemeinsamen Leistungen oder Ereignisausgängen überschätzen (z. B. WG-Bewohner ihren Anteil an der Hausarbeit oder Kommilitonen ihren Anteil innerhalb der Lerngruppe), spricht man vom sog. *egocentric bias* (Ross & Sicoly, 1979; Thompson & Kelley, 1981; vgl. Beispielstudie). Unter anderem sind dafür die höhere Verfügbarkeit bzw. der leichtere Abruf des eigenen Anteils verantwortlich. Was man bis eben noch gemacht hat (z. B. über eine Projekt-kalkulation nachgedacht) oder was man besonders häufig macht (z. B. das Papier im Kopierer nachfüllen), ist verfügbarer, leichter abrufbar und wird daher in der Auftretens-häufigkeit überschätzt (vgl. Abschnitt 3.2).

Beispielstudie zum egocentric bias
Ehepartner überschätzen jeweils den eigenen Beitrag zu Aktivitäten.

Ross und Sicoly (1979) befragten Ehepaare über ihr alltägliches Miteinander. Sie soll-ten einschätzen, wie verantwortlich sie für verschiedene Aktivitäten seien, beispiels-weise für das Frühstückmachen oder Abspülen, aber auch für Dinge wie dem anderen Zuneigung entgegenbringen. In den meisten dieser Einschätzungen trat eine egozent-rische Verzerrung auf – die Ehepartner überschätzten ihren eigenen Anteil. Addierte man die Prozentzahlen der Einschätzungen der jeweiligen Partner auf, ergab sich ein Wert deutlich über 100 %. Allerdings tritt dieser Effekt nicht nur für positive, sondern ebenso für negative Ereignisse auf – sowohl am Zustandekommen eines Konflikts als auch an dessen Lösung wurde der eigene Anteil überschätzt.

Defensive Attributionen.   Hören wir von jemandem, der an Lungenkrebs erkrankt oder gestorben ist, ist dies eine potenzielle Bedrohung, da es uns daran erinnert, dass uns das gleiche Schicksal ereilen könnte. Diese Bedrohung lässt sich abwiegeln, indem wir Gründe dafür finden, dass es uns eben nicht betreffen kann bzw. der andere in gewisser Weise selbst an seinem Schicksal Schuld war (z. B. weil er geraucht hat; vgl. Abschnitt 10.4.3). Solche defensive Attributionen sind Erklärungen für Verhalten, die der Vermei-dung von Gefühlen dienen, dass wir verletzlich oder sterblich sind.

Eine spezielle Form defensiver Attributionen ist der sog. *unrealistische Optimismus*, der Glaube, dass einem selbst häufiger Gutes sowie entsprechend weniger Schlechtes wider-fahren wird als anderen Menschen (Heine & Lehman, 1995; Klein, 1996; Regan et al., 1995; Weinstein & Klein, 1996). Nehmen Sie hierzu doch einmal die Einschätzungen in Tabelle 6.2 vor:

Verglichen mit anderen Studenten Ihrer Universität – gleichen Geschlechts wie Sie selbst – was denken Sie, wie groß ist die Wahrscheinlichkeit, dass Ihnen nachfolgende Ereignisse passieren? Die Antwortmöglichkeiten gehen von „viel geringer als der Durchschnitt" über „durchschnittlich" bis „viel höher als der Durchschnitt" (nach Weinstein, 1980).

						durch-schnittlich								
☐	☐	☐	☐	☐	☐		☐	☐	☐	☐	☐	☐	☐	☐
100 %	80 %	60 %	40 %	20 %	10 %		10 %	20 %	40 %	60 %	80 %	100 %	3-mal	5-mal
geringer als der Durchschnitt							höher als der Durchschnitt							

	Frage	Ihre Antwort	Ergebnisse (Weinstein, 1980)
1	nach dem Abschluss ein gutes Jobangebot bekommen	_____	15,3 %
2	ein eigenes Haus besitzen	_____	44,3 %
3	vor dem 40. Lebensjahr einen Herzinfarkt erleiden	_____	– 38,4 %
4	ein Alkoholproblem entwickeln	_____	– 58,3 %
5	10 Jahre lang das Gewicht halten	_____	2,0 %
6	ein begabtes Kind haben	_____	6,2 %
7	Suizid begehen	_____	– 55,9 %
8	gefeuert werden	_____	– 31,6 %
9	unfruchtbar sein	_____	– 31,2 %
10	über 80 Jahre alt werden	_____	12,5 %

Tab. 6.2: Auswahl von Fragen, die in der Studie von Weinstein (1980) gestellt wurden; in der rechten Spalte sind die zugehörigen Ergebnisse abgetragen. Positive Werte bedeuten, dass die Teilnehmer die Wahrscheinlichkeit für das entsprechende Ereignis bei sich selbst im Mittel um diesen Prozentsatz höher bewerteten, negative Werte, dass sie die Wahrscheinlichkeit für sich selbst im Vergleich zu den Kommilitonen geringer einschätzten.

Menschen schätzen sich typischwerweise in all diesen Aspekten als „unversehrbar" bzw. unangemessen ungefährdet ein. So schätzen Personen das Risiko, selbst an Brust- bzw. Prostatakrebs zu erkranken, als geringer ein als für andere Personen gleichen Alters und Geschlechts (Clarke et al., 2000), Heroinabhängige schätzen für sich selbst das Risiko einer Überdosis geringer ein als für andere (McGregor, Darke et al., 1998); Bungeejumper schätzen unmittelbar vor ihrem Sprung das Risiko einer Verletzung für sich selbst geringer ein als für andere Personen, die einen Bungeejump machten (Middleton et al., 1996), und Motorradfahrer halten einen schweren Unfall für sich selbst geringer als für andere Motorradfahrer (Rutter et al., 1998).

Self-handicapping. Eine weitere Möglichkeit, mit antizipierten Bedrohungen des Selbst umzugehen, ist das sog. *self-handicapping* (Jones & Berglas, 1978; Ferrari & Thompson, 2006). Dieses hat die Funktion, schon im Vorfeld drohenden Enttäuschungen entgegenzuwirken und schlechte eigene Leistungen zu entschuldigen. Beispielsweise weist ein Tennisspieler schon vor Beginn des Turniers auf seine Schulterschmerzen hin oder bekundet ein Prüfling zu Beginn der Prüfung, dass er einen grippalen Infekt habe. Ein Hindernis (*handicap*) kann auch selbst aktiv herbeigeführt werden. Das wäre bei-

Selbstwertdienliche Attributionen

Ursachenzuschreibungen, die uns selbst positiv dastehen lassen und auf diese Weise unserem Selbstwert dienen.

Die eigenen Erfolge werden internal, die eigenen Misserfolge/Fehler external attribuiert.

Folgende Formen sind hierbei zu unterscheiden:

- **Egocentric bias**
  Selbstwertdienliche Attribution, bei der Personen ihren eigenen Anteil an gemeinsamen Ereignissen oder Leistungen überschätzen.

- **Defensive Attribution**
  Selbstwertdienliche Attribution, bei der Erklärungen für Verhalten der Vermeidung des Gefühls dienen, dass wir verletzlich oder sterblich sind.

  Spezialform „unrealistischer Optimismus": Selbstwertdienliche Attribution, die die Annahme beinhaltet, dass Gutes einem selbst häufiger widerfährt als anderen Menschen.

- **Self-handicapping**
  Zur Vorbereitung einer selbstwertdienlichen Attribution schafft sich eine Person ein Hindernis (*handicap*), das für einen potenziellen Misserfolg verantwortlich gemacht werden oder aber einen möglichen Erfolg noch aufwerten kann.

- **Sandbagging**
  Zur Vorbereitung einer selbstwertdienlichen Attribution spielt eine Person die eigenen Leistungsmöglichkeiten herunter, um so die Erwartungshaltung anderer niedrig zu halten.

spielsweise der Fall, wenn Sie am Abend vor einer Prüfung gezielt noch auf Kneipentour gehen oder auf jedes Training in der Woche vor dem Wettkampf verzichten würden. Die Schulter, die Grippe, das Unausgeschlafen sein bzw. das mangelnde Training können im Nachhinein für den potenziellen Misserfolg verantwortlich gemacht werden, ohne dass man an seiner grundsätzlichen Fähigkeit und damit am Selbstbild zweifeln müsste. Sollte man wider Erwarten und trotz des Hindernisses Erfolg haben, so wäre dies umso bemerkenswerter und spräche umso stärker für die eigenen Fähigkeiten (vgl. zusammenfassend Abb. 6.9). Zumindest kurzfristig scheint diese Selbstschutzstrategie aufzugehen (Feick & Rhodewalt, 1997; Rhodewalt & Hill, 1995; Rhodewalt et al., 1991, 1995). Langfristig hingegen verhindert sie eine realistische Einschätzung der eigenen Fähigkeiten und auch der Chancen, seine Leistungen zu steigern.

Sandbagging. In ähnlichem Sinne kann eine Person von der Strategie des sog. *sandbagging* profitieren (Gibson & Sachau, 2000; Gibson et al., 2002; Shepperd & Socherman, 1997): Indem sie vor Leistungssituationen ihre eigenen Leistungsmöglichkeiten herunterspielt, werden die Erwartungshaltung anderer Personen gering gehalten. Sollte die Person tatsächlich ein schlechtes Leistungsergebnis produzieren, so wären Vorwürfe unberechtigt; zeigt sie „wider Erwarten" eine gute Leistung, wären die anderen positiv überrascht. In beiden Fällen schützt die Person ihren Selbstwert.

Selbstwertdienliche Attributionen in ihren verschiedenen Formen werden genutzt, um das Selbst zu schützen. Allerdings können unter bestimmten Umständen andere Ziele in den Vordergrund treten, die selbstwertdienliche Attributionen verbieten. Unter bestimmten Bedingungen neigen wir sogar dazu, Erfolge extern und Misserfolge intern zu attribuieren (sog. gegendefensive Attributionen; *counter-defensive-attribution*).

Dies ist beispielsweise dann der Fall, wenn durch selbstwertdienliche Attributionen die Zuhörer abgewertet würden und man dies vermeiden möchte (Stahlberg et al., 1985).

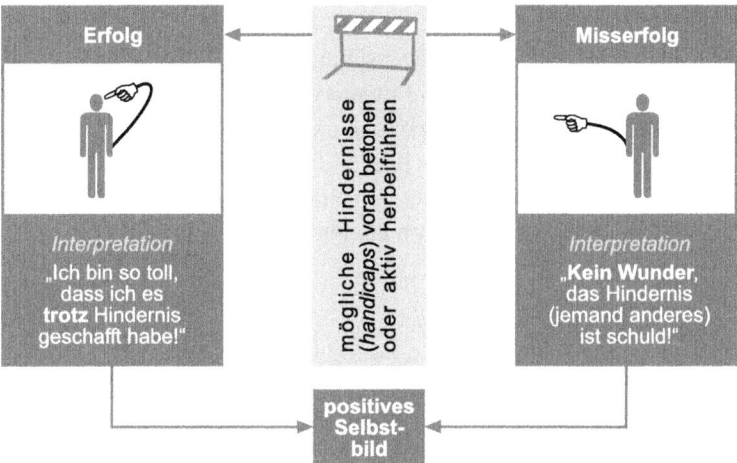

Abb. 6.9: Durch *self-handicapping* kann in jedem Fall – sei es bei Erfolg oder bei Misserfolg – ein positives Selbstbild gesichert werden: Indem im Voraus Hindernisse betont oder gar aktiv herbeigeführt werden, können Misserfolge erklärt werden, ohne dass dies das eigene Selbstbild gefährden würde („kein Wunder ...). Sollte sozusagen „wider Erwarten" doch Erfolg eintreten, spricht dies umso mehr für die eigenen Fähigkeiten („trotz ...").

Selbstwertdienliche Erklärungen, die mit Abwertung anderer Personen verbunden wären, werden insbesondere dann zu vermeiden gesucht, wenn uns der andere wichtig ist, etwa weil wir ihn sympathisch finden, er uns nahesteht oder beruflich für uns bedeutsam ist. So wird man im Gespräch mit Kommilitonen eine Klausur trotz eines eigenen schlechten Ergebnisses nicht abwerten, wenn damit die (gute) Leistung der Kommilitonen ebenfalls abgewertet würde (Frey, 1978). Schließlich unterbleiben selbstwertdienliche Attributionen, wenn der Interaktionspartner den selbstwertschmeichelnden Charakter solcher Erklärungen von Erfolgen/Misserfolgen durchschauen könnte, insbesondere wenn er sich als Beobachter ein eigenes Urteil bilden konnte (Regan et al., 1975; siehe auch Stahlberg et al., 1985).

Des Weiteren wollen wir manchmal nicht nur Positives über uns hören, sondern vielmehr unser Selbstbild verifizieren, d. h. es bestätigen und das mitsamt unserer negativen und positiven Selbstaspekte (sog. *Selbstverifizierung*; vgl. Giesler et al., 1996; Swann, 1990, 1996; Swann & Hill, 1982). Dieser Fall tritt im Besonderen dann ein, wenn wir uns unserer negativen Selbsteinschätzung sicher sind und positive Einschätzungen anderer von uns als unzutreffend wahrgenommen würden (Maracek & Mettee, 1972; Swann & Ely, 1984). Gerade in engen Beziehungen bevorzugen wir Partner, deren Einschätzung mit unseren eigenen, wenn auch negativen, übereinstimmt und nicht positiver als unser eigenes Selbstkonzept sind (Swann, Hixon, De La Ronde, 1992).

6.3.3 Zusammenfassung

Eines der stärksten Bedürfnisse von Menschen ist das Streben nach einer positiven Selbstsicht. Tritt etwas auf, was diesem positiven Selbstbild widerspricht oder widersprechen könnte, so stellt dies eine Bedrohung des Selbstwerts dar. Personen haben vielfältige Strategien entwickelt, um dieser Bedrohung zu begegnen bzw. sie zu reduzieren: Strategien wie Selbstwertbestätigung sowie selbstwertdienliche soziale Vergleiche und Attributionen sind in diesem Zusammenhang bedeutsam.

6.4 Zusammenfassung

Zur Definition unseres Selbst ziehen wir sowohl unsere Gruppenzugehörigkeit (soziale Identität) als auch unsere individuellen Eigenschaften heran. Unser Selbstkonzept besteht dabei aus multiplen Selbstaspekten, die sowohl chronisch besonders zugänglich als auch situativ aktiviert werden können. Typische chronische Aktivierungsquellen sind beispielsweise Entwicklungsaufgaben, offensichtliche oder auch abweichende Merkmale unserer Person, der uns umgebende kulturelle Kontext. Zu typischen temporären Aktivierungsquellen zählen Distinktheit und Salienz, die Betonung von Interkategorienunterschieden und Intrakategorienähnlichkeiten, Stimmungen, Verhalten sowie selbstbezogene Ziele.

Das Selbst hat zentrale Funktionen und ist daher für unser psychisches Befinden von fundamentaler Bedeutung. Zum einen kommt ihm eine *strukturierende Funktion* zu, indem es im Sinne eines Schemas unsere Informationsverarbeitung unterstützt. Typischerweise findet sich hier der Effekt, dass selbstbezogene Informationen leichter erinnert werden als andere Informationen (*self-relevance-effect* bzw. *self-reference-effect*). Zum Zweiten obliegt dem Selbst die *motivational-emotionale Funktion*, unser (positives) Selbstwertgefühl mitzubestimmen. Drittens hat das Selbst eine *ausführende* bzw. *regulative Funktion*, indem es unser Handeln, Entscheiden und Planen mitsteuert.

Um Zugang zu unserem eigenen Erleben zu gewinnen, stehen uns drei Wege der Selbsterkenntnis zur Verfügung: Zunächst einmal können wir über uns selbst nachdenken (*Introspektion*). Darüber hinaus können wir Erkenntnisse gewinnen, indem wir uns selbst beobachten und aus unserem Verhalten auf unser Denken und Erleben schließen (*Selbstwahrnehmung*). Schließlich gewinnen wir Informationen über uns selbst, indem wir uns mit anderen vergleichen (*sozialer Vergleich*). Darüber hinaus wird sozialer Vergleich gezielt genutzt, um Selbstwertgefühl und Identität zu stärken. Die verschiedenen Wege der Selbsterkenntnis führen in vielen Fällen zu durchaus brauchbaren Ergebnissen. Doch unterliegen sie wie alle Urteilsprozesse auch einer fehlerhaften bzw. verzerrten Informationsverarbeitung. Im Speziellen ist das Vorgehen über Introspektion begrenzt, da viele Ursachen eigenen Verhaltens nur schwer zugänglich sind. Die Methode der Selbstwahrnehmung kann zu Komplikationen führen, wenn das Wahrgenommene beispielsweise falsch attribuiert wird. Die Ergebnisse sozialer Vergleiche hängen entscheidend davon ab, mit wem man sich vergleicht und ob man dabei auf Ähnlichkeiten oder Unterschiede fokussiert.

Um unserem Bedürfnis nach einem positiven Selbstbild nachzukommen, haben wir vielfältige Strategien entwickelt, um Bedrohungen unseres Selbst zu begegnen bzw. sie zu reduzieren: Zum einen zielen sie auf *Selbstwertbestätigung* ab, indem sie sich auf Dinge konzentrieren, die sie in ihrem Selbstwert bestätigen, d. h. auf Fähigkeiten, in denen sie gut sind, oder Ereignisse, die positiv sind. Eine weitere Strategie besteht darin, *selbstwertdienliche soziale Vergleiche* vorzunehmen. Um uns selbst zu schützen und gut zu fühlen, nähern wir uns Personen an, zu denen wir im Vergleich gut abschneiden, und distanzieren uns von denjenigen, die bessere Leistung bringen als wir selbst (*self-evaluation maintenance theory*). Zum Dritten verwenden Personen zahlreiche Arten *selbstwertdienlicher Attributionen*. Dabei handelt es sich um Ursachenzuschreibungen, die sie selbst positiv dastehen lassen (indem die eigenen Erfolge internal, die eigenen Misserfolge/Fehler external attribuiert werden) und auf diese Weise ihrem Selbstwert dienen.

7 Einstellungen

Was bringt's?

Wie bilden wir unsere Meinungen und Einstellungen?

Welchen Einflüssen unterliegen wir dabei?

Wodurch können sich Einstellungen verändern bzw. wie kann man andere überzeugen?

Wann sind welche Argumente am überzeugendsten?

Warum sind Einstellungen häufig so hartnäckig?

Nach Ihrer Einstellung werden Sie immer wieder gefragt: sei es bei Meinungsumfragen in der Fußgängerzone oder im Internet („Wie finden Sie Partei X, das Produkt Y?"), am Stammtisch mit ein paar Freunden („Hast du gehört, was Person Z gemacht hat? Was ist denn deine Einstellung dazu?"), von Kollegen bzw. Kommilitonen („Was ist die geschickteste Strategie in der nächsten Präsentation?") oder in der Partnerschaft („Wie stehen wir zu Treue, Verlässlichkeit, Kindererziehung?"). Doch es gibt noch viel trivialere Einstellungen, die wir alle tagtäglich abgeben: „Kaffee ist ungesund", „Fach X ist langweilig" oder „Deutsche sind Spießer". Bewertungen dieser Art sind im sozialpsychologischen Sinne typische Einstellungen, die wir äußern.

Wahrscheinlich haben Sie das Gefühl, dass Sie zumeist eigenständig und unbeeinflusst von Ihrer Umwelt Ihre Einstellungen gewinnen – doch wie frei sind wir darin wirklich? Tagtäglich werden vielfältige Versuche unternommen, uns von außen in unseren Einstellungen zu beeinflussen: Überzeugungsversuche der Eltern („Sieh es so ..., denn es ist das Beste für dich!"), der Peers („Komm schon, das ist cool!"), der Medien (z. B. politisch eingefärbter Berichterstattung), der Werbung („Wohnst du noch oder lebst du schon?"), um nur einige zu nennen. Inwiefern lassen wir uns überzeugen und wovon genau? Welche Möglichkeiten und Strategien haben wir, um unsere Einstellungen resistent zu machen gegenüber solchen Beeinflussungsversuchen?

Im Folgenden werden wir sehen, was Definition und Funktion von Einstellungen sind sowie wie sie sich zusammensetzen (vgl. Abschnitt 7.1). Anschließend werden unterschiedliche Wege der Einstellungsentstehung und -änderung beschrieben (vgl. Abschnitt 7.2). Aufgrund welcher Prozesse wir resistent sein können gegenüber Beeinflussungsversuchen, wird in Abschnitt 7.3 dargelegt. Abschließend wird aufgezeigt, welche Faktoren determinieren, wie gut sich das Verhalten einer Person durch Kenntnis ihrer Einstellungen vorhersagen lässt (vgl. Abschnitt 7.4).

7.1   Definition und Funktion von Einstellungen

Eine Einstellung lässt sich definieren als eine mentale Repräsentation, die aus einer zusammenfassenden Bewertung eines Einstellungsobjekts besteht. Einstellungsobjekte können Personen (man selbst oder andere), Sachverhalte (z. B. Verhalten, Ereignis), Objekte, Ideen und vieles mehr sein (vgl. z. B. Eagly & Chaiken, 1998; Olson & Maio, 2003; Olson & Zanna, 1993).

Während sich eine Meinung auf Überzeugungen oder Gedanken beschränkt, die jemand mit einem Einstellungsobjekt verbindet (Windenergie ist umweltfreundlich, die Vorlesung Sozialpsychologie ist verständlich, in Chemnitz scheint oft die Sonne), ist eine Einstellung immer auf eine Bewertung (gut – schlecht) oder eine Intensität (gar nicht – sehr) bezogen, also beispielsweise „Windenergie ist *gut*, denn sie ist umweltfreundlich", „Ich *mag* die Vorlesung Sozialpsychologie", „Es ist *toll*, dass in Chemnitz die Sonne so oft scheint". Wie nachfolgend zu sehen sein wird, kann eine Einstellung auch ambivalent sein, d. h. gleichermaßen viel positive wie auch negative Bewertungen enthalten.

Je nach Einstellungsgegenstand werden Einstellungen auch mit speziellen Fachtermini belegt: Einstellungen gegenüber sozialen Gruppen als Vorurteil (vgl. Kapitel 10), Einstellungen gegenüber der eigenen Person als Selbstwertgefühl (vgl. Kapitel 6) oder Einstellungen gegenüber abstrakten Dingen wie der Redefreiheit als Wertvorstellungen (Eagly & Chaiken, 1998).

Komponenten von Einstellungen

Einstellungen haben **drei Komponenten** (Breckler, 1984; Crites et al., 1994 u. a.; für weitere Konzeptionen siehe z. B. Einstellung als Bewertungsassoziation, Fazio, 1990): eine kognitive, eine affektive und eine behaviorale (= Verhaltenskomponente). Während die *kognitive* Komponente aus den Gedanken und Überzeugungen zum Einstellungsobjekt besteht (z. B. den Fakten), umfasst die *affektive* Komponente die emotionalen Reaktionen auf das Einstellungsobjekt (z. B. gut oder schlecht). Die *Verhaltenskomponente* beinhaltet die Handlungen bzw. das beobachtbare Verhalten gegenüber oder im Zusammenhang mit dem Einstellungsobjekt (z. B. Annäherung oder Vermeidung). Die Komponenten lassen sich gut merken mit den drei Anfangsbuchstaben des Alphabets, abgeleitet von den englischen Begriffen *Affect*, **Behavior** und *Cognition* (vgl. Abb. 7.1).

> **Definition „Einstellung"**
>
> Eine mentale Repräsentation, die aus einer zusammenfassenden Bewertung eines Einstellungsobjekts besteht.
>
> Einstellungsobjekte können Personen, Sachverhalte, Objekte, Ideen und vieles mehr sein.

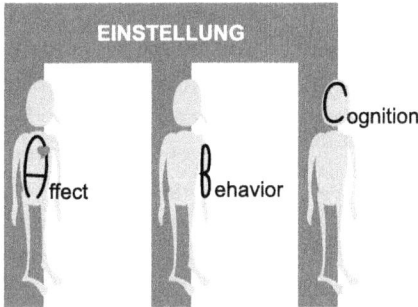

Abb. 7.1: Das „Einstellungs-ABC": Einstellungen bestehen aus einer affektiven Komponente (*Affect*), einer Verhaltenskomponente (*Behavior*) und einer kognitiven Komponente (*Cognition*). (Die „Lokalisierung" der Komponenten in Bauch, Hand und Kopf wurde nur der besseren Merkbarkeit halber so dargestellt; selbstverständlich handelt es sich auch bei der *Behavior*- und der *Affect*-Komponente um *mentale* Repräsentationen.)

Auf all diesen Komponenten können die oben genannten Bewertungen erfolgen. Um dies zu veranschaulichen, denken Sie doch einmal an Ihre Einstellung gegenüber dem Umweltschutz. Sie meinen, Sie haben keine „Einstellung" dazu? Lassen Sie uns mal sehen. Nehmen wir an, Sie denken im Speziellen an die Luftverschmutzung durch Autoabgase und Chemiekonzerne. Sollten Ihnen dabei Begriffe wie „angenehm – unangenehm", „gut – schlecht", „macht mich wütend" in den Sinn kommen, dann wäre dies die affektive Komponente. Würden Sie dabei an die Informationen und Auffassungen über die Umweltbelastung denken, beispielsweise an „Verantwortung haben, Natur zu erhalten – rücksichtsloser Egoismus", „technischer Fortschritt – Zeitersparnis", so stellt dies die kognitive Komponente dar. Die Verhaltenskomponente könnte beinhalten, wie Ihre Absicht ist, Ihr eigenes Verhalten im Umgang mit der Umweltproblematik zu verbessern, bzw. Ihre subjektive Wahrscheinlichkeit, dass dies eintreten wird.

Obwohl Einstellungen alle diese Komponenten aufweisen, können sie dennoch auf einer dieser Komponenten schwerpunktmäßig basieren. Eine *kognitiv* basierte Einstellung gründet sich vor allem auf die individuelle Überzeugung hinsichtlich der Eigenschaften des Einstellungsobjekts. Im Falle einer Vorlesung beispielsweise darauf, wie viele Prüfungsfragen in der Vorlesung angesprochen werden; im Falle eines Handys beispielsweise darauf, wie viele Funktionen es hat. Solche Einstellungen resultieren aus den überprüfbaren Fakten, den Vor- und Nachteilen. Eine *affektiv* basierte Einstellung hingegen gründet sich vor allem auf Gefühle oder Werte einer Person. Hier geht es um Begeisterung, um Vorlieben, Sinn für Ästhetik, Geschmack und Präferenzen, ein inneres

Einstellungen bestehen aus

- *Affective*/affektiver Komponente
- *Behavioral*/Verhaltenskomponente
- *Cognitive*/kognitiver Komponente

Einstellungen können

- gespeichert versus situativ konstruiert
- implizit versus explizit sein

Einstellungen haben

- kognitive Funktion
- motivationale Funktion

Exkurs: Einstellungsänderung durch passende Einstellungskomponenten

Grundsätzlich gilt, dass Einstellungen am ehesten geändert werden, wenn die persuasive Kommunikation auf die jeweils wichtigste *Einstellungskomponente* abgestimmt wird (Edwards, 1990; Edwards & von Hippel, 1995; Fabrigar & Petty, 1999; Shavitt, 1990; vgl. Beispielstudie; vgl. Abschnitt 7.4.1).

Affektiv basierte Einstellungen können am ehesten verändert werden, wenn bestimmte Emotionen zu einem Einstellungsobjekt erzeugt werden können (vgl. aus der Werbung „Coke – get the feeling" bzw. „You can't beat the feeling"; „Kondome benutzen ist cool").

Kognitiv basierte Einstellungen hingegen werden eher durch starke Argumente (z. B. „Diese Waschmaschine ist Testsieger") und verhaltensbasierte Einstellungen eher durch Verhaltensmaßnahmen verändert.

Wertesystem etc. Typische Beispiele sind die Einstellung zu Abtreibung, Sexualität, religiöse und moralische Einstellungen oder Musikpräferenzen. Affektiv basierte Einstellungen unterliegen entsprechend nicht notwendigerweise der Logik, so dass sie sich kaum anhand von rationalen Argumenten verändern lassen. Am Erwerb affektiver Einstellung ist unter anderem evaluatives Konditionieren beteiligt (Walther et al., 2005 u. a.; vgl. Abschnitt 7.2.2). Eine *verhaltensbasierte* Einstellung basiert vor allem auf den Beobachtungen des eigenen Verhaltens gegenüber dem Einstellungsobjekt. So könnten wir aus der Tatsache, dass wir unseren Müll trennen, folgern, dass wir Umweltschutz ernst nehmen, und dementsprechend eine positive Einstellung gegenüber Umweltschutz entwickeln.

Auf welchem Anteil eine Einstellung überwiegend beruht, kann auch durch das Einstellungsobjekt bedingt sein; beispielsweise sollte die Einstellung gegenüber einer Waschmaschine hauptsächlich von der kognitiven Komponente bestimmt sein, d. h. von ihren technischen Eigenschaften (ihrer Qualität, ihrem Preisleistungsverhältnis etc.), die Einstellung gegenüber einem Parfüm oder einem Genussmittel (wie Schokolade) hingegen eher von dem Gefühl, das sein Duft bzw. ihr Geschmack in uns erzeugt (vgl. Exkurs oben).

Implizite versus explizite Einstellungen

Exkurs: Explizite und implizite rassistische Einstellungen im Entwicklungsverlauf

Auf automatischer Ebene (IAT) zeigten in einer Studie von Baron und Banaji (2006) bereits Sechsjährige (weiße Amerikaner) eine Pro-Weiß-/Anti-Schwarz-Tendenz. Während sich diese Tendenz auf automatischer Ebene unverändert sowohl bei Zehnjährigen als auch bei Erwachsenen zeigt, gibt es Unterschiede in den explizit geäußerten Einstellungen: Die Sechsjährigen weisen noch eine deutliche Bevorzugung ihrer eigenen Rasse auf, wohingegen dies im Alter von zehn Jahren abnimmt und bei den Erwachsenen gänzlich verschwindet.

Schließlich können die Komponenten unabhängig voneinander sein: So kann es durchaus sein, dass eine Person sich selbst als tolerant einschätzt und auch so ein Denken explizit äußert (kognitiv), zugleich aber eine implizite negative Einstellung gegenüber Ausländern hat (affektiv) und sich in ihrem Verhalten so diszipliniert (behavioral), dass sie ihnen gegenüber positiv auftritt. Dieses Beispiel macht eine weitere bedeutsame Unterscheidung von Einstellungen deutlich: nämlich jene in **deliberative, „explizite"** sowie in **automatische, „implizite"** Einstellungen (für einen Überblick siehe Gawronski &

Bodenhausen; 2006 sowie das dazugehörige Themenheft). Wie bereits in Kapitel 2 dargestellt, wird unser Verhalten sowohl von bewussten, „deliberativen" als auch von automatischen, „impulsiven" Prozessen gesteuert (z. B. Strack & Deutsch, 2004). Einstellungen können unserem Verhalten implizit zugrunde liegen, ohne dass uns dies unmittelbar zugänglich und bewusst wäre; wir können sie auch explizit äußern und deliberativ zur Verhaltenssteuerung einsetzen. Wie im Exkurs unten auf der vorangehenden Seite beispielhaft aufgezeigt, können wir solch eine explizite Einstellung (hier: sich politisch korrekt gegenüber Ausländern zu verhalten) erlernen, ohne dass sich unsere implizite, ablehnende Einstellung ändert. Zur Vorhersage des Verhaltens einer Person sind daher sowohl implizite als auch explizite Einstellungen bedeutsam (vgl. Abschnitt 7.4).

Gespeicherte versus situativ konstruierte Einstellungen

Einstellungen lassen sich weiter dahingehend unterscheiden, ob sie im Gedächtnis **gespeichert oder situativ konstruiert** sind. Unzweifelhaft können Einstellungen stabil und überdauernd sein; denken Sie nur an eine Person, die seit Kindesbeinen an eine negative Einstellung gegenüber Spinat, Unordnung oder FKK hat. Eine solch chronische oder dispositionale Konzeption von Einstellungen stützen auch Befunde zum Einfluss von genetischen und kulturellen Komponenten (vgl. Abschnitt 7.2.1).

Wie Sie am oben genannten Beispiel zu Ihrer Einstellung gegenüber dem Umweltschutz sehen, sind Einstellungen jedoch nicht notwendigerweise etwas „Festes", das Sie mit sich herumtragen. So gehen neuere Konzeptionen davon aus, dass Einstellungen auch situativ konstruiert oder zumindest vom Kontext mit beeinflusst werden (z. B. Schwarz & Bohner, 2001; Schwarz, im Druck), beispielsweise auf der Grundlage von *Informationen*, die in der speziellen Situation hoch verfügbar sind. Dies zeigen unter anderem folgende Befunde: Ruft man Personen vergangenes einstellungsrelevantes Verhalten in den Sinn, beispielsweise ihr pro- oder antireligiöses Verhalten, und befragt sie dann nach ihren religiösen Einstellungen, so geben diese entsprechend mehr oder weniger religiöse Einstellungen an als Personen, denen dies nicht in Erinnerung gerufen wurde (Salancik, 1974; Salancik & Conway, 1975).

Ebenso werden auch in dem Moment erlebte *Empfindungen* wie Stimmungen oder die Leichtigkeit des Abrufs zur Einstellungsbildung herangezogen: Personen, die an sonnigen Tagen nach ihrer allgemeinen Lebenszufriedenheit befragt wurden und aufgrund des Wetters positiv gestimmt waren, bewerteten ihr Leben allgemein positiver als Personen, die an regnerischen Tagen befragt und durch das Wetter negativ gestimmt waren (Schwarz, 1990; Schwarz & Clore, 1983; vgl. Abschnitt 4.1.4). Wenn es Personen leichter fällt, Argumente für die Nutzung des öffentlichen Nahverkehrs aufzuzählen, resultiert dies in einer positiveren Einstellung zum Nahverkehr, als wenn ihnen dies schwer fällt (Wänke et al., 1996; siehe auch Reber et al., 1998; Wänke et al., 1997).

Des Weiteren beeinflussen *Bedürfnisse* unsere Einstellungen (Ferguson & Bargh, 2004; Seibt et al., 2007; Sherman, Rose et al., 2003). So geben Teilnehmer, die zuvor salzige Brezeln gegessen hatten ohne die Möglichkeit, dabei etwas zu trinken, positivere Einstellungen zu Getränken an als jene, die zuvor getrunken hatten (Ferguson & Bargh, 2004). Schließlich unterscheiden sich auch die Einstellungen von Rauchern gegenüber Zigaretten dramatisch in Abhängigkeit davon, wann sie die letzte Zigarette geraucht hatten – je größer der Entzug, desto positiver die Einstellung zur Zigarette (Sherman, Rose et al., 2003).

Funktionen von Einstellungen

Wir haben nun gesehen, was eine Einstellung ist und woraus sie bestehen kann. Die Frage, die noch bleibt, ist, wozu wir überhaupt Einstellungen brauchen bzw. haben. Einstellungen „bringen" uns tatsächlich etwas, denn sie haben zwei wichtige **Funktionen**: eine kognitive und eine motivationale (vgl. Exkurs).

- **Kognitive Funktion**
  Aufgrund unserer beschränkten Kapazität zur Verarbeitung von Informationen vereinfachen Einstellungen unsere Informationsverarbeitung, indem sie eine praktische Zusammenfassung von Überzeugungen gegenüber dem Einstellungsobjekt darstellen und sich somit als kognitives Schema (vgl. Abschnitt 2.1) nutzen lassen (Fazio et al., 2000; z. B. im Falle von Vorurteilen als Einstellung, Bodenhausen & Lichtenstein, 1987; Watt et al., 2007).

Exkurs: **Funktion von Einstellungen**

Fazio und Powell (1997) zeigten, dass Studenten die zu Beginn des ersten College-Jahres in Bezug auf Studienangelegenheiten (z. B. die Wahl eines Hauptfachs, Auswahl bestimmter Seminare, bevorzugte Unterrichtszeiten) klare Einstellungen haben, also wissen, was sie mögen und was sie nicht mögen, sich einer besseren Gesundheit in diesem neuen Lebenssetting erfreuen als Neuankömmlinge, die noch keine Einstellungen zu Studienangelegenheiten besitzen.

Die Autoren begründen dieses Ergebnis damit, dass Einstellungen aufgrund ihrer strukturierenden Funktion die Entscheidungsfindung erheblich erleichtern und dies letztendlich die Stressoren, die auf ein Individuum bei neuen Anforderungen (hier: Ereignisse während des Studienbeginns) einwirken, reduziert.

Um nur ein paar exemplarische Vorteile dieser kognitiven Funktion zu geben: Sie erlauben uns, Details über das Einstellungsobjekt zu „vergessen" bzw. diese nicht immer neu zu prüfen, ohne dass dies tragisch wäre, denn die generelle Bewertung, die in der Einstellung enthalten ist, erlaubt uns dennoch ein Handeln und Bewerten. Wenn Sie beispielsweise Spinat nicht mögen, so werden Sie ihn nicht jedes Mal, wenn er Ihnen angeboten wird, aufs Neue prüfen, sondern ihn gleichweg aufgrund Ihrer negativen Einstellung ablehnen (vgl. Abb. 7.2). Die Vereinfachung geht sogar so weit, dass – wenn eine Einstellung vorliegt – eine Bewertung auf der Dimension gut/schlecht durch das Einstellungsobjekt nahezu *automatisch* hervorgerufen wird (Cacioppo et al., 1996; Fazio et al., 1986; Ito & Cacioppo, 2007; Ito et al., 1998).

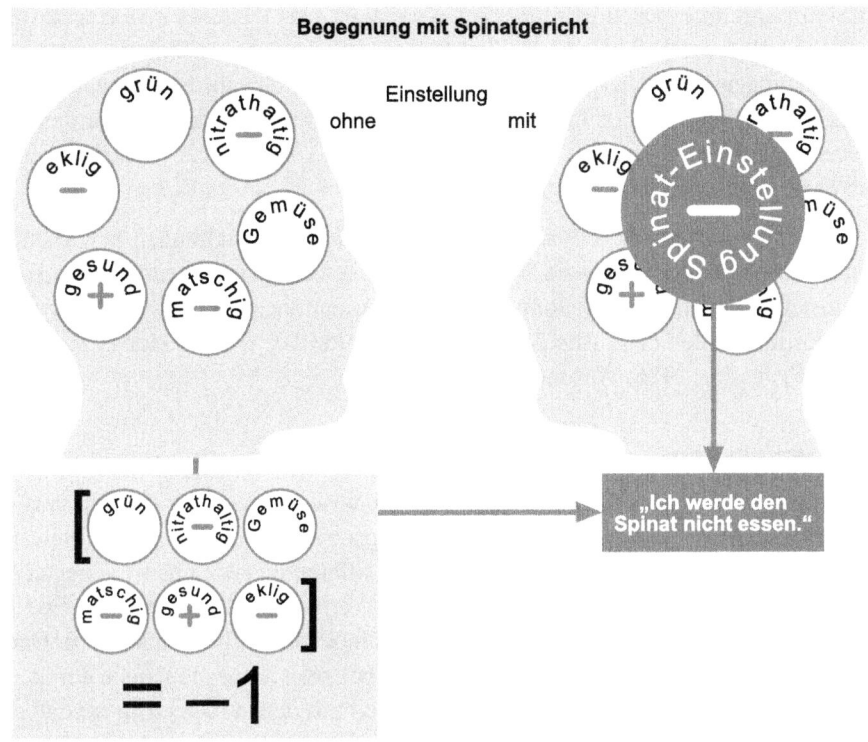

Abb. 7.2: Einstellungen haben kognitive Funktion, indem sie beispielsweise Verhaltensentscheidungen vereinfachen. Ohne Einstellungen müssten Für und Wider jedes Mal neu integriert werden (linker Teil der Abb.). Ist es möglich, eine Einstellung heranzuziehen, kann dies deutlich abgekürzt werden.

Schließlich wird auch die Bewertung anderer Informationen, die einen Bezug zum Einstellungsobjekt haben, vereinfacht: Einstellungskonforme Informationen werden für verlässlicher und glaubwürdiger gehalten, denn sie bestätigen unser eigenes Denken und werden dementsprechend als nicht so kritisch und überprüfenswert eingeschätzt Cameron & Trope, 2004; (Munro & Ditto, 1997; Munro et al., 2004).

- **Motivationale Funktion**
  Einstellungen sind funktional bei der Erreichung von Zielen sowie der Verhaltensvorhersage (vgl. Katz, 1960; vgl. auch Abschnitt 7.4). Wissen über die Valenz eines Objekts reguliert Annäherungs- und Vermeidungsverhalten und gibt somit Sicherheit im Umgang mit der Umwelt.

Exemplarisch seien als weitere motivationale Funktionen hier identitätsbezogene sowie selbstwertbezogene Funktionen genannt. So erlauben uns Einstellungen auszudrücken, wer wir sind („Ich bin gegen Tierversuche" → ich bin ein tierliebender Mensch), was unsere Werte sind und zu wem wir uns zugehörig fühlen („Ich bin für die Partei xy" → ich bin jenen politisch nahestehend oder ich bin für XY Werte). Gleichzeitig nehmen wir auch eher Einstellungen unserer sozialen Gruppen an. Einstellungen dienen somit unserer sozialen Identität (vgl. Kapitel 9). Des Weiteren tragen sie zu einem positiven Selbstwertgefühl (vgl. Kapitel 6) bei, wenn wir uns im Einklang mit unseren Überzeugungen verhalten („Ich bin für Ehrlichkeit und ich habe es trotz widriger Umstände geschafft, jemanden nicht anzulügen" → löst Stolz aus) und indem uns unsere Einstellungen nahelegen, dass wir uns positiv fühlen können (z. B. „Ich bin nicht faul, aber die Arbeitslosen sind faul").

Sowohl kognitive als auch motivationale Funktionen von Einstellungen bewirken, dass letztendlich einstellungskonforme Informationen bevorzugt verarbeitet und ursprüngliche Einstellungen durch einstellungskonträre Informationen nur schwer verändert oder sogar gefestigt werden (vgl. Abschnitt 7.2 und Kapitel 10; Harmon-Jones & Harmon-Jones, 2007; Jussim, 1986; Wason, 1960 u. a.).

Zusammenfassung

Wie wir gesehen haben, stellen Einstellungen Repräsentationen dar, welche aus einer zusammenfassenden Bewertung eines Einstellungsobjekts bestehen. Diese Bewertung basiert auf kognitiven (wie Vor- und Nachteilen), affektiven (wie positiv – negativ) sowie auf behavioralen Aspekten (wie Annäherung – Vermeidung). Im Sinne der Erleichterung der Informationsverarbeitung haben Einstellungen kognitive Funktionen. Darüber hinaus haben sie auch motivationale Funktionen, beispielsweise dienen sie der sozialen Identitätsgewinnung (meine Einstellungen stimmen mit denen meiner Gruppe überein) oder der Steigerung des Selbstwertgefühls.

Wir wissen nun, welche Bedeutung Einstellungen für uns und unser Handeln haben – doch woher kommen unsere Einstellungen? Wie gewinnen wir eine Einstellung zu etwas? Nachfolgend werden Quellen der Einstellungsbildung aufgezeigt.

7.2   Mechanismen der Entstehung und Änderung von Einstellungen

Wenn wir Sie fragen würden, woher Sie Ihre Einstellungen haben, könnten Sie vielleicht bei manchen sagen, „da habe ich lange drüber nachgedacht und mir dann eine Meinung gebildet", bei anderen würden Sie vielleicht vermuten, dass Sie sie im Elternhaus erworben haben, und bei wieder anderen könnten Sie vielleicht gar nicht sagen, woher sie stammen, sie „waren einfach da". Wenn es Ihnen so ginge, würde dies sehr schön widerspiegeln, dass Einstellungen aus den verschiedensten Quellen gewonnen werden (für einen Überblick siehe Bohner & Wänke, 2002; Petty & Wegener, 1998 u. a.).

Selbstverständlich können Sie durch das Abwägen von Informationen über das Einstellungsobjekt, das Prüfen und Generieren von Argumenten, Vorzügen und Nachteilen des Objekts zu einer Einstellung gelangen (vgl. Abschnitt 7.2.6). Doch gibt es eine Reihe weiterer bedeutsamer Quellen, nämlich eine genetische Beteiligung (vgl. Abschnitt

7.2.1), Lernen (vgl. Abschnitt 7.2.2), Selbstwahrnehmung und Bodyfeedback (vgl. Abschnitt 7.2.3), bloßes Einem-Reiz-Ausgesetztsein (*mere exposure*, vgl. Abschnitt 7.2.4) sowie unser Konsistenzbestreben (vgl. Abschnitt 7.2.5). All diese Quellen sind (mit Ausnahme der genetischen Komponente) nicht nur der Entstehung, sondern zugleich auch der Änderung von Einstellungen zugrunde liegende Mechanismen.[1]

7.2.1 Genetische Beteiligung bei der Einstellungsentstehung

Ist es Ihnen schon mal so gegangen, dass Ihre Eltern gesagt haben, „jetzt denkst du genauso wie dein Onkel/Großvater/ein anderer Verwandter" – dabei haben Sie den nie gekannt und erlebt? Nun, dass unter Verwandten ähnliche Einstellungen vertreten werden – auch wenn diese nicht miteinander aufgewachsen und gelebt haben –, ist durchaus im Bereich des Möglichen, da verschiedenste Befunde für einen (wie auch immer starken) Einfluss der Gene/Vererbung auf die Einstellungsbildung sprechen (für einen Überblick siehe Tesser, 1993; vgl. auch Bourgeois, 2002; Olson et al., 2001).

Leicht nachvollziehbar ist dies sicherlich in Einstellungsbereichen, in denen wir einen Zusammenhang zur genetischen Mitbeeinflussung des jeweiligen Verhaltens ohnehin eher vermuten, wie beispielsweise im Falle von der Bereitschaft zu aggressivem und prosozialem Verhalten (Rushton, 1989a; vgl. Abschnitt 11.1 und 12.2.1). Doch gibt es Befunde aus der Zwillingsforschung, die eine genetische Beteiligung auch an anderen Einstellungen nahelegen: So weisen eineiige Zwillinge eine höhere Korrelation zwischen ihren Einstellungen auf als zweieiige Zwillinge und das selbst dann, wenn die Zwillinge früh getrennt wurden und damit unterschiedliche Lerngeschichten durchlaufen hatten (Rushton & Bons, 2005). So gleichen sie sich beispielsweise bei der Wahl von Ehepartnern oder Freunden dahingehend, dass sie in Bezug auf soziale Einstellungen sowie soziodemografische Faktoren (wie Alter und Bildungslevel) ähnliche Personen wählen. Des Weiteren finden sich bei Zwillingen Übereinstimmungen in ihren Einstellungen dahingehend, inwieweit sie sich in ihrer Freizeit für religiöse Dinge engagieren oder ehrenamtlich in einer Pfarre mitarbeiten sowie inwieweit sie dies beruflich tun, beispielsweise Priester oder Missionar werden (Waller et al., 1990). Insgesamt treten bei affektiv basierten Einstellungen (wie Musik- oder Nahrungspräferenzen, vgl. Abschnitt 7.1, „Komponenten von Einstellungen") höhere Übereinstimmungen auf als bei stärker kognitiv basierten Einstellungen (wie Einstellung gegenüber alltäglichen Konsumprodukten) (Tesser, 1993).

---

[1] Selbstverständlich sind auch die bereits unter Abschnitt 7.1 beschriebenen Einflüsse, wie Einstellungen situativ konstruiert werden, bei der Entstehung bzw. Veränderung von Einstellungen beteiligt (Informationen, Empfindungen und Bedürfnisse, die in einer Situation verfügbar sind).

Einstellungen mit genetischer Beteiligung sind vermehrt kognitiv zugänglich und werden leicht automatisch aktiviert. Sie sind entsprechend schwerer für den Betreffenden zu verändern sowie resistenter gegenüber sozialer Beeinflussung (Tesser, 1993). Letztendlich haben sie damit eine höhere Vorhersagekraft für Verhalten (Olson et al., 2001).

Nicht nur durch Vererbung werden uns Einstellungen vermittelt, sondern auch, wie nachfolgend zu sehen ist, indem wir von anderen lernen. Diesbezüglich sind neben der Familie natürlich auch andere Personen wie für uns relevante Bezugspersonen oder Modelle in den Medien wichtig.

7.2.2   Einstellungsentstehung und -veränderung durch Lernprozesse

Im Miteinander mit anderen Personen erwerben wir ebenfalls Einstellungen. Wir sehen, was andere tun, wir verarbeiten, was wir sehen, und wir registrieren, wie andere auf uns reagieren. Kurzum: Verschiedenste Lernprozesse sind am Werk, wenn wir Einstellungen im Kontakt mit anderen erwerben. So werden nachfolgend das Lernen auf Basis von Assoziationen (**evaluatives Konditionieren**), das Lernen durch Verstärkung (**operantes/instrumentelles Konditionieren**) sowie das Lernen durch Beobachtung (**Modelllernen**) beschrieben.

Evaluatives Konditionieren – Lernen auf Basis von Assoziationen[2]

Ein Kind, das erlebt, dass ein Elternteil, wann immer es einen Hund sieht, mit versteinerter Miene reagiert, wird eine entsprechende ablehnende Einstellung gegenüber Hunden erwerben. Bereits wenn es den Reiz als solchen, also den Hund, sieht, wird es zukünftig ablehnend sein (in Assoziation der ablehnenden Miene des Elternteils). Zugrunde liegender Prozess ist, dass im Gedächtnis eine Assoziation gebildet wird zwischen Zielreiz (hier: dem Hund) und affektiver Reaktion (hier: Ablehnung). Im Gegensatz zum klassischen Konditionieren ist es hier nicht erforderlich, dass der Hund Vorhersagewert hat für das Auftreten der Reaktion des Elternteils. Für die Einstellungsbildung ist bereits hinreichend, dass er mit der affektiven Reaktion Ablehnung assoziiert wird (siehe Walther & Grigoriadis, 2005; vgl. Abb. 7.3).

Einstellungsbildung über Lernen

- **evaluatives Konditionieren**
  indem im Gedächtnis eine Assoziation gebildet wird zwischen Target (z. B. dem Hund) und affektiver Reaktion (z. B. Ablehnung)

- **operantes Konditionieren**
  durch Verstärkung oder Bestrafung eines bestimmten Verhaltens gegenüber einem Einstellungsobjekt

- **Modelllernen**
  durch die Beobachtung von Einstellungsäußerungen oder einstellungsrelevantem Verhalten

---

[2] Das sog. klassische Konditionieren entspricht einem Signallernen, d. h., man erwirbt Kenntnis darüber, was auf einen spezifischen Reiz erfolgt. Doch ist dies eher atypisch für Einstellungen, da sich Einstellungsprozesse in der Regel nicht auf die Vorhersage des Eintretens eines Ereignisses beziehen, sondern vielmehr auf affektive oder kognitive Bedeutungen eines Einstellungsobjekts (Walther et al., 2005): Daher wird hier nicht das klassische, sondern das für die Einstellungsbildung relevantere evaluative Konditionieren ausgeführt.

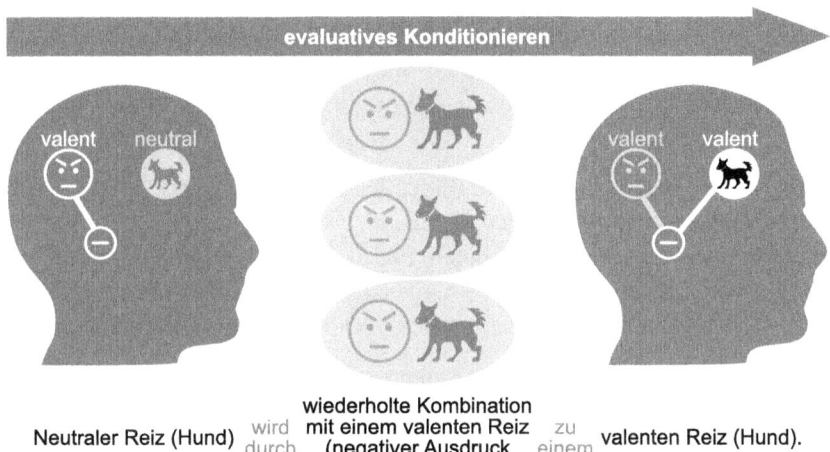

Neutraler Reiz (Hund) wird durch **wiederholte Kombination mit einem valenten Reiz (negativer Ausdruck der Mutter)** zu einem **valenten Reiz (Hund).**

Abb. 7.3: Wird ein valenter Reiz (hier: negativer Ausdruck, verbunden mit einer negativen Evaluation, symbolisiert durch das Minuszeichen) wiederholt mit einem neutralen Reiz (hier: einem Hund) kombiniert, kann dies über evaluative Konditionierung dazu führen, dass der ehemals neutrale Reiz mit der gleichen Valenz verknüpft wird. Der nun ebenfalls valente Reiz „Hund" kann daraufhin ohne den Reiz „negativer Ausdruck der Mutter" eine negative affektive Reaktion hervorrufen.

Dieses Beispiel veranschaulicht eines der grundlegenden psychologischen Lernprinzipen zur Einstellungsbildung, die sog. *evaluative Konditionierung* (für einen Überblick siehe De Houwer et al., 2001 sowie Walther et al., 2005; vgl. auch Cacioppo et al., 1992; De Houwer et al. 1994; Gorn, 1982; Groenland & Schoormans, 1994; Olson & Fazio, 2006; Pleyers et al., 2007; Stuart et al., 1987; Walther et al., 2004). Unter evaluativer Konditionierung versteht man die Paarung eines neutralen Stimulus mit einem valenten Stimulus, so dass eine Änderung der Wertigkeit des vormals neutralen Stimulus bewirkt wird; der Affekt des valenten Stimulus wird auf den zuvor neutralen übertragen. Vereinfacht gesprochen handelt es sich hierbei um den Erwerb von Präferenzen, von Mögen und Abneigung.

Eine Vielzahl an Studien konnte nachweisen, dass solche gelernten Assoziationen spätere Bewertungen/Einstellungen beeinflussen und das auch dann, wenn die Konditionierung subliminal, d. h. ohne bewusste Wahrnehmung des positiven/negativen Stimulus erfolgte (Bierley et al., 1985; Krosnick et al., 1992; Perdue et al., 1990 u. a.; vgl. Beispielstudie).

Beispielstudie zum Einfluss von Lernprozessen auf Einstellungen
Evaluative Konditionierung kann zur Einstellungsbildung führen.

Olson und Fazio (2006) ließen ihre Teilnehmer Bilder sehen, auf denen entweder eine weiße oder eine schwarze Zielperson (Beispiele für weiße Zielperson: Architekt, Polizistin; Beispiele für schwarze Zielperson: Minister, Geschäftsfrau) ihren täglich Aktivitäten nachging. Unmittelbar vor jedem dieser Fotos wurde den Teilnehmern subliminal[3] ein positiv versus negativ affektiv getöntes Bild oder Wort eingeblitzt (z. B. als positives Bild eine Frau, die ein Baby auf dem Arm hält; als negatives Bild ein Ehepaar an einem Grab; als positives Wort „fantastisch"; als negatives „schrecklich").

Der Hälfte der Probanden wurden die Bilder der Zielpersonen und die subliminal dargebotenen Wörter bzw. Bilder in den Paarungen „schwarze[4] Zielperson – positiv" und „weiße Zielperson – negativ" dargeboten. Für diese Gruppe wurde ein weniger stark ausgeprägtes rassistisches Vorurteil vorhergesagt, weil sich eine Einstellungsänderung durch die Umkehrung möglicherweise bestehender Assoziationen ergeben sollte.

Die anschließenden Reaktionszeitmessungen zeigten, dass der Konditionierungsprozess erfolgreich war: Teilnehmer, denen subliminal positive Bilder zu schwarzen und negative Bilder zu weißen Zielpersonen eingeblitzt worden waren, zeigten weniger negative automatisch aktivierte Vorurteile gegenüber Schwarzen als die Teilnehmer der Kontrollgruppe, die die gleichen Stimuli in zufälliger Reihenfolge, d. h. ohne oben genannte systematische Paarungen von Rasse und positiver bzw. negativer affektiver Valenz betrachtet hatten.

Auch nach einer zweitägigen Zeitverzögerung zwischen Konditionierung und Reaktionszeitmessung erwiesen sich die Effekte als stabil. Erneut wurden bei der Experimentalgruppe Reaktionszeiten gemessen, die auf positivere Einstellungen gegenüber schwarzen Personen schließen lassen.

Diese Studie zeigt, dass Einstellungen entstehen können, ohne dass eine Person diese bewusst wahrnimmt oder aus ihren Annahmen über ein Einstellungsobjekt ableitet.

Einstellungsbildung durch evaluatives Konditionieren ist nicht begrenzt auf das gemeinsame, gepaarte Auftreten eines Einstellungsobjekts mit einer evaluativen Erfahrung. Vielmehr kann es ebenso auch weitere, entfernter assoziierte Reize umfassen (sog. *spreading attitude*-Effekt; Walther, 2002; siehe auch Ito et al., 2006). Stellen Sie sich vor, Sie hätten zwei Kommilitonen, die Sie schon oft zusammen gesehen haben und denen Sie neutral gegenüber stehen – d. h., Sie haben weder etwas gegen die beiden noch mögen Sie sie besonders. Nehmen wir weiter an, Sie sähen eines Tages einen der beiden im freundschaftlichen Gespräch mit einer dritten Person, die Sie persönlich überhaupt nicht leiden können. Vermutlich werden Sie nun auch die *beiden* – zuvor neutralen – Kommilitonen negativer bewerten, da Sie sie von nun an mit der abgelehnten Person assoziieren. Der *spreading attitude*-Effekt stellt also einen Spezialfall des evaluativen Konditionierens

---

[3] Subliminal = unterhalb der (bewussten) Wahrnehmungsschwelle.

[4] Im Folgenden werden wir uns der Eindeutigkeit halber auf Menschen heller Hautfarbe und europäischer Abstammung als „weiß/Weiße", auf Menschen dunkler Hautfarbe und afrikanischer Abstammung als „schwarz/Schwarze" beziehen. Wir sind uns bewusst, dass diese Terminologie umstritten ist, allerdings ist die Vorbelastung vor allem in den USA und weniger in Deutschland von Bedeutung.

dar, welcher besagt, dass die Paarung eines Zielreizes mit einer (nicht) gemochten Person nicht nur die Bewertung der zuvor neutralen Person beeinflusst, sondern sich auch ausbreiten kann auf andere Individuen, die mit diesem Zielreiz ebenfalls assoziiert sind (aber nicht Gegenstand der Paarung waren; vgl. Beispielstudie).

Beispielstudie zum Einfluss von Lernprozessen auf Einstellungen
Die Effekte evaluativer Konditionierung können überspringen auf weitere mit dem Zielreiz assoziierte Reize.

Walther (2002) präsentierte ihren Teilnehmern zwei Porträts, von denen nachfolgend eines positiv bzw. negativ konditioniert wurde. Zunächst wurde eine Assoziation zwischen zwei neutralen Stimuli (Fotos von Gesichtern) erzeugt, indem beide Porträts wiederholt gemeinsam präsentiert wurden (sog. Präkonditionierung). Anschließend wurde eines der beiden Porträts mit einem positiven in der einen Bedingung bzw. einem negativen Reiz in der anderen Bedingung gepaart. Die Konditionierung erfolgte, indem der valente Reiz wiederholt mit einem Abstand von nur zwei Sekunden auf das Bild folgte.

Die Ergebnisse zeigten, dass die gelernte Einstellung auch auf die zweite, mit dem Zielreiz lediglich assoziierte Person übersprang: Wurden die neutralen Fotos gemeinsam präsentiert, so dass sie miteinander assoziiert wurden, und wurde das Foto A nachfolgend positiv (negativ) konditioniert, so fielen auch die Bewertungen von Foto B anschließend positiver (negativer) aus.

Diese Studie macht deutlich, dass sich konditionierte Effekte auch auf weitere mit dem Zielreiz assoziierte Reize ausweiten lassen (*spreading attitude*-Effekt). Anzumerken ist, dass dieser Effekt, da er auf indirektem Weg (über Assoziation mit dem Zielreiz) vermittelt wird, schwächer ausgeprägt ist als der Effekt der evaluativen Konditionierung.

Neben evaluativem Konditionieren können Einstellungen auch auf dem Wege von Verstärkung und Beobachtung erworben werden.

Operantes/instrumentelles Konditionieren – Lernen auf Basis von Verstärkung

Kennen Sie die Situation, dass ein Kindergartenkind altklug daherredet und Einstellungen vertritt, die typisch für Erwachsene, aber vollkommen unangemessen für Kinder dieses Alters sind? Vermutlich hat das Kind die Einstellungen zuhause gehört und ist für das Wiederholen/Vertreten dieser Ansichten belohnt worden – ein Beispiel einer instrumentellen/operanten Konditionierung (Skinner, 1957; siehe auch Insko, 1965). Diese besagt, dass (freiwillig gezeigte) Verhaltensweisen, die zu positiven Konsequenzen oder dem Vermeiden negativer Konsequenzen führen, verstärkt werden.

Kurzum: Durch Lob und Tadel der Eltern erwerben Kinder Einstellungen, beispielsweise gegenüber Schule, Klassenkameraden oder anderen Ethnien. Ebenso lassen sich
auch Erwachsene durch positive Konsequenzen auf ihr Verhalten in ihren Einstellungen
beeinflussen. Denken Sie nur einmal an einen Berufstätigen, der sich immer konservativ
kleidet und, nachdem er einmal in Jeans ins Büro kommt und dies zu wahren Begeiste-
rungsstürmen bei den Kollegen führt, von nun an immer häufiger diesen Kleidungsstil
zeigt – möglicherweise ändert er aufgrund dieser Verstärkung seine Einstellung zu Kleidung. Oder stellen Sie sich jemanden vor, der im Rahmen einer Stammtischrunde eine
Äußerung macht, die auf wohlwollendes Zustimmen trifft; es könnte durchaus sein, dass
derjenige sich in seiner Meinung bestärkt fühlt und daraufhin ähnliche Gedanken immer
wieder äußert (vgl. Abb. 7.4).

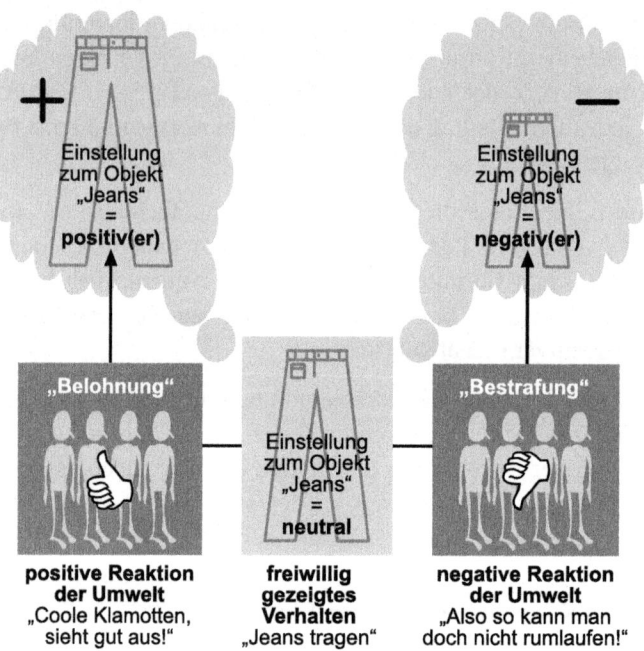

Abb. 7.4: Einstellungen können aufgrund von „Belohnung" (hier: positive Reaktion der Umwelt auf einen
bestimmten Kleidungsstil) oder „Bestrafung" (hier: negative Reaktion der Umwelt) operant konditioniert,
d. h. gelernt, werden. Belohnung für bestimmte freiwillig gezeigte Verhaltensweisen (hier: „Tragen einer
Jeans", ein anderes Beispiel wären verbale Äußerungen) verändert Einstellungen typischerweise ins Positive, Bestrafung ins Negative.

Modelllernen – Lernen auf Basis von Beobachtung

Auch ohne unmittelbaren Beeinflussungswunsch können Verhalten und Einstellungen
erlernt werden – schlichtweg über Modelllernen (Bandura, 1997): Dieses besagt, dass
Verhalten (hier: Einstellungen) allein aufgrund von Beobachtung gelernt werden kann.
Beobachtete Verhaltensweisen, die eine Einstellung ausdrücken, sowie direkte Einstel-

lungsäußerungen können somit einstellungsbildend sein und das insbesondere dann, wenn das beobachtete Modell oder die eigene Verhaltensänderung verstärkt werden (vgl. Brown & Ogden, 2004 u. a.).

Als Modell fungieren hier sowohl Personen des direkten Umfelds (z. B. Eltern, Lehrer, Gleichaltrige) als auch Medien (z. B. Aussagen in Fernsehen, Zeitungen, Internet; vgl. auch Abschnitt 11.5).

Zusammenfassung

Einstellungen (z. B. gegenüber einem Produkt) können über Lernprozesse entstehen und sich verändern, indem über Assoziationen im Rahmen evaluativer Konditionierung (Produkt gepaart mit positivem Reiz wie z. B. einer schönen Frau), über Verstärkung im Rahmen operanter/instrumenteller Konditionierung (z. B. Mitglieder der Peergroup oder die Eltern loben Markentreue) sowie über Beobachtung von Modellen (z. B. ein Prominenter fungiert als Modell in der Werbung und benutzt das Produkt) eine positivere Einstellung zum Einstellungsobjekt erzielt wird. Doch wir erlernen Einstellungen nicht nur, sondern entnehmen sie auch dem, was wir selbst tun und ausdrücken. Dies wird im nächsten Abschnitt ausgeführt.

7.2.3 Einstellungsentstehung und -veränderung durch Selbstwahrnehmung und Bodyfeedback

Die meisten Menschen gehen wahrscheinlich davon aus, dass wir eine Einstellung haben und *deswegen* ein bestimmtes Verhalten zeigen, beispielsweise dass wir einen Comic lustig finden, weil er genau unseren Humor trifft und wir *deshalb* lächeln. Dies kann so sein, doch zeigt die Forschung, dass es auch den – möglicherweise zunächst kontraintuitiven – umgekehrten Zusammenhang gibt: So können wir aus der Tatsache, dass wir lächeln (die entsprechenden Gesichtsmuskeln aktivieren) schließen, dass wir amüsiert sind (vgl. Abb. 7.5). Dieser Zusammenhang kommt vor allem dann zum Tragen, wenn

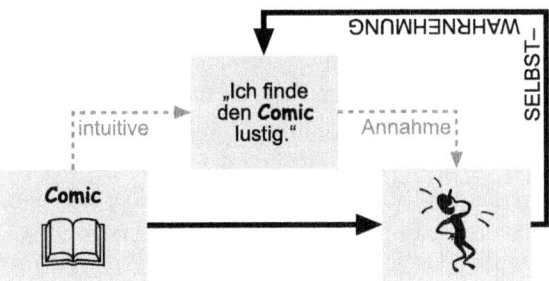

Abb. 7.5: Intuitiv nehmen wir an, dass wir ein bestimmtes Verhalten zeigen, *weil* wir eine bestimmte Einstellung haben (hier: den Comic lustig finden; gestrichelte Linie). Die Theorie der Selbstwahrnehmung nimmt an, dass wir aus unserem Verhalten auf unsere Einstellung rückschließen können, d. h. dass wir den Comic lustig finden, weil wir lachen.

Theorie der Selbstwahrnehmung

Einstellungen, Motive und Empfindungen können aus der Beobachtung des eigenen Verhaltens erschlossen werden.

wir uns bezüglich unserer Einstellungen gegenüber dem Einstellungsobjekt unsicher sind, unsere Einstellung schwach ausgeprägt oder mehrdeutig ist oder es keine anderen plausiblen Erklärungen für unser Verhalten gibt. Werden wir beispielsweise nach unserem vergangenen Verhalten hinsichtlich Mülltrennung in den letzten Wochen gefragt, so können wir aus unserer Beantwortung schließen, wie unsere Einstellung zu Mülltrennung ist: Würden wir angeben, dass wir *gelegentlich* den Müll sorgfältig getrennt haben, so wird es mit unserem Umweltbewusstsein nicht so weit her sein wie wenn wir sagen könnten, wir hätten *häufig oder immer* so gehandelt (Chaiken & Baldwin, 1981; Salancik & Conway, 1975).

Eine Vielzahl von Hinweisreizen liefert uns eine Basis, um Schlussfolgerungen über unsere Einstellungen vorzunehmen. Zu den bekanntesten gehören Schlussfolgerungen auf Basis der **Selbstwahrnehmung unseres Verhaltens**, bei denen aus der Beobachtung des eigenen Verhaltens auf zugrunde liegende Einstellungen und Gefühle (z. B. „Wenn ich lache, muss der Witz mir gefallen haben") geschlossen wird (vgl. Kapitel 6; Bem, 1972; Laird, 1974; vgl. Beispielstudie).

Beispielstudien zum Einfluss von Selbstwahrnehmung auf Einstellungen
Aus der eigenen Amüsiertheit kann auf eine Einstellung geschlossen werden.

Den Teilnehmern von Olson (1992) wurden Witze, die aus zwei verschiedenen Witzbüchern stammten, dargeboten. Während die Teilnehmer die Witze aus dem einen Buch lasen, wurden gleichzeitig Lachkonserven abgespielt; während sie die Witze aus dem anderen Buch lasen, hörten sie keine Lachkonserven. Es wurde weiter variiert, ob die Teilnehmer darüber informiert wurden, dass die Lachkonserven angeblich *erleichternden, hinderlichen* oder *keinen* Einfluss auf die eigene Amüsiertheit haben. Nachdem die Teilnehmer alle Witze gelesen hatten, durften sie wählen, ob sie entweder nochmals die eine oder aber die andere Witzserie anschauen wollten. Gemessen wurde, wie lange sie die jeweiligen Witze lasen.

Die Ergebnisse zeigten, dass Teilnehmer, denen man einen neutralen Effekt der Lachkonserven mitgeteilt hatte, gleich lang in beiden Büchern lasen. Teilnehmer jedoch, denen man sagte, dass Lachkonserven Amüsiertheit steigern, bevorzugten das Witzbuch, aus dem die Witze im ersten Teil der Studie stammten, bei denen keine Lachkonserven eingespielt worden waren, während Teilnehmer, denen man gesagt hatte, dass Lachkonserven die Amüsiertheit reduzieren würden, das Witzbuch präferierten, aus dem die Witze im ersten Teil der Studie stammten, die von Lachkonserven begleitet gewesen waren (vgl. Tab. 7.1).

Die Autoren interpretieren diese Effekte dahingehend, dass sich die Teilnehmer länger mit den Witzen beschäftigten, die sie aufgrund ihrer Selbstwahrnehmung als lustiger erachteten: Wenn die Teilnehmer der Lachkonserve ausgesetzt waren, erhöhten sie die Lustigkeit der Witze als Grund für ihre eigene Amüsiertheit („Wenn ich es so lustig finde bzw. amüsiert bin, obwohl doch die Lachkonserven genau das eigentlich verhindern sollten, dann muss ich es ja wahnsinnig komisch finden") oder werteten sie ab („Ich finde die Witze zwar lustig, aber das ist ja kein Wunder, weil ja die Lachkonserven das auch fördern. Vermutlich finde ich daher die Witze selbst gar nicht so komisch, sondern fühle mich nur wegen der Lachkonserven amüsiert"), je nachdem, ob die Lachkonserve die Amüsiertheit hindern oder fördern sollte.

Somit dokumentiert diese Studie, dass Selbstwahrnehmungsprozesse Rückschlüsse über den humoristischen Gehalt von Witzen beeinflussen.

| | | Bedingung: Witze aus dem Witzbuch wurden vorher dargeboten ... | |
		mit Lachkonserven	ohne Lachkonserven
angeblicher Einfluss der Lachkonserven auf die Amüsiertheit	förderlich	**54,5 Sekunden** *„Es ist kein Wunder, dass ich die Witze sehr lustig finde, denn Lachkonserven fördern die Amüsiertheit → wenn ich das abziehe, kann ich die Witze nicht so lustig gefunden haben."* <	**107,15 Sekunden**
	./.	88,3 Sekunden =	90 Sekunden
	hinderlich	**117,60 Sekunden** *„Ich finde die Witze sehr lustig, obwohl die Lachkonserven die Amüsiertheit hindern → ich muss die Witze ja wahnsinnig komisch finden, wenn ich trotzdem so amüsiert bin."* >	**48,10 Sekunden**

Tab. 7.1: Darstellung des Versuchsdesigns und der Ergebnisse (Zeit in Sekunden, die die Teilnehmer bei freier Wahl in den jeweiligen Witzbüchern lasen) der Studie von Olson (1992) sowie der hypothetischen Argumentationslinie in der Selbstwahrnehmung (kursiv).

Dass dies ein möglicher, aber nicht der einzige Weg ist, wie körperliche Zustände Einstellungen beeinflussen, zeigen Studien zum sog. **Bodyfeedback** (vgl. Abschnitt 4.2.1; Ito et al., 2006; Strack et al., 1988 u. a.). Diese legen nahe, dass Rückmeldungen (*feedback*) aus dem Körper an das Gehirn die Informationsverarbeitung beeinflussen, ohne dass bewusste Schlussfolgerungsprozesse erfolgen. Diese Rückmeldungen über die eigene Körperhaltung (*postural feedback*) bzw. den Gesichtsausdruck (*facial feedback*) verstärken oder schwächen beispielsweise das Erleben affektiver Reaktionen (vgl. Beispielstudie).

Bodyfeedback

Rückmeldungen aus dem Körper an das Gehirn, welche Informationsverarbeitung und Stimmung beeinflussen können.

- *facial feedback*
  Rückmeldungen von der mimischen Muskulatur an das Gehirn
- *postural feedback*
  Rückmeldungen der Körperhaltung an das Gehirn

Beispielstudie zum Einfluss von Bodyfeedback auf Einstellungen
Der Körperausdruck beeinflusst die eigene affektive Reaktion bzw. Einstellung (ohne einen Schlussfolgerungsprozess).

In der unter dem Begriff *pen study* bekannt gewordenen Studie von Strack und Kollegen (1988) nahmen die Autoren an, dass die Gesichtsmuskelaktivität die affektiven Reaktionen, die Personen zur Bewertungsabgabe heranziehen, beeinflusste. So brachten sie die Teilnehmer in die Situation, dass sie jene Gesichtsmuskeln, die mit einem Lächeln assoziiert werden, entweder aktivierten oder aber eben dies verhinderten. Dies gelang ihnen, indem die Teilnehmer unter der Coverstory, dass Schwierigkeiten Körperbehinderter untersucht würden, einen Stift entweder mit den Zähnen (aktiviert den Zygomatikusmuskel; ist mit Lächeln assoziiert) oder mit den Lippen (aktiviert den Orbikularismuskel; ist nicht mit Lächeln assoziiert) festhalten sollten. Währenddessen bearbeiteten sie Fragebögen und bewerteten die Witzigkeit von Cartoons.

Jene Personen, die den Stift mit den Zähnen festhielten und somit – ohne dies bewusst zu wissen – die Muskelaktivität eines Lächelns zeigten, gaben höhere Amüsiertheit an als jene, die den Stift mit den Lippen hielten. Die Autoren begründen dies mit *facial feedback*-Prozessen – ohne den Prozess der Selbstwahrnehmung. Da die Teilnehmer die Muskelaktivität eines Lächelns nur aufgrund der Stifthaltung der Coverstory einnahmen, konnten sie aus ihrem „Lächeln" nicht schlussfolgern, amüsiert zu sein bzw. eine positive Einstellung zum Cartoon zu haben – denn das „Lächeln" war nicht diagnostisch für ihr Empfinden, sondern lediglich Resultat ihrer Aufgabenstellung/ Stifthaltung.

Dass die Teilnehmer dennoch nach der Muskelaktivität eines Lächelns amüsierter waren bzw. die Comics witziger fanden, war dadurch verursacht, dass die Muskelaktivität im Sinne eines Rückkopplungsprozesses (*feedback*) die positive bzw. negative Reaktion der Person verstärkte. Ohne dass dies dem Betreffenden bewusst ist, verstärkt die Muskelaktivität eines Lächelns eine positive affektive Reaktion gegenüber dem Einstellungsobjekt.

In einer Studie von Ito und Kollegen (2006) konnte dies weitergeführt und gezeigt werden, dass *facial feedback* auch implizite Einstellungen moduliert. Die Autoren ließen ihre Teilnehmer wie in oben genannter Studie einen Stift mit den Zähnen halten (Muskelaktivität des Lächelns) und zeigten ihnen währenddessen entweder Fotos weißer oder schwarzer Personen. Die anschließend (mittels IAT; vgl. Abschnitt 7.4.2) gemessenen impliziten Einstellungen zeigten einen *spreading attitude*-Effekt (vgl. Abschnitt 7.2.2): War die Muskelaktivität des Lächelns während der Darbietung von Fotos schwarzer Personen erfolgt, so fand sich eine deutlich weniger rassistische Neigung (im IAT) als bei jenen, die während des Betrachtens der Fotos weißer Amerikaner den Stift zwischen den Zähnen gehalten hatten. Die Autoren begründen dies damit, dass die positivere Einstellung zu Bildern von schwarzen Personen, die mit aktiviertem „Lächelmuskel" betrachtet wurden, sich anschließend auf Bilder von anderen Schwarzen, die im IAT gezeigt wurden, überträgt (bzw. auf die gesamte Gruppe der schwarzen Personen, die durch Beispielbilder im IAT repräsentiert werden).

Wie wir gesehen haben, beeinflussen sowohl unsere Selbstwahrnehmung als auch unser Körperausdruck unsere Einstellungen. Nachstehend wird beschrieben, dass bereits die häufige Darbietung eines Reizes – ohne Selbstwahrnehmung und Bodyfeedback – eine Einstellung bewirken bzw. beeinflussen kann.

7.2.4 *Mere exposure* – Einstellungsentstehung und -veränderung aufgrund bloßer Darbietung

Kennen Sie das Gefühl, nach den Semesterferien wieder an die Uni zurückzukommen, und das vertraute Gefühl, das sich einstellt, wenn Sie in den Hörsaal kommen? Der Hörsaal ist nicht besonders schön, er ist nicht ungemein positiv (weil nicht besonders bequem), aber das Immer-wieder-darin-Sitzen schafft eine gewisse Vertrautheit und lässt Sie zunehmend eine positivere Einstellung dazu gewinnen. Meinen Sie, dass Sie, nur weil Sie jemanden öfter sehen, ohne mit ihm zu interagieren (ihm z. B. nur morgens im Treppenhaus oder mittags im Seminarraum begegnen), auf Dauer eine positivere Einstellung zu ihm gewinnen werden?

Forschungsbefunde belegen, dass das bloße „Einem-Reiz-Ausgesetztsein" positivere Einstellungen ihm gegenüber bewirken kann (sog. *mere exposure effect*, Zajonc, 1968; für einen Überblick siehe Bornstein, 1989; Chambres et al., 2001; vgl. Abschnitt 5.1.1 und Abschnitt 10.3.3).[5] Dies zeigen beispielsweise Studien mit chinesisch anmutenden Schriftzeichen, sinnfreien Silben, geometrischen Figuren, Fotos, anderen Personen, in denen allein deren wiederholte Darbietung zu positiveren Bewertungen geführt hat (Bornstein et al., 1987; Moreland & Beach, 1992; Suedfeld, Epstein et al., 1971; Zajonc et al., 1974; vgl. Beispielstudie). Dieser Effekt tritt auch auf, wenn sich Personen an die Darbietung nicht erinnern können, sei es weil sie sie vergessen haben, nicht gut verarbeitet haben oder diese subliminal, d. h. unterhalb der Wahrnehmungsschwelle erfolgte (Bornstein et al., 1987; Seamon et al., 1983; vgl. auch Wilson, 1979). Dementsprechend werden auch von Alzheimerpatienten, die sich krankheitsbedingt nicht an die Darbietung eines Objekts erinnern können, durch *mere exposure* neue Einstellungen gebildet bzw. bestehende Einstellungen verändert (Winograd et al., 1999). Sogar das bloße Nachdenken über ein Einstellungsobjekt – d. h. kein wirkliches, sondern nur ein gedankliches

---

[5] Die meisten Studien sehen die entstehende Vertrautheit als vermittelnden Mechanismus an (z. B. Zajonc, 1968). Andere Autoren, vor allem im Kontext der Personenwahrnehmung, nehmen an, dass dies vor allem über die entstehende Attraktivität und ein Gefühl der Ähnlichkeit vermittelt wird und Vertrautheit eher ein Nebenprodukt dieser ist (z. B. Moreland & Beach, 1992).

Ausgesetztsein – kann dazu führen, dass sich die Einstellung verändert (sog. *mere thought*; Sadler & Tesser, 1973; Tesser, 1978).

Beispielstudie zum Einfluss bloßer Darbietung (*mere exposure*) auf Einstellungen
Das wiederholte Sehen einer Person kann eine positivere Einstellung ihr gegenüber nach sich ziehen – selbst wenn man sich nicht bewusst an sie erinnern kann.

Moreland und Beach (1992) zeigten einen *mere exposure*-Effekt im Universitätsalltag. Vier in das Forschungsvorhaben eingeweihte Frauen nahmen an einer Vorlesung teil, ohne dabei jedoch mit anderen Vorlesungsteilnehmern zu interagieren. Indem sie die Häufigkeit der Teilnahme (0, 5, 10 oder 15 Mal) variierten, erzeugten sie unterschiedliche Darbietungsfrequenzen. Die Autoren interessierte nun, ob die reine Anwesenheit im Raum dazu führte, dass die Vorlesungsteilnehmer diesen Frauen gegenüber eine positive Einstellung entwickelten. Unter dem Vorwand einer anderen Studie baten sie die Vorlesungsteilnehmer am Ende des Semesters, Fotos der Frauen einzuschätzen.

Die Ergebnisse zeigten, dass sich die Teilnehmer zwar nicht an die Frauen auf den Fotos erinnern konnten, aber dennoch in ihren Bewertungen deutlich beeinflusst waren von der (ihnen nicht bewussten) Häufigkeit von deren Anwesenheit im Hörsaal: Je häufiger die Frauen anwesend gewesen waren, desto attraktiver wurden sie eingeschätzt, desto lieber wollten die Studenten mit diesen befreundet sein oder zusammenarbeiten.

Wie diese Studie zeigt, beeinflusste der durch die reine Anwesenheit der Frauen erzeugte *mere exposure*-Effekt die Einstellungen zur Attraktivität der Frauen – ohne dass dies den Teilnehmern bewusst war.

Der *mere exposure*-Effekt ist allerdings begrenzt: Zum einen wirken zu häufige, zu offensichtliche Wiederholungen negativ (umgekehrte U-Funktion; vgl. Abschnitt 5.1.1; Bornstein et al., 1990; Zajonc et al., 1972), zum anderen funktioniert der Effekt nur mit neutralen und positiven Stimuli (Zajonc, 1968). Bei schon vorhandener negativer Haltung gegenüber einem Stimuli verstärkt häufige Darbietung die ablehnende Einstellung eher (Swap, 1977).

Zwischenfazit

Einstellungen können aus vielen Quellen resultieren: Zunächst einmal belegen Zwillingsstudien eine genetische Mitbeteiligung an der Entstehung von Einstellungen. Des Weiteren tragen sowohl zur Einstellungsbildung als auch zur Einstellungsänderung verschiedenste Lernprozesse bei, darunter Lernen durch Verknüpfung von Assoziationen (evaluatives Konditionieren), Lernen durch Verstärkung (instrumentelles/operantes Konditionieren) sowie Lernen durch Beobachtung (Modelllernen). Neben dem Lernen können Einstellungen auch aufgrund von Schlussfolgerungsprozessen im Rahmen unserer Selbstwahrnehmung und durch Bodyfeedback entstehen und verändert werden.

Schließlich zieht bereits die bloße Darbietung (*mere exposure*) eines Reizes positivere Einstellungen nach sich.

Nachfolgend wird unser Konsistenzbestreben als weitere Ursache für Einstellungsentstehung und -änderung dargestellt.

7.2.5 Einstellungsentstehung und -veränderung aufgrund von Konsistenzbestreben

Wichtigen Einfluss auf unsere Einstellungen hat zudem unser Streben nach Konsistenz. Menschen empfinden es als angenehm, wenn sich ihre Einstellungen sowie die Komponenten einer Einstellung in einem harmonischen, spannungsfreien – oder anders ausgedrückt, in einem *konsistenten* – Zustand zueinander befinden, und streben daher einen solchen Zustand an (Festinger, 1954; Heider, 1958). So fühlt es sich beispielsweise gut an, wenn wir eine positive Einstellung zum Umweltschutz haben, uns dieser Einstellung bewusst sind und wir uns auch bei nicht allzu gutem Wetter für den Weg zur Arbeit aufs Fahrrad schwingen anstatt bequem das Auto zu benutzen.

Um sich zu veranschaulichen, wie *verschiedene Einstellungen* konsistent oder inkonsistent zueinander sein können, lassen Sie uns folgendes Beispiel heranziehen. Nehmen wir einmal an, eine Person namens Roland mag eine andere Person namens Anna. Beide segeln gern, d. h., sie haben eine positive Einstellung zum Segeln. Für das Konsistenzverhältnis spielen hier eine Rolle: die Einstellung von Person A (Roland) zu Person B (Anna) sowie die jeweiligen Beziehungen der Personen zu dem Einstellungsgegenstand Segeln. Jede dieser Beziehungen kann entweder positiv oder negativ sein. Multipliziert man diese miteinander und erhält ein positives Produkt (+), so spricht man von einer **balancierten Triade**. Dies wäre im oben genannten Beispiel der Fall: Die Beziehung zwischen Anna und Roland ist positiv (Anna – Roland = +), Roland segelt gerne (Roland – Segeln = +) und Anna segelt ebenfalls gerne (Anna – Segeln = +). Multipliziert man die drei Vorzeichen (+) miteinander, ergibt sich ein positiver Wert. Eine balancierte Triade könnte sich auch anderweitig ergeben, nämlich aus zwei (–) und einem (+). Dies wäre der Fall, wenn beispielsweise Roland gerne segeln würde (+), Anna jedoch nicht (–) und Roland gleichzeitig eine negative Einstellung zu Anna hätte (–).

Ergibt sich ein negatives Produkt (–), so liegt eine **unbalancierte Triade** vor. Dies wäre der Fall, wenn Anna eine positive Einstellung zu Roland hat, d. h. (Anna – Roland = +), Anna sehr gerne segelt (Anna – Segeln = +), Roland jedoch nicht (Roland – Segeln = –). Multipliziert man hier die Vorzeichen (zwei (+), ein (–)), ergibt sich ein negativer Wert. Unbalancierte Triaden lösen einen unangenehmen Zustand aus, der beispielsweise dadurch gelöst werden kann, dass entweder Roland oder Anna ihre Einstellung zum Segeln verändern oder aber Anna ihre positive Einstellung zu Roland überdenkt – in jedem Fall läge eine Einstellungsveränderung vor (sog. Balance-Theorie von Heider, 1958; vgl. Abb. 7.6).

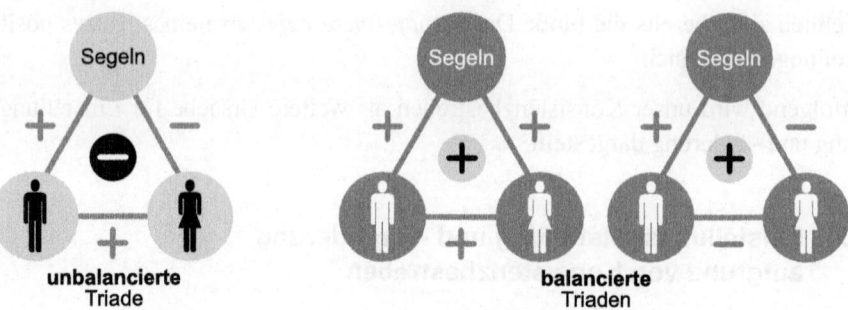

Abb. 7.6: Beispiele für eine unbalancierte Triade (links; negatives Produkt der Beziehungsvorzeichen, symbolisiert durch das eingekreiste „–") und zwei verschiedene balancierte Triaden (Mitte und rechts; positives Produkt der Beziehungsvorzeichen, symbolisiert durch das eingekreiste „+").

Als besonders angenehm werden Beziehungen empfunden, in denen sich die beiden Personen mögen und in der Bewertung des Objekts übereinstimmen. Diese Theorie ist unter anderem herangezogen worden, den Zusammenhang zwischen interpersonaler Zuneigung und Einstellungsähnlichkeit zu erklären.

Doch unbalancierte Beziehungen bzw. Unstimmigkeiten zwischen Einstellungen gibt es nicht nur zwischen Personen, sondern auch innerhalb unseres eigenen Denkens und Handelns. Wir sprechen dann von **kognitiver Dissonanz**, die einen inneren Konflikt/unangenehmen Zustand beschreibt, der entsteht, wenn zwischen Handeln und Kognition keine Übereinstimmung besteht, d. h. wenn wir entgegen unserer Überzeugung bzw. wider besseren Wissens handeln.

Beginnen wir hier mit einem Beispiel: Ein Raucher wird gefragt, ob er weiß, dass Rauchen die Gesundheit gefährdet und inzwischen nahezu verpönt ist. Er oder sie wird das mit großer Wahrscheinlichkeit bejahen, d. h., die meisten Raucher kennen die negativen Auswirkungen ihres Tuns – und rauchen trotzdem. Wie geht das zusammen?

Raucher können sicherlich neben den negativen auch eine ganze Reihe *positiver* Seiten von Rauchen (Geselligkeit, Entspannung etc.) aufzählen und Beispiele nennen, in denen Leute trotz starken Rauchens 100 Jahre alt geworden sind und sich dabei bester Gesundheit erfreuten. Die Einstellung zum Rauchen wird in diesem Fall nicht ausschließlich durch die negativen Konsequenzen des Rauchens bestimmt. Warum das, wenn diese doch in aller Munde sind und auch von den Rauchern als zutreffend angesehen werden?

> **Kognitive Dissonanz**
>
> Miteinander unvereinbare Kognitionen – Gedanken, Meinungen, Einstellungen, Wünsche oder Absichten – erzeugen einen inneren Konflikt, der als unangenehm empfunden wird (Dissonanz).
>
> Dieser wiederum löst – im Falle von Wahlfreiheit – das Bestreben nach Dissonanzreduktion aus.

Nun, vermutlich haben die meisten Raucher seit langem etwas betrieben, was in der Sozialpsychologie als **Dissonanzreduktion** bekannt ist (Aronson & Mills, 1959; Davis & Jones, 1960; für einen Überblick siehe Harmon-Jones & Harmon-Jones, 2007).

Auch wenn das Raucherbeispiel auf Sie selbst nicht zutrifft, können Sie vermutlich Dissonanz erleben, wenn Sie im unten stehenden Exkurs den „Selbstversuch zur Dissonanz" durchführen. Wahrscheinlich haben auch Sie den linken Aussagen des Exkurses mit hohen Werten zugestimmt und zugleich zumindest einen Teil der rechten verneint bzw. ehrlicherweise verneinen müssen. Diese Dissonanz hat sich vermutlich auch für Sie nicht gut angefühlt.

Exkurs: Selbstversuch zur Dissonanz

Geben Sie bitte an, wie sehr Sie folgenden Aussagen zustimmen:

1. Obdachlosigkeit ist ein ernst zu nehmendes soziales Problem.

   O ----- O ----- O ----- O ----- O
   gar nicht   sehr

2. Regelmäßiger Sport (2x die Woche) stärkt die Gesundheit.

   O ----- O ----- O ----- O ----- O
   gar nicht   sehr

3. Rauchen gefährdet die Gesundheit.

   O ----- O ----- O ----- O ----- O
   gar nicht   sehr

4. Vor- und Nachbereitung von Lehrveranstaltungen erhöht den Lerneffekt.

   O ----- O ----- O ----- O ----- O
   gar nicht   sehr

5. Es ist schrecklich, dass täglich etwa 20 000 Kinder in der Welt verhungern.

   O ----- O ----- O ----- O ----- O
   gar nicht   sehr

Beantworten Sie nun bitte die folgenden Aussagen mit ja oder nein:

1. Ich habe im letzten Jahr etwas gegen Obdachlosigkeit unternommen.

   O ja   O nein

2. Ich habe im letzten Jahr jede Woche mindestens 2x Sport gemacht.

   O ja   O nein

3. Ich habe noch nie eine Zigarette geraucht.

   O ja   O nein

4. Ich bereite mich auf jede Lehrveranstaltung vor und schaue mir den Stoff nach der Veranstaltung nochmals an.

   O ja   O nein

5. Ich habe im letzten Jahr etwas gegen den Hunger in der Welt getan.

   O ja   O nein

Die zugrunde liegende Annahme der Dissonanztheorie ist, dass zwei Gedankeninhalte (= Kognitionen) zueinander entweder in irrelevanter Beziehung (z. B. „Ich rauche", „Ich mag keine Volksmusik) oder in relevanter Beziehung (z. B. „Ich rauche", „Rauchen erzeugt Krebs") stehen können. Problematisch wird es, wenn solch relevante Kognitionen sich wie im vorliegenden Beispiel in Dissonanz, d. h. nicht im Einklang befinden (im Gegensatz zu kognitiver Konsonanz, d. h. Übereinstimmung; „Rauchen erzeugt Krebs" – „Ich rauche nicht"). Der Zustand kognitiver Dissonanz ist unangenehm (Elliot & Devine, 1994; Harmon-Jones, 2000) und ruft eine physiologische Erregung hervor (Croyle & Cooper, 1983; Elkin & Leippe, 1986; Losch & Cacioppo, 1990; Steele et al., 1981). Wir sind in solchen Situationen bestrebt, Dissonanzreduktion zu betreiben und Konsonanz herzustellen.

Weitere Beispiele, in denen kognitive Dissonanz entsteht bzw. herrscht, wären: eine Frau, die „unsterblich" in einen Mann verliebt ist (affektive Komponente), obwohl sie weiß, dass dieser sie schlecht behandelt und nebenher noch mehrere Affären hat (kognitive Komponente); jemand, der die Einstellung vertritt, dass man im Straßenverkehr Rücksicht aufeinander nehmen sollte (kognitive Komponente), anderen trotzdem häufig die Vorfahrt nimmt (Verhaltenskomponente).

Dissonanzstärke und die Motivation, Konsonanz herzustellen, hängen von der relativen Wichtigkeit der relevanten Kognitionen ab (z. B. wäre die Dissonanz höher, wenn Ihnen Rücksichtnahme im Straßenverkehr wichtig ist, als wenn sie Ihnen weniger wichtig ist) sowie von dem Ausmaß der dissonanten Kognitionen an der Gesamtheit der Kognitionen (z. B. wäre die Dissonanz geringer, wenn Vorfahrtnehmen Ihr einziges Fehlverhalten im Straßenverkehr ist, während Sie in allen anderen Aspekten, wie Geschwindigkeitseinhaltung, kein Alkohol am Steuer, Unfallfreiheit, vorbildlich sind).

Gesetzt den Fall, die Dissonanz bei einem Raucher – hervorgerufen durch sein mit einer für richtig gehaltenen Kognition (Rauchen ist ungesund) inkonsistentes Verhalten (Rauchen) – ist ausreichend unangenehm, so dass er bestrebt wäre, diese zu reduzieren. Wie kann das gelingen? Im Wesentlichen lässt sich Dissonanzreduktion auf zwei verschiedene Arten erreichen: zum einen durch *direkte* Veränderung der Einstellungs-Verhaltens-Diskrepanz, zum anderen *indirekt* durch Veränderung des diese begleitenden unangenehmen Gefühls.

Direkte Dissonanzreduktion.   Auf direktem Wege kann Dissonanzreduktion durch folgende „Maßnahmen" erzielt werden (Festinger, 1957 u. a.):

1. Änderung eines oder mehrerer Elemente der dissonanten Beziehung

- **Änderung des *Verhaltens***
  Die dissonante Beziehung lässt sich auflösen, indem das dissonanzerzeugende Verhalten geändert, z. B. unterlassen, wird. In unserem Fallbeispiel würde das bedeuten, dass das Rauchen reduziert oder ganz eingestellt wird.

- **Änderung der *Wahrnehmung***
  Auch eine Änderung in der dissonanzerzeugenden Wahrnehmung des problematischen Zusammenhangs (Rauchen macht krank) kann Dissonanz reduzieren. Das wäre der Fall, wenn ein Raucher sich beispielsweise sagen würde, dass „Gesundheit nicht alles im Leben sei". Auf diese Weise würde das dissonante Handeln als weniger problematisch erlebt.

- **Veränderung in der Wahrnehmung des eigenen Verhaltens**
  In ähnlichem Sinne ließe sich auch die Wahrnehmung des eigenen Verhaltens verändern. Anstatt wahrzunehmen, dass man jeden Tag zwei Schachteln raucht, könnte ein Raucher seine Wahrnehmung darauf lenken, dass er gerade erst die erste Zigarette in dieser Woche raucht.

2. Hinzufügen neuer, konsonanter Kognitionen

- **Hinzufügen (Addition) neuer konsonanter Kognitionen**
  Anstatt die eigentliche Dissonanz anzugehen, besteht die Möglichkeit, neue Gedanken hinzuzugewinnen, die positive Aspekte des bislang dissonanzerzeugenden Verhaltens und somit ein Gegengewicht einbringen, welches die Dissonanz schmälern lässt. Solche Gedanken könnten beispielsweise sein: „Wenn ich rauche, habe ich die besten Ideen" oder „Rauchen ist für mich die beste Entspannung".

- **Rationalisierung**
  Dies lässt sich so weit fortsetzen, dass die neuen Gedanken als Rechtfertigung für das dissonante Verhalten dienen, frei nach dem Motto: „Ich rauche eigentlich nur, um meinen niedrigen Blutdruck zu erhöhen/mein Gewicht zu halten." Dissonanz wird reduziert, indem der dissonanzerzeugenden Handlung nachträglich ein rationaler Sinn gegeben wird.

3. Vermindern der Bedeutung/Trivialisierung der dissonanten Elemente bzw. der Inkonsistenz/Diskrepanz

- **Subtraktion dissonanter Kognitionen**
  Dissonante Elemente können direkt angegangen werden, indem man sie beispielsweise abmildert: „Zigaretten sind weniger schädlich als Gras" oder „Andere rauchen doch viel mehr als ich".

- **Minimierung der Wichtigkeit des Konflikts**
  Der Konflikt wird als weniger wesentlich angesehen, womit sich die Dissonanz verringert. Ein in diesem Sinne zielführender Gedanke wäre beispielsweise: „Es macht mir nichts aus, wenn ich etwas früher sterbe – lieber ein kurzes, dafür aber intensives Leben."

- **Reduzierung der wahrgenommenen Wahlfreiheit**
  Letztendlich wird die Bedeutung des dissonanten Handelns auch geringer, wenn die Person annimmt, dass sie keine andere Wahl hatte als so zu handeln. Dies würde sich beispielsweise in einem Gedanken wie „Es wäre unhöflich gewesen, die angebotene Zigarette abzulehnen" widerspiegeln.

Darüber hinaus werden alle Situationen und Informationen gemieden, die die Dissonanz noch weiter vergrößern könnten (z. B. Ehrlich et al., 1957; Frey, 1981). So würden Raucher, die in Zeitschriften auf Artikel stoßen, welche über die gravierenden Folgen von Zigarettenkonsum berichten, diesen Artikeln vermutlich weniger Aufmerksamkeit schenken als Nichtraucher. Ebenso wäre anzunehmen, dass sie im Gegensatz zu überzeugten Nichtrauchern die Warnaufdrucke auf den Zigarettenschachteln kaum wahrnehmen.

Indirekte Dissonanzreduktion.   Während sich oben genannte Strategien alle auf die die Dissonanz hervorrufende Einstellungs-Verhaltens-Diskrepanz richten, besteht auch die Möglichkeit, erlebte Dissonanz indirekt zu reduzieren (Stone et al., 1997). In diesem Fall wird nicht die Einstellungs-Verhaltens-Diskrepanz angegangen, sondern die mit dieser einhergehenden unangenehmen Gefühle: Es wird versucht, sich trotz der erlebten Dissonanz anhand von selbstwerterhöhenden Strategien besser zu fühlen (z. B. anhand von *self-affirmation*, d. h. dem Fokussieren auf positive Selbstmerkmale; Aronson et al., 1995; Steele & Liu, 1983; vgl. auch Kapitel 6).

Entsprechend ist für das Ausmaß des Bedürfnisses nach Dissonanzreduktion auch das eigene Selbstwertgefühl von Bedeutung: Personen mit hohem Selbstwertgefühl, denen oben genannte indirekte Methoden naheliegen bzw. die sich ohnehin gut fühlen, neigen weniger dazu, während Personen mit geringem Selbstwertgefühl sehr zu Dissonanzreduktionsstrategien tendieren (Steele et al., 1993).

Nachfolgend werden typische Anwendungsbereiche, in denen Dissonanzen auftreten und beseitigt werden müssen, dargestellt. Dazu gehören Dissonanz nach dem Treffen von Entscheidungen und unzureichender Rechtfertigung. Bedeutsam für die Dissonanzentstehung ist in allen Bereichen, dass Wahlfreiheit vorliegt, d. h. Personen ihr Verhalten mehr oder weniger freiwillig eingehen (Fazio et al., 1977 u. a.).

Dissonanz nach Entscheidungen

Stellen Sie sich vor, Sie haben zwei Universitäten oder einfach zwei verschiedene CDs zur Wahl und finden beide gleichermaßen attraktiv. Nehmen wir weiter an, Sie müssen sich zwischen beiden entscheiden, da Sie nun mal nur an einer Universität gleichzeitig studieren bzw. weil Sie sich keine zwei CDs leisten können. Glauben Sie, dass sich *nach* Ihrer Entscheidung Ihre Bewertung der nicht gewählten Uni bzw. der nicht gewählten CD verändern wird?

Forschungsbefunden zufolge ist dies der Fall (Brehm, 1956). Nicht gewählte Alternativen lösen nach einer Entscheidung kognitive Dissonanz aus, denn schließlich fanden Sie beide Alternativen gleichermaßen attraktiv und müssen nun Ihre Entscheidung vor sich rechtfertigen – typischerweise kommt es dann zu einer Aufwertung der gewählten und einer Abwertung der nicht gewählten Alternative (sog. *spreading apart of alternatives*-Effekt). Auf diese Weise lässt sich der innere Spannungszustand, der durch die entgangene attraktive, aber nicht gewählte Alternative entstanden ist, reduzieren (Festinger, 1964; Harmon-Jones & Harmon-Jones, 2002). Selbstverständlich gilt dieser Zusammenhang nur, wenn die Entscheidung nicht reversibel ist. Wenn Sie sich aufgrund Ihres Bedauerns um Ihre Entscheidung die zweite CD auch noch kaufen, wird sie nicht mehr abgewertet. Vermittelt wird dies unter anderem durch selektive Wahrnehmung: Wir suchen dissonanzreduzierende Informationen und – wenn auch in einem geringeren Maße – meiden dissonanzerhöhende Informationen. Beispielsweise beachten Käufer nach einem Kauf eines neuen Autos die Werbung der Herstellerfirma des eigenen Wagens mehr als die von Mitbewerbern (Ehrlich et al., 1957). Es wird angenommen, dass bei mittlerer Dissonanz die stärkste selektive Wahrnehmung auftritt, während bei sehr großen Widersprüchen eher neue Informationen gesammelt und ein neuer Standpunkt zu gewinnen versucht wird (Frey, 1981).

Diese Form der Dissonanz findet beispielsweise auch in der sog. *low ball*-Technik Anwendung, einer Strategie sozialen Einflusses, die im Verkaufsbereich immer wieder bewusst eingesetzt wird (vgl. Abschnitt 8.3.3).

Wie wir gesehen haben, kann Dissonanz nach Entscheidungen für oder gegen eine Alternative auftreten. Nachfolgend wird dargestellt, dass Dissonanz darüber hinaus entstehen und Einstellungen beeinflussen kann, wenn eigene Anstrengung oder ein ausgeführtes einstellungskonträres Verhalten als unzureichend gerechtfertigt empfunden wird.

Dissonanz aufgrund unzureichender Rechtfertigung

Das Gefühl unzureichender Rechtfertigung kann auf zwei Arten entstehen – wenn wir uns um etwas bemühen, was im Nachhinein gesehen die Anstrengung nicht wert war (unzureichende Rechtfertigung eigener Anstrengung), oder wenn wir ein Verhalten zeigen, das unserer Einstellung nicht entspricht, und dafür keinen guten Grund haben (unzureichende Rechtfertigung einstellungskonträren Verhaltens).

Unzureichende Rechtfertigung eigener Anstrengung.   Stellen Sie sich doch einmal vor, Sie haben unglaubliche Mühen darauf verwendet, in einen bestimmten, heiß begehrten Nachtclub eingelassen zu werden. Sie haben sich extra für diesen Anlass neue Klamotten zugelegt, sich stundenlang aufgestylt, einen Bekannten, der den Veranstalter kennt, angerufen und darum gebeten, auf die Gästeliste zu kommen, den Türsteher angeflirtet bzw. „bestochen", ein horrendes Eintrittsgeld bezahlt und in Kauf genommen, das Doppelte für ein Bier zu zahlen als anderswo – und als Sie dann dort waren, stellte sich heraus, dass der Club langweilig, die Leute blasiert, die Person, die Sie zu treffen gehofft hatten, ausgerechnet an dem Abend nicht da, die Musik nervig und die Luft furchtbar stickig war. Kurzum: All Ihre Anstrengungen waren umsonst, der ganze Aufwand für nichts und wieder nichts.

Sich in diesem Sinne vergeblich angestrengt zu haben, ruft Dissonanz hervor. Um sie zu reduzieren, muss die erbrachte Leistung (hier: der Aufwand, sich zu stylen, den Bekannten anzurufen, das Geld zu investieren etc.) nachträglich gerechtfertigt werden (sog. *justification of effort*), indem der Anreiz des angestrebten Handlungsziels aufgewertet wird (der Club erscheint doch nicht so langweilig). Oder anders ausgedrückt: Ein Ziel, das mit Anstrengung erreicht wurde, wird mehr Aufwertung erfahren als ein Ziel, das ohne große Anstrengung erreicht wurde. So kann beispielsweise ein Konzert umso schöner erscheinen, je schwieriger es war, Karten dafür zu bekommen, oder eine Gruppenzugehörigkeit für ihre Anhänger mehr Attraktivität besitzen, wenn es schwierig war, aufgenommen zu werden (Aronson & Mills, 1959, Gerard & Mathewson, 1966; vgl. Beispielstudie; vgl. auch Lodewijkx & Syroit, 1997).

Beispielstudie zu kognitiver Dissonanz

Je unangenehmer eine Aufnahmeprozedur in eine Gruppe, desto attraktiver erscheint einem die Gruppe.

Aronson und Mills (1959) ließen ihre Teilnehmer eine freiwillige Aufnahmeprozedur durchlaufen, um in eine bestehende Gruppe (in der es um die Diskussion sexueller Themen ging) aufgenommen werden zu können. Die Autoren variierten die Schwierigkeit des Auswahlverfahrens. Für ein Drittel der Teilnehmer war es sehr unangenehm (sie mussten obszöne Texte laut vorlesen), für ein anderes Drittel durchschnittlich (sie mussten sexuell getönte, aber nicht obszöne Texte laut vorlesen), und ein weiteres Drittel erhielt die Zulassung ohne Aufnahmeprozedur (sie lasen nichts vor).

Jeder Teilnehmer konnte dann einen vermeintlichen Live-Mitschnitt einer Diskussion der Gruppe, in die sie durch die Prozedur aufgenommen werden wollten, anhören; diese war jedoch langweilig und nichtssagend. Die Autoren interessierte, wie die Teilnehmer die Diskussion bewerteten. Es zeigte sich, dass die Bewertung der Gruppe deutlicher positiver ausfiel, wenn die Aufnahmeprozedur in die Gruppe unangenehm, d. h. schwierig gewesen war.

Die Autoren führen dies auf Dissonanzreduktion zurück: Je unangenehmer das Aufnahmeverfahren, desto stärker werteten die Teilnehmer die Gruppenzugehörigkeit auf, um so den geleisteten Aufwand zu rechtfertigen.

Unzureichende Rechtfertigung eigenen einstellungskonträren Verhaltens. Nehmen wir einmal an, Ihnen bietet jemand 50 € an, wenn Sie für ihn einen Telefonanruf tätigen, in welchem Sie eine fremde Person anlügen sollen, und Sie tun dies – Sie würden also ein für Sie einstellungskonträres Verhalten eingehen (vorausgesetzt, Sie vertreten die Auffassung, dass Ehrlichkeit wichtig ist). Würde dies kognitive Dissonanz in Ihnen auslösen? Vermutlich eher nicht, denn die hohe Bezahlung (gesetzt den Fall, Sie sehen 50 € für einen zweiminütigen Anruf als hohe Bezahlung an) rechtfertigt Ihr Handeln in ausreichendem Maße. Würden Sie hingegen nur 1 € dafür erhalten, hätten Sie durchaus mit kognitiver Dissonanz zu kämpfen.

Dissonanz kann also entstehen, wenn wir uns genötigt sehen, in etwas einzuwilligen, das wir bei der Ausführung vor uns selbst nur unzureichend rechtfertigen können (sog. *forced* oder *induced compliance*). Um die Dissonanz zu reduzieren, können die ausgeführte Handlung nachträglich aufgewertet („Das Telefonat war eigentlich eine tolle Selbsterfahrung") oder die negativen Konsequenzen bagatellisiert werden („Der Andere wird deswegen schon keine Dummheiten machen"). Dissonanz entsteht dann nicht, wenn eine ausreichende externe Rechtfertigung vorliegt, beispielsweise das Verhalten eingegangen wurde, um eine hohe Belohnung zu erhalten oder einer Strafe zu entgehen (vgl. Beispielstudie).

Beispielstudie zu kognitiver Dissonanz
Je schlechter man eine Handlung rechtfertigen kann, desto stärker die Einstellungs-änderung.

Festinger und Carlsmith (1959) ließen ihre Teilnehmer eine Stunde lang eine extrem monotone Tätigkeit ausführen: Zunächst mussten sie eine halbe Stunde lang wiederholt ein Brett mit zwölf Spulen bestücken und wieder leeren, dann eine weitere halbe Stunde auf einem Brett kleine Stifte herausnehmen, um 45 Grad drehen und wieder einstecken. Im Anschluss an die Studie wurden die Teilnehmern gebeten, für jemanden einzuspringen, der dem nächsten Teilnehmer zu sagen hätte, es handle sich um eine sehr interessante Aufgabe. Hier war zwar vermeintliche Wahlfreiheit, denn keiner der Teilnehmer war gezwungen, dies zu tun. Aufgrund sozialer Normen fühlten sie sich dennoch verpflichtet (*forced compliance*), der Aufforderung nachzukommen. Die Autoren variierten, ob die Teilnehmer für ihre Lüge einen oder 20 Dollar Bezahlung erhielten.

Nach ihrer Falschaussage gegenüber dem Nachfolger sollten die Teilnehmer angeben, wie interessant die (tatsächlich langweiligen) Aufgaben seien. Die Ergebnisse zeigten, dass diejenigen Teilnehmer die Aufgabe als interessanter einschätzten, die nur eine geringe Bezahlung (1 Dollar = geringe externe Rechtfertigung) erhalten hatten, als die hoch bezahlten Teilnehmer (20 Dollar = hohe externe Rechtfertigung). In der niedrig belohnten Gruppe entstand offensichtlich zwischen der Einwilligung in die unzutreffende Behauptung und der geringen Belohnung eine höhere Dissonanz als in der hoch bezahlten Gruppe. Dementsprechend wurde die Dissonanz durch eine nachträgliche Aufwertung der Aufgabe („Ach, sie war gar nicht soo langweilig") – d. h. durch eine Einstellungsänderung gegenüber der Aufgabe – reduziert. Personen mit hoher Belohnung hingegen erlebten aufgrund der hohen (äußeren) Rechtfertigung ihres Handelns keine Dissonanz, so dass eine dissonanzbedingte Einstellungsänderung folglich nur nach geringer externer Rechtfertigung (hier: Entlohnung von nur einem Dollar) auftrat.

In einer Folgestudie von Cooper und Worchel (1970) wurde deutlich, dass es nur dann zu einer nachträglichen Aufwertung der Aufgabe kam, wenn die eigene Handlung aversive Konsequenzen (für sich selbst bzw. den anderen) nach sich zog. Dies war der Fall, wenn der vermeintlich nächste Teilnehmer aufgrund der Falschaussage freudig annahm, dass die Aufgabe interessant sein würde und er damit später eine Enttäuschung erleben würde (aversive Konsequenz für den anderen). Blieb er jedoch skeptisch, entstand kein Unbehagen und es fanden sich auch keine Dissonanzeffekte.

Je mehr (gute) Gründe man hat, sich einstellungskonträr verhalten zu haben, desto weniger Dissonanz sollte ausgelöst werden. Dies wurde in einer weiteren Studie gezeigt, in der Personen eine (keine) Alternativerklärung für ihr empfundenes Unbehagen geliefert wurde und sie daraufhin keine (verstärkte) Dissonanzeffekte zeigten (Zanna & Cooper, 1974; vgl. Beispielstudie).

Beispielstudie zu kognitiver Dissonanz
Liegen alternative Gründe für empfundenes Unbehagen vor, verringert sich die Ein-
stellungsänderung.

Zanna und Cooper (1974) verabreichten ihren Teilnehmern zunächst entweder ein
Medikament (tatsächlich ein Placebo), das angeblich ein physiologisches Erregungs-
(Gruppe 1), ein Entspannungsgefühl (Gruppe 3) hervorrufen oder keine Effekte haben
würde (Gruppe 2).[6]

Um Dissonanz zu erzeugen, wurden die Teilnehmer in einer angeblich unabhängigen
zweiten Studie gebeten, einen Kurzaufsatz zu schreiben, indem sie entgegen ihrer
persönlichen Überzeugung argumentieren mussten. In diesem Fall sollten die studentischen Teilnehmer dafür plädieren, dass mitreißend-aufrührerische Redner, die sich
z. B. für Umweltschutz o. Ä. einsetzen, auf dem Campus verboten werden sollten
(was normalerweise nicht im Interesse von Studierenden ist). Die Autoren interessierte nun, inwieweit die vermeintliche Wirkung des Placebo eine ausreichende Erklärung für den erlebten Spannungszustand darstellte und somit ein Dissonanzeffekt,
d. h. eine Einstellungsänderung, ausblieb.

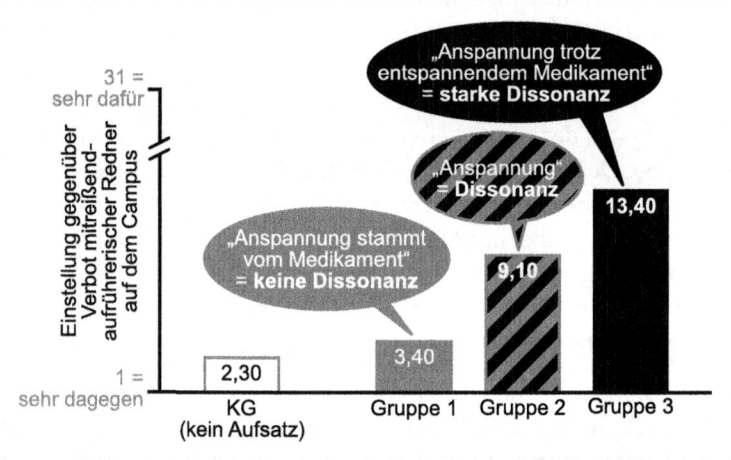

Abb. 7.7: In der Studie von Zanna und Cooper (1974) zeigten Teilnehmer, die einen einstellungsdiskre-
panten Aufsatz schreiben sollten und keine Erklärung für die daraus resultierende Anspannung hatten
(Gruppe 2), den typischen Dissonanzeffekt: Sie änderten ihre Einstellung (im Vergleich zur Kontrollgruppe) in Richtung der im Aufsatz vertretenen Meinung. Erzeugte das Medikament angeblich Erregung
(Gruppe 1), fand sich keine Einstellungsänderung; erzeugte es angeblich Entspannung (Gruppe 3), war
die Einstellungsänderung verstärkt.

---

[6] Für die hier berichteten Gruppen bestand Wahlfreiheit (d. h. ihnen war explizit gesagt worden, dass sie keinerlei
Verpflichtung hätten, den Aufsatz zu schreiben). Weitere drei Gruppen hatten nur geringe Wahlfreiheit (und damit
eine ausreichende externe Rechtfertigung für das eigene Verhalten). Hier ergaben sich keine Unterschiede in der
Einstellung in Abhängigkeit von der angeblichen Medikamentenwirkung.

Die Ergebnisse zeigten bei den Teilnehmern von Gruppe 2 den üblichen Dissonanzeffekt: Sie änderten ihre Einstellung (im Vergleich zu einer Kontrollgruppe, die keinen Aufsatz schreiben musste und demnach die Grundeinstellung von Studierenden zu dem Thema widerspiegelt) nach Verfassen des einstellungskonträren Kurzaufsatzes in Richtung der im Kurzaufsatz vertretenen Position. Gruppe 3 hingegen, die sich durch das Placebo entspannt fühlen sollte und trotzdem Anspannung erlebte, änderte ihre Einstellung sogar stärker als Gruppe 2. Für Teilnehmer der Gruppe 1 gab es dagegen keinen Grund, die Einstellung zu ändern. Die unangenehme Anspannung konnte hier auf die angebliche Wirkung des vorher eingenommenen Placebos zurückgeführt werden.

Ganz im Gegensatz zur Belohnungstheorie, die vorhersagen würde, dass Einstellungsänderungen am wahrscheinlichsten sind im Falle einer hohen Belohnung, kann die Dissonanztheorie erklären, warum Einstellungsänderungen manchmal sogar wahrscheinlicher sein können im Falle *geringer Belohnungen*: Wenn Menschen sich diskrepant zu ihren Einstellungen verhalten (müssen) und dies unzureichend belohnt/gerechtfertigt ist, entsteht kognitive Dissonanz, welche sich auflösen lässt, indem die bislang diskrepanten Einstellungen dem gezeigten Verhalten angepasst werden (im Falle hoher Belohnung wäre das Handeln ausreichend gerechtfertigt gewesen, so dass sich keine Einstellungsänderung ergibt)

Wie aufgezeigt wurde, erfolgt eine Einstellungsänderung aufgrund kognitiver Dissonanz dann, wenn wir wenig gute Gründe dafür haben, einstellungsdiskrepantes Verhalten zu zeigen, und wir die Dissonanz durch die Einstellungsänderung zu reduzieren versuchen.

Dissonanz kann sowohl nach Entscheidungen als auch nach unzureichender Rechtfertigung entstehen und zu Einstellungsänderungen führen. Nachfolgend ist zu sehen, dass man die gleichen Mechanismen gezielt nutzen kann, um Personen in (gesellschaftlich) erwünschter Weise zu beeinflussen.

Kognitive Dissonanz gezielt nutzen zu erwünschter Einstellungsänderung

Ist es Ihnen schon mal so gegangen, dass Sie Ihr Fahrverhalten angepasst haben, nachdem Ihnen eine Digitalanzeige auf der Straße Ihre Fahrgeschwindigkeit angezeigt hat? Auch die Wirkung solcher Straßenverkehrsschilder basiert auf dem Mechanismus kognitiver Dissonanz: Indem Schilder darauf aufmerksam machen, was eine erwünschte Verhaltensweise ist (z. B. 30 km/h zu fahren), und die Anzeige dann die eigene

Zitat zu positiver Einstellungsänderung durch kognitive Dissonanz

„Wenn man ein Kind dazu bringen möchte, die Werte der Gesellschaft zu akzeptieren, sollte man ihm keine zahllosen logischen Gründe aufzählen, die das gewünschte Verhalten unterstützen. Man sollte ihm auch nicht mit harter Bestrafung oder ewiger Verdammnis drohen, wenn es nicht gehorche, und ihm auch keine großartigen Belohnungen (...) für seinen Gehorsam in Aussicht stellen. Stattdessen sollte man ihm gerade genug Rechtfertigung geben, die ihn dazu veranlasst, folgsam zu sein, solange diese Rechtfertigung besteht. Dann wird die Akzeptanz des Wertes am größten sein" (Freedman, 1965, S. 154, Übersetzung der Autorinnen).

Fahrweise widerspiegelt (z. B. über das digitale Anzeigen der eigenen Geschwindigkeit; „Ihre Geschwindigkeit: 42 km/h"), kann im Fahrer Dissonanz ausgelöst werden. Diese lässt sich für ihn am ehesten bzw. am einfachsten reduzieren, indem er sein Fahrverhalten anpasst – möglicherweise wäre dies sogar effizienter als Bußgelder zu vergeben.

Kognitive Dissonanz kann also auch gezielt von außen erzeugt werden, um Menschen dazu zu bringen, sich in (gesellschaftlich) erwünschter Weise zu verhalten (Gibbons et al., 1997; Stone et al., 1994; vgl. Beispielstudie).

Beispielstudie zu kognitiver Dissonanz
Kognitive Dissonanz lässt sich nutzen, um erwünschtes Verhalten herbeizuführen.

Die Teilnehmer von Stone und Kollegen (1994) wendeten die Theorie der kognitiven Dissonanz auf den Bereich der Aids-Prävention an. Im ersten Teil wurde Disssonanz erzeugt, im zweiten Teil die Möglichkeit geboten, diese zu reduzieren.

Zunächst wurden die studentischen Teilnehmer gebeten, sich öffentlich für den Gebrauch von Kondomen auszusprechen (Gruppe *öffentliches Commitment*). Die Hälfte der Teilnehmer sollte eine persuasive Rede für den Gebrauch von Kondomen ausarbeiten und vor einer Videokamera halten. Die andere Hälfte der Teilnehmer bereitete eine Rede nur vor, ohne sie jedoch tatsächlich zu halten (Gruppe *kein öffentliches Commitment*).

Jeweils der Hälfte dieser beiden Gruppen wurde zudem eigenes Verhalten bewusst gemacht, das der in der Rede geäußerten Einstellung widersprach (*Verhaltensreflexion*). Hierzu wurden sie gebeten, darüber nachzudenken, wieso sie selbst in der Vergangenheit oft keine Kondome benutzt haben.

Teilnehmer der kombinierten Bedingung, die sowohl ihr Verhalten reflektieren als auch eine Rede halten sollten, wurden sozusagen „der Heuchelei überführt" (Bedingung Heuchelei): Sie hatten sich öffentlich für das Benutzen von Kondomen ausgesprochen, obwohl sie dies in der Vergangenheit selbst oftmals nicht getan hatten. Es wurde vorhergesagt, dass das öffentliche Bekenntnis für das Benutzen von Kondomen und das anschließende Bewusstwerden, dass man selbst nicht (oder zumindest nicht immer) das getan hat, was man propagiert, Dissonanz erzeugt. Die Teilnehmer sollten motiviert sein, ihre Dissonanz zu reduzieren.

Um die Dissonanzreaktion messbar zu machen, wurde den Teilnehmern aller Versuchsbedingungen nach (angeblichem) Abschluss des Experiments angeboten, kostengünstig und anonym (denn sie waren alleine im Zimmer und konnten sich selbst das Geld wechseln, je nachdem wie viele Kondomen sie gekauft hatten) Kondome zu erwerben. Bei größerer Dissonanz wurde ein höheres Kaufverhalten erwartet.

Die Ergebnisse zeigten, dass Teilnehmer in der Heuchelei-Bedingung (*öffentliches Commitment/Verhaltensreflexion*) tatsächlich deutlich eher (83 % der Teilnehmer) und auch mehr Kondome (ca. 5 Stück) kauften als Teilnehmer, bei denen nur das eigene Verhalten bewusst gemacht wurde (*kein öffentliches Commitment/Verhaltensreflexion*; 50 %, ca. 2 Stück) bzw. die nur den Vortrag öffentlich halten sollten (*öffentliches Commitment/keine Verhaltensreflexion*; 30 %, ca. 2 Stück).

Ist Strafe ebenso eine wirksame Methode der Einstellungsänderung? Bringt man eine Person durch Androhung von Bestrafung dazu, eine von ihr gewünschte Verhaltensweise nicht mehr auszuführen, so ist ihr dennoch bestehender Wunsch, das Verhalten zu zeigen, dissonant (Aronson & Carlsmith, 1963). Ob sie ihre Einstellung zu ihrem Verhalten verändert, wird vom Ausmaß der angedrohten Strafe mit bestimmt: Während die Androhung hoher Bestrafung ausreichend Gründe liefert, die das Unterlassen des Verhaltens ausreichend rechtfertigen, fehlen diese bei Androhung einer milden Bestrafung. In letzterem Fall muss die Person daher nach zusätzlicher Rechtfertigung suchen. Sich selbst davon zu überzeugen, dass das zuvor gewünschte Verhalten nicht länger wünschenswert ist, ist Aronson und Carlsmith (1963; vgl. Beispielstudie) zufolge eine wirksame Methode der Rechtfertigung und Dissonanzreduktion.

Beispielstudie zu kognitiver Dissonanz
Milde Strafandrohung lässt sich nutzen, um über kognitive Dissonanz erwünschtes Verhalten herbeizuführen.

In einer Studie von Aronson und Carlsmith (1963) wurde Vorschulkindern verboten, mit einem von den Kindern als sehr attraktiv eingeschätzten Spielzeug zu spielen. Dies gelang ihnen, indem sie die Kinder zunächst alle Spielzeuge nach ihrer Attraktivität bewerten ließen und so jedem Kind individuell dasjenige Spielzeug verboten, dass ihm auch wirklich attraktiv erschien. Auf diese Weise konnte sichergestellt werden, dass die Kinder kognitive Dissonanz erlebten (sie wollten das attraktive Spielzeug haben und durften zugleich aufgrund des Verbots nicht damit spielen).

Die Autoren variierten weiterhin das Ausmaß der Strafandrohung bei Verstoß gegen das Verbot. In der Bedingung der milden Strafandrohung sagte der Versuchsleiter, er sei für ein paar Minuten weg und er wäre *ärgerlich*, wenn das Kind in seiner Abwesenheit trotzdem mit dem verbotenen Spielzeug spiele. In der Bedingung der starken Strafandrohung sagte der Versuchsleiter, er würde *sehr, sehr böse*, wenn das Kind mit dem verbotenen Spielzeug während seiner Abwesenheit spielen würde, und dass er in diesem Fall alle Spielsachen mitnehmen und nie zurückbringen werde. Außerdem würde er von dem Kind denken, es benehme sich wie ein Baby.

Während der Abwesenheit des Versuchsleiters getraute sich in keiner der beiden Bedingungen ein Kind, mit dem verbotenen Spielzeug zu spielen. Im Anschluss bewerteten die Kinder alle Spielzeuge, die sich im Raum befanden nach ihrer Attraktivität. Während eine milde Strafandrohung zu einer Abwertung des verbotenen Spielzeugs führte, wurde die Attraktivität des verbotenen Spielzeugs bei hoher Strafandrohung als gleich hoch oder sogar höher eingeschätzt als zuvor.

Dies zeigt, dass die Kinder ihre kognitive Dissonanz im Falle geringer Strafandrohung darüber auflösten, dass sie ihr Lieblingsspielzeug abwerteten und es damit an Anziehung verlor. Bei hoher Strafandrohung hingegen hatten sie ausreichend externale Rechtfertigung, das Spielzeug trotz seiner Attraktivität nicht anzurühren. Eine milde Strafe hatte hier also eine Einstellungsänderung zur Folge, eine hohe nicht.

Freedman (1965) replizierte das oben genannte Experiment von Aronson und Carlsmith (1963) und modifizierte es dahingehend, dass er die Langzeitwirkungen kognitiver Dissonanz untersuchte. Auch er hat unter Androhung einer milden oder hohen Bestrafung Grundschulkindern verboten, mit einem attraktiven Spielzeug zu spielen, und fand ähnliche Ergebnisse. Nach einem Zeitintervall von durchschnittlich 39 Tagen (zwischen 23 und 64 Tagen) fand dann eine zweite Untersuchung statt, die so konzipiert war, dass die Kinder sie nicht mit dem ersten Experiment in Verbindung bringen konnten. Eine weibliche Testleiterin wollte die Zeichenfähigkeiten der Kinder überprüfen und bat sie, einige Zeichnungen abzumalen. Die zweite Untersuchung fand im gleichen Zimmer statt wie die erste, und „zufällig" befanden sich die gleichen Spielzeuge – unter ihnen auch das ehemals verbotene Spielzeug – im Zimmer. Nachdem die Kinder mit ihren Zeichnungen fertig waren und auf die Bewertung ihrer Zeichenfähigkeiten warteten, erlaubte ihnen die Testleiterin, mit den Spielzeugen zu spielen, die sicher „jemand liegen gelassen" habe.

Die Vorhersage der Autoren war, dass die Kinder bei Androhung einer ehemals hohen Strafe (und damit hohen Rechtfertigung) weniger Dissonanz empfinden als bei Androhung einer milden Strafe (niedrige Rechtfertigung), wenn sie in der ersten Untersuchungssituation nicht mit dem Spielzeug spielten. Konnte dies nun auch auf die zweite Untersuchungssituation übertragen werden?

Die Ergebnisse bestätigen dies: Es zeigte sich, das die meisten der Kinder, denen die milde Strafe angedroht worden war, auch jetzt nicht mit dem verbotenen Spielzeug spielten und stattdessen andere Spielsachen wählten. Demgegenüber spielte der Großteil der Kinder, denen eine hohe Strafe angedroht wurde, jetzt mit dem verbotenen Spielzeug. Somit konnten Langzeitwirkungen von Dissonanz und unzureichender Rechtfertigung nachgewiesen werden.

Zusammenfassung

Einstellungsbildung und -veränderungen können auch aufgrund unseres eigenen Konsistenzbestrebens auftreten. Nehmen wir Diskrepanzen zwischen unseren Einstellungen und unserem Verhalten wahr, so tritt kognitive Dissonanz auf, ein als unangenehm empfundener Zustand. Personen sind motiviert, den unangenehmen Affekt, den die erlebte

Dissonanz auslöst, zu reduzieren. Dazu stehen ihnen verschiedene Strategien zur Wahl, sowohl direkte, zu denen unter anderem die Einstellungsänderung gehört, als auch indirekte, welche zusätzliche positive Gefühl erzeugen. Eine Einstellungsänderung erfolgt dann, wenn wir keine guten Gründe für einstellungsdiskrepantes Verhalten haben bzw. die Gründe nur dieses unzureichend rechtfertigen.

Nachfolgend wird Persuasion als weitere Ursache der Einstellungsentstehung und -änderung beschrieben.

7.2.6   Einstellungsentstehung und -veränderung aufgrund von Überzeugungsarbeit anderer (Persuasion)

Kommen wir noch einmal auf das Raucherbeispiel zurück: Stellen Sie sich vor, die Universitätsleitung beauftragt den Fachbereich Psychologie damit, eine Nichtraucherkampagne zu starten. Diese Aufgabe wird einer Arbeitsgruppe zugewiesen, der auch Sie angehören. Sie müssten sich also Gedanken machen, welche Bemühungen Sie unternehmen werden, um die Einstellungen anderer (hier: gegenüber dem Rauchen) durch den Einsatz diverser Botschaften zu verändern. Was würden Sie tun? Würden Sie eher visuelle Hilfsmittel einsetzen und beispielsweise alle Flure und schwarzen Bretter mit abschreckenden Krankheitsbildern von Raucherlungen plakatieren? Oder Bilder von Topmodels oder Sportlern, die sich gegen das Rauchen aussprechen, aufhängen? Würden Sie eine Gruppe Trendsetter engagieren? Oder würden Sie die wissenschaftliche Schiene einschlagen und Aufklärungsartikel per Emailverteiler an alle senden, Podiumsdiskussionen einberufen und Infostände organisieren? Sie würden sich jedenfalls Gedanken machen, wie Sie am besten Überzeugungsarbeit – oder im psychologischen Fachterminus **Persuasion** – betreiben können. Der Begriff Persuasion kommt aus dem Lateinischen (*persuadere* = überreden) und bezeichnet das Bemühen, die Einstellungen einer Person durch den Einsatz diverser Botschaften zu verändern. Nachfolgend wird aufgezeigt, wann welche Form persuasiver Kommunikation effektiv ist und wann sie ihre Wirkung eher verfehlt.

> **Persuasion**
> Bemühen, die Einstellungen einer Person durch den Einsatz diverser Botschaften zu verändern.

So werden zunächst die Befunde zu Kommunikator und Zuhörer, d. h. Determinanten persuasiver Kommunikation beschrieben, und anschließend wird aufgezeigt, auf welchen Mechanismen Persuasion basiert. Schließlich werden noch emotionale Einflüsse auf Persuasion dargestellt.

Determinanten der Persuasionswirkung

Würden Sie sich nun Gedanken darüber machen, wer was zu wem sagen wird und unter welchen Rahmenbedingungen dies stattfinden soll, ist diese Zeit gut investiert, wenn man sich die Ergebnisse der Persuasionsforschung anschaut. Denn unabhängig von ihrem Inhalt gewinnen persuasive Botschaften an Wirkung, wenn bestimmte Aspekte der

Botschaft, des Rezipienten sowie Merkmale des Kommunikators beachtet werden (Hovland et al., 1953a, b).[7]

Merkmale des Kommunikators.[8]   Glauben Sie, dass es Ihre Zustimmung oder eine Ihrer Entscheidungen beeinflusst, ob der Kommunikator sympathisch ist, gut aussieht, sich für Ihre Hobbys interessiert, einen Doktortitel oder Verwandte in Ihrer Heimat hat? Wie nachfolgend zu lesen ist, sind all diese Faktoren bedeutsam für die Persuasionswirkung (vgl. auch Abschnitt 8.3.2).

- **Glaubwürdigkeit**
  Kommunikatoren, die glaubwürdig erscheinen, sei es durch Expertise (als Wissenschaftler oder anderer Fachexperte) oder durch den Anschein, dass sie wissen, wovon sie sprechen, sind persuasiver, d. h. überzeugender (Hovland & Weiss, 1951; Petty et al., 1997; vgl. auch Abschnitt 5.1.2).

- **Paraverbale Merkmale (z. B. Sprache, Stimme, Sprechgeschwindigkeit)**
  In Abhängigkeit ihrer *Stimme* werden einer Person unterschiedliche Eigenschaften und Gefühle zugeordnet (Bond et al., 1987; Gregory, 1990; Scherer, 1987, 1988b). So wirkt eine tiefe Stimme beispielsweise souveräner. Schließlich ist die *Sprechgeschwindigkeit* von Bedeutung, denn ein Redner mit schnellem Sprechtempo wird als kompetenter, intelligenter und glaubwürdiger beurteilt als ein Redner mit zu langsamem Tempo (nach dem Motto „Die weiß, was sie sagen will"; MacLachlan, 1979; Mehrabian & Wiener, 1967; Miller et al., 1976; Smith & Shaffer, 1995; Smith et al., 1975).

Auch der *Sprachstil* einer Person beeinflusst, für wie fähig die Person gehalten wird, beispielsweise wie sie als Führungskraft akzeptiert wird und welche Charaktereigenschaften ihr zugeschrieben werden (Wiley & Eskilson, 1985): Nach fingierten Bewerbungsgesprächen mit einer potenziellen Führungskraft schätzten die Teilnehmer einer Studie die Bewerber, die sich eines machtvollen, sicheren Sprachstils ohne Zweifeln, Zögern und Floskeln bedienten, positiver ein im Vergleich zu Bewerbern mit einem unsicheren, machtlosen Sprachstil (z. B. „Ähm, so in etwa, lassen Sie mich nachdenken …, ich glaube …"). Für Bewerber mit unsicherem Sprachstil sagten die Teilnehmer künftig weniger Erfolg und Akzeptanz als Führungskraft, nicht jedoch eine geringere Beliebtheit vorher als für die sicheren Mitbewerbern und schrieben den unsicher sprechenden im Vergleich zu den sicher sprechenden Bewerbern auch weniger

---

[7] Wird als sog. Yale-Ansatz zur Einstellungsänderung bezeichnet, da Hovland und Kollegen an der Yale University arbeiteten.

[8] Ob der Kommunikator einer Minderheit oder einer Mehrheit bzw. der Eigen- oder Fremdgruppe des Rezipienten angehört, hat ebenfalls Einfluss darauf, wie wirksam die Persuasion ist. Die Befundlage hierzu ist sehr differenziert und vielschichtig. Deshalb kann dies hier nicht komprimiert dargestellt, sondern nur auf andere Literatur verwiesen werden (vgl. Abschnitt 8.2; vgl. Erb et al., 2002, 2006 u. a.).

Intelligenz, Verantwortungsgefühl und andere Eigenschaften zu, die eine Führungskraft erfolgreich machen.

* **Attraktivität**
Wie in Abschnitt 5.1.1 bereits dargestellt, überzeugen attraktive Menschen ein Publikum leichter als unattraktive (Chaiken, 1979; Hovland & Weiss, 1951), ihnen werden mehr positive Eigenschaften wie Begabung, Ehrlichkeit oder auch Intelligenz zugeschrieben (Dion et al., 1972; Eagly et al., 1991), und sie haben einen deutlichen Wettbewerbsvorteil gegenüber weniger attraktiven Personen (Mack & Rainey, 1990; Schuler & Berger, 1979).

Doch nicht nur der Kommunikator selbst wird besser beurteilt und wirkt überzeugender, seine Attraktivität wird auch auf den Gegenstand der Persuasion (z. B. ein Produkt) übertragen: Kurzaufsätze werden als qualitativ hochwertiger beurteilt, wenn sie einem attraktiven Autor zugeschrieben werden als einem durchschnittlich aussehenden oder unattraktiven (Landy & Sigall, 1974). Männer, die eine Werbeanzeige für ein Auto betrachten, schätzen das Auto als schneller, ansprechender, teurer wirkend und besser designt ein, wenn in der Anzeige zusätzlich eine verführerische Frau abgebildet war (Smith & Engel, 1968) – nach dem Motto „sex sells".

* **Sympathie**
In einem ähnlichen Sinne wirkt Sympathie. Sympathie kann erzeugt werden durch Attraktivität (s. o.) und Ähnlichkeit (vgl. Abschnitt 5.1.1 und 8.3.2). So orientieren wir uns umso stärker an dem Verhalten eines anderen, je ähnlicher er uns ist (Hornstein et al., 1968; Murray et al., 1984); wir lassen uns von ihm eher zur Unterschrift einer Petition (Suedfeld, Epstein et al., 1971), eines Versicherungs- oder Kaufvertrags bringen, wenn er uns ähnlich ist hinsichtlich Alter, Religion, politischer Einstellung oder auch des Tabakkonsums (Evans, 1963; Gadel, 1964; Lombard, 1955; Woodside & Davenport, 1974).

Merkmale der Botschaft. Neben dem Kommunikator haben des Weiteren sowohl Rahmenbedingungen als auch der Aufbau der Botschaft Einfluss darauf, wie sehr diese Sie beeinflussen kann.

* **Beeinflussungsabsicht**
Personen lassen sich eher von Inhalten überzeugen, die so wirken, als seien sie gar nicht dazu gedacht zu beeinflussen (Walster & Festinger, 1962; für einen Überblick siehe Pornpitapkan, 2004; vgl. Abschnitt 7.3.2).

* **Reihenfolge der Argumente**
Die Wirkung eines Arguments ist aufgrund der Arbeitsweise unseres Gedächtnisses unterschiedlich nachhaltig – je nach seiner Position innerhalb einer Informationskette (sog. *primacy*- und *recency*-Effekte): Zuerst enkodierte Informationen können leichter ins Langzeitgedächtnis übergehen, da noch keine weitere Information eingegangen ist, die mit dem Abspeicherungsprozess im Langzeitgedächtnis (Konsolidierung)

interferieren und diesen negativ beeinflussen könnte, so dass früher eingehende Information einen größeren Einfluss auf die Einstellungsbildung haben kann als später eingehende (sog. *primacy*-Effekt). Zuletzt enkodierte Informationen hingegen werden nicht durch nachkommende Information überschrieben und sind somit länger im Kurzzeitgedächtnis verfügbar; es besteht eine höhere Chance, dass sich der Rezipient mit der zuletzt wahrgenommenen Information besser auseinandersetzt, sie dadurch eher im Gedächtnis haften bleibt und einen größeren Einfluss auf die Einstellung hat (sog. *recency*-Effekt).

Welcher von beiden Effekten wirksamer ist, hängt von der Situation ab: Zum einen ist hier die Relevanz des Einstellungsobjekts für den Rezipienten entscheidend (Haugtvedt & Petty, 1992; Haugtvedt & Wegener, 1994); bei hoher Relevanz beeinflusst vor allem die erste Information (weil sie tief verarbeitet wird), bei niedriger Relevanz wirkt vor allem die letzte (weil sie im Kurzzeitspeicher haften bleibt). Des Weiteren ist der Abstand zwischen den Argumenten bedeutsam: Werden zwei Reden ohne Pause hintereinander gehalten, hat die erste den stärkeren Einfluss auf die Zuhörer. Gibt es jedoch zwischen beiden Ansprachen eine Pause, dann wird die letzte Rede zumeist besser erinnert (Haugtvedt & Wegener, 1994; Miller & Campbell, 1959).

Haben Personen eine *Erwartung in Bezug auf die Reihenfolge*, so spielt diese ebenfalls eine Rolle: Menschen werden entweder eher von ersten oder eher von den letzten Argumenten überzeugt, je nachdem, an welcher Stelle sie persönlich die wichtigsten Argumente *erwarten* (Igou & Bless, 2003).

- **Zweiseitigkeit**
Für gewöhnlich erreichen Botschaften eine bessere Überzeugungskraft, wenn die Argumente zweiseitig aufgebaut sind, d. h. das Für und das Wider der Position dargelegt wird und nicht nur einseitig jene Argumente, die die eigene Position stützen. Dem liegen drei Effekte zugrunde: Gegenüber einer einseitigen kann eine zweiseitige Argumentation die Glaubwürdigkeit erhöhen (denn man hat scheinbar mit offenen Karten gespielt und sogar Nachteile genannt), Gegenargumentieren reduzieren (man nimmt dem anderen sozusagen den Wind aus den Segeln) sowie eher eine Einstellungsresistenz generieren (Kamins & Assael, 1987; Kamins & Marks, 1987; vgl. auch Abschnitt 7.3.1). Selbstverständlich trifft all dies nur dann zu, wenn der Kommunikator das Wider auch gut ausräumen kann (Allen, 1991; Allen et al., 1990; Crowley & Hoyer, 1994; Lumsdaine & Janis, 1953). Pro-Argumente sind geschickterweise zuerst vorzubringen, da sie dann die nachfolgende Argumentationsführung stärker einfärben (vgl. *primacy*-Effekt).

- **Framing/Verpackung der Botschaft**
Frühere Forschung hatte nahegelegt, dass Botschaften, die negativ verpackte Argumente beinhalten, effektiver seien als jene mit positiv getönten (Meyerowitz & Chaiken, 1987). Doch erweist sich inzwischen die Befundlage als komplexer. Wie ein Fra-

ming wirkt, hängt von einer Vielzahl situativer und dispositionaler Faktoren ab (für einen Überblick siehe Petty et al., 1997; für Beispiele vgl. Exkurse).

Exkurs: Die Rolle der Persönlichkeit in der Persuasion

Kognitionsbedürfnis

Menschen mit einem hohen Bedürfnis, gründlich nachzudenken (*need for cognition*; Cacioppo, Petty, Kao & Rodriguez, 1986; Cacioppo, Petty et al., 1996; Haugtvedt & Petty, 1992), neigen eher zu inhalts-relevantem Nachdenken, weisen eine stärkere Verarbeitung von Botschaften über den zentralen Weg auf und sind weniger anfällig für den Einfluss peripherer Hinweisreize (wie Attraktivität oder Glaubwür-digkeit) als Personen mit einem niedrigen Kognitionsbedürfnis. Daraus ergibt sich, dass sie die Quali-tät der Argumente genauer prüfen und ihre Einstellungen eher durch ein aufmerksames Wahrnehmen der Argumentationsführung bilden.

Selbstwertgefühl

Menschen mit mittlerem *Selbstwertgefühl* sind beeinflussbarer als Menschen mit hohem oder nied-rigem Selbstwertgefühl (Rhodes & Wood, 1992). Die Ursachen für diesen Befund sind unterschiedlich: Während dies bei Menschen mit niedrigem Selbstwert darauf zurückzuführen ist, dass sie Schwierig-keiten haben, die persuasive Botschaft zu empfangen (sie sind zu abgelenkt und verschlossen, um die Botschaft zu empfangen), liegt es bei Menschen mit hohem Selbstwert daran, dass sie ihr weniger nachgeben (da sie besonders stark überzeugt sind von ihren eigenen Ansichten/Meinungen).

Des Weiteren trägt zu dem Befund bei, dass Personen mit mittlerem Selbstwertgefühl ein höheres Maß an Konformität aufweisen als Menschen mit niedrigem Selbstwertgefühl und ein höheres Maß an Veränderungsbereitschaft als Menschen mit hohem Selbstwertgefühl.

Exkurs: Warnhinweise auf Zigarettenverpackungen

Verschiedene Arten der Warnhinweise auf Zigarettenschachteln wirken sich unterschiedlich auf die Wahrnehmung des Produkts aus. Spezifische Warnhinweise wie „Rauchen trägt entscheidend zur Er-höhung Ihres Herzinfarktrisikos bei" oder „Studenten, die rauchen, haben signifikant schlechtere Stu-diumsleistungen als nichtrauchende Studenten" führten in einer Studie von Loken und Howard-Pitney (1988) dazu, dass die Zigarettenschachteln als weniger attraktiv und überzeugend empfunden wurden als jene Schachteln mit allgemeinen Warnhinweisen (wie „Rauchen gefährdet Ihre Gesundheit") und das vor allem bei Rauchern, d. h. hoch involvierten Rezipienten.

Zugrunde liegender Mechanismus ist, dass spezifische Informationen gedankliche Prozesse stärker beeinflussen als abstrakte.

Merkmale des Rezipienten.   Nicht nur der Kommunikator und seine Botschaft sind entscheidend für die Wirkung, sondern ebenso auch Merkmale des Empfängers.

- **Ablenkung**
  Rezipienten, die abgelenkt werden, sind in der Regel beeinflussbarer durch Persuasi-on, als wenn sie volle Aufmerksamkeit zur Verfügung haben (Festinger & Maccoby, 1964). Dies ist darauf zurückzuführen, dass Ablenkung die Fähigkeit eines Rezipi-enten verringert, eine Information tief zu verarbeiten. Durch Ablenkung werden so-wohl positive kognitive Reaktionen (wie unterstützende Gedanken) als auch negative kognitive Reaktionen (wie Gegenargumente) unterbunden (zum Einfluss starker und schwacher Argumente bei Ablenkung siehe Petty et al., 1976)

- **Intelligenz und Bildungsgrad**
  Menschen mit geringerer Intelligenz neigen dazu, beeinflussbarer zu sein, da sie schlichtweg die Informationen schlechter durchschauen (Rhodes & Wood, 1992).

- **Alter**
  Adoleszente bzw. junge Erwachsene (vor allem zwischen 18 und 25 Jahren) befinden sich gerade in der Findung stabiler Einstellungen und Orientierungen und sind dementsprechend empfänglicher gegenüber Beeinflussungsversuchen ihrer Einstellungen (Krosnick & Alwin, 1989).

- **Kultureller Hintergrund**
  Rezipienten lassen sich zudem in Abhängigkeit von ihrem kulturellen Hintergrund auf unterschiedliche Weise überzeugen. So ist beispielsweise Werbung, die Individualität, persönlichen Erfolg und Unabhängigkeit des Einzelnen betont (wie z. B. „Es ist leicht, wenn Sie die richtigen Schuhe haben" in der Schuhwerbung oder „Gönnen Sie sich das Erlebnis eines frischen Atems" in der Kaugummiwerbung), in westlichen, d. h. individualistisch geprägten Kulturen wirksamer, während Werbung, die die soziale Gruppe betont (wie z. B. „Die Schuhe für Ihre Familie" oder „Teilen Sie das Erlebnis eines frischen Atems") in asiatischen, d. h. kollektivistisch geprägten Kulturen einflussreicher ist (Han & Shavitt, 1994).

Wie in diesem Abschnitt erläutert wurde, bestimmen Determinanten aus Seiten des Rezipienten, des Kommunikators sowie der Botschaft selbst mit, wovon und inwieweit wir uns überzeugen lassen. Viele dieser Einflüsse bemerken wir häufig gar nicht und unterschätzen sie deshalb unter Umständen. (Auch der Zeitfaktor spielt eine Rolle; so gewinnen bzw. verlieren manche Einflüsse mit der Zeit; vgl. Exkurs). Es gibt jedoch Bedingungen, unter denen sie mehr oder weniger zum Tragen kommen. Um dies einschätzen zu können, ist ein Verständnis dessen nötig, wie Persuasion abläuft, d. h. welche psychologischen Prozesse ihr zugrunde liegen. Dies wird nachfolgend beschrieben.

> **Exkurs:** *Sleeper*-Effekt
>
> Die unterschiedliche Wirkung von glaubwürdigen und unglaubwürdigen Quellen auf die Einstellungsänderung nimmt über die Zeit ab (Kelman & Hovland, 1953; Kumkale & Albarracín, 2004).
>
> In einer Studie von Kelman und Hovland (1953) beispielsweise passten Zuhörer ihre eigene Einstellung (zum Thema „milde Strafen für jugendliche Straftäter") direkt im Anschluss an eine persuasive Sendung umso stärker an die Meinung des Interviewten an, je glaubwürdiger dieser war: Einem Richter wurde mehr geglaubt als einer neutralen Person oder einem „unangenehmen Mann von der Straße". Drei Wochen später wurden die Einstellungen erneut gemessen, ohne dass sich dieser Quellenunterschied fand: Die Informationen glaubwürdiger und unglaubwürdiger Quellen wurden gleichermaßen herangezogen. Die Quellen wirkten sich nur dann wieder aus, wenn die Teilnehmer vor dieser erneuten Einstellungsmessung an die damalige Quelle erinnert wurden.
>
> Dieser sog. *sleeper*-Effekt ist darauf zurückzuführen, dass sich episodische Erinnerungen (wie z. B. die Glaubwürdigkeit des Kommunikators) im Gedächtnis schneller abbauen als semantische Inhalte (wie z. B. die Botschaft selbst). Aus diesem Grunde erinnert man sich im Laufe der Zeit nur noch an die Mitteilung, nicht mehr an ihre Quelle. Auf diese Weise können zumindest im Nachhinein selbst unglaubwürdige Quellen Einfluss auf unsere Einstellung haben.

Der Persuasion zugrunde liegende Informationsverarbeitung

Wenn Sie – wie im Eingangsbeispiel beschrieben – eine Nichtraucherkampagne initiieren sollten, müssten Sie sich Gedanken machen, ob Sie eher mit logischen Argumenten (Informationsveranstaltungen, wissenschaftlichen Artikeln, fachlichen Podiumsdiskussionen etc.) oder mit eher oberflächlichen *Eyecatchern* (ekligen Krankheitsbildern, attraktiven Models) arbeiten möchten. Um zu verstehen, wann welches Vorgehen wirksam ist, benötigen wir ein tieferes Verständnis von den der Persuasion zugrunde liegenden psychologischen Prozesse.

Dies ermöglichen uns das *Elaboration-Likelihood-Modell* (ELM; Petty & Cacioppo, 1986a, b; für einen Überblick siehe Petty & Wegener, 1999; Petty et al., 1997; siehe auch White & Harkins, 1994) und das *Heuristisch-Systematische Modell* (HSM; Eagly & Chaiken, 1993; Griffin et al., 2002; Trumbo, 2002; Ziegler & Diehl, 2003), die beide Aussagen dazu machen, welche Arten von Informationen uns unter welchen Bedingungen zu einer Änderung unserer Einstellungen bewegen können. Da ihre Gemeinsamkeiten größer sind als ihre Unterschiede (Petty et al., 1997), werden beide Modelle zusammengenommen berichtet.[9]

Sie nehmen zwei Wege an, über die wir Informationen verarbeiten und über die dementsprechend eine Einstellungsänderung erfolgen kann (vgl. auch Abschnitt 2.1): einen *zentralen Weg*, bei dem wir uns mit Argumenten systematisch und kritisch auseinandersetzen (also Elaboration betreiben, daher auch der Name des Modells *elaboration* bzw. „systematische Verarbeitung"), und einen *peripheren Weg*, bei dem wir Hinweisreize, beispielsweise hinsichtlich der Glaubwürdigkeit der Quelle, oder Faustregeln wie „Was schön ist, ist gut" zur Beurteilung heranziehen („heuristische Verarbeitung").

Die Wahrscheinlichkeit (*likelihood*), dass wir elaboriert vorgehen (können), ist entscheidend dafür, welcher Verarbeitungsweg eingeschlagen wird. Verfügen wir über genügend Motivation

Persuasion: Wichtige zugrunde liegende kognitive Prozesse

Systematische Verarbeitung

Informationsverarbeitung einer persuasiven Nachricht, die sorgsame Betrachtung der Inhalte und Gedanken umfasst

Heuristische Verarbeitung

Informationsverarbeitung einer persuasiven Nachricht, die die Verwendung einfacher Faustregeln und Heuristiken umfasst

Zentrale Route der Persuasion

Einstellungsänderung, die aus der systematischen Verarbeitung einer Information aus einer Persuasionsbotschaft resultiert

Periphere Route der Persuasion

Einstellungsänderung, die als Reaktion auf periphere Hinweisreize eines Persuasionsversuchs auftritt, beispielsweise auf dem Expertenstatus des Kommunikators basierend

---

[9] Für ein Alternativmodell siehe das sog. Unimodel (Erb & Kruglanski, 2005; Erb et al., 2003; Kruglanski & Thompson, 1999; Kruglanski et al., 2003, 2006).

und die Fähigkeit, den Argumenten bzw. Informationen Aufmerksamkeit zu schenken und sie zu verarbeiten, ist die Elaborationswahrscheinlichkeit hoch und wir setzen uns mit den Informationen auseinander. Dazu rufen wir beispielsweise relevante Assoziationen, Bilder und Erfahrungen aus dem Gedächtnis ab. Die dargebotenen Argumente werden auf diese Weise in das bereits vorhandene Einstellungsschema integriert. Im Falle einer tiefen Verarbeitung wirkt sich die Qualität der Argumente aus, da gute und schlechte Argumente nur bei genauer Auseinandersetzung erkannt werden. Liegt eine hohe Qualität der Argumente vor, lassen wir uns überzeugen und ändern unsere Einstellung dauerhaft (Einstellungsänderung über die zentrale Route der Persuasion; vgl. Abb. 7.8, dunkelgraue Bereiche).

Ist eine hohe Elaborationswahrscheinlichkeit jedoch nicht gegeben, etwa weil wir abgelenkt sind oder uns das Thema nicht besonders interessiert, dann bewerten wir die Aussagen des Kommunikators nach anderen Kriterien, nämlich peripheren Hinweisreizen (Anzahl der Argumente, Glaubwürdigkeit, Dauer der Rede etc.; Einstellungsänderung über die periphere Route der Persuasion; vgl. Abb. 7.8, hellgraue Bereiche). Einstellungsänderungen, die auf dem peripheren Weg erzielt wurden, sind aufgrund ihrer Verwendung von situativen Hinweisreizen, Heuristiken, Schemata und Stereotypen fragiler, während jene, die auf dem zentralen Weg erreicht wurden, aufgrund ihrer tieferen Verarbeitung und Berücksichtigung individueller Informationen, Einstellungen und Werte

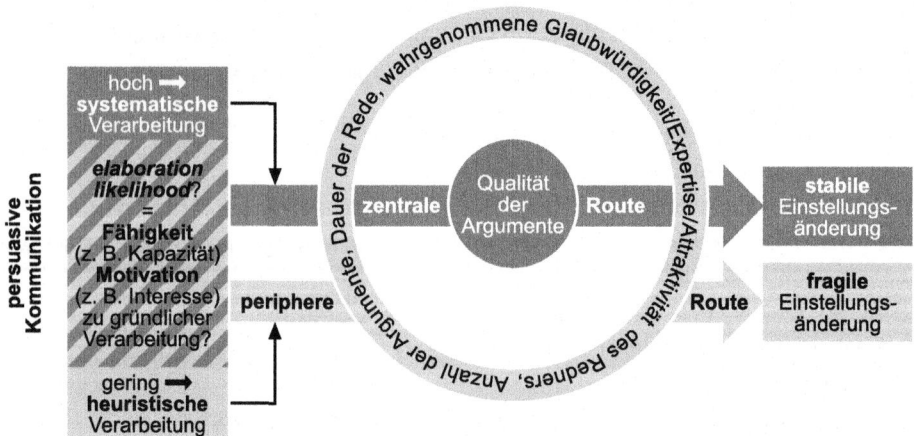

Abb. 7.8: Veranschaulichung der zwei verschiedenen Wege zur Einstellungsänderung. Der Kreis symbolisiert hierbei alle möglichen Anteile der Kommunikation, die sowohl den „zentralen Kern" (Qualität der Argumente, dunkelgrauer kleiner Kreis), als auch periphere Hinweisereize (hellgrauer Ring) enthält, die bei den verschiedenen Persuasionswegen eine unterschiedlich starke Rolle spielen. Sind Fähigkeit und Motivation zu gründlicher Verarbeitung hoch, wird systematisch verarbeitet bzw. die *zentrale Route* der Persuasion eingeschlagen. Hier ist die Qualität der Argumente entscheidend; sind diese „überzeugend", resultiert eine stabile, änderungsresistente Einstellungsänderung (vgl. obere, dunkelgraue Bereiche). Ist die *elaboration likelihood* gering, wird heuristisch verarbeitet bzw. die *periphere Route* der Persuasion eingeschlagen (vgl. untere, hellgraue Bereiche). Periphere Hinweisreize sind dann für eine Einstellungsänderung entscheidend, die jedoch instabiler und änderungsanfälliger ist als eine Einstellungsänderung über die zentrale Route.

zeitlich stabiler, schwieriger wieder zu verändern und eher konsistent mit dem Verhalten sind (Chaiken, 1980). Schließlich ist auf dem zentralen Weg der Informationsverarbeitung das Einstellungsschema häufiger abgerufen, geprüft und modifiziert worden, so dass es entsprechend stabiler und verfügbarer ist.

Grundannahme der oben genannten Zwei-Prozess-Modelle ist, dass jede Person danach strebt, eine korrekte Einstellung zu haben. Dazu ziehen sie Vergleiche mit der sozialen Realität und orientieren sich an Bewertungen anderer relevanter Bezugspersonen (vgl. Festingers Theorie sozialen Vergleichs, 1954). Wie oben bereits beschrieben, bestimmt diese Motivation auch mit, wie stark die persuasiven Botschaften analysiert werden (also auf ihre Validität hin überprüft werden) und ob die Informationsverarbeitung auf dem zentralen oder peripheren Weg abläuft. Je weniger beispielsweise einer Person ein Thema persönlich relevant erscheint, desto weniger lässt sie sich von starker Argumentation überzeugen. Je relevanter ein Thema ist, umso mehr sind die Zuhörer auch willens, den Argumenten volle Aufmerksamkeit zu zollen, so dass es wesentlich wahrscheinlicher ist, dass der zentrale Weg der Informationsverarbeitung hier gewählt wird (Petty et al., 1981; vgl. Beispielstudie).

> **Beispielstudie zur Persuasion**
> *Persönliche Relevanz beeinflusst die Route der Informationsverarbeitung.*
>
> Petty und Kollegen (1981) variierten die Relevanz einer Kommunikation dahingehend, dass ihre Teilnehmer eine Botschaft bezüglich der Veränderung von Studiengebühren erhielten, die entweder im nächsten Jahr (hohe Relevanz) oder in zehn Jahren (niedrige Relevanz) stattfinden sollten. Des Weiteren wurden die Qualität der Argumente (stark versus schwach; statistisch untermauerte Daten versus persönliche Meinungen und Zitate) sowie die Quelle der Botschaft (hohe versus niedrige Glaubwürdigkeit; Schüler einer Highschool-Klasse versus eine Studienkommission renommierter Universitäten) variiert. Tatsächlich hörten die Teilnehmer in allen Bedingungen die gleiche Botschaft, welche lediglich bezüglich der Güte der Argumente modifiziert wurde.
>
> Die Ergebnisse zeigten, dass im Falle hoher persönlicher Relevanz Einstellungen primär durch die Güte der Argumente beeinflusst wurden, während bei niedriger persönlicher Relevanz die Glaubwürdigkeit der Quelle einen größeren Einfluss hatte. Persönliche Relevanz kann somit als eine Determinante der Persuasionsroute betrachtet werden.

Wenn auch beide Routen zunächst als antagonistisch angesehen und behandelt wurden, so schließt sich nicht aus, dass der zentrale und der periphere Weg der Informationsverarbeitung auch gleichzeitig ablaufen, interagieren oder einander moderieren können. Dies kann beispielsweise der Fall sein, wenn eine Person auch nach sorgfältiger Analyse der Argumente zu keinem eindeutigen Schluss kommt und dann Heuristiken anwendet,

---

<table>
<tr><td>

Informationsverarbeitungsmodus

Intensität und Art und Weise, in der einstellungsrelevante Informationen verarbeitet werden, hängen von Fähigkeiten und Motivationslage der Person ab. Diese wiederum werden von individuellen und situativen Faktoren beeinflusst.

Erhöht man Motivation und Fähigkeit, so werden starke Argumente auch als solche erkannt und haben Wirkung auf Einstellungsänderung; reduziert man Motivation und Fähigkeit, so wird Qualität starker und Mangel schwacher Argumente nicht erkannt, periphere Hinweisreize gewinnen an Einfluss.

Über den zentralen Weg der Informationsverarbeitung hervorgerufene Einstellungsänderungen sind stabiler und weisen gegenüber Gegenargumenten eine größere Resistenz auf als auf peripherer Route basierende Einstellungsänderungen.

</td></tr>
</table>

um sich letztendlich doch entscheiden zu können, ob sie die Botschaft akzeptiert oder nicht. Ebenso kann eine Person einerseits aufmerksam und motiviert einen Fachartikel eines angesehenen wissenschaftlichen Journals lesen und „zentral" verarbeiten oder aber andererseits die gleichen Informationen auf einer Tagung erhalten, bei welcher zusätzlich die Glaubwürdigkeit des Referenten, sein Auftreten und Erscheinungsbild sowie die Zustimmung der Zuhörer moderierend wirken können.

Wir haben nun gesehen, dass Personen sowohl auf der systematischen als auch der peripheren Route Informationen verarbeiten und sich argumentativ beeinflussen lassen (vgl. zusammenfassend nebenstehenden Kasten). Wir haben bereits in Kapitel 4 gesehen, dass Emotionen Kognitionen beeinflussen, wie steht es also um den Einfluss von Emotionen bei der Persuasion? Wird ihre Informationsverarbeitung auch von Stimmungen und Gefühlen beeinflusst?

Der Einfluss von Emotionen in der Persuasion

Haben Sie sich schon mal gefragt, warum im Supermarkt ständig Musik läuft? Wieso es vor Bäckereien oder Parfümerien immer so gut riecht? Warum Ihnen immer wieder Gratisproben angeboten werden? Nun, hinter all diesen Dingen steckt Strategie: Die Industrie gibt Unmengen an Geld aus, um Menschen in gute Stimmung zu versetzen, sei es über beruhigende Musik, die im Hintergrund läuft (North & Hargreaves, 1998), Duftstoffe, die gesprüht werden (Bone & Ellen, 1999; Hirsch, 1995; Mitchell et al., 1995; Schifferstein & Michaut, 2002; Spangenberg et al., 1996), Freiexemplare, die ausgeteilt werden, Sekt, der Ihnen in teuren Modeboutiquen angeboten wird und vieles mehr (vgl. Strack et al., 2006).

Und in der Tat hat dies einen Effekt, denn es beeinflusst uns gleich auf zweierlei Weise (vgl. auch Forgas, 1992, 1995): Zum einen kann Affekt als *Heuristik* verwandt werden (vgl. HSM im vorangehenden Abschnitt und Abschnitt 4.1.4); wenn Sie nicht wissen, was Sie von einer Sache halten sollen, können Sie schlichtweg Ihr momentanes Gefühl heranziehen („Ich fühle mich gerade so wohl in dem Pulli, also kann es nicht verkehrt sein, ihn zu kaufen"). Zum anderen beeinflusst Affekt die *Art der Informationsverarbeitung*; Menschen in guter Stimmung lassen sich eher von peripheren Hinweisreizen beeinflussen (Sinclair et al., 1994; Worth & Mackie, 1987). Des Weiteren vermeiden Personen eine differenzierte Auseinandersetzung mit Themen, wenn sie erwarten, dass

Exkurs: **Furcht und Persuasion**

Im Englischen gibt es den Ausspruch „Only bad news are good news", was so viel bedeutet wie „nur schlechte Nachrichten sind gute Nachrichten". Gemeint ist hiermit die nachhaltige Wirkung schlechter Nachrichten bzw. krasser Nachrichtendarstellung. Schlechte Nachrichten bekommen mehr Aufmerksamkeit. Doch heißt das, dass wir *negative Emotionen gezielt als Persuasionsmittel* nutzen können?

Das deutsche Gesundheitsministerium hat dies versucht, in dem es per Gesetz verlangt, dass auf den Zigarettenpackungen Warnhinweise abgedruckt werden (vgl. Exkurs „Warnhinweise auf Zigarettenverpackungen", S. 243). Doch ist dies wirksam? Ein durch diese Verpackung ausgelöstes geringes Angstlevel wird sicherlich dazu führen, dass wir systematischer Informationen verarbeiten. Ein höheres Angstlevel bewirkt jedoch Forschungsbefunden zufolge nur dann eine dauerhafte Einstellungs- und vor allem Verhaltensänderung, wenn dem Rezipienten zugleich Informationsmaterial zur Verfügung gestellt wird, wie er diese Angst reduzieren kann – beispielsweise wie er es schaffen kann, mit dem Rauchen aufzuhören (Leventhal et al., 1967; vgl. auch Becker & Josephs, 1988; Job, 1988).

ihnen die genaue Verarbeitung die gute Stimmung verderben könnte (Wegener et al., 1995). Menschen in schlechter oder trauriger Stimmung gehen analytischer vor, sie lassen sich nur schwer und wenn, dann vor allem auf dem zentralen Weg der Informationsverarbeitung, überzeugen (Bless et al., 1990; vgl. Beispielstudie und Exkurs).

Positive Stimmung führt folglich zu einer genaueren Verarbeitung von stimmungshebenden Informationen und zu einer ungenaueren Verarbeitung von stimmungsdämpfenden Botschaften[10]; bei negativer Stimmung hingegen ist es umgekehrt (Wegener et al., 1995).

Beispielstudie zur Persuasion
Stimmung beeinflusst die Informationsverarbeitung.

Bless und Kollegen (1990) zeigten in zwei Studien, dass Personen in negativer Stimmung eher Argumente aufnehmen und systematisch verarbeiten als Personen in positiver Stimmung.

Indem sie Teilnehmer ein positives bzw. negatives persönliches Lebensereignis beschreiben ließen, versetzten sie sie in positive bzw. negative Stimmung. Anschließend hörten die Teilnehmer Tonbandaufnahmen, die entweder starke oder schwache Argumente dafür enthielten, dass die Studiengebühren an der Universität der Teilnehmer im nächsten Semester erhöht werden sollen. Sowohl ihre Einstellung (Befürwortung oder Ablehnung) hierzu als auch die Summe, die sie als angemessen für die Erhöhung betrachten, sollten sie daraufhin angeben.

---

[10] Dies heißt jedoch nicht, dass bei positiver Stimmungsinduktion auch die Persuasion erfolgreicher ist, denn dies hängt wiederum von weiteren Faktoren ab, die hier nicht alle ausgeführt werden können (für einen Überblick siehe Clore & Schnall, 2005). So können stimmungsinduzierende Einflüsse auch als ablenkend empfunden werden und damit Kapazitäten binden (Mackie & Worth, 1989; Worth & Mackie, 1987). Unter speziellen Bedingungen können Informationen in positiver Stimmung auch aufwendiger verarbeitet werden, da Personen aufmerksamer gegenüber den hedonischen Konsequenzen ihrer Handlungen sind als Personen in neutraler oder trauriger Stimmung (Wegener & Petty, 1994).

Die Ergebnisse zeigten, dass sich Teilnehmer in negativer Stimmung von guten Argumenten überzeugen ließen (indem sie stärkere Zustimmung und höhere Summen im Falle starker Argumente propagierten, im Falle schlechter Argumente jedoch nicht), während Personen in positiver Stimmung nicht zwischen guten und schlechten Argumenten differenzierten, sich also von beiden gleichermaßen überzeugen ließen.

Die Autoren hatten weiterhin variiert, ob der persuasive Text eingeführt wurde als „Studie zur Bewertung von Argumenten" oder als „Experiment zum Sprachverständnis" und auf diese Weise die Aufmerksamkeit der Teilnehmer im ersten Fall auf die Argumente, im zweiten Fall auf die Sprache gelenkt.

Die Analysen ergaben ein verändertes Bild für die Teilnehmer mit guter Stimmung: Sie wurden nun ebenfalls von starken jedoch nicht von schwachen Argumenten beeinflusst, wenn sie instruiert worden waren, auf die Qualität der Argumente zu achten.

Die Autoren schlussfolgern, dass Teilnehmer in schlechter Stimmung die Botschaft sorgfältiger elaboriert haben als Teilnehmer in guter Stimmung, weshalb die starken Argumente bei schlechter Stimmung einen größeren Einfluss hatten. Wie diese Studie zeigt, kann eine stärkere Elaboration auch durch explizite Hinweise ausgelöst werden, wie hier der Aufmerksamkeitslenkung auf die Argumente, und so auch bei guter Stimmung zu einer differenzierteren Verarbeitung führen.

Zusammenfassung

Die Wirksamkeit persuasiver Kommunikation wird von Merkmalen der Botschaft selbst (Aufbau des Inhalts), von Merkmalen der Quellen der jeweiligen Botschaft (des Kommunikators) sowie des Empfängers beeinflusst. Auf welche Weise es zu einer Einstellungsänderung kommt, hängt von der Art der Informationsverarbeitung ab: So können Informationen einerseits systematisch (zentrale Route) verarbeitet werden, beispielsweise im Falle hoher persönlicher Relevanz des Themas und hoher kognitiver Kapazitäten. In diesem Fall ist die Qualität der Argumente ausschlaggebend dafür, ob der Empfänger überzeugt wird oder nicht. Andererseits können Informationen auch heuristisch verarbeitet werden (periphere Route), vor allem dann, wenn geringe Motivation, geringe Relevanz oder Ablenkung vorliegen. Einstellungsänderung erfolgt dann aufgrund peripherer Cues wie Glaubwürdigkeit, Attraktivität oder anhand von Faustregeln (wie „Wer so viele Argumente hat, hat Recht").

Auch Emotionen haben Einfluss auf die Wirkung persuasiver Kommunikation. Mit wenigen Ausnahmen wird in guter Stimmung eher peripher, in schlechter Stimmung eher systematisch verarbeitet.

Wir haben nun gesehen, in welchen Fällen wir durch unser eigenes Konsistenzbestreben bzw. durch kommunikative Persuasion dazu gebracht werden, unsere Einstellungen zu verändern. Umso wichtiger erscheint daher die Frage, wie wir uns gegen Beeinflussungsversuche schützen können bzw. wann diese ohnehin fehlschlagen.

7.3 Resistenz gegenüber Einstellungsänderungsversuchen

Wahrscheinlich werden Sie sagen: „Nun ja, wenn mich jemand beeinflussen will, dann höre ich einfach nicht hin, ich ignoriere den Beeinflussungsversuch." Oder Sie gehen spontan in „Kampfhaltung" und argumentieren dagegen. Forschungsergebnisse zeigen jedoch, dass das Gegenargumentieren zwar den Einfluss auf unsere Einstellungen reduziert, doch zugleich den ungewollten Nebeneffekt hat, dass die Argumente der Gegenseite uns – aufgrund unserer Auseinandersetzung mit ihnen – besser im Gedächtnis bleiben (Eagly et al., 2000).

Nichtsdestotrotz brauchen wir gute Strategien, um uns selbst und andere vor ungewollten Beeinflussungsversuchen zu schützen. Was könnten Sie beispielsweise tun, um Kinder und Jugendliche dazu zu bringen, sich nicht von ihrer Clique im negativen Sinne beeinflussen zu lassen, beispielsweise nicht mit dem Rauchen anzufangen, auch wenn einige andere in der Clique rauchen? Welche Umgangsweisen mit Beeinflussungsversuchen gibt es? Wie nachfolgend dargestellt wird, bietet eine sog. Einstellungsimpfung (vgl. Abschnitt 7.3.1) einen wirksamen Schutz gegen ungewollte Beeinflussungsversuche an. Des Weiteren lassen Vorwarnungen (vgl. Abschnitt 7.3.2) sowie Freiheitseinschränkung (Reaktanz; vgl. Abschnitt 7.3.3) Beeinflussungsversuche ins Leere laufen.

> **Resistenz gegenüber Einstellungsänderungsversuchen**
>
> **Einstellungsimpfung**
>
> Mehrere kleine Angriffe auf die eigene Einstellung wirken wie eine Impfung, die Gegenargumentation auslösen und so gegen stärkere Angriffe immunisieren.
>
> **Vorwarnung**
>
> Vorwarnungen ermöglichen, Gegenargumente zu generieren und sich so zu wappnen.
>
> **Reaktanz**
>
> Die Einschränkung der eigenen (Meinungs-)Freiheit löst das Bestreben aus, diese wiederherzustellen. Dies kann u. a. durch Einstellungsänderung in die entgegengesetzte Richtung gelingen.

7.3.1 Einstellungsimpfung

Wenn Sie jemanden vor einer Krankheit schützen möchten, wie können Sie dann vorgehen? Nun, Sie hätten einerseits die Möglichkeit, ihn von allem, was infektiös ist, fernzuhalten, d. h. ihn zu isolieren. Doch ist dies in vielen Fällen des Lebens nicht möglich, zumindest nicht ohne massive Einschränkungen. Zum anderen könnten Sie ihn auch stärken, indem Sie ihn vitaminreich und gesund ernähren, so dass er gut geschützt ist. Doch ist dies in vielen Fällen noch kein ausreichender Schutz. Zum Dritten wäre es auch möglich, eine Person zu impfen bzw. zu immunisieren. Im Rahmen einer solchen Maßnahme würde ihr eine abgeschwächte Form/Dosis des Krankheitserregers verabreicht, so dass ihr Körper gegen diesen Abwehrkräfte bildet und sich auf diese Weise schützt.

In Analogie zu diesem Beispiel ist es im Falle von Beeinflussungsversuchen nur bedingt möglich, Personen davon fernzuhalten. Auch die Darbietung ihre Ansicht unterstützender Argumente ist häufig nicht so effektiv wie der Versuch, eine Person in ihren Einstellungen „resistent" zu machen (McGuire, 1961; McGuire & Papageorgis, 1961; Papageorgis & McGuire, 1961). Letzteres gelingt, indem mit einer sog. Einstellungsimpfung (*attitude inoculation*) Personen in kleinen Dosen Argumenten ausgesetzt werden, die ihrer eigenen Position widersprechen. Diese schwachen Angriffe auf die eigene Einstellung wirken wie eine Impfung, die Gegenargumentation auslöst und so gegen stärkere Angriffe immunisiert (vgl. Abb. 7.9).

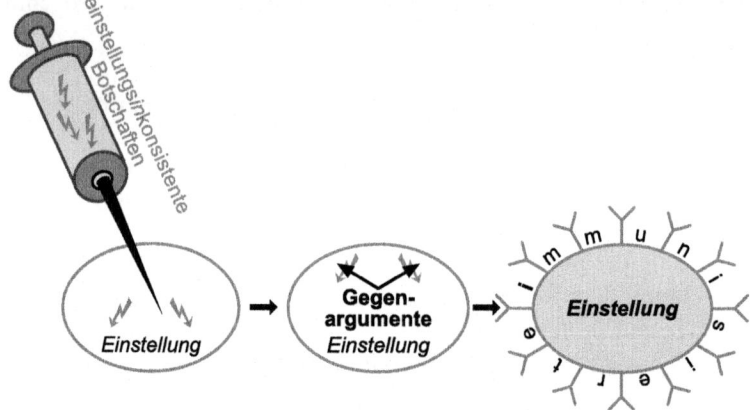

Abb. 7.9: Einstellungsimpfung: Wird eine Person in kleinen Dosen mit einstellungsinkonsistenten Botschaften (*t*) „geimpft" (symbolisiert durch die Spritze), werden Gegenargumente gegen diese Botschaften ausgebildet (Mitte), wodurch sozusagen eine „immunisierte" Einstellung (rechts) entsteht, die dann auch gegen stärkere Angriffe geschützt ist.

7.3.2   Vorwarnung

Nehmen wir an, ein Freund hat durch Zufall erfahren, dass man Sie beeinflussen will und warnt Sie. Glauben Sie, dass diese Vorwarnung es Ihnen leichter machen würde, sich dem Einfluss zu widersetzen? Vorwarnung, d. h. das Wissen über die persuasive Absicht eines anderen, ermöglicht (bei entsprechendem Zeitpuffer), Gegenargumente zu generieren und sich somit gegen den Beeinflussungsversuch zu wappnen und so seine Wirkung zu reduzieren (Leon et al., 2003; Petty & Cacioppo, 1977, 1979; vgl. auch Jacks & Devine, 2000). Vergleichbar hilfreich ist es, sich auch ohne Vorwarnung vor einer potenziellen Beeinflussungssituation eine klare eigene Meinung zu bilden und schriftlich festzuhalten (Petty & Cacioppo, 1977). Diese schützende Wirkung besteht vor allem bei sog. hohem *involvement*, d. h. wenn Ihnen das betroffene Einstellungsthema wichtig ist und Sie deshalb auch die Chance der Generierung von Gegenargumenten nutzen und, natürlich, wenn Sie nicht zu abgelenkt sind, um dies zu tun (Chen et al., 1992; Petty & Cacioppo, 1979; Wood & Quinn, 2003).

7.3.3   Reaktanz

Stellen Sie sich vor, Sie wollen unbedingt erreichen, dass jemand (z. B. ein jugendlicher Schützling, der loszieht, um in der Videothek einen Spielfilm auszuleihen) sich mit einer Sache nicht beschäftigt (z. B. dass er dabei nicht in die Abteilung mit pornografischen Filmen geht), und Sie sagen es ihm klipp und klar: „Auf gar keinen Fall gehst du an diese Regale und leihst diese Sachen aus. Finger weg, verstanden?" Glauben Sie, dass dies wirksam ist? Vermutlich haben Sie Ihre Zweifel – Dinge, die verboten sind, sind gewöhnlich umso interessanter, das kennen die meisten nur zu gut aus eigener Erfahrung. Ihre Zweifel sind durchaus berechtigt (vgl. Exkurs).

Forschungsbefunde zeigen, dass Inhalte durch Zensur umso interessanter werden (Bushman & Stack, 1996; Worchel et al., 1975; Zellinger et al., 1975; vgl. auch Abschnitt 8.3.1 „Prinzip der Knappheit"). Wie der Volksmund schon sagt: Des Nachbars Früchte, d. h. die verbotenen Früchte, sind nun mal die begehrtesten! Dieser kontraproduktiven Wirkung liegt sog. Reaktanz zugrunde (Brehm, 1966; Brehm & Brehm, 1981; für einen Überblick siehe Miron & Brehm, 2006): Reaktanz bezeichnet einen inneren Widerstand, welcher gegen Einschränkungen der eigenen Handlungsfreiheit gerichtet ist. Wird uns bewusst, dass ein anderer uns beeinflussen will, so erleben wir dies als Einschränkung unserer persönlichen bzw. unserer Entscheidungsfreiheit (Wicklund et al., 1970). Um die eigene Freiheit wiederzugewinnen, „trotzt" man dem anderen (ist im psychologischen Fachjargon „reaktant"), indem man ihm nicht zustimmt bzw. sich nicht an die Einschränkung hält – unter Umständen sogar dann, wenn man ursprünglich nicht weit voneinander entfernt liegende Einstellungen hatte. Je stärker das Verbot, umso größer das neu entstehende Interesse an dem Verbotenen (Bushman & Stack, 1996; Pennebaker & Sanders, 1976).

Exkurs: Reaktanz im Zusammenhang mit der Besteuerung von Genussmitteln

Durch die Einschränkung der Wahlfreiheit erhalten Urteilsgegenstände einen subjektiven Wertzuwachs, der von deren tatsächlichem Wert völlig unabhängig sein kann (Wicklund, 1970). Beispielsweise wird über Steuererhöhungen versucht, die Kosten-Nutzen-Bilanz des Produkts zu verschlechtern. Während das Produkt selbst unverändert bleibt, steigen aufgrund der Steuer die Kosten. Logische Konsequenz wäre eine negativere Beurteilung des Produkts durch den Verbraucher. Reaktanzeffekte verhindern jedoch die aus rein ökonomischer Sicht zu erwartende Abwertung des Produkts.

Dieser Effekt wirkt scheinbar insbesondere bei Genussmitteln, deren Verbrauch der Staat einschränken will.

Besteuerung von Unternehmen

Im Gegensatz zu erfahrenen Unternehmern empfinden „Jungunternehmer" Unternehmenssteuern als eine drastische Freiheitsbeschränkung und zeigen mehr Reaktanz in Form von einer positiveren Einstellung zu Steuerhinterziehung, von einer schlechteren Steuermoral und der Tendenz, Steuern zu umgehen (Kirchler, 1999).

Reaktanz

Reaktanz bezeichnet einen inneren Widerstand, der sich gegen die Einschränkung der eigenen Handlungsfreiheit wehrt. Dieser Zustand lenkt die Energien darauf, die Handlungsfreiheit zu verteidigen bzw. wiederherzustellen.

Folglich sind zu starke, offensichtliche Beeinflussungsversuche kontraproduktiv und führen eher zur Verfestigung der ursprünglichen Einstellung (Bushman & Stack, 1996; Pennebaker & Sanders, 1976; vgl. Beispielstudien). Aus diesem Grunde spricht man in diesem Zusammenhang auch von „Bumerangeffekten".

Beispielstudien zur Reaktanz
Offensichtliche Beeinflussungsversuche führen zu Reaktanz.

Bushman und Stack (1996) ließen ihre Teilnehmer zwölf Filmbeschreibungen lesen, die jeweils einen von fünf unterschiedlichen Warnhinweisen bzw. keinen Warnhinweis enthielten. Die Warnhinweise waren dahingehend vorgetestet, als wie bedrohlich, wie autoritativ (Autorität als angebliche Quelle) und persönlich relevant (durch persönlichen Bezug zur eigenen Altersgruppe) sie wahrgenommen wurden. Beispiele sind „Wegen einiger gewaltbezogener Inhalte wird auf den elterlichen Ermessensspielraum hingewiesen" (keine persönliche Relevanz) oder „Dieser Film enthält einige gewaltbezogene Inhalte. Gewalt im Fernsehen hat einen schädlichen Einfluss auf Zuschauer aller Altersgruppen" (persönliche Relevanz, da keine Alterseingrenzung) oder „Dieser Film enthält einige gewaltbezogene Inhalte. Der Gesundheitsminister hat festgestellt, dass Gewalt im Fernsehen einen schädlichen Einfluss auf Zuschauer aller Altersgruppen hat" (persönliche Relevanz, da keine Alterseingrenzung sowie Autorität als Quelle) (Übersetzungen der Autorinnen). Die Teilnehmer sollten aus den Filmen dann einen aussuchen, den sie selbst sehen wollten.

Die Ergebnisse zeigten, dass das Interesse an den Filmen höher war, wenn ein Warnhinweis gegeben wurde, und am höchsten war, wenn der Warnhinweis von einer angeblichen Autorität stammte. Eine Folgestudie zeigte, dass ausschließlich Warnhinweise, nicht aber reine Informationshinweise über den Film (wie „Dieser Film enthält einige gewaltbezogene Inhalte.") diesen Effekt hervorriefen.

Je größer der ausgeübte Druck (z. B. durch Formulierung des Verbots und des Autoritätsgrads), desto stärker die Reaktanz.

In einer Studie von Pennebaker und Sanders (1976) wurde in den Sanitäranlagen einer Universität entweder das Schild „Schreiben Sie bitte nicht an diese Wand" oder das Schild „Schreiben Sie auf gar keinen Fall an diese Wand" aufgehängt. Weiterhin wurde variiert, ob diese Schilder angeblich von der Leitung des Sicherheitsdienstes (hoher Autoritätsgrad) oder einer Art Hausmeister (niedriger Autoritätsgrad) stammten. Die Autoren interessierte, welches Schild den größten Einfluss auf das Auftreten von Graffiti hatte. Die Ergebnisse zeigten, dass umso mehr Graffitibemalungen auftraten, je höher der Autoritätsgrad und je härter und damit je bedrohlicher die Verbotsformulierung war.

Reaktanz kann also zum einen dazu führen, dass ein Beeinflussungsversuch in der umgekehrten Richtung endet – oder aber sie kann einkalkuliert werden zur gezielten Einstellungsänderung. (Letzteres gilt ebenso für übermäßige Rechtfertigung, vgl. Abschnitt 6.2.2).

7.3.4   Zusammenfassung

Um sich gegen Beeinflussungsversuche zu schützen, bietet sich die sog. Einstellungsimpfung an: Mehrere schwächere Gegenargumente führen wie bei einer Impfung zu einem langfristigen Schutz gegenüber stärkeren Angriffen/Gegenargumenten. Des Weiteren lassen Vorwarnungen Beeinflussungsversuche ins Leere laufen, indem man sich – sofern ausreichend Zeit, Fähigkeit und Interesse besteht – mit einer eigenen Vorabmeinung sowie mit Gegenargumenten wappnen kann. Schließlich reduzieren Einschränkungen der eigenen Handlungsfreiheit die persuasive Wirkung. In diesem Fall entwickeln Personen Reaktanz, d. h. einen inneren Widerstand, welcher gegen Einschränkungen der eigenen Handlungsfreiheit gerichtet ist. Um die eigene Freiheit wiederzugewinnen, „trotzt" man dem anderen, indem man ihm nicht zustimmt.

Wir haben nun gesehen, wie wir andere Personen in ihren Einstellungen beeinflussen und auch davor schützen können – doch woher wissen wir, wie die Einstellung eines anderen ist? Wie messen wir sie, und können wir, wenn wir ihre Einstellung dann kennen, wirklich das Verhalten der Person vorhersagen?

7.4   Messung von Einstellungen und ihre Vorhersagekraft für zukünftiges Verhalten

Sowohl die Werbeindustrie als auch die Gesellschaft sind immer wieder bestrebt, Kenntnis unserer Einstellungen zu erlangen, da sie sich davon versprechen, so vorhersagen zu können, wie wir uns zukünftig verhalten werden: Finden Konsumenten ein Produkt gut, werden sie es wohl auch kaufen; halten Verkehrsteilnehmer die Einhaltung von Geschwindigkeitsbeschränkungen für unsinnig, werden sie diese wohl auch eher nicht einhalten – so die dahinter stehenden Annahmen.

Auch wir gehen, wenn wir beabsichtigen, Einstellungen anderer (positiv) zu beeinflussen, davon aus, dass wir aus ihren Einstellungen ihr zukünftiges Verhalten vorhersagen und dieses entsprechend mitverändern können. Doch ist dem so? Lässt sich anhand von Einstellungen wirklich Verhalten vorhersagen? Und falls dies geht, welche Messmethoden sind dann für eine gute Vorhersage besonders geeignet? Nachfolgend wird aufge-

zeigt, welche Faktoren die Vorhersagequalität von Verhalten durch Einstellungen determinieren (vgl. Abschnitt 7.4.1) sowie welche Messmethoden dabei zu berücksichtigen
sind (vgl. Abschnitt 7.4.2).

7.4.1   Inwieweit lässt sich Verhalten vorhersagen, wenn die Einstellung bekannt ist?

Verhalten Sie sich immer Ihren Einstellungen gemäß? Vielleicht halten Sie grundsätzlich
Umweltschutz für wichtig, nehmen aber trotzdem ab und zu das Flugzeug, um innerhalb
Deutschlands von einer Stadt in die andere zu kommen? Würde jemand von Ihrer grundsätzlichen Einstellung ausgehen, würde er vermutlich vorhersagen, dass Sie die Bahn
nehmen – selbst wenn die Reise mit dem Flugzeug angenehmer und kürzer wäre. Nicht
immer also sind unsere geäußerten Einstellungen für das Verhalten entscheidend.

Entsprechend belegen auch Forschungsbefunde, dass kein so großer Zusammenhang
zwischen Einstellung und Verhalten besteht, wie man vielleicht annehmen möchte
(Corey, 1937; Wicker, 1969, 1971). Woran liegt das? Vielleicht denken Sie nun, dass die
Persönlichkeit entscheidend ist; dass es eben Menschen gibt, die sich stets gemäß ihren
Einstellungen verhalten, und solche, die dies selten tun. Und natürlich haben Sie inso-
weit recht, dass es individuelle Unterschiede in der Übereinstimmung gibt (vgl. Exkurs),
dennoch sind aber insbesondere situative Faktoren entscheidend.

Zum einen können wir unsere tatsächlichen Einstellungen nicht immer frei äußern bzw.
danach handeln, sondern unterliegen auch situativen Zwängen und Einflüssen (so würde man im oben genannten Beispiel möglicherweise argumentieren, dass Zeitdruck bestand und es damit kaum eine andere Wahl gab, als den Flieger zu nehmen). Oder um ein anderes
Beispiel zu nennen, Sie werden vermutlich in einer mündlichen Prüfung das Lehrbuch, das Ihr
Prüfer verfasst hat, nicht vehement kritisieren, obwohl dies vielleicht Ihre wahre Einstellung
widerspiegeln würde; ebenso wird sich ein Jugendlicher nur schwer entgegen der offen aus-
gelebten Gruppennorm seiner Clique verhalten, obwohl er bestimmte Verhaltensweisen ablehnt
(vgl. Kapitel 8).

Jenseits dieser situativen Zwänge und Einflüsse spielen dafür, inwieweit Einstellungen auch
wirklich verhaltensleitend sind, noch andere Faktoren eine Rolle (vgl. Übersicht im grauen
Kasten nächste Seite). Diese Determinanten wer-
den nachfolgend erläutert.

Exkurs: Einfluss von *self-monito-ring* bei der Verhaltensvorhersage durch Einstellungen

Die Fähigkeit zur Selbstüberwachung (*self-monitoring*) hat moderierenden Einfluss (für einen Überblick siehe Kraus, 1995; Shavitt & Fazio, 1991). Menschen mit hohem *self-monitoring* (d. h. Menschen, die ihr Handeln stark an den antizipierten Einstellungen anderer orientieren), neigen zu einer niedrigeren Konsistenz zwischen Einstellung und Verhalten. Dies liegt an ihrer höheren Sensitivität für Kontextfaktoren und des geringeren Abrufs ihrer Einstellungen aus dem Gedächtnis. Menschen mit hoher berichteter Selbstkonsistenz (d. h. Menschen, die ihr eigenes Verhalten als konsistent mit ihren Einstellungen einschätzen), verhalten sich eher konsistent.

Einstellungskomponenten

Wie in Abschnitt 7.1 bereits beschrieben, können Einstellungen auf einer ihrer Komponenten (kognitiv, affektiv, behavioral) schwerpunktmäßig basieren. In einem solchen Falle wäre die stärker gewichtete Komponente ein entsprechend besserer Verhaltensprädiktor als die anderen (vgl. Exkurs „Einstellungsänderung durch passende Einstellungskomponenten", S. 208). Hätten Sie beispielsweise gegenüber jemandem ein ungutes Gefühl, ohne dieses wirklich begründen zu können, so beruht Ihre Einstellung hier nicht auf kognitiven Inhalten, sondern auf einer eher affektiven Haltung, und die Messung dieser wäre sicherlich ein besserer Prädiktor als die der kognitiven Anteile (z. B. Ajzen, 2001).

Beispielsweise haben Forschungsbefunde im Bereich der Kondomverwendung gezeigt, dass, selbst wenn Personen davon überzeugt sind, Kondome schützten vor sexuell übertragbaren Krankheiten, die Wahrscheinlichkeit für ungeschützten Geschlechtsverkehr hoch ist, wenn gleichzeitig eine negative affektive Einstellung („Kondome verderben den Spaß am Sex") besteht. Dies impliziert, dass Kampagnen zur AIDS-Prävention vermehrt auf die Veränderung negativer affektiver Reaktionen abzielen sollten als auf die kognitiven Überzeugungen („Kondome schützen"; Norton et al., 2005).

Einstellungsstärke und -zugänglichkeit

Einstellungsstärke. Zu manchen Sachen besitzen wir eine eindeutige und starke Meinung, zu anderen geben wir unter Umständen unumwunden zu, gar keine Meinung zu haben. Beispielsweise ist für manche Menschen Politik sehr wichtig, und sie haben klar definierte – und zum Teil sehr starke – Einstellungen zu verschiedenen politischen Themen. Dafür hat die Person womöglich zu Musik keine dezidierte Meinung und hört mal dies, mal jenes. Für andere wiederum ist Musik oder Kunst sozusagen eine Lebenseinstellung, und sie haben hierzu sehr klare Meinungen, die sie auch deutlich äußern und vertreten.

Wie diese Beispiele zeigen, unterscheiden sich Einstellungen nicht nur in ihrer Zusammensetzung, sondern auch in ihrer *Stärke* (Fazio, 2000; Fazio et al., 2000; Petty & Krosnick, 1995; Pomerantz et al., 1995). Diese bezeichnet sowohl

---

Vorhersage von Verhalten aus Einstellungen

So lässt sich aus Einstellungen Verhalten gut vorhersagen, wenn ...

- ihre Zusammensetzung beachtet wird, d. h. stark gewichtete Einstellungskomponenten erfasst werden und die Einstellungen zum Verhaltenszeitpunkt kognitiv verfügbar sind (Einstellungszugänglichkeit)

- Einstellungen auf persönlicher Erfahrung mit dem Einstellungsobjekt basieren

- Aspekte des Einstellungsobjekts salient sind, die seiner primären Einstellungsfunktion entsprechen

- sich Einstellungen auf spezielles Verhalten beziehen (Einstellungsspezifikation; Korrespondenzprinzip)

- viele unterschiedliche Verhaltensweisen mit Bezug zur Einstellung erfasst werden (Aggregationsprinzip)

- Verhaltensintentionen erfasst werden, im Speziellen

  - die Einstellung gegenüber dem Verhalten selbst gemessen wird

  - subjektive Normen zum Verhalten berücksichtigt werden

  - wahrgenommene Handlungskontrolle erfasst wird

die Intensität bzw. Extremität einer Einstellung (z. B. wie stark die durch die Einstellung hervorgerufene emotionale Reaktion auf ein Objekt ist) als auch das Ausmaß der persönlichen Erfahrung mit dem Einstellungsobjekt. Dass die Einstellungsstärke sich unterscheidet, können Sie in den oben genannten Beispielen leicht nachvollziehen, denn es gibt einfach Themenbereiche oder Einstellungsobjekte, die relevanter und zentraler sowie solche, die eher irrelevant und peripherer für uns sind. Beispielsweise wird ein klinischer Psychologe vermutlich ausgeprägtere Einstellungen gegenüber Therapien und Behandlungsformen psychischer Störungen haben als ein Wirtschaftspsychologe.

Je stärker die Einstellung einer Person, desto wahrscheinlicher wird sie überdacht, desto resistenter ist diese gegenüber einer Einstellungsveränderung und desto genauer lässt sich Verhalten daraus vorhersagen (für einen Überblick siehe Chaiken et al., 1989; Petty & Cacioppo, 1986a). Dies ist darauf zurückzuführen, dass sich eine Einstellung umso eher auf die Bewertung eines Einstellungsobjekts auswirkt, je zugänglicher sie beim Abruf aus dem Gedächtnis ist. Und da starke Einstellungen besonders zugänglich sind, sind sie entsprechend einflussreich.

Einstellungszugänglichkeit. Unter Einstellungszugänglichkeit versteht man die Leichtigkeit, mit der die jeweilige Einstellung erinnert werden kann und in einer Situation ins Bewusstsein gelangt (Fazio, 2000; Fazio et al., 2000; Houston & Fazio, 1989). Inwiefern dies von Bedeutung ist, kann Ihnen nachfolgendes Beispiel gut verdeutlichen. Was kommt Ihnen bei dem Wort „Wollpulli" in den Sinn? Sind in Ihnen sofort positive oder negative Gefühle aufgestiegen, oder haben Sie einfach ganz sachlich an einen Wollpulli gedacht? Das, was Ihnen nun in den Sinn kam, war offenbar sehr zugänglich, denn Zugänglichkeit ergibt sich aus der Geschwindigkeit, mit der etwas aus dem Gedächtnis abgerufen werden kann. Im Falle hoher Zugänglichkeit einer Einstellung ist es sehr wahrscheinlich, dass, wann immer Sie das Einstellungsobjekt (hier: den Wollpulli) sehen, Ihre Einstellung abgerufen wird. Das könnte konkret bedeuten, dass Sie spontan ein unangenehmes Gefühl hatten (an kratzige Wolle oder unmodische Kleidung dachten) oder aber ein angenehmes (beispielsweise wohlige Wärme, kuschelige Garne assoziierten; in Anlehnung an Aronson et al., 2004, S. 234).

Eine solche Einstellungszugänglichkeit ist das Ergebnis assoziativen Lernens. Besonders zugänglich sind beispielsweise Einstellungen, die uns wichtige Themen betreffen (Krosnick, 1989). Je zugänglicher eine Einstellung, desto automatischer wird sie ausgelöst und desto wahrscheinlicher ist sie verhaltensleitend – zugleich ist sie umso schwieriger zu verändern (Fazio et al.,1986; Houston & Fazio, 1989). Dementsprechend wird eine hohe Einstellungs-Verhaltens-Übereinstimmung dann erwartet, wenn eine Einstellung leicht zugänglich ist. Bei niedriger Zugänglichkeit ist mit eher geringer Übereinstimmung zu rechnen.

Sind schnelle und spontane Reaktionen gefragt, haben wir keine Zeit zum langen Überlegen, und entsprechend muss eine Einstellung schnell „zur Hand" sein, um das Verhalten beeinflussen zu können (Fazio & Roskos-Ewoldsen, 2005). Daher wirken sich auf spontanes Verhalten vor allem leicht zugängliche Einstellungen aus.

Verhältnismäßig stabile und leicht zugängliche Einstellungen bilden sich insbesondere aufgrund **persönlicher Erfahrung** heraus. Beispielsweise entwickeln Menschen, die unmittelbar an einem verschmutzten Fluss leben oder aktives Mitglied in einem Umweltschutzverband sind, besonders stabile Einstellungen zum Umweltschutz (Wood, 1982). Je mehr persönliche Erfahrungen mit dem Einstellungsobjekt gemacht wurden, desto stärker ist die Assoziation zwischen dem Einstellungsobjekt und der Bewertung dessen im Gedächtnis (desto genauer und sicherer die Einstellungsformulierung), desto leichter kommen uns die betreffenden Einstellungen in den Sinn und haben daher eine höhere Wahrscheinlichkeit, auch verhaltensleitend zu sein (Fazio & Zanna, 1978a, b; Fazio et al., 1978; Regan & Fazio, 1977). Dementsprechend stimmen Einstellungen, die auf direkter persönlicher Erfahrung mit dem Einstellungsobjekt basiert gebildet wurden, letztendlich auch stärker mit dem tatsächlichen Verhalten überein (z. B. Millar & Millar, 1996; für einen Überblick siehe Cooke & Sheeran, 2004; vgl. Beispielstudie).

Beispielstudie zu Determinanten der Verhaltensvorhersage durch Einstellungen
Einstellungen, die auf persönlicher Erfahrung mit dem Einstellungsgegenstand basieren, haben höhere Vorhersagekraft für das später tatsächlich gezeigte Verhalten.

Regan und Fazio (1977) gaben ihren Teilnehmern fünf verschiedene Rätseltypen (z. B. Buchstabenrätsel, Bilderrätsel, Labyrinth) und baten sie, diese hinsichtlich ihres Anreizwertes einzuschätzen. Eine Teilnehmergruppe bearbeitete die Rätsel probeweise und bildete sich so ihr Urteil aus persönlicher Erfahrung mit den Aufgaben. Einer anderen Gruppe wurden fertige, von anderen Personen bearbeitete Rätsel gezeigt und erläutert, und sie sollte sich daraufhin ihr Urteil bilden. Anschließend überließen die Autoren den Teilnehmern die freie Wahl zwischen den Aufgaben, sie konnten diese 15 Minuten lang nach Lust und Laune bearbeiten.

Die Ergebnisse zeigten, dass für jene Gruppe, deren Bewertung der Aufgabentypen auf der eigenen persönlichen Erfahrung beruhte, das spätere Ausmaß der Bearbeitung der einzelnen Rätselaufgaben besser vorhersagte als in der Gruppe ohne persönliche Erfahrung.

Salienz

Die Verhaltensvorhersage ist ebenfalls besser, wenn Aspekte des Einstellungsobjekts salient sind, die seiner primären Einstellungskomponente entsprechen, d. h. wenn vor allem die Eigenschaften des Objekts in den Vordergrund rücken, die für die Einstellung entscheidend sind (Shavitt & Fazio, 1991; Snyder & Swann, 1976; vgl. Beispielstudie). Dies sind beispielsweise für die Einstellung zu einem Schokoriegel sein Geschmack, für die Einstellung zu einem Ventilator seine technischen Merkmale wie Umdrehungszahl oder Stromverbrauch. Je salienter ein Aspekt ist, desto eher ist die zugehörige Einstel-

lungskomponente dem Bewusstsein zugänglich und desto verfügbarer zur Verhaltens-
ausführung.

> **Beispielstudie zu Determinanten der Verhaltensvorhersage durch Einstellungen**
> *Saliente Merkmale des Einstellungsobjekts, die für die Einstellung entscheidend sind,
> beeinflussen die Verhaltensvorhersage.*
>
> Shavitt und Fazio (1991) ließen ihre Teilnehmer anhand eines Fragebogens entweder
> 20 Lebensmittel (Schokoladenmilchshake, Marshmallows etc.) oder 20 Handlungen
> (den Job aufgeben, einen BMW fahren, ein Tennisspiel gewinnen etc.) bewerten. Wäh-
> rend sie die Lebensmittel nach Geschmack („Wie schmeckt Ihnen ...?") einschätzen
> sollten, waren die Handlungen nach sozialer Wirkung zu bewerten (d. h. in welchem
> Ausmaß diese einen guten Eindruck auf andere machen). Anschließend erhielten die
> Teilnehmer verschiedene Szenarien, bei denen sie angeben sollten, mit welcher Wahr-
> scheinlichkeit sie *7UP*-Limonade bzw. Perrierwasser bestellen würden.
>
> Die Ergebnisse zeigten, dass der durch den vorhergehenden Fragebogen salient ge-
> wordene Produktaspekt (Geschmack versus Eindruckmachen) die spätere Produkt-
> wahl vorhersagen konnte. War Geschmack das saliente Produktmerkmal, so wählten
> die Teilnehmer eher *7UP*, war es Eindruck machen, so wurde eher Perrier gewählt
> (für die vorliegende Zielgruppe war dies nachweislich eher ein Statussymbolgetränk).
> Dies war vor allem für jene Teilnehmer der Fall, die ein hohes *self-monitoring* aufwie-
> sen. Da diese besonders empfänglich für Hinweisreize in einer Situation sind, war für
> sie der Salienzaspekt einflussreicher als für jene mit niedrigem *self-monitoring*.

Einstellungsspezifikation versus Globalität

Eine globale Einstellung, wie beispielsweise dass Sie klassische Musik mögen, kann
mit verschiedenen Verhaltensweise zusammenhängen. Insofern ist es nicht weiter verwunderlich, dass diese globale Einstellung so manche einzelne Verhaltensweise (z. B.
wie häufig Sie in klassische Konzerte gehen, ob Sie ein Musikinstrument beherrschen,
es regelmäßig spielen oder ob Sie eine gute Stereoanlage kaufen/besitzen) nur mäßig
vorhersagen.

Einstellung und Verhalten stimmen dann am stärksten überein, wenn der Spezifitätsgrad
beider gut übereinstimmt (sog. *Korrespondenzprinzip*; Ajzen & Fishbein, 1973; Fishbein
& Ajzen, 1974). Oder anders ausgedrückt: Je spezifischer eine Einstellung zu einem
spezifischen Verhalten passt, desto besser sagt diese Einstellung das Verhalten voraus.
Wie nachstehende Tabelle zeigt, ist die Korrelation zwischen der Einstellung gegenüber
Verhütungsmitteln und der tatsächlichen Verwendung dieser Verhütungsmittel abhängig
von der Spezifität des Einstellungsmaßes (Davidson & Jaccard, 1979; vgl. Tab. 7.2).
Wird konkret nach einer spezifischen Einstellung („Wie stehen Sie zur Antibabypille als
Verhütungsmittel?") und nicht nach einer globalen Einstellung („Wie stehen Sie zu Ver-

hütungsmitteln im Allgemeinen?") gefragt, findet sich eine größere Übereinstimmung mit dem konkreten Verhalten des Befragten („Verwenden Sie die Antibabypille als Verhütungsmittel?"). Oder um beim oben genannten Beispiel der Klassikmusik zu bleiben: Ob Sie an einem bestimmten Tag ins Konzert gehen, lässt sich besser von einer spezifischeren Einstellung (zu diesem Orchester bzw. dem speziellen Konzertprogramm) vorhersagen als von Ihrer Einstellung gegenüber klassischer Musik im Allgemeinen.

Korrespondenzprinzip

Es gibt nur dann einen engen Zusammenhang zwischen Einstellung und Verhalten, wenn beide Maße im Grad der Spezifikation übereinstimmen.

Aggregationsprinzip

Globale Verhaltensmaße, die eine Vielfalt von Situationen und Zeitpunkten in sich vereinigen, lassen sich von globalen Einstellungsmaßen besser vorhersagen als einzelne Verhaltensweisen.

Einstellungsmessung bezüglich ...	Korrelation zwischen Einstellung und Verhalten
... Verhütung	.083
... Pille (als Verhütungsmittel)	.323
... Einnahme der Pille	.525
... Einnahme der Pille während der nächsten zwei Jahre	.572

Tab. 7.2: Je spezifischer die Einstellungsmessung, desto höher ist die Korrelation mit dem Verhalten (Daten von Davidson & Jaccard, 1979).

Globale Einstellungen sind dann ein guter Prädiktor, wenn man unterschiedliche Verhaltensrealisierungen der Einstellung zu einem Index bündelt, die einzelnen Items also aggregiert (sog. *Aggregationsprinzip*; Weigel & Newman, 1976). Das hieße bei dem Beispiel der klassischen Musik, dass Ihre globale Einstellung zur Klassik die Summe aller einzelnen erfragten Items (wie häufig Sie ins Konzert gehen, ob Sie ein Instrument spielen etc.) durchaus gut vorhersagen kann.

Verhaltensabsichten

In Situationen, in denen Personen die Zeit und die Möglichkeit haben, ihr Verhalten zu reflektieren, ist die Entscheidung, ein bestimmtes Verhalten einzugehen, das Ergebnis eines rationalen Prozesses: Es werden mehrere Alternativen abgewägt, ihre jeweiligen Konsequenzen überdacht und eine letztendliche Entscheidung dafür oder dagegen getroffen (sog. *theory of reasoned action*, Ajzen & Fishbein, 1977, 2005; später dann *theory of planned behavior*, Ajzen, 1991, 2002). Diese Entscheidung spiegelt sich in **Verhaltensabsichten** wider, welche Verhalten gut vorhersagen, wenn dieses für die Person frei wähl- und kontrollierbar ist. Beispielsweise ist Ihre Verhaltensabsicht, statt des Autos ein öffentliches Verkehrsmittel benutzen zu wollen, nur dann vorhersagerelevant, wenn Sie Ihr Verhalten, auf Busse umzusteigen, auch wählen können und nicht, wenn es gar keine Busse gibt, die Ihnen dies erlauben. Ist ein Verhalten frei wähl- und kontrollierbar, kann die Intention einer Person als Indikator für die Stärke der Bemühungen und

Anstrengungen gesehen werden, mit der sie bestimmte Handlungen ausführen möchte (Ajzen, 1991).

Verhaltensintentionen (ich werde XY tun, z. B. „Ich werde Englischunterricht nehmen") wiederum sind eine lineare Funktion dreier Determinanten, d. h., sie werden von drei Einflussfaktoren bestimmt: der *Einstellung gegenüber dem spezifischen Verhalten*, d. h. der eigenen positiven oder negativen Bewertung des Verhaltens und seiner Konsequenzen (XY zu tun, wäre angenehm/unangenehm, z. B. „Würde ich Englischunterricht nehmen, dann könnte ich endlich die Fachliteratur besser lesen"), *subjektiven Normen*, d. h. der Annahme, ob wichtige Bezugspersonen dieses Verhalten billigen bzw. missbilligen werden (diejenigen, die mir wichtig sind, denken, dass ich XY tun sollte, z. B. „Meine Dozenten würden sehr anerkennen, wenn ich Englischunterricht nähme"), sowie der *wahrgenommenen Handlungskontrolle*, d. h. der Bewertung der eigenen Fähigkeit, dieses Verhalten auszuführen und zu kontrollieren (XY zu tun, wäre für mich einfach/schwer, z. B. „Fachenglisch zu lernen, wäre für mich eigentlich ein Leichtes"; vgl. Abb. 7.10).

Forschungsbefunde in verschiedenen Bereichen belegen die Vorhersagekraft dieser drei Intentionsdimensionen (Bamberg et al, 2003; Conner et al., 1999; Sheeran & Taylor, 1999; Trafimow & Finlay, 1996). Im Folgenden werden exemplarisch einige dieser Bereiche genannt:

- **Gesundheitsverhalten**

  Beispielsweise für das Gesundheitsverhalten haben die Intentionsdimensionen gute Vorhersagekraft (Godin et al., 1992; McCaul et al., 1993; Schifter & Ajzen, 1985). So konnten die erhobenen Verhaltensabsichten gut vorhersagen, ob Personen Ecstasy nahmen oder beim nächsten Geschlechtsverkehr ein Kondom verwendeten (Conner et al., 1999; Kashima et al., 1993; Plies & Schmidt, 1996; Sheeran & Taylor, 1999). Bezüglich Letzterem wurden beispielsweise den Teilnehmern von Plies und Schmidt (1996) folgende Fragen gestellt:

  – *Einstellung gegenüber dem spezifischen Verhalten*
    „Wenn Sie an die Anwendung von Kondomen bei neuen sexuellen Kontakten denken: Halten Sie die Anwendung für ... ?" (Skala von „sehr schlecht" bis „sehr wünschenswert")

  – *Subjektive Normen*
    „Sind die Personen A, B und C [wobei A, B und C für die besten drei Freunde stand] für die Benutzung von Kondomen bei sexuellen Kontakten?" („ja/nein" bzw. „sehr unwahrscheinlich" bis „sehr wahrscheinlich")

  – *Wahrgenommene Handlungskontrolle*
    „Für wie wahrscheinlich halten Sie es, dass Sie gegenwärtig in der Lage sein werden, bei neuen sexuellen Kontakten Kondome anzuwenden?" („sehr unwahrscheinlich" bis „sehr wahrscheinlich")

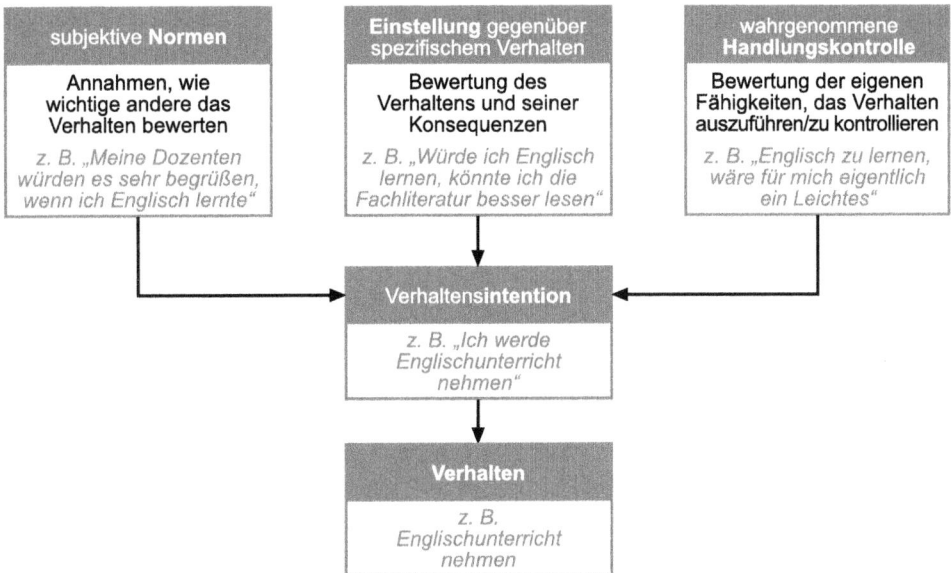

Abb. 7.10: Nach der *theory of planned behavior* lässt sich Verhalten gut aus Verhaltensabsichten/-intentionen vorhersagen, welche wiederum eine lineare Funktion der drei Determinanten „Einstellung gegenüber dem spezifischen Verhalten" (Mitte), „subjektive Normen" (links) und „wahrgenommene Handlungskontrolle" (rechts) sind.

„Für wie schwierig halten halten Sie für sich die Anwendung von Kondomen bei neuen sexuellen Kontakten?" („gar nicht schwierig" bis „sehr schwierig")

– *Verhaltensabsicht/-intention*

Angenommen, Sie würden ein(e) neue(n) Partner(in) kennenlernen und möchten mit ihm/ihr intim werden, würden Sie dann Kondome verwenden?" („sehr unwahrscheinlich" bis „sehr wahrscheinlich")

- **Umweltschutz**
Mittels der drei Intentionsdimensionen lässt sich umweltschonendes Verhalten, wie beispielsweise Altglasrecycling oder die Verkehrsmittelwahl, vorhersagen (Bamberg, 1995, 1996; Bamberg & Lüdemann, 1996; Bamberg & Schmidt, 1993, 2001; Bamberg et al., 2003).

- **Straßenverkehr**
Auch das Verhalten im Straßenverkehr kann über die oben genannten Dimensionen vorhergesagt werden, beispielsweise Trunkenheit am Steuer, waghalsige Überholmanöver oder das Einhalten von Geschwindigkeitsnormen (Åberg, 1993; De Pelsmacker & Janssens, 2007; Elliott et al., 2007; Parker et al., 1995).

- **Sport**
Verhaltensintentionen sagen die sportlichen Leistung, beispielsweise bei Spielern der Basketball-Bundesliga, vorher (Arnscheid & Schomers, 1996).

Wie wir gesehen haben, ist zwar der Zusammenhang zwischen Einstellungen und Verhalten nicht so stark, wie man zunächst vielleicht vermutet. Doch lässt sich aus Einstellungen durchaus Verhalten vorhersagen, wenn bestimmte Rahmenbedingungen (wie Verfügbarkeit der Einstellung, Spezifität der Messung, Erhebung der Verhaltensabsicht etc.) beachtet werden.

Im Folgenden soll aufgezeigt werden, welche Methoden der Einstellungsmessung uns zur Verfügung stehen.

7.4.2   Messung von Einstellungen

Wie würden Sie vorgehen, wenn Sie die Einstellung von jemandem wissen – oder wissenschaftlich ausgedrückt „erfassen" – wollten? Vermutlich würden Sie diese Person erst einmal einfach fragen. Genau das wird in der psychologischen Forschung natürlich auch gemacht (vgl. direkte Verfahren). Wären Sie sich aber sicher, dass Ihnen die andere Person tatsächlich ihre wahre Einstellung berichtet, wenn Sie sie einfach fragen? Möglicherweise nicht.

Dies liegt unter anderem daran, dass Einstellungen deliberativ und damit „explizit" sowie automatisch und damit „implizit" sein können (Greenwald & Banaji, 1995; Petty et al., im Druck; Wilson et al., 2000; Wittenbrink & Schwarz, 2007) – ebenso wie Verhalten sowohl Folge deliberativer und überlegter als auch spontaner und impulsiver Prozesse sein kann (Bargh, 1997; Fazio & Olson, 2003; Moors & De Houwer, 2006; Strack & Deutsch, 2004; Wilson et al., 2000).

Einstellungsveränderungen sind dementsprechend sowohl implizit als auch explizit möglich; sie können durchaus auch nur in expliziten, nicht aber in impliziten Einstellungen auftreten (Gawronski & Strack, 2004) und umgekehrt (Olson & Fazio, 2006; für einen Überblick siehe Gawronski & Bodenhausen, 2006).

Was die Einstellungsmessung betrifft, werden deliberative Einstellungen mit expliziten, selbstberichteten Bewertungen erfasst, während automatische Einstellungen aufgrund ihrer assoziativen Natur meist indirekt erhoben werden, beispielsweise aus der Leistung von Personen in Reaktionszeitverfahren (z. B. Greenwald et al., 1998) oder sequenziellen Primingaufgaben (z. B. Fazio et al., 1995; Wittenbrink et al., 1997). Es werden entsprechend direkte und indirekte Erhebungsmethoden in der Einstellungsmessung unterschieden (für einen Überblick siehe Cook & Selltiz, 1964; vgl. Abb. 7.11).

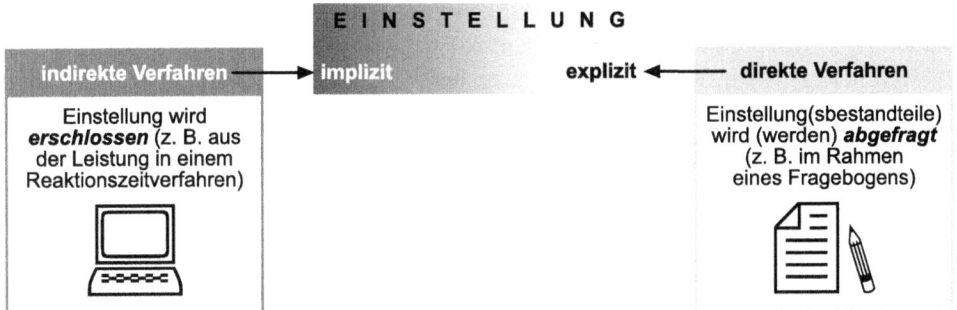

Abb. 7.11: Implizite Einstellungen bzw. implizite Einstellungsbestandteile werden mit indirekten Methoden, explizite mit direkten Methoden gemessen.

Direkte Verfahren der Einstellungsmessung

Unter direkten Verfahren versteht man all jene Methoden, die Einstellungen vom Probanden direkt erfragen. Da es sich hierbei um selbstberichtete Bewertungen handelt, werden diese Verfahren auch als (aus Sicht des Befragten) „subjektive" Verfahren bezeichnet.

In der psychologischen Forschung sowie bei Umfragen werden Fragebögen mit expliziten Fragen in den verschiedensten Formen und mit unterschiedlichen Antwortformaten eingesetzt (für einen Überblick siehe Schwarz & Oyserman, 2001). Am häufigsten finden sog. *Ratingskalen* Anwendung. Befragten werden dabei Items wie beispielsweise „Wie schätzen Sie die derzeitige Wirtschaftslage ein?" dargeboten und ihre Antwort durch Ankreuzen auf einer Skala von „sehr schlecht" bis „sehr gut" erhoben. Eine andere Möglichkeit ist, eine Aussage wie beispielsweise „Die Todesstrafe ist eine geeignete Maßnahme zur Bekämpfung der Kriminalität" oder „Das Wichtigste an einem Schokoriegel ist der Kakaogehalt" mit einer Skala von „stimme vollkommen zu" bis „stimme überhaupt nicht zu" vorzugeben. Häufig werden Einstellungen nicht mit einem einzigen Item bzw. einer Frage allein gemessen, sondern durch eine ganze Skala, d. h. mehreren Items zum gleichen Thema, so dass sich das Einstellungsmaß aus dem Mittelwert aller Items zu einem Themenbereich ergibt (die bekannteste Variante ist die sog. *Likert-Skala*; Likert, 1932).

Zur Messung der affektiven Einstellungskomponente wird häufig das sog. *semantische Differenzial* benutzt. Eine Aussage ist hierbei auf einer bipolaren Skala zu beurteilen. Die Skalenendpunkte sind mit den beiden wertenden Ausprägungen eines Begriffpaares bezeichnet (z. B. „gut – schlecht" oder „angenehm – unangenehm"; Osgood et al., 1957; vgl. Barden et al., 2004; Gregg et al., 2006; Verplanken et al., 1998).

Die Antworten auf Fragen in klassischen Selbstberichtsmaßen sind vielfach mit verzerrenden Faktoren konfundiert, die die Gültigkeit der Messungen wesentlich einschränken. Diese Verzerrungen lassen sich in drei Klassen einteilen (für einen Überblick siehe Strack & Werth, 2006): erstens solche, die auf Begrenzungen der Introspektionsfähigkeit zurückgehen, also einen Mangel an Fähigkeit zur Generierung der gewünschten Information (vgl. Abschnitt 6.2.1), und zweitens solche, die auf einen Mangel an Bereitschaft zu wahrheitsgemäßen Auskünften zurückgehen, also eher motivationaler Natur sind (vgl. auch Abschnitt 10.1.3). Zum Dritten hat die formale Gestaltung von Fragebögen entscheidenden Einfluss auf die Antwortabgabe (für einen Überblick siehe Werth, 2004, Kap. 7). Typische Effekte der Eigenschaften der Erhebungsinstrumente sind beispielsweise Änderungen der Benennung von Antwortskalen (Strack, 1994) oder der Reihenfolge, in der Fragen vorgegeben werden (Nebel et al., 1989).

Indirekte Verfahren der Einstellungsmessung

Unter indirekten Verfahren versteht man all jene Methoden, bei denen die Versuchsteilnehmer nicht explizit gebeten werden, Informationen zu einer Fragestellung abzugeben, sondern vielmehr die Einstellungen aus dem Verhalten des Probanden abgeleitet werden. Diese Verfahren werden auch als „objektive" Verfahren bezeichnet.

Physiologische Maße.   Aus physiologischen Maßen wie dem Hautwiderstand, der Pupillenreaktion oder der Gesichtsmuskelaktivität kann eine Einstellung erschlossen werden (Cook & Selltiz, 1964).

Beispielsweise lassen sich mittels Elektromyografie (EMG) selbst Muskelaktivitäten erfassen, die für den Beobachter mit bloßem Auge nicht sichtbar sind. Die so messbare Aktivität verschiedener Gesichtsmuskeln spiegelt die affektive Reaktion (Mögen versus Nichtmögen) der Person wider (z. B. Cacioppo et al., 1986). In einer Studie von Vanman und Kollegen (1997) zeigten sich im Elektromyogramm der Teilnehmer vermehrt Muskelaktivitäten, die eine negative affektive Reaktion anzeigen, wenn diese mit einem schwarzen statt mit einem weißen Interaktionspartner konfrontiert waren. In den expliziten Angaben fand sich ein genau umgekehrtes Bild, d. h. mehr Sympathie für schwarze als für weiße Interaktionspartner.

Verhaltensmaße.   Aus *Verhaltensbeobachtungen* können Einstellungen erschlossen werden. So gibt die Dauer des Blickkontakts unter anderem Interesse (Aufmerksamkeitszuwendung) wider, ein Gesichtsausdruck zeigt Emotionen (wie Ekel oder Freude; Ekman & Friesen, 1975), um nur einige Beispiele zu nennen. Negative Einstellungen gegenüber anderen Personen zeigen sich des Weiteren darin, dass zu diesen eine größere physische Distanz eingehalten wird (Macrae, Bodenhausen et al., 1994). So setzten sich Teilnehmer bei freier Platzwahl von Personen, denen gegenüber sie Vorurteile haben (z. B. Schwarze, Übergewichtige), weiter weg als von nicht vorurteilsbehafteten Personen (z. B. Weißen, Normalgewichtigen; Bessenoff & Sherman, 2000; Hendricks & Bootzin, 1976). Auch die Interaktionsdauer kann Aufschluss über die Einstellung geben, beispielsweise sprechen weiße Interviewer mit schwarzen Bewerbern kürzer als mit weißen (Word et al., 1974).

Des Weiteren kann aggressives Verhalten als Maß für Vorurteile verwendet werden: In einer Studie von Forgas (1976) begannen Franzosen, Spanier und Italiener schneller zu hupen, wenn ein den Verkehr blockierender VW Käfer mit einem Deutschlandschild sowie einer deutschen Flagge ausgestattet war, als wenn er Kennzeichen australischer Nationalität trug. Dies wird unter anderem damit erklärt, dass in diesen Ländern gegenüber Deutschen – zumindest gegenüber deutschen Touristen – eine negativere Einstellung besteht als gegenüber Australiern.

> **Indirekte Verfahren der Einstellungsmessung**
>
> - physiologische Maße
>   (z. B. EMG für affektive Reaktion)
> - Verhaltensmaße
>   (z. B. gewählte räumliche Distanz)
> - *Bogus-Pipeline*-Methode
>   („Lügendetektor")
> - implizite Maße
>   (z. B. Reaktionszeitverfahren wie Stroop-Test, IAT, behaviorale Annäherung/Vermeidung)

Mit der *Lost-Letter-Technik* lässt sich erschließen, wie die Einstellung beispielsweise gegenüber bestimmten Gruppen oder Organisationen (wie den Linken/Rechten, Lesben/Homosexuellen, gemeinnützigen Vereinen etc.) ist, indem man an diese adressierte, frankierte Briefe auf der Straße „verliert" und zählt, wie viele dieser angeblich verlorenen Briefe von Passanten an die Adressaten nachgeschickt werden (Milgram, 1977; vgl. Levinson et al., 1993; Waugh et al., 2000; auf E-Mails angewandt siehe Stern & Faber, 1997).

***Bogus-Pipeline*-Methode.**   Im Rahmen der *Bogus-Pipeline*-Methode[11] (Jones & Sigall, 1971; Tourangeau et al. 1997) wird den Teilnehmern die Leistungsfähigkeit eines angeblichen Lügendetektors demonstriert, an den sie „angeschlossen" werden, so dass sie annehmen, dieser erkenne ihre wahren, unverfälschten Einstellungen. Häufig werden unter diesen Umständen beispielsweise stärkere (hier: „wahrere") Vorurteile – d. h. Einstellungen gegenüber Angehörigen einer Fremdgruppe – angegeben, da die Teilnehmer befürchten, andernfalls als Lügner entlarvt zu werden (vgl. Beispielstudie; vgl. auch Nier, 2005; Plant et al., 2003; Sigall & Page, 1971).

> ***Beispielstudie zur Messung von Einstellungen (hier: Vorurteilen)***
> *Unter* Bogus-Pipeline-*Bedingung werden stärkere Vorurteile gemessen.*
>
> Die Teilnehmer (ausschließlich weiße Amerikaner) von Sigall und Page (1971) füllten zunächst schriftlich einen kurzen Fragebogen aus, der ihre Einstellungen zu verschiedenen allgemeinen Themen (Musik, Autos, Filme etc.) erfasste. Im Anschluss wurden sie vom Versuchsleiter in einen anderen Raum geführt, in dem sie Eigenschaften (*honest*/ehrlich, *intelligent*/intelligent, *stupid*/dumm, *physically dirty*/schmutzig etc.) von entweder Amerikanern (*Americans*) oder Schwarzen (*Negroes*) einschätzen sollten. Eine Teilnehmergruppe gab diese Einschätzungen ab, indem sie mittels eines Steuer-

---

[11] Engl. *bogus* = Schein-, engl. *pipeline* = Fernleitung.

rads den Zeiger auf einem Computerbildschirm zu dem entsprechenden Skalenwert hinbewegten. Zusätzlich teilten sie den angesteuerten Wert laut dem Versuchsleiter mit.

Einer zweiten Gruppe (*Bogus-Pipeline*-Bedingung) wurden zusätzlich Elektroden am Handgelenk befestigt, mittels derer angeblich die Muskelaktivität gemessen und daraus mit sehr hoher Genauigkeit die unverzerrte Einstellung bestimmt werden könnte. Um zu überprüfen, ob es einer Justierung des Apparats bedurfte, wurde zunächst ein Testlauf mit den zuvor bereits schriftlich beantworteten Fragen gestartet. Während der Teilnehmer seine Hände auf dem Steuerrad platziert hatte, las der Versuchsleiter zu diesem Zweck die Fragen jeweils laut vor. Nach kurzer Zeit bewegte sich daraufhin der Zeiger von selbst, d. h. ohne dass der Teilnehmer das Rad bewegt hatte, auf den zuvor angegebenen Wert. Mit dieser Prozedur wurden die Teilnehmer überzeugt, dass die Apparatur tatsächlich eine Art Lügendetektor sei und ihre wahren Einstellungen messen könnte. Im Anschluss daran wurde die Einschätzung der Amerikaner bzw. Schwarzen abgefragt. Um zu untersuchen, inwieweit Menschen Zugang zu ihren wahren Gefühlen haben, wurde dem Teilnehmer dazu die Sicht auf den Bildschirm verstellt und er sollte jeweils laut vorhersagen, was der Apparat anzeigen würde, d. h. was seine wahre Einstellung sei.

Tatsächlich funktionierte der Apparat jedoch nicht wie angegeben und die Elektroden sendeten keinerlei Signal an den Computer. Der Versuchsleiter hatte jedoch den ausgefüllten Fragebogen „zufällig" so auf einem Tisch nahe der Tür platziert, dass ein Kollege im Nebenzimmer die Antworten des jeweiligen Teilnehmers durch einen Spalt in der Tür lesen konnte. In der angeblichen Justierungsphase fütterte dieser dann unbemerkt den Computer mit den richtigen Antworten, wodurch der Teilnehmer vom Funktionieren des Apparats überzeugt wurde.

Insgesamt wurden „Schwarze" im Vergleich zu „Amerikanern" ungünstiger bewertet, unabhängig davon, wie die Teilnehmer ihre Antworten abgaben. Allerdings war dieser Unterschied in der *Bogus-Pipeline*-Bedingung erheblich stärker. Wenn die Versuchspersonen dachten, dass ihre „wahre" Einstellung durch den Apparat gemessen werden könnte, beurteilten sie die Schwarzen negativer und die Amerikaner positiver, als wenn sie ihre Einschätzung ohne „Lügendetektor" offen mitteilen sollten.

Implizite Maße.   Das zentrale Kennzeichen impliziter Maße ist, dass Einstellung aus „Leistungs"daten der Person wie Reaktionszeiten und/oder Fehlerraten erschlossen wird. Diesem Vorgehen liegt die Annahme zugrunde, dass kognitive Repräsentationen in einem assoziativen Netzwerk organisiert sind (z. B. Collins & Loftus, 1975; Collins & Quillian, 1969 u. a.). Aus der Assoziationsstärke zwischen diesen Konzepten kann wiederum die Einstellung der Person abgeleitet werden (vgl. Abschnitt 2.3 und Abschnitt 7.4.1, „Einstellungszugänglichkeit"). Je enger Konzepte (z. B. im Zusammenhang mit Vorurteilen/Stereotypen: „blond" und „dumm", „dick" und „gemütlich") im Gehirn einer Person miteinander verknüpft sind, desto wahrscheinlicher und schneller aktivieren diese sich gegenseitig. Konfrontiert mit dem einen Konzept, wird das andere bei enger Verknüpfung ebenfalls aktiviert und damit leichter abrufbar.

Dies macht man sich bei Reaktionszeitmaßen zunutze: Aus der Zeit, die jemand benötigt, um eine bestimmte Reaktion (z. B. Tastendruck, Joystickbewegung in eine bestimmte Richtung) zu zeigen, wird auf zugrunde liegende Assoziationsstrukturen geschlossen und diese als Indikator für mit diesen Strukturen verbundenes zukünftiges Verhalten gesehen (z. B. Dovidio et al., 1986). Reaktionszeitunterschiede sind also ein Indikator für Einstellungsunterschiede. Für die Vorhersage von expliziten *Vorurteilen* ist dabei insbesondere die Assoziation zwischen Konzepten der vorurteilsbehafteten Personengruppe und evaluativen Konzepten, d. h. der positiven bzw. negativen Bewertung, von Bedeutung (z. B. Neumann & Seibt, 2001). Nachfolgend werden die derzeit gängigsten Verfahren skizziert (für einen Überblick siehe Wittenbrink & Schwarz, 2007).

- **Stroop-Test**

  Aufgabe der Teilnehmer einer klassischen Stroop-Aufgabe ist das Benennen der Schriftfarbe eines Wortes (Stroop, 1935). Die Schwierigkeit dieser Aufgabe liegt darin, dass Wortbedeutung und Farbe in einem Stimulus kombiniert sind und somit eine Situation vorliegt, in welcher sich semantischer Gehalt des Wortes und Schriftfarbe widersprechen (da man automatisch die Wortbedeutung enkodiert, interferiert diese mit der Benennung der Schriftfarbe des Wortes; wird z. B. das Wort „gelb" in roter Schriftfarbe präsentiert, liest man unwillkürlich „gelb", die richtige Reaktion ist jedoch „rot" zu sagen; vgl. Abb. 7.12). Die Reaktionszeiten für die Bearbeitung solch inkongruenter Fälle werden verrechnet mit kongruenten (bei denen semantische Übereinstimmung vorliegt, z. B. wäre das Wort „grün" in grüner Farbe geschrieben) bzw. neutralen Bedingungen (hier hat das „Wort" keinen Farbbezug oder ist gar nur eine

Abb. 7.12: Beispiele für einzelne Durchgänge in einer klassischen Stroop-Aufgabe: Die Teilnehmer sind aufgefordert, so schnell wie möglich die Schriftfarbe des dargebotenen Wortes zu benennen. Dies ist schwieriger (und dauert länger), wenn die Bedeutung des (Farb-)Wortes mit der Schriftfarbe inkompatibel ist (vgl. rechten Teil der Abb.): Die Wortbedeutung „grau" ist inkompatibel mit der richtigen Antwort „weiß". Es ist einfacher (und schneller), wenn Wortbedeutung und Schriftfarbe gleich sind (vgl. linken Teil der Abb.).

sinnlose Folge von Zeichen). Die Einstellung einer Person wird aus der Differenz ihrer Reaktionszeiten in inkongruenten und neutralen Bedingungen erschlossen.

Zur Veranschaulichung wird hier exemplarisch das Vorgehen von Kawakami und Kollegen (1999) geschildert. Bei der Einstellungsmessung mittels Stroop-Test wird zunächst über eine Primingprozedur das Einstellungsobjekt im assoziativen Netzwerk zugänglich gemacht (z. B. die Kategorie Skinhead oder Ältere), indem ein Wort z. B. „Skinhead" (für 950 ms) eingeblendet wird, welches der Proband leise lesen soll. Im Anschluss erscheint ein Wort unterschiedlicher Schriftfarbe für das Attribut der Einstellung (z. B. Eigenschaften des Skinhead-Stereotyps versus Eigenschaften des Älterenstereotyps). Aufgabe des Probanden ist auch hier, die Schriftfarbe zu benennen. Sobald der Proband spricht, verschwindet das Wort vom Bildschirm. Wenn eine automatische Einstellung zu dem Einstellungsobjekt (z. B. Skinhead) besteht, so sind die Probanden langsamer, die Farbe stereotyper bzw. einstellungskonsistenter Attribute zu benennen, als die nicht stereotyper bzw. einstellungsinkonsistenter.

Der Grund dafür ist, dass das Einstellungsobjekt automatisch einstellungskonsistente Eigenschaften aktiviert, die bei der Farbnennung interferieren (MacLeod, 1991). Genauer gesagt ist die Stärke der Interferenz bei der Farbnennung eine Funktion der semantischen Bedeutung des Attributs: Je höher die Aktivierung, umso mehr Ressourcen benötigt der Proband, um das Wort zu hemmen, und umso langsamer kann er die Farbe benennen. Der Proband sollte also nach dem Priming des Einstellungsobjekts „Skinhead" länger brauchen, ein rot geschriebenes „aggressiv" als rot zu bezeichnen als ein rot geschriebenes „ängstlich". Aus der Reaktionszeitsdifferenz zwischen der Reaktion auf einstellungskonsistente (agressiv) und einstellungsinkonsistente Attribute (ängstlich), die auf das Einstellungsobjekt (Skinhead) folgten, wird die Assoziationsstärke und damit letztendlich die Einstellung der Person erschlossen.

- **Affektives Priming**
Die Grundannahme ist hier, dass die Informationsverarbeitung bei „affektiver Passung" erleichtert und bei mangelnder Passung erschwert ist. Da solche Bewertungen automatisch aktiviert werden, können aus Reaktionszeiten auf die dahinter stehenden Affekte und Einstellungen geschlossen werden (vgl. Barden et al., 2004; Fazio et al., 1995; vgl. Abschnitt 2.3). Das Vorgehen ist beispielsweise so, dass den Teilnehmern Bilder eingeblitzt bzw. kurz dargeboten werden (schwarze Personen) und sie anschließend ein dargebotenes Wort (wie hässlich, nett etc.) so schnell wie möglich nach positiv/negativ kategorisieren sollen. Sind die Reaktionszeiten nach einer „schwarzen Person" für „negative Eigenschaften" schneller als die für positive, wird auf Passung und damit auf eine negative Einstellung des Befragten gegenüber afroamerikanischen Personen geschlossen.

- **IAT**[12]

  Der IAT (Implicit Association Test, Greenwald et al., 1998; vgl. Gregg et al., 2006) ist das derzeit wohl bekannteste Reaktionszeitverfahren. Der IAT misst die Assoziationsstärke von Kategorien, basierend auf der Annahme, dass es leichter fällt, mit der gleichen als mit einer entgegengesetzten Antworttaste auf assoziierte Konzepte zu reagieren. Aus der Reaktionszeitdifferenz zwischen einer valenzkompatiblen Bedingung, in der assoziierte Konzepte jeweils der gleichen Antworttaste zugeordnet sind (z. B. „alter Mensch – negativ"), und einer inkompatiblen Bedingung, in der assoziierte Konzepte jeweils verschiedenen Antworttasten zugeordnet sind („alter Mensch – positiv"), wird die Assoziationsstärke und damit letztendlich die Einstellung der Person erschlossen.

  So wird den Teilnehmern eine Kategorisierungsaufgabe am Computer vorgegeben, in der die jeweiligen Reaktionstasten entweder valenzkompatibel oder valenzinkompatibel belegt sind. Sie sehen Bilder von alten und von jungen Menschen sowie von Gegenständen (als zweite Kategorie). In der Regel findet man ein Altenstereotyp, indem schnellere Reaktionszeiten auftreten, wenn die gleiche Taste mit „alt" und „negativ" sowie die andere Taste mit „jung" und „positiv" belegt ist.

- **Behaviorale Maße**

  Auch Maße der behavioralen Annäherung und Vermeidung erlauben das Erschließen einer Einstellung (z. B. Neumann et al., 2004; siehe auch Chen & Bargh, 1999; vgl. Abschnitt 2.6, „Passung/Kompatibilität"; vgl. Beispielstudie). Zugrunde liegende Annahme ist hier, dass im Falle einer positiven Einstellung Annäherungsverhalten, im Falle einer negativen Einstellung Vermeidungsverhalten erleichtert ist. Während einstellungskompatible Verhaltensweisen somit kürzere Reaktionszeiten hervorbringen, ergeben sich bei einstellungsinkompatiblen Verhaltensweisen verzögerte bzw. höhere Reaktionszeiten.

Beispielstudie zur Messung von Vorurteilen
Negative Einstellungen gegenüber Aidskranken zeigen sich im Implicit Association Test (IAT) und in der Annäherungs-/Vermeidungsreaktion.

Die Teilnehmer von Neumann und Kollegen (2004) sollten sich zunächst zu verschiedenen Porträtfotos die zugehörige Diagnose (gesund versus aidskrank) einprägen. In einer anschließenden Wiedererkennungsaufgabe wurden ihnen nacheinander Porträts präsentiert, die zum Teil vorher gelernt worden und teilweise neu waren. Die Teilnehmer sollten bekannte und unbekannte Porträts dadurch anzeigen, dass sie so schnell wie möglich die Computermaus entweder auf sich zu oder von

---

[12] Des Weiteren gibt es noch die sog. extrinsisch-affektive Simonaufgabe (Extrinsic Affective Simon Task, EAST; De Houwer, 2003), welche auf einer Kombination von Elementen des IAT mit dem affektiven Simoneffekt basiert (De Houwer & Eelen, 1998; De Houwer et al., 1998).

sich weg bewegten. Bei dieser Mausbewegung wurden als behaviorales Maß die Reaktionszeiten erfasst; das Auf-sich-zu-Bewegen entspricht einer Annäherungs-, das Von-sich-weg-Bewegen einer Vermeidungsreaktion. Annäherungsreaktionen sind allgemein mit Muskelaktivitäten verknüpft, die beispielsweise auch auftreten, wenn wir Nahrung zum Mund führen oder eine Person umarmen. Entsprechend sind diese Reaktionen positiv besetzt. Vermeidungsreaktionen sind dagegen mit Muskelaktivitäten verknüpft, die beispielsweise auch dazu dienen, etwas oder jemanden abwehrend von sich weg zu schieben, und sind entsprechend negativ besetzt.

Es zeigte sich, dass die Teilnehmer mit der Computermaus bei Aidskranken schneller reagierten, wenn sie bekannte Porträts mit einer Vermeidungsreaktion (Bewegung von sich selbst weg) anzeigen sollten als wenn sie dies mit einer Annäherungsreaktion (Bewegung zu sich selbst hin) zu tun hatten (vgl. zusammenfassend Abb. 7.13). Des Weiteren war zuvor die Einstellung der Teilnehmer gegenüber Aidskranken auf implizitem Wege (mittels IAT) erfasst worden. Je stärker bei einer Person die Assoziation zwischen aidskrank und negativ ausgeprägt war, desto schneller war auch die Vermeidungsreaktion.

Die Studie zeigt, dass positive und negative Einstellungen mit Annäherungsreaktionen respektive Vermeidungsreaktionen verknüpft sind und über diese gemessen werden können.

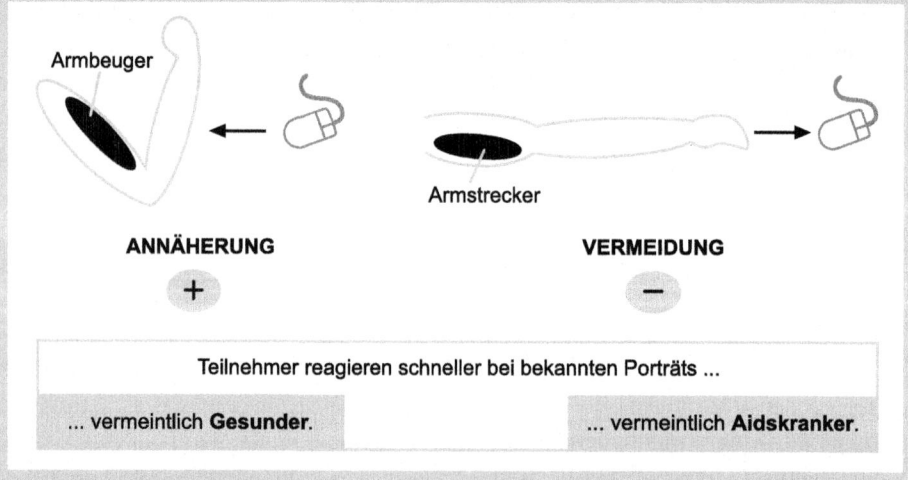

Abb. 7.13: Soll mit der Maus eine (positiv besetzte) Annäherungsbewegung ausgeführt werden (Muskelaktivität im Armbeuger), so reagieren die Teilnehmer schneller auf Porträts von vermeintlich gesunden Personen; soll dagegen eine (negativ besetzte) Vermeidungsbewegung ausgeführt werden (Muskelaktivität im Armstrecker), reagieren sie schneller auf Porträts von vermeintlich Aidskranken.

- *Go/No-Go*-**Aufgabe**

  Die *Go/No-Go*-Assoziationsaufgabe (GNAT; Nosek & Banaji, 2001; vgl. Mitchell et al., 2003) ähnelt dem IAT insofern, als Exemplare eines Zielkonzepts sowie Reize, die Ausprägungen einer Attributdimension repräsentieren (z. B. „gut – schlecht"), in schneller Folge bearbeitet werden müssen. Im Gegensatz zur Standardprozedur des IAT werden die Teilnehmer instruiert, auf eine bestimmte Reizkombination (Signal) mit einem Tastendruck zu reagieren (*Go*; z. B. Kombination „Frucht – gut"), auf andere (Distraktoren) jedoch nicht zu reagieren (*No-Go*; z. B. Kombinationen „Frucht – schlecht", „Käfer – gut", „Käfer – schlecht"). Sind Zielkonzept und die Ausprägung der Attributdimension positiv assoziiert (z. B. „Frucht – gut"), so erleichtert dies die Unterscheidung zwischen Signalen und Distraktoren und führt zu einer geringeren Fehlerquote.

  Jede Kombination aus Zielkonzept („Frucht") und den Ausprägungen der Attributdimension („gut" versus „schlecht") dient in einem Durchgang als Signal. Aus der Differenz zwischen den Fehlerquoten der kompatiblen („Frucht – positiv") und der inkompatiblen Signalbedingung („Frucht – negativ"), wird auf die zugrunde liegende Einstellung geschlossen: Eine geringere Fehlerquote bei „Frucht – positiv" als bei „Frucht – negativ" spricht für eine positive automatische Einstellung zu Früchten. Ein Vorteil der *Go/No-Go*-Aufgabe ist, dass für zwei Gruppen einzelne Einstellungsmaße berechnet werden können (z. B. Negativität der Einstellung zu Schwarzen versus Positivität der Einstellung zu Weißen).

- *Affect misattribution procedure* **(AMP)**

  Aus den Fehlattributionen (vgl. Abschnitt 5.2.1), die Personen über ihre eigenen affektiven Reaktionen aufweisen, können ebenfalls Einstellungen erschlossen werden (sog. AMP, *affect misattribution procedure*; Payne et al., 2005). Im Rahmen des AMP wird eine Kombination aus projektiven Testverfahren und Priming verwendet. Den Teilnehmern werden positive oder negative Reize dargeboten (z. B. ein Bild des US-Präsidenten Bush als negativer Reiz), und sie sollen anschließend ein mehrdeutiges Urteilsobjekt bewerten (z. B. ein abstraktes Symbol). Inwieweit ihre Bewertung des Symbols durch das (Bush-)Priming beeinflusst ist, wird als Einstellung gegenüber dem Primingobjekt (hier: US-Präsident Bush) interpretiert. Fehlattribuiert wird hier also das evaluative Empfinden des vorausgehenden Reizes auf das mehrdeutige Urteilsobjekt.

7.4.3   Zusammenfassung

Es wurde beschrieben, dass sich Verhalten aus Einstellungen dann gut vorhersagen lässt, wenn bestimmte Rahmenbedingungen (wie Verfügbarkeit der Einstellung, Spezifität der Messung, Erhebung der Verhaltensabsicht etc.) beachtet werden. Darüber hinaus wurde aufgezeigt, dass zur Messung von Einstellungen sowohl direkte als auch indirekte Verfahren zur Verfügung stehen. Während im Rahmen direkter Methoden Personen ihre

Einstellungen im Selbstbericht angeben, werden Einstellungen im Falle indirekter Methoden aus Leistungsmaßen wie Reaktionszeitverfahren oder Fehlerraten erschlossen.

7.5 Zusammenfassung

Eine Einstellung lässt sich **definieren** als eine Repräsentation, die aus einer zusammenfassenden Bewertung eines Einstellungsobjekts besteht. Diese Bewertung basiert vereinfacht gesprochen auf „ABC", d. h. einer affektiven (*Affective*; wie positiv – negativ), einer behavioralen (*Behavioral*; wie Annäherung – Vermeidung) und einer kognitiven Komponente (*Cognitive*; wie Vor-, Nachteile). All diese Komponenten können unterschiedlich stark beteiligt und auch unabhängig voneinander sein. Einstellungen können sowohl stabil und im Sinne einer Persönlichkeitseigenschaft *überdauernd* sein, sie können jedoch ebenso auch *situativ konstruiert* und beeinflusst werden.

Die **Funktionen** von Einstellungen sind sowohl kognitiv als auch motivational. *Kognitive* Funktion kommt ihnen im Sinne der Erleichterung der Informationsverarbeitung zu, *motivationale*, indem sie beispielsweise der sozialen Identitätsgewinnung („Meine Einstellungen stimmen mit denen meiner Gruppe überein") oder Steigerung des Selbstwertgefühls dienen.

An der **Einstellungsbildung** sind verschiedenste Prozesse beteiligt, die (außer der genetischen Komponente) nicht von denen der **Einstellungsänderung** zu trennen sind. Zunächst belegen Zwillingsstudien eine *genetische Mitbeteiligung* an der Entstehung von Einstellungen. Des Weiteren tragen verschiedenste *Lernprozesse* zur Einstellungsbildung und -veränderung bei, darunter Lernen durch Verknüpfung von Assoziationen (evaluatives Konditionieren), Lernen durch Verstärkung (instrumentelles/operantes Konditionieren) sowie Lernen durch Beobachtung (Modelllernen). Neben dem Lernen können Einstellungen auch aufgrund von Schlussfolgerungsprozessen im Rahmen unserer *Selbstwahrnehmung* entstehen und geändert werden. Schließlich zieht bereits die bloße Darbietung (*mere exposure*) eines Reizes positivere Einstellungen nach sich.

Die mit bekannteste Ursache von Einstellungsänderungen und -bildung ist unser *Streben nach Konsistenz*. Diesem zufolge empfinden es Menschen als angenehm, wenn sich ihre Einstellungen sowie die Komponenten einer Einstellung in einem harmonischen, spannungsfreien Zustand zueinander befinden, und sie streben daher einen solchen Zustand an (vgl. Balance-Theorie). Nehmen wir Diskrepanzen zwischen unseren Einstellungen und unserem Verhalten wahr, so tritt *kognitive Dissonanz* auf. Dieser als unangenehm empfundener Zustand ist umso größer, je mehr Entscheidungsfreiheit eine Person für ihr Verhalten wahrnimmt, je höher die aversiven Konsequenzen dieses Verhaltens für sie selbst oder einen anderen sind und je geringer die Rechtfertigung für dieses Verhalten ist. Personen sind motiviert, die erlebte Dissonanz zu reduzieren. Dazu stehen ihnen verschiedene Strategien zur Wahl, sowohl direkte, zu denen unter anderem die Einstellungsänderung gehört, als auch indirekte, welche zusätzliche positive Gefühl erzeugen.

Eine Einstellungsänderung erfolgt dann, wenn wir nicht ausreichend gute Gründe dafür haben, einstellungsdiskrepantes Verhalten zu zeigen. Je mehr Rechtfertigung wir für unser Handeln haben, desto weniger Einstellungsänderung wird erfolgen.

Im Rahmen *persuasiver Kommunikation* wird immer wieder versucht, Menschen in ihren Einstellungen zu verändern. Die Wirksamkeit von Persuasion wird unter anderem von *Merkmalen der Botschaft* selbst (Aufbau des Inhalts), von Merkmalen der Quellen der jeweiligen Botschaft (des *Kommunikators*) sowie des *Empfängers* determiniert. Auf welche Weise es zu einer Einstellungsänderung kommt, hängt von der *Art der Informationsverarbeitung* ab: So können Informationen einerseits systematisch (zentrale Route) verarbeitet werden, beispielsweise im Falle hoher persönlicher Relevanz des Themas und hoher kognitiver Kapazitäten. In diesem Fall ist die Qualität der Argumente ausschlaggebend dafür, ob der Empfänger überzeugt wird oder nicht. Andererseits können Informationen auch heuristisch verarbeitet werden (periphere Route), vor allem dann, wenn geringe Motivation, geringe Relevanz oder Ablenkung vorliegen. Einstellungsänderung erfolgt dann aufgrund peripherer Hinweisreize wie Glaubwürdigkeit, Attraktivität oder anhand von Faustregeln (wie „Wer so viele Argumente hat, hat Recht").

Auch *Emotionen* haben Einfluss auf die Wirkung persuasiver Kommunikation. Mit wenigen Ausnahmen wird in guter Stimmung eher peripher, in schlechter Stimmung eher systematisch verarbeitet.

Um gegen **Beeinflussungsversuche resistent zu sein**, bietet sich eine sog. *Einstellungsimpfung* an; mehrere schwächere Gegenargumente führen wie bei einer Impfung zu einem langfristigen Schutz gegenüber stärkeren Angriffen/Gegenargumenten. Des Weiteren lassen *Vorwarnungen* Beeinflussungsversuche ins Leere laufen, indem man sich – sofern ausreichend Zeit, Fähigkeit und Interesse besteht – mit einer eigenen Vorabmeinung sowie mit Gegenargumenten wappnen kann. Schließlich reduzieren Einschränkungen der eigenen Handlungsfreiheit die persuasive Wirkung. In diesem Fall entwickeln Personen *Reaktanz*, d. h. einen inneren Widerstand, welcher gegen Einschränkungen der eigenen Handlungsfreiheit gerichtet ist. Um die eigene Freiheit wiederzugewinnen, „trotzt" man dem anderen, indem man ihm nicht zustimmt.

Kenntnis von Einstellungen ermöglicht dann eine gute **Verhaltensvorhersage**, wenn bestimmte Rahmenbedingungen (wie Verfügbarkeit der Einstellung, Spezifität der Messung, Erhebung der Verhaltensabsicht etc.) beachtet werden.

Zur **Messung von Einstellungen** bieten sich direkte und indirekte Verfahren an. Während im Rahmen direkter Methoden Personen ihre Einstellungen im Selbstbericht angeben, werden Einstellungen im Falle indirekter Methoden aus Leistungsmaßen wie Reaktionszeitverfahren oder Fehlerraten erschlossen.

Einstellungen sind eines der grundlegendsten psychologischen Konstrukte und haben weit reichende praktische Implikationen für vielfältige Anwendungsbereiche.

Teil II

Das Individuum interagiert mit anderen

8 Sozialer Einfluss

Was bringt's?

Wie kommt es, dass die Anwesenheit eines Publikums einmal bewirkt, dass der Akteur das Beste aus sich herausholt, und ein andermal, dass er völlig versagt?

Wieso fällt es uns in Gruppen manchmal so schwer, unsere eigenen Ansichten zu vertreten, wenn diese von der Mehrheitsmeinung abweichen?

Wie schaffen es andere Menschen immer wieder, uns dazu zu bringen, etwas zu tun oder zu kaufen, was wir eigentlich gar nicht wollten?

Hatten Sie auch schon einmal die Befürchtung, dass die Werbeindustrie uns dazu verleitet, Dinge zu kaufen, die wir eigentlich gar nicht haben wollen? Oder vielleicht kennen Sie auch die Sorge vieler Eltern, dass andere ihre Kinder negativ beeinflussen könnten – beispielsweise dass sie zum Rauchen oder gar zum Konsum von härteren Drogen verführt würden. Dieser Einfluss durch andere Personen oder das soziale Umfeld wird im Fachjargon als *sozialer Einfluss* bezeichnet. Den meisten Menschen ist er deswegen so suspekt, da sie meist nicht wissen, *wie* er zustande kommt, und die Erfahrung gemacht haben, ihn möglicherweise zu spät zu bemerken bzw. sich nicht rechtzeitig widersetzen zu können.

Dieses Kapitel widmet sich den Mechanismen sozialen Einflusses, d. h. wie wir durch andere Menschen in unserem Denken und Handeln be-

> **Sozialer Einfluss**
>
> Beabsichtigte oder unbeabsichtigte Einflussnahme einer oder mehrerer Personen auf die Einstellungen, Überzeugungen, Wahrnehmungen oder das Verhalten einer oder mehrerer anderer Personen.

einflusst werden (z. B. Cialdini, 2001; für einen Überblick siehe Cialdini & Goldstein, 2004). Sozialer Einfluss liegt bereits vor, wenn sich allein durch die Anwesenheit anderer Personen unser Leistungsverhalten verändert, auch wenn diese uns gar nicht absichtlich beeinflussen *wollen*. Dies wird unter den Stichworten „soziale Erleichterung" und „soziale Hemmung" in Abschnitt 8.1 dargestellt werden. Ob andere Personen eine Mehr- oder Minderheitsmeinung uns gegenüber vertreten, wirkt ebenfalls als sozialer Einfluss (eine direkte Beeinflussungsabsicht kann, muss hier aber nicht vorliegen) und wird in Abschnitt 8.2 besprochen. Dem klassischen Fall sozialer Beeinflussung, den absichtlichen, taktisch klug eingefädelten Beeinflussungsversuchen, ist Abschnitt 8.3 gewidmet.

8.1 Die Anwesenheit anderer beeinflusst die individuelle Leistung – Soziale Erleichterung und soziale Hemmung

Immer wieder werden Leistungen in Anwesenheit anderer Personen erbracht – so beispielsweise wenn Studenten eine Prüfung im Beisein ihrer Kommilitonen ablegen oder wenn ein Schüler zu Beginn der Schulstunde vor der Klasse abgefragt wird. In beiden Beispielen ist die Leistung per se von den übrigen Anwesenden unabhängig, Hilfestellungen durch die Anwesenden („Vorsagen"/„Abschreiben") sind vielmehr explizit verboten. Nichtsdestotrotz kann bereits die Tatsache, dass sich andere Personen mit im Raum befinden, auf die individuelle Leistung wirken. Was meinen Sie, sind wir in Anwesenheit anderer besser oder schlechter, als wenn wir alleine vor uns hinarbeiten? Möglicherweise antworten Sie mit einem unentschiedenen „kommt darauf an", denn sicherlich kennen Sie Situationen, in denen Ihnen die Anwesenheit anderer den notwendigen Kick, alles zu geben, verschaffte, während sie Sie in anderen Situationen geradezu lähmte und Ihnen ein Blackout bescherte. Sie haben Recht, denn beides ist möglich! Doch wovon hängt es ab, ob in Anwesenheit anderer Personen eine Leistungsverbesserung oder -verschlechterung eintritt?

Die *drive theory of social facilitation* (Zajonc, 1965) führt die verschiedenen Auswirkungen der Anwesenheit anderer auf physiologische Faktoren zurück. Die Anwesenheit anderer führt zu einem – häufig nicht bewusst wahrnehmbaren – Anstieg der physiologischen Erregung. So schlägt beispielsweise das Herz schneller, wir schwitzen stärker und der Muskeltonus steigt (Baron et al., 1978; Guerin, 1986; Zajonc, 1965). Manchmal ist diese erhöhte Erregung auch ganz deutlich zu spüren, so beispielsweise wenn man ein Klavierstück vor Publikum statt für sich allein zu Hause spielen soll. Die Anwesenheit anderer Personen ist dann im wahrsten Sinne des Wortes „aufregend".

Wie erklärt nun die *drive theory* den Zusammenhang zwischen erhöhter physiologischer Erregung und Leistung? Erregung lässt die Auftretenswahrscheinlichkeit sog. „dominanter Reaktionen" ansteigen (Spence, 1956). Als „dominant" werden Reaktionen bzw. Verhaltensweisen bezeichnet, die uns in Verbindung mit der aktuellen Situation oder Aufgabe am schnellsten in den Sinn kommen bzw. am leichtesten von der Hand gehen, d. h. gewohnte und gut bekannte Reaktionen. Bei einfachen und gut geübten Aufgaben ist die dominante Reaktion meist die richtige. Da deren Auftretenswahrscheinlichkeit durch die erhöhte Erregung steigt, bewirkt dies einen Leistungsanstieg. Dies wird als **soziale**

Drive theory of social facilitation

Die Anwesenheit anderer Personen bewirkt eine Steigerung der physiologischen Erregung und fördert damit die Ausführung der dominanten Reaktion.

Dies führt zu einer ...

- Leistungs**verbesserung** bei einfachen oder gut geübten Aufgaben (soziale Erleichterung/*social facilitation*)

- Leistungs**verschlechterung** bei schwierigen oder ungeübten Aufgaben (soziale Hemmung/*social inhibition*)

Erleichterung (*social facilitation*) bezeichnet (Allport, 1920; für einen Überblick vgl. Guerin, 1993). Ist eine Aufgabe schwierig (z. B. weil sie neu, komplex oder ungeübt ist), ist die Wahrscheinlichkeit, sie richtig zu bearbeiten, nicht so hoch wie bei einfachen Aufgaben und damit die dominante Reaktion eher falsch – eine erhöhte Erregung führt daher zu einem wahrscheinlicheren Auftreten einer falschen Reaktion, so dass sich die Leistung verschlechtert. In diesem Falle liegt **soziale Hemmung** vor (*social inhibition*). Ob nun die Anwesenheit anderer zu einer Leistungsverbesserung oder -verschlechterung führt, hängt demnach von der **Schwierigkeit der Aufgabe** ab (Zajonc, 1965; vgl. Beispielstudie).

> *Beispielstudie zur sozialen Erleichterung und Hemmung*
> *Bei einfachen Aufgaben wirkt sich ein Publikum positiv, bei schwierigen Aufgaben negativ auf die Leistung des Akteurs aus.*
>
> Michaels und Kollegen (1982) ließen Billardspieler von einem Beurteilerteam in zwei Gruppen einteilen: Spieler, die bei mindestens zwei Dritteln ihrer Stöße erfolgreich waren, wurden als „überdurchschnittlich", solche, die bei weniger als einem Drittel Erfolg hatten, als „unterdurchschnittlich" klassifiziert. Ein Team bestehend aus vier Vertrauten des Versuchsleiters begab sich dann zu den Tischen und schaute den Spielern zu.
>
> In Anwesenheit dieses Publikums verbesserten die überdurchschnittlichen Spieler ihre Leistung von etwa 70 % auf ca. 80 % erfolgreiche Versuche. Die unterdurchschnittlichen Spieler verschlechterten sich dagegen von 36 % auf 24 %.
>
> Für gute Spieler stellt Billardspielen eine relativ leichte Aufgabe dar und entsprechend spielten sie vor Publikum besser als ohne Publikum. Schlechte Spieler – für die die Aufgabe schwierig war – wurden dagegen in Anwesenheit von Zuschauern noch schlechter. Bei einfachen Aufgaben wirkt sich die Anwesenheit anderer somit leistungsförderlich, bei schwierigen Aufgaben dagegen leistungshinderlich aus.

Ist es nun tatsächlich die *bloße Anwesenheit* anderer Personen, die Effekte sozialer Erleichterung und Hemmung bewirkt? Wenn Sie noch einmal an unsere Anfangsbeispiele denken, so zeichnen sich diese durch folgendes Merkmal aus: Der Akteur kann davon ausgehen, dass die anwesenden Personen nicht einfach nur „da" sind, sondern ihn und seine Leistung beobachten und sich ihre Gedanken dazu machen: Ist der Prüfling gut oder schlecht? Hat der Klaviersolist gut geübt oder nicht?

Für Effekte von sozialer Erleichterung bzw. Hemmung spielt diese mögliche Bewertung der eigenen Leistung oder Person durch das Publikum eine Rolle, d. h., es ist von Bedeutung, ob eine **Bewertungserwartung** vorliegt oder nicht (Blascovich et al., 1999; Bond et al., 1996; Geen et al., 1988; Seta & Seta, 1995). Kennzeichnend dafür, dass eine solche Bewertungserwartung vorliegt, können Gedanken des Akteurs sein wie „Wie gut werde ich sein?" oder „Was denken die anderen über meine Leistung bzw. über mich?".

Folgende Befunde sprechen für die Bedeutsamkeit einer möglichen Bewertung der Leistung:

- Soziale Erleichterung und Hemmung finden sich immer dann, wenn die individuelle Leistung *bewertbar* ist. So sind auch dann entsprechende Effekte zu verzeichnen, wenn physisch keine anderen Personen anwesend sind, deren Anwesenheit jedoch aufgrund elektronischer Überwachung imaginiert wird (vgl. auch Abschnitt 8.2.1, „Symbolischer sozialer Einfluss"). Dementsprechend treten „soziale" Erleichterung und Hemmung beispielsweise auch bei elektronischer Arbeitsüberwachung auf (z. B. automatischer Aufzeichnung von Computereingaben oder produzierten Stückzahlen) (Aiello & Kolb, 1995): Arbeiter, denen aufgrund hoher Fähigkeiten ihre Tätigkeit leicht fiel, verbesserten ihre Leistung bei Computerüberwachung. Weniger befähigte Arbeiter, für die ihre Tätigkeit entsprechend eine schwierige Aufgabe darstellte, zeigten dagegen bessere Leistungen, wenn sie nicht überwacht wurden.

- Cottrell und Kollegen (1968) fanden *keinen* Einfluss der Anwesenheit von Zuschauern, wenn diese die Augen verbunden hatten oder an der Ausführung der Aufgabe offensichtlich uninteressiert waren, d. h. wenn sie nicht in der Lage oder nicht willens waren, den Akteur zu beurteilen.

- Handelt es sich bei den anwesenden Personen nicht um ein passives Publikum, sondern um sog. „Koakteure" (d. h. Personen, die unabhängig die gleiche Aufgabe bearbeiten), so ist zudem von Bedeutung, inwieweit diese im sozialen Vergleich mit diesem zu einer negativen **Selbstbeurteilung** führen (und damit das Selbstbild bedrohen) könnten: Effekte sozialer Erleichterung bzw. Hemmung finden sich nur dann, wenn dies der Fall ist, beispielsweise wenn der Koakteur in der Aufgabe besser ist als man selbst (z. B. Huguet et al., 1999; Muller et al., 2004; Sanders et al., 1978).

Bei einfachen Aufgaben kann man sich diese Bewertungserwartung als den nötigen „Kick" vorstellen, das Beste aus sich herauszuholen, bei schwierigen Aufgaben eher als unangenehme Anspannung, die die Leistung hemmt.

Wir haben bisher gesehen, dass im Zusammenhang mit Leistungsveränderungen in Anwesenheit anderer eine erhöhte physiologische Erregung und die mögliche Bewertung durch die Anwesenden eine Rolle spielen. Die neuere Forschung spricht jedoch dafür, dass diese Faktoren nicht den entscheidenden Mechanismus widerspiegeln, sondern die Effekte sozialer Erleichterung und Hemmung vielmehr ursächlich durch **kognitive Faktoren** vermittelt werden: Die Anwesenheit anderer versetzt in einen Zustand erhöhter Wachsamkeit und lenkt Aufmerksamkeitsressourcen von der Aufgabenbewältigung ab – vorausgesetzt der Akteur hält eine Bewertung seiner Leistung für möglich (vgl. vorherige Seite, „Bewertungserwartung"). Für den Akteur entsteht dann ein **Aufmerksamkeitskonflikt**: Zum einen erfordert die Aufgabenbewältigung Aufmerksamkeit, zum anderen haben Menschen die Tendenz, auf die anwesenden Personen zu achten. Dies wiederum kann eine erhöhte Erregung zur Folge haben (*distraction-conflict theory*, Baron, 1986;

Sanders et al., 1978). Die Anwesenheit anderer Personen bindet somit Aufmerksamkeitsressourcen, so dass für die Aufgabenbewältigung dann weniger kognitive Ressourcen zur Verfügung stehen als wenn man alleine, d. h. ohne Ablenkung, arbeiten würde.[1] Um mit den knappen Ressourcen für die Aufgabenbewältigung „auszukommen", neigt der Akteur bei Anwesenheit anderer

> **Distraction-conflict theory**
>
> Die Anwesenheit anderer Personen lenkt ab, wodurch für die Aufgabenbewältigung weniger Ressourcen zur Verfügung stehen. Die Aufmerksamkeit konzentriert sich dann auf wenige Schlüsselaspekte der Aufgabe, periphere Merkmale werden vernachlässigt.

dazu, sich auf einzelne, zentrale Aspekte der Aufgabe zu konzentrieren und weniger wichtige oder „periphere" Aspekte „auszublenden". In dem Falle, dass es für eine – einfache *oder* schwierige – Aufgabe förderlich ist, sich auf wenige Schlüsselmerkmale zu konzentrieren bzw. unwichtige Details zu vernachlässigen, verbessert sich die Leistung in Anwesenheit anderer. Sind hingegen bei einer Aufgabe viele Aspekte gleichzeitig zu beachten (was bei schwierigen, komplexen Aufgaben häufig der Fall ist), so verschlechtert sich durch die Aufmerksamkeitsfokussierung die Leistung eher.

In vielen Fällen führen *distraction-conflict theory* und die zu Anfang beschriebene *drive theory of social facilitation* zu den gleichen Vorhersagen, da schwierige Aufgaben sich häufig eben *nicht* durch wenige wichtige Merkmale auszeichnen, sondern eher komplex sind und erfordern, dass viele verschiedene Aspekte gleichzeitig beachtet werden müssen. Dann wirkt sich eine begrenzte kognitive Kapazität negativ aus. Zeichnet sich allerdings eine schwierige Aufgabe nur durch wenige wichtige Merkmale aus, so sind auch hier Leistungsverbesserungen möglich (Chajut & Algom, 2003; Huguet et al., 1999; Monteil & Huguet, 1999; Muller et al., 2004; zusammenfassend vgl. Abb. 8.1).

Kommen wir noch einmal auf unser Prüfungsbeispiel zu Anfang dieses Abschnitts zurück. Wie wird die mündliche Prüfungsleistung im vollen Klassenzimmer bzw. in Anwesenheit der Kommilitonen ausfallen, wie wäre sie ohne die Anwesenheit anderer? Dies wird weitgehend davon bestimmt sein, ob die Aufgabe einfach oder komplex ist bzw. ob sie davon profitiert, wenn sich die Aufmerksamkeit auf einige wenige Schlüsselaspekte konzentriert. Zum einen wird dies von der Struktur der Aufgabe selbst abhängen, zum anderen auch davon, wie gut der einzelne Prüfling vorbereitet ist. Je besser er vorbereitet ist, desto einfacher ist die Aufgabe für ihn bzw. desto eher sind ihm die wichtigen Aspekte der Aufgabe bekannt, auf die die zur Verfügung stehenden Kapazitäten gerichtet werden sollten. Besteht die Aufgabe aus wenigen wichtigen Schlüsselmerkmalen und ist der Prüfling gut vorbereitet, erbringt er möglicherweise in Anwesenheit anderer eine bessere Leistung als alleine. Ist die Aufgabe dagegen sehr komplex bzw. der Prüfling schlecht vorbereitet, dürfte es besser sein, wenn er alleine und damit weniger abgelenkt ist.

---

[1] Dieselben Auswirkungen auf die Leistung wie die Anwesenheit anderer Personen haben auch andere ablenkende Reize, wie beispielsweise ein blinkendes Licht (Baron, 1986).

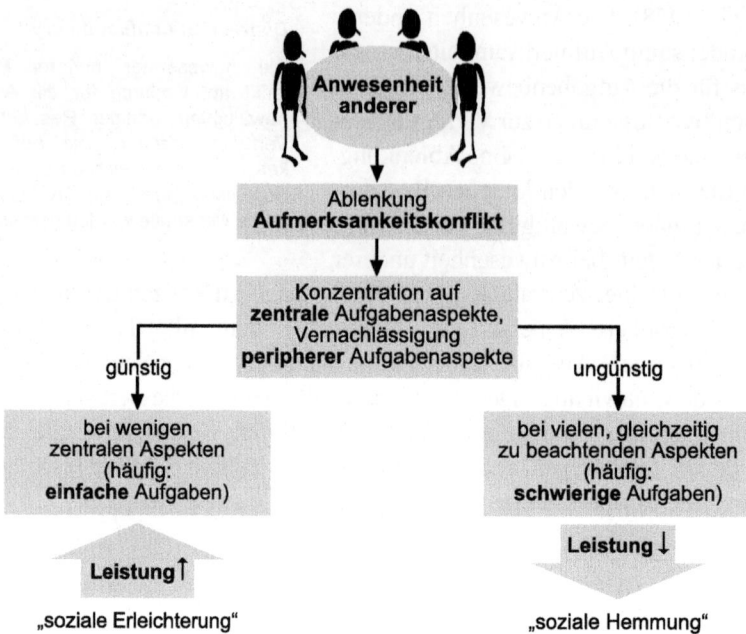

Abb. 8.1: Andere Personen lenken ab und es entsteht ein Aufmerksamkeitskonflikt. Die für die Aufgaben-bewältigung verbleibende Aufmerksamkeit fokussiert sich auf wenige, zentrale Aspekte, periphere Aspekte werden vernachlässigt. Ist dies für die korrekte Lösung der Aufgabe förderlich, verbessert sich in Anwe-senheit anderer die Leistung („soziale Erleichterung", linker Teil der Abb.). Ist diese Fokussierung für die Aufgabenbewältigung ungünstig, so verschlechtert sie sich („soziale Hemmung", rechter Teil der Abb.)

Zusammenfassend lässt sich feststellen, dass bereits die bloße Anwesenheit anderer Per-sonen Einfluss auf unser Verhalten nehmen kann. Ob sich die Leistung in Anwesenheit anderer Personen gegenüber der bei Einzelarbeit verbessert oder verschlechtert, hängt davon ab, ob wir durch die anderen Personen abgelenkt werden (und dadurch ein Auf-merksamkeitskonflikt entsteht) und welche Charakteristika die Aufgabe aufweist. Dabei ist es nicht erforderlich, dass die anwesenden Personen die *Absicht* haben, den Akteur zu beeinflussen.[2]

Auch in anderen Fällen ist es nicht unbedingt Absicht, Einfluss auf andere zu nehmen, und dennoch wirkt sich das Verhalten anderer Menschen auf das Individuum aus – bei-spielsweise wenn die Mitglieder einer Diskussionsrunde unterschiedliche Meinungen zu einem bestimmten Thema äußern. Mit dem Einfluss von anderen Personen, seien es Mehr- oder Minderheiten, auf die eigene Meinungsbildung beschäftigt sich der folgende Abschnitt.

---

[2] Eine Situation, in der die Anwesenheit anderer Personen von großer Bedeutung ist, ist die soziale Situation „Grup-pe". Weitere Einflüsse auf das Leistungsverhalten, die über die bloße Anwesenheit anderer Personen hinausgehen, werden im Zusammenhang mit Intragruppenprozessen ausführlich besprochen (vgl. Abschnitt 9.2).

8.2 Schwimmen mit oder entgegen dem Strom – Der Einfluss von Mehr- und Minderheiten

Denken Sie einmal an eine Gruppe von Schülern, in der die meisten Rauchen „cool" finden und nur einige wenige anderer Meinung sind. Im Rahmen eines Projekttages in der Schule wird Rauchen ganz allgemein thematisiert, und in besagter Gruppe entwickelt sich eine angeregte Diskussion. Werden sich die wenigen Gegner des Rauchens im Laufe der Diskussion der Meinung der Mehrheit anschließen? Falls das der Fall wäre: Wären sie nur nach außen hin konform, behielten insgeheim aber ihre abweichende (Anti-Raucher-)Meinung bei? Oder wäre auch ihre innere Überzeugung verändert? Wie sieht es mit den Chancen der Minderheit aus, die Mehrheit der „coolen" Raucher in deren Meinung zu beeinflussen?

In Abschnitt 8.2.1 werden wir uns damit beschäftigen, wie sich Mehrheitsmeinungen auf öffentlich geäußerte und privat gehaltene Überzeugungen von Individuen auswirken. In Abschnitt 8.2.2 wird der umgekehrte Einfluss näher betrachtet, nämlich ob und unter welchen Umständen Minderheiten die Mehrheitsmeinung beeinflussen können.

8.2.1 Wenn der Strom uns mitreißt – Der Einfluss von Mehrheiten (Konformität)

Der Mehrheit wird häufig eine recht starke Überzeugungskraft zugeschrieben. Nicht zuletzt aus diesem Grund haben viele Eltern einen eher kritischen Blick auf den Umgang, den ihre Kinder pflegen. Und nicht selten bereitet ihnen dieser einiges Kopfzerbrechen, so beispielsweise wenn von neu gewonnenen Freunden bekannt ist, dass sie immer mal wieder die Schule schwänzen. Sorgen bereitet ihnen das selbst dann, wenn der eigene Sprössling bisher ein sehr interessierter und äußerst zuverlässiger Schüler war. Besorgt sind sie, dass sich diese Einstellung durch den (schlechten) Einfluss der Peergroup ändern könnte. Die meisten Eltern werden diese Befürchtungen gut nachvollziehen können, auch wenn der betroffene Jugendliche sich vehement gegen eine solche Unterstellung verwehren würde. Warum trauen wir ihm nicht? Ganz einfach, weil wir den überzeugenden Einfluss der Mehrheit fürchten. Und diese Befürchtung hat ihre Berechtigung, der Einfluss von Mehrheiten bzw. der Druck, Übereinstimmung mit der Mehrheitsmeinung oder Konformität zu zeigen, ist groß.[3] Wie kommt es dazu?

> **Konformität**
>
> - Übereinstimmung eigenen Verhaltens oder eigener Meinungen mit denen der Bezugsgruppe
>
> - Druck, (auch entgegen der eigenen Meinung) Konformität zu zeigen, kann aus der realen oder vorgestellten Anwesenheit anderer resultieren

---

[3] Kinder und Jugendliche sind beeinflussbarer als Erwachsene, im Besonderen durch ihre Peergroup. In einer Studie von Gardner und Steinberg (2005) hat sich beispielsweise gezeigt, dass sowohl die Risikobereitschaft als auch der diese verstärkende Peergroup-Einfluss bei Jugendlichen höher sind als bei Erwachsenen. Ob Jugendliche anfangen zu rauchen wird unter anderem davon beeinflusst, ob der beste Freund raucht oder nicht (Maassen et al., 2004).

Informativer Einfluss

- Einfluss, der auf dem angenommenen Informationswert der Meinung anderer beruht (denn das Verhalten anderer informiert über Realität)

- resultiert meist in **Konversion** (öffentlicher Konformität und zugleich innerer/ privater Überzeugung)

Normativer Einfluss

- Einfluss, der auf dem Bedürfnis nach Akzeptanz und Bestätigung durch andere beruht (denn Devianz ist unangenehm)

- resultiert meist in **Compliance** (öffentlicher Konformität ohne innere Überzeugung).

Zwei bedeutende Triebfedern menschlichen Verhaltens spielen hier eine wichtige Rolle: zum einen das Bedürfnis, mit der eigenen Meinung richtig zu liegen, zum zweiten das Bedürfnis, von den anderen gemocht und anerkannt zu werden (vgl. Abschnitt 9.1.2). Diese Motive werden wirksam, wenn jemand in einer Gruppe eine Meinung oder ein Urteil abgeben soll. Aufgrund unseres Bedürfnisses nach Akkuratheit haben andere Personen **informativen Einfluss**, welcher meist dazu führt, dass sowohl die öffentliche Meinung als auch die innere Überzeugung an die der Mehrheit angeglichen werden (*Konversion*). Über das Bedürfnis, von den anderen gemocht zu werden, übt die Mehrheit – wenn das Urteil öffentlich geäußert werden soll – zum zweiten **normativen** (motivationalen) **Einfluss** aus. Dieser resultiert meist in öffentlicher Angleichung an die Mehrheitsmeinung, ohne dass sich jedoch die innere Überzeugung ändert (*Compliance*). Beide Einflussarten sind meist gleichzeitig vorhanden, je nach Situation rückt jedoch die eine oder die andere in den Vordergrund. Im Folgenden wollen wir zunächst den informativen und dann den normativen sozialen Einfluss näher betrachten.

Informativer Einfluss

Konformität kann dem Bedürfnis entspringen, ein korrektes Urteil zu fällen bzw. sich korrekt zu verhalten. Diese Motivation ist vor allem in Situationen von Bedeutung, die mehrdeutig sind und in denen wir entsprechend nach Anhaltspunkten dafür suchen, was in der Situation das angemessene Verhalten ist.

Nehmen wir zur Illustration einmal an, es ist Sommer und Sie sind am See zum Baden. In einiger Entfernung von Ihnen tobt und lärmt bereits seit einiger Zeit eine Gruppe Jugendlicher im Wasser. Plötzlich fängt einer der Jugendlichen an, um Hilfe zu rufen und wild mit den Armen zu rudern – was Anzeichen dafür sein könnten, dass er zu ertrinken droht. Andererseits hat sich ein solches Verhalten schon allzu oft als Alberei herausgestellt. Was tun Sie also? Springen Sie sofort – möglicherweise noch in voller Montur – ins Wasser, nur um dann herauszufinden, dass sich die Kids einen Scherz erlaubt haben? In dieser Situation ist nicht eindeutig, welches Verhalten angemessen ist, und vermutlich werden Sie sich erst einmal unter den anderen Badegästen umsehen, um festzustellen, wie diese reagieren. Wenn von diesen keiner Anstalten macht, eine Rettungsaktion zu starten, werden Sie daraus vermutlich schließen, dass die anderen das Vorkommnis als Alberei eingestuft haben, und sich selbst auch nicht weiter darum kümmern – vor allem wenn die Hilferufe mittlerweile verstummt sind. Vielleicht liegen Sie und die anderen

Badegäste mit Ihrer Einschätzung richtig, es könnte aber auch sein, dass sich alle in gleicher Weise wie Sie selbst an dem Verhalten der anderen orientiert haben und aus diesem Grund gerade – mehr oder weniger unbemerkt – ein Kind ertrunken ist.

Was in diesem Fall wirksam war, wird als **informativer Einfluss** bezeichnet. Aus dem Bedürfnis heraus, in mehrdeutigen Situationen ein richtiges Urteil zu fällen, schließen sich Personen der Meinung anderer Personen an (Cialdini, 2001; Cialdini & Trost, 1998; Deutsch & Gerard, 1955; vgl. Beispielstudie). Grundlage hierfür ist das sog. Prinzip sozialer Bewährtheit, das im Sinne einer Faustregel besagt „Was alle machen, ist gut/richtig" (auch *consensus implies correctness*, z. B. Axsom et al., 1987).[4] Das Verhalten anderer Personen wird als Information über die Realität und damit als Orientierung dafür herangezogen, was bzw. welches Verhalten in der momentanen Situation angemessen ist.

> **Prinzip sozialer Bewährtheit**
>
> Wenn viele Personen oder gar alle etwas tun, nehmen wir an, dass es „das Richtige" ist.

Beispielstudie zum informativen Einfluss
In mehrdeutigen Situationen werden die Urteile anderer Gruppenmitglieder als Orientierung herangezogen.

Teilnehmern einer Studie von Sherif (1935; vgl. Jacobs & Campbell, 1961) wurde in einem vollständig abgedunkelten Raum ein kleiner Lichtpunkt dargeboten. Dieser Lichtpunkt war stationär, d. h., er bewegte sich in Wirklichkeit nicht. Wenn keine weiteren Bezugspunkte vorhanden sind – wie das in einem sonst vollständig dunklen Raum der Fall ist –, scheint sich dieses Licht jedoch ziellos umherzubewegen (sog. „autokinetischer Effekt", eine Art Wahrnehmungstäuschung). Auf die Frage „Bewegt sich das Licht, und wenn ja, in welchem Ausmaß?" sollten die Teilnehmer einen Schätzwert angeben. Die mündlich abgegebenen Urteile der Teilnehmer, die gemeinsam in einer Gruppe die Aufgabe bewältigten, näherten sich in diesen Schätzungen aneinander an, d. h., die Werte der Teilnehmer wurden einander immer ähnlicher.

Diese Studie zeigt, dass in einer mehrdeutigen Urteilssituation die Antworten anderer Personen als Orientierung herangezogen und die eigenen Schätzungen daran angeglichen werden.

Der informative Einfluss resultiert – im Gegensatz zum rein normativen sozialen Einfluss (s. u.) – zumeist nicht nur in öffentlicher, sondern auch in privater Konformität. In diesem Fall spricht man von **Konversion**, d. h., die Person schließt sich nicht nur öffentlich der Meinung bzw. dem Verhalten der anderen an, sondern ist auch innerlich überzeugt, dass sie damit richtig liegt bzw. handelt. Kritischer Faktor ist – wie bereits zu

---

[4] Das Prinzip sozialer Bewährtheit kann auch strategisch – beispielsweise in der Werbung – eingesetzt werden, um bewusst das Verhalten anderer zu beeinflussen, und gehört damit zu den sog. Judostrategien (vgl. Abschnitt 8.3.1).

Anfang dieses Abschnitts erwähnt – die **Mehrdeutigkeit der Situation**. Mit steigender Unsicherheit, welches Urteil in einer Situation richtig ist, steigt auch der Bedarf an Informationsquellen. Entsprechend ist man in solchen Situationen umso empfänglicher für informativen sozialen Einfluss (Baron et al., 1996; Tesser et al., 1983).

Normativer Einfluss

Sehen Sie sich zunächst einmal Abbildung 8.2 an: Welche der drei Vergleichslinien (rechts) ist genauso lang wie die Referenzlinie (links)?

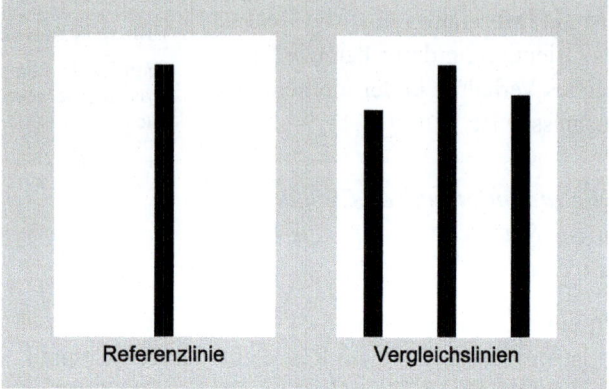

Abb. 8.2: Beispiel für die in Aschs Konformitätsstudien verwendeten Urteilsaufgaben (modifiziert nach Aronson et al., 2004, S. 282)

Eine leichte Aufgabe, finden Sie nicht? Die mittlere Vergleichslinie hat die gleiche Länge wie die Referenzlinie. Was aber würden Sie tun, wenn Ihnen diese Aufgabe in einer Gruppe gestellt worden wäre und vor Ihnen drei andere Personen die rechte Vergleichslinie als richtige Lösung bezeichnet hätten und Sie nun als Vierter Ihr Urteil abgeben sollten? Würden Sie Ihre Antwort revidieren? Vermutlich würden Sie das jetzt ebenso bestreiten, wie der Jugendliche bestreitet, dass er in seiner neuen Clique anfangen würde, die Schule zu schwänzen.

Eine leichte Aufgabe mit einer eindeutigen Lösung – trotzdem geben Personen in dieser Situation häufig falsche Antworten ab, weil sie sich der (falsch urteilenden) Mehrheit anpassen (vgl. Beispielstudie).

Beispielstudie zum normativen Einfluss
Die Urteile anderer Gruppenmitglieder führen zu einer nach außen hin konformen Meinungsäußerung (Compliance).

Die Teilnehmer der Untersuchung von Asch (1951, 1956, Exp. 1) waren aufgefordert, 18 Aufgaben – beispielhaft in Abbildung 8.2 dargestellt – zu lösen, d. h., die Teilnehmer sollten jeweils entscheiden, welche von drei dargebotenen Linien genauso lang war wie die Referenzlinie. Die Teilnehmer lösten diese Aufgaben entweder alleine oder aber gaben ihr Urteil öffentlich in Gruppen zu je acht Personen ab.

In der Gruppenbedingung war die Reihenfolge, in der die Anwesenden ihre Meinung kundtun sollten, durch die Sitzordnung vorgegeben. Was die Teilnehmer nicht wussten, war, dass sie in ihrer Achtergruppe jeweils der einzige „echte" Teilnehmer waren – die restlichen Mitglieder waren Vertraute des Versuchsleiters. Der echte Teilnehmer wurde zudem immer so platziert, dass er sein Urteil als einer der letzten abzugeben hatte. Die Vertrauten des Versuchsleiters gaben in einigen der 18 Durchgänge korrekte Antworten ab, in der Mehrheit der Fälle wählten sie jedoch einheitlich eine offensichtlich falsche Lösung, so dass der echte Teilnehmer mit einer zwar falsch urteilenden, aber einmütigen Mehrheit konfrontiert war. Unter dieser Bedingung stieg die Fehlerrate bei den echten Teilnehmern stark an: 74 % gaben bei dieser einfachen Aufgabe fehlerhafte Antworten. Wurde das Urteil alleine abgegeben, lagen nur 5 % der Teilnehmer falsch.

Wie kommt es zu diesen hohen Konformitätsraten in Anwesenheit einer einmütig, aber offensichtlich falsch urteilendenden Gruppe? Zum einen greift auch hier der zuvor beschriebene informative Einfluss: In einer Variation der Asch-Studie, in der die Vertrauten des Versuchsleiters wiederum öffentlich falsch urteilten, durfte der echte Teilnehmer – angeblich weil er zu spät gekommen war – nicht mehr „richtig" teilnehmen, jedoch sein Urteil (nicht öffentlich) nach dem sechsten der sieben Vertrauten auf einem Zettel notieren. Die Fehlerraten waren unter diesen Umständen um etwa zwei Drittel niedriger als wenn das Urteil öffentlich abgegeben wurde, aber dennoch höher als wenn das Urteil alleine und damit ohne Beeinflussung durch andere abgegeben worden war (Asch, 1956, Exp. 4). Das Verhalten der anderen wurde auch hier als Informationsquelle in einer *mehrdeutigen* Situation benutzt. Der informative Einfluss kann jedoch nur einen kleinen Teil (nämlich etwa ein Drittel) der konformen, falschen Antworten erklären. Die größere Rolle (nämlich zu etwa zwei Dritteln) spielt hier der sog. **normative Einfluss**: Die Teilnehmer urteilten in der Gruppensituation vor allem deswegen konform, um nicht „unangenehm" aufzufallen oder ausgelacht zu werden.[5]

---

[5] In einer Variation des Experiments bestand die Gruppe aus einem Vertrauten des Versuchsleiters und 15 echten Teilnehmern. Der Vertraute gab sein Urteil als Siebter ab und war instruiert, eine falsche Antwort zu geben. Er wurde von den Teilnehmern offen ausgelacht und sogar der Versuchsleiter musste lachen (Asch, 1965, S. 479f.).

Exkurs: Einfluss situativer Normen und symbolischer sozialer Einfluss

In vielen Situationen des alltäglichen Lebens passen wir unser Verhalten automatisch daran an, was relevante Personen von uns erwarten oder was allgemein in einer bestimmten Situation als angemessen angesehen wird (sog. „situative Normen"). Die Personen müssen dazu nicht physisch anwesend (sog. „symbolischer sozialer Einfluss") und die Verhaltensänderung muss nicht bewusst sein.

Aarts und Dijksterhuis (2003) zeigten ihren Teilnehmern Bilder von einer Bibliothek versus von einem Bahnhof. Teilnehmer, die Bilder der Bibliothek gesehen hatten und denen zudem gesagt worden war, dass sie diese später besichtigen würden, lasen in einer folgenden – angeblich unabhängigen – Aufgabe Wörter mit leiserer Stimme vor als diejenigen, die Bilder von der Bibliothek (aber ohne Aussicht auf eine Besichtigung) oder Bilder von einem Bahnhof gesehen hatten. Durch die Erwartung, die Bibliothek zu besichtigen, wurde eine **situative Norm** aktiviert, die in der Folge das Verhalten beeinflusste.

Symbolischen sozialen Einfluss zeigten Fitzsimons und Bargh (2003) in der folgenden Studie: Personen, die über einen guten Freund nachdachten, waren in einer nachfolgenden – angeblich unabhängigen – Aufgabe eher bereit zu helfen als Personen, die an einen Arbeitskollegen gedacht hatten, mit dem sie zwar ein gutes Verhältnis, jedoch außerhalb der Arbeit keine Freundschaft hatten. Die Aktivierung der Repräsentation von Menschen beeinflusst das eigene Verhalten, indem mit dieser Person assoziierte Ziele aktiviert werden. Hilfeverhalten ist dabei mit guten Freunden stärker verbunden als mit (nicht befreundeten) Arbeitskollegen.

Bateson und Kollegen (2006) zeigten zudem in einer Studie, dass bereits *Hinweisreize* für die Beobachtung durch andere normkonformes Verhalten erhöhen können: Hing über der Kaffeekasse das Bild eines Augenpaares, wurde dreimal so viel gezahlt wie bei einem Kontrollbild.

„Normativ" bedeutet wörtlich soviel wie „als Norm dienend". Normen dienen in Gruppen dazu, das Verhalten der Mitglieder zu regeln, und sorgen für eine gewisse Einheitlichkeit in deren Verhalten (vgl. Abschnitt 9.1.4, „Normen"). Hält man sich an die Normen, erhält man Bestätigung, hält man sich nicht daran, muss man mit negativen Folgen (z. B. von den anderen ausgelacht bzw. für dumm gehalten zu werden) oder Sanktionen rechnen. Konformität aufgrund normativen Drucks bedeutet analog, dass sich jemand normgerecht verhält bzw. sich in seinem Urteil oder auch Verhalten dem anderer Personen anschließt, um von diesen anerkannt und gemocht zu werden (Allison, 1992; Cialdini et al., 1991; Cialdini & Trost, 1998; Deutsch & Gerard, 1955). Um normativen Einfluss auszuüben, müssen die diesen ausübenden Personen nicht notwendigerweise physisch anwesend sein – bereits die gedankliche Aktivierung von für das Individuum bedeutsamen Personen oder auch von allgemein geteilten Erwartungen reicht aus, um unser Verhalten zu beeinflussen (z. B. Shah, 2003; vgl. Exkurs). So senken wir normalerweise – der allgemein geteilten Erwartung entsprechend und ohne darüber nachzudenken – die Stimme, wenn wir eine Kirche betreten. Oder stellen Sie sich ein Kind vor, das an die Ermahnung der Mutter denkt und deswegen auf dem Heimweg von der Schule kurz vor dem Mittagessen nicht mehr nascht.

Wird – bei widersprüchlicher innerer Überzeugung – Konformität nur bzw. hauptsächlich aufgrund normativen Einflusses gezeigt, so ändert sich dadurch die innere Überzeugung häufig nicht, sondern resultiert vielmehr in sog. **Compliance**, d. h. in öffentlicher Konformität ohne innere Überzeugung. Die Person gibt nach außen hin ein mit der Mehrheitsmeinung konformes Urteil ab, ist dabei aber (weiterhin) davon überzeugt, dass eigentlich eine andere Lösung oder Meinung richtig wäre (Maass & Clark, 1984).

Eine einmütige Mehrheitsmeinung bewirkt in vielen Fällen über normativen und informativen Einfluss eine Anpassung der individuellen Meinung an die Mehrheitsmeinung.[6] Verantwortlich sind hierfür zum einen das Bedürfnis, von den anderen gemocht und anerkannt zu werden (bzw. nicht ausgelacht oder für dumm gehalten zu werden), zum anderen das Bedürfnis, mit dem eigenen Urteil richtig zu liegen (vgl. Abb. 8.3). Es ist anzunehmen, dass häufig beide Bedürfnisse gleichzeitig wirksam sind, mal jedoch das eine, mal das andere im Vordergrund steht. Verhält sich eine Person – im Widerspruch zu ihrer inneren Überzeugung – in inhaltlich eindeutigen Situationen konform, ist anzu-

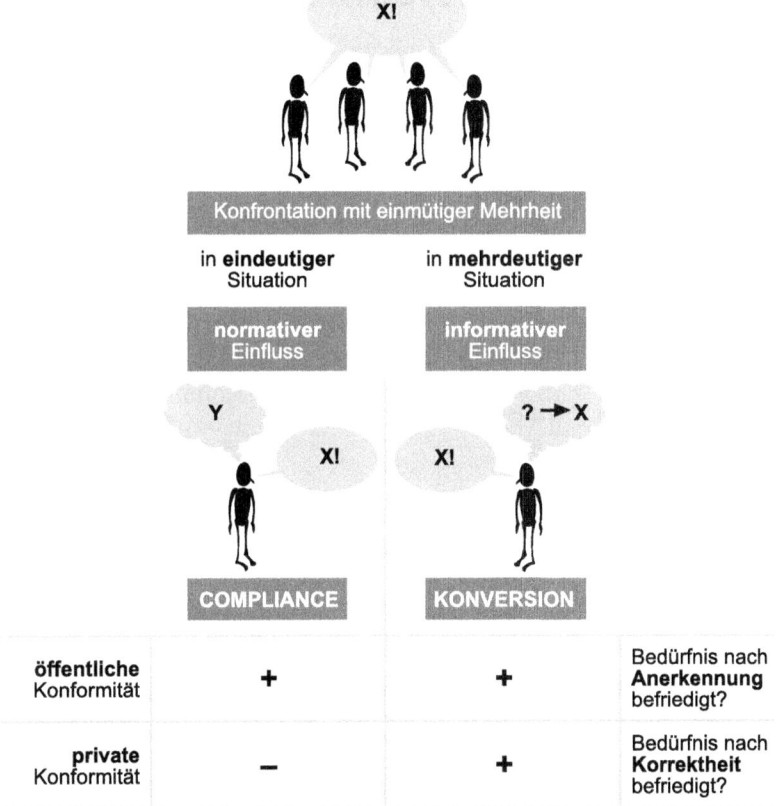

Abb. 8.3: Konfrontiert mit einer einmütigen Mehrheit kommt es in eindeutigen Situationen vor allem aufgrund normativen Einflusses zu Compliance, d. h. öffentlicher Konformität ohne private Überzeugung. In diesem Fall ist nur das Bedürfnis nach Anerkennung befriedigt. In mehrdeutigen Situation kommt es vor allem aufgrund informativen Einflusses zu Konversion, d. h. öffentlicher und privater Konformität. Hier sind sowohl das Bedürfnis nach Anerkennung als auch das Bedürfnis nach Korrektheit befriedigt.

[6] Diese Einflüsse sind u. a. ursächlich für Effektivitätshindernisse bei Gruppenentscheidungen wie dem „Effekt des gemeinsamen Wissens" oder der „Gruppenpolarisierung", die in Kapitel 9 detailliert beschrieben werden.

nehmen, dass ihr Bedürfnis nach Gemochtwerden und Anerkennung das Bedürfnis nach Korrektheit überwiegt.

Kommen wir an dieser Stelle noch einmal auf unser anfängliches Beispiel zurück: Die Sorge der Eltern, dass ihr Sprössling durch seine neuen Freunde selbst zum Schulschwänzer werden könnte, ist nicht unbegründet. Allein aus dem starken Bedürfnis heraus, von den anderen anerkannt und gemocht zu werden, könnte er sich in seinem Verhalten anpassen. Zudem kann der Jugendliche aus dem Verhalten seiner Freunde schliessen, dass Schuleschwänzen so schlimm gar nicht sein kann, wie Eltern und Lehrer immer sagen, sonst würden seine Freunde es ja nicht tun (vgl. Abschnitt 7.2.2).

Was normativen und informativen Einfluss moderiert

Normativer und informativer Einfluss werden von folgenden Faktoren moderiert:

- Art des Urteilsgegenstands
- Bedeutsamkeit eines korrekten Urteils
- Bedeutsamkeit der Gruppenzugehörigkeit
- Glaubwürdigkeit/Expertise der anderen Personen
- Gruppengröße
- Einmütigkeit der anderen Personen

Gehen wir demnach *immer* konform? Sie würden das sicher bestreiten und damit haben Sie ganz Recht. Ob und wie stark wir mit anderen konform gehen, hängt von einer Reihe von Faktoren ab. Im Folgenden wird berichtet, wie sich die Art des Urteilsgegenstands, die persönliche Bedeutsamkeit eines korrekten Urteils, die persönliche Bedeutsamkeit der Gruppenzugehörigkeit, die Gruppengröße, die Glaubwürdigkeit/Expertise der anderen sowie der Grad der Einmütigkeit der Gruppe auf das Konformitätsverhalten auswirken.

- **Art des Urteilsgegenstands**
  Konformität macht sozusagen „keinen Sinn“, wenn wir dadurch weder unser Bedürfnis nach Anerkennung/Nicht-Ausgrenzung noch das Bedürfnis nach Korrektheit befriedigen können. Ein solcher Fall läge – im Gegensatz zur Urteilssituation in den bisher berichteten Studien – dann vor, wenn wir *nicht* davon ausgehen, dass es für ein Urteil eine einzige, eindeutig richtige Lösung gibt. In solchen Fällen wäre das Verhalten anderer keine gute Informationsquelle und zudem bestünde kaum Gefahr, bei abweichender Meinung ausgelacht zu werden. So besteht bei „reinen Geschmackssachen“ – beispielsweise welches von zwei Kunstwerken man schöner findet – häufig kein Grund, sich einer Mehrheit anzugleichen (z. B. Crutchfield, 1955).

- **(Persönliche) Bedeutsamkeit eines korrekten Urteils**
  Mit steigender Motivation, ein korrektes Urteil zu fällen (z. B. aufgrund von Belohnungen für richtige bzw. negative Folgen für falsche Antworten oder bei persönlicher/moralischer Bedeutsamkeit des Urteils), sinkt der normative und steigt der informative Einfluss (vgl. Beispielstudie).

Beispielstudie zur Bedeutsamkeit des Urteils
In einer eindeutigen Situation sinkt, in einer mehrdeutigen Situation steigt der Einfluss anderer Personen mit der Bedeutsamkeit des Urteils.

In einer Studie von Baron und Kollegen (1996) wurden die Teilnehmer mit der Aufgabe konfrontiert, aus einem Gruppenbild von vier Personen einen vorher einzeln dargebotenen „Täter" zu identifizieren. Zur Untersuchung des normativen Einflusses wurde diese Aufgabe für einen Teil der Probanden sehr leicht gemacht: Sie hatten genügend Zeit, um die Bilder zu betrachten. Für einen anderen Teil wurde die Aufgabe sehr schwer gemacht, indem die Bilder nur ganz kurz (für eine halbe Sekunde) gezeigt wurden. Letztere Teilnehmer befanden sich demnach in einer mehrdeutigen Situation und waren damit empfänglich für informativen Einfluss.

Um zu analysieren, wie sich die Wichtigkeit eines korrekten Urteils auf die Stärke der beiden Einflussarten auswirkt, wurden die Teilnehmer unterschiedlich informiert: In beiden Gruppen wurde einem Teil der Teilnehmer gesagt, dass es sich bei der Aufgabe um einen echten Test handle, der bald von der Polizei bzw. vor Gericht eingesetzt werden sollte, um die Fähigkeit/Glaubwürdigkeit von Augenzeugen einzuschätzen (Bedingung „hohe Relevanz"). Aus den Ergebnissen sollten angeblich die erforderlichen Testnormen erstellt werden. Um die Genauigkeitsmotivation noch weiter zu erhöhen, wurde zudem eine Belohnung in Höhe von 20 US-Dollar für den Teilnehmer mit dem besten Testwert versprochen. Dem jeweils anderen Teil der Teilnehmer wurde hingegen gesagt, dass die Studie nur ein erster Versuch sei, die Fähigkeit von Augenzeugen zu untersuchen und dafür nützliche Hinweise zu erhalten. Eine Belohnung wurde hier nicht in Aussicht gestellt (Bedingung „niedrige Relevanz").

Gaben die drei anderen Gruppenmitglieder (in Wirklichkeit Vertraute der Versuchsleitung) vor dem echten Teilnehmer eine einmütig falsche Antwort an, so schlossen sich 33 % (Bedingung „normativer Einfluss") bzw. 35 % (Bedingung „informativer Einfluss") der Teilnehmer, die der Meinung waren, dass ihr Urteil nicht so wichtig sei, dieser Meinung an (Bedingung „niedrige Relevanz"). Jeweils etwa ein Drittel der Teilnehmer ging also – aufgrund normativen oder informativen Einflusses – konform, wenn das Urteil nicht so wichtig war. In der Bedingung „hohe Relevanz" zeigt sich ein anderes Bild: Während sich in der Gruppe „normativer Einfluss" die Konformität mit der falschen Mehrheitsmeinung von 33 % auf nur noch 16 % verringerte, erhöhte sich in der Gruppe „informativer Einfluss" der Prozentsatz dagegen von 35 % auf 51 %.[7]

---

[7] Diese Fehlerraten waren signifikant höher als die in den Kontrollbedingungen ohne Vertraute der Versuchsleitung (7 % in der Bedingung „informativer Einfluss" bzw. weniger als 1 % in der Bedingung „normativer Einfluss").

Diese Studie demonstriert, dass Konformität aufgrund normativen Einflusses mit der Bedeutsamkeit eines korrekten Urteils *sinkt*, während sie in mehrdeutigen Situationen aufgrund informativen Einflusses *ansteigt*.

In eindeutigen Situationen kann das Bedürfnis, korrekt zu sein, wichtiger werden als das Bedürfnis nach Akzeptanz durch die Gruppe. In solchen Fällen sinkt der normative Einfluss. In mehrdeutigen Situation ist dagegen vor allem der informative Einfluss wirksam, welcher bei persönlicher Bedeutsamkeit sogar noch ansteigt. Auch hier ist das Bedürfnis nach Korrektheit entscheidend, allerdings wirkt es sich umgekehrt aus: Sind die Meinungen anderer Personen – noch dazu, wenn sie sich einig sind – die beste verfügbare Orientierungshilfe, werden sie, um ein möglichst korrektes Urteil zu fällen, bei persönlicher Bedeutsamkeit verstärkt berücksichtigt (vgl. hierzu auch Apanovitch et al., 2002; Hornsey et al., 2003).

- **Bedeutsamkeit der Gruppenzugehörigkeit**

Je wichtiger die Gruppe bzw. die Gruppenzugehörigkeit für den Einzelnen ist, desto stärker ist deren *normativer Einfluss* (z. B. Abrams et al., 1990; Latané & L'Herrou, 1996; vgl. Exkurs und Abschnitt 9.1.4, „Normen" und „Kohäsion"). Dies resultiert aus dem Nutzen, den Gruppenzugehörigkeiten für den Menschen haben (vgl. Abschnitt 9.1.2): Gruppen, mit denen wir uns stark identifizieren, sind wichtig für unsere Selbstdefinition und unser Selbstwertgefühl, und entsprechend sind Sanktionen von solchen Gruppen oder gar der Ausschluss aus einer solchen in starkem Maße bedrohlich. Dies löst eine erhöhte Bereitschaft aus, sich anzupassen, um nicht unangenehm bzw. als Abweichler aufzufallen.

> **Exkurs: Kulturelle Unterschiede in der normativen Beeinflussbarkeit**
>
> Kollektivistische Kulturen (z. B. Asien oder Afrika) messen gemeinsamer Verantwortung und kollektivem Wohl großen Wert bei. Diese Betonung von Gruppeninteressen verstärkt die normative Beeinflussbarkeit. Während in individualistischen Kulturen (z. B. Nordamerika und Westeuropa) Konformität eher als Schwäche/Nachgiebigkeit und damit negativ bewertet wird, wird dies in kollektivistischen Kulturen vielmehr als Zeichen von Takt und Feingefühl gewertet (Smith & Bond, 1998). Dementsprechend neigen Angehörige kollektivistischer Kulturen im Vergleich zu Personen aus individualistischen Kulturen verstärkt dazu, konformes Verhalten zu zeigen (Bond & Smith, 1996; Chen et al., 2005; Hamilton & Sanders, 1995).

Bedenkt man, dass die im Zusammenhang mit dem normativen Einfluss beschriebene Studie von Asch (1951, 1955) (vgl. Abschnitt „Normativer Einfluss") in Gruppen stattfand, die für die Teilnehmer über das experimentelle Setting hinaus keinerlei Bedeutung hatten und deren übrige Mitglieder Fremde waren, so sind die hohen Konformitätsraten umso erstaunlicher. In den Peergroups, in denen wir uns im Lebensalltag befinden, sind uns die Zugehörigkeit und damit auch die Übereinstimmung mit der Gruppe selbstverständlich um ein Vielfaches wichtiger, und somit dürfte auch deren normativer Einfluss deutlich größer sein.

- **Glaubwürdigkeit/Expertise der anderen Personen**

Andere Personen werden für uns als Informationsquellen umso wertvoller, je mehr

Expertise wir ihnen zuschreiben. Entsprechend steigt deren *informativer Einfluss* mit ihrer Glaubwürdigkeit bzw. Expertise an und sinkt, wenn wir zu dem Schluss kommen, dass die anderen keine verlässliche Quelle darstellen (Bickman, 1974; Buehler & Griffin, 1994; Cialdini & Trost, 1998; Hart et al., 1999; Lee, 2004).

Erinnern Sie sich zur Veranschaulichung nochmals an das Beispiel, in welchem nicht klar war, ob der um Hilfe rufende Jugendliche tatsächlich in Gefahr war zu ertrinken oder es sich nur um eine Alberei handelte (vgl. Abschnitt „Informativer Einfluss"). Fügen wir diesem Szenario nun noch eine Badeaufsicht hinzu. Wenn Sie die Wahl hätten zwischen den anderen Badegästen oder dem Bademeister als Informationsquelle, würden Sie sich vermutlich an letzteren – d. h. an den Experten – halten. Zeigte auch dieser keine Reaktion, wären Sie vermutlich überzeugt davon, dass kein Notfall vorliegt, und vollends beruhigt. Problematisch ist dies dann, wenn der andere nur als sachverständig *erscheint*, es aber gar nicht ist. Schließlich kann sich auch ein Bademeister irren bzw. könnte es sich auch um einen Berufsanfänger an seinem ersten Arbeitstag handeln.

* **Gruppengröße**
Der *normative Einfluss* steigt an, wenn die Gruppe größer wird (z. B. Asch, 1951; Campbell & Fairey, 1989; Gerard et al., 1968). In einer weiteren Studie von Asch (1951; vgl. Abschnitt „Normativer Einfluss") wurde die Größe der einmütigen, falsch urteilenden Mehrheit variiert: War der Teilnehmer mit nur einem Vertrauten konfrontiert, so wurde er nicht beeinflusst. Waren es zwei Vertraute, so zeigte sich ein geringer Einfluss. Waren es dagegen drei Vertraute, so zeigte sich das volle Ausmaß an Konformität wie in der ursprünglichen Studie. Vier oder mehr Vertraute führten zu keiner weiteren Steigerung mehr. Damit der normative Einfluss anderer wirksam wird, bedarf es also keiner Massen, sondern er erreicht ein bedeutsames Ausmaß bereits in relativ kleinen Gruppen.

Auch der *informative Einfluss* kann mit der Gruppengröße steigen, allerdings nur dann, wenn die Person den Eindruck hat, dass die anderen unabhängig voneinander zu ihrem Urteil gekommen sind, bzw. wenn diese offensichtlich nicht redundante Gründe bzw. Argumente für ihr Urteil haben. Ist diese Unabhängigkeit nicht gegeben, so haben die Aussagen weiterer Personen keinen zusätzlichen Informationswert und erhöhen damit auch nicht den informativen Einfluss (z. B. Campbell & Fairey, 1989; Kaplan & Miller, 1987; Wilder, 1977, 1978).

* **Einmütigkeit der anderen Personen**
Die Ergebnisse der berichteten Studien bezogen sich jeweils auf Situationen, in denen das Individuum mit einer falschen, aber *einmütigen* Mehrheit konfrontiert war. Wie verliefe die Situation, wenn man mit seiner von der Mehrheit abweichenden Meinung nicht ganz alleine dastünde, sondern noch einen Verbündeten hätte? Asch untersuchte dies in einer Variation seines Experiments (1951): Sobald ein anderer Teilnehmer von der (offensichtlich falschen) Mehrheitsmeinung abwich, verringerte sich der norma-

tive Konformitätseinfluss. Dabei war es unerheblich, ob dieser Abweichler die tatsächlich *korrekte* Lösung oder eine *andere falsche* Lösung wählte – entscheidend war lediglich, dass die Einmütigkeit der Mehrheit durchbrochen wurde. Schloss sich der Abweichler im Laufe der Urteilsabgabe doch noch der Mehrheitsmeinung an, war der normative Einfluss allerdings genauso stark, als hätte es den Abweichler nie gegeben, d. h., die Konformitätsraten waren in diesem Fall genauso hoch wie wenn vorher alle konstant einmütig die gleiche falsche Meinung abgegeben hatten (siehe auch Allen, 1965; Allen & Levine, 1969, 1971; Nemeth & Chiles, 1988).

Kurzum: Wird durch eine (Ein-Mann-)Minderheit die Einmütigkeit der Gruppe durchbrochen, können dadurch auch andere ermutigt werden, ihr ebenfalls (wenn auch möglicherweise *anderweitig*) abweichendes Urteil zu äußern. In der Studie von Asch (1956) zeigte sich dabei bereits ein wichtiger Faktor für den Einfluss von *Minderheiten*: deren Konsistenz. Im folgenden Abschnitt werden wir uns näher mit dem Einfluss von Minderheiten auseinander setzen.

8.2.2   Wenn wenige die Strömung ändern – Der Einfluss von Minderheiten

Wie wir im vorangehenden Abschnitt gesehen haben, hat die Mehrheit gute Chancen, einzelne Personen/eine Meinungsminderheit „auf Kurs zu bringen", d. h. diese zu mehrheitskonformem Verhalten zu bewegen. Gute Chancen hat sie deshalb, weil die Mehrheit zum einen die Möglichkeit hat, mit Anerkennung zu belohnen bzw. mit Sanktionen zu bestrafen (normativer Einfluss), und zum anderen das Verhalten der Mehrheit im Sinne der Regel „Was alle machen, ist gut" als gute Informationsquelle angesehen wird (informativer Einfluss). Wie ist es nun mit Minderheiten? Sie haben in der Regel keinen normativen Einfluss auf die Mehrheit, und das Prinzip „Was *alle* machen, ist gut" spricht auch dafür, der *Mehr*heit als Informationsquelle zu vertrauen. Können Minderheiten dann überhaupt Einfluss auf die Mehrheit nehmen?

Dass dem so sein kann, dafür sprechen allein verschiedenste historische Beispiele: Galilei, der unser heutiges heliozentrisches Weltbild gegen massive Widerstände der Kirche auf den Weg brachte, Freud, der das Unterbewusste salonfähig machte, oder die Frauenbewegungen, die gegen alle gesellschaftlichen Überzeugungen für die Gleichberechtigung der Frauen kämpf(t)en. In der jüngsten Geschichte wurden die ersten Umweltschützer als „Ökos" und „Spinner" belächelt, doch heute sind Dinge wie beispielsweise die Mülltrennung selbstverständlich. Was haben diese Menschen, die es trotz des starken Einflusses der Mehrheit geschafft haben, Gehör zu finden, gemeinsam? Nun, sie alle sind konsequent und langfristig mit Überzeugung für ihren Standpunkt eingetreten. Was könnten sich die Jugendlichen von ihnen abschauen, die auf dem Schulprojekttag die mehrheitliche Meinung ihrer Mitschüler, dass Rauchen „cool" sei, beeinflussen möchten?

Für den Minderheitseinfluss ist die **Konsistenz** ihres Verhaltens/ihrer Meinung (und natürlich deren öffentliche Äußerung) von entscheidender Bedeutung, d. h., Minderheiten müssen zu einem Sachverhalt eine klare und gleichbleibende Position beziehen und diese über verschiedene Personen und die Zeit hinweg aufrechterhalten. Zeigt die Minderheit keine Konsistenz, sinkt ihr Einfluss und wird unbedeutend (Moscovici & Lage, 1976). Während Mehrheiten eher einen direkten und kurzfristigen Einfluss auf die öffentliche Meinung von Personen haben, beeinflussen Minderheiten eher indirekt und langfristig, indem sie die anderen zum Nachdenken anregen (vgl. Kasten „Konversionstheorie"; Martin et al., 2003; Moscovici, 1976, 1985, 1994; Moscovici & Nemeth, 1974; vgl. Beispielstudie).

> **Konversionstheorie**
>
> Zwei-Prozess-Theorie, die annimmt, dass der Einfluss von Mehr- und Minderheiten auf qualitativ unterschiedlichen Prozessen beruht (Moscovici, 1976).
>
> Eine von der eigenen Meinung abweichende ...
>
> - **Mehrheit** setzt einen Vergleichsprozess in Gang (*„Was* sagen sie?") und führt meist auf direktem Wege zu *öffentlicher*, aber nicht notwendigerweise zu privater Angleichung der Meinung an die der Mehrheit
> - **Minderheit** setzt einen Validierungsprozess in Gang (*„Warum* sagen sie das?") und beeinflusst indirekt – über divergentes Denken und systematische Verarbeitung – die *private*, nicht notwendigerweise aber die öffentliche Meinung der Mehrheit

Beispielstudie zum Minderheitseinfluss
Konsistente Minderheiten nehmen vor allem Einfluss auf die private Meinung.

Moscovici und Kollegen (1969) ließen ihre Teilnehmer die Farbe von Dias beurteilen. Die Dias unterschieden sich nur in der Helligkeit, zeigten aber alle den gleichen Blauton. Teilnehmer der Kontrollgruppe bearbeiteten diese Aufgabe allein und beurteilten die Farbe auch fast immer korrekt als „blau" (nur 0,25 % beurteilten sie als „grün").

Ein anderer Teil der Teilnehmer wurde mit dieser Aufgabe in Gruppen von sechs Personen konfrontiert. Die „echten" Teilnehmer wussten dabei nicht, dass zwei der Gruppenmitglieder Vertraute des Versuchsleiters waren. Diese beurteilten in einer der Experimentalgruppen die Diafarbe konsistent als „grün", in der anderen zufällig mal als „grün", mal als „blau". Da „blau" und „grün" leicht ineinander übergehen können, musste dies den echten Teilnehmern zwar als falsches, aber dennoch nicht völlig abwegiges Urteil vorkommen.

Beurteilte die Minderheit die Dias konsistent als „grün", so gaben auch 8,4 % der echten Teilnehmer das Urteil „grün" ab, was signifikant häufiger ist als in der Kontrollgruppe. War die Minderheit dagegen nicht konsistent, so konnte sie nur 1,25 % der Teilnehmer auf ihre Seite ziehen (im Vergleich zur Kontrollgruppe nicht signifikant).

Die Teilnehmer wurden zum Schluss noch gebeten, an einer anderen – vorgeblich unabhängigen – Studie teilzunehmen, dessen Versuchsleiter sich jedoch auch für die Farbwahrnehmung interessierte. Dazu wurden ihnen verschiedene Dias aus dem Blau-Grün-Spektrum zur Beurteilung vorgelegt. Registriert wurde, bei welcher Farbnuance sie die Trennung zwischen „blau" und „grün" vollzogen. Bei Teilnehmern, die vorher einer konsistenten Minderheit ausgesetzt gewesen waren, hatte sich die Farbwahrnehmung bezüglich des Grün-Spektrums erweitert, d. h., sie beurteilten Farben noch als „grün", die die Kontrollgruppe bereits als „blau" klassifizierte. Dies traf dabei nicht nur auf die 8,4 % der Teilnehmer zu, die sich von der Minderheit auch tatsächlich hatten überzeugen lassen, sondern für die gesamte Gruppe, die vorher mit der konsistenten Minderheit konfrontiert gewesen war.

Die Studie zeigt damit, dass konsistente Minderheiten auf einen Teil der Mehrheit einen direkten Einfluss ausüben können, indem sie diese öffentlich auf ihre Seite ziehen. Auf einen größeren Teil der Mehrheitsmitglieder hat sie jedoch vielmehr einen indirekten Einfluss, indem diese zwar öffentlich bei ihrer ursprünglichen Meinung „blau" bleiben, sich ihre Farbwahrnehmung bzw. -unterscheidung aber längerfristig verändert.

Personen, die mit einer überdauernden Minderheitsmeinung ständig konfrontiert werden, beginnen meist irgendwann, sich mit dieser auseinander zu setzen, um zu verstehen, *warum* die Minderheit diese ungewöhnliche Meinung vertritt (Nemeth, 1995; Vonk & van Knippenberg, 1995). Wieso kommt es zu diesem verstärkten Nachdenken?

Um das zu veranschaulichen stellen Sie sich ein Lehrerkollegium vor, das auf einer Konferenz über einen Schüler debattiert, der seit Wochen den Unterricht in den verschiedensten Stunden und bei den verschiedensten Lehrern massiv stört. Ein gemeinsames Vorgehen soll beschlossen werden. Die meisten Lehrer sind sich einig, dass man das Kerlchen härter anfassen sollte. Zwei der jüngeren Lehrer dagegen vertreten vehement die Meinung, dass man das Verhalten des Schülers wann immer möglich ignorieren und, statt schlechtes Betragen zu strafen, ihn für die Momente, in denen er angepasstes Verhalten zeigt, loben sollte. Die Kollegen äußern diese Meinung klar und deutlich und weichen auch im Verlauf der Diskussion nicht davon ab. Was passiert nun bei der Mehrheit? Sie sind der Meinung, dass härtere Bandagen notwendig seien und werden darin vom Großteil der Gruppe bestätigt. Sie haben die Unterstützung und Anerkennung der Gruppe. Hierin besteht also kein Grund, sich der Minderheit anzuschließen – ganz im Gegenteil. Warum aber schließt sich dann nicht auch die *Minderheit* der Mehrheit an? Haben die beiden kein Bedürfnis nach Anerkennung? Wohl schon, aber ihr Standpunkt muss ihnen sehr wichtig/persönlich bedeutsam sein, so dass ihr Bedürfnis nach Korrektheit dadurch stärker ist als das Bedürfnis nach Anerkennung[8] – sonst *würden* sie sich ja anpassen. Und nicht nur das: Sie scheinen sich ihrer Sache auch noch so sicher zu sein, dass es sie nicht im mindesten beeindruckt, dass die Mehrheit – noch dazu bestehend aus Kollegen, die viel mehr Erfahrung haben als sie selbst – anderer Meinung ist; die Situ-

---

[8] Forschungsbefunde weisen darauf hin, dass Minoritäten tatsächlich ein erhöhtes Bedürfnis nach Korrektheit haben (z. B. Kenworthy & Miller, 2001).

ation scheint für sie völlig zweifelsfrei und in keiner Weise mehrdeutig zu sein. Woher kommt diese Sicherheit? Haben sie womöglich in ihrer Ausbildung etwas gelernt, was die „alten Hasen" noch nicht wissen? Möglicherweise haben sie doch Recht? Es kann ja auf jeden Fall nicht schaden, ihre Argumente genauer unter die Lupe zu nehmen.

Eine konsistente Minderheit kann bei der Mehrheit bewirken, dass Informationen vermehrt systematisch (statt heuristisch nach der Regel „Was alle machen, ist gut") verarbeitet werden, wobei die Minderheitsmeinung im Speziellen dazu führt, dass andere Alternativen in Betracht gezogen werden und damit sog. „divergentes Denken" gefördert wird (vgl. Beispielstudie; Antonio et al., 2004; De Vries et al., 1996; Martin et al., 2003; Nemeth, 1977, 1986; Nemeth & Kwan, 1987; Smith et al., 1996; Wood et al., 1996; Ziegler et al., 2004).[9]

Beispielstudie zum Minderheitseinfluss
Eine abweichende Minderheit führt dazu, dass verschiedene Alternativen in Betracht gezogen werden.

Die Teilnehmer von Nemeth und Kwan (1987) sollten das erste dreibuchstabige Wort notieren, das sie in einer Folge aus sechs Buchstaben wie beispielsweise „tNOWap" entdeckten. Die naheliegendste Lösung ist hier das englische Wörtchen „NOW", und diese Lösung wurde auch von den Teilnehmern spontan gewählt.

Die Studie fand in Gruppen zu je vier Personen statt, jeder Teilnehmer notierte seine Lösung jedoch privat. Nach dem ersten Durchgang wurde den Teilnehmern entweder mitgeteilt, dass nur *einer* der übrigen drei Gruppenmitglieder oder aber dass *alle* drei übrigen Mitstreiter ein anderes Wort notiert hätten, nämlich das Wörtchen „WON" (d. h. „NOW" rückwärts gelesen). Wirkt sich dieses Feedback auf die Lösungen der Teilnehmer in den folgenden Durchgängen aus, und welchen Unterschied macht es, ob angeblich eine Minder- oder die Mehrheit die Strategie des Rückwärtslesens angewandt hatte?

Hatte angeblich die Mehrheit die Rückwärtslesestrategie angewandt, so passten die Teilnehmer meist ihre Strategie einfach daran an. Die Teilnehmer dagegen, die angeblich mit einer abweichenden Minderheit (d. h. nur *ein* anderes Mitglied hatte angeblich rückwärts gelesen) konfrontiert waren, benutzten im Folgenden alle möglichen Strategien (Vorwärtslesen, Rückwärtslesen, Mischen aller Buchstaben).

Die abweichende Mehrheit hatte folglich dazu geführt, dass die Teilnehmer ihr mehr oder weniger blindlings gefolgt waren (direkter Einfluss), eine abweichende Minder-

---

[9] Minderheiten können durch die Anregung zu divergentem Denken die Kreativität einer Gruppe erhöhen. Dies wird auch absichtsvoll angewandt, indem man beispielsweise einen Advocatus diaboli bestimmt, dessen Aufgabe es ist, konsistent eine abweichende bzw. gegenteilige Meinung in einer Gruppendiskussion zu vertreten (vgl. Abschnitt 9.3.1). Durch Minderheitseinfluss kann es auf diese Weise zu verbesserten Entscheidungen kommen (Nemeth & Owens, 1996; Ng & Van Dyne, 2001).

heit hatte dagegen bewirkt, dass die Teilnehmer alle möglichen Strategien bedachten und verwendeten (indirekter Einfluss).

Ebenso wie der Einfluss der Mehrheit ist auch der Minderheitseinfluss nicht immer gleich stark. Welche Faktoren bestimmen mit, wie stark der Einfluss einer Minderheit ist? Neben der **Konsistenz** sind dies Punkte, die die Minderheit glaubwürdig erscheinen lassen (z. B. Hart et al., 1999), d. h. dafür sprechen, dass sie richtig liegt, und damit zu vermehrt systematischer Informationsverarbeitung motivieren:

- **Größe der Minderheit**
  Der Einfluss von Minderheiten steigt, je größer sie ist (nach dem Motto „Wenn verhältnismäßig mehr Leute daran glauben, ist es mit größerer Wahrscheinlichkeit richtig"). In einer Studie von Clark und Maass (1990, Exp. 2) sank beispielsweise der Einfluss einer Pro-Abtreibungs-Minderheit mit steigender Größe der (Contra-)Mehrheit.

- **Zügiges Gewinnen von Überläufern**
  Minderheiten bekommen mehr Gewicht, wenn sie zügig mehr als ein Mitglied der Mehrheit auf ihre Seite bringen können (Clark, 1998, 1999a, 1999b). Kann die Minderheit einige Mitglieder der Mehrheit überzeugen, erscheint es den übrigen wahrscheinlicher, dass die Minderheit Recht haben könnte.

- **Starke/gute Argumente**
  Da Minderheiten darüber Einfluss nehmen, dass sie die Mehrheit dazu bringen, die Minderheitsmeinung systematisch zu verarbeiten, ist es von besonderer Bedeutung, dass ihre Aussagen einer systematischen Verarbeitung auch standhalten, d. h., dass es starke Argumente sind (z. B. Clark, 1990, 1998; Martin & Hewstone, 2003). Anzumerken ist, dass Minderheiten häufig tatsächlich gute Argumente generieren, da sie selbst verstärkt systematisch im Hinblick auf ihre unpopuläre Meinung verarbeiten (Zdaniuk & Levine, 1996).

- **Vermeiden von (unnötigen) Widerständen**
  Minderheiten haben größere Chancen, die Mehrheit zu interessieren und diese dazu zu bringen, ihre Sichtweise in Betracht zu ziehen, wenn sie ihre Argumente originell und spannend verpacken, gleichzeitig gemäßigt auftreten und nicht rigide und dogmatisch erscheinen (z. B. Mugny, 1975), um auf diese Weise keinen unnötigen Widerstand zu erzeugen (vgl. Abschnitt 7.3.3).

Der Einfluss von Minderheiten steigt mit ...

- der Konsistenz ihrer Position
- der Größe der Minderheit
- dem zügigen Gewinnen von „Überläufern"
- der Qualität ihrer Argumente
- dem Vermeiden von Widerständen

Zusammenfassend lässt sich festhalten: Mehrheiten können Einfluss auf die individuelle Meinung nehmen, indem sie über Anpassung an die Mehrheitsmeinung die Bedürfnisse nach Anerkennung und/oder Korrektheit befriedigen. Minderheiten regen zum Nachdenken an und können darüber die individuelle Meinung langfristig verändern. Die Beeinflussung geschieht in beiden Fällen allein aufgrund dessen, dass und wie andere Menschen ihre Meinung kundtun und ob sie dabei in der Mehr- oder Minderheit sind. Häufig ist dabei die Beeinflussung gar nicht das eigentliche Ziel – ganz im Gegensatz zu strategisch geplanten Einflussnahmen, mit denen wir uns im Folgenden detailliert auseinander setzen werden.

8.3 Bewusste soziale Einflussnahme – Die Judostrategien

Haben Sie schon einmal jemandem „Honig um den Bart geschmiert", weil Sie etwas von ihm wollten? Oder haben Sie als Jugendlicher nicht auch versucht, Ihre Eltern mit dem Argument „Alle anderen dürfen aber auf die Party gehen" zu überreden, Ihnen ebenfalls die Erlaubnis zu geben? Ja? Nun, dann sind auch Sie ein „Judostratege"!

Denn: Bei den beiden Beispielen handelt es sich um strategische soziale Einflussnahmen, im Speziellen wurde im ersten Fall Sympathie als Einflussfaktor (vgl. Abschnitt 8.3.2) und im zweiten das Prinzip sozialer Bewährtheit (vgl. Abschnitt 8.3.1) eingesetzt. Solche Prinzipien werden als **Judostrategien** bezeichnet, da sie – bildlich

> **Judostrategien**
>
> Strategien sozialen Einflusses, die sich der Mechanismen menschlicher Informationsverarbeitung – im Speziellen der Urteilsheuristiken – bedienen, um andere dazu zu bringen, etwas Bestimmtes zu tun oder zu unterlassen.

gesprochen – verwendet werden, um den anderen „zu Fall zu bringen". Ein weiteres Merkmal lässt sich ebenfalls in Analogie zum Kampfsport darstellen: Hat uns der andere durch seine Judostrategie erst einmal „im Griff", ist es nicht so einfach, wieder herauszukommen bzw. sich zu wehren, denn dieser Einfluss ist technisch gesehen ein echter Kunstgriff: Der soziale Einfluss erfolgt hier, indem typische Urteilsheuristiken ausgenutzt werden, um den anderen (meist sehr subtil) dazu zu bringen, etwas Bestimmtes zu tun oder zu lassen.

Mit dem wohl bekanntesten Prinzip sozialen Einflusses werden wir schon von klein auf konfrontiert: mit **Belohnung und Bestrafung**. Beide werden in der Erziehung – mehr oder weniger strategisch konsequent – eingesetzt, um zu erreichen, dass Kinder erwünschtes Verhalten zeigen und unerwünschtes unterlassen. Wer während der Schulstunde ständig „schwätzt" oder gar gröberen Unfug treibt, bekommt Strafarbeiten aufgebrummt, muss nachsitzen oder erhält gar einen Verweis (der meist eine Bestrafung durch die Eltern nach sich zieht). Für gutes Betragen gibt es an der einen oder anderen Grundschule immer noch die guten alten Fleißbildchen. Belohnung und Bestrafung begleiten uns aber weiter durch unser ganzes Leben: Wenn wir bei Rot über die Ampel fahren und dabei erwischt werden, müssen wir ein Bußgeld zahlen; Arbeitgeber versuchen, über Bonus- oder Belohnungssysteme ihre Mitarbeiter zu mehr Anstrengung zu bewegen und in Beziehungen „belohnen" wir unsere Partner mit einer Überraschung oder „bestrafen" sie mit Liebesentzug, um nur einige wenige Beispiele zu nennen.

Nutzung situativer Gegebenheiten

- Prinzip sozialer Bewährtheit
- Prinzip der Knappheit
- Kontrastprinzip

Nutzung von Personeneigenschaften

- Sympathie als Einflussfaktor
- Autorität/Status als Einflussfaktor

Nutzung von Verpflichtungsgefühlen

- durch Reziprozität
- durch Commitment

Belohnung und Bestrafung sind eine Methode, das Verhalten von anderen bewusst zu steuern oder dies zumindest zu versuchen.[10] Doch häufig steht uns diese Möglichkeit gar nicht zur Verfügung. So kann ein Waschmittelkonzern uns nicht bestrafen, wenn wir statt seines Produkts das der Konkurrenz kaufen. Dennoch möchte der Hersteller uns natürlich dazu bewegen, seinem Fabrikat den Vorzug zu geben. Dies gelingt ihm auch, durch den Einsatz nachfolgend dargestellter Judostrategien. Da diese gerne zur Profitsteigerung im Verkaufsbereich eingesetzt werden, werden auch viele Beispiele aus diesem Bereich stammen. Selbstverständlich lassen sich diese Prinzipien ebenso nutzen, um positives Verhalten zu fördern. So sind beispielsweise gemeinnützige Vereine darauf angewiesen, dass wir ihre Sache durch eine Spende oder Mitgliedschaft unterstützen – und um uns dazu zu bewegen, kommen ebenfalls Judostrategien zum Einsatz.

Im Folgenden werden zunächst Judostrategien beschrieben, die sich die Beurteilung **situativer Gegebenheiten** zunutze machen (vgl. Abschnitt 8.3.1), so beispielsweise das Prinzip sozialer Bewährtheit, das Prinzip der Knappheit und das Kontrastprinzip. Andere Judostrategien nutzen (vorgebliche) **Personeneigenschaften** aus (vgl. Abschnitt 8.3.2), wozu beispielsweise Sympathie und Autorität/Status als Einflussfaktoren gehören. Die dritte Kategorie von Judostrategien erzeugt beim Gegenüber **Verpflichtungsgefühle** und nutzt diese in der Folge (vgl. Abschnitt 8.3.3). Verpflichtungsgefühle können über Reziprozität und Commitment erzeugt werden.[11]

8.3.1   Soziale Einflussnahme mithilfe situativer Gegebenheiten

Stellen Sie sich folgende Situation aus dem Sportunterricht vor: Zwei Schüler wählen abwechselnd unter ihren Mitschülern aus, um Mannschaften für ein Fußballspiel zusammenzustellen. Wird dabei ein Mitschüler eher gewählt, weil alle anderen ihn gut finden – auch wenn man ihn selbst noch nie hat spielen sehen? Wird ein sportliches Mädchen vielleicht eher ins Team gewählt, wenn es das einzige unter lauter Jungen ist? Oder gewinnt ein potenzieller Mitstreiter an Wert, wenn außer ihm nur noch extrem schlechte Fußballer zur Auswahl stehen? Forschungsbefunde deuten darauf hin, dass solche situativen Gegebenheiten unsere Wahl beeinflussen. Wie sieht es analog bei rati-

---

[10] Unerwünschtes Verhalten – wie beispielsweise das Kasperl-Verhalten eines Schülers – wird manchmal dadurch aufrechterhalten, dass wir es unabsichtlich belohnen, beispielsweise indem der Lehrer dem Schüler seine (wenn auch schimpfende) Aufmerksamkeit schenkt oder die anderen Schüler ihn durch ihr Gelächter belohnen.

[11] Für soziale Einflüsse (z. B. Suggestion) auf die Erinnerung vgl. Abschnitt 2.5.

onalen Entscheidungen aus, die uns nicht selten eine Menge Geld kosten? Nehmen wir beispielsweise an, Sie wollten sich endlich eine eigene Waschmaschine anschaffen. Drei Produkte, die alle etwa gleich viel kosten, sind in die engere Wahl gekommen. Nach welchen Kriterien gehen Sie nun bei ihrer Entscheidung vor? Vermutlich vergleichen Sie die objektiven Daten und prüfen, welches Gerät Ihnen vom Design her am besten gefällt. Würde es Ihre Entscheidung beeinflussen, wenn Sie wüssten, welches von den drei Produkten das meist verkaufte ist, wenn eines der Produkte das letzte auf Lager oder wenn zwei der drei Alternativen sehr unattraktiv wären? Die Forschung legt auch hier nahe, dass diese situativen Gegebenheiten eine solch rationale Entscheidung mitbestimmen. Die hier ursächlichen Prinzipen sozialer Bewährtheit, der Knappheit sowie des Kontrasts werden im Folgenden detailliert beschrieben.

Was (angeblich) alle tun, muss gut sein – Das „Prinzip sozialer Bewährtheit" als Judostrategie

Probieren Sie doch einfach einmal Folgendes aus: Stellen Sie sich zunächst alleine in die Fußgängerzone und betrachten Sie eine Minute lang einen imaginären Punkt am Himmel. Was wird passieren? Vermutlich nicht viel. Probieren Sie nun das Gleiche noch einmal. Dieses Mal lassen Sie sich jedoch von vier Verbündeten begleiten und fixieren Sie alle gemeinsam den gleichen Punkt. Nun werden Ihrem Verhalten vermutlich etwa 80 % der Passanten folgen (nach Milgram et al., 1969).

Personen orientieren sich – vor allem wenn sie unsicher sind, wie sie sich in einer bestimmten Situation verhalten sollen – am Verhalten anderer. Dieses **Prinzip sozialer Bewährtheit** (vgl. Abschnitt 8.2.1, „Informativer Einfluss") kann als Judostrategie bewusst eingesetzt werden, um

> **Das Prinzip sozialer Bewährtheit als Judostrategie**
>
> Soziale Einflussnahme über die Faustregel „Was alle tun, ist gut". Möglichkeiten gewinnen an Wert, wenn (angeblich) alle anderen sie gut finden.

andere Menschen zu beeinflussen – sei es von Jugendlichen, um ihre Eltern zu überzeugen, dass sie, wie (angeblich) alle anderen auch, zu der begehrten Party gehen dürfen, oder sei es in Werbung und Verkauf, um den Umsatz zu steigern.

Wird ein Produkt als „meist verkauftes" seiner Art beworben, hält man es spontan für gut (Friedman & Fireworker, 1977) – wenn sich der Großteil der Kunden für dieses Produkt entschieden hat, muss es den Konkurrenzprodukten schließlich etwas voraus haben. Fernsehshows, Stars und Politiker nutzen dieses Prinzip, indem sie eigene Gruppen zum Klatschen und Jubeln ins Publikum setzen. Diskothekenbetreiber bilden künstliche Schlangen vor den Eingängen ihrer Lokale, um den Eindruck zu erwecken, dass das Lokal „in" bzw. der Einlass heiß begehrt ist (Cialdini, 2001, S. 101). Personen lassen sich selbst dann von dieser Begeisterung anstecken und beeinflussen, wenn sie um deren Künstlichkeit wissen (Fuller & Sheehy-Skeffington, 1974; Nosanchuk & Lightstone, 1974; Smyth & Fuller, 1972, zitiert nach Cialdini, 2001).

Was (angeblich) alle gut finden, muss gut sein, und was alle anderen haben, müssen wir auch haben. Wollen alle das Gleiche haben – d. h. wenn die Nachfrage steigt –, kann es natürlich passieren, dass das Gut knapp wird. Wie sich Knappheit auswirkt und wie das Prinzip der Knappheit genutzt werden kann, um andere zu beeinflussen, wird im folgenden Abschnitt beschrieben.

Was (angeblich) schwer zu kriegen ist, ist umso erstrebenswerter – Das Prinzip der Knappheit

Stellen Sie sich vor, eine Freundin bittet Sie in folgender Angelegenheit um Rat: Sie hat auf einer Party jemanden kennen gelernt und sich Hals über Kopf verliebt. Die beiden haben sich den ganzen Abend angeregt unterhalten und zum Schluss Telefonnummern ausgetauscht. Am liebsten würde sie sofort anrufen, ist sich aber nicht sicher, ob das taktisch geschickt ist. Was würden Sie raten? Möglicherweise würden Sie – einen weisen Rat Ihrer Großmutter erinnernd – empfehlen, sich eher „rar zu machen" und das Objekt der Begierde etwas zappeln zu lassen? Auf keinen Fall sollte die Freundin den Eindruck vermitteln, sie sei „leicht zu haben". Und wozu das Ganze? Um sich für das Gegenüber interessanter zu machen!

> **Prinzip der Knappheit**
>
> Möglichkeiten erscheinen umso erstrebenswerter, je schwerer sie zu erreichen sind.
>
> Mechanismen: Knappheit bewirkt ...
>
> - extremere Beurteilungen
> - Reaktanz

Nimmt die Freundin diesen „weisen Rat" an und ruft nicht (wie es vielleicht emanzipierteres Denken nahe legen würde) sofort an, so nutzt sie das sog. **Prinzip der Knappheit**. Diesem Prinzip liegt die Faustregel „Was schwer zu kriegen ist, muss umso erstrebenswerter sein" zugrunde. Wie kommt es dazu? Zwei Mechanismen sind hieran beteiligt: Zum einen wird Seltenes extremer beurteilt, und zum anderen löst der Eindruck von Knappheit ein sog. Reaktanzverhalten aus.

- **Seltenes wird extremer beurteilt**
  Ganz allgemein wird Seltenes – sei es vom Grund her positiv oder negativ – extremer beurteilt (Lichtenstein et al., 1978). Hat ein Urteilsgegenstand eine prinzipielle positive Konnotation, so wird er, wenn er selten ist bzw. „bei Knappheit", *noch positiver* bewertet, als wenn er im Überfluss bzw. ausreichend vorhanden ist (Ditto & Jemmott, 1989; Lynn, 1989).

- **Knappheit löst Reaktanz aus**
  Ist etwas knapp oder aus einem anderen Grund schwer zu bekommen, so können wir nicht mehr nach Belieben darüber verfügen. Das empfinden wir als Eingriff in unsere persönliche Freiheit, deren Wiederherstellung uns ein Anliegen ist. Dieser innere Widerstand, der gegen die Einschränkung der eigenen Handlungsfreiheit gerichtet ist, wird als Reaktanz bezeichnet (Brehm, 1966; Brehm & Brehm, 1981; vgl. auch Abschnitt 7.3.3). Dadurch kommt es zu einer „Jetzt-erst-recht"-Haltung mit dem Er-

gebnis, dass wir das nur eingeschränkt Verfügbare nun noch mehr wollen als vor der Einschränkung.

Schafft man es, beim Gegenüber das Gefühl auszulösen, dass etwas – ganz allgemein oder für ihn im Speziellen – schwer zu haben ist, kann man damit bewirken, dass er es umso mehr will. Ist die Knappheit real, kann dies von Vorteil sein, da der andere sonst womöglich zu lange überlegt hätte und leer ausgehen würde. Wird die Knappheit allerdings nur suggeriert, kann uns das beispielsweise zum Kauf von Dingen verleiten, die wir eigentlich gar nicht wollten. Das Prinzip der Knappheit spielt in verschiedensten Bereichen eine Rolle.

Steigerung der Attraktivität von Einzelpersonen und Gruppen. Menschen, die vorgeben, es sei schwierig, ihre Zuneigung zu erringen, oder die so tun, als wären sie heiß umschwärmt, können dadurch in der Tat ihren „Marktwert" steigern (Walster et al., 1973). Auf unser Eingangsbeispiel bezogen hieße das, dass Sie mit dem Rat, die Freundin solle sich erst einmal rar machen, gar nicht so falsch lägen. Knappheit ist auch für ein Phänomen verantwortlich, das bei Abendveranstaltungen bzw. in Kneipen auftritt: Angehörige des anderen Geschlechts erscheinen mit Fortschreiten des Abends immer attraktiver. Die Forschung hat gezeigt, dass sich dies *nicht* auf den Alkoholkonsum zurückführen lässt, sondern vielmehr damit zusammenhängt, dass zu späterer Stunde die Anzahl potenzieller Partner immer knapper wird (Gladue & Delaney, 1990; Nida & Koon, 1983; Pennebaker et al., 1979). Knappheit wirkt sich nicht nur im privaten Bereich aus, sondern spielt auch auf dem Arbeitsmarkt eine Rolle: Bewerber, die ihren potenziellen neuen Arbeitgeber wissen lassen, dass sie noch andere Angebote haben, sind dadurch oft erfolgreicher (Williams et al., 1993). Auch die Attraktivität von Gruppen wird dadurch beeinflusst, wie schwer diese „zu haben" sind: Je schwieriger es ist, in eine Gruppe hineinzukommen, desto attraktiver erscheint die Mitgliedschaft (vgl. Abschnitt 9.1.4, „Kohäsion").

Steigerung der Attraktivität von Konsumgütern. Knappheit ist eine im Verkaufsbereich gern genutztes Prinzip: Nimmt ein Käufer an, ein Produkt sei schwer zu bekommen, erscheint es ihm attraktiver, als wenn er annimmt, es sei verfügbar (Jung & Kellaris, 2004; Schwarz, 1984). Eine (angebliche) Limitierung der verfügbaren Stückzahl (z. B. limitierte Auflage) oder eine (angeblich) starke Nachfrage (z. B. durch einen anderen Interessenten für das Produkt) kann diesen Eindruck von Knappheit und damit eine Steigerung des subjektiven Produktwerts bewirken (Verhallen & Robben, 1995; Worchel, Lee & Adewole, 1975). Den gleichen Effekt können auch Beschränkungen in der zeitlichen Verfügbarkeit eines Produkts oder Einschränkungen im Kundenkreis haben: Angebote, die nur zeitlich begrenzt verfügbar sind (z. B. bei Schluss- oder Sonderverkäufen), steigen durch das Zeitlimit in ihrem Wert (sog. *deadline*-Prinzip) (Cialdini, 2001, S. 207). Ebenso werden Produkte, die nur einem bestimmten Kundenkreis bzw. Mitgliedern in einem Club zugänglich sind, allein durch diese Einschränkung attraktiver. Aussagen wie „nur noch einige wenige Exemplare", „ein seltenes Sammlerstück" oder „Sie sollten vielleicht gleich drei Stück mitnehmen, denn wir wissen nicht, wann wir wieder welche reinbekommen" müssen also nicht unbedingt der Realität entsprechen, sondern können ein Verkaufstrick bei tatsächlich vollem Lager sein. Dies gilt nicht nur für rar gemachte Dinge, sondern auch für zensierte Artikel, beispielsweise Kinofilme, Bücher ab 18 Jahren oder exklusive Pressemitteilungen (Worchel, Arnold & Baker, 1975; Zellinger et al., 1975; vgl. Beispielstudie). Damit ist Zensur eine der besten Promotionsstrategien für Bücher und Filme.

Beispielstudie zur Knappheit
Altersbeschränkungen erhöhen den subjektiven Wert von Büchern.

Den Teilnehmern einer Studie von Zellinger und Kollegen (1975) wurden verschiedene, angeblich einem Buchcover entnommene Statements vorgelegt. Für eine Hälfte der Teilnehmer (Gruppe A) implizierte eines dieser Statements, dass es für das Buch eine Altersbeschränkung gebe ("a book for adults only ... restricted to those 21 years and over"), die andere Hälfte (Gruppe B) hingegen erhielt diese einschränkende Information nicht. In beiden Gruppen A und B wurde wiederum der Hälfte der Teilnehmer die Information gegeben, dass der Inhalt des Buches pornografischer Natur sei, indem das Statement "tells the story of the relationship between a man and a woman ..." hier den Zusatz "... definitely pornographic" erhielt.

Bei den Teilnehmern der Gruppe A war anschließend der Wunsch, das Buch zu lesen, deutlich größer als bei Teilnehmern der Gruppe B. Die Ergebnisse weisen darauf hin, dass dieser Effekt *nicht* durch den wahrgenommenen Grad an pornografischen Inhalten, sondern durch die *Altersbeschränkung* entstand. Zensuren erhöhen damit den subjektiven Wert von Urteilsgegenständen.

Bisher haben wir zwei Urteilsregeln betrachtet, die auf situativen Gegebenheiten beruhen und zur Einflussnahme auf andere genutzt werden können: zum einen das (angebliche) *Verhalten der Mehrheit* (Prinzip sozialer Bewährtheit) und zum zweiten die (angebliche) *Verfügbarkeit* des Urteilsgegenstands (Knappheit). Des Weiteren spielt es eine Rolle, ob und, falls ja, welche Alternativen es zum Urteilsgegenstand – sei es eine Person oder ein Konsumgut – gibt. Im folgenden Abschnitt wird aufgezeigt, wie Alternativen den Wert eines Urteilsgegenstands verändern können.

„Alles ist relativ" –
Das Kontrastprinzip als Judostrategie

Klassisches Beispiel zum Kontrastprinzip (aus Cialdini, 1997, S. 32)
Die Studentin und das Kontrastprinzip.

„Liebe Mutti, lieber Papa!

Ich bin etwas schreibfaul geworden, seit ich zum Studium von zu Hause weggegangen bin, und es tut mir leid, dass ich nicht schon früher mal geschrieben habe. Ich werde Euch jetzt auf den neuesten Stand bringen, aber ehe Ihr weiterlest, setzt Euch bitte erst einmal hin. Lest erst weiter, wenn Ihr Euch gesetzt habt, okay?

Also dann, mittlerweile geht es mir eigentlich schon wieder ganz gut. Der Schädelbruch und die Gehirnerschütterung, die ich mir zugezogen hatte, als ich aus dem Fenster gesprungen war, nachdem im Wohnheim kurz nach meiner Ankunft ein Feuer ausgebrochen war, sind schon ganz gut verheilt. [...] Zum Glück waren das Feuer im Wohnheim und mein Sprung von einem Tankwart von der Tankstelle nebenan beobachtet worden, und er war es auch, der die Feuerwehr und den Krankenwagen rief. Er besuchte mich auch im Krankenhaus und weil ich ja wegen des Wohnheimbrands nicht wusste, wo ich hin sollte, war er so lieb, mir anzubieten, erst mal in seiner Wohnung unterzukommen. Die ist eigentlich mehr ein Kellerraum, aber irgendwie hat sie Etwas. Er ist echt ein toller Typ, und wir haben uns wahnsinnig ineinander verliebt und wollen heiraten. Das genaue Datum steht noch nicht fest, aber das Ganze soll noch über die Bühne gehen, ehe man mir meine Schwangerschaft ansieht.

[...] Der Grund dafür, dass wir jetzt noch nicht heiraten, ist, dass mein Freund eine kleine Infektion hat, weswegen es Schwierigkeiten mit den Bluttests gibt, die für die Eheschließung verlangt werden, und ich mich dummerweise angesteckt habe. Ich weiß, dass Ihr ihn mit offenen Armen in unsere Familie aufnehmen werdet. Er ist sehr nett und hat zwar keine abgeschlossene Ausbildung, ist aber ehrgeizig.

Jetzt, wo ich Euch auf den neuesten Stand gebracht habe, möchte ich Euch mitteilen, dass es keinen Brand im Wohnheim gab, ich keine Gehirnerschütterung und keinen Schädelbruch hatte, nicht im Krankenhaus war, nicht schwanger, nicht verlobt, nicht infiziert bin und dass es keinen Freund gibt. Allerdings habe ich eine Vier in Geschichte und eine Sechs in Chemie, und ich will, dass Ihr diese Zensuren im richtigen Verhältnis seht.

Es grüßt Euch herzlich Eure Tochter Sharon"

Kontrastprinzip

Je nach Vergleichsgrundlage nehmen wir ein und dieselbe Sache unterschiedlich wahr. Urteilsgegenstände gewinnen an Attraktivität, wenn sie zusammen mit weniger positiven Alternativen präsentiert werden, und verlieren an Wert im Zusammenhang mit extrem attraktiven Alternativen.

Was ist hier passiert? Sharon hat einen sozialen Einfluss, das sog. **Kontrastprinzip** eingesetzt, um ihre schlechten Leistungen weniger gravierend aussehen zu lassen. Die Vier in Geschichte und die Sechs in Chemie würden die Eltern unter „normalen" Umständen vermutlich als gravierend betrachten. Wird ihnen jedoch ins Gedächtnis gerufen, was wirklich schlimm wäre (würde die Tochter verletzt, infiziert und schwanger im Krankenhaus liegen), beurteilen sie die schlechten Zensuren der Tochter wahrscheinlich als „halb so wild" – angesichts dessen, dass sie gesund ist.

Das Kontrastprinzip beruht darauf, dass Menschen Dinge bzw. Ereignisse meist kontextabhängig (und nicht absolut) beurteilen. So mag eine Zwei in der Matheklausur als ausnehmend gute Leistung erscheinen, wenn man weiß, dass es auch einige Fünfen und Sechsen gegeben hat. Ist hingegen der Klassenspiegel sehr gut ausgefallen (man hört zuvor von vielen Einsen), verliert die Zwei an Wert. Ebenso erscheinen die eigenen Alltagsprobleme häufig völlig trivial, wenn man von der lebensbedrohlichen Erkrankung eines Verwandten oder einem Katastrophenfall erfährt.

Exkurs: Kontrasteffekt zum Ausprobieren

Alles was Sie brauchen, sind drei Schüsseln mit Wasser: Eines füllen Sie mit eiskaltem, das zweite mit warmem und das dritte Schüsselchen mit heißem Wasser.

Tauchen Sie nun zunächst Ihre linke Hand in das eiskalte, die rechte in das heiße Wasser. Nach einer Minute wechseln Sie mit beiden Händen in das dritte Schüsselchen. Was wird passieren?

Ihre linke Hand wird Ihnen jetzt das Gefühl vermitteln, das Wasser in Schüssel Nummer zwei sei gut warm, während Ihre Linke dasselbe Wasser als kalt empfinden wird. Es handelt sich um einen typischen Kontrasteffekt.

Kurzum, ein und dieselbe Sache kann sehr unterschiedlich wahrgenommen werden, je nachdem, was ihr als Vergleichsgrundlage vorausging (vgl. Exkurs). Ist die Vergleichsgrundlage repräsentativ gewählt, ist dieses Vorgehen hilfreich, um die richtige Entscheidung deutlicher heraustreten zu lassen. Werden die Alternativen allerdings absichtlich so gewählt, dass beispielsweise ein eigentlich minderwertiges Produkt unverhältnismäßig attraktiv wirkt (weil die Alternativen noch schlechter und zudem überteuert sind), basiert unser Urteil womöglich auf einer schlechten Grundlage. Beim Kontrastprinzip handelt es sich somit um einen Mechanismus, den man in einer Situation gezielt herbeiführen kann, um andere Menschen zu beeinflussen. Fälschlicherweise wirkt der Stratege dabei vordergründig sehr fair – hat er doch dem Gegenüber die Wahl gelassen, so dass dieser sich selbst davon überzeugen konnte, dass die gewählte auch die beste Alternative war.

Steigerung der Attraktivität von Konsumgütern. Das Kontrastprinzip wird im Verkaufsbereich bewusst eingesetzt: Immobilienmakler, die ihren Kunden zunächst sehr unattraktive Objekte zeigen, können dadurch den Wert von später angebotenen, attraktiveren Objekten steigern, da diese dem Kunden dann im Vergleich umso interessanter erscheinen (Cialdini, 2001, S. 14).

Steigerung der Attraktivität von Personen. Das hässliche Entlein lässt den Schwan noch schöner erscheinen bzw. würde man das Entlein ohne den Kontext „Schwan" betrachten, würde es einem gar nicht so hässlich erscheinen. Das Gleiche gilt letztendlich auch für Personen: Eine Person wirkt attraktiver, wenn sie in einem gemeinsamen Kontext mit weniger attraktiven Menschen gesehen wird. Beispielsweise schätzten Probanden, die zunächst Bilder von äußerst gut aussehenden Menschen gesehen hatten, Personen von durchschnittlichem Aussehen als weniger attraktiv ein als Teilnehmer, denen man zuvor keine Bilder gezeigt hatte (Kenrick & Gutierres, 1980; Kenrick et al., 1993).

Zusammenfassung

Situative Gegebenheiten können den subjektiven Wert von Personen, Konsumgütern oder Entscheidungsalternativen verändern. So steigt der subjektive Wert, wenn etwas sozial bewährt (Prinzip sozialer Bewährtheit) oder schwer zu haben ist (Prinzip der Knappheit) bzw. im Vergleich zu weniger attraktiven Alternativen dargeboten wird (Kontrastprinzip). Diese Prinzipien können bewusst eingesetzt werden, um sich selbst als Person oder auch ein Produkt attraktiver erscheinen zu lassen und damit bestimmte Ziele – sich für einen potenziellen Partner interessant zu machen, ein Produkt zu verkaufen – zu erreichen.

Ob wir das tun, was ein anderer von uns will, hängt jedoch nicht nur davon ab, wie attraktiv es uns erscheint, sondern ganz wesentlich auch davon, *wer* bzw. *wie* dieser andere ist. Wie sich im Speziellen Sympathie und Autorität darauf auswirken, inwieweit wir tun, was ein anderer von uns will, ist Gegenstand des folgenden Abschnitts.

8.3.2 Soziale Einflussnahme mithilfe von Personenmerkmalen

Menschen geben viel Geld dafür aus, damit sie attraktiv erscheinen, und in bestimmten Berufen sind Uniformen die übliche Arbeitskleidung (z. B. Militär, Polizei). Macht das Sinn? Ja, denn der soziale Einfluss kann sich durch beides erhöhen. Während Attraktivität beispielsweise dazu beiträgt, wie sympathisch wir jemanden finden, lassen Uniformen jemanden als legitimierte Autorität erscheinen. Und wir sind eher bereit, das zu tun, was andere von uns wollen, wenn wir diese mögen oder sie für uns eine Autorität darstellen. Warum, in welchem Ausmaß und mit welchen Konsequenzen dies der Fall ist, wird im Folgenden dargestellt.

„Der andere war so nett, da konnte ich nicht nein sagen" – Sympathie als Einflussfaktor

Es ist – rein von der Sache her – zwar vollkommen unvernünftig, trotzdem tun oder kaufen wir immer wieder Dinge, die wir ursprünglich gar nicht wollten. Oder wir nehmen mehr als ursprünglich geplant, und das nur, „weil der Verkäufer so nett war" und wir ihm nichts abschlagen konnten. Ganz allgemein sind wir eher bereit, einem sympathischen Menschen einen Gefallen zu tun, als jemandem, den wir nicht mögen. So hat sich beispielsweise im Verkaufsbereich gezeigt, dass der Grad der freundschaftlichen Verbundenheit bzw. der Sympathie für das Gegenüber oft sogar ausschlaggebender für das eigene (Kauf-)Verhalten ist als die Vorliebe für das Produkt selbst (Frenzen & Davis, 1990). Gerade bei „rationalen" Entscheidungen – beispielsweise beim Kauf einer Waschmaschine – sollte es jedoch irrelevant sein, ob uns das eine Produkt von einem sehr sympathischen, das andere von einem weniger sympathischen Verkäufer präsentiert wird. Zählen sollte hier einzig und allein die Qualität bzw. das Preis-Leistungs-Verhältnis, denn schließlich nehmen wir letztendlich das Produkt mit nach Hause und nicht den Verkäufer.

Wer Sympathie als Judostrategie nutzen will, hat zum einen den Vorteil, dass Sympathie auch dann Einfluss hat, wenn sie für den Urteilsgegenstand irrelevant ist. Des Weiteren beeinflussen auch Faktoren, die nichts mit den Charaktereigenschaften der Person zu haben, wie sympathisch wir diese finden. Attraktivität, Ähnlichkeit und auch die Tatsache, ob der andere uns zu mögen bzw. sich für uns zu interessieren scheint, bestimmen mit, ob und wie sympathisch wir andere Menschen finden und wie stark wir uns von ihnen beeinflussen lassen. Sympathie lässt sich sogar recht einfach bewirken, wie man nachfolgend sieht (sog. *impression management*, Fletcher, 1989).

Sympathie durch positive Selbstdarstellung erhöhen (Selbsterhöhung/*self-enhancement*).   Eine Möglichkeit, um sich dem anderen sympathisch zu machen, besteht darin, sich selbst möglichst vorteilhaft zu präsentieren (Schlenker, 1980). Dies gelingt unter anderem durch ein gepflegtes Äußeres, gute Kleidung, eine geschickte Auswahl der Gesprächsinhalte und eingestreuten Informationen, die uns positiv, so beispielsweise intelligent, kompetent oder vertrauenswürdig, erscheinen lassen. Auch indem man sich mit Personen oder Ereignissen in Verbindung bringt, die der andere bereits mag (sog. *name-dropping*), erscheint man selbst in positiverem Licht – die Sympathie färbt auf die eigene Person ab. Weitere, subtilere Taktiken sind das Preisgeben negativer Informationen über sich selbst, um sich als bescheiden darzustellen (sog. „Selbstmissbilligung"), und das Preisgeben persönlicher Informationen, auch wenn diese nicht erfragt wurden (sog. „Selbstenthüllung"). Auf diese Weise entsteht der Eindruck, man sei ehrlich und möge das Gegenüber (Tedeschi & Melburg, 1984).

> **Strategien, um sich Sympathien zu sichern**
> - positive Selbstdarstellung
> - Ähnlichkeiten betonen/erzeugen
> - positive Gefühle im anderen auslösen

Sympathie durch das Hervorheben/Erzeugen von Ähnlichkeiten erhöhen. Personen kommen einer Bitte eher nach, wenn sie glauben, dass der andere etwas mit ihnen gemeinsam hat (z. B. Burger et al., 2004; Greenwald & Banaji, 1995, S. 11f; Hornstein et al., 1968). Um sympathischer und damit einflussreicher zu sein, werden deshalb im Verkaufsbereich auch ganz gezielt Ähnlichkeiten zwischen Verkäufer und potenziellem Käufer hergestellt – sieht der Verkäufer im Auto des Interessenten Tennisschläger liegen, erzählt er, dass er ebenfalls Tennis spielt. Kommt der Kunde mit einem fremden Autokennzeichen, hat der Verkäufer „zufällig" Verwandte in jener Gegend. So belanglos diese Ähnlichkeiten auch erscheinen mögen, sie haben Wirkung. Deswegen sind auch Werbespots, in denen „Otto Normalverbraucher" als (dem Konsumenten ähnlicher) Produktverwender auftritt, extrem erfolgreich (Laskey & Fox, 1994) – erfolgreicher als reine Präsentationen der Produkte (Gleich, 2000a, 2000b, zitiert nach Felser, 2001). Ebenso unterschreiben Personen eher eine Petition bzw. schließen eher Versicherungen oder Kaufverträge ab, wenn das Gegenüber ihnen ähnlich ist – sei es hinsichtlich Kleidung, Alter, Religion, politischer Einstellung oder auch des Tabakkonsums (Evans, 1963; Gadel, 1964; Lombard, 1955; Suedfeld, Bochner & Matas, 1971; Woodside & Davenport, 1974). Auch Präventionsmaßnahmen gegen das Rauchen in Schulen sind erfolgreicher, wenn diese von der Zielgruppe ähnlichen Personen – in diesem Fall von gleichaltrigen Peers – durchgeführt werden (Murray et al., 1984).

Sympathie durch das Erzeugen von positiven Gefühlen im anderen erhöhen (*otherenhancement*). Wir mögen diejenigen, die uns mögen (Byrne & Rhamey, 1965; Condon & Crano, 1988). Im anderen positive Gefühle auszulösen, ist deshalb eine sehr häufige und durchaus effektive Strategie, um jemanden dazu zu bringen, einer Bitte nachzukommen (Godfrey et al., 1986). Dies lässt sich erreichen, indem man Interesse an der anderen Person und an dem, was sie erzählt, zeigt, Zustimmung bzw. Übereinstimmung ausdrückt, positive nonverbale Hinweise gibt wie Lächeln, Blickkontakt halten, sich in seine Richtung vorbeugen etc. (Liden & Mitchell, 1988; Purvis et al., 1984; Wortman & Linsenmeier, 1977; Wayne & Ferris, 1990). Auch Eltern lassen sich von ihren Kindern möglicherweise leichter erweichen, wenn eine Bitte mit der Auslösung von positiven Gefühlen verbunden wird (z. B. „Ich finde es echt toll, dass ihr so fortschrittliche und überhaupt nicht spießige Eltern seid! Ihr habt sicher nichts dagegen, wenn ich mir ein Augenbrauenpiercing machen lasse?"). Wird diese Strategie allerdings übertrieben oder zu exzessiv betrieben, schlägt die Wirkung ins Gegenteil um, wird als aufgesetzt und beeinflussend wahrgenommen (Baron et al., 1990) und erzeugt Reaktanz (vgl. auch Abschnitt 7.3.3).

Schafft man es, sich dem anderen sympathisch erscheinen zu lassen, ist dieser eher bereit, das zu tun, was wir von ihm wollen. Es haben aber nicht nur Personen einen stärkeren Einfluss auf uns, die wir mögen, sondern auch solche, die für uns eine Autorität darstellen. Wie Autorität und sozialer Einfluss zusammenhängen, wird im nächsten Abschnitt genauer beleuchtet.

Gehorsam –
Autorität als Einflussfaktor

Ein sehr offensichtlicher Versuch sozialer Einflussnahme ist, wenn uns jemand eine Anweisung gibt und erwartet, dass wir dieser Folge leisten. In vielen Fällen folgen wir solchen Anweisungen schlichtweg deswegen, weil sie uns sinnvoll erscheinen (z. B. wenn wir die vom Arzt verordneten Medikamente gemäß Anweisung einnehmen) oder weil Gehorsam im Vergleich zu den sonst zu erwartenden Konsequenzen ganz einfach die bessere Alternative ist (wie z. B. wenn wir der Anordnung eines Polizisten Folge leisten, weil ein Bußgeld die schlechtere Alternative ist, oder wenn Kinder ihren Eltern folgen, weil sie zwei Tage Fernsehverbot schlimmer finden als eine Stunde Zimmeraufräumen). Möglicherweise haben Sie dabei das Gefühl, dass Sie sich im Falle unsinniger oder fragwürdiger Befehle jedoch relativ leicht gegen diese verwehren könnten. Doch würde Ihnen das auch gelingen, wenn diese Anordnungen von einer Autoritätsperson stammten?

Anweisungen von Autoritätspersonen zeichnen sich typischerweise dadurch aus, dass sie uns weniger wie ein Befehl, sondern vielmehr als hilfreiche Information eines Experten erscheinen und somit wenig Widerwillen in uns erzeugen (z. B. Bushman, 1988; Darley, 1995; vgl. auch Abschnitt 8.2.1, „Informativer Einfluss"). Selbst fragwürdige Anweisungen werden häufig nicht infrage gestellt, wenn sie von einer (angeblichen) Autoritätsperson gegeben werden (vgl. Beispielstudie).

Beispielstudie zum Expertenstatus/Autoritätsdenken
Personen, die Expertenstatus innehaben, wird unkritisch Folge geleistet.

Hofling und Kollegen (1966) riefen Pflegekräfte im Krankenhaus an und gaben sich als Klinikarzt aus. Sie gaben per Telefon die Anweisung, einem bestimmten Patienten 20 Milligramm eines bestimmten Medikaments zu verabreichen. In 95 % der Fälle wurde dem Folge geleistet, d. h., die Pflegekraft holte das Medikament, entnahm die geforderte Menge und machte sich auf dem Weg zu dem Patienten. (Dort wurde sie dann abgefangen und über die Studie aufgeklärt.)

Die Pflegekräfte befolgten diese Anweisung, obwohl sie damit gegen vier Vorschriften verstieß: Zum einen kam die Anordnung per Telefon, was eine Verletzung der Klinikordnung bedeutete. Zweitens durfte das angewiesene Medikament prinzipiell auf der jeweiligen Station nicht verordnet werden, drittens war die angewiesene Dosis eindeutig zu hoch (sie betrug das Doppelte der auf der Packung angegebenen Höchstdosis von 10 Milligramm), und viertens kam die Anordnung von jemandem, den die Pflegekraft nicht kannte.

Die Pflegekräfte verließen sich darauf, dass die Anordnung einer Autorität bzw. eines Experten (eines Arztes) korrekt ist und nicht hinterfragt werden muss.

Wieso haben Autoritäten diesen Einfluss? Ein wichtiger Faktor ist – wie bei den anderen Judostrategien auch – eine einfache Faustregel, in diesem Fall: „Gehorche fachkundigen Autoritätspersonen!" Woran aber erkennen wir „fachkundige Autoritäten"? Autorität wird Personen über ihren Status bzw. ihre Expertise zuteil. Gerade dann, wenn wir selbst (als Psychologe z. B. beim Arzt, beim Steuerberater oder beim Rechtsanwalt) von dem Fachgebiet wenig oder gar nichts verstehen,

Einfluss von Autoritäten

- Aufgrund der sozialen Norm „Gehorche fachkundigen Autoritäten!" ist der Einfluss von Autoritätspersonen verstärkt.

- Autorität wird Personen aufgrund von Status und Expertise zuteil; letztere werden häufig aus äußeren Zeichen wie beispielsweise Titeln oder Uniformen erschlossen.

müssen wir uns auf äußere Zeichen für Status bzw. Expertise verlassen und leiten diese unter anderem auch aus dem Titel der Person oder deren spezifischer Berufskleidung ab (Joseph & Alex, 1972). So verstärkt allein das Tragen einer Uniform, eines Arztkittels oder eines Anzugs im Vergleich zu normaler Kleidung den sozialen Einfluss (Bickman, 1974; Bushman, 1988; Lefkowitz et al., 1955; vgl. Beispielstudie). Solche Merkmale können natürlich auch bewusst im Sinne einer Judostrategie eingesetzt werden, um den Einfluss auf andere Personen zu erhöhen.

Beispielstudie zur Wirkung von Kleidung
Aufforderungen wird eher nachgekommen, wenn sie von Personen in Uniform ausgesprochen werden.

Ein Assistent von Bickman (1974, Exp. 2) ging auf der Straße auf Passanten zu, zeigte auf einen einige Meter entfernt stehenden Mann an einer Parkuhr und sagte: „Sehen Sie den Mann dort drüben bei der Parkuhr? Seine Parkuhr ist abgelaufen und er hat kein Kleingeld. Geben Sie ihm ein Zehncentstück!" Danach wandte er sich zum Gehen. War dieser Assistent als Wachmann gekleidet, kamen seinen Bitten 92 % der Passanten nach, während dies nur 42 % taten, wenn er in normaler Kleidung erschien.

Häufig sind – wie in der eben beschriebenen Studie – die Folgen einer unkritischen „Autoritätshörigkeit" nicht gravierend. Im Extremfall bringt sie jedoch Menschen dazu, unmoralisch und entgegen ihrer inneren Überzeugung zu handeln. Was glauben Sie: Könnte eine Autoritätsperson Sie dazu bringen, einer fremden Person – die Ihnen überdies nichts getan hat – Schmerzen zuzufügen? Nein? Die Forschung zeigt hier ein anderes Bild auf. Wir neigen viel stärker dazu, (angeblichen) Autoritäten blindlings zu gehorchen, als wir das von uns selbst glauben (z. B. Milgram, 1963; vgl. Beispielstudie).

Beispielstudie zum Gehorsam
Autoritäten haben auch bei unmoralischen Befehlen starken sozialen Einfluss.

Die Teilnehmer eines der Experimente von Milgram (1963, 1974, Exp. 5) wurden über Zeitungsannoncen zu einem Gedächtnis- und Lernexperiment angeworben. Die Untersuchung fand in Zweiergruppen statt, bei denen die Rollen des Lehrers und des Schülers angeblich per Losverfahren zugeteilt wurden. In Wirklichkeit war der zweite Teilnehmer jedoch ein Vertrauter der Versuchsleitung und es wurde dafür gesorgt, dass der echte Teilnehmer jeweils die Rolle des Lehrers übernahm. Konkret war es dessen Aufgabe, dem „Schüler" zunächst Wortpaare von einer Liste vorzulesen und diese im Anschluss abzuprüfen. Um die Auswirkungen von Strafe auf die Lernleistung zu untersuchen, sollte er dem „Schüler", wenn dieser einen Fehler machte, einen elektrischen Schock mit einer Stärke von 15 Volt verabreichen. Bei jedem weiteren Fehler sollte die Schockstärke um 15 Volt – bis maximal 450 Volt – erhöht werden. Die jeweiligen Schockschalter waren mit Etiketten gekennzeichnet, die von „leichter Schock" über „Gefahr: Schwerer Schock" bis zu einem „XXX" reichten.

Volt	Reaktion des Schülers
75	Ugh!
105	Ugh! *(louder)*
120	Ugh! Hey, *this* really hurts.
150	Ugh!!! Experimenter! That's all. Get me out of here. I told you I had heart trouble. My heart's starting to bother me now. Get me out of here, please. My heart's starting to bother me. I refuse to go on. Let me out.
180	Ugh! I can't stand the pain. Let me out of here! *(shouting)*
255	Ugh! Get me *out* of here.
270	*(Agonized scream)* Let me out of here. Let me out of here. Let me out of here. Let me out. Do you hear? Let me out of here.
300	*(Agonized scream)* I absolutely refuse to answer any more. Get me out of here. You can't hold me here. Get me out. Get me out of here.
315	*(Intensly agonized scream)* I told you I refuse to answer. I'm no longer part of this experiment.
330	*(Intense and prolonged agonized scream)* Let me out of here. Let me out of here. My heart's bothering me. Let me out, I tell you. *(Hysterically)* Let me out of here. Let me out of here. You have no right to hold me here. Let me out! *(...)*

Tab. 8.1.: Tabellarischer Exkurs: Ausgewählte Proteste des Schülers in dem Experiment von Milgram (1974, Exp. 5, S. 56f.).

Der Teilnehmer konnte zunächst beobachten, wie der Schüler im Nebenzimmer auf einem Stuhl fixiert und an die Elektroden angeschlossen wurde. Des Weiteren erhielt der Lehrer zu Demonstrationszwecken selbst einen Schock von 45 Volt (was bereits ziemlich schmerzhaft ist). Die Tür zum Nebenzimmer wurde dann geschlossen, so dass zwischen Lehrer und Schüler kein Sichtkontakt bestand. Der Schüler gab seine Antwort per Tastendruck ab und war über eine Sprechanlage zu hören.

Zu Beginn beantwortete der Schüler die Fragen korrekt, in der Folge machte er jedoch immer wieder Fehler. Bei dem fünften Fehler war instruktionsgemäß ein Schock von 75 Volt zu verabreichen, worauf die Teilnehmer über die Sprechanlage einen Schmerzensschrei des

Schülers hörten. Die Reaktionen des Schülers wurden mit Zunahme der Schockstärke immer extremer (vgl. „Tabellarischer Exkurs", vorherige Seite).[12] Zögerte der „Lehrer", reagierte der stets anwesende Versuchsleiter – mit fester Stimme, jedoch nie unhöflich – mit standardisierten Instruktionen. Zunächst sagte er einfach: „Bitte fahren Sie fort." Wurde dadurch kein Gehorsam erzielt, lautete die nächste Instruktion: „Das Experiment verlangt, dass Sie weitermachen." Fruchtete auch dies nicht, sagte er: „Es ist absolut essenziell, dass Sie weitermachen." Das Experiment wurde abgebrochen, wenn auch mit der vierten Instruktion „Sie haben keine andere Wahl. Sie *müssen* weitermachen." kein Gehorsam erzielt werden konnte.

Psychologiestudenten der Yale University, amerikanische Bürger der Mittelschicht und eine Gruppe von Psychiatern schätzten im Rahmen einer Befragung (Milgram, 1974, S. 27f.), dass in einer solchen Studie nur etwa 1 % der Teilnehmer bis zur Maximalstrafe von 450 Volt gehen würden. Tatsächlich waren es 65 % der Teilnehmer. Der durchschnittlich verabreichte Maximalschock betrug 360 Volt. Kurzum: „Ganz normale" Menschen wie Sie und ich waren in diesem Experiment bereit, anderen nur aufgrund von Anweisungen – die jedoch keinerlei *wirklichen* Zwang beinhalteten – schwere Schmerzen zuzufügen.[13]

Wie kommt es zu diesem erschreckenden, destruktiven Gehorsam? Eine wichtige Rolle spielt wie bereits weiter oben beschrieben die **Autorität** des Versuchsleiters, die durch dessen Kleidung, sein Auftreten und das professionell ausgestattete Labor auf dem Gelände einer angesehenen Universität vermittelt wurde. Um Personen jedoch dazu zu bringen, Handlungen auszuführen, die ihren inneren Überzeugungen widersprechen, spielen noch andere Faktoren eine Rolle. Im Speziellen sind dies die Distanz zum Opfer, die Verantwortungsverschiebung auf die Autoritätsperson, der graduelle Anstieg der Anforderungen sowie ein schnelles Voranschreiten der Situation.

Faktoren, die Gehorsam gegenüber Autoritätspersonen begünstigen

- Distanz zum Opfer
- Verantwortungsverschiebung auf die Autoritätsperson
- gradueller Anstieg der Anforderungen
- Voranschreiten der Situation

- **Distanz zum Opfer**

  Milgram (1974) variierte in einer weiteren Studie die Distanz zwischen Lehrer und Schüler (Opfer), indem beispielsweise der Schüler im gleichen Raum platziert wurde oder der Teilnehmer zur Verabreichung des Schocks sogar die Hand des Schülers eigenhändig auf eine Platte drücken musste. Unter der letztgenannten Bedingung war ein erheblich geringerer Teil (aber immerhin doch noch 30 %!) der Teilnehmer bereit,

---

[12] Selbstverständlich erhielt der Schüler/Vertraute der Versuchsleitung in Wirklichkeit keine Schocks und die Reaktionen des Schülers kamen vom Tonband. Die Studie war jedoch so überzeugend gemacht, dass die Teilnehmer keinen Zweifel daran hatten, dass sie tatsächlich per Knopfdruck einer anderen Person Schmerzen zufügten.

[13] Diese Ergebnisse wurden in diversen Ländern – unter anderem auch in Deutschland – repliziert und zeigen sich bei Erwachsenen ebenso wie bei Kindern (z. B. Kilham & Mann, 1974; Mantell, 1971; Shanab & Yahya, 1977).

bis zum Maximalschock von 450 Volt zu gehen. Mit zunehmender Nähe des Opfers sinkt bzw. mit zunehmender Distanz steigt somit die Bereitschaft, den Anweisungen des Versuchsleiters Folge zu leisten.

- **Verantwortungsverschiebung auf die Autoritätsperson**
  Die Verantwortung für mögliche Folgen der Befehlsausführung wird zu großen Teilen der anweisenden Autoritätsperson zugeschrieben, der untergeordnete Befehlsempfänger wird dagegen vornehmlich als ausführendes Organ wahrgenommen (z. B. Blass, 1996; Hamilton, 1978; Meeus & Raaijmakers, 1995; Milgram, 1963, 1974). Eine häufig vorgebrachte Erklärung für verübte Grausamkeiten „Ich habe nur einen Befehl ausgeführt" bringt das zum Ausdruck: Wir gehen davon aus, dass die Autoritätsperson für potenzielle und vor allem für negative Konsequenzen ihrer Befehle verantwortlich zu machen ist – nicht wir selbst –, und sind dadurch eher bereit, den Anweisungen Folge zu leisten.

- **Gradueller Anstieg der Anforderungen**
  Hätte Milgram (1963, 1974) seine Versuchspersonen aufgefordert, dem „Schüler" gleich beim ersten Fehler einen Schock von 450 Volt zu verabreichen, hätten sich mit großer Wahrscheinlichkeit viele Teilnehmer geweigert. Die Hemmung, einen harmlosen Schock von 15 Volt zu verabreichen, ist dagegen viel schwächer. Durch die geringen Steigerungsraten von nur 15 Volt war es zudem schwer, ein Ende zu finden. Wie sollte man es schließlich rechtfertigen, dass man einen Schock von 180 Volt verabreicht hat, sich aber – trotz der vom Versuchsleiter betonten Wichtigkeit weiterzumachen – standhaft weigert, die 195-Volt-Taste zu drücken? Dieses „Prinzip der kleinen Schritte" kann entsprechend auch „ganz normale Menschen" zu Folterknechten machen (z. B. in der griechischen Militärdiktatur in den späten 60er Jahren: Haritos-Fatouros, 1988; vgl. auch Abschnitt 8.3.3, *„foot in the door*-Prinzip").

- **Voranschreiten der Situation**
  Viele Situationen, in denen destruktiver Gehorsam auftritt, sind dadurch gekennzeichnet, dass sie rasch voranschreiten. Häufig ist wenig Zeit und Kapazität für eine gründliche Reflexion der Anweisung selbst bzw. der möglichen Konsequenzen, die ein Befolgen bzw. ein Nichtbefolgen haben könnten. Auch dieser Faktor war beispielsweise in den Studien von Milgram (1963, 1974) gegeben: Innerhalb weniger Minuten nach Betreten des Labors sahen sich die Teilnehmer mit der Situation konfrontiert, einer anderen Person elektrische Schocks zu verabreichen.

Gehorsam gegenüber Autoritäten ist ein Grund für viele Greueltaten in der Menschheitsgeschichte. Aber auch in alltäglicheren Situationen kann unkritischer Gehorsam negative Folgen haben – man denke nur einmal daran, dass ein (wirklicher) Arzt sich bei seinen Anweisungen an das Pflegepersonal einmal irrt und aus Versehen eine zu hohe Dosis verschreibt. In einem solchen Fall wäre es wünschenswert, dass nicht einfach der Autorität Folge geleistet, sondern die Anweisung infrage gestellt wird. Wie aber lässt sich unkritischer Gehorsam verringern?

- **Eigenverantwortung betonen**
Erinnert man Befehlsempfänger daran, dass sie
– zumindest anteilig – sehr wohl Verantwortung für das, was sie tun, übernehmen müssen,
kann dies die Tendenz, den Anweisungen einer
Autoritätsperson zu folgen, drastisch reduzieren (z. B. Kilham & Mann, 1974).

> **Unkritischer Gehorsam kann reduziert werden durch ...**
> - Betonung der Eigenverantwortung
> - Infragestellen von Expertise und Motiven der Autoritätsperson
> - Hinterfragen der Angemessenheit von Anweisungen und Gehorsam

- **Expertise und Motive der Autorität hinterfragen**
Bei fragwürdigen Anweisungen kann es helfen, die Expertise und auch die Motive der
Autoritätsperson zu hinterfragen. Ist die Person tatsächlich ein Experte oder wirkt sie
nur so? Ist der Befehl angemessen oder nicht? Dient unser Gehorsam möglicherweise nur egoistischen Zielen dieser Person? Dieses Hinterfragen ist von großer Bedeutung, weil sich äußere Anzeichen von Autorität leicht fälschen lassen – man denke nur
an Hochstapler, die sich dieses Phänomen sehr erfolgreich zunutze machen. Steven
Spielberg erzählt in seinem Kinofilm *Catch me if you can* über Frank W. Abagnale Jr.,
dessen Karrieren als „falscher" Arzt, Pilot und Rechtsanwalt vortreffliche Beispiele
hierfür darstellen.

- **Angemessenheit von Gehorsam hinterfragen**
In manchen Situationen ist Gehorsam angemessen und sehr sinnvoll, so beispielsweise wenn wir als medizinische Laien ohne lange Diskussion an einem Unfallort
den Anweisungen des Notarztes folgen. In anderen Situationen dagegen ist Gehorsam
nicht angemessen bzw. steht der Nutzen von Gehorsam (z. B. keinen Ärger mit dem
Versuchsleiter zu bekommen) in keiner Relation zu dem Schaden, den man damit anrichtet (z. B. einer anderen Person starke Schmerzen zuzufügen). Es hat sich gezeigt,
dass Menschen weniger dazu neigen, Befehle blind zu befolgen, wenn sie eine oder
mehrere andere Personen beobachten können, die die Anweisungen *nicht* befolgen
(z. B. Rochat & Modigliani, 1995), und dadurch angeregt selbst anfangen, die Angemessenheit der Befehle infrage zu stellen (vgl. auch Abschnitt 8.2.2).

Zusammenfassung

Merkmale der anderen Person – im Speziellen deren Sympathie und Autorität – bestimmen mit, wie stark ihr Einfluss auf andere Menschen ist. Sympathisch sind uns Personen
unter anderem deshalb, weil sie sich „von ihrer besten Seite" zeigen (positive Selbstdarstellung), weil wir Ähnlichkeiten zwischen ihnen und uns selbst feststellen können oder
weil sie es schaffen, dass wir uns gut fühlen. Autorität wird Menschen aufgrund von Expertise und Status zugeschrieben, welche wiederum unter anderem aus äußeren Zeichen
(„Statussymbolen") abgeleitet werden. Diese Faktoren lassen sich gezielt betonen oder
einsetzen und auf diese Weise Sympathie und Autorität als Judostrategie verwenden.

Wir haben uns bisher damit beschäftigt, wie der soziale Einfluss einer Person von situativen Gegebenheiten (vgl. Abschnitt 8.3.1) und Merkmalen des Gegenübers (aktueller Abschnitt) beeinflusst wird und wie sich dies im Sinne einer Judostrategie zur bewussten Einflussnahme nutzen lässt. Im nächsten Abschnitt zeigen wir auf, dass wir auch dann eher bereit sind zu tun, was ein anderer von uns will, wenn er in uns zuvor ein Gefühl der Verpflichtung geschaffen hat.

8.3.3   Sozialer Einfluss durch Auslösen eines Verpflichtungsgefühls beim Gegenüber

In den beiden Redewendungen „Wie du mir, so ich dir" und „Wer A sagt, muss auch B sagen" stecken zwei Entscheidungsregeln, die im Sinne einer Judostrategie dazu verwendet werden können, den anderen dahin zu bringen, wo wir ihn haben wollen. „Wie du mir, so ich dir" meint die Regel der Gegenseitigkeit: Habe ich jemand anderem etwas Gutes getan oder steht er anderweitig in meiner Schuld, kann ich von ihm erwarten, dass er sich revanchiert. Die Regel „Wer A sagt, muss auch B sagen" basiert auf dem Bedürfnis, in unseren Handlungen konsistent zu sein. In beiden Fällen entsteht ein Verpflichtungsgefühl – im ersten Fall gegenüber einer anderen Person, im zweiten Fall gegenüber der eigenen Meinung.

„Wie du mir, so ich dir" – Verpflichtung aufgrund von Reziprozitätsnorm

Stellen Sie sich vor, ein Kommilitone bittet Sie, ihm nächstes Wochenende beim Umzug zu helfen. Terminlich passt Ihnen das überhaupt nicht, da Sie am darauf folgenden Montag in Ihrem Sozialpsychologieseminar ein Referat halten müssen und genau wissen, dass Sie das Wochenende dringend zur Vorbereitung brauchen werden. Andererseits ist Ihr Kommilitone ein wirklich hilfsbereiter Mensch und hat Ihnen erst gestern wieder mit den Statistikaufgaben aus der Patsche geholfen. Was tun Sie also? Vermutlich werden Sie dem Kommilitonen beim Umzug helfen – schließlich wollen Sie nicht undankbar erscheinen. Im gleichen Sinne macht es die Bitte „Darf ich heute länger aufbleiben? – Ich hab' doch vorhin auch mein Zimmer aufgeräumt." Eltern schwerer, ihrem Sprößling eine Absage zu erteilen, als wenn dieser vorher nicht auf seine „gute Tat" hingewiesen hätte (in der Annahme, dass er sein Zimmer für die Eltern und nicht für sich selbst in Ordnung gebracht hat).

> **Reziprozitätsnorm**
>
> Soziale Norm, die besagt, dass sich Geben und Nehmen die Waage halten müssen. Entsprechend fühlen wir uns beispielsweise verpflichtet, Gefälligkeiten zu erwidern – sogar, wenn wir diese gar nicht wollten.

Was in diesen beiden Beispielen zum Tragen kommt, ist die sog. **Reziprozitätsnorm** oder auch „Regel der Gegenseitigkeit" – eine soziale Norm, die besagt, dass es angemessen ist, Gefälligkeiten zu erwidern: Ist jemand nett zu uns, fühlen wir uns verpflichtet, ihm gegenüber ebenfalls nett zu sein (Cialdini et al., 1992; Uehara, 1995; Whatley et al., 1999). Ganz allgemein könnte man auch sagen, dass wir das Bedürfnis haben, unser „Geben-und-nehmen-Konto" mit anderen Menschen auszugleichen und im Besonderen dafür zu sorgen, aus dem „Minus" herauszukommen, denn Schnorrer oder Abzocker sind nicht beliebt. Es ist sozial nicht gern gesehen, Schulden zu haben bzw. diese nicht zu begleichen oder auch jemanden nicht die Möglichkeit einzuräumen, einen Gefallen zu erwidern (Gergen et al., 1975). Ins Minus bzw. „in die Schuld" bei einem anderen kommen wir entweder dadurch, dass wir uns ihm gegenüber etwas zuschulden kommen lassen (vgl. auch Exkurs), oder aber indem dieser uns etwas Gutes tut (uns also etwas „vorstreckt"). Dieses Gefühl, nach einer Gefälligkeit in der Schuld des anderen zu stehen, kommt sogar dann in uns auf, wenn wir gar nicht um diese Gefälligkeit gebeten haben bzw. diese gar nicht wollten (vgl. Beispielstudie).

> **Exkurs: Die Induktion von Schuldgefühlen bewirkt erhöhte Hilfsbereitschaft**
>
> Katzev und Kollegen (1978, Exp. 2) ließen in einem Zoo Besucher, die die Bären mit Dingen fütterten, die nicht erlaubt waren, mit den Worten ermahnen: „Hey, füttern Sie die Tiere nicht mit unerlaubtem Futter. Wissen Sie nicht, dass ihnen das schaden könnte?" Solchermaßen zurechtgewiesene Besucher waren kurz darauf eher bereit, einer anderen Person, der „versehentlich" etwas heruntergefallen war, zu helfen, als Zoobesucher, die die Bären nicht gefüttert hatten und auch nicht ermahnt worden waren.

Beispielstudie zur Reziprozitätsnorm
Gefälligkeiten erzeugen den sozialen Druck, sich zu revanchieren.

Regan (1971) ließ in einer seiner Studien jeden Teilnehmer mit einer anderen Person zusammen eine Aufgabe bearbeiten. Diese zweite Person war jedoch kein echter Teilnehmer, sondern ein Assistent des Forschers. Er war instruiert, sich bei einer Hälfte der Teilnehmer insgesamt eher freundlich, bei der anderen Hälfte eher unfreundlich zu verhalten.

In beiden Gruppen brachte der Assistent bei jeweils der Hälfte der Versuchsteilnehmer aus der Pause überraschend zwei Flaschen Cola mit und bot eine unaufgefordert dem echten Teilnehmer an. Bei der anderen Hälfte kam er mit leeren Händen zurück. Nach der Aufgabenbearbeitung fragte der Assistent den Teilnehmer, ob er ihm einige 25-Cent-Lose für ein Auto abkaufen würde – wenn er möglichst viele Lose verkauft bekäme, erhalte er eine Prämie.

Die meisten Lose wurden gekauft, wenn die Teilnehmer zuvor unerwarteterweise eine Cola erhalten hatten (obwohl eine Cola damals wesentlich weniger kostete als die Lose, nämlich nur etwa zehn Cent). Das freundliche bzw. unfreundliche Auftreten des anderen war von wesentlich geringerer Bedeutung. Somit war die Reziprozitätsnorm entscheidend.

Erhalten wir eine Gefälligkeit, fühlen wir uns verpflichtet, uns zu revanchieren. Das Ausmaß der Gegenleistung ist dabei in der Regel größer als die erhaltene Gefälligkeit –

Tit for tat plus one

- Gegenleistungen/Entschädigungen fallen häufig größer aus als die „Schulden".

- Dies gibt die Sicherheit, dass die Schuld auch wirklich beglichen ist und weist einen stärkeren Freiwilligkeitscharakter auf.

ein Getränk im Wert von zehn Cent wird mit dem Kauf von einem oder mehreren 25-Cent-Losen entschädigt, die Statistikhilfe von einer halben Stunde mit mehrstündiger Hilfe beim Umzug. Personen reagieren häufig nicht mit einer *tit for tat*- bzw. „Wie-du-mir-so-ich-dir"-Strategie, sondern legen noch etwas drauf (d. h. *tit for tat plus one*, van Lange, 1999). Wie kommt es dazu? Bedenkt man, dass es im sozialen Austausch häufig schwierig ist, den Wert einer Gefälligkeit oder Schuld einzuschätzen (wie viel ist z. B. eine halbe Stunde Statistikhilfe umgerechnet in Stunden Umzugshilfe wert?), und zudem die gleiche Aktion von verschiedenen Personen möglicherweise sehr unterschiedlich bewertet wird (z. B. eine halbe Stunde Statistikhilfe von einem passablen versus einem grottenschlechten Statistiker), wird dies verständlich: Eine Person, die etwas mehr zurückgibt, als sie bekommen hat, kann sicher sein, dass ihre Schuld beglichen ist – selbst wenn beispielsweise nicht alles beim anderen ankommt oder dieser die Leistung geringer einschätzt. Des Weiteren zeugt eine Gegenleistung, die über das Notwendige hinausgeht, von einer gewissen Freiwilligkeit, eine gleich hohe Gegenleistung würde erzwungen wirken (Felser, 2001, S. 258).

Die Reziprozitätsnorm in Verbindung mit der Neigung zur *tit for tat plus one*-Strategie ist geradezu prädestiniert dazu, im Sinne einer Judostrategie zur Beeinflussung anderer Personen (aus-)genutzt zu werden: Ich gehe mit einer kleinen Gefälligkeit in Vorleistung und der andere fühlt sich verpflichtet, diese mit einer größeren Gefälligkeit zu erwidern.

Auf Reziprozität basierende Judostrategien

- (Werbe-)Geschenke, Kostproben
- *that's not all!*-Prinzip
- *door in the face*-Prinzip

Auf dem Mechanismus der Reziprozität basieren entsprechend verschiedene, sehr wirksame Beeinflussungsprinzipien, die im Folgenden näher beschrieben werden.

(Werbe-)Geschenke, Kostproben.   Die Reziprozitätsnorm machen sich verschiedenste Vereinigungen (Religionsgemeinschaften, politische Vereinigungen, Vereine etc.) immer wieder zunutze. Sie überreichen per Post oder auf der Straße ein kleineres Geschenk, wie beispielsweise Postkarten, Luftballons, Anstecker, eine Blume oder Ähnliches, und verbinden dies mit der Bitte um eine Spende oder um den Beitritt in ihren Verein. Ziel dieses Vorgehens ist es, dass sich der Empfänger aufgrund des Geschenks verpflichtet fühlt, sich zu revanchieren – d. h. in diesem Fall, dass er der Bitte nachkommt (Church, 1993; James & Bolstein, 1992). Und das funktioniert: Werden beispielsweise kleine Geschenke wie Adresssticker mitgeschickt, steigt die Spendenbereitschaft deutlich an (Smolowe, 1990). Nach dem gleichen Prinzip wirken Gratisproben im Supermarkt oder Gutscheine zur Neueröffnung eines Ladens/Restaurants, die wir im Briefkasten vorfinden. Schickt man Personen einen Dollar mit, wenn man ihnen einen Fragebogen zusendet, so erhöht das die Wahrscheinlichkeit, dass sie den Fragebogen ausgefüllt zurücksenden, von 20 % auf 40 % (James & Bolstein, 1992). Wie bereits weiter oben angedeutet, muss diese Gefälligkeit oder das Geschenk weder erwartet noch erwünscht sein, damit der soziale Druck entsteht, der dieses Prinzip erfolgreich sein lässt. Selbst wenn man vorher weiß, worum es gehen wird (wie es bei den typischen „Kaffeefahrten" der Fall ist, die bereits als Verkaufsfahrten deklariert sind), befindet man sich unversehens in einem psychologischen Dilemma: Man wird mit Werbegeschenken überhäuft und weiß kaum, wie man die Fahrt ohne etwas zu kaufen überstehen soll. Möglicherweise lassen sich Eltern auch eher dazu hinreißen, auf die Frage der Metzgereiverkäuferin „Darf's auch etwas mehr sein?" mit Ja zu antworten, wenn der Sprössling kurz vorher eine Scheibe Wurst geschenkt bekommen hat.

Das *that's not all!*-Prinzip. Kennen Sie das? Ihr Partner/Mitbewohner bittet Sie um einen Gefallen und während Sie noch überlegen, ob Sie zustimmen sollen oder nicht, setzt der andere noch eins drauf und sagt: „Ich mache auch heute Abend den Abwasch." Vielleicht hätte er das Spülen eh übernommen, trotzdem könnte diese Ankündigung Sie dazu bewegen, seiner Bitte eher zuzustimmen. Dieses Vorgehen wird im Verkaufsbereich häufig und mit großem Erfolg eingesetzt. Zugrunde liegender Mechanismus dieses Prinzips ist ebenfalls die Reziprozitätsnorm: Der

> **Das *that's not all!*-Prinzip**
>
> Durch ein „Extra" erhöht sich die Wahrscheinlichkeit, dass der andere dem ursprünglichen Angebot zustimmt.
>
> Folgende beiden Voraussetzungen müssen dabei gegeben sein:
>
> - Die Dreingabe/der Nachlass wird angeboten, noch *bevor* sich der andere hinsichtlich des ursprünglichen Angebots entschieden hat.
> - Das Extra muss als spontan und freiwillig empfunden werden.

Verkäufer tut mir etwas Gutes, indem er mir – ohne dass ich danach frage – noch etwas dazu gibt oder den Preis nachlässt. Für dieses Zugeständnis muss ich ihm nun ebenfalls etwas Gutes tun, indem ich das naheliegendste tue und ihm das Produkt abkaufe. Dieses Prinzip funktioniert jedoch nur, wenn das Zugeständnis des anderen nicht als Verpflichtung seinerseits angesehen bzw. als Ergebnis eines interaktiven Verhandlungsprozesses, sondern als spontan und freiwillig erlebt wird (Burger, 1986). Wäre Ihr Mitbewohner/ Partner also gemäß Spülordnung eh an der Reihe mit dem Abwasch, hätte sein „spontanes" Zugeständnis vermutlich wenig Wirkung.

Das *door in the face*-Prinzip.[14] In dem bekannten Comic *Calvin und Hobbes* (© 1985, Bill Watterson), fragt Calvin seine Mutter zunächst, ob er seine Matratze anzünden dürfe, was die Mutter erwartungsgemäß verneint. Auch die darauf folgende Frage, ob er auf dem Hausdach Dreirad fahren dürfe, wird von der Mutter mit einem Nein quittiert. Als auch die Antwort auf die dritte Frage „Kann ich dann einen Keks haben?" negativ ausfällt, zieht Calvin mit einem enttäuschten „Sie hat mich durchschaut" ab. Was war passiert? Der gute Calvin hatte nach dem sog. *door in the face*-Prinzip versucht, seine Mutter dazu zu bringen, ihm die kleine Bitte um einen Keks zu gewähren, indem er zwei große

---

[14] Der Ausdruck *door in the face* kommt daher, dass Vertretern an der Haustür zunächst ob der unverschämt großen Bitte „die Tür vor der Nase zugeschlagen wird". Er muss dann „noch einmal klingeln", um dabei von der ersten Forderung zurückzutreten und eine kleinere – die ursprünglich beabsichtigte – Forderung zu stellen.

Das *door in the face*-Prinzip

Durch eine vorgeschobene große Forderung erhöht sich die Wahrscheinlichkeit, dass einer nachgeschobenen kleineren Bitte zugestimmt wird – vorausgesetzt die erste Forderung liegt in einem realistischen Bereich.

Wirkmechanismen:

- Reziprozitätsnorm
- Ankereffekt
- Kontrastprinzip

Bitten voranstellte – in vollem Bewusstsein, dass die Mutter diese ablehnen würde. In dem Comic waren die vorangehenden Fragen so überzogen, dass die Mutter sofort hellhörig wurde und ihrem Sohnemann dadurch auf die Schliche kam. Im realen Leben und unter dem Umstand, dass die erste Forderung nicht fern jeder Vernunft liegt, erhöht eine vorgeschobene große Bitte (die ziemlich sicher abgelehnt wird) die Wahrscheinlichkeit, dass der andere einer nachgeschobenen kleineren Bitte nachgibt (Cialdini & Trost, 1998; Patch et al., 1997; Reeves et al., 1991; Schwarzwald et al., 1979; Wang et al., 1989; vgl. Beispielstudie). Das *door in the face*-Prinzip funktioniert letztendlich genauso wie das *that's not all!*-Prinzip: Der Rückzug der ersten Bitte wird – wie die Dreingabe bzw. der Preisnachlass beim *that's not all!*-Prinzip – als Zugeständnis empfunden; der andere kommt uns scheinbar entgegen, woraufhin wir unsere Position ebenfalls ein Stück weit glauben aufgeben zu müssen. Unberücksichtigt bleibt dabei, dass der andere die erste Forderung nur aus strategischen Gründen vorgebracht und seinen „Kompromiss" einkalkuliert hatte.

Beispielstudie zum **door in the face-***Prinzip***
Nach einer großen Bitte wird einer kleineren eher zugestimmt.

Cialdini und Kollegen (1975) fragten Studierende auf dem Campus (Gruppe B), ob sie bereit wären, unentgeltlich mit jugendlichen Delinquenten für zwei Stunden einen Zoobesuch zu machen. Nur 17 % der gefragten Studierenden waren dazu bereit. Eine andere Gruppe Studierender (A) wurde dagegen zunächst gefragt, ob sie bereit wären, für mindestens zwei Jahre zwei Stunden wöchentlich als unbezahlte Berater für jugendliche Delinquenten zu arbeiten. Niemand der Studierenden war dazu bereit. Auf die darauf folgende Zoo-Frage hingegen erklärten sich dann 50 % dieser Studierenden zu dem gemeinsamen Zoobesuch bereit (vgl. Tab. 8.2).

Die vorgeschaltete große Bitte und das Abrücken von dieser wirken wie eine Gefälligkeit, für die sich die Studierenden sozusagen „revanchieren", indem sie der kleineren Bitte eher zuzustimmen.

	Gruppe A	Gruppe B
1. Bitte	GROSSE Bitte (Berater für 2 Jahre)	---
Reaktion	Ablehnung	---
2. Bitte	kleinere Bitte (eimalig 2-stündiger Zoobesuch)	
Zustimmung	50 % >	17 %

Tab. 8.2: Das *door in the face*-Prinzip. Einer kleineren Bitte wird eher zugestimmt, wenn vorher eine große Bitte gestellt und diese abgelehnt wurde.

Neben der **Reziprozitätsnorm** spielen für das *door in the face*-Prinzip der **Ankereffekt** (vgl. Abschnitt 3.3) und das **Kontrastprinzip** (vgl. Abschnitt 8.3.1) eine Rolle. Diese bewirken, dass die „abgespeckte" Version nach einer vorgeschobenen extremen Forderung geringer/kleiner wirkt, als das ohne diese der Fall gewesen wäre. Forschungsbefunden zufolge funktioniert das *door in the face*-Prinzip auch bei mehreren aufeinander folgenden großen Bitten (z. B. Goldman und Creason, 1981).

Kleine und große Bitten können auch in genau umgekehrter Reihenfolge genutzt werden (vgl. nächster Abschnitt, „*foot in the door*-Prinzip"), um andere zu beeinflussen – allerdings ist der vermittelnde Mechanismus dann ein anderer:[15] Wird zunächst eine kleine und darauf folgend eine größere Bitte zum gleichen Thema gestellt, so bewirkt eine erste Zustimmung ein sog. „Commitment", das die Ablehnung einer zweiten Bitte schwer macht. Darum soll es in den nächsten Abschnitten gehen.

„Wer A sagt, muss auch B sagen" – Streben nach Konsistenz (Commitment)

Mögen Sie Menschen, die heute so und morgen so sagen bzw. „die ihr Fähnchen nach dem Wind richten"? Möchten Sie von anderen als „so jemand" angesehen werden? Vermutlich nicht. Menschen streben ganz allgemein danach, in ihren Aussagen und Handlungen konsistent zu sein, d. h. wenn wir A gesagt haben, fühlen wir uns häufig verpflichtet, auch B zu sagen – wenn auch das eine oder andere Mal zähneknirschend. Es kann durchaus vorkommen, dass wir *innerlich* unsere Meinung kurzfristig ändern, wenn uns das vorteilhaft erscheint. Sehr viel schwerer ändern wir jedoch eine einmal *ge-*

Commitment

Verpflichtung gegenüber bzw. Engagement für eine Sache. Commitment ist besonders verhaltenswirksam, wenn es aktiv, öffentlich geäußert, mit Anstrengung verbunden und freiwillig ist.

Wirkmechanismen sind:

- Konsistenzbestreben
- Selbstwahrnehmungsprozess

---

[15] Für einen Effizienzvergleich der beiden Prinzipien *door in the face* und *foot in the door*, die eine entgegengesetzte Abfolge von kleiner und großer Bitte benutzen, siehe Pascual und Gueguen (2005).

äußerte Meinung bzw. handeln entgegen dieser: Wir fühlen uns an unsere erste Aussage gebunden oder anders ausgedrückt, wir haben uns zu einer bestimmten Haltung „committet" (Cialdini, 2001). Für die Wirksamkeit dieser Verpflichtung ist es wichtig, dass das Commitment aktiv, öffentlich, mit Anstrengung verbunden und freiwillig ist (Cialdini, 2001, S. 67; Allison & Messick, 1988; Fazio et al., 1982; Freedman, 1965; Kiesler & Sakumura, 1971; Schlenker et al., 1994). Wie die folgende Beispielstudie zeigt, reicht bereits ein auf den ersten Blick sehr unbedeutendes Commitment, um die Hilfsbereitschaft zu erhöhen.

Beispielstudie zum Commitment
Ein anfängliches Commitment führt zu erhöhter Hilfsbereitschaft.

Howard (1990, Exp. 3) rief bei Einwohnern von Dallas an und fragte, ob eine Hungerhilfsorganisation einen ihrer Vertreter zu ihnen schicken und dieser ihnen Plätzchen verkaufen dürfte. 18 % der angerufenen Personen stimmten zu. Wenn der Anrufer jedoch eingangs die Frage „Wie geht es Ihnen heute Abend?" stellte (und die – fast immer positive – Antwort abwartete, ehe er mit der Bitte fortfuhr), stimmten 32 % der Befragten zu.

In einer Variante dieser Studie leitete Howard (1990, Exp. 2) das Gespräch mit den angerufenen Personen entweder wie oben mit der Frage ein: „Wie geht es Ihnen heute Abend?" (und wartete die Antwort ab, ehe er mit der Bitte fortfuhr), oder mit dem Satz: „Ich hoffe, es geht Ihnen gut heute Abend." Auf erstere Variante hin stimmten 33 % zu, auf die zweite Variante 15 %. Der Unterschied zwischen beiden Einleitungen besteht darin, dass die erste Frage ein Commitment der Person erfordert, während die zweite Variante dies nicht tut. Selbst ein so unverbindliches, aber aktives Commitment wie „mir geht es gut" macht es für das Gegenüber leichter, eine Forderung durchzusetzen – denn wenn es jemandem gut geht, kann er ja etwas für diejenigen tun, denen es schlechter geht.

Der Vorteil der auf Commitment basierenden Taktiken ist, dass sie sozusagen von alleine arbeiten – sie kosten nur eingangs die Anstrengung, das Commitment zu erzeugen. Danach bewirkt das Konsistenzstreben der Betroffenen, dass das gewünschte Verhalten auch eintritt. In manchen Fällen reicht als Commitment bereits ein „mir geht es gut" (siehe oben beschriebene Beispielstudie von Howard) oder auch das eigenhändige Ausfüllen eines Mitgliedsantrags (vgl. Exkurs) aus, um die gewünschten Effekte zu erzeugen.

Exkurs: Commitment und Widerrufsrecht

Um sicherzustellen, dass Personen von ihrem gesetzlich vorgeschriebenen Widerrufsrecht (z. B. bei Mitgliedschaften, Verkaufsverträgen) möglichst selten Gebrauch machen, ist es wichtig, bei diesen ein gewisses Commitment zu erzeugen. Zu diesem Zwecke lassen beispielsweise Verkäufer den Kunden Verkaufsformulare oder Mitgliedsanträge selbst ausfüllen (Cialdini, 2001, S. 71).

Worauf beruht dieser Commitment-Effekt? Commitment wirkt über das Zusammenspiel eines **Selbstwahrnehmungsprozesses** und des **Konsistenzbestrebens** einer Person. Mit dem Commitment ist häufig eine Veränderung des Selbstbilds verbunden. Menschen versuchen, sich im Bezug auf ihr Selbstbild konsistent zu verhalten. So kann beispielsweise jemand aus der Tatsache, dass er für einen guten Zweck (z. B. für die Kinderhilfsorganisation UNICEF e. V.) gespendet hat, schließen, dass er ein im Allgemeinen wohltätiger Mensch ist. Bei ähnlichen Gelegenheiten – beispielsweise bei einem Spendenaufruf der SOS-Kinderdörfer – wird er sich diesem Selbstbild konsistent verhalten wollen, wodurch sich die Wahrscheinlichkeit zu spenden erhöht (Burger, 1986; Cialdini, 1993; Cialdini et al., 1995; DeJong, 1979; Dillard, 1991; Dillard et al., 1984; Gorassini & Olson, 1995; vgl. auch Exkurs und Abschnitt 7.2).[16]

Judostrategien, die Commitment als Mechanismus nutzen, sind das *foot in the door*- und das *low ball*-Prinzip.

Das *foot in the door*-Prinzip.[17] Nehmen wir an, Sie würden in der Fußgängerzone angesprochen, ob Sie nicht eine Minute Zeit hätten, man würde Ihnen gerne etwas über die Organisation XY erzählen. Sie willigen ein, schließlich kostet Zuhören ja nichts. Ist das wirklich so? Tatsächlich kostet das Zuhören zunächst meistens nichts, die Mitgliedschaft, die wir uns daraufhin leichter aufschwatzen lassen, allerdings schon. Personen werden gefragt, ob sie eine kleine – vollkommen risikofreie – Bitte erfüllen könnten. Haben sie dieser kleineren Bitte erst einmal zugestimmt, werden sie in aller Regel auch einer nachfolgenden größeren Bitte zustimmen (Dillard, 1991;

> **Exkurs: Bezug zur Persönlichkeit erhöht die Wirkung von Commitment**
>
> Fointiat und Kollegen (2004) ließen eine junge Frau Besucher eines Parks nach dem Weg fragen. Die Frau bedankte sich entweder mit einem einfachen „danke", mit „danke, Sie haben mir den Weg gut gezeigt" (sog. „funktionales Labeling") oder mit „danke, Sie sind sehr hilfsbereit" (sog. „soziales Labeling"). Kurz darauf fiel der jungen Frau „unbemerkt" ein Geldschein aus der Manteltasche. War der Dank vorher auf die Persönlichkeit des anderen bezogen (d. h. soziales Labeling), gaben ihr erheblich mehr der angesprochenen Besucher den Schein zurück als in den beiden anderen Gruppen.
>
> Die Wirkung des Commitments war somit verstärkt, wenn die Person durch eine entsprechende Formulierung ihre Zustimmung zur ersten Bitte auf ihre *Persönlichkeit* und nicht auf eine spezifische Handlung zurückführte. Dies unterstreicht die Bedeutsamkeit eines veränderten Selbstbilds für die Wirksamkeit von Commitment.

> **Auf Commitment basierende Judostrategien**
>
> * *foot-in-the-door*-Prinzip
> * *low-ball*-Prinzip

---

[16] Das Konsistenzbestreben tritt in der Entwicklung zusammen mit einem erweiterten Verständnis dafür auf, dass Personeneigenschaften stabil (und damit Meinungen konsistent) sind. So zeigten in einer Studie von Eisenberg und Kollegen (1987) Kinder im Kindergartenalter nach einem Commitment noch keine konsistenten Reaktionen, dies begann erst im Alter von sieben bis acht Jahren – parallel zu dem erweiterten Verständnis für die Stabilität von Personeneigenschaften.

[17] Die Formulierung *foot in the door* stammt aus der Zeit, in der Vertreter von Tür zu Tür gingen. Die Verkaufsraten derjenigen Vertreter, die es geschafft hatten, in die jeweiligen Wohnungen gelassen zu werden (die den Fuß wahrlich in die Tür setzen durften), um ihre Produkte vorzuführen, waren deutlich höher (z. B. den Teppich staubsaugen zu dürfen als erste Bitte; der Kauf als zweite Bitte).

Dillard et al., 1984; Freedman & Fraser, 1966; vgl. Beispielstudien). Hat man sozusagen erst einmal den kleinen Finger gegeben, fällt es schwer, die ganze Hand zu verwehren.

Beispielstudien zum foot in the door-*Prinzip*
Einer großen Bitte wird eher zugestimmt, wenn vorher bereits einer kleineren Bitte zum gleichen Thema zugestimmt wurde.

Freedman und Fraser (1966, Exp. 1) riefen im Rahmen einer Telefonstudie Hausfrauen an. Eine erste Gruppe (Gruppe A) wurde in diesem Telefonat gebeten, ein paar Fragen zu ihrem Seifengebrauch zu beantworten (kleine Bitte). Einige Tage später riefen sie diese Haushalte noch einmal an und fragten, ob fünf bis sechs Mitarbeiter zu ihnen nach Hause kommen dürften, um alle im Haus verwendeten Produkte zu registrieren. Diese Bestandsaufnahme würde zwei Stunden in Anspruch nehmen und die Mitarbeiter müssten in alle Schränke und Schubladen schauen dürfen (große Bitte). Eine zweite Gruppe (B) von Hausfrauen wurde nur einmal angerufen und ausschließlich mit dieser letzteren, großen Bitte konfrontiert.

Die Ergebnisse zeigten, dass nur 22 % der zweiten Gruppe (B) dieser großen Bitte zustimmten. In der ersten Gruppe (A) dagegen stimmten 53 % der Teilnehmerinnen – nachdem sie schon vorher Fragen zu ihrem Seifengebrauch beantwortet hatten – der Bestandsaufnahme im eigenen Haus zu. Die *foot in the door*-Strategie erhöhte also die Zustimmung auf mehr als das Doppelte (vgl. Tab. 8.3).

	Gruppe A		**Gruppe B**
1. Bitte	kleine Bitte (telefonische Fragen)		---
Reaktion	*Zustimmung*		---
2. Bitte	GRÖSSERE Bitte (Bestandsaufnahme durch 5–6 Mitarbeiter im Haushalt)		
Zustimmung	**53 %**	>	**22 %**

Tab. 8.3: *Foot in the door*-Prinzip. Einer größeren Bitte wird eher zugestimmt, wenn vorher eine kleinere Bitte gestellt und dieser zugestimmt wurde.

In einer weiteren Studie zeigten Freedman und Fraser (1966, Exp. 2), dass dieser *foot in the door*-Effekt auch dann auftritt, wenn beide Bitten von unterschiedlichen Personen vorgetragen werden: Sie baten kalifornische Hausbesitzer, ein großes, aufdringliches Schild mit der Aufschrift „drive carefully" in ihren Vorgarten zu stellen. Nicht einmal 20 % der Hausbesitzer kamen dieser Bitte eines Fremden an ihrer Haustüre nach. Eine andere Gruppe von Hausbesitzern wurde zuerst gefragt, ob sie eine Petition für sichereres Fahren unterschreiben würden. Fast jeder Gefragte kam dieser Bitte nach. Bei dieser Gruppe klingelte eine Woche später ein wiederum Fremder an der Haustür und fragte, ob sie das o. g. Schild in ihren Vorgarten stellen würden. Die

Personengruppe, die zuvor die Petition unterschrieben hatte, war dreimal so häufig bereit, das Schild aufzustellen, wie die andere Personengruppe. Der einzige Unterschied zwischen beiden Gruppen besteht darin, dass die einen zuvor die Petition unterschrieben hatten, d. h. der ersten kleineren, das Commitment erzeugenden Bitte zum gleichen Inhaltsbereich gefolgt waren.

Personen erschließen aus ihrer ersten Reaktion auf die Eingangsbitte ihre Einstellung, d. h. wie sie selbst zu dieser Sache stehen, bzw. integrieren dieses Verhalten in ihr Selbstbild. Da sie die erste (kleine) Bitte aus freien Stücken bejaht haben, haben sie dem Inhalt an sich zugestimmt und fühlen sich dann verpflichtet, bei der zweiten Bitte genauso zu handeln (Burger & Caldwell, 2003; Cialdini et al., 1995; DeJong, 1979; Gorassini & Olson, 1995). Der Wunsch, konsistent zu sein, ist dabei größer als der Wunsch, die mit der Zustimmung verbundenen Kosten zu vermeiden. Die Wirksamkeit des *foot in the door*-Prinzips ist dabei nicht auf mündliche Bitten beschränkt, sondern es ist auch in schriftlicher Form, beispielsweise per Fragebogen oder im Internet, erfolgreich (Girandola, 2002a, 2002b; Gueguen & Jacob, 2001).

> **Das *foot in the door*-Prinzip**
>
> Durch eine vorgeschobene kleine Bitte erhöht sich die Wahrscheinlichkeit, dass einer nachgeschobenen größeren Bitte zum gleichen Inhaltsbereich zugestimmt wird.

In vielen Situationen ist unser Streben nach Konsistenz durchaus sinnvoll und zielführend (z. B. um Zeit und Kapazitäten zu sparen, indem wir nicht jedes Mal bei einer Frage zum gleichen Inhaltsbereich neu überlegen und entscheiden müssen), unter Umständen kann es uns jedoch „teuer zu stehen" kommen – nämlich dann, wenn wir dadurch beispielsweise einer Mitgliedschaft zustimmen, die uns viel Geld kostet und uns dieses Geld eigentlich nicht wert ist. Doch lassen sich Judostrategien auch dazu nutzen, positives Verhalten – wie beispielsweise die Spendenbereitschaft für einen (wirklich) guten Zweck – zu erhöhen. Dies gilt auch für das im Folgenden beschriebene *low ball*-Prinzip.

Die *low ball*-Prinzip. Bei dem sog. *low ball*-Prinzip spielt Commitment ebenfalls eine wichtige Rolle. Commitment wird hier jedoch nicht durch eine kleine, vorgeschobene Bitte erzeugt, sondern durch einen von außen gesetzten Anreiz (z. B. eine Belohnung). Aufgrund dieses Anreizes wird ein Verhalten verändert (bzw. einer Bitte entsprochen). Entfernt man später den Anreiz aus Gründen, für die der Bittsteller nichts kann, haben sich bis dahin neue Gründe für das Verhalten gefunden, unter anderem auch – wie beim *foot in the door*-Prinzip – ein verändertes Selbstbild. Dadurch wird das Verhalten auch bei Wegfallen des Anreizes aufrechterhalten (vgl. Beispielstudie).

> **Das *low ball*-Prinzip**
>
> Durch einen äußeren Anreiz wird ein Commitment erzeugt. Nach einiger Zeit wird der Anreiz entfernt. In der Zwischenzeit haben sich neue Gründe für das Verhalten gefunden und erhalten dieses auch ohne den ursprünglichen Anreiz aufrecht.

Beispielstudie zum low ball-*Prinzip*

Selbst nach Entfernen des Anreizes behalten Personen ihr Verhalten bei.

Pallak et al. (1980) baten Hausbesitzer an einem Projekt zum Energiesparen teilzunehmen. Eine Teilnehmergruppe erhielt Tipps zum Energiesparen und wurde gebeten, ihren Energieverbrauch zu senken. Die nach vier Wochen erfolgte Überprüfung des Energieverbrauchs ergab keine nennenswerte Einsparung. Einer weiteren Teilnehmergruppe wurde hingegen in Aussicht gestellt, dass sie bei Erfolg des Projekts namentlich mit ihrer Energiesparleistung in der Zeitung genannt würden (namentlich in der Zeitung zu erscheinen, ist in den USA ein durchaus hoher Anreiz). Die nach vier Wochen erfolgte Überprüfung ergab eine deutliche Senkung des Energieverbrauchs.

Nach einiger Zeit wurden die Hausbesitzer darüber unterrichtet, dass es doch nicht möglich sei, sie in der Zeitung zu erwähnen – d. h. der ursprüngliche Anreiz wurde beseitigt. Erstaunlicherweise sparten diese Teilnehmer in den folgenden Monaten sogar noch mehr Energie als zuvor. Dies ist auf das *low ball*-Prinzip zurückzuführen – selbst nachdem der ursprüngliche Anreiz für das Verhalten wegfällt, wird das Verhalten aufrechterhalten, da sich inzwischen zusätzliche Gesichtspunkte und Argumente gefunden haben, die das neue Verhalten stützen und rechtfertigen (vgl. Abb. 8.4).

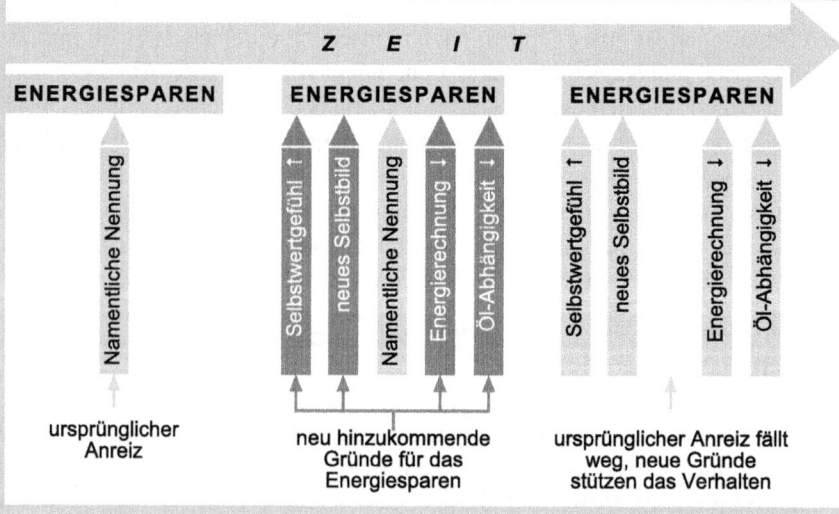

Abb. 8.4: Das *low ball*-Prinzip. Zunächst wird ein Verhalten durch einen äußeren Reiz gestützt. Mit der Zeit finden sich andere Gründe für das Verhalten (Selbstwertgefühl, Selbstbild, Energierechnung, weniger Abhängigkeit von der Ölindustrie etc.), die das Verhalten auch dann aufrechterhalten, wenn der ursprüngliche Anreiz wegfällt (modifiziert nach Cialdini, 1997, S. 130, Abb. 3.5).

Gewinnbringend im wahrsten Sinne des Wortes wird dieses Prinzip auch im Konsumbereich eingesetzt. Stellen Sie sich vor, Sie wollen ein neues Auto kaufen. Der Verkäufer macht Ihnen ein unglaublich gutes Angebot, beispielsweise verspricht er Ihnen einen großzügigen Rabatt auf den ursprünglichen Preis. Sie sind den Wagen inzwischen Probe gefahren und völlig angetan. Sie entschließen sich zum Kauf. Doch da passiert das Unvorstellbare: Leider ist da ein kleiner Fehler passiert, für den der Verkäufer gar nichts kann – das Auto kann doch nicht zu dem besprochenen Preis verkauft werden. Aber das besagte Auto ist ja nun mal das, was Sie inzwischen unbedingt haben wollen – kurzum, Sie kaufen es trotz des höheren Preises. Was hier wie ein dummer Zufall aussieht, ist Resultat des strategisch eingesetzten *low ball*-Prinzips (= „Tiefschlag"-Prinzip): Der Verkäufer sichert sich Ihre Zustimmung durch einen attraktiven Preis, doch dann steigt dieser Betrag aufgrund angeblich unvorhersehbarer Gründe an. In aller Regel bleiben Personen bei der Vereinbarung, obwohl sich der Handel für sie verschlechtert hat (Cialdini et al., 1978; siehe auch Brownstein & Katzev, 1985; Burger & Petty, 1981; Gueguen et al., 2002; Joule, 1987). Dies liegt daran, dass bis zu diesem Zeitpunkt bereits eine Bindung des potenziellen Käufers erzeugt wurde (z. B. indem er selbst Argumente entwickelt hat, die dafür sprechen) und der ursprüngliche Anreiz für den Kauf als Argument nicht mehr notwendig ist.

Zusammenfassung

Wirksame Prinzipien zur Beeinflussung anderer Personen erzeugen in diesen ein Gefühl der Verpflichtung. Tut uns jemand anderes etwas Gutes, fühlen wir uns dieser Person gegenüber verpflichtet, die Gefälligkeit zu erwidern (Reziprozitätsnorm). Entsprechend können Geschenke, das Herunterschrauben einer Bitte (beim *door in the face*-Prinzip) oder eine spontane Dreingabe (beim *that's not all!*-Prinzip) dazu führen, dass wir eher tun, was der andere will, um uns zu revanchieren. Diese auf der Reziprozitätsnorm basierenden Prinzipien wirken vor allem kurzfristig (für eine „Aktion") und wenn Gefälligkeitsgeber und Entschädigungsnehmer ein und dieselbe Person sind.

Langfristiger und personenunabhängiger wirken Judostrategien, die auf Commitment basieren. Durch eine vorgeschobene kleine Bitte (beim *foot in the door*-Prinzip) bzw. einen in Aussicht gestellten äußeren Anreiz (beim *low ball*-Prinzip) wird erreicht, dass Personen einer Forderung zustimmen bzw. ein bestimmtes Verhalten zeigen. Dieses Commitment wirkt sich auf das Selbstbild der Personen aus und erhöht über das Bestreben, konsistent zu sein, die Wahrscheinlichkeit, dass sie einer weiteren Bitte zum gleichen Inhaltsbereich ebenfalls zustimmen bzw. dass ein Verhalten/eine Entscheidung auch dann aufrechterhalten wird, wenn der ursprüngliche Anreiz wegfällt.

8.4 Zusammenfassung

Menschen werden durch andere Personen auf verschiedenste Weise beeinflusst. Allein die bloße, vollkommen absichtslose Anwesenheit anderer Personen beeinflusst das Leistungsverhalten, indem sie eine Einengung des Aufmerksamkeitsfokus bewirkt. Bei Aufgaben, die die Konzentration auf einige wenige Schlüsselmerkmale erfordern, verbessert

sich dadurch die Leistung (soziale Erleichterung). Müssen zur erfolgreichen Aufgabenbearbeitung jedoch viele Aspekte gleichzeitig beachtet werden, wirkt sich die Anwesenheit anderer negativ auf die Leistung aus (soziale Hemmung).

Konfrontiert mit einer Mehrheit, die von der eigenen Meinung abweicht, gehen wir
häufig mit dieser konform – unabhängig davon, ob diese uns absichtlich beeinflussen
will oder nicht. Zwei Arten sozialen Einflusses werden hier wirksam: zum einen der
normative Einfluss, der uns aufgrund unseres Bedürfnisses, von den anderen gemocht
und anerkannt zu werden, konform gehen lässt. In eindeutigen Situationen führt dies
häufig zu Compliance, d. h. zu öffentlicher Konformität ohne innere Überzeugung. In
mehrdeutigen Situationen wird zudem der *informative Einfluss* der Mehrheit wichtig.
Im Sinne des Prinzips der sozialen Bewährtheit „Was alle tun, ist gut" dient das Verhalten der Mehrheit als Richtschnur dafür, welches Verhalten in der aktuellen Situation
angemessen ist. Informativer Einfluss resultiert in der Regel in Konversion, d. h. privater und öffentlicher Konformität. Minderheiten verfügen meist weder über normativen
noch über informativen Einfluss. Sie können dennoch Einfluss nehmen, indem sie die
Mehrheit durch eine über Zeit und Personen hinweg konsistente Position ins „Grübeln"
bringen, *warum* die Minderheit so vehement auf ihrer abweichenden Meinung besteht
und in Kauf nimmt, dem normativen Druck der Mehrheit zu widerstehen und auf deren
Anerkennung zu verzichten.

Im Sinne gezielter Einflussnahme können Personen anhand sog. Judostrategien das Verhalten anderer beeinflussen. Ein Teil dieser Strategien nutzt *situative Gegebenheiten* aus,
die dazu führen, dass der subjektive Wert des Urteilsgegenstands steigt: Wenn (angeblich) alle den Urteilsgegenstand gut finden (Prinzip sozialer Bewährtheit), wenn dieser (angeblich) schwer zu bekommen ist (Prinzip der Knappheit) oder mit im Vergleich
schlechteren Alternativen konkurriert, gewinnt er dadurch an Wert. Ein zweiter Teil von
Judostrategien macht sich *Personenmerkmale* zunutze. Im Speziellen vergrößern Sympathie und Autorität einer Person ihre soziale Einflussmöglichkeit. Aufgrund der Neigung,
Autoritäten unkritisch zu gehorchen, können Menschen zu moralisch sehr fragwürdigen
Handlungen beeinflusst werden. Zum dritten können Personen mit Judostrategien sozial
beeinflusst werden, welche anhand von Reziprozität oder Commitment im Gegenüber
ein *Verpflichtungsgefühl* hervorrufen. Bringt man jemanden durch ein Geschenk oder
Entgegenkommen „in seine Schuld", fühlt sich dieser aufgrund der Reziprozitätsnorm
daraufhin verpflichtet, diese Gefälligkeit zu erwidern. Commitment wirkt dann beeinflussend, wenn man den anderen dazu bewegen kann, einer kleinen Bitte zuzustimmen,
so dass er sich später erheblich schwerer tut, eine größere Bitte im gleichen Rahmen
abzulehnen. Dies gelingt, weil Menschen in ihren Handlungen konsistent erscheinen
möchten.

Menschen können folglich – beabsichtigt oder unbeabsichtigt – Einfluss auf die Einstellungen, Überzeugungen, Wahrnehmungen oder das Verhalten anderer Personen nehmen.
Effekte dieser Einflussnahmen können ebenso positiv (z. B. erhöhte Leistung, vermehrtes

Energiesparen) wie negativ (Kauf von ungewollten Produkten, Schuleschwänzen, anderen Schmerzen zufügen) sein. Entsprechend lassen sich die beschriebenen Mechanismen auch gezielt sowohl zum Guten als auch zum Schlechten nutzen. Um versuchte Einflussnahme zu entlarven und ungewollte Beeinflussungen zu reduzieren, ist somit die Kenntnis dieser Mechanismen ein erster wichtiger Schritt.

9 Prozesse in Kleingruppen – Intragruppenprozesse

Was bringt's?

Wollten Sie schon immer einmal den Film *Das Experiment* (2001) verstehen?

Was hat es mit dem berühmten Gruppendruck auf sich und wieso lässt man sich dadurch zu so etwas völlig Irrationalem wie z. B. dem Rauchen hinreissen?

Fragen Sie sich manchmal, ob es nicht besser wäre, sich in einer Lerngruppe auf die nächste Prüfung vorzubereiten statt alleine zu büffeln?

Seit Sie die erste Seite dieses Buchs aufgeschlagen haben, beschäftigen Sie sich damit, wie wir in unseren Gedanken, Gefühlen und unserem Verhalten durch die uns umgebende soziale Situation beeinflusst werden – im Besonderen durch die reale oder vorgestellte Anwesenheit anderer Menschen (nach Allport, 1985). Das ist Sozialpsychologie – wozu dann noch ein extra Gruppenkapitel?

Am besten lässt sich dies veranschaulichen, wenn man sich überlegt, wie es überhaupt dazu kommt, dass die Forschung sich explizit mit der Situation „Gruppe" auseinander setzt. Wie so häufig wird dies dadurch angeregt, dass schwer erklärbare Phänomene bzw. Probleme auftauchen.

- So wird beispielsweise immer mehr auf Arbeit in Gruppen gesetzt – sei es als Teamarbeit in der Wirtschaft oder als kooperatives Lernen in der Schule. Die erhofften Leistungsverbesserungen stellen sich auch immer wieder ein, gleichzeitig aber macht man auch die Erfahrung, dass die Leistung in der Gruppe sinkt. Was gilt also: „Gemeinsam sind wir stark" oder „Viele Köche verderben den Brei"? Wann ist mit einer Verbesserung, wann mit einer Verschlechterung der Leistung zu rechnen?

- Wenn wir davon ausgehen, dass „zwei Köpfe mehr wissen als einer", dann sollten Gruppen auch bessere Entscheidungen fällen als eine einzelne Person – wie aber kommt es dann immer wieder zu so katastrophalen Entscheidungen wie beispielsweise dem Ja der Gruppe um Kennedy im Jahre 1961 zum Überfall auf die Schweinebucht auf Kuba (vgl. Exkurs nächste Seite)?

Diese Beispiele zeigen schon, dass es im Falle von Gruppen um eine besondere Art von sozialer Situation geht. So weisen Gruppen Merkmale auf, die zusätzliche Arten sozialen Einflusses bedingen oder die Stärke des sozialen Einflusses moderieren. Um diese aufzuzeigen, wird zunächst dargestellt, was mit der Bezeichnung „Gruppe" genau gemeint ist (vgl. Abschnitt 9.1). In Abschnitt 9.2 werden wir uns damit beschäftigen, wie sich die soziale Situation „Gruppe" auf das Leistungsverhalten auswirkt, Abschnitt 9.3 widmet sich den Besonderheiten des Entscheidungsprozesses in Gruppen.

9.1 Wodurch zeichnet sich eine Gruppe aus?

Um die Auswirkungen von Gruppen auf das Verhalten ihrer Mitglieder zu verstehen, ist es

> **Exkurs: Die amerikanische Invasion in der Schweinebucht (1961)**
>
> Präsident John F. Kennedy und seine Berater hatten gemeinsam beschlossen, 1 400 Exil-Kubaner mit Unterstützung der amerikanischen Luftwaffe zu einer Invasion an der kubanischen Küste zu entsenden. Doch kaum kamen diese an, wurden sie gefangen genommen und sogar teilweise getötet. Im Nachhinein erschienen diese Folgen größtenteils vorhersehbar. Was war passiert? Wie konnte es dazu kommen, dass diese Gruppe eine solch katastrophale Entscheidung traf? Verzerrende Einflüsse der Gruppe auf Meinungsbildung und Entscheidung, wie sie in diesem Kapitel beschrieben werden, spielten hier eine wichtige Rolle.

zunächst notwendig, ein Grundverständnis dessen zu entwickeln, was eine Gruppe überhaupt ist (vgl. Abschnitt 9.1.1). Um nachvollziehen zu können, warum Gruppen immer wieder drastische und sogar gefährliche Effekte haben können, werden wir in Abschnitt 9.1.2 die Bedeutung von Gruppen für ihre Mitglieder beleuchten, in Abschnitt 9.1.3 Kriterien für die Gruppenbildung bzw. Gruppenauswahl besprechen und in Abschnitt 9.1.4 einflussreiche strukturelle Gegebenheiten wie beispielsweise Rollen und Normen in einer Gruppe betrachten.

9.1.1 Was verstehen wir unter einer Gruppe?

Was würden Sie spontan sagen, wenn Sie gebeten würden zu erklären, was eine Gruppe ist? Wohl etwas in der Art wie „dass es sich dabei um mehrere Menschen handelt, die in irgendeiner Form etwas miteinander zu tun haben". Damit wären bereits zwei der Definitionskriterien für eine Gruppe im psychologischen Sinne (Cartwright & Zander, 1968; Lewin, 1948; Weinert, 1998) genannt – der Mensch in der Mehrzahl und eine wie auch immer geartete Interaktion.[1] Betrachten wir zunächst das erste Kriterium: Die Basis einer Gruppe bilden zwei oder mehr Personen. Viele Gruppenphänomene sind bereits bei der Dyade – d. h. bei einer Gruppe bestehend aus zwei Personen – beobachtbar, andere wie beispielsweise die Koalitionsbildung benötigen für ihr Auftreten mindestens drei Personen. Damit eine Ansammlung von Menschen zur Gruppe wird, müssen jedoch noch weitere Kriterien erfüllt sein, die man unter dem Schlagwort „zielgerichtetes Mit-

---

[1] Welche Kriterien erfüllt sein müssen, damit man von einer Gruppe sprechen kann, wird sehr unterschiedlich gesehen. Turner (1982) beispielsweise fordert nur, dass es sich um zwei oder mehr Personen handelt, die sich selbst als Mitglieder der gleichen sozialen Kategorie wahrnehmen. Als Gruppen gelten demnach auch das Geschlecht, dem man angehört, und die eigene ethnische Gruppe. Für die nachfolgend beschriebenen Phänomene wird jedoch eine engere Definition des Gruppenbegriffs verwandt.

einander" zusammenfassen kann und von denen eines die bereits genannte Interaktion ist:

- **Interaktion**
  Die Mitglieder einer Gruppe interagieren miteinander, d. h., sie nehmen sich gegenseitig bewusst wahr und kommunizieren untereinander. Dieses Kriterium bedingt auch eine Begrenzung der Gruppengröße nach oben, da

> **Gruppe**
>
> Ansammlung von zwei oder mehr Personen, die folgende Kriterien aufweist:
>
> - Interaktion
> - gemeinsame Ziele
> - Wir-Gefühl
> - zeitliche Stabilität

bei einer größeren Personenanzahl eine wechselseitige Interaktion von Angesicht zu Angesicht aller Gruppenmitglieder unrealistisch wird. Wenn von Gruppen gesprochen wird, sind deshalb meist Menschenverbände gemeint, die nicht mehr als ca. 20 Mitglieder umfassen (Fischer & Wiswede, 2002).

- **Gemeinsame Ziele oder Interessen**
  Die Mitglieder einer Gruppe haben gemeinsame Ziele oder Interessen, wie z. B. eine wichtige außenpolitische Entscheidung zu fällen (vgl. Eingangsbeispiel/Exkurs „Invasion in der Schweinebucht"), eine Prüfung zu bestehen oder auch sich körperlich fit zu halten und gemeinsam Spaß zu haben (z. B. eine Gruppe von Joggern). Auch das bedingt Interdependenz der Mitglieder.

- **Wir-Gefühl**
  Die Mitglieder einer Gruppe nehmen sich selbst als Gruppe wahr und grenzen sich damit gegenüber anderen Personen ab („wir" und „die anderen"). Im Sinne dieser Abgrenzung wird die Gruppe auch von Außenstehenden als eine solche – d. h. als Einheit – wahrgenommen.

- **Zeitliche Stabilität**
  Eine über wenige Augenblicke hinausgehende Dauer der Interaktion ist das vierte definierende Kriterium, da sich gruppentypische Strukturen (vgl. Abschnitt 9.1.4) erst mit der Zeit herausbilden[2] und gruppenspezifische Phänomene deshalb unter Umständen auch erst nach einer gewissen Bestehensdauer auftauchen.

Eine *Ansammlung* von Personen, wie beispielsweise mehrere Studenten, die unabhängig voneinander im Lesesaal der Bibliothek lernen, stellt hingegen noch keine Gruppe im engeren Sinne dar, da eine Ansammlung sich allein durch die Anwesenheit anderer Personen definiert und damit nur eines der verschiedenen Definitionskriterien einer Gruppe erfüllt.

Auch eine *Masse* – wie beispielsweise mehrere tausend Studenten auf einer Demonstration gegen Studiengebühren – ist nicht mit einer Gruppe zu verwechseln. Kennzeich-

---

[2] Forschungsbefunden zufolge durchlaufen Gruppen, die neu zusammengestellt werden, typischerweise verschiedene Entwicklungsphasen, in deren Verlauf aus einer Ansammlung von Personen eine arbeitsfähige Gruppe werden kann (Tuckman, 1965; siehe auch Eisenstat, 1990; Gersick, 1990; Long, 1984; Moreland & Levine, 1988; Tuckman & Jensen, 1977; Wheelan, 1994; für einen Überblick siehe Werth, 2004).

nend ist hier, dass sehr viele Personen anwesend sind, die aber nicht alle wechselseitig miteinander interagieren. Dennoch gibt es Befunde, wie beispielsweise das Phänomen der Deindividuation (vgl. Abschnitt 9.1.4, „Beispielstudie zur Rollenkonformität"), die sowohl für Massen als auch für Gruppen relevant sind.

Sie wissen nun, was unter einer Gruppe im psychologischen Sinne zu verstehen ist. Wenn Sie sich kurz Zeit zum Überlegen nehmen, werden Sie feststellen, dass Sie einer ganzen Reihe von Gruppen angehören: zum einen Ihrer Familie, zum anderen aber auch beruflichen Gruppen wie z. B. der Abteilung/Arbeitsgruppe oder einer Lerngruppe. Nicht zu vergessen sind all die Gruppen, denen wir uns in unserer Freizeit anschließen – seien es der Sportverein, ein Volkshochschulkurs, der Ortsverein einer politischen Partei oder die Jugendgruppe der Kirchengemeinde. Weshalb gehören Sie all diesen Gruppen an und bezahlen nicht selten sogar einen Mitgliedsbeitrag? Was würde Ihnen fehlen, wenn Sie diesen Gruppen nicht mehr angehören würden? Beeinflussen „Ihre" Gruppen, wie Sie denken, handeln und fühlen?

9.1.2   Wozu bilden Menschen Gruppen?

Dass wir alle verschiedenen Gruppen angehören und die Zugehörigkeit zu diesen Gruppen uns häufig sehr wichtig ist, haben Sie wahrscheinlich bemerkt, als Sie sich mit den Fragen am Ende des letzten Abschnitts auseinander gesetzt haben. Müssten Sie Ihre Zugehörigkeit zu diesen Gruppen aufgeben, hätten Sie möglicherweise das Gefühl, bestimmte Ziele nicht erreichen zu können, weniger Spaß am Leben zu haben oder schrecklich einsam zu sein.

Letztendlich schließen wir uns Gruppen an, weil wir in irgendeiner Form einen Nutzen daraus ziehen (Levine & Moreland, 1994), auch wenn dieser Nutzen nicht immer offensichtlich oder der bewussten Überlegung zugänglich ist. Der Begriff „Nutzen" hört sich in diesem Zusammenhang recht ökonomisch-rational an und tatsächlich ist auf der einen Seite ein – im weitesten Sinne – **materieller Nutzen** gemeint.

So finden sich Menschen in Gruppen zusammen, um gemeinsame Interessen bzw. Ziele zu verfolgen, die alleine überhaupt nicht, nicht in einem angemessenen Zeitrahmen oder nur sehr viel mühsamer zu erreichen wären. Ein komplexes Projekt, wie z. B. die Entwicklung eines neuen Flugzeugtyps, kann schwerlich von einer Person allein bewältigt werden – selbst wenn deren Lebenszeit dazu ausreichte, so wäre doch mit Sicherheit die Technik bei Fertigstellung des Flugzeugs längst überholt. Eine Gruppe von Experten aus den verschiedensten Fachbereichen ist dagegen sehr wohl in der Lage, ein solches Produkt wettbewerbsfähig auf den Markt zu bringen. In einer Lerngruppe könnte der Nutzen darin bestehen, das Exzerpieren der Prüfungsliteratur auf die Mitglieder aufzuteilen, so dass sich nicht jeder einzeln durch die komplette Originalliteratur kämpfen muss.

Auch die Überzeugung anderer Personen kann neben der Produktivität ein wichtiges Ziel sein – so wollen die Mitglieder einer Arbeitsgruppe Umwelt vielleicht Mitschüler oder Kollegen dazu bewegen, weniger Müll zu produzieren. In der Gruppe fühlen sie sich dabei sicherer und wirken im Sinne von „Gemeinsam sind wir stark" unter Umständen auch überzeugender. Die Zugehörigkeit zu einer Gruppe gewährt uns also auch Sicherheit, Schutz und Macht.

> Menschen bilden Gruppen, um materiellen und psychologischen Nutzen zu erzielen.
>
> **Materieller Nutzen**
> - gemeinsame Ziele verwirklichen
> - Sicherheit, Schutz und Macht
>
> **Psychologischer Nutzen**
> - Bedürfnis nach Kontakt befriedigen
> - Selbstdefinition – wissen, wer bzw. was man ist
> - Selbstwertgefühl erhöhen

Nicht weniger wichtig ist der **psychologische Nutzen**, den wir aus der Gruppenzugehörigkeit ziehen. Ein grundlegendes menschliches Bedürfnis ist das Bedürfnis nach Kontakt (*need to belong* oder *Anschlussmotiv*) (Baumeister & Leary, 1995). Da sich Gruppen durch wechselseitige Interaktion auszeichnen, sind sie geradezu prädestiniert dazu, genau dieses Bedürfnis zu befriedigen. Dieses Bedürfnis nach Kontakt ist vermutlich sogar angeboren und im Laufe der Evolution aus einem materiellen Nutzen heraus entstanden, indem Individuen, die dazu neigten, sich in Gruppen zusammenzuschließen, bessere Überlebenschancen hatten als ihre einzelgängerischen Kollegen (Baumeister & Leary, 1995). So war das Leben in einer Gruppe z. B. bei der Nahrungsbeschaffung, der Verteidigung oder auch der Betreuung des Nachwuchses von Vorteil.

Einer Gruppe anzugehören, wirkt sich auch auf die eigene soziale Identität aus, denn die eigenen Gruppenzugehörigkeiten[3] geben Orientierung darüber, wer bzw. was man ist (Turner et al., 1987). Dieser Beitrag zur Selbstdefinition kann so wichtig sein, dass eine Person aus Loyalität Teil der Gruppe bleibt, d. h., sie verlässt die Gruppe nicht, obwohl sie durch das Verlassen bessere Ergebnisse erzielen könnte (van Vugt & Hart, 2004). Des Weiteren bewirkt es oft einen Prozess der Selbst-Neudefinition, wenn man einer neuen Gruppe beitritt (Moreland, 1985) – die Zugehörigkeit zu dieser neuen Gruppe muss in die bestehende eigene soziale Identität integriert werden.

Aus der Bedeutung von Gruppen für die eigene Identität lässt sich unschwer ableiten, dass auch das Selbstwertgefühl von der Gruppenzugehörigkeit beeinflusst wird. So stärkt die Zugehörigkeit zu einer für das Individuum attraktiven Gruppe das Selbstbewusstsein (Baumeister & Leary, 1995). Neben der reinen Zugehörigkeit hat auch der Erfolg der Gruppe Einfluss auf das Selbstwertgefühl – Gruppenerfolge wirken sich positiv, Misserfolge entsprechend negativ auf das Selbstwertgefühl aus (Hogg & Sunderland, 1991).

---

[3] Für die soziale Identität spielen dabei auch Gruppen *im weiteren Sinne*, wie beispielsweise das Geschlecht, die Rasse oder die ethnische Zugehörigkeit, eine wichtige Rolle (vgl. Abschnitt 10.3.1).

Zusammenfassend lässt sich festhalten, dass Gruppen ihren Mitgliedern materiellen und psychologischen Nutzen bringen. Dieser Nutzen scheint häufig so groß zu sein, dass wir bereit sind, für die Zugehörigkeit zu einer Gruppe auch etwas in Kauf zu nehmen: Wir unterwerfen uns in der Gruppe herrschenden Regeln, zahlen einen Mitgliedsbeitrag oder nehmen im Extremfall sogar gefährliche und schmerzhafte Aufnahmerituale auf uns (z. B. van Gennep, 1960; Vaught & Smith, 1980).

9.1.3 Welche Kriterien sind bei Gruppenauswahl und Gruppenbildung bedeutsam?

Im vorigen Abschnitt wurde aufgezeigt, dass Gruppen für uns deshalb so wichtig sind, weil wir mit ihrer Hilfe materiellen und/oder psychologischen Nutzen erzielen wollen. Entsprechend dieser Zielsetzung gibt es bestimmte Auswahlkriterien, nach denen wir auswählen, welcher Gruppe wir beitreten (vgl. Abschnitt „Gruppenauswahl") bzw. mit welchen anderen Personen wir zusammen eine Gruppe bilden möchten (vgl. Abschnitt „Gruppenbildung").

Gruppenauswahl

Wenn wir zwischen verschiedenen Gruppen wählen können, streben wir sinnvollerweise danach, solchen Gruppen anzugehören, von denen wir uns den größten Nutzen versprechen (Levine & Moreland, 1994). Zur Abschätzung des potenziellen Nutzens und damit auch für die Auswahl einer bestimmten Gruppe werden deshalb **frühere Erfahrungen mit Gruppen** herangezogen – wurden positive Erfahrungen mit einer Gruppe gemacht, so werden ähnliche Gruppen erneut aufgesucht (Pavelchak et al., 1986). Nehmen wir beispielsweise an, Sie wären seit Jahren begeistertes Mitglied einer bestimmten Fitnesskette an Ihrem Wohnort und müssten nun aufgrund beruflicher Verpflichtungen Ihren Wohnsitz in eine andere Stadt verlegen. Vermutlich würden Sie wieder zu „Ihrer" Fitnesskette gehen anstatt sich für ein Ihnen völlig unbekanntes Fitnesszentrum zu entscheiden.

Gruppen sind weiterhin dann attraktiv, wenn man in die Gruppe „passt", d. h. wenn man ein **typisches Mitglied** dieser Gruppe darstellt. Personen neigen deshalb dazu, Gruppen zu wählen, mit denen die eigenen Einstellungen und Verhaltensweisen übereinstimmen und worin sie als typisch wahrgenommen werden (Hogg, 1992; Niedenthal et al., 1985). Dies ist von Vorteil, da Übereinstimmungen bei den anderen Gruppenmitgliedern – im Sinne eines psychologischen Nutzens – zu Anerkennung führen. Im Falle von

---

Gruppenauswahl

- frühere Erfahrungen mit ähnlichen Gruppen
- Ähnlichkeit/Passung der eigenen Person zu den bestehenden Gruppenmitgliedern („Bin ich ein typisches Mitglied?")

Gruppenbildung

- Sympathie
- Ähnlichkeit/Passung potenzieller Mitglieder zur eigenen Person
- räumliche Nähe/Kontakthäufigkeit

abweichenden Ansichten besteht hingegen die Gefahr, anzuecken und von den anderen Gruppenmitgliedern zurückgewiesen zu werden. Nehmen wir an, Sie gingen in eine neue Stadt, in der es „Ihre" Fitnesskette nicht gibt. Wenn Sie nun zwischen verschiedenen Anbietern wählen müssten, würden Sie auch in Betracht ziehen, ob sie zu dem vorherrschenden Publikum passen oder nicht, d. h. ob Sie angesichts dieses Publikums ein typisches Mitglied darstellen oder nicht.

Gruppenbildung

Wenn wir nun keiner „fertigen" Gruppe beitreten, sondern uns die Personen, mit denen wir eine Gruppe bilden wollen, selbst aussuchen können, wie gehen wir dann vor? Nach welchen Kriterien würden Sie beispielsweise Mitstreiter für eine Lerngruppe aussuchen? Wen würden Sie als Erstes fragen, ob er/sie nicht mitmachen will? Vermutlich würden Sie sich nicht vorrangig an Studienkollegen wenden, die Ihnen unsympathisch sind und mit denen Sie insgesamt wenig zu tun haben. Viel eher würden Sie Ihre Studien*freunde* fragen, mit denen Sie bereits seit dem ersten Semester die Pausen in der Cafeteria verbringen.

Für die Gruppenbildung ist ein Faktor sehr entscheidend: die gegenseitige **Sympathie**. Ob eine Person uns sympathisch ist oder nicht, wird durch verschiedenste Faktoren beeinflusst, die in Kapitel 5 beschrieben werden. Vermittelnd für Sympathie sind unter anderem die **wahrgenommene Ähnlichkeit** (Byrne, 1971, 1997) und die **räumliche Nähe bzw. die Kontakthäufigkeit** (Bornstein, 1989; Festinger et al., 1950; Zajonc, 1968). Man könnte auch sagen: Bei der Gruppenauswahl (s. o.) entscheiden wir uns eher für die Gruppe, für die wir ein typisches Mitglied darstellen, und bei der Gruppenbildung suchen wir uns Mitstreiter aus, die uns ähnlich bzw. „typisch" für uns sind. Für den Lerngruppenfall hieße das, dass wir diejenigen Kommilitonen auswählen, die etwas mit uns gemeinsam haben. Dabei können nicht nur eine Ähnlichkeit im Leistungsniveau oder in der Einstellung zum Studium bzw. zum Lernen relevant sein, sondern auch ähnliche allgemeine Wertvorstellungen, die gleiche Art von Humor oder dieselbe Lieblingsfernsehsendung den Ausschlag geben.

9.1.4 Welche Strukturelemente bilden das Grundgerüst einer Gruppe und welchen Einfluss haben sie auf das Verhalten der Mitglieder?

Nehmen wir an, Sie sind soeben einer Gruppe frisch beigetreten, vielleicht einem Sportverein. Sie bekommen vom Trainer eine erste kurze Einführung, wann die Trainingsstunden beginnen, welche Kleidung mitzubringen ist und wo sich die Umkleidekabinen befinden. Sie betreten nun das erste Mal den Umkleideraum, begrüßen die übrigen Anwesenden eher schüchtern und ziehen Ihre Sportkleidung an. In der Anfangszeit werden Sie eher vorsichtig sein und beobachten, wie sich die „alten Hasen" verhalten – sei es gegenüber dem Trainer, gegenüber den anderen Mitstreitern oder hinsichtlich der bevorzugten Gesprächsthemen. Mit der Zeit bekommen Sie mit, wer in der Gruppe besonders beliebt ist und wer das Sagen hat. Sie fühlen sich in der Gruppe immer sicherer und wissen nach einiger Zeit recht genau, was von Ihnen erwartet wird und was Sie von den anderen Mitgliedern erwarten können. Im Fachjargon könnte man sagen, Sie haben nach und nach die *Gruppenstruktur* ergründet.

Welche Strukturmerkmale machen nun eine Gruppe aus und warum beschäftigen wir uns damit? Zur Gruppenstruktur gehören die offiziellen und inoffiziellen Verhaltens-regeln, die alle Mitglieder gleichermaßen betreffen (vgl. Abschnitt „Normen"), Ver-haltenserwartungen, die für einzelne Mitglieder unterschiedlich sein können (vgl. Ab-schnitt „Rollen"), das Prestige, das jedes Mitglied in der Gruppe innehat (vgl. Abschnitt „Status"), sowie das Ausmaß des Zusammenhalts innerhalb der Gruppe (vgl. Abschnitt „Kohäsion"). Eine ausführliche Beschäftigung mit diesen Merkmalen ist deshalb von entscheidender Bedeutung, weil eben diese Merkmale einen starken Einfluss auf das Verhalten der Gruppenmitglieder haben und auch mitverursachen, dass und inwiefern es in Gruppen zu Schwierigkeiten verschiedenster Art kommen kann.

Normen

Soziale Normen sind allgemein geteilte Erwartungen darüber, wie man, d. h. *jeder* in der Gruppe, sich unabhängig von seiner Rolle zu verhalten hat und welche Einstellungen er-wünscht sind (Deutsch & Gerard, 1955; Kelley, 1955; Miller & Prentice, 1996). Ähnlich wie Regelwerke im Sport oder bei Gesellschaftsspielen sorgen Normen – häufig in Form „ungeschriebener Gesetze" – dafür, die Interaktion möglichst reibungslos zu gestalten. Gerade im Gruppenkontext, der sich durch eine intensive Interaktion der Mitglieder aus-zeichnet, spielen Normen deshalb eine wichtige Rolle. Dieser Bedeutung entsprechend wird in der Gruppe auch dafür gesorgt, dass Normen eingehalten werden: Mitglieder, die sich nicht an die gruppeninternen Gesetze halten, müssen mit Sanktionen der Gruppe rechnen bzw. werden unter Druck gesetzt, ihr Verhalten zu än-dern oder die Gruppe zu verlassen (Schachter, 1951; vgl. auch Exkurs).

> **Normen**
>
> Allgemein geteilte Erwartungen darüber, wie sich *alle* Gruppenmitglieder zu ver-halten haben.

> **Exkurs: Normabweichung**
>
> Normabweichungen können in Extrem-fällen gravierende Auswirkungen für die Betroffenen haben:
>
> So berichtete die *Washington Post* im Jahr 1996 von Mobbing in japanischen Schulen (Jordan, 1996): Schüler, die in irgendeiner Form „anders" waren, wur-den demnach systematisch von ihren Mitschülern schikaniert. Einige der Be-troffenen begingen daraufhin Selbst-mord.

Da die Gruppenzugehörigkeit für den Menschen sehr wichtig ist, wird er versuchen, solche Sank-tionen so gut es geht zu vermeiden. Daraus ergibt sich ein starker Einfluss von Normen auf das Ver-halten der Gruppenmitglieder. Da man weiterhin damit rechnen kann, dass sich auch die anderen Mitglieder weitestgehend an die gruppeninternen Regeln halten, wird das Verhalten der anderen Gruppenmitglieder und auch deren Reaktionen auf eigenes Verhalten zu einem gewissen Grad vorhersagbar. Verhält man sich normgerecht, bewegt man sich auf sicherem Boden. Tut man dies nicht, weiß man, dass mit Sanktionen zu rechnen ist.

Weiterhin haben Normen die Funktion einer Grundsatzentscheidung, die in häufig wiederkehrenden Situationen Diskussionen über angemessenes Verhalten unnötig macht und damit Ressourcen spart. Frei werdende Kapazitäten können dann dazu eingesetzt werden, sich der Erfüllung der Gruppenziele zu widmen. Sind Personen mit den gruppeninternen Normen noch nicht vertraut – wie es zu Beginn einer Mitgliedschaft bzw. einer Gruppenbildung der Fall ist –, so versuchen sie trotzdem bereits, Normen nicht zu verletzen, indem sie zunächst vorsichtig agieren und sich am Verhalten der anderen orientieren.

Normen haben also eine wichtige Funktion für das menschliche Zusammenleben. Wie jedoch schon angeklungen ist, werden diese Normen nicht immer freiwillig eingehalten und können damit als Einschränkung der eigenen Entfaltungsmöglichkeiten erlebt werden (vgl. Abschnitt 8.2.1, „Normativer Einfluss"). Wie stark der Einfluss einer Norm auf die Gruppenmitglieder ist, hängt von den Konsequenzen ab, die auf eine Normverletzung hin zu erwarten sind (z. B. Hertel et al., 2002), sowie davon, wie gerne das Individuum Teil der Gruppe bleiben möchte (vgl. „Kohäsion", s. u.). Je stärker wir uns mit einer Gruppe identifizieren, desto mehr identifizieren wir uns auch mit den Gruppenzielen und umso wirksamer werden Gruppennormen für unser Verhalten (Ashfort & Mael, 1989; Fielding & Hogg, 2000; Haslam et al., 1996; Turner, 1991). Kurzum: Nimmt die Identifikation mit der Gruppe zu, steigen auch Loyalität sowie die Bereitschaft, die Interessen der Gruppe zu unterstützen, ihre Regeln einzuhalten und zusätzlichen Einsatz zu bringen (Haslam et al., 2000; van Knippenberg, 2000; van Knippenberg & van Schie, 2000). Auch die Gruppengröße spielt in diesem Zusammenhang eine Rolle. Da mit der Größe einer Gruppe die Anonymität der Mitglieder ansteigt, wird im Zuge dessen das eigene Verhalten immer weniger wahrgenommen und reflektiert, die Anpassung an bzw. das Befolgen von Gruppennormen nimmt zu (Diener, 1980; Postmes & Spears, 1998). Verstärkt werden kann dies beispielsweise durch das Tragen von Uniformen, Masken o. Ä. (Rehm et al., 1987; Worchel et al., 1998; vgl. auch „Deindividuation/Rollenkonformität", s. u.), wodurch zum einen die Anonymität steigt und zum anderen die Gruppenidentität kognitiv verfügbarer wird.

Verhalten, das durch Normen geregelt ist, kann dabei in verschiedenste Richtungen gehen – abhängig davon, was die Norm *inhaltlich* besagt (Johnson & Downing, 1979; Postmes et al., 2001). Wird in der Gruppe Gewalt als adäquates Mittel zur Konfliktlösung angesehen, resultiert in brenzligen Situation mit hoher Wahrscheinlichkeit aggressives Verhalten. Ebenso kann aber auch die Hilfsbereitschaft erhöht sein, wenn jemandem die Zugehörigkeit zu einer religiösen Gruppierung verfügbarer ist, in der Nächstenliebe bzw. die Unterstützung von Hilfsbedürftigen als wichtig angesehen wird.

Normen betreffen beinahe jeden Lebensbereich und können von Gruppe zu Gruppe sehr unterschiedlich sein. So ist beispielsweise häufig auch das äußere Erscheinungsbild durch Normen geregelt. Dabei ist offensichtlich, dass sich die Bekleidungsnorm in einer Gruppe jugendlicher Punks stark von der einer Gruppe Bankangestellter unterscheidet. In beiden Fällen bestimmen sie jedoch gleichermaßen wirksam das äußere Erscheinungsbild der Gruppenmitglieder.

Für den Schul- und Arbeitskontext ist in besonderem Maße bedeutsam, dass auch die Leistungsbereitschaft in einer Gruppe von Normen gesteuert wird. So gilt in bestimmten Altersgruppen häufig die Norm, dass es besonders „cool" ist, nichts zu lernen und sich weniger durch aktive Beteiligung am Unterricht als vielmehr durch das Widersetzen gegenüber dem Lehrer oder das Spielen von „Streichen" hervorzutun. Doch ist ebenso anzutreffen, dass die Leistungshöhe der Gruppenmitglieder nicht nur nach unten, sondern interessanterweise auch nach oben eingegrenzt wird. Denken Sie in diesem Zusammenhang einmal an Schüler, die besonders eifrig lernen und sich aufmerksam am Unterricht beteiligen. Diese laufen leicht Gefahr, unter ihren Klassenkameraden als „Streber" verschrien und dementsprechend ausgegrenzt zu werden. Somit können sowohl eine Abweichung nach unten („Drückeberger") als auch eine sehr hohe Leistung („Streber") Sanktionen durch die Gruppe bewirken (Boehnke et al., 2004; Roethlisberger & Dickson, 1975).

Solche Leistungsbegrenzungen durch Normen nach oben finden sich nicht nur im schulischen Bereich, sondern auch im Arbeitskontext. Bedenkt man, dass Leistungsbewertungen häufig aus einem sozialen Vergleich heraus entstehen („Mitarbeiter X ist besser als Mitarbeiter Y") und sich die Leistungserwartungen des Arbeitgebers an der durchschnittlichen Leistung orientieren, so wird eine Leistungsnorm auch hier bedeutsam. Eine überdurchschnittliche Leistung von einzelnen Gruppenmitgliedern lässt die Leistung von weniger eifrigen oder weniger fähigen Mitgliedern schlecht aussehen und könnte zudem dazu führen, dass die Leistungsanforderungen von offizieller Seite erhöht werden. Wie stark sich eine solche Norm auswirkt, hängt wie bereits angedeutet davon ab, wie sehr sich die Mitglieder mit der Gruppe identifizieren.

Rollen

Neben Normen wird die Struktur einer Gruppe auch durch Erwartungen bestimmt, die *nicht* für alle Mitglieder gleich sind. Diese Erwartungen unterscheiden sich vielmehr in Abhängigkeit von der Rolle, die ein Individuum innerhalb der Gruppe einnimmt.

Rollen sind allgemein geteilte Erwartungen darüber, wie sich eine *bestimmte* Person in einer bestimmten Situation – in diesem Zusammenhang in der Situation „Gruppe" – zu verhalten hat. So wird beispielsweise von einem Lehrer erwartet, dass er über fundiertes Wissen hinsichtlich des Lernstoffs verfügt, dass er die Klasse im Griff hat, bei der Vergabe von Noten, Strafen und

> **Rollen**
> Allgemein geteilte Erwartungen darüber, wie sich eine bestimmte Person in einer bestimmten Situation – in diesem Fall in der Situation „Gruppe" – zu verhalten hat.

Belohnungen gerecht vorgeht und insgesamt ein Verhalten an den Tag legt, das für seine Schüler als Vorbild dienen kann. Im Gegensatz zu früheren Rollenvorstellungen wird in unserem Kulturkreis heutzutage erwartet, dass er bei seinen Erziehungsmaßnahmen ohne körperliche Züchtigung auskommt.

Ebenso wie bei den Normen wird auch bei den Rollen erwartungskonformes Verhalten von der Gruppe positiv bewertet und belohnt, Abweichungen hingegen werden sanktioniert. Sorgt der „Klassenkasper" für die Unterhaltung und Belustigung seiner Mitschüler (erwartungskonformes Verhalten gegenüber den Mitschülern), so hat er die Lacher auf seiner Seite. Verhält sich dieser Schüler plötzlich ruhig und strebsam, kann dadurch sein Ansehen in der Klasse leiden, was einer Sanktion gleichkommt. Der Klassenkasper ist jedoch mit unterschiedlichen Rollenerwartungen und den jeweils dazugehörigen Konsequenzen konfrontiert, denn der Lehrer wiederum stellt an den Klassenkasper die Rollenerwartungen, die er mit der Rolle „Schüler" verbindet: Im Gegensatz zu den Klassenkameraden belohnt er ein ruhiges und strebsames Benehmen (erwartungskonformes Verhalten gegenüber dem Lehrer) und sanktioniert das „Kasperverhalten".

Wie dieses Beispiel verdeutlicht, muss der Einzelne zumeist verschiedenen, teils auch widersprüchlichen Rollen und den jeweils damit verbundenen Rollenerwartungen gerecht werden. So sieht sich beispielsweise ein Lehrer von Schülern, Kollegen, seinem Vorgesetzten und den Eltern mit jeweils unterschiedlichen *Rollenerwartungen* an sich als „Lehrer" konfrontiert. Daneben ist zu beachten, dass dieser Lehrer zudem mehrere *Rollen* gleichzeitig unter einen Hut zu bringen hat: Meist ist ein Lehrer nicht nur Lehrer, sondern möglicherweise auch Vater, Ehemann, Kollege, Vermieter oder Mitglied im Sportverein. Nicht selten widersprechen sich die Rollenerwartungen verschiedener Gruppierungen (z. B. die Rollenerwartungen, die Schüler versus Eltern an einen Lehrer haben) bzw. die unterschiedlichen, gleichzeitig zu erfüllenden Rollen (z. B. die Rolle des Lehrers versus des Vaters), was in unter Umständen schwer lösbaren Rollenkonflikten resultieren kann (siehe beispielsweise Greenhaus & Beutell, 1985; Rudman, 1998).

Nichtsdestotrotz sind Rollen in einer Gruppe wichtig. Im Sinne einer Arbeitsteilung helfen sie zum einen, die Überlastung einzelner Mitglieder zu vermeiden und das Erreichen von Gruppenzielen wahrscheinlicher zu machen. Ähnlich wie die Gruppenzugehörigkeit selbst tragen Rollen des Weiteren zu unserer Selbstdefinition bei und sorgen zudem für eine gewisse Ordnung innerhalb der Gruppe, indem sie das Verhalten der Gruppenmitglieder in gewisser Weise vorhersehbar machen (Brown, 2000, S. 72). Rollen bieten jedem Mitglied einen Verhaltensspielraum, in dem es sich weitgehend sicher und ohne Angst vor Sanktionen bewegen kann. Das umso mehr, je klarer die Rolle definiert ist, d. h. je klarer ist, was von dem Rollenträger erwartet wird. Entsprechend sind beispielsweise auch Arbeitszufriedenheit und Leistung höher, wenn Rollen klar definiert sind und von den Rollenträgern auch erfüllt werden (Jackson & Schuler, 1985; Tubré & Collins, 2000).

Rollen geben somit einen Rahmen bzw. Grenzen vor, die Sicherheit bieten: Solange man wie bei einem Schutzwall innerhalb des umgrenzten Bereichs bleibt, hat man nichts zu befürchten. So wie eine Mauer jedoch gleichzeitig den Bewegungsspielraum eingrenzt, so grenzen auch Rollen den Verhaltensspielraum des Einzelnen ein. Verhalten sich Personen nicht rollenkonform – weil sie bestimmte Rollenerwartungen für überholt, unsinnig, moralisch ungerecht o. Ä. halten –, so müssen sie mit Sanktionen rechnen. Ein immer noch aktuelles Beispiel dafür sind die verschiedenen Rollenerwartungen, die traditionell für Männer und Frauen gelten. Sowohl der „Hausmann und Vater" als auch die „zielstrebige Karrierefrau" passen wenig zu den geschlechtstypischen Rollenvorstellungen und führen immer wieder zu negativen Konsequenzen für die betroffenen Personen (siehe auch Rudman, 1998).

Neben positiven Effekten können Rollen demnach auch Probleme aufwerfen. Dies umso mehr, weil der Einfluss von Rollen auf das Verhalten von Menschen – gerade im Vergleich zum Einfluss der Persönlichkeit – häufig stark unterschätzt wird (z. B. Humphrey, 1985; Jones & Harris, 1967; Ross et al., 1977; vgl. Abschnitt 5.2.2, „Fundamentaler Attributionsfehler"). So können durch die Übernahme einer Rolle sogar grundlegende persönliche Wertvorstellungen irrelevant werden (Zimbardo, 1969) und Personen in der Folge ein Verhalten zeigen, das man diesen – würde man sie außerhalb dieser Rolle kennen – niemals zutrauen würde. Auch die Person selbst würde sich vor Übernahme der Rolle entschieden dagegen verwehren, dass sie beispielsweise in der Lage wäre, andere Menschen zu schikanieren oder gar körperlich zu quälen. Genau diese Auswirkungen können Rollen jedoch haben, wie das legendäre Stanford-Prison-Experiment (Haney et al., 1973) – vielen bekannt unter dem Namen des darauf beruhenden Films *Das Experiment* (2001) – erschreckend deutlich macht (vgl. Beispielstudie). Das in diesem Zusammenhang ausschlaggebende Phänomen wird in der Psychologie **Deindividuation** genannt und vor allem dann beobachtet, wenn Personen Teil einer Masse sind und somit „in der Menge untergehen". Die damit verbundene erhöhte Anonymität und ein gleichzeitig vermindertes Verantwortlichkeitsgefühl können zum Verlust normaler Verhaltensbeschränkungen und zum Anstieg von rollen- und normkonformen (vgl. „Normen", s. o.) Verhalten führen (Diener, 1980; Postmes & Spears, 1998).

Beispielstudie zur Rollenkonformität
Menschen verlieren sich in ihrer Rolle (Deindividuation).

Wie stark der Einfluss sozialer Rollen selbst in einer experimentellen Situation und ohne offensichtliche Notwendigkeit sein kann, zeigt das Stanford-Prison-Experiment von Zimbardo und Kollegen (Haney et al., 1973), das im Jahre 2001 durch die Verfilmung mit dem Titel *Das Experiment* auch über die psychologischen Kreise hinaus bekannt wurde. Hier wurde mit erschreckender Deutlichkeit aufgezeigt, dass soziale Rollen so einflussreich sein können, dass sie zur Deindividuation von Personen führen und ihnen damit quasi ihre eigentliche Identität nehmen.

Für dieses Experiment wurde im Untergeschoss des psychologischen Lehrstuhls der Universität Stanford ein Flur zu einem Pseudo-„Gefängnis" umgebaut und 21 Studenten wurden als Teilnehmer angeworben. Diese sollten für zwei Wochen die Rolle eines Gefängniswärters oder eines Häftlings spielen. Die Rollen wurden nach dem Zufallsprinzip – genauer gesagt durch das Werfen einer Münze – vergeben und hatten demnach nichts mit Persönlichkeitseigenschaften oder anderen Merkmalen der Studenten zu tun. Teilnehmer, die auf diese Weise zufällig zur Rolle eines „Wärters" gekommen waren, wurden mit khakifarbener Kleidung, einer Trillerpfeife, einem Gummiknüppel und verspiegelten Sonnenbrillen ausgestattet. Die übrigen Studenten, die per Münzwurf zu „Häftlingen" wurden, erhielten als Kleidung ein langes Hemd mit aufgedruckter Identifikationsnummer, Gummisandalen und eine aus Nylonstrümpfen gefertigte Kappe. An einem Fußgelenk wurde eine Kette angeschlossen und jeweils drei „Häftlinge" wurden gemeinsam in eine Zelle gesperrt.

Erschreckenderweise musste das Experiment bereits nach sechs der ursprünglich geplanten 14 Tage abgebrochen werden, da eine Weiterführung ethisch nicht vertretbar gewesen wäre: Die Studenten hatten sich in ihren jeweiligen Rollen „verloren" und das entsprechende Rollenverhalten in extremem Maße ausgelebt. Beleidigungen und Machtmissbrauch auf Seiten der „Wärter" waren an der Tagesordnung. Die „Häftlinge" (in der Realität Kommilitonen!) wurden auf vielfältige Weise schikaniert und gedemütigt. Bereits in der ersten Nacht wurden aufmüpfige „Häftlinge" bestraft, indem die „Wärter" ihnen das Bett wegnahmen oder ihnen die Kleidung auszogen und sie mit einem Feuerlöscher abspritzten. Die in der Rolle der „Häftlinge" steckenden Studenten wurden passiv, zeigten verstärkt Hilflosigkeit und zogen sich in sich selbst zurück. Manche wurden so ängstlich und depressiv, dass sie noch vor Ablauf der sechs Tage aus dem Experiment entlassen werden mussten.

Diese Ergebnisse sind umso arlamierender, da jeder der Beteiligten zu jedem Zeitpunkt wusste, dass es sich um eine *Studie* handelt. Allen war demnach bekannt, dass es eigentlich gar kein „Gefängnis" gab und ein Universitätsflur nur für den Zweck eines psychologischen Experiments umgebaut worden war. Des Weiteren wussten alle Teilnehmer, dass die Rollen nur per Zufall zugewiesen worden waren und ihr Verhalten die ganze Zeit über von den Forschern beobachtet werden konnte. Trotz dieser Umstände war der Einfluss der Rollen so stark, dass die Studenten Verhaltensweisen an den Tag legten, die sie sich vermutlich selbst niemals zugetraut hätten.

Wozu solche Situationen führen können, zeigt ein Blick in die Geschichte: Seien es der Holocaust der Nazis, die Völkermorde im Kosovo und in Darfur oder die Folterskandale der US-amerikanischen Armee im irakischen Gefängnis Abu Ghraib[4].

---

[4] Zur Zeit des zweiten Golfkriegs im Jahre 2004 gelangten Fotos von folternden US-Soldat(inn)en an die Presse und lösten weltweit Bestürzung aus.

Status

Neben Rollen und Normen ist der *Status* als weiteres Strukturmerkmal von Gruppen zu unterscheiden. Aus dem unterschiedlichen Status der jeweiligen Gruppenmitglieder ergibt sich letztendlich so etwas wie eine interne Machtverteilung oder „Rangordnung". Dabei handelt es sich um die sozial bewertete Stellung aus Sicht der Gruppenmitglieder, die sich von der offiziellen Position, die ein Gruppenmitglied beispielsweise in einer Organisation innehat („Abteilungsleiter" o. Ä.), unter Umständen drastisch unterscheiden kann. Der Einfluss, den ein Gruppenmitglied ausüben kann, wird umso größer, je höher sein Status ist.

Neben Rollen und Normen definiert auch der Status den Handlungsspielraum eines Gruppenmitglieds. Vom Status ist beispielsweise abhängig, was sich der Einzelne „erlauben" kann. So können sich Personen mit hohem Status (wie der Gruppenführer) viel eher erlauben, sich der Einhaltung bestimmter Normen zu entziehen. In für die Gruppe kritischen Bereichen und im Umgang mit anderen Gruppen ist dagegen zu erwarten, dass Mitglieder mit hohem Status Modellfunktion haben und sich deswegen besonders strikt an die entsprechenden Normen halten (z. B. Nagata, 1980; Sherif & Sherif, 1964).

Ein hoher Status wird gemäß der Theorie der Erwartungszustände (*expectation states theory*; Berger et al., 1980) denjenigen Mitgliedern zugewiesen, von denen die Gruppe *erwartet*, dass sie in besonderem Maße zur Erreichung der Gruppenziele beitragen können. Um diese Mitglieder zu identifizieren, werden zum einen Fähigkeiten bzw. Fertigkeiten, die für eine erfolgreiche Bewältigung der Aufgabe unmittelbar von Bedeutung sind (sog. spezifische Statusmerkmale) herangezogen. Zum anderen werden Erwartungen auch aufgrund von diffusen Statusmerkmalen entwickelt. Für letztere kommen prinzipiell alle Eigenschaften/Merkmale einer Person in Frage, solange diese von der Gruppe mit einer erfolgreichen Aufgabenbewältigung im Zusammenhang gesehen werden (so z. B. Alter, Geschlecht, ethnische Abstammung, Titel oder der Status in anderen Gruppen; für eine Übersicht vgl. Berger & Zelditch, 1993). Diffuse Statusmerkmale spielen insbesondere dann eine Rolle, wenn der Gruppe die spezifischen (noch) nicht bekannt sind. Personen, die einen hohen Status innehaben, werden von der Gruppe in der Folge entsprechend behandelt: Das Wort wird häufiger an sie gerichtet, sie werden verstärkt zu Aktivität aufgefordert und ihre Beiträge werden von den übrigen Mitgliedern zudem mit größerer Wahrscheinlichkeit bereitwillig aufgenommen. Dadurch haben diese Personen einen stärkeren Einfluss auf die Gruppe (für empirische Unterstützung siehe z. B. Berger et al., 1980; De Gilder & Wilke, 1994; Greenstein & Knottnerus, 1980; Ridgeway, 1978; Torrance, 1954) und können ihre Lösungen/Vorschläge mit größerer Wahrscheinlichkeit durchsetzen (vgl. Abb. 9.1). Wichtig ist an dieser Stelle, sich noch einmal zu verdeutlichen, dass der Status aufgrund von *Erwartungen* zugewiesen wird und diese nicht notwendigerweise nur auf objektiven Fähigkeiten beruhen. Erhält beispielsweise ein Mitglied aufgrund auf-

Status

Sozial bewertete Stellung einer Person aus Sicht der übrigen Gruppenmitglieder.

fälliger diffuser Statusmerkmale (z. B. sehr selbstbewussten Auftretens) einen hohen Status und damit starken Einfluss, obwohl es keine aufgabenrelevanten Fähigkeiten hat, setzt sich dieses Mitglied eher durch – selbst dann, wenn es eine falsche Meinung vertritt (Torrance, 1954). Statusdifferenzierung hat folglich dann negative Folgen für die Gruppenleistung, wenn ein unfähiges Mitglied, das wegen aufgabenirrelevanter Merkmale einen hohen Status zugesprochen bekommt, sich irrt und trotzdem die Gruppenentscheidung dominiert. Sie wirkt sich positiv aus, wenn ein fähiges Mitglied die richtige Lösung aufgrund seines hohen Status auch durchsetzen kann.

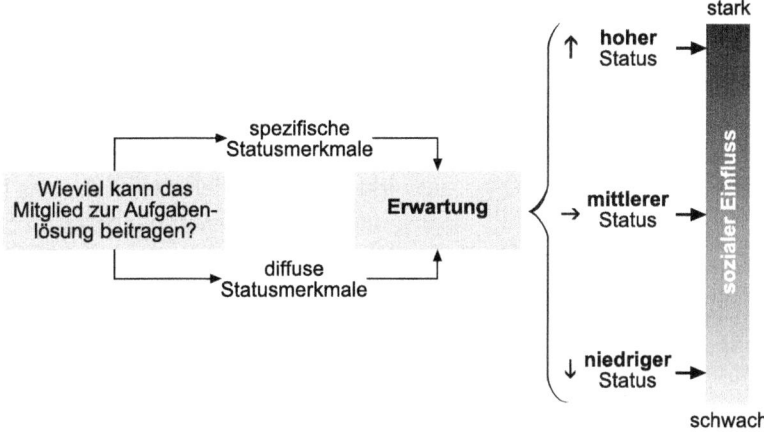

Abb. 9.1: Aufgrund der Ausprägung von spezifischen und diffusen Statusmerkmalen entwickelt die Gruppe eine bestimmte Erwartung (z. B. ↑ hoch, → mittel oder ↓ niedrig) darüber, wie viel ein Mitglied zur erfolgreichen Bewältigung der Aufgabe beitragen kann. Von dieser Erwartung hängen die Statushöhe sowie die Stärke des sozialen Einflusses ab.

Kohäsion – Gruppenzusammenhalt

Gruppen können sich in ihrer Geschlossenheit bzw. ihrem Zusammengehörigkeitsgefühl oder anders ausgedrückt, hinsichtlich der Stärke ihrer Kohäsion unterscheiden.

> **Kohäsion**
>
> Zusammenhalt einer Gruppe, der aus allen Kräften resultiert, die die Mitglieder motivieren, in der Gruppe zu bleiben.

Kohäsion beschreibt den Zusammenhalt einer Gruppe, der aus allen Kräften resultiert, die die Mitglieder motivieren, in der Gruppe zu bleiben (Festinger, 1950). Damit spiegelt sie die Stärke der Bindung an die Gruppe wider (Dion, 2000; Hogg, 1993; Prentice et al., 1994). Je kohäsiver eine Gruppe ist, desto wahrscheinlicher ist es, dass die Mitglieder in der Gruppe bleiben, an den Gruppenaktivitäten teilnehmen und neue, gleich gesinnte Mitglieder für die Gruppe werben (Levine & Moreland, 1998; Spink & Carron, 1994).

Man mag dazu neigen, einen „starken Zusammenhalt" als etwas grundsätzlich sehr Positives anzusehen. Eine hohe Kohäsion führt jedoch lediglich dazu, dass die Mitglieder sich verstärkt den Gruppennormen verpflichtet fühlen (Berkowitz, 1954; Festinger et

---

Exkurs: **Kohäsion und Leistung**

Mit steigender Kohäsion fühlen sich die Mitglieder einer Gruppe umso mehr den Gruppennormen verpflichtet. Entsprechend hängt der Einfluss der Kohäsion auf die Leistung davon ab, was die leistungsbezogene Norm inhaltlich besagt.

- Ist die Leistungsnorm *hoch*, bemühen sich die Mitglieder bei hoher Kohäsion verstärkt darum, dieser Norm zu entsprechen, und sind damit hoch produktiv.

- Auch bei *niedriger* Leistungsnorm sorgt eine hohe Kohäsion dafür, dass die Mitglieder sich verstärkt an die Norm zu halten versuchen. Dies resultiert dann in geringerer Produktivität.

Die Auswirkungen von Kohäsion auf die Leistung hängen zudem von der Aufgabe ab. Sie wirkt sich dann leistungsförderlich aus, wenn die Aufgabe enge Zusammenarbeit erfordert (Gully et al., 1995). In hoch kohäsiven Gruppen verhalten sich die Mitglieder insgesamt kooperativer zur Erreichung der Gruppenziele und konkurrieren weniger untereinander (Turner et al., 1987). Hohe Kohäsion wirkt zudem sog. Motivations- und Koordinationsverlusten entgegen (Mullen & Copper, 1994).

al., 1950; Schachter et al., 1951). Dies wirkt leicht vorstellbar, wenn man bedenkt, dass eine der härtesten Sanktionen für normabweichendes oder nicht rollenkonformes Verhalten der Ausschluss aus der Gruppe ist. Die Wirksamkeit einer solchen „Strafe" bzw. Drohung ist dann davon abhängig, wie attraktiv die Gruppe für ihre Mitglieder ist und wie gern diese Teil der Gruppe bleiben wollen. Je lieber sie Teil der Gruppe bleiben wollen, desto härter wird die Strafe empfunden und desto eher ist norm- und rollenkonformes Verhalten zu erwarten.

Ob sich eine hohe Kohäsion positiv oder negativ auswirkt, hängt folglich davon ab, was Normen (oder auch Rollen) *inhaltlich* besagen. So ist es bei einer hoch kohäsiven Gruppe von Freizeitjoggern viel wahrscheinlicher, dass sich die Mitglieder über längere Zeit hinweg sportlich betätigen werden, als wenn es sich um eine Gruppe mit wenig Zusammenhalt handeln würde. Hier hat die hohe Kohäsion einen positiven Effekt. Entsprechend ist es jedoch bei einer hoch kohäsiven „Gang" Jugendlicher auch ausgenommen schwierig, gewalttätige oder leistungshemmende Normen zu durchbrechen. Schließlich wirkt sich Kohäsion auch auf die Leistungsbereitschaft einer Gruppe aus, da dieser Bereich ebenfalls durch Normen geregelt wird (vgl. Exkurs sowie Abschnitt 9.2).

Manche Gruppen sind sehr kohäsiv, andere weniger. Auch innerhalb der gleichen Gruppe kann sich die Kohäsion im Laufe der Zeit verändern. Welche Faktoren beeinflussen, wie stark der Gruppenzusammenhalt ist?

- Zum einen ist die Kohäsion von der **Attraktivität** der Gruppe für ihre Mitglieder abhängig. Ist die Gruppe sehr attraktiv, so ist es für die Mitglieder umso wichtiger, Teil der Gruppe zu bleiben – sie sind stolz darauf, „dazuzugehören". Dabei gilt: Je schwieriger es ist, Mitglied in einer bestimmten Gruppe zu werden, desto attraktiver erscheint die Gruppe. Schwierige oder gefährliche Initiationsrituale machen also eine Gruppe nicht, wie man vielleicht spontan annehmen würde, unattraktiv, sondern können im Gegenteil die Zugehörigkeit zu dieser Gruppe besonders erstrebenswert machen (Aronson & Mills, 1959; Gerard & Mathewson, 1966) – nach dem Motto: Die Gruppe *muss* ja ungemein attraktiv sein, wenn ich/alle bereit bin/sind, eine so schwierige Aufnahmeprüfung zu bestehen (vgl. Abschnitt 7.2.5). Die Attraktivität einer Gruppe wird davon abgesehen noch von anderen Faktoren beeinflusst, beispielsweise von Erfolgen in/mit der Gruppe.

- Eine hohe Kohäsion kann nicht zuletzt aus **Loyalität**sgefühlen der Mitglieder ihrer Gruppe gegenüber gespeist werden. Personen bleiben unter Umständen weiterhin Mitglied einer Gruppe, obwohl es für sie persönlich vorteilhafter wäre, die Gruppe zu verlassen (Levine & Moreland, 2002).

Fazit zu Strukturmerkmalen einer Gruppe

- Die Struktur einer Gruppe lässt sich anhand der vier Merkmale Normen, Rollen, Status und Kohäsion beschreiben. Diese Merkmale bestimmen in ihrem Zusammenwirken den Handlungsspielraum jedes einzelnen Gruppenmitglieds.

- Bewegt sich das Gruppenmitglied innerhalb der durch die Strukturmerkmale vorgegebenen Grenzen, ist es vor Sanktionen sicher und wird unter Umständen sogar belohnt. Zeigt das Mitglied dagegen Verhalten, das nicht rollen- bzw. normkonform ist, muss es mit Sanktionen durch die Gruppe rechnen.

- Normen und Rollen sind inhaltlich bestimmt, Kohäsion und Status variieren dagegen nur in der Intensität. Normen und Kohäsion sind für alle Mitglieder gleich, während sich Rollen und Status einzelner Mitglieder unterscheiden können (vgl. Tab. 9.1).

		Ausprägungsart	
		Inhalt (qualitativ)	Intensität (quantitativ)
Gültigkeit/ bezieht sich auf	alle	Normen	Kohäsion
	individuell	Rolle	Status

Tab. 9.1: Die Strukturmerkmale einer Gruppe können danach eingeteilt werden, ob sie inhaltlicher Natur sind oder nur in der Intensität variieren (Ausprägungsart) sowie ob sie für alle Gruppenmitglieder gleich versus individuell unterschiedlich sind (Gültigkeit).

- Die vier Strukturmerkmale sind in ihrer Wirkung zum Teil voneinander abhängig. So gelten Normen prinzipiell für alle Mitglieder, sind jedoch mit steigendem Status unter Umständen weniger stark verpflichtend. Norm- und rollenkonformes Verhalten steigt zudem mit dem Gruppenzusammenhalt (der Kohäsion). Hohe Kohäsion kann somit in gewisser Weise als „Verstärker" der Wirkung von Rollen und Normen angesehen werden.

- Ob eine hohe Kohäsion positive oder negative Effekte hat, ist davon abhängig, was die Normen *inhaltlich* besagen. Besagt die Norm beispielsweise, dass jedes Mitglied so viel leisten soll, wie es nur irgend geht, so resultiert hohe Leistungs bereitschaft. Beinhaltet die Norm dagegen, möglichst wenig zu leisten, resultiert niedrige Leistungsbereitschaft.

9.1.5   Zusammenfassung

Eine Gruppe im engeren Sinne wird dadurch definiert, dass zwei oder mehr Personen wechselseitig miteinander interagieren, gemeinsame Interessen und Ziele haben, sich als Einheit wahrnehmen und die Gruppierung eine gewisse zeitliche Stabilität aufweist. Dadurch grenzt sich die Gruppe gegenüber einer reinen Ansammlung von Menschen sowie einer Masse ab.

Gruppen sind für Menschen sehr wichtig, sie gewähren materiellen und psychologischen Nutzen für die Mitglieder. Bezüglich ersterem sind bestimmte Ziele nur oder besser gemeinsam mit anderen zu erreichen. Die Gruppe gewährt darüber hinaus Schutz, Sicherheit und Macht. Auf psychologischer Seite befriedigt die Gruppensituation zum einen das grundlegende menschliche Bedürfnis nach Anschluss an andere Menschen, zum anderen ist die Zugehörigkeit zu verschiedenen Gruppen entscheidend für die soziale Identität bzw. Selbstdefinition.

Für die Gruppenauswahl sind frühere Gruppenerfahrungen sowie die wahrgenommene Ähnlichkeit der eigenen Person zu den übrigen Gruppenmitgliedern von Bedeutung. Auch bei der Gruppenbildung ist die Ähnlichkeit potenzieller Mitstreiter ein wichtiges Kriterium für die Auswahl.

Normen, Rollen, Status und Kohäsion beschreiben die Gruppenstruktur und definieren den Handlungsspielraum der einzelnen Mitglieder. Zum einen ist diese Eingrenzung für ein reibungsloses Miteinander von großer Bedeutung, zum anderen entstehen dadurch auch Gefahren wie beispielsweise die Aufhebung normaler Verhaltensbeschränkungen durch extreme Rollenkonformität.

Solche Extrembeispiele machen deutlich, welchen Einfluss die soziale Situation „Gruppe" auf das Verhalten einzelner Menschen haben kann. Von besonderem Interesse ist in diesem Zusammenhang häufig, wie sich die Gruppensituation auf die Leistung ihrer Mitglieder auswirkt – sind wir nun gemeinsam besonders stark oder verderben vielmehr viele Köche den Brei? Dieser Frage ist der folgende Abschnitt gewidmet.

9.2 Wie beeinflusst die soziale Situation „Gruppe" das Leistungsverhalten?

Das Arbeiten in Gruppen ist aus vielen Bereichen des täglichen Lebens nicht mehr wegzudenken. In der Schule wird auf kooperatives Lernen gesetzt, Ideen für die nächste Weihnachtsfeier des Sportvereins werden gemeinsam in Brainstorming-Sitzungen gesammelt und in Unternehmen sind Teamarbeit bzw. Arbeitsgruppen – und mittlerweile auch die Zusammenarbeit in virtuellen, d. h. ortsverteilten Teams – gängige Arbeitsformen (für einen Überblick zur Arbeit in Gruppen siehe Paulus & Nijstad, 2003; Kerr & Tindale, 2004).

Im Berufsalltag ist es in vielen Fällen sogar unumgänglich, in Teams zu arbeiten. Die beruflichen Anforderungen sind aufgrund ihres Aufwands oder ihrer Komplexität von einer Person alleine häufig nicht zu bewältigen. Hier zeigt sich deutlich der materielle Nutzen von Gruppen (vgl. Abschnitt 9.1.2). Gruppen werden aber auch – wie die anfänglich genannten Beispiele zeigen – in Situationen eingesetzt, in denen im Grunde genommen jeder für sich allein arbeiten könnte. Es scheint so, als gingen wir stillschweigend davon aus, dass das Arbeiten in Gruppen ganz grundsätzlich Vorteile bringt: Man erhofft sich von Teamarbeit einen Zugewinn an Leistung, d. h. dass das Ergebnis einer Gruppenarbeit beispielsweise höher ist als die in Einzelarbeit erbrachten Leistungen der Teammitglieder zusammengenommen. Anders ausgedrückt rechnet man mit *Synergieeffekten*, die aus der Zusammenarbeit mehrerer Menschen entstehen sollen. So erhofft man sich, dass die Schüler in der Gruppe mehr lernen als in stiller Einzelarbeit oder dass in der Brainstorming-Sitzung des Sportvereins mehr oder bessere Einfälle eingebracht werden als wenn jeder für sich alleine überlegt.

Um es schon einmal vorwegzunehmen: Der Glaube, eine Gruppe leiste grundsätzlich mehr als ihre Einzelmitglieder, ist eine weit verbreitete Illusion (Diehl & Stroebe, 1991; Paulus & Dzindolet, 1993; Stroebe et al., 1992). Dass sich diese Annahme so hartnäckig hält, ist unter anderem darauf zurückzuführen, dass Personen den Eindruck haben, in der Gruppe mehr zu produzieren als alleine. So überschätzen sie die Anzahl der eigenen Ideen, da es schwierig ist, zwischen den eigenen und den Ideen anderer zu unterscheiden. Da nun jedes Mitglied glaubt, es selbst sei in der Gruppe produktiver als alleine, kommt es zu dem Schluss, dass das Arbeiten in der Gruppe auch insgesamt zu besseren Resultaten führe (Stroebe et al., 1992). Zu der insgesamt so positiven Einschätzung von Gruppenarbeit trägt zudem bei, dass sich Personen, die in Gruppen arbeiten, als glücklicher und mit ihrer Arbeit zufriedener beschreiben als solche, die alleine arbeiten (Smith & Mackie, 2000).

Tatsächlich kann es in Abhängigkeit von den Bedingungen der Gruppenarbeit und der Art der Aufgabe zu besserer, vergleichbarer oder sogar schlechterer Leistung kommen als im Falle der Einzelarbeit. Zur Bestimmung der Gruppenleistung sind mehrere Vari-

ablen von Bedeutung: die potenzielle Produktivität der Gruppe sowie aus der Gruppenarbeit entstehende Prozessgewinne und -verluste (Steiner, 1972; Zysno, 1998).

- **Potenzielle Produktivität**
  Diese Variable beschreibt, was die Gruppe leisten könnte, wenn jedes Gruppenmitglied seine Ressourcen – wie relevantes Wissen, Fähigkeiten oder Zeit – optimal einsetzen würde, um die Anforderungen der Aufgabe zu erfüllen.

- **Prozessgewinne**
  Diese Variable beschreibt den Leistungs*zuwachs*, der sich aus der Gruppensituation
  gegenüber der Einzelarbeit ergeben kann. Hierunter werden Faktoren wie gegenseitiges Motivieren (Motivationsgewinne), wechselseitiges Lernen und Inspiration zusammengefasst (Hackman & Morris, 1975; Hackman, 1998).

- **Prozessverluste**
  Diese Variable beschreibt die Leistungs*verminderung*, die sich aus der Gruppensituation gegenüber der Einzelarbeit ergeben kann. Leistungseinbußen können aufgrund
  von Koordinations- oder Motivationsproblemen entstehen (Steiner, 1972). Koordinationsverluste liegen vor, wenn sich die Aktivitäten einzelner Gruppenmitglieder über-
  lagern – etwa wenn die aufgabenbezogene Kommunikation nicht effizient ist oder die
  Mitglieder unterschiedliche, möglicherweise sogar widersprüchliche Ziele verfolgen.
  Wenn Personen sich in der Gruppe im Vergleich zur Einzelarbeit weniger *anstrengen*,
  spricht man von einem Motivationsverlust.

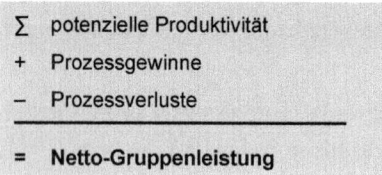

Die sich ergebende Netto-Gruppenleistung lässt
sich mit nebenstehender Gleichung beschreiben.
Ausgehend von der potenziellen Produktivität
der Gruppe sind die Prozessgewinne zu addie-
ren und die Prozessverluste zu subtrahieren. In
vielen Fällen wird es sowohl Prozessgewinne als
auch -verluste geben. Gruppenarbeit führt zu insgesamt besseren Leistungen als die Einzelleistungen, wenn die Bilanz aus Prozessgewinnen und -verlusten positiv ist (Zysno,
1998).

Die potenzielle Produktivität der Gruppe – und damit die potenzielle Überlegenheit der
Gruppen- gegenüber der Einzelleistung – ist grundlegend davon abhängig, welche Art
von Aufgabe vorliegt. So ist eine Gruppe gegenüber einer Einzelperson deutlich im Vorteil, wenn es darum geht, ein Klavier in den zweiten Stock zu tragen. Wie sieht es aber
aus, wenn eine Gruppe versus eine bzw. mehrere Einzelperson(en) ein kniffliges Rätsel
lösen sollen? Ist auch hier die Gruppe notwendigerweise im Vorteil bzw. effizienter?
Um diese Frage zu beantworten, ist die Berücksichtigung unterschiedlicher Aufgabenarten erforderlich (Steiner, 1972; siehe auch Kerr & Bruun, 1983). Im Folgenden wird
die Leistung in Gruppen nach **additiven, disjunktiven und konjunktiven Aufgaben**
getrennt dargestellt.

Additive Aufgaben. Um ein Klavier in die zweite Etage zu schaffen, reicht die Anstrengung von einer Person alleine nicht aus. Kommt jedoch die Anstrengung einer zweiten oder weiterer Personen hinzu, so kann die Aufgabe bewältigt werden. Die Gruppenleistung ergibt sich bei Aufgaben dieser Art (sog. additiven Aufgaben) aus der Addition der Anstrengung jedes einzel-

> **Additive Aufgaben**
>
> *potenzielle Gruppenproduktivität =* Summe der Einzelleistungen
>
> *Prozessgewinne:* soziale Kompensation
>
> *Prozessverluste:* soziales Faulenzen Informationsverluste

nen Mitglieds. Häufig führt dabei jedes Mitglied die gleiche Handlung aus (z. B. Tragen, Anfeuern, Tauziehen, Briefe eintüten etc.). Wenn keine Prozessverluste auftreten, sollte die Gruppe eine bessere Leistung (insgesamt mehr Kraft, lauteres Anfeuern, mehr eingetütete Briefe) erbringen als eine Person alleine. Genauer gesagt sollten zwei Personen doppelt so viel leisten wie eine, eine Vierergruppe viermal so viel. Rechnet man zudem mit Prozessgewinnen, so sollte die Zweiergruppe *mehr* als doppelt so viel leisten wie eine Person, die Vierergruppe mehr als viermal so viel. Und tatsächlich leistet eine Gruppe im Falle additiver Aufgaben fast immer mehr als ein Einzelner. Diese Feststellung ist beinahe schon trivial. Die interessantere Frage ist jedoch, ob die Gruppe auch dann besser abschneidet, wenn man ihre Leistung mit den aufsummierten Einzelleistungen *aller* Mitglieder vergleicht (vgl. Abb. 9.2).

Abb. 9.2: Bei der Beurteilung von Gruppen- versus Individualleistung ist entscheidend, welche Vergleiche man anstellt. In vielen Situationen ist die Gruppe besser als ein Individuum alleine. Ist sie aber auch besser als eine gleich große Anzahl Individuen?

Dies wiederum ist zumeist nicht so, eine negative Prozessbilanz ist der Regelfall. Dies bewirken bei additiven Aufgaben neben Koordinationsverlusten (z. B. beim Tauziehen, wenn nicht alle zur genau gleichen Zeit oder in die genau gleiche Richtung ziehen) vor allem Motivationsverluste wie das *soziale Faulenzen* (vgl. Abschnitt 9.2.1). Zu einer positiven Prozessbilanz hingegen trägt die gegenseitige Motivierung durch *soziale Kompensation* (vgl. Abschnitt 9.2.2) bei.

Disjunktive Aufgaben.   Bei dieser Aufgabenart handelt es sich um sog. Entweder-oder-Aufgaben, bei denen aus den Einzelbeiträgen aller Mitglieder einer ausgewählt wird. Dieser ausgewählte Beitrag stellt dann das Gruppenprodukt dar. Bei dem zu Anfang genannten Beispiel des kniffligen Rätsels handelt es sich demnach um eine disjunktive Aufgabe: Jedes Gruppenmitglied bringt seinen individuellen Lösungsvorschlag ein und die Gruppe einigt sich auf einen dieser Vorschläge als Gruppenprodukt. Die potenzielle Gruppenproduktivität ist in diesem Fall so gut wie die Leistung des besten Mitglieds bzw. wie die des besten einer vergleichbar großen Anzahl Individuen (Laughlin et al., 1991, 1998; Steiner, 1972).

> **Disjunktive Aufgaben**
>
> *potenzielle Gruppenproduktivität =*
> Leistung des fähigsten Mitglieds
>
> *Prozessgewinne:*
> gegenseite Inspiration
>
> *Prozessverluste:*
> Trittbrettfahren

Disjunktive Aufgaben erfordern einiges an Koordination, da sich die Gruppe auf einen Lösungsvorschlag einigen muss. Um die potenziell maximale Gruppenproduktivität zu erreichen, muss nicht nur das fähigste Mitglied bzw. die richtige/beste Lösung gefunden werden, sondern die Gruppe muss diese – und nicht einen der anderen Lösungsvorschläge – als Gruppenprodukt auswählen (Davis & Harless, 1996). Ist den Gruppenmitgliedern bekannt, wer von ihnen in der aktuellen Aufgabe wie gut ist, dann wird den Beiträgen des besten Mitglieds mehr Gewicht beigemessen (z. B. Bonner et al., 2002). Damit ist jedoch nicht gesichert, dass sich das beste Mitglied durchsetzt: In einer Untersuchung von Baumann und Bonner (2004) wurde die Meinung des besten Gruppenmitglieds selbst dann nur in etwa zwei Drittel der Fälle gewählt, wenn das beste Mitglied von allen klar identifiziert worden war.

Zu einer negativen Prozessbilanz kommt es entsprechend, wenn diese Koordination nicht gelingt (Koordinationsverlust): Wird nicht der beste Lösungsvorschlag von der Gruppe ausgewählt, so ist die Leistung der Gruppe schlechter als die ihres besten Mitglieds. Häufig ist dies die Folge, wenn sich einzelne Mitglieder in den Vordergrund drängen und die Gruppenlösung dominieren, obwohl sie die beste Lösung nicht kennen (Watson et al., 1998). Da bei dieser Aufgabenart vor allem die fähigeren Mitglieder bzw. Experten gefragt sind, treten hier zudem Motivationsverluste auf wie das *Trittbrettfahren*, eine Variante des *sozialen Faulenzens* (vgl. Abschnitt 9.2.1), bei der die schwächeren Mitglieder ihre Leistung reduzieren. Eine positive Prozessbilanz kann beispielsweise dadurch entstehen, dass die Gruppe durch gegenseitige Inspiration zu einer Lösung kommt, auf die die Mitglieder in Einzelarbeit nicht gekommen wären.

Konjunktive Aufgaben.   Im Gegensatz zu den eben besprochenen disjunktiven Aufgaben, bei denen es ausreicht, wenn nur *ein* Gruppenmitglied die Aufgabe lösen kann, müssen konjunktive Aufgaben von *allen* Gruppenmitgliedern erfolgreich ausgeführt werden. Die potenzielle Gruppenproduktivität ist hier in der Regel so gut wie die Leistung des schlechtesten Mitglieds (Steiner, 1972). So ist beispielsweise eine Klasse bei ihrem Schulausflug nur so schnell am Ziel wie der langsamste Schüler vorankommt.

Da die Gruppenleistung bei konjunktiven Aufgaben durch das schlechteste Mitglied determiniert ist, entsteht eine negative Prozessbilanz hauptsächlich in Folge von Motivationsverlusten. Auch hier tritt das *Trittbrettfahren* als Variante des *sozialen Faulenzens* (vgl. Abschnitt 9.2.1) auf, wobei in diesem Fall in der Regel nicht die

> **Konjunktive Aufgaben**
>
> *potenzielle Gruppenproduktivität* = Leistung des schwächsten Mitglieds
>
> *Prozessgewinne:* Unverzichtbarkeit
>
> *Prozessverluste:* Trittbrettfahren

schwächeren, sondern die fähigen Mitglieder ihre Leistung reduzieren. Um dem entgegenzuwirken, kann es sinnvoll sein, solche Aufgaben – sofern möglich – in Unteraufgaben aufzuteilen (Kerr & Bruun, 1983), so beispielsweise die Schulklasse in zwei Untergruppen mit unterschiedlicher Wandergeschwindigkeit. Werden diese Unteraufgaben den Fähigkeiten der Gruppenmitglieder entsprechend verteilt, kann die Prozessbilanz positiv werden. Eine positive Prozessbilanz kann weiterhin entstehen, wenn die schwächeren Mitglieder aufgrund ihrer *Unverzichtbarkeit* (vgl. Abschnitt 9.2.2) für die Gesamtleistung ihre Anstrengungen erhöhen. Dann kann die Gruppenleistung besser sein als die des schwächsten Mitglieds, wenn es die Aufgabe allein zu bewältigen hätte.

9.2.1 Wenn wir in der Menge untergehen – Soziales Faulenzen und seine Varianten

Worin unterscheidet sich das Arbeiten in einer Gruppe von der Einzelarbeit? Letztendlich interessiert bei der Gruppenarbeit häufig der Gesamtoutput aller Mitglieder zusammengenommen. Die Leistung des Einzelnen ist nur insofern interessant, als sie zu diesem Gruppenprodukt beiträgt, sie steht aber nicht im Fokus der Aufmerksamkeit. Sind für eine Werbeaktion tausend Briefe einzutüten, so interessiert den Beauftragten, dass alle Briefe zu einem bestimmten Zeitpunkt zum Versand bereitliegen – wer von den beteiligten fünf Mitarbeitern dabei wie viele Briefe verpackt hat, interessiert nur peripher und wird häufig gar nicht erfasst. Und nicht nur das – mitunter ist es sogar sehr schwierig, äußerst aufwendig oder sogar unmöglich, die Individualleistung zu erfassen bzw. zu bewerten.[5] Wenn beispielsweise fünf Personen gemeinsam über eine Seilwinde Material auf ein Hausdach befördern – wie will man da bestimmen, wer wie viel zu der Gesamtleistung beigetragen hat?

Wenn der individuelle Beitrag zur Gesamtleistung der Gruppe nicht identifiziert werden kann oder zumindest nicht bewertet wird, tritt ein Phänomen, welches **soziales Faulen-**

---

[5] Darin unterscheidet sich die Situation grundlegend von solchen, in denen *soziale Erleichterung* und *soziale Hemmung* (vgl. Abschnitt 8.1) beobachtet werden: Die letzteren beiden Phänomene treten dann auf, wenn der Einzelne mit seiner Leistung sozusagen im Rampenlicht steht.

zen (*social loafing*) genannt wird. Die Bezeichnung *Faulenzen* impliziert dabei zwei Aspekte: Wir haben es mit einer Leistungs*verminderung* zu tun und diese ist motivational bedingt (**Motivationsverlust**). Das Attribut *sozial* zeigt an, dass dieses Phänomen durch die Anwesenheit anderer Personen bedingt ist, d. h. in der Gruppe im Vergleich zur Einzelarbeit auftritt. Soziales Faulenzen tritt auf, wenn der Einzelne mit seiner Leistung nicht im Rampenlicht steht, sondern in der Menge verschwindet. In diesem Fall reduzieren Individuen unter bestimmten Bedingungen ihre Anstrengung. Es kommt in der Folge zu einer negativen Prozessbilanz, die Gruppenleistung ist im Endeffekt geringer als die potenzielle Produktivität (vgl. Beispielstudie).

Beispielstudie zum sozialen Faulenzen
Je mehr Personen mitarbeiten, desto mehr reduziert der Einzelne seine Anstrengung.

Die Versuchsteilnehmer von Latané et al. (1979) waren aufgefordert, so laut zu schreien, wie sie nur konnten, gerade so als ob sie jemanden anfeuern würden. Damit die Teilnehmer nicht abgelenkt wurden und außerdem nicht hören konnten, wie laut sie selbst oder auch andere anwesende Personen schrien, wurden ihnen die Augen verbunden und über Kopfhörer laute Musik eingespielt. Die Teilnehmer der ersten Bedingung schrien jeder für sich alleine, die Teilnehmer der zweiten Bedingung zusammen mit einem zweiten Versuchsteilnehmer und die Teilnehmer der dritten Bedingung in einer Sechsergruppe. Für jede Person wurde dabei die individuelle „Leistung" mit einem Lautstärkemessgerät aufgezeichnet, wobei die Teilnehmer der beiden Gruppenbedingungen der Meinung waren, dass nur die *Gruppenleistung* gemessen würde, nicht aber die von jedem Einzelnen erzielte Lautstärke. Die Teilnehmer der Zweiergruppen erbrachten nur 66 %, die der Sechsergruppen nur 36 % der Lautstärke, die die Teilnehmer erreichten, die einzeln geschrien hatten (vgl. Abb. 9.3).

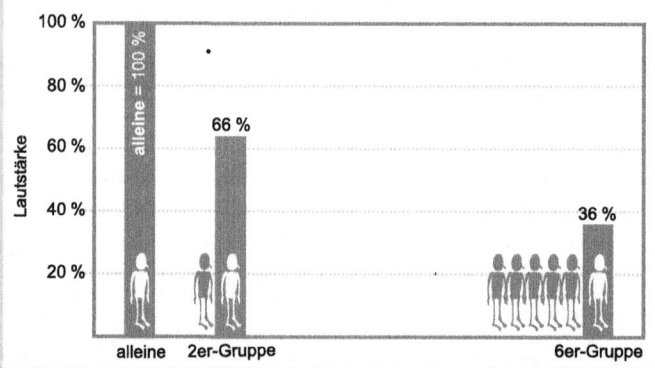

Abb. 9.3: Mit steigender Gruppengröße nimmt die Leistung des Einzelnen ab (soziales Faulenzen). Die Prozentzahlen geben jeweils die anteilige Leistung des Einzelnen an.

Es war dabei nicht notwendig, dass die anderen Personen tatsächlich physisch anwesend waren (vgl. auch Abschnitt 8.2, „Soziale Erleichterung" bzw. „Soziale Hemmung"). Es genügte, dass die Teilnehmer annahmen, es wären noch weitere Mitstreiter im Raum. In einer Variation der Studie von Latané et al. (1979) wurde den Teilnehmern nur gesagt, dass weitere Personen mit ihnen schreien würden, obwohl sie tatsächlich alleine im Raum waren. Diese „Täuschung" war deswegen leicht möglich, weil die Teilnehmer aufgrund der Augenbinden nichts sehen und aufgrund der Kopfhörer nichts hören konnten. Die Ergebnisse dieser Variation glichen denen der bereits berichteten „echten" Gruppen: Die Einzelleistung wurde mit vorgeblich zunehmender Gruppengröße geringer.

Soziales Faulenzen wurde bei sportlichen Aufgaben (z. B. Tauziehen; Ingham et al., 1974) ebenso gefunden wie bei Wahrnehmungs- oder Denkaufgaben (z. B. Gedächstnissuch-, Überwachungs-, Entscheidungsfindungsaufgaben, Kreativitätsproblemen und Brainstorming (vgl. Exkurs); Harkins, 1987; Harkins & Szymanski, 1989; Jackson & Harkins, 1985; Jackson & Williams, 1985; Karau & Williams, 1993, 1995; Petty et al., 1980; Shepperd, 1995; Williams et al., 1981, 1993; Zaccaro, 1984).

Für das soziale Faulenzen spielt die **Schwierigkeit der Aufgabe** eine wichtige Rolle[6]: Das soziale Faulenzen tritt vor allem bei **einfachen** (häufig additiven) Aufgaben auf (z. B. Ringelmann, 1913; siehe auch Harkins & Petty, 1982; Ingham et al., 1974; Jackson & Williams, 1985; Kravitz & Martin, 1986; Latané et al., 1979; Shepperd, 1993). So laut zu schreien wie möglich (vgl. Beispielstudie) oder an einem Tau zu ziehen, erfordert beispielsweise keine besonderen Fähigkeiten der Teilnehmer. Häufig haben solche Aufgaben zudem per se keine persönliche Bedeutsamkeit, d. h., es fehlt zum einen die extrinsische Motivation durch Bewertung oder Belohnung und zudem auch eine intrinsische Motivation.

Exkurs: Brainstorming

Nach wie vor ist die Meinung weit verbreitet, dass man in interaktiven Brainstorming-Sitzungen (Osborn, 1957) kreativer sei als alleine. Neuere Befunde zeigen allerdings, dass Gruppen nicht nur quantitativ weniger, sondern auch qualitativ weniger kreative Ideen hervorbringen als die gleiche Anzahl von Personen, welche getrennt voneinander arbeiten (Bond & Van Leeuwen, 1991; Diehl & Stroebe, 1991; McGrath, 1984; Mullen et al., 1991).

Prozessverluste treten hier aufgrund von *sozialem Faulenzen*, *Bewertungsangst* und *gegenseitiger Blockierung* auf. Letzteres ist dabei der entscheidende Faktor (Diehl & Stroebe, 1987, 1991; Stroebe & Diehl, 1994): Indem die Mitglieder aufeinander Rücksicht nehmen (z. B. den anderen ausreden lassen), werden eigene Ideen überlagert oder währenddessen vergessen. Die von anderen geäußerten Gedanken wirken also nicht inspirierend, sondern verhindern vielmehr, dass eigene Ideen geäußert werden.

Die Effektivität eines Brainstormings lässt sich beispielsweise dadurch erhöhen, dass die Teilnehmer zunächst getrennt voneinander ihre Ideen zu Papier bringen und diese erst später in der Gruppe gesammelt, diskutiert und bewertet werden (sog. *step-ladder*-Methode; Rogelberg et al., 1992; West, 1994).

---

[6] Die Aufgabenschwierigkeit wirkt sich beim sozialen Faulenzen genau umgekehrt auf die Leistung aus wie bei der *sozialen Erleichterung* bzw. *Hemmung* (vgl. Abschnitt 8.1).

Exkurs: Einfluss von Kultur & Geschlecht

Kollektivistische Kulturen (z. B. die Volksrepublik China oder Israel) messen gemeinsamer Verantwortung und kollektivem Wohl großen Wert bei. Diese Betonung von Gruppeninteressen vermindert die Neigung zu sozialem Faulenzen. In kollektivistischen Kulturen ist dabei das soziale Faulenzen nicht nur geringer ausgeprägt als in individualistischen Kulturen (z. B. USA oder Deutschland), sondern sie zeigen in der Gruppe sogar höhere Leistungen als alleine (Earley, 1993; Triandis, 1989).

Des Weiteren sind ganz allgemein Frauen für soziales Faulenzen weniger anfällig als Männer (Karau & Williams, 1993).

Bei **schwierigen** Aufgaben kann die Nicht-Identifizierbarkeit des individuellen Beitrags sogar einen leistungssteigernden Effekt haben (vorausgesetzt man ist motiviert): Das „Untergehen in der Menge" bewirkt eine Art Entspannung; man ist in gewisser Weise ungehemmter (vgl. Abschnitt 9.1.4, „Deindividuation", und 11.4.1) und traut sich beispielsweise auch einmal etwas zu, von dem man sich nicht sicher ist, ob es richtig ist. Dadurch kann sich die Leistung insgesamt erhöhen (Jackson & Williams, 1985).

Soziales Faulenzen ist immer dann – d. h. auch bei einfachen Aufgaben – reduziert, wenn die Beteiligten intrinsisch motiviert sind. Dies kann dadurch entstehen, dass die Aufgabe für die Gruppenmitglieder interessant oder wichtig ist und sie involviert (Brickner et al., 1986; George, 1992; Zaccaro, 1984). Auch eine starke Identifikation mit der Gruppe bzw. deren Zielen kann den Einzelnen vom sozialen Faulenzen abhalten und dazu motivieren, sein Möglichstes zur Zielerreichung beizutragen (Karau & Williams, 1997; Worchel et al., 1998) (vgl. auch Exkurs). Unter solchen Umständen kann die Anstrengung in der Gruppe sogar größer sein als alleine.

Des Weiteren kann soziales Faulenzen anhand von extrinsischer Motivation vermindert werden: Transparenz für die Gruppe bezüglich des Beitrags jedes Einzelnen, deren Überwachung und/oder Bewertung sind mögliche Maßnahmen (Brickner et al., 1986; Hoeksema-van Orden et al., 1998; Nordstrom et al., 1990; Szymanski & Harkins, 1987; Williams et al., 1981). Neben der Bewertung der Einzelleistung können auch klare Standards, an denen die *Gruppen*leistung gemessen (Harkins & Szymanski, 1989) und dementsprechend belohnt werden kann (Albanese & Van Fleet, 1985), soziales Faulenzen reduzieren.

Unter dem Begriff „soziales Faulenzen" werden drei Varianten zusammengefasst, bei denen als Ursache für die Leistungsverminderung unterschiedliche Faktoren im Vordergrund stehen: Für den klassischen Fall des sozialen Faulenzens ist von entscheidender Bedeutung, dass der **individuelle Beitrag nicht identifiziert** oder zumindest **nicht bewertet** wird. Zudem spielen für das Auftreten von sozialem Faulenzen die wahrgenommene *Wichtigkeit des eigenen Beitrags für die Bewältigung der Aufgabe* und die *Ausgewogenheit der Einzelbeiträge* eine Rolle. Steht einer dieser letzteren Bedingungsfaktoren im Vordergrund, spricht man von den Varianten *Trittbrettfahren* bzw. *Gimpel-Effekt*. Im Folgenden werden diese Varianten – zusammen mit den entsprechenden Regulationsmöglichkeiten – näher beschrieben.

- **Trittbrettfahren – Wichtigkeit des eigenen Beitrags**

Je mehr Personen an der Bewältigung einer Aufgabe beteiligt sind, desto weniger fühlt sich der Einzelne für die Erledigung der Aufgabe zuständig (Karau & Williams, 1993; Latané & Nida, 1980) (vgl. Abschnitt 12.1.3, „Verantwortungsdiffusion"). Ebenso wird mit steigender Gruppengröße der Anteil des Einzelbeitrags an der Gesamtleistung kleiner und entsprechend als weniger wichtig wahrgenommen (Harkins & Petty, 1982; Kerr & Bruun, 1983; Shepperd, 1993; Stroebe & Diehl, 1994). Dieser Effekt wird verstärkt, wenn man sich selbst als Laie auf dem Aufgabengebiet wahrnimmt und Experten zur Gruppe gehören (Collaros & Anderson, 1969).

Steht die wahrgenommene Bedeutsamkeit des eigenen Beitrags als Bedingungsfaktor im Vordergrund, wird dies als *Trittbrettfahren* (*free-rider effect*) bezeichnet. *Trittbrettfahren* ist vor allem im Zusammenhang mit disjunktiven Aufgaben von Bedeutung, bei denen die potenzielle Produktivität der Gruppe der Leistung ihres fähigsten Mitglieds entspricht (Steiner, 1972). Dabei kann dieses Verhalten – im Unterschied zum klassischen sozialen Faulenzen – für den Einzelnen und die Gruppe effektiv und rational sein: Wer nichts zur Gruppenleistung beitragen kann und deshalb „Trittbrett fährt", vergeudet wertvolle Ressourcen nicht unnötig (Hertel, 2002). Negative Auswirkungen hat das *Trittbrettfahren* dann, wenn der eigene Beitrag als weniger bedeutsam wahrgenommen wird als es tatsächlich der Fall ist – so z. B. bei additiven und konjunktiven Aufgaben. *Trittbrettfahren* ist reduziert, wenn der Beitrag des Einzelnen für den Erfolg entscheidend ist und dies von den Beteiligten auch so wahrgenommen wird (Harkins & Petty, 1982; Shepperd & Taylor, 1999; Weldon & Mustari, 1988).

- **Gimpel-Effekt – Ausgewogenheit der Beiträge**

Soziales Faulenzen wird wahrscheinlicher, wenn man das Gefühl hat, dass die anderen Beteiligten sich nicht oder zumindest nicht so sehr wie man selbst engagieren. Vereinfacht ausgedrückt bedeutet das, dass man nicht der Dumme sein will, der die Arbeit macht, während sich die anderen „auf die faule Haut legen". Um sich nicht auf diese Weise ausgebeutet zu fühlen, reduziert man – sozusagen vorsichtshalber – die eigenen Anstrengungen.

Steht dieser Aspekt im Vordergrund, spricht man auch vom *Gimpel-Effekt* (*sucker effect*). Der *Gimpel-Effekt* ist entsprechend dann reduziert, wenn sich die Beteiligten sicher sein können, dass die anderen Gruppenmitglieder die Aufgabe ernst nehmen (Kerr & Bruun, 1983).

Zum gleichen Ergebnis wie der *Gimpel-Effekt* führt letztendlich auch die **Illusion der Gruppenproduktivität**. Hier wird nicht der Beitrag

> **(Klassisches) soziales Faulenzen**
>
> Leistungsreduktion, wenn der persönliche Beitrag nicht identifizierbar ist bzw. zumindest nicht bewertet wird.
>
> **Trittbrettfahren**
>
> Leistungsreduktion, wenn der persönliche Beitrag als für das Gruppenergebnis nicht wichtig wahrgenommen wird.
>
> **Gimpel-Effekt**
>
> Leistungsreduktion, wenn man den Eindruck hat, dass die anderen sich nicht oder nicht so sehr wie man selbst anstrengen.

der anderen als zu gering angesehen, sondern stattdessen der eigene Beitrag überschätzt: Personen halten ihren Anteil an der Gesamtproduktivität für größer, als es
der Realität entspricht, und schreiben sich selbst – bewusst oder unbewusst – (auch)
die Beiträge der anderen zu (z. B. im Sinne von „das wollte ich auch gerade sagen")
(Paulus & Dzindolet, 1993; Stroebe & Diehl, 1994).

Im Zusammenhang mit dem *sozialen Faulenzen* und seinen Varianten *Trittbrettfahren*
und *Gimpel-Effekt* wurden bereits Bedingungen genannt, die einer gruppenbedingten
Leistungsreduktion entgegenwirken. Unter bestimmten Umständen kommt es jedoch
dazu, dass sich die Gruppenmitglieder in der Gruppe sogar mehr anstrengen als alleine.
In diesem Fall kann die Gruppenarbeit insgesamt eine positive Prozessbilanz und damit
auch eine erhöhte Leistung aufweisen, was im folgenden Abschnitt beschrieben wird.

9.2.2   Wenn uns die Gruppe zusätzlich motiviert – Soziale Kompensation und Unverzichtbarkeit

Wenn sich in einer Gruppe Mitglieder mit unterschiedlich hohen Leistungsniveaus
finden, kann es dazu kommen, dass sich entweder die leistungsstarken (vgl. Abschnitt
„Soziale Kompensation") oder die leistungsschwachen Mitglieder (vgl. Abschnitt „Unverzichtbarkeit") vermehrt anstrengen und somit insgesamt sogar eine positive Prozessbilanz resultiert (Tziner & Eden, 1985). Voraussetzung ist in beiden Fällen, dass die Aufgabe bzw. der Gruppenerfolg für die Gruppenmitglieder wichtig ist (Williams & Karau,
1991) und man durch eine Steigerung der eigenen Anstrengung diesen (individuell bedeutsamen) Gruppenerfolg erhöhen kann (Hertel et al., 2000). Wahrscheinlicher werden
Motivationsgewinne dieser Art zudem, je höher die Kohäsion (Mullen & Copper, 1994),
je attraktiver die Gruppe (Brown, 2000) und je größer die gegenseitige Sympathie ist
(Latané, 1986).

Soziale Kompensation

Gruppenmitglieder können sich zu zusätzlichen Anstrengungen motiviert sehen, wenn sie
davon ausgehen, dass andere Mitglieder nur geringe Leistungen erbringen können oder
wollen. Dieser Motivationsgewinn wird als soziale Kompensation bezeichnet (Williams
& Karau, 1991). Neben der persönlichen Bedeutsamkeit des Gruppenerfolgs scheint für
das Auftreten dieses Effekts gerade die Nicht-Identifizierbarkeit der persönlichen Leistung eine wichtige Voraussetzung zu sein. Um dann beispielsweise in additiven Aufgaben das eigene Leistungsniveau unter Beweis zu stellen, müssen die leistungsstarken
Mitglieder eine für ihre Person überdurchschnittliche Leistung erbringen, damit letztendlich die durchschnittliche Leistung der Gruppenmitglieder ihr normales/eigentliches
Leistungsniveau widerspiegelt (vgl. Beispielstudie und Abb. 9.4).

Beispielstudie zur sozialen Kompensation
Fähigere Mitglieder erhöhen ihre Anstrengung, um den Gruppenerfolg zu sichern.

Die Versuchsteilnehmer von Williams und Karau (1991) hatten die Aufgabe, Ideen zu produzieren, diese jeweils einzeln auf Zettel zu notieren und die Zettel in eine dafür vorgesehene Box zu werfen. Um die Aufgabe für die Teilnehmer bedeutsam zu machen, wurde ihnen gesagt, dass die Anzahl der produzierten Ideen ihre Intelligenz widerspiegeln würde. Jeder Teilnehmer arbeitete gemeinsam mit einem Partner, der für diese Aufgabe jedoch wenig geeignet bzw. eher unmotiviert zu sein schien. Die beiden Versuchsbedingungen unterschieden sich nun darin, ob der Teilnehmer und sein Partner ihre Zettel in eine gemeinsame Box werfen sollten oder jeder seine eigene Ideenbox hatte. Entscheidend ist hierbei, dass im ersteren Fall die Einzelbeiträge – d. h. welcher der beiden wie viele Ideen beisteuert – *nicht* identifizierbar waren und nur das Teamergebnis ausgewertet wurde. Die Intelligenz des Einzelnen wurde demnach vermeintlich an der durchschnittlichen Leistung der beiden Partner gemessen, d. h. an der Hälfte der gemeinsam gesammelten Ideen. Das Ziel, sich selbst möglichst gut darzustellen, konnte hier nur über eine Maximierung der *Gruppen*leistung erreicht werden. In dieser „Team"bedingung produzierten die Teilnehmer wesentlich mehr Ideen, als wenn jeder Partner seine Zettel in eine eigene Box warf. Die Teilnehmer der Teambedingung versuchten also offensichtlich, die zu erwartende schlechtere Leistung ihres Partners zu kompensieren.

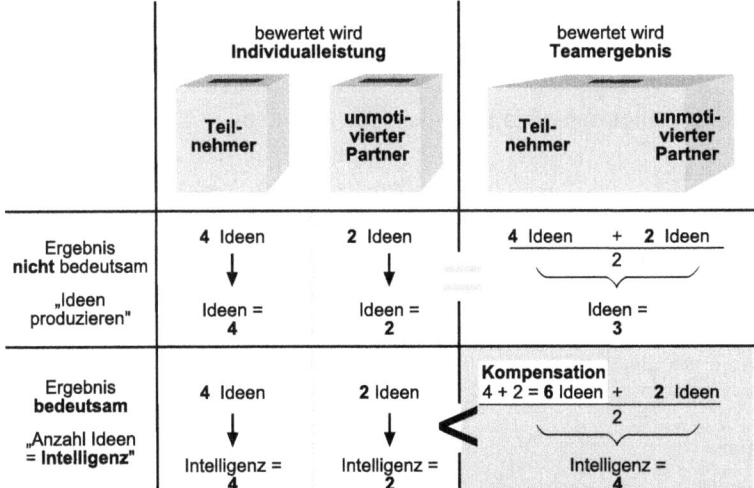

Abb. 9.4: Soziale Kompensation tritt nur dann auf, wenn die Individualleistung nicht bewertet wird (sondern nur das Teamergebnis), der Partner unmotiviert erscheint und die Aufgabe für den Einzelnen wichtig ist (grau unterlegte Zelle). Wird nur das Teamergebnis bewertet, so ergibt sich die Einzelleistung aus dem Durchschnitt des Teamergebnisses. (Die Zahlen sind exemplarisch gewählt und bezeichnen die Anzahl der produzierten Ideen bzw. die Ausprägung der Intelligenz.)

Diese Erhöhung der eigenen Anstrengungen trat *nicht* auf, wenn ...

... die Teilnehmer mit einem scheinbar hoch motivierten bzw. für die Aufgabe gut geeigneten Partner zusammenarbeiteten (hier war die vermehrte Anstrengung nicht erforderlich).

... die Aufgabe für die Teilnehmer nicht bedeutsam war, d. h. wenn ihnen nicht gesagt wurde, dass ihre Intelligenz an der Anzahl der Ideen gemessen würde, sondern sie einfach nur Ideen generieren sollten.

Unverzichtbarkeit

Auch dieses Phänomen beschreibt eine zusätzliche Anstrengung in der Gruppe im Vergleich zur Einzelsituation. Im Unterschied zur sozialen Kompensation motiviert die Gruppensituation hier jedoch die *schwächeren* Mitglieder zu erhöhter Leistung. Wie die Bezeichnung *Unverzichtbarkeit* vermittelt, tritt diese Art von Prozessgewinn dann auf, wenn Mitglieder das Gefühl haben, dass ihr individueller Beitrag wesentlich – und damit *unverzichtbar* – für das Gruppenergebnis ist. Genau das ist für konjunktive Aufgaben der Fall, bei denen das Gruppenergebnis durch das schwächste Mitglied determiniert wird. Um die anderen nicht „auszubremsen", strengen sich schwächere Gruppenmitglieder verstärkt an.

Motivationsgewinne dieser Art wurden bereits in den zwanziger Jahren des letzten Jahrhunderts von Otto Köhler berichtet (Köhler, 1926, 1927), weshalb das Phänomen der Unverzichtbarkeit auch als *Köhler-Effekt* bezeichnet wird. Anstrengungssteigerung aufgrund von Unverzichtbarkeit in Gruppen konnte für einfache physikalische (wie beispielsweise das gemeinsame Halten eines Gewichts) sowie für komplexe Aufgaben (wie beispielsweise das computergestützte Zusammenstellen von Verkaufsangeboten) gezeigt werden (Hertel et al. 2000, 2003). Im Vergleich zur Einzelarbeit wurden in der Gruppe durchaus bedeutsame Leistungssteigerungen (zwischen durchschnittlich 10 und 50 %) erreicht.

Entscheidend für Motivationsgewinne durch Unverzichtbarkeit ist die Wahrnehmung, dass der eigene Beitrag für ein positiv bewertetes Gruppenergebnis wesentlich ist. Entsprechend konnten Hertel et al. (2000) Effekte von Unverzichtbarkeit in konjunktiven, nicht aber in additiven Aufgaben zeigen. Das Ausmaß der Leistungssteigerung hängt dabei unter anderem davon ab, wie stark sich die Gruppenmitglieder in ihren

Soziale Kompensation

Leistungssteigerung von *fähigeren* Mitgliedern, um eine erwartete geringe Leistung von weniger fähigen bzw. unmotivierten Mitgliedern auszugleichen. Voraussetzung für das Auftreten ist die individuelle Bedeutsamkeit des Gruppenergebnisses sowie die Nicht-Identifizierbarkeit der Einzelbeiträge.

Unverzichtbarkeit

Leistungssteigerung *schwächerer* Mitglieder, um die Gruppe nicht „auszubremsen". Tritt auf, wenn der eigene Beitrag als für das (individuell bedeutsame) Gruppenergebnis wesentlich wahrgenommen wird, wie es z. B. in konjunktiven Aufgaben der Fall ist.

Fähigkeiten unterscheiden: Die größten Leistungszuwächse sind bei moderaten Fähigkeitsunterschieden zu verzeichnen (Köhler, 1926, 1927), vorausgesetzt, den Gruppenmitgliedern ist die eigene sowie die Fähigkeit der anderen bekannt (Messé et al., 2002).

Es gibt Hinweise, dass beide Formen der zusätzlichen Motivierung durch die Gruppe – soziale Kompensation und Unverzichtbarkeit – auch gleichzeitig auftreten können, was beispielsweise für die Integration von Kindern mit Lernschwierigkeiten in der Regelschule von Bedeutung sein kann. So konnten beispielsweise Armstrong und Kollegen (1981) zeigen, dass sowohl normalbegabte („leistungsstarke") als auch lernbehinderte („leistungsschwächere") Schüler von einer vierwöchigen Phase kooperativen Lernens profitierten: Alle Schüler lösten in den gemischten Gruppen mehr Aufgaben, als wenn sie alleine arbeiteten.

9.2.3 Zusammenfassung

Die Leistung einer Gruppe wird ausgehend von ihrer potenziellen Produktivität durch Prozessgewinne und Prozessverluste determiniert. Die potenzielle Produktivität einer Gruppe ist entscheidend von der Art der Aufgabe abhängig: Bei additiven Aufgaben ergibt sie sich aus der Summe der potenziellen Einzelleistungen aller Mitglieder, bei disjunktiven Aufgaben entspricht sie der Leistung des fähigsten, bei konjunktiven Aufgaben der des schwächsten Mitglieds.

Des Weiteren ist die Gruppenleistung davon abhängig, welche Leistung jedes Gruppenmitglied unter dem Einfluss der sozialen Situation „Gruppe" erbringt. Ist die Leistung in der Gruppe im Vergleich zur Einzelarbeit höher, spricht man von einem Prozessgewinn, ist sie dagegen vermindert, ergibt sich ein Prozessverlust. Um eine motivational bedingte Leistungsverminderung handelt es sich beim *sozialen Faulenzen*. Dieses tritt auf, wenn die individuelle Leistung nicht identifizierbar ist bzw. nicht bewertet wird. *Soziale Kompensation* und *Unverzichtbarkeit* beschreiben ebenfalls motivational bedingte Leistungsveränderungen, in diesem Fall handelt es sich jedoch um durch die Gruppensituation bedingte Anstrengungssteigerungen. Welcher der genannten Einflüsse wie stark zum Tragen kommt, hängt von Faktoren ab, wie beispielsweise dem Aufgabentyp, der Aufgabenschwierigkeit, der Identifizierbarkeit der Individualleistung oder der Bedeutsamkeit der Aufgabe für den Einzelnen. Die Gruppensituation kann demnach die Leistungsbereitschaft der einzelnen Mitglieder entscheidend mitbestimmen.

Im Folgenden geht es um eine spezielle Art von Leistung in Gruppen, das Treffen von Entscheidungen. Wie sich die soziale Situation „Gruppe" auf die Meinungsbildung und damit letztendlich auf die Entscheidungsfindung selbst auswirkt, wird im nachstehenden Abschnitt dargestellt.

9.3   Wie beeinflusst die soziale Situation „Gruppe" Meinungsbildung und Entscheidungen?

Im Folgenden werden wir uns mit den verschiedenen Einflussfaktoren und Gruppenphänomenen im Zusammenhang mit Meinungsbildung und Entscheidungsprozessen beschäftigen (für einen Überblick siehe Kerr & Tindale, 2004): Inwieweit steht – als solide Basis für eine Gruppenentscheidung – das Wissen aller Mitglieder in der Gruppensituation auch tatsächlich zur Verfügung (vgl. Abschnitt 9.3.1)? Wie beeinflusst die Diskussion in der Gruppe die Meinungsbildung und in der Folge die zu treffenden Entscheidungen (vgl. Abschnitt 9.3.2)? Abschließend werden wir uns kritisch mit einem gruppenspezifischen Phänomen auseinander setzen, das immer wieder als Erklärung für fatale Fehlentscheidungen in Gruppen herangezogen wird (sog. Gruppendenken, vgl. Abschnitt 9.3.3).

9.3.1   Wenn wir nicht sagen, was nur wir wissen – Der Effekt des gemeinsamen Wissens

Wichtige Entscheidungen werden häufig in Gremien, d. h. in Gruppen, getroffen. Zum einen soll dadurch sicherlich der Willkür bzw. dem Egoismus einzelner Personen vorgebeugt werden, zum anderen erwartet man sich von Gruppen häufig auch eine qualitativ bessere Entscheidung – schon allein deswegen, weil Gruppen im Vergleich zu Einzelpersonen auf eine breitere Wissensbasis zurückgreifen können und damit eine solidere Entscheidungsgrundlage haben sollten. Dieser potenzielle Vorteil einer Gruppe kann aber nur dann zum Tragen kommen, wenn jeder den anderen Gruppenmitgliedern genau das mitteilt, was nur er allein weiß. Sie stimmen vermutlich zu, dass es wenig Sinn machen würde bzw. reichlich ineffizient wäre, in der Gruppe nur das zu diskutieren, was bereits allen bekannt ist.

Genau das ist jedoch häufig der Fall: Gruppendiskussionen drehen sich vornehmlich um die Informationen, die bereits alle kennen, oder anders ausgedrückt um das *gemeinsame* Wissen (Gigone & Hastie, 1993, 1997; Stasser & Titus, 1985, 1987). Dabei bringen die Gruppenmitglieder ihr jeweils spezielles, nur ihnen persönlich zur Verfügung stehendes Wissen kaum zur Sprache (Stasser et al., 1989; Stewart & Stasser, 1998; Stewart et al. 1998). So beteiligten sich beispielsweise in einer Studie von Sargis und Larson (2002) Personen, denen hauptsächlich einzigartige Informationen zur Verfügung standen, insgesamt weniger an der Diskussion und brachten weniger Information in die Diskussion ein als jene, die hauptsächlich über gemeinsames Wissen verfügten. Das tatsächlich resultierende – weil geäußerte – Gesamtwissen einer Gruppe ist damit häufig geringer als der potenziell vorhandene Informationspool (vgl. Abb. 9.5).

Effekt des gemeinsamen Wissens

Die Gruppe konzentriert sich auf Informationen, die bereits allen bekannt sind, d. h. auf das „gemeinsame Wissen". Informationen, die nur einzelnen Mitgliedern bekannt sind („nicht geteiltes Wissen"), kommen häufig nicht zur Sprache oder erhalten weniger Aufmerksamkeit.

Dieses Phänomen wird als **Effekt des gemeinsamen Wissens** (Wittenbaum & Stasser, 1996) bezeichnet. Das Nicht-Mitteilen wichtiger Informationen kann dazu führen, dass die beste Lösung unerkannt bleibt, weil relevante, aber über die Gruppenmitglieder *verteilte* Informationen gar nicht zur Sprache kommen oder nicht genügend Aufmerksamkeit erhalten (vgl. Beispielstudie).

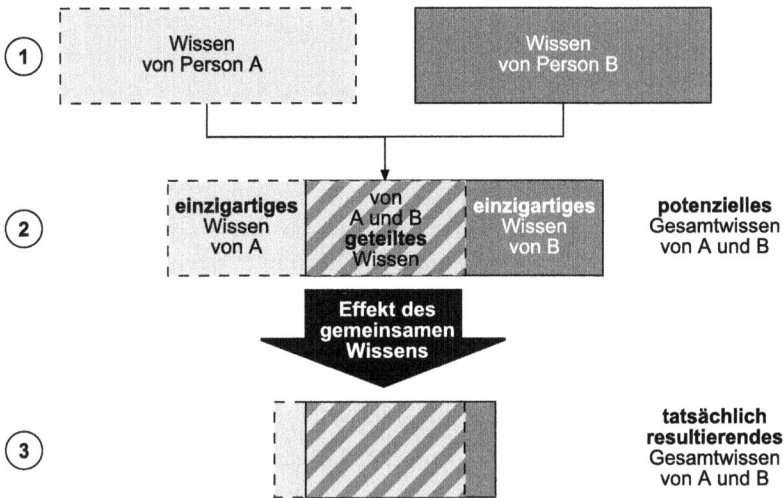

Abb. 9.5: Effekt des gemeinsamen Wissens: Personen tauschen sich oft nur über das Wissen aus, das sie ohnehin gemeinsam haben. Dadurch resultiert im Vergleich zum potenziell vorhandenen Gesamtwissen ②, welches sich aus dem jeweiligen Wissen der beteiligten Personen ① und deren Überschneidungen (schraffierte Fläche) ergibt, ein deutlich geringeres tatsächliches Gesamtwissen ③.

Beispielstudie zum Effekt des gemeinsamen Wissens
In der Gruppe wird hauptsächlich das von allen geteilte Wissen diskutiert, wodurch es zu verzerrten Entscheidungen kommen kann.

Die Versuchsteilnehmer von Stasser und Titus (1985, siehe auch Diskussion in Stasser & Titus, 2003) waren aufgefordert, den für die Präsidentschaft in einer Studentenvereinigung geeignetsten Kandidaten auszuwählen. Dazu erhielt jeder Teilnehmer zunächst schriftliche Informationen über die zur Wahl stehenden drei Kandidaten und sollte nach der Beschäftigung mit diesen Unterlagen eine persönliche Wahl treffen. Danach waren jeweils vier Teilnehmer aufgefordert, im Rahmen einer Gruppendiskussion zu einer *gemeinsamen* Entscheidung zu gelangen. Die Informationen über die drei Kandidaten waren so konstruiert, dass – würden alle Informationen berücksichtigt – ein Kandidat (A) den anderen beiden Kandidaten (B und C) überlegen war.

Wurde jedem Teilnehmer jeweils das komplette Informationspaket vorgelegt, so entschieden sich 67 % der Teilnehmer vor der Gruppendiskussion für die beste Alternative, von den darauf folgenden Gruppenentscheidungen entfielen sogar 83 % auf

Kandidat A. Wurde jedem Teilnehmer jedoch jeweils nur *ein Teil* der Gesamtinformation vorgelegt, der für sich genommen nahe legte, dass Kandidat B oder C die beste Alternative wäre, so entschieden sich erwartungsgemäß vor der Gruppendiskussion weniger Teilnehmer für Kandidat A (ca. ein Viertel der Teilnehmer). Die Informationspakete der Teilnehmer, die später gemeinsam eine Gruppe bildeten, waren nun aber so gestaltet, dass die Informationen *aller Gruppenmitglieder zusammengenommen* der Gesamtinformation entsprachen und somit wiederum Kandidat A die beste Alternative darstellte. Diese (richtige) Lösung war jedoch nur zu erkennen, wenn die Teilnehmer die nicht gemeinsame Information in der Gruppendiskussion austauschten (sog. *hidden profile*, Stasser 1992). Gerade das war jedoch nicht der Fall: Die Gruppenmitglieder sprachen hauptsächlich über das allen gemeinsame Wissen und brachten ihre jeweiligen einzigartigen für Kandidat A sprechenden Informationen nicht in die Diskussion ein. Auch nach der Gruppendiskussion entschieden sich nur etwa ein Viertel der Gruppen für die beste Alternative Kandidat A (für eine vereinfachte Darstellung des Prinzips vgl. Abb. 9.6).

Wieso vergeuden Gruppen Zeit damit, sich über Informationen zu unterhalten, die bereits allen bekannt sind? Zunächst einmal ist es ganz einfach **statistisch** wahrscheinlicher, dass gemeinsame Information im Laufe der Diskussion zur Sprache kommt, da die Information mehrfach (nämlich bei jedem Mitglied bzw. der Mehrzahl der Mitglieder) vorhanden ist (Stasser, 1992). Vergegenwärtigen wir uns an dieser Stelle noch einmal die immense Bedeutung, die Gruppenzugehörigkeiten für den Einzelnen haben, ergibt sich eine weitere Ursache: Personen sind bestrebt, ihre Gruppenmitgliedschaft aufrechtzuerhalten und zu verhindern, dass sie zum Außenseiter werden (Schachter, 1951). Wird von allen geteilte Information berichtet, so werden die anderen Gruppenmitglieder darauf positiv reagieren, indem sie die Information für den aktuellen Kontext als relevant und korrekt bestätigen. Somit wird derjenige, der gemeinsames Wissen kommuniziert, als jemand angesehen, der korrektes, relevantes und informatives Wissen beiträgt, und damit als kompetent und gebildet wahrgenommen (Wittenbaum et al., 1999; Wittenbaum & Park, 2001). Diese Form sozialen Einflusses wird als **normativer Druck** bzw. **normativer Einfluss** (vgl. Abschnitt 8.2.1) bezeichnet (z. B. Deutsch & Gerard, 1955). Mitglieder mit hohem Status, die es nicht (mehr) nötig haben, ihre Kompetenz unter Beweis zu stellen, neigen entsprechend weniger dazu, ihre einzigartigen Informationen zurückzuhalten (Larson et al., 1996; Wittenbaum, 2000).

Der Effekt des gemeinsamen Wissens findet sich in einer Vielzahl organisationaler Settings, beispielsweise bei Jury-Entscheidungen (Tindale et al., 1996), Produktentscheidungen (Kelly & Karau, 1999), medizinischen Diagnosen (Larson et al., 1996; Larson, Christensen et al., 1998) oder auch Personalentscheidungen (vgl. Beispielstudie und Abb. 9.6).

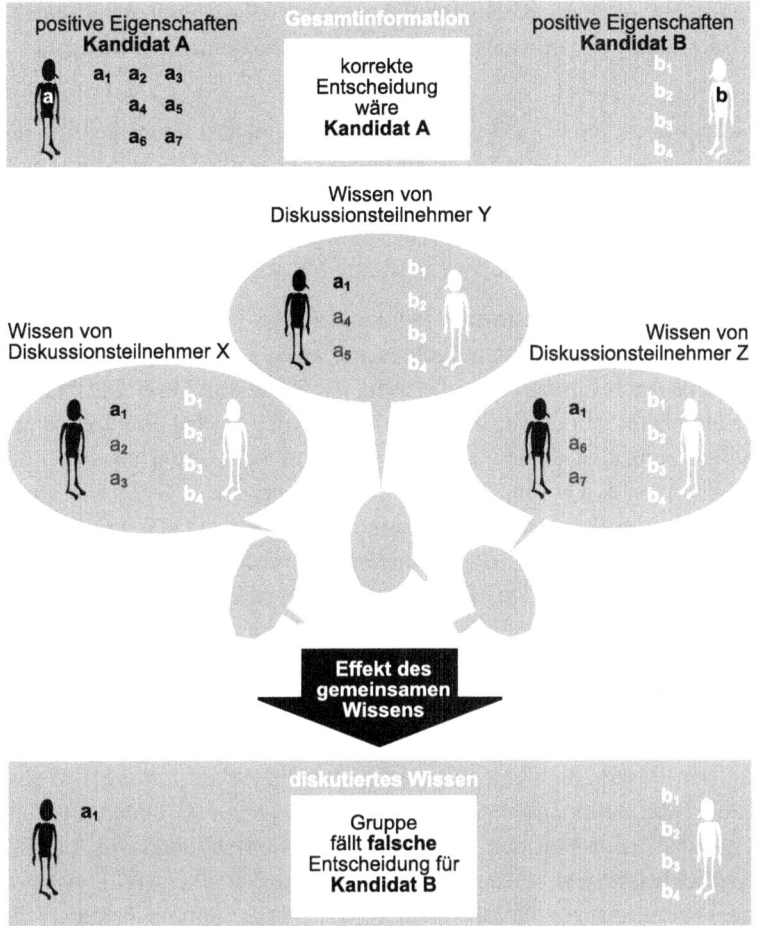

Abb. 9.6: Prinzip des Effekts des gemeinsamen Wissens am Beispiel einer Personalauswahlsituation (nach Stasser & Titus, 1985). Die Buchstaben a und b stehen jeweils für positive Eigenschaften der Kandidaten, fett gedruckte Buchstaben bezeichnen Information, die alle Teilnehmer haben (gemeinsames Wissen).

Neben der Tendenz, hauptsächlich gemeinsames Wissen zu besprechen, weisen neuere Studien zunehmend darauf hin, dass die Gruppenentscheidung vor allem davon abhängt, für welche Alternative das individuelle Wissen *vor* der Gruppendiskussion spricht. So konnten beispielsweise Greitemeyer und Schulz-Hardt (2003) zeigen, dass Personen auch nachdem ihnen alle relevanten Informationen vorgelegt wurden bei ihrer ursprünglichen (falschen) Entscheidung bleiben, die nur auf einem Teil der Gesamtinformation beruhte. Das Teilen aller Informationen ist also noch keine Garantie dafür, dass eine richtige Entscheidung getroffen wird, wohl aber ist es eine grundlegende Voraussetzung dafür und hat einen positiven Einfluss auf die Entscheidungsqualität (Winquist & Larson, 1998).

Die Forschung hat inzwischen Bedingungen identifiziert, unter denen auch nicht gemeinsame Informationen wahrscheinlicher zur Sprache kommen. Dies sind:

- **Zeit**
  Es hat sich gezeigt, dass im Diskussionsverlauf zunächst hauptsächlich die gemeinsamen Informationen diskutiert werden und nicht geteiltes Wissen erst zu einem späteren Zeitpunkt zur Sprache kommt (Larson et al., 1994; Larson, Christensen et al., 1998; Larson, Foster-Fishman & Franz, 1998). Diskussionen sollten deshalb lange genug andauern, um dieser Tendenz Rechnung zu tragen.

- **Verantwortlichkeit für bestimmte Informationen**
  Spezialwissen wird dann eher ausgetauscht, wenn jedem Gruppenmitglied klar ist, wer für welche Art Informationen zuständig ist. Ist für alle Mitglieder transparent, wer Experte – und damit zuständig – für welchen Bereich ist, hat dies zur Folge, dass sich der jeweilige Spezialist dafür verantwortlich fühlt, sein Expertenwissen den anderen mitzuteilen (Franz & Larson, 2002), und außerdem die anderen Gruppenmitglieder diese Beiträge auch eher aufgreifen bzw. sogar einfordern (Stasser et al., 1995, 2000; Stewart & Stasser, 1995). Es ist anzunehmen, dass hier die Tatsache, dass man aus seiner Rolle – nämlich der des Experten – heraus agiert, einem den nötigen Schutz bietet, um auch anderes, nicht geteiltes Wissen mitzuteilen.

  Geht es um das Erinnern von verschiedenen Informationen, so kann man solche Zuständigkeiten bewusst schaffen, indem jedem Gruppenmitglied die „Erinnerungs"-verantwortung für einen anderen Informationsbereich (z. B. Namen versus Termine/Zahlen) übertragen wird. Wenn eine solche Arbeitsteilung für das Erinnern bestimmter Informationen besteht und zudem jedem Gruppenmitglied klar ist, wer für welche Informationen zuständig ist, so spricht man von einem **transaktiven Gedächtnissystem** (Wegner, 1995; Wegner et al., 1991). Auch hier kann eine klare Aufteilung von Verantwortlichkeiten dazu führen, dass sich die gesamte Erinnerungsleistung (Liang et al, 1995; Moreland, 1999; Moreland et al., 1996) und letztendlich auch das Zusammenführen dieser Informationen (Stasser, 2000) verbessern.

- **Normen**
  Normen regeln das Verhalten der Gruppenmitglieder und können auch beeinflussen, wie Informationen genutzt werden. So konnten beispielsweise Postmes et al. (2001) zeigen, dass einzigartige Information dann eher in den Entscheidungsprozess einbezogen wird und sich in der Folge die Entscheidungsqualität erhöht, wenn als Norm „kritisch denken" statt „Konsens erzielen" vorgegeben wird.

- **Advocatus diaboli**
  Wie gerade neuere Befunde zeigen, sind für das Mitteilen und Beachten von nicht gemeinsamer Information die Präferenzen der Mitglieder vor der Diskussion von entscheidender Bedeutung. Brodbeck et al. (2002) konnten zeigen, dass nicht geteilte

Informationen dann mehr Beachtung finden, wenn zumindest ein Mitglied der Gruppe vor der Gruppendiskussion eine von der Meinung der übrigen Mitglieder abweichende Alternative favorisiert. Ist ein solcher „Abweichler" nicht natürlicherweise vorhanden, so kann die Gruppe ein Mitglied beauftragen, die Rolle eines solchen zu übernehmen (d. h. den „Advocatus diaboli" zu spielen).[7] Dadurch werden gezielt Alternativen eingebracht, die diskutiert und berücksichtigt werden müssen.

- **Aufgabenstellung**
Wird von der Gruppe nicht nur verlangt, die beste Entscheidung bzw. lediglich eine gemeinsame Lösung zu finden, sondern vielmehr, alle möglichen Entscheidungsalternativen in eine Rangreihe zu bringen, so können sich dadurch das Teilen einzigartiger Informationen und die Entscheidungsqualität verbessern (Hollingshead, 1996). Dies lässt sich dadurch erklären, dass zur Bildung einer Rangreihe die verschiedenen Alternativen sehr differenziert betrachtet und gegeneinander abgewogen werden müssen. Für eine solche Differenzierung ist es nötig, möglichst viele Informationen auszutauschen.

Zusammenfassend wurde dargestellt, dass der Informationsaustausch in einer Gruppe eine wichtige Determinante für die Qualität der Gruppenentscheidung ist. Im Rahmen des „Effekts des gemeinsamen Wissens" erweist sich als für die Entscheidungsqualität hinderlich, dass von allen geteilte Informationen bevorzugt zur Sprache kommen. Unter anderem bringt das Aussprechen mehrheitlich bekannter Informationen – oder auch „Konformität" in der geäußerten Information – die soziale Anerkennung der Gruppe ein. Die Wirksamkeit eines Advocatus diaboli zeigt auf, dass abweichende Minderheiten einflussreich sein und die Entscheidungsqualität verbessern können (vgl. Abschnitt 8.2.1).

9.3.2   Gemeinsam sind wir extrem – Gruppenpolarisierung

Ein erstes Hindernis für den potenziellen Vorteil von Entscheidungen in der Gruppe haben wir im vorangehenden Abschnitt kennen gelernt: Potenziell steht der Gruppe zwar meist ein größerer Informationspool zur Verfügung als einer Einzelperson, häufig wird dieser Vorteil jedoch nicht ausgenutzt, weil das wirklich wichtige – das einzigartige – Wissen nicht zur Sprache kommt.

Selbst wenn im Idealfall alle wichtigen Informationen zur Verfügung stehen, gibt es bei vielen Entscheidungen keine eindeutig „richtige" Lösung. Für welche Alternative man sich entscheidet, wird auch durch Faktoren wie beispielsweise die Risikobereitschaft der beteiligten Personen beeinflusst.

---

[7] Im Zusammenhang mit dem *confirmation bias* (vgl. Abschnitt 10.4.1) bzw. *confirmatory information seeking bias* konnten Schulz-Hardt et al. (2002) zeigen, dass sowohl das Ernennen eines Advocatus diaboli als auch eine natürliche Meinungsheterogenität der Mitglieder der Tendenz entgegenwirken, vor allem nach bestätigender Information zu suchen, wobei die natürliche Heterogenität einen größeren Effekt hat.

Was passiert nun, wenn eine Gruppe eine gemeinsame Entscheidung fällen soll? Zunächst einmal bringen die Mitglieder ihre individuellen Ansichten ein, es wird diskutiert und letztendlich eine gemeinsame Entscheidung gefällt. Jedes Mitglied für sich mag dabei dazu neigen, die Dinge recht einseitig zu sehen und eine entsprechend verzerrte Entscheidung zu treffen. Läge es nun nicht nahe anzunehmen, dass diese Einseitigkeit bei einer Gruppenentscheidung vermieden wird und das Urteil einer Gruppe – im Sinne eines Kompromisses – weniger extrem ausfällt als so manche Einzelmeinung?

Beispielstudie zur Gruppenpolarisierung

Gruppen tendieren – im Vergleich zur durchschnittlichen Ausgangsmeinung der einzelnen Mitglieder – zu riskanteren Entscheidungen (risky shift phenomenon).

Die Versuchsteilnehmer von Stoner (1961) sollten zunächst jeder für sich eine Empfehlung abgeben, ab welcher Erfolgswahrscheinlichkeit sie einer fiktiven Person die Entscheidung für eine riskante, dabei aber sehr attraktive Alternative im Vergleich zu einer weniger riskanten, dafür aber auch weniger attraktiven Entscheidungsmöglichkeit empfehlen würden.

Im Anschluss an die Abgabe der privaten Meinung wurde das Problem in der Gruppe diskutiert und eine Gruppenentscheidung gefällt. Überraschenderweise sprach sich die Gruppe – im Vergleich zur Meinung ihrer Mitglieder vor der Diskussion – bereits ab einer geringeren Erfolgswahrscheinlichkeit für die riskantere Alternative aus, d. h., die Gruppenentscheidung spiegelte mehr Risikobereitschaft wider, als vor der Diskussion zu erwarten war.

Im Gegensatz zur intuitiven Erwartung zeigt die Gruppe eine größere Risikobereitschaft als ihre Mitglieder im Durchschnitt, was als sog. *risky shift phenomenon* (Myers & Lamm, 1976; Stoner, 1961) bezeichnet wird. Gruppenentscheidungen werden aber nicht prinzipiell riskanter, sondern die Gruppenentscheidung kann in anderen Fällen auch konservativer sein, als man angesichts der durchschnittlichen Meinung ihrer Mitglieder erwarten würde (vgl. auch Exkurs nächste Seite). Entscheidend ist dabei, in welche Richtung die Meinungen der Gruppenmitglieder *vor* der Diskussion tendieren. Die Diskussion mit anderen, die zu diesem Thema eine ähnliche Meinung vertreten wie man selbst, führt dann zu einer Extremisierung dieser Ausgangspositionen – dieses Phänomen wird als **Gruppenpolarisierung** bezeichnet (Moscovici & Zavalloni, 1969; für einen Überblick siehe Myers & Lamm, 1976). Das *risky shift phenomenon* ist also nur eine mögliche Ausprägung dieser Extremisierung, und zwar für den speziellen Fall, dass die Gruppenmitglieder bereits vor der Gruppendiskussion zum Risiko tendierten.

Gruppenpolarisierung

Die Gruppe vertritt – im Vergleich zu den ursprünglichen Meinungen ihrer Mitglieder vor der Diskussion – eine extremere Position.

Kurzum: Im Verlauf der Diskussion extremisieren sich die Einzelmeinungen der Gruppenmitglieder (vgl. Beispielstudie). Das Ausmaß der

Polarisierung korreliert dabei mit den ursprünglichen Meinungen der Gruppenmitglieder – der *shift* ist umso größer, je extremer die Ausgangsmeinungen sind (Teger & Pruitt, 1967).

> **Beispielstudie zur Gruppenpolarisierung**
> *Individuelle Meinungen werden durch die Diskussion extremer.*
>
> Moscovici und Zavalloni (1969) stellten ihren (französischen) Teilnehmern zunächst verschiedene Fragen zu deren persönlicher Einstellung gegenüber dem damaligen Staatspräsidenten Charles De Gaulle. Zu jeder dieser Fragen sollten sie sich dann im Rahmen einer Gruppendiskussion auf eine gemeinsame Position einigen. Analog zum *risky shift* zeigte sich in der Gruppenmeinung eine Verschiebung hin zu den Extremwerten der verwendeten Skalen. Dieser Polarisierungseffekt fand sich zudem in den individuellen Einstellungen der Gruppenmitglieder: Nach der Diskussion noch einmal einzeln befragt, entsprach die individuelle Meinung im Schnitt der Gruppenmeinung: Die Diskussion hatte eine Verschiebung der persönlichen Einstellungen in Richtung des Gruppenkonsens bewirkt.

Wie kommt es nun dazu, dass die Gruppenmitglieder ihre Meinung im Laufe der Diskussion hin zu einem extremeren Standpunkt ändern? Folgende Mechanismen spielen hier eine Rolle:

- **Wiederholte Äußerungen**
  Je häufiger eine Einstellung geäußert wird, desto extremer wird sie (Downing et al., 1992). In einer Diskussion drückt man zum einen selbst seinen Standpunkt – unter Umständen wiederholt – aus, was eine Extremisierung der eigenen Meinung zur Folge hat. Werden eigene Äußerungen zudem von anderen Gruppenmitgliedern aufgegriffen und in deren Argumentation integriert, wird die eigene Meinung ebenfalls extremisiert (Brauer et al., 1995).

- **Informativer Einfluss**
  In der Gruppendiskussion werden die auf die Gruppenmitglieder verteilten, Thema relevanten Informationen zusammengetragen. Dabei ist es nicht unwahrscheinlich, dass die Mitglieder größtenteils in die gleiche Richtung tendieren, und zwar in die Richtung, die aufgrund der Gruppennormen positiv bewertet ist (Burnstein & Vinokur, 1977). Bringen nun andere Gruppenmitglieder Argumente ein, die man selbst bis dahin noch nicht bedacht hatte, können diese die eigene Meinung zusätzlich stützen und – indem

Exkurs: Kulturelle Unterschiede in der Risikobereitschaft

Inwieweit durch eine Gruppendiskussion ein *risky shift* versus eine Verschiebung hin zu vermehrter Vorsicht *(cautious shift)* resultiert, hängt unter anderem mit der Kultur bzw. dem Wertesystem der Beteiligten zusammen: Studien zeigen, dass in den USA risikobereites und innovatives Verhalten mehr geschätzt wird als in kollektivistischen Kulturen. Amerikaner bewundern riskante Alternativen mehr als vorsichtige (Lamm et al., 1971) und schätzen risikobereite Menschen im Vergleich zu vorsichtigeren im Allgemeinen positiver (Madaras & Bem, 1968) und kompetenter (Jellison & Riskind, 1970) ein. In afrikanischen oder asiatischen Ländern wird dagegen Vorsicht als Wert angesehen, entsprechend findet sich dort eher ein *cautious shift* (Carlson & Davis, 1971; Gologor, 1977; Hong, 1978).

sie eine breitere Argumentationsgrundlage zur Verfügung stellen – zu einer Extremisierung der Meinungen beitragen (sog. *persuasive arguments explanation*; Burnstein & Sentis, 1981; Larson et al., 1994). Für die Polarisierung ist nicht allein die Anzahl stützender Argumente wichtig, sondern vielmehr, wer die Argumente vorbringt: Je stärker man sich mit der Gruppe identifiziert, desto größer sind deren Einfluss und das Ausmaß der Polarisierung (Mackie, 1986; Mackie & Cooper, 1984).

- **Normativer Einfluss** und **sozialer Vergleich**
  Ganz allgemein streben Menschen danach, ihre eigenen Meinungen zu bewerten, mit denen anderer zu vergleichen und in diesem Vergleich positiv abzuschneiden (Abrams et al., 1990; Festinger, 1954). Personen neigen ganz allgemein zu der Annahme, dass die eigene Position etwas mehr in Richtung des sozial erwünschten Resultats liegt als die der anderen Mitglieder (Codol, 1975; vgl. auch Abschnitt 6.3.2, *self serving bias*). Stellt man im Verlauf einer Gruppendiskussion fest, dass die anderen tatsächlich eine ähnliche bzw. ähnlich extreme Meinung vertreten wie man selbst, kann man sich dadurch positiv hervortun, dass man einen noch etwas extremeren Standpunkt vertritt als die anderen und sich damit als „mutiger Vordenker" erweist. Will nun jeder in der Gruppe ein solcher Pionier sein, resultiert das auf Gruppenebene in einer Extremisierung der vorherrschenden Meinung. Für die Bedeutsamkeit dieses Einflusses spricht, dass Gruppenpolarisierung auch ohne Diskussion auftritt: So findet sich eine Extremisierung der Einzelmeinungen – zwar weniger ausgeprägt – auch dann, wenn die Mitglieder über die Positionen der anderen Mitglieder lediglich Kenntnis erhalten, jedoch nicht miteinander diskutieren (Myers, 1978; Teger & Pruitt, 1967).

Fazit zur Gruppenpolarisierung

Was lernen wir daraus?

- Gruppenpolarisierung führt dazu, dass Entscheidungen in Gruppen extremer ausfallen als die individuelle Entscheidung im Mittel.

- Aus einer solchen „Verzerrung" kann ein positiver Effekt resultieren: Eine durch die Gruppe polarisierte Meinung kann dazu führen, dass sich die Mitglieder noch mehr für die eigene Sache – in einer schulischen Arbeitsgruppe beispielsweise für den Umweltschutz – einsetzen.

- Gruppenpolarisierung kann jedoch auch negative Effekte haben – so beispielsweise wenn eine Gruppe von Führerscheinneulingen darüber diskutiert, wie schnell man eine bestimmte Straßenkurve befahren kann. Sind die Gruppenmitglieder schon vor der Diskussion eher risikobereit, kann die Gruppenpolarisierung in einer völlig überzogenen Geschwindigkeitsbereitschaft resultieren.

9.3.3 Gemeinsam in die Katastrophe –
Was man unter dem Begriff „Gruppendenken" zusammenfasst

Wichtige Entscheidungen in Politik und Wirtschaft werden – gerade wegen ihrer Tragweite – häufig in Gruppen getroffen. Immer wieder kommt es dabei zu Fehlentscheidungen, die mitunter katastrophale Folgen nach sich ziehen. Beispiele dafür sind die zu Anfang des Kapitels erwähnte Invasion der Amerikaner in der Schweinebucht im Jahre 1961 (vgl. Abschnitt 9.1, Exkurs), aber auch der tragische Start der Raumfähre Challenger oder das Reaktorunglück von Tschernobyl (beides 1986). Nachfolgende Analysen zeigten, dass es nicht an den entsprechenden Informationen mangelte, sondern dass vielmehr Gruppenprozesse zu diesen fatalen Entscheidungen führten. Als theoretische Erklärung wird hierfür immer wieder die Theorie des sog. „Gruppendenkens" (Janis 1972, 1982) herangezogen, die unter Einbeziehung differenzierter Analysen solcher realer Begebenheiten entwickelt wurden. Darin wird eine Reihe von ungünstigen Bedingungen identifiziert, die zu schlechten bis katastrophalen Entscheidungen führen können (für Bedingungen und Symptome des Gruppendenkens vgl. „Tabellarischer Exkurs", Tab. 9.2). Eine zentrale Rolle spielt darin die Kohäsion: Um diese aufrechtzuerhalten und das Gruppenklima nicht durch Konflikte zu beeinträchtigen, wird versucht, möglichst schnell – und damit mitunter auf Kosten der Entscheidungsqualität – einen Konsens zu finden.

Vorläuferbedingungen		Symptome von Gruppendenken	Symptome schlechter Entscheidungen
Kategorie	Symptom		
provokativer situationaler Kontext	hohes Stresslevel durch Bedrohung von außen	Illusion der Unanfechtbarkeit	dürftige Informationssuche
	niedriger Selbstwert	Rationalisierung	selektive Informationsverarbeitung
	hohe Kohäsion	unbedingter Glaube an die moralische Integrität der Gruppe	unvollständige Beachtung der Ziele
strukturelle Mängel	Isolation von externen Experten	Stereotypisierung	unvollständige Beachtung der Alternativen
	Fehlen einer unparteiischen Führung	Konformitätsdruck	keine Überprüfung der gewählten Alternative
	keine Normen für das methodische Vorgehen	Selbstzensur	keine Überprüfung verworfener Alternativen
	homogener Hintergrund der Gruppenmitglieder	selbst ernannte „Meinungswächter"	Fehlen eines Notfallplans
		Illusion der Einstimmigkeit	

Tab. 9.2.: Tabellarischer Exkurs: Vorläuferbedingungen und Symptome des Gruppendenkens nach der Theorie von Janis (1972, 1982).

Die Theorie des Gruppendenkens besticht durch ihre Augenscheinvalidität und die Illustration an eingängigen historischen Beispielen, die empirische Unterstützung ist jedoch gemischt und als eher schwach zu bezeichnen (Aldag & Fuller, 1993; Fuller & Aldag, 1998).[8] Bedingungen wie beispielsweise hohe Kohäsion oder direktive Führung, die gemäß der Theorie Gruppendenken begünstigen (vgl. Tab. 9.2), können mit katastrophalen, aber auch mit verbesserten Entscheidungen assoziiert sein (Peterson et al., 1998; Mullen et al., 1994; Mullen & Copper, 1994; Zaccaro & McCoy, 1988). Des Weiteren treten schlechte Entscheidungen auch dann auf, wenn postulierte Vorläuferbedingungen wie hohe Kohäsion, eine direktive Führung oder ein hohes Stresslevel fehlen (z. B. Wittenbaum & Stasser, 1996; Tindale et al., 1996; vgl. Abschnitt 9.3.1 bzw. 9.3.2). Es ist vielmehr anzunehmen, dass schlechte Entscheidungsqualität bzw. die Symptome, die in der Theorie des Gruppendenkens beschrieben werden, Folge der bereits beschriebenen Effektivitätshindernisse in Gruppen bzw. einer Kombination aus diesen sind.

Zur Vermeidung der – trotz aller Kritik zweifellos immer wieder beobachtbaren – *Symptome*, wie sie in der Theorie des Gruppendenkens beschrieben werden, bzw. zur Förderung einer hohen Entscheidungsqualität werden verschiedenste Maßnahmen vorgeschlagen (Aldag & Fuller, 1993; Cosier & Schwenk, 1990; Frey et al., 1996; Haslam, 2001; Schweiger et al., 1986, 1989). Einige wurden bereits im Zusammenhang mit dem Effekt des gemeinsamen Wissens (vgl. Abschnitt 9.3.1) genannt. Neben der Bereitstellung von Informationen sind zudem die Art, wie diese verarbeitet werden, und die Offenheit für abweichende Meinungen von Bedeutung.

- **Optimierung der Informationsverarbeitung**
  Werden die aufgabenbezogenen Merkmale betont – wie es beispielsweise bei technologievermittelt (per E-Mail, Video, Telefon etc.) getroffenen Entscheidungen der Fall ist –, findet sich eine geringere Anfälligkeit für Symptome des Gruppendenkens und Polarisierung (McGuire et al., 1987). Auch ein systematisches Vorgehen bei der Informationssammlung und -auswertung bzw. das Hinzuziehen von strukturierten Entscheidungshilfen kann sich positiv auswirken (vgl. hierzu Turner & Pratkanis, 1998).

- **Offenheit der Gruppe und des Gruppenleiters für andere Meinungen**
  Symptome von Gruppendenken resultieren unter anderem aus einem „ungesunden" Streben nach Konsens, bei dem Uneinigkeit störend und bedrohlich wirkt. Um die Entscheidungsqualität zu fördern, können entsprechend die Offenheit gegenüber anderen Meinungen sowie das Auftreten von Uneinigkeit bzw. die zeitweise Akzeptanz von Uneinigkeit bedeutsam sein (Nemeth & Nemeth, 2003; im Hinblick auf die Gruppenleitung z. B. Peterson, 1997; Peterson et al., 1998; Smith & Mackie, 2000). Im Allgemeinen scheint eine eher offene und nicht direktive Führung förderlich für die Entscheidungsqualität zu sein. So konnte beispielsweise gezeigt werden, dass dann im

---

[8] Der interessierte Leser sei für eine ausführliche Diskussion der Theorie des Gruppendenkens und deren Kritik verwiesen auf das Special Issue zum Thema „Gruppendenken" in der Zeitschrift *Organizational Behavior and Humand Decision Processes*, Vol. 73, 1998.

Vergleich zu Gruppen mit direktiver Führung mehr Lösungsvorschläge eingebracht und mehr Informationen berücksichtigt werden (Flowers, 1977; Fodor & Smith, 1982). Aufgrund seiner einflussreichen Position hat der Gruppenführer die Möglichkeit dies zu fördern, indem er beispielsweise immer wieder dazu ermutigt, Kritik und Zweifel zu äußern, und indem er Meinungsminderheiten Schutz gewährt. In einem solchen Gruppenklima kann auch ein eigens ernannter Advocatus diaboli hilfreich sein (vgl. auch Abschnitt 9.3.1). Die Offenheit für abweichende Meinungen und Informationen sollte auch nach der Entscheidung gefördert werden, um eine eventuell erforderliche Revision bzw. Anpassung der Entscheidung zu ermöglichen.

9.3.4 Zusammenfassung

Entscheidungen bzw. der damit verbundene Prozess der Meinungsbildung in Gruppen unterliegen vielfältigen Einflüssen. Die Vorteile, die man sich von Entscheidungen in der Gruppe erhofft, werden dadurch gefährdet.

Der potenzielle Vorteil eines größeren Gesamtwissens der Gruppe gegenüber einem Individuum wird durch den *Effekt des gemeinsamen Wissens* gefährdet: Gruppen diskutieren hauptsächlich das Wissen, das alle bereits vor der Diskussion gemeinsam hatten, und einzigartige Informationen kommen kaum zur Sprache. Werden durch diese Tendenz wichtige Informationen nicht in den Entscheidungsprozess einbezogen, kann eine falsche Gruppenentscheidung resultieren.

Entscheidungsprozesse in Gruppen werden des Weiteren durch *Gruppenpolarisierung* gefährdet. So extremisieren sich durch die Diskussion die individuellen Meinungen und die Gruppenentscheidung fällt polarisierter aus, als man angesichts der ursprünglichen Meinungen der Gruppenmitglieder erwarten würde. Dadurch kann es zu sehr riskanten (bekannt als *risky shift*) oder auch zu sehr konservativen Entscheidungen kommen.

Für das Zustandekommen von Fehlentscheidungen mit katastrophalen Folgen wurde lange Zeit die Theorie des sog. *Gruppendenken* als Erklärung herangezogen: Demnach ist für die schlechte Entscheidungsqualität ein ungesundes Streben nach Konsens verantwortlich. Wichtige Annahmen der Theorie konnten jedoch nicht bestätigt werden, vielmehr lassen sich die Symptome des Gruppendenkens als Folge verschiedener ungünstiger Einflüsse auf Gruppenentscheidungen ansehen (z. B. Effekt des gemeinsamen Wissens, Gruppenpolarisierung).

9.4   Zusammenfassung

Die soziale Situation „Gruppe" unterscheidet sich von anderen Situationen, in denen soziale Einflüsse wirksam werden. Gruppen haben für Menschen große Bedeutung, weil sie aus der Gruppenzugehörigkeit sowohl materiellen als auch psychologischen Nutzen ziehen. Im Gegenzug sind Personen bereit, persönliche Interessen den Spielregeln der Gruppe unterzuordnen. Dies ist für die Ordnung in der Gruppe und damit für deren Funktionieren von großer Wichtigkeit. Strukturmerkmale der Gruppe wie Normen, Rollen, Status und Kohäsion haben starke und mitunter auch gefährliche Auswirkungen auf das Verhalten der einzelnen Mitglieder.

Der Nutzen der Gruppenzugehörigkeit besteht unter anderem darin, mit der Gruppe Ziele zu erreichen, die alleine nicht oder nur sehr schwer zu erreichen wären. Doch finden sich in Gruppen neben leistungsförderlichen (Prozessgewinne) auch -hemmende Effekte (Prozessverluste). Ob sich die Anwesenheit anderer Personen bzw. die Zusammenarbeit mit diesen im Rahmen einer Gruppe positiv oder negativ auswirkt, hängt dabei von Faktoren wie der Schwierigkeit der Aufgabe und der Möglichkeit, die individuelle Leistung zu bewerten, ab. Für das Auftreten bestimmter Phänomene und für den potenziellen Vorteil der Gruppe gegenüber Einzelpersonen ist weiterhin die Art der zu bewältigenden Aufgabe bedeutsam.

Gruppen sind häufig auch mit Aufgaben konfrontiert, bei denen die Leistung darin besteht, eine möglichst gute Entscheidung zu treffen. Hier ist von besonderem Interesse, wie sich die soziale Situation „Gruppe" auf den Meinungsbildungs- und Entscheidungsprozess auswirkt. Dieser Prozess wird beispielsweise dadurch beeinträchtigt, dass Gruppen hauptsächlich die Informationen diskutieren, die bereits vorher allen Gruppenmitgliedern bekannt waren (Effekt des gemeinsamen Wissens) und einzigartiges Wissen vernachlässigen. Auch sind Gruppenmeinungen im Vergleich zu den Einzelmeinungen nicht etwa gemäßigt, sondern erfahren häufig eine Extremisierung (Gruppenpolarisierung). Kommen verschiedene hinderliche Prozesse zusammen, so können Entscheidungen mit katastrophalen Folgen das Resultat sein, wie sie im Rahmen der Theorie des Gruppendenkens analysiert wurden.

Die Arbeit und das Treffen von Entscheidungen in Gruppen sind also vielfältigen Gefahren ausgesetzt. Damit die potenziellen Vorteile der Gruppe zum Tragen kommen können, ist es wichtig, die entscheidenden Einflussfaktoren zu kennen und entsprechend günstige Rahmenbedingungen zu schaffen.

10 Vorurteile

Was bringt's?

Jeder Mensch hat Vorurteile – aber warum? Nutzen uns Vorurteile gar und wenn ja, wie?

Sind Menschen mit weniger Vorurteilen davor gefeit, diskriminierend zu handeln? Oder kann allein die *Kenntnis* eines Vorurteils Urteilen und Handeln beeinflussen?

Wir fühlen uns immer wieder bestätigt in unseren Vorurteilen – heißt das, dass sie richtig sind oder spielt uns unsere Wahrnehmung einen Streich? Wieso halten sich Vorurteile selbst dann hartnäckig, wenn es genug „Gegenbeweise" gibt?

Männer können nicht zuhören, Frauen können nicht einparken. Blondinen sind attraktiv, aber dumm. Dicke sind gemütlich. Engländer haben einen speziellen Humor, Südländer sind die besseren Liebhaber. Psychologen studieren Psychologie, um sich selbst zu therapieren. Dies alles sind Vorurteile. Auch wenn wir wissen, dass sie nicht unbedingt richtig sind, können wir viele dieser vorgefassten Meinungen und Klischeevorstellungen kaum ablegen.

Jeder Mensch hat Vorurteile. Selbst das Wort „Vorurteile" ist mit Vorurteilen behaftet: So sehen wir Vorurteile als einseitig, falsch, unfair und dumm an und versuchen häufig, möglichst „vorurteils*frei*" an die Dinge heranzugehen. Dabei sind Vorurteile nicht nur schlecht – sie sind auch notwendig. Sie sind, wie das Wort selbst schon sagt, „Vor-Urteile", d. h. bereits in unserem Gedächtnis gespeicherte und damit schnell abrufbare Urteile, die den Umgang mit anderen und insbesondere mit Unbekannten immens vereinfachen können.

Ein Beispiel hierzu: Ein Tourist geht in England automatisch davon aus, dass die Menschen dort englisch sprechen. Er wird deshalb versuchen, in der Landessprache mit ihnen Kontakt aufzunehmen, ohne sich über die Englischkenntnisse seines Gegenübers vorher Gewissheit zu verschaffen. Dieses Vorgehen ist sehr adaptiv, denn es wird überwiegend sinnvoll und hilfreich sein. Unterstellt der Tourist aber zugleich allen Engländern, dass sie einen „besonderen, englischen Humor" haben, kann er damit bei den angesprochenen Personen durchaus falsch liegen. Genau hier liegt eine Schwierigkeit von Vorurteilen: Einzelpersonen werden anhand von Merkmalen einer bestimmten Gruppe (hier: der Engländer) beurteilt, ohne weitere Informationen oder Ausnahmen von der Regel in Betracht zu ziehen (wie z. B. dass es sich ebenfalls um einen Touristen handeln könnte).

Vorurteil – zwei Seiten einer Medaille

+ Vor-Urteile erleichtern den Umgang mit anderen – insbesondere unbekannten – Menschen.

– Vorurteile führen zu ungerechtfertigter Benachteiligung im Alltag und können verheerende Konsequenzen bis hin zum Völkermord haben.

Vorurteile sind nützlich, indem sie uns Kapazitäten sparen (z. B. Macrae, Milne & Bodenhausen 1994): Wir müssen über Dinge, die wahrscheinlich auf die große Mehrheit einer Gruppe zutreffen (z. B. dass die meisten Menschen in England englisch sprechen), nicht bei jeder Begegnung wieder neu nachdenken, um zu entscheiden, wie wir beispielsweise unser Gegenüber ansprechen sollen. Wir brauchen nur das Vor-Urteil abrufen. Insbesondere in Situationen, die unsere Informationsverarbeitungskapazitäten herausfordern, ist dies äußerst nützlich (Bodenhausen & Lichtenstein, 1987; Stangor & Duan, 1991) – beispielsweise wenn wir unter Zeitdruck stehen und/oder das Urteil sehr komplex ist. Häufig müssen wir zudem Urteile bilden, für die wir eigentlich mehr Informationen bräuchten als uns in der aktuellen Situation zur Verfügung stehen. Das ist beispielsweise der Fall, wenn ein Personalchef in einem Bewerbungs*gespräch* beurteilen soll, wie der Bewerber tatsächlich arbeiten bzw. wie er sich auf dem ausgeschriebenen Posten bewähren wird. Vorurteile bzw. Stereotype sind hier möglicherweise sogar nötig, um überhaupt zu einer Entscheidung zu kommen.

Warum ist dann der Begriff „Vorurteil" in unseren Köpfen trotzdem – und zu Recht – so negativ behaftet? Dies liegt daran, dass Vorurteile neben ihren positiven Effekten für unsere psychische Ökonomie auch verheerende Auswirkungen haben können und uns vor allem diese negative Seite der Medaille präsent ist. Bereits ein Blick in die Weltgeschichte erinnert uns daran, dass die Konsequenzen von Vorurteilen über Verfolgung und Mord bis hin zum Völkermord reichen (z. B. Juden in der Nazizeit oder Tutsi und Hutu 1994 in Ruanda). Auch die weniger auffälligen Diskriminierungen im Alltag führen zu sozialer Ungerechtigkeit und nicht selten zu schwer wiegendem Leid bei den von Vorurteilen Betroffenen. So können Vorurteile dazu führen, dass beispielsweise Ausländer, Behinderte oder auch Übergewichtige sowohl in der Schule als auch im Berufsleben gehänselt, drangsaliert und gemieden werden. Vorurteile können einerseits zu ungerechtfertigter materieller Benachteiligung führen, andererseits erhebliche psychische Folgen nach sich ziehen.

Aufgrund dieser Auswirkungen von Vorurteilen und ihrer Eskalationen erscheint es besonders bedeutsam, Kenntnis darüber zu haben, was Vorurteile genau sind (Abschnitt 10.1), wann und wie sie zur Anwendung kommen (Abschnitt 10.2), wie sie entstehen (vgl. Abschnitt 10.3) und was sie aufrechterhält (vgl. Abschnitt 10.4). Auf Basis dieses Wissens ist es möglich, verantwortungsvoller mit eigenen Vorurteilen umzugehen und Diskriminierungen wirksam zu begegnen.

10.1 Wodurch zeichnen sich Vorurteile aus?

Im Folgenden soll zunächst abgegrenzt werden, was genau unter einem Vorurteil zu verstehen ist (vgl. Abschnitt 10.1.1). Des Weiteren werden wichtige Vorurteilsbereiche bzw. Gruppen, denen gegenüber typischerweise massive Vorurteile gehegt werden, in Abschnitt 10.1.2 beschrieben sowie abschließend die Messung von Vorurteilen in Abschnitt 10.1.3 erläutert.

10.1.1 Was genau versteht man unter einem Vorurteil?

Ein Vorurteil lässt sich definieren als eine Einstellung gegenüber Angehörigen einer Fremdgruppe, die allein auf deren Gruppenzugehörigkeit beruht. Vorurteile können per definitionem sowohl positiver (z. B. „Südländer sind feurige Liebhaber") als auch negativer (z. B. „Dicke sind faul") Konnotation sein (vgl. Exkurs). Im Großteil der Fälle wird der Begriff allerdings für *negative* Einstellungen gegenüber Fremdgruppen verwendet. Wie andere Einstellungen auch (vgl. Abschnitt 7.1), weisen Vorurteile eine kognitive (Stereotyp), eine affektive (Stereotypakzeptierung) sowie eine Verhaltenskomponente (Diskriminierung) auf.

> **Exkurs: Positive und negative Vorurteile oder „White men can't jump"**
>
> Im sog. Schwarzenstereotyp[1] sind negative (z. B. bzgl. Intelligenz), aber auch positive Annahmen (z. B. bzgl. Sportlichkeit) über Menschen mit dunkler Hautfarbe enthalten.
>
> So wurde beispielsweise in einer Studie von Stone und Kollegen (1997) ein Basketballspieler hinsichtlich seiner athletisch-physischen Fähigkeiten *positiver*, hinsichtlich seiner „Basketball-Intelligenz" allerdings *negativer* eingeschätzt, wenn die Beurteiler aufgrund eines ihnen vorgelegten Fotos annahmen, dass der Spieler schwarz statt weiß sei. Dabei hatten alle Teilnehmer abgesehen von dem Foto *genau dieselben* sportrelevanten Informationen über den Spieler in Form einer Radioübertragung erhalten.

- **Stereotyp (*kognitive* Komponente)**
  Als Stereotype werden Wissensstrukturen bezeichnet, die die sozial geteilten Überzeugungen bezüglich der Merkmale enthalten, die eine Gruppe und ihre Mitglieder auszeichnen. Ein Stereotyp stellt die Basis von Vorurteilen dar, *ist* aber noch kein Vorurteil.

- **Stereotypakzeptierung/stereotype Überzeugung (*affektive* Komponente)**
  Mit Stereotypakzeptierung bzw. stereotyper Überzeugung wird die positive oder negative *Empfindung* gegenüber Personen aufgrund ihrer Zugehörigkeit zu einer Fremdgruppe bezeichnet. Diese Komponente ist zusätzlich zum stereotypen Wissen notwendig, um von einem echten Vorurteil sprechen zu können.

---

[1] Im Folgenden werden wir uns der Eindeutigkeit halber auf Menschen heller Hautfarbe und europäischer Abstammung als „weiß/Weiße", auf Menschen dunkler Hautfarbe und afrikanischer Abstammung als „schwarz/Schwarze" beziehen. Wir sind uns bewusst, dass diese Terminologie umstritten ist, allerdings ist die Vorbelastung vor allem in den USA und weniger in Deutschland von Bedeutung.

- **Diskriminierung (*Verhaltens*komponente)**
  Diskriminierung bezeichnet den Ausdruck von Vorurteilen in ungerechtfertigt negativem oder schädlichem Verhalten gegenüber Personen aufgrund ihrer Zugehörigkeit zu einer Fremdgruppe.

Die Differenzierung zwischen den verschiedenen Komponenten ist durchaus bedeutsam, denn das Vorhandensein stereotypen Wissens allein (kognitive Komponente) bedeutet nicht automatisch, dass diese eine Wertung enthält, d. h. mit einer positiven oder negativen Empfindung einhergeht (Stereotypakzeptierung/stereotype Überzeugung) oder in Verhalten umgesetzt wird (Diskriminierung). Von einem echten Vorurteil sprechen wir erst dann, wenn kognitive Komponente (z. B. „Von Männern wird gesagt, sie seien schlechte Zuhörer") und affektive Komponente (z. B. *„Ich finde*, dass Männer schlechte Zuhörer sind") gemeinsam auftreten (vgl. Abb. 10.1).

> **Vorurteile**
>
> bezeichnen Einstellungen gegenüber Angehörigen einer Fremdgruppe allein aufgrund deren Gruppenzugehörigkeit.
>
> Vorurteile weisen folgende Komponenten auf:
>
> - kognitive Komponente = **Stereotyp**
> - affektive Komponente = **Stereotypakzeptierung/** stereotype Überzeugung
> - Verhaltenskomponente = **Diskriminierung**

Die affektive Komponente trägt dazu bei, dass Vorurteile unter Umständen geradezu fanatisch vertreten werden und häufig schwer zu verändern sind – jeder, der schon einmal mit jemandem über ein tief sitzendes Vorurteil diskutiert oder gar gestritten hat, weiß das nur zu gut: Wenn es um Vorurteile geht, scheinen die vernünftigsten Menschen gegenüber rationalen und logischen Argumenten immun zu sein.

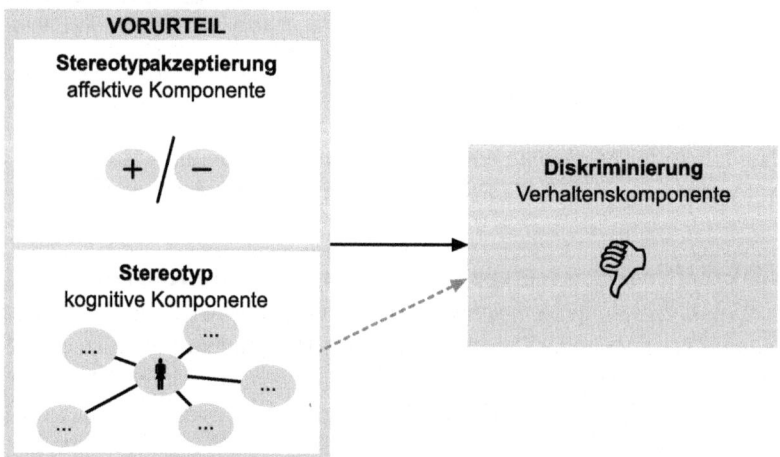

Abb. 10.1: Die Wissensstruktur über eine Personengruppe (Stereotype) bildet die kognitive Grundlage von Vorurteilen. Kommt die (affektive) Stereotypakzeptierung hinzu, handelt es sich um ein wirkliches Vorurteil. Vorurteile, aber auch Stereotype allein, können sich auf das Verhalten auswirken (Diskriminierung).

Da Vorurteile und Diskriminierung gegenüber Einzelnen auf deren Kategorienzugehörigkeit beruhen, wird im folgenden Abschnitt aufgezeigt, wer typischerweise Gegenstand starker Vorurteile ist.

10.1.2 Welche Gruppen sind Gegenstand starker Vorurteile?

Damit Vorurteile uns den Umgang mit anderen Menschen tatsächlich effizient erleichtern können (s. o.), müssen sie uns schnell und ohne großen Aufwand zur Verfügung stehen. Da dies nur möglich ist, wenn Angehörige von Gruppen, für die wir Vorurteile „auf Lager" haben, leicht erkennbar sind, knüpfen Vorurteile meist an äußere Merkmale an, die besonders auffällig (auch „salient") sind. Insbesondere Hautfarbe, Geschlecht sowie andere Besonderheiten im Aussehen erfüllen diese Kriterien und sind dementsprechend mit zum Teil massiven Vorurteilen assoziiert (Allport, 1954).

So betrachtet ist auch niemand davor gefeit, Gegenstand von Vorurteilen zu werden, denn jeder von uns gehört zumindest einem bestimmten Geschlecht und einer Rasse an. Ob man vermehrt negativen Vorurteilen und Diskriminierung ausgesetzt ist, wird sehr davon abhängen, *welcher* Rasse und *welchem* Geschlecht – zu welcher Zeit und in welchem Kulturkreis – man angehört. Exemplarisch wird nachfolgend auf aktuell bedeutsame Vorurteile eingegangen, welche auf der **Geschlechts-** oder der **Rasse**nzugehörigkeit (Sexismus und Rassismus), dem **Alter** (*ageism*) und der **körperlichen Erscheinung** (*appearance prejudice*) beruhen.

Vorurteile aufgrund der Geschlechts- und Rassenzugehörigkeit (Sexismus und Rassismus). Rassismus und Sexismus sind klassische Anwendungsbereiche der Vorurteilsforschung. Bis vor einigen Jahren wurden rassistische und sexistische Vorurteile, wie beispielsweise dass es unmännlich sei, Gefühle zu äußern, oder dass Frauen ausschließlich für die Erledigung häuslicher Aufgaben geeignet seien, noch offen geäußert (sog. traditioneller Sexismus, Moir, 1998). Heutzutage gilt es allerdings nicht mehr als „politisch korrekt", solche Auffassungen öffentlich zu vertreten. Wer es dennoch tut, ver-

---

Aktuell bedeutsame Vorurteilsbereiche sind u. a.:

- Vorurteile aufgrund von Geschlecht und Rasse (traditioneller und moderner Sexismus bzw. Rassismus) (*sexism, racism*)
- Vorurteile aufgrund des Alters (*ageism*)
- Vorurteile aufgrund der äußeren Erscheinung (*appearance prejudice*), z. B. gegenüber übergewichtigen Personen (*fatism*)

Exkurs: Sexismus ist sozial akzeptierter als Rassismus

Sexistische Äußerungen sind nicht in gleichem Maße verpönt wie rassistische Aussagen. Dies zeigt sich beispielsweise an den gefühlsmäßigen Reaktionen von Personen, wenn diese sich diskriminierend äußern und von einer anderen Person diesbezüglich kritisiert werden.

Czopp und Monteith (2003) baten ihre Teilnehmer, sich vorzustellen, sie hätten eine diskriminierende Aussage gemacht und wären von einer anderen Person damit konfrontiert worden. Beinhaltete das vorgestellte Szenario eine rassistische Aussage, berichteten die Teilnehmer vermehrt Schuldgefühle (auch Czopp et al., 2006); die gleiche Prozedur führte im Falle sexistischer Aussagen dagegen eher zu Belustigung.

Exkurs: **Beispielitems zur Messung von modernem Sexismus**

„Diskriminierung von Frauen ist in Deutschland kein Problem mehr."

„Die Wut von feministischen Gruppierungen auf sexistische Strukturen in Deutschland ist gut zu verstehen."

(deutsche Übersetzung Werth et al., 2000)

Exkurs: **„Kinder, Küche, Karriere? Nicht bei uns**

[...] Nach Zeitbudget-Untersuchungen des Statistischen Bundesamts setzen Väter, verglichen mit kinderlosen Männern, ganze sechs zusätzliche Minuten am Tag für Hausarbeit ein. 80 Prozent der gesamten Haushalts- und Fürsorgearbeit in Familien leisten nach wie vor die Frauen.

In diesem Punkt ist die Emanzipationsbewegung kläglich gescheitert, sie hat das Geschlechterverhältnis im praktischen Alltag kein bisschen revolutioniert. Im Gegenteil: Während junge Mäner bis 25 Anfang der neunziger Jahre »nur« zu 25 Prozent von Frauen bekocht wurden, sind es heute 70 Prozent, die bei Mama, Oma oder Freundin essen. »Verbale Aufgeschlossenheit bei weitgehender Verhaltensstarre« hat der Soziologe Ulrich Beck die moderne männliche Haltung genannt." (Gaschke, 2005, *Die Zeit*, S. 3)

letzt aktuelle soziale Normen und läuft Gefahr, als Sexist bzw. Rassist „beschimpft" zu werden (Dovidio & Gaertner, 1998; vgl. auch Exkurs, vorangehende Seite). Nichtsdestotrotz existieren weiterhin sexistische und rassistische Vorurteile in der Gesellschaft – sie werden jedoch anders geäußert: Während Messungen mit traditionellen Verfahren eine kontinuierliche Abnahme stereotyper Überzeugungen widerspiegeln, weisen subtilere Messmethoden wie beispielsweise die *Modern Racism Scale* bzw. *Modern Sexism Scale* (McConahay et al., 1981; Swim et al., 1995; vgl. Exkurs oben) unzweifelhaft das Fortbestehen sexistischer[2] und rassistischer Einstellungen nach (Crosby et al., 1980; Dovidio & Gaertner, 1986; Eckes & Six-Materna, 1998; Förster et al., 2004; Swim et al., 1995; Werth et al., 2000). In Westeuropa ist zudem ein Anstieg der Ausländerfeindlichkeit, auch der offen ausgedrückten, zu verzeichnen (Gang et al., 2002).

Der sog. *moderne* Sexismus zeigt sich beispielsweise darin, dass auch berufstätige Frauen nach wie vor einen ungleich größeren Anteil an der Hausarbeit übernehmen (Biernat & Wortman, 1991; vgl. auch Exkurs unten) und bei gleicher Qualifikation weniger verdienen als Männer (Stroh et al., 1992). Zahlreiche Befunde weisen darauf hin, dass auch die heutige Form des subtilen, eher verdeckt ausgedrückten Sexismus bzw. Rassimus Informationsverarbeitungsprozesse und Verhalten mitbestimmt (bzgl. Sexismus: Eckes & Six-Materna, 1998; Hodson et al., 2005; Lepore & Brown, 1997; Swim et al., 1995; Tougas et al., 1995; bzgl. Rassismus: Dovidio & Gaertner, 1986, 1996; Pettigrew & Meertens, 1995). Eine Studie von Barreto und Ellemers (2005) zeigte, dass der moderne, subtile Sexismus bei den betroffenen Frauen eher Angst statt wie der traditionelle Sexismus Feindseligkeit auslöst. Feindseligkeit führt eher zu Gegenwehr, während Angst eher mit Rückzugsverhalten verknüpft ist. Entsprechend könnte es sein, dass der subtile Sexismus eine verminderte Gegenwehr gegenüber sexistischem Verhalten zur Folge hat und dadurch leichter weiterbestehen kann.

---

[2] Für einen Überblick über modernen Sexismus vgl. Benokraitis und Feagin (1995).

Vorurteile aufgrund des Alters (*ageism*). Von großem aktuellen Interesse sind Vorurteile gegenüber Personen aufgrund ihres Alters (sog. *ageism*). So sind derzeit ältere Menschen sowohl in der Gesellschaft allgemein (Cuddy et al., 2005; Nelson, 2002, 2005) als auch am Arbeitsplatz im Speziellen (z. B. Duncan & Loretto, 2004) mit Diskriminierungen konfrontiert, beispielsweise bei der Personalauswahl/Jobvergabe oder aber auch angesichts des Drucks seitens des Arbeitgebers, in Rente zu gehen. Des Weiteren zeigt sich die Diskriminierung darin, dass Therapeuten die Probleme älterer Patienten weniger ernst nehmen, als wenn dieselben Probleme von jüngeren Patienten geschildert werden (Ivey et al., 2000). Erzieher, Berater, Mediziner und andere Experten des Gesundheits- und Bildungsbereichs erweisen sich dabei ihren Klienten oder Patienten gegenüber ebenso vorurteilsbehaftet wie andere Personen auch (Levenson, 1981; Pasupathi & Lockenhoff, 2002; Troll & Schlossberg, 1971; Wilkinson & Ferraro, 2002). Aber auch Kinder werden als Opfer von Vorurteilen und Diskriminierung gesehen (Westman, 1991), beispielsweise wenn die Bedürfnisse und Fähigkeiten von Kindern nicht ausreichend berücksichtigt und gefördert werden oder sog. „kinderfreie Bereiche" eingerichtet werden.

Vorurteile aufgrund der äußerlichen Erscheinung (*appearance prejudice*). Attraktiven Menschen werden mehr positive Eigenschaften wie Begabung, Ehrlichkeit oder auch Intelligenz zugeschrieben als unattraktiven und sie werden insgesamt besser bzw. bevorzugt behandelt. Kinder zeigen diese Tendenzen von klein auf in vergleichbarer Weise wie Erwachsene, selbst *untereinander* (*beauty is good*-Stereotyp; Clifford, 1975; Dion & Berscheid, 1974; Dion et al., 1972; Eagly et al., 1991; Langlois et al., 2000; van Leeuwen & Macrae, 2004; vgl. auch Abschnitt 5.1.1). Besonders problematisch erweist sich dieses *beauty is good*-Stereotyp angesichts der Diskriminierung von denjenigen, die in ihrer Gesellschaft als unattraktiv angesehen werden (*appearance prejudice*; Baron & Byrne, 2003, S. 230). Ein bedeutsames und tendenziell zunehmendes Problem in diesem Bereich sind Vorurteile gegenüber und Diskriminierung von übergewichtigen Menschen (*fatism*) (Crandall & Biernat, 1990; Swim & Stangor, 1998, S. 125ff.). Übergewichtige werden auf dem Arbeitsmarkt auch bei Jobs, bei denen Aussehen und Gewicht keinerlei Rolle spielen, benachteiligt (z. B. Rothblum et al., 1988) und erhalten sogar weniger finanzielle Unterstützung für die universitäre Ausbildung von ihren Eltern (Crandall, 1991). Auch Psychotherapeuten sind vor Vorurteilen gegenüber

> **Fatism im Kulturvergleich**
>
> Crandall und Kollegen (2001) untersuchten Vorurteile gegenüber übergewichtigen Menschen in sechs verschiedenen Ländern.
>
> Die Ergebnisse zeigten folgende Zusammenhänge: Je stärker Übergewicht als von der Person kontrollierbar angesehen wird und je negativer Übergewicht in der Kultur besetzt ist, desto stärker sind die Vorurteile. In individualistischen Kulturen ist der Zusammenhang zwischen der kulturell negativen Bewertung von Übergewicht („fat is bad") und der Abneigung gegenüber übergewichtigen Personen („fat people are bad") dabei erheblich ausgeprägter als in kollektivistischen Kulturen. Dies wird damit erklärt, dass in individualistischen Kulturen die Überzeugung herrscht, dass „jeder seine Glückes Schmied ist" und auch an seinem Gewicht jeder selbst Schuld ist (vgl. auch Abschnitt 10.4.3, *„blaming the victim"*).

Übergewichtigen nicht gefeit (z. B. Agell & Rothblum, 1991) und selbst unter Kindern sind diese bereits existent (z. B. Powlishta et al., 1994; Sigelman et al., 1986). Die Auswirkungen können dabei sehr subtil sein: Bessenoff und Sherman (2000) zeigten, dass automatische Bewertungen gegenüber dicken Menschen negativer sind als gegenüber schlanken. Dies äußerte sich beispielsweise im Verhalten, indem die Teilnehmer, je negativer ihre implizite Einstellung war, eine umso größere räumliche Distanz zu einer dicken Frau wählten.

Wie in diesem Abschnitt bereits angeklungen ist, verändern sich Vorurteile bzw. ihr Ausdruck mit der Zeit. Dieser und andere Aspekte sind bei der Messung von Vorurteilen zu berücksichtigen.

10.1.3 Wie lassen sich Vorurteile messen?

„Das ist jetzt vielleicht ein Vorurteil, aber ...“ – Weshalb verwenden wir Formulierungen wie diese? Wenn wir eine Einstellung ausdrücken wollen, die einem gängigen Vorurteil entspricht, entschuldigen wir dies manchmal noch im gleichen Atemzug. Selbst wenn wir insgeheim dächten, dass in dem einen oder anderen Vorurteil doch ein Fünkchen Wahrheit steckt, würden wir es in vielen Fällen trotzdem nie offen äußern.

Diese Tendenzen werden in der Psychologie als *soziale Erwünschtheit* (Crowne & Marlow, 1964) bezeichnet und spielen bei der Messung von Vorurteilen eine wichtige Rolle. Befragt man Personen direkt (auch „explizit“) zu ihren Vorurteilen (z. B. „Sind Sie der Meinung, dass Ausländer in Deutschland ökonomisch zu gut gestellt sind?“) geben sie unter Umständen nicht das an, was sie wirklich denken, sondern vielmehr das, was sie für „politisch korrekt“ bzw. für sozial erwünscht halten. Doch selbst wenn die Befragten gewillt sind, ihre Einstellung ehrlich und ohne Korrektur kundzutun, so ist ihnen das nicht immer möglich, denn Einstellungen sind nicht unbedingt immer bewusst *zugänglich* (Gawronski & Bodenhausen, 2006, vgl. auch Abschnitt 7.1, „implizite versus explizite Einstellungen“). Da unser Verhalten zum Dritten nicht nur durch bewusste, willentliche (auch „deliberative“) Prozesse, sondern ebenso durch sog. *impulsive Prozesse* gesteuert wird (vgl. auch Strack & Deutsch, 2004; zusammenfassend vgl. Abb. 10.2), ist eine ausschließliche Verwendung expliziter Maße zur Erfassung von Vorurteilen und zur Vorhersage diskriminierenden Verhaltens unzureichend (Strack & Werth, 2006). Entsprechend wurden

Soziale Erwünschtheit

beschreibt die Tendenz, ein Verhalten zu zeigen, das die eigene Person in günstigem Licht erscheinen lässt, d. h. Verhalten, von dem man glaubt, dass es von den anderen erwartet und gebilligt wird.

Vorurteilsmessung

Eine alleinige Messung von Vorurteilen mit expliziten/direkten Maßen ist für eine realistische Einschätzung von Vorurteilen und ihren Auswirkungen unzureichend aufgrund ...

- sozialer Erwünschtheit
- fehlenden Zugangs zu relevanten Informationen
- von Verhaltenssteuerung auch durch unbewußte, impulsive Prozesse

– ebenso wie für Einstellungen allgemein – subtilere Methoden zur Erfassung von Vorurteilen entwickelt (vgl. Abschnitt 7.4.2). Klassische Beispiele sind die *Bogus-Pipeline*-Methode (Nier, 2005; Sigall & Page, 1971; vgl. auch Plant et al., 2003), Verhaltensmaße wie die die Interaktionsdauer oder die physische Distanz, die man zu einer vorurteilsbehafteten Person einhält (Bessenoff & Sherman, 2000; Hendricks & Bootzin, 1976; Word et al., 1974), physiologische Maße (z. B. Cacioppo et al., 1986; Vanman et al., 1997)) sowie Reaktionszeitmethoden (Neumann et al., 2004; siehe auch Chen & Bargh, 1999).

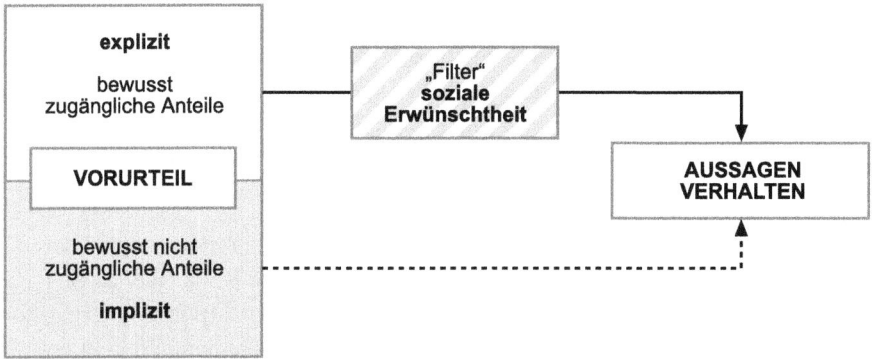

Abb. 10.2: Aussagen und Verhalten werden durch bewusst zugängliche (explizite), aber auch durch bewusst *nicht* zugängliche (implizite) Anteile von Vorurteilen gesteuert. Die Auswirkungen der expliziten Anteile auf Aussagen und Verhalten werden zudem hinsichtlich sozialer Erwünschtheit „gefiltert".

10.1.4 Zusammenfassung

Vorurteile bezeichnen – häufig negative – Einstellungen gegenüber Personen allein aufgrund von deren Zugehörigkeit zu einer Fremdgruppe. Sie weisen eine kognitive (Stereotyp) sowie eine affektive Komponente (Stereotypakzeptierung) auf und schlagen sich im Verhalten nieder (Diskriminierung). Neben Geschlecht und Rasse sind in jüngster Zeit auch Alter und Attraktivität (im Speziellen Übergewicht) typischer Gegenstand von Vorurteilen und Diskriminierung geworden.

Wie Vorurteile geäußert werden, wandelt sich im Zuge gesellschaftlicher Veränderungen. Vorurteile können jedoch selbst bei gesellschaftlicher Ächtung weiterhin bestehen und sich in eher subtiler Diskriminierung niederschlagen. Um dieser Tatsache Rechnung zu tragen, werden in der Forschung vermehrt subtile Maße verwendet. Des Weiteren werden zunehmend zusätzlich zu expliziten, direkten Vorurteilsmaßen sog. implizite Maße verwendet, da unser Verhalten nicht nur durch bewusste, sondern in nicht zu vernachlässigendem Maße durch sog. impulsive, häufig unbewusste Prozesse gesteuert wird.

Vorurteile finden sich in den verschiedensten Bereichen und auf unterschiedlichen Ebenen – allerdings treten sie nicht bei jedem und nicht in allen Situationen gleichermaßen auf. Der Frage, wann und wie Vorurteile zur Anwendung kommen, wollen wir uns im nächsten Abschnitt widmen.

10.2 Wann und wie kommen Vorurteile zur Anwendung?

Niemand ist gänzlich frei von Vorurteilen, aber offensichtlich unterscheiden sich Menschen durchaus darin, welchen Gruppen gegenüber sie Vorurteile hegen und wie stark diese sind. Zudem kann ein und dieselbe Person situationsabhängig mal mehr, mal weniger Vorurteile und diskriminierendes Verhalten gegenüber der gleichen stigmatisierten Gruppe zeigen. Wie kommt es zu diesen Unterschieden? Wann und wie beeinflussen Vorurteile, wie wir denken, urteilen und handeln (für einen Überblick vgl. z. B. Kunda & Spencer, 2003)?

Zum einen spielen die Aktivierung der kognitiven Vorurteilskomponente und deren Ausmaß als Basis für den Einfluss von Vorurteilen eine wichtige Rolle (Kunda & Thagard, 1996; siehe auch Fiske & Neuberg, 1990). Diese sog. Stereotypaktivierung kann Informationsverarbeitung und Verhalten selbst dann beeinflussen, wenn jemand kein wirkliches Vorurteil hat (Abschnitt 10.2.1). Das Vorurteilslevel, d. h. die *affektive* Komponente von Vorurteilen, ist insbesondere für die kontrollierte Stereotypanwendung bedeutsam, d. h. wenn wir bewusst entscheiden, inwieweit die aktivierten Stereotype benutzt bzw. inwieweit Urteile bewusst korrigiert werden sollen (Abschnitt 10.2.2; zusammenfassend vgl. Abb. 10.4).

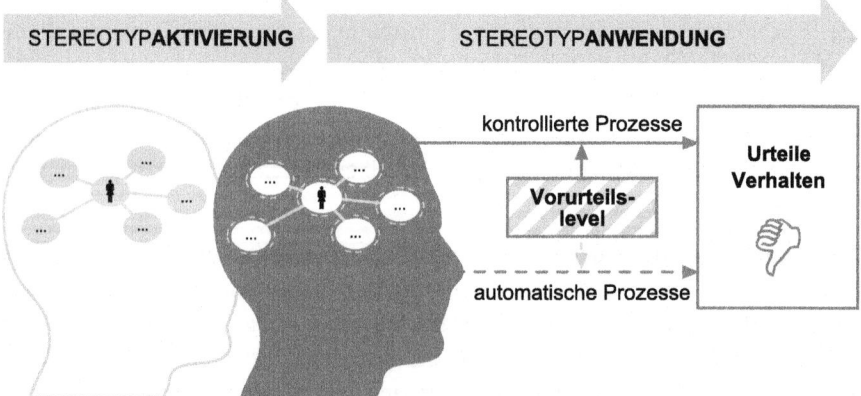

Abb. 10.4: Für den Einfluss von Vorurteilen auf Urteile und Verhalten spielt die Aktivierung der kognitiven Komponente (Stereotypaktivierung) eine wichtige Rolle. Aktivierte Stereotype können sich über automatische und über kontrollierte Prozesse auswirken. Insbesondere die kontrollierte Stereotypanwendung wird davon beeinflusst, inwieweit bei der Person die affektive Komponente ausgeprägt ist (Vorurteilslevel).

10.2.1 Stereotypaktivierung und ihre Auswirkungen

Viele unserer Stereotype sind kulturell geprägt, d. h., unabhängig davon, ob jemand ein wirkliches Vorurteil aufweist, haben die meisten Personen einer Gesellschaft ähnliches stereotypes Wissen über bestimmte Gruppen. Sie unterscheiden sich also weniger in der *kognitiven* Komponente von Vorurteilen, d. h. in den Stereotypen, als vielmehr in der *affektiven* Komponente, d. h. in der Stereotypakzeptierung. Unabhängig davon, ob die Person tatsächlich ein Vorurteil hegt oder nicht, wirken sich Stereotype auf Informationsverarbeitung und Verhalten aus (Devine, 1989; vgl. Beispielstudie).

> ### *Beispielstudie zur Stereotypaktivierung*
> *Stereotype Informationsverarbeitung kann ohne Stereotypakzeptierung auftreten.*
>
> Amerikanische Studenten, die sich hinsichtlich der *Vorurteile* gegenüber Schwarzen deutlich unterschieden, zeigten in einer Studie von Devine (1989, Exp. 1) dennoch nahezu gleiches *Wissen* über das Schwarzenstereotyp, d. h. über die sozial geteilten Überzeugungen bezüglich Menschen mit dunkler Hautfarbe. Insbesondere wurde – unabhängig vom Grad des Vorurteils – am häufigsten genannt, dass Schwarze aggressiv, feindselig und verbrecherisch seien.
>
> In einer weiteren Studie (Devine, 1989, Exp. 2) sollten die Teilnehmer in einer ersten Aufgabe so schnell wie möglich eine von zwei Tasten drücken, je nachdem auf welcher Seite sie einen Lichtblitz wahrnahmen. Tatsächlich handelte es sich jedoch nicht um bedeutungslose Lichtsignale, sondern es wurden Wörter (auch *primes*), die mit dem Schwarzenstereotyp assoziiert sind (z. B. *rhythm, poor, jazz* oder *ghetto*), und neutrale Wörter (z. B. *water, things, people* oder *something*) eingeblitzt, allerdings in unterschiedlichen Anteilen: Eine Gruppe (A) erhielt 80 % stereotypassoziierte und 20 % neutrale Wörter, bei der anderen Gruppe (B) war das Verhältnis genau umgekehrt. In einer zweiten – angeblich unabhängigen – Aufgabe zur Eindrucksbildung lasen die Teilnehmer dann die Beschreibung einer Person namens Donald. Diese Beschreibung war mehrdeutig, was Charakter und Rassenzugehörigkeit von Donald betraf.
>
> In der anschließenden Beurteilung schätzte Gruppe A Donald deutlich feindseliger ein als Gruppe B, d. h., Gruppe A schrieb Donald verstärkt Eigenschaften des in der ersten Aufgabe unbewusst aktivierten Schwarzenstereotyps zu. Unterschiede in der Beurteilung ergaben sich nur aufgrund des Primings, nicht jedoch in Abhängigkeit davon, wie ausgeprägt die Vorurteile der Teilnehmer waren.
>
> Liegt Kenntnis eines Stereotyps vor und wird das Stereotyp unbewusst aktiviert, so beeinflusst es die Informationsverarbeitung unabhängig davon, ob die Person tatsächlich ein entsprechendes Vorurteil hat oder nicht.

Damit Stereotype im Sinne eines Schemas auf Urteile und Verhalten wirken können, müssen sie aktiviert sein bzw. werden. Ist ein Stereotyp erst einmal aktiviert, beeinflusst es mit hoher Wahrscheinlichkeit unsere Informationsverarbeitung, d. h. Wahrnehmung, Erinnerung und Urteile, sowie unser Verhalten – insbesondere auf unbewusster, automatischer Ebene (z. B. Bargh, 1997, 1999; Heilman, 1995; Sherman & Besenoff, 1999; Wheeler & Petty, 2001). So werden beispielsweise stereotyprelevante Informationen in der Regel schneller verarbeitet und besser erinnert als nicht relevante (Dovidio et al., 1986; Macrae et al., 1997). In ähnlicher Weise beeinflussen Stereotype auch, welchen Informationen wir uns zuwenden (in der Regel den stereotypkonsistenten, vgl. Beispielstudie). Dies trägt wiederum dazu bei, dass Stereotype und Vorurteile bestätigt und aufrechterhalten werden (Heilman, 1995; Signorella, 1992; vgl. auch Abschnitt 10.4.1).

Beispielstudie zum Einfluss von Stereotypen
Wissen über die soziale Herkunft beeinflusst die Intelligenzeinschätzung.

Darley und Gross (1983) informierte eine Gruppe von Teilnehmern darüber, *little Hannah*, ein neunjähriges Mädchen, stamme aus gehobenen sozialen Verhältnissen, eine andere Gruppe erhielt die Information, Hannah stamme aus einer Gegend mit niedrigem Einkommensniveau. Anschließend sahen alle ein Video, welches das Kind während eines akademischen Leistungstests zeigte. Obwohl die Aufnahme für alle Teilnehmer identisch war, schätzten die Teilnehmer Hannahs Intelligenz in Abhängigkeit von ihrer angenommenen Herkunft unterschiedlich ein: Kam Hannah angeblich aus gehobenen sozialen Verhältnissen, wurden ihre schulischen Fähigkeiten höher, kam sie angeblich aus einer sozial schwächeren Region, niedriger als der Klassendurchschnitt eingeschätzt. *Beide* Teilnehmergruppen führten als Belege für ihre Einschätzung jeweils Teile der (identischen!) Filmaufnahme des Leistungstests an.

Diese Studie zeigt, wie eine stereotype Information (hier: über die soziale Herkunft) die Informationsverarbeitung bzw. die Interpretation von Informationen beeinflussen kann.

Stereotypaktivierung bedeutet das Verfügbarmachen der Gruppenzugehörigkeit und kann durch eine Vielzahl von Reizen auf bewusstem wie unbewusstem Wege geschehen:

- **Konfrontation mit der Gruppenzugehörigkeit (Priming im weiteren Sinne)**
  Stereotype können durch die Nennung des Gruppenlabels (vgl. o. g. Beispielstudie), die Begegnung mit einem Angehörigen der stereotypisierten Gruppe (z. B. Henderson-King & Nisbett, 1996; Judd et al., 2004; Payne, 2001; siehe auch Bargh, 1999) oder auch eine beiläufige Bemerkung, die die Gruppenbezeichnung beinhaltet, aktiviert werden und diskriminierende Urteile zur Folge haben (vgl. Beispielstudien, Greenberg und Pyszczynski, 1985; Henderson-King & Nisbett, 1996).

Stereotypaktivierung

- Konfrontation mit der Gruppenzugehörigkeit (Priming im weiteren Sinne) (z. B. durch Wahrnehmung des Gruppenlabels oder einer negativen Handlung einer stereotypen Person)
- Priming (im engeren Sinne) mit stereotypen Informationen
- stereotypes Verhalten

Beispielstudie zur Stereotypaktivierung
Porträts schwarzer Personen aktivieren das Schwarzenstereotyp.

Aufgabe der Teilnehmer von Judd und Kollegen (2004) war es, durch Drücken der entsprechenden Taste so schnell wie möglich anzugeben, um was es sich bei einem auf dem Bildschirm dargebotenen Objekt handelte. Dargeboten wurden Objekte zweier negativer Kategorien (Pistolen und Insekten) oder zweier positiver Kategorien (Sportausrüstung und Früchte). Kurz vor dem Objekt wurde entweder das Porträtfoto einer weißen oder einer schwarzen Person eingeblendet.

Die Teilnehmer reagierten sowohl schneller auf Objekte der negativen Kategorie „Pistole" als auch schneller auf Objekte der positiv besetzten Kategorie „Sportausrüstung", wenn diesen ein schwarzes anstatt eines weißen Porträts vorausgegangen war. Für Objekte der Kategorien „Insekten" und „Früchte" ergaben sich keine solchen Unterschiede.

Nur die mit dem Schwarzenstereotyp verknüpften positiven (Sportausrüstung, d. h. „sportlich") und negativen (Pistole, d. h. „aggressiv") Konzepte erleichterten die Reaktion der Teilnehmer. Diese selektive Erleichterung zeigt an, dass das Stereotyp durch die präsentierten Porträts aktiviert worden war.

Beispielstudie zur Stereotypaktivierung
Eine beiläufige stereotype Bemerkung kann diskriminierende Urteile auslösen.

Die Teilnehmer von Greenberg und Pyszczynski (1985) waren Teil einer Beobachtergruppe, die eine Diskussion über Atomenergie verfolgen sollte. Die Diskussion führten ein weißer und ein schwarzer Vertrauter der Versuchsleitung und in der Hälfte der Fälle vertrat der eine Diskutant die Anti-Atomkraft-Position, hatte dabei die besseren Argumente und gewann, in der anderen Hälfte der andere.

Nach der Diskussion sollten die Teilnehmer die Diskutanten schriftlich in einem Fragebogen bewerten. Was die Teilnehmer nicht wussten, war, dass sich in der Beobachtergruppe zwei weitere Vertraute der Versuchsleitung befanden, von denen einer dem anderen eine der folgenden Bemerkungen in einer Lautstärke zuraunte, dass die anderen (echten) Teilnehmer diese hören mussten: (A) „Keine Chance, dass der Pro-Vertreter (bzw. „Kontra-Vertreter", je nachdem, welche Position der schwarze Diskutant vertreten hatte) die Diskussion gewonnen hat" (*nicht rassistischer Kommentar*) oder (B) „Keine Chance, dass der Nigger die Diskussion gewonnen hat" (*rassistischer Kommentar*). In einer dritten Gruppe (C) gab es keinerlei Kommentar.

In den Gruppen A und C war die Bewertung der Diskutanten unabhängig von deren Hautfarbe. Hatten die Teilnehmer allerdings den rassistischen Kommentar aufgeschnappt, machte die Rassenzugehörigkeit bei den Diskussionsverlierern einen Unterschied: Schwarze Verlierer wurden dann deutlich schlechter beurteilt als weiße Verlierer (vgl. Abb. 10.5).

Entscheidend war nicht der negative Kommentar über die Person an sich, sondern die Aktivierung der entsprechenden Gruppe („Nigger"). Auf diese Weise kann eine beiläufige Bemerkung das entsprechende Stereotyp aktivieren und zu diskriminierendem Verhalten führen.

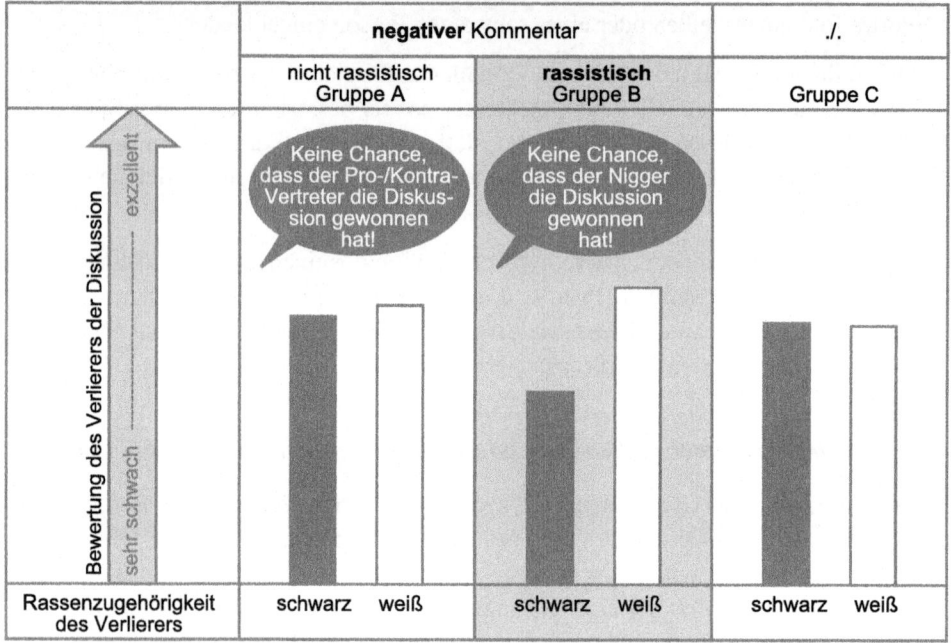

Abb. 10.5: Die Bewertung der jeweiligen Diskussionsverlierer unterschied sich nur dann in Abhängigkeit von der Rassenzugehörigkeit, wenn zuvor ein rassistischer Kommentar aufgeschnappt wurde. In diesem Fall (Gruppe B) wurden schwarze Diskussionsverlierer schlechter beurteilt als weiße (nach Greenberg & Pyszczynski, 1985).

- **Priming im engeren Sinne**
  Stereotype können zudem durch *Priming*, d. h. die beiläufige, häufig auch unterschwellige Darbietung von Reizen, aktiviert werden und in der Folge Erinnerung (z. B. Trzebinski & Richards, 1986), Urteile und Verhalten beeinflussen. So führt beispielsweise die Aktivierung des Altenstereotyps dazu, dass Personen sich langsamer bewegen (Bargh, Chen & Burrows, 1996; vgl. Beispielstudie), die des Professorenstereotyps dazu, dass Personen in einem Allgemeinwissenstest besser abschneiden (Dijksterhuis & van Knippenberg, 1998).

Beispielstudie zur Stereotypaktivierung
Durch Priming aktivierte Stereotype wirken sich auf das Verhalten aus.

Bargh, Chen und Burrows (1996, Exp. 2) ließen ihre Teilnehmer in einer Studie, die angeblich die sprachlichen Fähigkeiten untersuchte, aus vorgegebenen Wörtern Sätze bilden. Tatsächlich diente diese Aufgabe jedoch als Priming-Prozedur: Für die Hälfte der Teilnehmer waren die Wörter auf das „Altenstereotyp" bezogen (z. B. alt, grau, vergesslich, abhängig, hilflos), der anderen Teilnehmergruppe wurden neutrale Wörter vorgelegt. Nach dieser Aufgabe konnten die Teilnehmer gehen. Ohne Wissen der Teilnehmer wurde die Zeit gestoppt, die sie nach der Verabschiedung vom Verlassen des Raums bis zum Aufzug benötigten (ca. 10 Meter Flur).

Die Ergebnisse zeigten, dass die Geschwindigkeit, mit der die Personen durch den Flur liefen, vom vorangegangenen Priming beeinflusst wurde: Personen, bei denen zuvor das Altenstereotyp aktiviert worden war, gingen langsamer als Teilnehmer, die neutrale Wörter vorgelegt bekommen hatten.

Anschließende Interviews mit den Teilnehmern ergaben, dass ihnen diese „Verlangsamung" nicht bewusst war und sie diese auch nicht begründen konnten.

Was auf den ersten Blick womöglich mystisch anmutet, ist auf folgenden Zusammenhang zurückzuführen: Durch beiläufige Wahrnehmung (Priming) wird das Stereotyp (z. B. „alter Mensch" oder „Professor") und die damit assoziierten Konzepte (wie „langsam" oder „schlau") aktiviert (Bargh, 1994; Devine, 1989). Diese wirken sich dann unbewusst auf unser Verhalten aus, indem zu den aktivierten Konzepten passendes Verhalten leichter ausgelöst wird (vgl. Abb. 10.6). Ist das Konzept „alter Mensch" verfügbar, ist langsames, vergessliches Verhalten leichter zugänglich und wird daher spontan auch eher gezeigt. Hierbei wird kein „neues" Verhalten hervorgerufen (es wird nicht etwa jemand „schlau", der vorher dumm war, nur weil er das Professorenstereotyp aktiviert hat), sondern bereits vorhandenes Verhalten wird mitaktiviert (die Person erreicht dadurch – im Vergleich zu ihrer individuellen Durchschnittsleistung – ihre obere Leistungsgrenze).

- **Stereotypkonsistentes Verhalten**
  Nicht nur aktivierte Stereotype können das Verhalten beeinflussen, sondern auch auf umgekehrtem Wege lassen sich Stereotype durch stereotypkonsistentes Verhalten aktivieren (Mussweiler, 2006; vgl. Beispielstudie). Die Verbindung zwischen Stereotyp und Verhalten scheint demnach bidirektional zu sein: Nicht nur die Stereotypaktivierung führt zu stereotypem Verhalten, sondern auch stereotypisches Verhalten aktiviert das entsprechende Stereotyp (vgl. Abb. 10.6).

Beispielstudie zur Stereotypaktivierung
Durch stereotypes Verhalten aktivierte Stereotypen beeinflussen Urteile.

Angebliches Ziel einer ersten Studie von Mussweiler (2006, Exp. 1) war es, zu untersuchen, wie gut Menschen sich in Notfallsituationen bewegen können. Dazu wurden die Teilnehmer aufgefordert, verschiedene Bewegungen auszuführen, die an Bord eines Schiffs oder im Wasser typisch sind. Ein Teil der Teilnehmer trug dabei zusätzlich eine Rettungsweste sowie Gewichtsmanschetten um Hand- und Fußgelenke.

In einer vermeintlich unabhängigen Studie zur Personenwahrnehmung lasen die Teilnehmer zunächst die Beschreibung einer Person namens „Beate", die mehrdeutige Aussagen hinsichtlich positiver und negativer Charakteristika aufwies, die zum Teil eng mit dem Übergewichtigenstereotyp verbunden waren. Personen, die sich durch die Weste und die Gewichte bedingt eher wie übergewichtige Menschen bewegt hatten, schrieben Beate vermehrt für das Übergewichtigenstereotyp charakteristische Eigenschaften zu als Personen, die die gleichen Bewegungen ohne diese Ausstaffierung ausgeführt hatten.

Ähnliches zeigte sich in einer zweiten Studie, in der die Teilnehmer entweder sehr langsam oder in normaler Geschwindigkeit auf einem Trimmrad fahren sollten (Mussweiler, 2006, Exp. 2): Die langsam radelnden Teilnehmer beurteilten eine mehrdeutig beschriebene Person nachfolgend stärker in Übereinstimmung mit dem Altenstereotyp als Teilnehmer, die in normaler Geschwindigkeit in die Pedale getreten waren. In einer dritten Studie (Mussweiler, 2006, Exp. 3) konnte die Aktivierung des Altenstereotyps durch Verhalten in einer Wortentscheidungsaufgabe (*lexical decision task*) gezeigt werden: Teilnehmer, die im Takt eines Metronoms zuvor langsam gegangen waren (30 Schritte/min), reagierten auf mit dem Altenstereotyp assoziierte Wörter schneller als Personen, denen das Metronom eine normale Gehgeschwindigkeit (90 Schritte/min) vorgegeben hatte, d. h., bei den Langsamgehern waren mit dem Stereotyp assoziierte Inhalte leichter verfügbar.

Stereotype können also durch verschiedenste Reize aktiviert werden. Allerding ist dieser Prozess nicht unvermeidbar oder universal (vgl. Blair, 2002), sondern wird von verschiedenen Faktoren moderiert.

Moderatoren der Stereotypaktivierung

Ob und in welchem Ausmaß ein Stereotyp auf einen Hinweisreiz hin aktiviert wird, hängt insbesondere vom Vorurteilslevel, von der Assoziationsstärke, den Zielen der Person, der zur Verfügung stehenden kognitiven Kapazität und dem Kontext ab:

- **Vorurteilslevel und Motivation zu vorurteilsfreiem Urteilen**
  Personen, die explizit stärkere Vorurteile angeben, zeigen auch eine stärkere Stereoty-

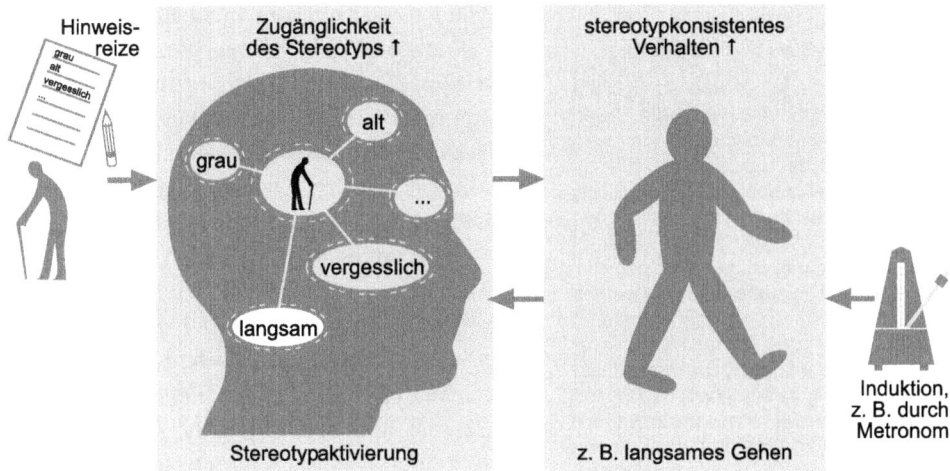

Abb. 10.6: Stereotype können durch Hinweisreize aktiviert werden und stereotypkonsistentes Verhalten bewirken (von links nach rechts). Allerdings ist auch die umgekehrte Einflussrichtung möglich: Wird stereotypkonsistentes Verhalten induziert, kann darüber das Stereotyp aktiviert werden (von rechts nach links).

paktivierung auf automatischer Ebene (Wittenbrink et al., 1997). Des Weiteren zeigen Personen mit höherer Motivation, vorurteilsfrei zu urteilen eine geringere Aktivierung negativer und eine stärkere Aktivierung positiver Stereotypattribute (Lepore & Brown, 2002).

- **Assoziationsstärke**
  Für das Ausmaß der Sterotypaktivierung und dessen Einfluss auf Urteile und Verhalten ist unter anderem entscheidend, wie stark entsprechende Konzepte (z. B. „langsam") mit dem Stereotyp (z. B. Altenstereotyp) verknüpft sind. Je mehr Erfahrung oder Kontakt wir mit einem bestimmten Stereotyp haben, desto stärker sind solche Assoziationen ausgebildet und umso leichter wird unser Verhalten dadurch beeinflusst (Dijksterhuis et al., 2000). Die Assoziationsstärke kann durch Training beeinflusst werden. Dafür spricht beispielsweise der Befund, dass ein Training zur Stereotypverneinung (wiederholte „Nein"-Reaktionen auf Kombinationen von Skinhead-Bildern mit stereotypen bzw. „Ja"-Reaktionen auf Kombinationen mit stereotypinkonsistenten Konzepten) nachfolgend die automatische Stereotypaktivierung verringerte (Kawakami et al., 2000). Neben Kontakthäufigkeit und Erfahrung bestimmt auch die Dauer der Aktivierung über das Ausmaß der Beeinflussung (Dijksterhuis & van Knippenberg, 1998): Personen schneiden nach neunminütiger Aktivierung des Professorenstereotyps im Allgemeinwissenstest noch einmal etwas besser ab als nach nur zweiminütiger Aktivierung.

- **Ziele**
  Die Stereotypaktivierung erweist sich zudem als abhängig von aktuell oder chronisch aktivierten Zielen. So verfügen Menschen, die prinzipiell Gleichheitsziele vertre-

Exkurs: *Think different!* – kreatives Denken und Stereotypaktivierung

Sassenberg und Moskowitz (2005) konnten zeigen, dass sich die Denkweise auf die Stereotypaktivierung auswirkt: Teilnehmer, die zunächst drei Situationen beschreiben sollten, in denen sie sich *kreativ* verhalten hatten – und somit zu kreativem Denken angeregt worden waren –, zeigten in einer darauffolgenden Aufgabe keine Anzeichen automatischer Stereotypaktivierung; ihre Reaktionsgeschwindigkeit in einer Wortentscheidungsaufgabe war unabhängig davon, ob dem Wort das Porträt einer weißen oder einer schwarzen Person vorausging. Teilnehmer, die zuvor drei Situationen beschreiben sollten, in denen sie durch ihr Handeln *Genauigkeit* gezeigt hatten, wiesen dagegen in der Wortentscheidungsaufgabe die typischerweise beobachtete Aktivierung des Schwarzenstereotyps auf. Ein kreativer Verarbeitungsstil scheint demnach für ein „Andersdenken" förderlich zu sein.

ten, und solche, die das nicht tun, gleichermaßen über geschlechterstereotypes Wissen. Eine Stereotypaktivierung durch Priming zeigt sich jedoch nur bei Personen, die keine Gleichheitsziele aufwiesen (Moskowitz et al., 1999). Auch die Darbietung von Porträts unterschiedlicher Rassenzugehörigkeit (Weiße vs. Schwarze) führen nicht unvermeidlich zur Aktivierung des Schwarzenstereotyps. Es ist vielmehr von den Verarbeitungszielen abhängig: Nur bei Aufforderung, eine soziale, semantische Kategorisierung vorzunehmen (z. B. „Ist die Person über 21?"), zeigten die Teilnehmer Stereotypaktivierung und auch neurophysiologisch unterschiedliche Reaktionen auf weiße und schwarze Porträts, nicht jedoch, wenn das Ziel der Aufgabe war, die An- oder Abwesenheit eines Punkts auf den Bildern festzustellen (Macrae et al., 1997; Wheeler & Fiske, 2005; vgl. auch Exkurs).

Auch übergeordnete Ziele wie das Bedürfnis „dazuzugehören" (*need to belong*), können in diesem Sinne Einfluss nehmen: Cesario und Kollegen (2006) argumentieren, dass dieses Bedürfnis dazu führt, dass wir unser Verhalten insbesondere dem von solchen Personen anpassen, die uns wichtig sind bzw. die wir mögen. In einer Studie konnten sie zeigen, dass eine Verlangsamung nach Priming des Altenstereotyps (vgl. auch Beispielstudie auf S. 391) vor allem bei denjenigen Teilnehmern zu beobachten war, die vorher angegeben hatte, dass sie ältere Personen gerne mögen. Personen, die eher eine Abneigung gegenüber alten Menschen angegeben hatten, gingen dagegen schneller.

- **Kapazität**

Personen, die kognitiv „schwer beschäftigt" sind (weil sie z. B. eine achtstellige Zahl behalten müssen), während sie potenziell stereotypaktivierenden Reizen ausgesetzt sind, zeigen eine geringere Stereotypaktivierung als Personen, die nebenher nichts anderes zu tun hatten (Gilbert & Hixon, 1991). Es sei an dieser Stelle darauf hingewiesen, dass sich eine verminderte kognitive Kapazität zum Zeitpunkt der Stereoty*paktivierung* anders auswirkt als zum Zeitpunkt der Stereotyp*anwendung*: Ablenkung während der Stereotypaktivierung *vermindert* diese; ist ein Stereotyp jedoch erst einmal aktiviert und stehen zum Zeitpunkt der Beurteilung einer stereotypen Person dann nur verminderte Kapazitäten zur Verfügung, so findet sich eine *verstärkte* Stereotypanwendung (vgl. Abschnitt 10.2.2).

- **Kontext**

  Stereotypaktivierung wird auch durch den Kontext beeinflusst. So zeigte sich beispielsweise in einer Studie von Wittenbrink und Kollegen (2001) eine erheblich geringere Aktivierung negativer Stereotype in Reaktion auf Porträts schwarzer Personen, wenn der Hintergrund das Innere einer Kirche statt eines baufälligen Straßenabschnitts zeigte. Dies wird damit erklärt, dass Stereotype häufig sowohl positive (hier: z. B. Religiösität, Sportlichkeit) als auch negative (z. B. Aggressivität, Kriminalität) Attribute beinhalten. Welche dieser Attribute leichter zugänglich werden, hängt u. a. vom Kontext ab: Eine Kirche (oder auch ein Sportplatz) aktivieren eher die positiven, eine zwielichtige Gegend dagegen eher die negativen Stereotypbestandteile.

Auch wenn Stereotypaktivierung häufig automatisch und unbewusst stattfindet, so wird sie dennoch – wie gerade beschrieben – von verschiedenen Faktoren beeinflusst. Die Einflussfaktoren können natürlich auch bewusst eingesetzt werden, um vorurteilsfreieres Denken und Handel zu fördern.

Stereotypaktivierung alleine führt jedoch nicht zwingend zu stereotypem, vorurteilsbehaftetem Verhalten. Einflüsse auf die Stereotypanwendung werden im folgenden Abschnitt beschrieben.

10.2.2 Wann kommen aktivierte Stereotype zur Anwendung?

Stereotype können sehr leicht und auf unterschiedlichste Art und Weise aktiviert werden. Allerdings werden aktivierte Stereotype nicht von jeder Person und in allen Situationen gleichermaßen angewendet. Für die Stereotypanwendung spielt insbesondere die Motivation, vorurteilsfrei zu handeln (und damit auch das Vorurteilslevel, d. h. die affektive Komponente von Vorurteilen), eine wichtige Rolle. Aber auch in Abhängiget von der gerade vorherrschenden Stimmung kommen Stereotype mehr oder weniger zum Einsatz.

Motivation, vorurteilsfrei zu handeln.   Ob und inwieweit wir aktivierte Stereotype nutzen, ist von der Motivation, vorurteilsfrei zu urteilen und zu handeln, abhängig (Devine et al., 1991; Lepore & Brown, 2002; Monteith, 1993; Monteith et al., 1998). Diese Motivation kann internal und/oder external bedingt sein, d. h., sie kann daher stammen, dass die Person kein wirkliches Vorurteil hat, oder daher, dass sie bestehenden sozialen Normen gerecht werden will (Dunton & Fazio, 1997; Klonis et al., 2005; Plant & Devine, 1998). Allerdings kann diese Motivation von anderen Bedürfnissen überlagert werden, beispielsweise wenn der Selbstwert bedroht ist (vgl. Exkurs nächste Seite).

Ist eine Person motiviert, vorurteilsfrei zu handeln, so müssen für eine *willentliche* Kontrolle der Stereotypanwendung weitere Voraussetzungen gegeben sein: Zunächst muss sich die Person überhaupt darüber *bewusst* sein, dass sie gerade von Vorurteilen beeinflusst sein könnte (Strack & Hannover, 1996; Wasel & Gollwitzer, 1997), und zudem muss sie über die nötigen *Kontroll- bzw. Selbst-regulationsmöglichkeiten* verfügen (vgl. Abb. 10.7). Sind diese nämlich beschränkt, so kommen Stereotype bzw. Vorurteile – als Kapazitätssparer – vermehrt zum Einsatz. Solche Beschränkungen können beispielsweise aufgrund von Ablenkung, Zeitdruck oder auch Alkohol entstehen:

* **Ablenkung**

  Auch wenn fehlende kognitive Kapazität *während* der Stereotypaktivierung diese vermindern können (vgl. Abschnitt 10.2.1), so bewirkt eine Ablenkung *nach* der Aktivierung und während der Stereotypanwendung die genau gegenteiligen Effekte: War das Stereotyp erst einmal aktiviert, so fällten abgelenkte im Vergleich zu nicht abgelenkten Personen stereotypere Urteile (Macrae et al., 1993; Sherman, Groom et al., 2003; Wigboldus et al., 2004; vgl. Beispielstudie), beispielsweise beurteilten sie eine asiatische Versuchs-leiterin unter Ablenkung als schüchterner (Gilbert & Hixon, 1991). Dies zeigt sich paradoxerweise in verstärktem Maße, wenn gleichzeitig versucht wird, Vorurteile zu un-

> **Exkurs: Sexistische Urteile nach negativem Feedback**
>
> Die Motivation, vorurteilsfrei zu handeln, kann von anderen Bedürfnissen überlagert werden, beispielsweise von dem Bedürfnis nach Erhaltung des Selbstwerts. So zeigte sich in einer Studie von Sinclair und Kunda (2000) eine verstärkte Stereotypanwendung, wenn Studenten ein negatives Feedback erhalten hatten: Kam die Rückmeldung von einer Dozen*tin*, wurde diese als weniger kompetent eingeschätzt als der männliche Kollege, der ebenfalls ein negatives Feedback gegeben hatte. Hatten die Dozenten dagegen ein positives Feedback gegeben, wurden weibliche und männliche Dozenten für gleichermaßen kompetent gehalten.
>
> Die Motivation, den Selbstwert durch Abwertung des Beurteilers zu retten, führte hier dazu, dass Stereotype (hier: „Frauen sind weniger kompetent als Männer") benutzt wurden, die unter anderen Umständen nicht zur Anwendung kämen.

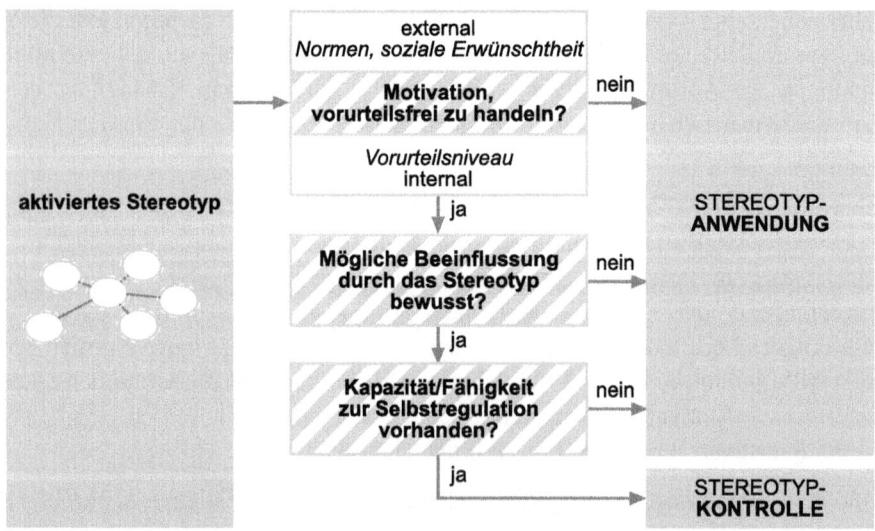

Abb. 10.7: Sind Personen motiviert, vorurteilsfrei zu handeln, können sie die Stereotypanwendung kontrollieren. Eine Kontrolle ist nur dann wahrscheinlich, wenn ihnen zum einen bewusst ist, dass sie gerade durch das/ein Stereotyp beeinflusst sein könnten und sofern ihnen ausreichende Kapazitäten zur Selbstregulation zur Verfügung stehen.

terdrücken: Der Versuch, stereotype Gedanken zu unterdrücken, kann sozusagen „nach hinten losgehen", indem deren Zugänglichkeit dadurch noch *erhöht* und vorurteils-behaftetes Verhalten gefördert wird (Förster & Liberman, 2001; Liberman & Förster, 2000; Macrae, Bodenhausen et al., 1994; Macrae et al., 1998; Monteith et al., 1998; Wyer et al., 1998). Unter Ablenkung werden Vorurteile dann noch stärker ausgelebt, als wenn nicht versucht wird, diese zu unterdrücken – unabhängig davon, ob und wie starke Vorurteile der Betreffende hatte.

Beispielstudie zur Stereotypanwendung
Unter Ablenkung werden Stereotype vermehrt für die Informationsverarbeitung genutzt.

Macrae und Kollegen (1993) zeigten ihren Teilnehmern eine siebenminütige Aufnahme eines Gesprächs zwischen zwei Frauen. Der Bildausschnitt zeigte nur eine der beiden Frauen, die verschiedene Fragen ihrer Gesprächspartnerin beantwortete. Alle Teilnehmer sahen dasselbe Band, allerdings wurden ihnen verschiedene Vorinformationen hinsichtlich des Berufs der Frau gegeben: Ein Teil dachte, sie sei Friseuse, ein anderer Teil bekam die Information, sie sei eine Ärztin.

Die Antworten der Frau enthielten zum einen Informationen, die auf das Friseusenstereotyp passten, nicht aber auf das Ärztinnenstereotyp (z. B. geht gerne in die Disco, trägt gerne Miniröcke); zum anderen enthielten sie ebenso viele Informationen, die für junge Ärztinnen, nicht aber für Friseusen als typisch angesehen werden (z. B. interessiert sich für Politik, geht gerne in die Oper).

Später sollten die Teilnehmer das Gespräch so gut wie möglich erinnern. Teilnehmer, die nicht abgelenkt waren, erinnerten vor allem stereotyp*in*konsistente Informationen, d. h. Aussagen der Frau, die *nicht* zu ihrem vorher genannten Beruf passten. Teilnehmer, die während der Filmdarbietung dadurch abgelenkt waren, dass sie eine achtstellige Zahl im Kopf behalten sollten, erinnerten dagegen vermehrt stereotype Aussagen. Unter Ablenkung wurde die jeweilige Frau zudem stereotyper *beurteilt* als ohne Ablenkung (vgl. Abb. 10.8).

Sind wir abgelenkt und dadurch in unserer kognitiven Verarbeitungskapazität eingeschränkt, nutzen wir vermehrt Stereotype für die Informationsverarbeitung.

- **Zeitdruck**
  Unter Zeitdruck kommen Stereotype verstärkt zur Anwendung. Beispielsweise identifizierten Personen, die möglichst schnell angeben sollten, ob es sich bei einem Objekt um ein Werkzeug oder eine Waffe handelt, Werkzeuge häufiger fälschlicherweise als Waffe, wenn diesen das Porträt einer schwarzen anstelle einer weißen Person vorausging. Dieser Effekt verstärkte sich unter Zeitdruck (Payne, 2001), was auf mangelnde kognitive Kontrolle zurückgeführt werden kann (Payne et al., 2005).

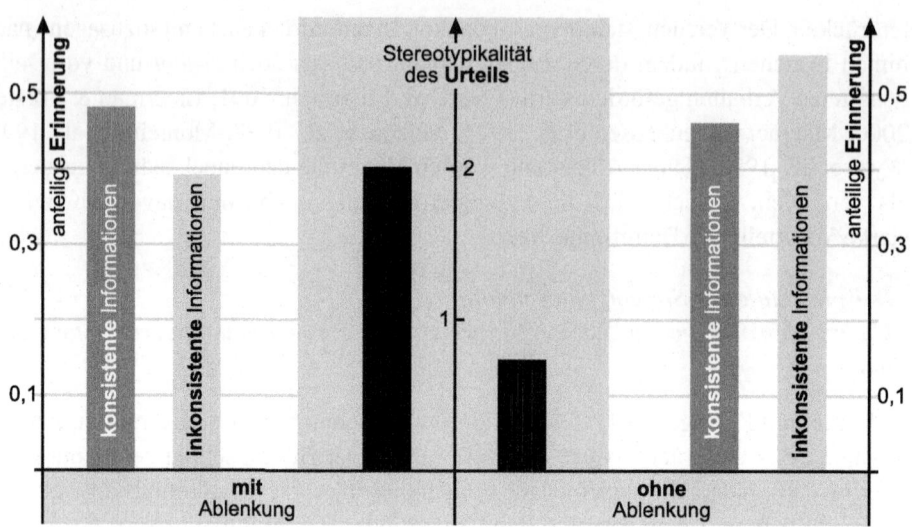

Abb. 10.8: Waren die Teilnehmer abgelenkt, erinnerten sie verhältnismäßig mehr stereotypkonsistente Informationen und fällten zudem stereotypere Urteile (nach Macrae et al., 1993).

* **Alkohol**

  Alkohol verschlechtert die Verhaltenshemmung (z. B. Fillmore & Vogel-Sprott, 1999, 2000) und beeinträchtigt entsprechend auch die Kontrolle der Stereoptypanwendung (vgl. Beispielstudie; Bartholow et al., 2006).

Beispielstudie zur Stereotypanwendung
Unter Alkohol ist die Hemmung rassistischer Reaktionen vermindert.

Den Teilnehmern von Bartholow und Kollegen (2006) wurde wiederholt zunächst ein Foto dargeboten und kurz darauf ein Adjektiv, für das sie durch Tastendruck so schnell wie möglich anzeigen sollten, ob es auf das vorangegangene Foto zutreffen könnte. Die Fotos zeigten entweder ein Haus, eine weiße oder eine schwarze Person. Die Teilnehmer sollten entsprechend immer die Ja-Taste drücken, wenn entweder nach einem Hausfoto ein Hausadjektiv (z. B. *möbliert* oder *zugig*) oder nach einem Personenfoto – egal ob die Person weiß oder schwarz war – ein Personenadjektiv (z. B. *faul* oder *intelligent*) präsentiert wurde.

Die Teilnehmer reagierten bei den Personenadjektiven umso schneller, wenn diese dem Stereotyp des vorangehenden Personenfotos entsprachen. Auf Adjektive wie *faul, gewalttätig, musikalisch* oder *athletisch* wurde die Ja-Taste schneller gedrückt, wenn diesen das Foto einer schwarzen Person voranging, bei Adjektiven, die dem Weißenstereotyp entsprechen (z. B. *ehrgeizig, stur* und *intelligent*), war die Reaktion nach Fotos von weißen Personen schneller. In diesem Maß für die Stereotyp*aktivierung* fand sich zwischen alkoholisierten und nüchternen Teilnehmern kein Unterschied (Exp. 1).

In einer weiteren Studie (Exp. 2) sollten die Teilnehmer jedoch nur mit Tastendruck reagieren, wenn zusätzlich zu dem Adjektiv ein grüner Pfeil auf dem Bildschirm erschien. War das Adjektiv dagegen von einem roten X begleitet, sollten die Teilnehmer ihre Reaktion hemmen, d. h. *keine* Taste drücken. Hier machte der Alkohol einen Unterschied: Alkoholisierte Personen drückten bei stereotypkonsistenten Adjektiven trotz roten X häufiger die Taste als nüchterne[3] Teilnehmer, d. h., sie waren in diesen Fällen weniger in der Lage, ihre Reaktion zu hemmen.

Diese Studie zeigt, dass für die kontrollierte Stereotypanwendung die Fähigkeit zur Verhaltenshemmung von Bedeutung ist, welche durch Alkohol vermindert werden kann.

Stimmung. Personen in guter Stimmung greifen bei der Informationsverarbeitung vermehrt auf übergeordnete Wissensstrukturen zurück, während in negativer Stimmung eher auf die situationsspezifischen Reize geachtet wird (z. B. Bless, 2001; Clore et al., 1994; Fiedler, 2001a; Isen, 1984; vgl. Abschnitt 4.1.2). Stereotype stellen Theorien über Personen dar und gehören wie Schemata zu den übergeordneten Wissensstrukturen. In positiver Stimmung findet sich deshalb eine stärkere Tendenz zur Stereotypanwendung als in negativer Stimmung (Bless, Schwarz & Wieland, 1996; Bodenhausen et al., 1994; Krauth-Gruber & Ric, 2000; Park & Banaji, 2000; Stepper & Strack, 1993b; vgl. Beispielstudie und Abb. 10.9).

Beispielstudie zur Stereotypanwendung
In positiver Stimmung werden stärker stereotype Urteile gefällt.

Stepper und Strack (1993b) untersuchten kurz nach „der Wende" die Vorurteile von West- gegenüber Ostdeutschen, die vor allem im Leistungsbereich angesiedelt waren. Westdeutsche unterstell(t)en den Menschen im Osten beispielsweise typischerweise fehlenden Leistungswillen.[4]

Für die Studie sollten sich die (westdeutschen) Teilnehmer in die Rolle eines Personalchefs versetzen und die Eignung eines Bewerbers für einen Managementposten im Bereich Elektrotechnik beurteilen, der laut Stellenausschreibung Durchsetzungsvermögen, Eigeninitiative, selbstbewusstes Auftreten und persönliches Engagement erforderte. Die vorgelegte Bewerbung entsprach all diesen Anforderungen und unterschied sich für zwei verschiedene Teilnehmergruppen nur in einem Punkt: Eine Gruppe konnte dem Lebenslauf entnehmen, dass der Bewerber in Ostdeutschland geboren

---

[3] Die nüchternen Personen hatten ein Placebo erhalten, allerdings wurde allen Teilnehmern mitgeteilt, sie würden eine moderate Alkoholdosis erhalten und das Getränk vor ihren Augen aus verschiedenen (z. T. manipulierten) Getränkeflaschen gemischt.

[4] Laut einer Umfrage des Emnid-Instituts und des Leipziger Zentralinstituts für Jugendforschung (*Spiegel spezial*, 1991).

war und dort studiert hatte, in der anderen Gruppe lagen Geburts- und Studienort in Westdeutschland. Nach Durchsicht der Bewerbungsunterlagen sollten die Teilnehmer angeben, ob sie den Bewerber einstellen würden.

Die Urteile von Teilnehmern, die zuvor in positive Stimmung versetzt worden waren, entsprachen dem o. g. Stereotyp: Die Bereitschaft, den ostdeutschen Bewerber einzustellen, war in guter Stimmung – bei identischer Eignung – geringer als die Bereitschaft, den westdeutschen Bewerber zu engagieren. In schlechter Stimmung zeigte sich dieser Unterschied nicht.

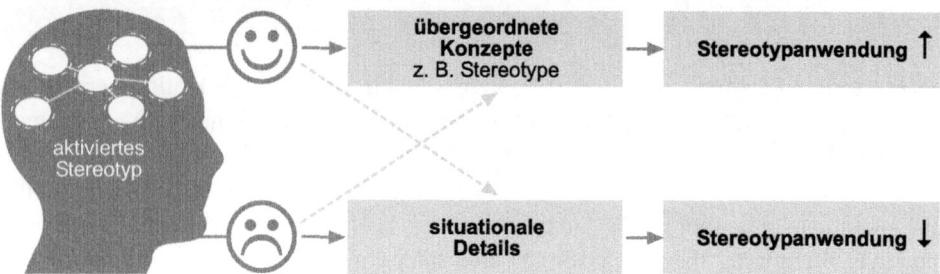

Abb. 10.9: In positiver Stimmung wird vermehrt auf übergeordnete Konzepte zurückgegriffen, in negativer Stimmung eher auf situationale Details. Entsprechend findet sich in positiver Stimmung typischerweise eine stärkere Stereotypanwendung als in negativer Stimmung.

Es ist anzunehmen, dass auch bei Personen in negativer Stimmung die entsprechenden Stereotype aktiviert werden, dass sie ihre Urteile jedoch eher korrigieren, wenn sie das aktivierte Stereotyp für unangebracht halten. Darauf weist eine Studie von Lambert und Kollegen (1997) hin, in der negativ gestimmte Teilnehmer vor allem hinsichtlich negativer Stereotype, die vermehrt als unangebracht angesehen werden, nicht aber hinsichtlich positiver Stereotype korrigierten (für Effekte von Ärger vgl. Abschnitt 10.3.2, „Sündenbocktheorie").

Allerdings zeigen auch positiv gestimmte Personen unter bestimmten Bedingungen weniger stereotype Urteile:

- **Bedeutsamkeit des Urteils**
  Ist Personen in guter Stimmung eindringlich bewusst, dass sie für ihr Urteil verantwortlich sind und dieses rechtfertigen können müssen, fällen sie weniger stereotype Urteile (z. B. Bodenhausen et al., 1994).

- **Stereotypinkonsistente Informationen**
  Die Verarbeitung von Informationen, die dem aktivierten Stereotyp widersprechen, erfordert beträchtliche kognitive Ressourcen (z. B. Macrae et al., 1993; Stangor & Duan, 1991). Gut gestimmte Personen „sparen" durch die vermehrte Anwendung von Stereotypen Kapazitäten bei der Verarbeitung von stereotypkonsistenten Informationen, die sie dann zur Verarbeitung stereotyp*in*konsistenter Informationen einsetzen

können. Stereotypinkonsistente Informationen gewinnen dadurch in guter Stimmung unter Umständen stärkeres Gewicht als in negativer Stimmung (Bless, Schwarz & Wieland, 1996; Krauth-Gruber & Ric, 2000; vgl. Beispielstudie).

Beispielstudie zur Stereotypanwendung
Dem Stereotyp widersprechende Informationen erhalten in positiver Stimmung größeres Gewicht.

Die Teilnehmer von Bless, Schwarz und Wieland (1996, Exp. 1) hörten eine dreiminütige Tonbandaufnahme mit einer Personenbeschreibung. Für eine Teilnehmergruppe wurden darin hauptsächlich positive Verhaltensweisen (z. B. *meidet Fast-Food-Restaurants, die Styroporverpackungen benutzen, weil er um die Konsequenzen für die Umwelt weiß* oder *nutzt öffentliche Verkehrsmittel für den Weg zur Arbeit*), für die andere Teilnehmergruppe hauptsächlich negative Verhaltensweisen berichtet (z. B. *obwohl er um die Konsequenzen für die Umwelt weiß, besucht er regelmäßig Fast-Food-Restaurants, die Styroporverpackungen benutzen* oder *benutzt für den Weg zur Arbeit seinen extravaganten Sportwagen*). Sowohl für die positive als auch für die negative Beschreibung gab es noch einmal zwei verschiedene Versionen: Entweder wurde die Person als Greenpeace-Repräsentant (positive Kategorie) oder als BASF-Manager (negative Kategorie) vorgestellt. Jede dieser Versionen wurde gut, neutral und schlecht gestimmten Teilnehmern präsentiert (vgl. Tab. 10.1). Im Anschluss daran sollten die Teilnehmer die beschriebene Person beurteilen.

In schlechter Stimmung spielte es keine Rolle, ob die Person als Greenpeace-Repräsentant oder als BASF-Manager bezeichnet worden war: Die Bewertung hing nur davon ab, ob das Verhalten der Person hauptsächlich positiv oder hauptsächlich negativ war. In neutraler Stimmung war die Bewertung am positivsten, wenn die Person als Greenpeace-Repräsentant und hauptsächlich positiv beschrieben wurde, und am negativsten, wenn sie als BASF-Manager und hauptsächlich negativ beschrieben wurde. Man könnte es sich so vorstellen, dass Bezeichnung und Informationen unabhängig als positiv bzw. negativ bewertet werden und dann die Bewertungen summiert werden.

In positiver Stimmung zeigt sich ein deutlicher Unterschied. Auch hier wird zwar der Greenpeace-Repräsentant mit positivem Verhalten am besten beurteilt, gleichzeitig erhält dieser – und nicht der negativ beschriebene BASF-Manager – jedoch auch die schlechteste Bewertung, wenn er negatives und damit stereotyp*in*konsistentes Verhalten zeigt.

In positiver Stimmung erhält damit stereotypinkonsistente Information stärkeres Gewicht als in neutraler oder schlechter Stimmung.

Informationen	positiv		negativ	
Bezeichnung/Kategorie	Greenpeace	BASF	Greenpeace	BASF
Stimmung negativ	++		− −	
neutral	++	+	−	− −
positiv	+++	+	− − −	−

Tab. 10.1: Das Urteil von negativ gestimmten Teilnehmern hängt nur von den Informationen ab, nicht jedoch von der Kategorie; in neutraler Stimmung wirkt sich die Kategorie zusätzlich zur Informationsart aus. Bei positiv gestimmten Teilnehmern spielen stereotyp*in*konsistente Informationen eine verstärkte Rolle, was dazu führt, dass der Vertreter der positiven Kategorie (Greenpeace) bei inkonsistent negativen Informationen die schlechteste Bewertung (− − −) erhält (nach Bless, Schwarz & Wieland, 1996).

10.2.3 Zusammenfassung

Ob und in welchem Ausmaß vorurteilsbehaftetes bzw. diskriminierendes Verhalten gezeigt wird, ist von der Aktivierung und Anwendung der kognitiven Vorurteilskomponente abhängig, d. h. von der Stereotypaktivierung und der Stereotypanwendung.

Stereotype können durch verschiedenste Reize aktiviert werden, ohne dass uns das notwendigerweise bewusst ist, beispielsweise auch durch nicht bewusst wahrgenommenes Priming oder stereotypes Verhalten (z. B. langsames Gehen). Aktivierte Stereotype beeinflussen die Informationsverarbeitung und können auch bei Menschen, die kein wirkliches Vorurteil haben, zu stereotypen Urteilen bzw. zu diskriminierendem Verhalten führen.

Ob und inwieweit aktivierte Stereotype zur Anwendung kommen, hängt von weiteren Faktoren ab. Ist uns die mögliche Beeinflussung durch ein Vorurteil/Stereotyp bewusst, so spielt die Motivation, vorurteilsfrei zu handeln, eine wichtige Rolle für die Stereotypanwendung. Allerdings sind für eine bewusste Kontrolle von Vorurteilen ausreichend kognitive Kapazitäten und Selbstregulationsfähigkeiten notwendig. Des Weiteren ist die Stereotypanwendung von der Stimmungslage abhängig. So werden in positiver Stimmung verstärkt übergeordnete Wissensstrukturen – und damit auch Stereotype – zur Informationsverarbeitung genutzt, was im Allgemeinen zu stärker stereotypen Urteilen in positiver als in negativer Stimmung führt.

Stereotypaktivierung und -anwendung sind von wichtiger Bedeutung dafür, dass Vorurteile zum Ausdruck kommen. Woher aber *kommen* Vorurteile überhaupt? Dies soll Gegenstand des nächsten Abschnitts sein.

10.3 Woher kommen Vorurteile?

Vorurteile bezeichnen Einstellungen gegenüber einer oder mehreren Person(en), die *allein* auf deren Zugehörigkeit zu einer bestimmten Fremdgruppe basieren. Ohne Gruppen[5] gäbe es logischerweise auch keine Vorurteile. Für die Entstehung von Vorurteilen sind zum einen unsere Tendenz zur Erschaffung von Gruppen (*Soziale*

> **Vorurteile entstehen durch**
>
> • soziale Kategorisierung
> • Intergruppenwettbewerb
>
> „Der erste Schritt zum Vorurteil ist das Erschaffen von Gruppen" (Aronson et al., 2004, S. 491).

Kategorisierung, Abschnitt 10.3.1) und zum anderen der Wettbewerb zwischen diesen (sog. *Intergruppenwettbewerb*, Abschnitt 10.3.2) entscheidend.

10.3.1 Wir und die anderen – Soziale Kategorisierung

Männer und Frauen, Deutsche und Ausländer, Alte und Junge, Dicke und Dünne, Hetero- und Homosexuelle – auf der Suche nach sozialen Kategorien werden wir schnell fündig. Und genauso schnell können wir angeben, welcher dieser Kategorien wir selbst angehören, was zwangsläufig zur Folge hat, dass wir der anderen Kategorie *nicht* angehören, d. h., wir können sehr schnell nach *Eigen-* und *Fremdgruppe* unterscheiden. Des Weiteren haben wir bestimmte Annahmen und Vorstellungen darüber, was Angehörige dieser Gruppen auszeichnet bzw. wie diese im Allgemeinen sind (wie z. B. „Dicke sind gemütlich", „Alte sind vergesslich", „Frauen können nicht einparken") – und schon wären wir wieder bei Stereotypen und/oder Vorurteilen angelangt.

> **Eigengruppe (*ingroup*) – Fremdgruppe (*outgroup*)**
>
> In der Sozialpsychologie ist die Unterscheidung zwischen Gruppen, denen wir selbst angehören (Eigengruppe bzw. *ingroup*), sowie jene, denen wir selbst *nicht* angehören (Fremdgruppe bzw. *outgroup*), in vielen Bereichen von wichtiger Bedeutung.

> **Soziale Kategorisierung**
>
> Tendenz, die soziale Welt in Kategorien bzw. in Eigen- und Fremdgruppen aufzuteilen.
>
> Ursachen sind
>
> • kognitiver Natur (Vereinfachung der Informationsverarbeitung) und
> • motivationaler Natur (Sicherung der sozialen Identität/Erhöhung des Selbstwertgefühls).

Diese Einteilung unserer sozialen Welt in Kategorien von Eigen- und Fremdgruppen ist Ausdruck einer grundlegenden Tendenz, die Welt in Schubladen zu sortieren. Warum aber haben wir dieses Bedürfnis? Zwei wichtige Faktoren wollen wir im Folgenden näher betrachten: Zum einen vereinfachen Kategorisierungen dieser Art unsere Informationsverarbeitung (kognitive Ursache), zum anderen dienen sie unserem Selbstwertgefühl (motivationale Ursache).

---

[5] Unter „Gruppe" verstehen wir in diesem Zusammenhang nicht nur Gruppen im engeren Sinne mit einer Maximalgröße von etwa 20 Personen und bestimmten, definierenden Merkmalen (vgl. Abschnitt 9.1), sondern vor allem *Gruppen im weiteren Sinne*, deren Definition nur erfordert, dass sich zwei oder mehr Personen selbst als Mitglieder der gleichen sozialen Kategorie wahrnehmen. Als Gruppen gelten demnach auch das Geschlecht, dem man angehört, und die eigene ethnische Gruppe (z. B. Turner, 1982).

Kognitive Ursachen der Kategorisierung

Angesichts der Komplexität unserer Umwelt sowie unserer begrenzten kognitiven Kapazitäten sind wir darauf angewiesen, unsere Informationsverarbeitung zu vereinfachen – beispielsweise durch die Anwendung von Heuristiken und das Heranziehen übergeordneter Wissensstrukturen (Bodenhausen, 1988; Bodenhausen & Lichtenstein, 1987; Macrae & Bodenhausen, 2000; vgl. Kapitel 2 und 3). Stereotype bzw. Vorurteile stellen genau solche übergeordneten Wissensstrukturen dar.

Menschen in Gruppen einzuteilen, erlaubt uns, deren Verhalten vorherzusagen, ohne sie im Einzelnen zu kennen (vgl. Exkurs). Geschlecht, Herkunft, Alter, Berufsausbildung sind willkommene Hilfen, um Menschen zu kategorisieren (Fiske et al., 1991; Judd et al., 1991). Bereits wenn Sie nur eine Straße entlanggehen, werden die Ihnen begegnenden Menschen in Ihnen automatisch einen Kategorisierungsprozess auslösen; Sie werden jede dieser Personen automatisch auf den Dimensionen Hautfarbe bzw. Rasse, Alter und Geschlecht einordnen (Bargh, 1994; Brewer, 1988; Fiske & Neuberg, 1990; Hamilton & Sherman, 1994).

> **Exkurs: Probieren Sie es aus!**
>
> Schließen Sie Ihre Augen. Lassen Sie vor Ihrem geistigen Auge das Bild eines aggressiven Skinheads entstehen: Wie ist diese Person in Ihrer Vorstellung gekleidet? Wo befindet sie sich? Was tut die Person genau, um ihre Aggression auszudrücken? Wie würden Sie sich fühlen, wenn Sie in der Situation anwesend wären?
>
> Denken Sie nun an einen aggressiven Anwalt. Beantworten Sie wiederum die genannten Fragen.
>
> Wahrscheinlich werden Sie soeben die Erfahrung gemacht haben, dass sich Ihre Vorstellung eines aggressiven Skinheads deutlich von der eines aggressiven Anwalts unterscheidet. Diese unterschiedlichen Vorstellungen spiegeln gängige Stereotype wider, nach denen Skinheads eher körperliche und Anwälte eher verbale Aggression zeigen würden. Entsprechend fallen die in unserer Vorstellung konstruierten Bilder von Aggression je nach stereotyper Person sehr unterschiedlich aus.
>
> (Beispiel in Anlehnung an Aronson et al., 2004, S. 486)

Häufig sind mit der Kategorisierung auch unmittelbar bestimmte Reaktionstendenzen verknüpft. Beispielsweise mögen Vorurteile gegenüber Skinheads dazu führen, dass eine liberal denkende Person diese aufgrund der ihnen zugeordneten politischen Einstellung spontan meidet (sich z. B. in der Straßenbahn einen weit entfernten Sitzplatz sucht), ohne jeden einzelnen Skinhead persönlich kennen zu lernen und daraufhin zu entscheiden, ob und in welchem Ausmaß dieser tatsächlich die angenommenen rechtsradikalen Tendenzen aufweist. Im Großteil der Fälle dürfte die Person damit auf der sicheren Seite sein und zudem Zeit und Kapazitäten gespart haben – auch wenn ihr dadurch möglicherweise der eine oder andere interessante Kontakt entgeht.

Kategorisierungen und damit auch Vorurteile sind also zum einen schlicht und einfach Nebenprodukte von Prozessen, die dazu dienen, unsere Informationsverarbeitung zu vereinfachen. Neben diesen kognitiven wird die Tendenz zur Kategorisierung aber auch von motivationalen Faktoren angetrieben.

Motivationale Ursachen der Kategorisierung

Was ist eine wichtige Motivation für das, was wir tun? Wir wollen uns gut fühlen. Und genau dabei kann die Kategorisierung in Eigen- und Fremdgruppe helfen, indem sie unserem Bedürfnis nach positiver sozialer Identität nachkommt. Unser Selbstwertgefühl basiert zum Teil auf der Identifikation mit „unseren" Gruppen und entsprechend streben wir danach, uns bezüglich unserer Gruppen *positiv* zu fühlen (Oakes et al., 1994, S. 80ff; Tajfel & Turner, 1986). Dies ist recht einfach, wenn unsere Gruppe erfolgreich und allgemein beliebt ist. In solchen Fällen identifizieren wir uns stärker mit der eigenen Gruppe und zeigen dies auch verstärkt nach außen (*basking in reflected glory*). Beispielsweise verwendeten amerikanische Studenten nach einem Erfolg ihres Universitätsfootballteams eher die Formulierung „*Wir* haben gewonnen", nach einer Niederlage formulierten sie den Ausgangs des Spiels eher mit „*Sie* haben verloren", was eine verstärkte Identifikation bzw. Distanzierung ausdrückt (Cialdini et al., 1976).

Neben dieser Tendenz, uns stärker mit „unseren" Guppen zu identifizieren, wenn diese erfolgreich waren, bzw. uns stärker von diesen zu distanzieren, wenn sich dies negativ auf unser Selbstbild auswirken könnte, zeigen Personen zudem die Neigung, sich die eigene Gruppe – salopp formuliert – „schön zu reden", indem die Eigengruppe im Vergleich zu einer Fremdgruppe gut abschneidet (vgl. Abb. 10.10).

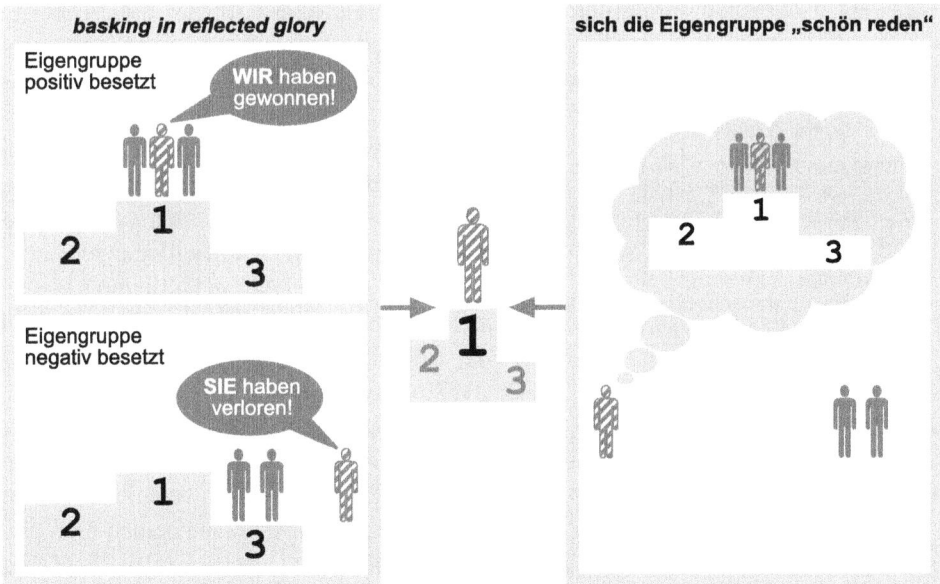

Abb. 10.10: Eine Möglichkeit, eine positive soziale Identität zu erhalten, wird als sog. *basking in reflected glory* bezeichnet: Ist die Eigengruppe positiv besetzt, identifizieren wir uns mehr, ist sie negativ besetzt, identifizieren wir uns weniger mit ihr. Eine zweite Möglichkeit ist, sich die Eigengruppe sozusagen „schön zu denken" bzw. „schön zu reden" (s. u.).

Im Zusammenhang mit Vorurteilen bedeutsame Auswirkungen sozialer Kategorisierung sind zum einen der sog. *Fremdgruppenhomogenitätseffekt*, zum anderen die *Eigengruppenaufwertung*. Beide werden im folgenden Abschnitt näher beschrieben.

Auswirkungen sozialer Kategorisierung – Fremdgruppenhomogenitätseffekt und Eigengruppenaufwertung

Soziale Kategorisierung zieht zwei im Zusammenhang mit Vorurteilen bedeutsame Effekte nach sich: die Überschätzung der Einheitlichkeit der Fremdgruppe (Fremdgruppenhomogenitätseffekt; *outgroup homogeneity effect*) sowie die Bevorzugung bzw. Aufwertung der Eigengruppe (Eigengruppenaufwertung; *ingroup favoritism*).

Fremdgruppenhomogenitätseffekt[6] (*outgroup homogeneity effect*).   „Die sind doch alle gleich!" – nicht selten hört man solche Aussprüche insbesondere über Gruppen, denen gegenüber massive Vorurteile gehegt werden (z. B. gegenüber Asylbewerbern). Dieser Satz drückt das aus, was in der Psychologie als Fremdgruppenhomogenitätseffekt bezeichnet wird: Typischerweise nehmen Personen Fremdgruppenmitglieder als homogener wahr als die Mitglieder ihrer Eigengruppe (Brigham & Malpass, 1985; Jones et al., 1981; Park & Rothbart, 1982; Wilder, 1984). Dies lässt sich leicht veranschaulichen, wenn Sie sich vorstellen, dass Ihnen (als Europäer) eine Gruppe asiatischer Touristen begegnet. Wahrscheinlich werden deren Mitglieder für Sie alle ziemlich gleich aussehen und sie hätten Schwierigkeiten eine bestimmte Person wiederzuerkennen. Seien Sie beruhigt, den Asiaten geht es umgekehrt genauso: Für Asiaten sehen wir Europäer alle gleich aus, denn Gesichter anderer Kulturen zu unterscheiden, fällt erwiesenermaßen schwer (Bothwell et al., 1989; Brigham & Barkowitz, 1978; Platz & Hosch, 1988). Dies ist u. a. darauf zurückzuführen, dass uns prinzipiell Mitglieder der Eigengruppe vertrauter sind, wir detaillierteres Wissen über sie haben und daher besser in der Lage sind, sie zu differenzieren (Linville et al., 1989; Wilder, 1986). So wissen wir eher, worin sich Mitglieder der Eigengruppe im Detail unterscheiden und achten verstärkt auf diese Dimensionen. Mandelförmige Augen wären beispielsweise ein aussagekräftiges Merkmal, um einen Europäer von einem anderen zu unterscheiden, zur Diffe-

---

Folgen sozialer Kategorisierung

- Fremdgruppenhomogenitätseffekt (*outgroup homogeneity effect*): „Die sind alle gleich, aber wir sind alle verschieden."

- Eigengruppenaufwertung (*ingroup favoritism*): „Wir sind besser als die."

Fremdgruppenhomogenitätseffekt

Tendenz, Mitglieder der Fremdgruppe als einander ähnlicher wahrzunehmen als ...

- diese tatsächlich sind
- Mitglieder der Eigengruppe

---

[6] Der Fremdgruppenhomogenitätseffekt kann sich unter bestimmten Umständen in einen *Eigengruppen*homogenitätseffekt umkehren, d. h. dass Mitglieder der Eigengruppe als ähnlicher wahrgenommen werden als Mitglieder der Fremdgruppe (Simon, 1992b; Simon & Pettigrew, 1990). Dies tritt insbesondere in Minderheitsgruppen auf, d. h. wenn die Eigengruppe erheblich kleiner ist als die Fremdgruppe (Brown & Smith, 1989; Guinote, 2001; Simon & Brown, 1987; bei Kindern: Stephan, 1977), sowie auf Urteilsdimensionen, die für die Eigengruppe in besonderem Maße bedeutsam sind (Brown & Wootton-Millward, 1993; Kelly, 1989; Simon, 1992a).

renzierung von asiatischen Gesichtern eignet sich dieses Merkmal jedoch kaum. Ebenso nehmen wir Personen unserer eigenen Altersgruppe wesentlich heterogener wahr als deutlich ältere bzw. jüngere Menschen (Linville et al., 1989; vgl. Abb. 10.11). Der Effekt ist unter Wettbewerbsbedingungen verstärkt (Judd & Park, 1988; Sassenberg et al., 2006).

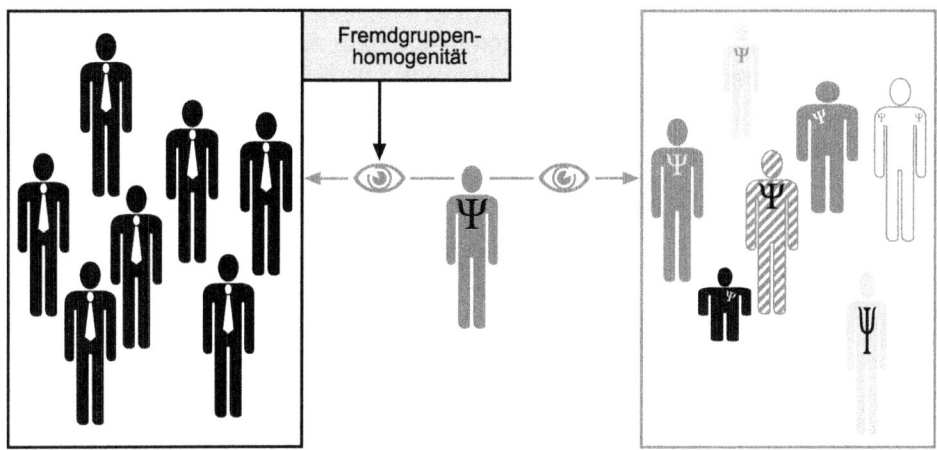

Abb 10.11: Der Fremdgruppenhomogenitätseffekt besagt, dass Fremdgruppen homogener wahrgenommen werden (z. B. „BWL-Studenten sind alle gleich", links) als die Eigengruppe (z. B. „Wir Psychologiestudenten sind alle ziemlich unterschiedlich", rechts).

Je homogener eine Gruppe wahrgenommen wird, desto mehr negative Eigenschaften (z. B. erhöhte Aggressivität) werden ihr beispielsweise zugeschrieben (Dasgupta, Banaji & Abelson, 1997, in Abelson et al., 1998; vgl. Beispielstudie). Zudem werden homogen erscheinende Gruppen stärker diskriminiert (z. B. Vanbeselaere, 1991).

Beispielstudie zur Fremdgruppenhomogenität
Mit steigender Einheitlichkeit werden Gruppen negativer wahrgenommen.

Die Teilnehmer einer Studie von Dasgupta und Kollegen (1997, in Abelson et al., 1998) sahen verschiedene Bilder, auf denen immer fünf humanoide Fantasiewesen (die „Gs") zu sehen waren. Sie sollten jeweils einschätzen, mit welcher Wahrscheinlichkeit die gezeigten Gs verschiedene positive und negative Verhaltensweisen gegenüber einer anderen, nicht abgebildeten Fantasiespezies (den „Hs") zeigen würden.

Standen die Gs auf den Bildern nahe zusammen bzw. hatten sie die gleiche Farbe, so wurde die Wahrscheinlichkeit höher eingeschätzt, dass sie gegenüber den Hs negative Verhalten zeigen würden (z. B. Drohen), als wenn sie weiter voneinander wegstanden bzw. alle eine unterschiedliche Farbe hatten. Die Einheitlichkeit einer Gruppe führt demnach dazu, dass diese negativer wahrgenommen wird.

Eigengruppenaufwertung (*ingroup favoritism*) und Fremdgruppenabwertung (*outgroup derogation*). „Wir sind auf jeden Fall besser als die anderen" – so könnte man eine weitere Auswirkung sozialer Kategorisierung in Fremd- und Eigengruppe beschreiben, nämlich die Aufwertung der Eigengruppe (Brewer, 1979; Rabbie & Horwitz, 1969; Tajfel et al., 1971; Tajfel & Turner, 1986): Personen, die sich mit ihren Gruppen identifizieren, für die eine relevante Vergleichsgruppe verfügbar und ein Intergruppenvergleich auf einer relevanten Bewertungsdimension möglich ist, zeigen mit hoher Wahrscheinlichkeit eine Bevorzugung ihrer eigenen Gruppe und häufig gleichzeitig eine Abwertung der Fremdgruppe (Tajfel & Turner, 1986). Dabei handelt es sich um Urteilsverzerrungen, die dazu dienen, die eigene Gruppe positiv zu sehen und damit ein positives Selbstkonzept zu erreichen bzw. aufrechtzuerhalten. Diese motivationale Ursache zeigt sich insbesondere dann, wenn die positive soziale Identität – d. h. die Interessen der Eigengruppe oder das individuelle Selbstwertgefühl – bedroht ist. In diesen Fällen finden sich eine verstärkte Abwertung und Diskriminierung der Fremdgruppe (Branscombe & Wann, 1994; Fein & Spencer, 1997; Grant, 1992; Rudman & Fairchild, 2004; vgl. Beispielstudie). Umgekehrt sind Personen umso toleranter und großzügiger gegenüber anderen Gruppen und Kulturen, je sicherer sie sich bezüglich ihrer eigenen sozialen Identität fühlen (Hornsey & Hogg, 2000).

> **Eigengruppenauf- und Fremdgruppenabwertung**
>
> Im Intergruppenvergleich sowie bei der Zuteilung von Belohnungen schneidet die Eigengruppe besser ab.

> **Paradigma der minimalen Gruppen (*minimal group paradigm*)**
>
> bezeichnet eine Situation, in der Personen willkürlich in „minimale" Gruppen aufgeteilt werden, denen die Merkmale echter, gewachsener Gruppen fehlen. Damit kann der Einfluss untersucht werden, den die *bloße Gruppenzugehörigkeit* auf Intergruppenverhalten ausübt.

Beispielstudie zur Eigengruppenauf- und Fremdgruppenabwertung
Bedrohung der sozialen Identität führt zur Abwertung der Fremdgruppe.

Branscombe und Wann (1994) zeigten Studenten einer amerikanischen Universität die Aufnahme eines Boxkampfs. Bei der Hälfte der Teilnehmer siegte darin der amerikanische Boxer *Rocky Balboa*, bei der anderen Hälfte der russische Kontrahent *Ivan Drago*. Zuvor wurden die Teilnehmer informiert, dass es sich um die Weltmeisterschaft im Schwergewicht handele und einige Zuschauer der Meinung wären, dass Ehre und Prestige der beiden Länder auf dem Spiel stünden.

Nach dem Film füllten die Teilnehmer einen Fragebogen aus, der ihr Selbstwertgefühl maß, und beantworteten dann u. a. verschiedene Fragen, die ihre Einstellung gegenüber Russen erfassen sollten (z. B. wie vertrauenswürdig, feindselig, aggressiv Russen wären und inwieweit sie die Ursache für das Wettrüsten bei den Russen sahen).

Im Vergleich zu Teilnehmern, in deren Film der amerikanische Boxer gesiegt hatte, wiesen Studenten, deren Selbstwertgefühl durch die Niederlage des amerikanischen Boxers bedroht worden war, ein niedrigeres Selbstwertgefühl auf und zeigten zudem eine deutlich stärkere Abwertung der Russen.[7] Je stärker dabei die Fremdgruppenabwertung war, desto besser war in einer abschließenden Befragung auch das Selbstwertgefühl.

Diese Studie zeigt, dass die soziale Identität und deren Bedrohung eine wichtige Rolle für die Fremdgruppenabwertung spielt.

Allerdings ist für diese Effekte – insbesondere für das Auftreten der Eigengruppenaufwertung – eine *Bedrohung* der sozialen Identität nicht unbedingt nötig und ebenso wenig muss es sich um für das Individuum bedeutsame Eigen- und Fremdgruppen handeln. Es genügt häufig, Personen in *irgendwie* unterscheidbare Gruppen aufzuteilen, auch wenn dies aufgrund vollkommen willkürlicher Merkmale erfolgt (vgl. *minimal group paradigm*, Tajfel et al., 1971). Die bloße Zugehörigkeit zu einer (an sich bedeutungslosen!) Gruppe reicht bereits aus, um Prozesse der Kategorisierung mit anschließender Tendenz zur Diskriminierung auszulösen (z. B. DeSteno et al., 2004; Stroebe et al., 2005; Tajfel et al., 1971; vgl. Beispielstudie). Neben motivationalen werden hierfür auch kognitive Ursachen diskutiert: Mangels anderer Informationen über die Gruppen bestimmen wir den Wert der Eigengruppe, indem wir von der eigenen – positiv beurteilten – Person auf die Eigengruppe schließen, wodurch diese automatisch vergleichsweise gut abschneidet. Entsprechend kann die Eigengruppenaufwertung auftreten („Meine Leute sind toll"), ohne dass gleichzeitig eine Abwertung der Fremdgruppe stattfindet („Was/wie andere sind, ist mir egal") (vgl. Otten, 2002).

Beispielstudie zur Eigengruppenaufwertung
Willkürliche, bedeutungslose Kategorisierung führt zu Intergruppendiskriminierung.

Tajfel und Kollegen (1971) teilten Schüler einer Schulklasse in zwei Untergruppen auf, die Gruppe der Klee- versus Kandinsky-Bevorzuger. Um diese Aufteilung glaubhaft zu machen, hatten die Schüler zuvor in einer Präferenzstudie wiederholt zwischen zwei abstrakten Gemälden gewählt, deren Urheber jedoch nicht ersichtlich war. Tatsächlich geschah die Zuteilung der Schüler zufällig und hatte nichts mit den angegebenen Bilderpräferenzen der Schüler zu tun.

Welcher Gruppe der Einzelne angehörte, war auf dem Material für die nächste Studie notiert, die jeder Schüler allein durchführte (d. h. die Schüler erfuhren nur, welcher Gruppe sie selbst angehörten, nicht aber die Zuordnung ihrer Klassenkameraden). Die Aufgabe in dieser angeblich unabhängigen Studie zu Entscheidungsprozessen bestand darin, anhand von 44 verschiedenen Entscheidungsmatrizen jeweils Geldbeträge auf zwei andere Personen aufzuteilen, für die – angeblich, weil es sich so praktisch anbö-

---

[7] Dies galt nur für Studierende, die sich selbst stark mit Amerika identifizierten. Teilnehmer, für deren soziale Identität die Identifikation mit Amerika nicht bedeutsam war, zeigten in Abhängigkeit von Sieg oder Niederlage des amerikanischen Boxers weder Unterschiede im Selbstwert noch in der Abwertung der Russen.

te – die Gruppenbezeichnungen aus der vorherigen Präferenzstudie benutzt würden (z. B. „Mitglied Nr. 74 der Klee-Gruppe" und „Mitglied Nr. 44 der Kandinsky-Gruppe"). Es wurde betont, dass der Urteiler dabei nie sich selbst Geld zuteilte und dass die insgesamt zugeteilten Beträge zum Schluss den jeweiligen Schülern ausbezahlt würden.

72 % der Schüler wiesen in der Mehrzahl ihrer Antworten denjenigen Personen höhere Geldbeträge zu, die die gleiche Gruppenbezeichnung wie sie selbst aufwiesen. Entscheidend war dabei im Einzelfall, dass das Eigengruppenmitglied *im Vergleich* zu dem Fremdgruppenmitglied einen höheren Betrag erhielt. In den Matrizen angegebene Alternativen, die die Eigengruppe im Vergleich zur Fremdgruppe bevorzugten (z. B. Eigengruppe 2 $ und Fremdgruppe 1 $), wurden nämlich eher gewählt, als Alternativen, bei denen das Mitglied der Eigengruppe zwar vom Betrag her mehr, im Vergleich zur Fremdgruppe aber weniger erhalten hätte (z. B. Eigengruppe 3 $ und Fremdgruppe 4 $; vgl. Abb. 10.12).

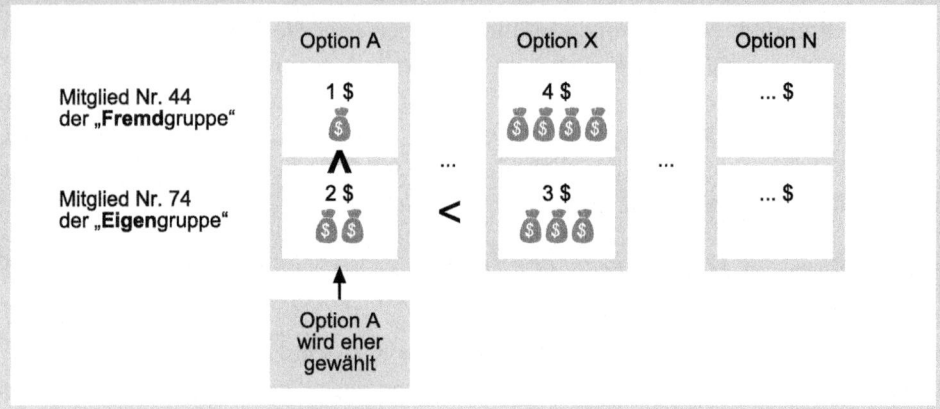

Abb. 10.12: Bei der Verteilung von Ressourcen werden Optionen eher gewählt, die die Eigen- *im Vergleich zur Fremdgruppe* besser stellt (z. B. Option A) – auch wenn dadurch die Eigengruppe betragsmäßig weniger erhält als durch eine andere Möglichkeit (z. B. Option B) (nach Tajfel et al., 1971).

Allein die für die Verteilungsaufgabe vollkommen bedeutungslose Gruppenzugehörigkeit führte hier zu einer deutlichen Bevorzugung der Eigengruppe.

Zusammenfassung

An der Entstehung von Vorurteilen durch soziale Kategorisierung sind neben der Vereinfachung der Informationsverarbeitung als kognitive Ursache auch soziale Identitätsbedürfnisse als motivationale Ursache beteiligt. In der Folge treten typischerweise Eigengruppenaufwertung und/oder Fremdgruppenabwertung sowie der Fremdgruppenhomogenitätseffekt auf. Nachfolgend wird dargestellt, welchen Beitrag sozialer Wettbewerb an der Entstehung und Akzentuierung von Vorurteilen und Diskriminierung hat.

10.3.2 Wir gegen die anderen – Intergruppenwettbewerb

Blickt man in die Medien, ist Konkurrenz die wohl offensichtlichste Ursache von Konflikten, Vorurteilen und Diskriminierung – Gruppen stehen (oder meinen zumindest, sie stünden; vgl. auch Exkurs) miteinander im Wettbewerb um Ressourcen (z. B. Deutsche mit Ausländern auf dem Arbeitsmarkt bzw. im Sozialsystem; Israelis und Palästinenser um den Gazastreifen), um Ideologien (z. B. Katholiken und Protestanten in Irland; Globalisierungsbefürworter und -gegner), sozialen Status oder Macht (z. B. Parteien um das Kanzleramt).

Dies ist in der sog. **Theorie des realistischen Gruppenkonflikts** zusammengefasst. Es wird angenommen, dass Einstellungen und Verhaltensweisen zwischen Gruppen deren jeweilige Interessen und reale Konflikte widerspiegeln (Campbell, 1966; LeVine & Campbell, 1972; Sherif, 1967). Sind diese Interessen vereinbar (positive Interdependenz), so führt dies zu Fairness, Toleranz und Freundschaft. Besteht dagegen ein Konflikt (negative Interdependenz), d. h. wenn die Gruppen im Wettbewerb um wertvolle, aber knappe materielle Ressourcen miteinander stehen, so sind negative Einstellungen und Feindseligkeiten gegenüber der anderen Gruppe die Folge (z. B. Zárate et al., 2004; vgl. Abb. 10.13). Der Wettbewerb um knappe Ressourcen führt umso wahrscheinlicher zum Entstehen von Vorurteilen und Diskriminierung, je knapper die

> **Exkurs: Relative Deprivation**
>
> Vorurteile können nicht nur dann entstehen, wenn Ressourcen objektiv knapp sind, sondern auch aus sog. **relativer Deprivation**, d. h. aus der Diskrepanz zwischen den eigenen Erwartungen und dem Erreichten (Gurr, 1970, S. 24). Gruppen erleben relative Deprivation, wenn sie sich im Vergleich zu einer relevanten Fremdgruppe benachteiligt fühlen (Stephan & Stephan, 1996). Menschen, die sich relativ depriviert fühlen, zeigen häufig erhöhte Vorurteilslevel (Appelgryn & Nieuwoudt, 1988; Pettigrew & Meertens, 1995; Tripathi & Srivastava, 1981). Eine neuere Studie von Guimond und Dambrun (2002) zeigt, dass relative Deprivation, aber insbesondere auch relative *Gratifikation* (hier die Information, dass die Jobchancen für die Eigengruppe *steigen* und für eine relevante Fremdgruppe sinken) zu erhöhten Vorurteilen gegenüber der Fremdgruppe führen. Als Erklärung hierfür wird u. a. die Tendenz angesehen, Opfern unglücklicher Umstände die Schuld für ihre missliche Lage selbst in die Schuhe zu schieben (vgl. auch Abschnitt 10.4.3).

> **Theorie des realistischen Gruppenkonflikts**
>
> - Der Wettbewerb um wertvolle, aber knappe Ressourcen führt zu Konflikten zwischen Gruppen.
> - Feindseligkeit, vermehrte Vorurteile und Diskriminierung sind die Folge.

Ressourcen sind. Ein historisches Beispiel hierfür ist der von Hovland und Sears (1940) gefundene stark negative Zusammenhang ($r = -.72$) zwischen dem Baumwollpreis in den amerikanischen Südstaaten in dem Zeitraum von 1882 bis 1930 und den Fällen von Lynchjustiz an Afroamerikanern: Je niedriger der Baumwollpreis (d. h. je schlechter die wirtschaftliche Lage), desto mehr Fälle von Lynchjustiz traten auf (vgl. auch Hepworth & West, 1988).

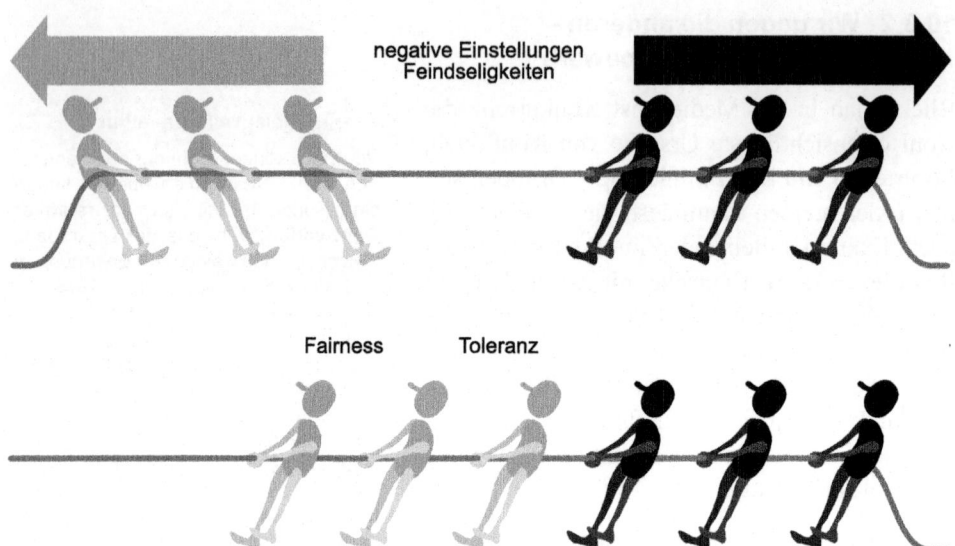

negative Einstellungen
Feindseligkeiten

Fairness   Toleranz

Abb. 10.13: Stehen die Gruppen miteinander im Wettbewerb, d. h. schließen sich ihre Ziele gegenseitig ausschließende Ziele (oben), entstehen negative Einstellungen gegenüber der jeweiligen Fremdgruppe. Stehen die Ziele verschiedener Gruppen jedoch im Einklang, d. h. wenn alle am gleichen Strang ziehen bzw. ziehen müssen (unten), ist der Umgang miteinander von Fairness, Toleranz und Freundschaft geprägt.

In den legendären „Ferienlagerexperimenten" von Sherif und Kollegen (z. B. Sherif et al., 1961; vgl. Beispielstudie) zeigte sich, wie leicht Vorurteile und feindseliges Verhalten aus dem Aufeinandertreffen von Gruppen und ihrem Kampf um begrenzte Ressourcen entstehen können.

Beispielstudie zum Intergruppenwettbewerb
Der Wettbewerb um knappe Ressourcen führt zu Feindseligkeiten.

Sherif und Kollegen (1961) untersuchten die Entwicklung von Feindseligkeiten zwischen Gruppen in einem dreiwöchigen Ferienlager für elfjährige Jungen – bekannt als *Robbers-Cave*-Experiment. In der ersten Woche beschäftigten sich die Jungen mit typischen Ferienlageraktivitäten wie Schwimmen, Baseball und Wandern, unter anderem bastelten sie zudem eine Fahne und dachten sich einen Namen für ihre Gruppe aus (*Eagles* (Adler) und *Rattlers* (Klapperschlangen)) – Tätigkeiten, die darauf abzielten, den Gruppenzusammenhalt zu fördern. Die Jungen wussten nicht, dass sie noch vor der Reise in das Ferienlager per Zufallsprinzip in zwei Gruppen eingeteilt worden waren, die ihre Lagerplätze jeweils außer Sichtweite der anderen Gruppe aufgeschlagen hatten.

Gegen Ende der ersten Woche sorgten die Betreuer dafür, dass die *Rattlers* auf ihrem Baseballfeld „zufällig" die andere Gruppe (die *Eagles*) entdeckten. Innherhalb kurzer Zeit entstanden die ersten Konflikte um die vorhandenen Ressourcen (z. B.

um die Benutzung der Sportanlagen). Ein viertägiger sportlicher Wettkampf mit verschiedenen „Disziplinen" (Baseball, Tauziehen, Schnitzeljagd etc.) wurde organisiert und der siegreichen Gruppe neben einem Pokal zusätzlich für jedes Mitglied ein sehr begehrtes Taschenmesser als Belohnung in Aussicht gestellt. Dadurch wurde ein realistischer Konflikt um materielle Ressourcen (Pokal, Taschenmesser) mit *Win-Lose*-Konstellation induziert: Gewann die eine Gruppe, verlor die andere automatisch.

Mit Beginn der Wettkämpfe begannen massive Feindseligkeiten zwischen den Gruppen mit gegenseitigen Verhöhnungen, Überfällen und sogar einigen physischen Attacken. In einer Vielzahl von kleinen, als Spielen getarnten Studien konnte zudem gezeigt werden, dass Mitglieder der eigenen Gruppe begünstigt und gegenüber Mitgliedern der jeweils anderen Gruppe abwertende Einstellungen entwickelt wurden.

Die Studie zeigt, dass reale Konflikte um materielle Ressourcen massive Feindseligkeiten zwischen den konkurrierenden Gruppen bewirken können.

In Abschnitt 10.3.1 wurde beschrieben, dass Eigengruppenaufwertung bzw. Fremdgruppenabwertung auch ohne Wettbewerb, sondern nur aufgrund der Gruppenzugehörigkeit entstehen können. Auch in den Ferienlagerstudien von Sherif und Kollegen (1961) finden sich hierfür Hinweise: Feindseligkeiten zwischen den Gruppen traten teilweise auch schon auf, *bevor* die Wettbewerbssituation induziert wurde. Dies war in den Studien der Fall, in denen die Kinder bereits von Anfang an von der Existenz der jeweils anderen Gruppe wussten. Die Konkurrenz um wichtige Ressourcen zeigte jedoch eine deutliche Extremisierung der negativen Einstellungen.

Die Forschung hat zudem gezeigt, dass es keines aktuellen realen Interessenskonfliktes bedarf, sondern dass allein die *Wahrnehmung* eines Konflikts ausreicht, damit vermehrt Vorurteile auftreten (z. B. Esses et al., 1998; Stephan & Stephan, 2000; siehe auch Stephan et al., 1999). Eine aktuelle Studie weist sogar darauf hin, dass Wettbewerb selbst dann zu stärkeren Vorurteilen gegenüber einer Fremdgruppe führt, wenn die Wettbewerbssituation überhaupt nichts mit dieser Fremdgruppe zu tun hat, sondern beispielsweise in einem Wettbewerb mit einer nicht zu dieser Fremdgruppe gehörenden Person in einem Intelligenztest bestand (*carry-over effect of competition*; Sassenberg et al., 2006).

Immer wieder sind Ressourcen jedoch knapp, ohne dass dies auf einen Interessenkonflikt mit einer spezifischen Fremdgruppe zurückgeführt werden kann (z. B. angespannte Wirtschaftslage, Massenarbeitslosigkeit). In solchen Situationen sind Menschen frustriert durch die missliche Lage und neigen in Folge dazu, sich einen Sündenbock zu suchen. Insbesondere leicht zu identifizierende, nicht gemochte und machtlose Fremdgruppen werden dadurch leicht zum Opfer von Vorurteilen und Diskriminierung (sog. **Sündenbocktheorie**, *scapegoat theory*; Berkowitz & Green, 1962; Blanchard et al., 1975; Miller & Bugelski, 1948). Der Antisemitismus in Deutschland nach dem ersten

Sündenbocktheorie

Tendenz, bei Frustration eine leicht zu identifizierende, nicht gemochte und machtlose Fremdgruppe verantwortlich zu machen, obwohl diese nicht Ursache der misslichen Lage ist.

Weltkrieg ist dafür ein klassisches Beispiel: Die Menschen waren arm, demoralisiert und resigniert, die Arbeitslosigkeit war extrem hoch. Als die Nazis in den 30er Jahren an die Macht kamen, sahen sie sich einer massiv frustrierten Bevölkerung gegenüber. Den Anhängern des Nationalsozialismus gelang es, für diese Frustration einen Sündenbock zu finden: die Juden. Auch wenn die Juden in keinster Weise für die missliche Wirtschaftslage in Deutschland verantwortlich waren, konnten die Nazis die Illusion verbreiten, dass die Bestrafung und letztendlich die Vernichtung der Juden die Probleme lösen würden. Die Juden „eigneten" sich insofern ideal als Sündenbock, da sie schon vorher eher unbeliebt gewesen waren (Berkowitz, 1993).

Vorurteile und Diskriminierung gegenüber einer Fremdgruppe können in Reaktion auf Frustration bzw. Ärger demnach sozusagen „aus dem Nichts" entstehen oder plötzlich in ihrer Intensität steigen (z. B. Rogers & Prentice-Dunn, 1981). Kürzlich konnte gezeigt werden, dass dieser Prozess auch auf automatischer Ebene ablaufen kann (DeSteno et al., 2004; vgl. Beispielstudie).

Beispielstudie zur Sündenbocktheorie
Ärger führt über einen auf automatischer Ebene ablaufenden Prozess zu negativeren Einstellungen gegenüber einer (bedeutungslosen) Fremdgruppe.

Die Teilnehmer von DeSteno und Kollegen (2004, Exp. 2) beantworteten zunächst verschiedene Schätzaufgaben, aufgrund derer sie einer von zwei Gruppen zugeordnet zu werden glaubten. Tatsächlich wurde ihnen jedoch nach dem Zufallsprinzip mitgeteilt, dass sie entweder zur Gruppe der „Überschätzer" oder zur Gruppe der „Unterschätzer" gehörten (*minimal group paradigma*, vgl. S. 408). Erstere wurden angewiesen, ein blaues Armband zu tragen, letztere erhielten ein rotes Armband.

In einer anschließenden Studie zur „Hand-Auge-Koordination" wurden den Teilnehmern Fotos von Personen gezeigt, bei denen die Hintergrundfarbe (blau vs. rot) anzeigte, ob diese zur Gruppe der Über- oder Unterschätzer gehörten. Durch Drücken der entsprechenden Taste sollten die Teilnehmer so schnell wie möglich angeben, ob es sich bei dem Foto um ein Mitglied der eigenen Gruppe oder um ein Mitglied der Fremdgruppe handelte. Jeweils kurz vor dem Foto wurde ein positiv oder ein negativ besetztes Wort eingeblendet, reagieren sollten die Teilnehmer jedoch nur auf das nachfolgende Foto (sog. *evaluative priming task*).

Teilnehmer, die zuvor unabhängig von dieser Studie in ärgerliche Stimmung versetzt worden waren, reagierten langsamer, wenn vor dem Bild eines Fremdgruppenmitglieds ein positives statt ein negatives Wort erschien. Aus dieser verlangsamten Reaktion auf die Verknüpfung zwischen positiven Wörtern und Fremdgruppenporträts wird auf eine negativere Bewertung der Fremdgruppe geschlossen. Bei Bildern von Eigengruppenmitgliedern zeigte sich dagegen kein Unterschied in Abhängigkeit davon, ob vorher ein positives oder ein negatives Wort eingeblendet wurde. Teilnehmer in neutraler und trauriger Stimmung reagierten immer gleich schnell – unabhängig davon, ob das Foto ein Eigen- oder Fremdgruppenmitglied zeigte, und unabhängig davon, was für ein Wort vorher eingeblitzt wurde.

Die Studie zeigt, dass Ärgergefühle sozusagen „automatisch" zu negativen Einstellungen gegenüber einer an sich bedeutungslosen Fremdgruppe führen können.

Sind wertvolle Ressourcen knapp, fördert dies Vorurteile, Feindseligkeiten und Diskriminierung gegenüber der konkurrierenden Gruppe oder – so eine solche nicht existiert – gegenüber einer Gruppe, die zum Sündenbock gemacht wird. Ob *real* tatsächlich ein Konflikt besteht oder nicht, ist dabei unerheblich – entscheidend ist, dass eine Wettbewerbssituation *wahrgenommen* wird. Was passiert nun aber, wenn sich die Lage ändert, indem z. B. die Wettbewerbssituation entfernt wird? Verschwinden dann auch automatisch Feindseligkeiten und Vorurteile? Was ist nötig, um die Einstellungen gegenüber der Fremdgruppe zu reduzieren?

10.3.3 Kontakt als Mittel zur Reduktion von Vorurteilen – Die Kontakthypothese

Wären Vorurteile rein kognitiv, würde es reichen, die Stereotype durch Wissensvermittlung und Bildung neuer Assoziationen zu ändern. Dies hat sich jedoch als Illusion erwiesen. Das entscheidende Merkmal von Vorurteilen ist schließlich ihre affektive Komponente, gegen die mit logischen Argumenten bzw. reinem Wissen kaum anzukommen ist. Wie sieht es dann aus, wenn eine konfliktverursachende Wettbewerbssituation entfernt wird bzw. die Ressourcenknappheit ein Ende nimmt? Hören dann auch automatisch die Vorurteile und Feindseligkeiten auf? Das ist ebenfalls nicht der Fall. In den Ferienlagerstudien von Sherif und Kollegen (1961) eskalierten die Feindseligkeiten zwischen den *Rattlers* und *Eagles* sogar weiter, obwohl die Wettkampfsituation entfernt worden war.

Wie könnte man es dann schaffen, Vorurteile, Feindseligkeiten, verzerrte negative Einstellungen und negatives Verhalten gegenüber einer Fremdgruppe zu reduzieren? Es scheint wohl nötig, „aktiv" etwas dagegen zu unternehmen. Ein immer wieder diskutiertes Mittel ist ein vermehrter Kontakt zwischen den „verfeindeten" Gruppen. Sätze wie „Wenn die sich erstmal näher kennen gelernt haben ..." oder „Die müssen sich halt noch zusammenraufen" sowie die Idee integrativer Schulen und Kindergärten spiegeln diese Annahmen wider. So wird durch vermehrten Kontakt zwischen behinderten und nicht behinderten, ausländischen und einheimischen Kindern versucht, Vorurteile gegenüber den stigmatisierten Gruppen abzubauen. Die Annahme, dass vermehrter Kontakt mit den entsprechenden Fremdgruppen Vorurteile reduzieren könnte (z. B. Allport,

Kontakthypothese

Annahme, dass Feindseligkeiten und Vorurteile durch vermehrten Kontakt zwischen den Gruppen vermindert werden können.

Folgende Bedingungen erleichtern/verbessern die positiven Effekte von Intergruppenkontakt:

- Statusgleichheit
- Kooperation und gemeinsame Ziele
- Unterstützung durch Autoritäten/ Institutionen

1954), wird als **Kontakthypothese** bezeichnet. Und tatsächlich hat sich in zahlreichen Studien immer wieder gezeigt, dass Intergruppenkontakt zur Reduktion von Vorurteilen zwischen Gruppen beitragen kann (z. B. Deutsch & Collins, 1951; Levin et al., 2003; Sherif et al., 1961; für einen Überblick vgl. Pettigrew & Tropp, 2006; Tropp & Pettigrew, 2005; vgl. Beispielstudie). So zeigten in einer Studie von Brown und Kollegen (2003) beispielsweise weiße studentische Sportler, die Teamsportarten mit einem hohen Anteil an schwarzen Mannschaftskollegen betrieben, positivere Gefühle gegenüber Schwarzen im Allgemeinen als Kommilitonen, die Individualsportarten betrieben.

Beispielstudie zur Kontakthypothese
Übergeordnete Ziele reduzieren Feindseligkeiten zwischen Gruppen.

In einer späteren Phase des bereits beschriebenen *Robbers-Cave*-Ferienlagerstudien (Sherif et al., 1961) wurde die Wirkung gemeinsamer, übergeordneter Ziele auf das Verhältnis der Gruppen untereinander untersucht.

Dazu wurde beispielsweise künstlich ein Defekt des LKWs, der die Jungen in das – zu diesem Zeitpunkt mehrere Kilometer entfernte – Lager zurückbringen sollte, herbeigeführt. Dieser LKW war nun aber zu schwer, als dass eine der beiden Gruppen alleine ihn hätte bewegen können. So mussten beide Gruppen gemeinsam am Seil ziehen, das noch vor kurzer Zeit zum Tauziehen in den Sportwettkämpfen benutzt worden war.

Nach mehreren solchen Gemeinschaftsaktionen veränderte sich das Verhältnis zwischen den Jungen deutlich: Die Feindseligkeiten gegenüber der anderen Gruppe verringerten sich, die Begünstigungen der Eigengruppe nahmen ab.

Traditionell war man der Meinung, dass Intergruppenkontakt nur unter bestimmten Bedingungen zu einer Vorurteilsreduktion führen kann bzw. sich Vorurteile und Feindseligkeiten eher noch verstärken, wenn diese nicht gegeben sind (z. B. Eitle & Eitle, 2003; Stephan, 1978). Allport formulierte diese Bedingungen bereits 1954:

- **Statusgleichheit**
  Vorurteilsreduktion durch Kontakt wird gefördert, wenn die Mitglieder bzw. ihre Gruppen in der Kontaktsituation den gleichen Status haben, d. h. wenn zwischen ihnen kein Hierarchiegefälle – wie es beispielsweise zwischen einer Führungskraft und einem Angestellten der Fall wäre – besteht.

- **Kooperation und gemeinsame, übergeordnete Ziele**

  Zusammenarbeit und gemeinsame, übergeordnete Ziele, wie beispielsweise die Bergung des LKWs in den berichteten Ferienlagerstudien, zu deren Erreichung die beiden Gruppen zusammenarbeiten müssen und damit voneinander abhängig sind, optimieren die Kontaktbedingungen.

- **Unterstützung durch Autoritäten/ Institutionen**

  Unterstützen Autoritäten, wie beispielsweise Lehrer und Lehrerinnen in der Schule oder auch gesetzliche Vorschriften, den Kontakt zwischen den Gruppen, fördert dies den Vorurteilsabbau.

> **Vorurteilsreduktion durch Fernsehen?**
>
> Menschen reagieren auf Charaktere im Fernsehen vergleichbar wie auf „richtige" Menschen, da das menschliche Gehirn medienvermittelte Erfahrungen ähnlich wie direkte Erfahrungen verarbeitet (Kanazawa, 2002).
>
> Schiappa und Kollegen (2005) untersuchten die Wirkung von medienvermitteltem, sog. „parasozialen" Kontakt mittels mehrerer Folgen der Fernsehserie *Six Feet Under*, in der zwei zentrale männliche Charaktere homosexuell sind. Teilnehmer, die mehrere Folgen gesehen hatten, wiesen eine Reduktion in ihren Vorurteilen gegenüber homosexuellen Männern auf.[8] Parasozialer Kontakt scheint positivere Reaktionen gegenüber der Fremdgruppe und Änderungen in den Vorstellungen von deren Eigenschaften hervorzurufen.

In einer aktuellen Meta-Analyse von Pettigrew und Tropp (2006), die über 500 Studien zum Thema Intergruppenkontakt auswerteten, sowie in verschiedenen Langzeitstudien (z. B. Eller & Abrams, 2003, 2004; Levin et al., 2003; Pettigrew, 1997) zeigte sich, dass optimale Bedingungen, wie sie eben genannt wurden, die Vorurteilsreduktion im Intergruppenkontakt deutlich verbessern. Allerdings scheinen diese Bedingungen nicht unbedingt notwendig zu sein. Bereits dadurch, dass man der Fremdgruppe vermehrt ausgesetzt ist, erhöht sich die *Vertrautheit* mit dieser und in der Folge steigt auch die Sympathie (sog. *mere exposure effect*; Bornstein, 1989; Harmon-Jones & Allen, 2001; Rhodes et al., 2001; Zajonc, 1968). Entscheidend für den positiven Effekt von Kontakt ist die Reduktion von Angst-, Bedrohungs- und Unsicherheitsgefühlen dahingehend, wie man sich gegenüber Fremdgruppenmitgliedern verhalten soll, wie man von diesen wahrgenommen und ob man von diesen akzeptiert werden wird (Blair et al., 2003; Blascovich et al., 2001; Hewstone, 2003: Paolini et al., 2004; Stephan & Stephan, 1985; Stephan et al., 2002; Voci & Hewstone, 2003; vgl. auch Gudykunst, 1985). Durch den vermehrten Kontakt wird demnach die bedeutsame affektive Komponente von Vorurteilen beeinflusst.

Im Schulbereich hat sich das sog. *jigsaw classroom*-Konzept als wirkungsvoll erwiesen, um Vorurteile unter Schülern – die beispielswese aufgrund unterschiedlicher ethnischer Herkunft bestehen – zu reduzieren. Dabei erarbeiten die Schüler den Unterrichtsstoff in gemischten Kleingruppen und sind diesbezüglich wechselseitig voneinander abhängig.

---

[8] Die Vorurteile gegenüber homosexuellen Frauen hatten sich dagegen nicht verändert.

Der Unterrichtsstoff wird hier so aufgeteilt, dass jedes Mitglied der Kleingruppe einen Teil davon bekommt, diesen bearbeitet und dann den anderen Gruppenmitgliedern vermittelt. Der Unterrichtsstoff kann somit nur erlernt werden, wenn jedes Gruppenmitglied seinen Teil beiträgt und der Stoff sozusagen wie ein Puzzle (engl. *jigsaw*) zusammengesetzt wird (Aronson & Bridgeman, 1979; Aronson & Gonzalez, 1988; Aronson & Patnoe, 1997; Walker & Crogan, 1998; Wolfe & Spencer, 1996).

> **Jigsaw classroom**
>
> Bezeichnung für eine bestimmte Klassensituation, die Vorurteile vermindern und das Selbstwertgefühl der Schüler erhöhen soll:
>
> - Die Schüler arbeiten in gemischten Kleingruppen.
>
> - Jeder Schüler ist hinsichtlich Erarbeitung des Unterrichtsstoffs und guter Leistungen von den anderen Schülern abhängig.

10.3.4 Zusammenfassung

Woher kommen Vorurteile? Dieser Frage sind wir in diesem Abschnitt nachgegangen und haben gesehen, dass Vorurteile unserer Tendenz zur Kategorisierung unserer sozialen Welt in Eigen- und Fremdgruppe entspringen. Dies ist zum einen eine – zuweilen lästige – Nebenwirkung dessen, dass wir darauf angewiesen sind, durch die Anwendung übergeordneter Wissensstrukturen (wie z. B. Stereotype) unsere Informationsverarbeitung zu vereinfachen. Ebenso wie das Bedürfnis nach einer positiven sozialen Identität führt dies dazu, dass wir sogar in sog. minimalen Gruppen unsere Eigengruppe bevorzugen (sog. Eigengruppenaufwertung und/oder Fremdgruppenabwertung) und die Fremdgruppenmitglieder als einander ähnlicher wahrnehmen als das in Wirklichkeit der Fall ist (Fremdgruppenhomogenität).

Vorurteile können auch aus der Konkurrenz von Gruppen um knappe Ressourcen entstehen oder sich dadurch verschärfen (Theorie des realistischen Gruppenkonflikts). Konkurrierende Gruppen zeigen vermehrt verzerrte Einstellungen und Feindseligkeiten als Gruppen, die im Hinblick auf gemeinsame Ziele kooperieren. Auch wenn kein objektiver Gegner besteht, können knappe Ressourcen zu Feindseligkeiten und Vorurteilen gegenüber einer Fremdgruppe entstehen bzw. sich verschärfen: Dies liegt an der Tendenz, sich in solchen Situationen eine negativ bewertete, machtlose Fremdgruppe als Sündenbock zu suchen.

Negativ verzerrte Einstellungen zwischen den verfeindeten Gruppen verschwinden aufgrund der verschiedenen Faktoren, die zur Enstehung von Vorurteilen und vor allem auch zu ihrer Aufrechterhaltung beitragen (vgl. folgenden Abschnitt), nicht von selbst, sondern man muss ihnen aktiv begegnen. Als wirkame Methode hat sich hierbei der vermehrte Kontakt zwischen Fremdgruppen erwiesen, insbesondere wenn dieser unter optimalen Bedingungen stattfindet.

10.4 Was fördert Vorurteile bzw. erhält sie aufrecht?

Wie kommt es dazu, dass Vorurteile über Jahrzehnte hartnäckig bestehen bleiben, obwohl es keinerlei Wettbewerb zwischen den betreffenden Gruppen gibt? Wie kann es sein, dass ein deutsches Schulkind Vorurteile gegenüber Türken hegt und gleichzeitig ein türkisches Mädchen als beste Freundin hat?

Zum einen tragen Mechanismen, die zur Entstehung von Vorurteilen führen, auch zur Aufrechterhaltung derselben bei. Allein die Aktivierung von Stereotypen und ihre Auswirkungen auf die Informationsverarbeitung – z. B. die bevorzugte Wahrnehmung und Erinnerung stereotypkonsistenter Inhalte (vgl. Abschnitt 10.2.1) – führt zu einer immer wiederkehrenden Bestätigung.

Zum anderen tragen noch andere wichtige Mechanismen dazu bei, dass Vorurteile aufrechterhalten werden. Dazu gehören Eigenheiten unserer Informationsvorarbeitung, wie beispielsweise die Tendenz, Zusammenhänge zu sehen, die unseren Erwartungen entsprechen, auch wenn diese gar nicht bestehen (illusorische Korrelation, Abschnitt 10.4.1). Insbesondere für die Aufrechterhaltung von Vorurteilen unter besonders schwierigen Bedingungen – nämlich dann, wenn wir einem Exemplar begegnen, das so gar nicht zu unseren Stereotypen und Vorurteilen passt – ist unter anderem unsere Fähigkeit zur Rekategorisierung (*subtyping*, Abschnitt 10.4.2) verantwortlich. Auch die allgemeine Tendenz in der sozialen Wahrnehmung, dispositionale Attributionen für das Verhalten anderer vorzunehmen, spielt hier eine wichtige Rolle (attributionale Verzerrungen, Abschnitt 10.4.3). Des Weiteren tragen Vorurteilsopfer – natürlich ungewollt – tatsächlich in gewisser Weise dazu bei, dass unsere Erwartungen erfüllt werden (Abschnitt 10.4.4): Vorurteilsbehaftete Behandlung durch ihr Gegenüber (sich selbst erfüllende Prophezeiung) sowie Bedrohung durch Stereotype (*stereotype threat*) führen dazu, dass Vorurteilsopfer tatsächlich vermehrt stereotypes Verhalten zeigen. Diese Mechanismen sollen im Folgenden näher ausgeführt werden.

> **Aufrechterhaltung von Vorurteilen**
>
> • illusorische Korrelation
>
> • *subtyping*
>
> • attributionale Verzerrungen (ultimativer Attributionsfehler, *blaming the victim*)
>
> • Erfüllung von Erwartungen (sich selbst erfüllende Prophezeiung, *stereotype threat*)

10.4.1 Wenn wir Zusammenhänge sehen, die gar nicht bestehen – Illusorische Korrelationen

Es ist bemerkenswert, wie hartnäckig Vorurteile bestehen bleiben, obwohl wir immer wieder Informationen begegnen, die unseren Vorurteilen bzw. Stereotpyen widersprechen. Zu dieser Resistenz trägt bei, dass wir gerne Zusammenhänge sehen, wo gar keine bestehen. Dies wird als Zusammenhangstäuschung oder illusorische Korrelation bezeichnet (vgl. auch Abschnitt 3.2.1). Illusorische Korrelationen entstehen dadurch, dass wir nicht alle Informationen, denen wir begegnen, gleichermaßen abspeichern, sondern vor allem Auffälligkeiten, d. h. alles, was nicht „normal" oder „typisch" ist. Das kann zum einen normabweichendes Verhalten sein, insbesondere negative Normabweichungen (wie z. B. Unhöflichkeiten, Aggressivität oder Verbrechen), des Weiteren sind aber auch bestimmte Personen aufgrund ihrer Gruppenzugehörigkeit auffällig (z. B. Ausländer). Trifft die Wahrnehmung zweier auffälliger Ereignisse zusammen, wird deren gemeinsames Auftreten (sog. Koinzidenz) überschätzt und eine illusorische Korrelation entsteht (Chapman & Chapman, 1969; Hamilton & Gifford, 1976; Hamilton & Rose, 1980; bei Kindern: Susskind, 2003). Diese Tendenz, Zusammenhänge zwischen auffälligen Ereignissen zu sehen, die so nicht bestehen, kann somit auch das *Entstehen* eines Vorurteils bedingen, denn Vorurteile sind letztendlich nichts anderes als Verknüpfungen zwischen (negativem, z. B. aggressivem) Verhalten und der Zugehörigkeit einer Person zu einer bestimmten Gruppe, die ebenfalls salient ist (z. B. Ausländer). Illusorische Korrelationen entstehen nicht nur aufgrund von persönlichen Erfahrungen, sondern auch Fernsehen, Zeitungen und andere Medien können illusorische Korrelationen schaffen, indem sie Personen in stereotypen Rollen darstellen (Busby, 1975; McArthur & Resko, 1975).

Haben wir erst einmal eine Theorie über einen Zusammenhang – sei dieser illusorisch oder zumindest ursprünglich auf objektiven Tatsachen beruhend –, wird diese dadurch aufrechterhalten, dass Menschen nach Bestätigung ihrer Ansichten und Wahrnehmungen suchen (Jussim, 1986) und entsprechend dazu neigen, für die Überprüfung ihrer Theorien eine sog. positive Teststrategie zu verwenden (*confirmation bias*; Wason, 1960; vgl. auch Exkurs). D. h., Personen suchen vor allem nach bestätigenden und vernachlässigen widersprechende Informationen. Dies trifft auch für den Umgang mit Stereotypen bzw. Vorurteilen zu (Snyder & Cantor, 1979; Snyder & Swann, 1978), denn diese sind ja nichts anderes als Theorien über Personengruppen und deren Eigenschaften.

Nehmen wir dazu ein einfaches Beispiel an: An einer Links-vor-rechts-Kreuzung nimmt Ihnen

---

Illusorische Korrelationen

bezeichnen wahrgenommene Zusammenhänge, obwohl diese gar nicht oder zumindest nicht in dem angenommenen Ausmaß bestehen.

Confirmation bias

Tendenz, die eigenen Annahmen bestätigende Informationen bevorzugt zu suchen bzw. wahrzunehmen.

Exkurs: Alles Einbildung?

Die Überprüfung unserer Stereotype nehmen wir zum einen anhand von realen Ereignissen vor, zum anderen aber auch, indem wir uns an entsprechende Ereignisse erinnern.

Neben der Tendenz, dabei bevorzugt nach bestätigenden Ereignissen zu suchen (vgl. *confirmation bias*), trägt hierbei auch noch die sog. Quellenverwechslung (z. B. Johnson et al., 1993) zur Aufrechterhaltung von Vorurteilen bei: Wenn wir nämlich über Angehörige stereotyper Gruppen nachdenken, dann entspricht unsere bildhafte Vorstellung von diesen dem zugehörigen Stereotyp. Auch solche vorgestellten, das Stereotyp bestätigenden Episoden können wir „erinnern". Allerdings können wir uns unter Umständen nicht mehr daran erinnern, dass wir uns diese Episode eben nur *vorgestellt* haben, sondern halten sie womöglich für ein real erlebtes Ereignis. Der Inhalt der Vorstellung dient dann ebenso (und entsprechend verzerrend) als Evidenz für das Stereotyp (sog. imaginale Bestätigung; Slusher & Anderson, 1987).

jemand die Vorfahrt. Sie können gerade noch rechtzeitig bremsen und so einen Unfall verhindern. Sie sind leicht geschockt und regen sich fürchterlich auf. In dem Moment sehen Sie, dass eine Frau am Steuer saß. Insbesondere, wenn Sie selbst ein Mann sind, aber durchaus auch als Frau könnte Ihnen jetzt leicht ein „Kein Wunder, Frau am Steuer!" entfahren. Es stimmt also: Frauen können einfach nicht Auto fahren, das Vorurteil wäre damit wieder einmal bestätigt. Ist das wirklich so? Bei all den anderen Gelegenheiten, in denen Ihnen Autofahrer*innen* gemäß der Verkehrsordnung die Vorfahrt gelassen hatten oder Ihnen ein männlicher Verkehrsteilnehmer die Vorfahrt genommen hatte, haben Sie vermutlich keine Gedanken gehabt, die dazu führen würden, das o. g. Vorurteil zu widerlegen wie „Ah, Frauen können ja richtig gut Auto fahren" oder „Männer sind schlechte Autofahrer". Viel eher sind Ihnen diese Ereignisse gar nicht aufgefallen bzw. Sie haben sie nicht mit der Theorie „Frauen können nicht Auto fahren" in Verbindung gebracht (vgl. Abb. 10.14). Das entspricht einer positiven Teststrategie: Bestätigende Informa-

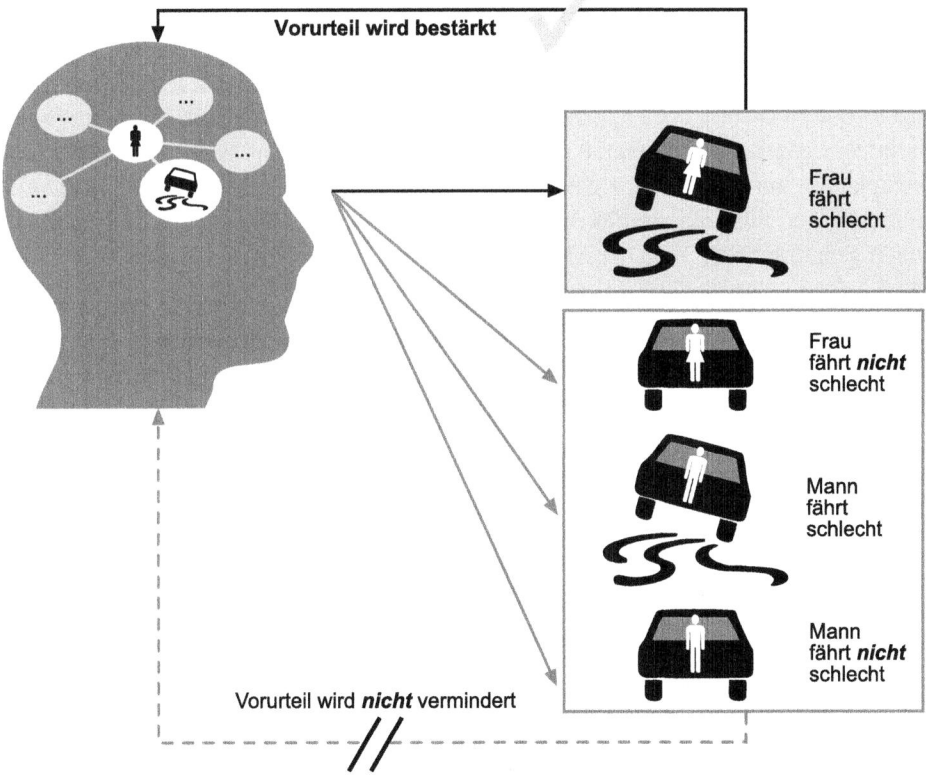

Abb. 10.14: Haben wir eine Theorie über eine Personengruppe im Kopf (z. B. „Frauen können nicht Auto fahren"), nehmen wir bevorzugt Informationen wahr, die dieser Theorie entsprechen. Dadurch wird unser Vorurteil immer wieder bestärkt. Der Theorie widersprechende Ereignisse bzw. Informationen („Frau fährt nicht schlecht", „Mann fährt schlecht" und „Mann fährt nicht schlecht") werden vernachlässigt bzw. nicht mit der Theorie in Verbindung gebracht und können damit auch nicht zur Vorurteilsreduktion beitragen.

tionen werden bevorzugt gesucht, obwohl widersprechende Informationen durchaus manchmal hilfreicher wären, um zu überprüfen, ob die Hypothese richtig ist (Klayman & Ha, 1987). Würde man gleichermaßen alle Fälle heranziehen, die dem Vorurteil, dass Frauen nicht Auto fahren können, widersprechen, würde sich dieses womöglich schnell entschärfen.

> Vorurteile werden aufrechterhalten, indem wir besonders leicht **illusorische Korrelationen** zwischen negativem Verhalten und Fremdgruppen annehmen und diese aufgrund des sog. *confirmation bias*, d. h. unserer Neigung zu positivem Hypothesentesten, immer wieder bestätigt werden.

10.4.2 Was nicht ins Schema passt, wird umsortiert/rekategorisiert – *Subtyping*

Wie wir eben gesehen haben, neigen wir zum einen dazu, Ereignisse, die unser Stereotyp widerlegen könnten, vergleichsweise wenig Beachtung zu schenken. In manchen Situationen sind solche Fälle jedoch kaum zu ignorieren, weil sie ebenfalls sehr auffällig sind. Dies ist beispielsweise der Fall, wenn Sie in einer angesehenen Klinik einem türkischen Chefarzt begegnen. Bei dieser Person handelt es sich um ein stereotyp*in*konsistentes Exemplar, da man Türken in Deutschland eher mit der Arbeiterklasse und weniger mit einflussreichen Führungspositionen in Verbindung bringt. Was passiert in diesem Fall? Ändert sich unser Stereotyp über Türken?

Subtyping

Für stereotypinkonsistente Exemplare wird eine Untergruppe (*subtype*) gebildet. Dies erlaubt die Integration des untypischen Exemplars und gleichzeitig die Aufrechterhaltung des ursprünglichen Stereotyps.

Solche vorurteils*in*konsistenten, d. h. dem eigenen Stereotyp widersprechenden, Informationen werden oft intensiv verarbeitet (Stangor & McMillan, 1992; Vonk, 1994; Werth et al., 2000) und es wird versucht, sie in das Stereotyp zu integrieren. Allerdings wird dabei meist nicht das Stereotyp bzw. Vorurteil geändert, sondern vielmehr sog. *subtyping* betrieben (Kunda & Oleson, 1995; Richards & Hewstone, 2001): Ein Chefarzt passt nicht zum Türkenstereotyp und entsprechend wird ein türkischer Chefarzt nicht der Kategorie „Türke", sondern vielmehr der Unterkategorie „Chefarzt (der zufällig Türke ist)" zugeordnet; durch diese Rekategorisierung wird der türkische Chefarzt nicht als ein türkenstereotyprelevantes Ereignis angesehen, was zur Folge hat, dass das Türken-Stereotyp noch homogener und weiter gefestigt wird. Vorurteile können auf diese Weise immer wieder bestätigt werden, obwohl wir dem Vorurteil widersprechenden Exemplaren begegnen.

Vorurteile werden aufrechterhalten, indem Exemplare, die nicht zum Stereotyp passen, durch sog. *subtyping* einer anderen Kategorie zugeordnet und damit nicht mehr mit der vorurteilsbehafteten Gruppe assoziiert werden.

10.4.3 Mit verzerrten Ursachenzuschreibungen Vorurteile rechtfertigen – Attributionale Verzerrungen

Für die Aufrechterhaltung von Vorurteilen spielt des Weiteren eine Rolle, ob wir annehmen, dass es in Ordnung bzw. legitim ist, ein Vorurteil gegenüber jemandem zu haben oder nicht. Diese Annahmen (für Beispiele vgl. Exkurs) basieren darauf, wie wir uns zum einen das Verhalten von Eigen- und Fremdgruppenmitgliedern erklären (vgl. ultimativer Attributionsfehler), aber zum anderen auch, worauf wir das, was anderen widerfährt, zurückführen (vgl. *blaming the victim*).

Ultimativer Attributionsfehler

In Kapitel 5 wurde bereits der sog. *fundamentale* Attributionsfehler beschrieben, der in unserer Neigung besteht, situationale Erklärungen für das Verhalten von anderen zu unterschätzen und stattdessen deren Persönlichkeit als ursächlich zu betrachten (Burger, 1991; Miller & Lawson, 1989; Ross, 1977).

Auch wenn wir das Verhalten von Eigen- versus Fremdgruppenmitgliedern erklären, spielen dabei situationale und dispositionale Erklärungen in unterschiedlichem Maße eine Rolle – allerdings zudem in Abhängigkeit davon, ob es sich um positives oder negatives Verhalten handelt. Wir neigen dazu, erwünschtes Verhalten unserer eigenen Gruppe stabilen, internalen Ursachen (z. B. unseren guten Charaktereigenschaften) zuzuschreiben, während wir positives Verhalten der Fremdgruppe auf externale und vorübergehende Ursachen zurückführen. Diese Tendenz wird **ultimativer Attributionsfehler** genannt (Pettigrew, 1979; siehe auch Hewstone et al., 1983). Auch negative Verhaltensweisen werden selbstwertdienlich attribuiert: Negative Handlungen der Eigengruppe werden als nach-

Exkurs: „Legitimität" von Vorurteilen

Vorurteile, die in der amerikanischen Gesellschaft als legitim („politisch korrekt") bzw. illegitim angesehen werden.

legitim	illegitim
Kinderschänder	Blinde/Taube
Männer, die ihre Frauen schlagen	geistig Behinderte
Terroristen	Hausfrauen
Rassisten	Landwirte
(amer.) Nazis	Krankenpfleger
Schwangere, die Alkohol trinken	Hundehalter

Basierend auf Daten von Crandall et al., 2002; Tab. nach Baron & Byrne, 2003, S. 235.

Ultimativer Attributionsfehler

bezeichnet eine selbstwertdienliche Attributionstendenz auf Gruppenebene.

- *Eigengruppe:* Positives Verhalten wird auf den guten Charakter, negatives Verhalten auf situationale Zwänge zurückgeführt.

- *Fremdgruppe:* Positives Verhalten wird als Produkt der Situation, negatives Verhalten als Zeichen für einen schlechten Charakter gewertet.

vollziehbare, notwendige Reaktionen auf schwierige, situative Gegebenheiten gesehen (z. B. um sich zu verteidigen oder für Prinzipien einzustehen). Hingegen wird die Ursache für negatives Verhalten der Fremdgruppe in deren Charakter gesehen (z. B. als Zeichen für deren Aggressivität, Intoleranz, Unmenschlichkeit oder Unsicherheit im Allgemeinen; zusammenfassend vgl. Tab. 10.2). Typischerweise wird dabei unterschätzt, wie häufig Angst die Handlungen der Fremdgruppe hervorruft (White, 1987).

		gezeigtes Verhalten ist ...	
		positiv	**negativ**
Verhalten wird gezeigt von ...	**Eigengruppe**	internal/dispositional „Wir sind gut."	external/situativ „Wir konnten in der Situation nicht anders."
	Fremdgruppe	external/situativ „Das war nur in der speziellen Situation, weil ..."	internal/dispositional „Die sind einfach schlecht."

Tab. 10.2: Der ultimative Attributionsfehler beschreibt selbstwertdienliche Attributionen auf Gruppenebene. In Abhängigkeit davon, ob positives oder negatives Verhalten und ob dieses von Eigen- oder Fremdgruppe gezeigt wird, werden unterschiedliche Ursachenzuschreibungen vorgenommen.

Vorurteile werden aufrechterhalten, indem negatives stereotypes Verhalten der vorurteilsbehafteten Gruppe auf deren (vermeintlich) schlechten Charakter zurückgeführt wird. Zusammen mit den übrigen Attributionstendenzen des **ultimativen Attributionsfehlers** führt dies dazu, dass Personen ihre Vorurteile als gerechtfertigt ansehen.

Dem Opfer die Schuld geben (*blaming the victim*)

Wir erklären jedoch nicht nur negatives Verhalten *von* Fremdgruppenmitgliedern mit Vorliebe internal, sondern auch negatives Verhalten *gegenüber* Fremdgruppenmitgliedern, d. h., wir neigen dazu, Opfern von Vorurteilen und Diskriminierung die Schuld für ihre Misere selbst in die Schuhe zu schieben. So werden beispielsweise Arme, Obdachlose und Vergewaltigungsopfer in einem Maße für ihr Unglück selbst verantwortlich gemacht, das durch die objektiven Tatsachen in keiner Weise gerechtfertigt werden kann. Wie kommt es dazu?

Dahinter steht das Bedürfnis, die Welt als geordnet, vorhersehbar und kontrollierbar wahrzunehmen, oder anders ausgedrückt „der Glaube an eine gerechte Welt" (Lerner, 1980). Wir wollen glauben, dass letztendlich „jeder bekommt,

Dem Opfer die Schuld geben (*blaming the victim*)

- Tendenz, einer Person für das, was ihr widerfährt, zumindest eine Teilschuld zu geben, indem die unglücklichen Umstände auf deren Charakter oder „falsches" Verhalten zurückgeführt werden.

- Typischerweise steht dahinter das Bedürfnis, die Welt als gerecht zu sehen, d. h. als eine Welt, in der jedem das geschieht, was er „verdient".

was er verdient" bzw. „jeder verdient hat, was er bekommt". Personen mit einem ausgeprägten Glauben an eine gerechte Welt zeigen entsprechend auch negativere Einstellungen bzw. stärkere Vorurteile gegenüber Armen, Obdachlosen und Verlierern als Personen, die das Weltgeschehen für weniger gerecht halten (Furnham & Gunter, 1984; Rubin & Peplau, 1973).

Vor allem wenn Personen mit einem Ereignisausgang konfrontiert werden, der schwer zu erklären ist (z. B. wenn ein offensichtlich Unschuldiger Opfer einer sinnlosen Gewalttat wird), neigen sie dazu, dem Opfer die Schuld zu geben (Lerner, 1980). Gerade solche Situationen führen uns nämlich vor Augen, dass niemand unverletzlich ist und es möglicherweise auch uns selbst treffen könnte. Um diese beängstigenden Gedanken zu vertreiben, beruhigen wir uns damit, dass das *uns* eben *nicht* passiert wäre, denn *wir* hätten *anders*, beispielsweise vorsichtiger, gehandelt als der Betroffene (Jones & Aronson, 1973). Folglich „müssen" die Betroffenen (zumindest in Teilen) selbst schuld an dem Unglück sein, denn sie hätten ja auch anders handeln können.

Vergewaltigungsmythen

„Überzeugungen über Vergewaltigung (d. h. über Ursachen, Kontext, Folgen, Täter, Opfer und deren Interaktion), die dazu dienen, sexuelle Gewalt von Männern gegen Frauen zu leugnen, zu verharmlosen oder zu rechtfertigen" (Bohner, 1998, S. 14).

Exkurs: Vergewaltigungsmythos und Vergewaltigungsneigung

Vergewaltigungen und deren Folgen werden von Personen mit einem traditionellen Rollenverständnis eher heruntergespielt (Ben-David & Schneider, 2005). So waren bei diesen (hier: Studenten, die einer Verbindung angehörten) zum einen mehr und vor allem stärker erniedrigende Bilder von Frauen (z. B. in Form von Postern und Bildschirmschonern) sowie eine stärkere Akzeptanz des Vergewaltigungsmythos zu finden (Bleecker & Murnen, 2005).

Die Akzeptanz des Mythos ist von praktischer Relevanz, denn je stärker Männer den Vergewaltigungsmythos als wahr akzeptieren, desto stärker ausgeprägt ist auch ihre eigene Vergewaltigungsneigung (z. B. Bohner et al., 2005, 2006).

In Übereinstimmung damit vertraten einer Umfrage in England (1982) zufolge 33 % der Befragten die Meinung, dass Opfer von Vergewaltigungen gewöhnlich in irgendeiner Weise selbst schuld seien (Wagstaff, 1982). Sowohl Männer als auch Frauen können auf diese Weise negative Gefühle vermeiden, die sich aus der Erkenntnis ergeben würden, dass wir in einer Welt leben, in der relativ häufig Frauen der verschiedensten Schichten und Altersgruppen vergewaltigt werden (Bohner, 1998). Dieses als Vergewaltigungs*mythos* bezeichnete Phänomen hat vielfältige Forschung nach sich gezogen (Bohner et al., 2005, 2006; Burt, 1980; Feild, 1978; Gerger et al. (im Druck); Krahé, 1991; Lonsway & Fitzgerald, 1995; für einen Überblick siehe Lonsway & Fitzgerald, 1994; vgl. Beispielstudie).[9]

---

[9] Viele Annahmen des Vergewaltigungsmythos wie beispielsweise, dass Frauen einen „unbewussten" Wunsch hätten, vergewaltigt zu werden (Payne et al., 1999), oder selbst dafür verantwortlich seien, ihrer Vergewaltigung vorzubeugen (Costin, 1985), lassen sich nur sehr schwer auf ihren Wahrheitsgehalt überprüfen oder aus logischen Gründen überhaupt nicht widerlegen (Bohner, 1998). Dies bedeutet jedoch noch lange nicht, dass sie in irgendeiner Form zutreffen.

Beispielstudie zu attributionalen Verzerrungen
Nach einem tragischen Ereignisausgang wird das Verhalten des Opfers als unangemessen beurteilt.

Die Teilnehmer von Janoff-Bulman und Kollegen (1985, Exp. 2) lasen zunächst eine ausführliche Beschreibung über die Interaktion eines Mannes und einer Frau. Demnach hatten diese sich auf dem College kennen gelernt und waren daraufhin miteinander ausgegangen. Diese Beschreibung war für alle Teilnehmer identisch – bis auf den abschließenden Satz: Für die eine Hälfte der Teilnehmer lautete dieser „Dann brachte er mich nach Hause", für die andere Hälfte „Dann vergewaltigte er mich".

Im Anschluss sollten die Teilnehmer beurteilen, inwieweit das in dem Szenario beschriebene Verhalten der Frau angemessen gewesen war. Dazu sollten sie angeben, inwieweit sie Aussagen wie „Sie hätte ihm nicht erlauben sollen, sie zu küssen" oder „Sie hätte darauf bestehen sollen, dass er sie nach Hause bringt, sobald ihr klar wurde, dass sonst niemand zu dem ‚Picknick' kommen würde" zustimmten.

Je nachdem, wie der letzte Satz des Szenarios gelautet hatte, wurden die Handlungen der Frau sehr unterschiedlich bewertet: Teilnehmer, deren Szenario mit einer Vergewaltigung geendet hatte, waren viel stärker der Meinung, dass das beschriebene Verhalten der Frau unangemessen gewesen war und sie anders hätte handeln sollen, als Teilnehmer, bei denen die Beschreibung harmlos geendet hatte.

Diese Untersuchung zeigt, dass wir ein und dasselbe Verhalten einer Person je nach Ereignisausgang sehr unterschiedlich bewerten und bei negativem Ausgang dazu neigen, dem Opfer unangemessenes Verhalten – und damit zumindest eine Mitschuld an der Misere – zu unterstellen.

Vorurteile werden aufrechterhalten, indem Fremdgruppen für die negativen Ereignisse, die ihnen widerfahren, zumindest eine Teilschuld zugeschoben wird (***blaming the victim***). Dies impliziert auch, dass die Opfer ihre Situation aus eigener Kraft hätten ändern können, wenn sie nur gewollt hätten. Da sie das nicht getan haben, sind sie nach dieser Logik selbst schuld an ihrer Misere und unsere Vorurteile gerechtfertigt.

10.4.4 Sich selbst erfüllende Erwartungen

Vorurteile können dazu führen, dass sich Menschen, die vorurteilsbehafteten Gruppen angehören, tatsächlich so verhalten, als würden die Vorurteile stimmen. Beispielsweise schneiden Frauen bei Mathematiktests tatsächlich häufig schlechter ab als ihre männlichen Kollegen. Damit werden die Vorurteile anscheinend als richtig bestätigt. Allerdings spielen hier in Wirklichkeit zwei andere Prozesse als die tatsächlichen mathematischen Fähigkeiten von Frauen eine Rolle: Zum einen wird das Verhalten indirekt über sog. **sich selbst erfüllende Prophezeiungen** (*self-fulfilling prophecies*), zum anderen direkt durch ***stereotype threat*** (Bedrohung durch Stereotype) beeinflusst.

Sich selbst erfüllende Prophezeiung (*self-fulfilling prophecy*)

Aufgrund unserer Vorurteile oder Vorinformationen über jemanden haben wir bestimmte Erwartungen an das Verhalten dieser Person („Mädchen tun sich in Mathematik schwerer als Jungen"). Diese Erwartungen wiederum verändern zum einen unsere Wahrnehmung – sie wird selektiv – und zum anderen unser Verhalten den betreffenden Personen gegenüber, was wiederum entscheidende Auswirkungen auf *deren* Verhalten haben kann.

Im Extremfall kann dies eine sog. „sich selbst erfüllende Prophezeiung" bewirken (Merton, 1948; für einen Überblick siehe Darley & Fazio, 1980; Jussim, 1986; Miller & Turnbull, 1986; Snyder, 1984), d. h., unsere Erwartungen bestimmen unser Verhalten derart, dass unser Interaktionspartner darauf in einer Art und Weise reagiert, die unsere Annahmen bestätigen. Auf diese Weise „bekommt man letztendlich, was man erwartet hat".

Im positiven Sinne kann dies bedeuten, dass Personen, deren Lehrer, Ausbilder oder Führungskräfte großes Vertrauen in ihre Leistungsfähigkeit haben, diese eher entwickeln. Im negativen Fall heißt es hingegen, dass ohne Leistungsvertrauen auch geringere Leistungen ausgebildet werden (vgl. Abb. 10.15). Gerade im Schulbereich scheinen jedoch vor allem die negativen Erwartungen einen leistungsvermindernden Einfluss auf die Schüler zu haben (z. B. Madon et al., 1997). Sogar die Erwartungen von Lehrern bezüglich ganzer Klassen („gute" versus „schlechte" Klasse) wirken sich über das Schuljahr aus: Auch wenn die Klassen sich zu Beginn des Schuljahres nicht in ihren Leistungen unterschieden, so taten sie es doch am Ende des Schuljahres. Schüler der Klasse, an die die Lehrer zu Beginn des Jahres niedrigere Erwartungen hatten („schlechte" Klasse), zeigten tatsächlich geringere Leistungen und zudem auch ein niedrigeres Selbstbewusstsein (Rubie-Davies, 2006).

Unzählige Studien sind inzwischen zur Wirkung von Erwartungen im Sinne von „sich selbst erfüllenden Prophezeiungen" durchgeführt worden, mehr als ein Viertel davon bezogen sich im Speziellen auf die Erwartungen von Lehrern (Brophy, 1983; Jussim, 1986; Rosenthal, 1987). Bereits aus einem zehn Sekunden langen, zufällig gewählten Videomitschnitt einer Unterrichtssituation konnten sowohl Kinder als auch Erwachsene eindeutig beurteilen, ob ein Lehrer annahm, ein begabtes oder unbegabtes Kind vor sich zu haben (Babad et al., 1991; vgl. Beispielstudien).

> **Sich selbst erfüllende Prophezeiung**
>
> Die Erwartungen an das Verhalten einer Person werden Realität, indem sie ein Verhalten *hervorrufen*, welches sie bestätigt.

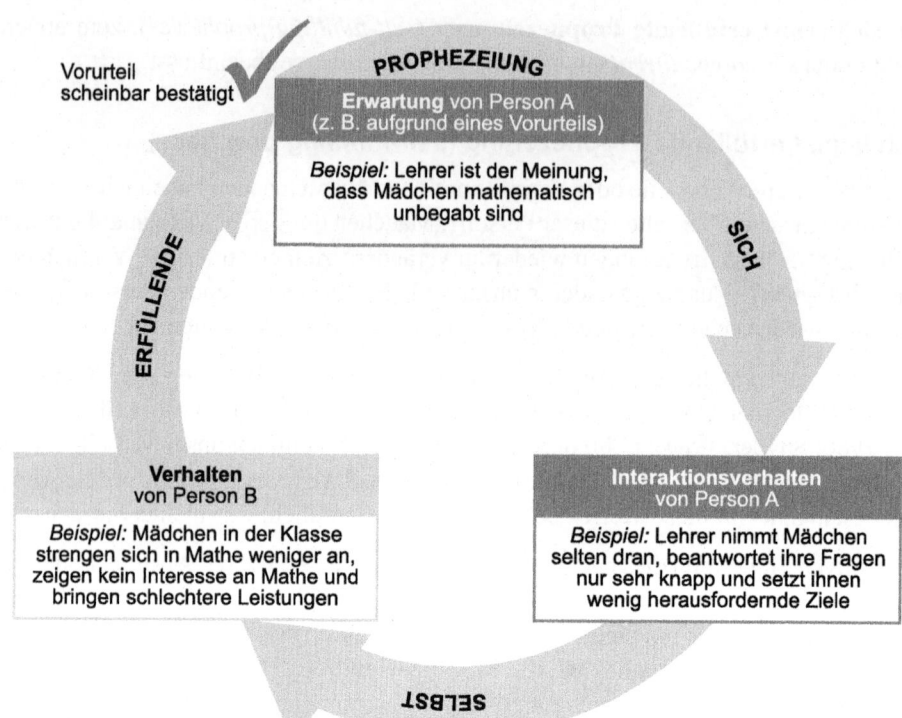

Abb. 10.15: „Sich selbst erfüllende Prophezeiung": Die Erwartungen einer Person A beeinflussen deren Interaktionsverhalten und führen darüber beim Gegenüber (Person B) zu entsprechendem Verhalten, wodurch die eigenen Erwartungen bestätigt werden.

Beispielstudie zur „sich selbst erfüllenden Prophezeiung"
Die Leistungserwartungen von Lehrern beeinflussen die Schülerleistung.

Rosenthal und Jacobson (1968) führten eine Studie mit Lehrern durch. Den Lehrern wurde gesagt, dass einige ihrer Schüler im kommenden Jahr akademisch aufblühen würden (tatsächlich aber waren diese Schüler zufällig bestimmt worden). Zu Beginn und acht Monate später durchgeführte Intelligenz- und Leistungstests wiesen nach, dass diese zufällig bestimmten Schüler sich in ihren Leistungen tatsächlich mehr verbessert hatten als andere Schüler. Nachfolgende Studien belegten, dass sich sowohl das allgemeine als auch das nonverbale Verhalten der Lehrer gemäß ihren Erwartungen unterschieden. Gegenüber den vermeintlich begabten Schülern hielten sie mehr Blickkontakt, lächelten und nickten häufiger. Darüber hinaus nahmen sie sie häufiger dran, gaben ihnen mehr Zeit zum Antworten und setzten ihnen höhere Ziele (Cooper, 1983; Harris & Rosenthal, 1986; Jussim, 1989).

Durch diese bevorzugte Behandlung erhielten die angeblich zukunftsträchtigen Schüler den notwendigen Rahmen, um tatsächlich bessere Leistungen zu zeigen und damit die in sie gesetzten Erwartungen zu erfüllen.

Beispielstudie zur „sich selbst erfüllenden Prophezeiung"
Die eigenen Vorurteile gegenüber einem Bewerber wirken „sich selbst erfüllend".

Word und Kollegen (1974) führten eine Studie zu Bewerbungssituationen durch. Aufgabe der Teilnehmer war es, mehrere Bewerbungsgespräche zu führen und den geeignetsten Kandidaten auszuwählen. Die Bewerber waren Vertraute der Autoren, die darauf trainiert waren, sich standardisiert, d. h. stets gleich zu verhalten.

Die Analysen der Gespräche ergaben, dass Interviews mit farbigen Bewerbern mehr als 35 % kürzer dauerten, die Interviewer mehr als 50 % mehr Versprecher (Stottern, Wortwiederholungen u. Ä. als Maß für das Unwohlsein) machten und sich selbst um 7 % weiter entfernt setzten als im Falle weißer Bewerber.

Während in o. g. Studie das Verhalten des Bewerbers konstant gehalten war, um ausschließlich das der Interviewer zu untersuchen, wurde in einer Folgestudie das Verhalten der Interviewer standardisiert, um die Reaktionen der Bewerber zu analysieren. Die Interviewer verhielten sich nun so wie die Teilnehmer der o. g. Studie – sie verhielten sich entweder so diskriminierend wie zuvor gegenüber einem farbigen Bewerber (setzten sich weiter weg, machten mehr Sprachfehler, beendeten das Interview eher) oder so normal wie gegenüber weißen Bewerbern. Die Analysen des Bewerberverhaltens ergaben, dass Bewerber, die diskriminierend behandelt wurden, sich deutlich schlechter verkauften als freundlich behandelte Bewerber. Dies ist ein Beispiel dafür, wie sich rassistische Vorannahmen auf die Leistung eines Gegenübers auswirken können.

Doch nicht nur hierarchisch Höhergestellte (Lehrer, Führungskräfte), sondern auch Schüler oder Mitarbeiter haben im gleichen Sinne Einfluss auf das Verhalten ihrer Übergeordneten (Feldman & Prohaska, 1979; Feldman & Theiss, 1982).

Die Gefahr sich selbst erfüllender Prophezeiungen ist nicht für alle Personen gleichermaßen gegeben:

- Wer sich seiner Ansichten über die eigene Person sehr sicher ist, unterliegt dem Einfluss der Erwartungen weniger als jemand, der unsicherer ist (Swann & Ely, 1984).

- Wer um die Erwartungen des anderen weiß, kann ihnen auch gezielt entgegenwirken und widersprechendes Verhalten zeigen (Hilton & Darley, 1985).

- Schließlich sind sich selbst erfüllende Prophezeiungen schwächer, wenn man nicht bestrebt ist, vom anderen auf alle Fälle akzeptiert zu werden. Im anderen Fall, d. h. wenn Personen unbedingt Akzeptanz erreichen wollen, verhalten sie sich nämlich zumeist möglichst unauffällig und versuchen so, den Erwartungen des anderen zu entsprechen (Snyder & Haugen, 1995).

> Vorurteile werden aufrechterhalten, indem vorurteilsbehafteten Fremdgruppenmitgliedern gegenüber ein Verhalten gezeigt wird, das letztendlich dazu führt, dass diese sich tatsächlich so verhalten, als würde das Vorurteil stimmen. Das Vorurteil wird über den Mechanismus der **sich selbst erfüllenden Prophezeiung** scheinbar bestätigt.

Stereotype threat (Bedrohung durch Stereotype)

Vorurteile und Stereotype sind natürlich nicht nur denjenigen bekannt, die sie *haben*, sondern auch denjenigen, die davon *betroffen* sind. Sie sind sich dieser Stereotype unter Umständen sogar stärker bewusst als Nichtbetroffene (vgl. Exkurs). Es hat sich gezeigt, dass Vorurteile und Stereotype das Verhalten der Betroffenen nicht nur über den Umweg „sich selbst erfüllender Prophezeiungen" beeinflussen können, sondern auch direkt über die Besorgnis von Personen, dass ihr Verhalten ein kulturelles Stereotyp bestätigen könnte.

So kann die Aussage, dass Frauen wenig mit Mathematik anfangen können, dazu führen, dass diese in Prüfungssituationen tatsächlich schlechtere Leistungen erbringen als Männer. Männer lassen sich in anderen Bereichen vergleichbar beeinflussen, beispielsweise wenn es um so etwas wie Einfühlungsvermögen (*social sensibility*; Koenig & Eagly, 2005) geht, worin Frauen angeblich besser sind bzw. besser abschneiden. Für ältere Menschen gilt Ähnliches in Gedächtnisaufgaben: Sie erzielen hier unter anderem aufgrund der Bedrohung durch das sog. Altenstereotyp und nicht nur aufgrund ihres Alters schlechtere Ergebnisse als jüngere Personen (Chasteen et al., 2005; Desrichard & Köpetz, 2005).

Sind negative Stereotype in einer Leistungssituation aktiviert, die für das Selbstbild der Betroffenen[10] relevant ist, wirken diese als Bedrohung, was zu Stress und in der Folge häufig zu verminderten, dem Stereotyp entsprechenden Leistungen führt (*stereotype threat*; Steele, 1997). Die Leistungsverschlechterung tritt insbesondere dann auf, wenn Personen annehmen, dass eine

---

Stereotype threat (Bedrohung durch Stereotype)

Die Befürchtung einer Person, dass sie durch ihr Verhalten ein negatives Stereotyp bestätigen bzw. im Sinne dieses negativen Stereotyps bewertet werden könnte.

Exkurs: Stereotypenkenntnis

In einer Untersuchung von McKown und Weinstein (2003) zeigte sich, dass sich Kinder, die akademisch stigmatisierten Ethnien angehören (Schwarze und Lateinamerikaner), stärker über die allgemein verbreiteten Stereotype anderer Menschen bewusst waren als ihre Altersgenossen, die zu akademisch nicht stigmatisierten Ethnien gehören (Weiße und Asiaten).

---

[10] Effekte von *stereotype threat* treten nicht nur aufgrund tatsächlich bestehender Vorurteile bzw. Stereotype über die Gruppe, der man angehört, auf, sondern auch, wenn man – unabhängig von irgendwelchen Gruppenzugehörigkeiten – auf einem Gebiet, das in der Aufgabe geprüft wird, keine Erfahrung besitzt (z. B. Huguet et al., 2001).

Aufgabe für die stereotyprelevanten Fähigkeiten diagnostisch ist, nicht aber, wenn sie die gleiche Aufgabe für eine reine Problemlöseaufgabe halten (Johns et al., 2005; Steele & Aronson, 1995; vgl. Beispielstudie). Bedrohung durch Stereotype und ihre Auswirkungen konnten in einer Vielzahl von Bereichen gezeigt werden (z. B. Aronson, Lustina et al., 1999; Cadinu et al., 2003, 2005, 2006; Croizet & Claire, 1998; Inzlicht & Ben-Zeev, 2000; Levy, 1996; Shih et al., 1999; Spencer et al., 1999; Stangor et al., 1998; Stone et al., 1999; Yopyk & Prentice, 2005). Selbst die Besorgnis, ein *anderes* Mitglied der Eigengruppe könnte ein negatives Stereotyp erfüllen, kann die beschriebenen leistungsverschlechternden Effekte bewirken (sog. *collective threat*; Cohen & Garcia, 2005).

Beispielstudie zur Bedrohung durch Stereotype (stereotype threat)
Diagnostische Aufgaben führen zu schlechteren Leistungen.

In einer Studie von Steele und Aronson (1995, Exp. 1) bearbeiteten weiße und schwarze Studenten einen Test zu verbalen Fähigkeiten, der entweder als Problemlöseaufgabe oder aber als diagnostischer Test für die intellektuellen Fähigkeiten beschrieben wurde.

Schwarze Studenten, die annahmen, dass es sich um einen Intelligenztest handelte, zeigten deutlich schlechtere Leistungen als (a) ihre weißen Kollegen unter gleichen Bedingungen sowie als (b) schwarze Studenten, die den Test für eine Problemlöseaufgabe hielten.

Die Autoren konnten in einer weiteren Studie (Exp. 3) zeigen, dass durch die Bezeichnung des Tests als „diagnostisch für die intellektuellen Fähigkeiten" bei den schwarzen Teilnehmern das sog. Schwarzenstereotyp aktiviert wurde, das unter anderem die negative Assoziation beinhaltet, dass Schwarze geringere intellektuelle Fähigkeiten hätten als Weiße.

Diese Studie zeigt, dass Aufgaben, die für stereotype Leistungsbereiche als aussagekräftig wahrgenommen werden, das entsprechende Stereotyp aktivieren und die Leistung in Richtung der stereotypen Annahmen beeinflussen können.

Wie Stereotype im Allgemeinen (vgl. Abschnitt 10.2.1) können auch „Selbst-"Stereotype sehr leicht aktiviert werden. Bereits das Bearbeiten eines Mathematiktests in Anwesenheit männlicher Teilnehmer kann dazu führen, dass weibliche Teilnehmerinnen eine schlechtere Leistung zeigen als in Anwesenheit ausschließlich weiblicher Teilnehmer (Inzlicht & Ben-Zeev, 2000). Auch ein Nebenkommentar oder eine Information wie beispielsweise, dass es in diesem Test in der Vergangenheit Geschlechtsunterschiede gegeben habe, können bereits solche Leistungsverschlechterungen hervorrufen (Spencer et al., 1999). Gleiches gilt, wenn zu Beginn einer stereotyprelevanten Aufgabe Geschlecht oder Rasse angegeben werden sollen (Steele & Aronson, 1995; vgl. Abb. 10.16).

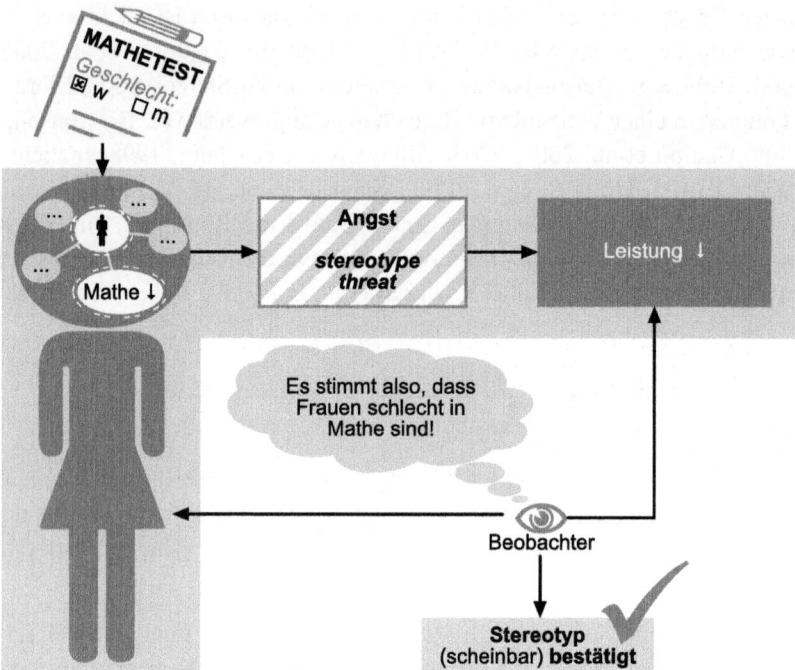

Abb. 10.16: Aktivierung eines Selbststereotyps (z. B. durch Angabe des Geschlechts in einem Mathetest) kann über *stereotype threat* bzw. die dadurch ausgelöste Angst/Besorgnis zu schlechteren Leistungen führen. Das Vorurteil eines Beobachters wird somit scheinbar bestätigt.

Worüber wird diese Leistungsverschlechterung aber vermittelt? Die Besorgnis, dass man das Stereotyp durch das eigene Verhalten möglicherweise bestätigen könnte und/oder dass die Beurteiler der eigenen Leistung durch das Stereotyp beeinflusst sein könnten, ist hier bedeutsam (z. B. Steele, 1997). Diese Bedrohung hat verschiedene Effekte, die sich wiederum auf die Leistung auswirken:

- **Angst und negatives Denken**
  Unter anderem wird angenommen, dass die Bedrohung durch Stereotype Angst hervorruft und diese sich wiederum negativ auf die Leistung auswirkt (z. B. Osborne, 2001). Auch wenn durch Stereotype bedrohte Personen nicht unbedingt mehr Angst *berichten* (z. B. Aronson et al., 1999; Brown et al., 2000; Oswald & Harvey, 2000; Schmader, 2002; Steele & Aronson, 1995), so zeigt sie sich doch auf nonverbaler Ebene (Bosson et al., 2004; vgl. Beispielstudie). Leistungsbeeinträchtigend wirken dabei vor allem störende negative Gedanken, die kognitive Kapazität von der Aufgabenbearbeitung abziehen (z. B. Deffenbacher, 1980; Tyron, 1980). Unter *stereotype threat* zeigten Frauen während eines Mathetests tatsächlich vermehrt negative Gedanken (z. B. „Ich bin nicht gut in Mathe", „Die Übungen sind für mich zu schwer" oder „Ich habe Mathe schon immer gehasst") als wenn keine Bedrohung durch Stereotype

bestand. Die negativen Gedanken waren mit einem starken Leistungsabfall verbunden (Cadinu et al., 2005).

Beispielstudie zur Bedrohung durch Stereotype (stereotype threat)
Bedrohung durch Stereotype bewirkt nonverbale Zeichen von Angst und schlechtere Leistung.

Bosson und Kollegen (2004) arbeiteten in ihrer Studie mit dem Schwulenstereotyp, das unter anderem beinhaltet, dass homosexuelle im Vergleich zu heterosexuellen Männern gefährlicher für Kinder seien, da Homosexualität von vielen Menschen fälschlicherweise mit Pädophilie verknüpft wird (Herek, 2002).

Im Rahmen ihrer Studie informierten die Forscher ihre (männlichen) Teilnehmer, dass diese an einer Studie zur Interaktion von College-Studenten mit Kindern teilnehmen würden. Jeder Teilnehmer füllte zunächst einen Fragebogen aus, auf dem neben anderen demografischen Daten bei der Hälfte der Teilnehmer auch die sexuelle Orientierung abgefragt wurde (*stereotype threat*-Bedingung). Der Versuchsleiter nahm den ausgefüllten Fragebogen entgegen, warf einen kurzen Blick darauf und erklärte dem Teilnehmer dann die Interaktionsaufgabe: Der Teilnehmer sollte in ein Spielzimmer gehen, in dem sich etwa 20 Vorschulkinder im Alter von vier bis sechs Jahren aufhielten. Aufgabe des Teilnehmers war es, mit den Kindern in Kontakt zu kommen und sich an einer ihrer Aktivitäten zu beteiligen. Ihm wurde außerdem mitgeteilt, dass die fünfminütige Interaktion durch eine Einwegscheibe auf Video aufgezeichnet würde.

In der Auswertung der Videobänder zeigten homosexuelle Männer unter *stereotype threat* deutlich stärkere nonverbale Anzeichen von Angst (z. B. Herumzappeln, Auf-der-Lippe-Herumkauen, nervöses Lächeln oder Nägelkauen) und stellten sich im Umgang mit den Kindern zudem ungeschickter an als Homosexuelle, die zuvor ihre sexuelle Orientierung *nicht* hatten angeben müssen (kein *stereotype threat*). Bei heterosexuellen Männern zeigten sich keine solchen Effekte[11] in Abhängigkeit davon, ob sie ihre sexuelle Orientierung hatten angeben müssen oder nicht.

Diese Studie zeigt, dass *stereotype threat* zu vermehrten Anzeichen nonverbaler Angst und schlechterer Leistung führt.

* **Erregung**
  Bedrohung durch Stereotype erhöht zudem das Erregungslevel der betroffenen Personen, welches sich bei einfachen Aufgaben positiv, bei schweren Aufgaben negativ auf die Leistung auswirken kann (z. B. Ben-Zeev et al., 2005; O'Brien & Crandall,

---

[11] Heterosexuelle Männer zeigten tendenziell etwas weniger nonverbale Anzeichen von Angst, wenn sie ihre sexuelle Orientierung hatten angeben müssen, im Umgang mit den Kindern zeigte sich kein Unterschied in Abhängigkeit der Bedingungen.

2003; vgl. auch Abschnitt 8.1). Frauen unter *stereotype threat* zeigten in einer Studie von Ben-Zeev und Kollegen (2005) bei leichten Aufgaben eine bessere, bei schwierigen, stereotyprelevanten Aufgaben jedoch eine schlechtere Leistung als Frauen, die nicht durch Stereotype bedroht waren. Die Erregung hatte vor allem dann Einfluss, wenn die Frauen diese auch auf die Bedrohung zurückführten und diese nicht auf eine andere, harmlose Quelle (z. B. Lärm) missattribuierten.

- **Herangehensweise**
  Stereotype threat kann sich zudem auf die Art, wie an eine Aufgabe herangegangen wird, auswirken. So induzieren negative Stereotype bei den Betroffenen einen sog. Vermeidungsfokus, während positive Stereotype einen sog. Annäherungsfokus bewirken. Der Vermeidungsfokus ist mit höherer Genauigkeit und stärker analytischer Bearbeitung verknüpft, Personen im Annäherungsfokus arbeiten dagegen schneller und sind kreativer (Seibt & Förster, 2004). Demzufolge tritt eine Leistungsverschlechterung im Sinne einer Stereotypenbedrohung nicht generell, sondern nur aufgabenspezifisch auf.

> Vorurteile werden aufrechterhalten, indem sich die Besorgnis der Betroffenen, ein negatives Stereotyp zu erfüllen (*stereotype threat*), negativ auf ihre Leistungen in diesem Bereich auswirkt. Dies führt dazu, dass ihr Verhalten dem Stereotyp entspricht und das Vorurteil somit scheinbar bestätigt wird.

Stereotype threat trägt zum einen zur Aufrechterhaltung von Vorurteilen bei, zum anderen hat es aber auch bedeutsame negative Auswirkungen für die Betroffenen. Die Forschung versucht entsprechend, Wege zu finden, um die Auswirkungen von Bedrohungen durch Stereotype zu vermindern. Im Folgenden seien beispielhaft einige Ansätze beschrieben:

- **Wissen über *stereotype threat***
  Bei Teilnehmern, die über mögliche negative Auswirkungen von *stereotype threat* auf die Mathematikleistung von Frauen informiert wurden, zeigten sich unter *stereotype threat*-Bedingungen nicht die üblichen Leistungsverschlechterungen (Johns et al., 2005). Wissen über *stereotype threat* kann demnach die normalerweise beobachteten Auswirkungen vermindern oder sogar eliminieren.

- **Informationen über erfolgreiche Eigengruppenmitglieder**
  Evidenz, die dem negativen Stereotyp widerspricht, d. h. Informationen, dass Eigengruppenmitglieder in der relevanten Aufgabe erfolgreich sein können (z. B. Zeitungsberichte, dass Frauen allgemein gut in Mathematik sind, bzw. über eine Frau, die in Mathematik sehr erfolgreich war), verhindert unter *stereotype threat*-Bedingungen die normalerweise beobachteten Leistungsverschlechterungen (Marx & Roman, 2002; Marx et al., 2005; McIntyre et al., 2003).

- **Selbstbestärkung**
  Stereotype threat tritt nur auf, wenn der Leistungsbereich für die Person bedeutsam ist,

d. h. wenn schlechte Leistungen auf diesem Gebiet ihr Selbstbild negativ beeinflussen würden (z. B. Stone et al., 1999). Die Bedrohung des Selbstbilds kann abgemildert werden, indem andere, selbstrelevante Bereiche ins Gedächtnis gerufen werden. Frauen, die sich vor einem Mathematiktest mit einer anderen, für sie persönlich bedeutsamen Charakteristik (wie z. B. Sinn für Humor, Kreativität, physische Attraktivität, soziale Kompetenz, Familien- und Freundschaftsbeziehungen) beschäftigt hatten, zeigten unter *stereotype threat*-Bedingungen keine Leistungsverschlechterung (Martens et al., 2006). Ähnliche Effekte zeigte die grafische Darstellung des eigenen Selbst mit möglichst vielen relevanten Bestandteilen (wie z. B. Schule, Hobbys, Familie, Freunde; Gresky et al., 2005) oder ein zuvor verabreichter Fragebogen zu Lieblingsgericht, -film, -buch und weiteren speziellen Interessen und Hobbys (Individuation; Ambady et al., 2004).

- **Verwischen von Gruppengrenzen**
  Die Suche nach *Gemeinsamkeiten* zwischen Eigen- und Fremdgruppe hat sich als wirksam in der Reduktion der Eigen- und Fremdgruppendifferenzierung gezeigt (z. B. Crisp & Beck, 2005). Rosenthal und Crisp (2006, Exp. 3) ließen Frauen vor einem Mathematiktest Gemeinsamkeiten zwischen Männern und Frauen auflisten und fanden in der Folge keine Leistungsverschlechterungen aufgrund von *stereotype threat*. Diese Intervention scheint zu verhindern, dass *stereotype threat* überhaupt entsteht, denn sie erwies sich nur dann als wirksam, wenn sie *vor* der *stereotype threat*-Manipulation (in diesem Fall vor der Mitteilung, das Ziel der Studie sei, die Ergebnisse von Männern und Frauen zu vergleichen und etwaige Unterschiede zwischen den Gruppen festzustellen) stattfand.

10.4.5 Zusammenfassung

Eine Vielzahl an psychologischen Mechanismen tragen dazu bei, dass Vorurteile sich so hartnäckig halten und scheinbar immer wieder als richtig bestätigt werden. Unsere Neigung, stereotypkonsistente Zusammenhänge zu sehen, wo tatsächlich gar keine bestehen (illusorische Korrelation), sowie die Tendenz, bevorzugt die Informationen zu suchen bzw. wahrzunehmen, die unsere Annahmen bestätigen (*confirmation bias*), spielen hierbei eine wichtige Rolle. Des Weiteren bilden wir für Fremdgruppenangehörige, die dem Stereotyp offensichtlich widersprechen, einfach eine Unterkategorie (*subtyping*), wodurch das ursprüngliche Stereotyp erhalten bleibt und tendenziell sogar noch extremer wird. Die Verzerrung, positives Verhalten der Eigengruppe deren gutem Charakter, negatives Verhalten dagegen den ungünstigen äußeren Umständen zuzuschreiben und bei Fremdgruppen genau umgekehrt vorzugehen (*ultimativer Attributionsfehler*), bestätigt scheinbar immer wieder, dass unsere Vorurteile berechtigt sind. Auch das Bedürfnis, die Welt als gerecht und kontrollierbar zu sehen, trägt zur scheinbaren Legitimierung von Vorurteilen bei: Soll die Welt gerecht sein, dann *muss* „jeder bekommen, was er verdient" und dieser Logik folgend wird den Betroffenen fälschlicherweise die Schuld an ihrem Unglück selbst zugeschrieben (*blaming the victim*). Nicht zuletzt werden unsere Vorurteile immer wieder dadurch bestätigt, dass sich die Betroffenen tatsächlich stereotypkonsistent verhalten. Allerdings rührt dies häufig nicht aus deren Fähigkeiten und Eigenschaften, sondern resultiert zum einen aus dem vorurteilsbehafteten Verhalten, das ihnen entgegengebracht wird (*sich selbst erfüllende Prophezeiung*), und zum anderen aus der Besorgnis der Betroffenen, einem negativen kulturellen Stereotyp möglicherweise zu entsprechen (*stereotype threat*).

10.5 Zusammenfassung

In diesem Kapitel haben wir uns mit dem wichtigen Thema „Vorurteile" beschäftigt. Vorurteile bezeichnen – meist negative – Einstellungen gegenüber Personen allein aufgrund ihrer Zugehörigkeit zu einer Fremdgruppe und betreffen insbesondere Gruppen, die leicht erkennbar sind. Entsprechend sind Vorurteile und Diskriminierung aufgrund der Rasse (*Rassismus*), des Geschlechts (*Sexismus*), des Alters (*ageism*) oder physischer Erscheinung (*appearance prejudice*) weit verbreitet. Auch wenn sich der Ausdruck von Vorurteilen teils geändert hat, bestehen sie nichtsdestotrotz fort und haben Einfluss auf Informationsverarbeitung und Verhalten.

Ob und in welchem Ausmaß Vorurteile zur Anwendung kommen, hängt zum einen von der Aktivierung der kognitiven Komponente ab (Stereotyp*aktivierung*): Ist ein Stereotyp aktiviert, kann dies auch bei Personen, die kein wirkliches Vorurteil haben (d. h. die keine Stereotyp*akzeptierung* aufweisen), Einfluss auf Informationsverarbeitung, Urteile und Verhalten nehmen. Zum anderen wird die Anwendung von Stereotypen durch weitere Faktoren wie beispielsweise der Motivation, vorurteilsfrei zu handeln, und der momentanen Stimmung beeinflusst.

Vorurteile entstehen, da wir soziale Kategorisierungen vornehmen, um einerseits unsere Informationsverarbeitung zu vereinfachen und andererseits um unserem Bedürfnis nach einer positiven sozialen Identität nachzukommen. Beides führt dazu, dass wir unsere Eigengruppe bevorzugen (sog. *Eigengruppenaufwertung* und/oder *Fremdgruppenabwertung*) und die Fremdgruppenmitglieder als einander ähnlicher wahrnehmen als sie in Wirklichkeit sind (*Fremdgruppenhomogenität*). Vorurteile können des Weiteren entstehen (oder sich dadurch verschärfen) aus der Konkurrenz von Gruppen um knappe Ressourcen (*Theorie des realistischen Gruppenkonflikts*) bzw. der Tendenz, sich – bei fehlendem realen Konkurrenten – eine negativ bewertete, machtlose Fremdgruppe als Sündenbock zu suchen. Als wirkame Methode zur Vorurteilsreduktion hat sich der vermehrte Kontakt zwischen Fremdgruppen erwiesen, insbesondere wenn dieser unter optimalen Bedingungen stattfindet.

Eine Vielzahl an psychologischen Mechanismen tragen zur Aufrechterhaltung von Vorurteilen bei. Dazu gehören unsere Neigung, stereotypkonsistente Zusammenhänge zu sehen, wo tatsächlich gar keine bestehen (*illusorische Korrelation*), die Tendenz, bevorzugt die Informationen zu suchen bzw. wahrzunehmen, die unsere Annahmen bestätigen (*confirmation bias*), sowie das Bilden von mentalen Unterkategorien für Fremdgruppenangehörige, die dem Stereotyp offensichtlich widersprechen (*subtyping*). Des Weiteren ist eine verzerrte Ursachenzuschreibung von Bedeutung: Zum einen neigen wir dazu, positive und negative Handlungen von Eigen- und Fremdgruppe selbstwertdienlich zu erklären (*ultimativer Attributionsfehler*), und zum anderen, den Opfern von Vorurteilen zumindest eine Teilschuld für ihre missliche Lage zu geben (und damit unser Vorurteil als gerechtfertigt anzusehen; *blaming the victim*). Schließlich tragen auch die Betroffenen selbst ungewollt zur Erhaltung unserer Vorurteile bei, indem sie aufgrund des ihnen entgegengebrachten, vorurteilsbehafteten Verhaltens tatsächlich stereotypkonsistentes Verhalten zeigen (*sich selbst erfüllende Prophezeiung*) und damit scheinbar das Vorurteil bestätigen. Des Weiteren kann die Befürchtung der Betroffenen, ein negatives Stereotyp möglicherweise zu erfüllen, dazu führen, dass ihre Leistung sinkt und dadurch wiederum scheinbar das Vorurteil als richtig bestätigt wird (*stereotype threat*).

Insgesamt wurde damit dargestellt, dass Vorurteile zum einen unvermeidlich und notwendig für eine effiziente Informationsverarbeitung sind, zum anderen aber massive Diskriminierung und erhebliche physische und psychische Konsequenzen nach sich ziehen können. Deshalb ist es von großer Bedeutung, genaue Kenntnis ihres Zustandekommens, Aufrechterhaltens und Verstärkens zu haben, um ihnen an den richtigen Stellen wirksam begegnen zu können.

11 Aggressives Verhalten

Was bringt's?

Ist Aggression angeboren? Welche Rolle spielen Erziehung, Altersgenossen und Gesellschaft bei der Ausprägung von Aggressivität? Macht Gewalt in den Medien Kinder aggressiv?

Was löst aggressives Verhalten in spezifischen Situationen aus? Welche Rolle spielen dabei negative Erlebnisse wie beispielsweise persönliche Angriffe oder Frustration?

Neigen wir in einer Menschenmenge oder bei Lärm eher zu aggressivem Verhalten als wenn wir alleine sind?

Am 26. April 2002 richtet ein 19-Jähriger in einem Erfurter Gymnasium ein Massaker an: Er erschießt 13 Lehrer, zwei Schüler, einen Polizeibeamten und tötet sich zum Schluss selbst. Das Eingreifen eines Lehrers verhinderte vermutlich ein noch größeres Blutbad. Der junge Mann war kurz zuvor von der Schule verwiesen worden, hatte jedoch keine kriminelle Vorgeschichte und wurde als eher unauffällig beschrieben. Wie kam es zu diesem plötzlichen Ausbruch von Aggressivität?

Mit Aggression in verschiedensten Formen sind wir beinahe täglich konfrontiert – seien es verbale Angriffe in einem häuslichen Streit, Prügeleien auf dem Schulhof oder Nachrichten über Gewaltverbrechen im Fernsehen. Aggression ist ein Teil des menschlichen Umgangs miteinander und doch haben wir das Gefühl, dass es *zu viel* und zudem *immer mehr* Aggression und Gewalt gibt. Auch wenn dieses Gefühl zum Teil trügerisch sein mag – die Aggressionsbereitschaft hat sich vermutlich seit Anbeginn der Menschheit kaum verändert (z. B. Anderson & Carnagey, 2004, S. 169) –, ist dies doch für Teilpopulationen richtig: So steigt bei Jugendlichen (14 bis 18 Jahre) in Deutschland beispielsweise seit Jahren die Zahl der Körperverletzungen an (Bundeskriminalamt, 2006; Greve & Wetzels, 1999). Ins Bewusstsein der Öffentlichkeit rückt dies immer wieder, wenn wie in dem oben genannten Beispiel unschuldige Menschen Opfer von augenscheinlich sinnloser Gewalt werden. Aggressives Verhalten stellt eine Bedrohung für jeden Einzelnen dar und zudem ein gesellschaftliches Problem. Entsprechend haben wir allerlei Regelwerk entwickelt, um Aggressionen zumindest im Zaum zu halten: Dies reicht von moralischen Standards, wie beispielsweise dem biblischen „Du sollst nicht töten" bis hin zu unserem Rechtssystem, nach dem antisoziales bzw. aggressives Verhalten (Mord, Totschlag, Vergewaltigung, Misshandlung, Überfall etc.) strafrechtlich verfolgt und geahndet wird.

Vieles spricht dagegen, aggressive Impulse auszuleben. Und tatsächlich werden viele Unstimmigkeiten auch gewaltfrei gelöst. Wieso kommt es aber trotzdem immer wieder zu Gewaltausbrüchen? Warum wird der eine aggressiv, ein anderer in der gleichen Situation dagegen nicht? Liegt es an der Erziehung oder ist die Neigung zu Aggression genetisch festgelegt? Auch ein und dieselbe Person reagiert nicht immer gleich: Wie kann es dazu kommen, dass eine tagtäglich sich „normal" verhaltende Person auf einmal „austickt"? Welche Rolle spielt die Situation bei der Auslösung aggressiven Verhaltens? Um Aggressionen und Gewalt wirksam zu begegnen, sind Antworten auf diese Fragen – oder anders ausgedrückt die Kenntnis der Ursachen von Aggression – bedeutsam. Mit den Determinanten aggressiven Verhaltens wollen wir uns im Folgenden beschäftigen. Zuvor soll geklärt werden, was genau unter „Aggression" zu verstehen ist.

Im sozialpsychologischen Sinne lässt sich Aggression definieren als *nicht versehentliches Handeln* mit dem unmittelbaren *Ziel, eine andere Person, sich selbst oder einen Gegenstand zu schädigen* (vgl. Baron & Richardson, 1994; Berkowitz, 1993a; Bushman & Anderson, 2001; Geen & Donnerstein, 1998):

> **Aggression**
>
> Nicht versehentliches bzw. absichtsvolles Verhalten mit dem Ziel, eine andere Person, sich selbst oder einen Gegenstand zu schädigen.

- **Nicht versehentliches Handeln**
  Damit von Aggression gesprochen werden kann, muss für die Handlung eine – wenn auch spontan, beispielsweise „im Affekt", entstandene – Absicht gegeben sein: Fügt jemand einer anderen Person *aus Versehen* Schaden zu, so handelt es sich nicht um Aggression. Dies ist beispielsweise der Fall, wenn wir im Gedränge versehentlich jemanden anrempeln oder einen plötzlich hinter einem parkenden Auto auftauchenden Fußgänger anfahren, weil wir nicht mehr rechtzeitig bremsen können.

- **Schädigungsziel der Handlung**
  Mit der Handlung muss des Weiteren ein Schädigungsziel verfolgt werden, damit von Aggression gesprochen werden kann. Die handelnde Person muss also der Meinung sein, dass ihre Handlung den anderen tatsächlich schädigen wird und dass dieser motiviert ist, eine solche Schädigung zu vermeiden. Ist dies der Fall, so bleibt die Handlung unabhängig davon, ob dieses Ziel auch erreicht wurde oder nicht, ein aggressiver Akt. Will beispielsweise jemand auf Sie einschlagen, verfehlt Sie aber (und bewirkt letztendlich keine Schädigung), so bleibt seine Handlung trotz allem aggressiv. Wir sprechen dagegen nicht von Aggression, wenn mit der „schädigenden" Handlung als Endziel eine Wohltat erreicht werden soll: So handelt beispielsweise ein Zahnarzt bei einer für den Patienten schmerzhaften Wurzelbehandlung nicht aggressiv.

Dieses zweite Kriterium „Schädigungsziel" kann unterschiedlich ausgeprägt sein: Die Schädigung selbst kann das Endziel der Handlung sein (z. B. wenn man aus Hass oder

Eifersucht eine andere Person zu verletzen versucht und aus dieser Verletzung eine Befriedigung erfährt) oder sie kann einem anderen, übergeordneten Endziel dienen – beispielsweise dem Ziel, Belohnung, Erfolg oder materielle Güter zu erhalten. Stoßen wir am Wühltisch einen anderen Kunden zur Seite, ist häufig das letztendliche Ziel nicht, den (unbekannten) Konkurrenten zu schädigen, sondern vielmehr, das letzte Exemplar des heiß begehrten Verkaufsobjekt zu ergattern. Nichtsdestotrotz handelt es sich natürlich um eine aggressive Handlung. Auch Straßenräuber und Auftragskiller schädigen absichtlich eine andere Person – allerdings nicht aus persönlicher Feindschaft gegenüber dieser speziellen Person heraus, sondern um dadurch an die Handtasche der Person bzw. die versprochene Belohnung zu kommen. Anzumerken ist, dass diese Definition von Aggression insofern problematisch ist, als dass mit ihr nicht alle Vorkommnisse psychologisch „richtig" als aggressiv zu kategorisieren sind (vgl. Exkurs).

Für die Abgrenzung und Beschreibung von Aggression ist es hilfreich, zwischen instrumenteller und feindseliger Aggression zu unterscheiden (z. B. Feshbach, 1964; Hartup, 1974; siehe auch Buss, 1961): **Feindselige Aggression** bezeichnet impulsives, von negativen Gefühlen getriebenes Verhalten („heiße" Aggression), während **instrumentelle Aggression** vorsätzliches, geplantes, reflektives Verhalten ist, das einem übergeordneten Ziel dient („kalte" Aggression). In vielen Fällen dürfte es sich um Mischformen handeln, d. h., feindseliges Verhalten kann durchaus geplant sein, und schädigendes Verhalten, das einem übergeordneten Ziel dient, kann durchaus

---

Exkurs: Definitions„lücken"

Bei einigen Verhaltensweisen ist die gängige Definition von Aggression uneindeutig. Folgende Beispiele sollen dies verdeutlichen:

- Ein Autofahrer fährt im Straßenverkehr zu dicht auf und zwar ohne dies vorsätzlich zu tun oder damit eine Schädigung zu beabsichtigen. Beispielsweise könnte es sich bei diesem Verhalten nur um eine „dumme", unbewusste Angewohnheit handeln, und trotzdem würden wir einen solchen Fahrstil als aggressiv bezeichnen.

- Eine Person verletzt in Notwehr ihren Angreifer. Diese Person handelt mit dem Ziel, den Angreifer zu schädigen, allerdings in erster Linie deswegen, um den anderen davon abzuhalten, die eigene Person zu schädigen. Auch wenn hier eine Schädigungsabsicht vorliegt, würden die meisten Menschen Notwehr nicht als aggressiven Akt verstehen.

- Ein General befiehlt seinen Untergebenen in einer kriegerischen Auseinandersetzung, das Feuer zu eröffnen. Handelt es sich bei dem Befehl um aggressives Verhalten oder tut die Person nur ihre Pflicht?

Instrumentelle Aggression

- Aggression dient als Mittel, um ein Ziel zu erreichen, das über die Schädigung des anderen hinausgeht.

- sog. „kalte" Aggression

Feindselige Aggression

- Aggression erfolgt aus Emotionen (wie Ärger, Wut) heraus und dient dazu, jemandem zu schaden.

- sog. „heiße" Aggression

---

feindselig-emotionale Komponenten beinhalten. Stellen Sie sich hierzu beispielsweise einen Fußballer vor, der seinem Gegenspieler ein Bein stellt: Zum einen will er damit „instrumentell" einen aussichtsreichen Torschuss verhindern, zum anderen sind vielleicht auch „feindselige" Emotionen mit im Spiel und der Spieler erfährt eine gewisse Befriedigung an der Schädigung des anderen (vgl. Abb. 11.1).

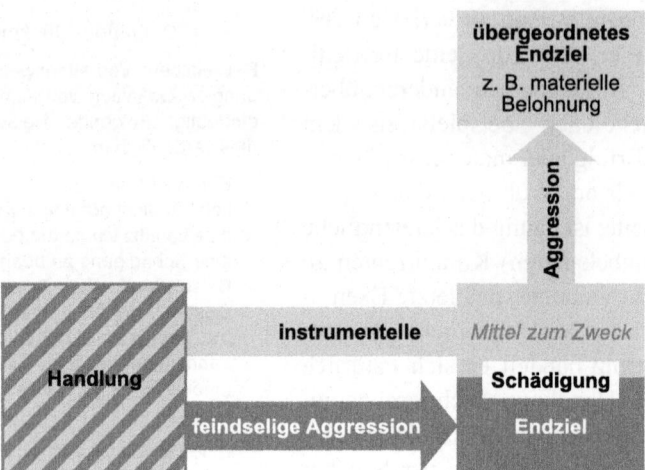

Abb. 11.1: Handlungen sind immer dann als aggressiv zu bezeichnen, wenn sie die Schädigung der eigenen Person, einer anderen Person oder eines Gegenstands beabsichtigen. Es ist dabei sinnvoll, zwischen instrumenteller und feindseliger Aggression zu unterscheiden: Bei *feindseliger* Aggression ist die Schädigung selbst das Endziel der Handlung. *Instrumentelle* Aggression zeichnet sich dagegen dadurch aus, dass die Schädigung nur Mittel zum Zweck ist, um ein übergeordnetes Ziel (z. B. eine materielle Belohnung) zu erreichen.

Insbesondere für die instrumentelle Komponente von Aggression spielen *Kosten-Nutzen-Überlegungen* eine Rolle (Tedeschi & Felson, 1994): Die Entscheidung für oder gegen aggressives Verhalten kann beispielsweise von Einschätzungen der eigenen Fähigkeiten, möglicher Widerstände sowie von Wahrscheinlichkeit und Ausmaß von Rache bzw. Bestrafung gefällt werden. Die Befürchtung von Bestrafung kann entsprechend Aggression vermindern (Baron, 1983; Zillmann, 1979). Dieses Ziel wird auch mit der staatlichen Bestrafung von Aggression verfolgt: Die Kosten von Aggression sollen als so hoch empfunden werden, dass sich aggressives Verhalten nicht mehr „lohnt". Allerdings ist hierbei zu beachten, dass die gleiche Strafe nicht für alle gleichermaßen kostspielig ist: In diesem Zusammenhang ist beispielsweise Armut relevant (Hill et al., 1994), denn wer nichts hat, hat auch nichts zu verlieren. Viele Kriminelle kommen aus niedrigeren sozialen Schichten, für die beispielsweise ein Gefängnisaufenthalt keinen bedeutenden sozialen Abstieg darstellt. Kriminelles und aggressives Verhalten bringt ihnen häufig sogar noch etwas, beispielsweise Ansehen und soziale Verstärkung innerhalb der Peergruppe, was besonders häufig bei Jugendlichen auftritt (Gottfredson & Hirschi, 1990). Bestrafung vermindert Aggression insbesondere dann, wenn der potenzielle Aggressor nicht sehr ärgerlich ist, einen eher geringen Nutzen durch das aggressive Verhalten hat sowie wenn das Ausmaß der zu befürchtenden Bestrafung groß ist (Baron, 1983).

Kurzum: Aggression tritt in den verschiedensten Formen im menschlichen Zusammenleben auf und wird meist als problematisch und veränderungsbedürftig empfunden. Doch wie kommt es dazu, dass wir uns überhaupt aggressiv verhalten, obwohl wir wissen, dass „Gewalt keine Lösung ist"?

Moderne Aggressionstheorien (z. B. Anderson & Bushman, 2002; siehe auch Berkowitz, 1993a; Zillmann, 1994) gehen davon aus, dass für die Entstehung aggressiven Verhaltens verschiedene Faktoren eine Rolle spielen (z. B. **general aggression model**, GAM; Anderson & Bushman, 2002). So können beispielsweise verschiedenste *situative Bedingungen* wie Provokation, Hinweisreize oder Hitze im Zusammenspiel mit *individuellen Charakteristika* der Person (z. B. Reizbarkeit, Einstellungen gegenüber Aggression, aber auch biologische Bedingungen oder Waffenfertigkeiten) zu offener Aggression führen, indem sie auf den Gefühls- und Erregungszustand sowie auf die Kognitionen der Person Einfluss nehmen. An aggressivem Verhalten ist also nicht die Persönlichkeit *oder* die Situation allein verantwortlich, sondern verschiedenste situative und personale Faktoren wirken zusammen. Angesichts einer solch multikausalen Verursachung von Aggression ist es nicht verwunderlich, dass sich Individuen oder auch ganze Kulturen in der Aggressionsbereitschaft zum Teil deutlich unterscheiden sowie die Aggressionsbereitschaft bei ein und derselben Person von Situation zu Situation sehr unterschiedlich sein kann.

Im Folgenden wollen wir uns zunächst mit den biologischen Grundlagen aggressiven Verhaltens beschäftigen (vgl. Abschnitt 11.1). In den nachstehenden Abschnitten werden die Rolle von Gefühlen, insbesondere von negativem Affekt (vgl. Abschnitt 11.2) sowie der Einfluss von Normen und dem Prozess des sozialen Lernens (vgl. Abschnitt 11.3) für die Entstehung bzw. Auslösung von aggressivem Verhalten beschrieben. In Abschnitt 11.4 werden wichtige situative Einflussfaktoren auf aggressives Verhalten aufgezeigt und in Abschnitt 11.5 – aufgrund der aktuellen Relevanz – der Einfluss der Medien auf aggressives Verhalten gesondert behandelt.

11.1 Die biologische Grundlage – Erhöhung der biologischen Fitness durch aggressives Verhalten

Ebenso wie für pro- wird für antisozial-aggressives Verhalten angenommen, dass es sich im Laufe der Evolution als adaptiv erwiesen hat, d. h. dass offensichtlich Individuen mit einer gewissen Aggressionsneigung einen Fortpflanzungsvorteil hatten und sich diese Neigung dadurch bis heute erhalten hat (vgl. z. B. Duntley & Buss, 2004; vgl. auch Kalveram, 1999; für die psychoanalytische Sichtweise Freuds und den ethologischen Erklärungsansatz von Lorenz vgl. Exkurs nächste Seite). Dieser Fortpflanzungsvorteil kann prinzipiell durch zwei verschiedene Strategien erreicht werden: Zum einen können Individuen ihre biologische Fitness durch eine „positive" Strategie erhöhen, indem sie beispielsweise besondere Anstrengungen unternehmen, um an wertvolle Ressourcen zu kommen, oder ihren Kindern bzw. genetisch ähnlichen Personen helfen (vgl. Abschnitt 12.2.1). Zum anderen kann im Kampf um begrenzte Ressourcen wie Nahrung, Territorium oder potenzielle Partner auch die *Schädigung von Konkurrenten* das eigene und das Überleben der eigenen Gene begünstigen. Beide Strategien zeigen Menschen

**Exkurs: Aggression in Psycho-
analyse (Freud) und Verhaltens-
forschung (Lorenz)**

Psychoanalytische Theorien (Freud,
1940) und ethologische Ansätze (Lorenz, 1969) nehmen einen biologisch
verankerten Aggressionstrieb an, der
aggressives Verhalten motiviert: Indem
sich Triebenergie mit der Zeit anstaut,
erhöht sich die Aggressionsbereitschaft.
Wird die aggressive Energie entladen,
reduziert sich die Aggressionsbereitschaft wieder (Katharsis, vgl. auch Abschnitt 11.2.4).

Beide Theorien gehen davon aus, dass
unkontrollierte Entladungen durch Er-
satzhandlungen wie beispielsweise
Sport bzw. das Bearbeiten eines Boxsacks vermieden werden können.

beispielsweise bei der Partnersuche: Zum einen
werden im Sinne einer positiven Strategie Versuche unternommen, den Partner etwa durch
physische Attraktivität oder auch das Zurschau-
stellen von Prestigeobjekten anzuziehen (Buss,
1988), zum anderen werden – im Sinne einer ne-
gativ-aggressiven Strategie – mögliche Konkurrenten schlecht gemacht (Buss & Dedden, 1990;
Schmitt & Buss, 1996).

Es wird angenommen, dass sich in Reaktion auf
bzw. simultan mit der evolutionären Herausbildung von aggressivem Verhalten Schutzstrategien gegen dieses Verhalten – insbesondere gegenüber der biologisch sehr kostspieligen Form
„Tötung" – herausgebildet haben (z. B. Duntley
& Buss, 2004, 2005). Schließlich kann in einer
Gesellschaft, in der Aggression zum Verhaltensrepertoire gehört, nur der überleben, der
sich gut zu schützen weiß. Da aus biologischer Sicht Aggression nur gegenüber Personen „sinnvoll" ist, die eine geringe genetische Ähnlichkeit mit dem Angreifer haben,
richten sich diese Schutzstrategien insbesondere gegen Fremde. Als ein Beispiel hierfür
wird das Misstrauen gegenüber bzw. die Angst vor Fremden gesehen, die bereits bei
Kleinkindern in Form des „Fremdelns" auftritt (z. B. Feinman, 1980; Heerwagen & Orians, 2002; Marks & Nesse, 1994).

Für eine biologisch-genetische Basis aggressiven Verhaltens sprechen verschiedenste
Befunde aus der kulturvergleichenden und biologischen Forschung:

- **Kulturübergreifendes Auftreten von Aggression**
  Aggressives Verhalten findet sich in nahezu allen Kulturen (Ramirez & Richardson,
  2001). Selbst in als „friedlich" bezeichneten Kulturen wie beispielsweise den Kung
  San in Botswana (südliches Afrika) wird gemordet – tatsächlich sind dort die Mordra-
  ten sogar höher als beispielsweise in Los Angeles oder Detroit (Duntley & Buss, 2004,
  S. 109; Ghiglieri, 1999). Die Aggressionsbereitschaft sowie die Ausdrucksformen aggressiven Verhaltens variieren jedoch deutlich zwischen verschiedenen Kulturen, bei
  Kindern beispielsweise in Abhängigkeit vom Verhalten der Erwachsenen als Modelle
  (z. B. Fry, 1992; vgl. auch Abschnitt 11.3). Aggressives Verhalten ist demnach trotz
  seines biologischen Anteils stark von Umweltbedingungen abhängig.

- **Vererbung der Aggressionsbereitschaft**
  Für eine biologische Grundlage sprechen Hinweise darauf, dass ein Teil der Unterschiede in der Aggressionsbereitschaft von Mensch und Tier auf Vererbung zurückgeführt werden kann. Dies legen beispielsweise Kreuzungsversuche bei Mäusen nahe
  (Lagerspetz, 1961). Des Weiteren erweist sich aggressives Temperament beim Men-

schen als auffallend ähnlich bei eineiigen Zwillingen (Rushton et al., 1986) und als recht stabil über die Lebensspanne hinweg (Peters et al., 1992).

- **Neurobiologische Basis von Aggression**
  Des Weiteren wird eine neurologische Basis für aggressives Verhalten angenommen: Beispielsweise kann durch (schmerzfreie) elektrische Stimulation bestimmter Hirnregionen (Hypothalamus) bei Katzen Angriffsverhalten ausgelöst werden (z. B. Egger & Flynn, 1962). Beim Menschen wirken sich insbesondere Veränderungen in Hirnregionen, die der Steuerung defensiver Aggression dienen, auf die Aggressivität aus: So nimmt diese beispielsweise zu bei Tumoren im medialen Hypothalamus und im Septum sowie bei Anfällen, die mit einer erhöhten Aktivität der Amygdala einhergehen (Albert et al., 1993). Insbesondere die Amygdala wird mit aggressivem und gewalttätigem Verhalten in Verbindung gebracht (z. B. Gontkovsky, 2005). Serotonin scheint aggressives Verhalten zu hemmen; eine Reduktion ist eher mit einer Zunahme aggressiven Verhaltens verbunden (Bjork et al., 1999; Davidson et al., 2000; Douzenis et al., 2004; einen Überblick zur Beteiligung verschiedener Hirnregionen und hormonellen Einflüssen bei aggressivem Verhalten gibt Adams, 2006).

- **Zusammenhang zwischen Testosteron und Aggression**
  Schließlich findet sich ein schwach positiver Zusammenhang zwischen dem Testosteronspiegel einer Person und ihrer Aggression: Je höher der Testosteronspiegel, desto mehr aggressives Verhalten wird gezeigt (Archer, 2006; Book et al., 2001; van Bokhoven et al., 2006). So wiesen – männliche und weibliche – Gewaltverbrecher (Dabbs et al., 1987, 1995; bei Frauen: Dabbs et al., 1988) sowie auch Jugendliche und junge Männer, die zu Delinquenz, Drogen und Aggression neigten, höhere Testosteronwerte auf (Archer, 1991; Dabbs & Morris, 1990; Olweus et al., 1988). Der Zusammenhang ist allerdings schwach und es wird infrage gestellt, ob überhaupt ein *direkter* Zusammenhang zwischen Testosteron und vermehrter Aggression besteht (z. B. Albert et al., 1993; Archer, 1991). Möglicherweise besteht der Zusammenhang zwischen Testosteron und Aggression darüber, dass Testosteron (zumindest bei Männern) soziales Dominanzverhalten fördert (Archer, 2006; Mazur & Booth, 1998), welches sich wiederum in aggressivem Verhalten äußern kann. Die Befunde ergaben beispielsweise nicht nur bei chronisch aggressiven, sondern auch bei sozial sehr dominanten (aber nicht physisch aggressiven) Gefängnisinsassen deutlich höhere Testosteronwerte als bei Gefangenen, die weder chronisch aggressiv noch sozial dominant waren (Ehrenkranz et al., 1974). Während die Befundlage zum kausalen Einfluss von Testosteron auf Dominanzverhalten beim Menschen unklar ist, findet sich ein umgekehrter Einfluss von Dominanzverhalten bzw. sozialem Status auf das Testosteronlevel (vgl. Archer, 2006): Die Testosteronwerte steigen an, wenn Männer mit

Für eine biologische Basis von Aggression sprechen

- kulturübergreifendes Auftreten
- Hinweise auf Vererbbarkeit
- neurobiologische Basis
- Zusammenhang mit Testosteron

einer Wettbewerbssituation konfrontiert sind (Mazur & Booth, 1998), und sind später zudem bei Gewinnern deutlich höher als bei Verlierern (Booth et al., 1989; Mazur et al., 1992). Ebenso nimmt bei Männern mit Erreichen eines höheren Status in der sozialen Rangordnung das Testosteron zu (Jeffcoate et al., 1986).

Wie wir in diesem Abschnitt aufgezeigt haben, gibt es diverse Hinweise darauf, dass aggressives Verhalten eine biologische Grundlage hat und für den eigenen genetischen Erfolg von Vorteil sein kann. Faktoren, die *in konkreten Situationen* aggressives Verhalten auslösen bzw. begünstigen, sind **Gefühle** (z. B. Ärger aufgrund von Provokation) und gesellschaftliche **Regeln**, die im Laufe der Sozialisation verinnerlicht werden. Des Weiteren können bestimmte **situative Bedingungen** aggressives Verhalten wahrscheinlicher machen. Diese Faktoren werden in den nachfolgenden Abschnitten 11.2, 11.3 und 11.4 beschrieben.

11.2 Gefühle bei der Entstehung von Aggression – Ärger und andere negative Gefühlszustände

Auch wenn die Gründe für aggressives Verhalten aus Sicht des Opfers häufig nicht nachvollziehbar sind, so ist aggressives Verhalten doch selten völlig grundlos. Würde man Sie fragen, warum Personen aggressiv werden, welche Gründe würden Sie nennen? Denken Sie beispielsweise an ein Kind, das im Supermarkt nicht die gewünschten Süßigkeiten bekommt. Prompt fängt es an, laut zu brüllen und nach Mutter bzw. Vater zu schlagen. Oder erinnern Sie sich an das Endspiel der Fußballweltmeisterschaft 2006, in dem der französische Starfußballer Zinédine Zidane dem italienischen Gegenspieler Marco Materazzi mit voller Absicht den Kopf in den Oberkörper rammte und vom Platz gestellt wurde – was möglicherweise zur Niederlage der Franzosen beigetragen hat. Ihnen fallen sicher spontan diverse ähnliche Vorfälle ein.

Alle diese Beispiele haben gemeinsam, dass aggressives Verhalten durch aversive Bedingungen ausgelöst wird, die mit *negativen Gefühlen* einhergehen: Im ersten Beispiel wird das Ziel des Kindes, die Süßigkeiten zu bekommen, von den Eltern blockiert, und im zweiten Fall wurde der Fußballer offensichtlich von seinem „Opfer" durch harte Worte über seine Mutter und Schwester provoziert. Gerade das zweite Beispiel zeigt deutlich auf, dass im Falle starker Emotionen die möglichen Kosten aggressiven Verhaltens keine wesentliche Rolle mehr zu spielen scheinen: Der Fußballer kannte die Regeln, d. h., er wusste, dass sein Foul mit einem Platzverweis geahndet würde und sich dies denkbar ungünstig auf den möglichen Weltmeistertitel für sein Land auswirken könnte.

Negative Gefühle jeglicher Art und verschiedenster Ursache – und insbesondere die Emotion Ärger – können die Aggressionsbereitschaft erhöhen bzw. Aggression freisetzen (Berkowitz, 1989, 1993a). Andere Gefühle wie beispielsweise Empathie, d. h. Mitgefühl mit dem Opfer, wirken sich dagegen eher hemmend auf Aggression aus (Miller

& Eisenberg, 1988) und sind wichtige Motive für *pro*soziales Verhalten (vgl. Abschnitt 12.2.2).

Gefühle, die aggressives Verhalten fördern, sind häufig eine Reaktion auf Angriffe gegen die eigene Person (z. B. auf Provokation oder soziale Zurückweisung; vgl. Abschnitt 11.2.1) oder auf die Bedrohung bzw. Blockierung eigener Ziele (Frustration; vgl. Abschnitt 11.2.2). Eine weitere wichtige Quelle negativer Affekte, die Aggression wahrscheinlicher machen, sind situative Faktoren wie beispielsweise Schmerz, Hitze, Kälte oder Lärm (vgl. Abschnitt 11.2.3; vgl. zusammenfassend Abb. 11.2). In Abschnitt 11.2.4 wird abschließend diskutiert, inwieweit das Abreagieren von Frust bzw. negativen Gefühlen aggressionsreduzierend oder -vermehrend wirkt.

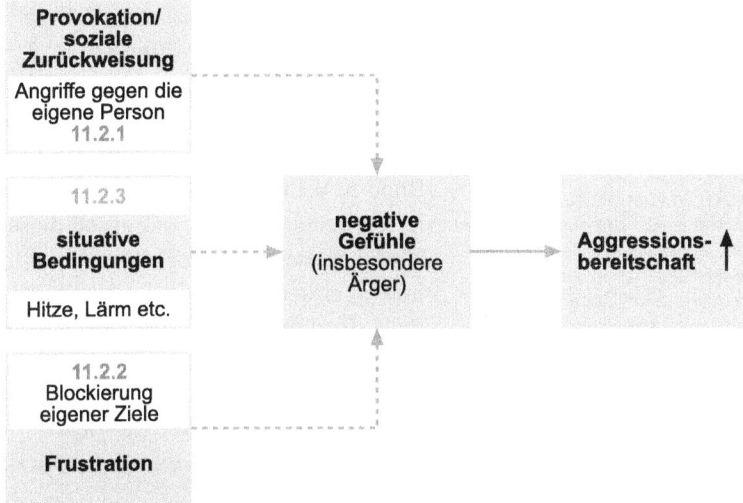

Abb. 11.2: Negative Gefühle (insbesondere das Gefühl Ärger) können die Aggressionsbereitschaft erhöhen. Typische Quellen für solche aggressionsförderlichen, negativen Gefühle sind Angriffe gegen die eigene Person (Provokation, soziale Zurückweisung), Bedrohung bzw. Blockierung eigener Ziele (Frustration) sowie unangenehme Umweltfaktoren (situative Bedingungen wie z. B. Hitze oder Lärm.)

11.2.1 Angriffe gegen die eigene Person – Provokation und Zurückweisung als Auslöser von Aggression

Nehmen wir an, Sie beobachten, wie einige Kinder zunächst friedlich im Sandkasten spielen. Plötzlich zieht eines der Kinder einen Spielkameraden an den Haaren, was zu großem Geschrei führt. Nehmen wir weiter an, die anwesenden Erwachsenen würden eingreifen. Eine der ersten Fragen an das aggressiv agierende Kind wird vermutlich sein, was der attackierte Spielkamerad ihm denn getan hätte. Dies spiegelt wider, dass wir schon bei Kindern davon ausgehen, dass Aggression selten grundlos ist, sondern häufig irgendeine Reaktion auf eine Provokation darstellt – beispielsweise darauf, dass das „Opfer" den Angreifer zuvor gezwickt hat. Aber auch die Erklärung, dass das aggressive

Kind vom Spiel ausgeschlossen wurde und daraufhin aggressiv reagierte, würde uns als Erklärung plausibel erscheinen. Werden wir – wie das Kind im Sandkasten oder auch der Fußballer Zidane – physisch oder verbal angegriffen oder von anderen ausgeschlossen, provoziert dies neben Gefühlen wie Angst oder Traurigkeit häufig *Ärger* und Feindseligkeit (z. B. Ayduk et al., 1999; Buckley et al., 2004; Bushman & Baumeister, 1998; Harmon-Jones & Sigelman, 2001; Leary et al., 2006; Zadro et al., 2003) und erhöht in Folge die Wahrscheinlichkeit aggressiven Verhaltens (z. B. Donnerstein & Wilson, 1976; Harmon-Jones & Sigelman, 2001; Twenge et al., 2001; Warburton et al., 2006; vgl. Beispielstudie und Exkurs). Dies ist insbesondere dann der Fall, wenn Verletzungen solcher Art in der Öffentlichkeit erfahren werden (z. B. Bond & Venus, 1991; Felson, 1978). Persönliche Beleidigungen werden aufgrund dieser Wirkung häufig in der Aggressionsforschung eingesetzt, um Ärger und aggressives Verhalten zu erzeugen (z. B. Bushman et al., 2001; Donnerstein & Wilson, 1976; Harmon-Jones & Sigelman, 2001).

> **Provokation und Zurückweisung als Aggressionsauslöser**
>
> Provokation und soziale Zurückweisung sind wichtige Quellen negativer Gefühle und können die Aggressionsbereitschaft erhöhen.

> **Exkurs: Die Rolle sozialer Zurückweisung in Schulschießereien**
>
> Soziale Zurückweisung spielt vermutlich häufig auch bei Gewalttaten in der Schule eine Rolle. Leary und Kollegen (2003) analysierten alle dokumentierten Schulschießereien, die zwischen 1995 und 2001 in den USA aufgetreten waren. In 13 der 15 Fälle hatten die Täter akute oder chronische Zurückweisung erfahren. Zusätzlich tendierten die Täter zu einem oder mehr von drei weiteren Risikofaktoren: Interesse an Feuerwaffen oder Bomben, Faszination für Tod oder Satanismus und psychische Probleme (Depression, Impulskontrolle oder sadistische Tendenzen).

Beispielstudie zur Auslösung von Aggression durch negative Gefühle

Soziale Zurückweisung kann zu vermehrt aggressivem Verhalten gegenüber einer anderen Person führen.

Die Teilnehmer von Twenge und Kollegen (2001, Exp. 5) sollten zunächst in einer Gruppenphase die Namen der anderen Teilnehmer ihrer Gruppe lernen und sich eine Viertelstunde lang mit diesen über verschiedene vorgegebene Themen unterhalten. Danach wurde jeder Teilnehmer in einen separaten Raum geführt und sollte schriftlich angeben, mit welchen beiden der eben kennengelernten Personen er am liebsten zusammenarbeiten würde. Nach dem Zufallsprinzip wurde den Teilnehmern im Anschluss daran entweder mitgeteilt, dass *alle* (soziale Akzeptanz) oder aber dass *keiner* (soziale Zurückweisung) der anderen gerne mit ihnen zusammenarbeiten würden.

Jeder Teilnehmer wurde dann informiert, dass er – da die Gruppen sonst nicht aufgehen würden – in der folgenden Computerspielaufgabe mit einer noch unbekannten Person zusammenarbeiten würde, die in einem anderen Raum saß (tatsächlich wurden die Reaktionen des Spielpartners vom Computer simuliert). Das Spiel ging über verschiedene Runden und der jeweilige Verlierer erhielt ein unangenehmes Geräusch („weißes Rauschen") über Kopfhörer eingespielt. Vor Beginn jeder Runde konnten die Teilnehmer Intensität und Dauer des Geräuschs festlegen, das ihr Gegner erhalten würde, sollte er verlieren.

Es zeigte sich, dass Teilnehmer, mit denen zuvor angeblich keiner der anderen zusammenarbeiten wollte (soziale Zurückweisung), ihrem Gegner sowohl eine deutlich höhere Geräuschintensität als auch eine längere Geräuschdauer zuteilten als Teilnehmer, die zuvor Akzeptanz von der Gruppe erfahren hatten.

Diese Studie zeigt, dass soziale Zurückweisung aggressives Verhalten hervorrufen bzw. verstärken kann – sogar gegenüber einer unbeteiligten dritten Person.

Angriffe gegen die eigene Person machen aggressives Verhalten wahrscheinlicher. Insbesondere bei sozialer Zurückweisung erscheint Aggression auch gegenüber der ursprünglichen Quelle des Angriffs als wenig zielführende Reaktion, da aggressives Verhalten in den meisten Fällen nicht dazu geeignet ist, von den anderen besser akzeptiert zu werden bzw. mehr Wertschätzung zu erhalten. Eine Erklärung dafür, dass trotzdem aggressiv reagiert wird, könnte darin liegen, dass Angriffe gegen die eigene Person nicht nur Ärger provozieren, sondern häufig auch „schmerzen" bzw. „verletzen". Diese Analogie zu physischen Schmerzen findet sich nicht nur in der Sprache: Es hat sich gezeigt, dass bei sozialer Ausgrenzung ähnliche Gehirnaktivitäten auftreten wie bei körperlichen Schmerzen (Eisenberger et al., 2003). Da physische Schmerzen bei Mensch und Tier aggressives Verhalten induzieren können (z. B. Azrin, 1967; Berkowitz, 1993b), ist die erhöhte Aggressivität bei „sozialen Verletzungen" möglicherweise über diesen Mechanismus (mit)bedingt (Leary et al., 2006; vgl. auch MacDonald & Leary, 2005).

Angriffe gegen die eigene Person bedrohen zudem häufig den Selbstwert bzw. den sozialen Status. Aggression kann eine Reaktion auf diese Bedrohung darstellen (Baumeister et al., 1996), eine Möglichkeit, den Selbstwert durch Vergeltung wiederherzustellen (z. B. Feshbach, 1964). Ob Personen mit hohem oder mit niedrigem Selbstwertgefühl verstärkt aggressiv auf soziale Zurückweisung reagieren, ist bislang nicht eindeutig geklärt (z. B. Baumeister et al., 2003; Donnellan et al., 2005). So finden sich Befunde dafür, dass Personen mit niedrigem Selbstwert besonders aggressiv reagieren (z. B. Donnellan et al., 2005; Sprott & Doob, 2000), sowie Befunde, dass dies eher für Personen mit hohem bzw. übersteigertem Selbstwert zutrifft (Baumeister et al., 1996, 2000, 2003; Bushman & Baumeister, 1998; Kernis et al., 1989; Kirkpatrick et al., 2002). Möglicherweise stimmt insofern beides, als sowohl niedriger Selbstwert als auch Narzissmus[1] (häufig gleichgesetzt mit übersteigertem Selbstwert) aggressive Reaktionen auf Angriffe gegen die eigene Person begünstigen können (Donnellan et al., 2005). Personen mit

---

[1] Narzisstische Personen legen unter anderem übertriebene Erwartungen an eine besonders bevorzugte Behandlung durch andere an den Tag und sind häufig neidisch auf andere (DSM-IV-TR, American Psychiatric Association, 2000), wodurch sie sich vermutlich leichter zurückgesetzt bzw. zurückgewiesen fühlen.

hohen Narzissmuswerten reagieren auf soziale Zurückweisung besonders intensiv mit Ärger und Aggression (Twenge & Campbell, 2003).

Wichtige Faktoren für das Ausmaß einer aggressiven Reaktion auf Angriffe gegen die eigene Person sind die Wahrnehmung von **Absichtlichkeit und Umständen des Angriffs**. Ob negative Gefühle – und insbesondere Ärger – entstehen und damit, wie Menschen auf den Angriff einer anderen Person reagieren, hängt in bedeutsamen Maße davon ab, ob sie dem Angreifer eine Schädigungsabsicht unterstellen (Löschper et al., 1984; Rudolph et al., 2004). Wird eine hohe Absicht wahrgenommen, fallen daraufhin gezeigte Aggression bzw. Sanktionen größer aus (Löschper et al., 1984). Eine tatsächlich aggressive Handlung kann als Versehen eingestuft werden, wenn das Opfer keine Absicht bei der anderen Person wahrnimmt. Genauso kann eine ungewollte Schädigung als absichtsvoll interpretiert werden und Gegenaggression bewirken (vgl. auch Exkurs). Beispielsweise zeigen Kinder, die grundsätzlich dazu neigen, anderen feindselige Absichten zu unterstellen, vermehrt aggressives Verhalten (vgl. Crick & Dodge, 1994). Die Wahrnehmung ist in Abhängigkeit von der Perspektive typischwerweise unterschiedlich: Grundsätzlich beurteilen Handelnde ihr Verhalten positiver als Betroffene (Mummendey, Linneweber & Löschper, 1984; Mummendey, Löschper & Linneweber, 1984; Mummendey & Otten, 1989).

> **Exkurs: Entschuldigungen helfen!**
>
> Warum entschuldigen wir uns beinahe automatisch, wenn wir aus Versehen im Gedränge jemanden anrempeln? Vermutlich wollen wir damit Ärger und Gegenaggression bei der geschädigten Person vermeiden.
>
> Und tatsächlich vermindern Entschuldigungen negative emotionale Reaktionen bei der geschädigten Person (Weiner et al., 1987) sowie das Auftreten von Gegenaggressionen (Ohbuchi et al., 1989).
>
> Besonders wirksam sind „gute" Entschuldigungen, d. h. Entschuldigungen, die Faktoren beinhalten, die jenseits der eigenen Kontrolle liegen (wie z. B. das Zuspätkommen nach Stau aufgrund eines Unfalls) (Weiner et al., 1987).

Die Ärgerreaktion wird zudem davon beeinflusst, unter welchen Umständen der Provokateur handelt – sind uns „mildernde Umstände" bekannt (z. B. dass der andere wegen einer schlechten Note sehr besorgt und aufgebracht ist; vgl. auch Abschnitt 11.2.4), reagieren wir mit weniger Ärger und Aggression (Johnson & Rule, 1986). Auch die Tatsache, ob der Angriff kontextspezifische Normen verletzt, ist bedeutsam (Löschper et al., 1984): Bei Normverletzungen erscheint aggressives Verhalten als Gegenreaktion angemessener.

(Gegen-)Aggression als Antwort auf eine Provokation folgt typischerweise der Regel „Auge um Auge, Zahn um Zahn" bzw. „Gleiches wird mit Gleichem vergolten" (Reziprozität). Allerdings ist auch hier die Absicht entscheidend: Wie hart die Vergeltung ausfällt, hängt vor allem vom Ausmaß der *beabsichtigten* Schädigung ab und nicht so sehr von der tatsächlichen Schädigung (Ohbuchi & Kambara, 1985).

Wie wir gesehen haben, provozieren Angriffe gegen die eigene Person häufig negative Gefühle und können aggressives Verhalten auslösen. Eine weitere wichtige Quelle negativer Gefühle und damit auch aggressiven Verhaltens ist Frustration, d. h. die Blockierung eines wichtigen Ziels.

11.2.2 Wenn die Zielerreichung bedroht oder blockiert ist – Frustration als Auslöser von Aggression

Vielleicht ist Ihnen folgende Situation nicht unbekannt: Sie haben einen wichtigen Abgabetermin und Ihr Computer ist abgestürzt. Seit einer Stunde versuchen Sie vergeblich, Ihren Rechner wieder zum Laufen zu bringen, aber es funktioniert einfach nicht. Sie sind schon völlig entnervt und probieren gerade die neuesten Tipps der Hotline aus, als ein Kollege Ihr Büro betritt und Sie um einen Gefallen bittet. Sie fahren ihn an, dass Sie selber genug zu tun hätten und dass es ja wohl nicht angehen könnte, dass jeder mit seinen Anliegen immer zu Ihnen käme. Der Kollege macht eine beschwichtigende Geste und verlässt mit einem irritierten Gesichtsausdruck Ihr Büro. Nach einer halben Stunde – Ihr Computer läuft mittlerweile wieder und Sie können Ihren Termin einhalten – beschleicht Sie das Gefühl, dass Sie überreagiert haben, und Sie entschuldigen sich bei dem Kollegen. Was haben der kaputte Computer und die unangemessen aggressive Reaktion gegenüber dem Kollegen miteinander zu tun?

Mit dem Computerabsturz ist ein wichtiges Ziel (nämlich die Abgabe von Unterlagen, die für den beruflichen Erfolg wichtig sind) unerwarteterweise bedroht und Sie sind frustriert. Frustration ist eine wichtige Quelle negativer Emotionen und begünstigt aggressives Verhalten. Diese Sichtweise wurde bereits früh als **Frustrations-Aggressions-Hypothese** bekannt (Dollard et al., 1939, 1961). In der ursprünglichen Fassung wurde davon ausgegangen, dass Aggression auf Frustration – definiert als unerwartete Blockade eines wichtigen Ziels – zurückgeht und umgekehrt Frustration immer zu Aggression führt. Allerdings wurde diese ursprüngliche Form der Theorie bald revidiert, da Frustration nicht unweigerlich zu Aggression führt, sondern häufig auch mit anderem, nicht aggressivem Verhalten beantwortet wird (Miller, 1941), beispielsweise mit Rückzug oder der Suche nach Unterstützung. Auch die Annahme, dass Aggression immer ein Frustrationserlebnis vorausgeht, ist nicht haltbar: Beispielsweise handelt ein Profiboxer im Ring durchaus aggressiv, allerdings nicht aufgrund von Frustration. Frustration ist entsprechend nicht die einzige, sondern vielmehr *eine* Quelle

> **Frustration als Aggressionsauslöser**
>
> Frustration, d. h. die unerwartete Blockade eines wichtigen Ziels, ist eine wichtige Quelle negativer Gefühle und kann die Aggressionsbereitschaft erhöhen.

> **Exkurs: Frustration im Straßenverkehr**
>
> Verärgerung während des Autofahrens ist nicht nur unangenehm und lästig, sondern zudem gefährlich, da Ärger aggressives Verhalten fördert. Frustration ist ein wichtiger Grund für Verärgerung im Straßenverkehr. Verpassen wir beispielsweise aufgrund eines anderen Autos die Grünphase an der Ampel, so äußert sich aggressives Verhalten unter anderem im Betätigen der Hupe.
>
> Eine Studie von McGarva und Kollegen (2006) zeigt, dass auch hier die Vermeidbarkeit der Situation eine Rolle spielt: Telefonierte der Fahrer eines Autos, das bei Grün nicht losfuhr und entsprechend den Verkehr blockierte, hupten die blockierten Fahrer schneller, als wenn kein Mobiltelefon im Spiel war. Erscheint die Blockade durch das vermeidbare (und mittlerweile sogar verbotene) Telefonieren während des Fahrens verursacht, ist die Aggressionsneigung erhöht.

negativer Gefühle, die aggressives Verhalten fördern kann (Berkowitz, 1989). Frustration führt insbesondere dann zu Ärger und Aggression, wenn diese absichtlich, ungerecht bzw. ungerechtfertigt erscheint oder vermeidbar gewesen wäre (z. B. Berkowitz, 1981; Dill & Anderson, 1995; Folger & Baron, 1996; Kulik & Brown, 1979; Rule et al., 1978; vgl. die folgende Beispielstudie und Exkurs vorangehende Seite).

Beispielstudie zur Auslösung von Aggression durch negative Gefühle
Frustration führt zu vermehrt aggressivem Verhalten, insbesondere, wenn sie ungerechtfertigt erscheint.

Den Teilnehmern von Rule und Kollegen (1978) wurde mitgeteilt, dass sie zusammen mit einem anderen Teilnehmer an einer Studie zum Konzeptlernen teilnehmen würden. Zunächst wurden dabei die Rollen des Lerners und des Lehrers ausgelost. Tatsächlich war der zweite Teilnehmer ein Vertrauter des Versuchsleiters und der echte Teilnehmer bekam immer die Rolle des Lerners zugeteilt. Der Lehrer sollte dem Lerner nacheinander verschiedene Karten zeigen und der Lerner sollte mit Ja oder Nein antworten, je nachdem, ob er der Meinung war, dass die jeweilige Karte das beschriebene Konzept enthielt oder nicht. Aufgabe des Lehrers war es, korrekte Rückmeldungen („richtig" oder „falsch") zu den Antworten des Lerners zu geben. Den Teilnehmern wurde mitgeteilt, dass sie 2 $ erhalten würden, wenn das Konzept innerhalb des Zeitlimits korrekt gelernt würde.

Nachdem der Lerner bereits einen guten Fortschritt gemacht hatte, begann der Lehrer, falsches Feedback zu geben. Damit verhinderte er das korrekte Lernen des Konzepts, was eine Frustration des Lerners bedeutet. Der Lehrer kommentierte sein Verhalten entweder mit der Aussage „So ein Blödsinn, komplette Zeitverschwendung, auch für 2 $ – die können mich mal!" (willkürliche Frustration) oder mit den Worten „Ich bin mir nicht sicher, dass ich die Instruktion, wie ich meinen Part richtig erfülle, verstanden habe." (nicht willkürliche Frustration).

Nach etwa fünf Minuten betrat der Versuchsleiter den Raum und die Teilnehmer sollten schriftlich verschiedene Fragen zum Experiment beantworten. Jeder Teilnehmer wurde zudem – als Maß für aggressive Tendenzen gegenüber dem frustrierenden Lehrer – zum Schluss um seine Meinung gebeten, ob sein Lehrer an einer anderen Studie zur Gruppenforschung teilnehmen dürfen sollte oder eher nicht.

Die Ergebnisse zeigten, dass Teilnehmer, die willkürlich von ihrem Lehrer frustriert worden waren, deutlich stärker dafür plädierten, dass dieser von der zukünftigen Studie ausgeschlossen werden sollte, als Teilnehmer, die nicht willkürlich frustriert worden waren – insbesondere wenn sie diese Angabe anonym machen durften (vgl. Abb. 11.3).

Frustration führt demnach, wenn sie willkürlich bzw. vermeidbar erscheint, zu verstärkt aggressiven Tendenzen.

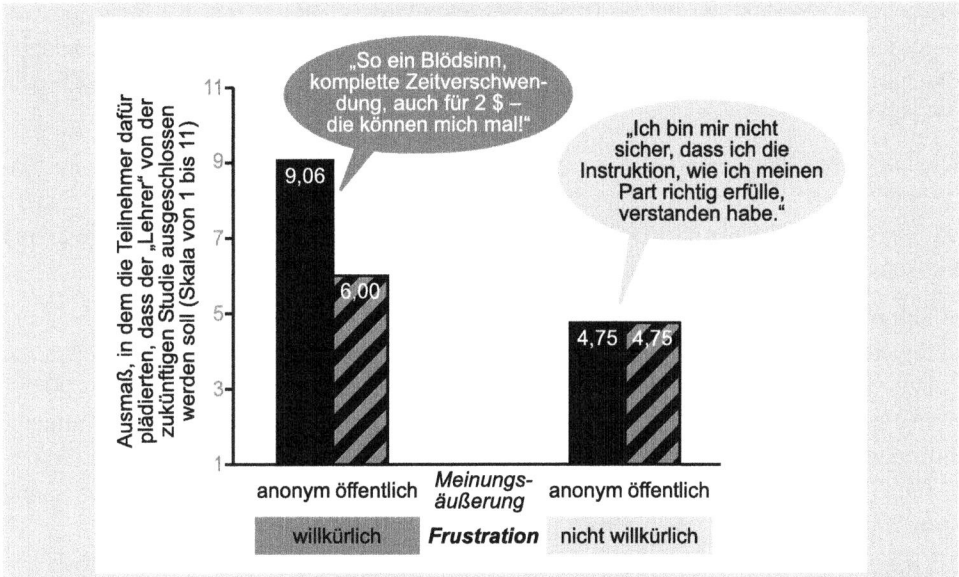

Abb. 11.3: Die Ergebnisse der Studie von Rule und Kollegen (1978) zeigen, dass Teilnehmer, die von ihrem „Lehrer" willkürlich und ungerechtfertigt frustriert worden waren (linke zwei Säulen), stärker dafür plädierten, dass dieser von der zukünftigen Studie ausgeschlossen werden sollte, als Teilnehmer, die nicht willkürlich frustriert worden waren (rechte zwei Säulen). Dies war insbesondere dann der Fall, wenn sie diese Angabe anonym (schwarze Säulen) statt öffentlich (schraffierte Säulen) machten.

Negative Gefühle, die die Aggressionsbereitschaft erhöhen können, entstehen häufig, weil wir aufgrund unerwarteter – und insbesondere unnötiger – Hindernisse die Erreichung wichtiger Ziele bedroht sehen. Neben solchen Frustrationen und den zuvor beschriebenen persönlichen Angriffen können aber auch situative Bedingungen zu einer negativen Gefühlslage beitragen und dadurch die Aggressionsbereitschaft (zusätzlich) erhöhen.

11.2.3 Wenn aversive Bedingungen negative Gefühle bewirken – Der Einfluss situativer Bedingungen auf Aggression

Unsere Gefühlslage wird nicht nur durch persönliche Angriffe oder unerwartete Zielblockaden negativ beeinflusst, sondern kann auch durch unangenehme Begleitumstände bedingt sein. Vielleicht haben Sie schon einmal die Erfahrung gemacht, dass ein an sich friedlicher Mensch Sie wegen einer Kleinigkeit angefahren hat, als hätten Sie wer weiß was verbrochen. Es fällt im Allgemeinen schwer, für solch „grundlose" Aggressionen Verständnis aufzubringen – wir sind beleidigt und reagieren möglicherweise ebenso aggressiv zurück. Wie aber würde sich Ihre Reaktion verändern, wenn Sie wüssten, dass die Person gerade unter einer massiven Migräneattacke leidet und vor Kopfschmerzen kaum die Augen offen halten kann? In solchen Fällen würden Sie möglicherweise von

Vorneherein vorsichtiger an die Person herantreten bzw. ihre aggressive Reaktion weniger ernst nehmen und weniger auf sich selbst beziehen. Schmerzen sind ein Beispiel dafür, wie aversive Bedingungen als „mildernde Umstände" für aggressive Reaktionen gelten können.

Die Forschung hat gezeigt, dass aversive situative Bedingungen negative Gefühlszustände bewirken bzw. verschärfen und die Aggressionsbereitschaft erhöhen können. Schmerz und verschiedene Umweltfaktoren, wie beispielsweise Hitze, Lärm oder unangenehme Gerüche, sind diesbezüglich untersucht worden:

- **Schmerz**
  Physische Schmerzen können bei Mensch und Tier aggressives Verhalten induzieren bzw. aggressive Tendenzen verstärken (z. B. Azrin, 1967; Berkowitz, 1983, 1993b). In einer Studie von Berkowitz und Kollegen (1981) reagierten beispielsweise Studentinnen auf die Arbeit einer anderen Person mit weniger Belohnung und mehr Bestrafung (unangenehmes Geräusch), wenn sie während der Bewertungsaufgabe ihre Hand in schmerzhaft kaltes Wasser halten mussten.

- **Hitze**
  Unangenehm hohe Temperaturen sind mit vermehrt negativem Affekt und einer erhöhten Aggressionsbereitschaft verbunden (Anderson, 1989; Anderson et al., 1995, 1997; Baron & Bell, 1975, 1976; Baron & Ransberger, 1978; Carlsmith & Anderson, 1979; Cohn, 1993; Cohn & Rotton, 1997; Griffitt, 1970; siehe auch Bushman et al., 2005; Reifman et al., 1991; Rotton & Cohn, 2000). So werden in heißen Jahreszeiten und heißen Jahren mehr Straftaten – und insbesondere mehr gewalttätige Straftaten wie Mord, Vergewaltigung und Körperverletzung – registriert als in kälteren Jahreszeiten bzw. kälteren Jahren (Anderson, 1987). Ebenso wird mit steigenden Temperaturen im Straßenverkehr mehr gehupt, insbesondere wenn nur Autos berücksichtigt werden, in denen offensichtlich keine Klimaanlage läuft (Kenrick & MacFarlane, 1986). Rule und Kollegen (1987) zeigten, dass bei hoher Raumtemperatur aggressive Gedankeninhalte verfügbarer sind.

- **Unangenehme Klimabedingungen**
  Neben Hitze zeigen sich auch Zusammenhänge zwischen der Aggressionsbereitschaft und anderen Klimabedingungen. So gehen beispielsweise bei hohen Ozonwerten mehr Hilfsanrufe wegen familiären Unfriedens bei der Polizei ein als bei niedrigen Ozonwerten (Rotton & Frey, 1985). Auch unangenehme Gerüche bzw. Luftverschmutzungen, beispielsweise durch Zigarettenrauch, erhöhen im Vergleich zu sauberer Luft aggressives Verhalten auf eine Provokation hin (z. B. Jones & Bogat, 1978).

- **Lärm**
  Lärm kann die Aggressionsbereitschaft erhöhen – insbesondere wenn die Lärmquelle nicht abgeschaltet werden kann und der Lärm damit unkontrollierbar ist (Donnerstein

& Wilson, 1976; Geen & McCown, 1984; vgl. Beispielstudie). Eine solche Wirkung wurde beispielsweise auch für Verkehrslärm gezeigt (Gaur, 1988).

Beispielstudie zum Einfluss situativer Bedingungen auf Aggression
Provozierte Teilnehmer verhalten sich unter Lärmeinfluss aggressiver.

Die Teilnehmer von Donnerstein und Wilson (1976, Exp.1) wurden zunächst von einem weiteren Teilnehmer (tatsächlich ein Vertrauter der Versuchsleitung) entweder durch eine schlechte Bewertung ihres Kurzaufsatzes und neun Elektroschocks *verärgert* oder durch eine positive Bewertung und nur einen Elektroschock *nicht verärgert*.

In einer nächsten Aufgabe – angeblich zur Untersuchung von Lernen unter Stress – sollten die Teilnehmer dann den Provokateur bei einer Lernaufgabe beobachten und auf falsche Antworten mit Stromschlägen reagieren. Die Teilnehmer konnten zwischen acht verschiedenen Stärken der Stromschläge frei wählen. Dabei wurden die Teilnehmer zusätzlich entweder einem hohem (95 dB) oder einem niedrigem Lärmpegel (55 dB) in Form von unregelmäßigen Lärmsalven von einer Sekunde Dauer ausgesetzt.

Die Ergebnisse zeigten erwartungsgemäß, dass zu Beginn provozierte Teilnehmer stärkere Stromschläge verabreichten als nicht provozierte Teilnehmer. Ein hoher Lärmpegel intensivierte diesen Effekt zusätzlich: Verärgerte Teilnehmer unter hohem Lärmpegel verabreichten die stärksten Stromschläge und zeigten damit am meisten aggressives Verhalten. Bei Teilnehmern, die zuvor nicht verärgert worden waren, spielte der Lärmpegel dagegen keine Rolle.

In einer weiteren Studie (Exp. 2) zeigte sich, dass Lärm auch nachwirkt: Wurden die Teilnehmer dem Lärm nicht während, sondern bevor sie die Stromschläge austeilen sollten, ausgesetzt, führte auch hier der hohe, unkontrollierbare Lärmpegel zu nachfolgend vermehrt aggressivem Verhalten bei provozierten Teilnehmern.

Diese Studien zeigen, dass Lärm aggressive Reaktionen auf eine Provokation verstärkt.

Eine Reihe aversiver Situationsbedingungen kann bewirken, dass wir – beispielsweise auf eine Provokation hin – aggressiver reagieren, als das unter angenehmeren Umständen der Fall wäre. Gerade für situative Bedingungen wie beispielsweise Hitze oder Verkehrslärm kann die Person, die unsere Aggressionen abbekommt, jedoch in den meisten Fällen überhaupt nichts. Wäre es da nicht besser, unseren negativen Gefühlen anderweitig Luft zu machen als sie an anderen Personen auszulassen, die unter Umständen nicht einmal die Ursache dafür sind? Mit dieser Frage beschäftigt sich der folgende Abschnitt.

11.2.4 Kann „Frust ablassen" Aggressionen reduzieren? – Aggressionsverschiebung und Katharsishypothese

Negative Gefühle können die Aggressionsbereitschaft erhöhen – sei es, dass die negativen Gefühle von einem Angriff gegen die eigene Person (Provokation oder soziale Zurückweisung), aus der Blockade eines wichtigen Ziels (Frustration) oder aversiven situativen Bedingungen wie beispielsweise Schmerz, Hitze oder Ähnlichem herrühren. Eine höhere Aggressionsbereitschaft findet sich dabei nicht nur gegenüber der Quelle unserer negativen Gefühle, sondern häufig auch gegenüber Personen oder Objekten, die gar nichts dafür können. In solchen Fällen spricht man von **Aggressionsverschiebung** (*displaced aggression*; Dollard et al., 1939; Marcus-Newhall et al., 2000).

> **Aggressionsverschiebung**
> (*displaced aggression*)
>
> Bei einer Aggressionsverschiebung wird aggressives Verhalten gegen Personen oder Objekte gerichtet, die nicht Auslöser der negativen Gefühle sind.

Aggressionsverschiebung tritt unter anderem dann auf, wenn wir auf eine Provokation nicht direkt reagieren können. So werden beispielsweise Aggressionen gegenüber Höhergestellten (z. B. von Schülern gegenüber ihrem Lehrer, Mitarbeitern gegenüber ihrer Führungskraft) häufig nicht ausgelebt, weil dies negative Konsequenzen haben könnte. Stattdessen machen wir in solchen Fällen „gute Miene zum bösen Spiel", lassen unter Umständen unseren Ärger aber später an einer beliebigen anderen Person aus, die uns nur den geringsten Anlass dazu gibt (z. B. Pedersen et al., 2000). Selbst wenn wir uns mit dem Hammer aus Versehen auf den Daumen schlagen, können die unangenehmen Schmerzen dazu führen, dass wir gegenüber dem nächsten, der uns begegnet, aggressiv sind.

> **Katharsishypothese**
>
> Annahme, dass das Ausführen jeglicher aggressiver Handlungen – gegen Objekte oder beliebige Personen – ärger- und aggressionsreduzierende Effekte hat.
>
> Wissenschaftliche Befunde sprechen *gegen* einen Katharsiseffekt und zeigen vielmehr gegenteilige Effekte: Das Ausführen aggressiver Handlungen erhöht nachfolgend negativen Affekt und die Aggressionsbereitschaft.

Um diese Aggressionsverschiebung zu verhindern, wird häufig empfohlen, Frust in unschädlicher Form, beispielsweise durch das Bearbeiten eines Boxsacks, abzulassen. Dies entspricht der Logik traditioneller Katharsisideen, die davon ausgehen, dass das Ausleben von aggressiven Impulsen – an Objekten oder beliebigen Personen – in der Folge Ärger und Aggressionen reduziert (z. B. Freud, 1920; Lorenz, 1974; vgl. auch Marcus-Newhall et al., 2000; Miller, 1948). Viele Menschen glauben an diese **Katharsishypothese** und Befunde sprechen dafür, dass viele Menschen eine in diesem Sinne ausgeübte „unschädliche" Aggression mit dem Ziel einsetzen, ihre Stimmung zu verbessern (z. B. Bushman et al., 2001). Doch wie sieht es mit der Wirksamkeit solcher Strategien aus? Sind gewalthaltige Computerspiele womöglich förderlich, indem angestaute Aggressionen abgebaut werden können, ohne tatsächlich jemanden zu verletzen oder in blinde Zerstörungswut auszubrechen?

Insbesondere für den letzten Fall (vgl. hierzu auch Abschnitt 11.5) ist dies mit einem klaren Nein zu beantworten: Zielunspezifische Aggression ist nicht dazu geeignet, Aggressionen zu reduzieren (z. B. Ebbesen et al., 1975; Geen & Quanty, 1977). Durften beispielsweise vom Versuchsleiter frustrierte Teilnehmer mit einer Spielzeugwaffe auf das Bild einer Person schießen, reduzierte das ihre spätere Aggression gegenüber dem Versuchsleiter nicht (Mallick & McCandless, 1966). Im kompletten Widerspruch zur Katharsishypothese scheint zielunspezifische Aggression nachfolgendes aggressives Verhalten sogar eher zu *erhöhen* (z. B. Baron & Richardson, 1994; Bushman, 2002; Bushman & Baumeister, 1998; Bushman et al., 1999, 2001; vgl. Beispielstudie).

Beispielstudie zur Katharsishypothese
Boxen auf einen Sandsack führt zu anschließend erhöhter Aggression gegenüber dem Provokateur.

In der Studie von Bushman (2002) erhielten die Teilnehmer zunächst eine negative Bewertung für einen Kurzaufsatz, den sie verfasst hatten. Die Bewertung kam angeblich von einem weiteren Teilnehmer, der jedoch in einem anderen Raum saß. Tatsächlich gab es diesen jedoch gar nicht und alle Teilnehmer erhielten das gleiche Feedback. Dieses enthielt neben negativen Einzelbewertungen von Aufbau, Originalität, Schreibstil etc. den Kommentar „Das ist einer der schlechtesten Aufsätze, den ich je gelesen habe!", um die Teilnehmer zu provozieren. Anschließend sollten die Teilnehmer entweder auf einen Sandsack boxen und dabei über den Partner/Provokateur nachdenken (Gruppe A), auf einen Sandsack boxen und über körperliche Fitness nachdenken (Gruppe B) oder zwei Minuten ruhig dasitzen (Kontrollgruppe), während der Versuchsleiter sich angeblich um den Computer kümmerte.

Danach bearbeiteten die Teilnehmer eine Computeraufgabe über 25 Runden, in denen der jeweilige Verlierer ein unangenehmes Geräusch verabreicht bekam. Die Teilnehmer konnten im Voraus die Intensität des Geräuschs festlegen, das ihr Gegner erhalten würde, sollte er verlieren. Verlor der Provokateur, konnten die Teilnehmer zudem durch Gedrückthalten der Taste die Dauer der Geräuschsalve bestimmen.

Die Ergebnisse zeigen, dass diejenigen Teilnehmer, die beim Boxen an den Provokateur gedacht hatten (Gruppe A), im Anschluss ärgerlicher waren als Teilnehmer, die während des Boxens über körperliche Fitness nachgedacht hatten (Gruppe B), und ärgerlicher als Teilnehmer der Kontrollgruppe. Beim Verabreichen der Geräusche zeigten Teilnehmer der Gruppe A die meiste, Teilnehmer der Gruppe B mittelmäßige und die Kontrollgruppe am wenigsten Aggression (vgl. zusammenfassend Abb. 11.4).

Diese Studie zeigt, dass das reine „Abreagieren" von Aggressionen nicht zu einer Verringerung, sondern zu einer Verstärkung nachfolgender Aggressionen führt.

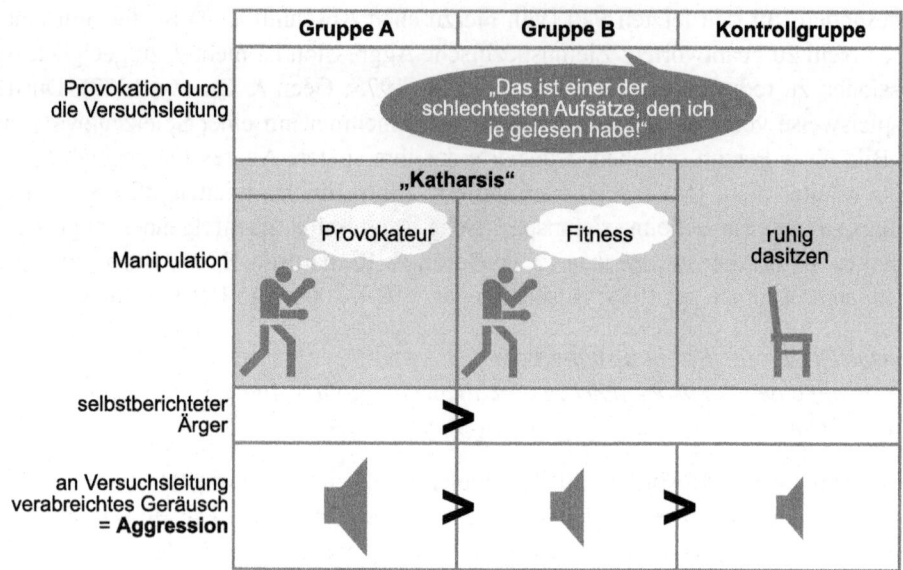

Abb. 11.4: Skizzierung des Versuchsablaufs und vereinfachte Ergebnisdarstellung der Studie von Bushman (2002): Nach Provokation durch die Versuchsleitung sollten die Teilnehmer auf einen Sandsack boxen und dabei entweder über den Provokateur (Gruppe A) oder über körperliche Fitness nachdenken (Gruppe B). Die Kontrollgruppe boxte nicht auf einen Sandsack, sondern sollte zwei Minuten ruhig dasitzen. Selbstbe-richteter Ärger sowie aggressives Verhalten waren im Anschluss bei Teilnehmern der Gruppe A am höchsten; am wenigsten aggressives Verhalten zeigen Teilnehmer der Kontrollgruppe.

Wie kommt es dazu, dass aggressives Verhalten nachfolgende Aggressionen sogar noch erhöht? Eine wichtige Rolle spielen hierbei vermutlich Primingprozesse (vgl. Denzler et al., 2006; Förster & Liberman, 2006): Zielunspezifische Aggression erhöht die Zugänglichkeit aggressiver Konzepte und Verhaltensweisen. Nach Förster und Kollegen (2005) sind für die Verfügbarkeit von bestimmten Inhalten und Verhaltensweisen aktivierte Ziele bzw. deren Erfüllung von entscheidender Bedeutung. Sie gehen davon aus, dass ein Ziel die Verfügbarkeit von zielrelevanten Konstrukten erhöht, diese Verfügbarkeit aber nach Zielerfüllung wieder reduziert ist. Dies beinhaltet eine funktionale Sicht: Solange ein Ziel verfolgt wird, ist es für die Zielerreichung nützlich, wenn Inhalte, die bei der Zielerreichung helfen könnten, aktiviert und damit leichter abrufbar sind. Nach der Zielerfüllung ist eine Reduktion dieser Verfügbarkeit sinnvoll, um zu vermeiden, dass diese mit neuen Zielen interferieren.

Auf Aggressionen übertragen bedeutet dies: Aggressive Ziele (z. B. Vergeltung) können beispielsweise – wie in der oben genannten Beispielstudie von Bushman (2002) – durch Provokation oder Frustration aktiviert werden. Durch aggressives Verhalten, das nicht zur Erfüllung dieses Ziels beiträgt, wird die Aktivierung aggressiver Konstrukte nur noch mehr genährt statt verringert. Denzler und Kollegen (2006) zeigten bei *Erfüllung* des aggressiven Ziels einen „kathartischen" Effekt, d. h., die Verfügbarkeit aggressiver Konstrukte sowie aggressives Verhalten waren nachfolgend reduziert. Da Ziele meist durch verschiedene Mittel erfüllt werden können (*principle of equifinality*; Kruglanski et al., 2002), sollte auch eine konstruktive Konfliktlösung Aggression reduzieren. Dies konnte ebenfalls gezeigt werden, sowohl für die Verfügbarkeit aggressiver Gedankeninhalte als auch für aggressives Verhalten (vgl. Beispielstudie).

Beispielstudie zur Katharsishypothese
Zielunspezifische Aggression erhöht, zielführende Aggression reduziert nachfolgend die Verfügbarkeit aggressiver Inhalte sowie aggressiven Verhaltens.

Die Teilnehmer von Denzler und Kollegen (2006, Exp. 2) bearbeiteten hintereinander mehrere angeblich voneinander unabhängige Aufgaben, die nur aus ökonomischen Gründen in einer Sitzung bearbeitet würden (tatsächlich handelte es sich um drei *Phasen* ein und derselben Studie). In der ersten Phase sollten die Teilnehmer ein Szenario lesen, in dem der Protagonist seine Freundin dabei erwischt, wie sie ihn mit seinem besten Freund betrügt[2], und versuchen, sich möglichst gut in den Protagonisten, seine Gefühle und Gedanken hineinzuversetzen. Im Anschluss daran wurde mit einer Wortentscheidungsaufgabe die Verfügbarkeit aggressiver Gedankeninhalte gemessen.

In der zweiten Phase erhielten einige Teilnehmer eine Fortführung des Szenarios, in der der Protagonist erfolgreich Rache an seinem Freund nimmt, indem er diesem auflauert, in Gesicht und Magengrube schlägt und wütend entgegenschleudert „Was bist Du nur für ein mieses Schwein, weißt Du überhaupt, was Du mir angetan hast?", um danach zufrieden die Szenerie zu verlassen (*aggressive Zielerfüllung*). Ein anderer Teil erhielt eine Fortsetzung, in der der Racheversuch fehlschlägt, weil der Freund nicht auftaucht und der Protagonist unverrichteter Dinge wieder nach Hause gehen muss (*Zielfrustration*). Für den Rest der Teilnehmer geht die Geschichte so weiter, dass der Protagonist das Problem mit seinem besten Freund friedlich löst, indem er diesen anruft, mit der Geschichte konfrontiert und ihm sagt, dass er fortan keinen Kontakt mehr möchte (*nicht aggressive Zielerfüllung*). Ein weiteres Mal wurde im Anschluss daran mit einer Wortentscheidungsaufgabe die Verfügbarkeit aggressiver Gedankeninhalte gemessen.

Als Maß für aggressives Verhalten sollten die Teilnehmer in der dritten Phase dem Versuchsleiter helfen, aus einem Pool von 30 Bildern willkürlich zehn auszuwählen, die anderen Teilnehmern zur Bewertung vorgelegt würden. Ein Drittel der Bilder war negativ (z. B. Darstellung eines verwesenden Tierkörpers), ein zweites Drittel neutral (z. B. Abbildung eines Regenschirms) und ein letztes Drittel positiv (z. B. Bild eines Welpen).

---

[2] Der Einfachheit halber wird nur das Szenario für männliche Teilnehmer beschrieben. Teilnehmerinnen erhielten ein analoges Szenario mit vertauschten Geschlechtern, d. h. ein Szenario, in dem eine Frau betrogen wird.

Die Ergebnisse der Wortenscheidungsaufgabe zeigen, dass sowohl nach aggressiver als auch nach nicht aggressiver Zielerfüllung die Verfügbarkeit aggressiver Inhalte sinkt, während dies nach einer aggressiven Handlung, die jedoch nicht zielführend ist (Zielfrustration), nicht der Fall ist. Des Weiteren zeigte sich, dass die Teilnehmer bei Zielfrustration mehr negative Bilder wählten als Teilnehmer mit aggressiver Zielerfüllung. Die positivsten Bilder wählten Teilnehmer mit nicht aggressiver Zielerfüllung, d. h., bei Zielfrustration zeigte sich am stärksten und bei nicht aggressiver Zielerfüllung am wenigsten aggressives Verhalten (vgl. zusammenfassend Abb. 11.5).

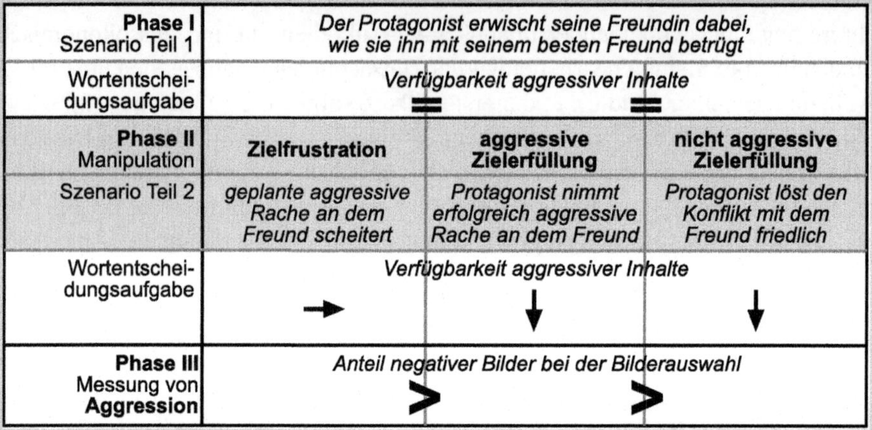

Phase I Szenario Teil 1	*Der Protagonist erwischt seine Freundin dabei,* *wie sie ihn mit seinem besten Freund betrügt*		
Wortentschei- dungsaufgabe	*Verfügbarkeit aggressiver Inhalte* ≡ ≡		
Phase II Manipulation	**Zielfrustration**	**aggressive** **Zielerfüllung**	**nicht aggressive** **Zielerfüllung**
Szenario Teil 2	*geplante aggressive* *Rache an dem* *Freund scheitert*	*Protagonist nimmt* *erfolgreich aggressive* *Rache an dem Freund*	*Protagonist löst den* *Konflikt mit dem* *Freund friedlich*
Wortentschei- dungsaufgabe	*Verfügbarkeit aggressiver Inhalte* →	↓	↓
Phase III Messung von **Aggression**	*Anteil negativer Bilder bei der Bilderauswahl* >	>	

Abb. 11.5: Skizzierung des Versuchsablaufs und vereinfachte Ergebnisdarstellung der Studie von Denzler und Kollegen (2006, Exp. 2): Während die Verfügbarkeit aggressiver Inhalte nach Zielfrustration gleich blieb, war sie nach aggressiver und nicht aggressiver Ziel*erfüllung* vermindert. In der Aggressionsmessung zeigten Teilnehmer mit Zielfrustration am meisten, Teilnehmer mit nicht aggressiver Zielerfüllung am wenigsten aggressives Verhalten.

Wie die vorangegangenen Ausführungen zeigen, sind kathartische Effekte durch aggressives Verhalten, wenn überhaupt, nur unter sehr spezifischen Bedingungen zu erreichen. Die momentane Befundlage legt nahe, dass sich dazu das aggressive Verhalten gegen den Provokateur richten und die Rache zudem „erfolgreich" verlaufen muss. Ist dies nicht gegeben, *erhöhen* Rachegedanken oder zielunspezifisches aggressives Verhalten die Aggressivität. Insbesondere zu beachten ist jedoch, dass friedliche Konfliktlösungen am besten geeignet scheinen, aggressives Verhalten zu reduzieren. Bezieht man zudem ein, dass „erfolgreiche" Aggression zwar kurzfristig aggressionsverringernd wirken mag, langfristig aggressives Verhalten aber ebenfalls fördern kann (vgl. Abschnitt 11.3), sind konstruktive, friedliche Problemlösungen in jedem Fall die beste Wahl.

11.2.5 Zusammenfassung

In diesem Abschnitt wurde aufgezeigt, dass negative Gefühle jeglicher Art und verschiedenster Ursache – und insbesondere die Emotion Ärger – die Aggressionsbereitschaft erhöhen bzw. Aggression freisetzen können. Häufig sind solch negative Gefühle, die aggressives Verhalten fördern, eine Reaktion auf Angriffe gegen die eigene Person (z. B. auf Provokation oder soziale Zurückweisung) oder auf die Bedrohung bzw. Blockierung eigener Ziele (Frustration). Als weitere wichtige Quelle negativer Affekte, die Aggression wahrscheinlicher machen, wurden situative Faktoren wie beispielsweise Schmerz, Hitze, Kälte oder Lärm, beschrieben. Das Abreagieren von Frust bzw. negativen Gefühlen ist – entgegen der weit verbreiteten Annahme – wenn überhaupt, dann nur unter ganz speziellen Rahmenbedingungen aggressionsreduzierend, meist jedoch eher aggressionsfördernd.

11.3 Die Bedeutsamkeit von Normen und sozialem Lernen für Aggression

Da Aggression im Allgemeinen als potenziell destruktive Kraft gesehen wird, haben alle Gesellschaften und Gruppen Normen, die diese regulieren (vgl. Abschnitt 9.1.4, „Normen"). Das bedeutet jedoch nicht, dass alle Normen Aggressivität ablehnen oder vermindern sollen. Wie nachfolgend zu sehen ist, kann Aggression durch Normen auch gepuscht werden, man denke nur an Prügelstrafe, Ehrenmorde oder Kriege.

Einen entscheidenden Einfluss darauf, welche Normen vermittelt und wie stark diese verinnerlicht werden, haben Sozialisationsbedingungen. Diese vermitteln Normen und damit auch Regeln für aggressives Verhalten insbesondere durch die Konsequenzen, die auf aggressives Verhalten folgen (vgl. Abschnitt 11.3.1) und durch Modelllernen (vgl. Abschnitt 11.3.2). Nachfolgend werden Befunde hierzu vorgestellt und der Einfluss wichtiger Sozialisationsquellen beschrieben (Abschnitt 11.3.3).

11.3.1 Auswirkungen von Belohnung und Bestrafung auf aggressives Verhalten

Konsequenzen, die auf aggressives Verhalten folgen, haben bedeutsamen Einfluss darauf, ob Aggression gezeigt wird oder nicht. So verhalten sich Kinder, die die Erfahrung gemacht haben oder annehmen, dass ihnen Aggression Belohnungen bringt, eher aggressiv (Patterson et al., 1967; Perry et al., 1986). Ebenso waren jene Teenager, deren Väter vor allem bei aggressiver Spielweise applaudierten und damit das aggressive Verhalten ihrer Kinder verstärkten, die aggressivsten Hockeyspieler im Team (Ennis & Zanna, 1991).

Unterschiedliche Konsequenzen auf ihr aggressives Verhalten erleben Kinder schon sehr früh. So zeigte sich, dass bei Streitigkeiten unter Geschwistern Eltern unterschiedlich auf aggressives Verhalten von Jungen und Mädchen reagieren: Bei Mädchen wird aggressives Verhalten mit größerer Wahrscheinlichkeit verboten, während zumindest für milde physische Aggression bei Jungen mehr Toleranz gezeigt wird (Martin & Ross, 2005; vgl. auch Exkurs „Geschlechtsunterschiede").

Schließlich werden auch manche Arten aggressiven Verhaltens weniger geahndet als andere, beispielsweise wenn sie subtile und sozial weniger verpönte Formen haben. Dies ist häufig beim **Mobbing** bzw. **Bullying** der Fall – systematischen und langfristig angelegten Aggressionsformen, die insbesondere am Arbeitsplatz (Mobbing) und in Schulen (Bullying) bedeutsam sind (vgl. Exkurs „Mobbing und Bullying").

Exkurs: **Geschlechtsunterschiede**

Prominentes Beispiel für den Einfluss sozialer Rollen auf Aggression sind die Geschlechterrollen. Diese sind neben biologischen Faktoren verantwortlich für Geschlechtsunterschiede im Auftreten aggressiven Verhaltens. Aggression ist keine Männerdomäne und es gibt keinen Grund anzunehmen, dass Männer aggressiver seien als Frauen – sie äußern es nur anders (für einen Überblick siehe Björkqvist, 1994). Betrachtet man ausschließlich *physische* Aggression, so findet sich eine höhere Aggression bei Männern. Dies kann aber damit erklärt werden, dass Frauen über geringere physische Kräfte verfügen und so bereits früh lernen, andere Strategien zu entwickeln, beispielsweise verbale oder indirekte Aggression (Strategien, bei denen der Aggressor nicht unbedingt identifizierbar ist; z. B. manipulieren, jemanden ausschließen). Betrachtet man all diese Strategien gemeinsam, so finden sich beispielsweise im Bereich der häuslichen Gewalt keine Geschlechtsunterschiede (Straus et al., 1988). Betrachtet man sie jedoch getrennt, so finden sich Geschlechtsunterschiede. Beispielsweise schließen Mädchen Neulinge in einer Gruppe häufiger spontan aus als Jungen (Feshbach, 1969). Folglich sind nicht nur quantitative (*In welchem Ausmaß* ist jemand aggressiv?), sondern auch qualitative Aspekte von Aggression bedeutsam (*Auf welche Weise* ist jemand aggressiv?).

Exkurs: **Mobbing und Bullying**

Systematische Aggression in Form von Mobbing (vom engl. *to mob*: anpöbeln, sich auf jemanden stürzen, über jemanden herfallen) bzw. Bullying (vom engl. *to bully*: schikanieren, drangsalieren, tyrannisieren) hat zum Teil dramatische Konsequenzen für die Opfer. Diese weisen häufig ein niedriges Selbstwertgefühl auf, leiden an Depressionen, psychosomatischen, Angst- und Leistungsstörungen. Diese ziehen häufig den Verlust des Arbeitsplatzes und manchmal sogar Selbstmord nach sich (z. B. Bowling & Beehr, 2006; Leymann, 1993a, b; Niedl, 1995; vgl. auch Schuster, 1996). Für Mobbing und Bullying spielen personale und situative Faktoren eine Rolle:

- **Personale Faktoren: Täter**   Die Täter weisen eine hohe Stabilität von aggressivem Verhalten auf: Jugendliche Mobber haben eine wesentlich höhere Wahrscheinlichkeit als unauffällige Jugendliche, als junge Erwachsene mindestens eine Vorstrafe zu haben (Olweus, 1996).

- **Personale Faktoren: Opfer**   Opfer im schulischen Kontext sind häufig Schüler, die in ihrer Klasse abgelehnt (Schuster, 1999) und/oder als andersartig empfunden werden (Lease et al., 2003). Auch für Schüler mit Einschränkungen wie beispielsweise Lernbehinderungen (Mishna, 2003) oder Stottern (Davis et al., 2002) wird ein erhöhtes Risiko, zum Opfer von Bullying zu werden, angenommen.

- **Situative Faktoren**   Im Arbeitskontext haben sich beispielsweise eine schlechte Arbeitsorganisation sowie schlechte Führung durch die Führungskraft (Leymann, 1993a, b), im Schulkontext ein schlechtes Klassenmanagement durch den Lehrer (Roland & Galloway, 2002) als bedeutsam für das Auftreten von Mobbing oder Bullying gezeigt.

Kurzum: Ob Aggression ein wirksames Verhalten ist, wird gelernt, indem der Aggressor auf sein aggressives Verhalten hin Belohnung oder Bestrafung erfährt. Daneben gibt es, wie nachfolgend ausgeführt wird, im Rahmen der Sozialisation weitere Einflussfaktoren auf aggressives Verhalten.

11.3.2 Auswirkungen sozialer Modelle auf aggressives Verhalten

Erinnern Sie sich doch nochmals an das Endspiel der Fußballweltmeisterschaft 2006, in dem der französische Starfußballer Zinédine Zidane dem italienischen Gegenspieler Marco Materazzi mit voller Absicht den Kopf in den Oberkörper rammte und vom Platz gestellt wurde. Der Vorfall ging durch die Weltpresse und in einem der vielen Interviews sagte Zidane: „Ich bitte um Verzeihung bei allen Kindern, die das gesehen haben. Dafür gibt es keine Entschuldigung." Dieses Zitat zeigt, dass wir uns der Modellfunktion, die unser Verhalten auf andere hat, durchaus bewusst sind. Doch ist das wirklich so? Schauen sich Kinder aggressives „Modellverhalten" ab?

Nach dem Ansatz von Bandura (1973) ist dies möglich, da das aggressive Verhalten der Akteure (Modelle) imitiert wird. Modelllernen ist demnach (mit)verantwortlich für den Erwerb aggressiven Verhaltens, die Anstiftung und Aufrechterhaltung aggressiver Handlungen (Bandura et al., 1961, 1963; vgl. Beispielstudie).

> **Ansatz von Bandura (1973)**
>
> Aggressives Verhalten wird ebenso erlernt wie andere Formen des Sozialverhaltens auch; beispielsweise durch Beobachtungslernen (Modelle).

Beispielstudien zum Modelllernen
Aggressives Verhalten kann über Modelllernen erworben werden, indem beobachtetes Verhalten imitiert wird.

Bandura und Kollegen (1961) ließen drei- bis sechsjährige Kinder zunächst in einem Raum zusammen mit einem Erwachsenen warten (*Lernphase*). Während die Kinder malten, verhielt sich der Erwachsene entweder aggressiv oder nicht aggressiv. In der aggressiven Bedingung malträtierte das Modell eine Puppe (z. B. schlug ihr mit einem Holzhammer auf die Nase, zwickte sie und gab aggressive Äußerungen von sich). In der nicht aggressiven Bedingung spielte das Erwachsenenmodell stumm mit Legosteinen.

In der anschließenden *Imitationsphase* wurden die Kinder in ein anders Gebäude geführt und zunächst verärgert, um einen aggressiven Kontext zu etablieren. Dazu wurden ihnen erst attraktive Spielsachen gegeben, nach zwei Minuten jedoch wieder weggenommen mit der Begründung, dass das die besten Spielsachen seien und man nicht jeden damit spielen lasse. Stattdessen wurden die Kinder in einen zweiten Raum geführt, in dem sich weniger attraktives Spielzeug befand – unter anderem die Puppe und der Holzhammer aus der Lernphase.

Die Autoren interessierte nun, wie die Kinder mit dem Spielzeug umgingen, insbesondere ob sie sich aggressiv verhielten oder nicht. Die Ergebnisse zeigten, dass sowohl physische als auch verbale Verhaltensweisen des *aggressiven* Modells imitiert wurden. Auch nicht aggressives Verhalten wurde imitiert, zumindest bei männlichen Modellen: Kinder, die das nicht aggressive männliche Modell gesehen hatten, zeigten weniger aggressives Verhalten als diejenigen, die gar kein Modell hatten.

Nach Carver und Kollegen (1983) sind kognitive Prozesse ausreichend, um diese Wirkung von Modellen zu erklären. Das Beobachten von Modellverhalten aktiviert demnach ein passendes Schema, wodurch schemakongruente Informationen verfügbarer werden. Ist ein Schema für aggressives Verhalten aktiviert, werden mehrdeutige Situationen eher als feindselig interpretiert und auch vermehrt aggressives Verhalten gezeigt (Carver et al., 1983). Es werden zudem aggressive Gedanken und Empfindungen stimuliert, die dieses Verhalten auch als zielführender erscheinen lassen (Bargh & Gollwitzer, 1994). In weiteren Studien konnte gezeigt werden, dass das Sehen von Gewalt zudem emotional und physiologisch aggressionstypische Reaktionen auslöst (Bushman & Geen, 1990). Je höher der Grad an Gewalt, den Personen in einem Video gesehen hatten, desto mehr aggressive Kognitionen wiesen sie anschließend auf, desto feindseliger verhielten sie sich und desto höher war ihr systolischer Blutdruck. Es wird diskutiert, dass solche Prozesse auch dafür verantwortlich sind, dass sich Personen beispielsweise nach einem Boxkampf aggressiver verhalten bzw. dass Krawalle unter den Fans eines Sportereignisses Folge eines aggressiven Spiels sind (Bushman & Wells, 1998).

Im richtigen Leben beobachten wir häufig nicht nur das Verhalten von anderen Menschen, sondern auch die Konsequenzen, die diesem Verhalten folgen. Insbesondere die Beobachtung, ob ein Modell für sein Verhalten belohnt oder bestraft wird, kann sich auf die Imitation auswirken (Bandura et al., 1963; vgl. Beispielstudie).

Beispielstudie zum Modelllernen
Beobachtetes belohntes Verhalten wird häufiger imitiert.

In einer weiteren Studie ließen Bandura und Kollegen (1963) drei- bis sechsjährige Kinder in einer *Lernphase* ...

a) einen Film sehen, in dem ein aggressives Modell *belohnt* wurde: Ein Junge nimmt einem anderen Jungen das Spielzeug weg und verprügelt ihn, malträtiert zwischendurch zudem eine Puppe. Er wird im Film als Sieger dargestellt und nimmt das Spielzeug mit. Der Film endet mit dem Kommentar, dass der Angreifer der Sieger sei.

b) einen Film sehen, in dem ein aggressives männliches Modell *bestraft* wurde: Der Film beginnt ähnlich, allerdings wehrt sich der angegriffene Junge nun erfolgreich seinerseits und verprügelt den Angreifer, bis dieser schließlich in einer Ecke landet und sich ruhig verhält. Die Szene endet mit dem Kommentar, dass der Angreifer für sein Verhalten bestraft wurde.

c) einen Film sehen, in dem beide Jungen lebhaft *miteinander* mit einer Puppe *spielten* (nicht aggressive Modelle, Kontrollgruppe 1).

d) keinen Film sehen (kein Modell, Kontrollgruppe 2).

In der *Imitationsphase* wurden die Kinder ohne vorherige Provokation in ein Spielzimmer geführt, in dem ähnliche Spielsachen lagen, wie im Film zu sehen waren, unter anderem die zwei Puppen. Die Kinder durften 20 Minuten spielen.

Die Ergebnisse zeigten, dass die Kinder häufiger aggressive Verhaltensweisen zeigten, wenn sie im Film zuvor ein Modell gesehen hatten, das für sein aggressives Verhalten belohnt worden war (Film 1), als in den anderen drei Bedingungen.

Wir haben gesehen, dass Sozialisationserfahrungen mitverantwortlich sind für die Ausübung und Aufrechterhaltung aggressiven Verhaltens (vgl. zusammenfassend Abb. 11.6). Nachfolgend sollen Quellen, aus denen wir diese Erfahrungen gewinnen, detaillierter beschrieben werden.

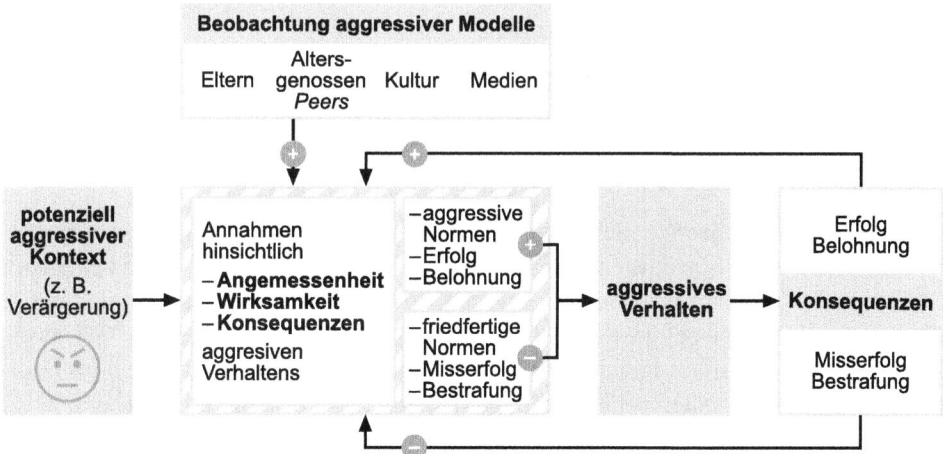

Abb. 11.6: Zusammenfassend wird dargestellt, wie sich Sozialisationserfahrungen auf aggressives Verhalten auswirken können. In einem potenziell aggressiven Kontext sind Annahmen (schraffierter Kasten) hinsichtlich Angemessenheit, Wirksamkeit und Konsequenzen aggressiven Verhaltens bedeutsam; sind aggressive (friedfertige) Normen salient und werden Erfolg (Misserfolg) bzw. Belohnung (Bestrafung) von Aggression antizipiert, wird aggressives Verhalten wahrscheinlicher (+) (unwahrscheinlicher; −). Die entscheidenden Annahmen bzw. Erwartungen werden durch die Konsequenzen, die auf aggressives Verhalten folgen, sowie durch die Beobachtung von Modellen beeinflusst. Aggressive Modelle verstärken Annahmen dahingehend, dass aggressives Verhalten angemessen und wirksam ist sowie dass es belohnt wird.

11.3.3 Wichtige Quellen der Sozialisationserfahrung

Wichtige Quellen für Sozialisationserfahrungen in Bezug auf aggressives Verhalten sind Eltern, Altersgenossen (sog. „Peers"), Kultur und Medien. Der Einfluss der Medien wird aufgrund seiner aktuell viel diskutierten und teils widersprüchlichen Zusammenhänge zur Aggression in Abschnitt 11.5 gesondert behandelt.

Eltern. Erzieherisches Verhalten der Eltern, wie beispielsweise Schreien oder Schlagen, wirken als Modell und können auf diese Weise das Aggressionsverhalten der Kinder prägen (siehe auch Patterson et al., 1982). So ist für Personen, die in der Kindheit erfahren haben, dass Aggression oder Missbrauch normal und akzeptiert ist (die z. B. selbst missbraucht wurden oder dies in der Familie erlebt haben), die Wahrscheinlichkeit erhöht, als Jugendlicher delinquent bzw. als Erwachsener kriminell oder gewalttätig zu werden (Silver et al., 1969; Sugarman & Hotaling, 1989; Widom, 1989a, 1994; siehe auch Bandura & Walters, 1959). Ein ähnlicher Zusammenhang findet sich beim Waffengebrauch: Männer, die in der Kindheit bei ihren Eltern Waffeneinsatz bei häuslichen Streitigkeiten erlebt hatten, setzten mit höherer Wahrscheinlichkeit selbst Waffen ein oder drohten dies an (Murrell et al., 2005). Bitte beachten Sie, dass aus diesen Korrelationen nicht geschlossen werden kann, dass selbst erlebter Missbrauch zwangsläufig zu eigenem Missbrauchsverhalten führt. Es lässt sich vielmehr beobachten, dass der, der missbraucht, oft selbst missbraucht wurde (Widom, 1989b).

Streitigkeiten zwischen den Eltern, gewalttätige häusliche Rollenmodelle sowie geringer sozioökonomischer Status korrelieren mit der späteren Gewalt zwischen sich nahestehenden Personen (Sugarman & Hotaling, 1989). Auch hier ist zu beachten, dass für diesen Zusammenhang noch viele weitere Faktoren eine Rolle spielen.

Altersgenossen („Peers"). Jenseits der Eltern stellen auch die Altersgenossen eine bedeutsame Quelle der Sozialisation dar. Sie prägen ebenfalls das Verhalten und etablieren Verhaltensnormen: In der Gegenwart eines weiteren aggressiven Kindes verhielten sich Kinder nach dem Sehen aggressiver Filmszenen verstärkt aggressiver, in der Gegenwart eines submissiven Kindes hingegen weniger aggressiv (Leyens et al., 1982). Insbesondere Kinder, die besonders beliebt sind und dadurch beispielsweise in der Klasse einen hohen Status haben, prägen Normen: Verhält sich ein beliebtes Kind aggressiv, stützt die Klassennorm typischerweise aggressives Verhalten (Price & Dodge, 1989).

Als einer der stärksten Prädiktoren für Gewalttätigkeit in der Adoleszenz (stärker noch als die individuelle kriminelle Vorgeschichte) gilt die Mitgliedschaft in einer *Gang* (Thornberry, 1998; siehe auch Klein, 1969; Reicher, 1987). Der Anteil Jugendlicher, die eine Feuerwaffe besitzen, ist bei Gangmitgliedern ca. zehnmal höher als bei jugendlichen Straftätern, die nicht in einer Gang sind. Des Weiteren sind Mitglieder in einer Gang überproportional häufig an schweren Straftaten (z. B. Schießereien) beteiligt (Thornberry et al., 2003). Dabei sind Gangmitglieder, bevor sie in die Gang eintreten, im Vergleich zu Nichtmitgliedern keineswegs häufiger delinquent oder drogenabhängig. Sobald sie jedoch Mitglied geworden sind, steigt ihre Delinquenzrate; verlassen sie die Gang wieder, so sinken typischerweise die Raten wieder (Thornberry et al., 1993).

Kultur. Normen variieren nicht nur von Schule zu Schule bzw. von Unternehmen zu Unternehmen, Stadt zu Stadt, sondern ebenso von Kultur zu Kultur: Internationale Vergleiche haben ergeben, dass im Gebusi-Stamm in New Guinea USA die höchste Mordrate weltweit vorliegt (568 auf 100 000 Einwohner) (Ghiglieri, 1999). In keinem anderen Land war sie so hoch, selbst in den USA lag sie bei 6,7 (in amerikanischen Großstädten bei 18,9), in der Schweiz bei 1,23 pro 100 000.

Besonders auffallend sind Normen, die Aggression legitimieren, beispielsweise im Rahmen von einer sog. „Kultur der Ehre" (*culture of honor*). Typischerweise besteht hier die Bereitschaft, auf Gewalt und Bedrohungen (insbesondere materieller Art) mit Gewalt zu reagieren (Cohen & Nisbett, 1997; Cohen et al., 1996; vgl. Beispielstudie). Extreme Beispiele für den Einfluss von kulturellen Normen auf aggressives Verhalten sind die in den Medien immer wieder Aufsehen erregenden Ehrenmorde und Säureattentate. In Bangladesch beispielsweise hat es allein seit dem Jahr 2000 mehr als 1 700 Säureattentate auf Frauen und Mädchen gegeben. Meist ist der Grund ein abgelehntes Heiratsgesuch oder eine Mitgiftforderung (Hertlein, 2006; Steinberger, 2006).

Beispielstudie zum Einfluss von Kultur auf Aggression
Die eigene Kultur stellt eine bedeutsame Sozialisationsquelle für aggressives Verhalten dar.

In einer Studie von Cohen und Kollegen (1996) wurden aus dem Norden oder dem Süden der USA stammende amerikanische Teilnehmer von einem Verbündeten des Versuchsleiters angerempelt und als „Arschloch" bezeichnet. Während die aus dem Norden stammenden Teilnehmer dies eher unberührt ließ, reagierten die aus dem Süden kommenden Teilnehmer anders: Sie sahen durch den Vorfall ihre männliche Ehre bedroht, waren aufgebracht (sichtbar im Cortisolanstieg), zeigten aggressionstypische physiologische Veränderungen (Anstieg des Testosterons), waren kognitiv auf Aggression ausgerichtet und zeigten eher aggressives und dominantes Verhalten.

Diese Studie zeigt, wie sich kulturelle Normen in den Kognitionen, Emotionen, Verhalten und physiologischen Reaktionen von Personen manifestieren. Im vorliegenden Fall wird im Speziellen ein Kränkungs-Aggressions-Kreislauf deutlich, in welchem typischerweise nach Kränkungen der eigenen Ehre diese über aggressives oder gewalttätiges Verhalten widerherzustellen versucht wird.

11.3.4 Zusammenfassung

Unsere Sozialisationserfahrungen haben einen entscheidenden Einfluss darauf, inwieweit aggressives Verhalten gezeigt und aufrechterhalten wird. Dieser Einfluss erfolgt insbesondere über die Konsequenzen, die auf aggressives Verhalten hin erlebt werden, sowie durch Modelllernen. Verschiedene Quellen der Sozialisation haben sich in Bezug auf aggressives Verhalten als einflussreich erwiesen, insbesondere das Verhalten von Eltern und Altersgenossen sowie der Kulturkreis, in dem man aufwächst. Diese Befunde weisen daraufhin, dass Aggression auch durch soziale Faktoren beeinflussbar ist.

Im Folgenden soll aufgezeigt werden, dass das Auftreten aggressiven Verhaltens darüber hinaus auch durch situative Faktoren determiniert wird.

11.4   Situative Einflüsse auf aggressives Verhalten

Haben auch Sie mehr Angst im Dunkeln als im Hellen, vor alkoholisierten als vor nüchternen Personen? In bestimmten Situationen rechnen wir eher damit, dass andere sich uns gegenüber aggressiv verhalten könnten. Und wir haben damit gar nicht Unrecht, denn bestimmte situative Gegebenheiten fördern aggressives Verhalten.

Wichtige situative Einflüsse auf die Aggressionsbereitschaft sind das Ausmaß an Anonymität bzw. Deindividuation (im Dunkeln höher, Abschnitt 11.4.1) oder spezifische Hinweisreize (Abschnitt 11.4.2). Des Weiteren wird Aggression wahrscheinlicher, wenn die Situation eine oberflächliche Informationsverarbeitung fördert oder nur eingeschränkte Selbstkontrolle gegeben ist (Abschnitt 11.4.3) und wenn physiologische Erregung missinterpretiert wird (Abschnitt 11.4.4).

11.4.1   Deindividuation

Kennen Sie den Ku-Klux-Klan? Dabei handelt es sich um einen rassistischen Geheimbund in den Südstaaten der USA, dessen Mitglieder auf Bildern häufig in den typischen weißen Roben mit spitz zulaufenden Kapuzen und zudem häufig mit Gesichtsmasken zu sehen sind (Allport, 1924). Diese „Uniformen" – und insbesondere auch die Masken – haben nicht nur Symbolfunktion, sondern verbergen gleichzeitig individuelle Merkmale der dahinter verborgenen Menschen, oder anders ausgedrückt, sie erhöhen die Anonymität. Auch die Vermummung bei Demonstrationen hat einen solchen Effekte. Sowohl der Ku-Klux-Klan als auch vermummte Demonstranten werden immer wieder mit erhöhter Aggression in Zusammenhang gebracht. Die Aggression wird durch eine Reduktion der Identität (weil man den Einzelnen nicht mehr als Person identifizieren kann) und der Selbstaufmerksamkeit (*self-awareness*) hervorgerufen (Mullen et al., 2003). Nicht nur im Falle von Anonymität durch Masken oder Uniformen, sondern im Speziellen auch im Dunkeln und in großen Gruppen besteht eine erhöhte Gewaltbereitschaft (Mann, 1981; Mann et al., 1982). So sind Personen, wenn die Gruppe groß ist – wie die Geschichte zeigt –, eher bereit, beispielsweise jemanden grausam zu lynchen (Mullen, 1986).

Der beim Untertauchen in Gruppen oder im Dunkeln erzielte Effekt ist die sog. **Deindividuation** (Zimbardo, 1970, 1976). Deindividuation ist definiert als Verlust normaler

Verhaltensbeschränkungen, der auftreten kann, wenn Personen Teil einer Masse sind. Dadurch kann es zu einer Reduktion der eigenen bzw. sozialen Identität und Selbstaufmerksamkeit kommen und infolgedessen zu einem Anstieg impulsiven und von gesellschaftlichen Normen abweichenden Verhaltens kommen (vgl. Beispielstudie; Mullen et al., 2003). Aber auch gesellschaftliche bzw. in einer Gruppe übernommene Rollen können zu Deindividuation führen. Wie stark dieser Einfluss selbst in einer experimentellen Situation sein kann, zeigt das legendäre Stanford-Prison-Experiment (Haney et al., 1973; vgl. Abschnitt 9.1.4, „Rollen"): Die studentischen Teilnehmer „verloren" sich dabei so sehr in ihren (zufällig zugewiesenen) Rollen als Gefängniswärter bzw. -insassen, dass das Experiment vorzeitig wegen Schikanen und gewalttätigen Vorfällen abgebrochen werden musste. Deindividuation spielt insbesondere auch bei Massenveranstaltungen wie z. B. großen Demonstrationen oder beim Aufeinandertreffen von Fußballfans eine Rolle und kann dort gewalttätige Ausschreitungen fördern (Stott et al., 2001).

> **Deindividuation**
>
> Sind Personen Teil einer Masse, kann ein Verlust normaler Verhaltensbeschränkungen auftreten und dadurch ein Anstieg impulsiven und abweichenden Verhaltens bewirkt werden.

Zwei Prozesse liegen diesem Phänomen zugrunde:

- Deindividuation bewirkt, dass sich Personen für ihre Handlungen persönlich *weniger verantwortlich* fühlen (Diener et al., 1980; Postmes & Spears, 1998; Zimbardo, 1970), denn die Wahrscheinlichkeit, in einer solch anonymisierten Situation zur Verantwortung gezogen zu werden, ist eher gering (z. B. weil man im Dunkeln von niemandem gesehen wird oder man in der Masse untergeht; vgl. Abschnitt 12.1.3, „Verantwortungsdiffusion").

- Deindividuation verstärkt den Einfluss von *Gruppen*normen und vermindert gleichzeitig den Einfluss anderer (z. B. gesellschaftlicher) Normen (Postmes & Spears, 1998). Die Normen der Gruppe, in der man sich gerade befindet, sind dann ausschlaggebender als gesellschaftliche Normen. Ob dadurch aggressives Verhalten resultiert, hängt dann entscheidend vom Inhalt der Gruppennormen ab: Unterstützen diese Gewalt, wird aggressives Verhalten durch Deindividuation wahrscheinlicher; schreiben sie dagegen friedliches Verhalten vor, kann Deindividuation auch prosoziales Verhalten fördern (Gergen et al., 1973; Johnson & Downing, 1979; vgl. Abb. 11.7).

Während Situationen, die Deindividuation fördern, aggressives Verhalten wahrscheinlicher machen, wird durch das Gegenteil von Deindividuation, d. h. wenn die Aufmerksamkeit verstärkt auf die eigene Person gerichtet ist, aggressives Verhalten eher gehemmt. Diese **Selbst-fokussierte Aufmerksamkeit** (Carver & Scheier, 1981; Duval & Lalwani, 1999; Duval & Wicklund, 1972) führt dazu, dass persönliche Standards in den Vordergrund treten, und bewirkt so eine stärkere Ausrichtung an Normen und Moralstandards (Bailey et al., 1983; Mullen et al., 2003; vgl. Abschnitt 6.1.1, „Handeln: Ausführende Funktion des Selbst").

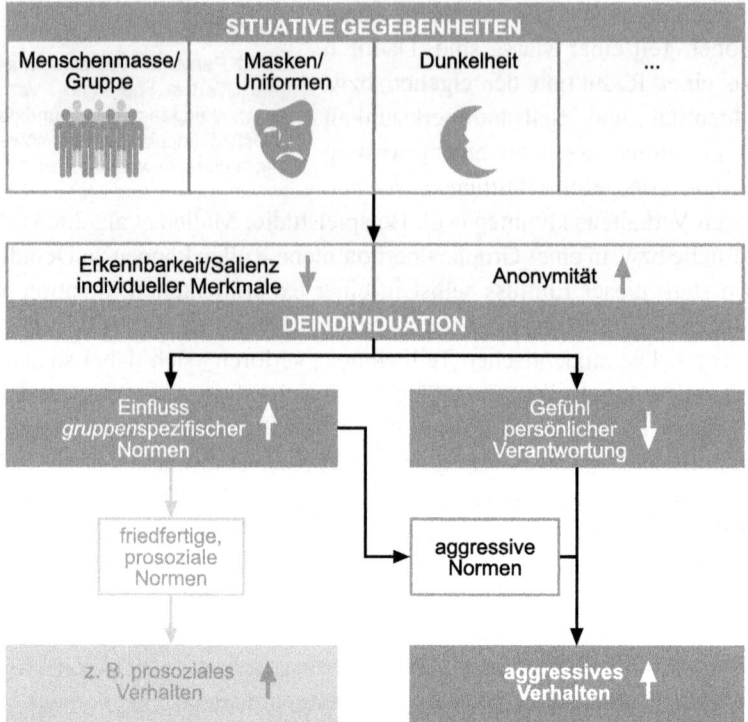

Abb. 11.7: Situative Gegebenheiten können individuelle Merkmale in den Hintergrund treten lassen bzw. die Anonymität erhöhen. Dies führt zu Deindividuation, wodurch das Gefühl persönlicher Verantwortung sinkt und der Einfluss gruppenspezifischer Normen steigt. Dadurch kann – bei Vorherrschen aggressiver Normen – aggressives Verhalten gefördert werden (rechts unten). Sind die gruppenspezifischen Normen dagegen friedfertiger Natur, kann Deindividuation auch genau das Gegenteil bewirken und beispielsweise prosoziales Verhalten fördern (links unten).

Indem sie Deindividuation fördern, können bestimmte offensichtliche situative Gegebenheiten (z. B. Dunkelheit, die Anwesenheit einer Menschenmasse oder das Tragen einer Maske) Aggression und gewalttätige Ausschreitungen fördern. Allerdings kann aggressives Verhalten auch durch weitaus subtilere situative Faktoren erleichtert werden, die im nächsten Abschnitt beschrieben werden.

11.4.2 Hinweisreize[3]

Die Forschung hat immer wieder gezeigt, dass Reize in unserer Umgebung beeinflussen, welche Gedanken uns in den Sinn kommen (z. B. Bargh & Chartrand, 1999), wie wir andere wahrnehmen (z. B. Bargh, 1989; Higgins, 1996; Wyer & Srull, 1989) und wie wir uns verhalten (z. B. Bargh, Chen & Burrows, 1996). Umgebungsreize spielen auch

---

[3] Vgl. hierzu auch die Ausführungen zum Thema „Priming", Abschnitt 2.3.

für Aggression bzw. aggressives Verhalten eine Rolle und werden in diesem Zusammenhang als sog. **aggressive Hinweisreize** bezeichnet. Solche Hinweisreize können verschiedenster Natur sein; entscheidend ist, dass die Reize in unserem Gedächtnis mit aggressiven Inhalten assoziiert bzw. verknüpft sind. Beispielsweise kann allein die

> **Hinweisreize für Aggressivität**
>
> = Reize, die mit Aggression/aggressiven Handlungen assoziiert sind, wie beispielsweise Schusswaffen.
>
> Im Falle emotionaler Erregung können sie aggressionsintensivierend wirken.

Anwesenheit von Waffen aggressives Verhalten wahrscheinlicher machen (sog. Waffeneffekt; Anderson et al., 1996; Anderson et al., 1998; Berkowitz & LePage, 1967; Frodi, 1975; Simons & Turner, 1974, 1976; Turner & Leyens, 1992). Beispielsweise verhielten sich Studierende ihren Kommilitonen gegenüber aggressiver (wenn sie in einer Studie Elektroschocks austeilen sollten), wenn währenddessen Schusswaffen versus Sportartikel anwesen waren (Berkowitz & LePage, 1967; vgl. erste Beispielstudie). Gleiches galt im Falle der Darbietung von Abbildungen von Waffen (Leyens & Parke, 1975), bei Anwesenheit von Messern (Fischer et al., 1969) oder von Spielzeuggewehren bei fünfjährigen Kindern (Turner & Goldsmith, 1976). Ebenso verhielten sich Autofahrer, die von einer Polizeikontrolle angehalten wurden, aggressiver, wenn die Polizisten sichtbar eine Waffe trugen (Boyanowsky & Griffiths, 1982; siehe auch Turner et al., 1975). Auch Songtexte mit gewaltbezogenen Inhalten bewirken einen Anstieg aggressiver Gedanken und verstärkte Feindseligkeitsgefühle – und das unabhängig davon, ob es sich um lustige oder ernste Lieder handelt (Anderson et al., 2003). Aggressives Verhalten kann des Weiteren durch sehr subtile Hinweisreize, mit denen wir dennoch Aggressivität assoziieren, gefördert werden. Es konnte beispielsweise gezeigt werden, dass selbst Bilder des US-Präsidenten George W. Bush als „aggressive Hinweisreize" wirken können (vgl. zweite Beispielstudie).

> ***Beispielstudie zur Auswirkung von aggressiven Hinweisreizen auf Aggression***
> *In Anwesenheit von Waffen ist Aggression wahrscheinlicher.*
>
> Berkowitz und LePage (1967) untersuchten die Auswirkung von Waffen auf die Aggressivität. In ihrer Studie mussten die (ausschließlich männlichen) Teilnehmer sowie eine weitere Person (im Folgenden „Partner"; tatsächlich war der Partner ein Vertrauter der Versuchsleitung, was die Teilnehmer jedoch nicht wussten) zunächst schriftlich eine Problemlöseaufgabe bearbeiten.
>
> Die Lösungen wurden zwischen Teilnehmer und Partner ausgetauscht und jeder sollte jeweils die Lösung des anderen bewerten. Diese Bewertung wurde über milde Elektroschocks gegeben, wobei ein Schock für eine sehr gute Bewertung und zehn Schocks für eine sehr schlechte Bewertung standen. Teilnehmer und Partner waren in verschiedenen Räumen untergebracht, von wo aus sie auch die Schocks verabreichen sollten.
>
> Zunächst „bewertete" der Partner den Teilnehmer und tat dies (nach dem Zufallsprinzip) bei der einen Hälfte der Teilnehmer mit *einem* Schock (Bedingung „keine Verärgerung"), bei der anderen Hälfte mit *sieben* Elektroschocks (Bedingung „Verär-

gerung"). Anschließend war der (echte) Teilnehmer an der Reihe, die Aufgabenlösung des Partners (die tatsächlich für jeden Teilnehmer immer genau gleich war) mit Elektroschocks zu bewerten. Während dieser Aufgabe lagen entweder eine Schusswaffe, ein Badmintonschläger oder nichts weiter auf dem Tisch neben dem Elektroschockgerät.

Die Ergebnisse zeigten, dass verärgerte Teilnehmer aggressiver waren, d. h. mehr Elektroschocks austeilten. Die höchste Aggressivität fand sich bei denjenigen Teilnehmern, die sowohl verärgert waren *als auch* Waffen als Hinweisreiz hatten. Die Autoren führen dies darauf zurück, dass die Schusswaffe mit Aggression assoziiert ist (im Gegensatz zum Badmintonschläger) und daher als Hinweisreiz für aggressives Verhalten dient. (In dieser Studie wirkten die Hinweisreize nur im Falle von Verärgerung.)

Beispielstudie zur Auswirkung von aggressiven Hinweisreizen auf Aggression
Ein Foto des amerikanischen Präsidenten kann als Hinweisreiz für Aggression dienen.

In Studien von Konrath und Kollegen (2004) wurden den Teilnehmern entweder Fotos von Präsident Bush (als Priming für Aggression) oder neutrale Reize (hier: Foto von einem Stuhl) dargeboten. Anschließend sollten sie in einer Reaktionszeitaufgabe Wörter kategorisieren, und es zeigte sich, dass Teilnehmer schneller auf aggressive Worte und langsamer auf Worte, die mit Hilfeverhalten in Verbindung stehen, reagierten, nachdem ihnen zuvor Präsident Bush präsentiert worden war. Somit waren ihnen nach dem „Bush-Priming" aggressionsbezogene Kategorien verfügbarer als hilfebezogene. Dieser Befund trat unabhängig von der politischen Zugehörigkeit der Teilnehmer auf.

In einer weiteren Aufgabe sollte eine mehrdeutig beschriebene Person namens Donald eingeschätzt werden. Die Teilnehmer schrieben Donald mehr aggressive Eigenschaften zu nach Darbietung (Priming) von Fotos des Präsidenten Bush als nach einem anderen Priming (hier: Clinton).

Diese Studien zeigen, dass – selbst im Bezug auf Aggression sehr subtile bzw. indirekte – Hinweisreize, wie Fotos bestimmter Personen, aggressionsbezogene Konzepte aktivieren und unsere Wahrnehmungen beeinflussen können.

Zwei Prozesse vermitteln die Wirkung von Hinweisreizen (vgl. zusammenfassend Abb. 11.8):

* **Schemaaktivierung**
  Umgebungsreize aktivieren mit diesen Reizen assoziierte Verhaltensschemata und machen das entsprechende Verhalten verfügbarer (Anderson et al., 1998). Entsprechend aktivieren Hinweisreize, die mit Aggression assoziiert sind, das Schema für aggressives Verhalten und machen dieses wahrscheinlicher.

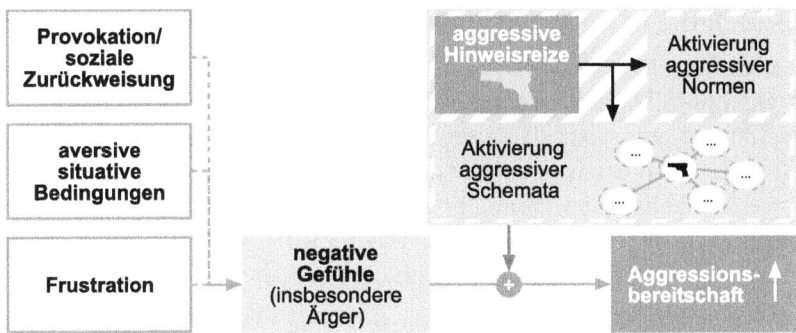

Abb. 11.8: Negative Gefühle, beispielsweise ausgelöst durch Provokation, Frustration oder aversive situative Bedingungen, erhöhen die Aggressionsbereitschaft (vgl. auch Abschnitt 11.2 und Abb. 11.2). Aggressive Hinweisreize (z. B. Waffen) können dies über die Aktivierung aggressiver Normen und Schemata noch verstärken.

- **Normaktivierung**

  Hinweisreize für Aggression können darüber hinaus signalisieren, dass aggressives Verhalten in dieser Situation angemessen sei (Kallgren et al., 2000). Diese Normaktivierung kann, muss aber nicht vorhanden sein, um den Effekt auszulösen.

Bereits nicht bewusst wahrnehmbares, unterschwelliges Priming aggressionsbezogener Konstrukte kann bewirken, dass Personen mehrdeutiges Verhalten als aggressiver wahrnehmen und dazu tendieren, selbst aggressiver zu handeln (Todorov & Bargh, 2002). Dies wurde sowohl für subliminal eingeblitzte Begriffe (Bargh & Pietromonaco, 1982) als auch für Worträtsel gezeigt (Bargh et al., 1996; Carver et al., 1983): Personen, die Wörter zu Sätzen geordnet hatten (= Priming), gaben in einer nachfolgenden „Lernstudie" stärkere Elektroschocks aus bzw. waren ruppiger gegenüber dem Versuchsleiter, wenn in dem Worträtsel aggressive Wörter enthalten waren als wenn dies nicht der Fall war.

Ist man anhaltend Gewalt ausgesetzt, können aggressive Konstrukte zudem chronisch verfügbar werden und Wahrnehmung und Verhalten entsprechend beeinflussen. Dies ist nicht nur bei Konfrontation mit realer Gewalt anzunehmen, sondern auch Gewalt in den Medien kann wie ein Priming wirken und aggressive Konstrukte – situational oder chronisch – verfügbarer machen (Bushman, 1998; vgl. hierzu Abschnitt 11.5).

Wie wir gesehen haben, kann unsere Umgebung Hinweisreize beinhalten, die über eine automatische Assoziation Aggressivität verfügbarer und damit das dazugehörige Verhalten wahrscheinlicher machen. Des Weiteren können situative Faktoren aggressives Verhalten wahrscheinlicher machen, die oberflächliches Denken und eine eingeschränkte Selbstkontrolle fördern.

11.4.3 Oberflächliches Denken und eingeschränkte Selbstkontrolle

Wann würden Sie – beispielsweise auf eine beleidigende Äußerung hin – eher eine aggressive Reaktion befürchten: Wenn der Beleidigte sorgfältig über die Situation und verschiedene Möglichkeiten, auf die Provokation zu reagieren, nachdenkt oder wenn er gerade dazu neigt, Informationen nur sehr oberflächlich zu verarbeiten? Wenn er nüchtern oder wenn er alkoholisiert ist? Vermutlich hätten Sie bei einer sorgfältig nachdenkenden und nüchternen Person eher die Hoffnung, dass der Konflikt friedlich, d. h. ohne aggressive Äußerungen oder Handlungen, ausgeht.

Exkurs: Individuelle Unterschiede in der Neigung/Fähigkeit, sorgfältig zu verarbeiten Unterschiede in der Aggressionsneigung zeigen sich bereits bei Kindern in Abhängigkeit ihrer Intelligenz (Huesmann et al., 1987) sowie ihrer chronischen Informationsverarbeitung (Dodge & Crick, 1990; Dodge et al., 2003; Harvey et al., 2001; Nasby et al., 1980; Pakaslahti, 2000): Kinder, die in komplexen Situationen an ihre sozialen und kognitiven Fähigkeitsgrenzen geraten, reagieren besonders aggressiv (Dodge et al., 1986; Vansteelandt, 1999; Wright & Mischel, 1987).

Und genau dies zeigt auch die Forschung: Wer über eine provokante Situation sorgfältig nachdenken und sich konstruktive Reaktionsmöglichkeiten überlegen kann, reagiert weniger wahrscheinlich mit Aggression (Fraser et al., 2005; Olweus, 1979; Palmer, 2005). Inwieweit wir oberflächlich oder sorgfältig verarbeiten, ist sowohl individuell unterschiedlich (vgl. Exkurs) als auch durch situative Faktoren beeinflusst. Beispielsweise verarbeiten wir bei starker emotionaler Erregung oder unter Alkoholeinfluss vermehrt oberflächlich und weisen zudem eine verringerte Selbstkontrolle auf (Giancola, 2000).

- **Emotionale Erregung**

  Starke Emotionen stehen einer sorgfältigen Verarbeitung oft entgegen (Knight et al., 2002). Der oben genannte „Waffeneffekt" (vgl. Abschnitt 11.4.2) ist beispielsweise verstärkt, wenn Personen bereits erregt und verärgert sind oder Schmerzen haben (Berkowitz, 1993a, 1993b). Ebenso neigen Jungen dazu, wenn sie sehr ängstlich sind, jeden – auch versehentlichen – Stoß oder Schlag als Aggression zu werten und entsprechend eher mit Gegenaggression zu reagieren (Dodge & Somberg, 1987).

- **Alkoholkonsum**

  Alkoholgenuss und Gewalt treten häufig zusammen auf (Metaanalyse von Bushman & Cooper, 1990; Ito et al., 1996; vgl. auch Exkurs nächste Seite). Unter starkem Alkoholeinfluss neigen Personen eher dazu, auf Provokationen mit Gewalt zu reagieren, als Personen, die wenig oder nichts getrunken haben (Bushman, 1993; Lipsey et al., 1997; Taylor & Chermack, 1993). Der Zusammenhang ist jedoch indirekt und basiert darauf, dass unter Alkoholeinfluss die Verarbeitungsfähigkeit abnimmt (Josephs & Steele, 1990; Steele & Josephs, 1990; Taylor & Sears, 1988), d. h., Alkohol als solches macht nicht unbedingt aggressiv. Insbesondere in Kombination mit Frustration (Ito et al., 1996) oder Bedrohung macht Alkohol aggressives Verhalten wahrscheinlicher (Taylor et al., 1976). Unter Alkohol ist man nicht nur weniger in der Lage, alternative Reaktionsmöglichkeiten zu bedenken, sondern auch die Fähigkeit, Konsequenzen des

eigenen Handelns zu bedenken, sowie Selbstaufmerksamkeit und Selbstregulation sind reduziert (Giancola, 2000; Hull & Bond, 1986;
Steele & Southwick, 1985). Damit vermindert
Alkohol den Einfluss von Faktoren, die normalerweise von Aggression abhalten (Graham,
2004). Potenzielle Kosten und Gefahren aggressiven Verhaltens, aggressionshemmende,
soziale Normen und weitere Faktoren wie
beispielsweise Schmerzensschreie des Opfers
sind unter Alkoholeinfluss für das Verhalten
weniger von Bedeutung als im nüchternen
Zustand (Schmutte & Taylor, 1980; Steele &
Southwick, 1985).

Neben der aggressionsförderlichen pharma-
kologischen Wirkung von Alkohol, ist Alkohol auch auf kognitiver Ebene mit Aggression
verknüpft. So ist beispielsweise bereit ein Priming (z. B. die Darbietung alkoholbezogener
Werbung) ausreichend, um aggressionsbezogene Konzepte zu aktivieren und verfügbarer
zu machen (Bartholow & Heinz, 2006).

Starke emotionale Erregung und Alkohol können sich negativ auf Verarbeitungsfähigkeit und
Selbstkontrolle auswirken und auf diesem Wege

> **Exkurs: Alkohol und Aggression**
>
> **Großbritannien**
>
> - 41 % der Verbrechen, einschließlich Angriffe und Überfälle, geschehen unter Alkoholeinfluss.
> - Zwischen 60 % und 70 % der Männer, die ihre Partner(innen) angreifen, stehen unter Alkoholeinfluss.
> - 23 % der Anrufe auf das Kinder-Hilfstelefon stehen mit Vernachlässigung wegen Alkoholkonsums in Verbindung.
> - 65 % der Selbstmordversuche werden unter dem Einfluss von Alkohol getätigt.
>
> (Quelle: *Alcohol: Activities, Information and Action*, by Hope UK: http://www.hopeuk.org/docs/alcohol_factsheet.pdf (14.7.2007))
>
> **Deutschland**
>
> - Drei von zehn Gewaltdelikten wurden 2005 von Tatverdächtigen unter Alkoholeinfluss begangen. Nahezu jeder zweite Totschlag geschieht unter Alkoholeinfluss (Bundeskriminalamt, 2006).
> - Etwa die Hälfte aller Gewalttaten werden unter Alkoholeinfluss begangen (Reiss & Roth, 1993).

aggressives Verhalten wahrscheinlicher machen. Erregung – im Speziellen physiologische Erregung – kann jedoch auch über einen anderen Weg die Aggressionsbereitschaft erhöhen, was Gegenstand des nächsten Abschnitts ist.

11.4.4 Missattribution von Erregung

Stellen Sie sich vor, Sie waren beim Joggen und machen sich mit dem Auto auf den
Heimweg. Gleich nachdem Sie losgefahren sind, nimmt Ihnen jemand die Vorfahrt. Entgegen Ihrer sonstigen Reaktion auf eine solche Situation, hupen Sie nicht nur, sondern
beschimpfen den anderen zudem als „Blödmann“. Was denken Sie: Könnte es einen Zusammenhang zwischen dem Joggen und Ihrer ungewöhnlich heftigen Reaktion geben?

Die Forschung würde eine solche Vermutung nahelegen, denn es hat sich gezeigt, dass
physiologische Erregung (wie sie z. B. durch körperliche Aktivität entsteht und die erst
nach und nach wieder abgebaut wird) unter bestimmten Umständen die Aggressionsbereitschaft erhöhen kann. Dieser bereits in anderem Zusammenhang kennengelernte
„Erregungstransfer“ (vgl. z. B. Abschnitt 6.2.2) spielt vermutlich auch für gewalttätiges

Verhalten unter Fußballfans eine Rolle, bei denen die physiologische Erregung nicht durch körperliche Aktivität, sondern die Aufregung durch das Spiel entsteht (siehe auch Kerr, 1994).

Erregungstransfer

- Erregung aus einer vorausgegangenen Aktivität kann auf eine neue Erregungssituation übertragen werden.
- In diesem Sinne kann fehlattribuierte aversive Erregung die Aggressionsbereitschaft erhöhen.

Unter welchen Umständen kommt es dazu, dass physiologische Erregung, die zunächst unspezifisch ist und nichts mit Aggression zu tun hat, dennoch die Aggressionsbereitschaft erhöhen kann? Dies ist dann der Fall, wenn physiologische Erregung – wodurch auch immer hervorgerufen – derart interpretiert wird, dass ein aggressiver Verhaltensausdruck als Reaktion geeignet erscheint (Zillmann, 1971; Zillmann et al., 1974). In unserem Eingangsbeispiel würde das bedeuten, dass die – tatsächlich vom Joggen herrührende – physiologische Erregung als Ärger darüber, dass einem die Vorfahrt genommen wurde, (fehl)interpretiert wird, was in der Folge aggressives Verhalten und damit eine ungewöhnlich heftige Reaktion wahrscheinlicher macht.

In verschiedenen Studien hat sich gezeigt, dass physiologische Erregung einen solchen Effekt haben kann (Bornewasser & Mummendey, 1981; Ferguson et al., 1982; Zillmann, 1971; vgl. Beispielstudie).

Beispielstudie zu Aggression infolge von Erregungstransfer
Physiologische Erregung verstärkt aggressives Verhalten.

Die Teilnehmer von Zillmann (1971) nahmen an, an einer Studie über den Einfluss von Bestrafungen auf Lernvorgänge mitzuwirken. Im ersten Teil der Studie wurden die Teilnehmer verärgert. Dies wurde erreicht, indem die Teilnehmer Fragen beantworten sollten, aber in zwei Drittel der Fälle mit einem Elektroschock bestraft wurden, weil der Versuchsleiter nicht ihrer Meinung war. Anschließend sahen sie einen von drei Filmausschnitten:

a) nicht aggressiver Inhalt und niedriges Erregungslevel (Dokumentation),

b) nicht aggressiver Inhalt und hohes Erregungslevel (Softporno),

c) aggressiver Inhalt und mittleres Erregungslevel (Boxkampf).

Im letzten Teil der Studie war der Versuchsleiter der Lernende und der Teilnehmer der Lehrer. Über „Signallämpchen" wurde dem Teilnehmer rückgemeldet, ob die Antwort des Lernenden falsch oder richtig war; auf die falschen Antworten hin (bei 12 von 20 Fragen) sollte er Elektroschocks geben. Dazu konnte er die Intensität so wählen, „wie er sie für die Lernsituation zwischen ihm und der anderen Person für angemessen hielt". Die Ergebnisse zeigten, dass die höchsten Elektroschocks in der Softpornobedingung verteilt wurden, darauffolgend die Boxkampfbedingung und am wenigsten in der Dokumentationsbedingung.

Diese Studie zeigt, dass die Aggressionsbereitschaft nicht nur durch aggressive Inhalte einer vorangehenden Aufgabe erhöht werden kann, sondern auch entscheidend durch die dabei erlebte autonome Erregung beeinflusst wird. Letztere kann unabhängig vom Inhalt die Aggressionsbereitschaft erhöhen.

Eine Aggressionssteigerung durch unspezifische Erregung ist immer dann zu erwarten, wenn die Person die wirkliche Ursache ihrer Erregung nicht kennt oder sie ihr zumindest nicht bewusst ist. Nur dann ist eine sog. Missattribution der Erregung als Ärger wahrscheinlich (Bornewasser & Mummendey, 1982; vgl. Beispielstudie).

Beispielstudie zu Aggression in Folge von Erregungstransfer
Der zeitliche Abstand zur erlebten Erregung ist für die Missattribution und das daraus resultierende Aggressionsverhalten entscheidend.

Die Teilnehmer von Zillmann und Kollegen (1974) nahmen an einem Lernexperiment teil. Im ersten Teil der Studie wurden die Teilnehmer wie in oben genannter Beispielstudie verärgert. Anschließend sollten die Teilnehmer einmal auf einem Stuhl sitzend und einmal auf einem Hometrainer fahrend Bilder betrachten. Variiert wurde, ob die Teilnehmer die Bildbetrachtungsaufgabe zuerst sitzend und dann fahrend oder zuerst fahrend und dann sitzend durchführten. Unmittelbar danach erfolgte der letzte Teil der Studie, in der wiederum die Rollen getauscht wurden und der Teilnehmer zum Lehrer, der Vertraute des Versuchsleiters zum Lernenden wurde (vgl. ebenfalls oben genannte Beispielstudie).

Die Ergebnisse zeigten, dass der zeitliche Abstand zu der durch das Fahren auf dem Hometrainer erzeugten Erregung für die Aggressivität der Teilnehmer entscheidend war: War keine Pause zwischen Hometrainerfahren und Bestrafungssituation vorhanden (d. h., die Teilnehmer hatten die Bilder erst sitzend und dann fahrend betrachtet), attribuierten die Teilnehmer ihr Erregungslevel auf den Hometrainer und zeigten keine bedeutsamen Unterschiede in der ausgeteilten Schockintensität. War hingegen eine Pause gegeben (d. h., die Teilnehmer hatten die Bilder erst fahrend und dann sitzend betrachtet), so attribuierten die Teilnehmer ihre (Rest-)Erregung eher auf ihren Ärger über den Versuchsleiter/Lernenden und nicht mehr auf die körperliche Anstrengung. Stärkere Stromschläge wurden gegeben, wenn die Teilnehmer noch mittel und stark erregt waren. Teilnehmer, die weniger erregt waren, gaben schwächere Stromschläge (vgl. zusammenfassend Abb. 11.9)

Diese Studie zeigt, dass eine Fehlattribution der Erregung nur dann erfolgt, wenn die eigentliche Ursache, beispielsweise durch einen zeitlichen Abstand, nicht bewusst und die Situation somit mehrdeutig ist. Ist hingegen kein Abstand vorhanden und die Erregungsursache damit eineindeutig, so tritt keine Auswirkung der Erregung auf die Aggressionsbereitschaft auf.

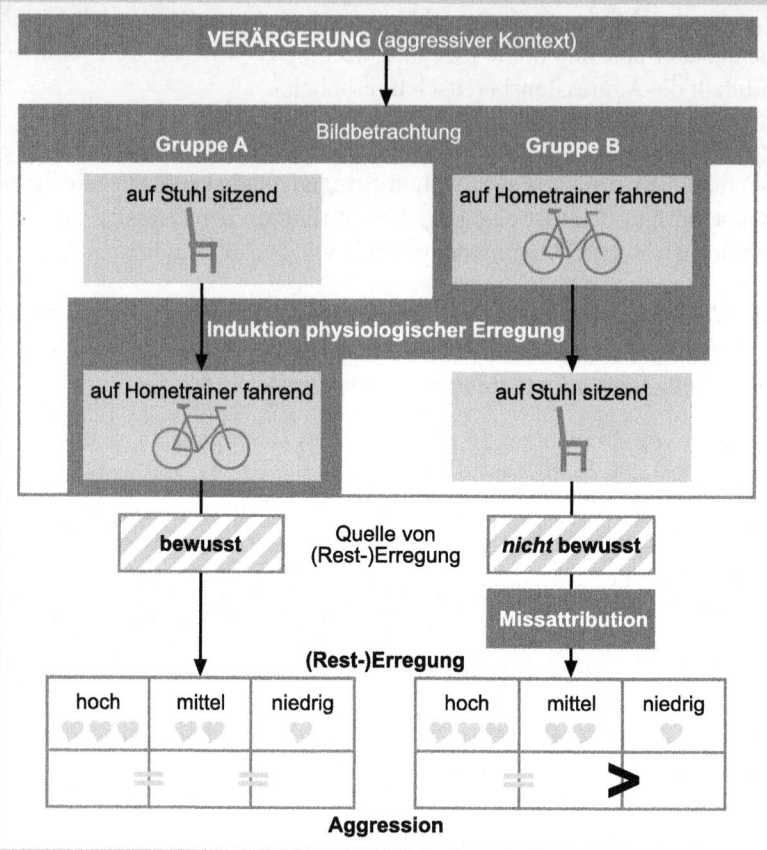

Abb. 11.9: Skizzierung des Versuchsablaufs und vereinfachte Ergebnisdarstellung der Studie von Zillmann und Kollegen (1974): Ohne Pause nach dem Hometrainerfahren (Gruppe A), war den Teilnehmern die Quelle der Erregung bewusst und sie attribuierten die Erregung auf die eben ausgeführte körperliche Aktivität. Es zeigten sich in Abhängigkeit von der Resterregung keine bedeutsamen Unterschiede in der ausgeteilten Schockintensität (links unten). Mit Pause (Gruppe B) attribuierten die Teilnehmer ihre (Rest-)Erregung eher auf ihren Ärger über den Versuchsleiter/Lernenden. Stärkere Stromschläge wurden gegeben, wenn die Teilnehmer noch mittel und stark erregt waren. Teilnehmer, die weniger erregt waren, gaben schwächere Stromschläge (rechts unten).

Unspezifische Erregung kann also aggressives Verhalten verstärken, wenn der Ursprung der Erregung nicht bewusst ist und die Erregung somit als anderweitig, beispielsweise durch eine Provokation, verursacht missinterpretiert werden kann. Die Quelle der Erregung (ob Sportübung, erotische Stimulation o. Ä.) ist dabei von untergeordneter Bedeutung.

11.4.5 Zusammenfassung

Situative Merkmale können die Aggressionsbereitschaft beeinflussen. So konnte gezeigt werden, dass Anonymität einer Situation Deindividuation auslösen und darüber Aggressionsverhalten wahrscheinlicher machen kann. Des Weiteren können Situationen spezifische Hinweisreize beinhalten, die mit Aggression assoziiert sind und darüber die Aggressionsbereitschaft erhöhen (z. B. „Waffeneffekt"). Sobald in einer Situation oberflächliche Informationsverarbeitung und eingeschränkte Selbstkontrolle vorherrschen, wie es im Falle von Alkoholeinfluss oder emotionaler Erregung der Fall ist, wird aggressives Verhalten wahrscheinlicher. Auch die Missattribution unspezifischer physiologischer Erregung hat häufig vermehrt aggressives Verhalten zur Folge.

11.5 Der Einfluss der Medien

Seit dem vermehrten Konsum von Filmen und spätestens seit dem Aufkommen von Computerspielen wird immer wieder kontrovers über die Darstellung von Gewalt in den Medien diskutiert. Dabei geht es in erster Linie darum, ob und in welchem Umfang ein Konsument durch die Darstellung von Gewalt in den Medien positiv oder negativ beeinflusst werden kann.

An die Öffentlichkeit gelangte die Diskussion insbesondere nach Amokläufen in Schulen (z. B. Schulmassaker von Littleton/USA, Amokläufe von Erfurt und Emsdetten). So hatte beispielsweise ein 15-jähriger Schüler als Filmmonster maskiert seiner zehnjährigen Cousine mit einer Axt den Schädel eingeschlagen und eine 69-jährige Nachbarin schwer verletzt – nachdem er wiederholt einen bestimmten Horrorfilm konsumiert hatte („Horrorfilm," 1996).

Medien vereinen zahlreiche der bereits in diesem Kapitel beschriebenen psychologischen Prozesse (Auslösung von Emotionen, Etablierung von Normen, Wirkung als Sozialisationsquelle und Darbietung situative Einflussfaktoren) und sollen im Folgenden mit ihren Auswirkungen dargestellt werden. Dabei fokussieren wir auf die Medien, die bezüglich ihrer Auswirkungen am stärksten in der öffentlichen Diskussion stehen: Gewalt in Film und Fernsehen (Abschnitt 11.5.1) sowie Gewalt in Computerspielen (Abschnitt 11.5.2).

11.5.1 Die Auswirkungen von Gewalt in Film und Fernsehen

Der Gesellschaft für Konsumforschung (GfK) zufolge lag der durchschnittliche Fernsehkonsum in Deutschland im Jahr 2003 bei 203 Minuten pro Person pro Tag. Dies bedeutet einen Anstieg des Fernsehkonsums (z. B. im Vergleich zu 1997 mit etwa 170 Minuten), der zudem mit schlechteren Gesundheitswerten sowie einem geringeren erreichten Bildungsgrad assoziiert ist (Hancox et al., 2004, 2005; vgl. Exkurs nächste Seite). In 78,7 % aller Sendungen des deutschen Fernsehens ist Gewalt präsent; etwa jede 20. Fernsehmi-

Exkurs: Negative Auswirkungen von Fernsehen

Ein hoher Fernsehkonsum in Kindheit und Jugend ist mit schlechteren Gesundheitswerten (z. B. verstärktem Übergewicht, geringerer körperlicher Fitness, vermehrtem Rauchen) im Erwachsenenalter assoziiert (Hancox et al., 2004).

Des Weiteren steht die durchschnittliche Fernsehdauer in Kindheit und Jugend im Zusammenhang mit der im Erwachsenenalter erreichten Bildung: Je mehr in jungen Jahren ferngesehen wird, desto eher wird die Schule ohne Abschluss verlassen und desto seltener wird ein Universitätsabschluss erreicht (Hancox et al., 2005). Diese Zusammenhänge blieben auch dann bedeutsam, wenn andere, beispielsweise sozioökonomische Faktoren, kontrolliert wurden.

In einer Studie von Zimmerman & Christakis (2005) zeigte sich, dass Fernsehkonsum bis zum dritten Lebensjahr mit den kognitiven Leistungen im Alter von sechs oder sieben Jahren im Zusammenhang steht: Je mehr in der frühen Kindheit ferngesehen wurde, desto schlechter waren die späteren kognitiven Leistungen.

nute ist mit Gewalt gefüllt; pro Stunde werden im Fernsehen vier Akte schwerster Gewalt (z. B. Morde) und fünf Akte schwerer Formen der Körperverletzung gezeigt (Lukesch et al., 2004). Des Weiteren belegen zahlreiche Studien einen – wenn auch moderaten – Zusammenhang zwischen (gewalthaltigem) Fernsehkonsum und aggressivem Verhalten (Wood et al., 1991; siehe auch Leyens & Parke, 1975; Liebert & Baron, 1972).

Kurzfristige Auswirkungen gewalthaltigen Fernsehens zeigt beispielsweise eine Studie, in der Kinder ihren Gegenspieler härter bestraften, wenn sie zuvor Gewalt- statt Wettbewerbsszenen gesehen hatten (Liebert & Baron, 1972). Langzeitstudien gehen in die gleiche Richtung: Wer im Grundschulalter viel Gewalt im Fernsehen gesehen hat, verhält sich mit Anfang 20 ebenfalls eher aggressiv und ist im Alter von 30 Jahren mit höherer Wahrscheinlichkeit wegen entsprechender Vergehen verurteilt (Huesmann et al., 2003; siehe auch Eron & Huesmann, 1980; Huesmann, 1986; Huesmann & Eron, 1986; Liebert & Sprafkin, 1988).

Angesichts dieser Befunde stellt sich die Frage nach den Ursachen dieses Zusammenhangs. Als Moderatoren, die die aggressionsförderliche Wirkung des Fernsehens wahrscheinlicher machen, gelten (Comstock & Paik, 1991; Paik & Comstock, 1994; vgl. Abb. 11.10 und Exkurs):

- **Effektivität**
  Aggression wird als wirksames Mittel zur Zielerreichung dargestellt und bleibt zumeist ungestraft.

- **Normativität**
  Ein Großteil der Gewaltszenen (z. B. 75 %; Kunczik & Zipfel, 2004) sind frei von jeder Bewertung, Bestrafung oder Kritik des Gewalttäters; in vielen Fällen wird Gewalt sogar als gerechtfertigt dargestellt (d. h., diejenigen, die Gewalt ausüben, sind die „Guten") und damit als Norm etabliert. Des Weiteren wird körperliche Gewalt gerne ohne Konsequenz für das Opfer dargestellt, ohne sichtbaren Schmerz, Kummer oder Leid (ca. 90 %).

- **Identifikation**
  Die dargestellten Täter sind dem Zuschauer ähnlich, der Konsument kann sich mit

ihnen identifizieren. Die beobachtete Aggression erscheint nicht fiktiv, sondern realistisch.

- **Empfänglichkeit**
  Die beim Fernsehen entstehende emotionale Erregung des Zuschauers verhindert eine distanzierte oder kritische Haltung.

- **Imitationsverhalten**
  Die Art der Aggression wird imitiert: Für Mädchen, die eher indirekte Aggression anwenden, findet sich entsprechende Imitation vor allem dann, wenn sie mehr indirekte Aggression im Fernsehen gesehen haben (Coyne, 2004).

In der Folge kommt es zu Veränderungen im Denken, Erleben und Verhalten der Konsumenten:

- **Veränderte Hirnaktivität**
  Das Sehen gewalthaltiger Filme führt zur Aktivierung insbesondere jener Hirnbereiche, die für Emotionsregulierung, Erregung und Aufmerksamkeit sowie episodische Erinnerung

> **Exkurs: „Fernsehen macht gewalt-tätig**
> Ein Durchschnittsschüler in den USA hat nach Abschluss der Highschool (d. h. nach zwölf Schuljahren) etwa 13 000 Stunden in der Schule verbracht – und rund 25 000 Stunden vor dem Fernsehapparat. Er hat 32 000 Morde und 40 000 versuchte Morde gesehen sowie 200 000 Gewalttaten. Der Täter kommt in 73 Prozent der Fälle ungestraft davon, in mehr als der Hälfte (58 Prozent) der Fälle tut die Gewalt nicht weh und in nur 4 Prozent aller Gewaltakte werden gewaltlose Alternativen der Problemlösung aufgezeigt. Wenn nun Kindergehirne die Regeln aus ihren Erfahrungen, also aus den gesehenen Gewaltszenen, extrahieren, dann kann sich in ihrem Gehirn nur das Folgende in Form tiefer Trampelpfade breit gemacht haben: Gewalt gibt es sehr häufig in der Welt, sie löst Probleme und hierzu gibt es keine Alternative, sie tut nicht weh und der Gewalttäter kommt ungeschoren davon" (Spitzer, 2005, S. 532).

zuständig sind (Murray et al., 2006). Dies hat verschiedenste Folgen: Zum einen werden Hirnareale aktiviert, die emotionale Erregung auslösen, so dass der Konsument empfänglicher wird für provokative Stimuli („die das Überleben sichern"). So wird die Amygdala aktiviert, die zuständig ist, Bedrohung/Gefahr aus der Umwelt zu signalisieren. Und schließlich werden prämotorische und motorische Cortexregionen aktiviert, die wahrscheinlich in motorische Programme (wie fliehen oder kämpfen) involviert sind. Dies hat die Aktivierung jener Verhaltensskripte zur Folge, die mit Aggression assoziiert sind.

Kurzum: Obwohl ein Kind möglicherweise weiß, dass es nur eine Fernsehsendung guckt, werden trotzdem Systeme des Gehirns aktiviert, die nicht zwischen realer oder fiktionaler Gewalt unterscheiden können, was vermuten lässt, dass Gewalt im Fernsehen auf eine vorbewusste Stufe Einfluss hat.

- **Verminderte Sensibilität gegenüber Gewalt**
  Personen, die viel Gewalt im Fernsehen beobachten, sind gegenüber Gewaltdarstellungen verhältnismäßig unsensibel. So zeigen sich beispielsweise Konsumenten von *slasher*-Filmen[4] als recht unberührt von Gewalt gegenüber Frauen, berichten bei-

---

[4] Engl. *to slash*: (zer)schneiden, schlitzen. *Slasher*-Filme sind Filme, in denen ein Mörder systematisch eine Gruppe von Menschen dezimiert; der Täter wird durch die comichafte Überzeichnung zur Kultfigur, die Opfer sehr schablonenhaft und deindividuiert dargestellt. In der Folge ergibt sich keine Identifikation mehr mit dem Opfer, kein Mitgefühl.

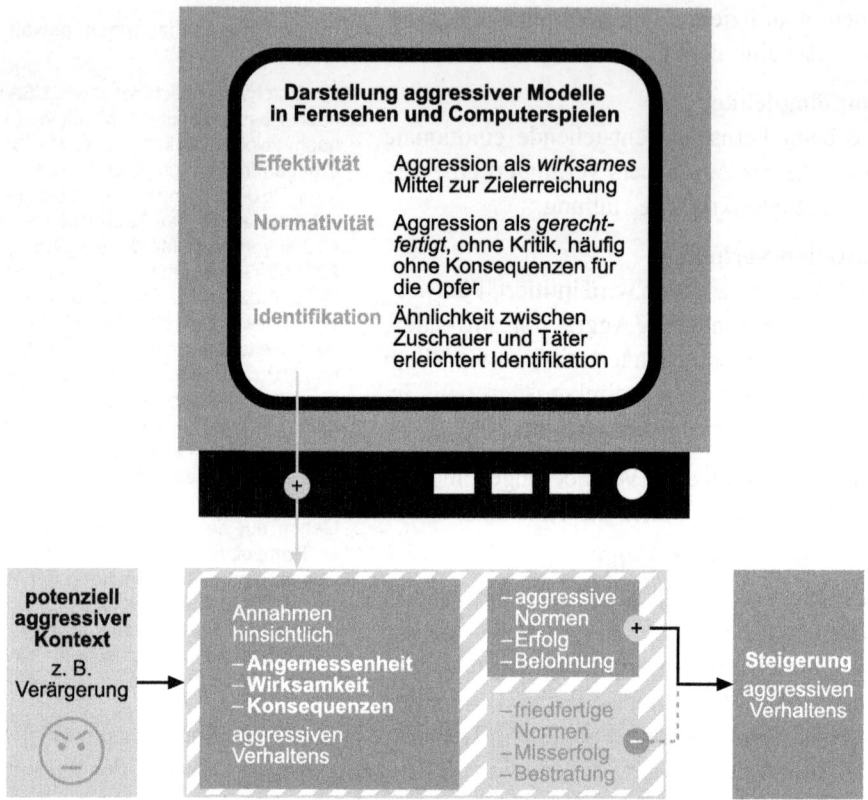

Abb. 11.10: Medien wie beispielsweise das Fernsehen wirken als Modelle und beeinflussen wie andere Sozialisationserfahrungen (vgl. hierzu auch Abb. 11.6) die für aggressives Verhalten bedeutsamen Annahmen über Angemessenheit, Wirksamkeit und Konsequenzen aggressiven Verhaltens. Da Aggression in den Medien häufig als angemessen, zum Erfolg führend und von Belohnung gefolgt dargestellt wird, kann der Konsum von Gewalt in den Medien zu einer Steigerung aggressiven Verhaltens führen.

spielsweise weniger Empathie gegenüber Vergewaltigungsopfern (Linz et al., 1988). Bei ihnen sind demnach Empfindungen vermindert, die normalerweise Aggression hemmen bzw. prosoziales Verhalten auslösen. Ebenso waren Kinder und Erwachsene, die in einer aggressionsbeladenen Sendung (z. B. Polizeifilm) Gewalt gesehen hatten, anschließend von Gewaltdarstellungen weniger emotional berührt als jene Teilnehmer, die zuvor ein aufregendes, aber gewaltfreies Sportmatch gesehen hatten (Thomas et al., 1977). Eine weitere Studie zeigt, dass Jungen, die viel und häufig Gewalt im Fernsehen sehen, auf einen mäßig gewalthaltigen Film ein deutlich verringertes Erregungsniveau aufweisen (Hautwiderstand und Blutdruck; Cline et al., 1973).

- **Überschätzung der Häufigkeit von Gewalt**
Da in den Fernsehsendungen sehr viel häufiger Gewalt und Waffeneinsatz gezeigt werden als real auftritt, verändert sich unsere Realitätseinschätzung durch den Fernsehkonsum – allerdings nur dann, wenn die Situationen echt erscheinen und damit

als Angst erzeugend und persönlich bedrohlich wahrgenommen werden (Groebel & Krebs, 1983). Dementsprechend überschätzen Jugendliche und Erwachsene mit hohem Fernsehkonsum die Gewalthäufigkeit und die daraus resultierenden Gefahren in der Gesellschaft (allerdings nicht im eigenen persönlichen Umfeld; Gerbner et al., 1994; Heath & Petraitis, 1987; Tyler & Cook, 1984). Kinder, die viel fernsehen, haben verstärkt Angst, dass jemand ins Haus kommen oder sie verletzen könnte (Peterson & Zill, 1981; zitiert nach Zimbardo, 1995).

Es lässt sich festhalten, dass gewalthaltiger Fernsehkonsum im Allgemeinen Auswirkungen auf das Denken, Erleben und Handeln der Konsumenten hat. Eine speziellere Form von Gewalt in Filmen ist gewalthaltige Pornografie, d. h. die Kombination von Gewalt und Erotik. Die Befunde hierzu werden nachfolgend skizziert.

Auswirkungen gewalthaltiger Pornografie

Im Unterschied zu allgemeinem Fernsehkonsum entsteht im Rahmen sexuell getönter Filme in aller Regel eine physiologische Erregung. Da im Falle leichter sexueller Erregung positive Gefühle erzeugt werden, ist Aggression gegenüber einem Provokateur dann eher reduziert (Baron, 1974a, b; 1979; Baron & Bell, 1973; Ramirez et al., 1982). Im Falle starker sexueller Erregung hingegen, wie beispielsweise beim Sehen pornografischer Filme, ist aggressives Verhalten nachfolgend wahrscheinlicher (Jaffe et al., 1974; Zillmann, 1984).

Sowohl neuronale als auch endokrine Wirkmechanismen sind daran beteiligt, dass starke Erregung Aggression bedingt. Zum einen führt eine generelle Erregung, wie sie über eine sexuelle Stimulation entsteht, zu einer verstärkten Ausführung der vorherrschenden, dominanten Reaktion (hier: aggressivem Verhalten; Jaffe et al., 1974; siehe auch Jaffe, 1981). Zum anderen liegen die neuronalen Systeme für Sexualität und aggressives Verhalten im Gehirn (limbisches System) sehr eng beieinander bzw. sind direkt verlinkt (MacLean, 1965).

Obgleich männliche Personen auf den Konsum gewalthaltiger, pornografischer Filme extremer reagieren als Frauen, gelten die Prozesse und Auswirkungen jedoch prinzipiell für beide Geschlechter (Malamuth & Briere, 1986; siehe auch Linz et al., 1984; Zillmann & Bryant, 1984). So verändern sich sowohl bei Männern als auch bei Frauen nach mehrstündigem Sehen gewalthaltiger Pornofilme die Einstellungen: Sie sehen Vergewaltigung als weniger schlimm an, berichten weniger Sympathie gegenüber den Opfern und akzeptieren eher Vergewaltigungsmythen (vgl. Abschnitt 10.4.3; Mullin & Linz, 1995 u. a.). Als Mechanismus wird ein Gewöhnungseffekt zugrunde gelegt. Durch vermehrte Exposition des Angst auslösenden Reizes (Gewalt gegen Frauen, Vergewaltigung) verschwindet die Angstreaktion, und über eine Generalisierung dieses Effekts verändert sich auch die negative Valenz des Reizes (Mullin & Linz, 1995). In weiteren Studien konnte gezeigt werden, dass für die Auswirkungen gewalthaltiger Pornografie nicht die im Film gezeigte Sexualität, sondern die in diesem Zusammenhang dargestellte Gewalt entscheidend ist (vgl. Beispielstudie).

Beispielstudie zur Auswirkung gewalthaltiger Pornografie
Gewalthaltige Erotik löst aggressive Reaktionen (gegenüber Frauen) aus.

In einer Studie von Donnerstein (1980) sahen männliche Teilnehmer einen der folgenden drei Filme:

a) Film ohne aggressive und ohne sexuelle Inhalte (Talkshow),

b) Film ohne aggressive, jedoch mit sexuellen Inhalten (Sexszenen),

c) Film mit aggressiven als auch sexuellen Inhalten (Vergewaltigungsszene).

Anschließend sollten die Teilnehmer im Rahmen einer „Lernaufgabe" an die Versuchsleitung Belohnungspunkte vergeben, wenn diese richtig antwortete, bzw. Stromschläge verabreichen, wenn diese Fehler in der Lernaufgabe machte (Letzteres war in 16 von 24 Fällen der Fall).

Die Ergebnisse zeigten, dass an weibliche Versuchsleiter wesentlich stärkere Elektroschocks ausgegeben wurden als an männliche, wenn zuvor der aggressiv-sexuelle Film gesehen worden war. Wurden die Teilnehmer vor Beginn der Filme verärgert, so verstärkte dies den Effekt, d. h., die höchsten Stromschläge wurden an Frauen vergeben, nachdem der Teilnehmer sowohl verärgert worden war als auch den sexuell-aggressiven Film gesehen hatte.

Diese Studie zeigt, dass für das nachfolgend aggressive Verhalten der Teilnehmer nicht die im Film gezeigte Sexualität, sondern die damit verbundene Gewalt entscheidend war und sich dieser Effekt durch vorangehende Provokation intensivieren lässt.

Wie wir in diesem Abschnitt gesehen haben, kann sich der Konsum gewalthaltiger Sendungen aggressionsförderlich auf Denken, Erleben und Verhalten der Zuschauer auswirken. Während den Konsumenten im Medium Film eine eher passive Rolle (als Zuschauer) zukommt, nehmen sie im Rahmen von Videospielen eine aktivere Rolle (als Mitspieler) ein. Nachfolgend wird aufgezeigt, welche Zusammenhänge zwischen dem Konsum gewalthaltiger Computerspiele und den aggressiven Tendenzen der Konsumenten zu finden sind.

11.5.2 Die Auswirkungen gewalthaltiger Computerspiele

Metaanalysen zeigen, dass das Spielen gewalthaltiger Computerspiele mit einem Anstieg aggressiven Verhaltens, aggressiver Kognitionen, Affekten und kardiovaskulärer Erregung verbunden ist und prosoziales Verhalten reduziert (Anderson, 2004; Anderson & Bushman, 2001). So finden sich beispielsweise bei vier- bis achtjährigen Kinder unmittelbar nach einem Computerspiel vermehrt Aggressionen beim freien Spielen (Bensley & van Eenwyk, 2001); in einer anderen Studie zeigte sich eine erhöhte Bereitschaft zu schießen (Konijn et al., 2007). Jugendliche, die häufig gewalthaltige Computerspiele spielen, sind feindseliger und erleben in der Folge häufiger Streitigkeiten mit ihren Lehrern, geraten eher in physische Auseinandersetzungen und erzielen schlechtere Leistungen in der Schule (Gentile et al., 2004). Schließlich besteht eine positive Korrelation zwischen der Häufigkeit des Konsums aggressiver Computerspiele und der Delinquenz der Konsumenten (Anderson & Dill, 2000). Insgesamt spielen Jungen bzw. Männer mehr gewalthaltige Videospiele als Mädchen bzw. Frauen (Griffiths, 1997; van Schie & Wiegman, 1997) und weisen größere Effekte auf als Frauen (Bartholow & Anderson, 2002). Die ablaufenden Prozesse gelten jedoch grundsätzlich für beide Geschlechter gleichermaßen.

Im Vergleich zum in vorangehenden Abschnitt berichteten Filmkonsum liegt die Besonderheit von Computerspielen darin, dass aggressionsrelevante Einstellungen, Wahrnehmungen, Erwartungen, Verhaltensskripte und Enthemmung (Desensibilisierung) durch das aktive Spielen und Handeln unmittelbar gelernt, geübt und verstärkt werden. Aggressives Verhalten wird dadurch wahrscheinlicher (Anderson & Dill, 2000). Mit dieser Sicht übereinstimmend finden sich folgende Befunde:

- **Neurobiologie**
  Der Konsum virtueller Gewalt, wie beispielsweise im Rahmen von Computerspielen, zieht neurobiologische Veränderungen nach sich (z. B. die Unterdrückung bzw. Reduzierung typischer Reaktionen auf Gewaltdarstellungen in bestimmten Gehirnarealen; Bartholow et al., 2006; Weber et al., 2006). Diese veränderten Hirnfunktionen stellten sich als gute Prädiktoren für vermehrt aggressives Verhalten in einer Folgeaufgabe heraus.

- **Lernen**
  Weitere Ergebnisse legen nahe, dass das Spielen gewalthaltiger Computerspiele zum automatischen Lernen eines aggressiven Selbstkonzepts führen kann. Teilnehmer assoziieren beim Spielen aggressive Eigenschaften und Handlungen mit sich selbst. So konnten implizite Maße eine stärker aggressive Selbstsicht bei hohem im Vergleich zu niedrigem Konsum von Gewaltspielen vorhersagen (Uhlmann & Swanson, 2004).

  Auch Belohnung und Bestrafung gewaltbezogenen Verhaltens in Computerspielen wirkt sich aus: Wurden gewalttätige Aktionen im Spiel belohnt, so stiegen die erlebte Feindseligkeit, aggressive Kognitionen sowie aggressives Verhalten (Carnagey & Anderson, 2005). Die Bestrafung derselben Aktionen führte zwar ebenfalls zu einem Anstieg der Feindseligkeit, nicht jedoch zu aggressiverem Denken oder Handeln.

11.5.3 Zusammenfassung

Wie diese Ausführungen gezeigt haben, kann Gewalt in den Medien nachfolgend aggressives Verhalten erhöhen – und das sogar langfristig, indem die eigenen Wahrnehmungen,

Normen und Bewertungen von Aggression verändert werden. Selbstverständlich ist dieser Zusammenhang – wie in allen psychologischen Bereichen – sehr komplex und damit zwar eine Aussage über die (Kausal-)Zusammenhänge und vermittelnden Prozesse möglich; doch inwieweit sich dies negativ auswirkt, hängt von vielen weiteren Faktoren (wie z. B. der Qualität des sozialen Umfelds) ab.

11.6 Zusammenfassung

Im sozialpsychologischen Sinne wird Aggression meist definiert als *nicht versehentliches Handeln* mit dem unmittelbaren *Ziel, eine andere Person, sich selbst oder einen Gegenstand zu schädigen.* Da in diese Definition nicht alle alltagstypischen Aggressionsformen integrierbar sind, ist es für die weitere Abgrenzung und Beschreibung von Aggression hilfreich, zwischen instrumenteller und feindseliger Aggression zu unterscheiden: *Feindselige Aggression* bezeichnet impulsives, von negativen Gefühlen getriebenes Verhalten („heiße" Aggression), während *instrumentelle Aggression* vorsätzliches, geplantes, reflektives Verhalten ist, das einem übergeordneten Ziel dient („kalte" Aggression). Auch Mischformen sind typisch, in welchen feindseliges Verhalten durchaus geplant ist, oder schädigendes Verhalten, das einem übergeordneten Ziel dient, auch feindselig-emotionale Komponenten beinhaltet.

Verschiedenste Ursachen und Determinanten aggressiven Verhaltens sind bedeutsam. So gibt es diverse Hinweise darauf, dass aggressives Verhalten eine *biologische Grundlage* hat und für den eigenen genetischen Erfolg von Vorteil sein kann. Zum einen spricht dafür das kulturübergreifende Auftreten von Aggression; zum Zweiten, dass ein Teil der Unterschiede in der Aggressionsbereitschaft von Mensch und Tier auf Vererbung zurückgeführt werden kann; zum Dritten die neurobiologische Basis sowie zum Vierten der immer wieder aufgezeigte Zusammenhang zwischen Testosteron und Aggression.

Faktoren, die *in konkreten Situationen* aggressives Verhalten auslösen bzw. begünstigen, sind unter anderem *Gefühle*, insbesondere negativer Affekt (z. B. Ärger aufgrund von Provokation). Gefühle, die aggressives Verhalten fördern, sind häufig eine Reaktion auf Angriffe gegen die eigene Person (z. B. auf Provokation oder soziale Zurückweisung) oder auf die Bedrohung bzw. Blockierung eigener Ziele (Frustration). Eine weitere wichtige Quelle negativer Affekte, die Aggression wahrscheinlicher machen, sind situative Faktoren wie beispielsweise Schmerz, Hitze, Kälte oder Lärm. Das Abreagieren von Frust bzw. negativen Gefühlen ist – entgegen der weit verbreiteten Annahme – wenn überhaupt nur unter ganz speziellen Rahmenbedingungen aggressionsreduzierend, meist jedoch eher aggressionsfördernd.

Schließlich kann auch der *Einfluss von Normen und der Prozess des sozialen Lernens* die Entstehung bzw. Auslösung von aggressivem Verhalten in konkreten Situationen begünstigen. Unsere Sozialisationserfahrungen haben einen entscheidenden Einfluss darauf, inwieweit aggressives Verhalten gezeigt und aufrechterhalten wird. Dieser Einfluss erfolgt insbesondere über die Konsequenzen, die auf aggressives Verhalten hin erlebt werden, sowie durch Modelllernen. Verschiedene Quellen der Sozialisation haben sich in Bezug auf aggressives Verhalten als einflussreich erwiesen, insbesondere das Verhalten von Eltern und Altersgenossen sowie der Kulturkreis, in dem man aufwächst.

Darüber hinaus machen bestimmte *situative Bedingungen* aggressives Verhalten wahrscheinlicher. So konnte gezeigt werden, dass Anonymität einer Situation Deindividuation auslösen und darüber Aggressionsverhalten begünstigen kann. Des Weiteren können Situationen spezifische Hinweisreize beinhalten, die wiederum mit Aggression assoziiert und darüber automatisch Aggressivität aktivieren. Sobald in einer Situation oberflächliche Informationsverarbeitung und eingeschränkte Selbstkontrolle vorherrschen, wie es im Falle von Alkoholeinfluss oder emotionaler Erregung der Fall ist, wird aggressives Verhalten ebenfalls wahrscheinlicher. Schließlich ist auch das Missattribuieren von autonomer Erregung eine typische situative Determinante von Aggression.

Aufgrund der aktuellen Relevanz wurde der *Einfluss der Medien* auf aggressives Verhalten abschließend gesondert behandelt. Nach derzeitigem Forschungsstand ist davon auszugehen, dass in den Medien gezeigte Gewalt nachfolgend aggressives Verhalten erhöhen kann – und das sogar langfristig, indem die eigenen Wahrnehmungen, Normen und Bewertungen von Aggression verändert werden.

12 Prosoziales Verhalten – Wann und warum wir anderen helfen

Was bringt's?

Wie kann es dazu kommen, dass Menschen angesichts der offensichtlichen Not einer anderen Person nicht helfen? Liegt es daran, dass solche Menschen besonders egoistisch sind? Welche Rolle spielen situative Faktoren für unterlassene Hilfeleistung?

Warum erwarten wir in unserer Gesellschaft von Individualisten überhaupt, dass jemand Zeit und Energie für andere aufbringt – möglicherweise sogar sein Leben riskiert? Welche Motive stehen dahinter, wenn wir anderen helfen?

1964 wird im New Yorker Stadtteil Queens die 28-jährige Catherine „Kitty" Genovese auf offener Straße ermordet. Dafür gab es 38 Zeugen, von denen keiner etwas unternahm, um die wiederholten, sich über eine halbe Stunde hinziehenden Angriffe zu stoppen, was die junge Frau letztendlich das Leben kostete (Rosenthal, 1999). Aber so etwas passiert nicht nur in New York: Im Jahr 1997 wurde in Hamburg ein 17-jähriges Mädchen in der S-Bahn vergewaltigt. Das Opfer rief um Hilfe, aber keiner der anderen Fahrgäste griff ein oder rief die Polizei, obwohl Letzteres an mehreren Haltestellen möglich gewesen wäre (Gaschke, 1997; Kleine-Brockhoff, 1997).

Angesichts solcher Vorfälle sind wir entsetzt, nicht nur ob der Grausamkeit der Verbrechen an sich, sondern insbesondere deshalb, weil die Zeugen – obwohl sie gekonnt hätten – den Opfern *nicht* zu Hilfe kamen. Alle sind sich einig: Die Zeugen hätten eingreifen und dem Opfer helfen *müssen* – doch warum haben sie es nicht getan? Waren die Zeugen alle egoistische, „schlechte" Menschen, die sich nicht für ihre Umwelt interessierten? Wie sich gezeigt hat, ist dies nicht der Fall, sondern es sind insbesondere *situative* Faktoren bedeutsam dafür, ob Menschen helfen oder nicht (vgl. Abschnitt 12.1).

Unsere Bestürzung angesichts unterlassener Hilfeleistung spiegelt wider, dass wir grundsätzlich erwarten, dass Menschen anderen helfen, die ihrer Hilfe bedürfen. Und tatsächlich helfen Menschen in vielen Fällen auch, so beispielsweise nach dem Terroranschlag auf das World Trade Center in New York im September 2001, als unzählige Freiwillige ihre Hilfe anboten, ebenso nach dem Wirbelsturm „Katrina" im Südosten der USA (Rodriguez et al., 2006). Sogar unter Einsatz ihres Lebens und auch völlig fremden Personen gegenüber sind Menschen in Notsituationen bereit zu helfen: Im Januar 2001 beispielsweise verfolgten etwa 20 Skinheads einen jungen Griechen durch Münchens

Straßen und schlugen ihn auf brutalste Weise zusammen. Fünf junge Türken wurden Zeugen dieses Vorfalls und griffen ein; ihr eigenes Leben riskierend konnten sie das blutüberströmte Opfer retten (Zivilcourage; Beispiel in Greitemeyer et al., 2006). Wieso aber *erwarten* wir grundsätzlich, dass geholfen wird? Liegt prosoziales Verhalten in der Natur des Menschen? Welche Motive für prosoziales Verhalten gibt es? Mit diesen Fragen wollen wir uns in Abschnitt 12.2 beschäftigen.

Prosoziales Verhalten

- entspringt der Absicht, einer anderen Person etwas Gutes zu tun

- wird aus freien Stücken gezeigt, d. h. nicht aufgrund beruflicher Verpflichtungen oder finanzieller Anreize

- kann einen Nutzen für den Helfer beinhalten

Altruistisches Verhalten

- ist ein Spezialfall prosozialen Verhaltens, das durch Empathie mit dem Opfer motiviert ist

- nützt vorrangig dem Hilfeempfänger und hat keinen offensichtlichen Nutzen für den Helfer

Bevor wir uns den Determinanten und Ursprüngen von prosozialem Verhalten zuwenden, vorab eine kurze Definition der Begrifflichkeiten. **Prosoziales Verhalten** zeichnet sich dadurch aus, dass es zum einen der *Absicht* entspringt, einer anderen Person etwas Gutes zu tun, und zum anderen, dass es *aus freien Stücken* gezeigt wird (Bierhoff, 2006; vgl. auch Batson, 1998). Hilfeleistungen im Rahmen beruflicher Verpflichtungen oder aufgrund finanzieller Anreize (wie z. B. Erste Hilfe durch den Notarzt oder Unterstützung beim Anschnallen durch die Stewardess) werden entsprechend *nicht* zu den prosozialen Verhaltensweisen gerechnet. Prosoziales Verhalten kann jedoch durchaus einen Nutzen für den Helfenden (wie z. B. soziale Anerkennung, Erwartung einer Gegenleistung) beinhalten und damit zumindest teilweise egoistisch motiviert sein. Vom klassischen prosozialen Verhalten ist abzugrenzen das sog. **altruistische Verhalten**[1], welches eine Unterart prosozialen Verhaltens darstellt. Altruistisches Verhalten dient in erster Linie dem Hilfeempfänger, ohne dass egoistische Beweggründe des Helfers ersichtlich sind; dementsprechend ist es durch Perspektivenübernahme und Empathie motiviert.

---

[1] Im Folgenden werden wir auf die Unterscheidung zwischen prosozialem und altruistischem Verhalten weitestgehend verzichten. Zum einen lässt sich schwer ausschließen, „dass sich hinter altruistischer Motivation letztendlich doch wieder egoistische Beweggründe verbergen" (Wiswede, 2004, S. 233), zum anderen ist die Frage, ob und inwieweit es *rein* altruistisches Verhalten gibt, d. h. prosoziales Verhalten, das in keinster Weise eigennützig ist und nur aus altruistischen Motiven gespeist wird, eher philosophischer Natur und hat für eine sozialpsychologische Betrachtung dessen, unter welchen Bedingungen Menschen Hilfeverhalten zeigen bzw. nicht zeigen, weniger Relevanz.

12.1 Warum Hilfe unterlassen wird – Situative Determinanten von Hilfeverhalten

Was bringt einen ganz durchschnittlichen Menschen dazu, zu helfen oder auch nicht? – Denn selbst der hilfsbereiteste Mensch hilft nicht immer und überall. Worauf ist das zurückzuführen? Wie kommt es dazu, dass in Situationen, wie wir sie zu Anfang beschrieben haben (Fall „Kitty Genovese", Vergewaltigung in der S-Bahn), sogar kein einziger der Anwesenden hilft? In den allermeisten Fällen liegt es ganz sicher nicht daran, dass ausschließlich besonders egoistische Menschen anwesend sind (zum Einfluss der Persönlichkeit vgl. Exkurs). Wie nachfolgend zu sehen sein wird, ist ob und inwieweit Hilfe geleistet wird weniger von der Persönlichkeit oder Herkunft, sondern vielmehr von *situativen Determinanten* abhängig.

Folgende Beispiele können dies veranschaulichen: Nehmen wir an, Sie laufen nachts durch die Straßen und sehen einen etwas heruntergekommen aussehenden Mann auf dem Gehweg liegen – braucht dieser Mensch Hilfe oder ist es „nur" ein Obdachloser, der seinen Rausch heute nacht zufällig an dieser Straßenecke ausschläft? Oder stellen Sie sich vor, Sie liegen am Strand und hören plötzlich aus dem Wasser jemanden um Hilfe rufen – machen sich hier Jugendliche einen Spaß oder ertrinkt gerade jemand? Wie diese Beispiele zeigen, müssen wir in vielen Situationen zunächst einmal entscheiden, ob es sich überhaupt um einen Notfall handelt, d.h. ob ein Hilfeverhalten angebracht wäre oder nicht (vgl. Abschnitt 12.1.2) – immer vorausgesetzt, wir bemerken die Situation (vgl. Abschnitt 12.1.1). Doch selbst wenn wir zu dem Schluss kommen, dass es sich um einen Notfall handelt und wir eingreifen sollten, stellen sich weitere Fragen, so beispielsweise, wie denn überhaupt zu helfen wäre (vgl. Abschnitt 12.1.4), ob man selbst

Exkurs: Persönlichkeit und prosoziales Verhalten

Längsschnittstudien zufolge sind individuelle Unterschiede in spontanem Hilfeverhalten vom Vorschulalter bis ins frühe Erwachsenenalter relativ stabil (Eisenberg et al., 1999; siehe auch Caprara et al., 2000; Eisenberg et al., 2002). Auch wenn sich feststellen lässt, dass Personen mit prosozialer bzw. altruistischer Persönlichkeit allgemein stärker zu prosozialem Verhalten neigen (Bierhoff et al., 1991; Carlo et al., 1991; Penner & Finkelstein, 1998; Penner et al., 1995), hat sich insgesamt die Aussagekraft von Persönlichkeitstests zur Vorhersage *konkreten* prosozialen Verhaltens als eher gering erwiesen (Latané & Darley, 1970; Piliavin & Charng, 1990). So ist beispielsweise die Bereitschaft Blut zu spenden bei Personen mit hohem Altruismuswert in Persönlichkeitstests nicht höher als bei Personen mit niedrigen Werten (Magoo & Khanna, 1991).

Damit lässt sich der Schluss ziehen, dass sowohl Merkmale der Situation als auch Interaktionen zwischen Situation und Persönlichkeit für Vorhersagekraft und Verständnis prosozialen Verhaltens entscheidender zu sein scheinen.

Urteilsprozess in einer Notsituation

1. *„War da nicht was?"*
   Aufmerksamkeit auf das Ereignis richten (Abschnitt 12.1.1)

2. *„Ein Notfall oder nicht?"*
   Ereignis als Notfall interpretieren (Abschnitt 12.1.2)

3. *„Bin ich gemeint?"*
   Maß persönlicher Verantwortung bestimmen (Abschnitt 12.1.3)

4. *„Wie könnte ich helfen?"*
   sich für eine bestimmte Hilfehandlung entscheiden (Abschnitt 12.1.4)

5. *„Schaffe ich das?"*
   Handlung initiieren (Abschnitt 12.1.5)

„Die Altruisten von heute können die passiven Zuschauer von morgen sein – es ist nur eine Frage der sozialen Situation" (aus Bierhoff, 1997, S.395).

Verantwortung für die Hilfeleistung übernehmen sollte (vgl. Abschnitt 12.1.3) und ob man sich zu dieser Form der Hilfeleistung in der Lage fühlt (vgl. Abschnitt 12.1.5).

Ob Menschen helfen oder nicht, ist demnach in erster Linie von ihrer Beurteilung der Situation abhängig. Diese wird – wie jeder andere Urteilsprozess auch – von diversen Faktoren beeinflusst, die prosoziales Verhalten fördern oder hemmen können. Die Überlegungen von Latané und Darley (1970) sowie Piliavin und Kollegen (1981) lassen sich wie in Abb. 12.1 dargestellt integrieren. Im Folgenden werden die einzelnen Stufen des Urteilsprozesses sowie die situativen Einflussfaktoren beschrieben.

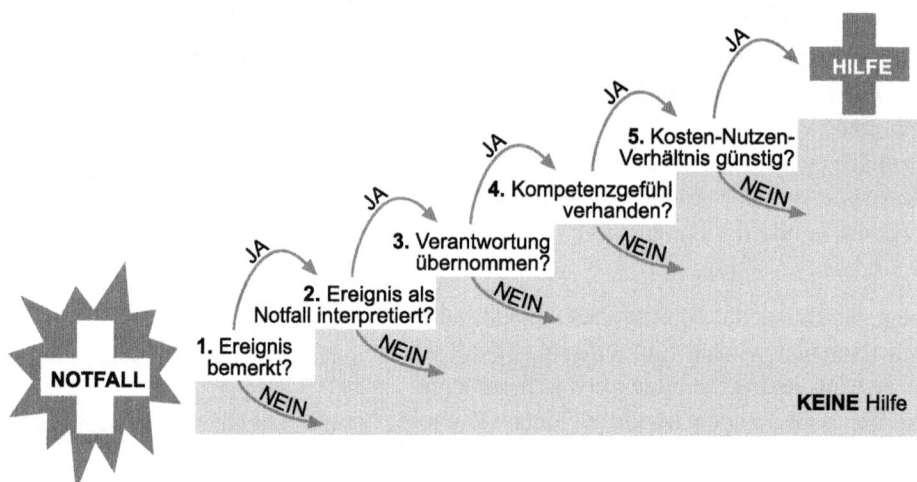

Abb. 12.1: Ob Menschen helfen oder nicht, hängt davon ab, wie sie die Situation beurteilen. Damit es zur Hilfeleistung kommt, müssen in diesem Urteilsprozess sozusagen verschiedene „Hürden" genommen werden.

12.1.1 Stufe 1: „War da nicht was?" – Auf einen möglichen Notfall aufmerksam werden

Im Gegensatz zu Profis, wie Wachleuten oder Rettungsdienstmitarbeitern, laufen wir als Ottonormalverbraucher gewöhnlich nicht durch die Straßen und halten Ausschau nach potenziellen Notfällen, bei denen unser Eingreifen gefragt sein könnte. Vielmehr sind wir meist mit irgendwelchen anderen Dingen beschäftigt, möglicherweise sogar geradezu in unsere Gedanken vertieft und nehmen gar nicht wirklich wahr, was um uns herum geschieht. Viele Dinge entgehen so unserer Aufmerksamkeit. Hilfeverhalten kann also schon daran scheitern, dass wir eine Notsituation überhaupt nicht bemerken. Ob wir einen Notfall bemerken oder nicht, hängt natürlich auch von seiner Auffälligkeit (Salienz) ab, also beispielsweise ob er mit lauten Geräuschen (wie Schreien, Hupen oder Materialbruch) einhergeht oder nicht.

Da neben der Auffälligkeit eines Ereignisses weitere situative Faktoren, wie die verfügbaren kognitiven Kapazitäten oder unsere Stimmung[2], beeinflussen, ob wir einen Notfall bemerken oder nicht, kann auch ein und derselbe Notfall von ein und derselben Person je nach Situation mal wahrgenommen werden und mal nicht. Der Einfluss dieser situativen Determinanten auf unser Hilfeverhalten wird nachfolgend dargestellt.

Kognitive Kapazitäten. Zunächst einmal stehen der Wahrnehmung einer Notsituation und damit hilfsbereitem Verhalten *Ablenkung* bzw. *Reizüberflutung* entgegen. Dies ist in Städten wahrscheinlicher als in ländlichen Gegenden und die Forschung zeigt, dass auf dem Land gegenüber Fremden mehr prosoziales Verhalten gezeigt wird als in Städten und in Klein- mehr als in Großstädten (Eisenberg, 1991; Hedge & Yousif, 1992; Korte, 1980; Steblay, 1987). Einwohner in Großstädten sind beispielsweise weniger bereit, Telefonnachrichten auszurichten, verloren gegangene Briefe nachzusenden, spontane Umfragen mitzumachen, einem Kind, das sich verlaufen hat, zu helfen oder jemandem eine kleine Gefälligkeit zu erweisen (Hedge & Yousif, 1992; Steblay, 1987).

Studien zufolge liegt dies nicht an der grundsätzlichen Hilfsbereitschaft der jeweiligen Bewohner, sondern am situativen Einfluss auf das Hilfeverhalten: In (Groß-)Städten strömen erheblich mehr Reize auf den Einzelnen ein als in ländlichen Gegenden, so dass dort die Gefahr einer Reizüberflutung deutlich größer ist (sog. **urban overload-Hypothese**; Milgram, 1970; Steblay, 1987). Dies führt zum einen dazu, dass eine Notsituation in großen Städten nur einen Reiz unter vielen darstellt und damit grundsätzlich mit geringerer Wahrscheinlichkeit bemerkt werden wird als in ländlichen Gebieten. Zum anderen schotten sich die Menschen in Städten gegenüber Außenreizen stärker ab, um eine unkontrollierte Reizüberflutung zu vermeiden. Damit übereinstimmend ist weniger die Einwohner*zahl* als vielmehr die Bevölkerungs*dichte* maßgeblich: Je höher die Bevölkerungsdichte, desto unwahrscheinlicher ist es, dass Hilfe angeboten wird (Levine et al., 1994; auch Boles & Hayward, 1978).

Neben der reinen Reizüberflutung schränkt auch *Zeitdruck* die eigenen kognitiven Kapazitäten und damit die Wahrnehmungschance einer Notsituation ein, so dass in Folge Personen, die in Eile sind, weniger helfen als Personen, die nicht unter Zeitdruck stehen (Darley & Batson, 1973; vgl. Beispielstudie). Des Weiteren ist von Bedeutung, wie wichtig die Sache ist, derentwegen sie in Eile sind: Es wird umso mehr geholfen, je weniger wichtig sie ist (Batson, Cochran

> **Urban overload-Hypothese**
>
> In Städten ist die Überfrachtung mit Reizen für den Einzelnen so groß, dass dieser sich eher gegenüber Außenreizen abschottet.
>
> Je höher die Bevölkerungsdichte, desto unwahrscheinlicher sind spontane Hilfsleistungen gegenüber Fremden.

---

[2] Einflüsse der Stimmung auf das Hilfeverhalten werden immer an den jeweils entscheidenden Stellen im Urteilsprozess dargestellt. Stimmung als Motiv für Hilfeverhalten wird in Abschnitt 12.2.2 behandelt.

et al., 1978). Schließlich kann auch die Aktivierung prosozialer Normen – beispielsweise durch das vorhergegangene Lesen des Gleichnisses vom barmherzigen Samariter – das Hilfeverhalten erhöhen (Greenwald, 1975).

Beispielstudie zur Wahrnehmung einer Notsituation
Unter Zeitdruck werden Notsituationen seltener bemerkt und entsprechend weniger geholfen.

Darley und Batson (1973) forderten Theologiestudenten zunächst auf, eine Textpassage zu lesen, über die sie im zweiten Teil der Studie ein Kurzreferat halten sollten. Dieser zweite Teil fand in einem anderen Gebäude statt, zu dem die Versuchsleiter die Teilnehmer mit unterschiedlichem Zeitdruck auf den Weg schickten:

Gruppe A: „Sollten Sie drüben warten müssen ...“ (kein Zeitdruck)
Gruppe B: „Der Assistent erwartet Sie ...“ (mittlerer Zeitdruck)
Gruppe C: „Oh, Sie sind spät dran ...“ (starker Zeitdruck)

Auf ihrem Weg zum zweiten Teil der Studie kamen die Teilnehmer an einer Person vorbei, die zusammengesunken im Hauseingang saß. In dem Moment, in dem der Teilnehmer den Hilfsbedürftigen passierte, hustete dieser zweimal mit gesenktem Kopf und stöhnte auf. Die Forscher interessierte, ob die Teilnehmer dem Opfer ihre Hilfe anboten.

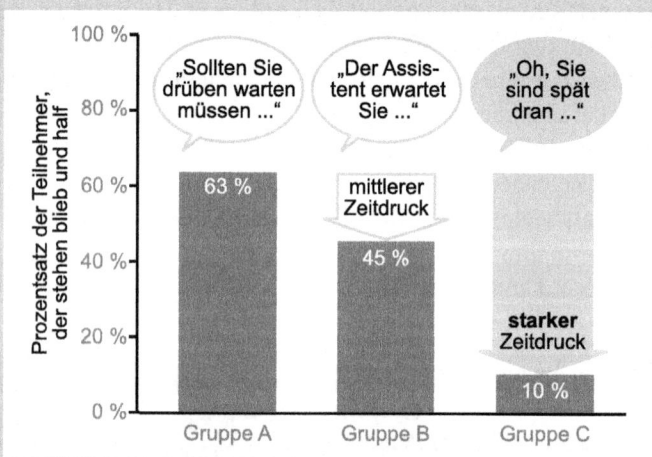

Abb. 12.2: Zeitdruck wirkt sich negativ auf Hilfeverhalten aus. Teilnehmer, die keinem Zeitdruck ausgesetzt waren, halfen zu 63 % (Gruppe A), Teilnehmer, die mittlerem Zeitdruck ausgesetzt waren, halfen seltener (zu 45 %, Gruppe B), und Teilnehmer, bei denen starker Zeitdruck induziert worden war, halfen am wenigsten (in 10 % der Fälle, Gruppe C; nach Darley & Batson, 1973).

Es zeigte sich, dass Zeitdruck das Hilfeverhalten beeinflusste: Je stärker die Teilnehmer zur Eile angehalten worden waren, desto seltener boten sie ihre Hilfe an (Gruppe A: 63 %, Gruppe B: 45 % und Gruppe C: 10 %). Die Autoren nehmen an, dass die

Teilnehmer mit zunehmendem Zeitdruck den Hilfebedarf weniger wahrgenommen hatten.

Die Studie zeigt, dass situative Faktoren wie beispielsweise Zeitdruck dazu führen können, dass aufgrund der eingeschränkten kognitiven Ressourcen die Hilfsbedürftigkeit nicht wahrgenommen und entsprechend auch nicht geholfen wird.

Stimmung.   Menschen in negativer Stimmung sind stärker auf sich selbst konzentriert (z. B. Pyszczynski & Greenberg, 1987; Wood et al., 1990) (vgl. Kapitel 4) und nehmen deswegen die Bedürfnisse anderer Personen weniger wahrscheinlich wahr als Personen in guter Stimmung (Salovey et al., 1991). Teilnehmer von McMillen und Kollegen (1977) berichteten beispielsweise nach einem negativen Feedback deutlich öfter, einen Notfall nicht bemerkt zu haben, als Teilnehmer, die eine positive Rückmeldung erhalten hatten.

Damit Hilfeverhalten gezeigt wird, muss der potenzielle Helfer die Notfallsituation zunächst wahrnehmen, d. h. seine Aufmerksamkeit auf diese Situation richten. Doch selbst wenn er dem Geschehen seine Aufmerksamkeit schenkt, heißt dies nicht zwingend, dass er auch in irgendeiner Form helfend eingreift – dies hängt vielmehr davon ab, ob er die Situation in einem zweiten Urteilsschritt überhaupt als Notfall *interpretiert* oder nicht.

12.1.2 Stufe 2: „Ein Notfall oder nicht?" – Ereignis als Notfall interpretieren

Nehmen wir an, Sie *bemerken* eine in einem Hauseingang zusammengesunkene Person – was tun Sie? Die meisten Menschen würden vermutlich weitergehen, in der Annahme, dass hier einfach jemand seinen Rausch ausschläft. Versuche, der Person zu helfen, wären in diesem Fall nicht notwendig bzw. sogar übertrieben und unerwünscht. Es könnte aber auch sein, dass die Person gerade einen Schlaganfall erlitten hat oder aufgrund einer Alkoholvergiftung in akuter Lebensgefahr schwebt und dringend unserer Hilfe bedürfte. Gleiches gilt, wenn Schwimmer um Hilfe rufen – ist wirklich jemand in Lebensgefahr oder albern lediglich ein paar Jugendliche im Wasser herum? Auch hier wäre es beinahe peinlich, eine Rettungsaktion zu starten, wenn Letzteres der Fall wäre. Im pädagogischen Bereich stehen Lehrer und Betreuer häufig vor der schwierigen Frage, wie die Situation zu beurteilen ist, wenn ein Kind ständig mit blauen Flecken übersät ist. Handelt es sich wirklich um harmlose Ungeschicklichkeiten, wie das Kind hartnäckig behauptet, oder wird das Kind regelmäßig misshandelt und es bedürfte dringend eines Eingreifens? Wie diese Beispiele zeigen, ist die *Interpretation* der Situation entscheidend dafür, ob wir agieren oder nicht. Dies spielte auch bei dem eingangs erwähnten Fall „Kitty Genovese" eine Rolle: Einige Zeugen interpretierten das Geschehen auf der Straße nicht als Notfall, sondern als Beziehungsstreit zwischen Mann und Frau, der sie nichts angeht.

Auch Notfälle, die im Nachhinein (vgl. Abschnitt 3.3.1, „Rückschaufehler") vollkommen eindeutig anmuten, können durchaus in der Gegenwart mehrdeutig erscheinen. Es kommt zum einen darauf an, inwieweit die Situation selbst mehrdeutig ist. So sind beispielsweise Situationen, die offene Gewalt und Gefahr beinhalten, eindeutiger als Notfall zu erkennen (vgl. Fischer et al., 2006). Wie gut wir die Situation interpretieren können, hängt zudem davon ab, wie viel Information uns im entscheidenden Moment vorliegt – wird beispielsweise ein Notfall nur gehört statt gehört *und* gesehen, sind sich Personen des Hilfebedarfs unsicherer und interpretieren die Situation mit höherer Wahrscheinlichkeit nicht als Notfall (Clark & Word, 1974; Solomon et al., 1978; vgl. Beispielstudie).

Beispielstudie zur Interpretation einer Notsituation
In mehrdeutigen Situationen wird weniger geholfen als in eindeutigen Situationen.

Die Teilnehmer von Clark und Word (1974; Exp. 1) passierten auf dem Weg zum Ausgang ein Labor mit diversen elektrischen Geräten, in dem sie eine Person mit dem Rücken zur Tür auf dem Boden knien und eine elektronische Schalttafel reparieren sahen. Angelangt an der Stelle, von der aus sie die Person auf jeden Fall ungehindert sehen konnten, begann der „Notfall". Dieser war jedoch nicht immer gleich.

1. Eindeutiger Fall
   Die Teilnehmer sahen und hörten, wie das Opfer offensichtlich einen schweren Schock erlitt: An dem Gerät, an dem das Opfer gerade arbeitete, funkte und knackte es wie bei einem Kurzschluss, gleichzeitig versteifte sich das Opfer, stieß einen Schmerzensschrei aus, warf das Gerät um und fiel ausgestreckt zu Boden. Das Opfer simulierte Bewusstlosigkeit und blieb inmitten mehrerer Kabel auf dem Boden liegen.

2. Mehrdeutiger Fall
   In diesem Fall sahen und hörten die Teilnehmer ebenso die Signale von dem Elektrogerät, allerdings konnten sie in diesem Fall *das Opfer nur hören* (Schrei und Geräusch beim Hinfallen), aber nicht sehen.

Ob die Teilnehmer dem Opfer halfen oder nicht, hing entscheidend von der Eindeutigkeit der Situation ab: Im eindeutigen Fall halfen nahezu alle Teilnehmer, im mehrdeutigen Fall weniger als die Hälfte.

Diese Studie zeigt, dass in interpretationsbedürftigen Situationen weniger geholfen wird als wenn eindeutig ist, dass es sich um einen Notfall handelt.

In mehrdeutigen Situationen suchen wir entsprechend nach Informationsquellen, die uns bei der Entscheidung helfen, wie die Situation zu interpretieren ist. Eine wichtige Quelle hierfür ist das Verhalten anderer Anwesender, das wir als Information über die Realität heranziehen können. Häufig schließen wir uns in der Folge deren Meinung bzw. Verhalten an (Cialdini, 2001; Cialdini & Trost, 1998; Deutsch & Gerard, 1955; vgl. Abschnitt 8.2.1, „Informativer Einfluss"). Um bei unserem Beispiel zu bleiben, würden Sie auf der Straße wahrscheinlich zögern und sich erst einmal umschauen, ob die anderen Passanten die zusammengesunkene Person beachten – und wenn sie dies nicht tun, darauf schließen, dass real kein Notfall vorzuliegen scheint, und weitergehen. Problematisch daran ist, dass nicht nur Sie, also *eine* Person so vorgeht, sondern alle. Jeder zögert, versucht die Situation zu deuten und sich an der Reaktion der anderen zu orientieren. Dieser soziale Vergleichsprozess kann

Pluralistische Ignoranz

Bezeichnet die Situation, wenn jeder denkt, die Untätigkeit des anderen würde dessen Einschätzung der Situation als harmlos widerspiegeln, und daraus schließt, dass die Situation tatsächlich ungefährlich ist. Daraus kann folgen, dass keiner dem Opfer zu Hilfe kommt.

zu der irrtümlichen Schlussfolgerung führen, dass die anderen – da sie nicht handeln – die Situation als ungefährlich einschätzen. Letztendlich handelt dann womöglich keiner, obwohl Hilfe dringend notwendig gewesen wäre. Dies wird als **pluralistische Ignoranz** bezeichnet (Clark & Word, 1972; Miller & McFarland, 1991; Smith et al., 1973; Solomon et al., 1978; vgl. Beispielstudie und Abb. 12.3). Entsprechend ist Hilfeverhalten gerade in mehrdeutigen Situationen typischerweise wahrscheinlicher, wenn nur *ein* statt mehrere potenzielle Helfer den Notfall beobachten (z. B. Latané, 1981; Latané & Nida, 1981; Schwartz & Gottlieb, 1976; vgl. Abschnitt 12.1.3, „*Bystander*-Effekt").

Doch diese Orientierung an anderen kann sich auch positiv auswirken, nämlich dann, wenn andere helfend eingreifen, d. h. wenn prosoziale Modelle verfügbar sind, an denen wir uns orientieren und somit ebenfalls zu helfen beginnen. Das Handeln dieser Modelle reduziert Mehrdeutigkeit, da es Hilfeverhalten als richtiges Verhalten impliziert. So spenden Leute eher Geld in der Fußgängerzone (Bryan & Test, 1967) bzw. sind eher zum

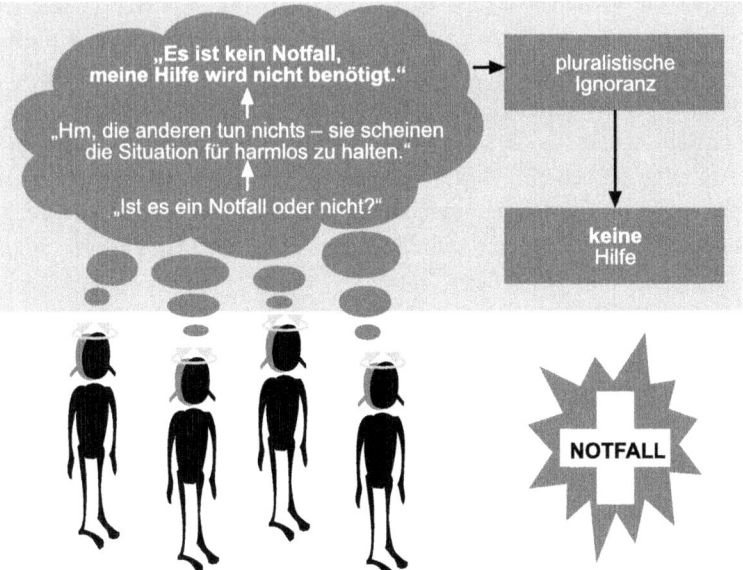

Abb. 12.3: In mehrdeutigen Situationen orientieren wir uns am Verhalten, um zu einer Einschätzung der Lage zu kommen. Tun diese nichts, schließen wir daraus, dass sie die Situation als ungefährlich einschätzen. Gehen alle so vor, kommt es zur sog. pluralistischen Ignoranz und Hilfe bleibt aus.

Blutspenden bereit (Rushton & Campbell, 1977), wenn sie andere sehen, die dies auch tun. Autofahrer boten Frauen mit einer Reifenpanne häufiger Hilfe an, wenn sie eine Viertelmeile vorher jemanden gesehen hatten, der einer anderen Frau beim Reifenwechsel half (Bryan & Test, 1967).

Beispielstudie zur Interpretation einer Notsituation

Personen orientieren sich in mehrdeutigen Situationen an der Reaktion der anderen, um zu entscheiden, ob ein Notfall vorliegt oder nicht.

Während die Teilnehmer von Latané und Darley (1968) in einem kleinen Wartezimmer auf den Beginn der eigentlichen Studie warteten und einen Vorabfragebogen ausfüllten, begann durch eine Öffnung in der Wand Rauch in den Raum einzudringen. Die Teilnehmer waren also mit einer mehrdeutigen, aber potenziell gefährlichen Situation konfrontiert. Die Forscher interessierte nun, ob die Teilnehmer die kritische Situation innerhalb von sechs Minuten, nachdem sie den Rauch bemerkt hatten, meldeten. Hatten sie bis dahin – der Raum war zu diesem Zeitpunkt so mit Rauch gefüllt, dass die Sicht beeinträchtigt war – keine Meldung gemacht, wurde die Sitzung beendet.

Es zeigte sich, dass die Reaktion entscheidend davon abhing, ob noch andere Personen im Raum waren und wie sich diese verhielten. So meldete etwa die Hälfte der Teilnehmer, die *allein* im Warteraum saßen, den Rauch innerhalb der ersten zwei Minuten, ein weiteres Viertel innerhalb weiterer zwei Minuten. Insgesamt wurden also 75 % der Teilnehmer aktiv. Waren dagegen zwei weitere (echte) Teilnehmer im Raum, meldete nur in 38 % der Fälle wenigstens ein Mitglied den potenziellen Notfall und zwar frühestens nach etwa vier Minuten. Noch geringer war der Anteil der Meldungen, wenn zwei weitere Personen mit im Raum saßen, die sich möglichst passiv und unkommunikativ verhielten (tatsächlich handelte es sich bei diesen um Vertraute der Versuchsleitung), d. h., sie blickten angesichts des Rauchs zwar kurz auf, füllten dann aber schulterzuckend und kommentarlos weiter den Fragebogen aus. In diesem Fall machten nur 10 % der Teilnehmer Meldung, der Rest versuchte, mit der Hand den Rauch zu vertreiben, hustete, rieb sich die Augen und öffnete das Fenster, machte aber keinerlei Anstalten, Hilfe zu holen.

Alle Teilnehmer waren unsicher, was gerade passierte; diejenigen, die *keine* Meldung gemacht hatten, hatten im Gegensatz zu den Hilfesuchenden jedoch die Möglichkeit, dass es sich um ein Feuer handeln könnte, für sich verworfen und damit die Situation als eher ungefährlich interpretiert.

Diese Studie zeigt, wie Personen sich in ihrer Interpretation einer mehrdeutigen Situation an anderen orientieren. Des Weiteren zeigt sich, dass sie bereit sind, Unannehmlichkeiten in Kauf zu nehmen (eingeschränkte Sicht, Husten etc.), um ein möglicherweise unangemessen-peinliches Notfallverhalten zu vermeiden.

Inwieweit Personen eine mehrdeutige Situation als Notfall interpretieren, wird beispielsweise durch die **Möglichkeit zur Kommunikation** untereinander beeinflusst: So besteht beispielsweise bei einer Gruppe von Freunden eine geringere Tendenz zu pluralistischer Ignoranz als bei Fremden, was unter anderem damit erklärt wird, dass sich Freunde eher über die Situation austauschen und weniger dazu neigen, die Inaktivität des anderen falsch zu interpretieren (Latané & Rodin, 1969). Neben verbaler hat sich in diesem Zusammenhang auch visuelle Kommunikation als wichtig erwiesen. Ist diese erschwert, weil sich die anderen beispielsweise extrem unkom-

> **Exkurs: Als Opfer – Mehrdeutigkeit reduzieren!**
>
> Die Forschung zeigt, dass Opfern, die um Hilfe rufen, eher geholfen wird, als Opfern, die das nicht tun (Yakimovich & Saltz, 1971; s. a. Clark & Word, 1972; 1974; Gaertner & Dovidio, 1977). Je spezifischer – und damit je eindeutiger – der Hilfsbedarf klar gemacht wird, desto eher agieren potenzielle Helfer: Insbesondere in mehrdeutigen Situationen sind deshalb Ausrufe wie „Hilfe, Vergewaltigung, rufen Sie die Polizei!" bei einer drohenden Vergewaltigung wirksamer als allgemeinere Ausrufe wie nur „Hilfe!" (Shotland & Stebbins, 1980).

munikativ verhalten (vgl. o. g. Beispielstudie) oder weil die räumliche An- bzw. Sitzordnung keinen Blickkontakt zulässt, wird weniger geholfen (z. B. Darley et al., 1973). Auch das Verhalten des Opfers kann zur Ein- bzw. Mehrdeutigkeit der Situation beitragen: Macht dieses den Vorfall für potenzielle Helfer eindeutig als Notfall erkennbar, wird eher geholfen (vgl. Exkurs).

12.1.3 Stufe 3: „Bin ich gemeint?" – Verantwortung übernehmen

Wie wir bereits gesehen haben, schätzen mehrere Personen eine Situation eher als ungefährlich ein als eine einzelne Person. Wenn wir nun annehmen, eine Gruppe und eine Einzelperson hätten einen Notfall gleichermaßen bemerkt und auch als einen solchen eingeschätzt. Was wäre Ihnen, wenn Sie das Opfer wären, lieber: ein einzelner potenzieller Helfer oder eine ganze Gruppe? Rein gefühlsmäßig würden Sie womöglich die Gruppe vorziehen – schließlich ist die Wahrscheinlichkeit, dass bei mehreren Personen eine hilfsbereite Person dabei ist, größer und zudem wären dann noch „vereinte Kräfte" vorhanden, wenn es tatkräftiger Hilfe bedarf (z. B. einen Peiniger abwehren).

Natürlich hätten Sie mit diesen Einschätzungen prinzipiell recht. Die Forschung zeigt jedoch, dass die Wahrscheinlichkeit, dass im Notfall geholfen wird, mit der Anzahl der Zuschauer abnimmt. Die Hilfsbereitschaft des Einzelnen ist am höchsten, wenn er der *einzige* Zuschauer ist (sog. *bystander*-**Effekt**; Latané & Nida, 1981).

> ***Bystander*-Effekt**
>
> Individuen zeigen typischerweise umso weniger Hilfeverhalten, je mehr potenzielle Helfer (*bystander*) anwesend sind.
>
> Wichtige vermittelnde Prozesse sind **pluralistische Ignoranz** (vgl. Abschnitt 12.1.2) und **Verantwortungsdiffusion**.

Dies ist darauf zurückzuführen, dass nicht nur die *Möglichkeit* zu helfen entscheidend ist, sondern insbesondere auch, inwieweit sich die potenziellen Helfer *verantwortlich*

Verantwortungsdiffusion

Mit zunehmender Personenzahl in einer Gruppe sinkt das Verantwortungsgefühl des Einzelnen für die Erledigung einer Aufgabe, d. h., die Verantwortung „diffundiert"/verteilt sich über die Gruppenmitglieder.

fühlen. Während ein Einzelner weiß, dass die Verantwortung zu handeln bei ihm selbst liegt, schwächt sich dieses Gefühl ab, sobald weitere Personen anwesend sind. Aufgrund dieser **Verantwortungsdiffusion** ist Hilfeverhalten deshalb in der Regel umso geringer, je mehr potenzielle Helfer anwesend sind (Latané, 1981; Latané & Nida, 1981; Schwartz & Gottlieb, 1976; vgl. Beispielstudie und Abb. 12.4). Dies zeigt sich auch bei der virtuellen Anwesenheit anderer Personen, wie sie beispielsweise über moderne Kommunikationsmittel impliziert sein kann: So wird einer Bitte per E-Mail weniger wahrscheinlich entsprochen, wenn die Nachricht offensichtlich an viele statt an nur wenige oder keine anderen Empfänger verschickt wurde (Blair et al., 2005; vgl. auch Markey, 2000).

Beispielstudie zum bystander-*Effekt*
In Anwesenheit anderer wird weniger geholfen.

Die Teilnehmer von Darley und Latané (1968) diskutierten mittels einer Sprechanlage (und ohne Sichtkontakt) über persönliche Probleme im Zusammenhang mit dem College-Leben. Dies war so organisiert, dass jeder Diskussionsteilnehmer für etwa zwei Minuten seine Probleme darstellte und dann das Mikrofon automatisch auf den nächsten Teilnehmer umgestellt wurde. Es konnte immer nur der Teilnehmer über die Sprechanlage gehört werden, der gerade an der Reihe war, die Mikrofone der anderen waren aus. Was der Teilnehmer nicht wusste, war, dass nur sein Beitrag „live" war, während die anderen Beiträge in Wirklichkeit vom Tonband kamen.

Als Erstes hörte der Teilnehmer einen Beitrag, in dem die betreffende Person unter anderem – offensichtlich verlegen – berichtete, dass sie von einem Anfallsleiden betroffen sei. Nachdem alle anderen und zuletzt auch der echte Teilnehmer gesprochen hatten, kam dieser erste Teilnehmer wieder an die Reihe. Nach ein paar normalen Äußerungen sprach er zunehmend lauter und bat in unzusammenhängenden Wortfetzen um Hilfe – offensichtlich erlitt er gerade eine Art epileptischen Anfall.

Die Forscher interessierte nun, ob der „echte" Teilnehmer seine Kabine verließ, um Hilfe zu holen, und wie lange dies vom Beginn des Anfalls an dauerte. Die Ergebnisse zeigen, dass dies entscheidend davon abhing, für wie groß der Teilnehmer die Diskussionsgruppe – und damit die Anzahl der Zeugen – hielt. 85 % der Teilnehmer, die dachten, dass nur sie und das Opfer diskutierten, holten Hilfe und zwar innerhalb der ersten Minute. Teilnehmer, die der Meinung waren, dass außer ihnen noch ein weiterer Diskutant den Vorfall hörte, holten nur in 62 % der Fälle Hilfe und zudem erst nach etwa 1,5 Minuten. Wähnten sich die Teilnehmer in einer Gruppe von sechs Leuten (d. h. von vier weiteren Zeugen des Vorfalls), holten sie nur in 31 % der Fälle Hilfe und dies dauerte im Schnitt fast drei Minuten. Je mehr potenzielle Helfer also

angeblich den Notfall mitbekamen, desto weniger fühlte sich der Einzelne verantwortlich, dem Opfer zu Hilfe zu kommen.

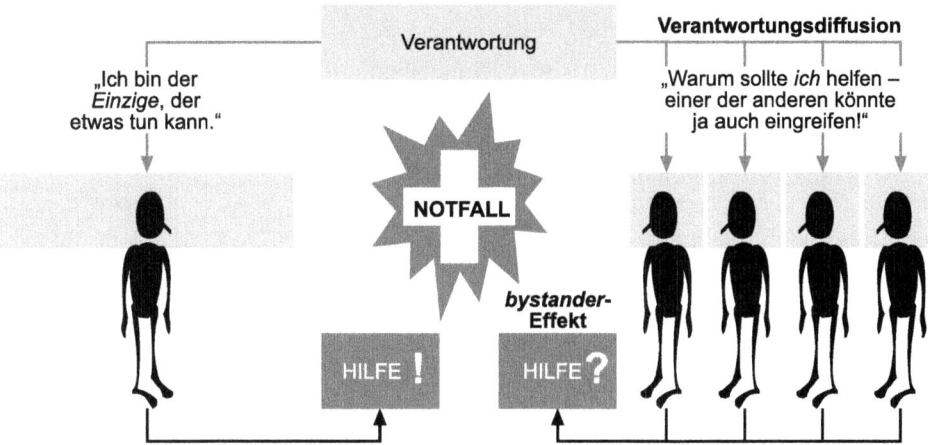

Abb. 12.4: Ob in einer Notfallsituation Hilfe geleistet wird oder nicht, ist unter anderem entscheidend davon abhängig, inwieweit sich der Einzelne verantwortlich fühlt. Sind mehrere potenzielle Helfer anwesend
(rechter Teil der Abb.), verteilt sich die Verantwortung über die Mitglieder (sog. Verantwortungsdiffusion),
und es wird unwahrscheinlicher, dass der Einzelne eingreift (*bystander*-Effekt). Ist nur eine Person anwesend (linker Teil der Abb.), ist es erheblich wahrscheinlicher, dass diese sich verantwortlich fühlt und eingreift.

Die Anwesenheit anderer scheint kognitiv mit dem Konzept von „Nichtverantwortlichkeit" assoziiert zu sein, denn bereits die Vorstellung, in einer Gruppe zu sein, kann dazu
führen, dass in einer nachfolgenden, unabhängigen Situation weniger geholfen wird
und Inhalte, die ein geringeres Verantwortungsgefühl implizieren (*unaccountability*),
verstärkt zugänglich/verfügbar werden (sog. impliziter *bystander*-Effekt; Garcia et al.,
2002; vgl. Beispielstudie).

Beispielstudie zum bystander-*Effekt*
*Die vorgestellte Anwesenheit anderer erhöht die Verfügbarkeit von Inhalten, die
Nichtzuständigkeit implizieren.*

Die Teilnehmer von Garcia und Kollegen (2002, Exp. 4) sollten sich zunächst vorstellen, dass sie gemeinsam mit einem Freund entweder in einem voll besetzten oder aber
in einem bis auf sie selbst leeren Kinosaal säßen. In einer angeblich unabhängigen
zweiten Studie sollten die Teilnehmer dann möglichst schnell per Tastendruck entscheiden, ob es sich bei einer auf dem Bildschirm dargestellen Buchstabenfolge um
ein Wort handelte oder nicht (sog. Wortentscheidungs- oder *lexical decision*-Aufga-
be). Teilnehmer, die sich vorher vorgestellt hatten, in einem vollen Kinosaal zu sitzen,
reagierten bei Wörtern, die eine Nichtverantwortlichkeit implizieren (z. B. *unaccoun-
table* (nicht verantwortlich), *innocent* (unschuldig) und *exempt* (befreit)), schneller als

Teilnehmer, die sich mit ihrem Freund allein im Kinosaal gesehen hatten. Auf neutrale Wörter (z. B. *flower* (Blume)) und Wörter, die Sicherheit und Wohlbefinden implizieren (z. B. *protected* (geschützt)), reagierten dagegen beide Teilnehmergruppen gleich schnell.

Dies zeigt, dass bei Personen, die an sich innerhalb einer Gruppe von Personen gedacht hatten, das Konzept von Nichtverantwortlichkeit verstärkt zugänglich war. Entsprechend scheint durch die (vorgestellte) Anwesenheit anderer tatsächlich ein geringeres Verantwortungsgefühl ausgelöst zu werden.

Der *bystander*-Effekt beruht zu einem wichtigen Teil auf dem verringerten Verantwortungsgefühl des Einzelnen. Unter folgenden (exemplarischen) Bedingungen fühlt sich der Einzelne trotz Anwesenheit anderer individuell verantwortlich und der *bystander*-Effekt ist verringert (vgl. auch Exkurs):

> **Exkurs: Personen in verantwortungsvollen Positionen helfen eher**
>
> Inwieweit Personen sich in einer Notfallsituation persönlich verantwortlich fühlen, hängt unter anderem von ihrer sozialen Rolle ab. So hat sich beispielsweise gezeigt, dass Personen, denen eine verantwortungsvolle, exponierte Position (Gruppen*führer*) zugeteilt worden war, eher halfen als Personen, denen eine untergeordnete Position zugewiesen worden war (Gruppenmitglieder) (Baumeister et al., 1988).

- **Niemand anderes kann helfen**
  Ist der Einzelne der Auffassung, dass die anderen nicht helfen *können*, ist der *bystander*-Effekt vermindert und das Individuum verhält sich so, als wäre es allein. Sind Studienteilnehmer beispielsweise der Meinung, dass sich die anderen (über eine Sprechanlage verbundenen) Zeugen in einem anderen Gebäude befinden oder dass diese für physiologische Messungen fixiert sind, helfen sie deutlich mehr, als wenn die anderen potenziell in der Lage wären zu helfen (Bickman, 1972; Korte, 1971).

- **Kohäsion der potenziellen Helfer ist hoch**
  In Gruppen mit starkem Zusammenhalt fühlen sich die Mitglieder sozialen Normen stärker verpflichtet als wenn der Zusammenhalt gering ist (vgl. Abschnitt 9.1.4, „Kohäsion"). Entsprechend ist der *bystander*-Effekt in hoch kohäsiven Gruppen mit prosozialen Vorstellungen geringer (Rutkowski et al., 1983), da sich hier der einzelne stärker verantwortlich fühlt, gemäß der Norm zu handeln.

- **Kosten für Nichthelfen sind extrem hoch**
  Situationen, die für das Opfer mit starker Gefahr verbunden sind (z. B. wenn eine Frau von einem ihr körperlich stark überlegenen Mann angegriffen wird), weisen nicht nur weniger Interpretationsbedarf auf (vgl. Abschnitt 12.1.2), sondern führen auch dazu, dass der potenzielle Helfer hohe Kosten des Nichthelfens wahrnimmt (dem Opfer wird offensichtlich Schaden zugefügt; man fühlt sich schuldig, wenn man nicht hilft) und sich somit der Einzelne stärker verantwortlich fühlt. In der Folge macht es dann keinen Unterschied, ob noch andere Zeugen anwesend sind, d. h., der *bystander*-Ef-

fekt ist im Falle hoher wahrgenommener Kosten für das Nichthelfen vermindert oder sogar eliminiert (Fischer et al., 2006; vgl. auch Harari et al., 1985).

- **Der Schaden hat hohe Relevanz für den Helfer**
  Das Gefühl persönlicher Verantwortung scheint größer (und damit der *bystander*-Effekt geringer), wenn der potenzielle Schaden Relevanz für den Helfer hat, denn dann schadet er mit einem Nichteingreifen auch sich selbst. In einer Studie von Chekroun und Brauer (2002) zeigte sich der *bystander*-Effekt nur dann, wenn der Schaden für die Helfer selbst von geringer Relevanz war (hier: Graffiti-Sprühen an die Wand eines x-beliebigen Aufzugs). In diesem Fall gingen sie in Anwesenheit anderer seltener gegen den Schädiger vor als wenn sie alleine waren. Fühlten sich die Helfer durch die Schädigung auch selbst betroffen (hier: Jemand wirft im Park eine Plastikflasche in die Büsche), war das Eingreifen unabhängig davon, ob der Teilnehmer alleine war oder nicht.

- **Zuteilung von Verantwortung**
  Das Gefühl persönlicher Verantwortung steigt offensichtlich, wenn ein potenzieller Helfer sich persönlich angesprochen fühlt – sei es dadurch, dass ein Hilfegesuch direkt an ihn adressiert, Blickkontakt zu ihm aufgenommen wird oder anderweitig seine Anonymität in der Masse reduziert wird (z. B. Jason et al., 1984; Snyder et al., 1974; Solomon et al., 1981; vgl. auch Exkurs). So wurde einer Frau, deren Arm in einer Schlinge und damit offensichtlich verletzt war, zunächst in Anwesenheit einer weiteren Person weniger geholfen, heruntergefallene Münzen aufzuheben, als wenn diese alleine war. Allerdings verschwand dieser *bystander*-Effekt, wenn die Frau Blickkontakt mit dem potenziellen Helfer aufnahm (Valentine, 1980). Ebenso wurde im *Yahoo!Chat* in einer Studie von Markey (2000) schneller Auskunft auf eine Hilfsanfrage (z. B. „Kann mir jemand sagen, wie man das Profil einer anderen Person ansehen kann?") gegeben, je weniger Personen sich im Chat befanden. Allerdings verschwand auch dieser *bystander*-Effekt, wenn der Hilfesuchende einen anderen Chat-Besucher direkt mit dessen Chatnamen ansprach („[Chatname], kannst du mir sagen, wie man das Profil einer anderen Person ansehen kann?").

> **Exkurs: Um nicht Opfer zu werden – Commitment einholen!**
>
> Sie kennen das: Sie sind zusammen mit Freunden am See und wollen alle gleichzeitig ins Wasser gehen – was aber tun mit den Wertsachen, die man nicht mitnehmen kann? Sollte man besser möglichst unauffällig gehen oder lieber die benachbarten Badegäste bitten, ein Auge auf die Sachen zu haben?
>
> Die Forschung zeigt, dass anwesende Personen eher einen Diebstahl bemerken und verhindern, wenn sie vorher gebeten wurden, auf den entsprechenden Gegenstand aufzupassen (Moriarty, 1975; Shaffer et al., 1975). Durch dieses sog. Commitment steigt das Gefühl persönlicher Verantwortung. Eine andere Art der Kontaktaufnahme (z. B. nach Feuer für eine Zigarette fragen) bewirkte dagegen kein Commitment und führte entsprechend auch nicht zu erhöhtem Hilfeverhalten (Moriarty, 1975).

Wenn Personen sich verantwortlich fühlen, so ist die Wahrscheinlichkeit, dass sie tatsächlich helfen, erheblich höher. Allerdings können auch dann noch Stolpersteine auf dem Weg zum tatsächlichen Hilfeverhalten auftauchen. Deshalb ist in einem nächsten

Schritt entscheidend, ob der potenzielle Helfer sich auch kompetent fühlt, die nötigen Handlungen auszuführen.

12.1.4 Stufe 4: „*Wie* könnte ich helfen?" – Das Wissen, wie Hilfe zu leisten ist

Selbst wenn sich eine Person verantwortlich fühlt, kann es dennoch sein, dass sie sich dagegen entscheidet, etwas zu tun. Maßgeblich ist auf dieser Stufe des Urteilsprozesses, ob sie sich in der Lage sieht zu helfen, d. h. ob sie weiß, was überhaupt zu tun wäre, und ob sie sich zudem kompetent fühlt, die notwendigen Handlungen auszuführen. Kommt eine Person beispielsweise als Ersthelfer zu einem Unfall und sieht jemanden leblos daliegen, mag es durchaus sein, dass sie weiß, dass Wiederbelebungsmaßnahmen, d. h. Mund-zu-Mund-Beatmung und Herzdruckmassage durchzuführen sind. Liegt allerdings der letzte Erste-Hilfe-Kurs schon einige Zeit zurück, weiß der potenzielle Helfer womöglich nicht genau, wie er vorgehen muss. Wo genau muss man ansetzen für die Herzdruckmassage? Wie oft ist zu drücken und in welchen Abständen? Wie genau ging das nochmal mit der Mund-zu-Mund-Beatmung? Möglicherweise richtet man mit seinen ungeschickten Hilfeversuchen mehr Schaden als Nutzen an?

Entscheidend ist in dieser Phase das subjektive *Kompetenzgefühl* des potenziellen Helfers. Insbesonders wenn noch weitere Personen anwesend sind, die die eigenen Hilfeleistungsversuche beobachten und potenziell bewerten können, ist dies von Bedeutung, denn auch die Angst, etwas falsch zu machen und sich vor den anderen zu blamieren, kann davon abhalten, aktiv zu werden (sog. Bewertungsangst; z. B. Baumeister, 1982).

Potenzielle Helfer schreiten insgesamt schneller ein und werden durch die Anwesenheit anderer Personen weniger gehemmt (vgl. *bystander*-Effekt, Abschnitt 12.1.2), wenn sie sich kompetent fühlen, die notwendige Hilfe zu leisten. So helfen Personen mit entsprechenden Kompetenzen (z. B. mit einer Ausbildung zum Rettungsschwimmer oder in „Erster Hilfe") eher als Personen ohne solche Fähigkeiten – insbesondere bieten sie mit größerer Wahrscheinlichkeit tatkräftige, lebensrettende Hilfe an (z. B. Wunde selbst abbinden anstatt den Arzt rufen; Cramer et al., 1988; Shotland & Heinold, 1985). Medizinische Laien, die einen Film über Erste-Hilfe-Maßnahmen gesehen hatten, griffen in einem medizinischen Notfall drei Wochen später schneller ein als Personen, die keinen solchen Film gesehen hatten; ihr Eingreifen war zudem unabhängig davon, ob sie allein oder zusammen mit anderen Personen Zeuge des Notfalls wurden (Pantin & Carver, 1982).[3]

Maßgeblich ist dabei weniger die tatsächliche Kompetenz, sondern vielmehr das (subjektive) Kompetenz*gefühl* einer Person (Midlarsky & Midlarsky, 1976; Schwartz & David, 1976). Ist dieses gegeben, sind Personen sogar bereit, auch (körperlich) unangenehme

---

[3] Eine weitere Erhebung nach sechs Wochen legte jedoch nahe, dass das einmalige Sehen eines Erste-Hilfe-Films das Kompetenzgefühl nicht dauerhaft erhöht (Pantin & Carver, 1982).

Hilfeleistungen einzugehen (z. B. Midlarsky & Midlarsky, 1976; Schwartz & David, 1976; vgl. auch Beispielstudie).

Beispielstudie zum Kompetenzgefühl in einer Notsituation
Wird Kompetenz empfunden, helfen Personen eher.

Die Teilnehmer von Schwartz und David (1976) wurden vor einen Rattenkäfig positioniert und sollten zunächst ihre Gefühle in Bezug auf die Situationen „in der Anwesenheit einer Ratte zu sein" bzw. „eine Ratte zu halten" angeben. Des Weiteren wurde ihre physiologische Reaktion auf verschiedene Bilder – unter anderem auf eines von einer Ratte – gemessen. Vorgeblich aufgrund dieser Messung, tatsächlich aber nach dem Zufallsprinzip, wurde den Teilnehmern darauf folgend mitgeteilt, dass sie mehr oder weniger fähig im Umgang mit Ratten seien

Dazu erhielten sie eine der folgenden drei Rückmeldungen: „Ihre Werte in den zwei Messungen zur Einstellung gegenüber Ratten zeigt an, dass Sie in etwa ebenso viel Angst vor Ratten haben wie die meisten Leute. Oder anders ausgedrückt: ...

A ... Wenn es darum geht, mit Ratten umzugehen, könnten Sie wie die meisten Menschen mit ihnen arbeiten, wenn Sie müssten. Sie mögen Ratten nicht besonders, aber Sie könnten sicherlich mit ihnen arbeiten." *(fähig)*

B ... Ihre Einstellung gegenüber Ratten ist wie die der meisten Menschen." *(neutral)*

C ... Wenn es darum geht, mit Ratten umzugehen, fühlen Sie sich wie die meisten Menschen nicht wohl. Es könnte sein, dass Sie manchmal sogar das Gefühl haben, Sie könnten sie nicht einmal berühren." *(unfähig)*

Die Teilnehmer wurden im Anschluss in einen anderen Raum geführt und sollten von dort aus der Ratte, vor deren Käfig sie gesessen hatten, nach einem bestimmten Prinzip elektrische Schocks verabreichen. Die Versuchsleiterin erklärte zudem, dass es sich um eine besonders wilde und unkontrollierbare Ratte handle, vor der sie selbst Angst hätte, seitdem diese sie gebissen hatte. Die Versuchsleiterin würde während des Versuchs bei der Ratte im Nebenraum sein. Kommunikation war über eine Sprechanlage möglich, allerdings nur von der Versuchsleiterin zum Teilnehmer und nicht in die umgekehrte Richtung. Nach dem vierten Elektroschock hörte der Teilnehmer über die Sprechanlage plötzlich, wie die Versuchsleiterin im Nebenraum in Panik aufschrie, dass die Ratte entkommen sei.[4]

Die Forscher interessierte nun, ob die Teilnehmer der Versuchsleiterin zu helfen versuchten oder nicht. Als Maß dafür registrierten sie zum einen, welcher Anteil der

---

[4] In der Studie wurde zudem manipuliert, inwieweit die Versuchsleiterin durch ihren Ausruf den Teilnehmer für das Entkommen der Ratte verantwortlich machte oder nicht. Es zeigte sich, dass die Teilnehmer eher halfen, wenn sie aufgrund des Ausrufs annehmen mussten, dass es ihre Schuld sei, dass die Ratte entkommen war.

Teilnehmer der Bedingungen A, B und C innerhalb von drei Minuten überhaupt die Tür öffnete (um in den Nebenraum zu gehen und zu helfen) und wie lange sie zuvor warteten.

Es zeigte sich, dass es entscheidend von der (angeblichen) Fähigkeit, mit Ratten umzugehen abhing, ob und wie schnell die Teilnehmer zu Hilfe eilten. Von den Teilnehmern, denen rückgemeldet worden war, dass sie *fähig* seien, mit Ratten umzugehen (A) halfen die meisten (87,5 %), und sie taten dies am schnellsten (im Schnitt nach etwa 60 Sekunden). Teilnehmer, die eine *neutrale* Rückmeldung erhalten hatten (B), halfen in etwa 71 % der Fälle, im Schnitt nach etwa 105 Sekunden. Von den Teilnehmern, denen gesagt worden war, dass sie im Umgang mit Ratten eher *unfähig* wären (C), halfen die wenigsten (58 %) und wiesen zudem mit 130 Sekunden die längste Zeitverzögerung auf.

Ein vergleichbares Ergebnis zeigte eine Studie von Midlarsky und Midlarsky (1976), in der Teilnehmern entweder mitgeteilt wurde, dass sie gut oder schlecht in einer Aufgabe seien, die mit dem Erhalt zwar leichter, aber dennoch unangenehmer elektrischer Schläge verbunden war. In Abhängigkeit von dieser Information waren die Teilnehmer später eher bzw. weniger bereit, einem anderen Teilnehmer bei dieser Aufgabe zu helfen.

Diese Studien zeigen, dass das subjektive Kompetenzgefühl beeinflusst, ob bzw. wie schnell potenzielle Helfer in einer Notsituation eingreifen oder nicht.

12.1.5   Stufe 5: „Schaffe ich das?" – Frage der Handlungsinitiierung (sich entscheiden zu helfen, einzugreifen und Hilfe anzubieten)

Selbst wenn der potenzielle Helfer den Notfall bemerkt und als solchen interpretiert hat, sich zudem verantwortlich und sogar kompetent fühlt, kann es dennoch sein, dass er sich dagegen entscheidet, Hilfe zu leisten. Maßgeblich für diese Entscheidung ist an dieser Stelle die Frage, inwieweit die Hilfeleistung auch negative Konsequenzen für den Helfer hat. Diese reichen von aufzubringender Zeit und Anstrengung über die mögliche Peinlichkeit, unnötigen Aktionismus zu zeigen, bis hin zur Gefährdung des eigenen Lebens. So mag sich ein potenzieller Helfer aufgrund des erst vor kurzem besuchten Erste-Hilfe-Kurses durchaus in der Lage fühlen, eine zusammengesunkene Person auf der Straße in die stabile Seitenlage zu bringen. Handelt es sich dabei um eine ungepflegte Person, könnte uns allein ein gewisser Ekel davon abhalten einzugreifen – auch wenn uns das selbst als nicht „politisch korrekt" erscheint. Aber auch die Besorgnis, dass die Person ungehalten auf unseren Hilfeversuch reagieren und uns womöglich verletzen könnte, kann hemmend auf Hilfeverhalten wirken.

Natürlich kann nicht nur Hilfeleistung, sondern auch unterlassene Hilfeleistung mit Kosten verbunden sein, sowohl für das Opfer als auch für den Helfer. Das Opfer kann Schaden davontragen, möglicherweise sogar sterben, für den potenziellen Helfer können die negativen Konsequenzen verweigerter Hilfe von Schuldgefühlen über die Missbilligung anderer bis hin zu strafrechtlichen Konsequenzen reichen (vgl. zusammenfassend Tab. 12.1).

möglicher Nutzen	mögliche Kosten	
von Hilfe	**der Hilfe**	**bei unterlassener Hilfe**
• Opfer vor Schaden bewahren	• Zeit, Energie	• Schädigung des Opfers
• Bewunderung anderer	• Schmerzen, Gesundheit, eigenes Leben	• soziale Ächtung
• Gefühl der eigenen Wirksamkeit (*efficacy*)	• psychologische Aversion aufgrund eines physischen Stigmas (z. B. Ekel)	• Strafe wegen unterlassener Hilfeleistung
• Ruhm, Lob, Auszeichnung	• Scham, wenn Hilfeversuch misslingt oder Hilfe eigentlich unnötig war	• Selbstvorwürfe

Tab. 12.1: Beispiele für mögliche Vorteile (Nutzen) sowie potenzielle Nachteile (Kosten) von Hilfeleistung bzw. unterlassener Hilfe.

Für die letztendliche Handlungsinitiierung sind daher neben dem potenziellen Nutzen (für das Opfer, aber auch für den Helfer) die potenziellen Kosten für Helfen und Nichthelfen von entscheidender Bedeutung. Piliavin und Kollegen (1981) haben dies im sog. *arousal : cost-reward*-**Modell** beschrieben, das zwei wichtige Komponenten für Hilfeverhalten annimmt:

- *Arousal* (**Erregung**)
  Werden wir Zeuge der Bedürftigkeit bzw. des Leidens einer anderen Person, bewirkt dies eine emotionale Erregung (*arousal*), die als unangenehm erlebt wird. Wir suchen nach möglichst effizienten Möglichkeiten, dieses unangenehme Gefühl zu reduzieren bzw. zu beenden. Effizient sind Möglichkeiten, die eine möglichst schnelle und vollständige Reduktion verbunden mit möglichst geringen Kosten bieten.

- *Cost-reward* (**Kosten-Nutzen**)
  Um die beste Möglichkeit zur Reduktion des unangenehmen Zustands zu finden, werden Kosten-Nutzen-Abwägungen durchgeführt. Hierbei finden antizipierte Kosten und Nutzen für Hilfe sowie die Kosten für Nichthelfen Berücksichtigung.

Es wird davon ausgegangen, dass Kosten-Nutzen-Überlegungen und damit letztendlich unser hedonistisches Bedürfnis nach Gewinnmaxi-

> ***Arousal : cost-reward*-Modell**
>
> - ***arousal***
>   Das Leid einer anderen Person verursacht eine unangenehme emotionale Erregung (*arousal*). Der potenzielle Helfer versucht, diese mit möglichst geringen Kosten so schnell und vollständig wie möglich zu reduzieren.
>
> - ***cost-reward***
>   Kosten-Nutzen-Abwägungen (*cost-reward*) sind ausschlaggebend dafür, wie der potenzielle Helfer reagiert, d. h. ob er (in-)direkt hilft oder beispielsweise die Situation neu definiert bzw. verlässt.

Exkurs: Impulsives Helfen

Typischerweise sind die antizipierten Kosten für Hilfeleistung (und weniger die Kosten für unterlassene Hilfe) entscheidend (Dovidio, 1984, S. 386). Allerdings gibt es Situationen, in denen mögliche Kosten für Helfen keine oder nur eine sehr untergeordnete Rolle zu spielen scheinen. Dies ist beispielsweise der Fall, wenn jemand einem Verbrechensopfer ohne nachzudenken zu Hilfe eilt und dabei gegenüber Angreifern in der Unterzahl ist. Solch impulsive Hilfeleistung ist wahrscheinlicher in eindeutigen, realistischen Situationen und wenn eine Beziehung zwischen Opfer und Helfer besteht (Piliavin et al., 1981, S. 161ff.). Möglicherweise spielt hier auch die durch einen solchen Notfall starke Erregung eine Rolle, indem der Aufmerksamkeitsfokus verengt wird und die rationale Abwägung potenzieller Kosten sinkt (vgl. auch Dovidio et al., 1991).

mierung (Homans, 1961; Lawler & Thye, 1999; Thibaut & Kelley, 1959) unser Hilfeverhalten vorherzusagen erlauben. Nur wenn die Vorteile überwiegen, erfolgt eine Hilfeleistung. Sobald die Kosten bzw. Nachteile zu hoch werden, d. h. wenn wir uns für Hilfe in Gefahr bringen müssen, Schmerzen oder Verlegenheit die Folge sein könnten oder das Helfen zu viel Zeit in Anspruch nehmen würde, nimmt die Hilfeleistung ab (Dovidio et al., 1991; Piliavin et al., 1975; vgl. auch Exkurs).

Auch wenn wir helfen, hängt die Art der Hilfe von Kosten-Nutzen-Abwägung ab. Direkte Hilfe (z. B. jemandem, der auf der Straße hingefallen ist, beim Aufstehen helfen) ist vor allem dann wahrscheinlich, wenn die Hilfekosten gering, die Kosten für unterlassene Hilfeleistung jedoch hoch sind (z. B. weil soziale Missbilligung oder potenziell schwer wiegende Folgen für das Opfer zu fürchten sind, wenn die Person beispielsweise auf einer viel befahreren Straße gestürzt ist). Indirekte Hilfe (z. B. den Rettungswagen rufen) tritt regelmäßig dann auf, wenn die Kosten für direkte Hilfe hoch sind, relativ selten dagegen, wenn diese niedrig sind (Piliavin & Piliavin, 1972; Piliavin et al., 1981, S. 86ff). Befindet sich der potenzielle Helfer in dem Dilemma, dass sowohl die Kosten für direkte Hilfe als auch die Kosten für unterlassene Hilfe hoch sind, wird er indirekt helfen oder aber die Situation als weniger gefährlich umdefinieren, das Opfer schlecht machen bzw. die Verantwortung zu handeln auf andere „diffundieren lassen" (vgl. Abschnitt 12.1.3) – und damit letztendlich subjektiv die Kosten für unterlassene Hilfeleistung senken (vgl. zusammenfassend Tab. 12.2).

| | | Kosten direkter Hilfe | |
		niedrig	hoch
Kosten unterlassener Hilfe	hoch	direkte Hilfe	indirekte Hilfe Kosten für Nichthelfen reduzieren: Situation neu definieren, Verantwortung abgeben
	niedrig	normabhängig	Problem ignorieren, leugnen, Szene verlassen

Tab. 12.2: In Abhängigkeit von den Kosten für direkte bzw. unterlassene Hilfeleistung ist verschiedenes Verhalten zu erwarten. Direkte Hilfe ist beispielsweise immer dann wahrscheinlich, wenn die Kosten für direkte Unterstützung gering, die Nachteile unterlassener Hilfeleistung jedoch hoch wären.

Entscheidend sind insbesondere die Kosten für Hilfe: Steigen diese, wird Hilfeverhalten unwahrscheinlicher (Dovidio, 1984; McVittie et al., 2006; Piliavin et al., 1981; Piliavin & Piliavin, 1972; vgl. Beispielstudie und Exkurs). Auch konkurrierende Ziele – und sei es das Ziel, nicht zu spät zu einem psychologischen Experiment zu kommen – können helfendes Verhalten unwahrscheinlicher machen (Darley & Batson, 1973; vgl. Abschnitt 12.1.1). Ebenso ist die bereits berichtete Verantwortungsdiffusion im Falle hoher Hilfekosten ausgeprägter (z. B. Piliavin et al., 1975).

> **Exkurs: „Alkohol senkt die Kosten"**
>
> Es hat sich gezeigt, dass prosoziales Verhalten unter Alkoholeinfluss ansteigen kann. Dies wird damit erklärt, dass Alkohol die hemmende Wirkung von antizipierten negativen Konsequenzen der Hilfe (Kosten) durch seine enthemmende Funktion aufhebt (Steele et al., 1985). Entsprechend wirkte sich Alkohol nur dann förderlich auf Hilfeverhalten aus, wenn beispielsweise die Hilfehandlung unangenehm war (hohe Kosten); er hatte jedoch keinen Einfluss, wenn die Teilnehmer die Hilfsaufgabe mochten (geringe Kosten).

Beispielstudie zur Handlungsinitiierung in einer Notsituation
Steigen die antizipierten Kosten, wird weniger geholfen.

Piliavin und Piliavin (1972) simulierten einen Notfall, bei dem ein Mann (tatsächlich ein Vertrauter der Forscher) in der U-Bahn von Philadelphia zusammenbrach. Das „Opfer" war ordentlich und sauber gekleidet und hatte eine Gehhilfe bei sich. In der Hälfte der simulierten Notfälle blutete das Opfer nach dem Hinfallen scheinbar aus dem Mund (tatsächlich handelte es sich um rote Lebensmittelfarbe).

Hatte das Opfer *kein* Blut im Mundwinkel, wurde ihm in 95 % der Fälle innerhalb einiger Sekunden direkte Hilfe angeboten. Blutete das Opfer dagegen scheinbar aus dem Mund, erhielt es nur in 65 % der Fälle direkte Hilfe, zudem dauerte es länger, bis einer der Anwesenden reagierte. Ohne Blut im Mundwinkel wurde in keinem Fall indirekte Hilfe angeboten, mit Blut dagegen in 15 % der Fälle.

Diese Studie zeigt, dass mit steigenden Kosten der Hilfe (hier z. B. Ekel oder Angst) weniger geholfen wird. Die Forscher verglichen ihre Ergebnisse zudem mit Ergebnissen einer früheren Studie, in der der Unterschied zwischen den Opfern darin bestand, dass das eine Opfer offensichtlich betrunken war (Piliavin et al., 1969). Das blutende Opfer erhielt demnach weniger Hilfe als das nicht blutende, jedoch mehr als das betrunkene Opfer aus der früheren Studie. Die Kosten für Hilfe sind sowohl bei dem blutenden als auch bei dem betrunkenen Opfer höher (z. B. Ekel), allerdings unterscheiden sie sich in den Kosten für unterlassene Hilfe: Blut impliziert eine schwere Verletzung und damit hohe Kosten für unterlassene Hilfe, während Hinfallen aufgrund von Trunkenheit als deutlich weniger gefährlich eingeschätzt wird, und damit auch die Kosten für unterlassene Hilfe sinken.

Hilfe ist also umso wahrscheinlicher, wenn die Kosten dafür gering sind, aber auch, wenn die Kosten für unterlassene Hilfe sehr hoch sind. Letztere steigen beispielsweise, wenn man mit dem Opfer persönlich bekannt ist oder zukünftige Interaktionen mit ihm erwartet. Entsprechend wird in solchen Situationen eher geholfen (Gottlieb & Carver, 1980; Latané & Rodin, 1969). Sie sinken dagegen unter sog. *easy-escape*-Bedingungen, d. h. wenn beispielsweise zukünftige Interaktionen unwahrscheinlich sind, der potenzielle Helfer eine Rechtfertigung für das Unterlassen der Hilfeleistung hat oder keine negative Bewertung durch das soziale Umfeld erwarten muss; in solchen Fällen ist das Hilfeverhalten verringert (Batson et al., 1986, 1988; Toi & Batson, 1982; vgl. Beispielstudie)

Beispielstudie zur Handlungsinitiierung in einer Notsituation
*Sinken die Kosten für unterlassene Hilfe (*easy-escape*), wird weniger geholfen.*

Den Teilnehmerinnen von Batson und Kollegen (1986) hatten die Aufgabe, eine junge Frau, die unter aversiven Bedingungen arbeitete (diese erhielt während der Aufgabenbearbeitung milde elektrische Schläge in zufälligen Abständen), über einen Monitor zu beobachten und sich einen Eindruck von ihr zu bilden. Einem Teil der Beobachterinnen wurde mitgeteilt, dass es ausreiche, wenn sie zwei Durchgänge beobachteten, die andere Hälfte wurde darauf vorbereitet, alle absolvierten Durchgänge (maximal zehn) zu beobachten. Im Laufe des Beobachtungszeitraums reagierte die junge Frau offensichtlich mit steigendem Unbehagen auf die willkürlich verabreichten Elektroschocks.[5]

Unerwartet wurden die echten Teilnehmerinnen gegen Ende des zweiten Durchgangs über eine Sprechanlage gefragt, ob sie bereit wären, mit der beobachteten Frau die Plätze zu tauschen und ihr somit zu helfen, oder ob sie lieber ihre Beobachterrolle beibehalten würden.

Die Teilnehmerinnen hatten es dabei je nach Anzahl der zu beobachtenden Durchgänge unterschiedlich leicht, ihre Hilfe zu verweigern: Sollten sie nur zwei Durchgänge beobachten, war die Aufgabe ohnehin beendet und sie durften bei Ablehnen gehen (*easy-escape*); hatten sie sich jedoch einverstanden erklärt, alle absolvierten Durchgänge zu beobachten, mussten sie die Aufgabe fortführen und trotz Ablehnen das Opfer und dessen Unbehagen weiter beobachten (*difficult-escape*).

War es einfach, die Hilfe zu verweigern (*easy-escape*, d. h. niedrige Kosten für unterlassene Hilfe), lehnten 70 % der Teilnehmer den Platztausch ab; waren die Kosten für unterlassene Hilfe dagegen hoch (*difficult-escape*), waren es nur 36 %.

Diese Studie zeigt, dass mit sinkenden Kosten für unterlassene Hilfe weniger geholfen wird.

---

[5] Tatsächlich kam die zu beobachtende Sequenz vom Band und der jungen Frau waren selbstverständlich keine Elektroschocks verabreicht worden.

12.1.6 Zusammenfassung

Wie wir in diesem Abschnitt gesehen haben, ist die Entscheidung, helfend einzugreifen, häufig gar nicht so einfach, wie es im Nachhinein bzw. „von außen" aussieht. Zunächst einmal muss der Notfall von dem potenziellen Helfer überhaupt bemerkt werden, was beispielsweise unter Zeitdruck bzw. allgemein bei begrenzten kognitiven Kapazitäten weniger wahrscheinlich ist. Nicht alle Notfälle sind zudem eindeutig als Notfall zu erkennen, sondern in vielen Situationen ist ein gewisser Interpretationsspielraum gegeben. Sind in solch mehrdeutigen Situationen noch andere Personen anwesend, orientiert sich typischerweise jeder an der Reaktion des anderen, was zu sog. *pluralistischer Ignoranz* führen kann: Jeder denkt, die Untätigkeit des anderen spiegelt dessen Einschätzung der Situation als harmlos wider, und schließt daraus, dass die Situation tatsächlich ungefährlich ist – letztendlich kommt dann keiner dem Opfer zu Hilfe.

Selbst wenn ein Notfall als ein solcher erkannt wird, kann es sein, dass sich der potenzielle Helfer nicht für die Hilfeleistung verantwortlich fühlt – dies ist insbesondere dann der Fall, wenn aufgrund der Anwesenheit anderer die Möglichkeit der *Verantwortungsdiffusion* besteht. Die Wahrscheinlichkeit, dass ein potenzieller Helfer eingreift, ist entsprechend höher, wenn dieser alleine und nicht in Anwesenheit anderer Personen ist (sog. *bystander*-Effekt). Auch ein potenzieller Helfer, der sich verantwortlich fühlt, kann sich dennoch gegen eine Hilfeleistung entscheiden, nämlich dann, wenn er sich nicht als kompetent ansieht, die notwendigen Handlungen auszuführen oder – so die nötige Kompetenz gegeben ist – ihm die Kosten für die Hilfeleistung einfach zu groß wären. Kosten-Nutzen-Überlegungen wie sie im *arousal : cost-reward*-Modell beschrieben sind, können bei gegebener Kompetenz immer noch zu unterlassener Hilfeleistung führen.

In manchen Fällen können wir eine Entscheidung zur unterlassenen Hilfeleistung nachvollziehen, meistens sind wir jedoch wie in den eingangs beschriebenen Fällen des Mordes an Kitty Genovese bzw. der Vergewaltigung in der Hamburger S-Bahn ob der verweigerten Hilfe nahezu sprachlos: Eigentlich hätten die Zeugen unbedingt eingreifen müssen. Diese Erwartung erwächst aus der grundlegenden Annahme, dass Hilfeverhalten auf irgendeine Art und Weise in der menschlichen Natur verankert ist bzw. im Laufe der Entwicklung verankert wird. Mit den unterschiedlichen Motiven prosozialen Verhaltens wollen wir uns daher im nächsten Abschnitt beschäftigen.

12.2 Warum wir grundsätzlich hilfsbereit sind – Motive prosozialen Verhaltens

Im vorangehenden Abschnitt haben wir Determinanten der Situation betrachtet, die dazu führen können, dass Menschen *nicht* helfen – ein Umstand der uns immer wieder erschreckt, denn grundsätzlich erwarten wir, dass Menschen einander in Notsituationen beistehen. Doch wie kommen wir zu dieser Erwartung? Warum helfen Menschen überhaupt – und das sogar recht häufig? Was sind die Motive, die uns antreiben, Zeit und Energie für das Wohlbefinden anderer aufzubringen? Unabhängig von den direkten Konsequenzen einzelner Hilfeleistungen (vgl. Abschnitt 12.1.5) wollen wir nun die Ursprünge und Motive prosozialen Verhaltens betrachten – und damit letztendlich auch, wie es überhaupt dazu kommt, dass wir bei unterlassener Hilfeleistung sogar soziale Ächtung fürchten müssen.

Die Tatsache, dass prosoziales Verhalten in allen Kulturen auftritt, d. h. universell ist (vgl. Bierhoff, 2006; Fiske, 1991), legt nahe, dass prosoziales Verhalten sich im Laufe der Evolution als adaptiv erwiesen und eine biologisch-genetische Basis hat. Das heißt jedoch nicht, dass es ein „Gen für prosoziales Verhalten" gibt, sondern prosoziales Verhalten dürfte vielmehr eine der Folgen unserer angeborenen Fähigkeiten zur Kommunikation von Gefühlen, zur Ausbildung sozialer Bindungen sowie zur Entwicklung sozialer Normen und deren Durchsetzung sein (Buck & Ginsburg, 1991; de Waal, 1997). Ausprägung und Ausmaß prosozialen Verhalten variieren z. T. deutlich in Abhängigkeit von den Sozialisationsbedingungen, was zusätzlich zur biologischen Grundlage die Bedeutung von Umwelteinflüssen für dieses Verhalten deutlich macht.

In Abschnitt 12.2.1 wird zunächst die **biologische Grundlage** – die erfolgreiche Weitergabe der eigenen Gene – dargestellt und dessen Konsequenzen dafür, welchen Personen vermehrt und welchen weniger geholfen wird. Durch welche spezifischen Motive prosoziales Verhalten in konkreten Hilfesituationen hervorgerufen wird, wird anschließend beschrieben. Dazu gehören **Gefühle** wie Empathie oder persönliches Unbehagen (vgl. Abschnitt 12.2.2) sowie **prosoziale Normen** (vgl. Abschnitt 12.2.3; zusammenfassend Abb. 12.5).

12.2.1 Die biologische Grundlage – Erhöhung der biologischen Fitness durch prosoziales Verhalten

Stellen Sie sich vor, Sie lesen in der Zeitung von einer spektakulären Rettung eines Jugendlichen, der ins Eis eingebrochen war. Was würde Sie nun mehr beeindrucken: wenn im folgenden Satz berichtet würde, dass es sich bei dem Retter um den Vater des Jugendlichen handelte, oder wenn dort stünde, dass Retter und Geretteter einander völlig fremd waren? Vermutlich fänden Sie den zweiten Fall bewundernswerter als den ersten. Auch die Carnegie Hero Fund Commission, die mehrmals im Jahr Preise für besonders

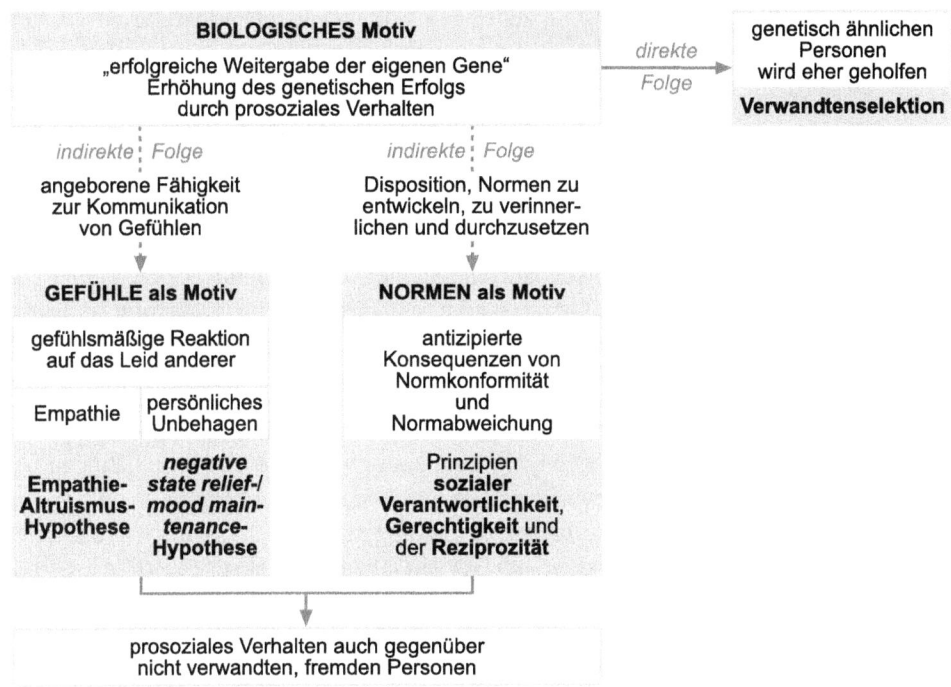

Abb. 12.5: Prosoziales Verhalten wird von verschiedenen Motiven gespeist. Das biologische Motiv, die eigenen Gene erfolgreich weiterzugeben, könnte man als Basis für prosoziales Verhalten ansehen. Eine direkte Folge daraus ist, dass wir Personen, die uns genetisch ähnlich sind, eher helfen (Verwandtenselektion). Unsere Fähigkeiten zur Kommunikation von Gefühlen bilden die Basis dafür, dass Gefühle als Motiv für prosoziales Verhalten wirken können. Des Weiteren spielen Normen eine wichtige Rolle für prosoziales Verhalten.

heroische Hilfeakte vergibt, sieht dies so: Rettungen naher Verwandter sind ebenso wie berufsmäßige Hilfeakte weitestgehend von der Preisverleihung ausgeschlossen.[6]

Wie kommt es zu dieser unterschiedlichen Bewertung des gleichen Hilfeakts in Abhängigkeit vom Verwandtschaftsgrad? Verwandte liegen uns meist mehr am Herzen, und wir finden es natürlich, dass wir um deren Wohlbefinden besorgt sind. Als grundlegend hierfür wird das Prinzip der biologischen Fitness angesehen. Altruistisches Verhalten ist aus evolutionstheoretischer Perspektive dann adaptiv, wenn es dazu beiträgt, die eigenen Gene auf die nächste Generation zu übertragen und dabei möglichst viele gut angepasste, d. h. überlebens- und reproduktionsfähige, Nachkommen hervor-

> „Wir sehen uns ... dem zutiefst verwirrenden Paradox gegenüber, daß die genetische Weiterentwicklung auf Kosten anderer – die Haupttriebkraft der Evolution – ausgeprägte Fähigkeiten der Fürsorglichkeit und des Mitfühlens hervorgebracht hat" (de Waal, 1997, S. 12f.).

---

[6] „Persons not eligible for awards are: Those whose duties in following their regular vocations require them to perform such acts, unless the rescues are clearly beyond the line of duty, and members of the immediate family, except in cases of outstanding heroism where the rescuer loses his or her life or is severely injured" (http://www.carnegiehero.org/nominate.php (11.08.2006)).

Hilfeverhalten wird vermehrt gezeigt gegenüber Personen, die ...

- eng mit uns verwandt sind
- ein hohes Reproduktionspotenzial aufweisen
- uns ähnlich und vertraut sind

zubringen. Da wir – insbesondere in Abhängigkeit vom Verwandtschaftsgrad – einen mehr oder weniger großen Anteil unserer genetischen Ausstattung mit anderen Menschen teilen, kann es aus biologischer Perspektive gesehen deshalb durchaus sinnvoll sein, zum Wohl anderer Personen zu handeln (Hamilton, 1964).

Hilfeverhalten sollte demnach umso wahrscheinlicher sein, je ähnlicher die genetische Ausstattung der Beteiligten ist und je reproduktionsfähiger der/die Bedürftige ist. Blutsverwandtschaft, Reproduktionspotenzial und Ähnlichkeit beeinflussen entsprechend, welchen Personen, wir eher helfen:

Blutsverwandten wird eher geholfen – Verwandtenselektion (*kin selection*).   Je enger Personen verwandt sind, desto mehr sind sie um des anderen Wohlbefinden besorgt. Gemäß der Theorie der Verwandtenselektion (*kin selection*; Hamilton, 1964; s. a. Maynard Smith, 1964) ist dies Ausdruck des biologischen Motivs, durch prosoziales Verhalten gegenüber Blutsverwandten indirekt den eigenen genetischen Erfolg zu erhöhen. Gegenüber Blutsverwandten – und insbesondere gegenüber engen Verwandten wie leiblichen Eltern und Geschwistern (50 % gleiches Erbgut; bei Zwillingsgeschwistern sogar 100 %) – findet sich eine stark erhöhte Hilfsbereitschaft (z. B. Burnstein et al., 1994; Essock-Vitale & McGuire, 1985; Kruger, 2003). Dies zeigt sich insbesondere in Situationen, in denen es tatsächlich um das *Überleben* der Gene geht, d. h. wenn Lebensgefahr besteht (Burnstein et al., 1994; Shavit et al., 1994). In alltäglicheren Hilfesituationen können andere Faktoren stärkeres Gewicht erhalten. Ging es um Leben oder Tod (hier: schwerer Verkehrsunfall), waren die Teilnehmer von Greitemeyer und Kollegen (2003) eher bereit, einem Geschwister zu helfen, das selbst an dem Unglück schuld war, als einem Bekannten, der unschuldig in die Situation geraten war. In ungefährlichen Situationen (hier: Trost, nachdem das „Opfer" von seinem Lebensgefährten verlassen worden war) war es genau umgekehrt: Hier war die Hilfsbereitschaft gegenüber einem

Verwandtenselektion (*kin selection*)

Prosoziales Verhalten gegenüber engen Verwandten kann indirekt den eigenen „genetischen Erfolg" (*fitness*) erhöhen, da diese eine relativ hohe genetische Ähnlichkeit aufweisen.

Dies kann erklären, warum engen Verwandten eher geholfen wird als Fremden.

unschuldigen Bekannten höher als gegenüber einem Geschwister, das die Situation selbst verschuldet hatte. Kurzum: Während in Situationen, in denen die biologische Fitness bedroht ist, die Verwandtschaft entscheidend ist, können in alltäglichen Situationen hingegen durchaus andere Faktoren (hier die Norm „Hilf dem, der Hilfe verdient"; vgl. Abschnitt 12.2.3) eine wichtigere Rolle spielen.

Personen mit hohem Reproduktionspotenzial wird eher geholfen.   Prosoziales Verhalten ist für den genetischen Erfolg, d. h. für die erfolgreiche Übertragung des eigenen Genmaterials auf folgende Generationen, vor allem dann sinnvoll, wenn es Personen zugute kommt, die auch tatsächlich in der Lage sind, sich fortzupflanzen. Für das biologische Motiv sprechen deshalb auch Befunde, die zeigen, dass Hilfeverhalten nach der genetischen Ähnlichkeit von Faktoren abhängt, die mit der potenziellen Fruchtbarkeit der Person im Zusammenhang stehen (Burnstein et al., 1994): So wird zwar in Alltagssituationen vor allem denen geholfen, die Hilfe am nötigsten haben (d. h. den Jüngsten und den Ältesten, den Kranken und Armen; vgl. auch Exkurs oben); in Situationen, in denen es um Leben oder Tod geht, helfen wir jedoch vor allem denjenigen, die ein hohes Reproduktionspotenzial haben. Dementsprechend fällt die Hilfsbereitschaft mit steigendem Alter des Opfers immer weiter ab; dies gegenüber Frauen ab dem Wechseljahresalter noch stärker als gegenüber Männern. Ebenso zeigt sich in lebensbedrohlichen Situationen eine stärkere Hilfsbereitschaft gegenüber gesunden und wohlhabenden oder auch attraktiven Personen. Beispielsweise wurde in einer Studie einer attraktiven Frau bei einem schweren Notfall mehr Geld für eine Tetanusimpfung gegeben als einer unattraktiven; wurde die Situation dagegen als weniger schwerwiegend dargestellt, machte die Attraktivität keinen Unterschied (West & Brown, 1975).

Ähnlichen Personen und Personen, mit denen wir Kontakt haben, wird eher geholfen. Ähnlichkeit und Kontakt sind mit Verwandtschaft bzw. genetischer Ähnlichkeit assoziiert und haben möglicherweise aus diesem Grund großen Einfluss auf unser Hilfeverhalten (vgl. Burnstein et al., 1994, S. 785; vgl. Exkurs unten und Abb. 12.6). In verschiedenen Studien hat sich gezeigt, dass wir Personen, die uns vertraut oder in irgendeiner Form ähnlich sind, eher helfen als Fremden. So boten Passanten beispielsweise eher ihre Hilfe an, wenn die Person, der ein Stapel Literatur heruntergefallen war, für die von ihnen präferierte Partei arbeitete (Karabenick et

Exkurs: „Babyface" bewirkt mehr Hilfe

Keating und Kollegen (2003) untersuchten, unter welchen Umständen „verloren gegangenge" Briefe (Lebenslauf einer erwachsenen Person mit Foto; frankierter, adressierter Umschlag) von Passanten eher aufgehoben und abschickt werden (sog. *lost letter*-Technik). Dazu waren die Fotos digital so manipuliert worden, dass sie entweder eher dem Kindchenschema (größere Augen und größerer Mund) oder eher dem Erwachsenenschema (kleinere Augen, kleinerer Mund) entsprachen. Es zeigte sich, dass Lebensläufe, die ein Babyface" enthielten, deutlich öfter zurückgeschickt wurden. Merkmale, die dem Kindchenschema entsprechen, bewirken demnach vermehrt prosoziales Verhalten.

Exkurs: Ähnlichkeit und Kontakt als Kriterien für Verwandtschaft

Unsere Vorfahren hatten engen Kontakt hauptsächlich mit Personen, mit denen sie blutsverwandt waren. Auch in unserer heutigen Zeit scheint es noch einen Zusammenhang zwischen Kontakt und genetischer Ähnlichkeit zu geben: Beispielsweise stellte sich in einer städtischen Stichprobe heraus, dass Männer, die über lange Zeit eng befreundet waren, nicht nur insgesamt eine höhere genetische Ähnlichkeit aufwiesen als zufällig zusammengestellte Individuen, sondern sich zudem hinsichtlich *genetisch* beeinflusster Eigenschaften (physiologischer Maße wie z. B. der Blutgruppe) ähnlicher waren als in Bezug auf durch die Umwelt beeinflusste Eigenschaften (Rushton, 1989b).

Zudem hat sich gezeigt, dass Ähnlichkeit in den Einstellungen als heuristischer Hinweisreiz auf Verwandtschaft fungiert (Park & Schaller, 2005): Wurde den Teilnehmern eine Person mit ähnlichen Eigenschaften dargeboten, machte dies Inhalte des Konzepts „Verwandtschaft" kognitiv leichter verfügbar. Die Aktivierung dieses Konzepts wiederum ging mit einer erhöhten Hilfsbereitschaft einher.

Abb. 12.6: Mit dem biologischen Motiv wird erklärt, dass genetisch ähnlichen Personen vermehrt geholfen wird. Genetische Ähnlichkeit ist zum einen mit dem Verwandtschaftsgrad assoziiert, zum anderen mit Ähnlichkeit und Kontakt.

Exkurs: Berührung erhöht prosoziales Verhalten

Verschiedene Studien haben gezeigt, dass Berührungen dazu führen, dass mehr geholfen wird: Beispielsweise halfen Wartende an einer Bushaltestelle einer Person, die sie zuvor nach dem Weg gefragt und dabei kurz am Arm berührt hatte, eher, heruntergefallene Disketten aufzuheben, als wenn die Person sie zwar ebenfalls nach dem Weg gefragt, jedoch nicht berührt hatte (Guéguen & Fischer-Lokou, 2003a). Ebenso ließen Busfahrer (weibliche) Fahrgäste, die nicht genügend Geld für die Fahrkarte hatten, eher dennoch mitfahren, wenn diese sie berührten (Guéguen & Fischer-Lokou, 2003a; siehe auch Hornik, 1987; Paulsell & Goldman, 1984).

al., 1973). Ähnlichkeit kann auch durch einen gleichen Namen vermittelt werde: So schickten Personen einen per E-Mail erhaltenen Fragebogen eher ausgefüllt zurück, wenn der vermeintliche Absender den gleichen Vornamen hatte wie sie selbst (Guéguen, 2003). Des Weiteren kann die Ähnlichkeit hinsichtlich Alter, Rasse, Geschlecht oder Wertvorstellungen bestehen (Hayden et al., 1984); selbst Mimikry, d. h. das Nachahmen des Gegenübers, kann prosoziales Verhalten erhöhen (van Baaren et al., 2004; vgl. Beispielstudie) oder auch das bloße Berühren des anderen (z. B. Guéguen & Fischer-Lokou, 2003a; vgl. Exkurs).

Beispielstudie zu Motiven für Hilfeverhalten
Nachahmung des Verhaltens bewirkt vermehrtes Hilfeverhalten.

Die Teilnehmer von van Baaren und Kollegen (2004, Exp. 1) sollten der Versuchsleiterin mündlich ihre Meinung zu verschiedenen Werbeanzeigen äußern. In der Hälfte der Fälle ahmte die Versuchsleiterin dabei die nonverbalen Signale der Teilnehmer nach, d. h., sie nahm die gleiche Körperhaltung, Arm- und Beinposition ein wie der jeweilige Teilnehmer. Bei der anderen Hälfte zeigte die Versuchsleiterin keine solche Mimikry.

Im Anschluss daran holte die Versuchsleiterin für eine angeblich anschließende zweite Studie Material aus einem Nebenraum. Als sie zurückkam, fielen ihr „aus Versehen" direkt neben dem Teilnehmer mehrere Stifte zu Boden.

Die Ergebnisse zeigten, dass Teilnehmer, die zuvor nachgeahmt worden waren, der Versuchsleiterin deutlich häufiger zu Hilfe kamen und die Stifte aufhoben als Teilnehmer, bei denen die Versuchsleiterin keine Mimikry gezeigt hatte (100 % versus 33 %).

In zwei weiteren Studien zeigten die Forscher (van Baaren et al., 2004, Exp. 2 und 3), dass Mimikry allgemein die prosoziale Tendenz erhöht und nicht nur gegenüber der speziellen Person, die die Mimikry gezeigt hat. Kam für die angeblich anschließende Studie ein neuer Versuchsleiter in den Raum und ließ die Stifte herunterfallen, halfen auch hier die zuvor (von einer anderen Versuchsleitung) nachgeahmten Teilnehmer eher als die, die keine Mimikry erlebt hatten (Exp. 2).

Wie wir in diesem Abschnitt aufgezeigt haben, gibt es eindrucksvolle Befunde, dass Hilfeverhalten für den eigenen genetischen Erfolg von Vorteil sein kann. Die Motive, die uns in konkreten Situationen dazu bringen, Hilfeverhalten einzugehen, sind Gefühle (z. B. der andere tut uns Leid) und prosoziale Normen (z. B. „Hilf dem, der Hilfe benötigt"). Diese werden in den beiden nachfolgenden Abschnitten beschrieben.

12.2.2 Gefühle als Motiv – Empathie und Stimmungsverbesserung als Gründe für Hilfeverhalten

Warum begeben wir uns in Lebensgefahr, um ein wildfremdes Kind aus dem Eis zu retten? Wieso werfen wir einem Obdachlosen einen Euro unseres mühsam verdienten Geldes in seine Sammelbüchse? Wie kommt es dazu, dass wir in Einzelfällen sogar die Feuerwehr rufen, um ein Kätzchen zu retten, das nicht mehr vom Baum herunterkommt und nun herzzerreißend miaut? Mit der Sicherung des eigenen genetischen Erfolgs ist dies nur schwer zu erklären. Was meinen Sie, wie es zu diesen Verhaltensweisen kommt? – Vermutlich werden Sie sagen, dass Sie das Leid anderer Lebewesen nicht einfach untätig mitansehen können und einfach helfen *müssen*.

Empfangen wir Notsignale von anderen, löst dies in uns häufig Gefühle aus, die wiederum das Bedürfnis, das Leid des anderen zu beenden, bewirken. Grundlegend hierfür ist unsere (angeborene) Disposition zur Kommunikation von Gefühlen: Wir alle *senden* – häufig unbewusst und auch unbeabsichtigt – Informationen über unseren Gefühlszustand und sind zudem in der Lage, von anderen gesendete affektive Signale zu *entschlüsseln*.

Wird man Zeuge der Not einer anderen Person, kann dies zwei qualitativ unterschiedliche emotionale Reaktionen zur Folge haben: zum einen *auf den anderen* gerichtete **Empathie**, d. h. Gefühle wie Mitleid und Besorgnis, und zum anderen *selbst*zentriertes **persönliches Unbehagen**, verbunden mit Gefühlen wie Angst und Unruhe (z. B. Batson et al., 1981). Beide Gefühlsarten können Hilfeverhalten motivieren, jedoch auf unterschiedliche Art und Weise. Überwiegt per-

Emotionale Reaktionen auf Notfälle

Notsituationen können beim Beobachter zwei unterschiedliche emotionale Reaktionen bewirken:

- **Persönliches Unbehagen**
  selbstzentrierte Gefühle wie Angst und Unruhe, die *egoistisch* motiviertes Hilfeverhalten bewirken können

- **Empathie**
  auf den anderen gerichtete Gefühle wie Mitleid und Besorgnis, die *altruistisch* motiviertes Hilfeverhalten bewirken

sönliches Unbehagen, steht hinter dem Hilfeverhalten hauptsächlich das Ziel, dadurch die eigene Gefühlslage zu verbessern, d. h., ein solches Hilfeverhalten ist eigentlich *egoistisch* motiviert. Helfen wir hingegen überwiegend aus Empathie mit dem Opfer heraus, steht nicht die eigene Gefühlslage im Vordergrund, sondern die des Opfers (vgl. Abb. 12.7). Im Folgenden wird zunächst diese letztere (altruistische) Form des Hilfeverhaltens aufgrund von Empathie und im darauffolgenden Abschnitt die (egoistisch) motivierende Wirkung persönlichen Unbehagens beschrieben.

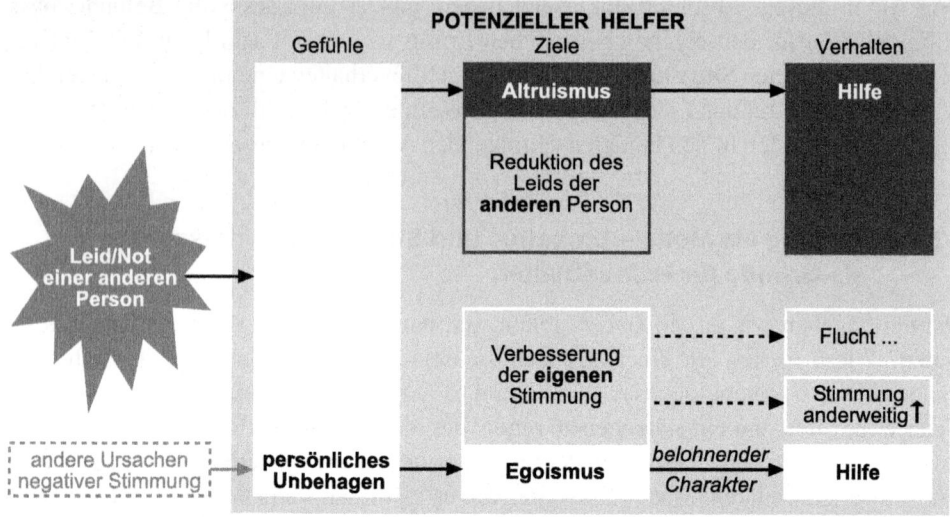

Abb. 12.7: Beobachten wir die Not einer anderen Person, kann dies verschiedene Gefühle auslösen, die wiederum Hilfeverhalten motivieren. Wird überwiegend Empathie empfunden, so wird aus dem eher altruistischen Ziel heraus, das Leid des Opfers zu reduzieren, geholfen. Steht dagegen persönliches Unbehagen im Vordergrund, ist Hilfeverhalten *eine* Möglichkeit, dieses Unbehagen zu reduzieren. Hilfeverhalten dient dann eher egoistischen Zielen, die auch durch anderes Verhalten (z. B. Flucht oder anderweitige Maßnahmen zur Stimmungsverbesserung) erreicht werden können (s. u.).

Wenn wir aus Mitgefühl heraus helfen – Die Empathie-Altruismus-Hypothese

Befunde sprechen dafür, dass echtes Mitgefühl ein wichtiges Motiv für Hilfeverhalten darstellt. Die sog. **Empathie-Altruismus-Hypothese** besagt, dass die Not eines anderen Menschen bei potenziellen Helfern eine empathische Reaktion auslösen kann, die wiederum zu altruistischem Helfen motiviert – d. h. zu Hilfe, die allein die Linderung des anderen Not zum Ziel hat und von Kosten-Nutzen-Überlegungen weitestgehend unabhängig ist (z. B. Batson et al., 1981; Batson et al., 1995).

Empfinden wir Empathie, kann dies durchaus auch mit negativen Empfindungen (wie z. B. Traurigkeit) verbunden sein, die nachlassen, wenn das Leiden des Opfers beendet wird. Allerdings wird in der Empathie-Altruismus-Hypothese angenommen, dass wir nicht *deswegen* helfen, *damit* wir uns wieder besser fühlen. Dass wir uns besser fühlen, stellt vielmehr eine „Nebenwirkung" des von echter Sorge um den anderen ausgelösten Hilfeverhaltens dar (z. B. Batson & Oleson, 1991, S. 76) (für Befunde zum *altruistischen* Helfen siehe auch Batson et al., 1988, 1991; Dovidio et al., 1990; Fiske, 1991; Schoenrade et al., 1986; Stürmer et al., 2005; Toi & Batson, 1982; bei Kindern: Eisenberg & Fabes, 1991).

> **Empathie-Altruismus-Hypothese**
>
> Die Not eines anderen Menschen kann bei potenziellen Helfern eine empathische Reaktion auslösen. Empathie wiederum motiviert zu „altruistischem" Hilfeverhalten, bei welchem nicht „egoistische" Kosten-Nutzen-Überlegungen, sondern vor allem die echte Besorgnis um das Wohl des anderen maßgeblich sind.

Da empathisch motiviertes Helfen also in erster Linie darauf fokussiert, die Not des anderen zu lindern, „zählt" für empathisch motivierte Personen nicht die Tatsache, alles versucht zu haben, den anderen aus seiner misslichen Lage zu befreien, sondern nur tatsächlich *erfolgreiche* Hilfe. Dies führt beispielsweise dazu, dass sich bei empathisch motivierten Personen die Stimmung nach einem missglückten Hilfeversuch auch dann verschlechtert, wenn der Misserfolg vollkommen gerechtfertigt ist. Bei Personen, die eher egoistisch motiviert zu helfen versuchen, findet sich in der gleichen Situation dagegen keine Stimmungsverschlechterung (Batson & Weeks, 1996). Des Weiteren helfen empathisch-altruistisch motivierte Personen – im Gegensatz zu eher egoistisch motivierten – auch dann, wenn die Kosten für unterlassene Hilfe gering wären, d. h. wenn sie der Situation leicht entfliehen könnten (Batson et al., 1981, 1983; Toi & Batson, 1982; vgl. Beispielstudie).

Beispielstudie zu Motiven für Hilfeverhalten
Wird Hilfe durch Empathie motiviert, wird auch dann geholfen, wenn die Kosten für unterlassene Hilfe gering sind.

Toi und Batson (1982) spielten ihren Teilnehmerinnen eine Testfolge der geplanten Nachrichtensendung „News From the Personal Side" vor, die der Universitätsradiosender möglicherweise ins Programm aufzunehmen plane. Eine Hälfte wurde dabei instruiert, so objektiv wie möglich zu sein und sorgfältig auf alle präsentierten Informationen zu achten (niedriges Empathielevel), die zweite Hälfte sollte dagegen versuchen, sich möglichst gut in die interviewte Person hineinzuversetzen und sich deren Gefühle vorzustellen (hohes Empathielevel).

Den Teilnehmerinnen wurde des Weiteren mitgeteilt, dass es sich um reale Fälle handelte und von den fünf zur Auswahl stehenden Folgen jede jeweils nur von einer Testperson beurteilt würde. Tatsächlich enthielt jedes Band das gleiche Interview, in dem die Studentin Carol Marcy berichtete, dass sie sich bei einem Autounfall beide Beine gebrochen und deshalb die Lehrveranstaltungen eines ganzen Monats verpasst hätte. Sie berichtete, dass sie dringend eine Kommilitonin suche, die mit ihr den versäumten Lehrstoff durchgehe.

Zusammen mit den Beurteilungsbögen für die Sendung erhielten die Teilnehmerinnen einen Brief, der „an die Studentin, die die Carol-Marcy-Testfolge hört" adressiert war. Dieser enthielt ein Schreiben von Carol, in dem sie die Teilnehmerin konkret um Hilfe mit den Aufzeichnungen bat.

Für eine Hälfte der Teilnehmerinnen endete der Brief damit, dass sie Carol in einem von ihnen ohnehin besuchten Psychologiekurs treffen würden (*difficult escape*), für die andere Hälfte schloss er damit, dass Carol noch nicht wieder mobil sei, sich aber den Treffpunkt betreffend gerne nach der Teilnehmerin richten würde (*easy escape*). Teilnehmerinnen, die gebeten worden waren, möglichst objektiv zu sein, waren im ersten Fall, d. h. wenn sie davon ausgingen, dass sie Carol auf jeden Fall begegnen würden, eher bereit zu helfen als im letzten (76 % versus 33 %). Bei Teilnehmerinnen, die durch die Instruktion dazu gebracht worden waren, sich in Carol hineinzuversetzen (hohes Empathielevel), halfen dagegen unabhängig davon, ob das Nein-Sagen ihnen schwer oder leicht (81 % versus 76 %) gemacht worden war.

Wie diese Studie zeigt, kann Empathie Personen motivieren, anderen zu helfen. In diesem Falle steht das Bedürfnis im Vordergrund, die Not der anderen Person zu lindern, während Kosten-Nutzen-Überlegungen eine vergleichsweise geringe Rolle spielen.

Empfinden wir Empathie, sind Kosten-Nutzen-Relationen für die Entscheidung, ob man hilft oder nicht, weniger wichtig – die Hilfsbereitschaft ist generell eher hoch.[7] Allerdings besteht die Einschränkung, dass auch bei empathischen Personen die Hilfsbereitschaft sinkt, wenn die Hilfeleistung mit hohen Kosten verbunden ist (z. B. relativ starke Elektroschocks für eine andere Person übernehmen) (z. B. Batson et al., 1983; Neuberg et al., 1997).

Da Empathie als ein wichtiges Motiv für Hilfeverhalten angesehen werden kann, stellt sich natürlich die Frage, wovon es abhängt, ob und wie viel Empathie wir in einer konkreten Notsituation empfinden. Zum einen spielen hier interindividuelle Unterschiede aufgrund von Veranlagung und Sozialisation eine Rolle, zum anderen können aber auch situative Faktoren Empathie fördern oder hemmen (vgl. zusammenfassend Abb. 12.8):

* **Unterschiede in der dispositionalen Empathie**
  Unterschiede in der Tendenz, vermehrt mit Empathiegefühlen oder eher mit persönlichem Unbehagen zu reagieren, sind zum einen genetisch bedingt (Davis et al., 1994), zum anderen durch die Sozialisation beeinflusst. In einer aktuellen Studie, die das

---

[7] Inwieweit empathische Helfer tatsächlich selbstlos handeln oder ob nicht letztendlich andere, in letzter Konsequenz egoistische Faktoren die entscheidende Rolle spielen, ist umstritten (Batson, 1997; Batson et al., 1997; Cialdini et al., 1987, 1997; Neuberg et al., 1997). In einer Studie von Cialdini und Kollegen (1997) verschwand beispielsweise der Einfluss von Empathie als Motivator für Hilfeverhalten, wenn das Gefühl von Einssein (engl. *oneness*) mit dem Opfer berücksichtigt wurde. Dieses Gefühl beruht darauf, dass wesentliche Bestandteile unseres Selbstkonzepts außerhalb der eigenen und in anderen Personen lokalisiert sein können. Je stärker dies der Fall ist, desto eher wird geholfen, und diese Hilfe käme dann in letzter Konsequenz wieder dem eigenen Selbstkonzept und damit der eigenen Person zugute.

Mitgefühl mit Hinterbliebenen von Opfern des Terroranschlags auf das World Trade Center im Jahre 2001 untersuchte, fand sich beispielsweise ein Zusammenhang zwischen dem frühkindlichen Bindungsstil (Interaktionsverhalten zwischen Kindern und engen Bezugspersonen in der frühen Kindheit, das überwiegend von der Feinfühligkeit und Verlässlichkeit der Bezugsperson beeinflusst wird) und der Fähigkeit, Mitgefühl zu empfinden: Ein vermeidender Bindungsstil – d. h. ein Interaktionsverhalten, bei dem Kinder bei Belastungen nicht wie sicher gebundene Kinder Nähe und Kontakt zu ihren Bezugspersonen suchen, da die Bezugspersonen dazu tendieren, auf die kindlichen Bedürfnisse negativ zu reagieren – war mit einer geringeren Disposition zu empathischem Empfinden assoziiert (Wayment, 2006). Menschen unterscheiden sich entsprechend in ihrer allgemeinen Tendenz, Mitgefühl mit anderen zu empfinden, und in der Folge auch in ihrer Hilfsbereitschaft (Penner & Finkelstein, 1998; Penner et al., 1995; auch McHoskey, 1999). Des Weiteren finden sich Geschlechtsunterschiede im empathischen Empfinden dahingehend, dass Frauen mehr Empathie zeigen als Männer (MacGeorge, 2003; Trobst et al., 1994). Neben der Sozialisation dürften dafür auch biologische Faktoren eine Rolle spielen, da beispielsweise die Gabe von männlichen

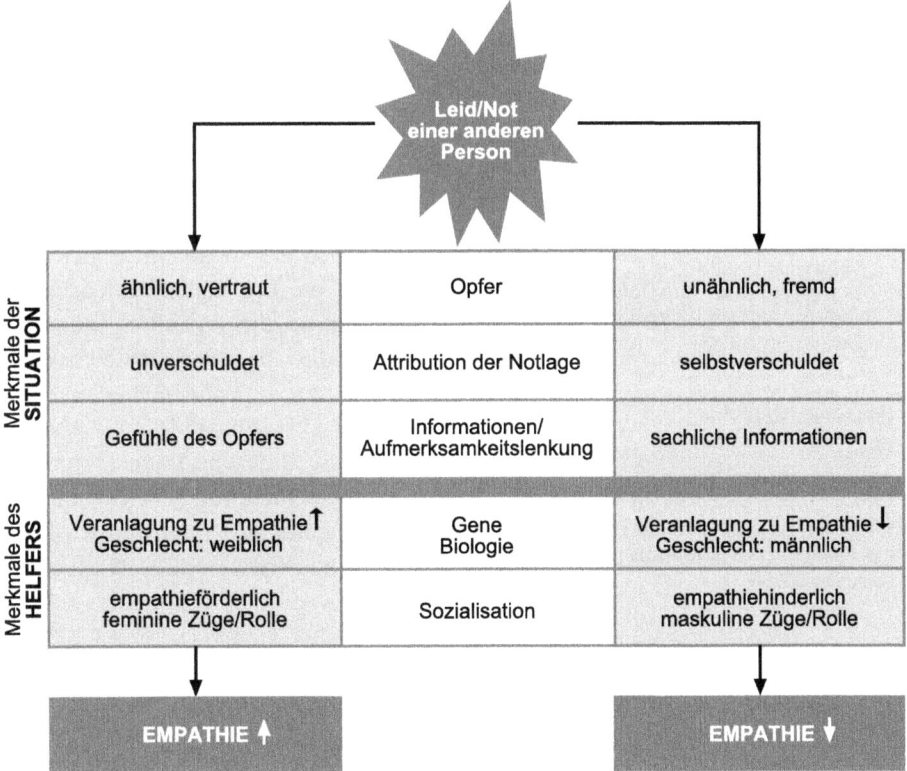

Abb. 12.8: Ob und wie stark ein potenzieller Helfer Empathie empfindet, hängt von dessen Merkmalen sowie in bedeutsamem Maße von Merkmalen der Situation ab. Empathieförderliche Charakteristika sind auf der linken, empathiehinderliche Faktoren auf der rechten Seite der Abbildung abgetragen.

Geschlechtshormonen dazu führt, dass auch Frauen verminderte empathische Reaktionen zeigen (Hermans et al., 2006). Mit dem höheren Empathieempfinden von Frauen wird beispielsweise auch erklärt, dass jüdische Mitbürger während des Zweiten Weltkriegs deutlich häufiger von (nicht jüdischen, deutschen) Frauen als von Männern vor den Nazis versteckt worden waren (Anderson, 1993).

- **Unterschiede in der situativen Empathie**
  Inwieweit wir Empathie für eine andere Person empfinden oder nicht, hängt zudem von verschiedenen situativen Faktoren ab. So empfinden wir beispielweise mehr Empathie für Personen, mit denen wir uns verbunden fühlen, beispielsweise weil sie uns vertraut oder ähnlich sind (z. B. Batson et al., 1981; Cialdini et al., 1997; Levy et al., 2002; s. a. Toi & Batson, 1982), sowie für Personen, die unverschuldet statt aus eigenem Verschulden in eine Notlage geraten sind (Rudolph et al., 2004). Empathie hängt aber auch von der Art der Informationen ab, die wir erhalten bzw. auf die wir unsere Aufmerksamkeit richten: Bemühen sich Personen um eine möglichst objektive Beobachtung der Geschehnisse, empfinden sie weniger Empathie; versuchen sie dagegen, sich möglichst gut in die andere Person hineinzuversetzen und sich deren Gefühle vorzustellen, steigt das empathische Empfinden (z. B. Toi & Batson, 1982). Jeder von uns weiß zudem implizit um diese Zusammenhänge, d. h. um die Tatsache, dass bestimmte Informationen Mitgefühl in uns hochkommen lassen und wir unsere Hilfe dann kaum mehr verwehren können. Angesichts unserer begrenzten Hilfskapazitäten und der überwältigenden Hilfsbedürftigkeit, die uns täglich auf der Straße (z. B. Obdachlose, die um eine Spende bitten) oder rund um die Uhr in den Medien begegnet, wenden wir unsere Aufmerksamkeit immer wieder bewusst von Empathie auslösenden Informationen ab. Dies wird in der Psychologie als **Empathievermeidung** bezeichnet und tritt insbesondere dann auf, wenn die Kosten für Hilfe hoch sind (Shaw et al., 1994; vgl. Beispielstudie).

Empathie und Kontrollierbarkeit

Der Zusammenhang zwischen Mitgefühl und Kontrollierbarkeit findet sich in beide Richtungen:

- Wir empfinden mehr Empathie mit Personen, die unverschuldet in eine missliche Lage geraten sind (Rudolph et al., 2004).

- Wenn wir empathisch sind, neigen wir weniger dazu, dem Opfer selbst die Schuld für seine Lage zu geben (Betancourt, 1990).

Empathievermeidung

Menschen „wissen" (wenn auch nicht notwendigerweise bewusst), dass Empathie zu Hilfeverhalten motiviert. Ist Hilfe mit hohen Kosten verbunden, vermeiden sie deshalb Situationen, die Empathie auslösen.

Beispielstudie zur Empathievermeidung
Ist Hilfe möglich, aber kostspielig, werden eher Informationen gewählt, die keine Empathie auslösen.

Die Teilnehmer von Shaw und Kollegen (1994) waren der Meinung, dass sie als Testpersonen für ein neues Radioprogramm dienten, in dem Aufrufe zu freiwilliger

Hilfe für obdachlose Menschen gesendet werden sollten. Eine Teilnehmergruppe (A) wurde nach den einführenden Informationen direkt vor die Wahl gestellt, ob sie lieber Testperson für eine objektive, eher distanzierte Darstellung eines realen Falls sein wollten oder lieber für eine emotional berührende Version.

Den übrigen Teilnehmern wurde vor dieser Wahlmöglichkeit noch mitgeteilt, dass sie – für einen realistischen Test der Wirksamkeit des Aufrufs – nach der Hörprobe die Möglichkeit erhalten würden, der in der Aufnahme beschriebenen Person tatsächlich zu helfen. Dabei wurde der Hilfsaufwand allerdings unterschiedlich dargestellt: Der einen Hälfte der Teilnehmer wurde gesagt, sie müssten für die Hilfe nur etwa eine Stunde einplanen und diese bestünde darin, Briefe mit der Bitte um eine Spende für den Obdachlosen vorzubereiten (Gruppe B, geringe Kosten für Hilfe). Für die andere Hälfte wurde die Hilfe als recht aufwendig beschrieben (Gruppe C, hohe Kosten für Hilfe): Sollten sie sich bereit erklären, dem Obdachlosen zu helfen, würden sie in den nächsten Wochen insgesamt etwa fünf bis sechs Stunden mit dem Obdachlosen verbringen, was dem Hilfsbedürftigen soziale Unterstützung und Stabilität gewähren sollte.

Die Forscher interessierte nun, wie viele der Teilnehmer in den verschiedenen Gruppen die objektive und wie viele die emotional berührende Version wählten. War den Teilnehmern zuvor nicht gesagt worden, dass sie später tatsächlich um Hilfe gebeten würden oder wenn die angekündigte Hilfe nur mit geringem Aufwand verbunden war (Gruppen A und B), entschieden sich jeweils etwa 70 % der Teilnehmer für die emotional berührende Aufnahme. Waren die Kosten für die später erwartete Bitte um Hilfe jedoch hoch (Gruppe C), wählten nur noch etwa 30 % die emotional berührende – und damit stärker Empathie auslösende – Version.

Diese Studie zeigt, dass bei hohen Kosten für Hilfeleistung Informationen, die Empathie auslösen würden, vermieden werden.

Wie dieser Absatz zeigt, ist Empathie ein wichtiges Motiv, Hilfe zu leisten. Empathie ist insbesondere deshalb bedeutsam, weil im Falle hoher Empathie situative Determinanten nur eine untergeordnete Rolle spielen – und daher trotz Kosten für Hilfe bzw. niedriger Kosten für unterlassene Hilfe dringend benötigte Hilfeleistungen möglich werden (vgl. Abschnitt 12.1.5).

Allerdings sind Gefühle als Motiv *nicht immer* bzw. häufig *nicht nur* altruistischer Natur, sondern können auch egoistische Züge aufweisen. Dies soll im nächsten Abschnitt näher ausgeführt werden.

Wenn wir des guten Gefühls wegen helfen –
Negative state relief- und *mood maintenance*-Hypothese

Hilfeverhalten kann – zumindest im Erwachsenenalter[8] – belohnenden und stimmungsverbessernden Charakter haben (Harris, 1977; Stich et al., 1987; Weiss et al., 1971, 1973;
Williamson & Clark, 1989). Manchmal werden die positiven Gefühle, die uns prosoziales
Handeln beschert, sogar als *helper's high* bezeichnet (Luks, 1988). Aus diesem Grunde
kann Hilfeverhalten instrumentell dazu benutzt werden, die eigene Stimmung positiv zu
beeinflussen. Hierbei handelt es sich letztendlich um *egoistisch* motiviertes Hilfeverhalten, da das Beenden des anderen Leids nur Mittel zum Zweck ist, sich selbst besser zu
fühlen. Die theoretischen Ansätze unterscheiden sich darin, worin diese „Belohnung"
genau besteht, ob in der Aufhebung eines negativen Zustands (*negative state relief*-Hy-
pothese) oder im Erhalt einer positiven Stimmung (*mood maintenance*-Hypothese).

Negative state relief-**Hypothese.**   Sehen wir eine andere Person (oder auch ein Tier) in
Not, machen sich häufig neben Mitgefühl auch noch andere Gefühle breit: Wir fühlen
uns womöglich traurig, ängstlich oder unruhig – kurzum, unsere Stimmung verschlechtert sich und wir fühlen uns „gestresst". Hilfeverhalten ist aufgrund seines belohnenden
Charakters eine Möglichkeit, die Stimmung wieder zu verbessern. Die sog. *negative
state relief*-Hypothese nimmt genau dies an, d. h. dass negative Gefühle uns zu Hilfeverhalten motivieren, weil wir dadurch unsere Stimmungslage verbessern können (Cialdini
& Kenrick, 1976; Cialdini et al., 1981, 1987; Schaller & Cialdini, 1988). Dabei muss die
negative Stimmungslage nicht notwendigerweise durch die Notsituation selbst hervorgerufen sein, um Hilfeverhalten zu begünstigen. So ist beispielsweise die Spendenbereitschaft für eine wohltätige Organisation vor der Beichte größer als danach (Feldstudie
von Harris et al., 1975), d. h., die negativen Gefühle hatten weniger etwas mit dem Leid
der Hilfsbedürftigen zu tun, sondern rührten eher von den Schuldgefühlen aufgrund be-
gangener (und noch nicht vergebener) Sünden her.

Allerdings ist Hilfeverhalten nur *eine* von verschiedenen Möglichkeiten der Stimmungsverbesserung. Entsprechend kann hier prosoziales Verhalten – im Gegensatz zum empathisch motivierten Helfen – „unnötig" werden,
wenn die negative Stimmung auf andere Art und
Weise verbessert wird (Cialdini et al., 1973; vgl.
erste Beispielstudie). Des Weiteren kann Hilfeverhalten „sinnlos" werden, wenn man damit
keine Stimmungsverbesserung erzielen zu können glaubt (z. B. Cialdini et al., 1987; Manucia
et al., 1984; vgl. zweite Beispielstudie).

> **Negative state relief-Hypothese**
>
> Hilfe kann aus dem Motiv heraus erfol-
> gen, eine – beispielsweise durch den
> Notfall oder den Anblick des Opfers her-
> vorgerufene – negative Stimmung zu
> verbessern. Wird die Stimmung ander-
> weitig gehoben, wird prosoziales Verhal-
> ten als Stimmungsverbesserer unnötig
> und Hilfeverhalten sinkt.

---

[8] Es wird angenommen, dass die belohnende Wirkung und damit der gezielte Einsatz von prosozialem Verhalten zur
Stimmungsverbesserung im Laufe der Sozialisation gelernt werden muss; damit können Befunde erklärt werden,
dass *Kinder* in schlechter Stimmung weniger helfen als Erwachsene (Cialdini & Kenrick, 1976).

Beispielstudien zu Motiven für Hilfeverhalten

Wird negative Stimmung anderweitig verbessert, wird weniger geholfen.

Um bei ihren Teilnehmern durch die Hilfesituation negative Stimmung zu induzieren, sorgten Cialdini und Kollegen (1973) dafür, dass, wenn ein Teilnehmer im Versuchsraum Platz nehmen wollte, ein Kartenstapel zu Boden fiel und die Karten dabei in heillose Unordnung gerieten. Die Versuchsleiterin reagierte darauf mit Bestürzung und erklärte, dass ein Kommilitone, der freundlicherweise sein Büro für diese Studie zur Verfügung gestellt hatte, diese Karten – in geordneter Form – dringend für seine Diplomarbeit benötigte.

Kurze Zeit später wurden die Teilnehmer um Hilfe bei einer anderen Studie gebeten. Zwischen diesen beiden Ereignissen erlebten einige Teilnehmer ein stimmungsverbesserndes Ereignis, indem sie unerwartet eine Belohnung (Geld bzw. Lob) erhielten (Gruppe A), andere nicht (Gruppe B). Es zeigte sich, dass Teilnehmer, die keine Stimmungsverbesserung erfahren hatten (Gruppe B), eher bereit waren, bei der anderen Studie zu helfen, als Teilnehmer, bei denen zu Beginn der Kartenstapel *nicht* zu Boden gefallen (Kontrollgruppe). Teilnehmer, die einen stimmungsverbessernden Zwischenfall erlebt hatten (Gruppe A), halfen dagegen nicht mehr als Teilnehmer der Kontrollgruppe.

Diese Studie zeigt, dass Hilfeverhalten als Mittel genutzt wird, um einen negativen eigenen Zustand zu beheben; wird die Stimmung anderweitig verbessert, sinkt solchermaßen motiviertes Hilfeverhalten.

Wird die eigene Stimmung als unveränderlich erlebt, wird weniger geholfen.

Die Teilnehmer von Manucia und Kollegen (1984) waren der Meinung, dass sie an einer Studie zum Erinnerungsvermögen teilnehmen würden, bei der die Auswirkungen eines Gedächtnismedikaments interessierten.

Angeblich als Übungsdurchgänge (tatsächlich zur Stimmungsinduktion) sollten die Teilnehmer sich zunächst entweder zwei neutrale Ereignisse vorstellen oder aber an freudige bzw. traurige Erfahrungen zurückdenken. Im Anschluss daran wurde ihnen das Medikament „Mnemoxine" verabreicht und die Teilnehmer über mögliche Nebenwirkungen informiert. Der einen Hälfte der Teilnehmer wurde diesbezüglich nur mitgeteilt, dass sie möglicherweise Mundtrockenheit empfinden würden, der anderen Hälfte wurde zusätzlich gesagt, dass Mnemoxine die aktuelle Stimmung „einfriere", d. h., dass ihre Stimmung für etwa eine halbe Stunde nicht veränderlich sei.

Kurz darauf wurden die Teilnehmer von einem Mitglied einer gemeinnützigen Blutspendeorganisation um Hilfe gebeten. Sie wurden gefragt, ob sie bereit wären, einige kurze Telefonanrufe mit regelmäßigen Blutspendern durchzuführen. Die Forscher interessierte nun, zu wie viel Hilfe – d. h. zu wie vielen Telefonanrufen – die Teilnehmer bereit waren.

Waren traurig gestimmte Teilnehmer der Meinung, dass ihre Stimmung wegen des Medikaments nicht veränderlich wäre, zeigten sie keine größere Hilfsbereitschaft als neutral gestimmte Teilnehmer. War zuvor jedoch nicht von einer stimmungsfixierenden Wirkung gesprochen worden, halfen in traurige Stimmung versetzte Teilnehmer deutlich mehr als neutral gestimmte Teilnehmer. Teilnehmer in positiver Stimmung halfen ebenfalls mehr als neutral gestimmte Teilnehmer, allerdings unabhängig davon, ob sie annahmen, dass ihre Stimmung veränderlich sei oder nicht.

Diese Studie zeigt, dass Hilfeverhalten instrumentell dazu benutzt wird, um die eigene negative Stimmung zu verbessern. Erscheint dies sinnlos, weil die Stimmung nicht veränderbar ist, sinkt die Hilfsbereitschaft.

Den belohnenden Effekt von Hilfeverhalten schätzen wir allerdings nicht nur in negativer Stimmung, sondern auch, wenn wir gut gelaunt sind. Hier ist das Motiv nicht unbedingt eine Stimmungsverbesserung, sondern der Erhalt der positiven Stimmung (zusammenfassend für die Auswirkungen von Stimmung auf das Hilfeverhalten vgl. Abb. 12.9).

Mood maintenance-Hypothese

Mood maintenance-Hypothese

Hilfe kann aus dem Motiv heraus erfolgen, eine momentan positive Stimmung zu erhalten. Dies ist eine Ursache dafür, dass in positiver Stimmung typischerweise mehr geholfen wird.

Droht die Hilfehandlung jedoch die gute Laune zu verderben, findet sich bei positiv gestimmten Personen eine geringere Hilfsbereitschaft.

Exkurs: „Feel good, do good!"

In guter Stimmung erscheint uns die Welt in Ordnung, wir sind milde gestimmt (vgl. Kapitel 4). Dementsprechend haben wir auch eher positive statt negative Handlungsfolgen vor Augen (z. B. Dankbarkeit und Wertschätzung für die Hilfeleistung), sehen vermehrt die positiven Seiten des anderen und halten ihn für wert, dass ihm geholfen wird (z. B. Clark & Waddell, 1983; Forgas & Bower, 1987; Forgas et al., 1984). Diese Auswirkungen positiver Stimmung können die Hilfsbereitschaft erhöhen (Manucia et al., 1984).

Diverse Studien haben gezeigt, dass in guter Stimmung typischerweise mehr geholfen wird (Berkowitz, 1987; Carlson et al., 1988; George & Brief, 1992; Isen, 1999; Salovey et al., 1991). So sind Personen eher bereit, einem Fremden zu helfen, wenn sie vorher eine lustige Tonbandaufnahme gehört (Wilson, 1981), einen kleinen Geldbetrag gefunden (Isen & Levin, 1972), etwas Zeit im Sonnenschein verbracht (Cunningham, 1979) oder positiv stimmende Musik gehört haben (North et al., 2004). Auch angenehme Gerüche erhöhen unsere Hilfsbereitschaft (Baron, 1997b; Baron & Thomley, 1994) oder wenn uns der Hilfsbedürftige anlächelt (Guéguen & De Gail, 2003). Wieso kommt es jedoch in positiver Stimmung zu einem erhöhten Hilfeverhalten? Dies wird zum einen als indirekter Effekt der Auswirkungen, die positive Stimmung auf unser Denken hat, erklärt (z. B. Manucia et al., 1984; vgl. Abschnitt 4.1.2 und Exkurs). Zum anderen wird Hilfeverhalten in guter Stimmung als Mittel angesehen, um eine bestehende positive Stimmungslage zu erhalten (*mood maintenance*;

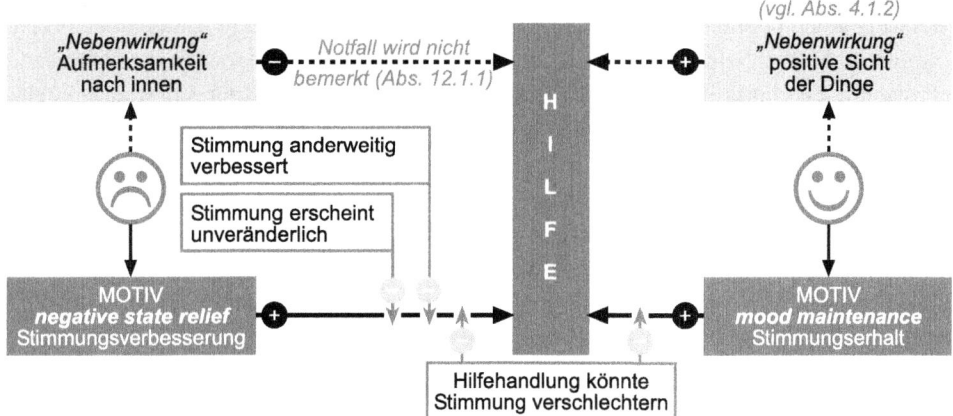

Abb. 12.9: Sowohl positive (rechter Teil der Abb.) als auch negative (linker Teil der Abb.) Stimmung kann sich förderlich (**⊕**) oder hemmend (**⊖**) auf Hilfeverhalten auswirken. Zum einen beruht dies auf Auswirkungen, die Stimmungen auf unsere Informationsverarbeitung haben (oberer Teil der Abb.), zum anderen kann Stimmungsverbesserung bzw. -erhalt direkt ein Motiv für Hilfe sein (unterer Teil der Abb.). Ist die Stimmung selbst das Motiv, kann Hilfeverhalten immer noch durch bestimmte Faktoren (z. B. wenn die Hilfehandlung die Stimmung zu verschlechtern droht) gehemmt werden (   ).

Isen, 1987). Allerdings ist die Hilfsbereitschaft in positiver Stimmung nur dann erhöht, wenn die zu leistende Hilfe die gute Stimmung nicht zu verderben droht – beispielsweise weil sie mit einer schwierigen oder unangenehmen Handlung verbunden ist (Forest et al., 1979; Isen, 1984; Isen & Levin, 1972; Isen & Simmonds, 1978; Shaffer & Graziano, 1983; vgl. Beispielstudie). Da in diesem Fall Hilfeverhalten zum Erhalt der guten Laune ungeeignet wäre, kann hier manchmal sogar weniger Hilfeleistung erfolgen als in neutraler Stimmung.

> *Beispielstudie zu Motiven von Hilfeverhalten*
> *In positiver Stimmung wird mehr geholfen, wenn die Hilfe nicht die gute Laune zu verderben droht.*
>
> Shaffer und Graziano (1983) richteten es so ein, dass ihre Teilnehmer „zufällig" die Unterhaltung von zwei Vertrauten der Forscher mitbekamen. Je nachdem, welche Stimmung induziert werden sollte, war der Inhalt dieser Unterhaltung unterschiedlich: freudig, neutral oder traurig.
>
> Kurz darauf wurde der Teilnehmer von einer weiteren Person angesprochen, ob er bei einer Studie behilflich sein könnte, die sich mit Stimmungen beschäftigte. Aufgabe wäre es, so viele Aussagen aus einer Liste laut vorzulesen, bis er sich eine Meinung gebildet habe, ob diese seine Stimmung beeinflussten. Bei einer Hälfte der Teilnehmer fügte die Versuchsleiterin hinzu, dass andere Personen gesagt hätten, die Aussagen hätten sie in gute Stimmung versetzt; der anderen Hälfte sagte sie, dass die Aussagen bei anderen Personen eine schlechte Stimmung bewirkt hätten.

Die Forscher interessierte nun, zu wie viel Hilfe die jeweiligen Teilnehmer bereit waren, d. h. wie viele Aussagen sie vorlasen und wie viel Zeit sie sich dazu nahmen. Es zeigte sich, dass dies davon abhängig war, (a) in welche Stimmung die Teilnehmer versetzt worden waren und (b) welche Wirkung die Aussagen angeblich hatten. Sowohl gut als auch schlecht gestimmte Teilnehmer zeigten sich hilfsbereiter als Teilnehmer, die das neutrale Gespräch gehört hatten, wenn die Aussagen bei anderen angeblich zu *guter* Stimmung geführt hatten. Waren die Aussagen dagegen als stimmungsverschlechternd beschrieben worden, war das Ergebnis genau umgekehrt, d. h. dann erwiesen sich sowohl gut als auch schlecht gestimmte Teilnehmer im Vergleich zu den neutral Gestimmten als weniger hilfsbereit.

Diese Studie zeigt, dass in guter und in schlechter Stimmung (vgl. auch *negative state relief*-Hypothese; vorheriger Abschnitt) mehr geholfen wird, wenn der potenzielle Helfer davon ausgehen kann, dass die Hilfe seine Stimmung positiv beeinflusst. Ist die Hilfe jedoch nicht geeignet, die eigene Stimmung zu verbessern bzw. zu erhalten, wird weniger geholfen.

Gefühle stellen wichtige Motive prosozialen Verhaltens dar. Zum einen können wir durch Mitgefühl mit dem Opfer zu eher altruistischem Hilfeverhalten motiviert werden, zum anderen kann Hilfeverhalten aber auch egoistisch motiviert sein, um die belohnende Wirkung von geleisteter Hilfe zu erfahren. Sind wir aufgrund von Empathie motiviert, gilt unser Hauptaugenmerk dem Opfer und der Linderung seiner Not. Wollen wir vor allem egoistisch unsere eigene Stimmungslage erhalten bzw. verbessern, ist Hilfeverhalten stärker davon beeinflusst, was Hilfeverhalten uns selbst bringt. Scheint Hilfeverhalten nicht geeignet, unsere Stimmung zu verbessern, oder droht es gar, diese zu verschlechtern, wird Hilfeverhalten unwahrscheinlicher.

Neben dem biologischen Motiv und Gefühlen, die uns unter bestimmten Umständen dazu bringen, Hilfe zu leisten, gibt es noch einen weiteren wichtigen Motor für Hilfeverhalten: soziale Normen. Diese sind Thema des nächsten Abschnitts.

12.2.3 Prosoziale Normen als Motiv – Wenn wir helfen, weil es sich so gehört

Warum bieten wir anderen Menschen in einer überfüllten U-Bahn unseren mühevoll ergatterten Sitzplatz an? Was bringt uns dazu, einem Passanten, dessen Kleingeld sich über den Bürgersteig verteilt hat, beim Einsammeln zu helfen? Warum gehen wir für den Nachbar, der sich den Fuß verletzt hat, zum Einkaufen? Auch hier mag der belohnende Effekt von Hilfeverhalten eine Rolle spielen, wichtiger dürfte jedoch etwas anderes sein: Wer sich gerade erschöpft auf den U-Bahn-Sitz hat fallen lassen, nur um diesen im nächsten Moment einer gebrechlichen, alten Dame anzubieten, tut dies nicht selten einfach deswegen, *weil es sich so gehört*. Jeder kennt das christliche „Gebot der Nächs-

tenliebe" oder Goethes oft gebrauchtes Zitat „Edel sei der Mensch, hilfreich und gut".
Spätestens wenn wir den Führerschein machen, erfahren wir zudem, dass in bestimmten
Situationen Hilfeverhalten sogar gesetzlich vorgeschrieben und damit unterlassene Hilfeleistung strafbar ist. Wir helfen also nicht nur des guten Gefühls wegen, sondern auch,
um gesellschaftlichen Regeln, den sog. sozialen Normen (vgl. Abschnitt 9.1.4), gerecht
zu werden bzw. diese nicht zu verletzen.

Ebenso wie die Fähigkeit, Gefühle zu kommunizieren, haben auch die Entwicklung
und Durchsetzung sozialer Normen, die unser Zusammenleben regeln, eine biologische
Grundlage (z. B. de Waal, 1997, S. 10). Wer in der Lage ist, soziale Normen gut zu
lernen und zu erfüllen, hat – evolutionstheoretisch gesehen – einen Überlebensvorteil
(Simon, 1990).

Prosoziale Normen wirken sich insbesondere dann auf Hilfeverhalten aus, wenn sie salient sind bzw. in der Situation aktiviert werden (z. B. Sarason et al., 1991; Schwartz,
1968, 1975). So zeigten in einer Studie von Bickman und Rosenbaum (1977) Personen,
die in einem Supermarkt auf einen Ladendiebstahl aufmerksam wurden, diesen eher an,
wenn ihre soziale Verantwortlichkeit durch eine Bemerkung („Wir sollten das melden.")
aktiviert worden war.

Sind prosoziale Normen aktiviert, kann sich zusätzlich eine *hohe Selbstaufmerksamkeit*
förderlich auf Hilfeverhalten auswirken, da Personen sich bei hoher Selbstaufmerksamkeit vermehrt im Einklang mit aktivierten, eigenen Werten verhalten (Gibbons, 1990;
Gibbons & Wicklund, 1982; vgl. Kapitel 6). Beispielsweise halfen Passanten, die zuvor
selbst fotografiert worden waren (Selbstaufmerksamkeit hoch), nachfolgend einer hilfsbedürftigen Person eher als Passanten, die eine andere Person fotografiert hatten (Hoover
et al., 1983). Auch das Betrachten des eigenen Bilds auf einem Bildschirm (Duval et al.,
1979) oder das Arbeiten vor einem Spiegel kann die Hilfsbereitschaft erhöhen (Gibbons
& Wicklund, 1982, Exp. 3).

Im Folgenden sollen zunächst wichtige prosoziale Normen beschrieben werden. Im Anschluss daran wird näher ausgeführt, welchen Einfluss unterschiedliche Sozialisationsbedingungen auf das Verinnerlichen von Normen und die Hilfsbereitschaft haben.

Prosoziale Normen

Wichtige allgemeine Normen, die prosoziales Verhalten fordern, basieren auf Prinzipien
sozialer Verantwortung, Gerechtigkeit und Re-
ziprozität (z. B. Schwartz, 1977):

- **Soziale Verantwortung**
  Bei der Norm sozialer Verantwortung handelt
  es sich um eine übergreifende, vornehmlich
  altruistische Verhaltensregel, die fordert, dass
  wir Personen helfen, die auf Hilfe angewiesen

Wichtige prosoziale Normen

- Norm sozialer Verantwortung
  „Hilf denen, die Hilfe benötigen!"

- Gerechtigkeitsprinzip
  „Hilf denen, die Hilfe verdient haben!"

- Reziprozitätsprinzip
  „Hilf denen, die dir helfen!"

sind, also beispielsweise alten Menschen, Kindern, Kranken, Hilflosen oder von uns Abhängigen (Berkowitz & Daniels, 1964; Schwartz, 1975). Diese Norm kommt insbesondere in Hilfesituationen zum Ausdruck, in denen eine Gegenleistung des anderen unwahrscheinlich oder unsicher ist. Das ist beispielsweise der Fall, wenn wir einer fremden Person helfen, die wir voraussichtlich nie wieder sehen werden, oder wenn wir in einer sozialen Austauschbeziehung als Erster helfen und damit dem anderen sozusagen einen Vorschuss geben, von dem wir nicht sicher sein können, ob wir ihn tatsächlich jemals „zurückgezahlt" bekommen (Schwartz, 1975).

- **Gerechtigkeit**
Das Prinzip der Fairness fordert, dass vor allem den Personen geholfen wird, die unsere Hilfe auch verdienen. Hilfe verdient, wer gut ist oder gut handelt (Bierhoff, 2002; s. a. Lerner, 1980). Entsprechend helfen wir mehr, wenn wir glauben, jemand sei unverschuldet in die Notlage geraten (externale Attribution), und bieten seltener Hilfe an, wenn wir der Meinung sind, die Person habe ihre missliche Lage selbst verschuldet (internale Attribution) (Higgins & Shaw, 1999; Reisenzein, 1986; Schmidt & Weiner, 1988; Weiner, 1980; vgl. Kapitel 5). Auch die Anstrengungen, die eine Person unternimmt, um ihre Probleme selbst zu lösen, haben einen Einfluss auf unsere Hilfsbereitschaft: Je mehr sich das Opfer anstrengt, desto eher sind wir bereit zu helfen (Karasawa, 1991; Schwarzer & Weiner, 1991). Zudem gilt die Regel, dass Hilfe eher verdient, wer einen wichtigen Grund dazu hat (Regan & Gutierrez, 2006): Der Bitte um Geld für Essen kamen Kunden in einem Supermarkt am ehesten nach, wenn dafür ein Grundnahrungsmittel (hier: Milch) gekauft werden sollte, und weniger, wenn es sich um Genussmittel (hier: tiefgekühlter Plätzchenteig) handelt. Am wenigsten Hilfsbereitschaft war zu beobachten, wenn das Geld für das sozial nicht akzeptierte Genussmittel Alkohol verwendet werden sollte.

- **Sozialer Austausch/Reziprozität**
Das Reziprozitätsprinzip dient letztlich einem *egoistischen* Motiv: Wir helfen, damit uns auch geholfen wird (Barkow et al., 1992; Baron, 1997a; vgl. auch „reziproker Altruismus", Trivers, 1971). Häufig ist das kurzfristig gesehen für den Helfenden riskant, da er nicht sicher sein kann, dass er tatsächlich irgendwann eine Gegenleistung erhalten wird. Entsprechend groß ist die Versuchung, nicht prosozial, sondern egoistisch zu handeln (vgl. Exkurs zum Spezialfall „Soziales Dilemma", S. 532/533). Das Reziprozitätsprinzip ist deshalb auch vor allem für längerfristige Kooperationen bzw. Situationen, in denen zukünftige Interaktionen zumindest erwartet werden können, von Bedeutung. Dann erweist sich kooperatives, altruistisches Verhalten als adaptiv und zahlt sich in vielen Fällen aus. Dies liegt daran, dass die Reziprozitätsnorm (vgl. Abschnitt 8.3.3; vgl. zur Aufrechterhaltung auch nebenstehenden Exkurs) dafür sorgt, dass wir uns verpflichtet fühlen, Kooperation bzw. geleistete Hilfe zu erwidern – es ist nicht gern gesehen, Schulden zu haben bzw. diese nicht zu begleichen (Gergen et al., 1975). Wer dieses Prinzip der Kooperation bzw. Reziprozität ausnutzt, wird in aller

Regel entlarvt – der Mensch hat im Laufe der Evolution spezielle Fähigkeiten entwickelt, um Betrüger zu entdecken (Cosmides, 1989; Cosmides & Tooby, 2005) – und auch sanktioniert (Geldbußen, sozialer Ausschluss, Kooperationsverweigerung etc.), selbst wenn dies für den Bestrafenden kostspielig ist (Gintis et al., 2003; vgl. auch Carpenter et al., 2004).

Dadurch, dass wir einer anderen Person helfen, lösen wir in dieser mit großer Wahrscheinlich-

Exkurs: Hilfreiche Bescheidenheit

Wenn Menschen einander helfen, unterschätzen sie in der Regel den Wert von Hilfe, die sie selbst leisten, und überschätzen den Wert von Hilfe, die sie von anderen erhalten.

Dies trägt dazu bei, dass Verpflichtungsgefühle gegenüber anderen langfristig bestehen bleiben und Hilfeverhalten langfristig aufrechterhalten wird (McGuire, 2003).

keit ein Gefühl der Verpflichtung aus, den Gefallen bei nächster Gelegenheit zu erwidern. Jemandem zu helfen, kann auf diese Weise eine Investition in die Zukunft sein (vgl. auch Abschnitt 8.3.3). Insbesondere Schuld- und Dankbarkeitsgefühle scheinen diesem Prinzip Geltung zu verschaffen (Baumeister et al., 1994). So ist Helfen häufig dadurch motiviert, Schuld zu vermeiden bzw. zu begleichen (Estrada-Hollenbeck & Heatherton, 1998). In einer Studie von Cunningham und Kollegen (1980) halfen beispielsweise 80 % der Teilnehmer beim Aufsammeln heruntergefallener Papiere, wenn sie glaubten, sie hätten zuvor eine Kamera beschädigt. Waren sie der Meinung, dass der Kameradefekt nicht ihre Schuld war, halfen nur 47%. Neben (negativen) Schuldgefühlen kann Hilfeverhalten auch durch ein (positives) Gefühl der Dankbarkeit gefördert werden (Bartlett & DeSteno, 2006; McCullough et al., 2002). Schuld- und Dankbarkeitsgefühle, ausgelöst durch eine Person, können auch Hilfeverhalten gegenüber einer anderen Person erhöhen – allerdings nur solange der potenzielle Helfer sich über die Ursache seiner Gefühle nicht bewusst ist (Bartlett & DeSteno, 2006; vgl. Beispielstudie).

Beispielstudie zum Reziprozitätsprinzip
Dankbarkeitsgefühle erhöhen die Hilfsbereitschaft gegenüber einer unbeteiligten Person nur dann, wenn dem Helfer die Quelle des Gefühls nicht bewusst ist.

Gegen Ende einer Computeraufgabe zur Hand-Auge-Koordination wurde bei einigen Teilnehmern von Bartlett und DeSteno (2006, Exp. 3) der Bildschirm auf einmal schwarz. Der Versuchsleiter erklärte, dass der Teilnehmer die komplette Aufgabe nach der Reparatur wiederholen müsse, und verließ dann den Raum, um einen Techniker zu rufen. Eine zweite Teilnehmerin (tatsächlich eine Vertraute der Versuchsleitung), die ihre Aufgabe ohne Zwischenfälle beendet hatte, blieb und versuchte, zusammen mit dem Teilnehmer herauszufinden, was mit dem Computer nicht stimmte. Nach einiger Zeit entdeckte sie „zufällig", dass sich das Stromkabel gelockert hatte, und steckte es wieder ein. Daraufhin funktionierte der Computer wieder und der Teilnehmer wurde zudem davor bewahrt, die ganze Aufgabe wiederholen zu müssen.

(Fortsetzung auf S. 534)

Exkurs: Soziale Dilemmata

Prosoziales, kooperatives Verhalten kann riskant für den Einzelnen sein, insbesondere dann, wenn er den anderen nicht kennt und damit nicht weiß, inwieweit er auf kooperatives Verhalten bei diesem hoffen kann. Dadurch zeichnet sich ein sog. **soziales Dilemma** aus: Kooperatives Verhalten ist für den Einzelnen riskant und damit die individuell schlechtere Wahl, würde aber insgesamt gesehen zum besten Ergebnis führen (Dawes, 1980).

Insbesondere in einmaligen Interaktionen sind Menschen deshalb aufgrund individueller Kosten-Nutzen-Überlegungen häufig versucht, sich unkooperativ zu verhalten. Um die Reaktionen in sozialen Dilemmata experimentell zu untersuchen, wurde klassischerweise das sog. Gefangenendilemma verwendet, das auf folgender Anekdote beruht:

Klassische Anekdote zum Gefangenendilemma
Das kollektiv beste Ergebnis wird mangels Kooperation nicht erreicht.

Zwei Personen werden eines Bankraubs verdächtigt. Die Beweislage ist jedoch nicht eindeutig und lässt zunächst nur eine Verurteilung aufgrund eines kleineren Delikts (z. B. illegaler Waffenbesitz) zu. Die beiden werden nun getrennt voneinander verhört (d. h., sie müssen ihre Entscheidung treffen, ohne zu wissen, was der andere tut) und dabei mit folgendem Angebot konfrontiert:

① Gesteht *nur einer von beiden* (und belastet dadurch den anderen), geht dieser straffrei aus, der andere muss eine Haftstrafe von 10 Jahren absitzen.

② Gestehen *beide* (und belasten sich damit gegenseitig), werden beide zu einer moderaten Haftstrafe von 5 Jahren verurteilt.

③ Gesteht *keiner von beiden* (beide leugnen), können beide nur aufgrund des geringfügigen Delikts verurteilt werden und müssen mit einem Jahr Gefängnis rechnen.

Welche Überlegungen kann der Einzelne hier nun anstellen? Vergegenwärtigt man sich die beiden Entscheidungsmöglichkeiten des anderen, so kann man daraus ableiten, welche Entscheidung man selbst im einen oder anderen Fall treffen sollte (vgl. Abb. 12.10).

❶ Annahme: Der andere *leugnet*:
In diesem Fall ist es individuell am besten zu gestehen, da man dann straffrei ausgeht. Im Vergleich zu einem Jahr Gefängnis bei Leugnen wäre das die bessere Alternative.

❷ Annahme: Der andere *gesteht*:
Hier ist es am günstigsten, ebenfalls zu gestehen, da 5 Jahre Haft im Vergleich zu 10 Jahren bei Leugnen wiederum die bessere Alternative sind.

In beiden Fällen ist es also theoretisch *vom individuellen Standpunkt aus gesehen* am günstigsten zu gestehen. Wenn jedoch beide gestehen, erreichen sie ein individuell und kollektiv schlechteres Ergebnis (5 Jahre Haft für jeden, Szenario ②) als wenn beide kooperieren und damit leugnen würden (1 Jahr Haft für jeden, Szenario ③). Zu Kooperieren wäre also für beide der sinnvollste Kompromiss – aber nur dann, wenn sie jeweils darauf vertrauen könnten, dass der andere tatsächlich kooperiert und die Situation nicht ausnutzt (vgl. ❶).

Kooperation wird allerdings unter bestimmten Bedingungen wahrscheinlicher, nämlich dann, wenn kooperatives Verhalten nicht nur lang-, sondern auch kurzfristig attraktiver wird. Das ist dann der Fall, wenn die Kosten für kooperatives Verhalten

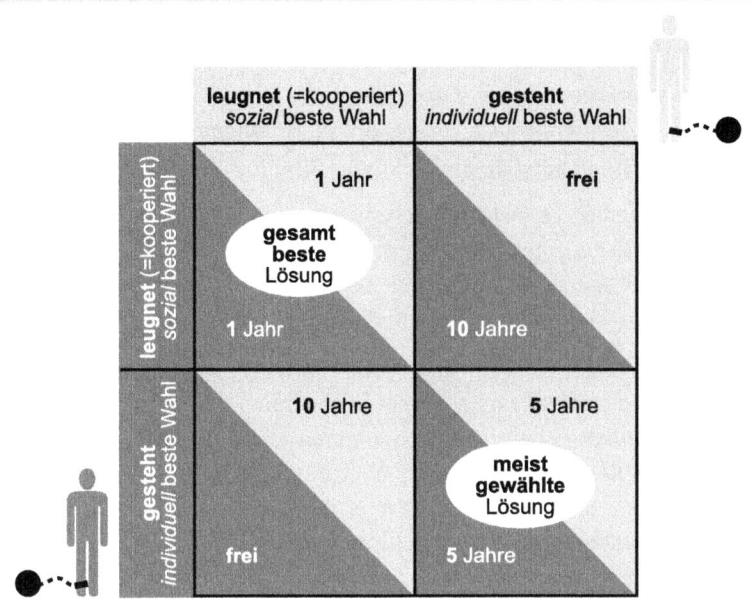

Abb. 12.10: Beispiel für eine Variante des Gefangenendilemmas mit den entsprechenden Wahlmöglich-keiten der zwei „Gefangenen" (links/dunkelgrau bzw. oben/hellgrau).

sinken oder die Kosten für egoistisches, unkooperatives Verhalten steigen (Komorita & Barth, 1985; Pruitt & Rubin, 1986).

Prosoziales, kooperatives Verhalten ist weniger kostspielig, wenn man sich darauf verlassen kann, dass der andere auch kooperiert und damit eigenes kooperatives Verhalten nicht ausgenutzt wird. Kann erwartet werden, dass der andere kooperiert, wird entsprechend eher kooperatives Verhalten gezeigt (Pruitt & Kimmel, 1977). Es hat sich gezeigt, dass die Möglichkeit zur Kommunikation untereinander kooperativeres Verhalten zur Folge haben kann (Bornstein & Rapoport, 1988; Dawes et al., 1977; Jorgenson & Papciak, 1981; Orbell et al., 1988). Ist Kommunikation möglich, können Versprechen abgegeben werden, wie sich die Beteiligten verhalten bzw. dass sie kooperieren werden (Chen, 1996; Orbell et al., 1988). Auch nonverbale Kommunikation hat diesen Effekt (für einen Überblick siehe Boone & Buck, 2003): In einer Studie von Kurzban (2001) führten nonverbale Signale (z. B. Blickkontakt, leichte Berührungen) zu erhöhten Kooperationsraten in einem sozialen Dilemma.

Auch verfügbare prosoziale Normen können kooperatives Verhalten fördern. Dabei ist von Bedeutung, inwieweit Gefahr besteht, dass normabweichendes Verhalten von den anderen bemerkt und sanktioniert wird: So findet sich beispielsweise vermehrt kooperatives Verhalten, wenn die individuellen Entscheidungen *öffentlich* zu fällen sind (De Cremer & Bakker, 2003).

(Fortsetzung von S. 531)

Ein Teil dieser von zusätzlichem Zeitaufwand erlösten (und damit dankbaren) Teilnehmer wurde vom Versuchsleiter auf die Quelle ihrer Dankbarkeit hingewiesen, indem dieser sie zum Abschluss fragte, ob es die andere Teilnehmerin gewesen wäre, die herausgefunden hätte, was mit dem Computer nicht stimmte.

Nachdem sie das Labor verlassen hatten, wurden alle Teilnehmer von einer fremden Person um Hilfe bei einer relativ schwierigen und aufwendigen Studie gebeten. Die Forscher interessierte nun, wie viel Zeit die Teilnehmer jeweils in den dazu ausgehändigten Fragebogen investierten.

Teilnehmer, denen zuvor bei dem Computerproblem geholfen worden war (A), investierten mehr Zeit in den Fragebogen als Teilnehmer der Kontrollgruppe (C), die kein Computerproblem gehabt hatten. Sie waren allerdings nur dann hilfsbereiter, wenn sie vom Versuchsleiter zuvor *nicht* noch einmal auf die Quelle ihrer Dankbarkeit hingewiesen worden waren. Teilnehmer, die den Hinweis erhalten hatten (B), halfen nicht mehr als Kontrollgruppenteilnehmer (vgl. Tab. 12.3).

	Dankbarkeit		Kontrollgruppe
	(A) ./.	(B) Hinweis auf Quelle	(C) ./.
Hilfe (Zeit für Fragebogen)	ca. 20 Minuten	ca. 7 ½ Minuten	ca. 11 ½ Minuten

Tab. 12.3: Ergebnisse von Bartlett und DeSteno (2006, Exp. 3): Teilnehmer, bei denen aufgrund von Hilfe ein Dankbarkeitsgefühl ausgelöst worden war, halfen einer unbeteiligten Person mehr als Teilnehmer der Kontrollgruppe (C), allerdings nur dann, wenn sie nicht auf die Quelle ihrer Dankbarkeitsgefühle hingewiesen worden waren (A). Waren sie darauf hingewiesen worden, woher die Dankbarkeit stammte (B), halfen sie nicht mehr als Teilnehmer der Kontrollgruppe.

Diese Studie zeigt, dass Dankbarkeit erhöhtes Hilfeverhalten auch gegenüber Fremden zur Folge hat – allerdings nur solange uns nicht bewusst ist, dass der Fremde nicht Auslöser dieses Gefühls ist.

Prosoziale Normen sind auf der ganzen Welt zu finden, allerdings variieren sie beispielsweise in Abhängigkeit von der Kultur. Auch innerhalb einer Gesellschaft unterscheiden sich die Individuen darin, mit welchen Normen sie konfrontiert sind und inwieweit sie sich diesen verpflichtet fühlen. Auch wenn wir eine Prädisposition zur Verinnerlichung von Normen haben, so müssen die spezifischen Regeln doch im Laufe der Entwicklung gelernt werden. Entsprechend haben Sozialisationsbedingungen einen wichtigen Einfluss auf die Hilfsbereitschaft.

Bedeutung von Sozialisationsbedingungen für das Erlernen prosozialen Verhaltens

Nicht *alle* Menschen stehen in der U-Bahn auf, um ihren Sitzplatz einer bedürftigeren Person anzubieten. Nicht *jeder* Passant macht sich die Mühe, beim Einsammeln verstreuter Utensilien zu helfen, oder bietet dem Nachbarn in Not an, für ihn einzukaufen. Gründe für unterlassene Hilfeleistung gibt es genug, wie wir in den vorangegangenen Abschnitten bereits gesehen haben. Neben situativen, biologischen und affektiven Faktoren spielt dabei auch eine Rolle, welche Normen wir gelernt und verinnerlicht haben. Dies ist von Sozialisationserfahrungen innerhalb und außerhalb der Familie und damit auch vom kulturellen Kontext abhängig.

Wie anderes Verhalten auch, kann prosoziales Verhalten in gewissen Grenzen „anerzogen" werden. So erhöhen positive Rückmeldungen bzw. Belohnungen nach hilfsbereitem Verhalten die zukünftige Hilfsbereitschaft, insbesondere wenn sie zum Aufbau einer „Helferidentität" beitragen, d. h. internale Attributionen fördern („Das ist toll, dass du so ein hilfsbereiter Mensch bist!") (nach Bierhoff, 1997, S. 406ff.; Sarason et al., 1993; vgl. Beispielstudie und Exkurs). Ist eine altruistische Selbstsicht bereits entwickelt, können materielle oder soziale Belohnungen allerdings das Gegenteil bewirken und altruistisches Verhalten reduzieren statt erhöhen (Batson et al., 1987). Ähnlich negativ kann sich Zwang auswirken (Stukas et al., 1999). Für zukünftige Hilfe ist entscheidend, dass die Person sich selbst als hilfsbereiten Menschen und ihr prosoziales Verhalten nicht allein durch externale Belohnungen bzw. externalen Druck als gerechtfertigt ansieht (Batson, Coke et al., 1978; Batson et al., 1987; bei Kindern: Grusec et al., 1978; vgl. Kapitel 6).

Prosoziales Verhalten bzw. die Verinnerlichung prosozialer Normen wird zudem durch explizites Unterrichten (z. B. in Schulen) sowie über Modelllernen an hilfsbereiten Vorbildern gefördert (Rushton, 1975). Als Vorbilder dienen neben realen Personen im Umfeld auch fiktive Akteure in Cartoons und Fernsehsendungen: Beispielsweise zeigten Kinder, die Fernsehsendungen mit hilfsbereiten Modellen (z. B. „Lassie" oder die US-amerikanische Kindersendung „Mister Rogers'

Exkurs: Ehrenamtliche Hilfe über längere Zeiträume hinweg

Hilfe wird nicht nur in Notfällen benötigt, sondern auch in vielen anderen Bereichen: Beispielsweise beruht ein nicht unerheblicher Teil der AIDS- und Krebs-Hilfe auf der Arbeit Freiwilliger; ebenso erfolgen Blutspenden meist unbezahlt und freiwillig. Auch für solche nicht spontanen, sondern längerfristigen Hilfeleistungen sind die berichteten situativen und motivationalen Determinanten von Bedeutung.

Dass Personen ein solches Hilfeverhalten eingehen, basiert oft auf eher externalen Gründen, wie den Erwartungen anderer, eigenen Erfahrungen mit der Notsituation oder prosozialen Modellen. Als entscheidend dafür, dass sie über lange Zeit bei diesem Hilfeverhalten bleiben, scheint jedoch zu sein, dass mit der Zeit immer mehr internale Gründe hinzukommen und die Identität als Helfer Teil des Selbstkonzepts wird (beispielsweise „Ich bin regelmäßiger Blutspender"; Piliavin et al., 1984, 2002).

Insgesamt haben sich eher „egoistische" Motive wie die persönliche Entwicklung und Verbesserung des Selbstwertgefühls als besser geeignet gezeigt, langfristiges soziales Engagement vorherzusagen, als das klassisch „altruistische" Motiv, anderen etwas Gutes zu tun (Omoto & Snyder, 1995).

Neighborhood") gesehen hatten, mehr prosoziales Verhalten als Kinder, die keine solchen Sendungen bzw. Sendungen mit neutralem oder aggressivem Inhalt sahen (Coates et al., 1976; Forge & Phemister, 1987; Friedrich & Stein, 1975; Johnston & Ettema, 1986; Sprafkin et al., 1975; Stein & Friedrich, 1972; vgl. Beispielstudie)[9].

Beispielstudie zum Einfluss der Erziehung auf prosoziales Verhalten
Sendungen mit prosozialen Vorbildern haben vermehrt prosoziales Verhalten zur Folge.

Sprafkin und Kollegen (1975) ließen Erstklässler zunächst eine von drei Fernsehsendungen mit verschiedenem Inhalt sehen:

① „Lassie"-Folge mit *prosozialem Inhalt* (Die Hündin Lassie versucht einen ihrer Welpen zu verstecken, damit dieser nicht weggegeben wird. Im Laufe der Sendung rutscht das Junge in einen Schacht, aus dem Lassie es nicht selbst befreien kann. Die Hündin holt ihr Herrchen zu Hilfe, der den Welpen unter Lebensgefahr rettet.)

② „Lassie"-Folge mit *neutralem Inhalt*

③ *neutrale* Kindersendung, in der kein Hund vorkommt

Danach durften die Kinder ein Spiel spielen, bei dem sie durch Drücken eines Knopfs Punkte erzielen konnten. Je mehr Punkte sie insgesamt erreichten, desto besser würde die Belohnung ausfallen. Gleichzeitig bat die Versuchsleiterin die Kinder, auf ihr anvertraute Welpen aufzupassen und diesen bei Bedarf zu helfen. Dazu wurde den Kindern erklärt, dass die Welpen ein Stück weit weg untergebracht seien, über Kopfhörer aber gehört werden könnten. Wenn das Kind ein Bellen hörte, sollte es einen Knopf drücken, der wiederum einem Helfer das Zeichen gab, nach den Welpen zu sehen. Es wurde betont, dass es umso wahrscheinlicher war, dass der Helfer das Signal hörte, je länger die Kinder den Knopf drückten. Die Apparatur war zudem so eingerichtet, dass die Kinder nicht gleichzeitig den Spiel- und den Hilfeknopf drücken konnten, sondern sich zwischen Helfen und dem Erzielen von Punkten entscheiden mussten.

Es zeigte sich, dass Kinder, die die prosoziale Lassie-Sendung gesehen hatten, den Hilfeknopf deutlich länger drückten (ca. 93 Sekunden) als Kinder, die entweder die neutrale Lassie-Folge (ca. 50 Sekunden) oder die neutrale Kindersendung ohne Beteiligung eines Hundes (ca. 44 Sekunden) gesehen hatten.

Diese Studie zeigt, dass durch prosoziale Modelle nachfolgendes Hilfeverhalten erhöht werden kann.

---

[9] Dieser Einfluss von Medien gilt auch in umgekehrter Richtung: Wer gewalttätige Videospiele spielte, zeigte eine Reduktion des prosozialen Verhaltens (Anderson & Bushman, 2001; vgl. Abschnitt 11.5.2).

Entsprechend der unterschiedlichen Sozialisationsbedingungen finden sich Geschlechts- und Kulturunterschiede in der Ausprägung prosozialen Verhaltens:

- **Geschlechtsunterschiede**
  In der Forschung zum Hilfeverhalten hat sich immer wieder gezeigt, dass Männer insbesondere in Notfallsituationen eher helfen als Frauen. Dies liegt weniger daran, dass Männer grundsätzlich hilfsbereiter sind als Frauen, sondern ist vielmehr von der Art der geforderten Hilfe und dem diesbezüglichen Kompetenzgefühl abhängig. Männer helfen nur bei solchen Aufgaben mehr, die „männliche" Eigenschaften wie körperliche Kraft oder technische Fähigkeiten erfordern und für die sich Männer typischerweise kompetenter fühlen als Frauen. Was „männlich" und was „weiblich" ist, ist in den Geschlechterrollen festgelegt, d. h., männliche und weibliche Rollen sind mit unterschiedlichen Normen assoziiert, und für Männer und Frauen ist auch unterschiedliches Hilfeverhalten typisch: Die weibliche Rolle ist verstärkt mit *fürsorglichem* Hilfeverhalten assoziiert, das sich eher im Alltag und über längere Zeiträume manifestiert (z. B. Krankenpflege). Dagegen wird die männliche Rolle eher mit *heldenhaft-ritterlichem* Hilfeverhalten in Zusammenhang gebracht, das sich in Notfallsituationen manifestiert, die häufig auch ein Risiko für den Helfer beinhalten (für einen Überblick siehe Eagly & Crowley, 1986).

- **Kulturunterschiede**
  Personen, die in kollektivistischen Kulturen (z. B. im asiatischen Raum) aufwachsen, definieren sich im Vergleich zu Menschen aus individualistischen Kulturen (z. B. Deutschland, USA) stärker über soziale Beziehungen und entwickeln ein stärkeres Gefühl der Bindung an andere Personen (sog. interdependentes Selbstkonzept; vgl. Abschnitt 6.1.2). Unter anderem deswegen, weil sie ihr Verhalten auf die Bedürfnisse anderer abstimmen, um die Harmonie aufrechtzuerhalten und im Zuge dessen Hilfsanfragen auch schlechter ablehnen können (Özelsel, 2006; Özelsel & Förster, 2007), ist in kollektivistischen Kulturen ein höheres Ausmaß an prosozialem Verhalten zu erwarten – insbesondere innerhalb der Eigengruppe, da deren Bedürfnisse in kollektivistischen Kulturen eine vergleichsweise hohe Bedeutung haben (L'Armand & Pepitone, 1975; Leung & Bond, 1984; Miller et al., 1990; für einen Überblick siehe Moghaddam et al., 1993). Individualismus hingegen steht eher im Zusammenhang mit vermehrt prosozialem Verhalten gegenüber Fremden, z. B. hinsichtlich Spendenbereitschaft und ehrenamtlicher Arbeit. Allerdings fand sich dieser Zusammenhang nur für wohltätige Zwecke, die im Einklang mit individualistischen Werten stehen (Kemmelmeier et al., 2006).

  So ist beispielsweise in Indien, einer kollektivistischen Kultur, die *Norm sozialer Verantwortung* bedeutsamer als in individualistischen Kulturen (Miller et al., 1990): Indische Kinder sahen verschiedene Fälle unterlassener Hilfe als gleichermaßen moralisch verwerflich an, unabhängig davon, wie ernst die Notfallsituation war und ob es sich bei dem Opfer um das eigene Kind, den besten Freund oder einen Fremden handelte; bei amerikanischen Kindern hing die wahrgenommene soziale Verantwortung dagegen von der Nähe zur hilfsbedürftigen Person und der Art der Notsituation ab: Sie sahen eine moralische Verpflichtung zu helfen nur in lebensbedrohlichen Fällen, bei mittlerem Hilfsbedürfnis nur für Eltern gegenüber ihren Kindern. Befunde weisen daraufhin, dass Personen kollektivistischer Kulturen sich nicht nur ihrer sozialen Verpflichtung bewusster sind, sondern die Pflichterfüllung für sie zudem einen stärker belohnenden Charakter hat als für Angehörige individualistischer Kulturen, d. h. dass sie mehr Freude beim Helfen empfinden (Bontempo et al., 1990; Janoff-Bulman & Leggatt, 2002). So werden Hilfesituationen im Arbeitskontext in Indien eher als wünschenswerte Gelegenheiten, die eigenen Fertigkeiten zu entwickeln, wahrgenommen, in den USA dagegen eher als unerwünschte Unterbrechungen (Perlow & Weeks, 2002).

12.2.4 Zusammenfassung

Die Tatsache, dass Menschen (und in bestimmten Grenzen auch Tiere) unter Einsatz wertvoller Ressourcen (z. B. Geld, Zeit, eigenes Leben) anderen helfen, scheint der Annahme, dass unser Verhalten in letzter Konsequenz der erfolgreichen Weitergabe unserer *eigenen* Gene dient, auf den ersten Blick zu widersprechen. Es hat sich jedoch gezeigt, dass prosoziales Verhalten indirekt diesem Ziel dienen kann. Das biologische Motiv prosozialen Verhaltens äußert sich beispielsweise darin, dass wir vorrangig – und das ganz besonders in lebensbedrohlichen Situationen – den Menschen helfen, die uns genetisch ähnlich sind (sog. Verwandtenselektion).

Hilfeverhalten kann zudem durch Mitgefühl und/oder durch seinen belohnenden Charakter motiviert sein. Gemäß der *Empathie-Altruismus-Hypothese* ist Helfen aus Empathie altruistischer Natur. Allerdings kann Hilfeverhalten auch instrumentell dazu benutzt werden, eine negative Stimmung zu verbessern (*negative state relief*-Hypothese) bzw. eine positive Stimmung zu erhalten oder eine Stimmungsverschlechterung zu vermeiden (*mood maintenance*-Hpothese); dann ist es egoistischer Natur.

Ein weiteres wichtiges Motiv für prosoziales Verhalten sind soziale Normen, die hilfreiches Verhalten in bestimmten Situationen vorgeben. Sie basieren auf *sozialer Verantwortung, Gerechtigkeit* und Gegenseitigkeit (*Reziprozität*) und werden im Laufe der Entwicklung durch soziale Verstärkung und über prosoziale Modelle gelernt und verinnerlicht. Die unterschiedlichen Lernumgebungen bedingen die interindividuell, kulturell und geschlechtsspezifisch bedingten Unterschiede von Personen in ihrem prosozialen Verhalten.

12.3 Zusammenfassung

Zwei wichtige Fragen haben uns in diesem Abschnitt beschäftigt: (1) Welche Faktoren sind dafür verantwortlich, dass Hilfe immer wieder unterlassen wird und dadurch Menschen unnötig zu Schaden kommen? (2) Warum helfen wir überhaupt, was treibt uns an, Risiken und Mühen für das Wohl anderer auf uns zu nehmen?

In Bezug auf die erste Frage hat sich gezeigt, dass unterlassene Hilfeleistung nicht vornehmlich Ausdruck einer egoistischen Persönlichkeit ist, sondern häufig die Folge verschiedener situativer Faktoren. Von der Tatsache, dass ein potenzieller Helfer in einer Notsituation anwesend ist bis hin zu dessen Eingreifen müssen einige Hürden genommen werden: Der potenzielle Helfer muss die Notsituation überhaupt *wahrnehmen* (Stufe 1), was allein dadurch beeinträchtigt werden kann, dass er gerade mit etwas anderem beschäftigt ist.

In einem zweiten Schritt (Stufe 2) ist die Entscheidung zu fällen, ob es sich bei der wahrgenommenen Situation um einen Notfall handelt oder nicht, denn nicht alle Notfälle sind eindeutig und auf den ersten Blick als Notfall zu erkennen. Sind in solch mehrdeutigen Situationen noch andere Personen anwesend, orientiert sich typischerweise jeder an der Reaktion des anderen, was zu sog. *pluralistischer Ignoranz* führen kann: Jeder denkt, die Untätigkeit des anderen spiegelt dessen Einschätzung der Situation als harmlos wider, und schließt daraus, dass die Situation tatsächlich ungefährlich ist – letztendlich kommt dann keiner dem Opfer zu Hilfe.

Selbst wenn wir eine Situation als Notfall wahrnehmen, heißt das noch lange nicht, dass wir uns auch verantwortlich fühlen einzugreifen. Ob und inwieweit wir uns persönlich in der Pflicht sehen zu helfen (Stufe 3), hängt des Weiteren davon ab, ob noch andere potenzielle Helfer anwesend sind oder nicht. Paradoxerweise ist die Wahrscheinlichkeit, dass der Einzelne eingreift umso geringer, je mehr Personen anwesend sind. Dieser sog. *bystander*-Effekt wird durch pluralistische Ignoranz und Verantwortungsdiffusion vermittelt. Fühlen wir uns verantwortlich, kann Hilfe immer noch dadurch gehemmt werden, dass wir nicht wissen, was zu tun ist, oder uns nicht kompetent und in der Lage fühlen, die nötigen Hilfehandlungen auszuführen (Stufe 4).

Selbst wenn bis zu diesem Punkt alle Entscheidungen pro Hilfeverhalten ausgefallen sind, kann die Entscheidung zur Handlungsinitiierung (Stufe 5) immer noch negativ ausfallen – nämlich dann, wenn uns die Kosten für eine Hilfeleistung im Vergleich zu ihrem Nutzen zu hoch erscheinen. Ob und in welcher Form geholfen wird, ist von den Kosten für die Hilfeleistung sowie von den Kosten für unterlassene Hilfe abhängig: Sind die Kosten für die Hilfeleistung gering, ist die Wahrscheinlichkeit direkter, tatkräftiger Hilfe hoch. Sind die Kosten jedoch hoch, sinkt die Wahrscheinlichkeit von Hilfe – insbesondere dann, wenn die negativen Konsequenzen unterlassener Hilfe gering sind.

Im zweiten Teil des Kapitels wurde der Frage nachgegangen, warum wir uns überhaupt prosozial verhalten und welche Motive konkret prosoziales Verhalten hervorrufen. Prosoziales Verhalten hat eine biologische Grundlage – wir haben eine universelle Prädisposition zu prosozialem Verhalten ausgebildet, weil es sich im Hinblick auf die biologische Fitness als adaptiv erwiesen hat. Dies kann nicht nur dadurch erreicht werden, dass für das eigene Wohlergehen und das der eigenen Nachkommen gesorgt wird, sondern auch über prosoziale Handlungen gegenüber genetisch ähnlichen Personen. Insbesondere in Situationen, bei denen tatsächlich das Überleben auf dem Spiel steht, wird deshalb vorrangig Blutsverwandten (*Theorie der Verwandtenselektion*) geholfen, die sich potenziell fortpflanzen können. Ebenso wird jenen verstärkt geholfen, die uns ähnlich sind oder zu denen Kontakt besteht.

In konkreten Hilfesituationen lösen zwei Motive prosoziale Verhaltenstendenzen in uns aus: *Gefühle* der Empathie oder des persönlichen Unbehagens sowie *prosoziale Normen*. Gefühle können uns auf unterschiedliche Weise zu Hilfeverhalten motivieren: Zum einen kann das Leiden einer anderen Person in uns Mitgefühl auslösen. Gemäß der *Empathie-Altruismus-Hypothese* ist bei Hilfe aus Mitgefühl heraus das entscheidende Ziel, das Opfer von seinem Leid zu erlösen, und damit altruistischer Natur. Da dieses Ziel nicht dadurch erreicht werden kann, dass man der Situation entflieht, helfen empathisch motivierte Personen auch in Situationen, in denen eine Flucht leicht möglich wäre oder die Kosten für Hilfe verhältnismäßig hoch sind, vermehrt.

Zum anderen hat Hilfeverhalten selbst einen belohnenden Charakter, so dass es instrumentell genutzt werden kann, um entweder eine eigene negative Stimmungslage zu verbessern (*negative state relief*-Hypothese) oder einen positiven Gemütszustand zu erhalten (*mood maintenance*-Hypothese). In beiden Fällen dient Hilfe letztlich egoistischen Zielen, die – im Gegensatz zu Zielen empathischen Helfens – auch anderweitig erreicht werden können, beispielsweise indem man die unangenehme Situation, in der man mit dem Leid anderer konfrontiert ist, verlässt oder andere Methoden der Stimmungsverbesserung anwendet.

In jeder Gesellschaft finden sich zudem soziale Normen, die hilfreiches Verhalten in bestimmten Situationen vorschreiben. Normen werden im Laufe der Sozialisation gelernt, indem normkonformes Verhalten positiv bzw. Normabweichung dagegen negativ sanktioniert wird. Wichtige und weit verbreitete prosoziale Normen basieren auf *sozialer Verantwortung, sozialer Gerechtigkeit* und *Gegenseitigkeit (Reziprozität)*. Allerdings variieren Normen und ihre Verinnerlichung unter anderem in Abhängigkeit von den Sozialisationsbedingungen, in speziellen prosozialen Modellen. Da Normen und Erziehung zudem in verschiedenen Kulturen oder für verschiedene soziale Rollenbilder unterschiedlich sein können, finden sich kultur- und geschlechtsspezifische Unterschiede im Hilfeverhalten.

Prosoziales Verhalten wird aus verschiedenen Motiven gespeist und – was manchmal angesichts spektakulärer Fälle von unterlassener Hilfeleistung womöglich in den Hintergrund rückt – tagtäglich in den verschiedensten Ausprägungen gezeigt. Nichtsdestotrotz ist es von wichtiger Bedeutung, förderliche und hemmende Bedingungen für Hilfever-halten zu kennen, um das prosoziale Potenzial des Menschen fördern zu können.

Glossar

A

abhängige Variable (AV) Variable, deren Ausprägung in →*Experimenten* durch die hypothesengeleitete systematische Variation der →*unabhängigen Variable* beeinflusst und untersucht wird.

aboutness-principle Tendenz, bei Erleben einer Reaktion, diese Reaktion als informativ für einen bestimmten Stimulus (z. B. für das Objekt, das die Reaktion ausgelöst hat) zu begreifen (→*how do I feel about-Heuristik*).

above average effect Bestreben, sich im Vergleich zu anderen Personen oder →*Gruppen* als besser anzusehen.

accessibility →*Zugänglichkeit.*

actor-observer bias →*Akteur-Beobachter-Effekt.*

advocatus diaboli Person, die bei Diskussionen im Auftrag der →*Gruppe* Gegenpositionen zur aktuellen Gruppenmeinung vertritt; kann Verzerrungen bei Gruppenentscheidungen entgegenwirken.

affect as information-Heuristik →*Gefühle* können sich direkt auf Urteile auswirken, indem sie im Sinne einer →*Heuristik* (und unter Umständen unter Vernachlässigung anderer, „sachlicher" Informationen) als Urteilsgrundlage verwendet werden (→*aboutness-principle*, →*how do I feel about-Heuristik*). Dies kann zu Fehlurteilen führen, wenn die →*Stimmung* nicht durch das Urteilsobjekt hervorgerufen wurde, sondern aus einer anderen Quelle stammt.

affect misattribution procedure (AMP) Verfahren zur impliziten →*Einstellungsmessung*, bei dem →*Einstellungen* erschlossen werden aus den Fehlattributionen, die Personen über ihre eigenen →*affektiven* Reaktionen aufweisen.

Affekt Bezieht sich auf die →*Valenz*, d. h. positive bzw. negative Aspekte, von Dingen und ist damit auch der Oberbegriff eines breiten Spektrums an →*Gefühlen*; umfasst sowohl →*Emotionen* als auch →*Stimmungen*.

affektiv Auf →*Affekte* bezogen.

Affektpriming (*affect-priming model*) Gedächtnisinhalte, die mit der aktuellen →*Stimmung* verknüpft sind, werden automatisch aktiviert und sind damit leichter verfügbar (→*Stimmungskongruenz*, →*Priming*).

ageism →*Vorurteile* gegenüber Personen aufgrund ihres Alters.

Aggregationsprinzip Globale Verhaltensmaße, die eine Vielfalt von Situationen und Zeitpunkten in sich vereinigen, lassen sich von globalen Einstellungsmaßen besser vorhersagen als einzelne Verhaltensweisen.

Aggression Nicht versehentliches bzw. absichtsvolles Verhalten mit dem Ziel, eine andere Person, sich selbst oder einen Gegenstand zu schädigen.

Aggression, feindselige Auf negativen →*Gefühlen* (z. B. Ärger, Wut) beruhende →*Aggression*; wird auch als „heiße" Aggression bezeichnet.

Aggression, instrumentelle Vorsätzliche, geplante, auf Reflexion beruhende →*Aggression*, die einem übergeordneten Ziel dient; wird auch als „kalte" Aggression bezeichnet.

Aggressionsverschiebung (*displaced aggression*) Bei einer A. wird aggressives Verhalten gegen Personen oder Objekte gerichtet, die nicht Auslöser der negativen →*Gefühle* sind.

aggressive Hinweisreize Reize, die mit →*Aggressionen*/aggressiven Handlungen assoziiert sind (z. B. Schusswaffen); können die Auftretenswahrscheinlichkeit von Aggression erhöhen.

Akteur-Beobachter-Effekt (*actor-observer bias*) Tendenz, in Bezug auf das Verhalten anderer Personen dispositionale Ursachen zu überschätzen, während für das eigene Verhalten der Einfluss situativer Faktoren überschätzt wird.

Altruismus Spezialfall →*prosozialen Verhaltens*, bei dem Hilfe geleistet wird, ohne dass egoistische Beweggründe des Helfers ersichtlich sind und die Hilfeleistung sogar mit Kosten für den Helfenden verbunden sein kann.

anchoring and adjustment Verankerung und Anpassung (→*Ankerheuristik*).

Ankereffekt →*Ankerheuristik.*

Ankerheuristik (auch Ankereffekt) Unter Urteilsunsicherheit bewirkt ein Ausgangswert (sog. Anker) eine Angleichung (→*Assimilation*) des Urteils in Richtung auf diesen Anker.

Ankerassimilation   Anpassung eines Urteils an einen vorgegebenen (Anker-) Wert (→*Ankerheuristik*).

Anschlussmotiv (auch *need to belong*)   Bedürfnis nach Kontakt zu anderen Menschen bzw. danach, den Kontakt zu anderen Menschen zu suchen.

appearance prejudice   →*Vorurteile* gegenüber Personen aufgrund ihrer äußeren Erscheinung.

arousal   Körperliche Erregung.

arousal: cost-reward-**Modell**   Modell des Hilfeverhaltens mit den zwei Komponenten Erregung (*arousal*) und Kosten-Nutzen-Überlegungen (*cost: reward*). Das Leid einer anderen Person verursacht eine unangenehme emotionale Erregung. Diese versucht der potenzielle Helfer mit möglichst geringen Kosten so schnell und vollständig wie möglich zu reduzieren. Kosten-Nutzen-Abwägungen sind ausschlaggebend dafür, wie der potenzielle Helfer reagiert, d. h. ob er (in)direkt hilft oder beispielsweise die Situation neu definiert und/oder verlässt.

arousal-state-dependent memory   Material, das in einem bestimmten Erregungszustand gelernt wird, wird besser erinnert, wenn beim Abruf der gleiche Zustand herrscht.

Assimilation   Angleichung eines Urteils in Richtung voraktivierter Inhalte (Gegenteil →*Kontrast*).

Assoziation   Besteht eine A. zwischen zwei Reizen/→*Kategorien*, so wird bei Wahrnehmung eines dieser Reize/einer dieser Kategorien auch der/die andere aktiviert bzw. ins Bewusstsein gerufen.

assoziative Netzwerke   Art und Weise, wie einzelne →*Kategorien* in der Wissensstruktur eines Menschen miteinander verbunden sind. Einander semantisch ähnliche Kategorien (jene mit vielen gemeinsamen Eigenschaften) sind in einem a. N. funktional näher beieinander als sehr unterschiedliche Kategorien (jene mit wenigen Gemeinsamkeiten).

Attribution   Prozess der Ursachenzuschreibung; unterschieden werden unter anderem →*internale*/dispositionale und →*externale*/situationale Ursachen.

Attribution, defensive   Um den →*Selbstwert* zu schützen, werden Ursachen für Ereignisse so erklärt, dass sie dem eigenen Selbstwert nicht schaden (z. B. →*unrealistischer Optimismus*, →*Glaube an eine gerechte Welt*) (→*selbstwertdienliche Attribution*).

Attribution, gegendefensive   Unter bestimmten Umständen, z. B. wenn uns andere Ziele wichtiger erscheinen, vermeiden wir →*selbstwertdienliche Attributionen* und attribuieren Erfolge extern und Misserfolge intern. Dies tritt insbesondere dann auf, wenn durch selbstwert-

dienliche Attributionen Zuhörer abgewertet würden; beispielsweise wird man im Gespräch mit befreundeten Kommilitonen eine Klausur trotz eines eigenen schlechten Ergebnisses nicht abwerten, wenn damit die (gute) Leistung der Kommilitonen ebenfalls abgewertet würde.

Attribution, selbstwertdienliche (*self-serving bias*)   Neigung, Erfolge auf eigene Fähigkeiten (d. h. →*internale* Faktoren) zurückzuführen und für Fehler und Misserfolge vermehrt situative (d. h. →*externale*) Faktoren verantwortlich zu machen.

Attributionsfehler, fundamentaler   Tendenz, den Einfluss dispositionaler Faktoren auf das Verhalten anderer Personen zu über- und den Einfluss situativer Faktoren zu unterschätzen. Dadurch kommen häufig Fehlurteile zustande; eine der Ursachen für den →*correspondence bias*.

Attributionsfehler, ultimativer   →*Selbstwertdienliche Attributionstendenz* auf Gruppenebene; in Bezug auf die →*Eigengruppe* wird positives Verhalten auf →*internale* Ursachen (z. B. guter Charakter der Gruppenmitglieder), negatives Verhalten aber auf →*externale* Ursachen zurückgeführt. In Bezug auf →*Fremdgruppen* dagegen wird positives Verhalten auf externale Ursachen, negatives Verhalten auf internale Ursachen zurückgeführt.

Auffälligkeit   →*Salienz*.

Aufgabe, additive   →*Aufgabenart*, bei der sich die Gesamtleistung einer →*Gruppe* aus der Summe der Einzelleistungen der Gruppenmitglieder ergibt (z. B. beim Tauziehen). Die →*potenzielle Produktivität* der Gruppe liegt damit über der besten Einzelleistung.

Aufgabe, disjunktive   →*Aufgabenart*, bei der der Beitrag eines Gruppenmitglieds als Gruppenprodukt ausgewählt wird (z. B. bei der Lösung eines Rätsels). Die →*potenzielle Produktivität* der →*Gruppe* ist maximal so gut wie die Leistung des besten Mitglieds.

Aufgabe, konjunktive   →*Aufgabenart*, die erfordert, dass eine Aufgabe von jedem Gruppenmitglied einzeln erfolgreich ausgeführt wird (z. B. das Besteigen eines Berges). Die →*potenzielle Produktivität* der Gruppe ist maximal so gut wie die Leistung des schlechtesten/schwächsten Mitglieds.

Aufgabenarten   Aufgaben können sich darin unterscheiden, wie die Einzelleistungen mehrerer Personen in einer →*Gruppe* die Gesamtleistung determinieren; unterschieden werden additive, konjunktive und disjunktive →*Aufgaben*.

Aufmerksamkeitskonflikt   →*distraction-conflict theory*.

Augenscheinvalidität   Gültigkeit (z. B. einer Theorie), die sich aus den als offensichtlich wahr- bzw. angenommenen Zusammenhängen ergibt.

autokinetischer Effekt   Wahrnehmungstäuschung, die verwendet wurde, um →*sozialen Einfluss* zu untersuchen. Die Täuschung besteht darin, dass sich ein Lichtpunkt in einem ansonsten abgedunkelten Raum vermeintlich bewegt, de facto aber fix ist.

Autorität   Auf→*soziale Normen* gestützter Machtstatus; wichtiger Faktor bei der Untersuchung von →*sozialem Einfluss*.

availability   →*Verfügbarkeit*.

B

Balance-Theorie   Theorie, wonach Menschen bestrebt sind, ihre →*Kognitionen* in einem Zustand des Gleichgewichts (*balance*) zu halten und damit →*Konsistenz* herzustellen. Das →*Konsistenzbestreben* ist besonders dann relevant, wenn eine Person sich mehreren Einstellungsobjekten gegenübersieht (→*Triade*).

Basisrate   Häufigkeit, mit der ein bestimmtes Merkmal einer bestimmten →*Kategorie* in einer →*Population* vorkommt.

Basisratenvernachlässigung   Bei Entscheidungen dient häufig die →*Repräsentativität* als Entscheidungsgrundlage, während die →*Basisrate* vernachlässigt wird (→*Repräsentativitätsheuristik*).

basking in reflected glory   Ist die →*Eigengruppe* erfolgreich und allgemein beliebt, identifiziert man sich stärker mit dieser und zeigt dies auch verstärkt nach außen. Dies trägt über die →*soziale Identität* zu einer positiven Sicht der eigenen Person bei.

beauty is good-**Stereotyp**   Tendenz, attraktiven Menschen mehr positive Eigenschaften (z. B. Begabung, Ehrlichkeit oder auch Intelligenz) zuzuschreiben als unattraktiven.

behavioral   Auf das Verhalten (*behavior*) bezogen.

behavior-trait-inference   Automatische Schlussfolgerung von Verhaltensweisen auf Eigenschaften bei der Eindrucksbildung.

Beobachtung   Methode der empirischen Sozialforschung mit dem Ziel, Verhalten oder die Auswirkungen von Verhalten zu untersuchen; erlaubt allein keine →*Kausalitätsschlüsse*.

Bewertungsangst   Ist das Handeln einer Person potenziell durch andere bewertbar, kann ihr Verhalten durch die Angst beeinflusst werden, etwas falsch zu machen und sich zu blamieren. B. kann beispielsweise →*prosoziales Verhalten* hemmen (→*bystander-Effekt*).

Bewertungserwartung   Erwartung, dass die eigene Leistung oder Person durch andere bewertet wird (→*Einfluss, sozialer*).

bias(es)   →*Urteilsverzerrungen*.

Bindungsstil   Interaktionsverhalten zwischen Kindern und engen Bezugspersonen in der frühen Kindheit; wird überwiegend von der Feinfühligkeit und Verlässlichkeit der Bezugsperson beeinflusst.

biologisches Motiv   Annahme, dass →*prosoziales Verhalten* gezeigt wird, um den →*genetischen Erfolg* zu erhöhen, d. h. die eigenen Gene erfolgreich weiterzugeben.

black sheep effect   →*Schwarzes-Schaf-Effekt*.

blaming the victim   Tendenz, einer anderen Person für das, was ihr widerfährt/zustößt, zumindest eine Teilschuld zu geben, indem die unglücklichen Umstände auf deren Charakter oder „falsches" Verhalten zurückgeführt werden (→*Glaube an eine gerechte Welt*).

blood volume pulse   Auf der Photoplethysmographie (einem optischen Verfahren zur Erfassung der Veränderung der Blutmenge im Gewebe) basierendes Maß zur Beurteilung physiologischer Aktivitäten; mittels eines Blutdrucksensors wird die Blutdurchflussmenge in den peripheren Blutgefäßen (z. B. Fingerspitzen, Ohrläppchen) erfasst und aufgezeichnet.

Bodyfeedback   Rückmeldungen aus dem Körper an das Gehirn, die Informationsverarbeitung und →*Stimmung* beeinflussen können (→*facial feedback*, →*postural feedback*).

Bogus-Pipeline-**Methode**   Subtile Methode, Menschen dazu zu bewegen, ihre wahren →*Einstellungen* preiszugeben. Die Versuchspersonen nehmen dabei an, dass sie an eine Art Lügendetektor angeschlossen sind, der ihre wahren, unverfälschten Einstellungen erkennt. Häufig werden unter diesen Umständen die tatsächlichen Einstellungen (z. B. →*Vorurteile*) angegeben, da die Teilnehmer befürchten, andernfalls als Lügner entlarvt zu werden.

bottom-up-**Verarbeitung**   Informationsverarbeitung anhand der Merkmale, die der wahrgenommene Reiz selbst mitliefert, also ein datengesteuertes Vorgehen („von unten nach oben") über Merkmale wie Helligkeit oder Farbe eines Objekts, Geschlecht einer Person usw.; analytischer als →*top-down-Verarbeitung*.

Brainstorming   Gruppen-Problemlösetechnik, bei der alle Ideen eingebracht werden sollen, ohne dass diese sofort einer Wertung unterzogen werden. Dadurch sollen Qualität und Quantität der Ideenproduktion erhöht werden. Es hat sich jedoch gezeigt, dass dies nicht der Fall ist: →*Gruppen* bringen in typischen Brainstormingsitzungen nicht nur quantitativ weniger, sondern auch qualitativ weniger kreative Ideen hervor als die gleiche Anzahl Personen in Einzelarbeit (→*step-ladder-Methode*).

Bullying   Insbesondere unter Schülern systematisch eingesetzte Form der instrumentellen →*Aggression* mit der meist ein spezifisches Opfer geschädigt werden soll; hat zum Teil dramatische Konsequenzen für das Opfer.

Bumerangeffekt   Zu starke und offensichtliche Beeinflussungsversuche sind kontraproduktiv und führen eher zu einer Verfestigung oder erhöhten →*Zugänglichkeit* der ursprünglichen →*Kognitionen* (→*Reaktanz*).

bystander-**Effekt**   Individuen zeigen typischerweise umso weniger Hilfeverhalten, je mehr potenzielle Helfer (*bystander*) anwesend sind. Wichtige vermittelnde Prozesse sind →*pluralistische Ignoranz*, →*Verantwortungsdiffusion* und →*Bewertungsangst*.

C

carry-over effect of competition   Befund, dass Wettbewerb selbst dann zu stärkeren →*Vorurteilen* gegenüber einer →*Fremdgruppe* führt, wenn die Wettbewerbssituation überhaupt nichts mit dieser Fremdgruppe zu tun hat.

cautious shift   Form der →*Gruppenpolarisierung*, bei der die Gruppenentscheidung vorsichtiger ausfällt, als man angesichts der ursprünglichen Neigungen ihrer Mitglieder erwarten würde. Tritt auf, wenn die Mitglieder schon vor der Diskussion zur Vorsicht tendieren.

Cocktail-Party-Phänomen   Im Prozess der Wahrnehmung werden Informationen gefiltert; nur wenige Reize erhalten die knappe Ressource Aufmerksamkeit. Das C. bezeichnet das Phänomen, dass die Nennung des eigenen Namens (z. B. am Nachbartisch) automatisch die Aufmerksamkeit auf sich zieht.

collective threat   Besorgnis, ein anderes Mitglied der →*Eigengruppe* könnte ein negatives →*Stereotyp* erfüllen; kann leistungsverschlechternd wirken (→*stereotype threat*).

Commitment   Verpflichtung gegenüber bzw. Engagement für eine Sache; besonders verhaltenswirksam, wenn es aktiv, öffentlich geäußert, mit Anstrengung verbunden und freiwillig ist.

Compliance   Form von →*Konformität*, bei der die Person nach außen hin ein mit der Mehrheitsmeinung konformes Urteil abgibt, dabei aber (weiterhin) davon überzeugt ist, dass eigentlich eine andere Lösung oder Meinung richtig wäre (→*Einfluss, normativer*).

Compliance, *forced/induced*   Erzwungene Einwilligung; wird eine Person dazu gebracht, öffentlich eine Meinung zu vertreten, die nicht ihrer privaten Meinung entspricht, so entsteht →*kognitive Dissonanz*. Zum Zwecke der →*Dissonanzreduktion* kann die Person ihre private Meinung der öffentlich geäußerten anpassen, die ausgeführte Handlung nachträglich aufwerten sowie die negativen Konsequenzen bagatellisieren.

confirmation bias   Tendenz, bevorzugt solche Informationen zu suchen bzw. wahrzunehmen, die die eigenen Annahmen bestätigen.

consensus implies correctness   →*Prinzip sozialer Bewährtheit*.

correspondence bias   Tendenz, aus dem Verhalten anderer Personen stabile Persönlichkeitsmerkmale (Dispositionen) zu erschließen, selbst wenn das Verhalten stark durch situative Faktoren bedingt ist (→*Attributionsfehler, fundamentaler*).

counter-defensive-attribution   →*Atribution, gegendefensive* .

coverstory   Falsche, aber der Versuchsperson plausibel erscheinende Erklärung für den Zweck eines →*Experiments*; dient dazu, dass die Versuchsperson die wahren Hypothesen der Untersuchung nicht erkennt und sich beispielsweise nicht sozial erwünscht verhält.

cues   Hinweisreize; auf *c.* wird beispielsweise bei der oberflächlichen Verarbeitung von Persuasionsbotschaften zurückgegriffen (→*Heuristisch-Systematisches Modell*, →*Elaboration-Likelihood-Modell*).

D

deadline-**Prinzip**   Der Wert eines Angebots steigt, wenn dieses zeitlich nur begrenzt verfügbar ist.

Deindividuation   Ist eine Person nicht als Individuum identifizierbar (z. B. weil sie eine Uniform trägt oder sich in einer Menschenmasse befindet), kann dies dazu führen, dass individuelle →*Normen* und Verhaltensbeschränkungen zurückgedrängt werden und sich die Person an Gruppennormen orientiert und/oder enthemmtes Verhalten zeigt.

Denken, divergentes   Kreativer Denkprozess, bei dem vielfältige und zum Teil ungewöhnliche Alternativen in Betracht gezogen werden und bei dem nicht davon ausgegangen wird, dass es für ein Problem nur eine richtige Lösung gibt.

Deprivation, relative   Gefühl der sozialen Benachteiligung oder Ausgrenzung; im Gegensatz zur sensorischen Deprivation, bei der Reize entzogen werden, geht r. D. darauf zurück, dass man sich in einem →*sozialen Vergleich* schlechter gestellt fühlt als andere Personen oder →*Gruppen* in ähnlicher Position wie man selbst, obwohl man meint, mindestens genauso viel wie diese zu verdienen.

Desensibilisierung   Abnahme der Sensibilität gegenüber einem bestimmten Stimulus; beispielsweise hervorgerufen durch die wiederholte Darbietung ähnlicher Stimuli.

Diskriminierung   Ungleichbehandlung; Personen werden allein aufgrund ihrer Zugehörigkeit zu einer →*Gruppe* anders, meist schlechter, behandelt als andere Personen; bildet die Verhaltenskomponente eines →*Vorurteils*.

Dissonanz, kognitive   →*kognitive Dissonanz*.

Dissonanzreduktion   Versuch, den als unangenehm erlebten Zustand der →*kognitiven Dissonanz* zu überwinden und →*Konsistenz* herzustellen; kann direkt (durch Änderung von einem oder mehreren Elementen der dissonanten Beziehung, durch Hinzufügen neuer konsonanter →*Kognitionen*, durch Vermindern der Bedeutung der dissonanten Elemente) und indirekt (durch Beeinflussung der mit Dissonanz verbundenen negativen →*Gefühle*) erfolgen.

Distinktheit   Im Rahmen der →*Kausalattribution* das Ausmaß, in dem sich die zu beurteilende Person über verschiedene Situationen hinweg gleich (niedrige Distinktheit) oder in einer spezifischen Situation besonders (hohe Distinktheit) verhält.

distraction-conflict theory   Die Anwesenheit anderer Personen lenkt ab, wodurch für die Aufgabenbewältigung weniger →*kognitive* Ressourcen zur Verfügung stehen. Die Aufmerksamkeit konzentriert sich dann auf wenige Schlüsselaspekte der Aufgabe, periphere Merkmale werden vernachlässigt.

dominante Reaktion   Diejenige Reaktion im Verhaltensrepertoire einer Person, deren Auftreten in einer bestimmten Situation am wahrscheinlichsten ist bzw. die in der Reaktionshierarchie am höchsten steht, z. B. weil sie gut gelernt ist (→*drive theory of social facilitation*).

door in the face-Technik   Durch eine vorgeschobene große Forderung erhöht sich die Wahrscheinlichkeit, dass einer nachgeschobenen kleineren Bitte zugestimmt wird – vorausgesetzt die erste Forderung liegt in einem realistischen Bereich.

drive theory of social facilitation   Die Anwesenheit anderer Personen bewirkt eine Steigerung der physiologischen Erregung und fördert damit die Ausführung der →*dominanten Reaktion*. Dies kann bei einfachen oder gut geübten Aufgaben zu einer Leistungsverbesserung (→*soziale Erleichterung*), bei schwierigen oder ungeübten Aufgaben zu einer Leistungsverschlechterung (→*soziale Hemmung*) führen.

Duncker-Aufgabe   Problemlöseaufgabe zur Messung kreativen Denkens; beispielsweise hat eine Versuchsperson eine Schachtel mit Reisnägeln, eine Kerze und eine Streichholzschachtel zur Verfügung und soll die Kerze so an der Wand befestigen, dass nach dem Anzünden kein Wachs auf den Boden tropft.

E

easy-escape-Bedingungen   Bedingungen, unter denen die Kosten für unterlassene Hilfe gering sind; führen zu einer Verringerung des Auftretens von Hilfeverhalten. Sind gegeben, wenn zukünftige Interaktionen mit der hilfsbedürftigen Person unwahrscheinlich sind, der potenzielle Helfer eine Rechtfertigung für das Unterlassen der Hilfeleistung hat oder keine negative Bewertung durch das soziale Umfeld erwarten muss.

ease of retrieval   Leichtigkeit des Abrufs.

Effekt des gemeinsamen Wissens   Informationsverlust in der Gruppenarbeit, der zu verzerrten Entscheidungen führen kann. Die →*Gruppe* konzentriert sich in einer Diskussion vor allem auf Informationen, über die bereits alle Mitglieder verfügen, während Informationen, die nur einzelne Personen kennen, vernachlässigt werden.

egocentric bias   →*Selbstwertdienliche Attribution*, bei der Personen ihren eigenen Anteil an gemeinsamen Ereignissen oder Leistungen überschätzen.

egotism-effect   →*self-serving bias*.

Eigengruppe (*ingroup*)   →*Gruppe*, der man selbst angehört.

Eigengruppenaufwertung (*ingroup favoritism*)   Tendenz, die eigene →*Gruppe* bzw. Mitglieder der →*Eigengruppe* besonders positiv zu bewerten und bei der Verteilung von Ressourcen zu bevorzugen.

Einfluss, informativer   →*sozialer Einfluss*, der auf dem angenommenen Informationswert der Meinung anderer beruht; führt meist zu →*Konversion*.

Einfluss, normativer →*Sozialer Einfluss*, der auf dem Bedürfnis nach Akzeptanz und Bestätigung durch andere beruht; führt meist zu →*Compliance*.

Einfluss, sozialer   Beabsichtigte oder unbeabsichtigte Einflussnahme einer oder mehrerer Personen auf die Einstellungen, Überzeugungen, Wahrnehmungen oder das Verhalten einer oder mehrerer anderer Personen.

Einstellung   Eine kognitive Repräsentation, die aus einer zusammenfassenden Bewertung eines Einstellungsobjekts besteht. Einstellungsobjekte können Personen, Sachverhalte, Objekte, Ideen und vieles mehr sein. E. bestehen aus einer →*kognitiven*, einer →*affektiven* und einer →*behavioralen* Komponente, haben eine kognitive und eine motivationale Funktion und können im Gedächtnis gespeichert oder situativ konstruiert sein. Man unterscheidet weiterhin zwischen deliberativen/ →*expliziten* und automatischen/→*impliziten* E.

einstellungsdiskrepantes Verhalten   Verhalten, das nicht der →*Einstellung* entspricht; kann nach der Theorie der →*kognitiven Dissonanz* zu Einstellungsveränderung führen.

Einstellungsimpfung (*attitude inoculation*)   Mehrere kleine Angriffe auf die eigene →*Einstellung* wirken wie eine Impfung, die Gegenargumentation auslösen und so gegen stärkere Angriffe immunisieren.

Einstellungsmessung   Die →*Einstellungen* und die →*Einstellungsstärke* einer Person können mittels direkter (z. B. →*Ratingskalen*, →*Likert-Skala*, →*semantisches Differential*) und indirekter (physiologische Maße, →*Bogus-Pipeline-Methode*, →*lost-letter-Technik*) Verfahren erhoben werden.

Einstellungsmessung, explizite   Messung von →*Einstellungen*, indem diese mittels direkter, selbstberichtender Verfahren erhoben werden (z. B. durch →*Ratingskalen*).

Einstellungsmessung, implizite   Messung von →*Einstellungen*, indem diese aus den Leistungsdaten einer Person (z. B. Reaktionszeiten oder Fehlerraten in einem →*Stroop-Test*) erschlossen werden.

Einstellungsspezifikation   Maß dafür, wie exakt sich eine →*Einstellung* auf ein bestimmtes Verhalten bezieht. Je spezifischer eine Einstellung zu einem Verhalten passt, desto besser ermöglicht diese Einstellung eine genaue Verhaltensvorhersage (→*Korrespondenzprinzip*).

Einstellungsstärke   Bezeichnet sowohl die Intensität und Extremität einer →*Einstellung* (z. B. wie stark die durch die Einstellung hervorgerufene emotionale Reaktion auf ein Objekt ist) als auch das Ausmaß der persönlichen Erfahrung mit dem Einstellungsobjekt.

Einstellungszugänglichkeit   Leichtigkeit, mit der eine →*Einstellung* abgerufen werden kann.

***Elaboration-Likelihood*-Modell (ELM)**   Zwei-Prozess-Modell der Informationsverarbeitung, nach dem die Wahrscheinlichkeit (*likelihood*), dass ein Rezipient sich mit Informationen systematisch und kritisch auseinandersetzt (diese elaboriert), von der Motivation und den Fähigkeiten dieses Rezipienten abhängt. Sind Motivation und Fähigkeit hoch, erfolgt die Informationsverarbeitung auf der →*zentralen Route der Persuasion*, fehlen Fähigkeit oder Motivation, erfolgt die Verarbeitung auf der →*peripheren Route der Persuasion*. Detailliertere Aussagen über die Bedingungen des Zusammenspiels der beiden Routen erlaubt das →*Heuristisch-Systematische Modell der Informationsverarbeitung*.

ELM   →*Elaboration-Likelihood-Modell*.

emotionale Ansteckung   Emotionsausdrücke von Mimik, Gestik, Haltungen, Stimme etc. werden spontan und häufig unbewusst imitiert. Dadurch kann bei der imitierenden Person (vermittelt durch Rückkoppelung des eigenen Gesichtsausdrucks an das Gehirn, →*facial feedback*) die gleiche →*Stimmung* ausgelöst werden.

Emotionen   Starke →*Gefühle*, die einen Objektbezug aufweisen, d. h. auf einen Gegenstand oder eine Person gerichtet sind. E. sind im Vergleich zu →*Stimmungen* meist von kürzerer Dauer und größerer Intensität.

Empathie   Fähigkeit/Zustand des Einfühlens in eine andere Person; begünstigt →*Altruismus*.

Empathie-Altruismus-Hypothese   Die Not eines anderen Menschen kann bei potenziellen Helfern eine empathische Reaktion auslösen. →*Empathie* motiviert zu →*Altruismus*, bei welchem nicht egoistische Kosten-Nutzen-Überlegungen, sondern vor allem die echte Besorgnis um das Wohl des anderen maßgeblich sind.

Empathievermeidung   Menschen „wissen" (wenn auch nicht notwendigerweise bewusst), dass →*Empathie* zu Hilfeverhalten motiviert. Ist Hilfe mit hohen Kosten verbunden, vermeiden sie deshalb Empathie auslösende Situationen.

Empfindungen, kognitive/nicht affektive   E., die keine eindeutige →*Valenz* haben, z. B. Überraschung, Vertrautheit, Sicherheit, Müdigkeit, Hunger, Anstrengung oder Leichtigkeit.

Enkodierung   Im Prozess der Informationsverarbeitung bezeichnet E. die erstmalige Verarbeitung von Reizen und deren Umwandlung in eine interne Repräsentation. Die Bedeutung, die ein Reiz dabei erhält, ist abhängig davon, wie er zu bestehenden Wissensstrukturen in Beziehung gesetzt wird.

Entweder-oder-Aufgaben Entscheidungsaufgaben, für die nur eine richtige Lösung existiert (→*Aufgaben, disjunktive*).

Erinnerung, zustandsabhängige Material, das in einem bestimmten Zustand gelernt wird (z. B. in einer bestimmten →*Stimmung* oder bei einem bestimmten Erregungslevel), wird besser erinnert, wenn beim Abruf der gleiche Zustand herrscht.

Erregungstransfer Für die Interpretation eigener körperlicher Zustände (z. B. eine körperliche Erregung) stehen meist mehrere mögliche Ursachen zur Verfügung. Da es mitunter schwierig ist, die verantwortliche Ursache zu identifizieren, kann es zu einer fälschlichen Zuschreibung der erlebten Erregung auf einen Reiz kommen, der nicht der ursächliche Reiz ist; beispielsweise kann eine Erregung aus einer vorausgegangenen Aktivität (z. B. Treppensteigen) auf eine neue Erregungssituation (z. B. auf die Wahrnehmung der Kommilitonin auf der nächsten Etage) übertragen werden.

evaluatives Konditionieren →*Konditionieren, evaluatives*.

exemplar-based representation Die Repräsentation einer →*Kategorie* im Gedächtnis, die eher auf konkreten Beispielen basiert als auf abstrakten Merkmalen.

expectation states theory →*Theorie der Erwartungszustände*.

Experiment Forschungsmethode, bei der in einem kontrollierten Setting durch systematische Variation mindestens einer →*unabhängigen Variablen (UV)* deren Wirkung auf mindestens eine →*abhängige Variable (AV)* untersucht wird. Nicht untersuchte Einflussfaktoren werden ausgeschlossen oder, soweit dies nicht möglich ist, konstant gehalten (→*Randomisierung*, →*Standardisierung*, →*Störquellen*).

Experimentalgruppe (EG) Gruppe von Versuchspersonen, der in einem →*Experiment* die Experimentalbedingung zugewiesen wird, d. h. der die Stufe der →*unabhängigen Variablen (UV)* zugewiesen wird, bei der im Vergleich zur Kontrollbedingung eine bestimmte Veränderung in der →*abhängigen Variablen (AV)* erwartet wird.

explizit Bewusst, deutlich; Gegenteil →*implizit*.

external Außerhalb der Person liegend; situations-, umweltbedingt; Gegenteil →*internal*.

extrinsische Motivation →*Motivation, extrinsische*.

F

facial feedback Rückmeldungen von der mimischen Muskulatur an das Gehirn (→*Bodyfeedback*).

fatism →*Vorurteile* gegenüber übergewichtigen Personen, Unterform des →*appearance prejudice*.

Faustregel →*Heuristiken*.

first impression error Tendenz, andere Personen aufgrund des ersten Eindrucks zu beurteilen, den wir von ihnen haben.

Fokus, globaler Ausrichtung der Informationsverarbeitung auf übergeordnete Strukturen der Reizkonstellation.

Fokus, lokaler Ausrichtung der Informationsverarbeitung auf Details der Reizkonstellation.

foot in the door-Prinzip Durch eine vorgeschobene kleine Bitte erhöht sich die Wahrscheinlichkeit, dass einer nachgeschobenen größeren Bitte zum gleichen Inhaltsbereich zugestimmt wird.

framing Einbettung oder Verpackung einer Information.

free-rider effect →*Trittbrettfahren*.

Fremdgruppe (*outgroup*) →*Gruppe*, der man nicht angehört

Fremdgruppenabwertung (*outgroup derogation*) Tendenz, in Intergruppenvergleichen die →*Fremdgruppe* abzuwerten.

Fremdgruppenhomogenitätseffekt Tendenz, Mitglieder der →*Fremdgruppe* als einander ähnlicher wahrzunehmen als diese tatsächlich sind und ähnlicher als Mitglieder der →*Eigengruppe*.

Frustration Beschreibt zum einen die Blockade eines zielgerichteten Verhaltens und zum anderen einen Empfindungszustand, der auftritt, wenn man beim Erreichen eines Ziels behindert/blockiert wird.

Frustrations-Aggressions-Hypothese Annahme, dass →*Frustration* eine wichtige Quelle negativer Gefühle ist und die Bereitschaft zu →*Aggression* erhöht.

G

Gedächtnissystem, transaktives →*transaktives Gedächtnissystem*.

Gefühl   Begriff, der umgangssprachlich für eine Vielzahl von Empfindungen verwendet wird. Wichtige Formen sind →*Stimmungen* und →*Emotionen*.

***general aggression model* (GAM)**   Modellhafter Versuch, bestehende Annahmen zur Entstehung von →*Aggression* zu integrieren. Das GAM berücksichtigt sowohl personale als auch situative Faktoren.

genetischer Erfolg (*fitness*)   Erfolgreiche Übertragung der eigenen Gene auf die nächste Generation, resultierend in möglichst vielen gut angepassten, d. h. überlebens- und reproduktionsfähigen Nachkommen.

Gerechtigkeitsnorm   →*Soziale Norm* bezüglich der Ver- oder Zuteilung von Ressourcen; besagt beispielsweise im Rahmen von Hilfeverhalten, dass vor allem den Personen geholfen wird, die Hilfe auch verdienen.

Gimpel-Effekt (*sucker effect*)   Variante des →*sozialen Faulenzens*, bei der Gruppenmitglieder ihre Leistung reduzieren, wenn sie den Eindruck haben, dass sich die anderen Mitglieder nicht oder nicht so sehr wie sie selbst anstrengen.

Glaube an eine gerechte Welt   →*Selbstwertdienliche Attribution*, die die Annahme beinhaltet, dass guten Menschen Gutes widerfährt und dass Menschen, denen Schlechtes widerfährt, dies auch verdienen.

Gleichnis vom barmherzigen Samariter   Bibelstelle (Lukas 10, 29–37), die in →*Experimenten* zu →*prosozialem Verhalten* dazu genutzt wird, prosoziale →*Normen* zu aktivieren.

***Go/No-Go*-Assoziationsaufgabe**   Verfahren zur impliziten →*Einstellungsmessung*, bei der die Teilnehmer instruiert werden, auf einige dargebotene Reize mit Tastendruck zu reagieren (*go*), auf andere jedoch nicht zu reagieren (*no-go*). Während das *go*-Signal die übliche Reaktion auslöst, bewirkt das *no-go*-Signal eine Hemmung der eigentlich initiierten Reaktion. Aus der Geschwindigkeit, mit der auf eine kompatible Bedingung (z. B. attraktiv–klug–*go*) reagiert wird, wird auf die zugrunde liegende →*Einstellung* geschlossen.

***good is familiar*-Effekt**   Bekannte Reize können leichter wahrgenommen werden; angesichts begrenzter Verarbeitungskapazitäten wird diese Leichtigkeit der Verarbeitung empfunden.

Grundgesamtheit (Population)   Alle Träger eines Merkmals bzw. alle Messwerte, über die man aufgrund der Stichprobenergebnisse eine Aussage machen will.

Gruppe   I. e. S. Ansammlung von zwei oder mehr Personen, die folgende Kriterien aufweist: Interaktion, gemeinsame Ziele, →*Wir-Gefühl* und zeitliche Stabilität. Diese Kriterien grenzen eine G. gegenüber einer bloßen Ansammlung von Menschen sowie gegenüber einer →*Masse* ab. I. w. S.: Erfordert nur, dass sich zwei oder mehr Personen selbst als Mitglieder der gleichen sozialen →*Kategorie* wahrnehmen. Solche sozialen Kategorien sind beispielsweise das Geschlecht oder die eigene ethnische Zugehörigkeit.

Gruppenauswahl   Wenn Menschen zwischen verschiedenen →*Gruppen* wählen können, streben sie die Zugehörigkeit zu der Gruppe an, von der sie sich den größten Nutzen versprechen. Für die G. sind neben materiellem und psychologischem Nutzen zudem frühere Erfahrungen mit ähnlichen Gruppen und die Ähnlichkeit/ →*Passung* der eigenen Person zu den bestehenden Gruppenmitgliedern relevant.

Gruppenbildung   Personen bilden →*Gruppen*, um gemeinsam Ziele zu erreichen, Sicherheit, Schutz und Macht zu erhalten, ihre sozialen Bedürfnisse zu befriedigen und ihr →*Selbstwertgefühl* zu stärken. Gruppenzugehörigkeiten machen einen wichtigen Teil der →*sozialen Identität* aus.

Gruppendenken (*groupthink*)   Theoretische Erklärung für das Zustandekommen fataler Gruppenentscheidungen, wonach die →*Kohäsion* eine zentrale Rolle spielt. Um Kohäsion aufrechtzuerhalten und nicht durch Konflikte zu beeinträchtigen, wird versucht, möglichst schnell – und damit mitunter auf Kosten der Entscheidungsqualität – einen Konsens zu finden. Neuere Forschung konnte den entscheidenden Einfluss der Kohäsion nicht bestätigen.

Gruppenleistung   Die G. ergibt sich aus der →*potenziellen Produktivität* zuzüglich der →*Prozessgewinne* und abzüglich der →*Prozessverluste*. Die Summe der letzteren beiden Variablen bezeichnet man als →*Prozessbilanz*.

Gruppennorm(en)   →*soziale Norm(en)*.

Gruppenpolarisierung   Prozess, durch den Gruppenentscheidungen im Vergleich zu den ursprünglichen Meinungen ihrer Mitglieder extremer ausfallen. Ursachen sind wiederholte Äußerungen, informativer →*Einfluss*, normativer →*Einfluss* und →*sozialer Vergleich*.

Gruppenproduktivität   →*Gruppenleistung* und →*Illusion der Gruppenproduktivität*.

Gruppenstruktur   Organisierende und konstituierende Merkmale einer →*Gruppe*; die wichtigsten sind →*Rollen*, →*Normen*, →*Status* und →*Kohäsion*.

Gruppenzusammenhalt   →*Kohäsion*.

H

Halo-Effekt Bezeichnet das Phänomen, dass der Gesamteindruck, den eine Person auf andere macht, durch ein einzelnes positives Merkmal, wie beispielsweise ihre Attraktivität, dominiert wird.

Helfen, impulsives Sonderfall →*prosozialen Verhaltens*, bei dem die rationale Abwägung potenzieller Kosten für Helfen keine oder nur eine sehr untergeordnete Rolle zu spielen scheint; findet sich beispielsweise in eindeutigen, realistischen Situationen, wenn eine Beziehung zwischen Opfer und Helfer besteht und/oder eine starke Erregung (z. B. durch Leiden des Opfers) empfunden wird.

helper's high Besonders positive →*Stimmung*, die durch Hilfeverhalten hervorgerufen wird.

Heuristik(en) Faustregeln, die eine schnelle, sparsame und meist hinreichend genaue Urteilsbildung ermöglichen. Die wichtigsten H. sind die →*Repräsentativitäts-*, die →*Verfügbarkeits-* und die →*Ankerheuristik*.

heuristische Verarbeitung Informationsverarbeitung einer persuasiven Nachricht, die die Verwendung einfacher Faustregeln und →*Heuristiken* umfasst (→*Heuristisch-Systematisches Modell*).

Heuristisch-Systematisches Modell (HSM) Zwei-Prozess-Modell der Informationsverarbeitung, nach dem Informationen systematisch (wenn die Fähigkeiten und die Motivation des Rezipienten hoch sind; →*systematische Verarbeitung*) und heuristisch (wenn Fähigkeiten und Motivation des Rezipienten niedrig sind; →*heuristische Verarbeitung*) verarbeitet werden, wobei →*Heuristiken* auch bei Ansteigen von Motivation und Fähigkeit weiterhin genutzt werden. Das HSM ist dahingehend eine wichtige Weiterentwicklung des →*Elaboration-Likelihood-Modell*, da es die Bedingungen des Zusammenwirkens der beiden Prozesse der Informationsverarbeitung detaillierter beschreiben kann.

hidden profile Ein *h. p.* liegt vor, wenn im Rahmen einer Gruppenaufgabe die korrekte Lösung aus den verschiedenen Informationspaketen, die den einzelnen Gruppenmitgliedern vorliegen, nicht zu erkennen ist, wohl aber, wenn die Gruppenmitglieder ihre Informationspakete zusammennehmen. Spielt bei der Untersuchung des →*Effekts des gemeinsamen Wissens* eine Rolle.

Hilfeverhalten →*prosoziales Verhalten*.

hindsight bias →*Rückschaufehler*.

how do I feel about-Heuristik Anstatt für ein Urteil relevante Informationen abzurufen und zu integrieren, wird die →*Faustregel* „Ist die Empfindung angenehm, dann ist auch der Urteilsgegenstand gut!" angewendet (→*Stimmungskongruenz*).

HSM →*Heuristisch-Systematisches Modell*.

Hypothesentesten, selektives/positives Vorgehen, bei dem hauptsächlich nach Informationen gesucht wird, die für die eigene Hypothese sprechen könnten und Informationen vernachlässigt werden, die der Hypothese widersprechen würden.

I

IAT →*Implicit Association Test*.

Identität, soziale →*soziale Identität*.

I knew it all along-Effekt →*Rückschaufehler*.

Illusion der Einstimmigkeit Symptom, das in der Theorie des →*Gruppendenkens* beschrieben wird und den (verzerrten) Eindruck von Einstimmigkeit unter den Gruppenmitgliedern bezeichnet. Dieser kommt dadurch zustande, dass abweichende Meinungen nicht geäußert werden.

Illusion der Gruppenproduktivität Bei der Arbeit in der →*Gruppe* überschätzt der Einzelne die Höhe des eigenen Beitrags zur gesamten →*Gruppenleistung*. Dies trägt auch dazu bei, dass sich der Glaube, eine Gruppe leiste grundsätzlich mehr als ihre Einzelmitglieder, hartnäckig hält.

Illusion der Unanfechtbarkeit Symptom, das in der Theorie des →*Gruppendenkens* beschrieben wird und die verzerrte Wahrnehmung der Gruppenmitglieder bezeichnet, nichts und niemand könne der →*Gruppe* etwas anhaben. Dadurch entsteht ein überzogener Optimismus.

imaginale Bestätigung Im Rahmen der Bestätigung von →*Vorurteilen* kann eine nur vorgestellte Episode ebenso wie eine tatsächlich erlebte Episode als (verzerrende) Evidenz für ein →*Stereotyp* fungieren.

Imitation Nachahmung; beispielsweise können durch Wahrnehmung und Imitation des emotionalen Ausdrucks einer anderen Person →*Gefühle* ausgelöst werden (→*Bodyfeedback*, →*emotionale Ansteckung*).

Implicit Association Test (IAT) Reaktionszeitverfahren, das die Assoziationsstärke von →*Kategorien* misst; basiert auf der Annahme, dass es leichter fällt, mit der valenzkompatibel besetzten als mit einer valenzinkompatibel besetzten Antworttaste auf assoziierte Konzepte zu reagieren. Aus der Reaktionszeitdifferenz zwischen einer valenzkompatiblen Bedingung, in der assoziierte Konzepte jeweils der gleichen Antworttaste zugeordnet sind (z. B. alter Mensch – negativ), und einer inkompatiblen Bedingung, in der assoziierte Konzepte jeweils verschiedenen Antworttasten zugeordnet sind (z. B. alter Mensch – positiv), wird die Stärke der →*Assoziation* und damit letztendlich die →*Einstellung* der Person erschlossen.

implizit   Nicht unmittelbar zugänglich, nicht bewusst; Gegenteil →*explizit*.

implizite Theorien   Annahmen bzgl. bestimmter Sachverhalte (z. B. dem Zusammenhang von Intelligenz und Attraktivität), die nicht →*explizit* sind, d. h. nicht bewusst formuliert und vertreten werden.

impression management   Strategien, mit denen versucht wird, einen bestimmten (meist einen guten) Eindruck bei anderen zu hinterlassen.

impulsives System   Mentales System, welches im Rahmen des →*RIM* gemeinsam mit dem →*reflektiven System* als bestimmend für soziales Verhalten angesehen wird. Das i. S. basiert auf einem Langzeitspeicher, in welchem Inhalte aufgrund von Erfahrung und Lernen assoziativ verbunden sind. Wird ein Reiz/Inhalt wahrgenommen, so werden assoziierte Elemente im Langzeitspeicher (z. B. spezifische Verhaltensschemata oder grundlegende motivationale Orientierungen wie Annäherung oder Vermeidung) aktiviert und entsprechendes Verhalten ausgelöst. Das i. S. benötigt kaum →*kognitive Kapazitäten* und ermöglicht dadurch Verhalten unter suboptimalen Bedingungen (z. B. Zeitdruck, Ablenkung).

Informationsverarbeitungsmodus   Intensität und Art und Weise, in der einstellungsrelevante Informationen verarbeitet werden, hängt von Fähigkeiten und Motivationslage der Person ab. Diese wiederum werden von individuellen und situativen Faktoren beeinflusst (→*Elaboration-Likelihood-Modell*, →*Heuristisch-Systematisches Modell*, →*systematische Verarbeitung*, →*heuristische Verarbeitung*).

informativer Einfluss   →*Einfluss, informativer.*

ingroup favoritism   →*Eigengruppenaufwertung.*

Inkonsistenzeffekt   Bei der Eindrucksbildung bewirken distinkte und inkonsistente Informationen dann einen Erinnerungsvorteil, wenn sie besonders gut enkodiert und verarbeitet wurden; Voraussetzung dafür sind ausreichende Verarbeitungskapazität und Motivation (→*bottom-up-Verarbeitung*).

internal   Innerhalb der Person liegend, durch die Person bedingt; Gegenteil →*external.*

intrinsische Motivation   →*Motivation, intrinsische.*

Introspektion   Selbsterkenntnis durch Nachdenken über sich selbst.

involvement   Innere Beteiligung bzw. Engagement, dass ein Mensch für ein Objekt oder einen Sachverhalt zeigt.

Irrtumswahrscheinlichkeit   Wahrscheinlichkeitsmaß, mittels dessen ausgesagt werden kann, ob die Unterschiede in der →*abhängigen Variablen (AV)* zufällig entstanden sind oder durch die →*unabhängige Variable (UV)* hervorgerufen wurden. Ab einer bestimmten Irrtumswahrscheinlichkeit (Konvention: wenn die I. kleiner als 5 % ist) geht man davon aus, dass die Unterschiede nicht zufällig entstanden, sondern statistisch bedeutsam oder „signifikant" sind.

J

***jigsaw classroom*-Technik**   Bezeichnung für eine bestimmte Klassensituation, die →*Vorurteile* vermindern und das →*Selbstwertgefühl* der Schüler erhöhen soll. Jeder Schüler ist dabei hinsichtlich der Erarbeitung des Unterrichtsstoffs von den Leistungen anderer Schüler abhängig, die Leistungen der einzelnen Schüler fügen sich wie ein Puzzle (engl. *jigsaw*) zusammen.

Judostrategien   Strategien →*sozialen Einflusses*, die sich der Mechanismen menschlicher Informationsverarbeitung – im Speziellen der →*Urteilsheuristiken* – bedienen, um andere dazu zu bringen, etwas Bestimmtes zu tun oder zu unterlassen.

justification of effort   Waren große Anstrengungen nötig, um ein bestimmtes Ziel zu erreichen, dann wird das Erreichte aufgewertet, um die Vorleistung/erbrachten Opfer zu rechtfertigen.

K

Kategorie   Elementare Wissensstruktur; Gruppierung von zwei oder mehr unterscheidbaren Objekten, die ähnlich behandelt werden.

Katharsis   Emotionale Entlastung.

Katharsishypothese   Annahme, dass das Ausführen jeglicher aggressiver Handlungen – gegen Objekte oder beliebige Personen – ärger- und aggressionsreduzierende Effekte hat. Wissenschaftliche Befunde sprechen gegen einen generellen Katharsiseffekt, vielmehr scheint nur das Ausführen zielführender aggressiver Handlungen die →*Verfügbarkeit* aggressiver Inhalte und die Bereitschaft zu →*Aggression* zu reduzieren, zielunspezifische Aggressionen dagegen erhöhen die

Verfügbarkeit aggressiver Inhalte und die Bereitschaft zu aggressivem Verhalten.

Kausalattribution Zuschreibung von Ursachen für ein beobachtetes Ereignis; wichtige Kriterien sind → *Distinktheit,* → *Konsensus* und → *Konsistenz.*

Kausalitätsschluss → *Ursache-Wirkungs-Zusammenhang.*

kin selection → *Verwandtenselektion.*

kognitiv Auf → *Kognitionen* bezogen.

Kognition In der → *Psychologie* der Oberbegriff für die mentalen Prozesse der Informationsverarbeitung; dazu zählen Wahrnehmung, Erkennen, Vorstellen, Urteilen, Gedächtnis, Lernen, Denken.

Kognition, soziale Art und Weise, wie Informationen über die soziale Realität verarbeitet und verwandt werden, wie sie durch den sozialen Kontext beeinflusst werden und wie sie den Urteiler in seinem Denken, Handeln und Erleben beeinflussen.

kognitive Dissonanz Innerer Konflikt, der durch das Auftreten miteinander unvereinbarer → *Kognitionen* hervorgerufen wird. Der als unangenehm empfundene Zustand motiviert zur → *Dissonanzreduktion.*

kognitive Kapazität Maß an spezifischen Gehirnaktivitäten, die aktuell zur Bearbeitung einer Aufgabe zur Verfügung stehen. Da die k. K. beschränkt ist, muss in manchen Situationen auf Vereinfachungen (z. B. → *Heuristiken*) zurückgegriffen werden.

Kohäsion Zusammenhalt einer → *Gruppe,* der sich darin widerspiegelt, wie gerne die Gruppenmitglieder Teil der Gruppe bleiben wollen; resultiert aus allen Kräften, die die Mitglieder motivieren, in der Gruppe zu bleiben.

Köhler-Effekt → *Unverzichtbarkeit.*

Koinzidenz Gemeinsames Auftreten zweier oder mehrerer Ereignisse, das auch zufällig sein kann (→ *illusorische Korrelation*).

Kompensation → *soziale Kompensation.*

Konditionieren, evaluatives Raum-zeitliche Paarung eines → *affektiv* neutralen Stimulus mit einem valenten Stimulus, in dessen Folge eine Änderung der Wertigkeit des vormals neutralen Stimulus bewirkt wird; relevant im Prozess der Gefühls- und der Einstellungsbildung.

Konditionieren, operantes/instrumentelles Die kontingente Paarung eines neutralen Stimulus mit einem positiven/negativen Stimulus führt zu einer Erhöhung/ zu einem Absinken der Auftretenswahrscheinlichkeit dieses Stimulus.

Konformität Übereinstimmung/Anpassung des eigenen Verhaltens oder der eigenen Meinung mit dem/an das Verhalten bzw. mit der/an die Meinung anderer. K. kann über informativen oder normativen → *Einfluss* bewirkt werden.

Konformitätsdruck Druck, sich gemäß der Gruppe zu äußern und zu verhalten bzw. sich der → *Gruppe* anzupassen; bezeichnet in der Theorie des → *Gruppendenkens* den massiven Druck der Gruppe auf Zweifler in den eigenen Reihen, wodurch diese dazu gebracht werden, die Gruppenmeinung nicht mehr infrage zu stellen (→ *Compliance*).

Konfundierung → *Störquelle* im → *Experiment,* die eindeutige kausale Schlussfolgerungen erschwert; K. tritt auf, wenn eine → *unabhängige Variable (UV)* aus mehreren potenziell trennbaren Komponenten besteht und von diesen Komponenten andere als die manipulierten systematisch mit der Ausprägung der UV variieren und auf die → *abhängige Variable (AV)* einwirken.

Konjunktionsregel Die Verbindung von zwei Ereignissen kann niemals wahrscheinlicher sein als eines dieser Ereignisse alleine. Diese Regel wird häufig zugunsten der → *Repräsentativität* vernachlässigt (→ *Repräsentativitätsheuristik*).

Konjunktionstäuschung Kombinationen mehrerer Ereignisse (z. B. auch im Rahmen sehr spezifischer Szenarien) können typischer erscheinen als eines der Ereignisse für sich. Die erhöhte → *Repräsentativität* solcher Konjunktionen führt zu einer Überschätzung ihrer Wahrscheinlichkeit (→ *Repräsentativitätsheuristik*).

Konsensus Im Rahmen der → *Kausalattribution* das Ausmaß, in dem sich andere Personen in der gleichen Weise verhalten wie die zu beurteilende Person.

Konsistenz Im Rahmen der → *Kausalattribution* das Ausmaß, in dem sich eine Person in der gleichen Situation über die Zeit hinweg gleich verhält; in der → *Balance-Theorie* das Ausmaß der Übereinstimmung von → *Einstellungen* in einer → *Triade.*

Konsistenzbestreben Menschen empfinden es als angenehm, wenn sich ihre → *Einstellungen* sowie die Komponenten der Einstellungen in einem harmonischen, spannungsfreien Zustand zueinander befinden, und streben daher einen solchen Zustand an. K. wurde im Rahmen der → *Balance-Theorie* auch für soziale Beziehungen untersucht, wobei Menschen typischerweise balancierte → *Triaden* gegenüber nicht balancierten vorziehen bzw. versuchen, balancierte Triaden herzustellen.

Konsistenzeffekt Konsistente Informationen, also solche, die mit unseren Vorannahmen übereinstimmen, können besser verarbeitet (z. B. gelernt oder erinnert) werden, da sie an bereits bestehende Wissensstrukturen (→*Skripte*, →*Schemata*) anknüpfen oder sich von diesen ableiten lassen (→*top-down-Verarbeitung*).

Konsolidierung   Im Rahmen der Informationsverarbeitung bezeichnet K. den Prozess des Abspeicherns von Informationen im Langzeitgedächtnis.

Kontakthypothese   Annahme, dass Feindseligkeiten und →*Vorurteile* gegenüber einer →*Fremdgruppe* durch vermehrten Kontakt zu dieser vermindert werden können; Voraussetzung ist, dass bestimmte Rahmenbedingungen erfüllt sind.

Kontiguität   Raumzeitliche Kopplung, z. B. zwischen unkonditioniertem und konditioniertem Stimulus (→*Konditionieren*).

kontrafaktisches Denken (*counterfactual thinking*) Ein in der Vergangenheit liegendes Ereignis wird in der Vorstellung erneut durchgespielt, wobei man sich vorstellt, wie etwas hätte ausgehen können, wenn man sich anders verhalten hätte (z. B. hätte ich eher angefangen zu lernen, hätte ich bestimmt eine bessere Note erreicht). K. D. tritt besonders häufig auf nach verpassten Gelegenheiten oder Ereignissen mit negativen Folgen und erfüllt den Zweck, den daraus resultierten negativen Ereignissen und →*Affekten* mental zu entfliehen oder zu lernen, solche Situationen zukünftig anders zu gestalten.

Kontrast   Im Prozess der Informationsverarbeitung können verfügbare →*Konzepte* (z. B. Wissen über die Eigenschaften einer Person) neuen Eindrücken widersprechen, so dass Einschätzungen (z. B. Personenbeurteilungen) in Richtung der bestehenden Inhalte korrigiert werden (Gegenteil →*Assimilation*).

Kontrastprinzip   Je nach Vergleichsgrundlage nehmen wir ein und dieselbe Sache unterschiedlich wahr. Urteilsgegenstände gewinnen beispielsweise an Attraktivität, wenn sie zusammen mit weniger positiven Alternativen präsentiert werden, und verlieren an Wert im Zusammenhang mit extrem attraktiven Alternativen.

Kontrollgruppe   Gruppe von Versuchspersonen, der in einem →*Experiment* nicht die Experimentalbedingung zugewiesen wird, d. h. der die Stufe der →*unabhängigen Variablen (UV)* zugewiesen wird, bei der im Vergleich zur Experimentalbedingung keine Veränderung in der →*abhängigen Variablen (AV)* erwartet wird.

Kontrollvariable   Variable, deren Einfluss im →*Experiment* nicht systematisch variiert wird (z. B. das Geschlecht der Versuchspersonen), die aber erhoben wird, um ungewollte Einflüsse auf die →*abhängige Variable (AV)* zu erfassen.

Konversion   Form von →*Konformität*, die vorliegt, wenn sich eine Person nicht nur öffentlich der Meinung bzw. dem Verhalten anderer anschließt, sondern auch innerlich davon überzeugt ist, dass sie damit richtig liegt bzw. handelt (→*Einfluss, informativer*).

Konversionstheorie   Zwei-Prozess-Theorie, die annimmt, dass der Einfluss von Mehr- und Minderheiten auf qualitativ unterschiedlichen Prozessen beruht. Eine von der eigenen Meinung abweichende Mehrheit setzt demnach einen Vergleichsprozess in Gang und führt meist auf direktem Wege zu öffentlicher, aber nicht notwendigerweise zu privater →*Konformität* mit der Mehrheit (→*Compliance*). Eine von der eigenen Meinung abweichende Minderheit setzt einen Validierungsprozess in Gang und beeinflusst indirekt die private, nicht notwendigerweise aber die öffentliche Meinung der Mehrheit.

Koordinationsverluste   →*Prozessverlust* bei der Arbeit in →*Gruppen*; der Leistungsverlust entsteht durch organisatorische Überlagerung der Aktivitäten einzelner Gruppenmitglieder (z. B. suboptimaler Informationsfluss oder sich widersprechende Ziele).

Korrelation   Beschreibt den statistischen Zusammenhang zwischen Variablen; als Korrelationsmaß ist r mit einem Wertebereich von -1 bis $+1$ gebräuchlich, dabei ist der Zusammenhang umso größer, je näher r an -1 (negativer Zusammenhang) oder $+1$ (positiver Zusammenhang) liegt, bei $r = 0$ ist kein Zusammenhang feststellbar; Korrelationen erlauben keine Aussage über Kausalität (→*Ursache-Wirkungs-Zusammenhang*).

Korrelation, illusorische   Wahrnehmung von Zusammenhängen, die objektiv nicht oder zumindest nicht in dem angenommenen Ausmaß existieren.

Korrespondenzprinzip   Es gibt nur dann einen engen Zusammenhang zwischen →*Einstellung* und Verhalten, wenn beide Maße im Grad ihrer Spezifikation übereinstimmen (→*Einstellungsspezifikation*).

Kränkungs-Aggressions-Kreislauf   Nach Kränkungen der eigenen Ehre wird diese über aggressives oder gewalttätiges Verhalten wiederherzustellen versucht; verdeutlicht, wie sich kulturelle →*Normen* in den →*Kognitionen*, →*Emotionen*, Verhalten und physiologischen Reaktionen von Personen manifestieren (→*Kultur der Ehre*).

Kultur der Ehre (*culture of honor*)   Kultur, in der →*Normen* herrschen, die →*Aggressionen* legitimieren, beispielsweise die Bereitschaft, auf Gewalt und Bedrohungen mit Gewalt zu reagieren.

Kultur(en), individualistische   Kulturkreise, in denen individuelle Fähigkeiten und persönlicher Erfolg im

Fokus der Aufmerksamkeit stehen; als i. K. gelten z. B. Westeuropa oder Nordamerika.

Kultur(en), kollektivistische Kulturkreise, in denen gemeinsamer Verantwortung und kollektivem Wohl großer Wert beigemessen wird; als k. K. gelten z. B. Asien oder Israel.

L

Laienpsychologie Annahmen psychologischer Laien über menschliches Denken, Fühlen und Verhalten, die nicht die Kriterien wissenschaftlicher Aussagen erfüllen.

Lebhaftigkeit (*vividness*) Eigenschaft von Reizen, die für die → *Verfügbarkeit/* → *Zugänglichkeit* von Informationen (z. B. im Rahmen der → *Verfügbarkeitsheuristik*) eine Rolle spielt; ein hohes Maß an L. weisen häufig bewegte oder bunte Reize auf.

Leichtigkeit des Abrufs (*ease of retrieval*) Sind Informationen für → *kognitive* Operationen leicht verfügbar, so stellt sich ein → *Gefühl* der Leichtigkeit des Abrufs ein. Dieses „kognitive Gefühl" wird als heuristischer Hinweisreiz für die Urteilsbildung herangezogen und kann dazu führen, dass Wahrscheinlichkeiten nicht richtig eingeschätzt werden (→ *Verfügbarkeitsheuristik*).

Leistungsnorm(en) → *Soziale Norm(en)*, die das Leistungsniveau von Mitgliedern einer → *Gruppe* bestimmen.

lexical decision task → *Wortentscheidungsaufgabe*.

Likert-Skala Zur → *Einstellungsmessung* benutzte → *Ratingskala*. Dabei wird den einzelnen Items ein Kontinuum von positiv bis negativ abgestuften Antwortkategorien zugeordnet, das in numerisch gleich große Abschnitte eingeteilt ist (z. B. von „stimme vollkommen zu" bis „stimme überhaupt nicht zu"). Der Befragte kreuzt für jedes Item die für ihn am ehesten zutreffende Antwort an; das Einstellungsmaß ergibt sich dann aus dem Mittelwert aller Items in einem Themenbereich.

*lost letter-*Technik In → *Quasi-Experimenten* eingesetzte Technik, mit der untersucht wird, unter welchen Umständen „verloren gegangene" Briefe von Passanten eher aufgehoben und abgeschickt werden; ein großer Prozentsatz zugesandter Briefe spricht beispielsweise für hohe Hilfsbereitschaft in der betreffenden Region.

*low-ball-*Technik Strategie → *sozialen Einflusses*, bei der zunächst durch einen äußeren Anreiz ein → *Commitment* erzeugt wird. Nach einiger Zeit wird der Anreiz entfernt. In der Zwischenzeit haben sich neue Gründe für das Verhalten gefunden und halten dieses auch ohne den ursprünglichen Anreiz aufrecht.

M

Masse Große Ansammlung von Menschen, die eine geringe Strukturierung (→ *Gruppenstruktur*) aufweist und sich von einer → *Gruppe i. e. S.* dadurch unterscheidet, dass die anwesenden Personen nicht alle wechselseitig miteinander interagieren.

Meinungswächter Das Auftreten selbsternannter M. wird als Symptom in der Theorie des → *Gruppendenkens* beschrieben. M. bringen Zweifler aktiv zum Schweigen.

*mere exposure-*Effekt Effekt, der allein dadurch entsteht, dass man einem Reiz (wiederholt) ausgesetzt ist; beispielsweise löst die wiederholte Darbietung eines Reizes in uns Vertrautheit aus, was wiederum zu höherer Sympathie gegenüber dem Stimulus führt.

*mere thought-*Effekt Effekt, der allein dadurch entsteht, dass über ein Einstellungsobjekt nachgedacht wird.

Mimikry Nachahmung des → *nonverbalen Verhaltens* eines Gegenübers; erhöht die Wahrscheinlichkeit → *prosozialen Verhaltens*.

minimal group paradigm → *Paradigma der minimalen Gruppen*.

Mobbing Insbesondere am Arbeitsplatz systematisch eingesetzte Form der instrumentellen → *Aggression*; meist soll ein spezifisches Opfer geschädigt werden; hat zum Teil dramatische Konsequenzen für das Opfer.

Modelllernen Prozess, in dem bestimmte Verhaltensweisen oder → *Gefühle* von anderen (beobachteten) Personen übernommen werden, ohne dass eigene (negative oder positive) Erfahrungen mit dem Reiz vorliegen.

*mood and general knowledge-*Annahme Annahme, dass in positiver → *Stimmung* vermehrt übergeordnete Wissensstrukturen (→ *Schemata*, → *Skripte*, → *Stereotype*) bei der Verarbeitung von Informationen herangezogen werden.

mood-congruent encoding → *Stimmungskongruenz*.

mood-congruent memory → *Stimmungskongruenz*.

*mood maintenance-*Hypothese Hilfe kann aus dem Motiv heraus erfolgen, eine momentan positive → *Stimmung* aufrechtzuerhalten. Dies ist eine Ursache dafür, dass in positiver Stimmung typischerweise mehr geholfen wird. Droht die Hilfehandlung jedoch die gute

Laune zu verderben, findet sich bei positiv gestimmten Personen eine geringere Hilfsbereitschaft.

mood-repair-Strategie   Dient der Regulation negativer Gefühlszustände; indem beispielsweise versucht wird, schlechte →*Stimmung* durch die bewusste Aktivierung positiver Erinnerungen zu verändern.

mood-state-dependent memory   →*Stimmungskongruenz.*

Motivation, extrinsische   Von außen kommende Motivation aufgrund von Belohnungen und/oder äußerem Druck.

Motivation, intrinsische   Aus einem inneren Antrieb entstehende Motivation durch Interesse und/oder Spaß an der Tätigkeit.

Motivationsverluste   →*Prozessverlust* bei der Arbeit in →*Gruppen*; der Leistungsabfall resultiert aus einer bewussten oder unbewussten Anstrengungsreduktion von Gruppenmitgliedern (z. B. →*soziales Faulenzen*).

Motor-Kongruenz-Effekte   Motorische Handlungen beeinflussen die →*Enkodierung* →*affektiver* Informationen entsprechend ihrer Kompatibilität/→*Passung*; beispielsweise erleichtert eine motorische Annäherungshandlung (z. B. wenn man etwas an sich heranzieht) die Enkodierung positiver Informationen, während eine motorische Handlung des Vermeidens (z. B. wenn man etwas von sich wegschiebt) die Enkodierung negativer Information erleichtert.

N

name dropping   Strategie →*sozialen Einflusses*, bei der versucht wird, einem anderen dadurch sympathisch zu erscheinen, dass man sich mit Personen oder Ereignissen in Verbindung bringt, die der andere bereits mag.

Narzissmus   Selbstliebe, überhöht positive Bewertung der eigenen Fähigkeiten/Qualitäten.

need for cognition   Bezeichnet das Bedürfnis, gründlich nachzudenken. Menschen mit einem hohen *n. f. c.* neigen eher zu inhaltsrelevantem Nachdenken, weisen eine stärkere Verarbeitung von Botschaften über die →*zentrale Route der Persuasion* auf und sind weniger anfällig für den Einfluss peripherer Hinweisreize (wie Attraktivität oder Glaubwürdigkeit) als Personen mit einem niedrigen Kognitionsbedürfnis. Daraus ergibt sich, dass sie die Qualität der Argumente genauer prüfen und ihre →*Einstellungen* eher durch ein aufmerksames Wahrnehmen der Argumentationsführung bilden.

need to belong   →*Anschlussmotiv.*

negative state relief-Hypothese   Hilfe kann aus dem Motiv heraus erfolgen, eine negative →*Stimmung* zu verbessern, die beispielsweise durch den Anblick des Unfallopfers hervorgerufen wird.

negativity bias   Negative Reize, insbesondere solche, die unser Wohlbefinden beeinträchtigen könnten, erfahren verstärkte Aufmerksamkeit bzw. werden besonders leicht wahrgenommen (→*selektive Wahrnehmung*).

Netzwerkmodell des Gedächtnisses   Annahme über den Aufbau des Gedächtnisses, nach der alle gespeicherten Informationen/→*Kategorien* über →*Assoziationen* miteinander verbunden (vernetzt) sind (→*assoziative Netzwerke*).

nonverbales Verhalten   Bewusst oder unbewusst gesendete nichtverbale Signale; dazu zählen Blickkontakt, Gesichtsausdruck und Mimik, Stimmlage, Gestik, Körperhaltung, Bewegung sowie Berührung und räumlicher Abstand gegenüber anderen.

Norm(en)   →*soziale Norm(en).*

Normativer Einfluss   →*Einfluss, normativer.*

O

oneness   Gefühl des Einsseins mit einem anderen.

operantes Konditionieren   →*Konditionieren, operantes.*

other-enhancement   Strategie, sich dem anderen sympathisch erscheinen zu lassen, indem man den anderen aufwertet.

outgroup homogeneity effect   →*Fremdgruppenhomogenitätseffekt.*

overconfidence bias   Unangemessen hohe Überzeugung von der Richtigkeit der eigenen Meinung/des eigenen Verhaltens.

overjustivication effect   →*Überrechtfertigung.*

P

Paradigma der minimalen Gruppen   Bezeichnet eine Situation, in der Personen willkürlich in →*Gruppen* aufgeteilt werden, denen die Merkmale echter Gruppen fehlen. Dieses Vorgehen wird in der Forschung benutzt, um den Einfluss zu untersuchen, den die bloße Gruppenzugehörigkeit auf Intergruppenverhalten ausübt.

Passung   Übereinstimmung, Kompatibilität, tritt beispielsweise zwischen motivationaler Orientierung einer Person und ihrem Verhalten, →*Affekt* und Informationsverarbeitung auf (z. B. hinsichtlich der →*Valenz* einer zu verarbeitenden Information und dem auszuführenden Verhalten wie Nicken).

Peergroup   Bezeichnet eine spezielle →*Eigengruppe*, nämlich die →*Gruppe* gleichaltriger bzw. gleichgestellter Personen, der man sich zugehörig fühlt. P.s werden insbesondere im Kindes- und Jugendalter als wichtige Sozialisationsquelle angesehen.

pen study   →*Experiment*, bei dem durch Halten eines Stifts mit den Zähnen bzw. mit den Lippen verschiedene Gesichtsmuskel aktiviert wurden, die entweder mit Lächeln assoziiert sind (→*Zygomatikus-Muskel*; Stift mit den Zähnen gehalten) oder nicht (Orbikularis-Muskel; Stift mit den Lippen gehalten). Jene Personen, die den Stift mit den Zähnen festhielten und somit – ohne dass ihnen dies bewusst war – die Muskelaktivität eines Lächelns zeigten, gaben höhere Amüsiertheit an als jene, die den Stift mit den Lippen hielten. Dieser Befund zeigte, dass die positivere →*affektive* Reaktion, die bei Aktivierung des Zygomatikus-Muskel nachgewiesen wurde, durch →*facial feedback* hervorgerufen wird und nicht durch →*Selbstwahrnehmung*.

periphere Route der Persuasion   Weg zu einer Einstellungsänderung, wobei die Änderung der →*Einstellung* nicht auf einer intensiven Auseinandersetzung mit der persuasiven Botschaft basiert, sondern eine Reaktion auf periphere Hinweisreize (z. B. den Expertenstatus des Kommunikators) darstellt (→*Elaboration-Likelihood-Modell*, →*zentrale Route der Persuasion*).

Persönlichkeitspsychologie   Teilgebiet der →*Psychologie*, das sich mit den einzigartigen und überdauernden Eigenschaften von Menschen und den intra- und interindividuellen Unterschieden zwischen Menschen beschäftigt.

Persuasion   Bemühen, die →*Einstellung* einer Person durch den Einsatz diverser Botschaften zu verändern.

persuasive arguments explanation   Bei Gruppenentscheidungen bringen andere Gruppenmitglieder Argumente vor, die man selbst noch nicht bedacht hat und die die eigene Meinung zusätzlich stützen; kann dazu führen, dass extremere Positionen vertreten werden (→*Gruppenpolarisierung*, →*risky-shift phenomenon*).

pluralistische Ignoranz   Bezeichnet eine Situation, in der jeder Anwesende denkt, die Untätigkeit des anderen würde dessen Einschätzung der Situation als harmlos widerspiegeln, und daraus schließt, dass die Situation tatsächlich ungefährlich ist. Daraus kann folgen, dass

in einer Notsituation keiner dem Opfer zu Hilfe kommt (→*bystander-Effekt*).

Population   →*Grundgesamtheit*.

Position   Offizielle Stellung innerhalb einer Organisationsstruktur.

postural feedback   Rückmeldungen der Körperhaltung an das Gehirn (→*Bodyfeedback*).

primacy-**Effekt**   Früher auftretende Informationen können einen größeren Einfluss auf die Einstellungsbildung haben, da noch keine weiteren Informationen eingegangen sind, die mit dem Abspeicherungsprozess im Langzeitgedächtnis interferieren.

Priming   Voraktivierung durch Reize, die assoziativ mit dem Zielreiz verknüpft sind oder werden; „bahnt" dem Zielreiz den Weg bzw. führt dazu, dass die voraktivierten Inhalte leichter zugänglich sind.

Priming, affektives   Die Reaktion auf einen Zielreiz (z. B. Kakerlake) wird erleichtert, wenn er dieselbe →*Valenz* wie der Prime (z. B. ekelhaft) aufweist.

Priming, konzeptuelles   Die Reaktion auf komplexe, mit dem Prime assoziierte Konzepte wird erleichtert.

Priming, prozedurales   Eine bestimmte →*kognitive* oder →*behaviorale* Prozedur wird erleichtert, wenn dieselbe bereits in der Primingphase durchgeführt wurde.

Priming, semantisches   Die Reaktion auf mit dem Prime in seiner inhaltlichen Bedeutung verknüpfte Gedächtnisinhalte wird erleichtert.

principle of equifinality   Besagt, dass ein Ziel meist durch verschiedene Mittel erreicht werden kann.

Prinzip der Knappheit   →*Faustregel*, die besagt: „Was schwer zu kriegen ist, muss umso erstrebenswerter sein."

Prinzip sozialer Bewährtheit (*consensus implies correctness*)   Faustregel, die besagt: „Was alle machen, ist gut bzw. richtig."

potentielle Produktivität   Variable, die bei Gruppenarbeit beschreibt, was die →*Gruppe* leisten könnte, wenn jedes Mitglied seine Ressourcen optimal zur Aufgabenbewältigung einsetzen würde.

prosoziales Verhalten   Ohne Bestehen einer Verpflichtung ausgeführtes Hilfeverhalten bzw. Verhalten, das beabsichtigt, die Situation eines Rezipienten zu verbessern (→*Altruismus*).

Prototyp   Charakteristischer Vertreter einer →*Kategorie* von Objekten oder Wesen, der die mit der Kategorie assoziierten Merkmale am besten repräsentiert (→*exemplar-based representation*).

Prozessbilanz   Variable zur Bestimmung der →*Gruppenleistung*, die sich aus der Summe von →*Prozessverlusten* und →*Prozessgewinnen* ergibt.

Prozessgewinne   Leistungszuwachs, der sich bei der Arbeit in →*Gruppen* gegenüber der Einzelarbeit ergeben kann; wird zurückgeführt auf gegenseitiges Motivieren, wechselseitiges Lernen und Inspiration.

Prozessverluste   Leistungsverminderung, die sich bei der Arbeit in →*Gruppen* gegenüber der Einzelarbeit ergeben kann; man unterscheidet zwischen →*Motivations-* und →*Koordinationsverlusten*.

Psychologie   Wissenschaft zur Formulierung von Gesetzmäßigkeiten über das Denken, Fühlen und Verhalten von Menschen.

Q

Quasi-Experiment   →*Experiment*, bei dem die Probanden nicht randomisiert (→*Randomisierung*) wurden, da Einflussfaktoren beispielsweise nicht der Kontrolle des Forschers unterliegen. In Q. ist die Möglichkeit zur →*Kausalattribution* begrenzt.

Quellenverwechslung   Die menschliche Erinnerung arbeitet häufig recht ungenau, d. h., sie gibt kein exaktes Abbild von vergangenen Ereignissen wider. Aus diesem Grund können Menschen manchmal nicht unterscheiden, aus welcher Quelle eine Erinnerung stammt; beispielsweise verwechselt man Fiktion mit Erinnerung oder aber zwei Erinnerungen unterschiedlicher Kontexte.

R

Randomisierung   Verfahren zur zufälligen Verteilung der Teilnehmer eines →*Experiments* auf verschiedene Gruppen; Voraussetzung, um aus den Experimentalergebnissen →*Kausalschlüsse* ziehen zu können.

Rassismus (*racism*)   →*Vorurteile* gegenüber Personen aufgrund ihrer Rassenzugehörigkeit.

Rating-Skala   Antwortformat bei direkten Verfahren zur →*Einstellungsmessung*. Befragte bewerten einen Einstellungsgegenstand auf einem Kontinuum von Antwortalternativen, wobei die Antwortalternativen die möglichen Abstufungen des subjektiven Empfindens der Merkmalsausprägung eines Objekts (z. B. von „sehr

gut" bis „sehr schlecht") widerspiegeln sollen. Eine bekannte R. ist die →*Likert-Skala*.

Rationalisierung   Im Rahmen der Theorie des →*Gruppendenkens* beschriebenes Symptom; die →*Gruppe* rechtfertigt eigene Argumente als rational und immunisiert sie dadurch gegen zuwiderlaufende Argumente.

Reaktanz   Innerer Widerstand, der sich gegen die Einschränkung der eigenen Handlungsfreiheit oder gegen (offensichtliche) Beeinflussungsversuche (→*Persuasion*) richtet. Dieser Zustand lenkt die Energien darauf, die Handlungsfreiheit zu verteidigen bzw. wiederherzustellen (→*Prinzip der Knappheit*, →*Resistenz*).

Realismus, psychischer   Ausmaß, in dem die im →*Experiment* hervorgerufenen psychologischen Prozesse die gleichen sind, die auch in realistischen Situationen ablaufen.

***rebound*-Effekt**   →*Bumerangeffekt*.

***recency*-Effekt**   Zuletzt enkodierte Informationen können einen größeren Einfluss auf die Einstellungsbildung haben, da sie nicht durch nachkommende Information überschrieben werden und somit länger im Kurzzeitgedächtnis verfügbar sind.

reflektives System   Mentales System, welches im Rahmen des →*RIM* gemeinsam mit dem →*impulsiven System* als bestimmend für soziales Verhalten angesehen wird. Im r. S. werden regelbasiert bewusste Verhaltensentscheidungen generiert, wozu faktisches und evaluatives Wissen aus dem Langzeitgedächtnis genutzt werden. Das r. S. fungiert als Urteils- und Kontrollsystem und ist an Voraussetzungen (z. B. ausreichende →*kognitive Kapazität*, Motivation) gebunden.

Reflektiv-Impulsiv-Modell (RIM)   Zwei-Prozess-Modell zur Erklärung sozialen Verhaltens; menschliches Verhalten ist nach dem RIM Resultat zweier miteinander interagierender mentaler Prozesse, welche durch unterschiedliche Repräsentationen und Verarbeitung von Informationen gekennzeichnet sind. Während im →*reflektiven System* bewusste Verhaltensentscheidungen generiert werden, wird Verhalten im →*impulsiven System* durch assoziative Verknüpfungen und grundlegende motivationale Orientierungen ausgelöst. Beide Systeme können in die gleiche Richtung (synergetisch) oder auch gegenläufig zueinander (antagonistisch) arbeiten.

Regel der Gegenseitigkeit   →*Reziprozitätsnorm*.

relative Deprivation   →*Deprivation, relative*.

Repräsentativität   Besagt, wie typisch ein konkreter Fall für ein abstrakteres Modell ist (z. B. wie typisch ein

Student im Anzug für die Kategorie „Wirtschaftswissenschaftler" ist).

Repräsentativitätsheuristik Eine mentale Vereinfachung/→*Faustregel*, bei der Personen Typikalität als Grundlage für ihre Entscheidung heranziehen (→*Heuristiken*).

Resistenz Widerstehen von Beeinflussungsversuchen; kann entstehen durch →*Einstellungsimpfung*, Vorwarnung und →*Reaktanz*.

Reziprozitätsnorm →*Soziale Norm*, die besagt, dass sich Geben und Nehmen die Waage halten müssen. Entsprechend fühlen wir uns beispielsweise verpflichtet, Gefälligkeiten zu erwidern – auch dann, wenn wir diese gar nicht wollten.

RIM →*Reflektiv-Impulsiv-Modell*.

risky-shift phenomenon Form der →*Gruppenpolarisierung*, bei der die Gruppenentscheidung riskanter ausfällt, als man angesichts der ursprünglichen Neigungen ihrer Mitglieder erwarten würde. Tritt auf, wenn die Mitglieder schon vor der Diskussion zum Risiko tendieren.

***Robbers-Cave*-Experiment** Klassische Studie zur →*Theorie des realistischen Gruppenkonflikts*.

Rolle(n) (auch „soziale Rollen") Allgemein geteilte Erwartungen darüber, wie sich eine bestimmte Person in einer bestimmten Situation – beispielsweise in der →*Gruppe* – zu verhalten hat. Rollen bilden einen Teil der →*Gruppenstruktur*.

Rollenerwartungen Erwartungen, die an das Handeln und das Auftreten von Inhabern →*sozialer Rollen*/→*Positionen* gerichtet werden; R. sind unabhängig von der jeweils diese Rolle ausfüllenden Person.

Rollenkonflikt Personen haben häufig unterschiedliche →*Rollen* gleichzeitig zu erfüllen. Widersprechen sich die mit den einzelnen Rollen verbundenen →*Rollenerwartungen*, besteht ein R.

Rollenkonformität Verhalten einer Person gemäß der mit ihrer →*Rolle* verbundenen →*Rollenerwartungen*. In Extremfällen kann R. zur →*Deindividuation* führen.

Rückschaufehler (*hindsight bias*) Tendenz von Personen, im Nachhinein (d. h. wenn die Lösung einer Aufgabe oder der Ausgang eines Ereignisses bekannt ist) die Wahrscheinlichkeit zu überschätzen, dass sie die Aufgabe richtig lösen bzw. den Ausgang des Ereignisses vorhersagen hätten können.

S

Salienz Auffälligkeit eines Stimulus in Bezug zu seinem jeweiligen Hintergrund; spielt für die →*Verfügbarkeit*/→*Zugänglichkeit* von Informationen – beispielsweise im Rahmen der →*Verfügbarkeitsheuristik* – eine Rolle.

SAM Abkürzung für →*selective accessibility modell*.

sandbagging Zur Vorbereitung einer →*selbstwertdienlichen Attribution* spielt eine Person die eigenen Leistungsmöglichkeiten herunter, um so die Erwartungshaltung anderer niedrig zu halten.

scapegoat theory →*Sündenbocktheorie*.

Schema(ta) Wissensstruktur, die auf →*Kategorien* aufbaut und das Wissen einer Person über einen Themenbereich (Objekt, Person, Handlung) sowie die dazugehörigen Attribute (Eigenschaften, Merkmale) und die Beziehung zwischen den Attributen enthält.

Schemaaktivierung Unter anderem durch Umgebungsreize werden damit assoziierte Wissensstrukturen aktiviert; das entsprechende Verhalten, Denken, Empfinden wird dadurch verfügbarer.

schemainkonsistente Informationen Informationen, die nicht mit den bestehenden Wissensstrukturen einer Person übereinstimmen, beispielsweise ein britischer Skispringer (→*Inkonsistenzeffekt*).

schemakonsistente Informationen Informationen, die mit den bestehenden Wissensstrukturen übereinstimmen, beispielsweise ein österreichischer Skispringer (→*Konsistenzeffekt*).

Schießhemmung Biologisch begründeter Widerstand dagegen, eigene Artgenossen zu töten.

Schwarzes-Schaf-Effekt (*black sheep effect*) Um die Gruppenidentität und damit letztendlich einen wichtigen Teil der eigenen →*sozialen Identität* zu schützen, werden Mitglieder der →*Eigengruppe*, die schlechte Leistung bringen („schwarze Schafe"), abgewertet und man distanziert sich von ihnen.

Selbst Umfasst das →*Selbstkonzept* und das prozesshafte Geschehen der →*Selbstwahrnehmung*, →*Selbstaufmerksamkeit* und →*Selbstregulation*. Die verschiedenen Anteile des S. haben wesentlichen Einfluss auf Denken, Fühlen und Handeln.

Selbstaufmerksamkeit (*self-awareness*) Zustand des Nachdenkens über sich selbst; wird die eigene Aufmerksamkeit auf die eigene Person gerichtet, so neigen wir dazu, unser Verhalten anhand unserer innerer Maßstäbe und Werte zu vergleichen und danach zu bewerten.

Selbstbehinderung (*self-handicapping*)   Zur Vorbereitung einer →*selbstwertdienlichen Attribution* schafft sich eine Person ein Hindernis (*handicap*), das für einen potenziellen Misserfolg verantwortlich gemacht werden oder aber einen möglichen Erfolg noch aufwerten kann.

Selbstenthüllung   Strategie, sich sympathisch darzustellen, indem man persönliche Informationen preisgibt, auch wenn diese nicht erfragt wurden.

Selbsterhöhung (*self-enhancement*)   Strategie, sich durch vorteilhafte Präsentation einem anderen sympathisch zu machen.

Selbstfokussierte Aufmerksamkeit   (*self-focussing*) Starke Beschäftigung mit der eigenen Person und den eigenen Empfindungen; eine solche nach innen gerichtete Aufmerksamkeit zeigt sich beispielsweise bei Prüfungsängsten, wobei die s. A. in einer Testsituation eine der Hauptursachen für das große Unbehagen und die Beeinträchtigung darstellt.

Selbstkonzept   Wissen und Einschätzungen einer Person über/von sich selbst.

Selbstkonzept, independentes   Eine Selbstdefinition, die sich stärker auf Unabhängigkeit von anderen und die eigenen Gedanken, →*Gefühle* und Ansichten stützt; tritt vor allem in individualistischen →*Kulturen* auf.

Selbstkonzept, interdependentes   Eine Selbstdefinition, die sich stärker auf das Miteinander mit anderen und die Verbundenheit mit den Gedanken, →*Gefühlen* und Ansichten anderer stützt; tritt vor allem in kollektivistischen →*Kulturen* auf.

Selbstmissbilligung   Subtile Taktik, Sympathie durch eine „positive Selbstdarstellung" zu erhöhen; dabei werden negative Informationen über sich selbst preisgegeben, um sich als bescheiden und ehrlich darzustellen.

Selbstregulation   Fähigkeiten und Strategien, die Ziele, die wir uns gesteckt haben, auch in Verhalten umzusetzen.

Selbstselektion   Die Auswahl der Teilnehmer an einem →*Experiment* erfolgt nicht durch den Versuchsleiter, sondern wird durch die Untersuchten bzw. deren Merkmale, Vorlieben etc. selbst vorgenommen; S. könnte beispielsweise bei der Beobachtung von natürlichen Gruppen vorkommen.

Selbstüberwachung (*self-monitoring*)   Maß dafür, inwieweit Personen ihr Verhalten überwachen. Personen mit einem hohen Maß an S. orientieren ihr Verhalten an den Erwartungen anderer bzw. den Situationsanforderungen, Personen mit niedriger S. orientieren sich eher an ihren eigenen Sichtweisen und Befindlichkeiten.

Selbstverifizierung   Menschen haben das Bedürfnis, ihr →*Selbstkonzept* zu bestätigen, unabhängig davon, ob dieses nun positiv oder negativ ist.

Selbstwahrnehmung   Selbsterkenntnis durch Beobachtung des eigenen Verhaltens; beeinflusst die Bildung von →*Einstellungen*, Motiven und Empfindungen.

Selbstwert   Umfassende Einschätzung einer Person über den eigenen Wert.

Selbstwertbestätigung (*self-affirmation*)   Möglichkeit, eine Bedrohung des →*Selbstkonzepts* zu reduzieren, indem die Aufmerksamkeit auf eine andere Fähigkeit gerichtet wird, die für den eigenen →*Selbstwert* zwar ebenfalls relevant ist, aber zugleich in keinem Bezug zur Bedrohung steht. Indem sich die Person in Bezug auf diese Fähigkeit selbst kompetent fühlt, sinkt die Bedrohung im Bereich der anderen Fähigkeit.

selbstwertdienliche Attribution   →*Attribution, selbstwertdienliche.*

Selbstwertgefühl (*self-esteem*)   Affektiv-evaluative Komponente des →*Selbst*, die eine zusammenfassende Selbstbewertung darstellt.

Selbstwirksamkeit (*self-efficacy*)   Überzeugung, Ziele durch eigenes Handeln erreichen zu können.

Selbstzensur   Symptom, das in der Theorie des →*Gruppendenkens* beschrieben wird und die freiwillige Unterdrückung eigener Zweifel an der Gruppenmeinung bezeichnet, um von der →*Gruppe* akzeptiert und gemocht zu werden (→*normativer Einfluss*).

selective accessibility modell (SAM)   Annahme, dass Personen zunächst überprüfen, ob eine Hypothese (z. B. beim →*Ankereffekt* ein vorgegebener Wert oder „Anker") zutreffend sein kann. Dabei werden selektiv Informationen aktiviert, die für diese Hypothese sprechen. Unabhängig davon, ob dieser selektive →*Hypothesentest* für oder gegen die Hypothese ausfällt, bleibt das bis dato aktivierte hypothesenkonsistente Wissen für nachfolgende Informationsverarbeitungsprozesse leichter verfügbar und kann sich darüber beispielsweise auf Urteile auswirken.

selektive Wahrnehmung   Menschen nehmen aufgrund ihrer begrenzten →*kognitiven Kapazitäten* ihre Umwelt weder vollständig noch objektiv wahr: Das menschliche Wahrnehmungssystem hat offensichtlich eine Art Filtermöglichkeit, die an unterschiedlichen Stellen des Wahrnehmungsprozesses eingreifen und die Information (sowohl bewusst als auch unbewusst) selektieren kann.

self, actual   Aktuelles →*Selbstkonzept.*

self, ideal   Angestrebtes →*Selbstkonzept.*

self, ought → *Selbstkonzept*, von dem wir annehmen, dass wir ihm gleichen sollen.

self-affirmation → *Selbstwertbestätigung*.

self-evaluation maintenance theory Das Ausmaß der erlebten Bedrohung durch das (Leistungs-)Verhalten anderer hängt von der Nähe zum anderen und der persönlichen Relevanz des Verhaltens ab. Um eine positive Selbstsicht und einen hohen → *Selbstwert* aufrechtzuerhalten, werden wir uns daher jenen nähern, die schlechter abschneiden und uns distanzieren von denjenigen, die bessere Leistung bringen.

self-fullfilling prophecy → *sich selbst erfüllende Prophezeiung*.

self-handicapping → *Selbstbehinderung*.

self-monitoring → *Selbstüberwachung*.

self-reference-effect Tendenz, dass mit dem Selbst in Bezug stehende Informationen besonders gut verarbeitet werden.

self-serving bias (auch *egotism-effect*) → *Attribution, selbstwertdienliche*.

semantisches Differential Zur Erhebung → *affektiver* Einstellungskomponenten benutztes Antwortformat. Dabei handelt es sich um eine bipolare Skala, deren Endpunkte mit den beiden wertenden Ausprägungen eines Begriffpaares bezeichnet sind (z. B. angenehm – unangenehm).

sex-aggression-link Theorie, wonach das Aktivieren des Konzepts „Sex" (durch → *Priming*) bei Männern aggressives Verhalten erleichtert.

Sexismus (*sexism*) → *Vorurteile* gegenüber Personen aufgrund ihrer Geschlechtszugehörigkeit.

sich selbst erfüllende Prophezeiung (*self-fullfilling prophecy*) Die Erwartungen an das Verhalten einer Person werden Realität, indem sie das gegenüber dieser Person gezeigte eigene Verhalten so beeinflussen, dass diese Person mit dem erwarteten Verhalten reagiert. Dadurch werden die eigenen Erwartungen (z. B. auch → *Vorurteile*) bestätigt und aufrechterhalten.

Signifikanz → *Irrtumswahrscheinlichkeit*.

similar to me–Effekt Tendenz, andere Personen, die man sich selbst in irgendeiner Weise als ähnlich empfindet, in einem positiven Licht wahrzunehmen.

situative Theorie Allgemeine Annahmen darüber, ob bzw. wie stark situative Faktoren das Verhalten beeinflussen.

Skript(e) Wissensstruktur, die routineartige Handlungsepisoden in bestimmten Gegenstandsbereichen repräsentiert (z. B. für den Ablauf eines Restaurantbesuchs).

sleeper-Effekt Verzögerte → *Persuasion*, die darauf zurückgeht, dass sich episodische Erinnerungen (wie z. B. die Glaubwürdigkeit des Kommunikators) im Gedächtnis schneller abbauen als semantische Inhalte (wie z. B. die Botschaft selbst); kann zur Folge haben, dass die unterschiedliche Wirkung von glaubwürdigen und unglaubwürdigen Quellen auf die Einstellungsänderung über die Zeit abnimmt und die Botschaft eines zunächst als unglaubwürdig eingeschätzten Senders erinnert wird, nicht aber dessen Unglaubwürdigkeit.

social facilitation → *soziale Erleichterung*.

social identity theory → *Theorie der sozialen Identität*.

social inhibition → *soziale Hemmung*.

social loafing → *soziales Faulenzen*.

soziale Erleichterung (*social facilitation*) Die Anwesenheit anderer führt zu einer erhöhten physiologischen Erregung. Dadurch kann die Leistung bei einfachen oder gut geübten Aufgaben verbessert werden (→ *dominante Reaktion*).

soziale Erwünschtheit Tendenz, Verhalten zu zeigen, von dem man glaubt, dass es von den anderen erwartet und gebilligt wird (z. B. um die eigene Person in günstigem Licht erscheinen zu lassen).

soziale Hemmung (*social inhibition*) Die Anwesenheit anderer führt zu einer erhöhten physiologischen Erregung. Dadurch wird die Leistung bei schwierigen oder ungeübten Aufgaben verschlechtert.

soziale Identität Teilaspekt der Identität, der auf der Gruppenzugehörigkeit beruht. Hierfür spielen → *Gruppen* i. w. S., wie beispielsweise das Geschlecht, die Rasse oder die ethnische Zugehörigkeit, eine wichtige Rolle.

soziale Kategorisierung Tendenz, die soziale Welt in → *Kategorien* bzw. in → *Eigen-* und → *Fremdgruppen* aufzuteilen. Ursachen hierfür sind → *kognitiver* Natur (Vereinfachung der Informationsverarbeitung) und motivationaler Natur (Sicherung der → *sozialen Identität*/ Erhöhung des → *Selbstwertgefühls*).

soziale Kognition → *Kognition, soziale*.

soziale Kompensation → *Prozessgewinn* bei der Arbeit in → *Gruppen*. Leistungsstärkere Mitglieder steigern ihre Anstrengung, um eine erwartete geringe Leistung von weniger fähigen oder unmotivierten Mitgliedern auszugleichen. Tritt nur auf, wenn das Gruppenergebnis individuell bedeutsam ist und die Einzelbeiträge nicht identifizierbar sind.

soziale Norm(en)   Allgemein geteilte Erwartungen darüber, wie sich alle Mitglieder einer →*Gruppe* unabhängig von ihrer →*Rolle* zu verhalten haben. S. N. leiten das Verhalten der Gruppenmitglieder und bilden einen Teil der →*Gruppenstruktur*.

sozialer Einfluss   →*Einfluss, sozialer.*

sozialer Vergleich   Selbsterkenntnis durch den Vergleich mit anderen; resultiert – je nachdem, ob auf Ähnlichkeiten oder Unterschiede fokussiert wird – in →*Assimilation* oder →*Kontrast*; dient unter anderem der →*Selbstmotivation*, →*Selbsterhöhung* und →*Selbsterkenntnis*.

soziales Dilemma   Situation, in der kooperatives Verhalten für den Einzelnen riskant ist (und damit die individuell schlechtere Wahl), insgesamt aber zum besten Ergebnis führen würde.

soziales Faulenzen (*social loafing*)   Wenn die Einzelleistung in der →*Gruppe* nicht identifiziert werden kann oder zumindest nicht bewertet wird, vermindern Gruppenmitglieder ihre Anstrengung im Vergleich zur Einzelarbeit. Dieser →*Motivationsverlust* tritt vor allem bei einfachen, uninteressanten Aufgaben auf.

soziale Verantwortung   Übergreifende, vornehmlich altruistische →*soziale Norm*, die fordert, dass wir Personen helfen, die auf Hilfe angewiesen sind; also beispielsweise alten Menschen, Kindern, Kranken, Hilflosen oder von uns Abhängigen. S.V. kommt insbesondere in Hilfesituationen zum Ausdruck, in denen eine Gegenleistung des anderen unwahrscheinlich oder unsicher ist.

soziale Wahrnehmung   Teilbereich der →*Sozialpsychologie*, der sich damit beschäftigt, wie und auf welcher Grundlage Individuen andere Personen wahrnehmen und sich ein Urteil über diese bilden.

soziale Zurückweisung   Bedrohung des →*Selbst*, welche auf die Erfahrung des Ausschlusses aus einer →*Gruppe* zurückgeht; kann Menschen aufgrund ihres grundlegenden Bedürfnisses nach Zugehörigkeit und Anerkennung (→*need to belong*) stark belasten und zu psychischen und physischen Erkrankungen führen.

Sozialisation   Prozess, in dem sich Mitglieder einer Gesellschaft die in dieser geltenden →*Normen* aneignen.

Sozialpsychologie   Teilgebiet der →*Psychologie*, das untersucht, wie Denken, Fühlen und Verhalten von Individuen durch die tatsächliche, vorgestellte oder implizite Anwesenheit anderer beeinflusst werden.

Soziologie   Sozialwissenschaft, die das Zusammenleben in Gemeinschaften und Gesellschaften erforscht und dabei besonderes Augenmerk auf soziale Systeme, Institutionen, →*Gruppen* und Organisationen legt.

***spreading apart of alternatives*-Effekt**   Um →*kognitive Dissonanz* zu vermeiden kommt es nach Entscheidungen unter Wahlfreiheit zu einer Aufwertung der gewählten und einer Abwertung der nicht gewählten Alternative.

spreading attitude effect   Spezialfall des evaluativen →*Konditionierens*; dabei überträgt sich eine auf die raumzeitliche Paarung eines neutralen mit einem valenten Stimulus zurückzuführende Bewertung des vorher neutralen Stimulus auf weitere, mit dem valenten Stimulus assoziierte Stimuli.

Standardisierung   Um Verzerrungen der Ergebnisse (z. B. Versuchsleitereffekte) zu vermeiden, wird das Vorgehen bei der Datenerhebung bzw. das Verhalten gegenüber Probanden in einem Test, Interview oder →*Experiment* vereinheitlicht.

Status   Sozial bewertete Stellung (Rang oder Prestige) einer Person oder →*Gruppe*; beeinflusst den Handlungsspielraum und die →*Gruppenstruktur*.

Statusmerkmale   →*Theorie der Erwartungszustände.*

***step-ladder*-Methode**   Maßnahme, um Informationsverluste beim →*Brainstorming* zu vermindern. Die Gruppenmitglieder sammeln zunächst getrennt voneinander Ideen. In einem zweiten Schritt diskutieren und bewerten sie diese in einer gemeinsamen Sitzung.

Stereotyp   Wissensstruktur, die sozial geteilte Überzeugungen über Merkmale und Verhalten von →*Gruppen* und deren Mitgliedern enthält; bildet die →*kognitive* Komponente eines →*Vorurteils*.

Stereotypaktivierung   Aktivierung der →*kognitiven* Komponente von →*Vorurteilen* (z. B. durch Konfrontation mit Gruppenzugehörigkeit, stereotypen Informationen oder stereotypem Verhalten); einmal aktiviert, beeinflusst das stereotype Wissen insbesondere auf unbewusster, automatischer Ebene sowohl die Informationsverarbeitung als auch das Verhalten.

Stereotypakzeptierung (auch stereotype Überzeugung)   Positive oder negative Empfindung gegenüber Personen aufgrund ihrer Zugehörigkeit zu einer →*Fremdgruppe*; bildet die →*affektive* Komponente eines →*Vorurteils*.

stereotype threat (*Bedrohung durch Stereotype*)   Die Befürchtung einer Person, dass sie durch ihr Verhalten ein negatives →*Stereotyp* über die →*Eigengruppe* bestätigen bzw. im Sinne dieses negativen Stereotyps bewertet werden könnte.

Stereotypisierung Undifferenzierte (stereotype) Wahrnehmung von Personen, bei der lediglich deren Gruppenzugehörigkeit als Grundlage hinzugezogen wird.

Stichprobe Für eine Untersuchung ausgewählte Personen einer →*Grundgesamtheit*. Die S. sollte die Grundgesamtheit möglichst gut repräsentieren (durch Zufallsauswahl weitgehend gewährleistet), um aus der Stichprobenuntersuchung Aussagen über die Grundgesamtheit ableiten zu können.

Stimmung →*Gefühle*, die weniger intensiv sind als →*Emotionen* und nicht unbedingt ein Bezugsobjekt haben. Sie haben häufig unbekannte Ursachen und dauern länger an.

Stimmungskongruenz Übereinstimmung von Informationen und der aktuellen Stimmungslage eines Individuums. Informationen, die zur aktuellen Gefühlslage des Individuums „passen", d. h. die gleiche →*Valenz* aufweisen, haben einen Verarbeitungsvorteil (*mood-congruent encoding*) und werden besser erinnert (*mood-congruent memory*). Unabhängig von ihrer Valenz werden Inhalte besser erinnert, wenn sie in der gleichen →*Stimmung* erinnert werden sollen, in der sie auch abgespeichert wurden (*mood-state dependent memory*).

Störquellen Einflussfaktoren, die im →*Experiment* den Zusammenhang von →*unabhängiger Variable (UV)* und →*abhängiger Variable (AV)* beeinflussen und somit die Exaktheit des →*Kausalitätsschlusses* verfälschen; sollten eliminiert oder zumindest kontrolliert werden.

Stroop-Test Verfahren, bei dem die Reaktionszeit auf semantisch inkongruente Reize gemessen wird; kann zur impliziten →*Einstellungsmessung* eingesetzt werden.

Strukturmerkmale →*Gruppenstruktur*.

subliminal Unterhalb der Wahrnehmungsschwelle.

subtyping Für stereotypinkonsistente Exemplare einer →*Gruppe* wird eine Untergruppe (*subtype*) gebildet. Dies erlaubt die Integration des untypischen Exemplars und gleichzeitig die Aufrechterhaltung des ursprünglichen →*Stereotyps*.

sucker effect →*Gimpel-Effekt*.

Sündenbocktheorie (*scapegoat theory*) Tendenz, bei →*Frustration* eine leicht zu identifizierende, nicht gemochte und machtlose →*Fremdgruppe* verantwortlich zu machen, obwohl diese nicht Ursache der misslichen Lage ist.

Synergieeffekte Durch Zusammenarbeit in der →*Gruppe* erzielter Zugewinn an Leistung, wodurch die →*Gruppenleistung* größer wird als die Summe der Einzelleistungen der Gruppenmitglieder.

systematische Verarbeitung Bei der s. V. setzt sich der Rezipient mit einer persuasiven Botschaft sorgsam auseinander und denkt über deren Argumentation nach. (→*Heuristisch-Systematisches Modell*).

T

Täuschung, optische Phänomen, bei dem die subjektive visuelle Wahrnehmung anders ausfällt als die objektiven Gegebenheiten des Betrachtungsgegenstands.

terror management theory (TMT) Eine Konfrontation mit dem Gedanken an die Unausweichlichkeit des eigenen Todes ruft eine existenzielle Bedrohung (*terror*) des →*Selbst* hervor. Wie eine Person mit dieser umgeht (*management*), ist Gegenstand der TMT.

Teststrategie, positive Tendenz, solche Informationen zu suchen, die Vorannahmen bestätigen; z. B. werden bei einem Interview solche Fragen an eine Person gestellt, die den bereits bestehenden Eindruck bestätigen (→*confirmation bias*).

that's not all–Prinzip Strategie sozialen →*Einflusses*, bei der sich durch ein „Extra" die Wahrscheinlichkeit erhöht, dass der andere einem ursprünglichen Angebot zustimmt. Die Dreingabe/der Nachlass muss dafür als spontan und freiwillig empfunden werden und angeboten werden, noch bevor sich der andere hinsichtlich des ursprünglichen Angebots entschieden hat.

Theorem von Bayes Formel zur Berechnung verbundener/bedingter Wahrscheinlichkeiten.

Theorie der Erwartungszustände Der →*Status* eines Gruppenmitglieds hängt davon ab, wie viel es gemäß den Erwartungen der →*Gruppe* zur Erreichung der Gruppenziele beitragen kann. Um dies abzuschätzen, werden spezifische (Fähigkeiten/Fertigkeiten, die für die erfolgreiche Aufgabenbewältigung unmittelbar von Bedeutung sind) und diffuse Statusmerkmale (z. B. Alter, Geschlecht, Titel oder Status in anderen Gruppen) herangezogen.

Theorie der sozialen Identität Menschen haben das Bedürfnis danach, ein positives →*Selbstkonzept* zu erreichen und zu erhalten. Dieses Selbstkonzept definiert sich nicht nur über individuelle Merkmale, sondern auch über Gruppenmitgliedschaften (→*soziale Identität*). Der Wert der →*Eigengruppe* wird dabei (auch) über den Vergleich mit anderen →*Gruppen* bestimmt.

Theorie des realistischen Gruppenkonflikts   Der Wettbewerb um wertvolle, aber knappe Ressourcen führt zu Konflikten zwischen →*Gruppen*; Feindseligkeit, vermehrte →*Vorurteile* und →*Diskriminierung* sind die Folge.

theory of planned behavior   Theorie zum Zusammenhang von →*Einstellungen* und Verhalten; Weiterentwicklung der →*theory of reasoned action*.

theory of reasoned action   Theorie zum Zusammenhang von →*Einstellungen* und Verhalten. In Situationen, in denen Personen die Zeit und die Möglichkeit haben, ihr Verhalten zu reflektieren, ist die Entscheidung, ein bestimmtes Verhalten einzugehen (die Verhaltensabsicht), das Ergebnis eines rationalen Prozesses; eine Weiterentwicklung wurde mit der →*theory of planned behavior* vorgestellt).

Tiefschlag-Prinzip   →*low ball-Prinzip*.

tit for tat   Strategie der „absoluten Gegenseitigkeit", nach dem Motto „Wie Du mir, so ich Dir" (→*Reziprozitätsnorm*).

tit for tat plus one   Gegenleistungen/Entschädigungen fallen häufig größer aus als die „Schulden". Dies gibt die Sicherheit, dass die Schuld auch wirklich beglichen ist, und weist einen stärkeren Freiwilligkeitscharakter auf.

***top-down*-Verarbeitung**   Konzeptgeleitete Informationsverarbeitung unter verstärktem Rückgriff auf übergeordnete Wissensstrukturen (z. B. →*Schemata* oder →*Skripte*) und vereinfachende Prozeduren (z. B. →*Heuristiken*).

transaktives Gedächtnissystem   Bezeichnet die effektive Kombination der Gedächtnisse von zwei oder mehr Personen, indem eine klare Aufteilung besteht, wer für das Erinnern welcher Arten von Informationen zuständig ist. Dadurch kann Informationsverlusten entgegengewirkt und die gesamte Erinnerungsleistung einer →*Gruppe* verbessert werden.

Triade   In der →*Balance-Theorie* verwendete Bezeichnung für ein Einstellungsdreieck, welches aus zwei Personen und einem Einstellungsobjekt besteht. Stimmen die →*Einstellungen* der beiden Personen zueinander und die jeweils von den Personen vertretene Einstellung zu dem Einstellungsgegenstand überein, spricht man von einer balancierten Triade; kommt es zu Unstimmigkeiten (z. B. Person A mag den Einstellungsgegenstand, Person B mag den Gegenstand nicht, Person A mag aber Person B), so entsteht eine nicht balancierte Triade, die als unangenehm empfunden wird (→*Konsistenz*, →*Konsistenzbestreben*).

Trittbrettfahren (*free-rider effect*)   Variante des →*sozialen Faulenzens*, bei der Gruppenmitglieder ihre Leistung reduzieren, wenn sie ihren persönlichen Beitrag als für das Gruppenergebnis nicht bedeutsam wahrnehmen bzw. dieser nicht individuell zugeschrieben werden kann.

Typikalität   →*Repräsentativität*.

U

Überrechtfertigung (*overjustification effect*)   Eine vorhandene →*intrinsische Motivation* kann durch Zugabe einer Belohnung (→*extrinsische Motivation*) zerstört werden.

unabhängige Variable (UV)   Variable, die in →*Experimenten* systematisch variiert wird, um ihren Einfluss auf →*abhängige Variablen (AV)* zu untersuchen.

unrealistischer Optimismus   Annahme, dass Gutes einem selbst häufiger und Schlechtes einem selbst seltener widerfährt als anderen Menschen.

Unverzichtbarkeit (Köhler-Effekt)   →*Prozessgewinn* bei der Arbeit in →*Gruppen*, der dadurch erzielt wird, dass leistungsschwächere Mitglieder ihre Anstrengung steigern, um die Gruppe nicht aufzuhalten. Tritt auf, wenn der eigene Beitrag als für das (individuell bedeutsame) Gruppenergebnis wesentlich wahrgenommen wird.

***urban overload*-Hypothese**   Annahme, dass in Städten die Überfrachtung mit Reizen für den Einzelnen so groß ist, dass dieser sich eher gegenüber Außenreizen abschottet. Dadurch verringert sich beispielsweise die Wahrscheinlichkeit →*prosozialen Verhaltens* gegenüber Fremden.

Ursache-Wirkungs-Zusammenhang (auch Kausalitätsschluss)   Einen U. zu beschreiben, ist das Ziel experimenteller wissenschaftlicher Forschung. Um erklären zu können, dass eine Ursache (und nur diese) verantwortlich für eine bestimmte Wirkung ist, müssen Ursache und Wirkung kovariieren, die Ursache muss vor der Wirkung auftreten und Alternativerklärungen müssen ausgeschlossen werden können; diese Kriterien sind meist nur im →*Experiment* erfüllt.

Urteile, stimmungskongruente   Urteile werden von →*Stimmungen* beeinflusst: Typischerweise fallen sie in positiver Stimmung positiver, in negativer Stimmung negativer aus.

Urteilsheuristiken   →*Faustregeln*, die unter Einsatz geringer →*kognitiver Kapazitäten* zu einem hinreichend genauen Urteil führen; unter bestimmten Bedingungen kann es aber zu systematischen → *Urteilsverzerrungen* (*biases*) kommen.

Urteilsverzerrungen Fehlerhafte Urteile, die auf systematische Einflüsse während der Urteilsbildung zurückzuführen sind; treten beispielsweise unter bestimmten Umständen bei der Verwendung von → *Heuristiken* auf.

V

Valenz Wertigkeit; beispielsweise positive (Freude) oder negative (Ärger) Konnotation von Empfindungen.

Validität, externe Gütekriterium, das angibt, inwieweit Ergebnisse einer Studie auf andere als die untersuchten Situationen und → *Populationen* generalisierbar sind.

Validität, interne Gütekriterium, das angibt, inwieweit in einer empirischen Untersuchung sichergestellt ist, dass Veränderungen in der → *abhängigen Variable (AV)* nur durch die → *unabhängige Variable (UV)* beeinflusst werden.

Velten-Technik Selbstinstruktion, bei der durch das Lesen von Sätzen, die eine bestimmte → *Stimmung* ausdrücken/transportieren, beim Leser eine entsprechende Stimmung ausgelöst werden soll.

Verantwortungsdiffusion Mit zunehmender Personenzahl in einer → *Gruppe* sinkt das Verantwortungsgefühl des Einzelnen für die Erledigung einer Aufgabe, d. h., die Verantwortung „diffundiert"/verteilt sich über die Gruppenmitglieder (→ *bystander-Effekt*).

Verfügbarkeit (*availability*) Gedächtnisinhalte, die einem leicht in den Sinn kommen, sind → *kognitiv* verfügbarer; kann beispielsweise durch kürzliche oder häufige Aktivierung (z. B. durch Medienberichte), durch → *Auffälligkeit* oder eigene Erfahrung bedingt sein.

Verfügbarkeitsheuristik Mentale Vereinfachung/ → *Faustregel*, bei der Personen ihr Urteil auf die Leichtigkeit stützen, mit der ihnen ein Gedächtnisinhalt in den Sinn kommt. Das Urteil basiert auf dem Motto: „Wenn mir ein Ereignis leicht einfällt, dann wird es wohl häufig auftreten" oder „Wenn ich mir ein Ereignis leicht vorstellen kann, dann wird es wohl häufig vorkommen".

Vergewaltigungsmythen Annahmen bezüglich der Umstände von Vergewaltigungen, d. h. bezüglich Ursachen, Folgen, Täter, Opfer und deren Interaktion, mittels derer sexuelle Gewalt von Männern gegenüber Frauen geleugnet, verharmlost oder gerechtfertigt wird.

Verlusteskalation Wegen der Unfähigkeit, Entscheidungen zu revidieren/Vorhaben abzubrechen, auch wenn deren Erfolg bereits mehr als fraglich ist, werden meist weitere Anstrengungen in solche Vorhaben investiert, zum Teil werden die Anstrengungen sogar weiter intensiviert, was zu einem weiteren Ansteigen der Verluste führt.

Vernachlässigung der Basisrate → *Basisratenvernachlässigung.*

Vertraute(r) Vermeintliche Versuchsperson, die in Wirklichkeit ein Eingeweihter/Komplize des Versuchsleiters ist und im → *Experiment* eine bestimmte Rolle spielt.

Verwandtenselektion (*kin selection*) Der eigene → *genetische Erfolg (fitness)* kann indirekt durch → *prosoziales Verhalten* gegenüber engen Verwandten erhöht werden, da diese eine relativ hohe genetische Ähnlichkeit aufweisen; eine Erklärung dafür, warum engen Verwandten eher geholfen wird als Fremden.

vividness → *Lebhaftigkeit.*

Vorurteil → *Einstellungen* gegenüber Angehörigen einer → *Fremdgruppe*, die sich allein auf deren Gruppenzugehörigkeit gründet; Vorurteile weisen eine → *kognitive* (→ *Stereotyp*), eine → *affektive* (→ *Stereotypakzeptierung*) und eine Verhaltenskomponente (→ *Diskriminierung*) auf und können sowohl positiv als auch negativ sein.

W

Waffeneffekt Bezeichnung für den Befund, dass allein die Anwesenheit von Schusswaffen aggressives Verhalten wahrscheinlicher macht (→ *aggressive Hinweisreize*).

wahrgenommene Handlungskontrolle Bewertung der eigenen Fähigkeit, ein spezifisches Verhalten auszuführen und zu kontrollieren.

Wahrnehmung, selektive Häufig werden nicht alle Aspekte der Wirklichkeit aufgenommen, sondern unbewusst Ausschnitte daraus auswählt.

Wahrnehmung, soziale → *soziale Wahrnehmung.*

Wir-Gefühl Die Mitglieder einer → *Gruppe* nehmen sich selbst als Gruppe wahr und grenzen sich damit gegenüber anderen Personen ab („wir" und „die anderen"). Durch diese Abgrenzung wird die Gruppe auch von Außenstehenden als Gruppe/Einheit wahrgenommen (→ *Kohäsion*).

Wortentscheidungsaufgabe (*lexical decision task*) Verfahren zur Messung der → *Verfügbarkeit* von → *Kategorien*; Versuchspersonen werden per Computerbildschirm Wörter (z. B. „Spinne") und Pseudowörter (z. B. „Pruz") dargeboten, die diese als Wort oder Nicht-Wort klassifizieren sollen (meist per Tastendruck). Je geringer die Reaktionszeit auf die Wörter, desto höher die Verfügbarkeit der Wörter und desto höher die Verfügbarkeit der den Wörtern zugrunde liegenden Kategorien.

Y

Yale-Ansatz der Einstellungsänderung An der Yale University entwickelte Theorie, wonach persuasive Botschaften unabhängig von ihrem Inhalt an Wirkung gewinnen, wenn bestimmte Aspekte der Botschaft, des Rezipienten sowie Merkmale des Kommunikators beachtet werden.

Z

zentrale Route der Persuasion Weg zu einer Einstellungsänderung, wobei die Änderung der → *Einstellung* aus der → *systematischen Verarbeitung* einer persuasiven Information resultiert (→ *Elaboration-Likelihood-Modell*).

Zugänglichkeit (*accessibility*) Leichtigkeit und Geschwindigkeit, mit der Informationen im Gedächtnis aufgefunden und abgerufen werden können.

Zweiseitigkeit der Argumentation Im Rahmen der → *Persuasion* erreichen Botschaften eine größere Überzeugungskraft, wenn die Argumente zweiseitig aufgebaut sind, d. h. das Für und das Wider der Position dargelegt wird, und nicht nur einseitig jene Argumente, die die eigene Position stützen; nur erfolgreich, wenn der Kommunikator das Wider auch gut ausräumen kann.

Zweistufenprozess der Attribution Ein beobachtetes Verhalten wird in einem ersten Schritt automatisch internal attribuiert; stehen Zeit, Energie und Motivation zur Verfügung, kann es zu einer zweiten Verarbeitungsstufe kommen, auf der die → *Attribution* um mögliche Ursachen außerhalb der beobachteten Person korrigiert wird.

Zygomatikus-Muskel Mit Lächeln assoziierter Gesichtsmuskel, der aktiviert werden kann, indem ein Stift mit den Zähnen gehalten wird; diente unter anderem in der → *pen study* zum experimentellen Nachweis der Einstellungsbildung durch → *facial feedback*.

Literaturverzeichnis

Aarts, H. & Dijksterhuis, A. (2003). The silence of the library: Environment, situational norm, and social behavior. *Journal of Personality and Social Psychology, 84*, 18–24.

Aarts, H., Dijksterhuis, A. & De Vries, P. (2001). On the psychology of drinking: Being thirsty and perceptually ready. *British Journal of Psychology, 92*, 631–642.

Abelson, R. P., Dasgupta, N., Park, J. & Banaji, M. R. (1998). Perceptions of the collective other. *Personality and Social Psychology Review, 2*, 243–250.

Åberg, L. (1993). Drinking and driving: Intentions, attitudes, and social norms of Swedish male drivers. *Accident Analysis & Prevention, 29*, 289–296.

Abrams, D., Wetherell, M., Cochrane, S., Hogg, M. A. & Turner, J. C. (1990). Knowing what to think by knowing who you are: Self-categorization and the nature of norm formation, conformity, and group polarization. *British Journal of Social Psychology, 29*, 97–119.

Adams, D. B. (2006). Brain mechanisms of aggressive behavior: An updated review. *Neuroscience and Biobehavioral Reviews, 30*, 304–318.

Adelmann, P. K. & Zajonc, R. B. (1989). Facial efference and the experience of emotion. *Annual Review of Psychology, 40*, 249–280.

Adiga, A., Birger, J., Carter, A. & Feldman, A. (2001, November). Sudden impact. *Money, 30*, 257–270.

Agell, G. & Rothblum, E. D. (1991). Effects of clients' obesity and gender on the therapy judgments of psychologists. *Professional Psychology: Research and Practice, 22*, 223–229.

Agnoli, F. (1991). Development of judgmental heuristics and logical reasoning: Training counteracts the representativeness heuristic. *Cognitive Development, 6*, 195–217.

Agnoli, F. & Krantz, D. H. (1989). Suppressing natural heuristics by formal instruction: The case of the conjunction fallacy. *Cognitive Psychology, 21*, 515–550.

Aguinis, H., Simonsen, M. M. & Pierce, C. A. (1998). Effects of nonverbal behavior on perceptions of power bases. *Journal of Social Psychology, 138*, 455–469.

Aiello, J. R. & Kolb, K. J. (1995). Electronic monitoring and social context: Impact on productivity and stress. *Journal of Applied Psychology, 80*, 339–353.

Ajzen, I. (1991). The theory of planned behavior. *Organizational Behavior and Human Decision Processes, 50*, 179–211.

Ajzen, I. (2001). Nature and operation of attitudes. *Annual Review of Psychology, 52*, 27–58.

Ajzen, I. (2002). Perceived behavioral control, self-efficacy, locus of control, and the theory of planned behavior. *Journal of Applied Social Psychology, 32*, 665–683.

Ajzen, I. & Fishbein, M. (1973). Attitudinal and normative variables as predictors of specific behavior. *Journal of Personality and Social Psychology, 27*, 41–57.

Ajzen, I. & Fishbein, M. (1977). Attitude-behavior relations: A theoretical analysis and review of empirical research. *Psychological Bulletin, 84*, 888–918.

Ajzen, I. & Fishbein, M. (2005). The Influence of Attitudes on Behavior. In D. Albarracin, B. T. Johnson & M. P. Zanna (Eds.), *The handbook of attitudes* (pp. 173–221). Mahwah, NJ: Erlbaum.

Albanese, R. & Van Fleet, D. D. (1985). Rational behavior in groups: The free-riding tendency. *Academy of Management Review, 10*, 244–255.

Albarracin, D. & Wyer, R. S. (2000). The cognitive impact of past behavior: Influences on beliefs, attitudes, and future behavioral decisions. *Journal of Personality and Social Psychology, 79*, 5–22.

Albert, D. J., Walsh, M. L. & Jonik, R. H. (1993). Aggression in humans: What is its biological foundation? *Neuroscience and Biobehavioral Reviews, 17*, 405–425.

Aldag, R. J. & Fuller, S. R. (1993). Beyond fiasco: A reappraisal of the groupthink phenomenon and a new model of group decision processes. *Psychological Bulletin, 113*, 533–552.

Alexander, M. J. & Higgins, E. T. (1993). Emotional trade-offs of becoming a parent: How social roles influence self-discrepancy effects. *Journal of Personality and Social Psychology, 65*, 1259–1269.

Alfano, M. S., Joiner, T. E. & Perry, M. (1994). Attributional style: A mediator of the shyness-depression relationship? *Journal of Research in Personality, 28*, 287–300.

Alicke, M. D. (1985). Global self-evaluation as determined by the desirability and controllability of trait adjectives. *Journal of Personality and Social Psychology, 49*, 1621–1630.

Alicke, M. D., Vredenburg, D. S., Hiatt, M. & Govorun, O. (2001). The „better than myself effect". *Motivation and Emotion, 25*, 7–22.

Allen, M. (1991). Meta-analysis comparing the persuasiveness of one-sided and two-sided messages. *Western Journal of Speech Communication, 55*, 390–404.

Allen, M., Hale, J., Mongeau, P., Berkowitz-Stafford, S., Stafford, S., Shanahan, W., Agee, P., Dillon, K., Jackson, R. & Ray, C. (1990). Testing a model of message sidedness: Three replications. *Communication Monographs, 57*, 275–291.

Allen, V. L. (1965). Conformity and the role of deviant. *Journal of Personality, 33*, 584–597.

Allen, V. L. & Levine, J. M. (1969). Consensus and conformity. *Journal of Experimental Social Psychology, 5*, 389–399.

Allen, V. L. & Levine, J. M. (1971). Social support and conformity: The role of independent assessment of reality. *Journal of Experimental Social Psychology, 7*, 48–58.

Alley, T. R. (1988). *Social and applied aspects of perceiving faces.* Hillsdale, NJ: Erlbaum.

Allison, P. D. (1992). The cultural evolution of beneficent norms. *Social Forces, 71*, 279–301.

Allison, S. T. & Messick, D. M. (1988). The feature-positive effect, attitude strength, and degree of perceived consensus. *Personality and Social Psychology Bulletin, 14*, 231–241.

Allport, F. H. (1920). The influence of the group upon association and thought. *Journal of Experimental Psychology, 3*, 159–182.

Allport, F. H. (1924). The Ku-Klux-Klan: A study of the American mind. *Journal of Abnormal & Social Psychology, 19*, 429–431.

Allport, G. W. (1954). *The nature of prejudice.* Oxford, England: Addison-Wesley.

Allport, G. W. (1968). *The person in psychology: Selected essays.* Boston: Beacon Press.

Allport, G. W. (1985). The historical background of social psychology. In G. Lindzey & E. Aronson (Eds.), *The handbook of social psychology* (3rd ed., Vol. 1, pp. 1–46). New York: McGraw-Hill.

Ambady, N., Paik, S. K., Steele, J., Owen-Smith, A. & Mitchell, J. P. (2004). Deflecting negative self-relevant stereotype activation: The effects of individuation. *Journal of Experimental Social Psychology, 40*, 401–408.

Ambady, N. & Rosenthal, R. (1992). Thin slices of expressive behavior as predictors of interpersonal consequences: A meta-analysis. *Psychological Bulletin, 111*, 256–274.

Ambady, N. & Rosenthal, R. (1993). Half a minute: Predicting teacher evaluations from thin slices of nonverbal behavior and physical attractiveness. *Journal of Personality and Social Psychology, 64*, 431–441.

American Psychiatric Association. (2000). *Diagnostic and statistical manual of mental disorders* (4th ed., text revision). Washington, DC: American Psychiatric Press.

American Psychological Association. (2002). Ethical principles of psychologists and code of conduct. *American Psychologist, 57*, 1060–1073.

Amundson, N. E. (1994). Negotiating identity during unemployment. *Journal of Employment Counseling, 31*, 98–104.

Anderson, C. A. (1987). Temperature and aggression: Effects on quarterly, yearly, and city rates of violent and nonviolent crime. *Journal of Personality and Social Psychology, 52*, 1161–1173.

Anderson, C. A. (1989). Temperature and aggression: Ubiquitous effects of heat on occurrence of human violence. *Psychological Bulletin, 106*, 74–96.

Anderson, C. A. (1999). Attributional style, depression, and loneliness: A cross-cultural comparison of American and Chinese students. *Personality and Social Psychology Bulletin, 25*, 482–499.

Anderson, C. A. (2004). An update on the effects of playing violent video games. *Journal of Adolescence, 27*, 113–122.

Anderson, C. A., Anderson, K. B. & Deuser, W. E. (1996). Examining an affective aggression framework: Weapon and temperature effects on aggressive thoughts, affect, and attitudes. *Personality and Social Psychology Bulletin, 22*, 366–376.

Anderson, C. A., Benjamin, A. J., Jr. & Bartholow, B. D. (1998). Does the gun pull the trigger? Automatic priming effects of weapon pictures and weapon names. *Psychological Science, 9*, 308–314.

Anderson, C. A. & Bushman, B. J. (2001). Effects of violent video games on aggressive behavior, aggressive cognition, aggressive affect, physiological arousal, and prosocial behavior: A meta-analytic review of the scientific literature. *Psychological Science, 12*, 353–359.

Anderson, C. A. & Bushman, B. J. (2002). Human aggression. *Annual Review of Psychology, 53*, 27–51.

Anderson, C. A., Bushman, B. J. & Groom, R. W. (1997). Hot years and serious and deadly assault: Empirical tests of the heat hypothesis. *Journal of Personality and Social Psychology, 73*, 1213–1223.

Anderson, C. A. & Carnagey, N. L. (2004). Violent evil and the General Aggression Model. In A. G. Miller (Ed.), *The social psychology of good and evil* (pp. 168–192). New York: Guilford.

Anderson, C. A., Carnagey, N. L. & Eubanks, J. (2003). Exposure to violent media: The effects of songs with violent lyrics on aggressive thoughts and feelings. *Journal of Personality and Social Psychology, 84,* 960–971.

Anderson, C. A., Deuser, W. E. & DeNeve, K. (1995). Hot temperatures, hostile affect, hostile cognition, and arousal: Tests of a general model of affective aggression. *Personality and Social Psychology Bulletin, 21,* 434–448.

Anderson, C. A. & Dill, K. E. (2000). Video games and aggressive thoughts, feelings, and behavior in the laboratory and in life. *Journal of Personality and Social Psychology, 78,* 772–790.

Anderson, J. R. (2001). *Kognitive Psychologie* (3. Aufl.). Heidelberg: Spektrum Akademischer Verlag.

Anderson, N. R. (1991). Decision making in the graduate selection interview: An experimental investigation. *Human Relations, 44,* 403–417.

Anderson, V. L. (1993). Gender differences in altruism among Holocaust rescuers. *Journal of Social Behavior and Personality, 8,* 43–58.

Antonio, A. L., Chang, M. J., Hakuta, K., Kenny, D. A., Levin, S. & Milem, J. F. (2004). Effects of Racial Diversity on Complex Thinking in College Students. *Psychological Science, 15,* 507–510.

Apanovitch, A. M., Hobfoll, S. E. & Salovey, P. (2002). The effects of social influence on perceptual and affective reactions to scenes of sexual violence. *Journal of Applied Social Psychology, 32,* 443–464.

Appelgryn, A. E. & Nieuwoudt, J. M. (1988). Relative deprivation and the ethnic attitudes of Blacks and Afrikaans-speaking Whites in South Africa. *Journal of Social Psychology, 128,* 311–323.

Archer, J. (1991). The influence of testosterone on human aggression. *British Journal of Psychology, 82,* 1–28.

Archer, J. (2006). Testosterone and human aggression: An evaluation of the challenge hypothesis. *Neuroscience and Biobehavioral Reviews, 30,* 319–345.

Armstrong, B., Johnson, D. W. & Balow, B. (1981). Effects of cooperative vs. individualistic learning experiences on interpersonal attraction between learning disabled and normal progress elementary school students. *Contemporary Educational Psychology, 6,* 102–109.

Arndt, J., Greenberg, J. & Cook, A. (2002). Mortality salience and the spreading activation of world-view-relevant constructs: Exploring the cognitive architecture of terror management. *Journal of Experimental Psychology: General, 131,* 307–324.

Arndt, J., Greenberg, J., Schimel, J., Pyszczynski, T. & Solomon, S. (2002). To belong or not to belong, that is the question: Terror management and identification with gender and ethnicity. *Journal of Personality and Social Psychology, 83,* 26–43.

Arnold, W., Eysenck, H. J. & Meili, R. (Hrsg.). (1988). *Lexikon der Psychologie* (6. Aufl.). Freiburg: Herder.

Arnscheid, R. & Schomers, P. (1996). Einstellung und Leistung in Gruppen: Eine Überprüfung der Theorie des geplanten Verhaltens bei Spielern der Basketball-Bundesliga. *Zeitschrift für Sozialpsychologie, 27,* 61–69.

Aronson, E. (1999). Dissonance, hypocrisy, and the self-concept. In E. Harmon-Jones & J. Mills (Eds.), *Cognitive dissonance: Progress on a pivotal theory in social psychology* (pp. 103–126). Washington, DC: American Psychological Association.

Aronson, E. & Bridgeman, D. (1979). Jigsaw groups and the desegregated classroom: In pursuit of common goals. *Personality and Social Psychology Bulletin, 5,* 438–446.

Aronson, E. & Carlsmith, J. M. (1963). Effect of the severity of threat on the devaluation of forbidden behavior. *Journal of Abnormal and Social Psychology, 66,* 584–588.

Aronson, E. & Gonzalez, A. (1988). Desegregation, jigsaw, and the Mexican-American experience. In P. A. Katz & D. Taylor (Eds.), *Eliminating racism: Profiles in controversy*, (pp. 301–314). New York: Plenum.

Aronson, E. & Mills, J. (1959). The effect of severity of initiation on liking for a group. *Journal of Abnormal and Social Psychology, 59,* 177–181.

Aronson, E. & Patnoe, S. (1997). *Cooperation in the classroom: The Jigsaw method.* New York: Longman.

Aronson, E., Wilson, T. D. & Akert, R. M. (2004). *Sozialpsychologie* (4. Aufl.). München: Pearson Studium.

Aronson, J., Blanton, H. & Cooper, J. (1995). From dissonance to disidentification: Selectivity in the self-affirmation process. *Journal of Personality and Social Psychology, 68,* 986–996.

Aronson, J., Cohen, G. & Nail, P. R. (1999). Self-affirmation theory: An update and appraisal. In E. Harmon-Jones & J. Mills (Eds.), *Cognitive dissonance: Progress on a pivotal theory in social psychology* (pp. 127–147). Washington, DC: American Psychological Association.

Aronson, J., Lustina, M. J., Good, C., Keough, K., Steele, C. M., Brown, J. (1999). When white men can't do math: Necessary and sufficient factors in stereotype threat. *Journal of Experimental Social Psychology, 35,* 29–46.

Arroyo, C. G. & Zigler, E. (1995). Racial identity, academic achievement, and the psychological well-being of economically disadvantaged adolescents. *Journal of Personality and Social Psychology, 69,* 903–914.

Asch, S. E. (1946). Forming impressions of personality. *Journal of Abnormal and Social Psychology, 41,* 258–290.

Asch, S. E. (1951). Effects of group pressure upon the modification and distortion of judgments. In H. Guetzkow (Ed.), *Groups, leadership, and men* (pp. 177–190). Pittsburgh, PA: Carnegie Press.

Asch, S. E. (1955). Opinions and social pressure. *Scientific American, 193,* 31–35.

Asch, S. E. (1956). Studies of independence and conformity: A minority of one against a unanimous majority. *Psychological Monographs, 70,* 70.

Asch, S. E. (1965). *Social psychology.* Englewood Cliffs, NJ: Prentice-Hall.

Ashby, F. G., Isen, A. M. & Turken, A. U. (1999). A neuropsychological theory of positive affect and its influence on cognition. *Psychological Review, 106,* 529–550.

Ashfort, B. E. & Mael, F. (1989). Social identity theory and the organization. *Academy of Management Review, 14,* 20–39.

Ashmore, R. D. (1981). Sex stereotypes and implicit personality theory. In D. L. Hamilton (Ed.), *Cognitive processes in stereotyping and intergroup behavior* (pp. 37–81). Hillsdale, NJ: Erlbaum.

Aspinwall, L. G. & Taylor, S. E. (1993). Effects of social comparison direction, threat and self-esteem on affect, evaluation and expected success. *Journal of Personality and Social Psychology, 64,* 708–722.

Axsom, D., Yates, S. & Chaiken, S. (1987). Audience response as a heuristic cue in persuasion. *Journal of Personality and Social Psychology, 53,* 30–40.

Ayduk, O., Downey, G., Testa, A. & Yen, Y. (1999). Does rejection elicit hostility in rejection sensitive women? *Social Cognition, 17,* 245–211.

Azrin, N. (1967). Pain and aggression. *Psychology Today, 1,* 26–33.

Babad, E., Bernieri, F. & Rosenthal, R. (1991). Students as judges of teachers' verbal and nonverbal behavior. *American Educational Research Journal, 28,* 211–234.

Baddeley, A. D. (1979). The limitations of human memory: Implications for the design of retrospective surveys. In L. Moss & H. Goldstein (Eds.), *The recall method in social surveys* (pp. 13–30). London, England: University of London Institute of Education.

Bailey, D. S., Leonard, K. E., Cranston, J. W. & Taylor, S. P. (1983). Effects of alcohol and self-awareness on human physical aggression. *Personality and Social Psychology Bulletin, 9,* 289–295.

Bamberg, S. (1995). Wie bekommt man den/die Autonutzer/-nutzerin in den Bus? Probleme und Ergebnisse einer Anwendung der Theorie geplanten Verhaltens im Kontext praktischer Verkehrsplanungsfragestellungen. *Zeitschrift für Sozialpsychologie, 26,* 243–262.

Bamberg, S. (1996). Habitualisierte Pkw-Nutzung: Integration des Konstrukts „Habit" in die Theorie des geplanten Verhaltens. *Zeitschrift für Sozialpsychologie, 27,* 295–310.

Bamberg, S., Ajzen, I. & Schmidt, P. (2003). Choice of Travel Mode in the Theory of Planned Behavior: The Roles of Past Behavior, Habit, and Reasoned Action. *Basic and Applied Social Psychology, 25,* 175–187.

Bamberg, S. & Lüdemann, C. (1996). Eine Überprüfung der Theorie des geplanten Verhaltens in zwei Wahlsituationen mit dichotomen Handlungsalternativen: Rad vs. PKW und Container vs. Hausmüll. *Zeitschrift für Sozialpsychologie, 27,* 32–46.

Bamberg, S. & Schmidt, P. (1993). Verkehrsmittelwahl – eine Anwendung der Theorie des geplanten Verhaltens. *Zeitschrift für Sozialpsychologie, 24,* 25–37.

Bamberg, S. & Schmidt, P. (2001). Theory-driven subgroup-specific evaluation of an intervention to reduce private car use. *Journal of Applied Social Psychology, 31,* 1300–1329.

Bandura, A. (1973). *Aggression: A social learning analysis.* Oxford, England: Prentice-Hall.

Bandura, A. (1977). Self-efficacy: Toward a unifying theory of behavioral change. *Psychological Review, 84,* 191–215.

Bandura, A. (1997). *Self-efficacy: The exercise of control.* New York: Freeman.

Bandura, A., Ross, D. & Ross, S. A. (1961). Transmission of aggression through imitation of aggressive models. *Journal of Abnormal and Social Psychology, 63,* 575–582.

Bandura, A., Ross, D. & Ross, S. A. (1963). Imitation of film-mediated aggressive models. *Journal of Abnormal and Social Psychology, 66,* 3–11.

Bandura, A. & Walters, R. H. (1959). *Adolescent aggression: a study of the influence of child-training practices and family interrelationships.* Oxford, England: Ronald Press.

Bar, M., Neta, M. & Linz, H. (2006). Very first impressions. *Emotion, 6,* 269–278.

Bar-Hillel, M. & Neter, E. (1993). How alike is it versus how likely is it: A disjunction fallacy in probability judgments. *Journal of Personality and Social Psychology, 65,* 1119–1131.

Barden, J., Maddux, W. W., Petty, R. E. & Brewer, M. B. (2004). Contextual moderation of racial bias: The impact of social roles on controlled and automatically activated attitudes. *Journal of Personality and Social Psychology, 87,* 5–22.

Bargh, J. A. (1989). Conditional automaticity: Varieties of automatic influence in social perception and cognition. In J. S. Uleman & J. A. Bargh (Eds.), *Unintended thought* (pp. 3–51). New York: Guilford.

Bargh, J. A. (1994). The four horsemen of automaticity: Awareness, intention, efficiency, and control in social cognition. In R. S. Wyer & T. K. Srull (Eds.), *Handbook of social cognition* (2nd ed, pp. 1–40). Hillsdale, NJ: Erlbaum.

Bargh, J. A. (1996). Automaticity in social psychology. In: E. T. Higgins & A. Kruglanski (Eds.), *Social psychology: Handbook of basic principles* (pp. 169–183). New York: Guilford.

Bargh, J. A. (1997). The automaticity of everyday life. In R. S. Wyer (Ed.), *Advances in social cognition,* (Vol. 10, pp. 1–61). Mahwah, NJ: Erlbaum.

Bargh, J. A. (1999). The cognitive monster: The case against the controllability of automatic stereotype effects. In S. Chaiken & Y. Trope (Eds.), *Dual-process theories in social psychology* (pp. 361–382). New York: Guilford.

Bargh, J. A., Chaiken, S., Raymond, P. & Hymes, C. (1996). The automatic evaluation effect: Unconditional automatic attitude activation with a pronunciation task. *Journal of Experimental Social Psychology, 32,* 104–128.

Bargh, J. A. & Chartrand, T. L. (1999). The unbearable automaticity of being. *American Psychologist, 54,* 462–479.

Bargh, J. A., Chen, M. & Burrows, L. (1996). Automaticity of social behavior: Direct effects of trait construct and stereotype activation on action. *Journal of Personality and Social Psychology, 71,* 230–244.

Bargh, J. A. & Gollwitzer, P. M. (1994). Environmental control of goal-directed action: Automatic and strategic contingencies between situations and behavior. Nebraska symposium on motivation, Vol. 41. In W. D. Spaulding (Ed.), *Integrative views of motivation, cognition, and emotion* (pp. 71–124). Lincoln, NE: University of Nebraska Press.

Bargh, J. A. & Pietromonaco, P. (1982). Automatic information processing and social perception: The influence of trait information presented outside of conscious awareness on impression formation. *Journal of Personality and Social Psychology, 43,* 437–449.

Bargh, J. A. & Pratto, F. (1986). Individual construct accessibility and perceptual selection. *Journal of Experimental Social Psychology, 22,* 293–311.

Barker, L. M., Best, M. R. & Domjan, M. (1977). *Learning mechanisms in food selection.* Waco, TX: Baylor University Press.

Barkow, J. H., Cosmides, L. & Tooby, J. (Eds.). (1992). *The adapted mind: Evolutionary psychology and the generation of culture.* New York: Oxford University Press.

Baron, A. S. & Banaji, M. R. (2006). The Development of Implicit Attitudes: Evidence of Race Evaluations from Ages 6 and 10 and Adulthood. *Psychological Science, 17,* 53–58.

Baron, J. (1997a). The illusion of morality as self-interest: A reason to cooperate in social dilemmas. *Psychological Science, 8,* 330–335.

Baron, J. (1997b). The sweet smell of ... helping: Effects of pleasant ambient fragrance on prosocial behavior in shopping malls. *Personality and Social Psychology Bulletin, 23,* 498–503.

Baron, J. & Thomley, J. (1994). A whiff of reality: Positive affect as a potential mediator of the effects of pleasant fragrances on task performance and helping. *Environment and Behavior, 26,* 766–784.

Baron, R. A. (1974a). The aggression-inhibiting influence of heightened sexual arousal. *Journal of Personality and Social Psychology, 30,* 318–322.

Baron, R. A. (1974b). Sexual arousal and physical aggression: The inhibiting influence of „cheesecake" and nudes. *Bulletin of Psychonomic Society, 3,* 337–339.

Baron, R. A. (1979). Heightened sexual arousal and physical aggression: An extension to females. *Journal of Research in Personality, 13,* 91–102.

Baron, R. A. (1983). The control of human aggression: An optimistic perspective. *Journal of Social and Clinical Psychology, 1,* 97–119.

Baron, R. A. & Bell, P. A. (1973). Effects of heightened sexual arousal on physical aggression. *Proceedings of the 81st Annual Convention of the American Psychological Association, 8*, 171–172.

Baron, R. A. & Bell, P. A. (1975). Aggression and heat: Mediating effects of prior provocation and exposure to an aggressive model. *Journal of Personality and Social Psychology, 31*, 825–832.

Baron, R. A. & Bell, P. A. (1976). Aggression and heat: The influence of ambient temperature, negative affect, and a cooling drink on physical aggression. *Journal of Personality and Social Psychology, 33*, 245–255.

Baron, R. A. & Byrne, D. (2003). *Social psychology* (10th ed.). Boston: Allyn and Bacon.

Baron, R. A., Fortin, S. P., Frei, R. L., Haver, L. A. & Shack, M. L. (1990). Reducing organizational conflict: The potential role of socially-induced positive affect. *International Journal of Conflict Management, 1*, 133–152.

Baron, R. A. & Ransberger, V. M. (1978). Ambient temperature and the occurrence of collective violence: The „long, hot summer" revisited. *Journal of Personality and Social Psychology, 36*, 351–360.

Baron, R. A. & Richardson, D. R. (1994). *Human aggression* (2nd ed.). New York: Plenum.

Baron, R. S. (1986). Distraction-conflict theory: Progress and problems. In L. Berkowitz (Ed.), *Advances in experimental social psychology* (Vol. 19, pp. 1–40). Orlando, FL: Academic Press.

Baron, R. S., Moore, D. & Sanders, G. S. (1978). Distraction as a source of drive in social facilitation research. *Journal of Personality and Social Psychology, 36*, 816–824.

Baron, R. S., Vandello, J. A. & Brunsman, B. (1996). The forgotten variable in conformity research: Impact of task importance on social influence. *Journal of Personality and Social Psychology, 71*, 915–927.

Barreto, M. & Ellemers, N. (2005). The perils of political correctness: men's and women's responses to old-fashioned and modern sexist views. *Social Psychology Quarterly, 68*, 75–88.

Barsalou, L. W. (1985). Ideals, central tendency, and frequency of instantiation as determinants of graded structure in categories. *Journal of Experimental Psychology: Learning, Memory, and Cognition, 11*, 629–654.

Bartholow, B. D. & Anderson, C. A. (2002). Effects of violent video games on aggressive behavior: Potential sex differences. *Journal of Experimental Social Psychology, 38*, 283–290.

Bartholow, B. D., Bushman, B. J. & Sestir, M. A. (2006). Chronic violent video game exposure and desensitization to violence: Behavioral and event-related brain potential data. *Journal of Experimental Social Psychology, 42*, 532–539.

Bartholow, B. D., Dickter, C. L. & Sestir, M. A. (2006). Stereotype Activation and Control of Race Bias: Cognitive Control of Inhibition and Its Impairment by Alcohol. *Journal of Personality and Social Psychology, 90*, 272–287.

Bartholow, B. D. & Heinz, A. (2006). Alcohol and aggression without consumption: Alcohol cues, aggressive thoughts, and hostile perception bias. *Psychological Science, 17*, 30–37.

Bartlett, F. C. (1932). *Remembering. A study in experimental and social psychology.* Cambridge, England: University Press.

Bartlett, M. Y. & DeSteno, D. (2006). Gratitude and prosocial behavior: Helping when it costs you. *Psychological Science, 17*, 319–325.

Batsell, W. R., Jr. & Brown, A. S. (1998). Human flavor-aversion learning: A comparison of traditional aversions and cognitive aversions. *Learning and Motivation, 29*, 383–396.

Bat-Chava, Y. (1994). Group identification and self-esteem of deaf adults. *Personality and Social Psychology Bulletin, 20*, 494–502.

Batson, C. D. (1997). Self-other merging and the empathy-altruism hypothesis: Reply to Neuberg et al. (1997). *Journal of Personality and Social Psychology, 73*, 517–522.

Batson, C. D. (1998). Altruism and prosocial behavior. In D. T. Gilbert, S. T. Fiske & G. Lindzey (Eds.), *The handbook of social psychology,* (Vol. 2, 4th ed., pp. 282–316). New York: McGraw-Hill.

Batson, C. D., Batson, J. G., Slingsby, J. K., Harrell, K. L., Peekna, H. M. & Todd, R. M. (1991). Empathic joy and the empathy-altruism hypothesis. *Journal of Personality and Social Psychology, 61*, 413–426.

Batson, C. D., Batson, J. G., Todd, R. M., Brummett, B. H., Shaw, L. L. & Aldeguer, C. M. R. (1995). Empathy and collective good: Caring for one of the others in a social dilemma. *Journal of Personality and Social Psychology, 68*, 619–631.

Batson, C. D., Bolen, M. H., Cross, J. A. & Neuringer-Benefiel, H. E. (1986). Where is the altruism in the altruistic personality? *Journal of Personality and Social Psychology, 50*, 212–220.

Batson, C. D., Cochran, P. J., Biederman, M. F., Blosser, J. L., Ryan, M. J., Vogt, B. (1978). Failure to help when in a hurry: Callousness or conflict? *Personality and Social Psychology Bulletin, 4*, 97–101.

Batson, C. D., Coke, J. S., Jasnoski, M. L. & Hanson, M. (1978). Buying kindness: Effect of an extrinsic incentive for helping on perceived altruism. *Personality and Social Psychology Bulletin, 4,* 86–91.

Batson, C. D., Duncan, B. D., Ackerman, P., Buckley, T. & Birch, K. (1981). Is empathic emotion a source of altruistic motivation? *Journal of Personality and Social Psychology, 40,* 290–302.

Batson, C. D., Dyck, J. L., Brandt, J. R., Batson, J. G., Powell, A. L., McMaster, M. R. & Griffitt, C. (1988). Five studies testing two new egoistic alternatives to the empathy-altruism hypothesis. *Journal of Personality and Social Psychology, 55,* 52–77.

Batson, C. D., Fultz, J., Schoenrade, P. A. & Paduano, A. (1987). Critical self-reflection and self-perceived altruism: When self-reward fails. *Journal of Personality and Social Psychology, 53,* 594–602.

Batson, C. D. & Oleson, K. C. (1991). Current status of the empathy-altruism hypothesis. In M. S. Clark (Ed.), *Review of Personality and Social Psychology* (Vol. 12, pp. 62–85). Newbury Park, CA: Sage.

Batson, C. D., O'Quin, K., Fultz, J., Vanderplas, M. & Isen, A. M. (1983). Influence of self-reported distress and empathy on egoistic versus altruistic motivation to help. *Journal of Personality and Social Psychology, 45,* 706–718.

Batson, C. D., Sager, K., Garst, E., Kang, M., Rubchinsky, K. & Dawson, K. (1997). Is empathy-induced helping due to self-other merging? *Journal of Personality and Social Psychology, 73,* 495–509.

Batson, C. D. & Weeks, J. L. (1996). Mood effects of unsuccessful helping: Another test of the empathy-altruism hypothesis. *Personality and Social Psychology Bulletin, 22,* 148–157.

Baumann, M. R. & Bonner, B. L. (2004). The effects of variability and expectations on utilization of member expertise and group performance. *Organizational Behavior and Human Decision Processes, 93,* 89–101.

Baumeister, R. F. (1982). A self-presentational view of social phenomena. *Psychological Bulletin, 91,* 3–26.

Baumeister, R. F. (1998). The self. In D. T. Gilbert, S. T. Fiske & G. Lindzey, G. (Eds.), *The handbook of social psychology* (4th ed., Vol. 1, pp. 680–740). New York: McGraw-Hill.

Baumeister, R. F., Bratslavsky, E., Muraven, M. & Tice, D. M. (1998). Ego depletion: Is the active self a limited resource? *Journal of Personality and Social Psychology, 74,* 1252–1265.

Baumeister, R. F., Bushman, B. J. & Campbell, W. K. (2000). Self-esteem, narcissism; and aggression: Does violence result from low self-esteem or from threatened egotism? *Current Directions in Psychological Science, 9,* 26–29.

Baumeister, R. F., Campbell, J. D., Krueger, J. I. & Vohs, K. E. (2003). Does high self-esteem cause better performance, interpersonal success, happiness, or healthier lifestyles? *Psychological Science in the Public Interest 4,* 1–44.

Baumeister, R. F., Chesner, S. P., Senders, P. S. & Tice, D. M. (1988). Who's in charge here? Group leaders do lend help in emergencies. *Personality and Social Psychology Bulletin, 14,* 17–22.

Baumeister, R. F. & Leary, M. R. (1995). The need to belong: Desire for interpersonal attachments as a fundamental human motivation. *Psychological Bulletin, 117,* 497–529.

Baumeister, R. F. & Leary, M. R. (2000). The need to belong: Desire for interpersonal attachments as a fundamental human motivation. In E. T. Higgins & A. W. Kruglanski (Eds.), *Key reading in social psychology. Motivational science: Social and personality perspectives* (pp. 24–49). New York: Psychology Press.

Baumeister, R. F., Muraven, M. & Tice, D. M. (2000). Ego depletion: A resource model of volition, self-regulation, and controlled processing. *Social Cognition, 18,* 130–150.

Baumeister, R. F., Smart, L. & Boden, J. M. (1996). Relation of threatened egotism to violence and aggression: The dark side of high self-esteem. *Psychological Review, 103,* 5–33.

Baumeister, R. F., Stillwell, A. M. & Heatherton, T. F. (1994). Guilt: An interpersonal approach. *Psychological Bulletin, 115,* 243–267.

Baumeister, R. F., Twenge, J. M. & Nuss, C. K. (2002). Effects of social exclusion on cognitive processes: Anticipated aloneness reduces intelligent thought. *Journal of Personality and Social Psychology, 83,* 817–827.

Baumeister, R. F. & Vohs, K. D. (Eds.). (2004). *Handbook of Self-Regulation*. New York: Guilford.

Beaman, A. L., Klentz, B., Diener, E. & Svanum, S. (1979). Self-awarenesss and transgression in children: Two field studies. *Journal of Personality and Social Psychology, 37,* 1835–1846.

Bechara, A., Damasio, A. R., Damasio, H. & Anderson, S. W. (1995). Insensitivity to future consequences following damage to human prefrontal cortex. In J. Mehler & S. Franck (Eds.), *Cognition on cognition* (pp. 3–11). Cambridge, MA: The MIT Press.

Bechara, A., Damasio, H., Tranel, D. & Damasio, A. R. (1997). Deciding advantageously before knowing the advantageous strategy. *Science, 275,* 1293–1294.

Becker, M. H. & Joseph, J. G. (1988). AIDS and behavioral change to reduce risk: a review. *American Journal of Public Health, 78,* 394–410.

Becker-Carus, C. (2003). *Allgemeine Psychologie. Eine Einführung.* München: Elsevier.

Begue, L. (2001). Social judgment of abortion: A black-sheep effect in a Catholic sheepfold. *Journal of Social Psychology, 141,* 640–649.

Belmore, S. M. (1987). Determinants of attention during impression formation. *Journal of Experimental Psychology: Learning, Memory, and Cognition, 13,* 480–489.

Bem, D. J. (1967). Self-perception: An alternative interpretation of cognitive dissonance phenomena. *Psychological Review, 74,* 183–200.

Bem, D. J. (1972). Self-perception theory. In L. Berkowitz (Ed.), *Advances in experimental social psychology* (Vol. 6, pp. 1–62). New York: Academic Press.

Ben-David, S. & Schneider, O. (2005). Rape perceptions, gender role attitudes, and victim-perpetrator acquaintance. *Sex Roles, 53,* 385–399.

Ben-Zeev, T., Fein, S. & Inzlicht, M. (2005). Arousal and stereotype threat. *Journal of Experimental Social Psychology, 41,* 174–181.

Benokraitis, N. V. & Feagin, J. R. (1995). *Modern sexism: blatant, subtle, and covert discrimination* (2nd ed). Englewood Cliffs, NJ: Prentice Hall.

Bensley, L. & Van-Eenwyk, J. (2001). Video games and real-life aggression: Review of the literature. *Journal of Adolescent Health, 29,* 244–257.

Benson, P. L., Karabenick, S. A. & Lerner, R. M. (1976). Pretty pleases: The effects of physical attractiveness, race, and sex on receiving help. *Journal of Experimental Social Psychology, 12,* 409–415.

Berger, J., Rosenholtz, S. J. & Zelditch, M. (1980). Status organizing processes. *Annual Review of Sociology, 6,* 479–508.

Berger, J. & Zelditch, M., Jr. (1993). *Theoretical research programs: Studies in the growth of theory.* Stanford, CA: Stanford University Press.

Berkowitz, L. (1954). Group standards, cohesiveness and productivity. *Human Relations, 7,* 509–519.

Berkowitz, L. (1962). *Aggression: a social psychological analysis.* New York: McGraw-Hill.

Berkowitz, L. (1981). On the difference between internal and external reactions to legitimate and illegitimate frustrations: A demonstration. *Aggressive Behavior, 7,* 83–96.

Berkowitz, L. (1983). Aversively stimulated aggression: Some parallels and differences in research with animals and humans. *American Psychologist, 38,* 1135–1144.

Berkowitz, L. (1987). Mood, self-awareness, and willingness to help. *Journal of Personality and Social Psychology, 52,* 721–729.

Berkowitz, L. (1989). Frustration-aggression hypothesis: Examination and reformulation. *Psychological Bulletin, 106,* 59–73.

Berkowitz, L. (1993a). *Aggression: Its causes, consequences, and control.* New York: McGraw-Hill.

Berkowitz, L. (1993b). Pain and aggression: Some findings and implications. *Motivation and Emotion, 17,* 277–293.

Berkowitz, L., Cochran, S. T. & Embree, M. C. (1981). Physical pain and the goal of aversively stimulated aggression. *Journal of Personality and Social Psychology, 40,* 687–700.

Berkowitz, L. & Daniels, L. R. (1964). Affecting the salience of the social responsibility norm: effects of past help on the response to dependency relationships. *Journal of Abnormal and Social Psychology, 68,* 275–281.

Berkowitz, L. & Green, J. A. (1962). The stimulus qualities of the scapegoat. *Journal of Abnormal and Social Psychology, 64,* 293–301.

Berkowitz, L. & LePage, A. (1967). Weapons as aggression-eliciting stimuli. *Journal of Personality and Social Psychology, 7,* 202–207.

Berry, D. S. & McArthur, L. Z. (1986). Perceiving character in faces: The impact of age-related craniofacial changes in social perception. *Psychological Bulletin, 100,* 3–18.

Berscheid, E., Graziano, W., Monson, T. & Dermer, M. (1976). Outcome dependency: Attention, attribution, and attraction. *Journal of Personality and Social Psychology, 34,* 978–989.

Bessenoff, G. R. & Sherman, J. W. (2000). Automatic and controlled components of prejudice toward fat people: Evaluation versus stereotype activation. *Social Cognition, 18,* 329–353.

Betancourt, H. (1990). An attribution-empathy model of helping behavior: Behavioral intentions and judgments of help-giving. *Personality and Social Psychology Bulletin, 16,* 573–591.

Bickman, L. (1972). Social influence and diffusion of responsibility in an emergency. *Journal of Experimental Social Psychology, 8,* 438–445.

Bickman, L. (1974). The social power of a uniform. *Journal of Applied Social Psychology, 4,* 47–61.

Bickman, L. & Rosenbaum, D. P. (1977). Crime reporting as a function of bystander encouragement, surveillance, and credibility. *Journal of Personality and Social Psychology, 35*, 577–586.

Bierhoff, H.-W. (1997). Prosoziales Verhalten. In W. Stroebe, M. Hewstone & G. M. Stephenson (Hrsg.), *Sozialpsychologie* (3. Aufl., S. 395–420). Berlin: Springer.

Bierhoff, H.-W. (2002). Just world, social responsibility, and helping behavior. In M. Ross & D. T. Miller (Eds.), *The justice motive in everyday life* (pp. 189–203). New York: Cambridge University Press.

Bierhoff, H.-W. (2006). Empathie-Atruismus-Hypothese. In D. Frey & H.-W. Bierhoff (Hrsg.), *Handbuch der Psychologie, Band „Handbuch der Sozialpsychologie und Kommunikationspsychologie"* (S. 150–157). Göttingen: Hogrefe.

Bierhoff, H. W., Buck, E. & Klein, R. (1989). Attractiveness and respectability of the offender as factors in the evaluation of criminal cases. In H. Wegener, F. Lösel & J. Haisch (Eds.), *Criminal behavior and the justice system* (pp. 193–207). New York: Springer.

Bierhoff, H.-W., Klein, R. & Kramp, P. (1991). Evidence for the altruistic personality from data on accident research. *Journal of Personality, 59*, 263–280.

Bierley, C., McSweeney, F. K. & Vannieuwkerk, R. (1985). Classical conditioning of preferences for stimuli. *Journal of Consumer Research, 12*, 316–323.

Biernat, M. & Wortman, C. B. (1991). Sharing of home responsibilities between professionally employed women and their husbands. *Journal of Personality and Social Psychology, 60*, 844–860.

Bishop, S. J., Dalgleish, T. & Yule, W. (2004). Memory for emotional stories in high and low depressed children. *Memory, 12*, 214–230.

Bjork, J. M., Dougherty, D. M., Moeller, F. G., Cherek, D. R. & Swann, A. C. (1999). The effects of tryptophan depletion and loading on laboratory aggression in men: Time course and a food-restricted control. *Psychopharmacology, 142*, 24–30.

Björkqvist, K. (1994). Sex differences in physical, verbal, and indirect aggression: A review of recent research. *Sex Roles, 30*, 177–188.

Blair, C. A., Thompson, L. F. & Wuensch, K. L. (2005). Electronic Helping Behavior: The Virtual Presence of Others Makes a Difference. *Basic and Applied Social Psychology, 27*, 171–178.

Blair, I. V. (2002). The malleability of automatic stereotypes and prejudice. *Personality and Social Psychology Review, 6*, 242–261.

Blair, I. V., Park, B. & Bachelor, J. (2003). Understanding intergroup anxiety: Are some people more anxious than others? *Group Processes and Intergroup Relations, 6*, 151–169.

Blanchard, F. A., Adelman, L. & Cook, S. W. (1975). Effect of group success and failure upon interpersonal attraction in cooperating interracial groups. *Journal of Personality and Social Psychology, 31*, 1020–1030.

Blaney, P. H. (1986). Affect and memory: A review. *Psychological Bulletin, 99*, 229–246.

Blanton, H., Buunk, B. P., Gibbons, F. X. & Kuyper. H. (1999). When better-than-others compare upward: Choice of comparison and comparative evaluation as independent predictors of academic performance. *Journal of Personality and Social Psychology, 76*, 420–430.

Blascovich, J., Mendes, W. B., Hunter, S. B., Lickel, B. & Kowai-Bell, N. (2001). Perceiver threat in social interactions with stigmatized others. *Journal of Personality and Social Psychology, 80*, 253–267.

Blascovich, J., Mendes, W. B., Hunter, S. B. & Salomon, K. (1999). Social „facilitation" as challenge and threat. *Journal of Personality and Social Psychology, 77*, 68–77.

Blass, T. (1996). Attribution of responsibility and trust in the Milgram obedience experiment. *Journal of Applied Social Psychology, 26*, 1529–1535.

Bleecker, E. T. & Murnen, S. K. (2005). Fraternity membership, the display of degrading sexual images of women, and rape myth acceptance. *Sex Roles, 53*, 487–493.

Bless, H. (2001). Mood and the use of general knowledge structures. In L. L. Martin & G. L. Clore (Eds.), *Theories of mood and cognition: A user's guidebook* (pp. 9–26). Mahwah, NJ: Erlbaum.

Bless, H., Bohner, G., Schwarz, N. & Strack, F. (1990). Mood and persuasion: A cognitive response analysis. *Personality and Social Psychology-Bulletin, 16*, 331–345.

Bless, H., Clore, G. L., Schwarz, N., Golisano, V., Rabe, C. & Wölk, M. (1996). Mood and the use of scripts: Does a happy mood really lead to mindlessness? *Journal of Personality and Social Psychology, 71*, 665–679.

Bless, H. & Fiedler, K. (1995). Affective states and the influence of activated general knowledge. *Personality and Social Psychology Bulletin, 21*, 766–778.

Bless, H. & Igou, E. R. (2005). Mood and the use of general knowledge structures in judgment and decision making. T. Betsch & S. Haberstroh (Eds.), *The routines of decision making* (pp. 193–210). Mahwah, NJ: Erlbaum.

Bless, H., Schwarz, N. & Wieland, R. (1996). Mood and the impact of category membership and individuating information. *European Journal of Social Psychology, 26*, 935–959.

Block, J. R. & Yuker, H. E. (1989). *Can you believe your eyes?* New York: Gardner Press.

Blumberg, S. H. & Izard, C. E. (1985). Affective and cognitive characteristics of depression in 10- and 11-year-old children. *Journal of Personality and Social Psychology, 49*, 194–202.

Bodenhausen, G. V. (1988). Stereotypic biases in social decision making and memory: Testing process models of stereotype use. *Journal of Personality and Social Psychology, 55*, 726–737.

Bodenhausen, G. V., Kramer, G. P. & Süsser, K. (1994). Happiness and stereotypic thinking in social judgment. *Journal of Personality and Social Psychology, 66*, 621–632.

Bodenhausen, G. V. & Lichtenstein, M. (1987). Social stereotypes and information-processing strategies: The impact of task complexity. *Journal of Personality and Social Psychology, 52*, 871–880.

Boehnke, K., Pelkner, A. K. & Kurman, J. (2004). On the interrelation of peer climate and school performance in mathematics: A German-Canadian-Israeli comparison of 14-year-old school students. In B. N. Setiadi, A. Supratiknya, W. Lonner & Y. P. Poortinga (Eds.), *Ongoing Themes in Psychology and Culture* (pp. 415–432). Yogyakarta, Indonesia: IACCP.

Bohner, G. (1998). *Vergewaltigungsmythen – Sozialpsychologische Untersuchungen über täterentlastende und opferfeindliche Überzeugungen im Bereich sexueller Gewalt.* Landau: Empirische Pädagogik.

Bohner, G., Jarvis, C. I., Eyssel, F. & Siebler, F. (2005). The causal impact of rape myth acceptance on men's rape proclivity: Comparing sexually coercive and noncoercive men. *European Journal of Social Psychology, 35*, 819–828.

Bohner, G., Siebler, F. & Schmelcher, J. (2006). Social norms and the likelihood of raping: perceived rape myth acceptance of others affects men's rape proclivity. *Personality and Social Psychology Bulletin, 32*, 286–297.

Bohner, G. & Wänke, M. (2002). *Attitudes and attitude change.* Hove, England: Psychology Press.

Boles, W. E. & Hayward, S. C. (1978). Effects of urban noise and sidewalk density upon pedestrian cooperation and tempo. *Journal of Social Psychology, 104*, 29–35.

Bond, C. F., Jr., Atoum, A. O. & Van Leeuwen, M. D. (1996). Social impairment of complex learning in the wake of public embarrassment. *Basic and Applied Social Psychology, 18*, 31–44.

Bond, C. F., Jr. & Van Leeuwen, M. D. (1991). Can a part be greater than a whole? On the relationship between primary and meta-analytic evidence. *Basic and Applied Social Psychology, 12*, 33–40.

Bond, M. H. & Venus, C. K. (1991). Resistance to group or personal insults in an ingroup or outgroup context. *International Journal of Psychology, 26*, 83–94.

Bond, R. & Smith, P. B. (1996). Culture and conformity: A meta-analysis of studies using Asch's (1952b, 1956) line judgment task. *Psychological Bulletin, 119*, 111–137.

Bond, R. N., Welkowitz, J., Goldschmidt, H. & Wattenberg, S. (1987). Vocal frequency and person perception: Effects of perceptual salience and nonverbal sensitivity. *Journal of Psycholinguistic Research, 16*, 335–350.

Bone, P. F. & Ellen, P. S. (1999). Scents in the marketplace: Explaining a fraction of olfaction. *Journal of Retailing, 75*, 243–262.

Bonner, B. L., Baumann, M. R. & Dalal, R. S. (2002). The effects of member expertise on group decision-making and performance. *Organizational Behavior and Human Decision Processes, 88*, 719–736.

Bontempo, R., Lobel, S. & Triandis, H. (1990). Compliance and value internalization in Brazil and the U.S.: Effects of allocentrism and anonymity. *Journal of Cross Cultural Psychology, 21*, 200–213.

Book, A. S., Starzyk, K. B. & Quinsey, V. L. (2001). The relationship between testosterone and aggression: A meta-analysis. *Aggression and Violent Behavior, 6*, 579–599.

Boone, R. T. & Buck, R. (2003). Emotional expressivity and trustworthiness: The role of nonverbal behavior in the evolution of cooperation. *Journal of Nonverbal Behavior, 27*, 163–182.

Booth, A. Shelley, G., Mazur, A., Tharp, G. & Kittok, R. (1989). Testosterone, and winning and losing in human competition. *Hormones and Behavior, 23*, 556–571.

Borgida, E. & Nisbett, R. E. (1977). The differential impact of abstract vs. concrete information on decisions. *Journal of Applied Social Psychology, 7*, 258–271.

Bornewasser, M. & Mummendey, A. (1981). Einflüsse von Willkürlichkeit, Provokation und Erregung auf aggressives Verhalten. *Zeitschrift für Experimentelle und angewandte Psychologie, 28*, 374–392.

Bornewasser, M. & Mummendey, A. (1982). Effects of arbitrary provocation and arousal on aggressive behaviour. *Aggressive Behavior, 8*, 229–232.

Bornstein, G. & Rapoport, A. (1988). Intergroup competition for the provision of step-level public goods: Effects of preplay communication. *European Journal of Social Psychology, 18*, 125–142.

Bornstein, R. F. (1989). Exposure and affect: Overview and meta-analysis of research, 1968–1987. *Psychological Bulletin, 106*, 265–289.

Bornstein, R. F., Kale, A. R. & Cornell, K. R. (1990). Boredom as a limiting condition on the mere exposure effect. *Journal of Personality and Social Psychology, 58*, 791–800.

Bornstein, R. F., Leone, D. R. & Galley, D. J. (1987). The generalizability of subliminal mere exposure effects: Influence of stimuli perceived without awareness on social behavior. *Journal of Personality and Social Psychology, 53*, 1070–1079.

Bourgeois, M. J. (2002). Heritability of attitudes constrains dynamic social impact. *Personality and Social Psychology Bulletin, 28*, 1063–1072.

Bosson, J. K., Haymovitz, E. L. & Pinel, E. C. (2004). When saying and doing diverge: The effects of stereotype threat on self-reported versus non-verbal anxiety. *Journal of Experimental Social Psychology, 40*, 247–255.

Bothwell, R. K., Brigham, J. C. & Malpass, R. S. (1989). Cross-racial identification. *Personality and Social Psychology Bulletin, 15*, 19–25.

Bower, G. H. (1981). Mood and memory. *American Psychologist, 36*, 129–148.

Bower, G. H. (1992). How might emotions affect learning? In S. A. Christianson (Ed.), *The handbook of emotion and memory: Research and theory.* (pp. 3–31). Hillsdale, NJ: Erlbaum.

Bower, G. H. & Forgas, J. P. (2001). Mood and social memory. In J. P. Forgas (Ed.), *Handbook of affect and social cognition* (pp. 95–120). Mahwah, NJ: Erlbaum.

Bower, G. H., Gilligan, S. G. & Monteiro, K. P. (1981). Selectivity of learning caused by affective states. *Journal of Experimental Psychology: General, 110*, 451–473.

Bower, G. H. & Mayer, J. D. (1985). Failure to replicate mood-dependent retrieval. *Bulletin of the Psychonomic Society, 23*, 39–42.

Bower, G. H. & Mayer, J. D. (1989). In search of mood-dependent retrieval. *Journal of Social Behavior and Personality, 4*, 121–156.

Bower, G. H., Monteiro, K. P. & Gilligan, S. G. (1978). Emotional mood as a context for learning and recall. *Journal of Verbal Learning and Verbal Behavior, 17*, 573–585.

Bowling, N. A. & Beehr, T. A. (2006). Workplace harassment from the victim's perspective: A theoretical model and meta-analysis. *Journal of Applied Psychology, 91*, 998–1012.

Boyanowsky, E. O. & Griffiths, C. T. (1982). Weapons and eye contact as instigators or inhibitors of aggressive arousal in police-citizen interaction. *Journal of Applied Social Psychology, 12*, 398–407.

Bradburn, N. M., Rips, L. J. & Shevell, S. K. (1987). Answering autobiographical questions: The impact of memory and inference on surveys. *Science, 236*, 157–161.

Branscombe, N. R. & Wann, D. L. (1994). Collective self-esteem consequences of outgroup derogation when a valued social identity is on trial. *European Journal of Social Psychology, 24*, 641–657.

Branscombe, N. R., Wann, D. L., Noel, J. G. & Coleman, J. (1993). In-group or out-group extremity: Importance of the threatened social identity. *Personality and Social Psychology Bulletin, 19*, 381–388.

Brauer, M., Judd, C. M. & Gliner, M. D. (1995). The effects of repeated expressions on attitude polarization during group discussion. *Journal of Personality and Social Psychology, 68*, 1014–1029.

Breckler, S. J. (1984). Empirical validation of affect, behavior, and cognition as distinct components of attitude. *Journal of Personality and Social Psychology, 47*, 1191–1205.

Brehm, J. W. (1956). Postdecision changes in the desirability of alternatives. *Journal of Abnormal and Social Psychology, 52*, 384–389.

Brehm, J. W. (1966). *A theory of psychological reactance*. New York: Academic Press.

Brehm, S. S. & Brehm, J. W. (1981). *Psychological reactance*. New York: Academic Press.

Brewer, M. B. (1979). Ingroup bias in the minimal intergroup situation: A cognitive motivational analysis. *Psychological Bulletin, 86*, 307–324.

Brewer, M. B. (1988). A dual process model of impression formation, In T. K. Srull & R. S. Wyer (Eds.), *Advances in social cognition* (Vol. 1, pp. 1–36). Hillsdale, NJ: Erlbaum.

Brickner, M. A., Harkins, S. G. & Ostrom, T. M. (1986). Effects of personal involvement: Thought-provoking implications for social loafing. *Journal of Personality and Social Psychology, 51*, 763–770.

Brigham, J. C. & Barkowitz, P. (1978). Do „They all look alike"? The effect of race, sex, experience, and attitudes on the ability to recognize faces. *Journal of Applied Social Psychology, 8*, 306–318.

Brigham, J. C. & Malpass, R. S. (1985). The role of experience and contact in the recognition of faces of own- and other-race persons. *Journal of Social Issues, 41*, 139–155.

British Psychological Society. (2006). *Code of Ethics and Conduct.* Leicester, England: BPS.

Brodbeck, F. C., Kerschreiter, R., Mojzisch, A., Frey, D. & Schulz-Hardt, S. (2002). The dissemination of critical, unshared information in decision-making groups: the effects of prediscussion dissent. *European Journal of Social Psychology, 32*, 35–56.

Brophy, J. E. (1983). Research on the self-fulfilling prophecy and teacher expectations. *Journal of Educational Psychology, 75*, 631–661.

Brown, J. D. (1990). Evaluating one's abilities: Shortcuts and stumbling blocks on the road to self-knowledge. *Journal of Experimental Social Psychology, 26*, 149–167.

Brown, J. D. (1993). Self-esteem and self-evaluation: Feeling is believing. In J. Suls (Ed.), *Psychological perspectives on the self: The self in social perspective* (Vol. 4, pp. 27–58). Hillsdale, NJ: Erlbaum.

Brown, J. D., Collins, R. L. & Schmidt, G. W. (1988). Self-esteem and direct versus indirect forms of self-enhancement. *Journal of Personality and Social Psychology, 55*, 445–453.

Brown, J. D., Novick, N. J., Lord, K. A. & Richards, J. M. (1992). When Gulliver travels: Social context, psychological closeness, and self-appraisals. *Journal of Personality and Social Psychology, 62*, 717–727.

Brown, J. D. & Taylor, S. E. (1986). Affect and the processing of personal information: Evidence for mood-activated self-schemata. *Journal of Experimental Social Psychology, 22*, 436–452.

Brown, K. T., Brown, T. N., Jackson, J. S., Sellers, R. M. & Manuel, W. J. (2003). Teammates on and off the field? White student athletes. *Journal of Applied Social Psychology, 33*, 1379–1403.

Brown, R. & Kulik, J. (1977). Flashbulb memories. *Cognition, 5*, 73–99.

Brown, R. & Ogden, J. (2004). Children's eating attitudes and behaviour: A study of the modelling and control theories of parental influence. *Health Education Research, 19*, 261–271.

Brown, R. & Smith, A. (1989). Perceptions of and by minority groups: The case of women in academia. *European Journal of Social Psychology, 19*, 61–75.

Brown, R. & Wooton-Millward, L. (1993). Perceptions of group homogeneity during group formation and change. *Social Cognition, 11*, 126–149.

Brown, R. J. (2000). *Group processes: Dynamics within and between groups* (2nd ed.). Oxford, England: Blackwell.

Brown, R. P., Charnsangavej, T., Keough, K. A., Newman, M. L. & Rentfrow, P. J. (2000). Putting the „affirm" into affirmative action: Preferential selection and academic performance. *Journal of Personality and Social Psychology, 79*, 736–747.

Brownstein, R. & Katzev, R. (1985). The relative effectiveness of three compliance techniques in eliciting donations to a cultural organization. *Journal of Applied Social Psychology, 15*, 564–574.

Bryan, J. H. & Test, M. A. (1967). Models and helping: Naturalistic studies in aiding behavior. *Journal of Personality and Social Psychology, 6*, 400–407.

Buck, R. & Ginsburg, B. (1991). Spontaneous communication and altruism: The communicative gene hypothesis. In M. S. Clark (Ed.), *Prosocial behavior* (pp. 149–175). Thousand Oaks, CA: Sage.

Buckley, K. E., Winkel, R. E. & Leary, M. R. (2004). Reactions to acceptance and rejection: Effects of level and sequence of relational evaluation. *Journal of Experimental Social Psychology, 40*, 14–28.

Buehler, R. & Griffin, D. (1994). Change-of-meaning effects in conformity and dissent: Observing construal processes over time. *Journal of Personality and Social Psychology, 67*, 984–996.

Bull, R. & Rumsey, N. (1988). *The social psychology of facial appearance.* New York: Springer.

Bundeskriminalamt. (2006). *Polizeiliche Kriminalstatistik 2005. Bundesrepublik Deutschland.* Bundeskriminalamt: Wiesbaden.

Brungart, D. S. & Simpson, B. D. (2007). Cocktail party listening in a dynamic multitalker environment. *Perception and Psychophysics, 69*, 79–91.

Burger, J. M. (1986). Increasing compliance by improving the deal: The that's-not-all technique. *Journal of Personality and Social Psychology, 51*, 277–283.

Burger, J. M. (1991). Changes in attribution errors over time: The ephemeral fundamental attribution error. *Social Cognition, 9*, 182–193.

Burger, J. M. & Caldwell, D. F. (2003). The effects of monetary incentives and labeling on the foot-in-the-door effect: Evidence for a self-perception process. *Basic and Applied Social Psychology, 25*, 235–241.

Burger, J. M., Messian, N., Patel, S., del Prado, A. & Anderson, C. (2004). What a coincidence! The effects of incidental similarity on compliance. *Personality and Social Psychology Bulletin, 30*, 35–43.

Burger, J. M. & Petty, R. E. (1981). The low-ball compliance technique: Task or person commitment? *Journal of Personality and Social Psychology, 40*, 492–500.

Burgoon, J. D., Manusov, V., Mineo, P. & Hale, J. L. (1985). Effects of gaze on hiring, credibility, attraction and relational message interpretation. *Journal of Nonverbal Behavior, 9*, 133–146.

Burnstein, E., Crandall, C. & Kitayama, S. (1994). Some neo-Darwinian decision rules for altruism: Weighing cues for inclusive fitness as a function of the biological importance of the decision. *Journal of Personality and Social Psychology, 67*, 773–789.

Burnstein, E. & Sentis, K. (1981). Attitude polarization in groups. In R. E. Petty, T. M. Ostrom & T. C. Brock (Eds.), *Cognitive responses in persuasion* (pp. 197–216). Hillsdale, NJ: Erlbaum.

Burnstein, E. & Vinokur, A. (1977). Persuasive argumentation and social comparison as determinants of attitude polarization. *Journal of Experimental Social Psychology, 13*, 315–332.

Burt, M. R. (1980). Cultural myths and supports for rape. *Journal of Personality and Social Psychology, 38*, 217–230.

Busby, L. J. (1975). Sex-role research on the mass media. *Journal of Communication, 25*, 107–131.

Bushman, B. J. (1988). The effects of apparel on compliance: A field experiment with a female authority figure. *Personality and Social Bulletin, 14*, 459–467.

Bushman, B. J. (1993). Human aggression while under the influence of alcohol and other drugs: An integrative research review. *Current Directions in Psychological Science, 2*, 148–152.

Bushman, B. J. (1998). Priming effects of media violence on the accessibility of aggressive constructs in memory. *Personality and Social Psychology Bulletin, 24*, 537–545.

Bushman, B. J. (2002). Does venting anger feed or extinguish the flame? Catharsis, rumination, distraction, anger and aggressive responding. *Personality and Social Psychology Bulletin, 28*, 724–731.

Bushman, B. J. & Anderson, C. A. (2001). Is it time to pull the plug on hostile versus instrumental aggression dichotomy? *Psychological Review, 108*, 273–279.

Bushman, B. J. & Baumeister, R. F. (1998). Threatened egotism, narcissism, self-esteem, and direct and displaced aggression: Does self-love or self-hate lead to violence? *Journal of Personality and Social Psychology, 75*, 219–229.

Bushman, B. J., Baumeister, R. F. & Phillips, C. M. (2001). Do people aggress to improve their mood? Catharsis beliefs, affect regulation opportunity, and aggressive responding. *Journal of Personality and Social Psychology, 81*, 17–32.

Bushman, B. J., Baumeister, R. F. & Stack, A. D. (1999). Catharsis, aggression, and persuasive influence: Self-fulfilling or self-defeating prophecies? *Journal of Personality and Social Psychology, 76*, 367–376.

Bushman, B. J. & Cooper, H. M. (1990). Effects of alcohol on human aggression: An intergrative research review. *Psychological Bulletin, 107*, 341–354.

Bushman, B. J. & Geen, R. G. (1990). Role of cognitive Euro motional mediators and individual differences in the effects of media violence on aggression. *Journal of Personality and Social Psychology, 58*, 156–163.

Bushman, B. J. & Stack, A. D. (1996). Forbidden fruit versus tainted fruit: Effects of warning labels on attraction to television violence. *Journal of Experimental Psychology: Applied, 2*, 207–226.

Bushman, B. J., Wang, M. C. & Anderson, C. A. (2005). Is the Curve Relating Temperature to Aggression Linear or Curvilinear? Assaults and Temperature in Minneapolis Reexamined. *Journal of Personality and Social Psychology, 89*, 62–66.

Bushman, B. J. & Wells, G. L. (1998). Trait aggressiveness and hockey penalties: Predicting hot tempers on the ice. *Journal of Applied Psychology, 83*, 969–974.

Buss, A. H. (1961). *The psychology of aggression.* Hoboken, NJ: Wiley.

Buss, D. M. (1988). The evolution of human intrasexual competition: Tactics of mate attraction. *Journal of Personality and Social Psychology, 54*, 616–628.

Buss, D. M. & Dedden, L. A. (1990). Derogation of competitors. *Journal of Social and Personal Relationships, 7*, 395–422.

Buunk, B. P., Collins, R. L., Taylor, S. E., van Yperen, N. W. & Dakof, G. A. (1990). The affective consequences of social comparison: Either direction has its ups and downs. *Journal of Personality and Social Psychology, 59*, 1238–1249.

Buunk, B. P. & Mussweiler, T. (2001). New directions in social comparison research. *European Journal of Social Psychology, 31*, 467–475.

Byrne, D. (1971). *The attraction paradigm*. New York: Academic Press.

Byrne, D. (1997). An overview (and underview) of research and theory within the attraction paradigm. *Journal of Social and Personal Relationships, 14,* 417–431.

Byrne, D. & Rhamey, R. (1965). Magnitude of positive and negative reinforcements as a determinant of attraction. *Journal of Personality and Social Psychology, 2,* 884–889.

Cacioppo, J. T., Crites, S. L., Jr. & Gardner, W. L. (1996). Attitudes to the right: Evaluative processing is associated with lateralized late positive event-related brain potentials. *Personality and Social Psychology Bulletin, 22,* 1205–1219.

Cacioppo, J. T., Marshall-Goodell, B. S., Tassinary, L. G. & Petty, R. E. (1992). Rudimentary determinants of attitudes: Classical conditioning is more effective when prior knowledge about the attitude stimulus is low than high. *Journal of Experimental Social Psychology, 28,* 207–233.

Cacioppo, J. T., Petty, R. E., Feinstein, J. A., Jarvis, W. B. G. (1996). Dispositional differences in cognitive motivation: The life and times of individuals varying in need for cognition. *Psychological Bulletin, 119,* 197–253.

Cacioppo, J. T., Petty, R. E., Kao, C. F. & Rodriguez, R. (1986). Central and peripheral routes to persuasion: An individual difference perspective. *Journal of Personality and Social Psychology, 51,* 1032–1043.

Cacioppo, J. T., Petty, R. E., Losch, M. E. & Kim, H. S. (1986). Electromyographic activity over facial muscle regions can differentiate the valence and intensity of affective reactions. *Journal of Personality and Social Psychology, 50,* 260–268.

Cacioppo, J. T., Priester, J. R. & Berntson, G. G. (1993). Rudimentary determinants of attitudes: II. Arm flexion and extension have differential effects on attitudes. *Journal of Personality and Social Psychology, 65,* 5–17.

Cadinu, M., Maass, A., Frigerio, S., Impagliazzo, L. & Latinotti, S. (2003). Stereotype threat: The effect of expectancy on performance. *European Journal of Social Psychology, 33,* 267–285.

Cadinu, M., Maass, A., Lombardo, M. & Frigerio, S. (2006). Stereotype threat: The moderating role of locus of control beliefs. *European Journal of Social Psychology, 36,* 183–197.

Cadinu, M., Maass, A., Rosabianca, A. & Kiesner, J. (2005). Why do women underperform under stereotype threat? Evidence for the role of negative thinking. *Psychological Science, 16,* 572–578.

Cahill, L. & McGaugh, J. L. (1995). A novel demonstration of enhanced memory associated with emotional arousal. *Consciousness and Cognition: An International Journal, 4,* 410–421.

Calder, B. J. & Staw, B. M. (1975). Self-perception of intrinsic and extrinsic motivation. *Journal of Personality and Social Psychology, 31,* 599–605.

Cameron, J. A. & Trope, Y. (2004). Stereotype-biased search and processing of information about group members. *Social Cognition, 22,* 650–672.

Campbell, D. T. (1965). Ethnocentric and other altruistic motives. In D. Levine (Ed.), *Nebraska symposium on motivation* (Vol. 13, pp. 283–311). Lincoln, NE: University of Nebraska Press.

Campbell, J. D. (1990). Self-esteem and clarity of the self-concept. *Journal of Personality and Social Psychology, 59,* 538–549.

Campbell, J. D. & Fairey, P. J. (1989). Informational and normative routes to conformity: The effect of faction size as a function of norm extremity and attention to the stimulus. *Journal of Personality and Social Psychology, 57,* 457–468.

Cantor, J. R., Zillmann, D. & Bryant, J. (1975). Enhancement of experienced sexual arousal in response to erotic stimuli through misattribution of unrelated residual excitation. *Journal of Personality and Social Psychology, 32,* 69–75.

Caprara, G. V., Barbaranelli, C., Pastorelli, C., Bandura, A. & Zimbardo, P. G. (2000). Prosocial foundations of children's academic achievement. *Psychological Science, 11,* 302–306.

Carlsmith, J. M. & Anderson, C. A. (1979). Ambient temperature and the occurrence of collective violence: A new analysis. *Journal of Personality and Social Psychology, 37,* 337–344.

Carlson, J. A. & Davis, C. M. (1971). Cultural values and risky shift: A cross-cultural test in Uganda and the United States. *Journal of Personality and Social Psychology, 20,* 392–399.

Carlson, M., Charlin, V. & Miller, N. (1988). Positive mood and helping behavior: A test of six hypotheses. *Journal of Personality and Social Psychology, 55,* 211–229.

Carlston, D. E. & Skowronski, J. J. (1994). Savings in the relearning of trait information as evidence for spontaneous inference generation. *Journal of Personality and Social Psychology, 66,* 840–856.

Carlston, D. E. & Skowronski, J. J. (2005). Linking versus thinking: Evidence for the different associative and attributional bases of spontaneous trait transference and spontaneous trait inference. *Journal of Personality and Social Psychology, 89,* 884–898.

Carnagey, N. L. & Anderson, C. A. (2005). The effects of reward and punishment in violent video games on aggressive affect, cognition, and behavior. *Psychological Science, 16*, 882–889.

Carpenter, J. P., Matthews, P. & Ong'ong'a, O. (2004). Why punish? Social reciprocity and the enforcement of prosocial norms. *Journal of Evolutionary Economics, 14*, 407–429.

Cartwright, D. & Zander, A. (1968). *Group dynamics: Research and theory.* New York: Harper & Row.

Carvallo, M. & Pelham, B. W. (2006). When fiends become friends: The need to belong and perceptions of personal and group discrimination. *Journal of Personality and Social Psychology, 90*, 94–108.

Carver, C. S., DeGregorio, E. & Gillis, R. (1980). Field-study evidence of an ego-defensive bias in attribution among two categories of observers. *Personality and Social Psychology Bulletin, 6*, 44–50.

Carver, C. S., Ganellen, R. J., Froming, W. J. & Chambers, W. (1983). Modeling: An analysis in terms of category accessibility. *Journal of Experimental Social Psychology, 19*, 403–421.

Carver, C. S. & Scheier, M. F. (1981). *Attention and self-regulation: A control theory approach to human behavior.* New York: Springer.

Carver, C. S. & Scheier, M. F. (1981). The self-attention-induced feedback loop and social facilitation. *Journal of Experimental Social Psychology, 17*, 545–568.

Cash, T. F., Cash, D. & Butters, J. W. (1983). „Mirror, mirror, on the wall ...?": Contrast effects and self-evaluations of physical attractiveness. *Personality and Social Psychology Bulletin, 9*, 351–358.

Castano, E., Paladino, M. P., Coull, A. & Yzerbyt, V. Y. (2002). Protecting the ingroup stereotype: Ingroup identification and the management of deviant ingroup members. *British Journal of Social Psychology, 41*, 365–385.

Castellow, W. A., Wuensch, K. L. & Moore, C. H. (1990). Effects of physical attractiveness of the plaintiff and defendant in sexual harassment judgements. *Journal of Social Behavior and Personality, 5*, 547–562.

Caverni, J.-P. & Peris, J. L. (1990). The anchoring-adjustment heuristic in an "information rich, real world setting": Knowledge assessment by experts. In J.-P. Caverni, J.-M. Fabre & M. Gonzalez (Eds.), *Cognitive biases* (pp. 35–45). Oxford, England: North-Holland.

Cesario, J., Plaks, J. E. & Higgins, E. T. (2006). Automatic Social Behavior as Motivated Preparation to Interact. *Journal of Personality and Social Psychology, 90*, 893–910.

Cervone, D. & Peake, P. K. (1986). Anchoring, efficacy, and action: The influence of judgmental heuristics on self-efficacy judgment and behavior. *Journal of Personality and Social Psychology, 50*, 492–501.

Chaiken, S. (1979). Communicator physical attractiveness and persuasion. *Journal of Personality and Social Psychology, 37*, 1387–1397.

Chaiken, S. (1980). Heuristic versus systematic information processing and the use of source versus message cues in persuasion. *Journal of Personality and Social Psychology, 39*, 752–766.

Chaiken, S. & Baldwin, M. W. (1981). Affective-cognitive consistency and the effect of salient behavioral information on the self-perception of attitudes. *Journal of Personality and Social Psychology, 41*, 1–12.

Chaiken, S., Liberman, A. & Eagly, A. H. (1989). Heuristic and systematic information processing within and beyond the persuasion context. In J. S. Uleman & J. A. Bargh (Eds.), *Unintended thought: Limits of awareness, intention, and control* (pp. 212–252). New York: Guilford.

Chajut, E. & Algom, D. (2003). Selective attention improves under stress: Implications for theories of social cognition. *Journal of Personality and Social Psychology, 85*, 231–248.

Chambres, P., Bonin, D. & Grenier, K. (2001). Indirect and subliminal „mere exposure" effect: Implicit aspect of attitude formation. *Current Psychology Letters: Behaviour, Brain and Cognition, 4*, 85–100.

Chaplin, W. F., Phillips, J. B., Brown, J. D., Clanton, N. R., Stein, J. L. (2000). Handshaking, gender, personality, and first impressions. *Journal of Personality and Social Psychology, 79*, 110–117.

Chapman, L. J. & Chapman, J. P. (1969). Illusory correlation as an obstacle to the use of valid psychodiagnostic signs. *Journal of Abnormal Psychology, 74*, 271–280.

Chapman, G. B. & Bornstein, B. H. (1996). The more you ask for, the more you get: Anchoring in personal injury verdicts. *Applied Cognitive Psychology, 10*, 519–540.

Chapman, G. B. & Johnson, E. J. (1994). The limits of anchoring. *Journal of Behavioral Decision Making, 7*, 223–242.

Chapman, G. B. & Johnson, E. J. (1999). Anchoring, activation, and the construction of values. *Organizational Behavior and Human Decision Processes, 79*, 115–153.

Chartrand, T. L. & Bargh, J. A. (1996). Automatic activation of social information processing goals: Nonconscious priming reproduces effects of explicit conscious instructions. *Journal of Personality and Social Psychology, 71*, 464–478.

Chartrand, T. L., van Baaren, R. B. & Bargh, J. A. (2006). Linking Automatic Evaluation to Mood and Information Processing Style: Consequences for Experienced Affect, Impression Formation, and Stereotyping. *Journal of Experimental Psychology: General, 135*, 70–77.

Chasteen, A. L., Bhattacharyya, S., Horhota, M., Tam, R. & Hasher, L. (2005). How feelings of stereotype threat influence older adults' memory performance. *Experimental Aging Research, 31*, 235–260.

Chekroun, P. & Brauer, M. (2002). The bystander effect and social control behavior: The effect of the presence of others on people's reactions to norm violations. *European Journal of Social Psychology, 32*, 853–866.

Chen, H. C., Reardon, R., Rea, C. & Moore, D. J. (1992). Forewarning of content and involvement: Consequences for persuasion and resistance to persuasion. *Journal of Experimental Social Psychology, 28*, 523–541.

Chen, M. & Bargh, J. A. (1999). Consequences of automatic evaluation: Immediate behavioral predispositions to approach or avoid the stimulus. *Personality & Social Psychology Bulletin, 25*, 215–224.

Chen, S. & Chaiken, S. (1999). The heuristic-systematic model in its broader context. In S. Chaiken & Y. Trope (Eds.), *Dual-process theories in social psychology* (pp. 73–96). New York: Guilford.

Chen, X., Rubin, K. H., Liu, M., Chen, H., Wang, L., Li, D., Gao, X., Cen, G., Gu, H. & Li, B. (2005). Compliance in Chinese and Canadian toddlers: A cross-cultural study. *International Journal of Behavioral Development, 29*, 428–436.

Chen, X. P. (1996). The group-based binding pledge as a solution to public goods problems. *Organizational Behavior and Human Decision Processes, 66*, 192–202.

Chertkoff, J. M. & Conley, M. (1967). Opening offer and frequency of concession as bargaining strategies. *Journal of Personality and Social Psychology, 7*, 181–185.

Chiu, C.-Y., Dweck, C. S., Tong, J. Y.-Y. & Fu, J. H.-Y. (1997). Implicit theories and conceptions of morality. *Journal of Personality and Social Psychology, 73*, 923–940.

Church, A. H. (1993). Estimating the effects of incentives on mail survey response rates: A meta-analysis. *Public Opinion Quarterly, 57*, 62–79.

Cialdini, R. B. (1993). *Influence: Science and practice*. New York: HarperCollins.

Cialdini, R. B. (1997). *Die Psychologie des Überzeugens: Ein Lehrbuch für alle, die ihren Mitmenschen und sich selbst auf die Schliche kommen wollen*. Göttingen: Huber.

Cialdini, R. B. (2001). *Influence: Science and practice*. Needham Heights, MA: Allyn & Bacon.

Cialdini, R. B., Borden, R. J., Thorne, A., Walker, M. R., Freeman, S. & Sloan, L. R. (1976). Basking in reflected glory: Three (football) field studies. *Journal of Personality and Social Psychology, 34*, 366–375.

Cialdini, R. B., Brown, S. L., Lewis, B. P., Luce, C. & Neuberg, S. L. (1997). Reinterpreting the empathy-altruism relationship: When one into one equals oneness. *Journal of Personality and Social Psychology, 73*, 481–494.

Cialdini, R. B., Cacioppo, J. T., Basset, R. & Miller, J. (1978). Low-ball procedure for producing compliance: Commitment, then cost. *Journal of Personality and Social Psychology, 36*, 463–476.

Cialdini, R. B., Darby, B. L. & Vincent, J. E. (1973). Transgression and altruism: A case for hedonism. *Journal of Experimental Social Psychology, 9*, 502–516.

Cialdini, R. B. & Goldstein, N. J. (2004). Social influence: Compliance and conformity. *Annual Review of Psychology, 55*, 591–621.

Cialdini, R. B., Green, B. L. & Rusch, A. J. (1992). When tactical pronouncements of change become real change: The case of reciprocal persuasion. *Journal of Personality and Social Psychology, 63*, 30–40.

Cialdini, R. B., Kallgren, C. A. & Reno, R. R. (1991). A focus theory of normative conduct: A theoretical refinement and reevaluation of the role of norms in human behavior. In M. P. Zanna (Ed.), *Advances in experimental social psychology* (Vol. 24, pp. 201–234). New York: Academic Press.

Cialdini, R. B. & Kenrick, D. T. (1976). Altruism as hedonism: A social development perspective on the relationship of negative mood state and helping. *Journal of Personality and Social Psychology, 34*, 907–914.

Cialdini, R. B., Schaller, M., Houlihan, D., Arps, K., Fultz, J. & Beaman, A. L. (1987). Empathy-based helping: Is it selflessly or selfishly motivated? *Journal of Personality and Social Psychology, 52*, 749–758.

Cialdini, R. B. & Trost, M. R. (1998). Social influence: Social norms, conformity and compliance. In D. T. Gilbert, S. T. Fiske & G. Lindzey (Eds.), *The handbook of social psychology* (Vol. 2, pp. 151–192). New York: McGraw-Hill.

Cialdini, R. B., Trost, M. R. & Newsom, J. T. (1995). Preference for consistency: The development of a valid measure and the discovery of surprising behavioral implications. *Journal of Personality and Social Psychology, 69*, 318–328.

Cialdini, R. B., Vincent, J. E., Lewis, S. K., Catalan, J., Wheeler, D. & Darby, B. L. (1975). Reciprocal concessions procedure for inducing compliance: The door-in-the-face technique. *Journal of Personality and Social Psychology, 31*, 206–215.

Clark, M. S., Milberg, S. & Ross, J. (1983). Arousal cues arousal-related material in memory: Implications for understanding effects of mood on memory. *Journal of Verbal Learning and Verbal Behavior, 22*, 633–649.

Clark, M. S. & Waddell, B. A. (1983). Effects of moods on thoughts about helping, attraction and information acquisition. *Social Psychology Quarterly, 46*, 31–35.

Clark, R. D. (1990). Minority influence: The role of argument refutation of the majority position and social support for the minority position. *European Journal of Social Psychology, 20*, 489–497.

Clark, R. D. (1998). Minority influence: The role of the rate of majority defection and persuasive arguments. *European Journal of Social Psychology, 28*, 787–796.

Clark, R. D. (1999a). Effect of number of majority defectors on minority influence. *Group Dynamics, 3*, 303–312.

Clark, R. D. (1999b). The effect of majority defectors and number of persuasive minority arguments on minority influence. *Representative Research in Social Psychology, 23*, 15–21.

Clark, R. D. & Maass, A. (1990). The effects of majority size on minority influence. *European Journal of Social Psychology, 20*, 99–117.

Clark, R. D. & Word, L. E. (1972). Why don't bystanders help? Because of ambiguity? *Journal of Personality and Social Psychology, 24*, 392–400.

Clark, R. D. & Word, L. E. (1974). Where is the apathetic bystander? Situational characteristics of the emergency. *Journal of Personality and Social Psychology, 29*, 279–287.

Clarke, V. A., Lovegrove, H., Williams, A. & Machperson, M. (2000). Unrealistic optimism and the Health Belief Model. *Journal of Behavioral Medicine, 23*, 367–376.

Clifford, M. M. (1975). Physical attractiveness and academic performance. *Child Study Journal, 5*, 201–209.

Cline, V. B., Croft, R. G. & Courrier, S. (1973). Desensitization of children to television violence. *Journal of Personality and Social Psychology, 27*, 360–365.

Clore, G. L. (1992). Cognitive phenomenology: Feelings and the construction of judgment. In L. L. Martin & A. Tesser (Eds.), *The construction of social judgments* (pp. 133–163). Hillsdale, NJ: Erlbaum.

Clore, G. L. & Parrott, W. G. (1991). Moods and their vicissitudes: Thoughts and feelings as information. In J. P. Forgas (Ed.), *Emotion and social judgments. International series in experimental social psychology* (pp. 107–123). Oxford, England: Pergamon.

Clore, G. L. & Parrott, W. G. (1994). Cognitive feelings and metacognitive judgments. *European Journal of Social Psychology, 24*, 101–115.

Clore, G. L. & Schnall, S. (2005). The influence of affect on attitude. In D. Albarracín, B. T. Johnson & M. P. Zanna (Eds.), *The handbook of attitudes* (pp. 437–489). Mahwah, NJ: Erlbaum.

Clore, G. L., Schwarz, N. & Conway, M. (1994). Affective causes and consequences of social information processing. In R. S. Wyer & T. K. Srull (Eds.), *Handbook of social cognition* (pp. 324–417). Hillsdale, NJ: Erlbaum.

Coates, B., Pusser, H. E. & Goodman, I. (1976). The influence of „Sesame Street" and „Mister Rogers' Neighborhood" on children's social behavior in the preschool. *Child Development, 47*, 138–144.

Codol, J. P. (1975). On the so-called "superior conformity of the self" behavior: Twenty experimental investigations. *European Journal of Social Psychology, 5*, 457–501.

Cohen, D. & Nisbett, R. E. (1997). Field experiments examining the culture of honor: The role of institutions in perpetuating norms about violence. *Personality and Social Psychology Bulletin, 23*, 1188–1199.

Cohen, D., Nisbett, R. E., Bowdle, B. F. & Schwarz, N. (1996). Insult, aggression, and the southern culture of honor: An „experimental ethnography." *Journal of Personality and Social Psychology, 70*, 945–960.

Cohen, G. L. & Garcia, J. (2005). „I Am Us": Negative Stereotypes as Collective Threats. *Journal of Personality and Social Psychology, 89*, 566–582.

Cohn, E. G. (1993). The prediction of police calls for service: The influence of weather and temporal variables on rape and domestic violence. *Journal of Environmental Psychology, 13*, 71–83.

Cohn, E. G. & Rotton, J. (1997). Assault as a function of time and temperature: A moderator-variable time-series analysis. *Journal of Personality and Social Psychology, 72*, 1322–1334.

Collaros, P. A. & Anderson, L. R. (1969). Effect of perceived expertness upon creativity of members of brainstorming groups. *Journal of Applied Psychology, 53*, 159–163.

Collins, A. M. & Loftus, E. F. (1975). A spreading-activation theory of semantic processing. *Psychological Review, 82*, 407–428.

Collins, A. M. & Quillian, M. R. (1969). Retrieval time from semantic memory. *Journal of Verbal Learning and Verbal Behavior, 8*, 240–248.

Collins, R. L. (1996). For better or worse: The impact of upward social comparison on self-evaluations. *Psychological Bulletin, 119*, 51–69.

Colvin, C. R. & Funder, D. C. (1991). Predicting personality and behavior: A boundary on the acquaintanceship effect. *Journal of Personality and Social Psychology, 60*, 884–894.

Combs, B. & Slovic, P. (1979). Newspaper coverage of causes of death. *Journalism Quarterly, 56*, 832–849.

Comstock, G. & Paik, H. (1991). *Television and the American Child.* San Diego, CA: Academic Press.

Condon, J. W. & Crano, W. D. (1988). Inferred evaluation and the relation between attitude similarity and interpersonal attraction. *Journal of Personality and Social Psychology, 54*, 789–797.

Conner, M., Warren, R., Close, S. & Sparks, P. (1999). Alcohol consumption and the theory of planned behavior: An examination of the cognitive mediation of past behavior. *Journal of Applied Social Psychology, 29*, 1676–1704.

Connolly, T. & Bukszar, E. W. (1990). Hindsight bias: Self-flattery or cognitive error? *Journal of Behavioral Decision Making, 3*, 205–211.

Conway, A. R. A., Cowan, N. & Bunting, M. F. (2001). The cocktail party phenomenon revisited: The importance of working memory capacity. *Psychonomic Bulletin and Review, 8*, 331–335.

Cook, S. W. & Selltiz, C. (1964). A multiple-indicator approach to attitude measurement. *Psychological Bulletin, 62*, 36–55.

Cooke, R. & Sheeran, P. (2004). Moderation of cognition–intention and cognition–behaviour relations: A meta-analysis of properties of variables from the theory of planned behaviour. *British Journal of Social Psychology, 43*, 159–186.

Cooper, H. (1983). Teacher expectation effects. In L. Bickman (Ed.), *Applied social psychology annual* (Vol. 4, pp. 247–275). Beverly Hills, CA: Sage.

Cooper, J. & Worchel, S. (1970). Role of undesired consequences in arousing cognitive dissonance. *Journal of Personality and Social Psychology, 16*, 199–206.

Cordova, D. I. & Lepper, M. R. (1996). Intrinsic motivation and the process of learning: Beneficial effects of contextualization, personalization and choice. *Journal of Educational Psychology, 88*, 715–730.

Corey, S. M. (1937). Professed attitudes and actual behavior. *Journal of Educational Psychology, 28*, 271–280.

Cosier, R. A. & Schwenk, C. R. (1990). Agreement and thinking alike: Ingredients for poor decisions. *Academy of Management Executive, 4*, 69–74.

Cosmides, L. (1989). The logic of social exchange: Has natural selection shaped how humans reason? Studies with the Wason selection task. *Cognition, 31*, 187–276.

Cosmides, L. & Tooby, J. (1996). Are humans good intuitive statisticians after all? Rethinking some conclusions from the literature on judgment under uncertainty. *Cognition, 58*, 1–73.

Cosmides, L. & Tooby, J. (2005). Neurocognitive adaptations designed for social exchange. In D. M. Buss (Ed.), *The handbook of evolutionary psychology.* (pp. 584–627). Hoboken, NY: Wiley.

Costin, F. (1985). Beliefs about rape and women's social roles. *Archives of Sexual Behavior, 14*, 319–325.

Cote, S. (2005). Reconciling the feelings-as-information and hedonic contingency models of how mood influences systematic information processing. *Journal of Applied Social Psychology, 35*, 1656–1679.

Cottrell, N. B., Wack, D. L., Sekerak, G. J. & Rittle, R. H. (1968). Social facilitation of dominant responses by the presence of an audience and the mere presence of others. *Journal of Personality and Social Psychology, 9*, 245–250.

Courneya, K. S. & McAuley, E. (1993). Efficacy, attributional, and affective responses of older adults following an acute bout of exercise. *Journal of Social Behavior and Personality, 8*, 729–742.

Coyne, S. M. (2004). Indirect aggression on screen: A hidden problem? *Psychologist, 17*, 688–691.

Cramer, R. E., McMaster, M. R., Bartell, P. A. & Dragna, M. (1988). Subject competence and minimization of the bystander effect. *Journal of Applied Social Psychology, 18*, 1133–1148.

Crandall, C. S. (1991). Do heavy-weight students have more difficulty paying for college? *Personality and Social Psychology Bulletin, 17*, 606–611.

Crandall, C. S. & Biernat, M. (1990). The ideology of anti-fat attitudes. *Journal of Applied Social Psychology, 20*, 227–243.

Crandall, C. S., D'Anello, S., Sakalli, N., Lazarus, E., Wieczorkowska, G. & Feather, N. T. (2001). An Attribution-Value model of prejudice: Anti-fat attitudes in six nations. *Personality and Social Psychology Bulletin, 27*, 30–37.

Crandall, C. S., Eshleman, A. & O'Brien, L. (2002). Social norms and the expression and suppression of prejudice: The struggle for internalization. *Journal of Personality and Social Psychology, 82*, 359–378.

Crick, N. R. & Dodge, K. A. (1994). A review and reformulation of social information-processing mechanisms in children's social adjustment. *Psychological Bulletin, 115*, 74–101.

Crisp, R. J. & Beck, S. R. (2005). Reducing Intergroup Bias: The Moderating Role of Ingroup Identification. *Group Processes and Intergroup Relations, 8*, 173–185.

Crites, S. L., Fabrigar, L. R. & Petty, R. E. (1994). Measuring the affective and cognitive properties of attitudes: Conceptual and methodological issues. *Personality and Social Psychology Bulletin, 20*, 619–634.

Croizet, J.-C. & Claire, T. (1998). Extending the concept of stereotype and threat to social class: The intellectual underperformance of students from low socioeconimic backgrounds. *Personality and Social Psychology Bulletin, 24*, 588–594.

Crosby, F., Bromley, S. & Saxe, L. (1980). Recent unobtrusive studies of Black and White discrimination and prejudice: A literature review. *Psychological Bulletin, 87*, 546–563.

Cross, S. E. (1995). Self-construals, coping, and stress in cross-cultural adaptation. *Journal of Cross Cultural Psychology, 26*, 673–697.

Cross, S. E. & Madson, L. (1997). Models of the self: Self-construals and gender. *Psychological Bulletin, 122*, 5–37.

Crowley, A. E. & Hoyer, W. D. (1994). An Integrative Framework for Understanding Two-Sided Persuasion. *Journal of Consumer Research, 20*, 561–74.

Crowne, D. P. & Marlow, D. (1964). *The approval motive: Studies in evaluative dependence.* Hillsdale, NJ: Erlbaum.

Crusco, A. H. & Wetzel, C. G. (1984). The Midas touch: The effects of interpersonal touch on restaurant tipping. *Personality and Social Psychology Bulletin, 10*, 512–517.

Croyle, R. T. & Cooper, J. (1983). Dissonance arousal: Physiological evidence. *Journal of Personality and Social Psychology, 45*, 782–791.

Crutchfield, R. S. (1955). Conformity and character. *American Psychologist, 10*, 191–198.

Csikszentmihalyi, M. & Figurski, T. J. (1982). Self-awareness and aversive experience in everyday life. *Journal of Personality, 50*, 15–28.

Cuddy, A. J. C., Norton, M. I. & Fiske, S. T. (2005). This Old Stereotype: The Pervasiveness and Persistence of the Elderly Stereotype. *Journal of Social Issues, 61*, 267–285.

Cunningham, M. R. (1979). Weather, mood, and helping behavior: Quasi experiments with the sunshine samaritan. *Journal of Personality and Social Psychology, 37*, 1947–1956.

Cunningham, M. R., Steinberg, J. & Grev, R. (1980). Wanting to and having to help: Separate motivations for positive mood and guilt-induced helping. *Journal of Personality and Social Psychology, 38*, 181–192.

Czopp, A. M. & Monteith, M. J. (2003). Confronting prejudice (literally): Reactions to confrontations of racial and gender bias. *Personality and Social Psychology Bulletin, 29*, 532–544.

Czopp, A. M., Monteith, M. J. & Mark, A. Y. (2006). Standing Up for a Change: Reducing Bias Through Interpersonal Confrontation. *Journal of Personality and Social Psychology, 90*, 784–803.

Dabbs, J. M., Carr, T. S., Frady, R. L. & Riad, J. K. (1995). Testosterone, crime, and misbehavior among 692 male prison inmates. *Personality and Individual Differences, 18*, 627–633.

Dabbs, J. M., Frady, R. L., Carr, T. S. & Besch, N. F. (1987). Saliva testosterone and criminal violence in young adult prison inmates. *Psychosomatic Medicine, 49*, 174–182.

Dabbs, J. M. & Morris, R. (1990). Testosterone, social class, and antisocial behavior in a sample of 4,462 men. *Psychological Science, 1*, 209–211.

Dabbs, J. M., Ruback, R. B., Frady, R. L., Hopper, C. H. & Sgoutas, D. S. (1988). Saliva testosterone and criminal violence among women. *Personality and Individual Differences, 9*, 269–275.

D'Argembeau, A., Comblain, C. & Van der Linden, M. (2005). Affective valence and the self-reference effect: Influence of retrieval conditions. *British Journal of Psychology, 96*, 457–466.

Darley, J. M. (1995). Constructive and destructive obedience: A taxonomy of principal-agent relationships. *Journal of Social Issues, 51*, 125–154.

Darley, J. M. & Batson, C. D. (1973). "From Jerusalem to Jericho": A study of situational and dispositional variables in helping behavior. *Journal of Personality and Social Psychology, 27*, 100–108.

Darley, J. M. & Fazio, R. H. (1980). Expectancy confirmation processes arising in the social interaction sequence. *American Psychologist, 35*, 867–881.

Darley, J. M. & Gross, P. H. (1983). A hypothesis-confirming bias in labeling effects. *Journal of Personality and Social Psychology, 44*, 20–33.

Darley, J. M. & Latané, B. (1968). Bystander interventions in emergencies: Diffusion of responsibility. *Journal of Personality and Social Psychology, 8*, 377–383.

Darley, J. M., Teger, A. I. & Lewis, L. D. (1973). Do groups always inhibit individuals' responses to potential emergencies? *Journal of Personality and Social Psychology, 26*, 395–399.

Davidson, A. R. & Jaccard, J. J. (1979). Variables that moderate the attitude-behavior relation: Results of a longitudinal survey. *Journal of Personality and Social Psychology, 37*, 1364–1376.

Davidson, R. J., Putnam, K. M. & Larson, C. L. (2000). Dysfunction in the neural circuitry of emotion regulation – a possible prelude to violence. *Science, 289*, 591–594.

Davis, D. D. & Harless, D. W. (1996). Group versus individual performance in a price-searching experiment. *Organizational Behavior and Human Decision Processes, 66*, 215–227.

Davis, K. E. & Jones, E. E. (1960). Changes in interpersonal perception as a means of reducing cognitive dissonance. *Journal of abnormal social Psychology, 61*, 402–410.

Davis, M. H., Luce, C. & Kraus, S. J. (1994). The heritability of characteristics associated with dispositional empathy. *Journal of Personality, 62*, 369–391.

Davis, M. H. & Stephan, W. G. (1980). Attributions for exam performance. *Journal of Applied Social Psychology, 10*, 235–248.

Davis, S., Howell, P. & Cooke, F. (2002). Sociodynamic relationships between children who stutter and their non-stuttering classmates. *Journal of Child Psychology and Psychiatry, 43*, 939–947.

Dawes, R. M. (1980). Social dilemmas. *Annual Review of Psychology, 31*, 169–193.

Dawes, R. M., McTavish, J. & Shaklee, H. (1977). Behavior, communication, and assumptions about other people's behavior in a commons dilemma situation. *Journal of Personality and Social Psychology, 35*, 1–11.

Dearborn, D. C. & Simon, H. A. (1958). Selective perception: A note on the departmental identification of executives. *Sociometry, 21*, 140–144.

DeCoster, J. & Claypool, H. M. (2004). A Meta-Analysis of Priming Effects on Impression Formation Supporting a General Model of Informational Biases. *Personality and Social Psychology Review, 8*, 2–27.

Deci, E. L., Koestner, R. & Ryan, R. M. (1999). A meta-analytic review of experiments examining the effects of extrinsic rewards on intrinsic motivation. *Psychological Bulletin, 125*, 627–668.

Deci, E. L. & Ryan, R. M. (1985). *Intrinsic motivation and self-determination in human behavior.* New York: Plenum.

De Cremer, D. & Bakker, M. (2003). Accountability and cooperation in social dilemmas: The influence of others' reputational concerns. *Current Psychology, 22*, 155–163.

Deffenbacher, J. L. (1980). Worry and emotionality in test anxiety. In I. G. Sarason (Ed.), *Test anxiety: Theory, research, and application* (pp. 111–128). Hillsdale, NJ: Erlbaum.

De Gilder, D. & Wilke, H. A. M. (1994). Expectation states theory and the motivational determinants of social influence. In W. Stroebe & M. Hewstone (Eds.), *European Review of Social Psychology* (Vol. 5, pp. 243–269), London: Wiley.

De Houwer, J. (2003). The extrinsic affective Simon task. *Experimental Psychology, 50*, 77–85.

De Houwer, J., Baeyens, F. & Eelen, P. (1994). Verbal evaluative conditioning with undetected US presentations. *Behaviour Research and Therapy, 32*, 629–633.

De Houwer, J. & Eelen, P. (1998). An affective variant of the Simon paradigm. *Cognition and Emotion, 12*, 45–61.

De Houwer, J., Hermans, D. & Eelen, P. (1998). Affective Simon effects using facial expressions as affective stimuli. *Zeitschrift für Experimentelle Psychologie, 45*, 88–98.

De Houwer, J., Thomas, S. & Baeyens, F. (2001). Association learning of likes and dislikes: A review of 25 years of research on human evaluative conditioning. *Psychological Bulletin, 127*, 853–869.

De Pelsmacker, P. & Janssens, W. (2007). The effect of norms, attitudes and habits on speeding behavior: Scale development and model building and estimation. *Accident Analysis & Prevention, 39*, 6–15.

De Vries, N. K., De Dreu, C. K. W., Gordijn, E. & Schuurman, M. (1996). Majority and minority influence: A dual role interpretation. In W. Stroebe & M. Hewstone (Eds.), *European Review of Social Psychology* (Vol. 7, pp. 145–172), Chichester, England: Wiley.

De Waal, F. B. M. (1997). *Der gute Affe: Der Ursprung von Recht und Unrecht bei Menschen und anderen Tieren.* München: Hanser.

DeJong, W. (1979). An examination of self-perception mediation on the foot-in-the-door effect. *Journal of Personality and Social Psychology, 37*, 2221–2239.

Denzler, M., Förster, J. & Liberman, N. (2006). Cathartic effects revisited: The impact of goals on aggressive thoughts and aggressive behavior. Manuskript submitted for publication.

DePaulo, B. M. (1992). Nonverbal behavior and self-presentation. *Psychological Bulletin, 111*, 203–243.

DePaulo, B. M. & Bell, K. L. (1996). Truth and investment: Lies are told to those who care. *Journal of Personality and Social Psychology, 71*, 703–716.

DePaulo, B. M. & Friedman, H. S. (1998). Nonverbal communication. In D. T. Gilbert, S. T. Fiske & G. Lindsey (Eds.), *The handbook of social psychology* (4th ed., Vol. 2, pp. 3–40). New York: McGraw-Hill.

DePaulo, B. M., Kenny, D. A., Hoover, C. W., Webb, W. & Oliver, P. (1987). Accuracy of person perception: Do people know what kinds of impressions they convey? *Journal of Personality and Social Psychology, 52*, 303–315.

DePaulo, B. M. & Kirkendol, S. E. (1989). The motivational impairment effect in the communication of deception. In J. Yuille (Ed.), *Credibility assessment* (pp. 51–70). Norwell, MA: Kluwer Academic.

Derryberry, D. (1993). Attentional consequences of outcome-related motivational states: Congruent, incongruent, and focusing effects. *Motivation and Emotion, 17*, 65–89.

Desrichard, O. & Köpetz, C. (2005). A Threat in the Elder: The Impact of Task Instructions, Self-Efficacy and Performance Expectations on Memory Performance in the Elderly. *European Journal of Social Psychology, 35*, 537–552.

DeSteno, D., Dasgupta, N., Bartlett, M. Y. & Cajdric, A. (2004). Prejudice from Thin Air: The effect of emotion on automatic intergroup attitudes. *Psychological Science, 15*, 319–324.

Deutsch, M. & Collins, M. E. (1951). *Interracial housing: a psychological evaluation of a social experiment*. Minneapolis, MN: University of Minnesota Press.

Deutsch, M. & Gerard, H. B. (1955). A study of normative and informational influence upon individual judgment. *Journal of Abnormal and Social Psychology, 51*, 629–636.

Deutsch, R., Gawronski, B. & Strack, F. (2006). At the Boundaries of Automaticity: Negation as Reflective Operation. *Journal of Personality and Social Psychology, 91*, 385–405.

Deutsch, R. & Strack, F. (2006a). Duality Models in Social Psychology: From Dual Processes to Interacting Systems. *Psychological Inquiry, 17*, 166–172.

Deutsch, R. & Strack, F. (2006b). Reflective and Impulsive Determinants of Addictive Behavior. In R. W. Wiers & A. W. Stacy (Eds.), *Handbook of implicit cognition and addiction* (pp. 45–57). Thousand Oaks, CA: Sage Publications.

Devine, P. G. (1989). Stereotypes and prejudice: Their automatic and controlled components. *Journal of Personality and Social Psychology, 56*, 5–18.

Devine, P. G., Monteith, M. J., Zuwerink, J. R. & Elliot, A. J. (1991). Prejudice with and without compunction. *Journal of Personality and Social Psychology, 60*, 817–830.

Devine, P. G., Tauer, J. M., Barron, K. E., Elliot, A. J. & Vance, K. M. (1999). Moving beyond attitude change in the study of dissonance-related processes. In E. Harmon-Jones & J. Mills (Eds.), *Cognitive dissonance: Progress on a pivotal theory in social psychology* (pp. 297–323). Washington, DC: American Psychological Association.

Diehl, M. & Stroebe, W. (1987). Productivity loss in brainstorming groups: Toward the solution of a riddle. *Journal of Personality and Social Psychology, 53*, 497–509.

Diehl, M. & Stroebe, W. (1991). Productivity loss in idea-generating groups: Tracking down the blocking effect. *Journal of Personality and Social Psychology, 61*, 392–403.

Diener, E. (1980). Deindividuation: The absence of self-awareness and self-regulation in group members. In P. B. Paulus (Ed.), *The psychology of group influence* (pp. 209–242). Hillsdale, NJ: Erlbaum.

Diener, E., Lusk, R., DeFour, D. & Fias, R. (1980). Deindividuation: Effects of group size, density, number of observers, and group member similarity on self-consciousness and disinhibited behavior. *Journal of Personality and Social Psychology, 39*, 449–459.

Diener, E. & Wallbom, M. (1976). Effects of self-awareness on antinormative behavior. *Journal of Research in Personality, 10*, 107–111.

Dijksterhuis, A. (2004). I like myself but I don't know why: Enhancing implicit self-Esteem by subliminal evaluative conditioning. *Journal of Personality and Social Psychology, 86*, 345–355.

Dijksterhuis, A. & Aarts, H. (2003). On wildebeests and humans: The preferential detection of negative stimuli. *Psychological Science, 14*, 14–18.

Dijksterhuis, A., Aarts, H., Bargh, J. A. & van Knippenberg, A. (2000). On the relation between associative strength and automatic behavior. *Journal of Experimental Social Psychology, 36*, 531–544.

Dijksterhuis, A. & Bargh, J. A. (2001). The perception-behavior expressway: Automatic effects of social perception on social behavior. In M. P. Zanna (Ed.) *Advances in experimental social psychology,* (Vol. 33, pp. 1–40). San Diego, CA: Academic Press.

Dijksterhuis, A., Spears, R., Postmes, T., Stapel, D., Koomen, W., Knippenberg, A. V. & Scheepers, D. (1998). Seeing one thing and doing another: Contrast effects in automatic behavior. *Journal of Personality and Social Psychology, 75*, 862–871.

Dijksterhuis, A. & van Knippenberg, A. (1998). The relation between perception and behavior, or how to win a game of Trivial Pursuit. *Journal of Personality and Social Psychology, 74*, 865–877.

Dill, J. C. & Anderson, C. A. (1995). Effects of frustration justification on hostile aggression. *Aggressive Behavior, 21*, 359–369.

Dill, J. C. & Anderson, C. A. (1999). Loneliness, Shyness, and Depression: The Etiology and Interrelationships of Everyday Problems in Living. In T. Joiner & J. C. Coyne (Eds.), *The interactional nature of depression: Advances in interpersonal approaches.* Washington, DC: APA Books.

Dillard, J. P. (1991). The current status of research on sequential-request compliance techniques. *Personality and Social Psychology Bulletin, 17*, 283–288.

Dillard, J. P., Hunter, J. E. & Burgoon, M. (1984). Sequential-request persuasive strategies: Meta-analysis of foot-in-the-door and door-in-the-face. *Human Communications Research, 10*, 461–488.

Dimberg, U., Thunberg, M. & Elmehed, K. (2000). Unconscious facial reactions to emotional facial expressions. *Psychological Science, 11*, 86–89.

Dimberg, U., Thunberg, M. & Grunedal, S. (2002). Facial reactions to emotional stimuli: Automatically controlled emotional responses. *Cognition and Emotion, 16*, 449–472.

Dion, K. K. & Berscheid, E. (1974). Physical attractiveness and peer perception among children. *Sociometry, 37*, 1–12.

Dion, K. K., Berscheid, E. & Walster, E. (1972). What is beautiful is good. *Journal of Personality and Social Psychology, 24*, 285–290.

Dion, K. L. (2000). Group cohesion: From „field of forces" to multidimensional construct. *Group Dynamics, 4*, 7–26.

Ditto, P. H. & Jemmott, J. B., III (1989). From rarity to evaluative extremity: Effects of prevalence information on evaluations of positive and negative characteristics. *Journal of Personality and Social Psychology, 57*, 16–26.

Dodge, K. A. & Crick, N. R. (1990). Social information-processing bases of aggressive behavior in children. *Personality and Social Psychology Bulletin, 16*, 8–22.

Dodge, K. A., Lansford, J. E., Burks, V. S., Bates, J. E., Pettit, G. S., Fontaine, R. & Price, J. M. (2003). Peer rejection and social information-processing factors in the development of aggressive behavior problems in children. *Child Development, 74*, 374–393.

Dodge, K. A., Pettit, G. S., McClaskey, C. L. & Brown, M. M. (1986). Social competence in children. *Monographs of the Society for Research in Child Development, 51*, 1–85.

Dodge, K. A. & Somberg, D. R. (1987). Hostile attributional biases among aggressive boys are exacerbated under conditions of threats to the self. *Child Development, 58*, 213–224.

Dolinski, D. (2000). On inferring one's beliefs from one's attempts and consequences for subsequent compliance. *Journal of Personality and Social Psychology, 78*, 260–272.

Dollard, J., Doob, L. W., Miller, N. E., Mowrer, O. H. & Sears, R. R. (1961). *Frustration and aggression.* Oxford, England: Yale University Press.

Dollard, J., Miller, N. E., Doob, L. W., Mowrer, O. H. & Sears, R. R. (1939). *Frustration and aggression.* New Haven, CT: Yale University Press.

Donnellan, M. B., Trzesniewski, K. H., Robins, R. W., Moffitt, T. E. & Caspi, A. (2005). Low Self-Esteem Is Related to Aggression, Antisocial Behavior, and Delinquency. *Psychological Science, 16*, 328–335.

Donnerstein, E. (1980). Aggressive erotica and violence against women. *Journal of Personality and Social Psychology, 39*, 269–277.

Donnerstein, E. & Wilson, D. W. (1976). Effects of noise and perceived control on ongoing and subsequent aggressive behavior. *Journal of Personality and Social Psychology, 34*, 774–781.

Doob, A. N. & Gross, A. E. (1968). Status of frustrator as an inhibitor of horn-honking response. *Journal of Social Psychology, 76*, 213–218.

Dooling, D. J. & Christiansen, R. E. (1977). Episodic and semantic aspects of memory for prose. *Journal of Experimental Psychology: Human Learning and Memory, 3*, 428–436.

Dornbusch, S. M., Hastorf, A. H., Richardson, S. A., Muzzy, R. E. & Vreeland, R. S. (1965). The perceiver and the perceived: Their relative influence on the categories of interpersonal cognition. *Journal of Personality and Social Psychology, 1,* 434–440.

Dougherty, T. W., Turban, D. B. & Callender, J. C. (1994). Confirming first impressions in the employment interview: A field study of interviewer behavior. *Journal of Applied Psychology, 79,* 659–665.

Douzenis, A., Tsirka, Z., Vassilopoulou, C. & Christodoulou, G. N. (2004). The role of serotonin in neurobiology of aggression. *Psychiatriki, 15,* 48–56.

Dovidio, J. F. (1984). Helping behavior and altruism: An empirical and conceptual overview. In L. Berkowitz (Ed.), *Advances in experimental social psychology* (Vol. 17, pp. 361–427). San Diego, CA: Academic Press.

Dovidio, J. F., Allen, J. L. & Schroeder, D. A. (1990). Specificity of empathy-induced helping: Evidence for altruistic motivation. *Journal of Personality and Social Psychology, 59,* 249–260.

Dovidio, J. F., Evans, N. & Tyler, R. B. (1986). Racial stereotypes: The contents of their cognitive representations. *Journal of Experimental Social Psychology, 22,* 22–37.

Dovidio, J. F. & Gaertner, S. L. (Eds.). (1986). *Prejudice, discrimination, and racism.* San Diego, CA: Academic Press.

Dovidio, J. F. & Gaertner, S. L. (1996). Affirmative action, unintentional racial biases, and intergroup relations. *Journal of Social Issues, 52,* 51–75.

Dovidio, J. F. & Gaertner, S. L. (1998). On the nature of contemporary prejudice: The causes, consequences, and challenges of aversive racism. In J. L. Eberhardt & S. T. Fiske (Eds.), *Confronting racism: The problem and the response* (pp. 3–32). Thousand Oaks, CA: Sage.

Dovidio, J. F., Piliavin, J. A., Gaertner, S. L., Schroeder, D. A. & Clark, R. D. (1991). The arousal: Cost-reward model and the process of intervention: A review of the evidence. In M. S. Clark (Ed.), *Prosocial behavior* (pp. 86–118). Thousand Oaks, CA: Sage.

Downing, J. W., Judd, C. M. & Brauer, M. (1992). Effects of repeated expressions on attitude extremity. *Journal of Personality and Social Psychology, 63,* 17–29.

Downs, A. C. & Lyons, P. M. (1991). Natural observations of the link between attractiveness and initial legal judgements. *Personality and Social Psychology Bulletin, 17,* 541–547.

Doyle, A. B., Beaudet, J. & Aboud, F. (1988). Developmental patterns in the flexibility of children's ethnic attitudes. *Journal of Cross-Cultural Psychology, 19,* 3–18.

Droney, J. M. & Brooks, C. I. (1993). Attributions of self-esteem as a function of duration of eye contact. *Journal of Social Psychology, 133,* 715–722.

Dulany, D. E. & Hilton, D. J. (1991). Conversational implicature, conscious representation, and the conjunction fallacy. *Social Cognition, 9,* 85–110.

Duncan, C. & Loretto, W. (2004). Never the Right Age? Gender and Age-Based Discrimination in Employment. *Gender, Work and Organization, 11,* 95–115.

Duncker, K. (1945). On problem solving. *Psychological Monographs, 58,* 113.

Dunning, D. & Hayes, A. F. (1996). Evidence for egocentric comparison in social judgment. *Journal of Personality and Social Psychology, 71,* 213–229.

Duntley, J. D. & Buss, D. M. (2004). The evolution of evil. In A. G. Miller (Ed.), *The social psychology of good and evil.* (pp. 102–123). New York: Guilford.

Duntley, J. D. & Buss, D. M. (2005). The Plausibility of Adaptations for Homicide. In P. Carruthers, S. Laurence & S. Stich, Stephen (Eds.), *The innate mind: Structure and contents* (pp. 291–304). New York: Oxford University Press.

Dunton, B. C. & Fazio, R. H. (1997). An individual difference measure of motivation to control prejudiced reactions. *Personality and Social Psychology Bulletin, 23,* 316–326.

Dutton, D. G. & Aron, A. P. (1974). Some evidence for heightened sexual attraction under conditions of high anxiety. *Journal of Personality and Social Psychology, 30,* 510–517.

Duval, S., Duval, V. H. & Neely, R. (1979). Self-focus, felt responsibility, and helping behavior. *Journal of Personality and Social Psychology, 37,* 1769–1778.

Duval, T. S. & Lalwani, N. (1999). Objective self-awareness and causal attributions for self-standard discrepancies: Changing self or changing standards of correctness. *Personality and Social Psychology Bulletin, 25,* 1220–1229.

Duval, S. & Wicklund, R. A. (1972). *A theory of objective self awareness.* New York: Academic Press.

Dweck, C. S., Hong, Y. & Chiu, C. (1993). Implicit theories: Individual differences in the likelihood and meaning of dispositional inference. *Personality and Social Psychology Bulletin, 19,* 644–565.

Eagly, A. H. (1987). *Sex differences in social behavior. A social-role interpretation.* Hillsdale, NJ: Erlbaum.

Eagly, A. H., Ashmore, R. D., Makhijani, M. G. & Longo, L. C. (1991). What is beautiful is good, but ...: A meta-analytic review of research on the physical attractiveness stereotype. *Psychological Bulletin, 110,* 109–128.

Eagly, A. H. & Chaiken, S. (1993). *The psychology of attitudes.* Forth Worth, TX: Harcourt Brace Jovanovich College.

Eagly, A. H. & Chaiken, S. (1998). Attitude structure and function. In D. Gilbert, S. T. Fiske & G. Lindzey (Eds.), *Handbook of social psychology* (4th ed., pp. 269–322). New York: Mc-Graw-Hill.

Eagly, A. H. & Crowley, M. (1986). Gender and helping behavior: A meta-analytic review of the social psychological literature. *Psychological Bulletin, 100,* 283–308.

Eagly, A. H. & Karau, S. J. (2002). Role congruity theory of prejudice toward female leaders. *Psychological Review, 109,* 573–598.

Eagly, A. H., Kulesa, P., Brannon, L. A., Shaw, K. & Hutson-Comeaux, S. (2000). Why counterattitudinal messages are as memorable as proattitudinal messages: The importance of active defense against attack. *Personality and Social Psychology Bulletin, 26,* 1392–1408.

Earley, P. C. (1993). East meets West meets Mid East: Further explorations of collectivistic and individualistic work groups. *Academy of Management Journal, 36,* 319–348.

Ebbesen, E. B., Duncan, B. & Konečni, V. J. (1975). Effects of content of verbal aggression on future verbal aggression: A field experiment. *Journal of Experimental Social Psychology, 11,* 192–204.

Eckes, T. & Six-Materna, I. (1998). Leugnung von Diskriminierung: Eine Skala zur Erfassung des modernen Sexismus. *Zeitschrift für Sozialpsychologie, 29,* 224–238.

Edwards, K. (1990). The interplay of affect and cognition in attitude formation and change. *Journal of Personality and Social Psychology, 59,* 202–216.

Edwards, K. & Bryan, T. S. (1997). Judgmental biases produced by instructions to disregard: The (paradoxical) case of emotional information. *Personality and Social Psychology Bulletin, 23,* 849–864.

Edwards, K. & von Hippel, W. (1995). Hearts and minds: The priority of affective versus cognitive factors in person perception. *Personality and Social Psychology Bulletin, 21,* 996–1011.

Efran, M. G. & Patterson, E. W. J. (1976). *The politics of appearance.* Unpublished manuscript, University of Toronto.

Egeth, H. E. & Yantis, S. (1997). Visual attention: Control, representation, and time course. *Annual Review of Psychology, 48,* 269–297.

Egger, M. D. & Flynn, J. P. (1962). Amygdaloid suppression of hypothalamically elicited attack behavior. *Science, 135,* 43–44.

Ehrlich, D., Guttman, I., Schönbach, P. & Mills, J. (1957). Postdecision exposure to relevant information. *Journal of abnormal and social Psychology, 54,* 98–102.

Ehrenkranz, J., Bliss, E. & Sheard, M. H. (1974). Plasma testosterone: Correlation with aggressive behavior and social dominance in man. *Psychosomatic Medicine, 36,* 469–475.

Ehrlichman, H. & Halpern, J. N. (1988). Affect and memory: Effects of pleasant and unpleasant odors on retrieval of happy and unhappy memories. *Journal of Personality and Social Psychology, 55,* 769–779.

Eich, E. (1995). Mood as a mediator of place dependent memory. *Journal of Experimental Psychology: General, 124,* 293–308.

Eich, E. & Macaulay, D. (2000a). Are real moods required to reveal mood-congruent and mood-dependent memory? *Psychological Science, 11,* 244–248.

Eich, E. & Macaulay, D. (2000b). Studies in emotion and social interaction, second series. In J. P. Forgas (Ed.), *Feeling and thinking: The role of affect in social cognition,* (pp. 109–130). New York: Cambridge University Press.

Eich, E., Macaulay, D. & Ryan, L. (1994). Mood dependent memory for events of the personal past. *Journal of Experimental Psychology: General, 123,* 201–215.

Eidelman, S. & Biernat, M. (2003). Derogating black sheep: Individual or group protection? *Journal of Experimental Social Psychology, 39,* 602–609.

Eisenberg, N. (1991). Meta-analytic contributions to the literature on prosocial behavior. *Personality and Social Psychology Bulletin, 17,* 273–282.

Eisenberg, N., Cialdini, R. B., McCreath, H. & Shell, R. (1987). Consistency-based compliance: When and why do children become vulnerable? *Journal of Personality and Social Psychology, 52,* 1174–1181.

Eisenberg, N. & Fabes, R. A. (1991). Prosocial behavior and empathy: A multimethod developmental perspective. A review of the evidence. In M. S. Clark (Ed.), *Prosocial behavior* (pp. 34–61). Thousand Oaks, CA: Sage.

Eisenberg, N., Guthrie, I. K., Cumberland, A., Murphy, B. C., Shepard, S. A., Zhou, Q. & Carlo, G. (2002). Prosocial development in early adulthood: A longitudinal study. *Journal of Personality and Social Psychology, 82*, 993–1006.

Eisenberg, N., Guthrie, I. K., Murphy, B. C., Shepard, S. A., Cumberland, A. & Carlo, G. (1999). Consistency and development of prosocial dispositions: A longitudinal study. *Child Development, 70*, 1360–1372.

Eisenberger, N. I., Lieberman, M. D. & Williams, K. D. (2003). Does Rejection Hurt? An fMRI Study of Social Exclusion. *Science, 302*, 290–292.

Eisenstadt, D. & Leippe, M. R. (1994). The self-comparison process and self-discrepant feedback: Consequences of learning you are what you thought you were not. *Journal of Personality and Social Psychology, 67*, 611–626.

Eisenstat, R. A. (1990). Compressor team start-up. In J. R. Hackman (Ed.), *Groups that work (and those that don't)* (pp. 411–426). San Francisco: Jossey-Bass.

Eitle, D. & Eitle, T. M. (2003). Segregation and School Violence. *Social Forces, 82*, 589–615.

Ekman, P. & Friesen, W. V. (1975). *Unmasking the face*. Englewood Cliffs, NJ: Prentice Hall.

Elkin, R. A. & Leippe, M. R. (1986). Physiological arousal, dissonance, and attitude change: Evidence for a dissonance-arousal link and a „Don't remind me" effect. *Journal of Personality and Social Psychology, 51*, 55–65.

Eller, A. & Abrams, D. (2003). 'Gringos' in Mexico: Cross-sectional and longitudinal effects of language school-promoted contact on intergroup bias. *Group Processes and Intergroup Relations, 6*, 55–75.

Eller, A. & Abrams, D. (2004). Come together: Longitudinal comparisons of Pettigrew's reformulated intergroup contact model and the Common Ingroup Identity Model in Anglo-French and Mexican-American contexts. *European Journal of Social Psychology, 34*, 229–256.

Elliot, A. J. & Devine, P. G. (1994). On the motivational nature of cognitive dissonance: Dissonance as psychological discomfort. *Journal of Personality and Social Psychology, 67*, 382–394.

Elliott, M. A., Armitage, C. J. & Baughan, C. J. (2007). Using the theory of planned behaviour to predict observed driving behaviour. *British Journal of Social Psychology, 46*, 69–70.

Englich, B. & Mussweiler, T. (2001). Legal judgment under uncertainty: Anchoring effects in the court room. *Journal of Applied Social Psychology, 31*, 1535–1551.

Englich, B., Mussweiler, T. & Strack, F. (2006). Playing Dice With Criminal Sentences: The Influence of Irrelevant Anchors on Experts' Judicial Decision Making. *Personality and Social Psychology Bulletin, 32*, 188–200.

Ennis, R. & Zanna, M. P. (1991). *Hockey assault: constitutive versus non-native violations*. Paper presented at Canadian Psychological Association Convention.

Enzle, M. E. & Anderson, S. C. (1993). Surveillant intentions and intrinsic motivation. *Journal of Personality and Social Psychology, 64*, 257–266.

Epley, N. (2004). A tale of tuned decks? Anchoring as accessibility and anchoring as adjustment. In D. J. Koehler & N. Harvey (Eds.), *Blackwell handbook of judgment and decision making* (pp. 240–257). Malden, MA: Blackwell.

Epley, N. & Gilovich, T. (2001). Putting adjustment back in the anchoring and adjustment heuristic: Differential processing of self-generated and experimenter-provided anchors. *Psychological Science, 12*, 391–396.

Epley, N. & Gilovich, T. (2004). Are adjustments insufficient? *Personality and Social Psychology Bulletin, 30*, 447–460.

Epley, N. & Gilovich, T. (2005). When effortful thinking influences judgmental anchoring: Differential effects of forewarning and incentives on self-generated and externally provided anchors. *Journal of Behavioral Decision Making, 18*, 199–212.

Epley, N., Keysar, B., Van Boven, L. & Gilovich, T. (2004). Perspective taking as egocentric anchoring and adjustment. *Journal of Personality and Social Psychology, 87*, 327–339.

Epley, N., Morewedge, C. K. & Keysar, B. (2004). Perspective taking in children and adults: Equivalent egocentrism but differential correction. *Journal of Experimental Social Psychology, 40*, 760–768.

Epstein, S., Donovan, S. & Denes-Raj, V. (1999). The missing link in the paradox of the linda conjunction problem: Beyond knowing and thinking of the conjunction rule, the intrinsic appeal of heuristic processing. *Personality and Social Psychology Bulletin, 25*, 204–214.

Epstude, K. & Förster, J. (2007). *The automatic adoption of social norms: Ingroup membership as an unconscious incentives to act*. Manuscript submitted for publication.

Erb, H. P., Bohner, G., Hewstone, M., Werth, L. & Reinhard, M. A. (2006). Large Minorities and Small Majorities: Interactive Effects of Inferred and Explicit Consensus on Attitudes. *Basic and Applied Social Psychology, 28*, 221–231.

Erb, H.-P., Bohner, G., Rank, S. & Einwiller, S. (2002). Processing minority and majority communications: The role of conflict with prior attitudes. *Personality and Social Psychology Bulletin, 28*, 1172–1182.

Erb, H.-P. & Kruglanski, A. W. (2005). Persuasion: Ein oder zwei Prozesse. *Zeitschrift für Sozialpsychologie, 36*, 117–131.

Erb, H.-P., Kruglanski, A. W., Chun, W. Y., Pierro, A., Mannetti, L. & Spiegel, S. (2003). Searching for commonalities in human judgment: The parametric unimodel and its dual mode alternatives. *European Review of Social Psychology, 14*, 1–48.

Erber, R. & Erber, M. W. (1994). Beyond mood and social judgment: Mood incongruent recall and mood regulation. *European Journal of Social Psychology, 24*, 79–88.

Erber, R. & Fiske, S. T. (1984). Outcome dependency and attention to inconsistent information about others. *Journal of Personality and Social Psychology, 47*, 709–726.

Erdfelder, E. & Buchner, A. (1998). Decomposing the hindsight bias: A multinomial processing tree model for separating recollection and reconstruction in hindsight. *Journal of Experimental Psychology: Learning, Memory, & Cognition, 24*, 387–414.

Eron, L. D. & Huesmann, L. R. (1980). Adolescent aggression and television. *Annals of the New York Academy of Sciences, 347*, 319–331.

Esser, H. (1986). Können Befragte lügen? Zum Konzept des „wahren Wertes" im Rahmen der handlungstheoretischen Erklärung von Situationseinflüssen bei der Befragung. *Kölner Zeitschrift für Soziologie und Sozialpsychologie, 38*, 314–336.

Esses, V. M., Jackson, L. M. & Armstrong, T. L. (1998). Intergroup competition and attitudes toward immigrants and immigration: An instrumental model of group conflict. *Journal of Social Issues, 54*, 699–724.

Essock-Vitale, S. M. & McGuire, M. T. (1985). Women's lives viewed from an evolutionary perspective: II. Patterns of helping. *Ethology and Sociobiology, 6*, 155–173.

Estrada, C. A., Isen, A. M. & Young, M. J. (1994). Positive affect improves creative problem solving and influences reported source of practice satisfaction in physicians. *Motivation and Emotion, 18*, 285–299.

Estrada-Hollenbeck, M. & Heatherton, T. F. (1998). Avoiding and alleviating guilt through prosocial behavior. In J. Bybee (Ed.), *Guilt and children* (pp. 215–231). San Diego, CA: Academic Press.

Evans, F. B. (1963). Selling as a dyadic relationship. *American Behavioral Scientist, 6*, 76–79.

Evans, J. St. B. T., Handley, S. J., Perham, N., Over, D. E. & Thompson, V. A. (2000). Frequency versus probability formats in statistical word problems. *Cognition, 77*, 197–213.

Fabrigar, L. R. & Petty, R. E. (1999). The role of the affective and cognitive bases of attitudes in susceptibility to affectively and cognitively based persuasion. *Personality and Social Psychology Bulletin, 25*, 363–381.

Fazio, R. H. (1987). Self-perception theory: A current perspective. In M. P. Zanna, J. M. Olson & C. P. Herman (Eds.), *Social influence: The Ontario Symposium* (Vol. 5, pp. 129–150). Hillsdale, NJ: Erlbaum.

Fazio, R. H. (1990). Multiple processes by which attitudes guide behavior: The MODE model as an integrative framework. *Advances in Experimental Social Psychology, 23*, 75–109.

Fazio, R. H. (2000). Accessible attitudes as tools for object appraisal: Their costs and benefits. In G. R. Maio & J. M. Olson (Eds.), *Why we evaluate: Functions of attitudes* (pp. 1–36). Mahwah, NJ: Erlbaum.

Fazio, R. H., Jackson, J. R., Dunton, B. C. & Williams, C. J. (1995). Variability in automatic activation as an unobtrusive measure of racial attitudes: A bona fide pipeline? *Journal of Personality and Social Psychology, 69*, 1013–1027.

Fazio, R. H., Ledbetter, J. E. & Towles-Schwen, T. (2000). On the costs of accessible attitudes: Detecting that the attitude object has changed. *Journal of Personality and Social Psychology, 78*, 197–210.

Fazio, R. H. & Olson, M. A. (2003). Implicit measures in social cognition research: Their meaning and use. *Annual Review of Psychology, 54*, 297–327.

Fazio, R. H. & Powell, M. C. (1997). On the value of knowing one's likes and dislikes: Attitude accessibility, stress, and health in college. *Psychological Science, 8*, 430–436.

Fazio, R. H. & Roskos-Ewoldsen, D. R. (2005). Acting as We Feel: When and How Attitudes Guide Behavior. In T. C. Brock & M. C. Green (Eds.), *Persuasion: Psychological insights and perspectives* (2nd ed., pp. 41–62). Thousand Oaks, CA: Sage Publications.

Fazio, R. H., Sanbonmatsu, D. M., Powell, M. C. & Kardes, F. R. (1986). On the automatic activation of attitudes. *Journal of Personality and Social Psychology, 50*, 229–238.

Fazio, R. H., Sherman, S. J. & Herr, P. M. (1982). The feature-positive effect in the self-perception process: Does not doing matter as much as doing? *Journal of Personality and Social Psychology, 42*, 404–411.

Fazio, R. H. & Zanna, M. P. (1978a). Attitudinal qualities relating to the strength of the attitude-behavior relationship. *Journal of Experimental Social Psychology, 14,* 398–408.

Fazio, R. H. & Zanna, M. P. (1978b). On the predictive validity of attitudes: The roles of direct experience and confidence. *Journal of Personality, 46,* 228–243.

Fazio, R. H., Zanna, M. P. & Cooper, J. (1977). Dissonance and self-perception: An integrative view of each theory's proper domain of application. *Journal of Experimental Social Psychology, 13,* 464–479.

Fazio, R. H., Zanna, M. P. & Cooper, J. (1978). Direct experience and attitude-behavior consistency: An information processing analysis. *Personality and Social Psychology Bulletin, 4,* 48–51.

Fedorikhin, A. & Cole, C. A. (2004). Mood effects on attitudes, perceived risk and choice: Moderators and mediators. *Journal of Consumer Psychology, 14,* 2–12.

Feick, D. L. & Rhodewalt, F. (1997). The double-edged sword of self-handicapping: discounting, augmentation, and the protection and enhancement of self-esteem. *Motivation and Emotion, 21,* 147–163.

Feild, H. S. (1978). Attitudes toward rape: A comparative analysis of police, rapists, crisis counselors, and citizens. *Journal of Personality and Social Psychology, 36,* 156–179.

Fein, S. (1996). Effects of suspicion on attributional thinking and the correspondence bias. *Journal of Personality and Social Psychology, 70,* 1164–1184.

Fein, S. & Spencer, S. J. (1997). Prejudice as self-image maintenance: Affirming the self through derogating others. *Journal of Personality and Social Psychology, 73,* 31–44.

Feingold, A. (1992). Good-looking people are not what we think. *Psychological Bulletin, 111,* 304–341.

Feinman, S. (1980). Infant response to race, size, proximity, and movement of strangers. *Infant Behavior and Development, 3,* 187–204.

Feldman, R. S. & Prohaska, T. (1979). The student as Pygmalion: Effect of student expectation on the teacher. *Journal of Educational Psychology, 71,* 485–493.

Feldman, R. S. & Theiss, A. J. (1982). The teacher and the student as Pygmalions: Joint effects of teacher and student expectations. *Journal of Educational Psychology, 74,* 217–223.

Felser, G. (2001). *Werbe- und Konsumentenpsychologie.* Heidelberg: Spektrum Akademischer Verlag.

Felson, R. B. (1978). Aggression as impression management. *Social Psychology, 41,* 205–213.

Ferguson, M. J. & Bargh, J. A. (2004). Liking is for doing: The effects of goal pursuit on automatic evaluation. *Journal of Personality and Social Psychology, 87,* 557–572.

Ferguson, T. J., Rule, B. G. & Lindsay, R. C. (1982). The effects of caffeine and provocation on Aggression. *Journal for Research in Personality, 16,* 60–71.

Ferrari, J. R. & Thompson, T. (2006). Impostor fears: Links with self-presentational concerns and self-handicapping behaviors. *Personality and Individual Differences, 40,* 341–352.

Feshbach, N. D. (1969). Sex differences in children's modes of aggressive responses toward outsiders. *Merrill-Palmer Quarterly, 15,* 249–258.

Feshbach, S. (1964). The function of aggression and the regulation of aggressive drive. *Psychological Review, 71,* 257–272.

Festinger, L. (1950). Informal social communication. *Psychological Review, 57,* 271–282.

Festinger, L. (1954). A theory of social comparison processes. *Human Relations, 7,* 117–140.

Festinger, L. (1957). *A theory of cognitive dissonance.* Evanston, IL: Row, Peterson.

Festinger, L. (1964). *Conflict, decision, and dissonance.* Oxford, England: Stanford University Press.

Festinger, L. & Carlsmith, J. M. (1959). Cognitive consequences of forced compliance. *Journal of Abnormal and Social Psychology, 58,* 203–210.

Festinger, L. & Maccoby, N. (1964). On resistance to persuasive communications. *Journal of Abnormal and Social Psychology, 68,* 359–366.

Festinger, L., Schachter, S. & Back, K. (1950). *Social pressures in informal groups: A study of human factors in housing.* Stanford, CA: Stanford University Press.

Fiedler, K. (1986). Person memory and person judgments based on categorically organized information. *Acta Psychologica, 61,* 117–135.

Fiedler, K. (1988). The dependence of the conjunction fallacy on subtle linguistic factors. *Psychological Research, 50,* 123–129.

Fiedler, K. (1990). Mood-dependent selectivity in social cognition. In W. Stroebe & M. Hewstone (Eds.), *European review of social psychology* (Vol. 1, pp. 1–32). Chichester, England: Wiley.

Fiedler, K. (1991). On the task, the measures and the mood in research on affect and social cognition. In J. P. Forgas (Ed.) *Emotion and social judgments* (pp. 83–104). Elmsford, NY: Pergamon.

Fiedler, K. (2001a). Affective influences on social information processing. In J. P. Forgas (Ed.), *Handbook of affect and social cognition* (pp. 163–185). Mahwah, NJ: Erlbaum.

Fiedler, K. (2001b). Affective states trigger processes of assimilation and accommodation. In L. L. Martin & G. L. Clore (Eds.), *Theories of mood and cognition: A user's guidebook* (pp. 85–98). Mahwah, NJ: Erlbaum.

Fiedler, K., Asbeck, J. & Nickel, S. (1991). Mood and constructive memory effects on social judgement. *Cognition and Emotion, 5*, 363–378.

Fiedler, K., Nickel, S., Asbeck, J. & Pagel, U. (2003). Mood and the generation effect. *Cognition and Emotion, 17*, 585–608.

Fiedler, K., Nickel, S., Muehlfriedel, T. & Unkelbach, C. (2001). Is mood congruency an effect of genuine memory or response bias? *Journal of Experimental Social Psychology, 37*, 201–214.

Field, A. P. (2000). I like it, but I'm not sure why: Can evaluative conditioning occur without conscious awareness? *Consciousness and Cognition: An International Journal, 9*, 13–36.

Fielding, K. S. & Hogg, M. A. (2000). Working hard to achieve self-defining group goals: A social identity analysis. *Zeitschrift für Sozialpsychologie, 31*, 191–203.

Fillmore, M. T. & Vogel-Sprott, M. (1999). An alcohol model of impaired inhibitory control and its treatment in humans. *Experimental and Clinical Psychopharmacology, 7*, 49–55.

Fillmore, M. T. & Vogel-Sprott, M. (2000). Response inhibition under alcohol: Effects of cognitive and motivational conflict. *Journal of Studies on Alcohol, 61*, 239–246.

Fischer, D. G., Kelm, H. & Rose, A. (1969). Knives as aggression-eliciting stimuli. *Psychological Reports, 24*, 755–760.

Fischer, L. & Wiswede, G. (2002). *Grundlagen der Sozialpsychologie* (2. Aufl.). München: Oldenbourg.

Fischer, P., Greitemeyer, T., Pollozek, F. & Frey, D. (2006). The unresponsive bystander: Are bystanders more responsive in dangerous emergencies? *European Journal of Social Psychology, 36*, 267–278.

Fischhoff, B. (1975). Hindsight – foresight: The effect of outcome knowledge on judgment under uncertainty. *Journal of Experimental Psychology, 89*, 288–299.

Fishbein, M. & Ajzen, I. (1974). Attitudes towards objects as predictors of single and multiple behavioral criteria. *Psychological Review, 81*, 59–74.

Fiske, A. P. (1991). The cultural relativity of selfish individualism: Anthropological evidence that humans are inherently sociable. In M. S. Clark (Ed.), *Review of personality and social psychology, Prosocial behavior,* (Vol. 12, pp. 176–214). Thousand Oaks, CA: Sage.

Fiske, A. P., Kitayama, S., Markus, H. R. & Nisbett, R. E. (1998). The cultural matrix of social psychology. In D. T. Gilbert, S. T. Fiske & G. Lindzey (Eds.), *The handbook of social psychology* (4th ed., Vol. 2, pp. 915–981). New York: McGraw-Hill.

Fiske, S. T., Bersoff, D. N., Borgida, E., Deaux, K. & Heilman, M. E. (1991). Social science research on trial: Use of sex stereotyping research in Price Waterhouse v. Hopkins. *American Psychologist, 46*, 1049–1060.

Fiske, S. T. & Neuberg, S. L. (1990). A continuum of impression formation, from category-based to individuating processes: Influences of information and motivation on attention and interpretation. In M. Zanna (Ed.), *Advances in Experimental Social Psychology,* (Vol. 23, pp. 1–74). San Diego, CA: Academic Press.

Fiske, S. T. & Taylor, S. E. (1991). *Social cognition* (2nd ed.). New York: Mcgraw-Hill.

Fitzsimons, G. M. & Bargh, J. A. (2003). Thinking of you: Nonconscious pursuit of interpersonal goals associated with relationship partners. *Journal of Personality and Social Psychology, 84*, 148–163.

Fletcher, C. (1989). Impression management in the selection interview. In R. A. Giacalone & P. Rosenfeld (Eds.), Impression management in the organization (pp. 269–282). Hillsdale, NJ: Erlbaum.

Fletcher, G. J., Reeder, G. D. & Bull, V. (1990). Bias and accuracy in attitude attribution: The role of attributional complexity. *Journal of Experimental Social Psychology, 26*, 275–288.

Florian, V. & Mikulincer, M. (1997). Fear of death and the judgment of social transgressions: A multidimensional test of terror management theory. *Journal of Personality and Social Psychology, 73*, 369–380.

Flowers, M. L. (1977). A laboratory test of some implications of Janis's groupthink hypothesis. *Journal of Personality and Social Psychology, 35*, 888–896.

Flynn, F. J. (2005). Having an open mind: The impact of openness to experience on interracial attitudes and impression formation. *Journal of Personality and Social Psychology, 88*, 816–826.

Fodor, E. M. & Smith, T. (1982). The power motive as an influence on group decision making. *Journal of Personality and Social Psychology, 42*, 178–185.

Fointiat, V., Caillaud, J. & Martinie, M. A. (2004). The impact of labeling over compliance within the foot-in-the-door paradigm. *European Review of Applied Psychology, 54*, 273–278.

Folger, R. & Baron, R. A. (1996). Violence and hostility at work: A model of reactions to perceived injustice. In G. R. Van den Bos & E. Q. Bulatao (Eds.), *Violence on the job: Identifying risks and developing solutions* (pp. 51–85). Washington, DC: American Psychological Association.

Forest, D., Clark, M. S., Mills, J. & Isen, A. M. (1979). Helping as a function of feeling state and nature of the helping behavior. *Motivation and Emotion, 3*, 161–169.

Forgas, J. P. (1976). An unobtrusive study of reactions to national stereotypes in four European countries. *Journal of Social Psychology, 99*, 37–42.

Forgas, J. P. (1992). Affect in social judgments and decisions: a multiprocess model. *Advances in Experimental Social Psychology, 25*, 227–276.

Forgas, J. P. (1993). On making sense of odd couples: Mood effects on the perception of mismatched relationships. *Personality and Social Psychology Bulletin, 19*, 59–70.

Forgas, J. P. (1994). The role of emotion in social judgments: An introductory review and an Affect Infusion Model (AIM). *European Journal of Social Psychology, 24*, 1–24.

Forgas, J. P. (1995a). Mood and judgment: The affect infusion model (AIM). *Psychological Bulletin, 117*, 39–66.

Forgas, J. P. (1995b). Strange couples: Mood effects on judgments and memory about prototypical and atypical relationships. *Personality and Social Psychology Bulletin, 21*, 747–765.

Forgas, J. P. (1998). On being happy and mistaken: Mood effects on the fundamental attribution error. *Journal of Personality and Social Psychology, 75*, 318–331.

Forgas, J. P. (Ed.). (2001). *Handbook of affect and social cognition*. Mahwah, NJ: Erlbaum.

Forgas, J. P. & Bower, G. H. (1987). Mood effects on person-perception judgments. *Journal of Personality and Social Psychology, 53*, 53–60.

Forgas, J. P. & Bower, G. H. (1988). Affect in social judgments. *Australian Journal of Psychology, 40*, 125–145.

Forgas, J. P., Bower, G. H. & Krantz, S. E. (1984). The influence of mood on perceptions of social interactions. *Journal of Experimental Social Psychology, 20*, 497–513.

Forgas, J. P., Laham, S. M. & Vargas, P. T. (2005). Mood effects on eyewitness memory: Affective influences on susceptibility to misinformation. *Journal of Experimental Social Psychology, 41*, 574–588.

Forgas, J. P. & Moylan, S. (1987). After the movies: Transient mood and social judgments. *Personality and Social Psychology Bulletin, 13*, 467–477.

Forge, K. L. & Phemister, S. (1987). The effect of prosocial cartoons on preschool children. *Child Study Journal, 17*, 83–88.

Forrest, J. A. & Feldman, R. S. (2000). Detecting deception and judge's involvement; lower task involvement leads to better lit detection. *Personality and Social Psychology Bulletin, 26*, 118–125.

Förster, J. (2003). The influence of approach and avoidance motor actions on food intake. *European Journal of Social Psychology, 33*, 339–350.

Förster, J. (2004). How body feedback influences consumer's evaluation of products. *Journal of Consumer Psychology, 14*, 416–424.

Förster, J., Higgins, E. T. & Werth, L. (2004). How threat from stereotype disconfirmation triggers self-defense. *Social Cognition, 22*, 54–74.

Förster, J. & Liberman, N. (2001). The role of attribution of motivation in producing postsuppressional rebound. *Journal of Personality and Social Psychology, 81*, 377–390.

Förster, J. & Liberman, N. (2006). Knowledge activation. In E. T. Higgins & A. Kruglanski (Eds.), *Social psychology: Handbook of basic principles*. New York: Guilford.

Förster, J., Liberman, N. & Higgins, E. T. (2005). Accessibility from active and fulfilled goals. *Journal of Experimental Social Psychology, 41*, 220–239

Förster, J. & Strack, F. (1996). Influence of overt head movements on memory for valenced words: A case of conceptual-motor compatibility. *Journal of Personality and Social Psychology, 71*, 421–430.

Förster, J. & Strack, F. (1997). Motor actions in retrieval of valenced information: A motor congruency effect. *Perceptual and Motor Skills, 85*, 1419–1427.

Förster, J. & Strack, F. (1998). Motor actions in retrieval of valenced information II: Boundary conditions for motor congruency effects. *Perceptual and Motor Skills, 86*, 1423–1426.

Fournier, V. & Payne, R. (1994). Change in self construction during the transition from university to employment: A personal construct psychology approach. *Journal of Occupational and Organizational Psychology, 67*, 297–314.

Franck, D. (1997). *Verhaltensbiologie*. Stuttgart: Thieme.

Franz, T. M. & Larson, J. R., Jr. (2002). The impact of experts on information sharing during group discussion. *Small Group Research, 33*, 383–411.

Fraser, M. W., Galinsky, M. J., Smokowski, P. R., Day, S. H., Terzian, M. A., Rose, R. A. & Guo, S. (2005). Social information-processing skills training to promote social competence and prevent aggressive behavior in the third grades. *Journal of Consulting and Clinical Psychology, 73*, 1045–1055.

Fredrickson, B. L., Roberts, T. A., Noll, S. M., Quinn, D. M. & Twenge, J. M. (1998). That swimsuit becomes you: Sex differences in self-objectification, restrained eating, and math performance. *Journal of Personality and Social Psychology, 75*, 269–284.

Freedman, J. L. (1965). Long-term behavioral effects of cognitive dissonance. *Journal of Experimental Social Psychology, 1*, 145–155.

Freedman, J. L. & Fraser, S. C. (1966). Compliance without pressure: The foot-in-the-door technique. *Journal of Personality and Social Psychology, 4*, 195–202.

Frenzen, J. R. & Davis, H. L. (1990). Purchasing behavior in embedded markets. *Journal of Consumer Research, 17*, 1–12.

Freud, S. (1920). *Jenseits des Lustprinzips*. Leipzig: Internationaler Psychoanalytischer Verlag.

Freud, S. (1940). An outline of psycho-analysis. *International Journal of Psycho-Analysis, 21*, 27–84.

Frey, D. (1978). Reactions to success and failure in public and private conditions. *Journal of Experimental Social Psychology, 14*, 172–179.

Frey, D. (1981). Reversible and irreversible decisions: Preference for consonant information as a function of attractiveness of decision alternatives. *Personality and Social Psychology Bulletin, 7*, 621–626.

Frey, D., Schulz-Hardt, S. & Stahlberg, D. (1996). Information seeking among individuals and groups and possible consequences for decision making in business and politics. In E. H. Witte & J. H. Davis (Eds.), *Understanding group behavior: Small group processes and interpersonal relations* (Vol. 2, pp. 211–225). Mahwah, NJ: Erlbaum.

Friedlander, S., Traylor, J. A. & Weiss, D. S. (1986). Depressive symptoms and attributional style in children. *Personality and Social Psychology Bulletin, 12*, 442–453.

Friedman, H. H. & Fireworker, R. B. (1977). The susceptibility of consumers to unseen group influence. *The Journal of Social Psychology, 102*, 155–156.

Friedman, H. S., Riggio, R. E. & Casella, D. F. (1988). Nonverbal skill, personal charisma, and initial attraction. *Personality and Social Psychology Bulletin, 14*, 203–211.

Friedman, R. & Förster, J. (2002). The influence of approach and avoidance motor actions on creative cognition. *Journal of Experimental Social Psychology, 38*, 41–55.

Friedrich, L. K. & Stein, A. H. (1975). Prosocial television and young children: The effects of verbal labeling and role playing on learning and behavior. *Child Development, 46*, 27–38.

Frijda, N. H. (1993). Moods, emotions episodes and emotions. In M. Lewis & J. M. Haviland (Eds.), *Handbook of emotions* (pp. 381–403). New York: Guilford.

Frindte, W., Funke, F. & Waldzus, S. (1996). Xenophobia and right-wing-extremism in German youth groups – some evidence against unidimensional misinterpretations. *International Journal of Intercultural Relations, 20*, 463–478.

Frodi, A. (1975). The effect of exposure to weapons on aggressive behavior from a cross-cultural perspective. *International Journal of Psychology, 10*, 283–292.

Fry, D. P. (1992). „Respect for the rights of others is peace": Learning aggression versus nonaggression among the Zapotec. *American Anthropologist, 94*, 621–639.

Fry, P. S. & Ghosh, R. (1980). Attributions of success and failure: Comparison of cultural differences between Asian and Caucasian children. *Journal of Cross Cultural Psychology, 11*, 343–363.

Fu, V. R., Hinkle, D. E. & Korslund, M. K. (1983). A developmental study of ethnic self-concept among preadolescent girls. *Journal of Genetic Psychology, 142*, 67–73.

Fuller, R. G. C. & Sheehy-Skeffington, A. (1974). Effects of group laughter on responses to humorous materials: A replication and extension. *Psychological Reports, 35*, 531–534.

Fuller, S. R. & Aldag, R. J. (1998). Organizational Tonypandy: Lessons from a quarter century of the groupthink phenomenon. *Organizational Behavior and Human Decision Processes, 73*, 163–184.

Funder, D. C. & Colvin, C. R. (1988). Friends and strangers: Acquaintanceship, agreement, and the accuracy of personality judgment. *Journal of Personality and Social Psychology, 55*, 149–158.

Furnham, A. F. & Gunter, B. (1984). Just world beliefs and attitudes towards the poor. *British Journal of Social Psychology, 23*, 265–269.

Gadel, M. S. (1964). Concentration by salesmen on congenial prospects. *Journal of Marketing, 28,* 64–66.

Gaertner, S. L. & Dovidio, J. F. (1977). The subtlety of White racism, arousal, and helping behavior. *Journal of Personality and Social Psychology, 35,* 691–707.

Gailliot, M. T., Scheichel, B. J. & Baumeister, R. F. (2006). Self-regulatory processes defend against the threat of death: Effects of self-control depletion and trait self-control on houghts and fears of dying. *Journal of Personality and Social Psychology, 91,* 49–62.

Galinsky, A. D. & Mussweiler, T. (2001). First offers as anchors: The role of perspective-taking and negotiator focus. *Journal of Personality and Social Psychology, 81,* 657–669.

Gang, I. N., Rivera-Batiz, F. L. & Yun, M. S. (2002). Economic strain, ethnic concentration and attitudes towards foreigners in the European Union. *IZA, Discussion Paper, No. 578.*

Garcia, S. M., Weaver, K., Moskowitz, G. B. & Darley, J. M. (2002). Crowded minds: The implicit bystander effect. *Journal of Personality and Social Psychology, 83,* 843–853.

Gardner, M. & Steinberg, L. (2005). Peer Influence on Risk Taking, Risk Preference, and Risky Decision Making in Adolescence and Adulthood: An Experimental Study. *Developmental Psychology, 41,* 625–635.

Garner, R. (2005). What's in a name? Persuasion perhaps. *Journal of Consumer Psychology, 15,* 108–116.

Gaschke, S. (1997, 18. April). Und keiner schaut hin. Vergewaltigung in der S-Bahn: Warum hat niemand dem Opfer geholfen? *Die Zeit.*

Gaschke, S. (2005, 11. August). Kinder, Küche, Karriere? Nicht bei uns. *Die Zeit.*

Gasper, K. (2004). Permission to seek freely? The effect of happy and sad moods on generating old and new ideas. *Creativity Research Journal, 16,* 215–229.

Gasper, K. & Clore, G. L. (2002). Attending to the big picture: Mood and global versus local processing of visual information. *Psychological Science, 13,* 34–40.

Gaur, S. D. (1988). Noise: Does it make you angry? *Indian Psychologist, 5,* 51–56.

Gavanski, I. & Roskos-Ewoldsen, D. R. (1991). Representativeness and conjoint probability. *Journal of Personality and Social Psychology, 61,* 181–194.

Gavanski, I. & Wells, G. L. (1989). Counterfactual processing of normal and exceptional events. *Journal of Experimental Social Psychology, 25,* 314–325.

Gawronski, B. (2003). Implicational schemata and the correspondence bias: On the diagnostic value of situationally constrained behavior. *Journal of Personality and Social Psychology, 84,* 1154–1171.

Gawronski, B. (2004). Theory-based bias correction in dispositional inference: The fundamental attribution error is dead, long live the correspondence bias. *European Review Of Social Psychology, 15,* 183–217.

Gawronski, B. (im Druck a). Correspondence bias. To appear in R. Baumeister & K. D. Vohs (Eds.), *Encyclopedia of social psychology.* Thousand Oaks, CA: Sage.

Gawronski, B. (im Druck b). Fundamental attribution error. To appear in R. Baumeister & K. D. Vohs (Eds.), *Encyclopedia of social psychology.* Thousand Oaks, CA: Sage.

Gawronski, B. & Bodenhausen, G. V. (2006). Associative and propositional processes in evaluation: An integrative review of implicit and explicit attitude change. *Psychological Bulletin, 132,* 692–731.

Gawronski, B., Deutsch, R. & Strack, F. (2005). Approach/avoidance-related motor actions and the processing of affective stimuli: Incongruency effects in automatic attention allocation. *Social Cognition, 23,* 182–203.

Gawronski, B. & Strack, F. (2004). On the propositional nature of cognitive consistency: Dissonance changes explicit, but not implicit attitudes. *Journal of Experimental Social Psychology, 40,* 535–542.

Gay, V. (2001, September). When bad gets worse. *Brandweek, 42,* SR3–SR4.

Geen, R. B., Thomas, S. L. & Gammill, P. (1988). Effects of evaluation and coaction on state anxiety and anagram performance. *Personality and Individual Differences, 6,* 293–298.

Geen, R. G. & Donnerstein, E. (Eds.) (1998). *Human aggression: Theories, research, and implications for social policy.* San Diego, CA: Academic Press.

Geen, R. G. & McCown, E. J. (1984). Effects of noise and attack on aggression and physiological arousal. *Motivation and Emotion, 8,* 231–241.

Geen, R. G. & Quanty, M. (1977). The catharsis of aggression: An evaluation of a hypothesis. In L. Berkowitz (Ed.), *Advances in experimental social psychology* (Vol. 10, pp. 1–37). New York: Academic Press.

Gentile, D. A., Lynch, P. J., Linder, J. R. & Walsh, D. A. (2004). The effects of violent video game habits on adolescent hostility, aggressive behaviors, and school performance. *Journal of Adolescence, 27,* 5–22.

George, J. M. (1992). Extrinsic and intrinsic origins of perceived social loafing in organizations. *Academy of Management Journal, 35*, 191–202.

George, J. M. (1996). Trait and state affect. In K. R. Murphy (Ed.), *Individual differences and behavior in organizations* (p. 145). San Francisco: Jossey-Bass.

George, J. M. & Brief, A. P. (1992). Feeling good–doing good: A conceptual analysis of the mood at work–organizational spontaneity relationship. *Psychological Bulletin, 112*, 310–329.

Gerard, H. B. & Mathewson, G. C. (1966). The effect of severity of initiation on liking for a group: A replication. *Journal of Experimental Social Psychology, 2*, 278–287.

Gerard, H. B., Wilhelmy, R. A. & Conolley, E. S. (1968). Conformity and group size. *Journal of Personality and Social Psychology, 8*, 79–82.

Gerbner, G., Gross, L., Morgan, M. & Signorielli, N. (1994). Growing Up with Television: The Cultivation Perspective. In J. Bryant & D. Zillmann (Eds.), *Media Effects: Advances in Theory and Research* (pp. 17–41). Hillsdale, NJ: Erlbaum.

Gergen, K. J., Ellsworth, P. C., Maslach, C. & Seipel, M. (1975). Obligation, donor resources, and reactions to aid in three cultures. *Journal of Personality and Social Psychology, 31*, 390–400.

Gergen, K. J., Gergen, M. & Barton, W. (1973). *Deviance in the dark. Psychology Today 7*, 129–130.

Gerger, H., Kley, H., Bohner, G. & Siebler, F. (im Druck). The acceptance of modern myths about sexual aggression (AMMSA) scale: Development and validation in German and English. *Aggressive Behavior.*

Gersick, C. J. G. (1990). The students. In J. R. Hackman (Ed.), *Groups that work (and those that don't)* (pp. 89–111). San Francisco: Jossey-Bass.

Gfellner, B. M. (1986). Age salience in older adults' spontaneous self-concept. *Perceptual and Motor Skills, 63*, 1196–1198.

Ghiglieri, M. P. (1999). *The dark side of man: Tracing the origins of male violence.* Cambridge, MA: Perseus.

Giancola, P. R. (2000). Executive functioning: A conceptual framework for alcohol-related aggression. *Experimental and Clinical Psychopharmacology, 8*, 576–597.

Gibbons, F. X. (1978). Sexual standards and reactions to pornography: Enhancing behavioral consistency through self-focused attention. *Journal of Personality and Social Psychology, 36*, 976–987.

Gibbons, F. X. (1990). Self-attention and behavior: A review and theoretical update. *Advances in Experimental Social Psychology, 23*, 249–303.

Gibbons, F. X. & Buunk, B. P. (1999). Individual differences in social comparison: Development of a scale of social comparison orientation. *Journal of Personality and Social Psychology, 76*, 129–142.

Gibbons, F. X., Eggleston, T. J. & Benthin, A. C. (1997). Cognitive reactions to smoking relapse: The reciprocal relation between dissonance and self-esteem. *Journal of Personality and Social Psychology, 72*, 184–195.

Gibbons, F. X. & Wicklund, R. A. (1982). Self-focused attention and helping behavior. *Journal of Personality and Social Psychology, 43*, 462–474.

Gibson, B. & Sachau, D. (2000). Sandbagging as a self-presentational strategy: Claiming to be less than you are. *Personality and Social Psychology Bulletin, 26*, 56–70.

Gibson, B., Sachau, D., Doll, B. & Shumate, R. (2002). Sandbagging in competition: Responding to the pressure of being the favorite. *Personality and Social Psychology Bulletin, 28*, 1119–1130.

Gibson, E. J. & Walk, R. D. (1960). The „visual cliff". *Scientific American, 202*, 64–71.

Giesler, R. B., Josephs, R. A., Swann, W. B., Jr. (1996). Self-verification in clinical depression: The desire for negative evaluation. *Journal of Abnormal Psychology, 105*, 358–368.

Gifford, R. (1991). Mapping nonverbal behavior on the interpersonal circle. *Journal of Personality and Social Psychology, 61*, 279–288.

Gifford, R. (1994). A lens-mapping framework for understanding the encoding and decoding of interpersonal dispositions in nonverbal behavior. *Journal of Personality and Social Psychology, 66*, 398–412.

Gigerenzer, G. (1996). The psychology of good judgment: Frequency formats and simple algorithms. *Journal of Medical Decision Making, 16*, 273–280.

Gigerenzer, G. (1998). Ecological intelligence: An adaptation for frequencies. In D. Cummins Dellarosa & C. Allen (Eds.), *The evolution of mind* (pp. 9–29). London: Oxford University Press.

Gigerenzer, G. & Goldstein, D. G. (1996). Reasoning the fast and frugal way: Models of bounded rationality. *Psychological Review, 103*, 650–669.

Gigerenzer, G., Hell, W. & Blank, H. (1988). Presentation and content: The use of base rates as a continuous variable. *Journal of Experimental Psychology: Human Perception and Performance, 14*, 513–525.

Gigerenzer, G. & Hoffrage, U. (1995). How to improve Bayesian reasoning without instruction: Frequency formats. *Psychological Review, 102*, 684–704.

Gigone, D. & Hastie, R. (1993). The common knowledge effect: Information sharing and group judgment. *Journal of Personality and Social Psychology, 65*, 959–974.

Gigone, D. & Hastie, R. (1997). The cimpact of information on small group choice. *Journal of Personality and Social Psychology, 72*, 132–140.

Gilbert, D. T. (1989). Thinking lightly about others: Automatic components of the social inference process. In J. S. Uleman & J. A. Bargh (Eds.), *Unintended thought* (pp. 189–211). New York: Guilford.

Gilbert, D. T. (1991). How mental systems believe. *American Psychologist, 46*, 107–119.

Gilbert, D. T., Giesler, R. B. & Morris, K. A. (1995). When comparison arise. *Journal of Personality and Social Psychology, 69*, 227–236.

Gilbert, D. T. & Hixon, J. G. (1991). The trouble of thinking: Activation and application of stereotypic beliefs. *Journal of Personality and Social Psychology, 60*, 509–517.

Gilbert, D. T. & Malone, P. S. (1995). The correspondence bias. *Psychological Bulletin, 117*, 21–38.

Gilbert, D. T., Miller, A. & Ross, L. (1998). Speeding with Ned: A personal view of the correspondence bias. In J. M. Darley & J. Cooper (Eds.), *Attribution and social interaction* (pp. 5–36). Washington, DC: American Psychological Association.

Gilbert, D. T. & Osborne, R. E. (1989). Thinking backward: Some curable and incurable consequences of cognitive busyness. *Journal of Personality and Social Psychology, 57*, 940–949.

Gilbert, D. T., Pelham, B. W. & Krull, D. S. (1988). On cognitive busyness: When person perceivers meet persons perceived. *Journal of Personality and Social Psychology, 54*, 733–740.

Gilbert, D. T. & Wilson, T. D. (2000). Miswanting: Some problems in the forecasting of future affective states. In J. P. Forgas (Ed.), *Feeling and thinking: The role of affect in social cognition* (pp. 178–197). New York: Cambridge University Press.

Gilovich, T., Griffin, D. & Kahneman, D. (Eds.) (2002). *Heuristics and biases: The psychology of intuitive judgment.* New York: Cambridge University Press.

Gintis, H., Bowles, S., Boyd, R. & Fehr, E. (2003). Explaining altruistic behavior in humans. *Evolution and Human Behavior, 24*, 153–172.

Girandola, F. (2002a). Foot-in-the-door technique and computer-mediated communication. *Computers in Human Behavior, 18*, 11–15.

Girandola, F. (2002b). Sequential requests and organ donation. *Journal of Social Psychology, 142*, 171–178.

Gladue, B. A. & Delaney, H. J. (1990). Gender differences in perception of attractiveness of men and women in bars. *Personality and Social Psychology Bulletin, 16*, 378–391.

Gleich, U. (2000a). Aktuelle Ergebnisse aus der Werbeforschung. *Media Perspektiven, 6*, 266–273.

Gleich, U. (2000b). ARD-Forschungsdienst: Werbewirkung – Gestaltungseffekte und Rezipientenreaktionen. *Media Perspektiven, 1*, 40–46.

Glick, P. & Fiske, S. T. (1997). Hostile and benevolent sexism: Measuring ambivalent sexist attitudes toward women. *Psychology of Women Quarterly, 21*, 119–135.

Godfrey, D. R., Jones, E. E. & Lord, C. C. (1986). Self-promotion is not ingratiating. *Journal of Personality and Social Psychology, 50*, 106–115.

Godin, G., Valois, P., Lepage, L. & Desharnais, R. (1992). Predictors of smoking behaviour: An application of Ajzen's theory of planned behaviour. *British Journal of Addiction, 87*, 1335–1343.

Goldman, M. & Creason, C. R. (1981). Inducing compliance by a two-door-in-the-face procedure and a self-determination request. *The Journal of Social Psychology, 114*, 229–235.

Gologor, E. (1977). Group polarization in a non-risk-taking culture. *Journal of Cross-Cultural Psychology, 8*, 331–346.

Gontkovsky, S. T. (2005). Neurobiological Bases and Neuropsychological Correlates of Aggression and Violence. In J. P. Morgan (Ed.), *Psychology of aggression* (pp. 101–116). Hauppauge, NY: Nova Science.

Gorassini, D. R. & Olson, J. M. (1995). Does self-perception change explain the foot-in-the-door effect? *Journal of Personality and Social Psychology, 69*, 91–105.

Gorn, G. J. (1982). The effects of music in advertising on choice behavior: A classical conditioning approach. *Journal of Marketing, 46*, 94–101.

Gosling, S. D., Ko, S. J., Mannarelli, T. & Morris, M. E. (2002). A room with a cue: Personality judgments based on offices and bedrooms. *Journal of Personality and Social Psychology, 82*, 379–398.

Gottfredson, M. R. & Hirschi, T. (1990). *A general theory of crime.* Stanford University Press.

Gottlieb, J. & Carver, C. S. (1980). Anticipation of future interaction and the bystander effect. *Journal of Experimental Social Psychology, 16*, 253–260.

Gould, S. J. (1994). *Bravo, Brontosaurus.* Hamburg: Hoffmann und Campe.

Graham, K. (2004). Disinhibition, impulse control, arousal and gender: Understanding the mechanisms of alcohol's effects on aggression. *Addiction, 99,* 1250–1251.

Grant, P. R. (1992). Ethnocentrism between groups of unequal power in response to perceived threat to social identity and valued resources. *Canadian Journal of Behavioural Science, 24,* 348–370.

Grawitch, M. J., Munz, D. C. & Kramer, T. J. (2003). Effects of member mood states on creative performance in temporary workgroups. *Group Dynamics: Theory, Research, and Practice, 7,* 41–54.

Gray, H. M., Ambady, N., Lowenthal, W. T. & Deldin, P. (2004). P300 as an index of attention to self-relevant stimuli. *Journal of Experimental Social Psychology, 40,* 216–224.

Grayson, C. E. & Schwarz, N. (1999). Beliefs influence information processing strategies: Declarative and experiential information in risk assessment. *Social Cognition, 17,* 1–18.

Graziano, W. G., Jensen-Campbell, L. A. & Finch, J. F. (1997). The self as a mediator between personality and adjustment. *Journal of Personality and Social Psychology, 73,* 392–404.

Greenberg, J. & Baron, R. A. (2000). *Behavior in organizations* (7th ed.). London: Prentice-Hall.

Greenberg, J. & Pyszczynski, T. (1985). The effect of an overheard ethnic slur on evaluations of the target: How to spread a social disease. *Journal of Experimental Social Psychology, 21,* 61–72.

Greenberg, J., Pyszczynski, T. A. & Solomon, S. (1982). The self-serving attributional bias: Beyond self-presentation. *Journal of Experimental Social Psychology, 18,* 56–67.

Greenberg, J., Pyszczynski, T., Solomon, S., Rosenblatt, A., Veeder, M., Kirkland, S. & Lyon, D. (1990). Evidence for terror management II: The effects of mortality salience on reactions to those who threaten or bolster the cultural worldview. *Journal of Personality and Social Psychology, 58,* 308–318.

Greenberg, J., Pyszczynski, T., Solomon, S., Simon, L. & Breus, M. (1994). Role of consciousness and accessibility of death-related thoughts in mortality salience effects. *Journal of Personality and Social Psychology, 67,* 627–637.

Greenberg, J., Solomon, S. & Pyszczynski, T. (1997). Terror Management Theory of Self-Esteem and Cultural Worldviews: Empirical Assessments and Conceptual Refinements. In Mark P. Zanna, *Advances in Experimental Social Psychology* (Vol. 29, 61–136). San Diego, CA: Academic Press.

Greenberg, J., Solomon, S., Pyszczynski, T., Rosenblatt, A., Burling, J., Lyon, D., Simon, L. & Pinel, E. (1992). Why do people need self-esteem? Converging evidence that self-esteem serves an anxiety-buffering function. *Journal of Personality and Social Psychology, 63,* 913–922.

Greene, D., Sternberg, B. & Lepper, M. R. (1976). Overjustification in a token economy. *Journal of Personality and Social Psychology, 34,* 1219–1234.

Greenhaus, J. H. & Beutell, N. J. (1985). Sources and conflict between work and family roles. *Academy of Management Review, 10,* 76–88.

Greening, L., Dollinger, S. J. & Pitz, G. (1996). Adolescents' perceived risk and personal experience with natural disasters: An evaluation of cognitive heuristics. *Acta Psychologica, 91,* 27–38.

Greenstein, T. N. & Knottnerus, J. D. (1980). The effects of differential evaluations on status generalization. *Social Psychology Quarterly, 43,* 147–154.

Greenwald, A. G. (1975). Does the Good Samaritan parable increase helping? A comment on Darley and Batson's no-effect conclusion. *Journal of Personality and Social Psychology, 32,* 578–583.

Greenwald, A. G. & Banaji, M. R. (1995). Implicit social cognition: Attitudes, selfesteem, and stereotypes. *Psychological Review, 102,* 4–27.

Greenwald, A. G., McGhee, D. E. & Schwartz, J. L. K. (1998). Measuring individual differences in implicit cognition: The implicit association test. *Journal of Personality and Social Psychology, 74,* 1464–1480.

Gregg, A. P., Seibt, B. & Banaji, M. R. (2006). Easier done than undone: Asymmetry in the malleability of implicit preferences. *Journal of Personality and Social Psychology, 90,* 1–20.

Gregory, S. W. (1990). Analysis of fundamental frequency reveals covariation in interview partners' speech. *Journal of Nonverbal Behavior, 14,* 237–251.

Greitemeyer, R. & Schulz-Hardt, S. (2003). Preference-consistent evaluation of information in the hidden profile paradigm: Beyond group-level explanations for the dominance of shared information in group decisions. *Journal of Personality and Social Psychology, 84,* 322–339.

Greitemeyer, T., Fischer, P., Kastenmüller, A. & Frey, D. (2006). Civil Courage and Helping Behavior: Differences and Similarities. *European Psychologist, 11,* 90–98.

Greitemeyer, T., Rudolph, U. & Weiner, B. (2003). Whom would you rather help: An acquaintance not responsible for her plight or a responsible sibling? *Journal of Social Psychology, 143,* 331–340.

Gresky, D. M., Ten Eyck, L. L., Lord, C. G. & Mc-Intyre, R. B. (2005). Effects of salient multiple identities on women's performance under mathematics stereotype threat. *Sex Roles, 53*, 703–716.

Greve, W. & Wetzels, P. (1999). Kriminalität und Gewalt in Deutschland: Lagebild und offene Fragen *Zeitschrift für Sozialpsychologie, 30*, 95–110.

Griffin, D. & Buehler, R. (1999). Frequency, probability, and prediction: Easy solutions to cognitive illusions? *Cognitive Psychology, 38*, 48–78.

Griffin, D., Gonzalez, R. & Varey, C. (2001). The heuristics and biases approach to judgment under uncertainty. In N. Schwarz & A. Tesser (Eds.), *Blackwell handbook of social psychology: Intrapersonal processes* (pp. 207–236). Oxford, England: Blackwell.

Griffin, R. J., Neuwirth, K., Giese, J. & Dunwoody, S. (2002). Linking the Heuristic-Systematic Model and depth of processing. *Communication Research, 29*, 705–732.

Griffiths, M. (1997). Computer game playing in early adolescence. *Youth and Society, 29*, 223–237.

Griffitt, W. (1970). Environmental effects on interpersonal affective behavior: Ambient effective temperature and attraction. *Journal of Personality and Social Psychology, 15*, 240–244.

Groebel, J. & Krebs, D. (1983). A study of the effects of television on anxiety. *Series in Clinical and Community Psychology: Stress and Anxiety, 2*, 89–98.

Groenland, E. A. G. & Schoormans, J. P. L. (1994). Comparing mood-induction and affective conditioning as mechanisms influencing product evaluation and product choice. *Psychology and Marketing, 11*, 183–197.

Grossman, B., Wirt, R. & Davids, A. (1985). Self-esteem, ethnic identity, and behavioral adjustment among Anglo and Chicano adolescents in West Texas. *Journal of Adolescence, 8*, 57–68.

Grusec, J. E., Kuczynski, L., Rushton, J. P. & Simutis, Z. M. (1978). Modeling, direct instruction, and attributions: Effects on altruism. *Developmental Psychology, 14*, 51–57.

Gudykunst, W. B. (1985). A model of uncertainty reduction in intercultural encounters. *Journal of Language and Social Psychology, 4*, 79–98.

Gudykunst, W. B., Ting-Toomey, S. & Nishida, T. (Eds.) (1996). *Communication in personal relationships across cultures.* Thousand Oaks, CA: Sage.

Guéguen, N. (2003). Help on the Web: The effect of the same first name between the sender and the receptor in a request made by e-mail. *Psychological Record, 53*, 459–466.

Guéguen, N. (2004). Nonverbal encouragement of participation in a course: The effect of touch. *Social Psychology of Education 7*, 89–98.

Guéguen, N. & De Gail, M. A. (2003). The Effect of Smiling on Helping Behavior: Smiling and Good Samaritan Behavior. *Communication Reports, 16*, 133–140.

Guéguen, N. & Fischer-Lokou, J. (2003a). Another evaluation of touch and helping behavior. *Psychological Reports, 92*, 62–64.

Guéguen, N. & Fischer-Lokou, J. (2003b). Tactile contact and spontaneous help. *The Journal of Social Psychology, 143*, 785–787.

Gueguen, N. & Jacob, C. (2001). Fund-raising on the Web: The effect of an electronic foot-in-the-door on donation. *CyberPsychology and Behavior, 4*, 705–709.

Guéguen, N. & Jacob, C. (2005). The effect of touch on tipping: An evaluation in a French bar. *International Journal of Hospitality Management 24*, 295–299.

Gueguen, N., Pascual, A. & Dagot, L. (2002). Low-ball and compliance to a request: An application in a field setting. *Psychological Reports, 91*, 81–84.

Guerin, B. (1986). Mere presence effects in humans: A review. *Journal of Experimental Social Psychology, 22*, 38–77.

Guerin, B. (1993). Social facilitation. *European monographs in social psychology.* New York: Cambrigde University Press.

Guimond, S. & Dambrun, M. (2002). When prosperity breeds intergroup hostility: The effects of relative deprivation and relative gratification on prejudice. *Personality and Social Psychology Bulletin, 28*, 900–912.

Guinote, A. (2001). The perception of group variability in a non-minority and a minority context: When adaptation leads to out-group differentiation. *British Journal of Social Psychology, 40*, 117–132.

Guinote, A. (2007) Power and the suppression of unwanted thoughts: Does control over others decrease control over the self? *Journal of Experimental Social Psychology, 43*, 433–440.

Gully, S. M., Devine, D. J. & Whitney, D. J. (1995). A meta-analysis of cohesion and performance: Effects of level of analysis and task interdependence. *Small Group Research, 26*, 497–520.

Gurr, T. R. (1970). *Why men rebel.* Princeton, NJ: Princeton University Press.

Hackman, J. R. (1998). Why teams don't work. In R. S. Tindale et al. (Eds.), *Theory and research on small groups* (pp. 245–267). New York: Plenum.

Hackman, J. R. & Morris, C. G. (1975). Group tasks, group interaction process, and group performance effectiveness: A review and proposed integration. In L. Berkowitz (Ed.), *Advances in experimental social psychology* (Vol. 8, pp. 45–99). New York: Academy Press.

Haddock, G., Rothman, A. J., Reber, R. & Schwarz, N. (1999). Forming judgments of attitude certainty, intensity, and importance: The role of subjective experiences. *Personality and Social Psychology Bulletin, 25*, 771–782.

Hafner, M. (2004). How dissimilar others may still resemble the self: Assimilation and contrast after social comparison. *Journal of Consumer Psychology, 14*, 187–196.

Hall, J. A., Roter, D. L. & Katz, N. R. (1987). Task versus socioemotional behaviors in physicians. *Medical Care, 25*, 399–412.

Hamilton, D. L. & Gifford, R. K. (1976). Illusory correlation in interpersonal perception: A cognitive basis of stereotypic judgments. *Journal of Experimental Social Psychology, 12*, 392–407.

Hamilton, D. L., Katz, L. B. & Leirer, V. O. (1980). Cognitive representation of personality impressions: Organizational processes in first impression formation. *Journal of Personality and Social Psychology, 39*, 1050–1063.

Hamilton, D. L. & Rose, T. L. (1980). Illusory correlation and the maintenance of stereotypic beliefs. *Journal of Personality and Social Psychology, 39*, 832–845.

Hamilton, D. L. & Sherman, J. W. (1994). Stereotypes. In R. S. Wyer & T. K. Srull (Eds.),. *Handbook of social cognition, Vol. 2: Applications* (2nd ed., pp. 1–68). Hillsdale, NJ: Erlbaum.

Hamilton, V. L. (1978). Obedience and responsibility: A jury simulation. *Journal of Personality and Social Psychology, 36*, 126–146.

Hamilton, V. L. & Sanders, J. (1995). Crimes of obedience and conformity in the workplace: Surveys of Americans, Russians, and Japanese. *Journal of Social Issues, 51*, 67–88.

Hamilton, W. D. (1964). The genetical evolution of social behavior. *Journal of Theoretical Biology, 7*, 1–52.

Han, S. P. & Shavitt, S. (1994). Persuasion and culture: Advertising appeals in individualistic and collectivistic societies. *Journal of Experimental Social Psychology, 30*, 326–350.

Hancox, R. J., Milne, B. J. & Poulton, R. (2004). Association between child and adolescent television viewing and health: A longitudinal birth cohort study. *Lancet, 364*, 257–262.

Hancox, R. J., Milne, B. J. & Poulton, R. (2005). Association of television viewing during childhood with poor educational achievement. *Archives of Pediatrics & Adolescent Medicine, 159*, 614–618.

Haney, C., Banks, C. & Zimbardo, P. (1973a). A Study of Prisoners and Guards in a Simulated Prison. *Naval Research Reviews, 30*, 4–17.

Haney, C., Banks, C. & Zimbardo, P. (1973b). Interpersonal dynamics in a simulated prison. *International Journal of Criminology and Penology, 1*, 69–97.

Hannover, B. (1994). *Das multiple und flexible Selbst. Auswirkungen situationaler und chronischer Zugänglichkeit selbstbezogener Konstrukte* (Unveröffentlichte Habilitationsschrift). Berlin: Technische Universität.

Hannover, B. (1997a). *Das dynamische Selbst. Die Kontextabhängigkeit selbstbezogenen Wissens.* Bern: Hans Huber.

Hannover, B. (1997b). Die Bedeutung des Pubertären Reifestatus für die Herausbildung informeller Interaktionsgruppen in koedukativen Klassen und in Mädchenschulklassen. *Zeitschrift für Pädagogische Psychologie, 11*, 3–13.

Hannover, B. (1997c). Zur Entwicklung des geschlechtsrollenbezogenen Selbstkonzepts: Der Einfluss „maskuliner" and „femininer Tätigkeiten" auf die Selbstbeschreibung mit instrumentellen und expressiven Personeigenschaften. *Zeitschrift für Sozialpsychologie, 28*, 60–75.

Hannover, B. & Kühnen, U. (2002) The clothing makes the self – via knowledge activation. *Journal of Applied Social Psychology, 32*, 2513–2525.

Harackiewicz, J. M. & Elliot, A. J. (1993). Achievement goals and intrinsic motivation. *Journal of Personality and Social Psychology, 65*, 904–915.

Harackiewicz, J. M. & Elliot, A. J. (1998). The joint effects of target and purpose goals on intrinsic motivation: A mediational analysis. *Personality and Social Psychology Bulletin, 24*, 675–689.

Harackiewicz, J. M., Manderlink, G. & Sansone, C. (1992). Competence processes and achievement motivation: Implications for intrinsic motivation. In A. K. Boggiano & T. S. Pittman (Eds.), *Achievement and motivation: A social-developmental Perspective* (pp. 115–137). New York: Cambridge University Press.

Harari, H., Harari, O. & White, R. V. (1985). The reaction to rape by American male bystanders. *Journal of Social Psychology, 125*, 653–658.

Harmon-Jones, E. (2000). Cognitive dissonance and experienced negative affect: Evidence that dissonance increases experienced negative affect even in the absence of aversive consequences. *Personality and Social Psychology Bulletin, 26,* 1490–1501.

Harmon-Jones, E. & Allen, J. J. B. (2001). The role of affect in the mere exposure effect: Evidence from psychophysiological and individual differences approaches. *Personality and Social Psychology Bulletin, 27,* 889–898.

Harmon-Jones, E. & Harmon-Jones, C. (2002). Testing the action-based model of cognitive dissonance: The effect of action orientation on postdecisional attitudes. *Personality of Social Psychology Bulletin, 28,* 711–723.

Harmon-Jones, E. & Harmon-Jones, C. (2007). Cognitive dissonance theory after 50 years of development. *Zeitschrift für Sozialpsychologie, 38,* 7–16.

Hart, J. W., Stasson, M. F. & Karau, S. J. (1999). Effects of source expertise and physical distance on minority influence. *Group Dynamics, 3,* 81–92.

Hardt, O. & Pohl, R. (2003). Hindsight bias as a function of anchor distance and anchor plausibility. *Memory, 11,* 379–394.

Haritos-Fatouros, M. (1988). The official torturer: A learning model for obedience to the authority of violence. *Journal of Applied Social Psychology, 18,* 1107–1120.

Harkins, S. G. (1987). Social loafing and social facilitation. *Journal of Experimental Social Psychology, 23,* 1–18.

Harkins, S. G. & Petty, R. E. (1982). Effects of task difficulty and task uniqueness on social loafing. *Journal of Personality and Social Psychology, 43,* 1214–1229.

Harkins, S. G. & Szymanski, K. (1989). Social loafing and group evaluation. *Journal of Personality and Social Psychology, 56,* 934–941.

Harmon-Jones, E. & Sigelman, J. (2001). State anger and prefrontal brain activity: Evidence that insult-related relative left-prefrontal activation is associated with experienced anger and aggression. *Journal of Personality and Social Psychology, 80,* 797–803.

Harris, M. B. (1977). Effects of altruism on mood. *Journal of Social Psychology, 102,* 197–208.

Harris, M. B., Benson, S. M. & Hall, C. L. (1975). The effects of confession on altruism. *Journal of Social Psychology, 96,* 187–192.

Harris, M. J. & Rosenthal, R. (1986). Four factors in the mediation of teacher expectancy effects. In R. S. Feldman (Ed.), *The social psychology of education* (pp. 91–114). New York: Cambridge University Press.

Harrison, A. A. (1969). Exposure and popularity. *Journal of Personality, 37,* 359–377.

Hartung, J. (2000). *Sozialpsychologie.* (2. Aufl.). Stuttgart: Kohlhammer.

Hartup, W. W. (1974). Aggression in childhood: Developmental perspectives. *American Psychologist, 29,* 336–341.

Harvey, R. J., Fletcher, J. & French, D. J. (2001). Social reasoning: A source of influence on aggression. *Clinical Psychology Review, 21,* 447–469.

Hash, R. B., Munna, R. K., Vogel, R. L. & Bason, J. J. (2003). Does physician weight affect perception of health advice? *Preventive Medicine: An International Journal Devoted to Practice and Theory, 36,* 41–44.

Haslam, S. A. (2001). *Psychology in organizations: The social identity approach.* London: Sage.

Haslam, S. A., McGarty, C. & Turner, J. C. (1996). Salient group memberships and persuasion: The role of social identity in the validation of beliefs. In J. Nye & A. Brower (Eds.), *What's social about social cognition? Research on socially shared cognition in small groups* (pp. 29–56). Newbury Park, CA: Sage.

Haslam, S. A., Powell, C. & Turner, J. C. (2000). Social identity, self-categorization, and work motivation: Rethinking the contribution of the group to positive and sustainable organisational outcomes. *Applied Psychology: An International Review, 49,* 319–339.

Hastie, R. (1984). Causes and effects of causal attribution. *Journal of Personality and Social Psychology, 46,* 44–56.

Hatfield, E., Cacioppo, J. T. & Rapson, R. L. (1992). Primitive emotional contagion. In M. S. Clark (Ed.), *Emotion and social behavior. Review of Personality and Social Psychology,* (Vol. 14, pp. 151–177).

Hatfield, E., Cacioppo, J. T. & Rapson, R. L. (1993). Emotional contagion. *Current Directions in Psychological Science, 2,* 96–99.

Haugtvedt, C.P. & Petty, R. E. (1992). Personality and persuasion: need for cognition moderates the persistence and resistance of attitude changes. *Journal of Personality and Social Psychology, 63,* 308–319.

Haugtvedt, C. P. & Wegener, D. T. (1994). Message order effects in persuasion: An attitude strength perspective. *Journal of Consumer Research, 21,* 205–218.

Hawkins, S. A. & Hastie, R. (1990). Hindsight: Biased judgments of past events after the outcomes are known. *Psychological Bulletin, 107,* 311–327.

Hayden, S. R., Jackson, T. T. & Guydish, J. (1984). Helping behavior of females: Effects of stress and commonality of fate. *Journal of Psychology Interdisciplinary and Applied, 117,* 233–237.

Heath, L. & Petraitis, J. (1987). Television viewing and fear of crime: Where is the mean world? *Basic and Applied Social Psychology, 8,* 97–123.

Hebl, M. R. & Mannix, L. M. (2003). The weight of obesity in evaluating others: A mere proximity effect. *Personality and Social Psychology Bulletin, 29,* 28–38.

Hedge, A. & Yousif, Y. H. (1992). Effects of urban size, urgency, and cost on helpfulness: A cross-cultural comparison between the United Kingdom and the Sudan. *Journal of Cross Cultural Psychology, 23,* 107–115.

Heerwagen, J. H. & Orians, G. H. (2002). The ecological world of children. In P. H. Kahn, Jr. & S. R. Kellert (Eds), *Children and nature: Psychological, sociocultural, and evolutionary investigations* (pp. 29–63). Cambridge, MA: MIT Press.

Heider, F. (1958). *The psychology of interpersonal relations.* New York: Wiley.

Heilman, M. E. (1995). Sex stereotypes and their effects in the workplace: What we know and what we don't know. *Journal of Social Behavior and Personality, 10,* 3–26.

Heimpel, S. A., Wood, J. V., Marshall, M. A. & Brown, J. D. (2002). Do people with low self-esteem really want to feel better? Self-esteem differences in motivation to repair negative moods. *Journal of Personality and Social Psychology, 82,* 128–147.

Heine, S. H., Lehman, D. R., Markus, H. R. & Kitayama, S. (1999). Is there a universal need for positive self-regard? *Psychological Review, 106,* 766–794.

Heine, S. J. & Lehman, D. R. (1995). Cultural variation in unrealistic optimism: Does the West feel more vulnerable than the East? *Journal of Personality and Social Psychology, 68,* 595–607.

Helgeson, V. S. & Mickelson, K. D. (1995). Motives for social comparison. *Personality and Social Psychology Bulletin, 21,* 1200–1209.

Henderson-King, E. I. & Nisbett, R. E. (1996). Anti-Black prejudice as a function of exposure to the negative behavior of a single Black person. *Journal of Personality and Social Psychology, 71,* 654–664.

Hendricks, M. & Bootzin, R. (1976). Race and sex as stimuli for negative affect and physical avoidance. *Journal of Social Psychology, 98,* 111–120.

Hepworth, J. T. & West, S. G. (1988). Lynchings and the economy: A time-series reanalysis of Hovland and Sears (1940). *Journal of Personality and Social Psychology, 55,* 239–247.

Herek, G. M. (2002). Gender gaps in public opinion about lesbians and gay men. *Public Opinion Quarterly, 66,* 40–66.

Herman, C. P., Zanna, M. P. & Higgins, E. T. (1986). *Physical appearance, stigma, and social behavior: The Ontario Symposium.* Hillsdale, NJ: Erlbaum.

Hermans, E. J., Putman, P. & van Honk, J. (2006). Testosterone administration reduces empathetic behavior: A facial mimicry study. *Psychoneuroendocrinology, 31,* 859–866.

Hermans, D., De Houwer, J. & Eelen, P. (2001). A time course analysis of the affective priming effect. *Cognition & Emotion, 15,* 143–165.

Herr, P. M., Sherman, S. J. & Fazio, R. H. (1983). On the consequences of priming: Assimilation and contrast effects. *Journal of Experimental Social Psychology, 19,* 323–340.

Hertel, G. (2002). Motivation in Gruppen: Kann Teamarbeit die Arbeitsmotivation zusätzlich steigern? *Wirtschaftspsychologie, 9,* 15–21.

Hertel, G., Aarts, H. & Zeelenberg, M. (2002). What do you think is 'fair'? Effects of ingroup norms and outcome control on fairness judgments. *European Journal of Social Psychology, 32,* 327–341.

Hertel, G., Deter, C. & Konradt, U. (2003). Motivation gains in computer-supported groups. *Journal of Applied Social Psychology, 33,* 2080–2105.

Hertel, G. & Fiedler, K. (1994). Affective and cognitive influences in a social dilemma game. *European Journal of Social Psychology, 24,* 131–145.

Hertel, G., Kerr, N. L. & Messé, L. A. (2000). Motivation gains in performance groups: Paradigmatic and theoretical developments on the Köhler Effect. *Journal of Personality and Social Psychology, 79,* 580–601.

Hertlein, B. (2006). Mann ohne Burka. *Ai-Journal, 3.* Abgerufen am 19.07.2007 von http://www2.amnesty.de/internet/deall.nsf/51a43250d61caccfc1256aa1003d7d38/de-841b23874cb9acc25711c00549929

Hertwig, R. & Gigerenzer, G. (1999). The „conjunction fallacy" revisited: How intelligent inferences look like reasoning errors. *Journal of Behavioral Decision Making, 12,* 275–305.

Herzog, T. A. (1994). Automobile driving as seen by the actor, the active observer, and the passive observer. *Journal of Applied Social Psychology, 24,* 2057–2074.

Hewitt, J. (1982). Liking for touchers as a function of type of touch. *Psychological Reports, 50*, 917–918.

Hewstone, M. (2003). Intergroup contact: Panacea for prejudice? *Psychologist, 16*, 352–355.

Hewstone, M., Bond, M. H. & Wan, K. C. (1983). Social facts and social attributions: The explanation of intergroup differences in Hong Kong. *Social Cognition, 2*, 142–157.

Higgins, E. T. (1987). Self-discrepancy: A theory relating self and affect. *Psychological Review, 94*, 319–340.

Higgins, E. T. (1996a). Knowledge activation: Accessibility, applicability, and salience. In E. T. Higgins & A. W. Kruglanski (Eds.), *Social psychology: Handbook of basic principles* (pp. 133–168). New York: Guilford.

Higgins, E. T. (1996b). The „self digest": Self-knowledge serving self-regulatory functions. *Journal of Personality and Social Psychology, 71*, 1062–1083.

Higgins, E. T. (1997). Beyond pleasure and pain. *American Psychologist, 52*, 1280–1300.

Higgins, E. T. (1998). The aboutness principle: A pervasive influence on human inference. *Social Cognition, 16*, 173–198

Higgins, E. T., King, G. A. & Mavin, G. H. (1982). Individual construct accessibility and subjective impressions and recall. *Journal of Personality and Social Psychology, 43*, 35–47.

Higgins, E. T., Rholes, W. S. & Jones, C. R. (1977). Category accessibility and impression formation. *Journal of Experimental Social Psychology, 13*, 141–154.

Higgins, N. C. & Shaw, J. K. (1999). Attributional style moderates the impact of causal controllability information on helping behavior. *Social Behavior and Personality, 27*, 221–236.

Hill, H. M., Soriano, F. I., Chen, S. A. & LaFromboise, T. D. (1994). Sociocultural factors in the etiology and prevention of violence among ethnic minority youth. In L. D. Eron, J. H. Gentry & P. Schlegel (Eds), *Reason to hope: A psychosocial perspective on violence & youth* (pp. 59–97). Washington, DC: American Psychological Association.

Hirsch, A. R. (1995). Effects of ambient odors on slot-machine usage in a Las Vegas casino. *Psychology and Marketing, 12*, 585–594.

Hilton, D. J. & Slugoski, B. R. (1986). Knowledge-based causal attribution: The abnormal conditions focus model. *Psychological Review, 93*, 75–88.

Hilton, J. L. & Darley, J. M. (1985). Constructing other persons: A limit on the effect. *Journal of Experimental Social Psychology, 21*, 1–18.

Hilton, J. L., Fein, S. & Miller, D. T. (1993). Suspicion and dispositional inference. *Personality and Social Psychology Bulletin, 19*, 501–512.

Hirt, E. R., Melton, J. R., McDonald, H. E. & Harackiewicz, J. M. (1996). Processing goals, task interest, and the mood-performance relationship: A mediational analysis. *Journal of Personality and Social Psychology, 71*, 245–261.

Hodson, G., Hooper, H., Dovidio, J. F. & Gaertner, S. L. (2005). Aversive Racism in Britain: The Use of Inadmissible Evidence in Legal Decisions. *European Journal of Social Psychology, 35*, 437–448.

Hoeksema-van Orden, C. Y. D., Gaillard, A. W. K. & Buunk, B. P. (1998). Social loafing under fatigue. *Journal of Personality and Social Psychology, 75*, 1179–1190.

Hoffrage, U. & Gigerenzer, G. (1998). Using natural frequencies to improve diagnostic inferences. *Academic Medicine, 73*, 538–540.

Höfling, A., Strack, F. & Deutsch, R. (im Druck). Reflektive und impulsive Determinanten sozialen Verhaltens. In E. H. Witte (Ed.), *Evolutionäre Sozialpsychologie und automatische Prozesse*. Lengerich: Pabst.

Hofling, C. K., Brotzman, E., Dalrymple, S., Graves, N. & Pierce, C. M. (1966). An experimental study of nurse-physician relationships. *Journal of Nervous and Mental Disease, 143*, 171–180.

Hofmann, W. & Rauch, W. & Gawronski, B. (2007). And deplete us not into temptation: Automatic attitudes, dietary restraint, and self-regulatory resources as determinants of eating behavior. *Journal of Experimental Social Psychology, 43*, 497–504.

Hogan, E. A. (1987). Effects of prior expectations on performance ratings: A longitudinal study. *Academy of Management Journal, 30*, 354–368.

Hogg, M. A. (1992). *The social psychology of group cohesiveness: From attraction to social identity*. London: Harvester Wheatsheaf.

Hogg, M. A. (1993). Group cohesiveness: A critical review and some new directions. *European Review of Social Psychology, 4*, 85–111.

Hogg, M. A. & Sunderland, J. (1991). Self-esteem and intergroup descrimination in the minimal group paradigm. *Journal of Social Psychology, 30*, 51–62.

Hogg, M. A. & Vaughan, G. M. (2005). *Social Psychology* (4th Ed.). Harlow: Pearson.

Hollingshead, A. B. (1996). The rank-order effect in group decision making. *Organizational Behavior and Human Decision Processes, 68*, 181–193.

Homans, G. C. (1961). *Social behavior: its elementary forms*. New York: Harcourt.

Hong, L. K. (1978). Risky shift and cautious shift: Some direct evidence on the culture-value theory. *Social Psychology, 41*, 342–346.

Hoover, C. W., Wood, E. E. & Knowles, E. S. (1983). Forms of social awareness and helping. *Journal of Experimental Social Psychology, 19*, 577–590.

Horenczyk, G. & Nisan, M. (1996). The actualization balance of ethnic identity. *Journal of Personality and Social Psychology, 70*, 836–843.

Hornik, J. (1987). The effect of touch and gaze upon compliance and interest of interviewees. *The Journal of Social Psychology 127*, 681–683.

Hornik, J. (1991). Shopping time and purchasing behavior as a result of in-store tactile stimulation. *Perceptual & Motor Skills, 73*, 969–970.

Hornik, J. (1992a). Effects of physical contact on customers' shopping time and behavior. *Marketing Letters 3*, 49–55.

Hornik, J. (1992b). Tactile stimulation and consumer response. *Journal of Consumer Research 19*, 449–458.

Hornsey, M. J. & Hogg, M. A. (2000). Assimilation and diversity: An integrative model of subgroup relations. *Personality and Social Psychology Review, 4*, 143–156.

Hornsey, M. J., Majkut, L., Terry, D. J. & McKimmie, B. M. (2003). On being loud and proud: Non-conformity and counter-conformity to group norms. *British Journal of Social Psychology, 42*, 319–335.

Hornstein, H. A., Fisch, E. & Holmes, M. (1968). Influence of a model's feeling about his behavior and his relevance as a comparison other on observers' helping behavior. *Journal of Personality and Social Psychology, 10*, 222–226.

Nach Horrorfilm lief Schüler Amok. (1996, 12. Juli). *Rhein-Zeitung.* Abgerufen am 19.07.2007 von http://www.rhein-zeitung.de/old/96/07/12/topnews/horrorkino.html

Houston, D. A. & Fazio, R. H. (1989). Biased processing as a function of attitude accessibility: Making objective judgments subjectively. *Social Cognition, 7*, 51–66.

Hovland, C. I., Janis, I. L. & Kelley, H. H. (1953a). *Communication and persuasion; psychological studies of opinion change.* New Haven, CT: Yale University Press.

Hovland, C. I., Janis, I. L. & Kelley, H. H. (1953b). *Communication and persuasion.* New Haven, CT: Yale University Press.

Hovland, C. I. & Sears, R. R. (1940). Minor studies of aggression: VI. Correlation of lynchings with economic indices. *Journal of Psychology: Interdisciplinary and Applied, 9*, 301–310.

Hovland, C. I. & Weiss, W. (1951). The influence of source credibility on communication effectiveness. *Public Opinion Quarterly, 15*, 635–650.

Howard, D. J. (1990). The influence of verbal responses to common greetings on compliance behavior: The foot-in-the-mouth effect. *Journal of Applied Social Psychology, 20*, 1185–1196.

Howard, D. M. (1988). The effects of touch in the geriatric population. *Physical and Occupational Therapy in Geriatrics, 6*, 35–50.

Hraba, J. & Grant, G. (1970). Black is beautiful: A re-examination of racial preference and identification. *Journal of Personality and Social Psychology, 16*, 398–402.

Hsee, C. K, Hatfield, E., Carlson, J. G. & Chemtob, C. (1990). The effect of power on susceptibility to emotional contagion. *Cognition and Emotion, 4*, 327–340.

Huang, I. C. (1998). Self-esteem, reaction to uncertainty, and physician practice variation: A study of resident physicians. *Social Behavior and Personality, 26*, 181–194.

Hubbard, A. S. E., Tsuji, A. A., Williams, C. & Seatriz, V., Jr. (2003). Effects of touch on gratuities received in same-gender and cross-gender dyads. *Journal of Applied Social Psychology, 33*, 2427–2438.

Huber, F., Beckmann, S. C. & Herrmann, A. (2004). Means-end analysis: Does the affective state influence information processing style? *Psychology and Marketing, 21*, 715–737.

Huesmann, L. R. (1986). Psychological processes promoting the relation between exposure to media violence and aggressive behavior by the viewer. *Journal of Social Issues, 42*, 125–139.

Huesmann, L. R. & Eron, L. D. (1986). *Television and the Aggressive Child: A Cross-National Comparison.* Hillsdale, NJ: Erlbaum.

Huesmann, L. R., Eron, L. D. & Yarmel, P. W. (1987). Intellectual functioning and aggression. *Journal of Personality and Social Psychology, 52*, 232–240.

Huesmann, L. R., Moise-Titus, J., Podolski, C. Ly. & Eron, L. D. (2003). Longitudinal relations between children's exposure to TV violence and their aggressive and violent behavior in young adulthood: 1977-1992. *Developmental Psychology, 39*, 201–221.

Huguet, P., Brunot, S. & Monteil, J. M. (2001). Geometry versus drawing: Changing the meaning of the task as a means to change performance. *Social Psychology of Education, 4*, 219–234.

Huguet, P., Galvaing, M. P., Monteil, J. M. & Dumas, F. (1999). Social presence effects in the Stroop task: Further evidence for an attentional view of social facilitation. *Journal of Personality and Social Psychology, 77*, 1011–1025.

Hull, J. G. & Bond, C. F. (1986). Social and behavioral consequences of alcohol consumption and expectancy: A meta-analysis. *Psychological Bulletin, 99*, 347–360.

Humphrey, R. (1985). How work roles influence perception: Structure-cognitive processes and organizational behavior. *American Sociological Review, 50*, 242–252.

Igou, E. R. & Bless, H. (2003). Inferring the importance of arguments: Order effects and conversational rules. *Journal of Experimental Social Psychology, 39*, 91–99.

Ingham, A. G., Levinger, G., Graves, J. & Peckham, V. (1974). The Ringelmann effect: Studies of group size and group performance. *Journal of Experimental Social Psychology, 10*, 371–384.

Insko, C. A. (1965). Verbal reinforcement of attitude. *Journal of Personality and Social Psychology, 2*, 621–623.

Inzlicht, M. & Ben-Zeev, T. (2000). A threatening intellectual environment: Why females are susceptible to experiencing problem-solving deficits in the presence of males. *Psychological Science, 11*, 365–371.

Isbell, L. M. (2004). Not all happy people are lazy or stupid: Evidence of systematic processing in happy moods. *Journal of Experimental Social Psychology, 40*, 341–349.

Isbell, L. M., Burns, K. C. & Haar, T. (2005). The role of affect on the search for global and specific target information. *Social Cognition, 23*, 529–552.

Isen, A. M. (1984). Toward understanding the role of affect in cognition. In R. S. Wyer & T. K. Srull (Eds.), *Handbook of social cognition* (Vol. 20, pp. 179–236). Hillsdale, NJ: Erlbaum.

Isen, A. M. (1987). Positive affect, cognitive processes, and social behavior. In L. Berkowitz (Ed.), *Advances in experimental social psychology, 20* (pp. 203–253). San Diego, CA: Academic Press.

Isen, A. M. (1999). Positive affect. In T. Dalgleish & M. J. Power (Eds.), *Handbook of cognition and emotion* (pp. 521–539). New York: Wiley.

Isen, A. M. & Daubman, K. A. (1984). The influence of affect on categorization. *Journal of Personality and Social Psychology, 47*, 1206–1217.

Isen, A. M., Daubman, K. A. & Nowicki, G. P. (1987). Positive affect facilitates creative problem solving. *Journal of Personality and Social Psychology, 52*, 1122–1131.

Isen, A. M., Johnson, M. M., Mertz, E. & Robinson, G. F. (1985). The influence of positive affect on the unusualness of word associations. *Journal of Personality and Social Psychology, 48*, 1413–1426.

Isen, A. M. & Levin, P. F. (1972). Effect of feeling good on helping: Cookies and kindness. *Journal of Personality and Social Psychology, 21*, 384–388.

Isen, A. M., Niedenthal, P. M. & Cantor, N. (1992). An influence of positive affect on social categorization. *Motivation and Emotion, 16*, 65–78.

Isen, A. M., Shalker, T. E., Clark, M. & Karp, L. (1978). Affect, accessibility of material in memory, and behavior: A cognitive loop? *Journal of Personality and Social Psychology, 36*, 1–12.

Isen, A. M. & Simmonds, S. F. (1978). The effect of feeling good on a helping task that is incompatible with good mood. *Social Psychology, 41*, 346–349.

Ito, T. A. & Cacioppo, J. T. (2007). Attitudes as Mental and Neural States of Readiness: Using Physiological Measures to Study Implicit Attitudes. In B. Wittenbrink & N. Schwarz (Eds.), *Implicit measures of attitudes* (pp. 125–158). New York: Guilford.

Ito, T. A., Krystal, W., Devine, P. G., Lorig, T. S. & Cacioppo, T. (2006). The Influence of Facial Feedback on Race Bias. *Psychological-Science, 17*, 256–261.

Ito, T. A., Larsen, J. T., Smith, N. K. & Cacioppo, J. T. (1998). Negative information weighs more heavily on the brain: The negativity bias in evaluative categorizations. *Journal of Personality and Social Psychology, 75*, 887–900.

Ito, T. A., Miller, N. & Pollock, V. E. (1996). Alcohol and aggression: A meta-analysis on the moderating effects of inhibitory cues, triggering events, and self-focused attention. *Psychological Bulletin, 120*, 60–82.

Ivey, D. C., Wieling, E. & Harris, S. M. (2000). Save the young--the elderly have lived their lives: Ageism in marriage and family therapy. *Family Process, 39*, 163–175.

Jacoby, L. L., Lindsay, D. S. & Toth, J. P. (1992). Unconscious influences revealed: Attention, awareness, and control. *American Psychologist, 47*, 802–809.

Jacowitz, K. E. & Kahneman, D. (1995). Measures of anchoring in estimation tasks. *Personality and Social Psychology Bulletin, 21*, 1161–1166.

Jacks, J. Z. & Devine, P. G. (2000). Attitude importance, forwarning of message content, and resistance to persuasion. *Basic and Applied Social Psychology, 22*, 19–29.

Jackson, J. M. & Harkins, S. G. (1985). Equity in effort: An explanation of the social loafing effect. *Journal of Personality and Social Psychology, 49*, 1199–1206.

Jackson, J. M. & Williams, K. D. (1985). Social loafing on difficult tasks: Working collectively can improve performance. *Journal of Personality and Social Psychology, 49*, 937–942.

Jackson, S. E. & Schuler, R. S. (1985). A meta-analysis and conceptual critique of research on role ambiguity and role conflict in work settings. *Organizational Behavior and Humen Decision Processes, 36*, 16–78.

Jacobs, R. C. & Campbell, D. T. (1961). The perpetuation of an arbitrary tradition through several generations of a laboratory micro culture. *Journal of Abnormal and Social Psychology, 62*, 649–658.

Jaffe, Y. (1981). Sexual stimulation: Effects on prosocial behaviour. *Psychological Reports, 48*, 75–81.

Jaffe, Y., Malamuth, N., Feingold, J. & Feshbach, S. (1974). Sexual arousal and behavioral aggression. *Journal of Personality & Social Psychology, 30*, 759–764.

James, J. M. & Bolstein, R. R. (1992). Large monetary incentives and their effect on mail survey response rates. *Public Opinion Quarterly, 56*, 442–453.

Janis, I. L. (1972). *Victims of groupthink.* Boston: Houghton Mifflin.

Janis, I. L. (1982). *Groupthink* (2nd edition). Boston: Houghton Mifflin.

Janoff-Bulman, R. & Leggatt, H. K. (2002). Culture and social obligation: When „shoulds" are perceived as „wants". *Journal of Research in Personality, 36*, 260–270.

Janoff-Bulman, R., Timko, C. & Carli, L. L. (1985). Cognitive biases in blaming the victim. *Journal of Experimental Social Psychology, 21*, 161–177.

Jason, L. A., Rose, T., Ferrari, J. R. & Barone, R. (1984). Personal versus impersonal methods for recruiting blood donations. *Journal of Social Psychology, 123*, 139–140.

Jeffcoate, W. J., Lincoln, N. B., Selby, C. & Herbert, M. (1986). Correlation between anxiety and serum prolactin in humans. *Journal of Psychosomatic Research, 30*, 217–222.

Jellison, J. M. & Riskind, J. A. (1970). A social comparison of abilities interpretation of risk-taking behavior. *Journal of Personality and Social Psychology, 15*, 375–390.

Job, R. F. S. (1988). Effective and ineffective use of fear in health promotion campaigns. *American Journal of Public Health, 78*, 163–167.

Johns, M., Schmader, T. & Martens, A. (2005). Knowing is half the battle: teaching stereotype threat as a means of improving women's math performance. *Psychological Science, 16*, 175–179.

Johnson, J. T. & Boyd, K. R. (1995). Disposional traits versus the content of experience: Actor/observer differences in judgments of the „authentic self". *Personality and Social Psychology Bulletin, 21*, 375–383.

Johnson, J. T., Jemmott, J. B. & Pettigrew, T. F. (1984). Causal attribution and dispositional inference: Evidence of inconsistent judgments. *Journal of Experimental Social Psychology, 20*, 567–585.

Johnson, M. H. & Magaro, P. A. (1987). Effects of mood and severity on memory processes in depression and mania. *Psychological Bulletin, 101*, 28–40.

Johnson, M. K. (2006). Memory and Reality. *American Psychologist, 61*, 760–771.

Johnson, M. K., Hashtroudi, S. & Lindsay, D. S. (1993). Source monitoring. *Psychological Bulletin, 114*, 3–28.

Johnson, R. D. & Downing, L. L. (1979). Deindividuation and valence of cues: Effects on prosocial and antisocial behavior. *Journal of Personality and Social Psychology, 37*, 1532–1538.

Johnson, T. E. & Rule, B. G. (1986). Mitigating circumstance information, censure, and aggression. *Journal of Personality and Social Psychology, 50*, 537–542.

Johnston, J. & Ettema, J. (1986). Using television to best advantage: Research for Prosocial TV. In J. Bryant & D. Zillman (Eds.), *Perspectives on media effects* (pp. 143–164). Hillsdale, NJ: Earlbaum.

Johnston, W. A. & Dark, V. J. (1986). Selective attention. *Annual Review of Psychology, 37*, 43–75.

Jones, C. & Aronson, E. (1973). Attribution of fault to a rape victim as a function of respectability of the victim. *Journal of Personality and Social Psychology, 26*, 415–419.

Jones, E. E. (1979). The rocky road from acts to dispositions. *American Psychologist, 34*, 107–117.

Jones, E. E. & Berglas, S. (1978). Control of attributions about the self through self-handicapping strategies: The appeal of alcohol and the role of underachievement. *Personality and Social Psychology Bulletin, 4*, 200–206.

Jones, E. E. & Davis, K. E. (1965). From acts to dispositions: The attribution process in person perception. In L. Berkowitz (Ed.), *Advances in experimental social psychology* (Vol. 2, pp. 219–266). New York: Academic Press.

Jones, E. E. & Harris, V. A. (1967). The attribution of attitudes. *Journal of Experimental Social Psychology, 3*, 1–24.

Jones, E. E. & Nisbett, R. E. (1972). The actor and the observer: Divergent perceptions of the causes of behavior. In E. E. Jones, D. E. Kanouse, H. H. Kelley, R. E. Nisbett, S. Valins & B. Weiner (Eds.), *Attribution: Perceiving the causes of behavior* (pp. 79–94). Morristown, NJ: General Learning Press.

Jones, E. E. & Sigall, H. (1971). The bogus pipeline: A new paradigm for measuring affect and attitude. *Psychological Bulletin, 76*, 349–364.

Jones, E. E. & Thibaut, J. W. (1958). Interaction goals as bases of inference in interpersonal perception. In R. Tagiuri & L. Petrullo (Eds.), *Person perception and interpesonal behavior* (pp. 151–178). Palo Alto, CA: Stanford University Press.

Jones, E. E., Wood, G. C. & Quattrone, G. A. (1981). Perceived variability of personal characteristics in ingroups and out-groups: The role of knowledge and evaluation. *Personality and Social Psychology Bulletin. 7*, 523–528.

Jones, J. W. & Bogat, G. A. (1978). Air pollution and human aggression. *Psychological Reports, 43*, 721–722.

Joormann, J. & Siemer, M. (2004). Memory Accessibility, Mood Regulation, and Dysphoria: Difficulties in Repairing Sad Mood With Happy Memories? *Journal of Abnormal Psychology, 113*, 179–188.

Jordan, M. (1996, January 15). In Japan, reading, writing, bullying. *Washington Post*, pp. A1.

Jorgenson, D. O. & Papciak, A. S. (1981). The effects of communication, resource feedback, and identifiability on behavior in a simulated commons. *Journal of Experimental Social Psychology, 17*, 373–385.

Joseph, N. & Alex, N. (1972). The uniform: A sociological perspective. *American Journal of Sociology, 77*, 719–730.

Josephs, R. A. & Steele, C. M. (1990). The two faces of alcohol myopia: Attentional mediation of psychological stress. *Journal of Abnormal Psychology, 99*, 115–126.

Josephson, B. R., Singer, J. A. & Salovey, P. (1996). Mood regulation and memory: Repairing sad moods with happy memories. *Cognition and Emotion, 10*, 437–444.

Joule, R. V. (1987). Tobacco deprivation: The foot-in-the-door technique versus the low-ball technique. *European Journal of Social Psychology, 17*, 361–365.

Jourard, S. & Friedman, R. (1970). Experimenter-subject ‚distance' and self-disclosure. *Journal of Personality and Social Psychology, 15*, 278–282.

Judd, C. M., Blair, I. V. & Chapleau, K. M. (2004). Automatic stereotypes vs. automatic prejudice: Sorting out the possibilities in the Payne (2001) weapon paradigm. *Journal of Experimental Social Psychology, 40*, 75–81.

Judd, C. M. & Park, B. (1988). Out-group homogeneity: Judgments of variability at the individual and group levels. *Journal of Personality and Social Psychology, 54*, 778–788.

Judd, C. M., Ryan, C. S. & Park, B. (1991). Accuracy in the judgment of in-group and out-group variability. *Journal of Personality and Social Psychology, 61*, 366–379.

Jung, J. M. & Kellaris, J. J. (2004). Cross-national differences in proneness to scarcity effects: The moderating roles of familiarity, uncertainty avoidance, and need for cognitive closure. *Psychology and Marketing, 21*, 739–753.

Jungbauer-Gans, M., Berger, R. & Kriwy, P. (2005). Machen Kleider Leute? Ergebnisse eines Feldexperiments zum Verkäuferverhalten. *Zeitschrift für Soziologie, 34*, 311–322.

Jungermann, H., Pfister, H. R. & Fischer, K. (1998). *Die Psychologie der Entscheidung*. Heidelberg: Spektrum Akademischer Verlag.

Jussim, L. (1986). Self-fulfilling prophecies: A theoretical and integrative review. *Psychological Review, 93*, 429–445.

Jussim, L. (1989). Teacher expectations: Self-fulfilling prophecies, perceptual biases, and accuracy. *Journal of Personality and Social Psychology, 57*, 469–480.

Kahneman, D. (2003). A perspective on judgment and choice: Mapping bounded rationality. *American Psychologist, 58*, 697–720.

Kahneman, D. & Frederick, S. (2002). Representativeness revisited: Attribute substitution in intuitive judgment. In T. Gilovich, D. Griffin & D. Kahneman (Eds.), *Heuristics and biases: The psychology of intuitive judgment* (pp. 49–81). New York: Cambridge University Press.

Kahneman, D. & Miller, D. T. (1986). Norm theory: Comparing reality to its alternatives. *Psychological Review, 93*, 136–153.

Kahneman, D., Slovic, P. & Tversky, A. (1982). *Judgment under uncertainty: Heuristics and biases*. Cambridge, MA: Cambridge University Press.

Kahneman, D. & Tversky, A. (1972). Subjective probability: A judgment of representativeness. *Cognitive Psychology, 3*, 430–454.

Kahneman, D. & Tversky, A. (1973). On the psychology of prediction. *Psychological Review, 80*, 237–251.

Kahneman, D. & Tversky, A. (1979). Prospect theory: An analysis of decision under risk. *Econometrica, 47,* 263–291.

Kalehne, P. & Stiksrud, A. (1986). Selbstkategorisierung von Jugendlichen und jungen Erwachsenen: Aspekte einer naiven Entwicklungspsychologie: Ein didaktisches Experiment. *Psychologie in Erziehung und Unterricht, 33,* 310–314.

Kallgren, C. A., Reno, R. R. & Cialdini, R. B. (2000). A focus theory of normative conduct: When norms do and do not affect behavior. *Personality and Social Psychology Bulletin, 26,* 1002–1012.

Kalveram, K. T. (1999). Zur Evolution der innerartlichen Aggression. *Zeitschrift für Sozialpsychologie, 30,*111–125.

Kamins, M. A. & Assael, H. (1987). Two-sided versus one-sided appeals: A cognitive perspective on argumentation, source derogation, and the effect of disconfirming trial on belief change. *Journal of Marketing Research, 24,* 29–39.

Kamins, M. A. & Marks, L. J. (1987). Advertising puffery: The impact of using two-sided claims on product attitude and purchase intention. *Journal of Advertising, 16,* 6–15.

Kanazawa, S. (2002). Bowling with our imaginary friends. *Evolution and Human Behavior, 23,* 167–171.

Kaplan, M. F. & Miller, C. E. (1987). Group decision making and normative versus informational influence: Effects of type of issue and assigned decision rule. *Journal of Personality and Social Psychology, 53,* 306–313.

Karabenick, S. A., Lerner, R. M. & Beecher, M. D. (1973). Relation of political affiliation to helping behavior on Election Day, November 7, 1972. *Journal of Social Psychology, 91,* 223–227.

Karasawa, K. (1991). The effects of onset and offset responsibility on affects and helping judgments. *Journal of Applied Social Psychology, 21,* 482–499.

Karau, S. J. & Williams, K. D. (1993). Social loafing: A meta-analytic review and theoretical integration. *Journal of Personality and Social Psychology, 65,* 681–706.

Karau, S. J. & Williams, K. D. (1995). Social loafing: Research findings, implications, and future directions. *Current Directions in Psychological Science, 5,* 134–140.

Karau, S. J. & Williams, K. D. (1997). The effects of group cohesiveness on social loafing and social compensation. *Group Dynamics: Theory, Research, and Practice, 1,* 156–168.

Kashima, Y., Gallois, C., McCamish, M. (1993). The theory of reasoned action and cooperative behaviour: It takes two to use a condom. *British Journal of Social Psychology, 32,* 227–239.

Kashima, Y., Kashima, E., Chiu, C. Y., Farsides, T., Gelfand, M., Hong, Y. Y., Kim, U., Strack, F., Werth, L., Yuki, M. & Yzerbyt, V. (2005). Culture, essentialism, and agency: Are individuals universally believed to be more real entities than groups? *European Journal of Social Psychology, 35,* 147–169.

Kashima, Y., Kashima, E., Farsides, T., Kim, U., Strack, F., Werth, L. & Yuki, M. (2004). Culture and context-sensitive self: The amount and meaning of context-sensitivity of phenomenal self differ across cultures. *Self and Identity, 3,* 125–141.

Katz, D. (1960). The functional approach to the study of attitudes. *Public Opinion Quarterly, 24,* 163–204.

Katz, P. A. & Kofkin, J. A. (1997). Race, gender, and young children. In S. S. Luthar, J. A. Burack, D. Cicchetti & J. R. Weisz (Eds), *Developmental psychopathology: Perspectives on adjustment, risk, and disorder* (pp. 51–74). New York: Cambridge University Press.

Katzev, R., Edelsack, L., Steinmetz, G. & Walker, T. (1978). The effect of reprimanding transgressions on subsequent helping behavior: Two field experiments. *Personality and Social Psychology Bulletin, 4,* 126–129.

Kaufman, D. & Mahoney, J. (1999). The effect of waitresses' touch on alcohol consumption in dyads. *The Journal of Social Psychology 139,* 261–267.

Kavanagh, D. J. & Bower, G. H. (1985). Mood and self-efficacy: Impact of joy and sadness on perceived capabilities. *Cognitive Therapy and Research, 9,* 507–525.

Kawakami, K., Dion, K. L. & Dovidio, J. F. (1999). Implicit stereotyping and prejudice and the primed Stroop task. *Swiss Journal of Psychology, 58,* 241–250.

Kawakami, K., Dovidio, J. F., Moll, J., Hermsen, S. & Russin, A. (2000). Just say no (to stereotyping): Effects of training in the negation of stereotypic associations on stereotype activation. *Journal of Personality and Social Psychology, 78,* 871–888.

Kelemen, W. L. & Creeley, C. E. (2003). State-dependent memory effects using caffeine and placebo do not extend to metamemory. *Journal of General Psychology, 130,* 70–86.

Kelley, H. H. (1955). The two functions of reference groups. In G. E. Swanson, T. M. Newcomb & E. L. Hartley (Eds.), *Readings in social psychology* (pp. 410–414). New York: Holt.

Kelley, H. H. (1972). Attribution in social interaction. In E. E. Jones, D. E. Kanous, H. H. Kelley, R. E. Nisbett, S. Valins & B. Weiner (Eds.), *Attribution: Perceiving the causes of behavior* (pp. 1–26). Morristown, NJ: General Learning Press.

Kelley, H. H. (1973). The processes of causal attribution. *American Psychologist, 28*, 107–128.

Kelley, H. H. & Michela, J. L. (1980). Attribution theory and research. *Annual Review of Psychology, 31*, 457–501.

Kelly, C. (1989). Political identity and perceived intragroup homogeneity. *British Journal of Social Psychology, 28*, 239–250.

Kelly, J. R. & Karau, S. J. (1999). Group decision making: The effects of initial preferences and time pressure. *Personality and Social Psychology Bulletin, 25*, 1342–1354.

Kelman, H. C. & Hovland, C. I. (1953). "Reinstatement" of the communicator in delayed measurement of the opinion change. *The Journal of Abnormal and Social Psychology, 48*, 327–335.

Kemmelmeier, M., Jambor, E. E. & Letner, J. (2006). Individualism and Good Works: Cultural Variation in Giving and Volunteering Across the United States. *Journal of Cross Cultural Psychology, 37*, 327–344.

Kenny, D. A. (1994). *Interpersonal perception.* New York: Guilford.

Kenny, D. A., Albright, L., Malloy, T. E. & Kashy, D. A. (1994). Consensus in interpersonal perception: Acquaintance and the Big Five. *Psychological Bulletin, 116*, 245–258.

Kenny, D. A., Horner, C., Kashy, D. A. & Chu, L. (1992). Consensus at zero acquaintance: Replication, behavioral cues, and stability. *Journal of Personality and Social Psychology, 62*, 88–97.

Kenrick, D. T. & Gutierres, S. E. (1980). Contrast effects and judgments of physical attractiveness: When beauty becomes a social problem. *Journal of Personality and Social Psychology, 38*, 131–140.

Kenrick, D. T. & MacFarlane, S. W. (1986). Ambient temperature and horn honking: A field study of the heat/aggression relationship. *Environment and Behavior, 18*, 179–191.

Kenrick, D. T., Montello, D. R., Gutierres, S. E. & Trost, M. R. (1993). Effects of physical attractiveness on affect and perceptual judgments: When social comparison overrides social reinforcement. *Personality and Social Psychology Bulletin, 19*, 195–199.

Kenworthy, J. B. & Miller, N. (2001). Perceptual asymmetry in consensus estimates of majority and minority members. *Journal of Personality and Social Psychology, 80*, 597–612.

Kernis, M. H., Grannemann, B. D. & Barclay, L. C. (1989). Stability and level of self-esteem as predictors of anger arousal and hostility. *Journal of Personality and Social Psychology, 56*, 1013–1022.

Kerr, J. H. (1994). *Understanding soccer hooliganism.* Buckingham, England: Open University Press.

Kerr, N. L. & Bruun, S. E. (1983). Dispensability of member effort and group motivation losses: Free-rider effects. *Journal of Personality and Social Psychology, 44*, 78–94.

Kerr, N. L. & Tindale, R. S. (2004). Group performance and decision making. *Annual Review of Psychology, 55*, 623–655.

Kiesler, C. A. & Sakumura, J. (1971). A test of a model for commitment. *Journal of Personality and Social Psychology, 3*, 349–353.

Kihlstrom, J. F. (1987). The cognitive unconscious. *Science, 237*, 1445–1452.

Kihlstrom, J. F. & Klein, S. B. (1994). The self as a knowledge structure. In R. S. Wyer & T. K. Srull (Eds.), *Handbook of social cognition* (2nd ed., pp. 153–208). Hillsdale, NJ: Erlbaum.

Kilham, W. & Mann, L. (1974). Level of destructive obedience as a function of transmitter and executant roles in the Milgram obedience paradigm. *Journal of Personality and Social Psychology, 29*, 696–702.

Kimchi, R. & Palmer, S. E. (1982). Form and texture in hierarchically constructed patterns. *Journal of Experimental Psychology: Human Perception and Performance, 8*, 521–535.

Kintsch, W. (2005). An Overview of Top-Down and Bottom-Up Effects in Comprehension: The CI Perspective. *Discourse Processes, 39*, 125–128.

Kirchler, E. (1999). Reactance to taxation: Employers' attitudes towards taxes. *Journal of Socio-Economics, 28*, 131–138.

Kirkpatrick, L. A., Waugh, C. E., Valencia, A. & Webster, G. D. (2002). The functional domain specificity of self-esteem and the differential prediction of aggression. *Journal of Personality and Social Psychology, 82*, 756–767.

Kitayama, S., Markus, H. R., Matsumoto, H. & Norasakkunkit, V. (1997). Individual and collective processes in the construction of the self: Self-enhancement in the United States and self-criticism in Japan. *Journal of Personality and Social Psychology, 72*, 1245–1267.

Klar, Y. (2002). Way beyond compare: Nonselective superiority and inferiority biases in judging randomly assigned group members relative to their peers. *Journal of Experimental Social Psychology, 38*, 331–351.

Klauer, K. C. (2006). Kontrafaktisches Denken. In H.-W. Bierhoff & D. Frey (Hrsg.), *Handbuch der Sozial- und Kommunikationspsychologie* (S. 314–321). Göttingen: Hogrefe.

Klayman, J. & Ha, Y. (1987). Confirmation, disconfirmation, and information in hypothesis testing. *Psychological Review, 94*, 211–228.

Klein, M. W. (1969). Violence in American juvenile gangs. In D. Mulvihill, M. Tumin & L. Curtis (Eds.), *Crimes of violence* (Vol. 13, pp. 1427–1466). Washington, DC: Government Printing Office.

Klein, W. M. (1996). Maintaining self-serving social comparisons: Attenuating the perceived significance of risk-increasing behaviors. *Journal of Social and Clinical Psychology, 15*, 120–142.

Kleine-Brockhoff, T. (1997, 25. April). Vergewaltigung in der S–Bahn: Fürs Wegsehen gibt es viele Gründe. *Die Zeit.*

Kleinke, C. (1977). Compliance to requests made by gazing and touching experimenters in field settings. *Journal of Experimental Social Psychology 13*, 218–223.

Kling, K. C., Ryff, C. D. & Essex, M. J. (1997). Adaptive changes in the self-concept during a life transition. *Personality and Social Psychology Bulletin, 23*, 981–990.

Klonis, S. C., Plant, E. A. & Devine, P. G. (2005). Internal and External Motivation to Respond Without Sexism. *Personality and Social Psychology Bulletin, 31*, 1237–1249.

Knapp, M. L. & Hall, J. A. (1997). *Nonverbal communication in human interaction.* Orlando, FL: Harcourt Brace.

Knight, G. P., Guthrie, I. K., Page, M. C. & Fabes, R. A. (2002). Emotional arousal and gender differences in aggression: A meta-analysis. *Aggressive Behavior, 28*, 366–393.

Koehler, J. J. (1996). The base rate fallacy reconsidered: Descriptive, normative, and methodological challenges. *Behavioral and Brain Sciences, 19*, 1–53.

Koenig, A. M. & Eagly, A. H. (2005). Stereotype threat in men on a test of social sensitivity. *Sex Roles, 52*, 489–496.

Koestner, R., Bernieri, F. & Zuckerman, M. (1992). Self-regulation and consistency between attitudes, traits, and behaviors. *Personality and Social Psychology Bulletin, 18*, 52–59.

Köhler, O. (1926). Kraftleistungen bei Einzel- und Gruppenarbeit. *Industrielle Psychotechnik, 3*, 274–282.

Köhler, O. (1927). Über den Gruppenwirkungsgrad der menschlichen Körperarbeit und die Bedingung optimaler Kollektivkraftreaktion. *Industrielle Psychotechnik, 4*, 209–226.

Koller, S. (1963). Typisierung korrelativer Zusammenhänge. *Metrica 6*, 65–75.

Komorita, S. S. & Barth, J. M. (1985). Components of reward in social dilemmas. *Journal of Personality and Social Psychology, 48*, 364–373.

Konijn, E. A., Bijvank, M. N. & Bushman, B. J. (2007). I wish I were a warrior: The role of wishful identification in the effects of violent video games on aggression in adolescent boys. *Developmental Psychology, 43*, 1038–1044.

Konrath, S., Meier, B. & Schwarz, N. (2004) *Seeing President Bush: Presidential Pictures Prime Aggressive Thoughts, Perceptions, & Behaviors.* Poster presented at American Psychological Society in Chicago.

Koriat, A., Lichtenstein, S. & Fischhoff, B. (1980). Reasons for confidence. *Journal of Experimental Psychology: Human Learning and Memory, 6*, 107–118.

Korte, C. (1971). Effects of individual responsibility and group communication on help-giving in an emergency. *Human Relations, 24*, 149–159.

Korte, C. (1980). Urban-nonurban differences in social behavior and social psychological models of urban impact. *Journal of Social Issues, 36*, 29–51.

Krahé, B. (1991). Social psychological issues in the study of rape. In W. Stroebe & M. Hewstone (Eds.), *European review of social psychology* (Vol. 2, pp. 279–309). Chichester, England: Wiley.

Kraus, S. J. (1995). Attitudes and the prediction of behavior: A meta-analysis of the empirical literature. *Personality and Social Psychology Bulletin, 21*, 58–75.

Krauth-Gruber, S. & Ric, F. (2000). Affect and stereotypic thinking: A test of the mood-and-general-knowledge-model. *Personality and Social Psychology Bulletin, 24*, 1587–1597.

Kravitz, D. A. & Martin, B. (1986). Ringelmann rediscovered: The orignial article. *Journal of Personality and Social Psychology, 50*, 936–941.

Krosnick, J. A. (1989). Attitude importance and attitude accessibility. *Personality and Social Psychology Bulletin, 15*, 297–308.

Krosnick, J. A. & Alwin, D. F. (1989). Aging and susceptibility to attitude change. *Journal of Personality and Social Psychology, 57*, 416–425.

Krosnick, J. A., Betz, A. L., Jussim, L. J. & Lynn, A. R. (1992). Subliminal conditioning of attitudes. *Personality and Social Psychology Bulletin, 18*, 152–162.

Krosnick, J. A., Li, F. & Lehman, D. R. (1990). Conversational conventions, order of information acquisition, and the effect of base rates and individuating information on social judgments. *Journal of Personality and Social Psychology, 59*, 1140–1152.

Krueger, J., Ham, J. J. & Linford, K. (1996). Perceptions of behavioral consistency: Are people aware of the actor-observer effect? *Psychological Science, 7*, 259–264.

Kruger, D. J. (2003). Evolution and altruism: Combining psychological mediators with naturally selected tendencies. *Evolution and Human Behavior, 24*, 118–125.

Kruglanski, A. W. (1989). The psychology of being „right": The problem of accuracy in social perception and cognition. *Psychological Bulletin, 106*, 395–409.

Kruglanski, A. W., Chen, X., Pierro, A., Mannetti, L., Erb, H. P. & Spiegel, S. (2006). Persuasion According to the Unimodel: Implications for Cancer Communication. *Journal of Communication, 56*, 105–122.

Kruglanski, A. W., Chun, W. Y., Erb, H. P., Pierro, A., Mannetti, L. & Spiegel, S. (2003). A parametric unimodel of human judgment: Integrating dual-process frameworks in social cognition from a single-mode perspective. In J. P. Forgas, K. D. Williams, W. von Hippel (Eds.), *Social judgments: Implicit and explicit processes* (pp. 137–161). New York: Cambridge University Press.

Kruglanski, A. W. & Mayseless, O. (1990). Classic and current social comparison research: Expanding the perspective. *Psychological Bulletin, 108*, 195–208.

Kruglanski, A. W., Riter, A., Amitai, A., Margolin, B., Shabtai, L. & Zaksh, D. (1975). Can money enhance intrinsic motivation? A test of the content-consequences hypothesis. *Journal of Personality and Social Psychology, 31*, 744–750.

Kruglanski, A. W., Shah, J. Y., Friedman, R., Fishbach, A., Chun, W. Y. & Sleeth-Keppler, D. (2002). Goal systems theory. In M. P. Zanna (Ed.), *Advances in Experimental Social Psychology* (pp. 331–378). San Diego, CA: Academic Press.

Kruglanski, A. W. & Thompson, E. P. (1999). Persuasion by a single route: A view from the unimodel. *Psychological Inquiry, 10*, 83–109.

Krull, D. S. (1993). Does the grist change the mill? The effect of the perceiver's inferential goal on the process of social inference. *Personality and Social Psychology Bulletin, 19*, 340–348.

Kulik, J. A. & Brown, R. (1979). Frustration, attribution of blame, and aggression. *Journal of Experimental Social Psychology, 15*, 183–194.

Kulka, R. A. & Kessler, J. B. (1978). Is justice really blind? The influence of litigant physical attractiveness on juridical judgment. *Journal of Applied Social Psychology, 8*, 366–381.

Kumkale, G. T. & Albarracín, D. (2004). The sleeper effect in persuasion: A meta-analytic review. *Psychological Bulletin, 130*, 143–172.

Kunczik, M. & Zipfel, A. (2004). *Medien und Gewalt*. Osnabrück: Bundesministerium für Familie, Senioren, Frauen & Jugend.

Kunda, Z. (1990). The case of motivated reasoning. *Psychological Bulletin, 108*, 480–498.

Kunda, Z. & Oleson, K. C. (1995). Maintaining stereotypes in the face of disconfirmation: Constructing grounds for subtyping deviants. *Journal of Personality and Social Psychology, 68*, 565–579.

Kunda, Z. & Spencer, S. J. (2003). When do stereotypes come to mind and when do they color judgment? A goal-based theoretical framework for stereotype activation and application. *Psychological Bulletin, 129*, 522–544.

Kunda, Z. & Thagard, P. (1996). Forming impressions from stereotypes, traits, and behaviors: A parallel-constraint-satisfaction theory. *Psychological Review, 103*, 284–308.

Kurtzberg, R. L., Safar, H. & Cavior, N. (1968). Surgical and social rehabilitation of adult offenders. *Proceedings of the 76th Annual Convention of the American Psychological Association, 3*, 649–650.

Kurzban, R. (2001). The social psychophysics of cooperation: Nonverbal communication in a public goods game. *Journal of Nonverbal Behavior, 25*, 241–259.

Lagerspetz, K. (1961). Genetic and social causes of aggressive behavior in mice. *Scandinavian Journal of Psychology, 2*, 167–173.

Laird, J. D. (1974). Self-attribution of emotion: The effects of expressive behavior on the quality of emotional experience. *Journal of Personality and Social Psychology, 29*, 475–486.

Laird, J. D., Alibozak, T., Davainis, D., Deignan, K., Fontanella, K., Hong, J., Levy, B. & Pacheco, C. (1994). Individual differences in the effects of spontaneous mimicry on emotional contagion. *Motivation and Emotion, 18*, 231–247.

Laird, J. D., Cuniff, M., Sheehan, K., Shulman, D. & Strum, G. (1989). Emotion specific effects of facial expressions on memory for life events. *Journal of Social Behavior and Personality, 4*, 87–98.

Lambert, A. J., Khan, S. R., Lickel, B. A. & Fricke, K. (1997). Mood and the correction of positive versus negative stereotypes. *Journal of Personality and Social Psychology, 72*, 1002–1016.

Lamm, H., Schaude, E. & Trommsdorff, G. (1971). Risky shift as a function of group members' value of risk and need for approval. *Journal of Personality and Social Psychology, 20*, 430–435.

Landy, D. & Sigall, H. (1974). Beauty is talent: Task evaluation as a function of the performer's physical attractiveness. *Journal of Personality and Social Psychology, 29*, 299–304.

Lang, A. J., Craske, M. G., Brown, M. & Ghaneian, A. (2001). Fear-related state dependent memory. *Cognition and Emotion, 15*, 695–703.

Langlois, J. H., Kalakanis, L., Rubenstein, A. J., Larson, A., Hallam, M. & Smoot, M. (2000). Maxims or myths of beauty? A meta–analytic and theoretical review. *Psychological Bulletin, 126*, 390–423.

Langlois, J. H., Ritter, J. M., Casey, R. J. & Sawin, D. B. (1995). Infant attractiveness predicts maternal behaviors and attitudes. *Developmental Psychology, 31*, 464–472.

Langlois, J. H., Ritter, J. M., Roggmann, L. A. & Vaughn, L. S. (1991). Facial diversity and infant preferences for attractive faces. *Developmental Psychology, 27*, 79–84.

L'Armand, K. & Pepitone, A. (1975). Helping to reward another person: A cross-cultural analysis. *Journal of Personality and Social Psychology, 31*, 189–198.

Larson, J. R., Jr., Christensen, C., Abbott, A. S. & Franz, T. M. (1996). Diagnosing groups: Charting the flow of information in medical decision-making teams. *Journal of Personality and Social Psychology, 71*, 315–330.

Larson, J. R., Jr., Christensen, C., Franz, T. M. & Abbott, A. S. (1998). Diagnosing groups: The pooling, management, and impact of shared and unshared case information in team-based medical decision making. *Journal of Personality and Social Psychology, 75*, 93–108.

Larson, J. R., Jr., Foster-Fishman, P. G. & Franz, T. M. (1998). Leadership style and the discussion of shared and unshared information in decision-making groups. *Personality and Social Psychology Bulletin, 24*, 482–495.

Larson, J. R., Jr., Foster-Fishman, P. G. & Keys, C. B. (1994). Discussion of shared and unshared information in decision-making grous. *Journal of Personality and Social Psychology, 67*, 446–461.

Laskey, H. A. & Fox, R. J. (1994). Investigating the impact of executional style on television commercial effectiveness. *Journal of Advertising Research, 34*, 9–16.

Lassiter, G. D. & Dudley, K. A. (1991). The a priori value of basic research: The case of videotaped confessions. *Journal of Social Behavior and Personality, 6*, 7–16.

Lassiter, G. D. & Irvine, A. A. (1986). Videotaped confessions: The impact of camera point of view on judgments of coercion. *Journal of Applied Social Psychology, 16*, 268–276.

Latané, B. (1981). The psychology of social impact. *American Psychologist, 36*, 343–356.

Latané, B. (1986). Responsibility and effort in organizations. In P. S. Goodmann & Associates (Eds.), *Designing effective work groups* (pp. 277–304). San Francisco: Jossey Bass.

Latané, B. & Darley, J. M. (1968). Group inhibition of bystander intervention in emergencies. *Journal of Personality and Social Psychology, 10*, 215–221.

Latané, B. & Darley, J. M. (1970). *The unresponsive bystander: Why doesn't he help?* New York: Appleton-Century-Crofts.

Latané, B. & L'Herrou, T. (1996). Spatial clustering in the conformity game: Dynamic social impact in electronic groups. *Journal of Personality and Social Psychology, 79*, 1218–1230.

Latané, B. & Nida, S. (1980). Social impact theory and group influence: A social engineering perspective. In P. B. Paulus (Ed.), *Psychology of group influence* (pp. 3–34). Hillsdale, NJ: Erlbaum.

Latané, B. & Nida, S. (1981). Ten years of research on group size and helping. *Psychological Bulletin, 89*, 308–324.

Latané, B. & Rodin, J. (1969). A lady in distress: Inhibiting effects of friends and strangers on bystander intervention. *Journal of Experimental Social Psychology, 5*, 189–202.

Latané, B., Williams, K. & Harkins, S. (1979). Many hands make light work: The causes and consequences of social loafing. *Journal of Personality and Social Psychology, 37*, 822–832.

Lau, R. R. & Russell, D. (1980). Attributions in the sports pages. *Journal of Personality and Social Psychology, 39*, 29–38.

Laughlin, P. R., Bonner, B. L. & Altermatt, T. W. (1998). Collective versus individual induction with single versus multiple hypotheses. *Journal of Personality and Social Psychology, 75*, 1481–1489.

Laughlin, P. R., VanderStoep, S. W. & Hollingshead, A. B. (1991). Collective versus individual induction: recognition of truth, rejection of error, and collective information processing. *Journal of Personality and Social Psychology, 61*, 50–67.

Lawler, E. J. & Thye, S. R. (1999). Bringing emotions into social exchange theory. *Annual Review of Sociology, 25*, 217–244.

Lazarus, R. S. (1968). Emotions and adaptation: Conceptual and empirical relations. *Nebraska Symposium on Motivation, 16*, 175–266.

Lazarus, R. S. (1991). *Emotion and adaptation*. New York: Oxford University Press.

Leary, M. R., Kowalski, R. M., Smith, L. & Phillips, S. (2003). Teasing, rejection, and violence: Case studies of the school shootings. *Aggressive Behavior, 29*, 202–214.

Leary, M. R., Twenge, J. M. & Quinlivan, E. (2006). Interpersonal rejection as a determinant of anger and aggression. *Personality and Social Psychology Review, 10*, 111–132.

Lease, A. M., McFall, R. M. & Viken, R. J. (2003). Distance from peers in the group's perceived organizational structure: Relation to individual characteristics. *Journal of Early Adolescence, 23*, 194–217.

Lee, E.-J. (2004). Effects of gendered character representation on person perception and informational social influence in computer-mediated communication. *Computers in Human Behavior, 20*, 779–799.

Lee, F., Hallahan, M. & Herzog, T. (1996). Explaining real-life events: How culture and domain shape attributions. *Personality and Social Psychology Bulletin, 22*, 732–741.

Lee, Y. T. & Seligman, M. E. P. (1997). Are Americans more optimistic than the Chinese? *Personality and Social Psychology Bulletin, 23*, 32–40.

Lefkowitz, M., Blake, R. R. & Mouton, J. S. (1955). Status factors in pedestrian violation of traffic signals. *Journal of Abnormal and Social Psychology, 51*, 704–706.

Leippe, M. R. & Eisenstadt, D. (1999). A self-accountability model of dissonance reduction: Multiple modes on a continuum of elaboration. In E. Harmon-Jones & J. Mills (Eds.), *Cognitive dissonance: Progress on a pivotal theory in social psychology* (pp. 201–232). Washington, DC: American Psychological Association.

Leon, D. T., Rotunda, R. J., Sutton, M. A. & Schlossman, Colin. (2003). Internet forewarning effects on ratings of attraction. *Computers in Human Behavior, 19*, 39–57.

Lepore, L. & Brown, R. (1997). Category and stereotype activation: Is prejudice inevitable? *Journal of Personality and Social Psychology, 72*, 275–287.

Lepore, L. & Brown, R. (2002). The role of awareness: Divergent automatic stereotype activation and implicit judgment correction. *Social Cognition, 20*, 321–351.

Lepper, M. R., Greene, D. & Nisbett, R. E. (1973). Undermining children's intrinsic interest with extrinsic reward: A test of the „overjustification" hypothesis. *Journal of Personality and Social Psychology, 28*, 129–137.

Lerner, M. J. (1980). *The belief in a just world: A fundamental delusion*. New York: Plenum.

Lerner, J. & Gonzalez, R. M. (2005). Forecasting one's future based on fleeting subjective experiences. *Personality and Social Psychology Bulletin, 31*, 454–466.

Leung, K. & Bond, M. H. (1984). The impact of cultural collectivism on reward allocation. *Journal of Personality and Social Psychology, 47*, 793–804.

Levenson, A. J. (1981). Ageism: a major deterrent to the introduction of curricula in aging. *Gerontology & Geriatrics Education, 1*, 161–162.

Leventhal, H. & Scherer, K. (1987). The relationship of emotion to cognition: A functional approach to a semantic controversy. *Cognition and Emotion, 1*, 3–28.

Leventhal, H., Watts, J. C. & Pagano, F. (1967). Effects of fear and instructions on how to cope with danger. *Journal of Personality and Social Psychology, 6*, 313–321.

Levin, S., van Laar, C. & Sidanius, J. (2003). The effects of ingroup and outgroup friendship on ethnic attitudes in college: A longitudinal study. *Group Processes and Intergroup Relations, 6*, 76–92.

Levine, J. M. & Moreland, R. L. (1994). Group socialization: Theory and research. In W. Stroebe & W. Hewstone (Eds.), *European review of social psychology* (pp. 305–336). Chichester, England: Wiley.

Levine, J. M. & Moreland, R. L. (1998). Small groups. In D. T. Gilbert, S. T. Fiske & G. Lindzey (Eds.), *The handbook of social psychology* (Vol. 2, pp. 415–469). New York: McGraw-Hill.

Levine, J. M. & Moreland, R. L. (2002). Group reactions to loyalty and disloyalty. In S. R. Thye & E. J. Lawler (Eds.), *Group cohesion, trust and solidarity. Advances in group processes* (Vol. 19, pp. 203–228). New York: Elsevier.

LeVine, R. A. & Campbell, D. T. (1972). *Ethnocentrism: Theories of conflict, ethnic attitudes, and group behavior*. Oxford, England: Wiley.

Levine, R. V., Martinez, T. S., Brase, G. & Sorenson, K. (1994). Helping in 36 U.S. cities. *Journal of Personality and Social Psychology, 67*, 69–82.

Levinson, K. S., Pesina, M. D. & Rienzi, B. M. (1993). Lost-letter technique: Attitudes toward gay men and lesbians. *Psychological Reports, 72*, 93–94.

Levy, B. (1996). Improving memory in old age through implicit self-stereotyping. *Journal of Personality and Social Psychology, 71*, 1092–1107.

Levy, B. & Langer, E. (1994). Aging free from negative stereotypes: Successful memory in China among the American deaf. *Journal of Personality and Social Psychology, 66*, 989–997.

Levy, S. R., Freitas, A. L. & Salovey, P. (2002). Construing action abstractly and blurring social distinctions: Implications for perceiving homogeneity among, but also empathizing with and helping, others. *Journal of Personality and Social Psychology, 83*, 1224–1238.

Lewicki, P. (1983). Self-image bias in person perception. *Journal of Personality and Social Psychology, 45*, 384–393.

Lewin, K. (1948). *Resolving social conflicts: Selected papers on group dynamics*. New York: Springer.

Lewinsohn, P. M. & Rosenbaum, M. (1987). Recall of parental behavior by acute depressives, remitted depressives, and nondepressives. *Journal of Personality and Social Psychology, 52*, 611–619.

Leyens, J.-P., Herman, G. & Dunand, M. (1982). The influence of an audience upon the reactions to filmed violence. *European Journal of Social Psychology, 12*, 131–142.

Leyens, J.-P. & Parke, R. D. (1975). Aggressive slides can induce a weapons effect. *European Journal of Social Psychology, 5*, 229–236.

Leyens, J.-P., Yzerbyt, V. & Corneille, O. (1996). The role of applicability in the emergence of the overattribution bias. *Journal of Personality and Social Psychology, 70*, 219–229.

Leyens, J.-P., Yzerbyt, V. & Schadron, G. (1994). *Stereotypes and social cognition*. Thousand Oaks, CA: Sage Publications

Leymann, H. (1993a). *Mobbing – Psychoterror am Arbeitsplatz und wie man sich dagegen wehren kann*. Reinbek: Rowohlt.

Leymann, H. (1993b). Ätiologie und Häufigkeit von Mobbing am Arbeitsplatz – eine Übersicht über die bisherige Forschung. *Zeitschrift für Personalforschung, 7*, 271–283.

Liang, D. W., Moreland, R. & Argote, L. (1995). Group versus individual training and group performance: The mediating role of transactive memory. *Personality and Social Psychology Bulletin, 21*, 384–393.

Liberman, N. & Förster, J. (2000). Expression after suppression: A motivational explanation of post-suppressional rebound. *Journal of Personality and Social Psychology, 79*, 190–203.

Lichtenstein, S. & Fischhoff, B. (1980). Training for calibration. *Organizational Behavior and Human Performance, 26*, 149–171.

Lichtenstein, S., Slovic, P., Fischhoff, B., Layman, M. & Combs, B. (1978). Judged frequency of lethal events. *Journal of Experimental Psychology: Human Learning and Memory, 4*, 551–578.

Liden, R. C. & Mitchell, T. R. (1988). Ingratiatory behaviors in organizational settings. *Academy of Management Review, 13*, 572–587.

Liebert, R. M. & Baron, R. A. (1972). Some immediate effects of televised violence on children's behavior. *Developmental Psychology, 6*, 469–475.

Liebert, R. M., Smith, W. P., Hill, J. H. & Keiffer, M. (1968). The effects of information and magnitude of initial offer on interpersonal negotiation. *Journal of Experimental Social Psychology, 4*, 431–441.

Liebert, R. M. & Sprafkin, J. (1988). *The early window: Effects of television on children and youth* (3rd ed.). Elmsford, NY: Pergamon.

Likert, R. (1932). Technique for the measurement of attitudes. *Archives of Psychology, 22*, 140.

Linville, P. W., Fischer, G. W. & Salovey, P. (1989). Perceived distributions of the characteristics of ingroup and out-group members: Empirical evidence and a computer simulation. *Journal of Personality and Social Psychology, 57*, 165–188.

Linz, D. G., Donnerstein, E. & Penrod, S. (1984). The effects of multiple exposures to filmed violence against women. *Journal of Communication, 34*, 130–147.

Linz, D. G., Donnerstein, E. & Penrod, S. (1988). Effects of long-term exposure to violent and sexually degrading depictions of women. *Journal of Personality and Social Psychology, 55*, 758–768.

Lipsey, M. W., Wilson, D. B., Cohen, M. A. & Derzon, J. H. (1997). Is there a causal relationship between alcohol use and violence? A synthesis of evidence. In M. Galanter (Ed.), *Recent developments in alcoholism, Vol. 13: Alcohol and violence: Epidemiology, neurobiology, psychology, family issues* (pp. 245–282). New York: Plenum.

Lloyd, G. G. & Lishman, W. A. (1975). Effect of depression on the speed of recall of pleasant and unpleasant experiences. *Psychological Medicine, 5*, 173–180.

Lockwood, P. & Kunda, Z. (1997). Superstars and me: Predicting the impact of role models on the self. *Journal of Personality and Social Psychology, 73*, 91–103.

Lockwood, P. & Kunda, Z. (1999). Increasing the salience of one's best selves can undermine inspiration by outstanding role models. *Journal of Personality and Social Psychology, 76*, 214–228.

Lodewijkx, H. F. M. & Syroit, J. E. M. M. (1997). Severity of initiation revisited: Does severity of initiation increase attractiveness in real groups? *European Journal of Social Psychology, 27*, 275–300.

Loewenstein, G. F., Weber, E. U. & Hsee, C. K. (2001). Risk as feelings. *Psychological Bulletin, 127*, 267–286.

Loftus, E. F. (1975). Leading questions and the eyewitness report. *Cognitive Psychology, 7*, 560–572.

Loftus, E. F. & Pickrell, J. E. (1995). The formation of false memories. *Psychiatric Annals, 25*, 720–725.

Loken, B. & Howard-Pitney, B. (1988). Effectiveness of cigarette advertisements on women: An experimental study. *Journal of Applied Psychology, 73*, 378–382.

Lombard, G. F. (1955). *Behavior in a selling group.* Boston: Irvin.

Lombardi, W. J., Higgins, E. T. & Bargh, J. A. (1987). The role of consciousness in priming effects on categorization: Assimilation versus contrast as a function of awareness of the priming task. *Personality and Social Psychology Bulletin, 13*, 411–429.

Long, G. M. & Toppino, T. C. (2004). Enduring Interest in Perceptual Ambiguity: Alternating Views of Reversible Figures. *Psychological Bulletin, Vol 130*, 748–768.

Long, S. (1984). Early integration in groups: „A group to join and a group to create.". *Human Relations, 37*, 311–332.

Lonsway, K. A. & Fitzgerald, L. F. (1994). Rape myths: In review. *Psychology of Women Quarterly, 18*, 133–164.

Lonsway, K. A. & Fitzgerald, L. F. (1995). Attitudinal antecedents of rape myth acceptance: A theoretical and empirical reexamination. *Journal of Personality and Social Psychology, 68*, 704–711.

Lorenz, K. (1969). *Das sogenannte Böse.* Wien: Borotha-Schoeler.

Lorenz, K. (1974). *Civilized world's eight deadly sins.* New York: Harcourt.

Losch, M. E. & Cacioppo, J. T. (1990). Cognitive dissonance may enhance sympathetic tonus, but attitudes are changed to reduce negative affect rather than arousal. *Journal of Experimental Social Psychology, 26*, 289–304.

Löschper, G., Mummendey, A., Linneweber, V. & Bornewasser, M. (1984). The judgement of behaviour as aggressive and sanctionable. *European Journal of Social Psychology, 14*, 391–404.

Lott, A. J. & Lott, B. E. (1965). Group cohesiveness as interpersonal attraction: A review of relationships with antecedent and consequent variables. *Psychological Bulletin, 64*, 259–309.

Lous, A. M., de Wit, C. A. M., De Bruyn, E. E. J. & Riksen-Walraven, J. M. (2002). Depression markers in young children's play: A comparison between depressed and nondepressed 3- to 6-year-olds in various play situations. *Journal of Child Psychology and Psychiatry, 43*, 1029–1038.

Lubker, J. R., Watson, J. C. II, Visek, A. J. & Geer, J. R. (2005). Physical appearance and the perceived effectiveness of performance enhancement consultants. *Sport Psychologist, 19*, 446–458.

Lukesch, H., Bauer, C., Eisenhauer, R. & Schneider, I. (Hrsg.). (2004). *Das Weltbild des Fernsehens. Eine Untersuchung der Sendungsangebote öffentlich-rechtlicher und privater Sender in Deutschland.* Band 1: Ergebnisse der Inhaltsanalyse zum Weltbild des Fernsehens (Zusammenfassung). Expertise über die Gewaltwirkungen des Fernsehens und von Computerspielen. Regensburg: S. Roderer.

Luks, A. (1988, October). Helper's high: Volunteering makes people feel good, physically and emotionally. *Psychology Today*, 39–40.

Lumsdaine, A. A. & Janis, I. L. (1953). Resistance to "counterpropaganda" produced by one-sided and two-sided "propaganda" presentations. *Public Opinion Quarterly, 17*, 311–318.

Lyle, K. B. & Johnson, M. K. (2006). Importing perceived features into false memories. *Memory, 14*, 197–213.

Lynn, M. (1989). Scarcity effects on desirability: Mediated by assumed expensiveness? *Journal of Economic Psychology, 10*, 257–274.

Lynn, M., Le, J.-M. & Sherwyn, D. (1998). Reach out and touch your customers. *Cornell Hotel and Restaurant Administration Quarterly 39*, 60–65.

Lyons, W. (1986). *The disappearance of introspection.* Cambridge, MA: The MIT Press.

Lyubomirsky, S. & Ross, L. (1997). Hedonic consequences of social comparison: A contrast of happy and unhappy people. *Journal of Personality and Social Psychology, 73*, 1141–1157.

Maass, A. & Clark, R. D. (1984). Hidden impact of minorities: Fifteen years of minority influence research. *Psychological Bulletin, 95*, 428–450.

Maassen, I. T. H. M., Kremers, S. P. J., Mudde, A. N. & Joof, B. M. (2004). Smoking initiation among Gambian adolescents: Social cognitive influences and the effect of cigarette sampling. *Health Education Research, 19*, 551–560.

MacCallum, F., McConkey, K. M., Bryant, R. A. & Barnier, A. J. (2000). Specific autobiographical memory following hypnotically induced mood state. *International Journal of Clinical and Experimental Hypnosis, 48*, 361–373.

Macchi, L. (1995). Pragmatic aspects of the base-rate fallacy. *Quarterly Journal of Experimental Psychology A: Human Experimental Psychology, 48A*, 188–207.

MacDonald, G. & Leary, M. R. (2005). Why Does Social Exclusion Hurt? The Relationship Between Social and Physical Pain. *Psychological Bulletin, 131*, 202–223.

MacGeorge, E. L. (2003). Gender differences in attributions and emotions in helping contexts. *Sex Roles, 48*, 175–182.

MacLean, P. D. (1965). New findings relevant to the evolution of psychsexual functions of the brain. In J. Money (Ed.), *Sex research: New developments*. New York: Holt.

Mack, D. & Rainey, D. (1990). Female applicants' grooming and personnel selection. *Journal of Social Behavior and Personality, 5*, 399–407.

Mackie, D. M. (1986). Social identification effects in group polarization. *Journal of Personality and Social Psychology, 50*, 720–728.

Mackie, D. M. & Cooper, J. (1984). Attitude polarization: Effects of group membership. *Journal of Personality and Social Psychology, 46*, 575–585.

Mackie, D. M. & Worth, L. T. (1989). Processing deficits and the mediation of positive affect in persuasion. *Journal of Personality and Social Psychology, 57*, 27–40.

MacLachlan, J. (1979). What people really think of fast talkers. *Psychology Today, 13*, 113–117.

MacLeod, C. (1991). Half a Century of Research on the Stroop Effect: An Integrative Review. *Psychological Bulletin, 109*, 163–203.

MacLeod, C. & Campbell, L. (1992). Memory accessibility and probability judgments: An experimental evaluation of the availability heuristic. *Journal of Personality and Social Psychology, 63*, 890–902.

Macrae, C. N. & Bodenhausen, G. V. (2000). Social cognition: Thinking categorically about others. *Annual Review of Psychology, 51*, 93–120.

Macrae, C. N., Bodenhausen, G. V. & Milne, A. B. (1998). Saying no to unwanted thoughts: Self-focus and the regulation of mental life. *Journal of Personality and Social Psychology, 72*, 578–589.

Macrae, C. N., Bodenhausen, G. V., Milne, A. B. & Jetten, J. (1994). Out of mind but back in sight: Stereotypes on the rebound. *Journal of Personality and Social Psychology, 67*, 808–817.

Macrae, C. N., Bodenhausen, G. V., Milne, A. B., Thorn, T. M. J. & Castelli, L. (1997). On the activation of social stereotypes: The moderating role of processing objectives. *Journal of Experimental Social Psychology, 33*, 471–489.

Macrae, C. N., Hewstone, M. & Griffiths, R. J. (1993). Processing load and memory for stereotype-based information. *European Journal of Social Psychology, 23*, 77–87.

Macrae, C. N., Milne, A. B. & Bodenhausen, G. V. (1994). Stereotypes as energy-saving devices: A peek inside the cognitive toolbox. *Journal of Personality and Social Psychology, 66*, 37–47.

Madaras, G. R. & Bem, D. J. (1968). Risk and conservatism in group decision making. *Journal of Experimental Social Psychology, 4*, 350–365.

Madon, S., Jussim, L. & Eccles, J. (1997). In search of the powerful self-fulfilling prophecy. *Journal of Personality and Social Psychology, 72*, 791–809.

Mae, L., Carlston, D. E. & Skowronski, J. J. (1999). Spontaneous trait transference to familiar communications: Is a little knowledge a dangerous thing? *Journal of Personality and Social Psychology, 77*, 233–246.

Magoo, G. & Khanna, R. (1991). Altruism and willingness to donate blood. *Journal of Personality and Clinical Studies, 7*, 21–24.

Malamuth, N. M. & Briere, J. (1986). Sexual violence in the media: Indirect effects on aggression against women. *Journal of Social Issues, 42*, 75–92.

Malle, B. F. & Knobe, J. (1997). Which behaviors do people explain? A basic actor-observer asymmetry. *Journal of Personality and Social Psychology, 72*, 288–304.

Mallick, S. K. & McCandless, B. R. (1966). A study of catharsis of aggression. *Journal of Personality and Social Psychology, 4*, 591–596.

Mandler, G. (1975). *Mind and Emotion*. New York: Wiley.

Mann, L. (1981). The baiting crowd in episodes of threatened suicide. *Journal of Personality and Social Psychology, 41*, 703–709.

Mann, L., Newton, J. W. & Innes, J. M. (1982). A test between deindividuation and emergent norm theories of crowd aggression. *Journal of Personality and Social Psychology, 42*, 260–272

Mantell, D. M. (1971). The potential for violence in Germany. *Journal of Social Issues, 27*, 101–112.

Maracek, J. & Mettee, D. R. (1972). Avoidance of continued success as a function of self-esteem, level of esteem certainty, and responsibility for success. *Journal of Personality and Social Psychology, 22,* 98–107.

Marcus-Newhall, A., Pedersen, W. C., Carlson, M. & Miller, N. (2000). Displaced aggression is alive and well: A meta-analytic review. *Journal of Personality and Social Psychology, 78,* 670–689.

Marks, I. M. & Nesse, R. M. (1994). Fear and fitness: An evolutionary analysis of anxiety disorders. *Ethology and Sociobiology, 15,* 247–261.

Markus, H. (1977). Self-schemata and processing information about the self. *Journal of Personality and Social Psychology, 35,* 63–78.

Markus, H., Hamill, R. & Sentis, K. P. (1987). Thinking fat: Self-schemas for body weight and the processing of weight relevant information. *Journal of Applied Social Psychology, 17,* 50–71.

Markus, H. & Kitayama, S. (1991). Culture and the self: Implications for cognition, emotion, and motivation. *Psychological Review, 98,* 224–253.

Markus, H. & Nurius, P. (1986). Possible selves. *American Psychologist, 41,* 954–969.

Markus, H., Smith, J. & Moreland, R. L. (1985). Role of the self-concept in the perception of others. *Journal of Personality and Social Psychology, 49,* 1494–1512.

Marques, J., Abrams, D. & Serodio, R. G. (2001). Being better by being right: Subjective group dynamics and derogation of in-group deviants when generic norms are undermined. *Journal of Personality and Social Psychology, 81,* 436–447.

Marques, J. M., Yzerbyt, V. Y. & Leyens, J. P. (1988). The „Black Sheep Effect“: Extremity of judgments towards ingroup members as a function of group identification. *European Journal of Social Psychology, 18,* 1–16.

Martens, A., Johns, M., Greenberg, J. & Schimel, J. (2006). Combating stereotype threat: The effect of self-affirmation on women's intellectual performance. *Journal of Experimental Social Psychology, 42,* 236–243.

Martin, J. L. & Ross, H. S. (2005). Sibling aggression: Sex differences and parents' reactions. *International Journal of Behavioral Development, 29,* 129–138.

Martin, L. L (1986). Set/reset: Use and disuse of concepts in impression formation. *Journal of Personality and Social Psychology, 51,* 493–504.

Martin, L. L., Strack, F. & Stapel, D. A. (2001). How the mind moves: Knowledge accessibility and the fine-tuning of the cognitive system. In A. Tesser & N. Schwarz (Eds.), *Blackwell handbook of social psychology: Intraindividual processes* (pp. 236–256). Oxford, England: Blackwell.

Martin, L. L., Ward, D. W., Achee, J. W. & Wyer, R. S. (1993). Mood as input: People have to interpret the motivational implications of their moods. *Journal of Personality and Social Psychology, 64,* 317–326.

Martin, R. & Hewstone, M. (2003). Majority versus minority influence: When, not whether, source status instigates heuristic or systematic processing. *European Journal of Social Psychology, 33,* 313–330.

Martin, R., Hewstone, M. & Martin, P. Y. (2003). Resistance to persuasive messages as a function of majority and minoriy source status. *Journal of Experimental Social Psychology, 39,* 585–593.

Martinez, M. & Silvestre, N. (1995). Self-concept in profoundly deaf adolescent pupils. *International Journal of Psychology, 30,* 305–316.

Manucia, G. K., Baumann, D. J. & Cialdini, R. B. (1984). Mood influences on helping: Direct effects or side effects? *Journal of Personality and Social Psychology, 46,* 357–364.

Markey, P. M. (2000). Bystander intervention in computer-mediated communication. *Computers in Human Behavior, 16,* 183–188.

Marx, D. M. & Roman, J. S. (2002). Female role models: Protecting women's math test performance. *Personality and Social Psychology Bulletin, 28,* 1183–1193.

Marx, D. M. & Stapel, D. A. (2006). Distinguishing stereotype threat from priming effects: On the role of the social self and threat-based concerns. *Journal of Personality and Social Psychology, 91,* 243–254.

Marx, D. M., Stapel, D. A. & Muller, D. (2005). We Can Do It: The Interplay of Construal Orientation and Social Comparisons Under Threat. *Journal of Personality and Social Psychology, 88,* 432–446.

Mast, M. S. & Hall, J. A. (2004). Who is the boss and who is not? Accuracy of judging status. *Journal of Nonverbal Behavior, 28,* 145–165.

Matsumoto, D. & Kudoh, T. (1993). American-Japanese culture differences in attributions of personality based on smiles. *Journal of Nonverbal Behavior, 17,* 231–243.

Mayer, J. D. & Gaschke, Y. N., Braverman, D. L. & Evans, T. W. (1992). Mood-congruent judgment is a general effect. *Journal of Personality and Social Psychology, 63,* 119–132.

Maynard Smith, J. (1964). Group selection and kin selection. *Nature, 201,* 1145–1147.

Mazur, A. & Booth, A. (1998). Testosterone and dominance in men. *Behavioral and Brain Sciences, 21,* 353–397.

Mazur, A., Booth, A. & Dabbs, J. M. (1992). Testosterone and chess competition. *Social Psychology Quarterly, 55,* 70–77.

McAllister, H. (1996). A Self-serving bias in the classroom: Who shows it? Who knows it? *Journal of Educational Psychology, 88,* 123–131.

McArthur, L. Z. & Post, D. L. (1977). Figural emphasis and person perception. *Journal of Experimental Social Psychology, 13,* 520–535.

McArthur, L. Z. & Resko, B. G. (1975). The portrayal of men and women in American television commercials. *Journal of Social Psychology, 97,* 209–220.

McCaul, K. D., Sandgren, A. K., O'Neill, H. K. & Hinsz, V. B. (1993). The value of the theory of planned behavior, perceived control, and self-efficacy for predicting health-protective behaviors. *Basic and Applied Social Psychology, 14,* 231–252.

McClelland, D. C. & Atkinson, J. W. (1948). The prospective expression of needs: I. The effect of different intensities of the hunger drive on perception. *Journal of Psychology, 25,* 205–222.

McConahay, J. B., Hardee, B. B. & Batts, V. (1981). Has racism declined in America? It depends on who is asking and what is asked. *Journal of Conflict Resolution, 25,* 563–579.

McCullough, M. E., Emmons, R. A. & Tsang, J. A. (2002). The grateful disposition: A conceptual and empirical topography. *Journal of Personality and Social Psychology, 82,* 112–127.

McGarva, A. R., Ramsey, M. & Shear, S. A. (2006). Effects of driver cell-phone use on driver aggression. *Journal of Social Psychology, 146,* 133–146.

McGrath, J. E. (1984). *Groups: Interaction and performance.* Englewood Cliffs, NJ: Prentice-Hall.

McGregor, C., Darke, S., Ali, R. & Christie, P. (1998). Experience of non-fatal overdose among heroin users in Adelaide, Australia: Circumstances and risk perceptions. *Addiction, 93,* 701–711.

McGregor, H. A., Lieberman, J. D., Greenberg, J., Solomon, S., Arndt, J., Simon, L. & Pyszczynski, T. (1998). Terror management and aggression: Evidence that mortality salience motivates aggression against worldview-threatening others. *Journal of Personality and Social Psychology, 74,* 590–605.

McGuire, A. M. (2003). „It was nothing"-Extending evolutionary models of altruism by two social cognitive biases in judgments of the costs and benefits of helping. *Social Cognition, 21,* 363–394.

McGuire, T. W., Kiesler, S. & Siegel, J. (1987). Group and computer-mediated discussion effects in risk decision making. *Journal of Personality and Social Psychology, 52,* 917–930.

McGuire, W. J. (1961). Resistance to persuasion conferred by active and passive prior refutation of the same and alternative counterarguments. *Journal of Abnormal and Social Psychology, 63,* 326–332.

McGuire, W. J. & McGuire, C. V. (1980). Salience of handedness in the spontaneous self-concept. *Perceptual and Motor-Skills, 50,* 3–7.

McGuire, W. J., McGuire, C. V., Child, P. & Fujioka, T. (1978). Salience of ethnicity in the spontaneous self-concept as a function of one's ethnic distinctiveness in the social environment. *Journal of Personality and Social Psychology, 36,* 511–520.

McGuire, W. J. & Padawer-Singer, A. (1976). Trait salience in the spontaneous self-concept. *Journal of Personality and Social Psychology, 33,* 743–754.

McGuire, W. J. & Papageorgis, D. (1961). The relative efficacy of various types of prior belief-defense in producing immunity against persuasion. *Journal of Abnormal and Social Psychology, 62,* 327–337.

McHoskey, J. W. (1999). Machiavellianism, intrinsic versus extrinsic goals, and social interest: A self-determination theory analysis. *Motivation and Emotion, 23,* 267–283.

McIntyre, R. B., Paulson, R. M. & Lord, C. G. (2003). Alleviating women's mathematics stereotype threat through salience of group achievements. *Journal of Experimental Social Psychology, 39,* 83–90.

McKelvie, S. J. (1995). Bias in the estimated frequency of names. *Perceptual and Motor Skills, 81,* 1331–1338.

McKelvie, S. J. (2000). Quantifying the availability heuristic with famous names. *North American Journal of Psychology, 2,* 347–356.

McKenzie-Mohr, D. & Zanna, M. P. (1990). Treating women as sexual objects: Look to the (gender schematic) male who has viewed pornography. *Personality and Social Psychology Bulletin, 16,* 296–308.

McKown, C. & Weinstein, R. S. (2003). The development and consequences of stereotype consciousness in middle childhood. *Child Development, 74,* 498–515.

McMillen, D. L., Sanders, D. Y. & Solomon, G. S. (1977). Self-esteem, attentiveness, and helping behavior. *Personality and Social Psychology Bulletin, 3*, 257–261.

McVittie, C., Harris, L. & Tiliopoulos, N. (2006). „I intend to donate but ...": Non-donors' views of blood donation in the UK. *Psychology, Health and Medicine, 11*, 1–6.

Medvec, V. H., Madey, S. F. & Gilovich, T. (1995). When less is more: Counterfactual thinking and satisfaction among Olympic athletes. *Journal of Personality and Social Psychology, 69*, 603–610.

Meeus, W. H. J. & Raaijmakers, Q. A. W. (1995). Obedience in modern society: The Utrecht studies. *Journal of Social Issues, 51*, 155–175.

Mehrabian, A. & Wiener, M. (1967). Decoding of inconsistent communications. *Journal of Personality and Social Psychology, 6*, 109–114.

Mellers, B. A. & McGraw, A. P. (2001). Anticipated emotions as guides to choice. *Current Directions in Psychological Science, 10*, 210–214.

Merton, R. K. (1948). The self-fulfilling prophecy. *Antioch Review, 8*, 193–210.

Messé, L. A., Hertel, G., Kerr, N. L., Lount, R. B., Jr. & Park, E. S. (2002). Knowledge of partner's ability as a moderator of group motivation gains: An exploration of the Köhler discrepancy effect. *Journal of Personality and Social Psychology, 82*, 935–946.

Meyerowitz, B. E. & Chaiken, S. (1987). The effect of message framing on breast self-examination, attitudes, intentions, and behavior. *Journal of Personality and Social Psychology, 52*, 500–510.

Meyers-Levy, J. & Maheswaran, D. (1992). When timing matters: The influence of temporal distance on consumers' affective and persuasive responses. *Journal of Consumer Research, 19*, 424–433.

Michaels, J. W., Blommel, J. M., Brocato, R. M., Linkous, R. A. & Rowe, J. S. (1982). Social facilitation and inhibition in a natural setting. *Replications in Social Psychology, 2*, 21–24.

Middleton, W., Harris, P., Surman, M. (1996). Give'em enough rope: Perception of health and safety risks in bungee jumpers. *Journal of Social and Clinical Psychology, 15*, 68–79.

Midlarsky, M. & Midlarsky, E. (1976). Status inconsistency, aggressive attitude, and helping behavior. *Journal of Personality. 44*, 371–391.

Miles, C. & Hardman, E. (1998). State-dependent memory produced by aerobic exercise. *Ergonomics, 41*, 20–28.

Milgram, S. (1963). Behavioral study of obedience. *Journal of Abnormal and Social Psychology, 67*, 371–378.

Milgram, S. (1970). The experience of living in cities. *Science, 167*, 1461–1468.

Milgram, S. (1974). *Obedience to authority: An experimental view.* London: Tavistock.

Milgram, S. (1977). *The individual in a social world.* New York: McGraw-Hill.

Milgram, S., Bickman, L. & Berkowitz, O. (1969). Note on the drawing power of crowds of different size. *Journal of Personality and Social Psychology, 13*, 79–82.

Millar, M. G. & Millar, K. U.(1996). The effects of direct and indirect experience on affective and cognitive responses and the attitude-behavior relation. *Journal of Experimental Social Psychology, 32*, 561–579.

Millar, M. G. & Tesser, A. (1986a). Effects of affective and cognitive focus on the attitude-behavior relation. *Journal of Personality and Social Psychology, 51*, 270–276.

Millar, M. G. & Tesser, A. (1986b). Thought-induced attitude change: The effects of schema structure and commitment. *Journal of Personality and Social Psychology, 51*, 259–269.

Miller, A. G., Ashton, W. A. & Mishal, M. (1990). Beliefs concerning the features of constrained behavior: A basis for the fundamental attribution error. *Journal of Personality and Social Psychology, 59*, 635–650.

Miller, A. G., Jones, E. E. & Hinkle, S. (1981). A robust attribution error in the personality domain. *Journal of Experimental Social Psychology, 17*, 587–600.

Miller, A. G. & Lawson, T. (1989). The effect of an informational option on the fundamental attribution error. *Personality and Social Psychology Bulletin, 15*, 194–204.

Miller, D. T. & McFarland, C. (1991). When social comparison goes awry: The case of pluralistic ignorance. In J. Suls & T. A. Wills (Eds.), *Social comparison: Contemporary theory and research* (pp. 287–313). Hillsdale, NJ: Erlbaum.

Miller, D. T. & Prentice, D. A. (1996). The construction of social norms and standards. In E. T. Higgins & A. W. Kruglanski (Eds.), *Social psychology: Handbook of basic principles* (pp. 799–829). New York: Guilford.

Miller, D. T. & Ross, M. (1975). Self-serving biases in the attribution of causality: Fact or fiction? *Psychological Bulletin, 82*, 213–225.

Miller, D. T. & Turnbull, W. (1986). Expectancies and interpersonal processes. *Annual Review of Psychology, 37*, 233–256.

Miller, J. G. (1984). Culture and the development of everyday social explanation. *Journal of Personality and Social Psychology, 46*, 961–978.

Miller, J. G., Bersoff, D. M & Harwood, R. L. (1990). Perceptions of social responsibilities in India and in the United States: Moral imperatives or personal decisions? *Journal of Personality and Social Psychology, 58*, 33–47.

Miller, N. & Campbell, D. T. (1959). Recency and primacy in persuasion as a function of timing of speeches and measurements. *Journal of Abnormal and Social Psychology, 59*, 1–9.

Miller, N., Maruyama, G., Beaber, R. J. & Valone, K. (1976). Speed of speech and persuasion. *Journal of Personality and Social Psychology, 34*, 615–624.

Miller, N. E. (1941). The frustration-aggression hypothesis. *Psychological Review, 48*, 337–342.

Miller, N. E. (1948). Theory and experiment relating psychoanalytic displacement to stimulus-response generalization. *Journal of Abnormal and Social Psychology, 43*, 155–187.

Miller, N. E. & Bugelski, R. (1948). Minor studies of aggression: II. The influence of frustrations imposed by the in-group on attitudes expressed toward outgroups. *Journal of Psychology: Interdisciplinary and Applied, 25*, 437–442.

Miller, P. A. & Eisenberg, N. (1988). The relation of empathy to aggressive and externalizing/antisocial behavior. *Psychological Bulletin, 103*, 324–344.

Mineka, S., Davidson, M., Cook, M. & Keir, R. (1984). Observational conditioning of snake fear in rhesus monkeys. *Journal of Abnormal Psychology, 93*, 355–372.

Miranda, R. & Kihlstrom, J. F. (2005). Mood congruence in childhood and recent autobiographical memory. *Cognition and Emotion, 19*, 981–998.

Miron, A. M. & Brehm, J. W. (2006). Reaktanztheorie – 40 Jahre später. *Zeitschrift für Sozialpsychologie, 37*, 9–18.

Mischel, W., Cantor, N. & Feldman, S. (1996). Principles of self-regulation: The nature of willpower and self-control. In E. T. Higgins & A. E. Kruglanski (Eds.), *Social psychology: Handbook of basic principles* (pp. 329–360). New York: Guilford.

Mishna, F. (2003). Learning disabilities and bullying: Double jeopardy. *Journal of Learning Disabilities, 36*, 336–347.

Mita, T. H., Dermer, M. & Knight, J. (1977). Reversed facial images and the mere exposure hypothesis. *Journal of Personality and Social Psychology, 35*, 597–601.

Mitchell, D. J., Kahn, B. E. & Knasko, S. C. (1995). There's something in the air: Effects of congruent or incongruent ambient odor on consumer decision making. *Journal of Consumer Research, 22*, 229–238.

Mitchell, J. P., Nosek, B. A. & Banaji, M. R. (2003). Contextual variations in implicit evaluation. *Journal of Experimental Psychology: General, 132*, 455–469.

Moghaddam, F. M., Taylor, D. M. & Wright, S. C. (1993). *Social psychology in cross-cultural perspective.* New York: Freeman.

Moir, A. & Moir, B. (1998). *Why men don't iron. The real science of gender studies.* London: HarperCollins.

Monin, B. (2003). The warm glow heuristic: When liking leads to familiarity. *Journal of Personality and Social Psychology, 85*, 1035–1048.

Monteil, J.-M. & Huguet, P. (1999). Social context and cognitive performance: Towards a social psychology of cognition. *European monographs in social psychology.* Hove, England: Psychology Press.

Monteith, M. J. (1993). Self-regulation of prejudiced responses: Implications for progress in prejudice-reduction efforts. *Journal of Personality and Social Psychology, 65*, 469–485.

Monteith, M. S., Spicer, C. V. & Tooman, J. D. (1998). Consequences of stereotype suppression: Stereotypes on and not on the rebound. *Journal of Experimental Social Psychology, 34*, 355–377.

Moors, A. & De Houwer, J. (2006). Automaticity: A theoretical and conceptual analysis. *Psychological Bulletin, 132*, 297–326.

Moray, N. (1959). Attention in dichotic listening: Affective cues and the influence of instructions. *Quarterly Journal of Experimental Psychology, 11*, 56–60.

Moreland, R. L. (1985). Social categorization and the assimilation of „new" group members. *Journal of Personality and Social Psychology, 48*, 1173–1190.

Moreland, R. L. (1999). Transactive memory: Learning who knows what in work groups and organizations. In L. L. Thompson & J. M. Levine (Eds.), *Shared cognition in organization: The management of knowledge* (pp. 3–31). Mahwah, NJ: Erlbaum.

Moreland, R. L., Argote, L. & Krishnan, R. (1996). Socially shared cognition at work: Transactive memory and group performance. In J. L. Nye & A. M. Brower (Eds.), *What's social about social cognition? Research on socially shared cognition in small groups* (pp. 57–84). Thousand Oaks, CA: Sage.

Moreland, R. L. & Beach, S. R. (1992). Exposure effects in the classroom: The development of affinity among students. *Journal of Experimental Social Psychology, 28,* 255–276.

Moreland, R. L. & Levine, J. M. (1988). Group dynamics over time: Development and socialization in small groups. In J. E. McGrath (Ed.), *The social psychology of time: New perspectives* (pp. 151–181). Newbury Park, CA: Sage.

Moriarty, T. (1975). Crime, commitment, and the responsive bystander: Two field experiments. *Journal of Personality and Social Psychology, 31,* 370–376.

Morris, M. W. & Peng, K. (1994). Culture and cause: American and Chinese attributions for social and physical events. *Journal of Personality and Social Psychology, 67,* 949–971.

Moscovici, S. (1976). *Social influence and social change.* London: Academic Press.

Moscovici, S. (1985). Social influence and conformity. In G. Lindzey & E. Aronson (Eds.), *Handbook of social psychology* (Vol. 2, pp. 347–412). New York: Random House.

Moscovici, S. (1994). Three concepts: Minority, conflict, and behavioral style. In S. Moscovici, A. Mucchi-Faina & A. Maass (Eds.), *Minority influence* (pp. 233–251). Chicago: Nelson-Hall.

Moscovici, S. & Lage, E. (1976). Studies in social influence. III: Majority versus minority influence in a group. *European Journal of Social Psychology, 6,* 149–174.

Moscovici, S., Lage, E. & Naffrechoux, M. (1969). Influence of a consistent minority on the responses of a majority in a color perception task. *Sociometry, 32,* 365–380.

Moscovici, S. & Nemeth, C. (1974). Studies in social influence. II: Minority influence. In C. Nemeth (Ed.), *Social psychology: classic and contemporary integrations* (pp. 217–249). Chicago: Rand McNally.

Moscovici, S. & Zavalloni, M. (1969). The group as a polarizer of attitudes. *Journal of Personality and Social Psychology, 12,* 125–135.

Moskowitz, G. B. (2002). Preconscious effects of temporary goals on attention. *Journal of Experimental Social Psychology, 38,* 397–404.

Moskowitz, G. B., Gollwitzer, P. M., Wasel, W. & Schaal, B. (1999). Preconscious control of stereotype activation through chronic egalitarian goals. *Journal of Personality and Social Psychology, 77,* 167–184.

Moutier, S. & Houdé, O. (2003). Judgement under uncertainty and conjunction fallacy inhibition training. *Thinking-and-Reasoning, 9,* 185–201.

Mugny, G. (1975). Negotiations, image of the other, and the process of minority influence. *European Journal of Social Psychology, 5,* 209–229.

Mullen, B. (1986). Atrocity as a function of lynch mob composition: A self-attention perspective. *Personality and Social Psychology Bulletin, 12,* 187–197.

Mullen, B., Anthony, T., Salas, E. & Driskell, J. E. (1994). Group cohesiveness and quality of decision making. An integration of tests of the groupthink hypothesis. *Small Group Research, 25,* 189–204.

Mullen, B. & Copper, C. (1994). The relation between group cohesiveness and performance: An integration. *Psychological Bulletin, 115,* 210–227.

Mullen, B. & Johnson, C. & Salas, E. (1991). Productivity loss in brainstorming groups: A meta-analytic integration. *Basic and Applied Social Psychology, 12,* 3–23.

Mullen, B., Migdal, M. J. & Rozell, D. (2003). Self-awareness, deindividuation, and social identity: Unraveling theoretical paradoxes by filling empirical lacunae. *Personality and Social Psychology Bulletin, 29,* 1071–1081.

Muller, D., Atzeni, T. & Butera, F. (2004). Coaction and upward social comparison reduce the illusory conjunction effect: Support for distraction-conflict theory. *Journal of Experimental Social Psychology, 40,* 659–665.

Mullin, C. R. & Linz, D. (1995). Desensitization and resensitization to violence against women: Effects of exposure to sexually violent films on judgments of domestic violence victims. *Journal of Personality and Social Psychology, 69,* 449–459.

Mummendey, A., Linneweber, V. & Löschper, G. (1984). Actor or victim of aggression: Divergent perspectives – divergent evaluations. *European Journal of Social Psychology, 14,* 297–311.

Mummendey, A., Löschper, G. & Linneweber, V. (1984). Zur Perspektivendivergenz zwischen Akteur und Betroffenem in aggressiven Interaktionen: Der Einfluss überparteilicher Information und Bewertung. *Zeitschrift für Sozialpsychologie, 15,* 290–303.

Mummendey, A. & Otten, S. (1989). Perspective-specific differences in the segmentation and evaluation of aggressive interaction sequences. *European Journal of Social Psychology, 19,* 23–40.

Munro, G. D. & Ditto, P. H. (1997). Biased assimilation, attitude polarization, and affect in reactions to stereotyped-relevant scientific information. *Personality and Social Psychology Bulletin, 23,* 636–653.

Munro, G. D., Leary, S. P. & Lasane, T. P. (2004). Between a rock and a hard place: Biased assimilation of scientific information in the face of commitment. *North American Journal of Psychology, 6,* 431–444.

Muraven, M., Tice, D. M. & Baumeister, R. F. (1998). Self-control as a limited resource: Regulatory depletion patterns. *Journal of Personality and Social Psychology, 74,* 774–789.

Murphy, K. R., Jako, R. A. & Anhalt, R. L. (1993). Nature and consequences of halo error: A critical analysis. *Journal of Applied Psychology, 78,* 218–225.

Murray, D. A., Luepker, R. V., Johnson, C. A & Mittelmark, M. B. (1984). The prevention of cigarette smoking in children: A comparison of four strategies. *Journal of Applied Social Psychology, 14,* 274–288.

Murray, J. P., Liotti, M., Ingmundson, P. T., Mayberg, H. S., Pu, Y., Zamarripa, F., Liu, Y., Woldorff, M. G., Gao, J. H. & Fox, P. T. (2006). Children's brain activations while viewing televised violence revealed by fMRI. *Media Psychology, 8,* 25–37.

Murrell, A. R., Merwin, R. M., Christoff, K. A. & Henning, K. R. (2005). When parents model violence: The relationship between witnessing weapon use as a child and later use as an adult. *Behavior and Social Issues, 14,* 128–133.

Mussweiler, T. (2001a). Focus of comparison as a determinant of assimilation versus contrast in social comparison. *Personality and Social Psychology Bulletin, 27,* 38–47.

Mussweiler, T. (2001b). 'Seek and ye shall find': Antecedents of assimilation and contrast in social comparison. *European Journal of Social Psychology, 31,* 499–509.

Mussweiler, T. (2003). Comparison processes in social judgment: Mechanisms and consequences. *Psychological Review, 110,* 472–489.

Mussweiler, T. (2006). Doing Is for Thinking! Stereotype Activation by Stereotypic Movements. *Psychological Science 17,* 17–21.

Mussweiler, T. & Förster, J. (2000). The sex-aggression link: A perception-behavior dissociation. *Journal of Personality and Social Psychology, 79,* 507–520.

Mussweiler, T., Gabriel, S. & Bodenhausen, G. V. (2000). Shifting social identities as a strategy for deflecting threatening social comparisons. *Journal of Personality and Social Psychology, 79,* 398–409.

Mussweiler, T., Rüter, K. & Epstude, K. (2004a). The man who wasn't there: Subliminal social comparison standards influence self-evaluation. *Journal of Experimental Social Psychology, 40,* 689–696.

Mussweiler, T., Rüter, K. & Epstude, K. (2004b). The ups and downs of social comparison: mechanisms of assimilation and contrast. *Journal of Personality and Social Psychology, 87,* 832–844.

Mussweiler, T. & Strack, F. (1999a). Comparing is believing: A selective accessibility model of judgmental anchoring. In W. Stroebe & M. Hewstone (Eds.), *European Review of Social Psychology* (Vol. 10, pp. 135–168). Chichester, England: Wiley.

Mussweiler, T. & Strack, F. (1999b). Hypothesis-consistent testing and semantic priming in the anchoring paradigm: A selective accessibility model. *Journal of Experimental Social Psychology, 35,* 136–164.

Mussweiler, T. & Strack, F. (2000a). Numeric judgments under uncertainty: the role of knowledge in anchoring. *Journal of Experimental Social Psychology, 36,* 495–518.

Mussweiler, T. & Strack, F. (2000b). The use of category and exemplar knowledge in the solution of anchoring tasks. *Journal of Personality and Social Psychology, 78,* 1038–1052.

Mussweiler, T., Strack, F. & Pfeiffer, T. (2000). Overcoming the inevitable anchoring effect: Considering the opposite compensates for selective accessibility. *Personality and Social Psychology Bulletin, 26,* 1142–1150.

Myers, D. G. (1978). Polarizing effects of social comparison. *Journal of Experimental Social Psychology, 14,* 554–563.

Myers, D. G. (1996). *Social Psychology.* New York: McGraw-Hill.

Myers, D. G. & Lamm, H. (1976). The group polarization phenomenon. *Psychological Bulletin, 83,* 602–627.

Nagata, Y. (1980). Status as a determinant of conformity to and deviation from the group norm. *Japanese Journal of Psychology, 51,* 152–159.

Nannberg, J. & Hansen, C. (1994). Post-compliance touch: an incentive for task performance. *The Journal of Social Psychology 134,* 301–307.

Napieralski, L. P., Brooks, C. I. & Droney, J. M. (1995). The effect of duration of eye contact on American college students' attributions of state, trait, and test anxiety. *Journal of Social Psychology, 135,* 273–280.

Nasby, W., Hayden, B. & DePaulo, B. M. (1980). Attributional bias among aggressive boys to interpret unambiguous social stimuli as displays of hostility. *Journal of Abnormal Psychology, 89,* 459–468.

Neale, M. A. & Northcraft, G. B. (1991). Behavioral negotiation theory: A framework for conceptualizing dyadic bargaining. In L. L. Cummings & B. M. Staw (Eds.), *Research in organizational behavior* (pp. 147–190). Greenwich, CT: JAI.

Nebel, A., Strack, F. & Schwarz, N. (1989). Tests als Treatment: Wie die psychologische Messung ihren Gegenstand verändert. *Diagnostica, 35,* 191–200.

Neely, J. H. (1977). Semantic priming and retrieval from lexical memory: Rules of inhibitionless spreading activation and limited-capacity attention. *Journal of Experimental Psychology: General, 106,* 226–254.

Neely, J. H. (1991). Semantic priming effects in visual word recognition: A selective review of current findings and theories. In D. Besner & G. W. Humphreys (Eds.), *Basic processes in reading* (pp. 264–337). Hillsdale, NJ: Erlbaum.

Nelson, T. D. (Ed.) (2002). *Ageism: Stereotyping and prejudice against older persons.* Cambridge, MA: The MIT Press.

Nelson, T. D. (2005). Ageism: Prejudice Against Our Feared Future Self. *Journal of Social Issues, 61,* 207–221.

Nemeth, C. J. (1977). Interactions between jurors as a function of majority vs. unanimity decision rules. *Journal of Applied Social Psychology, 7,* 38–56.

Nemeth, C. J. (1986). Differential contributions of majority and minority influence. *Psychological Review, 93,* 23–32.

Nemeth, C. J. (1995). Dissent as driving cognition, attitudes, and judgments. *Social Cognition, 13,*273–291.

Nemeth, C. J. & Chiles, C. (1988). Modeling courage: The role of dissent in fostering independence. *European Journal of Social Psychology, 18,* 275–280.

Nemeth, C. J. & Kwan, J. L. (1987). Minority influence, divergent thinking and detection of correct solutions. *Journal of Applied Social Psychology, 17,* 786–797.

Nemeth, C. J. & Nemeth, B. B. (2003). Better than individuals? The potential benefits of dissent and diversity for group creativity. In P. B. Paulus (Ed.), *Group creativity: Innovation through collaboration* (pp. 63–84). London: Oxford University Press.

Nemeth, C. J. & Owens, P. (1996). Making work groups more effective: The value of minority dissent. In M. West (Ed.), *Handbook of work group psychology* (pp. 125–141). Chichester, England: Wiley.

Neuberg, S. L. (1989). The goal of forming accurate impressions during social interactions: Attenuating the impact of negative expectancies. *Journal of Personality and Social Psychology, 56,* 374–386.

Neuberg, S. L., Cialdini, R. B., Brown, S. L., Luce, C., Sagarin, B. J. & Lewis, B. P. (1997). Does empathy lead to anything more than superficial helping? Comment on Batson et al. (1997). *Journal of Personality and Social Psychology, 73,* 510–516.

Neumann, R. (2000). The causal influences of attributions on emotions: A procedural priming approach. *Psychological Science, 11,* 179–182.

Neumann, R., Förster, J. & Strack, F. (2003). Motor compatibility: The bidirectional link between behavior and evaluation. In: J. Musch and K. C. Klauer, Editors, *The psychology of evaluation: Affective processes in cognition and emotion* (pp. 371–391). Mahwah, NJ: Erlbaum

Neumann, R., Hess, M., Schulz, S. & Alpers, G. (2005). Automatic behavioral responses to valence: Evidence that facial action is facilitated by evaluative processing. *Cognition and Emotion, 19,* 499–519.

Neumann, R., Hülsenbeck, K. & Seibt, B. (2004). Attitudes towards people with AIDS and avoidance behavior: Automatic and reflective bases of behavior. *Journal of Experimental Social Psychology, 40,* 543–550.

Neumann, R. & Seibt, B. (2001). The structure of prejudice: Associative strength as a determinant of stereotype endorsement. *European Journal of Social Psychology, 6,* 609–620.

Neumann, R. & Strack, F. (2000a). Approach and avoidance: The influence of proprioceptive and exteroceptive cues on encoding of affective information. *Journal of Personality and Social Psychology, 79,* 39–48.

Neumann, R. & Strack, F. (2000b). „Mood contagion": The automatic transfer of mood between persons. *Journal of Personality and Social Psychology, 79,* 211–223.

Newman, L. S. & Uleman, J. S. (1989). Spontaneous trait inference. In J. S. Uleman & J. A. Bargh (Eds.), *Unintended thought* (pp. 155–188). New York: Guilford.

Ng, K. Y. & Van Dyne, L. (2001). Individualism-collectivism as a boundary condition for effectiveness of minority influence in decision making. *Organizational Behavior and Human Decision Processes, 84,* 198–225.

Nida, S. A. & Koon, J. (1983). They get better looking at closing time around here, too. *Psychological Reports, 52,* 657–658.

Niedenthal, P. M. & Kitayama, S. (1994). *The heart's eye: Emotional influences in perception and attention.* San Diego, CA: Academic Press.

Niedl, K. (1995). *Mobbing/Bullying am Arbeitsplatz.* München, Mering: Rainer Hampp Verlag.

Nier, J. A. (2005). How Dissociated Are Implicit and Explicit Racial Attitudes? A Bogus Pipeline Approach. *Group Processes and Intergroup Relations, 8,* 39–52.

Niedenthal, P. M., Cantor, N. & Kihlstrom, J. F. (1985). Prototype matching: A strategy for social decision making. *Journal of Personality and Social Psychology, 48,* 575–584.

Niedenthal, P. M. & Halberstadt, J. H. (2000). Grounding categories in emotional response. In J. P. Forgas (Ed.), *Feeling and thinking: The role of affect in social cognition,* (pp. 357–386). New York: Cambridge University Press.

Niedenthal, P. M., Halberstadt, J. B. & Setterlund, M. B. (1997). Being happy and seeing „happy": Emotional state mediates visual word recognition. *Cognition and Emotion, 11,* 403–432.

Nielsen, S. L. & Sarason, I. G. (1981). Emotion, personality, and selective attention. *Journal of Personality and Social Psychology, 41,* 945–960.

Nisbett, R. E., Caputo, C., Legant, P. & Marecek, J. (1973). Behavior as seen by the actor and by the observer. *Journal of Personality and Social Psychology, 27,* 154–164.

Nisbett, R. E. & Ross, L. (1980). *Human inference: Strategies and shortcomings of human judgment.* Englewood Cliffs, NJ: Prentice Hall.

Nisbett, R. E. & Wilson, T. D. (1977a). Telling more than we can know: Verbal reports on mental processes. *Psychological Review, 84,* 231–259.

Nisbett, R. E. & Wilson, T. D. (1977b). The halo effect: Evidence for unconscious alteration of judgments. *Journal of Personality and Social Psychology, 35,* 250–256.

Nolen-Hoeksema, S., Girgus, J. S. & Seligman, M. E. (1992). Predictors and consequences of childhood depressive symptoms: A 5-year longitudinal study. *Journal of Abnormal Psychology, 101,* 405–422.

Nordstrom, R. R., Lorenzi, P. & Hall, R. V. (1990). A review of public performance posting of performance feedback in work settings. *Journal of Organizational Behavior Management, 11,* 101–123.

North, A. C. & Hargreaves, D. J. (1998). The effect of music on atmosphere and purchase intentions in a cafeteria. *Journal of Applied Social Psychology, 28,* 2254–2273.

North, A. C., Tarrant, M. & Hargreaves, D. J. (2004). The Effects of Music on Helping Behavior: A Field Study. *Environment and Behavior, 36,* 266–275.

Northcraft, G. B. & Neale, M. A. (1987). Experts, amateurs, and real estate: An anchoring-and-adjustment perspective on property pricing decisions. *Organizational Behavior and Human Decision Processes, 39,* 84–97.

Norton, T. R., Bogart, L. M., Cecil, H. & Pinkerton, S. D. (2005). Primacy of affect over cognition in determining adult men's condom-use behavior: A review. *Journal of Applied Social Psychology, 35,* 2493–2534.

Nosanchuk, T. A. & Lightstone, J. (1974). Canned laughter and public and private conformity. *Journal of Personality and Social Psychology, 29,* 153–156.

Nosek, B. A. & Banaji, M. R. (2001). The Go/No-go Association Task. *Social Cognition, 19,* 625–666.

Nussbaum, S., Trope, Y. & Liberman, N. (2003). Creeping dispositionism: The temporal dynamics of behavior prediction. *Journal of Personality and Social Psychology, 84,* 485–497.

Oakes, P. J., Haslam, S. A. & Turner, J. C. (1994). *Stereotyping and social reality.* Malden, MA: Blackwell.

O'Brien, L. T. & Crandall, C. S. (2003). Stereotype threat and arousal: Effects on women's math performance. *Personality and Social Psychology Bulletin, 29,* 782–789.

Oettingen, G. & Gollwitzer, P. M. (2001). Goal setting and goal striving. In A. Tesser & N. Schwarz (Eds.), *Intraindividual processes. Volume 1 of the Blackwell Handbook in Social Psychology* (pp. 329–347). Oxford, England: Blackwell.

Ohbuchi, K. & Kambara, T. (1985). Attacker's intent and awareness of outcome, impression management, and retaliation. *Journal of Experimental Social Psychology, 21,* 321–330.

Ohbuchi, K., Kameda, M. & Agarie, N. (1989). Apology as aggression control: Its role in mediating appraisal of and response to harm. *Journal of Personality and Social Psychology, 56,* 219–227.

Öhman, A. & Soares, J. J. F. (1994). „Unconscious anxiety": Phobic responses to masked stimuli. *Journal of Abnormal Psychology, 103,* 231–240.

Oishi, S., Wyer, R. S. & Colcombe, S. J. (2000). Cultural variation in the use of current life satisfaction to predict the future. *Journal of Personality and Social Psychology, 78,* 434–445.

Olson, J. M. (1992). Self-perception of humor: Evidence for discounting and augmentation effects. *Journal of Personality and Social Psychology, 62,* 369–377.

Olson, J. M. & Maio, G. R. (2003). Attitudes in social behavior. In T. Millon & M. J. Lerner (Eds.), *Handbook of psychology: Personality and social psychology* (Vol. 5, pp. 299–325). Hoboken, NJ: Wiley.

Olson, J. M., Vernon, P. A., Harris, J. A. & Jang, K. L. (2001). The heritability of attitudes: A study of twins. *Journal of Personality and Social Psychology, 80,* 845–860.

Olson, J. M. & Zanna, M. P. (1993). Attitudes and attitude change. *Annual Review of Psychology, 44,* 117–154.

Olson, M. A. & Fazio, R. H. (2006). Reducing Automatically Activated Racial Prejudice Through Implicit Evaluative Conditioning. *Personality and Social Psychology Bulletin, 32,* 421–433.

Olweus, D. (1979). Stability of aggressive reaction patterns in males: A review. *Psychological Bulletin, 86,* 852–875.

Olweus, D. (1996). Bullying at school: Knowledge base and an effective intervention program. In C. F. Ferris & T. Grisso (Eds.), *Understanding aggressive behavior in children* (pp. 265–276). New York: New York Academy of Sciences.

Olweus, D., Mattsson, A., Schalling, D. & Low, H. (1988). Circulating testosterone levels and aggression in adolescent males: A causal analysis. *Psychosomatic Medicine, 50,* 261–272.

Omdahl, B. L. (1995). *Cognitive appraisal, emotion, and empathy.* Mahwah, NJ: Erlbaum.

Omoto, A. M. & Snyder, M. (1995). Sustained helping without obligation: Motivation, longevity of service, and perceived attitude change among AIDS volunteers. *Journal of Personality and Social Psychology, 68,* 671–686.

Orbell, J. M., van de Kragt, A. J. C. & Dawes, R. M. (1988). Explaining discussion-induced cooperation. *Journal of Personality and Social Psychology, 54,* 811–819.

Orne, M. T. (1962). On the social psychology of the psychological experiment: With particular reference to demand characteristics and their implications. *American Psychologist, 17,* 776–783.

Ortony, A., Clore, G. & Collins, A. (1988). *The cognitive structure of emotions.* Cambridge, MA: Cambridge University Press.

Orvis, B. R., Cunningham, J. D. & Kelley, H. H. (1975). A closer examination of causal inference: The role of consensus, distinctiveness, and consistency information. *Journal of Personality and Social Psychology, 32,* 605–616.

Osborn, A. F. (1957). *Applied Imagination.* New York: Charles Scribner's.

Osborne, J. W. (2001). Testing stereotype threat: Does anxiety explain race and sex differences in achievement? *Contemporary Educational Psychology, 26,* 291–310.

Osgood, C. E., Suci, G. J. & Tannenbaum, P.H. (1957). *The measurement of meaning.* Urbana, IL: University of Illinois Press.

Oswald, D. L. & Harvey, R. D. (2000). Hostile environments, stereotype threat, and math performance among undergraduate women. *Current Psychology: Developmental, Learning, Personality, Social, 19,* 338–356.

Otten, S. (2002). „Me and us" or „us and them"? The self as a heuristic for defining minimal ingroups. In W. Stroebe& M. Hewstone (Eds.), *European review of social psychology,.*(Vol. 13, pp. 1–33). Hove, England: Psychology Press.

Özelsel, A. (2006). *When refusal-goals turn into acquiescence behavior: Gender differences following refusal priming – a goal systems account.* Unpublished doctoral dissertation. International University Bremen, Germany.

Özelsel, A. & Förster, J. (2007). *When refusal-goals turn into acquiescence behavior: Gender differences following refusal priming – a goal systems account.* Manuscript submitted for publication.

Paik, H. & Comstock, G. (1994). The effects of television violence on antisocial behavior: A meta-analysis. *Communication Research, 21,* 516–546.

Pakaslahti, L. (2000). Children's and adolescents' aggressive behavior in context: The development and application of aggressive problem-solving strategies. *Aggression and Violent Behavior, 5,* 467–490.

Pallak, M. S., Cook, D. A. & Sullivan, J. J. (1980). Commitment and energy conversation. *Applied Social Psychology Annual, 1,* 235–253.

Palmer, E. J. (2005). The relationship between moral reasoning and aggression, and the implications for practice. *Psychology, Crime and Law, 11,* 353–361.

Pantin, H. M. & Carver, C. S. (1982). Induced competence and the bystander effect. *Journal of Applied Social Psychology, 12,* 100–111.

Paolini, S., Hewstone, M., Cairns, E. & Voci, A. (2004). Effects of Direct and Indirect Cross-Group Friendships on Judgments of Catholics and Protestants in Northern Ireland: The Mediating Role of an Anxiety-Reduction Mechanism. *Personality and Social Psychology Bulletin, 30,* 770–786.

Papageorgis, D. & McGuire, W. J. (1961). The generality of immunity to persuasion produced by pre-exposure to weakened counterarguments. *Journal of Abnormal and Social Psychology, 62,* 475–481.

Park, B. & Rothbart, M. (1982). Perception of out-group homogeneity and levels of social categorization: Memory for the subordinate attributes of in-group and out-group members. *Journal of Personality and Social Psychology, 42*, 1051–1068.

Park, J. & Banaji, M. R. (2000). Mood and heuristics: The influence of happy and sad states on sensitivity and bias in stereotyping. *Journal of Personality and Social Psychology, 78*, 1005–1023.

Park, J. H. & Schaller, M. (2005). Does attitude similarity serve as a heuristic cue for kinship? Evidence of an implicit cognitive association. *Evolution and Human Behavior, 26*, 158–170.

Parker, D., Manstead, A. S. R. & Stradling, S. G. (1995). Extending the theory of planned behaviour: The role of personal norm. *British Journal of Social Psychology, 34*, 127–137.

Parrott, W. G. & Sabini, J. (1990). Mood and memory under natural conditions: Evidence for mood incongruent recall. *Journal of Personality and Social Psychology, 59*, 321–336.

Pascual, A. & Gueguen, N. (2005). Foot-in-the-door and door-in-the-face: A comparative meta-analytic study. *Psychological Reports, 96*, 122–128.

Pasupathi, M. & Lockenhoff, C. E. (2002). Ageist behavior. In T. Nelson (Ed.), *Ageism: Stereotyping and prejudice against older persons* (pp. 201–246). Cambridge, MA: The MIT Press.

Patch, M. E., Hoang, V. R. & Stahelski, A. J. (1997). The use of metacommunication in compliance: Door-in-the-face and single-request strategies. *Journal of Social Psychology, 137*, 88–94.

Patterson, G. R., Chamberlain, P. & Reid, J. B. (1982). A comparative evaluation of a parent-training program. *Behavior Therapy, 13*, 638–650.

Patterson, G. R., Littman, R. A. & Bricker, W. (1967). Assertive behavior in children: A step toward a theory of aggression. *Monographs of the Society for Research in Child Development, 32*, 1–43.

Patzer, G. L. (1985). *The physical attractiveness phenomena*. New York: Plenum.

Paulsell, S. & Goldman, M. (1984). The effect of touching different body areas on prosocial behavior. *Journal of Social Psychology, 122*, 269–273.

Paulus, P. B. & Nijstad, B. A. (Eds.) (2003). *Group creativity: Innovation through collaboration*. London: Oxford University Press.

Paulus, P. B. & Dzindolet, M. T. (1993). Social influence processes in group brainstorming. *Journal of Personality and Social Psychology, 64*, 575–586.

Paunonen, S. V. (1989). Consensus in personality judgments: Moderating effects of target-rater acquaintanceship and behavior observability. *Journal of Personality and Social Psychology, 56*, 823–833.

Pavelchak, M. A., Moreland, R. L. & Levine, J. M. (1986). Effects of prior group memberships on subsequent reconnaissance activities. *Journal of Personality and Social Psychology, 1*, 271–282.

Payne, B. K. (2001). Prejudice and perception: The role of automatic and controlled processes in misperceiving a weapon. *Journal of Personality and Social Psychology, 81*, 181–192.

Payne, B. K., Cheng, C. M., Govorun, O. & Stewart, B. D. (2005). An inkblot for attitudes: Affect misattribution as implicit measurement. *Journal of Personality and Social Psychology, 89*, 277–293.

Payne, B. K., Shimizu, Y. & Jacoby, L. L. (2005). Mental control and visual illusions: Toward explaining race-biased weapon misidentifications. *Journal of Experimental Social Psychology, 41*, 36–47.

Payne, D. L., Lonsway, K. A. & Fitzgerald, L. F. (1999). Rape myth acceptance: Exploration of its structure and its measurement using the Illinois Rape Myth Acceptance Scale. *Journal of Research in Personality, 33*, 27–68.

Pedersen, W. C., Gonzales, C. & Miller, N. (2000). The moderating effect of trivial triggering provocation on displaced aggression. *Journal of Personality and Social Psychology, 78*, 913–927.

Pelham, B. W. (1991). On confidence and consequence: The certainty and importance of self-knowledge. *Journal of Personality and Social Psychology, 60*, 518–530.

Pennebaker, J. W., Dyer, M. A., Caulkins, R. S., Litowicz, D. L., Ackerman, P. L. & Anderson, D. B. (1979). Don't the girls get prettier at closing time: A country and western application to psychology. *Personality and Social Psychology Bulletin, 5*, 122–125.

Pennebaker, J. W. & Sanders, D. Y. (1976). American graffiti: Effects of authority and reactance arousal. *Personality and Social Psychology Bulletin, 2*, 264–267.

Penner, L. A. & Finkelstein, M. A. (1998). Dispositional and structural determinants of volunteerism. *Journal of Personality and Social Psychology, 74*, 525–537.

Penner, L. A., Fritzsche, B. A., Craiger, J. P. & Freifeld, T. S. (1995). Measuring the prosocial personality. In J. N. Butcher & C. D. Spielberger (Eds.), *Advances in personality assessment*, (Vol. 10, pp. 147–163). Hillsdale, NJ: Erlbaum.

Perdue, C. W., Dovidio, J. F., Gurtman, M. B. & Tyler, R. B. (1990). Us and them: Social categorization and the process of intergroup bias. *Journal of Personality and Social Psychology, 59*, 475–486.

Perlow, L. & Weeks, J. (2002). Who's helping whom? Layers of culture and workplace behavior. *Journal of Organizational Behavior, 23*, 345–361.

Perrett, D. I., May, K. A. & Yoshikawa, S. (1994). Facial shape and judgements of female attractiveness. *Nature, 368*, 239–242.

Perry, D. G., Perry, L. C. & Rasmussen, P. (1986). Cognitive social learning mediators of aggression. *Child Development, 57*, 700–711.

Peters, E., Västfjäll, D., Gärling, T. & Slovic, P. (2006). Affect and Decision Making: A "hot" topic. *Journal of Behavioral Decision Making, 19*, 79–85.

Peters, R. D., McMahon, R. J. & Quinsey, V. L. (Eds.) (1992). *Aggression and violence throughout the life span.* Thousand Oaks, CA: Sage.

Peterson, J. L. & Zill, N. (1981). Television viewing in the United States and children´s intellectual, social, and emotional development. *Televison and Children, 2*, 21–28.

Peterson, R. S. (1997). A directive leadership style in group decision making can be both virtue and vice: Evidence from elite and experimental groups. *Journal of Personality and Social Psychology, 72*, 1107–1121.

Peterson, R. S., Owens, P. D., Tetlock, P. E., Fan, E. & Martorana, P. (1998). Group dynamics in top management team decision making: Groupthink, vigilance and alternative models of organizational failure and success. *Organizational Behavior and Human Decision Processes, 73*, 272–305.

Pettigrew, T. F. (1979). The ultimate attribution error: Extending Allport's cognitive analysis of prejudice. *Personality and Social Psychology Bulletin, 5*, 461–476.

Pettigrew, T. F. (1997). Generalized intergroup contact effects on prejudice. *Personality and Social Psychology Bulletin, 23*, 173–185.

Pettigrew, T. F. & Meertens, R. W. (1995). Subtle and blatant prejudice in western Europe. *European Journal of Social Psychology, 25*, 57–75.

Pettigrew, T. F. & Tropp, L. R. (2006). A Meta-Analytic Test of Intergroup Contact Theory. *Journal of Personality and Social Psychology, 90*, 751–783.

Petty, R. E. & Cacioppo, J. T. (1977). Forewarning, cognitive responding, and resistance to persuasion. *Journal of Personality and Social Psychology, 35*, 645–655.

Petty, R. E. & Cacioppo, J. T. (1979). Effects of forewarning of persuasive intent and involvement on cognitive responses and persuasion. *Personality and Social Psychology Bulletin, 5*, 173–176.

Petty, R. E. & Cacioppo, J. T. (1986a). *Communication and persuasion: Central and peripheral routes to attitude change.* New York: Springer.

Petty, R. E. & Cacioppo, J. T. (1986b). The Elaboration Likelihood Model of persuasion. In L. Berkowitz (Ed.), *Advances in experimental social psychology* (Vol. 19, pp. 123–205). New York: Academic Press.

Petty, R. E., Cacioppo, J. T. & Goldman, R. (1981). Personal involvement as a determinant of argument-based persuasion. *Journal of Personality and Social Psychology, 41*, 847–855.

Petty, R. E., Fazio, R. H. & Briñol, P. (im Druck). *Attitudes: Insights from the new wave of implicit measures.* Mahwah, NJ: Erlbaum.

Petty, R. E., Harkins, S. & Williams, K. (1980). The effects of group diffusion of cognitive effort on attitudes. An information processing view. *Journal of Personality and Social Psychology, 38*, 81–92.

Petty, R. E. & Krosnick, J. A. (Eds.). (1995). *Attitude strength: Antecedents and consequences.* Mahwah, NJ: Erlbaum.

Petty, R. E. & Wegener., D. T. (1998). Attitude change. In D. Gilbert, S. T. Fiske & G. Lindzey (Eds.), *Handbook of social psychology* (4th ed., pp. 323–390). New York: McGraw-Hill.

Petty, R. E. & Wegener, D. T. (1999). The elaboration likelihood model: Current status and controversies. In S. Chaiken & Y. Trope (Eds.), *Dual-process theories in social psychology* (pp. 37–72). New York: Guilford.

Petty, R. E., Wegener, D. T. & Fabrigar, L. R. (1997). Attitudes and attitude change. *Annual Review of Psychology, 48*, 609–647.

Petty, R. E., Wells, G. L. & Brock, T. C. (1976). Distraction can enhance and reduce yielding to propaganda: Thought disruption versus effort justification. *Journal of Personality and Social Psychology, 34*, 874–884.

Pickett, C. L., Gardner, W. L. & Knowles, M. (2004). Getting a Cue: The Need to Belong and Enhanced Sensitivity to Social Cues. *Personality and Social Psychology Bulletin, 30*, 1095–1107.

Piliavin, I. M., Piliavin, J. A. & Rodin, J. (1975). Costs, diffusion, and the stigmatized victim. *Journal of Personality and Social Psychology, 32*, 429–438.

Piliavin, I. M., Rodin, J. & Piliavin, J. A. (1969). Good Samaritanism: An underground phenomenon? *Journal of Personality and Social Psychology, 13,* 289–299.

Piliavin, J. A. & Charng, H. (1990). Altruism: A review of recent theory and research. *Annual Review of Sociology, 16,* 27–65.

Piliavin, J. A., Dovidio, J. F., Gaertner, S. L. & Clark, R. D. III (1981). *Emergency intervention.* New York: Academic Press.

Piliavin, J. A., Evans, D. E. & Callero, P. L. (1984). Learning to "give to unnamed strangers": The process of commitment to regular blood donation. In E. Staub, D. Bar-Tal, J. Karylowski & J. Reykowski (Eds.), *Development and maintenance of prosocial behavior: International perspectives on positive morality* (pp. 471–492). New York: Plenum.

Piliavin, J. A., Grube, J. A. & Callero, P. L. (2002). Role as a resource for action in public service. *Journal of Social Issues, 58,* 469–485.

Piliavin, J. A. & Piliavin, I. M. (1972). Effect of blood on reactions to a victim. *Journal of Personality and Social Psychology, 23,* 353–361.

Plaks, J. E., Grant, H. & Dweck, C. S. (2005). Violations of implicit theories and the sense of prediction and control: Implications for motivated person perception. *Journal of Personality and Social Psychology, 88,* 245–262.

Plant, E. A. & Devine, P. G. (1998). Internal and external motivation to respond without prejudice. *Journal of Personality and Social Psychology, 75,* 811–832.

Plant, E. A., Devine, P. G. & Brazy, P. C. (2003). The bogus pipeline and motivations to respond without prejudice: Revisiting the fading and faking of racial prejudice. *Group Processes and Intergroup Relations, 6,* 187–200.

Platz, S. J. & Hosch, H. M. (1988). Cross-racial/ethnic eyewitness identification: A field study. *Journal of Applied Social Psychology, 18,* 972–984.

Plessner, H. (1999). Expectation biases in gymnastics judging. *Journal of Sport and Exercise Psychology, 21,* 131–144.

Pleyers, G., Corneille, O., Luminet, O. & Yzerbyt, V. (2007). Aware and (Dis)Liking: Item-Based Analyses Reveal That Valence Acquisition via Evaluative Conditioning Emerges Only When There Is Contingency Awareness. *Journal of Experimental Psychology: Learning, Memory, and Cognition, 33,* 130–144.

Plies, K. & Schmidt, P. (1996). Intention = Verhalten? Eine repräsentative Langschnittstudie zur Überprüfung der Theorie des geplanten Verhaltens im Kontext der AIDS-Prävention. *Zeitschrift für Sozialpsychologie, 27,* 70–80.

Plous, S. (1993). *The psychology of judgment and decision making.* New York: McGraw-Hill.

Pohl, R. F., Eisenhauer, M. & Hardt, O. (2003). SARA: A cognitive process model to simulate the anchoring effect and hindsight bias. *Memory, 11,* 337–356.

Pomerantz, E. M., Chaiken, S. & Tordesillas, R. S. (1995). Attitude strength and resistance processes. *Journal of Personality and Social Psychology, 69,* 408–419.

Pornpitapkan, C. (2004). The persuasiveness of source credibility: A critical review of five decades' evidence. *Journal of Applied Social Psychology, 34,* 243–281.

Postmes, T. & Spears, R. (1998). Deindividuation and antinormative behavior: A meta-analysis. *Psychological Bulletin, 123,* 238–259.

Postmes, T., Spears, R. & Cihangir, S. (2001). Quality of decision making and group norms. *Journal of Personality and Social Psychology, 80,* 918–930.

Powlishta, K. K., Serbin, L. A., Doyle, A. B. & White, D. R. (1994). Gender, ethnic, and body type biases: The generality of prejudice in childhood. *Developmental Psychology, 30,* 526–536.

Pratto, F. & John, O. P. (1991). Automatic vigilance: The attention-grabbing power of negative social information. *Journal of Personality and Social Psychology, 61,* 380–391.

Prentice, D. A., Miller, D. T. & Lightdale, J. R. (1994). Asymmetries in attachments to groups and to their members: Distinguishing between common-identity and common-bond groups. *Personality and Social Psychology Bulletin, 20,* 484–493.

Price, J. M. & Dodge, K. A. (1989). Reactive and proactive aggression in childhood: Relations to peer status and social context dimensions. *Journal of Abnormal Child Psychology, 17,* 455–471.

Prinz, J. J. (2004). *Gut reactions: a perceptual theory of emotion.* New York: Oxford University Press.

Pruitt, D. G. & Kimmel, M. J. (1977). Twenty years of experimental gaming: Critique, synthesis, and suggestions for the future. *Annual Review of Psychology, 28,* 363–392.

Pruitt, D. G. & Rubin, J. Z. (1986). *Social conflict: Escalation, stalemate, and settlement.* New York: Random House.

Pulakos, E. D. & Wexley, K. N. (1983). The relationship among perceptual similarity, sex, and performance ratings in manager-subordinate dyads. *Academy of Management Journal, 26,* 129–139.

Purvis, J. A., Dabbs, J. M. & Hopper, C. H. (1984). The „opener": Skilled user of facial expression and speech pattern. *Personality and Social Psychology Bulletin, 10,* 61–66.

Pyszczynski, T. & Greenberg, J. (1987). Self-regulatory perseveration and the depressive self-focusing style: A self-awareness theory of reactive depression. *Psychological Bulletin, 102,* 122–138.

Pyszczynski, T., Greenberg, J. & LaPrelle, J. (1985). Social comparison after success and failure: Biased search for information consistent with a self-serving conclusion. *Journal of Experimental Social Psychology, 21,* 195–211.

Pyszczynski, T., Greenberg, J. & Solomon, S. (1999). A dual-process model of defense against conscious and unconscious death-related thoughts: An extension of terror management theory. *Psychological Review, 106,* 835–845.

Pyszczynski, T., Wicklund, R. A., Floresku, S., Koch, H., Gauch, G., Solomon, S. & Greenberg, J. (1996). Whistling in the dark: Exaggerated consensus estimates in response to incidental reminders of mortality. *Psychological Science, 7,* 332–336.

Quattrone, G. A. (1982). Overattribution and unit formation: When behavior engulfs the person. *Journal of Personality and Social Psychology, 42,* 593–607.

Rabbie, J. M. & Horwitz, M. (1969). Arousal of ingroup-outgroup bias by a chance win or loss. *Journal of Personality and Social Psychology, 13,* 269–277.

Ramirez, J., Bryant, J. & Zillmann, D. (1982). Effects of erotica on retaliatory behavior as a function of level of prior provocation. *Journal of Personality and Social Psychology, 43,* 971–978.

Ramirez, J. M. & Richardson, D. S. (Eds.). (2001). *Cross-cultural approaches to research on aggression and reconciliation.* Hauppauge, NY: Nova Science.

Ramsey, P. G. & Myers, L. C. (1990). Salience of race in young children's cognitive, affective, and behavioral responses to social environments. *Journal of Applied Developmental Psychology, 11,* 49–67.

Reber, R., Winkielman, P. & Schwarz, N. (1998). Effects of perceptual fluency on affective judgments. *Psychological Science, 9,* 45–48.

Reeder, G. D. & Brewer, M. B. (1979). A schematic model of dispositional attribution in interpersonal perception. *Psychological Review, 86,* 61–79.

Reeder, G. D., Kumar, S., Hesson-McInnis, M. & Trafimow, D. (2002). Inferences about the morality of an aggressor: The role of perceived motive. *Journal of Personality and Social Psychology, 83,* 789–803.

Reeves, R. A., Baker, G. A., Boyd, J. G. & Cialdini R. B. (1991). The door-in-the-face technique: Reciprocal concessions vs. self-presentational explanations. *Journal of Social Behavior and Personality, 6,* 545–558.

Regan, D. T. (1971). Effects of a favor and liking on compliance. *Journal of Experimental Social Psychology, 7,* 627–639.

Regan, D. T. & Fazio, R. H. (1977). On the consistency between attitudes and behavior: Look to the method of attitude formation. *Journal of Experimental Social Psychology, 13,* 28–45.

Regan, J. W., Gosselink, H. & Hubsch, J. (1975). Do people have inflated views of their own ability? *Journal of Personality and Social Psychology, 31,* 295–301.

Regan, P. C. & Gutierrez, D. M. (2006). Effects of participants' sex and targets' perceived need on supermarket helping behavior. *Perceptual and Motor Skills, 101,* 617–620.

Regan, P. C., Snyder, M. & Kassin, S. M. (1995). Unrealistic optimism: Self-enhancement or person positivity? *Personality and Social Psychology Bulletin, 21,* 1073–1082.

Rehm, J., Steinleitner, M. & Lilli, W. (1987). Wearing uniforms and aggression: A field experiment. *European Journal of Social Psychology, 32,* 850–856.

Reicher, S. D. (1987). Crowd behaviour as social action. In J. C. Turner, M. A. Hogg, P. J. Oakes, S. D. Reicher & M. S. Wetherell, *Rediscovering the social group: A self-categorization theory* (pp. 171–202). Oxford, England: Blackwell.

Reifman, A. S., Larrick, R. P. & Fein, S. (1991). Temper and temperature on the diamond: The heat-aggression relationship in major league baseball. *Personality and Social Psychology Bulletin, 17,* 580–585.

Reisenzein, R. (1986). A structural equation analysis of Weiner's attribution—affect model of helping behavior. *Journal of Personality and Social Psychology, 50,* 1123–1133.

Reis, T. J., Gerrad, M. & Gibbons, F. X. (1993). Social comparison and the pill: Reactions to upward and downward comparison of contraceptive behavior. *Personality and Social Psychology Bulletin, 19,* 13–20.

Reiss, A. J. & Roth, J. A. (Eds.). (1993). *Understanding and preventing violence, Volumes 1-4.* Washington, DC: National Academy Press.

Rhodes, G., Halberstadt, J. & Brajkovich, G. (2001). Generalization of mere exposure effects to averaged composite faces. *Social Cognition, 19*, 57–70.

Rhodes, N. & Wood, W. (1992). Self-esteem and intelligence affect influenceability: The mediating role of message reception. *Psychological Bulletin, 111*, 156–171.

Rhodewalt, F. & Hill, S. K. (1995). Self-handicapping in the classroom: The effects of claimed self-handicaps on responses to academic failure. *Basic and Applied Social Psychology, 16*, 397–416.

Rhodewalt, F., Morf, C., Hazlett, S. & Fairfield, M. (1991). Self-handicapping: The role of discounting and augmentation in the preservation of self-esteem. *Journal of Personality and Social Psychology, 61*, 122–131.

Rhodewalt, F., Sanbonmatsu, D. M., Tschanz, B., Feick, D. L. & Waller, A. (1995). Self-handicapping and interpersonal trade-offs: The effects of claimed self-handicaps on observers' performance evaluations and feedback. *Personality and Social Psychology Bulletin, 21*, 1042–1050.

Richards, Z. & Hewstone, M. (2001). Subtyping and subgrouping: Processes for the prevention and promotion of stereotype change. *Personality and Social Psychology Review, 5*, 52–73.

Richins, M. L. (1991). Social comparison and the idealized images of advertising. *Journal of Consumer Research, 18*, 71–83.

Richins, M. L. (1995). Social comparison, advertising and consumer discontent. *American Behavioral Scientist, 38*, 593–607.

Ridgeway, C. L. (1978). Conformity, group-oriented motivation, and status attainment in small groups. *Social Psychology, 41*, 175–188.

Ridley, A. M. & Clifford, B. R. (2004). The Effects of Anxious Mood Induction on Suggestibility to Misleading Post-event Information. *Applied Cognitive Psychology, 18*, 233–244.

Riggs, J. M. & Gumbrecht, L. B. (2005). Correspondence Bias and American Sentiment in the Wake of September 11, 2001. *Journal of Applied Social Psychology, 35*, 15–28.

Ringelmann, M. (1913). Recherches sur les moteurs animés. Travail de l'homme. *Annales de l'Institut National Argonomique*, Series 2, 12, 1–40.

Riniolo, T. C., Johnson, K. C., Sherman, T. R. & Misso, J. A. (2006). Hot or not: Do professors perceived as physically attractive receive higher student evaluations? *Journal of General Psychology, 133*, 19–35.

Ritov, I. (1996). Anchoring in simulated competitive market negotiation. *Organizational Behavior and Human Decision Processes, 67*, 16–25.

Ritter, J. M., Casey, R. J. & Langlois, J. H. (1991). Adults' responses to infants varying in appearance of age and attractiveness. *Child Development, 62*, 68–82.

Rochat, F. & Modigliani, A. (1995). The ordinary quality of resistance: From Milgram's laboratory to the village of Le Chambon. *Journal of Social Issues, 51*, 195–210.

Rodriguez, H., Trainor, J. & Quarantelli, E. L. (2006). Rising to the Challenges of a Catastrophe: The Emergent and Prosocial Behavior following Hurricane Katrina. *Annals of the American Academy of Political and Social Science, 604*, 82–101.

Roesch, S. C. & Amirkhan, J. H. (1997). Boundary conditions for self-serving attributions: Another look at the sports pages. *Journal of Applied Social Psychology, 27*, 245–261.

Roese, N. J. (1997). Counterfactual thinking. *Psychological Bulletin, 121*, 133–148.

Roese, N. J. & Olson, J. M. (1996). Counterfactuals, causal attributions, and the hindsight bias: A conceptual integration. *Journal of Experimental Social Psychology, 32*, 197–227.

Roethlisberger, F. J. & Dickson, W. J. (1975). *Management and the worker*. Cambridge, MA: Harvard University Press.

Rogelberg, S. G., Barnes-Farrell, J. L. & Lowe, C. A. (1992). The stepladder technique. An alternative group structure facilitating effective group decision-making. *Journal of Applied Psychology, 77*, 730–737.

Rogers, R. W. & Prentice-Dunn, S. (1981). Deindividuation and anger-mediated interracial aggression: Unmasking regressive racism. *Journal of Personality and Social Psychology, 41*, 63–73.

Roland, E. & Galloway, D. (2002). Classroom influences on bullying. *Educational Research, 44*, 299–312.

Roseman, I. J., Antoniou, A. A. & Jose, P. E. (1996). Appraisal determinations of emotion: Constructing a more accurate and comprehensive theory. *Cognition and Emotion, 10*, 241–277.

Rosenhan, D. L. (1973). On being sane in insane places. *Science, 179*, 250–258.

Rosenthal, A. M. (1999). *Thirty-eight witnesses: The Kitty Genovese case*. New York: University of California Press.

Rosenthal, H. E. S. & Crisp, R. J. (2006). Reducing Stereotype Threat by Blurring Intergroup Boundaries. *Personality and Social Psychology Bulletin, 32,* 501–511.

Rosenthal, R. (1987). Pygmalion effects: Existence, magnitude, and social importance. *Educational Researcher, 16,* 37–41.

Rosenthal, R. & DePaulo, B. M. (1979). Sex differences in eavesdropping on nonverbal cues. *Journal of Personality and Social Psychology, 37,* 273–285.

Rosenthal, R. & Jacobson, L. (1968). *Pygmalion in the classroom: Teacher expectation and pupils' intellectual development.* New York: Holt.

Ross, L. (1977). The intuitive psychologist and his shortcomings: Distortions in the attribution process. In L. Berkowitz (Ed.), *Advances in experimental social psychology* (Vol. 10, pp. 174–220). New York: Academic Press.

Ross, L., Amabile, T. M. & Steinmetz, J. L. (1977). Social roles, social control, and biases in social-perception processes. *Journal of Personality and Social Psychology, 35,* 485–494.

Ross, M. & Sicoly, F. (1979). Egocentric biases in availability and attribution. *Journal of Personality and Social Psychology, 37,* 322–336.

Rothblum, E. D., Miller, C. T. & Garbutt, B. (1988). Stereotypes of obese female job applicants. *International Journal of Eating Disorders, 7,* 277–283.

Rothermund, K. (2003). Motivation and attention: Incongruent effects of feedback on the processing of valence. *Emotion, 3,* 223–238.

Rothermund, K., Wentura, D. & Bak, P. M. (2001). Automatic attention to stimuli signaling chances and dangers: Moderating effects of positive and negative goal and action contexts. *Cognition and Emotion, 15,* 231–248.

Rothman, A. J. & Hardin, C. D. (1997). Differential use of the availability heuristic in social judgment. *Personality and Social Psychology Bulletin, 23,* 123–138.

Rothman, A. J. & Schwarz, N. (1998). Constructing perceptions of vulnerability: Personal relevance and the use of experiential information in health judgments. *Personality and Social Psychology Bulletin, 24,* 1053–1064.

Rotton, J. & Cohn, E. G. (2000). Violence is a curvilinear function of temperature in Dallas: A replication. *Journal of Personality and Social Psychology, 78,* 1074–1081.

Rotton, J. & Frey, J. (1985). Air pollution, weather, and violent crimes: Concomitant time-series analysis of archival data. *Journal of Personality and Social Psychology, 49,* 1207–1220.

Rozin, P., Millman, L. & Nemeroff, C. (1986). Operation of the laws of sympathic magic in disgust and other domains. *Journal of Personality and Social Psychology, 50,* 703–712.

Rubin, Z. & Peplau, A. (1973). Belief in a just world and reactions to another's lot: A study of participants in the national draft lottery. *Journal of Social Issues, 29,* 73–93.

Ruble, D. N. & Stangor, C. (1986). Stalking the elusive schema: Insights from developmental and social-psychological analyses of gender schemas. *Social Cognition, 4,* 227–261.

Rubie-Davies, C. M. (2006). Teacher expectations and student self-perceptions: Exploring relationships. *Psychology in the Schools, 43,* 537–552.

Ruder, M. & Bless, H. (2003). Mood and the reliance on the ease of retrieval heuristic. *Journal of Personality and Social Psychology, 85,* 20–32.

Rudman, L. A. (1998). Self-promotion as a risk factor for women: The costs and benefits of counterstereotypical impression management. *Journal of Personality and Social Psychology, 74,* 629–645.

Rudman, L. A. & Borgida, E. (1995). The afterglow of construct accessibility: The behavioral consequences of priming men to view women as sexual objects. *Journal of Experimental Social Psychology, 31,* 493–517.

Rudman, L. A. & Fairchild, K. (2004). Reactions to Counterstereotypic Behavior: The Role of Backlash in Cultural Stereotype Maintenance. *Journal of Personality and Social Psychology, 87,* 157–176.

Rudolph, U., Roesch, S. C., Greitemeyer, T. & Weiner, B. (2004). A meta-analytic review of help giving and aggression from an attributional perspective: Contributions to a general theory of motivation. *Cognition and Emotion, 18,* 815–848.

Ruiz-Caballero, J. A. & Gonzalez, P. (1994). Implicit and explicit memory bias in depressed and nondepressed subjects. *Cognition and Emotion, 8,* 555–569.

Ruiz-Caballero, J. A. & Gonzalez, P. (1997). Effects of level of processing on implicit and explicit memory in depressed mood. *Motivation and Emotion, 21,* 195–209.

Rule, B. G., Dyck, R. & Nesdale, A. R. (1978). Arbitrariness of frustration: Inhibition or instigation effects on aggression. *European Journal of Social Psychology, 8,* 237–244.

Rule, B. G., Taylor, B. R. & Dobbs, A. R. (1987). Priming effects of heat on aggressive thoughts. *Social Cognition, 5*, 131–143.

Rushton, J. P. (1975). Generosity in children: Immediate and long-term effects of modeling, preaching, and moral judgment. *Journal of Personality and Social Psychology, 31*, 459–466.

Rushton, J. P. (1989a). Genetic similarity, human altruism, and group selection. *Behavioral and Brain Sciences, 12*, 503–559.

Rushton, J. P. (1989b). Genetic similarity in male friendships. *Ethology and Sociobiology, 10*, 361–373.

Rushton, J. P. & Bons, T. A. (2005). Mate Choice and Friendship in Twins: Evidence for Genetic Similarity. *Psychological Science, 16*, 555–559.

Rushton, J. P. & Campbell, A. C. (1977). Modeling, vicarious reinforcement and extraversion on blood donating in adults: Immediate and long-term effects. *European Journal of Social Psychology, 7*, 297–306.

Rushton, J. P., Fulker, D. W., Neale, M., Nias, D. K. B. & Eysenck, H. J. (1986). Altruism and aggression: The heritability of individual differences. *Journal of Personality and Social Psychology, 50*, 1192–1198.

Rusting, C. L. & DeHart, T. (2000). Retrieving positive memories to regulate negative mood: Consequences for mood-congruent memory. *Journal of Personality and Social Psychology, 78*, 737–752.

Rüter, K. (2006). Priming. In H.-W. Bierhoff & D. Frey (Hrsg.), *Handbuch der Psychologie Band III: Handbuch der Sozialpsychologie und Kommunikationspsychologie* (S. 287–293). Göttingen: Hogrefe.

Ruthruff, E., Remington, R. W. & Johnston, J. C. (2001). Switching between simple cognitive tasks: The interaction of top-down and bottom-up factors. *Journal of Experimental Psychology: Human Perception and Performance, 27*, 1404–1419.

Rutkowski, G. K., Gruder, C. L. & Romer, D. (1983). Group cohesiveness, social norms, and bystander intervention. *Journal of Personality and Social Psychology, 44*, 545–552.

Rutter, D. R., Quine, L. & Albery, I. P. (1998). Perceptions of risk in motorcyclists: Unrealistic optimism, relative realism and predictions of behaviour. *British Journal of Psychology, 89*, 681–696.

Ryan, R. M. & Deci, E. L. (2000). Intrinsic and extrinsic rewards: Classic definitions and new directions. *Current Educational Psychology, 25*, 54–67.

Sabatelli, R. M. & Rubin, M. (1986). Nonverbal expressiveness and physical attractiveness as mediators of interpersonal perceptions. *Journal of Nonverbal Behavior, 10*, 120–133.

Sadler, O. & Tesser, A. (1973). Some effects of salience and time upon interpersonal hostility and attraction. *Sociometry, 36*, 99–112.

Salancik, G. R. (1974). Inference of one's attitude from behavior recalled under linguistically manipulated cognitive sets. *Journal of Experimental Social Psychology, 10*, 415–427.

Salancik, G. R. & Conway, M. (1975). Attitude inferences from salient and relevant cognitive content about behavior. *Journal of Personality and Social Psychology, 32*, 829–840.

Salovey, P. & Birnbaum, D. (1989). Influence of mood on health-relevant cognitions. *Journal of Personality and Social Psychology, 57*, 539–551.

Salovey, P., Mayer, J. D. & Rosenhan, D. L. (1991). Mood and helping: Mood as a motivator of helping and helping as a regulator of mood. In M. S. Clark (Ed.), *Prosocial behavior* (pp. 215–237). Thousand Oaks, CA: Sage.

Sanders, G. S., Baron, R. S. & Moore, D. L. (1978). Distraction and social comparison as mediators of social facilitation effects. *Journal of Experimental Social Psychology, 14*, 291–303.

Sanitioso, R., Kunda, Z. & Fong, G. T. (1990). Motivated recruitment of autobiographical memories. *Journal of Personality and Social Psychology, 59*, 229–241.

Sanitioso, R. B. & Wlodarski, R. (2004). In search of information that confirms a desired self perception: Motivated processing of social feedback and choice of social interactions. *Personality and Social Psychology Bulletin, 30*, 412–422.

Sanna, L. J. & Pusecker, P. A. (1994). Self-efficacy, valence of self-evaluation, and performance. *Personality and Social Psychology Bulletin, 20*, 82–92.

Sanna, L. J., Turley-Ames, K. J. & Meier, S. (1999). Mood, self-esteem, and simulated alternatives: Thought-provoking affective influences on counterfactual direction. *Journal of Personality and Social Psychology, 76*, 543–558.

Sansone, C. & Harackiewicz, J. M. (2000). *Intrinsic and extrinsic motivation: The search for optimal motivation and performance.* San Diego, CA: Academic Press.

Sarason, I. G., Sarason, B. R., Pierce, G. R., Shearin, E. N. & Sayers, M. H. (1991). A social learning approach to increasing blood donations. *Journal of Applied Social Psychology, 21*, 896–918.

Sarason, I. G., Sarason, B. R., Slichter, S. J., Beatty, P. G., Meyer, D. M. & Bolgiano, D. C. (1993). Increasing participation of blood donors in a bone-marrow registry. *Health Psychology, 12*, 272–276.

Sargis, E. G. & Larson, J. R., Jr. (2002). Informational centrality and member participatiuon during group decision making. *Group Processes and Intergroup Relations, 5*, 333–347.

Sassenberg, K. & Moskowitz, G. B. (2005). Don't stereotype, think different! Overcoming automatic stereotype activation by mindset priming. *Journal of Experimental Social Psychology, 41*, 506–514.

Sassenberg, K., Moskowitz, G. B., Jacoby, J. & Hansen, N. (2007). The carry-over effect of competition: The impact of competition on prejudice towards uninvolved outgroups. *Journal of Experimental Social Psychology, 43*, 529–538.

Schachter, S. (1951). Deviation, rejection, and communication. *Journal of Abnormal Social Psychology, 46*, 190–207.

Schachter, S. (1964). The interaction of cognitive and physiological determinants of emotional state. In. L. Berkowitz (Ed.), *Advances in experimental social psychology* (Vol. 1, pp. 49–80). New York: Academic Press.

Schachter, S., Ellertson, N., McBride, D. & Gregory, D. (1951). An experimental study of cohesiveness and productivity. *Human Relations, 4*, 229–238.

Schachter, S. & Singer, J. E. (1962). Cognitive, social, and physiological determinants of emotional state. *Psychological Review, 69*, 379–399.

Schaller, M. & Cialdini, R. B. (1988). The economics of empathic helping: Support for a mood management motive. *Journal of Experimental Social Psychology, 24*, 163–181.

Scherer, K. R. (1987). Vocal assessment of affective disorders. In J. D. Maser (Ed.), *Depression and expressive behavior* (pp. 57–82). Hillsdale, NJ: Erlbaum.

Scherer, K. R. (1988a). Cognitive antecedents of emotion. In V. L. Hamilton, G. H. Bower & N. H. Frijda (Eds.), *Cognitive perspectives on emotion and motivation* (pp. 89–126). Dordrecht, Niederlande: Kluwer.

Scherer, K. R. (1988b). On the symbolic functions of vocal affect expression. *Journal of Language and Social Psychology, 7*, 79–100.

Schiappa, E., Gregg, P. B. & Hewes, D. E. (2005). The Parasocial Contact Hypothesis. *Communication Monographs, 72*, 92–115.

Schifferstein, H. N. J. & Michaut, A. M. K. (2002). Effects of appropriate and inappropriate odors on product evaluations. *Perceptual and Motor Skills, 95*, 1199–1214.

Schifter, D. E. & Ajzen, I. (1985). Intention, perceived control, and weight loss: An application of the theory of planned behavior. *Journal of Personality and Social Psychology, 49*, 843–851.

Schlenker, B. R. (1980). *Impression management: The self-concept, social identity, and interpersonal relations*. Monterey, CA: Brooks/Cole.

Schlenker, B. R., Dlugolecki, D. W. & Doherty, K. (1994). The impact of self-presentations on self-appraisals and behavior: The power of public commitment. *Personality and Social Psychology Bulletin, 20*, 20–33.

Schlenker, B. R., Weigold, M. F. & Hallam, J. R. (1990). Self-serving attributions in social context: Effects of self-esteem and social pressure. *Journal of Personality and Social Psychology, 58*, 855–863.

Schmader, T. (2002). Gender identification moderates stereotype threat effects on women's math performance. *Journal of Experimental Social Psychology, 38*, 194–201.

Schmidt, G. & Weiner, B. (1988). An attribution-affect-action theory of behavior: Replications of judgments of help-giving. *Personality and Social Psychology Bulletin, 14*, 610–621.

Schmitt, D. P. & Buss, D. M. (1996). Strategic self-promotion and competitor derogation: Sex and context effects on the perceived effectiveness of mate attraction tactics. *Journal of Personality and Social Psychology, 70*, 1185–1204.

Schmitt, M. T., Branscombe, N. R., Silvia, P. J., Garcia, D. M. & Spears, R. (2006). Categorizing at the group-level in response to intragroup social comparisons: A self-categorization theory integration of self-evaluation and social identity motives. *European Journal of Social Psychology, 36*, 297–314.

Schmitt, M. T., Silvia, P. J. & Branscombe, N. R. (2000). The intersection of self-evaluation maintenance and social identity theories: Intragroup judgment in interpersonal and intergroup contexts. *Personality and Social Psychology Bulletin, 26*, 1598–1606.

Schmutte, G. T. & Taylor, S. P. (1980). Physical aggression as a function of alcohol and pain feedback. *Journal of Social Psychology, 110*, 235–244.

Schnall, S. & Laird, J. D. (2003). Keep smiling: Enduring effects of facial expressions and postures on emotional experience and memory. *Cognition and Emotion, 17*, 787–797.

Schoenrade, P. A., Batson, C. D., Brandt, J. R. & Loud, R. E. (1986). Attachment, accountability, and motivation to benefit another not in distress. *Journal of Personality and Social Psychology, 51*, 557–563.

Schuler, H. & Berger, W. (1979). Physische Attraktivität als Determinante für Beurteilung und Einstellungsempfehlung. *Psychologie und Praxis, 23*, 59–70.

Schulz-Hardt, S., Jochims, M. & Frey, D. (2002). Productive conflict in group decision-making: Genuine and contrived dissent as strategies to counteract biased information seeking. *Organizational Behavior and Human Decision Processes, 88*, 563–586.

Schuster, B. (1996). Rejection, exclusion, and harassment at work and in schools. *European Psychologist, 1*, 293–317.

Schuster, B. (1999). Outsiders at school: The prevalence of bullying and its relation with social status. *Group Processes and Intergroup Relations, 2*, 175–190.

Schwartz, S. H. (1968). Words, deeds and the perception of consequences and responsibility in action situations. *Journal of Personality and Social Psychology, 10*, 232–242.

Schwartz, S. H. (1975). The justice of need and the activation of humanitarian norms. *Journal of Social Issues, 31*, 111–136.

Schwartz, S. H. (1977). Normative influences on altrusim. In L. Berkowitz (Ed.), *Advances in experimental social psychology,* (Vol. 10, pp. 221–279). New York: Academic Press.

Schwartz, S. H. & David, A. B. (1976). Responsibility and helping in an emergency: Effects of blame, ability and denial of responsibility. *Sociometry, 39*, 406–415.

Schwartz, S. H. & Gottlieb, A. (1976). Bystander reactions to a violent theft: Crime in Jerusalem. *Journal of Personality and Social Psychology, 34*, 1188–1199.

Schwarz, N. (1984). When reactance effects persist despite restoration of freedom: Investigations of time delay and vicarious control. *European Journal of Social Psychology, 14*, 405–419.

Schwarz, N. (1990). Feelings as information: Information and motivational functions of affective states. In E. T. Higgins & R. Sorrentino (Eds.), *Handbook of motivation and cognition: Foundations of social behavior* (Vol. 2, pp. 527–561). New York: Guilford.

Schwarz, N. (im Druck). Attitude construction: Evaluation in context. In B. Gawronski (Ed.), *What is an attitude? Special issue of Social Cognition.*

Schwarz, N., Bless, H., Strack, F., Klumpp, G., Rittenauer-Schatka, H. & Simons, A. (1991). Ease of retrieval as information: Another look at the availability heuristic. *Journal of Personality and Social Psychology, 61*, 195–202.

Schwarz, N. & Bohner, G. (1996). Feelings and their motivational implications: Moods and the action sequence. In P. M. Gollwitzer & J. A. Bargh (Eds.), *The psychology of action: Linking cognition and motivation to behavior* (pp. 119–145). New York: Guilford.

Schwarz, N. & Bohner, G. (2001). The construction of attitudes. In A. Tesser & N. Schwarz (Eds.), *Blackwell handbook of social psychology: Intraindividual processes* (Vol. 1, pp. 436–457). Oxford, England: Blackwell.

Schwarz, N. & Clore, G. L. (1983). Mood, misattribution, and judgments of well being: Informative and directive functions of affective states. *Journal of Personality and Social Psychology, 45*, 513–523.

Schwarz, N. & Clore, G. L. (1988). How do I feel about it? Informative functions of affective states. In K. Fiedler & J. P. Forgas (Eds.), *Affect, cognition, and social behavior* (pp. 44–62). Toronto, Kanada: Hogrefe International.

Schwarz, N. & Clore, G. L. (1996). Feelings and phenomenal experiences. In E. T. Higgins & A. W. Kruglanski (Eds.), *Social Psychology: Handbook of basic principles* (pp. 433–465). New York: Guilford.

Schwarz, N. & Oyserman, D. (2001). Asking questions about behavior: cognition, communication, and questionnaire construction. *American Journal of Evaluation, 22*, 127–160.

Schwarz, N., Strack, F., Kommer, D. & Wagner, D. (1987). Soccer, rooms, and the quality of your life: Mood effects on judgments of satisfaction with life in general and with specific domains. *European Journal of Social Psychology, 17*, 69–79.

Schwarz, N. & Vaughn, L. A. (2002). The availability heuristic revisited: Ease of recall and content of recall as distinct sources of information. In T. Gilovich, D. Griffin & D. Kahneman (Eds.), *Heuristics and biases: The psychology of intuitive judgment* (pp. 103–119). New York: Cambridge University Press.

Schwarz, N., Strack, F., Hilton, D. & Naderer, G. (1991). Base rates, representativeness, and the logic of conversation: The contextual relevance of „irrelevant" information. *Social Cognition, 9*, 67–84.

Schwarz, S. & Stahlberg, D. (2003). Strength of the hindsight bias as a consequence of meta-cognition. *Memory, 11*, 395–410.

Schwarzer, R. & Weiner, B. (1991). Stigma controllability and coping as predictors of emotions and social support. *Journal of Social and Personal Relationships, 8*, 133–140.

Schwarzwald, J., Raz, N. & Zvibel, M. (1979). The application of the door-in-the-face technique when established behavioral customs exist. *Journal of Applied Social Psychology, 9*, 576–586.

Schweiger, D. M., Sandberg, W. R. & Ragan, J. W. (1986). Group approaches for improving strategic decision-making: A comparative analysis of dialectical inquiry, devil's advocacy, and consensus. *Academy of Management Journal, 29,* 51–71.

Schweiger, D. M., Sandberg, W. R. & Rechner, P. L. (1989). Experiental effects of dialectical inquiry, devil's advocacy, and consensus approaches to strategic decision making. *Academy of Management Journal, 32,* 745–772.

Seamon, J. G., Brody, N. & Kauff, D. M. (1983). Affective discrimination of stimuli that are not recognized: Effects of shadowing, masking, and cerebral laterality. *Journal of Experimental Psychology: Learning, Memory, and Cognition, 9,* 544–555.

Sears, G. J. & Rowe, P. M. (2003). A personality-based similar-to-me effect in the employment interview: Conscientiousness, affect-versus competence-mediated interpretations, and the role of job relevance. *Canadian Journal of Behavioural Science, 35,* 13–24.

Sedikides, C. & Ostrom, T. M. (1988). Are person categories used when organizing information about unfamiliar sets of persons? *Social Cognition, 6,* 252–267.

Sedikides, C. & Skowronski, J. J. (1997). The symbolic self in evolutionary context. *Personality and Social Psychology Review, 1,* 80–102.

Sedlmeier, P. & Gigerenzer, G. (1997). Intuitions about sample size: The empirical law of large numbers. *Journal of Behavioral Decision Making, 10,* 33–51.

Segal, M. W. (1974). Alphabet and attraction: An unobtrusive measure of the effect of propinquity in a field setting. *Journal of Personality and Social Psychology, 30,* 654–657.

Seibt, B. & Förster, F. (2004). Stereotype Threat and Performance: How Self-Stereotypes Influence Processing by Inducing Regulatory Foci. *Journal of Personality and Social Psychology, 87,* 38–56.

Seibt, B., Häfner, M. & Deutsch, R. (2007). Prepared to eat: How immediate affective and motivational responses to food cues are influenced by food deprivation. *European Journal of Social Psychology, 37,* 359–379.

Seligman, M. E. (1971). Phobias and preparedness. *Behavior Therapy, 2,* 307–320.

Seligman, M. E., Abramson, L. Y., Semmel, A. & von Baeyer, C. (1979). Depressive attributional style. *Journal of Abnormal Psychology, 88,* 242–247.

Semin, G. R., Higgins E. T., DeMontes, L. G., Estourget, Y. & Valencia, J. F. (2005). Linguistic signatures of regulatory focus: How abstraction fits promotion more than prevention. *Journal of Personality and Social Psychology, 89,* 36–45.

Semin, G. R. & Strack, F. (1980). The plausibility of the implausible: a critique of Snyder and Swann (1978). *European Journal of Social Psychology, 10,* 379–388.

Seta, C. E. & Seta, J. J. (1995). When audience presence is enjoyable: The influences of audience awareness of prior success on performance and task interest. *Basic and Applied Social Psychology, 16,* 95–108.

Shaffer, D. R. & Graziano, W. G. (1983). Effects of positive and negative moods on helping tasks having pleasant or unpleasant consequences. *Motivation and Emotion, 7,* 269–278.

Shaffer, D. R., Rogel, M. & Hendrick, C. (1975). Intervention in the library: The effect of increased responsibility on bystanders' willingness to prevent a theft. *Journal of Applied Social Psychology, 5,* 303–319.

Shafir, E. B., Smith, E. E. & Osherson, D. N. (1990). Typicality and reasoning fallacies. *Memory and Cognition, 18,* 229–239.

Shah, J. (2003). Automatic for the people: How representations of significant others implicitly affect goal pursuit. *Journal of Personality and Social Psychology, 84,* 661–681.

Shah, J. & Higgins, E. T. (2001). Regulatory concerns and appraisal efficiency: The general impact of promotion and prevention. *Journal of Personality and Social Psychology, 80,* 693–705.

Shanab, M. E. & Yahya, K. A. (1977). A behavioral study of obedience in children. *Journal of Personality and Social Psychology, 35,* 530–536.

Sharpe, D. & Adair, J. G. (1993). Reversibility of the hindsight bias: Manipulation of experimental demands. *Organizational Behavior and Human Decision Processes, 56,* 233–245.

Shavit, Y., Fischer, C. S. & Koresh, Y. (1994). Kin and nonkin under collective threat: Israeli networks during the Gulf War. *Social Forces, 72,* 1197–1215.

Shavitt, S. (1990). The role of attitude objects in attitude functions. *Journal of Experimental Social Psychology, 26,* 124–148.

Shavitt, S. & Fazio, R. H. (1991). Effects of attribute salience on the consistency between attitudes and behavior predictions. *Personality and Social Psychology Bulletin, 17,* 507–516.

Shaw, L. L., Batson, C. D. & Todd, R. M. (1994). Empathy avoidance: Forestalling feeling for another in order to escape the motivational consequences. *Journal of Personality and Social Psychology, 67,* 879–887.

Sheeran, P. & Abraham, C. S. (1994). Unemployment and self-conception: A symbolic interactionist analysis. *Journal of Community and Applied Social Psychology, 4*, 115–129.

Sheeran, P. & Taylor, S. (1999). Predicting intentions to use condoms: A meta-analysis and comparison of the theories of reasoned action and planned behavior. *Journal of Applied Social Psychology, 29*, 1624–1675.

Shepperd, J. A. (1993). Productivity loss in performance groups: A motivation analysis. *Psychological Bulletin, 113*, 67–81.

Shepperd, J. A. (1995). Remedying motivation and productivity loss in collective settings. *Current Directions in Psychological Science, 4*, 131–134.

Shepperd, J. A. & Socherman, R. E. (1997). On the manipulative behavior of low Machiavellians: Feigning incompetence to „sandbag" an opponent. *Journal of Personality and Social Psychology, 72*, 1448–1459.

Shepperd, J. A. & Taylor, K. M. (1999). Social loafing and expectancy-value theory. *Personality and Social Psychology Bulletin, 25*, 1147–1158.

Sherif, M. (1935). A study of some social factors in perception. *Archives of Psychology, 27*, 1–60.

Sherif, M. (1967). *Group conflict and co-operation: Their social psychology.* London: Routledge & Kegan Paul.

Sherif, M., Harvey, O. J., White, B. J., Hood, W. E. & Sherif, C. W. (1961). *Intergroup conflict and cooperation: The Robbers Cave experiment.* Normon, OK: University of Oklahoma Press/Book Exchange.

Sherif, M. & Sherif, C. W. (1964). *Reference groups: Exploration into conformity and deviation of adolescents.* New York: Harper & Row.

Sherman, J. W. & Bessenoff, G. R. (1999). Stereotypes as source-monitoring cues: On the interaction between episodic and semantic memory. *Psychological Science, 10*, 106–110.

Sherman, J. W., Groom, C. J., Ehrenberg, K. & Klauer, K. C. (2003). Bearing false witness under pressure: Implicit and explicit components of stereotype-driven memory distortions. *Social Cognition, 21*, 213–246.

Sherman, J. W., Lee, A. Y., Bessenoff, G. R. & Frost, L. A. (1998). Stereotype efficiency reconsidered: Encoding flexibility under cognitive load. *Journal of Personality and Social Psychology, 75*, 589–606.

Sherman, S. J., Cialdini, R. B., Schwartzman, D. F. & Reynolds, K. D. (2002). Imagining can heighten or lower the perceived likelihood of contracting a disease: The mediating effect of ease of imagery. In T. Gilovich, D. Griffin & D. Kahneman (Eds.), *Heuristics and biases: The psychology of intuitive judgment* (pp. 98–102). New York: Cambridge University Press.

Sherman, S. J., Mackie, D. M. & Driscoll, D. M. (1990). Priming and the differential use of dimensions in evaluation. *Personality and Social Psychology Bulletin, 16*, 405–418.

Sherman, S. J., Rose, J. S., Koch, K., Presson, C. C. & Chassin, L. (2003). Implicit and explicit attitudes toward cigarette smoking: The effects of context and motivation. *Journal of Social and Clinical Psychology, 22*, 13–39.

Shiffrin, R. M. & Schneider, W. (1977). Controlled and automatic human information processing: II. Perceptual learning, automatic attending and a general theory. *Psychological Review, 84*, 127–190.

Shih, M., Pittinsky, T. L. & Ambady, N. (1999). Stereotype susceptibility: Identity salience and shifts in quantitative performance. *Psychological Science, 10*, 80–83.

Shiv, B., Loewenstein, G., Bechara, A., Damasio, H. & Damasio, A. R. (2005). Investment behavior and the negative side of emotion. *Psychological Science, 16*, 435–439.

Shotland, R. L. & Heinold, W. D. (1985). Bystander response to arterial bleeding: Helping skills, the decision-making process, and differentiating the helping response. *Journal of Personality and Social Psychology, 49*, 347–356.

Shotland, R. L. & Stebbins, C. A. (1980). Bystander response to rape: Can a victim attract help? *Journal of Applied Social Psychology, 10*, 510–527.

Sigall, H. & Page, R. (1971). Current stereotypes: A little fading, a little faking. *Journal of Personality and Social Psychology, 18*, 247–255.

Sigelman, C. K., Miller, T. E. & Whitworth, L. A. (1986). The early development of stigmatizing reactions to physical differences. *Journal of Applied Developmental Psychology, 7*, 17–32.

Signorella, M. L. (1992). Remembering gender-related information. *Sex Roles, 27*, 143–156.

Silver, L. B., Dublin, C. C. & Lourie, R. S. (1969). Does violence breed violence? Contributions from a study of the child abuse syndrome. *American Journal of Psychiatry, 126*, 404–407.

Simon, B. (1992a). Intragroup differentiation in terms of ingroup and outgroup attributes. *European Journal of Social Psychology, 22,* 407–413.

Simon, B. (1992b). The perception of ingroup and outgroup homogeneity: Reintroducing the intergroup context. In W. Stroebe & M. Hewstone (Eds.), *European review of social psychology,* (Vol. 3, pp. 1–30). Oxford, England: Wiley.

Simon, B. & Brown, R. (1987). Perceived intragroup homogeneity in minority-majority contexts. *Journal of Personality and Social Psychology, 53,* 703–711.

Simon, B. & Pettigrew, T. F. (1990). Social identity and perceived group homogeneity: Evidence for the ingroup homogeneity effect. *European Journal of Social Psychology, 20,* 269–286.

Simon, H. A. (1967). Motivational and emotional controls of cognition. *Psychological Review, 74,* 29–39.

Simon, H. A. (1990). A mechanism for social selection and successful altruism. *Science, 250,* 1665–1668.

Simons, L. S. & Turner, C. W. (1974). A further investigation of the weapons effect. *Personality and Social Psychology Bulletin, 1,* 186–188.

Simons, L. S. & Turner, C. W. (1976). Evaluation apprehension, hypothesis awareness, and the weapons effect. *Aggressive Behavior, 2,* 77–87.

Sinclair, L. & Kunda, Z. (2000). Motivated stereotyping of women: She's fine if she praised me but incompetent if she criticized me. *Personality and Social Psychology Bulletin, 26,* 1329–1342.

Sinclair, R. C., Mark, M. M. & Clore, G. L. (1994). Mood-related persuasion depends on (mis)attributions. *Social Cognition, 12,* 309–326.

Skinner, B. F. (1957). *Verbal behavior.* East Norwalk, CT: Appleton-Century-Crofts.

Sloman, S. A. (1996). The empirical case for two systems of reasoning. *Psychological Bulletin, 119,* 3–22.

Slovic, P., Finucane, M., Peters, E. & MacGregor, D. G. (2002). The affect heuristic. In T. Gilovich, D. Griffin & D. Kahneman (Eds.), *Heuristics and biases: The psychology of intuitive judgment* (pp. 397–420). New York: Cambridge University Press.

Slusher, M. P. & Anderson, C. A. (1987). When reality monitoring fails: The role of imagination in stereotype maintenance. *Journal of Personality and Social Psychology, 52,* 653–662.

Smith, B. L., Brown, B. R., Strong, W. J. & Rencher, A. C. (1975). Effects of speech rate on personality perception. *Language and Speech, 18,* 145–152.

Smith, C. A. & Ellsworth, P. C. (1987). Patterns of appraisal and emotion related to taking an exam. *Journal of Personality and Social Psychology, 52,* 475–488.

Smith, C. A. & Lazarus, R. S. (1990). Emotion and adaptation. In L. A. Pervin (Ed.), *Handbook of personality: Theory and research* (pp. 609–637). New York: Guilford.

Smith, C. M., Tindale, R. S. & Dugoni, B. L. (1996). Minority and majority influence in freely interacting groups: Quatlitative versus quantitative differences. *British Journal of Social Psychology, 35,* 137–149.

Smith, D. E., Gier, J. A. & Willis, F. N. (1982). Interpersonal touch and compliance with a marketing request. *Basic and Applied Social Psychology, 3,* 35–38.

Smith, E. E. & Medin, D. L. (1981). *Categories and concepts.* Cambridge, MA: Harvard University Press.

Smith, E. R. (1998). Mental representation and memory. In D. T. Gilbert, S. T. Fiske & C. Lindzey (Eds.), *The handbook of social psychology* (pp. 391–445). Boston: McGraw-Hill.

Smith, E. R. & DeCoster, J. (2000). Dual-process models in social and cognitive psychology: Conceptual integration and links to underlying memory systems. *Personality and Social Psychology Review, 4,* 108–131.

Smith, E. R. & Mackie, D. M. (2000). *Social psychology* (2nd ed.). Philadelphia, PA: Psychology Press.

Smith, E. R. & Queller, S. (2001). Mental representations. In A. Tesser, N. Schwarz (Eds.), *Intraindividual processes, Blackwell handbook in social psychology* (pp. 111–133). Oxford, England: Blackwell.

Smith, E. R. & Zaraté, M. A. (1992). Exemplar-based model of social judgment. *Psychological Review, 99,* 3–21.

Smith, G. H. & Engel, R. (1968). Influence of a female model on perceived characteristics of an automobile. *Proceedings of the 76th Annual Convention of the American Psychological Association, 3,* 681–682.

Smith, J. A. (1994). Reconstructing selves: An analysis of discrepancies between women's contemporaneous and retrospective accounts of the transition to motherhood. *British Journal of Psychology, 85,* 371–392.

Smith, N. K., Larsen, J. T., Chartrand, T. L., Cacioppo, J. T., Katafiasz, H. A. & Moran, K. E. (2006). Being Bad Isn't Always Good: Affective Context Moderates the Attention Bias Toward Negative Information. *Journal of Personality and Social Psychology, 90,* 210–220.

Smith, P. B. & Bond, M. H. (1998). *Social psychology across cultures* (2nd ed.). London: Prentice Hall.

Smith, R. E., Vanderbilt, K. & Callen, M. B. (1973). Social comparison and bystander intervention in emergencies. *Journal of Applied Social Psychology, 3*, 186–196.

Smith, R. R. & Lewis, R. (1985). Race as a self-schema affecting recall in Black children. *Journal of Black Psychology, 12*, 15–29.

Smith, S. M. & Petty, R. E. (1995). Personality moderators of mood congruency effects on cognition: The role of self-esteem and negative mood regulation. *Journal of Personality and Social Psychology, 68*, 1092–1107.

Smith, S. M. & Shaffer, D. R. (1995). Speed of speech and persuasion: Evidence for multiple effects. *Personality and Social Psychology Bulletin, 21*, 1051–1060.

Smolowe, J. (1990). Contents require immediate attention. *Time, 26*, 64.

Smyth, M. M. & Fuller, R. G. C. (1972). Effects of group laughter on responses to humorous materials. *Psychological Reports, 30*, 132–134.

Snyder, C. R. & Higgins, R. L. (1988). Excuses: Their effective role in the negotiation of reality. *Psychological Bulletin, 104*, 23–35.

Snyder, M. (1984). When belief creates reality. In L. Berkowitz (Ed.), *Advances in experimental social psychology* (Vol. 18, pp. 247–305). New York: Academic Press.

Snyder, M. & Cantor, N. (1979). Testing hypothesis about other people: The use of historical knowledge. *Journal of Experimental Social Psychology, 15*, 330–342.

Snyder, M., Grether, J. & Keller, K. (1974). Staring and compliance: A field experiment on hitchhiking. *Journal of Applied Social Psychology, 4*, 165–170.

Snyder, M. & Haugen, J. A. (1995). Why does behavioral confirmation occur? A functional perspective on the role of the target. *Personality and Social Psychology Bulletin, 21*, 963–974.

Snyder, M. & Swann, W. B., Jr. (1976). When actions reflect attitudes: The politics of impression management. *Journal of Personality and Social Psychology, 34*, 1034–1042.

Snyder, M. & Swann, W. B., Jr. (1978). Hypothesis-testing processes in social interaction. *Journal of Personality and Social Psychology, 36*, 1202–1212.

Snyder, M., Tanke, E. D. & Berscheid, E. (1977). Social perception and interpersonal behavior: On the self-fulfilling nature of social stereotypes. *Journal of Personality and Social Psychology, 35*, 656–666.

Snyder, M. L. & Frankel, A. (1976). Observer bias: A stringent test of behavior engulfing the field. *Journal of Personality and Social Psychology, 34*, 857–864.

Solomon, H., Solomon, L. Z., Arnone, M. M., Maur, B. J., Reda, R. M. & Roth, E. O. (1981). Anonymity and helping. *Journal of Social Psychology, 113*, 37–43.

Solomon, L. Z., Solomon, H. & Stone, R. (1978). Helping as a function of number of bystanders and ambiguity of emergency. *Personality and Social Psychology Bulletin, 4*, 318–321.

Spangenberg, E. R., Crowley, A. E. & Henderson, P. W. (1996). Improving the store environment: Do olfactory cues affect evaluations and behaviors? *Journal of Marketing, 60*, 67–80.

Spence, K. W. (1956). *Behavior Theory and Conditioning*. New Haven, CT: Yale University Press.

Spencer, S. J., Steele, C. M. & Quinn, D. M. (1999). Stereotype threat and women's math performance. *Journal of Experimental Social Psychology, 35*, 4–28.

Spiegel Spezial (1991). *Das Profil der Deutschen*. Hamburg: Spiegel-Verlag.

Spink, K. S. & Carron, A. V. (1994). Group cohesion effects in exercise classes. *Small Group Research, 25*, 26–42.

Spitzer, M. (2005). Wir dürfen nicht weiter zuschauen! Die Gefahren des Fernsehens aus der Sicht der Hirnforschung. *Forschung & Lehre, 10*, 530–532.

Sprafkin, J. N., Liebert, R. M. & Poulos, R. W. (1975). Effects of a prosocial televised example on children's helping. *Journal of Experimental Child Psychology, 20*, 119–126.

Sprott, J. B. & Doob, A. N. (2000). Bad, sad, and rejected: The lives of aggressive children. *Canadian Journal of Criminology, 42*, 123–133.

Srull, T. K. (1981). Person memory: Some tests of associative storage and retrieval models. *Journal of Experimental Psychology: Human Learning and Memory, 7*, 440–463.

Srull, T. K., Lichtenstein, M. & Rothbart, M. (1985). Associative storage and retrieval processes in person memory. *Journal of Experimental Psychology: Learning, Memory and Cognition, 11*, 316–345.

Srull, T. K. & Wyer, R. S. (1979). The role of category accessibility in the interpretation of information about persons: Some determinants and implications. *Journal of Personality and Social Psychology, 37*, 1660–1672.

Srull, T. K. & Wyer, R. S. (1989). Person memory and judgment. *Psychological Review, 96*, 58–83.

Stahlberg, D. & Maass, A. (1998). Hindsight bias: Impaired memory or biased reconstruction? In W. Stroebe & M. Hewstone (Eds.), *European Review of Social Psychology* (pp. 105–132). Chichester, England: Wiley.

Stahlberg, D., Osnabrügge, G. & Frey, D. (1985). Die Theorie des Selbstwertschutzes und der Selbstwerterhöhung. In D. Frey & M. Irle (Hrsg.), *Theorien der Sozialpsychologie. Band III: Motivations- und Informationsverarbeitungstheorien* (S. 79–126). Bern: Huber.

Stangor, C., Carr, C. & Kiang, L. (1998). Activating stereotypes undermines task performance expectations. *Journal of Personality and Social Psychology, 75*, 1191–1197.

Stangor, C. & Duan, C. (1991). Effects of multiple task demands upon memory for information about social groups. *Journal of Experimental Social Psychology, 27*, 357–378.

Stangor, C. & McMillan, D. (1992). Memory for expectancy-congruent and expectancy-incongruent information: A review of the social and social developmental literatures. *Psychological Bulletin, 111*, 42–61.

Stapel, D. A. & Koomen, W. (1999). How far do we go beyond the information given? The impact of knowledge activation on interpretation and inference. *Journal of Personality and Social Psychology, 78*, 19–37.

Stapel, D. A. & Koomen, W. (2000). Distinctiveness of others, mutability of selves: Their impact on self-evaluations. *Journal of Personality and Social Psychology, 79*, 1068–1087.

Stapel, D. A., Koomen, W. & van der Pligt, J. (1997). Categories of category accessibility: The impact of trait concept versus exemplar priming on person judgments. *Journal of Experimental Social Psychology, 33*, 47–76.

Stapel, D. A., Reicher, S. D. & Spears, R. (1995). Contextual determinants of strategic choice: some moderators of the availability bias. *European Journal of Social Psychology, 25*, 141–158.

Stasser, G. (1992). Information salience and the discovery of hidden profiles by decision-making groups: A "thought experiment". *Organizational Behavior and Human Decision Processes, 52*, 156–181.

Stasser, G. (2000). Information distribution, participation, and group decision: Explorations with the DISCUSS and SPEAK models. In D. R. Ilgen & C. L. Hulin (Eds.), *Computational modeling of behavior in organizations: The third scientific discipline* (pp. 135–161). Washington, DC: American Psychological Association.

Stasser, G., Stewart, D. D. & Wittenbaum, G. M. (1995). Expert roles and information exchange during discussion: The importance of knowing who knows what. *Journal of Experimental Social Psychology, 31*, 244–265.

Stasser, G., Taylor, L. A. & Hanna, C. (1989). Information sampling in structured and unstructured discussions of three- and six-person groups. *Journal of Personality and Social Psychology, 57*, 67–78.

Stasser, G. & Titus, W. (1985). Pooling of unshared information in group decision making: Biased information sampling during discussion. *Journal of Personality and Social Psychology, 48*, 1467–1478.

Stasser, G. & Titus, W. (1987). Effects of information load and percentage of shared information on the dissemination of unshared information during group discussion. *Journal of Personality and Social Psychology, 53*, 81–93.

Stasser, G. & Titus, W. (2003). Hidden profiles: A brief history. *Psychological Inquiry, 14*, 304–313.

Stasser, G., Vaughan, S. I. & Stewart, D. D. (2000). Pooling unshared information: The benefits of knowing how accesss to information is distributed among group members. *Organizational Behavior and Human Decision Processes, 82*, 102–116.

Staud, T. (2006, 01. Juni). Unterwegs in Deutschland. *Die Zeit.*

Steblay, N. M. (1987). Helping behavior in rural and urban environments: A meta-analysis. *Psychological Bulletin, 102*, 346–356.

Steele, C. M. (1988). The psychology of self-affirmation: Sustaining the integrity of the self. In L. Berkowitz (Ed.), *Advances in experimental social psychology* (Vol. 21, pp. 261–302). San Diego, CA: Academic Press.

Steele, C. M. (1997). A threat in the air: How stereotypes shape intellectual identity and performance. *American Psychologist, 52*, 613–629.

Steele, C. M. & Aronson, J. (1995). Stereotype threat and the intellectual test performance of African Americans. *Journal of Personality and Social Psychology, 69*, 797–811.

Steele, C. M., Critchlow, B. & Liu, T. J. (1985). Alcohol and social behavior: II. The helpful drunkard. *Journal of Personality and Social Psychology, 48*, 35–46.

Steele, C. M. & Josephs, R. A. (1990). Alcohol myopia: Its prized and dangerous effects. *American Psychologist, 45*, 921–933.

Steele, C. M. & Liu, T. J. (1981). Making the dissonant act unreflective of self: Dissonance avoidance and the expectancy of a value-affirming response. *Personality and Social Psychology Bulletin, 7*, 393–397.

Steele, C. M. & Liu, T. J. (1983). Dissonance processes as self-affirmation. *Journal of Personality and Social Psychology, 45,* 5–19.

Steele, C. M. & Southwick, L. (1985). Alcohol and social behavior: I. The psychology of drunken excess. *Journal of Personality and Social Psychology, 48,* 18–34.

Steele, C. M., Southwick, L. L. & Critchlow, B. (1981). Dissonance and alcohol: Drinking your troubles away. *Journal of Personality and Social Psychology, 41,* 831–846.

Steele, C. M., Spencer, S. J. & Lynch, M. (1993). Self-image resilience and dissonance: The role of affirmational resources. *Journal of Personality and Social Psychology, 64,* 885–896.

Stein, A. H. & Friedrich, L. K. (1972). Television content and young children's behavior. In J. P. Murray, E. A. Rubenstein & G. A. Comstock (Eds.), *Television and social behavior. Reports and papers, Volume II: Television and social learning* (pp. 202–317). Washington, DC: Government Printing Office.

Steinberger, K. (2006, 12. Januar). Gesichter als Anklage. *Süddeutsche Zeitung.* Abgerufen am 19.07.2007 von http://www.sueddeutsche.de/ausland/artikel/976/67909/print.html

Steiner, I. D. (1972). *Group processes and productivity.* New York: Academic Press.

Stephan, W. G. (1977). Cognitive differentiation in intergroup perception. *Sociometry, 40,* 50–58.

Stephan, W. G. (1978). School desegregation: An evaluation of predictions made in Brown v. Board of Education. *Psychological Bulletin, 85,* 217–238.

Stephan, W. G., Boniecki, K. A., Ybarra, O., Bettencourt, A., Ervin, K. S., Jackson, L. A., McNatt, P. S. & Renfro, C. L. (2002). The role of threats in the racial attitudes of Blacks and White. *Personality and Social Psychology Bulletin, 28,* 1242–1254.

Stephan, W. G. & Stephan, C. W. (1985). Intergroup anxiety. *Journal of Social Issues, 41,* 157–175.

Stephan, W. G. & Stephan, C. W. (1996). Predicting prejudice. *International Journal of Intercultural Relations, 20,* 409–426.

Stephan, W. G. & Stephan, C. W. (2000). An integrated threat theory of prejudice. In S. Oskamp (Ed.), *Reducing prejudice and discrimination* (pp. 23–45). Mahwah, NJ: Erlbaum.

Stephan, W. G., Ybarra, O. & Bachman, G. (1999). Prejudice toward immigrants. *Journal of Applied Social Psychology, 29,* 2221–2237.

Stephen, R. & Zweigenhaft, R. (1986). The effect on tipping of a waitress touching male and female customers. *Journal of Social Psychology, 126,* 141–142.

Stepper, S. & Strack, F. (1993a). Proprioceptive determinants of emotional and nonemotional feelings. *Journal of Personality and Social Psychology, 64,* 211–220.

Stepper, S. & Strack, F. (1993b). Stereotype Beurteilung von Ost- und Westdeutschen: Der Einfluss der Stimmung. *Zeitschrift für Sozialpsychologie, 24,* 218–225.

Stern, S. E. & Faber, J. E. (1997). The lost e-mail method: Milgram's lost-letter technique in the age of the Internet. *Behavior Research Methods, Instruments and Computers, 29,* 260–263.

Steward, L. & Lupfer, M. (1987). Touching as teaching: the effect of touch on students' perceptions and performance. *Journal of Applied Social Psychology, 17,* 800–809.

Stewart, D. D., Billings, R. S. & Stasser, G. (1998). Accountability and the discussion of unshared, critical information in decision-making groups. *Group Dynamics, 2,* 18–23.

Stewart, D. D. & Stasser, G. (1995). Expert role assignment and information sampling during collective recall and decision making. *Journal of Personality and Social Psychology, 69,* 619–628.

Stewart, D. D. & Stasser, G. (1998). The sampling of critical, unshared information in decision-making groups: The role of an informed minority. *European Journal of Social Psychology, 28,* 95–113.

Stewart, J. E., II. (1980). Defendant's attractiveness as a factor in the outcome of trials. *Journal of Applied Social Psychology, 10,* 348–361.

Stewart, J. E., II. (1985). Appearance and punishment: The attraction-leniency effect in the courtroom. *Journal of Social Psychology, 125,* 373–378.

Stich, M. H., Weiss, R. F., Cramer, R. E. & Feinberg, R. A. (1987). Reinforcing functions of altruism and leaving the scene. *Journal of Psychology: Interdisciplinary and Applied, 121,* 459–473.

Stone, J., Aronson, E., Crain, A. L., Winslow, M. P. & Fried, C. B. (1994). Inducing hypocrisy as a means of encouraging young adults to use condoms. *Personality and Social Psychology Bulletin, 20,* 116–128.

Stone, J., Lynch, C. I., Sjomeling, M. & Darley, J. M. (1999). Stereotype threat effects on Black and White athletic performance. *Journal of Personality and Social Psychology, 77,* 1213–1227.

Stone, J., Perry, Z. W. & Darley, J. M. (1997). „White men can't jump": Evidence for the perceptual confirmation of racial stereotypes following a basketball game. *Basic and Applied Social Psychology, 19,* 291–306.

Stone, J., Wiegand, A. W., Cooper, J. & Aronson, E. (1997). When exemplification fails: Hypocrisy and the motive for self-integrity. *Journal of Personality and Social Psychology, 72*, 54–65.

Stoner, J. A. F. (1961). A comparison of individual and group decisions involving risk. Unpublished master's thesis. Massachusetts Institute of Technology, cited in D. G. Marquis, Individual responsibility and group decisions involving risk. *Industrial Management Review, 3*, 8–23.

Storbeck, J. & Clore, G. L. (2005). With Sadness conies accuracy; with happiness, false memory: mood and the false memory effect. *Psychological Science, 16*, 785–791.

Stott, C. J., Hutchison, P. & Drury, J. (2001). ‚Hooligans' abroad? Inter-group dynamics, social identity and participation in collective ‚disorder' at the 1998 World Cup Finals. *British Journal of Social Psychology, 40*, 359–384.

Strack, F. (1994). Response processes in social judgment. In R. S. Wyer & T. K. Srull (Eds.), *Handbook of Social Cognition* (2nd ed., pp. 287–322). Hillsdale, NJ: Erlbaum.

Strack, F. & Bless, H. (1994). Memory for non-occurrences: Metacognitive and presuppositional strategies. *Journal of Memory and Language, 33*, 203–217.

Strack, F. & Deutsch, R. (2002). Urteilsheuristiken. In D. Frey & M. Irle (Hrsg.), *Theorien der Sozialpsychologie. Band III: Motivations- und Informationsverarbeitungstheorien* (pp. 352–384). Bern: Huber.

Strack, F. & Deutsch, R. (2004). Reflective and Impulsive Determinants of Social Behavior. *Personality and Social Psychology Review, 8*, 220–247.

Strack, F. & Förster, J. (1998). Self-reflection and recognition: The role of metacognitive knowledge in the attribution of recollective experience. *Personality and Social Psychology Review, 2*, 111–123.

Strack, F., Förster, J. & Werth, L. (2005). „Know thyself!" The role of idiosyncratic self-knowledge in recognition memory. *Journal of Memory and Language, 52*, 628–638.

Strack, F. & Gonzales, M. H. (1993). Wissen und Fühlen: Noetische und experientielle Grundlagen heuristischer Urteilsbildung. In W. Hell, K. Fiedler & G. Gigerenzer (Hrsg.), *Kognitive Täuschungen. Fehl-Leistungen und Mechanismen des Urteilens, Denkens und Erinnerns* (S. 291–315). Heidelberg: Spektrum Akademischer Verlag.

Strack, F. & Hannover, B. (1996). Awareness of influence as a precondition for implementing correctional goals. In P. M. Gollwitzer & J. A. Bargh (Eds.), *The psychology of action: Linking cognition and motivation to behavior* (pp. 579–596). New York: Guilford.

Strack, F., Martin, L. L. & Stepper, S. (1988). Inhibiting and facilitating conditions of the human smile: A non-obtrusive test of the facial feedback hypothesis. *Journal of Personality and Social Psychology, 54*, 768–777.

Strack, F. & Mussweiler, T. (1997). Explaining the enigmatic anchoring effect: Mechanisms of selective accessibility. *Journal of Personality and Social Psychology, 73*, 437–446.

Strack, F. & Neumann, R. (2000). Furrowing the brow may undermine perceived fame: The role of facial feedback in judgments of celebrity. *Personality and Social Psychology Bulletin, 26*, 762–768.

Strack, F., Schwarz, N., Bless, H., Kübler, A. & Wänke, M. (1993). Awareness of the influence as a determinant of assimilation versus contrast. *European Journal of Social Psychology, 23*, 53–62.

Strack, F., Schwarz, N., Chassein, B., Kern, D. & Wagner, D. (1990). The salience of comparison standards and the activation of social norms: Consequences for judgments of happiness and their communication. *British Journal of Social Psychology, 29*, 303–314.

Strack, F., Schwarz, N. & Gschneidinger, E. (1985). Happiness and reminiscing: The role of time perspective, affect, and mode of thinking. *Journal of Personality and Social Psychology, 49*, 1460–1469.

Strack, F. & Werth, L. (2006). Bridging social psychology – beyond explicit measures in attitudinal assessment. In P. A. M. Van Lange (Ed.), *Bridging Social Psychology: The benefits of transdisciplinary approaches* (pp. 159–165). Hillsdale, NJ: Erlbaum.

Strack, F., Werth, L. & Deutsch, R. (2006). Reflective and impulsive determinants of consumer behavior. *Journal of Consumer Psychology, 16*, 205–216.

Stradling, S. G., Crowe, G. & Tuohy, A. P. (1993). Changes in self-concept during occupational socialization of new recruits to the police. *Journal of Community and Applied Social Psychology, 3*, 131–147.

Straus, M. A., Gelles, R. J. & Steinmetz, S. K. (1988). *Behind closed doors: Violence in the American family.* Newbury Park, CA: Sage.

Stroebe, K., Lodewijkx, H. F. M. & Spears, R. (2005). Do Unto Others as They Do Unto You: Reciprocity and Social Identification as Determinants of Ingroup Favoritism. *Personality and Social Psychology Bulletin, 31*, 831–845.

Stroebe, W. & Stroebe, M. S. (1998). *Lehrbuch der Gesundheitspsychologie: Ein sozialpsychologischer Ansatz.* Eschborn: Klotz.

Stroebe, W. & Diehl, M. (1994). Why groups are less effective than their members. On productivity loss in idea-generating groups. In W. Stroebe & M. Hewstone (Eds.), *European review of social psychology* (Vol. 5, pp. 271–304), London: Wiley.

Stroebe, W., Diehl, M. & Abakoumkin, G. (1992). The illusion fo group effextivity. *Personality and Social Psychology Bulletin, 18*, 643–650.

Stroh, L. K., Brett, J. M. & Reilly, A. H. (1992). All the right stuff: A comparison of female and male managers' career progression. *Journal of Applied Psychology, 77*, 251–260.

Stroop, J. R. (1935). Studies of interference in serial verbal reactions. *Journal of Experimental Psychology, 18*, 643–662.

Strube, G. (1987). Answering survey questions: The role of memory. In H. J. Hippler, N. Schwarz & S. Sudman (Eds.), *Social information processing and survey methodology* (pp. 86–101). New York: Springer.

Stuart, E. W., Shimp, T. A. & Engle, R. W. (1987). Classical conditioning of consumer attitudes: Four experiments in an advertising context. *Journal of Consumer Research, 14*, 334–349.

Stukas, A. A., Snyder, M. & Clary, E. G. (1999). The effects of „mandatory volunteerism" on intentions to volunteer. *Psychological Science, 10*, 59–64.

Stürmer, S., Snyder, M. & Omoto, A. M. (2005). Prosocial Emotions and Helping: The Moderating Role of Group Membership. *Journal of Personality and Social Psychology, 88*, 532–546.

Suedfeld, P., Bochner, S. & Matas, C. (1971). Petitioner's attire and petition signing by peace demonstrators: A field experiment. *Journal of Applied Social Psychology, 10*, 278–283.

Suedfeld, P., Epstein, Y. M., Buchanan, E. & Landon, P. B. (1971). Effects of set on the „effects of mere exposure". *Journal of Personality and Social Psychology, 17*, 121–123.

Sugarman, D. B. & Hotaling, G. T. (1989). Violent men in intimate relationships: An analysis of risk markers. *Journal of Applied Social Psychology, 19*, 1034–1048.

Susskind, J. E. (2003). Children's Perception of Gender-Based Illusory Correlations: Enhancing Preexisting Relationships Between Gender and Behavior. *Sex Roles, 48*, 483–494.

Sutton, L. J., Teasdale, J. D. & Broadbent, D. E. (1988). Negative self-schema: The effects of induced depressed mood. *British Journal of Clinical Psychology, 27*, 188–190.

Swann, W. B., Jr. (1984). Quest for accuracy in person perception: A matter of pragmatics. *Psychological Review, 91*, 457–477.

Swann, W. B., Jr. (1990). To be adored or to be known? The interplay of self-enhancement and self-verification. In E. T. Higgins & R. M. Sorrentino (Eds.), *Handbook of motivation and cognition: Foundations of social behavior* (Vol. 2, pp. 408–448). New York: Guilford.

Swann, W. B., Jr. (1996). *Self-traps: The elusive quest for higher self-esteem.* New York: Freeman.

Swann, W. B. & Ely, R. J. (1984). A battle of wills: Self-verification versus behavioral confirmation. *Journal of Personality and Social Psychology, 46*, 1287–1302.

Swann, W. B., Jr. & Hill, C. A. (1982). When our identities are mistaken: Reaffirming self-conceptions through social interaction. *Journal of Personality and Social Psychology, 43*, 59–66.

Swann, W. B., Jr., Hixon, J. G. & de la Ronde, C. (1992). Embracing the bitter ‚truth': Negative self-concepts and marital commitment. *Psychological Science, 3*, 118–121.

Swap, W. C. (1977). Interpersonal attraction and repeated exposure to rewarders and punishers. *Personality and Social Psychology Bulletin, 3*, 248–251.

Swim, J. K., Aikin, K. J., Hall, W. S. & Hunter, B. A. (1995). Sexism and racism: Old-fashioned and modern prejudices. *Journal of Personality and Social Psychology, 68*, 199–214.

Swim, J. K. & Stangor, C. (Eds.) (1998). *Prejudice: The target's perspective.* San Diego, CA: Academic Press.

Switzer, F. S. & Sniezek, J. A. (1991). Judgment processes in motivation: Anchoring and adjustment effects on judgment and behavior. *Organizational Behavior and Human Decision Processes, 49*, 208–229.

Switzer, G., Carlo, G., Eisenberg, N., Troyer, D., Speer, A. L. (1991). The altruistic personality: In what contexts is it apparent? *Journal of Personality and Social Psychology, 61*, 450–458.

Symons, C. S. & Johnson, B. T. (1997). The self-reference effect in memory: A meta-analysis. *Psychological Bulletin, 121*, 371–394.

Szymanski, K. & Harkins, S. G. (1987). Social loafing and self-evaluation with a social standard. *Journal of Personality and Social Psychology, 53*, 891–897.

Tajfel, H., Billig, M. G., Bundy, R. P. & Flament, C. (1971). Social categorization and intergroup behaviour. *European Journal of Social Psychology, 1*, 149–178.

Tajfel, H. & Turner, J. (1986). The Social Identity Theory of intergroup behavior. In S. Worchel & W. G. Austin (Eds.), *Psychology of intergroup relations* (pp. 7–24). Chicago: Nelson-Hall.

Tang, S. H. & Hall, V. C. (1995). The overjustification effect: A meta-analysis. *Applied Cognitive Psychology, 9*, 365–404.

Tauer, J. M. & Harackiewicz, J. M. (1999). Winning isn't everything: Competition, achievement orientation and intrinsic motivation. *Journal of Experimental Social Psychology, 35*, 209–238.

Taylor, S. E. & Brown, J. D. (1988). Illusion and well-being: A social psychological perspective on mental health. *Psychological Bulletin, 103*, 193–210.

Taylor, S. E., Buunk, B. P. & Aspinwall, L. G. (1990). Social comparison, stress, and coping. *Personality and Social Psychology Bulletin, 16*, 74–89.

Taylor, S. E. & Crocker, J. (1981). Schematic bases of social information processing. In E. T. Higgins, C. P. Herman & M. P. Zanna (Eds.), *Social Cognition: The Ontario Symposium* (Vol. 1, pp. 89–160). Hillsdale, NJ: Erlbaum.

Taylor, S. E., Falke, R. L., Shoptaw, S. J. & Lichtman, R. R. (1986). Social support, support groups and the cancer patient. *Journal of Consulting and Clinical Psychology, 54*, 608–615.

Taylor, S. E. & Fiske, S. T. (1975). Point of view and perceptions of causality. *Journal of Personality and Social Psychology, 32*, 439–445.

Taylor, S. E., Fiske, S. T., Close, M., Anderson, C. & Ruderman, A. (1977). *Solo status as a psychological variable: The power of being distinctive*. Unpublished manuscript. Harvard University.

Taylor, S. E. & Lobel, M. (1989). Social comparison activity under threat: Downward evaluation and upward contacts. *Psychological Review, 96*, 569–575.

Taylor, S. P. & Chermack, S. T. (1993). Alcohol, drugs and human physical aggression. *Journal of Studies on Alcohol, 11*, 78–88.

Taylor, S. P., Gammon, C. B. & Capasso, D. R. (1976). Aggression as a function of the interaction of alcohol and threat. *Journal of Personality and Social Psychology, 34*, 938–941.

Taylor, S. P. & Sears, J. D. (1988). The effects of alcohol and persuasive social pressure on human physical aggression. *Aggressive Behavior, 14*, 237–243.

Teasdale, J. D. & Fogarty, S. J. (1979). Differential effects of induced mood on retrieval of pleasant and unpleasant events from episodic memory. *Journal of Abnormal Psychology, 88*, 248–257.

Tedeschi, J. T. & Felson, R. B. (1994). *Violence, aggression, and coercive actions*. Washington, DC: American Psychological Association.

Tedeschi, J. T. & Melburg, V. (1984). Impression management and influence in organizations. In S. B. Bacharach & E. J. Lawler (Eds.), *Research in the sociology of organizations* (Vol. 3, pp. 31–58). Greenwich, CT: JAI Press.

Teger, A. I. & Pruitt, D. G. (1967). Components of group risk taking. *Journal of Experimental Social Psychology, 3*, 189–205.

Tennen, H. & Affleck, G. (2000). The perception of personal control: Sufficiently important to warrant careful scrutiny. *Personality and Social Psychology Bulletin, 26*, 152–156.

Tesser, A. (1978). Self-generated attitude change. In L. Berkowitz (Ed.), *Advances in experimental social psychology* (Vol. 11, pp. 289–338). New York: Academic Press.

Tesser, A. (1988). Toward a self-evaluation maintenance model of social behavior. In L. Berkowitz (Ed.), *Advances in experimental social psychology* (Vol. 21, pp. 181–227). San Diego, CA: Academic Press.

Tesser, A. (1993). The importance of heritability in psychological research: The case of attitudes. *Psychological-Review, 100*, 129–142.

Tesser, A., Campbell, J. D. & Mickler, S. (1983). The role of social pressure, attention to the stimulus, and self-doubt in conformity. *European Journal of Social Psychology, 13*, 217–233.

Tesser, A. & Smith, J. (1980). Some effects of task relevance and friendship on helping: You don't always help the one you like. *Journal of Experimental Social Psychology, 16*, 582–590.

Tesser, A., Stapel, D. A. & Wood, J. V. (Eds.). (2002). *Self and motivation: Emerging psychological perspectives*. Washington, DC: American Psychological Association.

Tetlock, P. E. (1981). The influence of self-presentation goals on attributional reports. *Social Psychology Quarterly, 44*, 300–311.

Thibaut, J. W. & Kelley, H. H. (1959). *The social psychology of groups*. Oxford, England: Wiley.

Thomas, M. H., Horton, R. W., Lippencott, E. C. & Drabman, R. S. (1977). Desensitization to portrayals of real-life aggression as a function of exposure to television violence. *Journal of Personality and Social Psychology, 35*, 450–458.

Thompson, S. C. & Kelley, H. H. (1981). Judgments of responsibility for activities in close relationships. *Journal of Personality and Social Psychology, 41*, 469–477.

Thompson, S. K. (1975). Gender labels and early sex role development. *Child Development, 46*, 339–347.

Thornberry, T. P. (1998). Membership in youth gangs and involvement in serious and violent offending. In R. Loeber & D. P. Farrington (Eds), *Serious & violent juvenile offenders: Risk factors and successful interventions* (pp. 147–166). Thousand Oaks, CA: Sage.

Thornberry, T. P., Krohn, M. D., Lizotte, A. J. & Chard-Wierschem, D. (1993). The role of juvenile gangs in facilitating delinquent behavior. *Journal of Research in Crime and Delinquency, 30*, 55–87.

Thornberry, T. P., Krohn, M. D., Lizotte, A. J., Smith, C. A. & Tobin, K. (2003). *Gangs and Delinquency in Developmental Perspective.* New York: Cambridge University Press.

Thorndike, E. L. (1920). A constant error in psychological ratings. *Journal of Applied Psychology, 4*, 25–29.

Thornhill, R. & Gangestad, S. W. (1999). Facial attractiveness. *Trends in Cognitive Science, 3*, 452–460.

Tindale, R. S., Smith, C. M., Thomas, L. S., Filkins, J. & Sheffey, S. (1996). Shared representations and asymmetric social influence processes in small groups. In E. Witte & J. H. Davis (Eds.), *Understanding group behavior: Consensual action by small groups* (pp. 81–104). Mahwah, NJ: Erlbaum.

Todorov, A. & Bargh, J. A. (2002). Automatic sources of aggression. *Aggression and Violent Behavior, 7*, 53–68.

Toi, M. & Batson, C. D. (1982). More evidence that empathy is a source of altruistic motivation. *Journal of Personality and Social Psychology, 43*, 281–292.

Torrance, E. P. (1954). The behavior of small groups under the stress conditions of "survival". *American Sociological Review, 19*, 751–755.

Tougas, F., Brown, R., Beaton, A. M. & Joly, S. (1995). Neosexism: Plus ca change, plus c'est pareil. *Personality and Social Psychology Bulletin, 21*, 842–849.

Tourangeau, R., Smith, T. W. & Rasinski, K. A. (1997). Motivation to report sensitive behaviors on surveys: Evidence from a bogus pipeline experiment. *Journal of Applied Social Psychology, 27*, 209–222.

Trafimow, D. & Finlay, K. A. (1996). The importance of subjective norms for a minority of people: Between-subjects and within-subjects analyses. *Personality and Social Psychology Bulletin, 22*, 820–828.

Trafimow, D., Triandis, H. C. & Goto, S. G. (1991). Some tests of the distinction between the private self and the collective self. *Journal of Personality and Social Psychology, 60*, 649–655.

Triandis, H. C. (1989). The self and social behavior in different cultural contexts. *Psychological Review, 96*, 506–520.

Tripathi, R. C. & Srivastava, R. (1981). Relative deprivation and intergroup attitudes. *European Journal of Social Psychology, 11*, 313–318.

Trivers, R. L. (1971). The evolution of reciprocal altruism. *Quarterly Review of Biology, 46*, 35–57.

Trobst, K. K., Collins, R. L. & Embree, J. M. (1994). The role of emotion in social support provision: Gender, empathy and expressions of distress. *Journal of Social and Personal Relationships, 11*, 45–62.

Troll, L. & Schlossberg, N. (1971). How „age biased" are college counselors? *Industrial Gerontology, 10*, 14–20.

Trope, Y., Cohen, O. & Maoz, Y. (1988). The perceptual and inferential effects of situational inducements on dispositional attribution. *Journal of Personality and Social Psychology, 55*, 165–177.

Trope, Y. & Gaunt, R. (2000). Processing alternative explanations of behavior: Correction or integration? *Journal of Personality and Social Psychology, 79*, 344–354.

Trope, Y. & Liberman, A. (1996). Social hypothesis testing: Cognitive and motivational factors. In E. T. Higgins & A. W. Kruglanski (Eds.), *Social psychology: Handbook of basic principles* (pp. 239–270). New York: Guilford.

Tropp, L. R. & Pettigrew, T. F. (2005). Relationships between intergroup contact and prejudice among minority and majority status groups. *Psychological Science, 16*, 951–957.

Trumbo, C. W. (2002). Information processing and risk perception: An adaptation of the heuristic-systematic model. *Journal of Communication, 52*, 367–381.

Trzebinski, J. & Richards, K. (1986). The role of goal categories in person impression. *Journal of Experimental Social Psychology, 22*, 216–227.

Tuckman, B. W. (1965). Developmental sequence in small groups. *Psychological Bulletin, 63*, 384–399.

Tuckman, B. W. & Jensen, M. A. (1977). Stages of small group development revisited. *Group and Organization Studies, 2*, 419–427.

Turban, D. B. & Jones, A. P. (1988). Supervisor–subordinate similarity: Types, effects, and mechanisms. *Journal of Applied Psychology, 73*, 228–234.

Turley, L. W. & Milliman, R. E. (2000). Atmospheric effects on shopping behavior: A review of the experimental evidence. *Journal of Business Research, 49*, 193–211.

Turner, C. W. & Goldsmith, D. (1976). Effects of toy guns and airplanes on children's antisocial free play behavior. *Journal of Experimental Child Psychology, 21,* 303–315.

Turner, C. W., Layton, J. F. & Simons, L. S. (1975). Naturalistic studies of aggressive behavior: Aggressive stimuli, victim visibility, and horn honking. *Journal of Personality and Social Psychology, 31,* 1098–1107.

Turner, C. W. & Leyens, J. P. (1992). The weapons effect revisited: The effects of firearms on aggressive behavior. In P. Suedfeld & P. E. Tetlock (Eds), *Psychology and social policy* (pp. 201–221). Washington, DC: Hemisphere Publishing.

Turner, J. C. (1982). Towards a cognitive redefinition of the social group. In H. Tajfel (Ed.), *Social identity and intergroup relations* (pp. 15–40). Cambridge, MA: Cambridge University Press.

Turner, J. C. (1991). *Social influence.* Buckingham, England: Open University Press.

Turner, J. C., Hogg, M. A., Oakes, P. J., Reicher, S. D. & Wetherell, M. S. (1987). *Rediscovering the social group: A self-categorization theory.* Cambridge, MA: Basil Blackwell.

Turner, J. C., Oakes, P. J., Haslam, S. A. & McGarty, C. (1994). Self and collective: Cognition and social context. *Personality and Social Psychology Bulletin, 20,* 454–463.

Turner, M. E. & Pratkanis, A. R. (1998). Twenty-five years of groupthink research: Lessons in the development of a theory. *Organizational Behavior and Human Decision Processes, 73,* 105–115.

Tubré, T. C. & Collins, J. M. (2000). Jackson and Schuler (1985) revisited: A meta-analysis of the relationships between role ambiguity, role conflict, and job performance. *Journal of Management, 26,* 155–169.

Tversky, A. & Kahneman, D. (1973). Availability: A heuristic for judging frequency and probability. *Cognitive Psychology, 42,* 207–232.

Tversky, A. & Kahneman, D. (1974). Judgment under uncertainty: Heuristics and biases. *Science, 185,* 1124–1131.

Tversky, A. & Kahneman, D. (1982). Judgments of and by representativeness. In D. Kahneman, P. Slovic & A. Tversky (Eds.), *Judgment under uncertainty: Heuristics and biases* (pp. 84–98). New York: Cambridge University Press.

Tversky, A. & Kahneman, D. (1983). Extensional versus intuitive reasoning: The conjunction fallacy in probability judgment. *Psychological Review, 90,* 293–315.

Twenge, J. M., Baumeister, R. F., Tice, D. M. & Stucke, T. S. (2001). If you can't join them, beat them: Effects of social exclusion on aggressive behavior. *Journal of Personality and Social Psychology, 81,* 1058–1069.

Twenge, J. M. & Campbell, W. K. (2003). „Isn't it fun to get the respect that we're going to deserve?" Narcissism, social rejection, and aggression. *Personality and Social Psychology Bulletin, 29,* 261–272.

Twenge, J. M., Catanese, K. R. & Baumeister, R. F. (2002). Social exclusion causes self-defeating behavior. *Journal of Personality and Social Psychology, 83,* 606–615.

Tyler, T. R. (1987). Conditions leading to value-expressive effects in judgments of procedural justice: A test of four models. *Journal of Personality and Social Psychology, 52,* 333–344.

Tyler, T. R. & Cook, F. L. (1984). The mass media and judgments of risk: Distinguishing impact on personal and societal level judgments. *Journal of Personality and Social Psychology, 47,* 693–708.

Tyron, G. S. (1980). The measurement and treatment of test anxiety. *Review of Educational Research, 50,* 343–372.

Tziner, A. & Eden, D. (1985). Effects of crew composition on crew performance: Does the whole equal the sum of its parts? *Journal of Applied Psychology, 70,* 85–93.

Uehara, E. S. (1995). Reciprocity reconsidered: Gouldner's "moral norm of reciprocity" and social support. *Journal of Social and Personal Relationships, 12,* 483–502.

Uhlmann, E. & Swanson, J. (2004). Exposure to violent games increases automatic aggressiveness. *Journal of Adolescence, 27,* 41–52.

Uleman, J. S., Newman, L. S. & Moskowitz, G. B. (1996). People as flexible interpreters: Evidence and issues from spontaneous trait inference. In M. P. Zanna (Ed.), *Advances in experimental social psychology* (Vol. 28, pp. 211–279). San Diego, CA: Academic Press.

Valentine, M. E. (1980). The attenuating influence of gaze upon the bystander intervention effect. *Journal of Social Psychology, 111,* 197–203.

van Baaren, R. B., Holland, R. W., Kawakami, K. & van Knippenberg, A. (2004). Mimicry and Prosocial Behavior. *Psychological Science, 15,* 71–74.

Vanbeselaere, N. (1991). The impact of in-group and out-group homogeneity/heterogeneity upon intergroup relations. *Basic and Applied Social Psychology, 12,* 291–301.

van Bokhoven, I., van Goozen, S. H. M., van Enge-
land, H., Schaal, B., Arseneault, L., Seguin, J. R., As-
saad, J. M., Nagin, D. S., Vitaro, F. & Tremblay, R. E.
(2006). Salivary testosterone and aggression, delinquency, and social dominance in a population-based
longitudinal study of adolescent males. *Hormones
and Behavior, 50*, 118–125.

van den Bos, K. (2003). On the Subjective Quality of
Social Justice: The Role of Affect as Information in
the Psychology of Justice Judgments. *Journal of Personality and Social Psychology, 85*, 482–498.

van Gennep, A. (1960). *The rites of passage*. Chicago,
IL: University of Chicago Press.

van Knippenberg, D. (2000). Work motivation and
performance: A social identity perspective. *Applied
Psychology: An International Review, 49*, 357–371.

van Knippenberg, D. & van Schie, E. C. M. (2000).
Foci and correlates of organizational identification.
*Journal of Occupational and Organizational Psy-
chology, 77*, 337–349.

van Lange, P. A. (1999). The pursuit of joint outcomes
and equality in outcomes: An integrative model of
social value orientation. *Journal of Personality and
Social Psychology, 77*, 337–349.

van Leeuwen, M. L. & Macrae, C. N. (2004). Is Beautiful Always Good? Implicit Benefits of Facial Attractiveness. *Social Cognition, 22*, 637–649.

Vanman, E. J., Paul, B. Y., Ito, T. A. & Miller, N.
(1997). The modern face of prejudice and structural
features that moderate the effect of cooperation on affect. *Journal of Personality and Social Psychology,
73*, 941–959.

van Overwalle, F. (1997). Dispositional attributions
require the joint application of the methods of difference and agreement. *Personality and Social Psychology Bulletin, 23*, 974–980.

van Schie, E. G. M. & Wiegman, O. (1997). Children
and videogames: Leisure activities, aggression, social
integration, and school performance. *Journal of Applied Social Psychology, 27*, 1175–1194.

Vansteelandt, K. (1999). A formal model for the com-
petency-demand hypothesis. *European Journal of
Personality, 13*, 429–442.

van Vugt, M. & Hart, C. M. (2004). Social identity as
social glue: The origins of group loyalty. *Journal of
Personality and Social Psychology, 86*, 585–598.

Vaughn, L. A. (1997). *Effects of expertise on use of recall experiences and recalled information for social
judgments*. Unpublished Doctoral dissertation, University of Michigan, Ann Arbor, MI.

Vaught, C. & Smith, D. L. (1980). Incorporation and
mechanical solidarity in an underground coal mine.
Sociology of Work and Occupations, 7, 159–187.

Velten, E., Jr. (1968). A laboratory task for induction
of mood states. *Behaviour Research and Therapy, 6*,
473–482.

Verhallen, T. M. M. & Robben, H. S. J. (1995). Scarcity
and preference: An experiment on unavailability and
product evaluation. *Journal of Economic Psychology,
15*, 315–331.

Verplanken, B., Hofstee, G. & Janssen, H. J. W. (1998).
Accessibility of affective versus cognitive components of attitudes. *European Journal of Social Psychology, 28*, 23–36.

Voci, A. & Hewstone, M. (2003). Intergroup contact and
prejudice toward immigrants in Italy: The mediational role of anxiety and the moderational role of group
salience. *Group Processes and Intergroup Relations,
6*, 37–52.

Vonk, R. (1994). Trait inferences, impression formation, and person memory: Strategies in processing inconsistent information about persons. In W. Stroebe
& M. Hewstone (Eds.), *European Review of Social
Psychology* (Vol. 5, pp. 111–149). New York: Wiley.

Vonk, R. & van Knippenberg, A. (1995). Processing
attitude statements from in-group and out-group
members: Effects of within-group and within-person
inconsistencies on reading times. *Journal of Personality and Social Psychology, 68*, 215–227.

Vorauer, J. D. & Ross, M. (1999). Self-awareness and
feeling transparent: Failing to suppress one's self.
Journal of Experimental Social Psychology, 35,
415–440.

Wagstaff, G. F. (1982). Attitudes to rape: The „Just
World" strikes again? *Bulletin of the British Psychological Society, 35*, 277–279.

Walk, R. D. & Gibson, E. J. (1961). A comparative and
analytical study of visual depth perception. *Psychological Monographs, 75*, 44.

Walker, I. & Crogan, M. (1998). Academic performance, prejudice, and the Jigsaw classroom: New
pieces to the puzzle. *Journal of Community and Applied Social Psychology, 8*, 381–393.

Waller, N. G., Kojetin, B. A., Bouchard, T. J., Lykken,
D. T. & Tellegen, A. (1990). Genetic and environmental influences on religious interests, attitudes, and
values: A study of twins reared apart and together.
Psychological Science, 1, 138–142.

Walster, E. & Festinger, L. (1962). The effectiveness of
"overheard" persuasive communications. *Journal of
Abnormal and Social Psychology, 65*, 395–402.

Walster, E., Walster, G. W., Piliavin, J. & Schmidt, L. (1973). "Playing hard to get": Understanding an elusive phenomenon. *Journal of Personality and Social Psychology, 26*, 113–121.

Walther, E. (2002). Guilty by mere association: Evaluative conditioning and the spreading attitude effect. *Journal of Personality and Social Psychology, 82*, 919–934.

Walther, E. & Grigoriadis, S. (2004). Why sad people like shoes better: The influence of mood on the evaluative conditioning of consumer attitudes. *Psychology and Marketing, 21*, 755–773.

Walther, E., Nagengast, B. & Trasselli, C. (2005). Evaluative conditioning in social psychology: Facts and speculations. *Cognition and Emotion, 19*, 175–196.

Wang, T., Brownstein, R. & Katzer, R. (1989). Promoting charitable behavior with compliance techniques. *Applied Psychology, 38*, 165–184.

Wänke, M., Bless, H. & Biller, B. (1996). Subjective experience versus content of information in the construction of attitude judgments. *Personality and Social Psychology Bulletin, 22*, 1105–1113.

Wänke, M., Bohner, G. & Jurkowitsch, A. (1997). There are many reasons to drive a BMW: Does imagined ease of argument generation influence attitudes? *Journal of Consumer Research, 24*, 170–177.

Wänke, M., Schwarz, N. & Bless, H. (1995). The availability heuristic revisited: Experienced ease of retrieval in mundane frequency estimates. *Acta Psychologica, 89*, 83–90.

Wann, D. L. & Branscombe, N. R. (1990). Person perception when aggressive or nonaggressive sports are primed. *Aggressive Behavior, 16*, 27–32.

Wann, D. L. & Schrader, M. P. (2000). Controllability and stability in the self-serving attributions of sport spectators. *Journal of Social Psychology, 140*, 160–168.

Warburton, W. A., Williams, K. D. & Cairns, D. R. (2006). When ostracism leads to aggression: The moderating effects of control deprivation. *Journal of Experimental Social Psychology, 42*, 213–220.

Wasel, W. & Gollwitzer, P. M. (1997). Willentliche Kontrolle der „automatischen" Stereotypaktivierung: Die Rolle subliminaler vs. supraliminaler Stimulusdarbietung. *Sprache und Kognition, 16*, 198–210.

Washburn, P. V. & Hakel, M. D. (1973). Visual cues and verbal content as influences on impressions formed after simulated employment interviews. *Journal of Applied Psychology, 58*, 137–141.

Wason, P. C. (1960). On the failure to eliminate hypotheses in a conceptual task. *Quarterly Journal of Experimental Psychology, 12*, 129–140.

Watson, D. (1982). The actor and the observer: How are the perceptions of causality divergent? *Psychological Bulletin, 92*, 682–700.

Watson, J. B. & Rayner, R. (1920). Conditioned emotional reaction. *Journal of Experimental Psychology, 3*, 1–14.

Watson, W. E., Johnson, L., Kumar, K. & Critelli, J. (1998). Process gain and process loss: Comparing interpersonal processes and performance of culturally diverse and non-diverse teams across time. *International Journal of Intercultural Relations, 22*, 409–430.

Watt, S. E., Maio, G. R., Rees, K. & Hewstone, M. (2007). Functions of attitudes towards ethnic groups: Effects of level of abstraction. *Journal of Experimental Social Psychology, 43*, 441–449.

Waugh, I. M., Plake, E. V. & Rienzi, B. M. (2000). Assessing attitudes toward gay marriage among selected Christian groups using the lost-letter technique. *Psychological Reports, 86*, 215–218.

Watzlawick, P. & Beavin, J. (1967). Some formal aspects of communication. *American Behavioral Scientist, 10*, 4–8.

Wayment, H. A. (2006). Attachment style, empathy, and helping following a collective loss: Evidence from the September 11 terrorist attacks. *Attachment and Human Development, 8*, 1–9.

Wayne, S. J. & Ferris, G. R. (1990). Influence tactics and exchange quality in supervisor-subordinate interactions: A laboratory experiment and field study. *Journal of Applied Psychology, 75*, 487–499.

Wayne, S. J. & Liden, R. C. (1995). Effects of impression management on performance ratings: A longitudinal study. *Academy of Management Journal, 38*, 232–260.

Weber, R., Ritterfeld, U. & Mathiak, K. (2006). Does playing violent video games induce aggression? Empirical evidence of a functional magnetic resonance imaging study. *Media Psychology, 8*, 39–60.

Wegener, D. T. & Petty, R. E. (1994). Mood management across affective states: the hedonistic contingency hypothesis. *Journal of Personality and Social Psychology, 66*, 1034–1048.

Wegener, D. T., Petty, R. E. & Smith, S. M. (1995). Positive mood can increase or decrease message scrutiny: The hedonic contingency view of mood and message processing. *Journal of Personality and Social Psychology, 69*, 5–15.

Wegner, D. M. (1994). Ironic processes of mental control. *Psychological Review, 101*, 34–52.

Wegner, D. M. (1995). A computer network model of human transactive memory. *Social Cognition, 13*, 319–339.

Wegner, D. M., Ansfield, M. & Pilloff, D. (1998). The putt and the pendulum: Ironic effects of the mental control of action. *Psychological Science, 9*, 196–199.

Wegner, D. M., Erber, R. & Raymond, P. (1991). Transactive memory in close realtionships. *Journal of Personality and Social Psychology, 61*, 923–929.

Wegner, D. M., Erber, R. & Zanakos, S. (1993). Ironic processes in the mental control of mood and mood-related thought. *Journal of Personality and Social Psychology, 65*, 1093–1104.

Wegner, D. M. & Gold, D. B. (1995). Emotional and cognitive effects of suppressing thoughts of a past relationship. *Journal of Personality and Social Psychology, 68*, 782–792.

Wegner, D. M., Schneider, D. J., Carter, S., III & White, L. (1987). Paradoxical effects of thought suppression. *Journal of Personality and Social Psychology, 58*, 409–418.

Wegner, D. M. & Wheatley, T. (1999). Apparent mental causation: Sources of the experience of will. *American Psychologist, 54*, 480–492.

Weigel, R. H. & Newman, L. S. (1976). Increasing attitude-behavior correspondence by broadening the scope of the behavioral measure. *Journal of Personality and Social Psychology, 33*, 793–802.

Weiner, B. (1980). A cognitive (attribution)-emotion-action model of motivated behavior: An analysis of judgments of help-giving. *Journal of Personality and Social Psychology, 39*, 186–200.

Weiner, B. (1985). An attributional theory of achievement motivation and emotion. *Psychological Review, 92*, 548–573.

Weiner, B., Amirkhan, J., Folkes, V. S. & Verette, J. A. (1987). An attributional analysis of excuse giving: Studies of a naive theory of emotion. *Journal of Personality and Social Psychology, 52*, 316–324.

Weiner, B., Graham, S. & Chandler, C. (1982). Pity, anger, and guilt: An attributional analysis. *Personality and Social Psychology Bulletin, 8*, 226–232.

Weiner, B., Graham, S., Stern, P. & Lawson, M. E. (1982). Using affective cues to infer causal thoughts. *Developmental Psychology, 18*, 278–286.

Weiner, B. & Handel, S. J. (1985). A cognition-emotion-action sequence: Anticipated emotional consequences of causal attributions and reported communication strategy. *Developmental Psychology, 21*, 102–107.

Weinert, A. B. (1998). *Organisationspsychologie. Ein Lehrbuch* (4. Aufl.). Weinheim: Beltz Psychologie Verlags Union.

Weinstein, N. D. (1980). Unrealistic optimism about future life events. *Journal of Personality and Social Psychology, 39*, 806–820.

Weinstein, N. D. & Klein, W. M. (1996). Unrealistic optimism: Present and future. *Journal of Social and Clinical Psychology, 15*, 1–8.

Weiss, H. M. & Cropanzano, R. (1996). Affective events theory: A theoretical discussion of the structure, causes, and consequences of affective experiences at work. In B. M. Staw & L. L. Cummings (Eds.), *Research in Organizational Behavior: An annual series of analytical essays and critical reviews* (Vol. 18, pp. 1–74). Greenwich, CT: JAI Press.

Weiss, R. F., Boyer, J. L., Lombardo, J. P. & Stich, M. H. (1973). Altruistic drive and altruistic reinforcement. *Journal of Personality and Social Psychology, 25*, 390–400.

Weiss, R. F., Buchanan, W., Altstatt, L. & Lombardo, J. P. (1971). Altruism is rewarding. *Science, 171*, 1262–1263.

Weldon, E. & Mustari, E. L. (1988). Felt dispensability in groups of co-actors: The effects of shared responsibility and explicit anonymity on cognitive effort. *Organizational Behavior and Human Decision Processes, 41*, 330–351.

Well, A. D., Pollatsek, A. & Boyce, S. J. (1990). Understanding the effects of sample size on the variability of the mean. *Organizational Behavior and Human Decision Processes, 47*, 289–312.

Wells, G. L. & Petty, R. E. (1980). The effects of overt head movements on persuasion: Compatibility and incompatibility of responses. *Basic and Applied Social Psychology, 1*, 219–230.

Wentura, D., Rothermund, K. & Bak, P. (2000). Automatic vigilance: The attention-grabbing power of approach- and avoidance-related social information. *Journal of Personality and Social Psychology, 78*, 1024–1037.

Werth, L. (2004). *Psychologie für die Wirtschaft. Grundlagen und Anwendungen*. Heidelberg: Spektrum akademischer Verlag.

Werth, L. & Förster, J. (2002). Implicit person theories influence memory judgments: The circumstances under which metacognitive knowledge is used. *European Journal of Social Psychology, 32*, 353–362.

Werth, L. & Förster, J. (2007a). Der regulatorische Fokus – ein Überblick. *Zeitschrift für Sozialpsychologie, 38*, 33–42.

Werth, L. & Förster, J. (2007b). How regulatory focus influences consumer behavior. *European Journal of Social Psychology, 37*, 33–51.

Werth, L., Förster, J. & Strack, F. (2000). Vorurteile beeinflussen die Enkodierung stereotypinkonsistenter Informationen. *Zeitschrift für Sozialpsychologie, 31*, 57–69.

Werth, L., Markel, P. & Förster, J. (2006). The role of subjective theories for leadership evaluation. *European Journal of Social Psychology, 15*, 102–127.

Werth, L. & Strack, F. (2003). An inferential approach to the knew-it-all-along-phenomenon. *Memory, 11*, 411–419.

Werth, L., Strack, F. & Förster, J. (2002). Certainty and uncertainty: The two faces of the hindsight bias. *Organizational Behavior and Human Decision Processes, 87*, 323–341.

West, M. (1994). *Effective teamwork*. Leicester: BPS Books.

West, S. G. & Brown, T. J. (1975). Physical attractiveness, the severity of the emergency and helping: A field experiment and interpersonal simulation. *Journal of Experimental Social Psychology, 11*, 531–538.

Westman, J. C. (1991). Juvenile ageism: Unrecognized prejudice and discrimination against the young. *Child Psychiatry and Human Development, 21*, 237–256.

Whatley, M. A., Webster, J. M., Smith, R. H. & Rhodes, A. (1999). The effect of a favor on public and private compliance: How internalized is the norm of reciprocity? *Basic and Applied Social Psychology, 21*, 251–259.

Wheelan, S. A. (1994). *Group processes: A developmental perspective*. Boston: Allyn & Bacon.

Wheeler, L. & Kunitate, M. (1992). Social comparison in everyday life. *Journal of Personality and Social Psychology, 62*, 760–773.

Wheeler, L., Martin, R. & Suls, J. M. (1997). The proxy model of social comparison for self-assessment of ability. *Personality and Social Psychology Review, 1*, 54–61.

Wheeler, L. & Miyake, K. (1992). Social comparison in everyday life. *Journal of Personality and Social Psychology, 62*, 760–773.

Wheeler, M. E. & Fiske, S. T. (2005). Controlling Racial Prejudice: Social-Cognitive Goals Affect Amygdala and Stereotype Activation. *Psychological Science, 16*, 56–63.

Wheeler, S. C. & Petty, R. E. (2001). The effects of stereotype activation on behavior: A review of possible mechanisms. *Psychological Bulletin, 127*, 797–826.

Wheldall, K., Bevan, K. & Shortall, K. (1986). A touch of reinforcement: the effects of contingent teacher touch on the classroom behaviour of young children. *Educational Review, 38*, 207–216.

Whitcher, S. & Fisher, J. (1979). Multidimensional reaction to therapeutic touch in a hospital setting. *Journal of Personality and Social Psychology, 37*, 87–96.

White, P. H. & Harkins, S. G. (1994). Race of source effects in the Elaboration Likelihood Model. *Journal of Personality and Social Psychology, 67*, 790–807.

White, R. K. (1987). Underestimating and overestimating others' fear. *Journal of Social Issues, 43*, 105–109.

Whitley, B. E. & Frieze, I. H. (1985). Children's causal attributions for success and failure in achievement settings: A meta-analysis. *Journal of Educational Psychology, 77*, 608–616.

Whyte, G. & Sebenius, J. K. (1997). The effect of multiple anchors on anchoring in individual and group judgment. *Organizational Behavior and Human Decision Processes, 69*, 75–85.

Wicker, A. W. (1969). Attitudes versus actions: The relationship of verbal and overt behavioral responses to attitude objects. *Journal of Social Issues, 25*, 41–78.

Wicker, A. W. (1971). An examination of the „other variables" explanation of attitude-behavior inconsistency. *Journal of Personality and Social Psychology, 19*, 18–30.

Wicklund, R. A. (1970). Prechoice preference reversal as a result of threat to decision freedom. *Journal of Personality and Social Psychology, 14*, 8–17.

Wicklund, R. A., Slattum, V. & Solomon, E. (1970). Effects of implied pressure toward commitment on ratings of choice alternatives. *Journal of Experimental Social Psychology, 6*, 449–457.

Widom, C. S. (1989a). Does violence beget violence? A critical examination of the literature. *Psychological Bulletin, 106*, 3–28.

Widom, C. S. (1989b). The cycle of violence. *Science, 244*, 160–166.

Widom, C. S. (1994). „Does violence beget violence? A critical examination of the literature": Clarification of publishing history. *Psychological Bulletin, 115*, 287.

Wigboldus, D. H. J., Sherman, J. W., Franzese, H. L. & van Knippenberg, A. (2004). Capacity and comprehension: Spontaneous stereotyping under cognitive load. *Social Cognition, 22*, 292–309.

Wilder, D. A. (1977). Perception of groups, size of opposition, and social influence. *Journal of Experimental Social Psychology, 13*, 253–268.

Wilder, D. A. (1978). Homogeneity of jurors: The majority's influence depends upon their perceived independence. *Law and Human Behavior, 2,* 363–376.

Wilder, D. A. (1984). Predictions of belief homogeneity and similarity following social categorization. *British Journal of Social Psychology, 23,* 323–333.

Wilder, D. A. (1986). Social Categorization: implications for creation and reduction of intergroup bias. In L. Berkowitz (Ed.), *Advances in Experimental Social Psychology* (Vol. 19, pp. 291–355). New York: Academic Press.

Wilder, D. A. (1990). Some determinants of the persuasive power of in-group and out-groups: Organization of information and attribution of independence. *Journal of Personality and Social Psychology, 59,* 1202–1213.

Wiley, M. & Eskilson, A. (1985). Speech style, gender stereotypes, and corporate success: What if women talk more like men? *Sex Roles, 12,* 993–1007.

Wilkinson, J. A. & Ferraro, K. F. (2002). Thirty years of ageism research. In T. Nelson (Ed.) *Ageism: Stereotyping and prejudice against older persons* (pp. 339–358). Cambridge, MA: The MIT Press.

Williams, K. B., Radefeld, P. S., Binning, J. F. & Sudak, J. R. (1993). When job candidates are "hard-" versus "easy-to-get": Effects of candidate availability on employment decisions. *Journal of Applied Social Psychology, 23,* 169–198.

Williams, K. D., Harkins, S. & Latané, B. (1981). Identifiability as a deterrent to social loafing: Two cheering experiments. *Journal of Personality and Social Psychology, 40,* 303–311.

Williams, K. D. & Karau, S. J. (1991). Social loafing and social compensation: The effects of co-worker performance. *Journal of Personality and Social Psychology, 61,* 570–581.

Williams, K. D., Karau, S. J. & Bourgeois, M. (1993). Working on collective tasks: Social loafing and social compensation. In M. A. Hogg & D. Abrams (Eds.), *Group motivation: Social psychological perspectives* (pp. 130–148). New York: Harvester Wheatsheaf.

Williamson, G. M. & Clark, M. S. (1989). Providing help and desired relationship type as determinants of changes in moods and self-evaluations. *Journal of Personality and Social Psychology, 56,* 722–734.

Willis, F. N. & Hamm, H. K. (1980). The use of interpersonal touch on securing compliance. *Journal of Nonverbal Behavior, 5,* 49–55.

Willis, J. & Todorov, A. (2006). First impressions: Making up your mind after a 100-ms exposure to a face. *Psychological Science, 17,* 592–598.

Wilson, A. E. & Ross, M. (2000). The frequency of temporal-self and social comparisons in people's personal appraisals. *Journal of Personality and Social Psychology, 78,* 928–942.

Wilson, D. W. (1981). Is helping a laughing matter? *Psychology: A Quarterly Journal of Human Behavior, 18,* 6–9.

Wilson, P. R. (1968). The perceptual distortion of height as a function of ascribed academic status. *Journal of Social Psychology, 74,* 97–102.

Wilson, T. D. (1985). Strangers to ourselves: The origins and accuracy of beliefs about one's own mental states. In J. H. Harvey & G. Weary (Eds.), *Attribution in contemporary psychology* (pp. 9–36). New York: Academic Press.

Wilson, T. D. (1990). Self-persuasion via self-reflection. In J. M. Olson & M. P. Zanna (Eds.), *Self-inference: The Ontario Symposium* (Vol. 6, pp. 43–67). Hillsdale, NJ: Erlbaum.

Wilson, T. D. (1994). The proper protocol: Validity and completeness of verbal reports. *Psychological Science, 5,* 249–252.

Wilson, T. D., Dunn, D. S., Bybee, J. A., Hyman, D. B. & Rotondo, J. A. (1984). Effects of analyzing reasons on attitude-behavior consistency. *Journal of Personality and Social Psychology, 47,* 5–16.

Wilson, T. D., Houston, C., Etling, K. M. & Brekke, N. (1996). A new look at anchoring effects: Basic anchoring and its antecedents. *Journal of Experimental Psychology: General, 125,* 387–402.

Wilson, T. D. & Kraft, D. (1993). Why do I love thee?: Effects of repeated introspections about a dating relationship on attitudes toward the relationship. *Personality and Social Psychology Bulletin, 19,* 409–418.

Wilson, T. D. & LaFleur, S. J. (1995). Knowing what you'll do: Effects of analyzing reasons on self-prediction. *Journal of Personality and Social Psychology, 68,* 21–35.

Wilson, T. D., Lindsey, S. & Schooler, T. Y. (2000). A model of dual attitudes. *Psychological Review, 107,* 101–126.

Wilson, T. D. & Nisbett, R. E. (1978). The accuracy of verbal reports about the effects of stimuli on evaluations and behavior. *Social Psychology, 41,* 118–131.

Wilson, T. D. & Stone, J. I. (1985). Limitations of self-knowledge: More on telling more than we can know. In P. Shaver (Ed.), *Review of personality and social psychology* (Vol. 6, pp. 167–183). Beverly Hills, CA: Sage.

Wilson, W. R. (1979). Feeling more than we can know: Exposure effects without learning. *Journal of Personality and Social Psychology, 37,* 811–821.

Winograd, E., Goldstein, F. C., Monarch, E. S., Peluso, J. P. & Goldman, W. P. (1999). The mere exposure effect in patients with Alzheimer's disease. *Neuropsychology, 13*, 41–46.

Winquist, J. R. & Larson, J. R. (1998). Information pooling: When it impacts group decision making. *Journal of Personality and Social Psychology, 74*, 371–377.

Wiswede, G. (2004). *Sozialpsychologie-Lexikon*. München: Oldenbourg.

Wittenbaum, G. M. (2000). The bias toward discussing shared information: Why are high-status group members immune? *Communication Research, 27*, 379–401.

Wittenbaum, G. M., Hubbell, A. P. & Zuckerman, C. (1999). Mutual enhancement: Toward an understanding fo the collective preference for shared information. *Journal of Personality and Social Psychology, 77*, 967–978.

Wittenbaum, G. M. & Park, E. S. (2001). The collective preference for shared information. *Current Directions in Psycholgical Science, 10*, 70–73.

Wittenbaum, G. M. & Stasser, G. (1996). Management of information in small groups. In J. L. Nye & A. M. Brower (Eds.), *What's social about social cognition?* (pp. 967–978). Thousand Oaks, CA: Sage.

Wittenbrink, B., Judd, C. M. & Park, B. (1997). Evidence for racial prejudice at the implicit level and its relationship with questionnaire measures. *Journal of Personality and Social Psychology, 72*, 262–274.

Wittenbrink, B., Judd, C. M. & Park, B. (2001). Spontaneous prejudice in context: Variability in automatically activated attitudes. *Journal of Personality and Social Psychology, 81*, 815–827.

Wittenbrink, B. & Schwarz, N. (Eds.). (2007). *Implicit measures of attitudes*. New York: Guilford.

Wolfe, C. T. & Spencer, S. J. (1996). Stereotypes and prejudice: Their overt and subtle influence in the classroom. *American Behavioral Scientist, 40*, 176–185.

Wood, J. V. (1989). Theory and research concerning social comparison of personal attributes. *Psychological Bulletin, 106*, 231–248.

Wood, J. V. (1996). What is social comparison and how should we study it? *Personality and Social Psychology Bulletin, 22*, 520–537.

Wood, J. V., Giordano-Beech, M. & Ducharme, M. J. (1999). Compensating for failure through social comparison. *Personality and Social Psychology Bulletin, 25*, 1370–1386.

Wood, J. V., Taylor, S. E. & Lichtman, R. R. (1985). Social comparison in adjustment to breast cancer. *Journal of Personality and Social Psychology, 49*, 1169–1183.

Wood, J. V., Saltzberg, J. A. & Goldsamt, L. A. (1990). Does affect induce self-focused attention? *Journal of Personality and Social Psychology, 58*, 899–908.

Wood, N. & Cowan, N. (1995). The cocktail party phenomenon revisited: How frequent are attention shifts to one's name in an irrelevant auditory channel? *Journal of Experimental Psychology: Learning, Memory, and Cognition, 21*, 255–260.

Wood, W. (1982). Retrieval of attitude-relevant information from memory: Effects on susceptibility to persuasion and on intrinsic motivation. *Journal of Personality and Social Psychology, 42*, 798–810.

Wood, W., Pool, G. J., Leck, K. & Purvis, D. (1996). Self-definition, defensive processing, and influence: The normative impact of majority and minority groups. *Journal of Personality and Social Psychology, 71*, 1181–1193.

Wood, W. & Quinn, J. M. (2003). Forewarned and forearmed? Two meta-analysis syntheses of forewarnings of influence appeals. *Psychological Bulletin, 129*, 119–138.

Wood, W., Wong, F. Y. & Chachere, J. G. (1991). Effects of media violence on viewers' aggression in unconstrained social interaction. *Psychological Bulletin, 109*, 371–383.

Woodside, A. D. & Davenport, J. B. (1974). The effect of salesman similarity and expertise on consumer purchasing behavior. *Journal of Marketing Research, 11*, 198–202.

Worchel, S., Lee, J. & Adewole, A. (1975). Effects of supply and demand on ratings of object value. *Journal of Personality and Social Psychology, 32*, 906–914.

Worchel, S., Arnold, S. E. & Baker, M. (1975). The effect of censorship on attitude change: The influence of censor and communicator characteristics. *Journal of Applied Social Psychology, 5*, 222–239.

Worchel, S., Rothgerber, H., Day, E. A., Hart, D. & Butemeyer, J. (1998). Social identity and individual productivity wihtin groups. *British Journal of Social Psychology, 37*, 389–413.

Word, C. O., Zanna, M. P. & Cooper, J. (1974). The nonverbal mediation of self-fulfilling prophecies in interracial interaction. *Journal of Experimental Social Psychology, 10*, 109–120.

Worth, L. T. & Mackie, D. M. (1987). Cognitive mediation of positive affect in persuasion. *Social Cognition, 5*, 76–94.

Wortman, C. B. & Linsenmeier, J. A. W. (1977). Interpersonal attraction and techniques of ingratiation in organizational settings. In B. N. Staw & G. R. Salancik (Eds.), *New directions in organizational behavior* (pp. 133–178). Chicago: St. Clair Press.

Wright, J. & Mischel, W. (1982). Influence of affect on cognitive social learning person variables. *Journal of Personality and Social Psychology, 43,* 901–914.

Wright, J. C. & Mischel, W. (1987). A conditional approach to dispositional constructs: The local predictability of social behavior. *Journal of Personality and Social Psychology, 53,* 1159–1177.

Wyer, N. A., Sherman, J. W. & Stroessner, S. J. (1998). The spontaneous suppression of racial stereotypes. *Social Cognition, 16,* 340–352.

Wyer, R. S. & Gordon, S. E. (1982). The recall of information about persons and groups. *Journal of Experimental Social Psychology, 18,* 128–164.

Wyer, R. S. & Srull, T. K. (1989). *Memory and cognition in its social context.* Hillsdale, NJ: Erlbaum.

Yakimovich, D. & Saltz, E. (1971). Helping behavior: The cry for help. *Psychonomic Science, 23,* 427–428.

Yamaguchi, K. (2002). The influences of smiling behavior, eye contact and personality on the employment-interviewer's evaluations of self-promotion. *Japanese Journal of Experimental Social Psychology, 42,* 55–65.

Yee, M. & Brown, R. (1994). The development of gender differentiation in young children. *British Journal of Social Psychology, 33,* 183–196.

Yopyk, D. J. A. & Prentice, D. A. (2005). Am I an athlete or a student? Identity salience and stereotype threat in student-athletes. *Basic and Applied Social Psychology, 27,* 329–336.

Young, R. K., Kennedy, A. H., Newhouse, A., Browne, P. & Thiessen, D. (1993). The effects of names on perceptions of intelligence popularity, and competence. *Journal of Applied Social Psychology, 23,* 1770–1788.

Yzerbyt, V., Rocher, S. & Schadron, G. (1997). Stereotypes as explanations: A subjective essentialistic view of group perception. In R. Spears, P. J. Oakes, N. Ellemers, Naomi & S. A. Haslam (Eds.), *The social psychology of stereotyping and group life* (pp. 20–50). Malden, MA: Blackwell.

Zaccaro, S. J. (1984). Social loafing: The role of task attractiveness. *Personality and Social Psychology Bulletin, 10,* 99–106.

Zaccaro, S. J. & McCoy, M. C. (1988). The effects of task and interpersonal cohesiveness on performance of a disjunctive group task. *Journal of Applied Social Psychology, 18,* 837–851.

Zadro, L., Williams, K. D. & Richardson, R. (2003). How low can you go? Ostracism by a computer is sufficient to lower self-reported levels of belonging, control, self-esteem, and meaningful existence. *Journal of Experimental Social Psychology, 40,* 560–567.

Zajonc, R. B. (1965). Social facilitation. *Science, 149,* 269–274.

Zajonc, R. B. (1968). Attitudinal effects of mere exposure. *Journal of Personality and Social Psychology, 9,* 1–27.

Zajonc, R. B. (2001). Mere exposure: A gateway to the subliminal. *Current Directions in Psychological Science, 10,* 224–228.

Zajonc, R. B., Crandall, R., Kail, R. V. & Swap, W. (1974). Effect of extreme exposure frequencies on different affective ratings of stimuli. *Perceptual and Motor Skills, 38,* 667–678.

Zajonc, R. B., Markus, H. & Wilson, W. R. (1974). Exposure effects and associative learning. *Journal of Experimental Social Psychology, 10,* 248–263.

Zajonc, R. B., Murphy, S. T. & Inglehart, M. (1989). Feeling and facial efference: Implication of the vascular theory of emotion. *Psychological Review, 96,* 395–416.

Zajonc, R. B., Shaver, P., Tavris, C. & Van Kreveld, D. (1972). Exposure, satiation, and stimulus discriminability. *Journal of Personality and Social Psychology, 21,* 270–280.

Zanna, M. P. & Cooper, J. (1974). Dissonance and the pill: An attribution approach to studying the arousal properties of dissonance. *Journal of Personality and Social Psychology, 29,* 703–709.

Zárate, M. A., Garcia, B., Garza, A. A., Hitlan, R. T. (2004). Cultural threat and perceived realistic group conflict as dual predictors of prejudice. *Journal of Experimental Social Psychology, 40,* 99–105.

Zdaniuk, B. & Levine, J. M. (1996). Anticipated interaction and thought generation: The role of faction size. *British Journal of Social Psychology, 35,* 201–218.

Zebrowitz, L. A. (1997). *Reading faces: Window to the soul?* Boulder, CO: Westview.

Zellinger, D. A., Fromkin, H. L., Speller, D. E. & Kohn, C. A. (1975). A commodity theory analysis of the effects of age restrictions on pornographic materials. *Journal of Applied Psychology, 60,* 94–99.

Zenasni, F. & Lubart, T. (2002). Effects of mood states on creativity. *Current Psychology Letters: Behaviour, Brain and Cognition, 8*, 33–50.

Ziegler, R. & Diehl, M. (2003). Is politician A or politician B more persuasive? Recipients' source preference and the direction of biased message processing. *European Journal of Social Psychology, 33*, 623–637.

Ziegler, R., Diehl, M., Zigon, R. & Fett, T. (2004). Source consistency, distinctiveness, and consensus: The three dimensions of the Kelley ANOVA model in persuasion. *Personality and Social Psychology Bulletin, 30*, 352–364.

Zillmann, D. (1971). Excitation transfer in communication-mediated aggressive behavior. *Journal of Experimental Social Psychology, 7*, 419–434.

Zillmann, D. (1979). *Hostility and aggression.* Hillsdale, NJ: Erlbaum.

Zillmann, D. (1984). *Connections between Sex and Aggression.* Hillsdale, NJ: Erlbaum.

Zillmann, D. (1994). Cognition-excitation interdependencies in the escalation of anger and angry aggression. In M. Potegal & J. F. Knutson (Eds.), *The dynamics of aggression: Biological and social processes in dyads and groups* (pp. 45–71). Hillsdale, NJ: Erlbaum.

Zillmann, D. & Bryant, J. (1984). Effects of Massive Exposure to Pornography. In N. M. Malamuth & E. Donnerstein (Eds.), *Pornography and Sexual Aggression* (pp. 115–138). New York: Academic Press.

Zillmann, D., Johnson, R. C. & Day, K. D. (1974). Attribution of apparent arousal and proficiency of recovery from sympathetic activation affecting excitation transfer to aggressive behavior. *Journal of Experimental Social Psychology, 10*, 503–515.

Zimbardo, P. G. (1969). The human choice: Individuation, reason, and order versus deindividuation, impulse, and chaos. *Nebraska Symposium on Motivation, 17*, 237–307.

Zimbardo, P. G. (1970). The human choice: Individuation, reason, and order versus deindividuation, impulse, and chaos. In W. J. Arnold & D. Levine (Eds.), *1969 Nebraska Symposium on Motivation* (pp. 237–307). Lincoln, NE: University of Nebraska Press.

Zimmerman, F. J. & Christakis, D. A. (2005). Children's television viewing and cognitive outcomes: a longitudinal analysis of national data. *Archives of Pediatrics & Adolescent Medicine, 159*, 619–625.

Zimbardo, P. G. (1976). Making sense of senseless vandalism. In E. P. Hollander & R. G. Hunt (Eds.), *Current perspectives in social psychology* (4th ed., pp. 129–134). Oxford, England: Oxford University Press.

Zimbardo, P. G. (1995). *Psychologie* (6. Aufl.). Berlin: Springer.

Zysno, P. (1998). Von Seilzug bis Brainstorming: Die Effizienz der Gruppe. In E. H. Witte (Ed.), *Sozialpsychologie der Gruppenleistung. Beiträge des 12. Hamburger Symposions zur Methodologie der Sozialpsychologie* (pp. 184–210). Lengerich: Pabst Science.

Autorenverzeichnis

Nachfolgend sind jeweils nur die Erstautoren genannt.

Stichwortverzeichnis

Fett gedruckte Seitenzahlen zeigen an, dass das Stichwort auf der angegebenen und gegebenenfalls nachfolgenden Seite(n) vertieft dargestellt wird.

A

Printed by Printforce, the Netherlands